Ainosco Press
U0118670

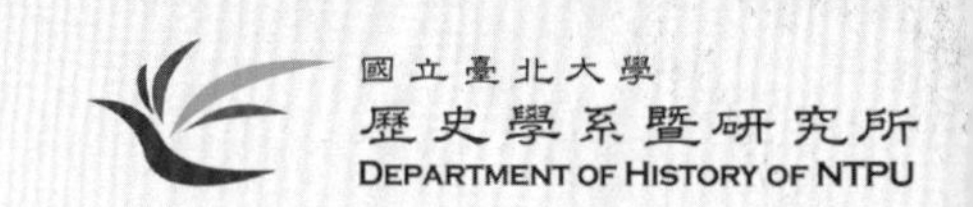

溝通與協作

國立臺北大學歷史學系成立二十週年紀念論文集

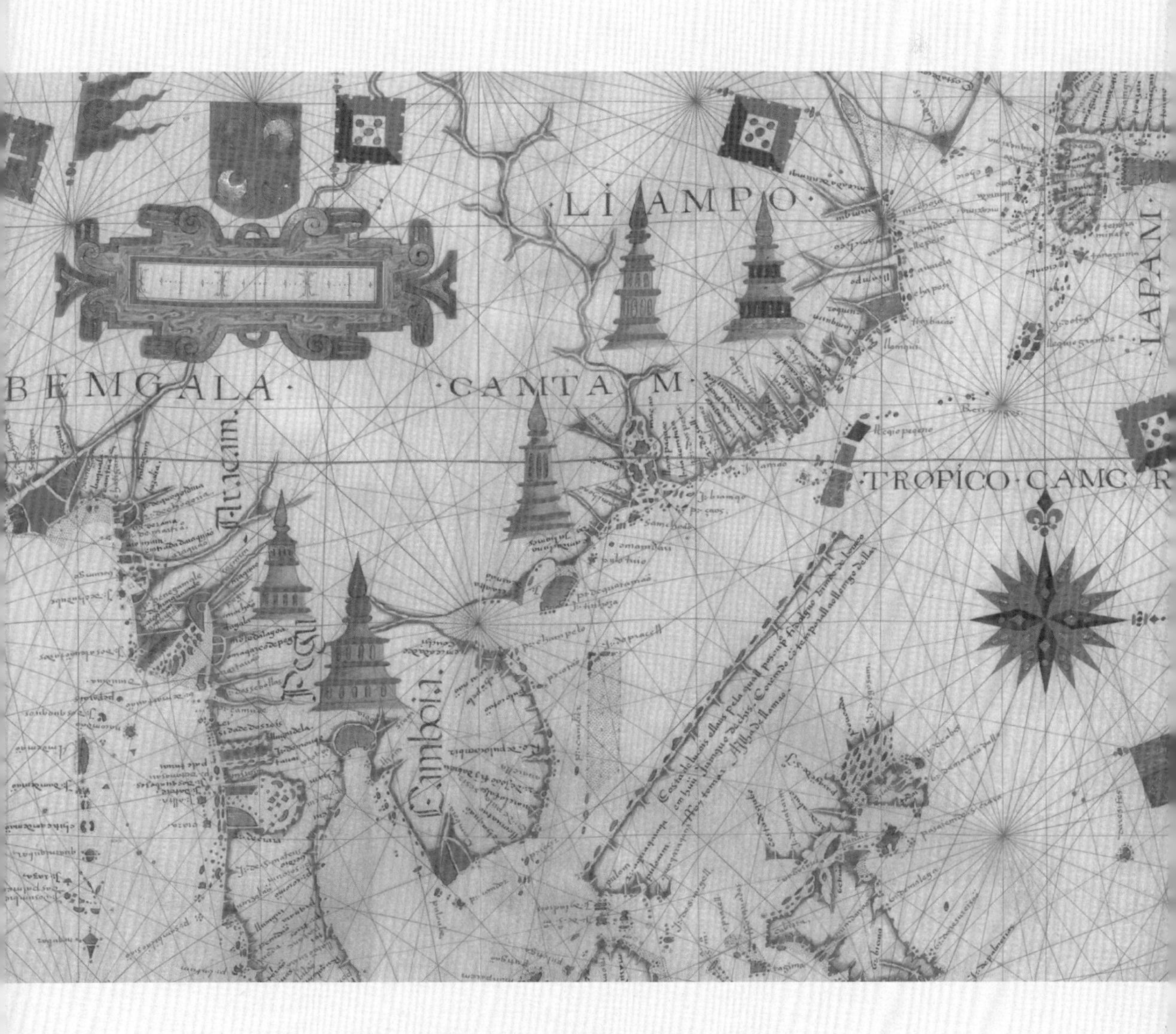

國立臺北大學歷史學系　編

目　次

五、溝通與時代

六、工業革命以來的東西方世界：東西方的溝通

DOI:10.978.986437/1778.0000

序

蔣義斌*

壹、《國立臺北大學歷史學系成立二十週年紀念論文集》結集緣起

國立臺北大學歷史學系前身為中興大學法商學院共同科歷史組，法商學院於民國 89 年（公元 2000）2 月 1 日正式改制為國立臺北大學，歷史學系亦同時創立，並於當年 9 月招收第一屆新生。本系第一任系主任馬先醒教授，為學界知名的秦漢史專家；第二任系主任為陳守亭教授，擅長中國近、現代史研究。經過馬、陳兩位系主任的努力，為本系奠定良法美規，至今仍大體延用。

余忝任本系第三、第四任系主任，其後分別由李朝津、李若庸、陳俊強、洪健榮及林士鉉（現任）等 5 位教授，接任系主任工作。他們都懷抱理想、勤奮耕耘，對本系的發展，多所貢獻。

民國 107 年洪健榮主任發起結集出版《國立臺北大學歷史學系成立二十週年紀念論文集》，希望能將本系同仁（含專任、兼任及合聘老師）過去發表於各學術刊物之研究成果（每人乙篇）結集出版，獲得廣大迴響。計有：（按筆畫順序）山口智哉、王超然、王舒津、伍碧雯、辛法春、李若庸、李貞德、李訓詳、李朝津、何淑宜、林士鉉、林佩欣、洪健榮、查忻、陳香杏、陳俊強、陳慈玉、陳熙遠、褚縈瑩、楊子政、蔣義斌、蔡龍保、劉增貴、顧力仁（與辛法春合撰）等 24 位教師同仁，響應投稿，共襄盛舉，誠屬創系以來空前之創舉。

民國 108 年 7 月 2 日當天，洪健榮主任親自到我新的研究室，並帶來《國

---

* 現任國立臺北大學歷史學系名譽、特聘教授；曾任國立臺北大學歷史學系教授兼歷史學系第三、第四任系主任

立臺北大學歷史學系成立二十週年紀念論文集》的文稿。洪主任在說明該論文集結集的因緣之後，接著笑著對我說：「尚差一篇序言。」事實上，由論文集的發起人洪主任來撰寫這篇序言，是最恰當不過了，但他謙虛、懇切地希望由我來執筆。

近年來個人規劃對「禮與戒」相關領域作一些探討，由於此領域屬性較為複雜，有不少議題，尚待突破。我常在研究室中，思索、探討這些問題，可以說是件樂事，手邊也有幾篇相關論作，亟需完成。因此，洪主任希望由我來撰寫論文集序言的委託，對我而言，或許會打亂原本規劃的節奏。然而看到洪主任對歷史學系系務的專注投入，並承擔起本系論文集的發起、籌備、編輯及印行的相關事務，令人欽佩。在其誠懇的邀約之下，最終我還是答應了寫序這項有些難度的工作。

貳、「禮俗研究」為本校歷史學系學術研究發展的重點方向

本校歷史學系成立之初，即以「禮俗研究」作為學術研究發展的重點方向，乃基於多方面的考量：

第一，「禮書（志）」、「樂書（志）」是中國古籍描述政府施政的重要紀錄：

「書」是西漢史家司馬遷所創行的史體，《史記》中的禮、樂、律、曆、天官、封禪、河渠、平準稱為「八書」，其內容記載了各種典章制度及沿革，後世正史多將「書」改稱為「志」。因此，「書」或「志」，是關於文化、曆法、天文、水利、經濟各方面的專題史研究。

《史記》〈禮書〉有云：「宰制萬物，役使群眾，豈人力也哉？」又稱：「余至大行禮官，觀三代損益，乃知緣人情而制禮，依人性而作儀，其所由尚矣。」是以根據《史記》〈禮書〉的定義，「宰制萬物、役使群眾」的是「禮」，而「禮」、「儀」係依據人情、人性而制定。

張守節於《史記正義》中，分三段落說明「樂」的內容，茲引述於後：

> (A)天有日月星辰，地有山陵河海，歲有萬物成熟；(B)國有聖賢、宮觀、周城、官僚；(C)人有言語、衣服、體貌、端修，咸謂之樂。

引文中說明，包括：天地的和諧運行、萬物依節令熟成（A 段），或國家組織建立、制度運作（B段），以及人對身體和諧的掌控與應對，如言語、衣服、體貌、端修（C 段）等等，都屬於「樂」的範圍。是以「樂」不只是一般人所理解的音樂，它包含了自然界、人文界和諧的運動與舉止等等範疇。

先秦重要的諸子百家，對「禮」、「樂」都有所論述，尤以儒、道二家最為重要。道家比儒家更重視「樂」的和，儒家則主張「禮」、「樂」二者並行，在儒家的典籍中，「禮」、「樂」二字，經常是同時出現。

「禮」、「樂」二者，均與人的身體相關連。人的行動，離不開「身」（軀幹，主要的動作為俯仰）、「體」（四肢，各種運動、細緻表情）。因此，「禮」、「樂」用現代學術界用語來說，應與「社會行動」（Social Action）一詞的含義，較為接近。由身體而群體，是種語意、符號的延伸，當群體中各個成員，在團體中結為一體，應是團體的共同期盼。「禮」、「樂」的延伸意含，包括了各種個人、群體的行動，其實有廣大的研究腹地，同時也可以和現代學術進行對話。

再者，古代如《黃帝內經》等醫籍，即曾用人體醫理說明政府中的文官組織，其實也證明，由身體而群體的延伸，「禮」、「樂」立基於身體，也延伸至協調群體活動的制度。

第二，以禮樂「移風易俗」，是中國傳統政治及社會溝通的主要訴求：

「風俗」一詞，和風土人情有關。《漢書》〈地理志〉對「禮樂」、「風俗」，有如下的論述：

> 凡民函五常之性，而其剛柔緩急，音聲不同，繫水土之風氣，故謂之風；好惡取舍，動靜亡常，隨君上之情欲，故謂之俗。孔子曰：「移風易俗，莫善於樂。」

人與自然水土的對話、溝通，形成各地的風土人情，〈地理志〉稱之為「風（氣）」。各地的風氣，「隨君上之情欲」而「好惡取舍」、「動靜亡常」，因此稱之為「俗」。是以《漢書》〈地理志〉界定，「俗」是統治者與大眾溝通的結果，並引述孔子的話說：「移風易俗，莫善於樂。」這裡的「樂」，應泛指「禮樂」。

前文所徵引《漢書》〈地理志〉之論述，可歸結到以下兩種型態的溝通：一者，人與自然的溝通，形成「風」；二者，社會的溝通，形成「俗」。所以「風俗」是多重溝通而形成的，不論第一或第二類型環境的改變，都會促成禮樂的變遷（社會變遷）。

第三，禮樂教化是《通典》論述的核心，〈禮典〉一百卷，佔全書之半：

唐代史學家杜佑所撰《通典》，是中國史上第一部體例完備的政書。《通典》承劉知幾史學，是部「理道」之書。不過杜佑所謂的理道是徵之諸實事，《通典》〈序〉云：「夫理道之先在乎行教化，教化之本在乎足衣食。」理道、教化、食貨，必須由國家社會結構，予以落實。該書即由此結構，討論歷史的發展。杜佑《通典》〈序〉中，論及該書的結構：

> 食貨為之首（十二卷），選舉次之（六卷），職官又次之（二十二卷），禮又次之（百卷），樂又次之（七卷），刑又次之（大刑用甲兵，十五卷；其次五刑，八卷），州郡又次之（十四卷），邊防末之（十六卷）。

杜佑在說明《通典》要旨時，常用「次之」，也就是說該書的各部分，是有邏輯關連的。若將上段引文所述，分別置入一個金字塔三角形（或錐體），底部為杜佑所說的「食貨典」，在民生經濟的基礎上，透過撰拔人才的「選舉典」，進入官僚體系，官僚體系各有其職分，因此稱為「職官典」。職官的職責，分為「禮」、「樂」、「刑」、「兵」諸典。以上是由「下」往「上」討論；然後再討論「州郡」典，則是由「上」而「下」，討論各地的人口、風俗，亦即禮、樂在各地的實際成效、表現；最後是「邊防典」，各政權均有邊防，以「遏戎敵」，並維持禮樂文明的發展，是由「內」而「外」。在這個體系中，禮樂教化是論述的核心，〈禮典〉佔的篇幅最多，有一百卷，佔全書之半。

《通典》在中國傳統史學的分類，是屬於政書。各朝代所建立的制度不盡相同，由典章制度來撰述通史，為何可行？除了中國歷史發展有其特色之外，前述《通典》的分目，包含了「由下而上」、「由上而下」、「由內而外」的結構，亦是各朝代建立典章制度需要考慮的面向，時至當代亦仍有參考價值。

第四，民國初年以反禮教為時尚，當今學界與教育界應予重新認識：

在我就讀研究所時期，知名社會學與人類學者費孝通（1910–2005）所撰《鄉土中國》與《鄉土重建》等書，是當時研究生經常研讀的作品，費先生也引導了學界對「皇權與紳權」的討論熱潮。聽說直至今日，其作品仍是海峽兩岸研究生的重要讀物。《鄉土中國》乙書，立基於費先生長期的田野調查，並以報導文學式的描述呈現，可讀性甚高，且條理清楚，屬經典級的名著。

《鄉土中國》分析社會團結的四種「權力」（影響力），這四種力量，其實揉合了涂爾幹（Emile Durkheim）、韋伯（Max Weber）的學說而成。對中國社會有深入的描述，應是全書的亮點。其中「差序格局」、「禮治秩序」，成為學界對中國社會敘述的常態，這個印象，其實有待補充，如今仍常被人引用，造成學界對中國傳統社會描述的一些缺失。

民國初年，法國漢學家葛蘭言（Marcel Granet，1884–1940）曾來華從事研究，他在中國學術界，是以漢學家著稱，但卻是涂爾幹學派的嫡傳學者。葛蘭言承襲了涂爾幹的學說，但又有新的進展。他對禮的特殊觀察，有可能跳出以往涂爾幹學派的限制，成為新的著力點。葛蘭言曾運用中國的資料，撰成《古代中國的節慶與歌謠》（*Fetes e Chansons Anciennes de la Chine*）與《古代中國的舞蹈與傳說》（*Danses et Legendes de la Chine Ancienne*）等書，他似乎注意到禮與樂（包括舞蹈）間有不一般的關連。禮與樂的關連，似乎是中國傳統的特色，但並不被西方學界所重視。禮與樂這種關連，是中國特有的現象？抑或是人類普遍的現象？當時學界並未進一步的探索。而因為當時中國社會風氣，反「吃人的禮教」，因此，葛蘭言的核心關懷，在當時中國學術界，並未得到應有的反響。

文化人類學家 Victor Turner 所撰《儀式過程：結構與反結構》（*The Ritual Process: Structure and Anti-Structure*）乙書，第一章中說明他在沒有到非洲田野調查之前，對社會的理解，基本上是受到社會科學家 “Religious Unmusicality”（宗教無音樂性）的影響，Victor Turner 說此詞源自韋伯，譯成中文有些拗口。韋伯雖有《音樂社會學》的專著，但在討論社會行動的著作，似乎沒有提到音樂。

在此必須作些說明，“religious” 並不等同 “religion”，“religious” 是說明人的「宗教性」，這種特性存在於人的許多行為之中，例如朋友、兄弟間都可以發展出宗教性的關係，更別說夫妻、父子關係也會有宗教性。其實，人所建立的群體，都有其宗教性。

Victor Turner 原本所受的學術訓練，是西方那些建立在概念、模式的理論。以這些模式、概念來觀察非洲，所得到的訊息，可能並非實情。也就是說，在非洲田野調查前，與他觀察的實情有所出入。因為他觀察到的儀式，總伴隨著音樂、舞蹈，所以「宗教無音樂性」明顯不符合事實。《儀式過程》乙書第四章〈交融：模式與過程〉（Communitas: Model and Process），說明儀式的過程與「交融」有關，在此章中，Victor Turner 說明儀式存在的目的，不是為了區別。“Communitas” 是拉丁文，或譯為「共同體」。一個團體中，可以有許多不同的角色、職分，但各成員交融在一起，團體仍得以和諧地運作。

參、總結成果：本論文集的中心旨趣～溝通與時代

以上說明國立臺北大學歷史學系成立之初，以「禮俗研究」作為本系學術研究發展重點方向的緣由，以便於接下來展開對本論文集中心旨趣的介紹。此外，洪健榮主任在委託我寫本論文集序言的同時，提示了結集《國立臺北大學歷史學系成立二十週年紀念論文集》的兩項重要目標，那就是：「總結成果」與「展望未來」。以下我就依循這個脈絡，一者以「溝通與時代」為題，總結本校歷史學系同仁學術研究的成果；再者，以「溝通與協作」為題，對本系的未來，提供一些思慮與展望。

首先，以「溝通與時代」為主軸，總結本校歷史學系同仁學術研究的成果，對同仁們的論作，作一些簡要的介紹。要特別聲明的是：為兼顧整體敘述的理路，並未按照論文集原始的編排順序；再者，限於篇幅，僅能扼要簡述同仁們論作的旨要（每篇約 320 字左右），請讀者們進一步閱讀、參考論作的原文，俾更能深入洞悉同仁們論作的全貌。

本論文集所收的論文，共計 23 篇。在時間分期上，包括古代、中古、近代、現代等；在地域上，則包括了中國、臺灣、英國、德國、日本、印尼、秘魯等。簡言之，可說是涵蓋古、今、中、外。本論文集所收錄的論文中，

有多篇論文的題目本身，即含有禮俗相關語詞；而針對禮樂教化相關研究的論文，更佔多數。涂爾幹曾以“beliefs”（信仰）與“practices”（實踐）二詞，說明群體要素，其中的“practices”，往往和禮儀有關。若我們將焦點放在“practices”上，本論文集所收錄的論文，可說闡述了不同時空、不同背景下的社會實踐。

以下本序言擬由宗教人的溝通、醫療身體與政治身體、國家：協作的整體性及中央與地方之分、禮法與社會溝通、溝通與時代、工業革命以來的東西方世界：東西方的溝通等六個分項，分別介紹同仁們論作的旨要。

一、宗教人的溝通

「宗教人」（Homo Religiosus）是指人作為物種，其特質具有「宗教性」（religious）。本文所說的宗教性不等於「宗教」（religion），「宗教性」是指人有區分神聖／世俗、我們／他者的能力，並進一步建立各種不同的群體。現代人也以專業訓練，來說明他是「法律人」、「政治人」、「經濟人」、「媒體人」……等。然而我們用「宗教人」是來說明人的特色，宗教人並不等同是宗教徒，猶如不從事買賣股票、不從政，但無法否認我們是「經濟人」、「政治人」。沒有宗教信仰的人，也不能否認自己是「宗教人」的事實。

溝通有互為主體的雙向性，宗教人形成的文化圈，也形成了各種禁忌。異文化接觸時，因各有禁忌，若不能恰當地使用語言、行動進行溝通，則容易產生衝突。本序言於本節第六項所介紹的論文之中，即呈現有效溝通的成果及其複雜性。

以下簡要介紹兩篇論作：第 1 篇是有關秦漢時代禁忌的探究；第 2 篇是有關 19 世紀後期來臺傳教士對於風水民俗態度的論述。

本論文集中，劉增貴教授所撰〈禁忌——秦漢信仰的一個側面〉乙文，除了運用秦漢相關史料、典籍及前人研究成果之外，並參考近年考古出土的簡帛中，秦漢時代如《日書》等重要的禁忌史料。作者從人與天地（自然秩序與禁忌）、人與人（生命與生活禮俗禁忌），以及人與鬼神（禁忌、法術與儀式）三方面，闡述秦漢時代的禁忌，是民間信仰（如巫術思維與鬼神崇拜）及天人感應學說的複雜產物，反映了中國古代信仰的多面性與特色。文末作者總結：禁忌所呈現的信仰，部分傳承了古代社會長久的原始信仰與社會經驗，部分經過「儒雅」傳統的倫理化、學術化（如五行學說）。因此，禁忌不只是「俗人」的信仰，也是「儒雅」傳統的一部分，對中國歷史與社會產生重大的影響。該文也隱喻了人所處的溝通情境，形成了自然、生命與生活禮俗的秩序與禁忌。

本論文集中，洪健榮教授所撰〈當「天學」遇上「地學」：十九世紀後期來臺傳教士對於風水民俗的態度〉乙文，廣泛運用了19世紀後期來臺傳教士的論著、見聞紀錄、日記或書信、教會刊物報導與會議紀錄，以及中外官方檔案如《教務教案檔》、英國國會文書（*British Parliamentary Papers*）等相關資料，探討西方宗教視野中的臺灣風水民俗形象。有別於過去許多論著，大多從涉外關係史或政治史的角度，探究風水民俗在晚清臺灣教案中所扮演的角色，本文作者將取樣的對象，擴及到19世紀後期全臺各地的教會人士，並將論述的焦點，放在傳教士本身的遭遇，及面對這類「入境隨俗」的壓力所採取的因應方式；希望能從西方文化的視野，重新考察19世紀後期，西教東傳的歷史波折與民教衝突的風水情結，以及外來宗教文化與民間傳統習俗之間，在價值取向上的差異或對立。

二、醫療身體與政治身體

人的身體，除了有上述的文化身體外，尚有醫療的身體、政治的身體等。醫療的身體與文化的身體，有時並不完全等同。譬如西方在生活習俗上，與中國一樣「男女有別」，但西方大量解剖學教科書，維持單性人教學，這點可以說明西方上古、中古時期的文化身體與醫療身體並不一致。然而這種不一致，隨著時代、技術的演進，其差異的內容，是可以改變的。

依照維柯（Giambattista Vico）的說法，人類能用數學來精確地描述自然，是因為人類創造了數學。數學成為人與自然溝通的媒介，中國與西方甚至現代科學皆是如此。人們也以數字來說明醫療身體的進程，例如中醫認為，男性生理變化週期為8年，女性為7年。七七四十九，是女性醫療身體的第7個週期，女性約於49歲左右「絕經」，漸不再生育。

再者，醫療身體有生、有死，「養生送死」是人生大事。20世紀以來，「安樂死」成為各國重視的議題。納粹以政治力，直接執行安樂死。威瑪時期的德國，可以公開討論安樂死，自有其政治、經濟、社會的基礎。其涉及的不僅只有宗教，還與法律、經濟及倫理息息相關。

人除了文化、醫療的身體之外，尚有政治的身體。人們運用語言隱喻功能，將自己的身體，用來表述外在的事物，如杯「口」、桌「面」、椅「腳」等，這在各語言體系是普遍的現象。另外也用身體來隱喻政治的身體，如「領袖」、「頭目」、君國一「體」等，而「效忠」成為政治身體的基本倫理之一。英王亨利八世，以政治力強迫知識菁英們，必須在向羅馬天主教會「虔信」、或向國王「忠君」之間作一抉擇。當時選擇「忠君」的菁英，放棄了原本羅馬公教的信仰；選擇仍「虔信」（羅馬教會）的菁英，並未忘懷「忠君」的信念，尤其是殉道或流亡的知識菁英，仍試圖減緩這兩者之間的衝突。此外，政治理論與政治變革及政治運動有相當大的關聯性。20 世紀後期，共產主義思想家葛蘭西（Antonio Gramsci）的文化霸權理論，影響了英國左派政治路線的改變與政治運動的重組。葛蘭西宣稱的「歷史化」、「歷史性妥協」，其實也是種「在地化」。

以下簡要介紹 4 篇論作：第 1 篇是有關女性絕經的歷史研究；第 2 篇是有關 1920 年代德國支持安樂死的論述；第 3 篇是有關英國知識菁英與亨利八世對抗和妥協的論述；第 4 篇是有關英國左派理論與政治變革的探究。

本論文集中，〈絕經的歷史研究——從「更年期」一詞談起〉乙文，是李貞德教授 2018 年年底原本發表於《新史學》的新作。文中作者鑑於「更年期」、“climacteric”、“menopause” 這一個漢字詞彙和兩個歐美術語，對女性身體認知和生命評估的異同錯綜複雜，然而儘管絕經的社會學、公共衛生及中西醫婦科學論著汗牛充棟，但歷史學的貫時性考察，卻極其稀有。是以作者先回顧歐美絕經歷史的研究成果，並介紹目前極少數的中醫絕經史論文，然後再以其中涉及的經典觀念，說明中國醫學文獻在述說女性永久停經時，曾經出現的意見及其關懷重點的演變，特別是「七七數盡」的常態化和「五十行經」的病理化；並期盼學者能從貫時性的角度，繼續鑽研此一性別與醫療交涉的議題，且在東西雙方的對照之下，思考未來繼續深究的可能取徑。

本論文集中，伍碧雯教授所撰〈1920 年代德國支持安樂死的論述：以《對於無生存價值生命滅絕的開放：其範圍與方式》為中心之分析〉乙文，以德國刑法學者賓丁（Karl Binding）與弗來堡大學精神醫學講座教授霍賀（Alfred Hoche）兩位學者，跨學科共同處理安樂死課題合撰的著作《對於無生存價值生命滅絕的開放——其範圍與方式》（*Die Freigabe der Vernichtung lebensunwerten Lebens. Ihr Maß und ihre Form*）為核心，闡述賓丁與霍賀，對「滅絕無生存價值者」（安樂死）法律依據及經濟合理性的相關主張；對各界所造成的震撼與影響；支持者的回應，包括道德意義：解放悲慘生命與解救國家經濟；反對者薄弱的質疑與批判。文中並剖析德國 1920 年代，政治體制從集權驟變為威瑪共和，民主政體與精神、國家經濟問題與社會困境，顛覆各界對於傳統死亡觀的思考模式，甚至迫使學界從務實的角度，思考安樂死的議題。

本論文集中，李若庸教授所撰〈忠君或虔信？知識菁英與亨利八世的對抗及妥協〉乙文，闡述 1534 年間，英王亨利八世透過國會通過「繼承法」（Act of Succession）和「叛國法」（Treasons Act），根據此二法案，所有英格蘭臣民都需公開宣誓，接受法案的內容與其引以為據的「國王至高權」（Royal Supremacy）理論；拒絕承認「繼承法」者，視同「叛國」，臣民因此面臨，向羅馬天主教會「虔信」、抑或向國王「忠誠」的困難抉擇；亨利八世透過勸說、施壓、逮捕及處決的手段，獲取朝中菁英的承認，但卻未見菁英們有效的抵制與反抗。作者依反應模式，將亨利朝的知識菁英分成「殉道的菁英」、「流亡的菁英」及「屈服的菁英」三類，分別探討其個別處境、思維、心態與考量，分析學識和教養兼俱的菁英們，在「忠君」與「虔信」之間的折衝與作為。

本論文集中，楊子政老師所撰〈從基礎邁向上層建築：英國左派理論與政治的變革〉乙文，作者由理論與經驗討論兩方面，探討 1960 年代至 1980 年代末期，尋求改革的英國左派人士，引用義大利共產主義思想家葛蘭西（Antonio Gramsci）所主張的「文化霸權」（hegemony）理論，對古典馬克思主義有關「基礎／上層建築」（base/superstructure）概念，所進行的辯論與修改。文中作者剖析：當時英國左派人士，不僅從理論上質疑「經濟決定論」（Economic Determinism）以及工人階級的領導權等概念，從而在實踐上主張放棄傳統「階級政治」（Class Politics）與工會運動，重新定義了所謂「社會主義」政治的內容；並進而在 1980 年代，發展出與工黨「強硬派」（Hard Left）歧異頗大的政治路線與政治實踐，促成了英國左派政治運動的重組。

三、國家：協作的整體性及中央與地方之分

國家雖為一體，但實際運作時有中央、地方之分。中央與地方的互動

及運作方式，例如：明清之際民間武力（保標）如何興起與發展？如何成為朝廷徵召的兵源？動員民間武力以為官方軍事奧援，如何成為朝廷的重要課題？又如：宋代政府注重教育，地方也設置州學。州學固然是教育的場所，但同時也是祭祀、禮儀活動的場所。祭祀、儀式是否具有強大的文化訊息？又是否具有整合群體記憶的功能？此外，抗戰時期國府中央控制地方的模式，有何新的變化？與中共模式有何不同？中央如何面對中央內部不同調、地方實力派抵制及基層豪紳的反彈？諸如此類有關中央與地方的互動關係，都是學界關心的重要議題。

以下簡要介紹 3 篇論作：第 1 篇是有關明清之際保標行跡的考證，兼論地方武力與朝廷軍事的關係；第 2 篇是有關宋代先賢祠的考證，兼論南宋中後期的地方官學；第 3 篇是有關抗戰時期蔣中正處理囤積案的探究，兼論國府中央控制地方的省思。

本論文集中，陳熙遠教授所撰〈依違於江湖與廟堂之間——明清之際保標行跡考〉乙文，2018 年間原本發表於《新史學》。「標局」或稱「鑣局」，「鑣」字本意應是駕馭的馬勒，非指使用的兵器。本文以官方檔案文書為主要論證依據，闡述原本作為護送標商的民間武力——「保標」，在面對東北女真勢力的崛起時，成為明朝廟堂徵召的兵源，最後更投身於明與後金對壘的戰役中。作者利用庋藏於中研院史語所內閣大庫的明清檔案，並對照相關疏議，指證明清之際山東臨清的保標武力開始受到重視，作為南北航運交通樞紐的臨清，對「保標」行當的發祥、興起與發展，扮演著關鍵角色。本文並論述，清中衰以後，保標又被視為可供收編的應急戰力，行走江湖的標客，再度搖身變為效命廟堂的標兵；如何動員民間武力以為官方軍事奧援，再度成為朝廷的重要課題。

本論文集中，山口智哉老師所撰〈宋代先賢祠考：兼論南宋中後期的地方官學〉乙文，論述宋代國家或地方官府致力於州縣學的整備，透過教育與禮儀活動，州縣學成為地方菁英交流的重要場域。除分析州縣學的教育、禮儀功能之外，本文依照：（一）先賢對象的選定；（二）馬光祖的主題公園：建康府的「青溪先賢祠」；（三）立祠的管理：平江府學的王蘋祠；（四）先賢祠的祭祀與其秩序：以紹興新昌縣學為例等四個議題，分別探討宋代州縣學內設置「先賢祠」的背景、意義、管理制度、祭祀對象與其空間的特徵、祭祀活動的內容，以及地方官府與地方菁英的關係。作者剖析：宋代先賢祠祭祀的人物（如曾任當地有政績的地方官，社會上在政治、學術獲高評價的士大夫等）與後世的鄉賢並不相同，籍貫並非首要。各個地區、州與縣先賢祠的發展程度，亦各有差異。

本論文集中，王超然老師所撰〈抗戰時期中央控制地方之再思：以蔣中正對楊全宇、吳肇章囤積案的處理為例〉乙文，運用檔案管理局、國史館和國民黨黨史會所典藏之檔案與編印之史料，以及相關日記、訪問紀錄、文史資料、地方志、報刊和前人研究成果，探討：抗戰期間大後方出現糧價高漲，引發各方面危機，蔣中正因此於 1940 年設立全國糧食管理局，並於次年改推田賦徵實以掌握糧源；中央在戰時於地方推動糧食管理，顯示國家機制擴大化，也為中央控制地方模式帶來新的變化；蔣中正推動此政策，必須面對中央內部不同調、地方實力派抵制及基層豪紳的反彈等三大因素。本文藉由蔣中正處理楊全宇、吳肇章兩件囤積案件，顯示上述三大因素交互影響的面向，分析國府抗戰時期「中央控制地方模式」的侷限與不足之處，並比較國府模式與中共的不同。

四、禮法與社會溝通

人們參與社會活動，國家也制定各種禮儀，向人民傳達訊息。各種禮論及禮儀，都有其時代思潮與象徵的意義。例如春秋以前，並沒有把禮制和戎事合而為一的「軍禮」觀念，中國古代的「軍禮」，是在封建崩壞中後設創制的新說，是儒家思想的產物。又如清朝是在文化、種族衝突下建立的政權，而且成功運作了兩百餘年，國土廣袤、種族複雜，「東巡禮」是清初由禮部主其事的新禮，透過東巡調整管理機制，蘊含地方地景與帝國疆域完整性建構的過程。再如宋代知識分子如蘇洵、蘇轍父子，除了參與禮書的修撰之外，也曾撰文對禮論提出個人的詮釋。此外，刑罰的執行，亦有儀式的效果，如以公開的儀式，將判國者處死彰顯社會的「罪惡」已被清除。臺灣送王船（燒王船）的風俗，在盛大的儀式中，也有人扮演犯人，執行畫刑。而唐代的覆奏制，則繼承了儒家的慎刑思想，政權對社會的淨化，並不以死刑的執行，作為唯一目標，政府執法單位的誤殺，可能會造成重大的不公不義。

以下簡要介紹 4 篇論作：第 1 篇是有關唐代前期死刑覆奏制度的考證；第 2 篇是有關中國古代軍禮形成的探究；第 3 篇是有關蘇轍禮論與史論關係

的探究；第 4 篇是有關清代文士高士奇扈從康熙東巡及其東北見聞的論述。

本論文集中，陳俊強教授所撰〈唐代前期死刑覆奏制度〉乙文，深入考證唐初覆奏制的變革以及律令的相關規定，並於文末歸納五項結論：第一，覆奏制是對死刑案件最後一道複核程序，是儒家思想影響下，帝制中國的一種慎刑、恤刑措施。北魏太武帝時大致建立死刑覆奏之制，至隋文帝時，正式制訂死刑三覆奏的規定。第二，貞觀 2 年的盧祖尚案與貞觀 5 年的張蘊古案，是唐代覆奏制度變革的關鍵事件。第三，貞觀 5 年張蘊古案後，太宗對覆奏制度作了重大改革，將京師三覆奏增為五覆奏。第四，覆奏指審察與奏聞，並非反覆、重複稟奏之意。〈獄官令〉明確規定在京的死刑是由行決諸司負責覆奏，在外的則由刑部覆奏。第五，《獄官令》決日覆奏的條文與《斷獄律》「奏報應決者，聽三日乃行刑」的規定，表面看來頗有扞挌難解之處，實則二者未必有矛盾。

本論文集中，李訓詳老師所撰〈納兵於禮——中國古代軍禮的形成〉乙文，闡述《周禮》五禮中的「軍禮」，並非「封建城邦的既成觀念與制度」，而是「在封建崩壞中後設創制的新說」，是儒家思想的產物。作者剖析：在封建城邦時代，本質上是尚武的文化；文事禮樂與用武行師（戎事），二者對內和對外有別。而軍旅之事，以克敵致果為上，並不特別強調合不合禮制，手段仁義不仁義。所以春秋以前，並沒有把禮制和戎事合而為一的「軍禮」觀念。但尚武文化的發展，帶來封建制的危機，到了周秦之際，孔子的後學，才出現把兵事納入禮制，強調王者仁義之師的軍禮觀念。把「用武」和「禮」結合為「軍禮」的概念，其實是孔子以後，儒家學派因應封建制的危機，而新起的制作。「軍禮」的形成，是儒家學派對武力在政治社會中應具何種地位，一種歷史性的反思。

本論文集中，蔣義斌教授所撰〈蘇轍禮論與史論關係之探究〉乙文，是作者繼〈蘇洵論禮蠡測——兼論其經史觀〉之後另一相關著作。本文闡述：三蘇父子，同列唐宋古文八大家，蘇洵曾撰〈六經論〉論述「禮」為六經核心的觀點，且曾參與《太常因革禮》的修撰。其子蘇轍承繼父學，並對「禮論」提出詮釋。從蘇轍所撰的論策及《古史》、《歷代論》等著作，皆可看出，其史論與「禮論」之諸多關聯性。蘇轍的「禮論」，不僅只由注疏「禮經」可以達成。其「禮義」論述，並不主張國家應以「富國強兵」為施政目的，主張「禮義」必須在歷史發展的軌跡中探討。蘇轍主張封建體制的禮制，不可以複製到郡縣制，而需依「禮義」另立新禮，其間君主的德行、溝通，頗為重要。蘇轍《歷代論》系列史論，除了強調禮的重要性，也凸顯君臣之間的關係。

本論文集中，林士鉉教授所撰〈絕塞山泉煮龍井——高士奇扈從東巡及其東北見聞〉乙文，參考《清史稿》、起居注、實錄及故宮與中研院史語所所藏《宮中檔康熙朝奏摺》、《明清內閣大庫檔案》等珍貴史料，探究清初由禮部主其事的新禮——「東巡禮」。曾扈從康熙帝第二次東巡的高士奇，在所撰《扈從東巡日錄》中，說明謁陵、巡視邊疆、遠覽形勝、省覲祖宗開創之艱難及兼講「春蒐之禮」（滿洲騎射傳統），為東巡的目的。本文剖析：高士奇為江南文士，其文學侍從與東巡成員的特殊身分、生動的筆調及大量的詩作，使得該書與東北流人及官方志書的性質有別。該書呈現的東巡活動、君主形象與東北地景空間，顯示東北同時是絕塞邊疆和國朝發祥故土，表達滿漢民族互動與文化的實質內容。透過東巡調整管理機制，蘊含地方地景與帝國疆域完整性建構的複雜過程。

五、溝通與時代

人們通常會以著名人物來作為一個時代的代表，可是著名人物的理念，往往需要較長的時間才能深入、滲透到社會。朱熹對元、明、清社會皆有重大影響，但朱熹在南宋的影響主要是在學術菁英層面，有一度還被列為偽學。最近學界開始注意到過去有些並不著名的學者（例如劉錫玄等），他們可以提供一些不同的例證，或許更能反映社會的真相，具有研究價值。此外，國家社會遭遇危急之時，更需要講求溝通之道，辦報或發行期刊（例如《革命評論》等），成為知識分子與社會溝通的重要手段。民國初年充滿各種危機，「革命」成為當時時髦的名詞，在《阿Q正傳》中，阿Q也要趕時髦參加革命。然而「革命」一詞，在不同時期會衍生出不同的意含。再者，變動時代是危機也是轉機，組織團體（例如上海南社等）、建立社會網絡，也是常見的現象。然而這種團體，如何與社會互動，將是能否繼續成長的重要關鍵。互動包括組織團體的互動，也包括非組織內的其他團體之間的溝通。溝通包括了與自然、人文社會的溝通，而人文社會的溝通，古今對話一直是不可忽視的一環。甚至在沒有歷史文獻紀錄的情況，也可以透過考古調查來進行古今的對話。而祕魯研究中心所推動的 Chancay Valley Project 相關研究，也具有其時代意義。

以下簡要介紹 4 篇論作：第 1 篇由劉錫玄的宗教經驗探究晚明士紳對時代危機的回應與抉擇；第 2 篇以《革命評論》為個案探究北伐時期的政治思潮；第 3 篇以上海南社為個案探究清末民初文人的社會網路；第 4 篇論述祕魯研究中心（IEP）所推動的 Chancay Valley Project 對當代的貢獻。

本論文集中，何淑宜教授所撰〈時代危機與個人抉擇——以晚明士紳劉錫玄的宗教經驗為例〉乙文，由信從者的角度，以晚明士紳劉錫玄為個案，利用其自述文字、編纂的文獻資料（書信、贈序、遊記、日記、抄錄佛經的冊子等），探討一個中級官僚面臨時代危機與生命困境時，如何藉著記錄與回憶各種宗教修持行為、夢境與卜卦活動（宗教徵驗見證）、經世抱負及圍城危機等，連結構成逐步邁向淨土信仰的過程，調處自身的宗教信仰與現世關懷（修行方式包納忠孝概念、深受功過格與善書的影響）。作者認為：劉錫玄未必能代表大部分的晚明士紳，但是因為他在當時並不是特立獨行的人物，所以他的例子或許反而能適切映照出晚明社會的某些特性。本文並以劉錫玄的經驗為例，觀察晚明佛教復興運動所提倡的改革主張被士人接受的關鍵，探討晚明佛教與社會的關係。

本論文集中，李朝津教授所撰〈北伐時期政治思潮探討：《革命評論》的個案研究〉乙文，闡述陳公博曾是中共創始黨員，赴美留學後回國民黨服務。孫文死後汪精衛當權，陳公博成為國民黨左派標竿人物。據其自述，在 1927 年廣州暴動後汪避走歐洲，他移居上海，次年創辦了《革命評論》，倡導改造國民黨，並使用馬克思框架詮釋孫中山的三民主義。《革命評論》的出現，適處於國共分手所謂後革命時期，汪及陳公博的改組派，為當時大多數的男女革命青年同志所組成的一種大聯合，國民黨左派代表一個轉型的過程。對《革命評論》而言，不但使用與中國共產黨同個理論系統，也沒把中共當作主要敵人，主要敵人仍是封建力量及腐敗官僚。作者藉由《革命評論》的研究，探討北伐時期的政治思潮，認為撇開親共與反共的框架，才能理解三十年代中國思想的變化。

本論文集中，陳香杏老師所撰〈清末民初文人的社會網絡——以上海南社為個案研究（1909–1923）〉乙文，闡述清末民初活躍於上海的革命文學團體——南社創立的宗旨與目的、組織體制、社刊（《南社叢刻》）的特色與流布，以及社員雅集聚會活動與公共空間的關係。經由探究南社與成員的生活，說明這些文人如何建構社會網絡、尋求自我認同與群體歸屬，並融入上海這個近代化城市的歷程。作者說明選擇南社為研究對象的原因：一者南社自 1909 至 1923 年成立期間，正是中國激烈轉變的階段，而上海更獨領風騷並受全國注目；二者南社成員高達千餘人且遍布各省，隨著十餘年來政經、社會文化的改變，社員生活面相多元，交遊網絡豐富，較其他團體具代表性；三者南社是清末各界秉持救國意念聚成的愛國組織，在鼓吹反清革命與反袁運動中皆有重要貢獻。

本論文集中，褚縈瑩老師所撰 **"Tackling the 'National Problem,' Proposing the Cooperative: *Instituto de Estu dios Peruanos* and the Chancay Valley Project, 1962–1968"** 乙文，改寫自其博士論文第三章。本文旨在探討秘魯研究中心（Instituto de Estudios Peruanos, IEP）所推動的 Chancay Valley Project，對當代的貢獻。該中心是秘魯和拉丁美洲最負盛名的私立研究機構及人文與社科學出版社之一。其成立宗旨主要是國家或地區出現危機時，提供解決方案。文中作者先論述 IEP 創設的歷史背景，以及如何與秘魯社會、政治動態和美洲關係緊密相連。另以早期 IEP 最具代表性大型研究專案 Chancay Valley Project 為例，說明當代學者如何參與農村問題研究，逐步建立學術和社會公信力。最後論述 IEP 學者如何向 Juan Alvarado Velasco 政府，提出關於農業合作的建議。

六、工業革命以來的東西方世界：東西方的溝通

發源於西方的工業革命，促使生產技術突飛猛進，也造成世界的「大分流」。西方以其工業優勢，壟斷生產資源（原物料）、市場、技術，出現了殖民、侵略的現象。19 世紀日本推行明治維新，派遣留學生及大量翻譯西方著作，學習西方文明，引進西方先進技術與設備，大力發展資本工業化。富國強兵後，對外擴張與殖民。日本曾殖民統治過臺灣，至今在臺灣留下清晰的印記。不過，更早之時，殖民亞洲更廣的荷蘭，其殖民的印記，就較為模糊。直至今日，對荷蘭人來講，到亞洲是來作生意或是來殖民，在荷蘭人之間仍會有嚴肅的爭執。17 至 18 世紀，荷蘭曾經在殖民地巴達維亞設立唐人美色甘，專責華人的遺產事務，這也可說是東西方溝通的另類模式。

東西方接觸，不只是商務、殖民，尚有知識的淘洗。近代中國與日本，都有類似經驗。清末民初中國知識分子對西方的瞭解，往往要透過日文的譯本。諸如《翻訳図書目録 明治・大正・昭和戦前期》等譯書書目，足以提供豐富的研究資料，藉由這些譯書書目，可以觀察到日本對近代中國社會思潮的影響。再者，雖然東、西方的繪畫技巧不同，但有些是來自於文化心理意識。例如描摹、寫生，其成品是經過認知系統的投射，寫實其實也寫進了畫家所處的時代。民國初年中國畫家如何就其所好，展現東西方文化的溝通，值得深入探討。

東北在中國是電力成長最迅速的地區，這和它所處的地緣有關。1902年俄國即在大連建設發電廠，隨後不久日本接手，並進一步殖民化東北，其中電力系統的建設，扮演著重要的地位。再者，日本與西方一樣，視殖民地為原物料生產區，因此臺灣所需要的技術人才，基本上由日本在本土訓練，臺灣成為這些具有專業技能日本人的職場。要到二戰期間，因日本國內自顧不暇，難以支援臺灣時，才開始在臺灣本地培養技術人才。此外，14世紀歐洲發展出統計學，不只用以建立知識，也成為掌握社會脈動、制訂有效政策的重要工具。本序言所介紹論文集最後一篇論作，即以統計制度的視角，藉由臺灣農業普查體系建立的相關研究，論述戰後臺灣「以農業培養工業」經濟發展的特色。

以下簡要介紹6篇論作：第1篇是有關二戰結束前東北電力事業發展的研究；第2篇是有關臺灣總督府土木局營繕課建築人才來源與建樹的探究；第3篇是17至18世紀荷蘭殖民地巴達維亞唐人美色甘的相關研究；第4篇是從譯書書目查考西學衝擊下的中國與日本的相關研究；第5篇探究民初中國畫壇在山水畫與風景畫上的論爭與實踐；第6篇是有關戰後臺灣農業普查體系建立的研究。

本論文集中，陳慈玉教授所撰〈二戰結束前東北電力事業的發展〉乙文，作者在石田武彥、堀和生、須永德武、田島俊雄、李代耕、林美莉、王樹槐、林蘭芳、北波道子及湊照宏等等學者，過去對東北、上海與臺灣等地區電力事業之相關研究基礎上，探討二戰結束前東北電業的發展。首先依照草創期（滿鐵經營時期）、成長期（南滿州電氣株式會社經營時期）、蛻變期（滿洲電業株式會社經營時期）三期，分別論述此基礎工業的發展軌跡；其次分析東北電業的特徵，並試圖與同時期上海和臺灣作一比較，以突顯出其性質。作者並參考相關資料，製作了多張圖表，如：滿洲國發電廠統計表、東北電力事業統計表（1930–1944）、東北 . 上海與臺灣電力事業發展比較表、南滿電與滿電經營比較表、東北發電廠燃煤發電效率表、南滿州電氣株式會社歷年收支變化圖等。

本論文集中，蔡龍保教授所撰〈日治時期臺灣總督府土木局營繕課建築人才的來源及其建樹：以尾辻國吉為例〉乙文，旨在探討日本帝國經營殖民地臺灣所需的建築技術人才之來源、工手學校畢業生在臺灣總督府土木局營繕課中的角色與重要性，及其與帝國大學和其他工業學校出身的技術者之關係，彰顯技術人才流動與殖民統治的關係；並以尾辻國吉為例，闡明工手學校層級建築技術人才在臺灣官廳活動之實況，及其所代表的歷史意涵。作者剖析日治初期採取「工業日本」、「農業臺灣」政策，故在臺灣無迫切培育中高級土木、工業技術人才的需求。之後日本的殖民地政策轉為「工業臺灣」、「農業南洋」，因此總督府在 1930 年代之後積極在臺設置工業相關學校。邁入戰爭時期後，陸續在臺各地設立中等工業學校，以圖養成中階技術人才。

本論文集中，查忻教授所撰〈十七至十八世紀之巴達維亞唐人美色甘〉乙文，以荷蘭語資料為中心，特別是《荷蘭東印度告令集》以及印尼共和國與荷蘭國家檔案館所藏資料等，探討 17 至 18 世紀巴達維亞唐人美色甘成立的背景、運作、制度演變，與武直迷所扮演的角色，以及 19 世紀後的唐人美色甘及與相關機構的比較。文中闡述：1640 年荷蘭殖民地巴達維亞唐人美色甘設立，最初是專責唐人遺產的政府機構，後來管轄範圍擴大至所有非歐洲人，並附設美色甘病厝，兼具社會福利功能。運作上以荷蘭人與唐人共同管理為原則，1648 年一度被迫暫停運作，至 1655 年重啟，後發生紅溪慘案，1744 年起加入爪哇人與穆斯林擔任武直迷；其間曾因英國短暫統治而關閉，1828 年荷政府又恢復其職能，直到 1885 年與和蘭美色甘合併，成為「遺產管理會」為止，獨立運作了兩百餘年。

本論文集中，辛法春老師明體顧力仁教授合撰〈西學衝擊下的中國與日本：從譯書書目所作的初步查考〉乙文，指出錢存訓（漢學、歷史學與圖書館學名家）曾撰〈近代譯書對中國現代化的影響〉，取材譯書書目，並善用書目計量方法，分析譯書對中國現代化的影響，譯書書目因而被提昇到文化史的研究領域。辛、顧兩位老師，以其服務圖書館界的經驗及對目錄學、歷史學的學養，試圖由中、日譯書書目，分別查考兩國譯書的目的、內容、數量與學科重點。本文首先介紹書目、譯書書目與學術文化的關係；其次分析中、日兩國譯書書日集人成的兩部作品——《近代漢譯西學書目提要：明末至 1919》與《翻訳図書目録 明治・大正・昭和戦前期》，詳述其內容、體例及功能；此外並從譯書書目觀察日本對中國社會思潮的影響；最後總結譯書書目在歷史研究中的角色。

本論文集中，王舒津教授所撰〈民初山水畫中的風景〉乙文，闡述：「山水畫」與「風景畫」常用來分別指稱中國與西方描繪自然風光的繪畫，反應中、西對於此類繪畫的材質、形制、風格以及背後美學與意識型態的迥異。在 20 世紀初，當中國面對西方美術知識與體系的大規模移植之時，中國畫壇該如何透過山水畫來回應？作者以師法西方風景畫金城的〈草原夕陽圖〉與師法傳統山水畫祁崑的〈山水〉兩幅構圖近乎一致的畫作展開探討。本文旨在探究 1900–1920 年代中國畫壇在山水畫 vs. 風景畫上的討論與實踐，並試圖指出民初常被視為傳統陣營的北方畫壇或京津畫派所展現的現代與時代特質，藉此反省過往研究中，西化 vs. 傳統的二分不僅弱化現代中國畫壇的多元與複雜面貌，或許也會忽略在中國逐漸往寫實傾斜的藝術發展過程中，傳統陣營可能扮演的角色。

本論文集中，林佩欣老師所撰〈以農業培養工業：戰後臺灣農業普查體系的建立〉乙文，主標題「以農業培養工業」，標示出戰後臺灣經濟發展的特色。本文旨在考察 1960 年代，臺灣在經濟建設計畫的要因下，實施農業普查的過程與經緯，及其與戰前統計調查制度之關係。文中闡述：有別於戰前「日本製」的調查，戰後臺灣農林處在林開煥率領下於 1955 年實施的農家經濟調查，是臺灣首次由臺灣人規劃實施的農家經濟調查，是在沒有民情和語言等障壁下完成的統計調查，深具意義；接下來類似的調查及兩次農業普查，都是在 1955 年的調查基礎下完成；而戰後臺灣的農業普查，雖在農復會的美式架構下進行，但就執行人員與方法而言，戰前臺灣總督府的統計經驗與制度，在戰後仍然以各種不同的形式存在，並對 1960 年代臺灣社會的轉型產生相當程度的影響。

肆、展望未來：溝通與協作～新教育的理念

民國109年2月，國立臺北大學歷史學系創系屆滿二十週年。二十年來，系上教師同仁，相處和諧，除孜孜於教學工作、熱心參與系務及關心校務之外，亦不忘砥礪自我、從事學術研究。民國107年間，時任系主任的洪健榮教授，發起結集同仁著作，期能出版《國立臺北大學歷史學系成立二十週年紀念論文集》。經過大約兩年的籌備、編印，終於能將本系含專任、兼任及合聘共24位教師同仁的個人論文，結集出版。這部論文集的出版，對成立二十週年的國立臺北大學歷史學系，以及系上所有同仁，都深具意義。更何況同仁們的著作，涵蓋古今中外，耗費心力，廣用各方文獻資料，成果豐碩。

前文已以「溝通與時代」為主軸，由宗教人的溝通、醫療身體與政治身體、國家：協作的整體性及中央與地方之分、禮法與社會溝通、溝通與時代、工業革命以來的東西方世界：東西方的溝通等六個分項，分別介紹、總結本校歷史學系同仁學術研究的成果。本論文集所收錄的論文，可說是闡述了不同時空、背景下的社會實踐。

回溯過往、總結成果之後，下一步就要立足當下、展望未來。

如何在快速變遷的時代生存，成為現代教育界的嚴肅課題，有不少標題為 *The New Education* 的書刊問世。美國教育專家凱西．戴維森（Cathy N. Davidson）在其新書《新教育：大學如何變革才能幫助學生為變化的世界做好準備》（*The New Education:How to Revolutionize the University to Prepare Students for a World in Flux.* New York: Basic Book, 2017）的序言中指出：

> Students today need so-called soft skills, including strategies, methods, and tactics for successful communication and collaboration. These are necessary to navigate a world in flux, where they cannot count on continuing for any length of time in the job or even the field for which they were originally trained.

戴維森認為現在的學生必須具備包括策略、方法與戰術上的軟實力，才能成功地溝通（Communication）與協同合作（Collaboration），足以在瞬息萬變的時代洪流中持續航行。因為原本在學校所受到的訓誡，在職場、領域上，並不能保證是否能繼續存在。

以下擬以「溝通與協作」（Communication & Collaboration）為題，對本校歷史學系的未來，提供一些思慮與展望，期能達到拋磚引玉之成效。

一、溝通作為基本的社會行動

溝通（Communication）是人類最基本的社會行動，它與感情、意志、表達（陳述）、語言、符號、身體有關。從事溝通的行動，即區分了主體、對象（有時會將之客體化），選用恰當的語詞、姿勢，來陳述情志，我們每天無數次重複這個過程。若陳述（鋪陳）情志是「賦」，則恰當的語詞、姿勢為「比」，而對象的「感興」，通常會再成為我們的資訊。現代學術界，更凸顯溝通（賦、比、興）的過程，也是種認知過程。

讓我們稍微整理一下溝通的各種面向，諸如：自我溝通、師友群體間的溝通、古今中外的溝通等等。這些溝通，不只與認知有關，同時也存在於各種群體之中。因此，溝通作為社會行動，要遵循倫理、豐富社會道德、尋求認同、創造和諧。

在團體層次的溝通方面，用古代的語詞來表述，即是──「禮樂」。儀式的「表演」、實踐，必須伴隨著和諧氛圍；樂的作用在於「和諧」，儀式中雖有不同角色、職分，但要創造「交融」才是目的。古今中外是歷史上每個時代都要面對、處理的問題，譬如漢朝人要面對匈奴、唐朝人要面對突厥，其至語詞中，都有古今中外的因素滲入其中。

「溝通」是個哲學、教育、管理、經貿等領域常用的語詞，掌握溝通的技能，也是現代人面臨快速變遷的法寶之一。「禮崩樂壞」是古人常用來說明一個社會的土崩瓦解，此一語詞雖在述說一個社會的解體，但同時也說明了一個社會需要「禮樂」作為社會運作的基礎。雖然並不是每一個時代的人，都會有禮崩樂壞的憂慮，但每個時代都會面對禮樂變遷的過程。然而我們現在要說，禮樂變遷是常態，但二戰以來的社會變遷，太過迅猛，也因此我們更需要掌握溝通技能，如此才可以與時代對話。

前文中曾述及兩種型態的溝通：第一、人與自然的溝通，形成「風」；第二、社會的溝通，形成「俗」。「風俗」是多重溝通而形成的，因此，不論第一或是第二類型環境的改變，都會促成禮樂的變遷（社會變遷）。

人與自然的溝通，可能是現代居住在都市叢林的人，較難感知的。一個住在都市的現代人，一年之中可能看不到幾次滿月。相反地，古人對月亮陰晴圓缺的感觸，卻與日常生活有著密切的關連。隨著人類技能的增長，人與自然的溝通，愈來愈單向，以人力來改變自然，有時甚至是宰制自然。不過，地球資源的過度使用，也成為 21 世紀人類要面對的嚴肅課題。至於社會的溝通方面，古代社會可能比較注重「由上而下」的溝通，前引《漢書》〈地理志〉論述「俗」時，強調君主意志的重要性，因此說「隨君上之情欲」。然而隨著歷史的發展，「由下而上」的動能，成為社會溝通的主要動力。

不論人與自然或者社會的溝通，較理想的形態，應是互為主體的雙向溝通。然而人類的歷史，往往因人的意志，出現單向的對話。前文已提及人與自然的單向對話，以下再討論社會溝通的問題。人不可避免地，建構社會、運作的組織是金字塔形的三角形，只有扁平或狹長的不同。因此，社會不可避免地形成上層社會／下層社會、統治階層／庶民的差異。在中國，則另有士／庶的分別。引領社會發展的士，具有無可比擬的責任與榮譽。宋朝以來，士人如蘇洵主張上、下間的溝通，應長期不懈地進行，而且庶民也有其主體性。這種見解，要到晚明時王陽明學派的一些學者，才明顯地站在庶民的立場，對社會進行一些改革，也可以說是在中國民本傳統下，發展出來的雙向對話，雖然與現代的民主制度仍有些不同之處，但仍有參考的價值。

二、協作與人類的未來

以下將討論面對快速變遷世局的另一法寶——協同合作（Collaboration）。“Collaborate” 與 “Cooperate” 均有「合作」的意思，但兩者的含義，仍有些差異。前者較側重於各為主體，共同完成一件事；後者則有幫助、配合的意含。本文所用的合作或協作，多半為“Collaborate”之意。

人類作為一種物種有其特色，同時也有其限制。人類往往用彼此合作（包含 “Cooperate”）的方式，化解了在物種上的缺點，並且進一步主宰了地球。雖然如蜜蜂、螞蟻、猿猴、動物狩獵等，也有合作的現象，然而人類的合作，還包括了可以跟陌生人一起合作。在《鄉土中國》乙書中，所描述的人際關係是親密的、熟悉的，但實際上這並非全貌。城、鄉間也有分工合作的現象，但城市人、鄉村人之間，存在著一定程度的隔閡、敵視，即使如此，城鄉之間，還是存在著一定合作與依存的關係。人們是如何合作的？現代人上班時，搭乘捷運，成百上千人共乘一列車，基本上大家彼此不認識，是陌生人，但這些陌生人各自到自己的崗位工作，分工不只在某一家公司、工廠出現，整個社會都處於分工合作的狀態。涂爾幹的《社會分工論》（*De la division du travail social*），似乎說明了分工合作的現象，然則我們仍不禁要問，如何能夠和陌生人一起合作呢？或許本序言前面的敘述，回應了一些可能的答案。

一隻手機可能是好幾個國家的工人，分別製作擅長的部分，最後組合而成。然而這些工人彼此並不認識，也沒見過面。在同一個工作場地，他們之間可能有幫助、配合式的合作，但離開同一工作場地，他們更重要的是，各為主體式的完成工作，例如：製作螺絲、面版、各種半成品、不同的成品。然而要達成這種合作，不僅是乙紙契約就可達成，更需要乙套貿易制度，來促成協同合作。所以應該說，制度使得陌生人可以協同合作，古代如此，現代亦是如此。跨國間的貿易協定，使得這種合作，變得更加密切。

本序言想說明在禮樂的基礎上，建立一系列制度，使社會各產業、組織，能夠協同合作。本文以下稱建立在制度的合作，為「協同合作」，簡稱為「協作」。前述《通典》由社會的結構，來分析歷史的發展，〈食貨典〉被置於篇首，這說明經濟是生活的基礎。《通典》〈食貨典〉約分為田制、鄉黨、賦稅、歷代盛衰戶口、錢幣、漕運鹽鐵、平準等，共有十二卷。在《通典》所說的「食貨」，其實是有一套複雜的制度支撐起來的。也就是說，人類透過自己創造出來的制度，來協同合作，不僅是經濟生活，在政治生活、文化生活方面，也是透過制度，協作成為整體。

工業革命以後，世界各國的政經制度有了重大的改變。自第一次世界大戰以來，民族自決、國際組織的發展，尤其顯著。現代社會基於社會分工，漸漸形成國際市場產業鏈。產業鏈串連起不同的經濟體，其複雜的程度，非專業人士不能道盡，本文更無從細數。本文只是想藉著新近發展出來的產業鏈，重複一下協作與制度具有相當大的關聯性。

三、新教育的理念：21 世紀的 4C 技能

前文所說的“Communication”（溝通）、“Collaboration”（協同合作），再加上“Critical Thinking and Problem Solving”（批判性思維與解決問題）及“Creativity and Innovation”（創新與創造），共 4 個 C，這就是「美國

21世紀技能學習聯盟」（United States-based Partnership for 21st Century Skills）評選出來本世紀最重要的4個C——“The Four C’s of 21st Century Skills”，四種技能。

創新是進步的動能，有些學者認為，語言的本身是創造的泉源，譬如學會了一套語言，可以創造出無數符合語法的句子。學術也好，學科也好，都是由一套學術術語建構而成的語言體系。此外，創新也與文化、保障創新的制度相關，在此不再多加說明。

將批判性思維，列為教育的目標，應是十分恰當的作法。歷史的思維，在探索真相的宗旨，實與批判性思維有關。唐代史學家劉知幾的史學理論專著《史通》中，有〈疑古〉（篇）與〈惑經〉（篇），他指出史學的研究，必須打破成規與權威經典的限制。史學方法中，常會提出「考證」一詞，考證可分為「內部考證」與「外部考證」，而考證的英文，即是“criticism”。在強調內證、外證之餘，史學研究者尚需強調「自證」（自我批判）。

疑古、惑經固然是種態度，但如何檢證自己本身的認知？清代史學家章學誠則提出「史德」以應之；又說：「蓋欲為良史者，當慎辨於天人之際，盡其天而不益以人。」「天人之際」一詞，在古人的論述中常見，司馬遷於《史記．太史公自序》中亦曾提及。不過，章學誠是說：「氣合於理，天也；氣能違理以自用，人也。」又說：「情本於性，天也；情能汨性以自恣也，人也。」此處所說的「人」是指自用、自恣。承認並慎辨人的認知有自用、自恣的情事發生，如此才能趨向於良史。

禮樂制度是個古老的論述方式，但這個論述，和溝通、協作可以有接頭點，而且我們還是得回到面對古今中外這個命題。首先，要承認自己有所不足，發現自己的缺點、限制，這可能是再前進的第一步；其次，溝通除了有人與自然的溝通、人與社會的溝通之外，尚需培養自我溝通的能力。

透過溝通而有協作，並建立制度，使其可以和諧運作。此外，“Emergence”（湧現）是生物界的普遍現象，每由簡單的結構，發展成為複雜的結構。譬如一株大樹，是由一粒種子發展來的；而一個水分子，則可以發展出無窮多的六角結晶體。

人的社會中，湧現出各種群體，除了生物自身的「種子性」外，另受到時空環境的「熏習」，可以說同時具有生物基因（身體記憶）與文化基因（歷史記憶），在不同時空環境中，放出動能，形成群體。現代人溝通技能，除了能夠和傳統的群體協作之外，同時也必須感知社會新湧現的群體，探究與其協作的各種方法。

社會不斷有湧現的現象，其中有些會促進社會和諧發展，有些則否。如何判斷這種新勢力的價值地位，除了多聞、多思之外，同情理解並與這些「由下湧出」的現象對話，並培養 21 世紀最重要的 4C 技能（Communication、Collaboration、Critical Thinking、Creativity），應該是現代教育界非常重要的課題。

蔣義斌

寫於國立臺北大學文學院研究室 民國 109 年 1 月

DOI:10.978.986437/1778.0001

禁忌——
秦漢信仰的一個側面

劉增貴 *

壹、前言

禁忌，是人們在恐懼災害的心理下，對某些被認為可能導致災害的行為與現象的避忌。禁忌雖然是人類社會的共同現象，但禁忌產生的原因與環境、禁忌呈現的方式、以及對禁忌的解釋，都反映了當時的信仰與心理，在不同的社會文化及歷史階段裡，各自具有不同的特色。

秦漢時代的「禁忌」一詞，與「忌諱」相近，《說文》：「禁，吉凶之忌也。」又說：「諱，忌也。」是禁、忌、諱三者沒有太大分別，都是「吉凶之忌」。《楚辭．七諫．謬諫》王逸注：「所畏為忌，所隱為諱。」[1]雖然對忌與諱稍作區分，但所畏與所隱都反映出對對禁忌的畏避。這種相信觸犯禁忌會帶來嚴重災害的心理，正是禁忌不同於道德規範之處。用東漢學者王充的話來說，禁忌是「吉凶之忌」，而道德則是「義理之禁」，[2]兩者有別。王充指出，許多禁忌論其實質，只是「義理之禁」，為了讓人們遵守，假託了「吉凶」的形式，他說：「夫忌諱非一，必託之神怪，若設以死亡，然後世人信用畏避。」[3]然而王充的話反而說明了世人之所以畏避禁忌，是因為他們相信違禁會觸犯神怪、帶來死亡：禁忌的背後正是信仰。

「義理之禁」與「吉凶之忌」的分別，似乎反映了禁忌信仰的社會階層限制。《左傳．昭公三年》提及晏子的話：「君子不犯非禮，小人不犯不祥」，

---

* 中央研究院歷史語言研究所研究員

[1] 段玉裁，《段氏說文解字注》（臺北：百齡出版社影印本，1976），頁 9、104；劉向編，王逸章句，洪興祖補注，陳直拾遺，《楚辭章句補注》（臺北：世界書局，1972），頁 154。

[2] 王充著，黃暉校釋，《論衡校釋》（北京：中華書局，1990），卷 23，〈四諱〉，頁 970。

[3] 《論衡校釋》，卷 23，〈四諱〉，頁 980。

也顯示了「非禮」與「不祥」的兩分。然則禁忌信仰果真只限於一般民眾？王充的另一段話否定了這種看法。他提到當時人：

> 見吉則指以為前時擇日之福，見凶則刺以為往者觸忌之禍，……故世人無愚智、賢不肖、人君布衣，皆畏懼信向，不敢抵犯。[4]

可見無論智愚賢不肖，下至布衣，上至人君都相信禁忌。禁忌所影響的也不只是個人的生活，更可擴及政治層面。例如《月令》中的「四時之禁」，就成為漢代施政的重要內容；而彗星、日蝕等天象之忌，更影響到政局的變動。對禁忌的遵守甚至也影響了歷史的進程，這裡試舉一例：秦漢民間的術數中有所謂「六甲窮日」，即六十干支最後一個干支——癸亥，象徵一切都走到盡頭，所以那天不可出行。東漢建武元年（25 A.D.），光武帝大將鄧禹與更始之將王匡等大戰於河東安邑附近，打到快天黑時，戰局對鄧禹一方不利，部下勸他乘夜退逃，但他堅持不退。熬過一夜，次日正是癸亥，是上述的六甲窮日，更始陣營因凶日而停止出兵，給了鄧禹重整軍隊的機會。次日會戰，一戰而勝，平定了河東。得到河東後的同月，光武乘機即位於鄗，並進鄧禹為大司徒，建立了東漢一朝。[5] 這樣一場開創歷史新局的關鍵戰爭，竟受到六甲窮日不宜出行禁忌的影響，[6] 可以看出禁忌的重要性。

秦漢時代的禁忌，一向少有學者研究。近年禮俗文化與民俗學者漸注意禁忌研究，趙建偉、林明峪、任聘、金澤、万建中各有所論，[7] 但這些論著多屬禁忌通論，大多以近現代民俗為主。其中只有趙建偉之書，對古代禁忌著墨較多。此書資料豐富，視角敏銳，甚具開創性，後來的不少著作都沿用

---

[4] 《論衡校釋》，卷 24，〈辨祟〉，頁 1008-1009。

[5] 范曄，《後漢書》（中華書局新校標點本，臺北：臺灣中華書局，1981；以下四史皆同），卷 16，〈鄧禹傳〉，頁 601-602。

[6] 「六甲窮日」在《後漢書》中只提到「癸亥」，但早在西漢初，已將六十甲子之最後兩干支（壬戌、癸亥）稱為「窮日」，此日不可出行。馬王堆三號墓出土帛書《出行占》中有云：「六旬窮：壬戌、癸亥，六旬窮日也，不可行、入官。」參考劉樂賢，〈《出行占》摘釋〉，見氏著《簡帛數術文獻探論》（武漢：湖北教育出版社，2003），頁 117。

[7] 趙建偉，《人世的「禁區」——中國古代禁忌風俗》（西安：陝西人民教育出版社，1988）；林明峪，《臺灣民間禁忌》（臺北：東門出版社，1989）；任聘，《中國民間禁忌》（北京：作家出版社，1991）；金澤，《禁忌探秘》（香港：三聯書店，1994）；金澤，《宗教禁忌》（北京：社會科學文獻出版社，1998）；万建中，《禁忌與中國文化》（北京：人民出版社，2001）；万建中，《中國民間禁忌風俗》（北京：中國電影出版社，2005）。

了其資料與論點。可惜的是，此書對一些史料的解釋不夠嚴謹，[8] 對近年出土的重要禁忌史料如《日書》等完全沒有引用，也是一大缺憾。

秦漢時代的禁忌史料零散缺略，不過近年考古出土的簡帛，提供了豐富的史料。從 1942 年出土楚帛書以下，月忌日禁之書出土不少。1959 年有磨嘴子漢簡《日書》，而 1979 年出土了睡虎地秦簡（以下簡稱「睡簡」）《日書》甲、乙本，提供了最詳細的擇日禁忌史料。睡簡《日書》之外，類似的出土資料尚有八角廊漢簡《日書》（1973 出土）、阜陽漢簡《日書》（1977）、江陵九店楚簡《日書》（1981 出土）、張家山漢簡《日書》（1983 出土）、天水放馬灘秦簡《日書》甲、乙（1986）、岳山秦牘《日書》（1986）、王家臺秦簡《日書》（1993）、周家臺秦簡《日書》（1999）、虎溪山漢簡《日書》（1999）、孔家坡漢簡《日書》（2000）。此外，還有懸泉置漢簡《日書》，而敦煌、居延、杜陵漢代簡牘，也都有《日書》殘文。這些《日書》中，許多尚未發表，已發表者中以睡虎地秦簡出土者最為詳細，[9] 相關研究也不少，但從「禁忌」角度切入者並不多。[10] 較全面的研究《日書》禁忌之書，似尚只有 2000 年出版的張寅成《中國古代禁忌》一書，[11] 此書分析了睡虎地《日書》中的禁忌與原理，使我們對古代禁忌得到較系統的瞭解。不過，由於以《日書》為主，對「時日禁忌」以外的其他禁忌討論不足，由於成書時資料的限制，睡簡之後發表的《日書》史料如孔家坡《日書》、懸泉漢簡、額濟納漢簡等，也未能利用。其中最近剛出版的孔家坡《日書》，內容豐富，可與睡虎地出土者媲美，但甫出未久，尚未被學者充分利用。[12]

---

[8] 例如《禮記．曲禮》：「鄰有喪，舂不相；里有殯，不巷歌」，指有喪不歌，「相」據諸家注，皆以為舂時相和之歌，古歌謠多有名「相」者，但趙建偉則解為不可對著喪家舂米（頁 76-78），似將相解為「向」。《禮記．內則》：「子甚宜其妻，父母不悅，出。」是指即使子愛其妻，只要其父母不悅，仍然從父母之意出妻。但趙建偉則解為此「明確規定丈夫不能寵愛妻子」，否則會使父母不悅而出之，古有「丈夫不能寵愛妻子之禁制」云云（頁 166），類此解釋，皆去原義甚遠。

[9] 本文所採用之睡虎地秦簡日書釋文，主要根據睡虎地秦墓竹簡整理小組編，《睡虎地秦墓竹簡》（北京：文物出版社，1990）。另參酌劉樂賢，《睡虎地秦簡日書研究》（臺北：文津出版社，1994）以及王子今，《睡虎地秦簡日書甲種疏證》（武漢：湖北教育出版社，2003）。由於後文將大量引用，為簡化出處，以下引及時，簡稱「睡簡《日書》」，只在正文中注明「睡」字及其簡號及甲或乙種，不另作注。

[10] 關於各種《日書》的出土與研究，參考劉樂賢，《簡帛數術文獻探論》，頁 27-38。

[11] 張寅成，《中國古代禁忌》（臺北：稻鄉出版社，2000）。

[12] 湖北省文物考古研究所、隨州市考古隊編，《隨州孔家坡漢墓簡牘》（北京：文物出版社，2006）。

本文在前人研究的基礎上，對秦漢時代的禁忌稍作爬梳，討論的內容集中於「禁忌事物」與「禁忌行為」兩個方面。「禁忌事物」即禁忌的對象，當時人相信看到或遇到了這些禁忌對象與事象，就有可能導致不幸。例如人們相信看到兩頭蛇的人會死，看到彗星、梟等也是不祥，遇到有月事的婦女或產婦，會沾染不潔。這些不祥是禁忌事物所帶來的。「禁忌行為」，則指當事人若有某些行為，就會產生不吉的後果，因此對這些行為引以為忌。

無論「禁忌事物」或「禁忌行為」都涉及當時的信仰。禁忌往往依託於信仰，我們可以從禁忌產生的原因與內容、當時人對禁忌的解釋、以及與禁忌相關的法術與儀式等，看出禁忌與信仰的關係。漢代禁忌所託的信仰非常廣泛，《太平經》指出「尊天重地，日月列星、五行四時、六甲陰陽、萬物蚑行動搖之屬，皆不空生。鬼神精魅六合之間，表裏風雲雷電不空行也。此皆有神有君長，比若人有示，故畏之，不敢妄行。」[13]所信包括天地、日月列星、五行四時、六甲陰陽、萬物眾生、鬼神精魅、風雨雷電，都「有神有君長」，因畏懼這些鬼神而不敢妄行。由這些內容看來，秦漢禁忌反映的是當時人的宇宙觀及對自然、萬物眾生、鬼神的敬畏。這裡所顯示的宇宙觀，與漢代出土式盤所顯示的天、地、人、鬼的宇宙圖式相符合。[14]漢代出土式盤的四維是四個門：西北為天門，東南為地戶，西南為人門，東北為鬼門。可見當時人認為宇宙不只上下四方，而應包含了所有的天、地、人、鬼。以下試以此為線索，對禁忌展開討論。

貳、人與天地——自然秩序與禁忌

《史記・太史公自序》：「嘗竊觀陰陽之術，大祥而眾忌諱，使人拘而多所畏；然其序四時之大順，不可失也。」秦漢時代的禁忌是在陰陽五行思想的背景下出現的，而「四時之大順」也是中國古代禁忌的重要特色。何謂四時之大順？〈太史公自序〉又說：

[13] 王明編，《太平經合校》（北京：中華書局，1960 初版），卷 154 至 170，〈賢不肖自知法〉，頁 724-725。

[14] 式盤所反映的宇宙圖式參李零，《中國方術考（修訂本）》（北京：東方出版社，2001，二版），第 2 章，〈式與中國古代的宇宙模式〉，頁 89-176。

> 夫陰陽四時、八位、十二度、二十四節各有教令，順之者昌，逆之者不死則亡，未必然也，故曰「使人拘而多畏」。夫春生夏長，秋收冬藏，此天道之大經也，弗順則無以為天下綱紀，故曰「四時之大順，不可失也」。[15]

這段話顯示了當時人相信陰陽四時、八位、十二度、二十四節氣等自然秩序的運行，自有一套規則與相配的行事。所謂「各有教令」，《集解》引張晏認為是「各有禁忌」，當時人相信這些禁忌「順之者昌，逆之者不死則亡」，故多拘畏。司馬遷雖然不贊成陰陽家強調禁忌，但仍認為禁忌背後的自然秩序—— 春生、夏長、秋收、冬藏—— 是不可違反的。從《月令》等所顯示的四時之禁看來，禁忌一直與節氣、時令相關。自然秩序的強調，陰陽五行學說，及天人相應的理論的影響，都是漢代禁忌的特色，也有別於其他文化的禁忌內容。

一、節氣與歲時禁忌

古代的天人感應學說，強調人與自然的和諧。一年四季十二月，陰陽代謝，五行運行，天地周而復始。隨著時序推移，人的行為也要與其配合，因此違反時序的行為也就成為禁忌。這些禁忌清楚地表現在中國古代的〈月令〉系統的論著中。關於〈月令〉，學者已有不少研究，這裡不多詳述。值得注意的是，這些禁忌不只是儒者的構想，而是古代社會長久以來順應自然而形成的習俗，在漢代仍被政府以詔令的方式嚴格地執行著。[16] 在 1990-1992 年出土的敦煌懸泉漢簡中，有寫在泥牆上的西漢元始五年（5 A.D.）的〈四時月令詔條〉，詳細記載了這些禁忌：

孟春（一月）禁止伐木，不可摘巢，不可殺無害的幼蟲、幼鳥、幼獸，不可殺懷胎禽獸，不可取卵，不可聚眾、築城。仲春（二月）開始打雷，雷前三日，警告民眾打雷期間不可有性行為，否則會生下殘障兒。不可興兵征伐，不可竭川澤、網陂池，不可焚山林。季春（三月）不可彈射及張羅捕飛鳥。孟夏（四月）不可起土功、發大眾、攻伐（大樹）、大田獵。仲夏（五

---

[15] 以上見《史記》，卷 130，〈太史公自序〉，頁 3288-3290。

[16] 邢義田，〈月令和西漢政治—— 從尹灣集簿中的「以春令成戶」說起〉，《新史學》，9：1（臺北，1998.3），頁 1-54。

月），不可刈藍草以染，不可燒灰，不可閉門閭、索關稅，不可用火於南方。季夏（六月）不可興土功。秋季（七月至九月）三個月是可以有為的日子，可以從事各種建築及糧食積蓄收斂等，但季秋（九月）有不可采金石銀銅鐵之忌。孟冬（十月）小心蓋藏之事及增強門戶關塞之閉防，但不可以治溝渠、決行水泉。仲冬（十一月）不可作土事，不可發蓋及室屋，不可起大眾為繕治事。季冬（十二月）則送寒氣。[17]

以上的詔條出於王莽輔政時，雖有其特殊時代背景，但大體本於《呂氏春秋》十二〈紀〉及《禮記・月令》。在出土簡牘及傳世文獻中可知，上推漢初，下及東漢，其部分條文都曾實行過。[18]從這些禁忌可以看出幾點：第一、禁忌以法令的方式呈現，其中雖多為政府施政須遵守之忌，如不可聚眾、築城、出兵之類，但大多是針對民眾共同的禁忌，如仲春打雷前後不可有性行為之類，行於一般民眾，法律的背後反映的是民間的生育禁忌及對雷神的禁忌與信仰。第二、這些禁忌強調順應自然之氣，如春陽氣萌發，萬物始生，不可撓其生氣，故有伐木、摘巢、殺幼、焚林、捕鳥之禁；夏則陽氣盛壯，萬物增長，而有不可伐大樹及大田獵之禁。其他各項也與盛陽相關，例如藍草未成不可採割，陽為火，燒灰則滅陽，而不閉門閭是為了通陽氣。其餘秋收、冬藏，禁忌亦與之相應。第三、四時運行與五行代謝相關，這些禁忌也反映了當時的五行與方位信仰，例如春屬東木，不可斫樹；夏屬南火，不可用火南方；秋為西金，不可采金石銀銅鐵；冬為北水，不可治溝渠、決行水泉。五行與方位也是四時之禁的重要內容。

四時運行，而有二十四節氣，其中較重要的是「八節」：立春、立夏、立秋、立冬、春分、夏至、秋分、冬至，而漢代尤重後四者，另外又有歲首、伏、臘等，構成秦漢的節日，漢代人統稱之為「歲時」。[19]節日是時空以年為週期的運行過程中的重要關鍵點，反映了人與自然相和諧，進而參與自然運行的努力。[20]因此節日與禁忌的關係密切，節日中的禁忌事項應較平時的

---

[17] 中國文物研究所、甘肅省文物考古研究所編，《敦煌懸泉月令詔條》（北京：中華書局，2001），頁 4-37。

[18] 參考邢義田，〈月令和西漢政治—— 從尹灣集簿中的「以春令成戶」說起〉；胡平生，〈敦煌懸泉置出土《四時月令詔條》研究〉，收於前揭《敦煌懸泉月令詔條》，頁 38-48。

[19] 楊惲在給孫會宗的信中說：「田家作苦，歲時伏臘，亨羊炰羔，斗酒自勞。」見《漢書》，卷 66，〈楊惲傳〉，頁 2895-2896。

[20] Derk Bodde, *Festivals in Classical China: New Year and Other Annual Observances during the*

禁忌更重要。可惜的是，漢代節日禁忌的記載非常少，其中像「臘」這麼重要的節日，雖有較詳細的儺等儀式資料，卻缺乏禁忌方面的記載，無法討論，以下只能就幾個有資料的節日稍作說明。

首先，人們相信一年的好壞，可從「歲始」的種種徵兆來觀察。漢代的「歲始」有四個：一是冬至，產氣初萌；二是臘之次日，會飲食，發陽氣；三是正月旦，是規定的「歲首」；四是立春，為四時之始。這「四始」之中，正旦（正月朔）的徵兆最為重要。當時人相信，新年正旦這一天的好壞會影響未來的一年，因此這天的凶象就被視為禁忌。漢惠帝七年正月辛丑朔，發生日食，谷永指出：歲首、正月、朔日，是為「三朝」，三朝的日食是尊者所惡。漢哀帝元壽元年（2 B.C.）正月辛丑朔，又逢日食，哀帝下詔罪己，謂「其咎不遠」，[21]大臣鮑宣也上書說：「日食於三始，誠可畏懼。」[22]都可看出元旦出現日食，被視為大忌。此外正旦這一天，民間又有不可毀壞器物的禁忌，[23]也是害怕會帶來惡運。另外據傳漢成帝時，有正旦不得殺雞與雀的禁令，[24]這個禁令很可能與秦漢「七日」的信仰有關。當時以正旦之風占吉凶，天水放馬灘秦簡《日書》乙種已有「入正月一日而風，不利雞；二日風，不利犬；三日風，不利豕；四日風，不利羊；五日風，不利牛；六日風，不利馬；七日風，不利人」之文，[25]是此說可上推至秦，而在後世發展出「雞日」、「人日」的習俗。正旦與雞有關，殺雞與雀有可能因此而被視為禁忌。

上述新年而毀敗器物、出現日食等，可視為一種禁忌，論其實質則亦為徵兆信仰，當時人相信在重要的時序（節日，尤其新年正旦）出現的徵兆，

Han Dynasty, 206 B.C.–A.D. 220 (Princeton: Princeton University Press, 1975), p. 1.

[21] 《漢書》，卷27下之下，〈五行志下之下〉，頁1500；同書，卷11，〈哀帝紀〉，頁343。

[22] 《漢書》，卷72，〈鮑宣傳〉，頁3091-3092。

[23] 《漢書》，卷72，〈鮑宣傳〉，頁3091-3092。

[24] 李昉編，《太平御覽》（臺北：商務印書館，1975），卷29，〈元日〉，頁267引《萬歲曆》。

[25] 一般研究「七日」者，大多引魏晉之世董勛《問禮俗》「俗云。正月一日為雞。二日為狗。三日為豬。四日為羊。五日為牛。六日為馬。七日為人」之語，認為猶如西方之七日創世造物，胡文輝則指出，當指「占」而言，即以七日中占七者之吉凶。見胡文輝，〈人日考辨〉，收於氏著，《中國早期方術與文獻叢考》（廣州：中山大學出版社，2000），頁339-348。其說甚是，可惜的是，此文未及見放馬灘秦簡《日書》乙種上引簡文，不知此俗可早到秦代。放馬灘《日書》乙種迄今並未出版，此一簡收於馬建華主編，《河西簡牘》（重慶：重慶出版社，2003），頁9。「七日」可能與易經中「七日來復」的觀念有關。

預示了往後日子的吉凶。事實上，當時常有以節日占吉凶之俗，除了上述外，在各種《日書》中有對正月朔的各種占法，例如睡虎地秦簡《日書》甲種的〈稷辰〉，《日書》乙種的〈秦〉是將日子分為「秀」等八種，並提到各種日子以之作為正月朔時，歲之好壞與是否有雨及戰爭。孔家坡《日書》除〈稷辰〉外，〈朔占〉、〈主歲〉、〈司歲〉、〈占〉諸篇都是對正月朔的相關占法，所占也是歲與兵。[26]《史記．天官書》提到以歲首日風來之方位及時辰來占斷吉凶之俗，這與上述民間以「七日」之風為占相似，但所關心的是一年的水旱刀兵而非人、畜。又有據雲、雨以及太歲所在為占者。[27]正旦之外，也有以正月的其他日子為占的，如以正月上、中、下旬丁巳日，正月四日、八日，戊己、乙巳、乙亥等日之風、雨、雲占歲。[28]而魏晉之際的楊泉則提到正月望（十五）夜，以立表測月影的長短來占水旱。[29]

立春在漢代也被視為歲首。為助春氣，每年立春都下寬大之詔，不是死罪的大案，不可以在此日之後治獄行刑。[30]此一禁令顯與四時之禁中仲春「省囹圄，去桎梏，止獄訟」相符合。春天另一個重要節日為三月上巳，即三月上旬的第一個巳日。這是透過在水濱的沐浴活動，以祓除不祥。勞榦指出，三月的「巳」日，照建除家的說法，剛好是「除」日，於除日行祓除之事，與曆法相合。[31]按睡虎地秦簡《日書》甲種〈秦除〉篇中，三月「建辰，除巳」，三月上巳值除，祓除活動正是在古人依曆行事的習俗中出現的。此日的禁忌是：不可以留在家中，必須出外於東流水上祈禳，祓除。[32]不可留在家中，是因祓除是一種「隔離」，離開居所，透過沐浴水濱，擯除一切疾病、不祥於外，得到「大絜」才能回家。

---

[26] 以上見《睡虎地秦墓竹簡》，頁 184-185，233-234；《隨州孔家坡漢墓簡牘》，頁 179-183。

[27] 《史記》，卷 27，〈天官書〉，頁 1340-1341。

[28] 《隨州孔家坡漢墓簡牘》，頁 179-180，〈占〉。

[29] 賈思勰撰，繆啟愉校釋，《齊民要術校釋》（北京，農業出版社，1982），頁 169-170，引楊泉《物理論》。

[30] 《漢書》，卷 90，〈王溫舒傳〉，頁 3656；《後漢書》，卷 3，〈章帝紀〉，頁 152-153。

[31] 勞榦，〈上巳考〉，《中央研究院民族學研究所集刊》，29（臺北，1970），頁 248。

[32] 劉昭注補司馬彪《續漢志．禮儀志上．禊》，提及上巳節起源說法之一云：「後漢有郭虞者，三月上巳產二女，二日中並不育，俗以為大忌，至此月日諱止家，皆於東流水上為祈禳自絜濯，謂之禊祠。」此說雖屢經學者辨其不確，但其中「至此月日諱止家」之言，應屬可信。

夏季五月是古代著名的惡月，這個月禁忌甚多，例如此月（尤其五月五日）出生的孩子被視為不祥，此月也不可以蓋屋，更不能上任到官，否則會永不升官。關於這些禁忌，下節將有較詳的討論，這裡要說明的是，這些禁忌仍與天地之氣有關。五月是陽氣極盛之月，照月與地支的配合，五月屬午，五行「三合局」中火生於寅、壯於午、老於戌，[33] 因此五月正是陽火最為盛壯之時，古人相信盛陽最毒，王充即指出「毒」是「太陽之熱氣」，[34] 五月的禁忌，正是避免這些「惡氣」的消極措施。後漢的五月五日已形成重要節日，為儺止這些惡氣，這天有以朱索五色桃印飾門戶的措施。[35] 而人們亦以五采絲繫臂以辟鬼、防止兵災及疾病。[36]

五月另一個節日是夏至，夏至白日最長，過則日短，這天「陰陽爭，死生分」，照禮書的說法，要平心靜氣，在家中亦不可裸露身體，並且止聲色、節嗜欲以穩定陰陽，不可有房事。[37] 漢代官吏在這天不辨公，[38] 並禁舉大火，不可燒炭鼓鑄，及治練金屬，以免擾亂陰陽，這樣的禁忌延續到立秋。何以禁火？一方面如前所說，五月為火盛之時，另一方面由於夏日常旱則祈雨，禁火意在抑陽扶陰，故《漢書．昭帝紀》云：「夏，旱，大雩，不得舉火」。由於夏至為陽極生陰之日，所以這天還要浚井改水，[39] 以示陰氣之新生。

與夏至相對的是冬至。冬至也是陰陽轉換之時，這天夜最長，過則日漸長，陰極盛而陽始生，其禁忌與夏至相似，也是安身淨體，百官絕事不聽政，寢兵鼓，夫婦在冬至前後各五日也要「寢別內外」，以免干擾陰陽。[40]

---

[33] 「三合局」之說，已見於睡虎地及放馬灘秦簡《日書》，見《睡虎地秦墓竹簡．日書乙種》，頁 239；何雙全，〈天水放馬灘秦簡綜述〉，《文物》，1989：2（北京），頁 28；孔家坡《日書》〈□生〉篇中也列出了金木水火之生、壯、老（《隨州孔家坡漢墓簡牘》，頁 139）。

[34] 《論衡校釋》，卷 23，〈言毒〉，頁 949-960。照王充的說法，天地間之毒幾皆為陽氣，包括鬼為太陽之妖，而生物含太陽之氣而生者，皆有毒螫，蜂為陽物之類，可以反映當時的觀念。

[35] 《後漢書．志》，卷 5，〈禮儀志中〉，頁 3122。

[36] 應劭撰，王利器校注，《風俗通義校注》（北京：中華書局，1981），〈佚文．辨惑〉：「五月五日，以五綵絲繫臂，名長命縷，一名續命縷，一名辟兵繒，一名五色縷，一名朱索，辟兵及鬼，令人不病溫。」頁 605-606。

[37] 見《禮記．月令．仲夏》。疏：「既止聲色，故擯房不得進御侍夕也。」

[38] 《漢書》，卷 83，〈薛宣傳〉，頁 3385。

[39] 《後漢書．志》，卷 5，〈禮儀志中〉，頁 3122。

[40] 《後漢書．志》，卷 5，〈禮儀志中〉，頁 3125；崔寔著，石漢聲校注，《四民月令校

由於一陽始生，故亦被視為一年的開始，所謂「氣始於冬至，周而復生」。[41] 這天要鑽燧改火，[42] 象徵陽氣新生。冬至一陽復始，萬象更新的意含，在曆法上表現得很清楚。漢武帝於太初元年（104 B.C.）頒布太初曆，即因這年十一月（子月）冬至朔旦恰為甲子日，故作為更新之始。[43]

冬夏二至之外，漢代另兩個相對的節是伏日與臘日。漢代的節日中「伏」「臘」並稱，最為人所重。臘日儀式記載甚多，但禁忌不詳，這裡從略。至於漢代「伏日」，有三天，即「三伏」：六月後的第三個庚日為初伏，第四庚為中伏，立秋後初庚為後伏。伏日不可以辦公，也不可出行，出外者要早回。[44] 在交通方面，也「閉關」。[45] 何以有這些禁忌？一個說法是：伏是「隱伏避盛暑」。但《曆忌釋》指出，伏是「金氣伏藏之日」，主要是因為四時代謝，就五行言都是相生：立冬，水代金，金生水；立春，木代水，水生木；立夏，火代木，木生火；只有夏轉為秋是以金代火，火不但不生金，反而克金，所以在火盛的夏天，金必伏藏。伏日是六月的庚日，「庚者金，故曰伏也。」這個禁忌的背後有著五行信仰的背景。[46] 如果從時序的陰陽之氣來看，伏是指「陰氣藏伏」而言，六月陰氣將起，但迫於殘陽而不得生，故藏伏。[47] 不過還有另一種解釋，《漢官舊儀》指出「伏日萬鬼行，故盡日閉，不干它事。」[48] 當時有人相信這一天萬鬼通行，所以不可出門者原因在此。這一天有吃湯餅的習俗，稱為「辟惡餅」，[49] 從名稱可知用以辟除惡氣。

最後要附帶說明的是漢代寒食節的禁忌。寒食節在當時並非全國性的節日，大體只行於北邊太原、上黨、西河、雁門等郡，在漢末資料中所見的時間是冬至後一百零五日，當仲春二月之末。[50] 寒食節的最重要禁忌是禁火，

注》（北京，中華書局，1965），頁 71。

41 《史記》，卷 25，〈律書〉，頁 1251。

42 《後漢書・志》，卷 5，〈禮儀志中〉，頁 3122。

43 《史記》，卷 26，〈曆書〉，頁 1260-1261。

44 《漢書》，卷 65，〈東方朔傳〉，頁 2846，載東方朔謂同儕：「伏日當蚤歸。」

45 袁宏撰，周天游校注，《後漢紀校注》（天津：天津古籍出版社，1987），卷 13，〈和帝紀上〉，頁 388，載永元六年六月「初伏日閉關」。

46 《史記》，卷 5，〈秦本紀〉，頁 184，注引《曆忌釋》。

47 《漢書》，卷 25 上，〈郊祀志上〉，頁 1196 顏師古注。

48 《後漢書》，卷 4，〈和帝紀〉，頁 179 引。

49 宗懍撰，守屋美都雄譯注，布目潮渢、中村裕一補訂，《荊楚歲時記》（東京：平凡社，1978），頁 365，從何晏伏日食餅事，可知漢末已然。

50 太原等郡的寒食時間，如據《藝文類聚》卷 3 引桓譚《新論》，及《後漢書・周舉傳》，

故不熟食。其禁火之因，有許多不同的說法，[51] 當時一般人相信是因介子推焚死，故有此「龍忌之禁」。無論此說是否可信，都反映了當時人的信仰。不過仲春火禁之說在《周禮》中可找到線索。《周禮・秋官・司烜氏》：「仲春以木鐸修火禁于國中」，據鄭玄注及賈公彥疏，因為季春大火（即心宿）將出，未出之前，在仲春先禁火，以免火過盛。所謂「龍忌」，二十八宿中角、亢二宿為龍星，屬東方春木，木生火，故禁之。因此寒食火禁仍與節氣運行相關。

由上觀，漢代的節日，並不像一般認為的具嘉年華式的狂歡喜樂，從禁忌來看，人們小心翼翼，唯恐犯錯，節日似乎反而是危機時刻，禁忌則為度過難關的守則。人們在許多節日中除了以祭祀等儀式奉神，又常以不出門等禁忌避禍，儘量避免干擾陰陽五行之氣。這與漢代處理天災之措施相似。例如冬至、夏至之日，官吏不辦公，停止軍事行動，就與漢獻帝時一連串的地震、日食所採取的「避正殿，寢兵，不聽事五日。」[52] 措施幾乎相同。

二、時日禁忌

節日外，平常日子則有「時日禁忌」，為秦漢禁忌的重要特色之一。「時日禁忌」，即相信歲月日時有吉凶，凡有行事，都要選擇適當的時日，如果違反了時日，或選取了凶日，就會帶來不幸。《論衡・辨祟》指出當時世俗認為一切禍患，都是因為「犯觸忌諱之所致」，所有重要的日常行事如動土、移徙、祭祀、喪葬、行作、入官、嫁娶，如果「不擇吉日，不避歲、月」，就會「觸鬼逢神，忌時相害」，發生疾病、入獄等種種不幸，導致死亡，甚至滅門的慘禍。[53]

應在隆冬。但魏時周斐的《汝南先賢傳》引周舉〈移書介子推廟〉云：「春中去火，寒食一月，老小不堪，殘損民命，非賢者之意，今則三日而已。」見嚴可均校輯，《全上古三代秦漢三國六朝文・全後漢文》（北京：中華書局，1958），卷 59，頁 798。是則周舉之時寒食之期已在春天，故曹操〈明罰令〉（《藝文類聚》卷 4 引）謂「冬至後百五日」，曹操時當漢末，與周舉時代相去未遠，所載又為同一地之俗，甚說應可信。

[51] 不同說法的爭論可參裘錫圭，〈寒食與改火—— 介子推焚死傳說研究〉，《中國文化》，1990：2（上海），頁 66-77；李道和，〈前人對寒食習俗的解說及其內在矛盾〉，《民族藝術研究》，2002：5（天津），頁 39-44。

[52] 《後漢書》，卷 9，〈獻帝紀〉，頁 376。

[53] 《論衡校注》，卷 24，〈辨祟〉，頁 1008。

時日的內容到底如何？集中的資料自然是當時流行的各種「日禁之書」，[54] 近年出土的各種《日書》可以見其大略。《日書》中涉及具體禁忌的內容，將於後文各節討論，這裡只就時日禁忌的形式、性質、原理所反映的禁忌心理稍作說明。

首先值得注意的是，時日禁忌特色之一是對時間的分類與命名，由於分類、命名，使時間具有吉凶禍福的特性，人們據以趨吉避凶。如睡虎地秦簡《日書》的「稷辰」、「建除」之說，都是將一個月的日子分成若干類，每類各有吉凶。以〈秦除〉為例，它是流行於秦地的建除系統，將一個月的日子分成建、除、盈、平、定、摯（執）、柀（破）、危、成、收、開、閉十二種，正月建寅、除卯、盈辰、平巳等等，二月則建卯、除辰、盈巳、平午等等，以此類推，每月不同。十二種日子在各月的運行，使全年日子的吉凶形成規律循環。十二種日子各被賦予不同的性質，其吉凶也可從名稱上看出，例如「建」日，一切都可有所建樹；「除」日，適合掃除；「破」日，除伐木、壞垣、毀器等破壞之事外，不可有為，應當避忌；「盈」日，用來蓋牛羊欄等就會牛羊盈滿，但若這天生病，就會病重難好。[55] 這類宜忌反映了人們相信吉凶隨時間的行程而具規律性，以及人們對日子「名稱」的信仰與禁忌。〈秦除〉的日子分類，迄今猶存於民間的黃曆中，經二千餘年而不變，可見這些宜忌信仰的強固。

以上所說日子的名稱，是時日禁忌中值得注意的現象。當時人相信名字與行事之間存在著神祕的關係，行事吉凶可由當日的日名推出。例如睡簡《日書》甲種的〈星〉篇，以二十八宿為日名論其宜忌，如值「房」日，「可為室屋」，「牽牛」這天「不可殺牛」，「虛」與「危」日「百事凶」，都可從名字得到線索。而「胃」日，則利於入禾粟及建囷倉，這是將倉庫的容納穀物與胃的容納食物相類比。同書又有名為「艮山」之山形圖，又稱「禹之離日」，學者指出，「艮山」取名於《易》艮卦之「艮為山」，艮卦的意

[54] 《論衡校注》，卷 24，〈譏日〉：「世俗既信歲時，而又信日。舉事若病、死、災、患，大則謂之犯觸歲、月，小則謂之不避日禁。歲、月之傳既用，日禁之書亦行。」頁 1008。

[55] 孔家坡日書的〈建除〉篇，與此大體相同，可以互證。上述「破日」即參孔家坡之說，見《隨州孔家坡漢墓簡牘》，頁 129。

義是靜止不動，相背而不相見。相背故為「離」；靜止，故不利出行。[56]「艮山」的意義較隱晦，但「離日」之名意義清楚，這天只有利於分異，不可嫁娶，以免分離不能偕老，不可出行，以免離而不返。此外干支名稱本身也具有某種吉凶的含意。例如睡簡《日書》乙種中的〈失火〉篇提到「子失火，有子死」之類，顯然以干支之子來說人子之子。這些都可看出日名與行事吉凶間的關係。

上述的禁忌與五行生克無關，但大部分的時日禁忌多與月日干支的五行屬性有關，由五行的生克關係而形成的禁忌是時日禁忌的另一重要特色。眾所周知，傳統中國以干支紀年月日，而干支具有五行的屬性，因而年、季節、月日都具有五行的性質。我曾研究睡虎地秦簡《日書》中的出行禮俗與信仰，發現當時人認為最利於出行的日子，多是屬金或水，而禁忌出行的日子則屬土。這主要是因為出行須踐土，土氣盛則象徵險阻多，所以屬土的戊己之日忌出行。由於金能生水，而古代「五祀」系統中的「行神」屬水，故金水之日利於出行。其次，陸行與水行不同，陸行土盛多險阻，故忌屬土之日，水行水盛多風波，故忌屬水之日，[57]最近研究睡簡《日書》中的〈土忌〉篇，發現修造建屋動土之忌多與出行之忌相同，不利出行之日也常不利動土，如土氣盛之戊己日亦不可動土。[58]這些都可看出五行生克在時日禁忌中的重要性。

時日之禁的另一重要特色是禁忌「神煞」之日。禁忌日的分布雖有禁忌單一及少數日期者，如以單一的地支為禁忌日，類似後世「彭祖百忌」者，[59]更多的是同一禁忌以規律的方式構成群組，其運行具規律性，可說是對大自然時空、星宿運行的模擬。這種群組，即後世所稱之「神煞」。其中一類以星宿為名，各星宿所值之日各有吉凶。上述〈星〉篇之二十八宿配日，是以每月朔日所值之宿（正月營室，二月奎，三月胃等，見同書〈除〉、〈玄戈〉，

---

[56] 李學勤，〈睡虎地秦簡中的「艮山圖」〉，《文物天地》，1991：4（北京），頁30-32。

[57] 劉增貴，〈秦簡《日書》中的出行禮俗與信仰〉，《中央研究院歷史語言研究所集刊》，72：3（臺北，2001.9），頁503-541。

[58] 劉增貴，〈睡虎地秦簡《日書》〈土忌〉篇數術考釋〉，《中央研究院歷史語言研究所集刊》，78：4（臺北，2007.12），頁671-704。

[59] 如睡簡《日書》甲種有一篇被學者稱為〈十二支避忌篇〉者：「毋以子卜筮，害於上皇。毋以丑除門戶，害於驕母……毋以卯沐浴，是謂血明。毋以辰葬，必有重喪……」其形式與「百忌日」相近。

及《日書》乙種的〈官〉諸篇）為起始點，將二十八宿分配給每月各日。[60] 同書又有〈玄戈〉、〈天李〉、〈土忌〉之「招榣合日」及《日書》乙種的〈天閻〉都是以星為名，各有運行規律及吉凶。這些以星為名的神煞，並不是實際天象的描述，而是以星分配於日以表吉凶。[61]

其中名為「歲」的神煞，最為古人所重視。根據學者研究，這些日禁之書中的「歲」，既不是歲星（木星），也不是與歲星相反的歲陰（太歲），因為二者都是每年行十二辰中的一辰，十二年一循環，與日禁書中每年自為循環的「歲」顯然不同。日禁書中的「歲」有兩種：一是稱為「大歲」（太歲，與歲陰同名不同實）或「大時」、「咸池」，有右行與左行兩種。《淮南子·天文訓》提到的是右行者（即逆時鐘），《日書》中出現的是左行者（即順時鐘）。以左行論，是從正月左行於四仲之辰（卯、午、酉、子，代表東南西北四方），即正月卯、二月午、三月酉、四月子、五月又為卯等，四個月行一周，一年行三周。一是稱為「小歲」、「小時」、「月建」等，是斗杓所指，即正月建寅，二月建卯等，左行（即順時鐘，東南西北，每三個月為一方向）十二辰，一年繞一周。無論大歲小歲，都是迎（「迎」即「向」）則凶，背則吉，左則凶，右則吉。[62] 舉例說，《日書》甲種有春三月不可起東向室，夏三月不可起南向室，秋三月不可起西向室，冬三月不可起北向室的禁忌，（睡甲 96-99 正貳，又 114 背）各季不可以建本季方向的房子，這是合於「小時」的「迎」為凶的原則。而《日書》甲種的〈歲〉、〈遷徙〉及乙種的〈嫁子刑〉，其一、五、九月東方最不吉，二、六、十月南方最不吉，三、七、十一月西方最不吉，四、八、十二月北方最不吉，則為「大時」的「迎」為凶之例。

星宿之外，更多的神煞各有名稱及運行規律，通常由四時或歲月日時干支所組成。以《日書》中不宜動土的「土忌」方面看，就有「土徼」、「臽日」、

---

[60] 參考 Marc Kalinowski, "The Use of the Twenty-eight Xiu as Day-count in Early China," Chinese Science, 13 (1996), pp. 55-81. 劉樂賢，《簡帛數術文獻探論》，頁 70-84。

[61] 劉樂賢，《簡帛數術文獻探論》，頁 82-84。

[62] 以上「歲」的考證，參考胡文輝，〈釋「歲」——以睡虎地《日書》為中心〉，載於《中國早期方術與文獻叢考》，頁 88-134。胡氏指出「太歲」原指「大時」而言，但大約在西漢後期，太歲漸被用以指紀年的太陰（與歲星相反的一個虛擬星），運行以十二年為一循環，與原意不同，而大時之名仍為原意。

「土神」、「地衝」、「牝日」、「地杓」等神煞。其他方面見於《日書》者，建除、叢辰系統之外還有「往亡」、「歸忌」、「反枳（支）」、「日衝」、「殺日」、「四法日」、「天閻」、「視羅」等。在居延、敦煌漢簡中也有「天李」、「八魁」、「血忌」、「月殺」、「復日」、「歸死」等。[63] 這類名稱亦見於傳世文獻，如《論衡》中提到當時人相信「血忌」、「月殺」、「九空」、「地臽」、「往亡」、「歸忌」等。[64] 這些日子中，「土忌」諸神煞及「九空」、「地臽」之日不可動土築室，「反支」、「往亡」不可出行，「歸忌」、「歸死」不可歸家，「殺日」、「血忌」不可殺牲、見血，都是秦漢時代的重要禁忌。根據張培瑜的研究，許多神煞都已出現於出土漢簡帛書曆冊上的「曆注」中，[65] 王充所說「曆上諸神非一，聖人不言，諸子不傳」即指神煞而言。[66] 可見這些禁忌已安排在「四時之序」中，是日常行事的重要依據。

最後要提及的時日禁忌特色，是對「方位」的禁忌。時日禁忌中「時間」常與「空間」相結合，反映出中國古代的方位信仰。時日禁忌的形式，常是在某一時日，某一方位，不可為某事，上述嫁子、築室、遷徙中據「大時」、「小時」而得的禁忌方位即是一例。我曾研究出行宜忌，發現方位信仰是禁忌的重要部分，許多出行的日子與方位之五行相克時，即成為禁忌。而放馬灘秦簡《日書》中〈禹須臾行日〉條，[67] 更有一個月三十日中，每日在「旦」、「日中」、「昏」、「中夜」四個時段的不同出行吉向，可以看出秦漢人對方位的宜忌講究，已細到一日之內的不同時段。

關於時日禁忌，後人曾總結為兩大方面，即「協紀」與「辨方」，「紀」指的是天之運行與時間推移，而「方」指的是地之五行與方位，所謂「協乎

---

[63] 參考胡文輝，〈居延新簡中的《日書》殘文〉，《文物》，1995：4（北京），頁56-57；劉昭瑞，〈居延新出漢簡所見方術考釋〉，《文史》，43（北京，1997.8），頁49-59；魏德勝，〈居延新簡、敦煌漢簡中的「日書」殘簡〉，《中國文化研究》，2000：1（北京），頁65-70。

[64] 見《論衡校釋》，卷23，〈四諱〉；卷24，〈辨祟〉、〈譏日〉諸篇。

[65] 張氏所列有歲德、歲刑、歲破、太歲、太陰、上朔、血忌、九空、月殺、往亡、歸忌、月建、月破、建除十二直、厭日、月厭、大時、小時、天李、八魁、反支、孤虛、空亡等。參考張培瑜，〈出土漢簡帛書上的曆注〉，《出土文獻研究續集》（北京：文物出版社，1989），頁135-147。

[66] 《論衡校釋》，卷24，〈譏日〉，頁996-997。

[67] 秦簡整理小組，〈天水放馬灘秦簡甲種《日書》釋文〉，頁4-6。

五紀，辨乎五方，以順天地之性」，[68] 因此時日禁忌所反映的仍是上述人與天地協調的思想。神煞可說是虛擬的星宿，模擬自然的運行。《焦氏易林》：「據斗運樞，順天無憂」，[69]「順天」，正是時日禁忌的關切點，與上述「四時之大順」有其一貫之處。

三、自然及生物之禁忌

《史記．天官書》載太史公之言：「天則有日月，地則有陰陽。天有五星，地有五行。天則有列宿，地則有州域。」是日月五星列宿為天，陰陽五行州域為地。上一節協紀辨方，限於時日之忌，以下從人對自然天象及生物的禁忌稍作討論。

首先看天象之忌。《淮南子．要略》中提到「天文」的要旨是「和陰陽之氣，理日月之光，……避忌諱之殃。」[70] 天文與禁忌有密切關係。漢代流行天人感應之說，《說文．曐》：「萬物之精，上為列星」，人亦不例外。《詩．小弁》：「天之生我，我辰安在？」是人應星辰之說尚可早推先秦。鄭玄箋以為「辰」是指「六物之吉凶」，即歲、時、日、月、星、辰。漢人認為國命、個人命運都與星宿相關，王充即指出：「國命繫於眾星，列宿吉凶，國有禍福；眾星推移，人有盛衰。」[71]《太平經》也說世人「籍繫星宿，命在天曹」。[72]

天之異象常視為禁忌，如熒惑、太白、歲星、彗星、日月之變，都被認為會帶來惡運。其中最為人注目的是慧星的出現及日月食。見到彗星是不吉利的，甚至連夢到彗星也不吉，[73]《晏子春秋》提到齊景公夢彗星，對晏子說：「有彗星者，必有亡國」。[74] 漢代人對慧星也非常忌諱，認為是最不吉利的

---

[68] 見清乾隆間編纂的《欽定協紀辨方書》（文淵閣四庫全書本），〈御製協紀辯方書序〉。

[69] 焦延壽，《焦氏易林》（《叢書集成新編》，第24冊），卷1，〈乾之小畜〉，頁1。按所謂據斗運樞，王莽即為一例，史載莽之將亡，「天文郎桉栻於前，日時加某，莽旋席隨斗柄而坐，曰：『天生德於予，漢兵其如予何！』」見《漢書》，卷99下，〈王莽傳下〉，頁4190。王莽據斗柄與日時，算出有利的方位而坐，認為可避凶趨吉，可見其至死猶信時日。

[70] 見劉安編，劉文典集解，馮逸、喬華點校，《淮南鴻烈集解》（北京：中華書局，1989），卷21，〈要略〉，頁701-702。

[71] 《論衡校釋》，卷2，〈命義〉，頁46-47。

[72] 《太平經合校》，卷110，〈有德人祿命訣第一百〉，頁548-549。

[73] 《論衡》，卷21，〈死偽〉，頁901-902。

[74] 吳則虞集釋，《晏子春秋集釋．外篇》（臺北：鼎文書局，1977），卷7，〈景公瞢見

變異，西漢後期谷永指出「彗星，極異也，土精所生。」漢代人認為是天下將亂之象，又或為兵象。[75] 當時人相信，彗星因出現位置的不同，所帶來的災禍各異，「彗星入太微，天下易主」即是一例。[76] 在極端異象之下，必須以「除舊佈新」的革命性手段因應。按東漢初杜篤〈論都賦〉提到漢高祖於秦末「奮彗光，埽項軍」，李賢注指出：「彗星者，所以除舊布新也，故曰埽。」舊的壞到極處，只有代之以新，「彗」為掃帚，正是掃除之具。[77] 漢哀帝建平二年二月，彗星出牽牛七十餘日，為消除這種不吉之兆，哀帝採取了類似厭勝的手段，六月甲子，在夏賀良等建議下改元易號，增漏刻。改建平二年為太初元年，號為「陳聖劉太平皇帝」，刻漏以百二十為度。[78] 用改元、改名、改制的方法來「除舊佈新」，其實是一種「禳除」之法。[79] 在這種情形下，「彗」具有「不祥」與「去除不祥」的雙重意意。[80] 彗星不只不利於統治者，一般亦視為不吉之兆，東漢高誘注《淮南子》云：「彗星為變異，人之害也。」[81] 後世之以「掃把星」罵人，指帶來厄運的不吉者，在此已可看到一些線索。

日食與月食也被視為禁忌現象。日食大半發生在月朔日與晦日，《文選》謝宣遠〈張子房詩〉注引《京房易飛候》：「凡日蝕皆於晦朔，不於晦朔蝕者名曰『薄』。」晦、朔本已不見月，而日又被蝕，故最凶險。其中尤其以正月初一的日食最為人所忌諱。例如惠帝七年正月辛丑朔日食，谷永即指出正月朔是歲首，一年之始，這一天的日食「尊者惡之」。[82] 漢代對其他各月朔日的日食也是嚴陣以待，朔前後各二日，都牽羊酒到社下祭日，遇到日食時，割羊祠社以救日。[83] 由於日食是一種禁忌現象，逢日食時也有一些行為

彗星使人占之晏子諫第三〉，頁 440。

[75] 《漢書》，卷 44，〈淮南厲王劉長〉，頁 2146。

[76] 《續漢志》，卷 12，〈天文〉，頁 3259。

[77] 《後漢書》，卷 80 上，〈杜篤傳〉，頁 2598-2599。掃帚原有去除不祥之意。

[78] 《漢書》，卷 26，〈天文志〉，頁 1312。

[79] 《晏子春秋集釋》，卷 1，〈景公遊公阜一日有三過言晏子諫〉，頁 66，提到載齊景公睹彗星，使伯常騫禳之。

[80] 漢代門吏迎客之擁彗卻行，寓去除不祥以禮賓客之意，這點承邢義田先生提示，謹此致謝。

[81] 《淮南鴻烈集解》，卷 6，〈冥覽訓〉，頁 195，高誘注。

[82] 《漢書》，卷 27 下之下，〈五行志〉，頁 1500。

[83] 《後漢書·志》，卷 4，〈禮儀上·合朔〉，頁 3101-3102。

禁忌，例如逢日食則「天子不舉樂」即是。月食也有影響，當時人認為月食時出生者不長壽，三國時管輅出生於月食之夜，就曾自嘆命不久長。[84]

月的圓缺也是重要天象。「朔」為月始，「晦」是月終，兩者都各有禁忌。其中晦由於不見月光，陰氣最盛，所忌尤重。晦日有許多事情都不能做，例如春秋以來，有晦日不出兵之忌。[85]此外又有朔不可哭，晦不可歌之忌，《抱朴子》提到「越井跨灶，晦歌朔哭，凡有一事，輒是一罪，隨事輕重，司命奪其算紀，算盡則死。」[86]葛洪此說，以晦歌朔哭為嚴重禁忌，此一說法可上推到秦簡《日書》，《日書》甲種的〈反支〉篇云：「墨（晦）日，利壞垣、徹屋、出寄者，毋歌。朔日，利入室，毋哭。望，利為囷倉。」（睡甲 155 背）。為何朔不可哭，而晦不可歌？從上引《日書》所載，可以看出，朔為新的開始，故利於入新居，而晦為結束，只能做破壞之事，朔與晦一吉一凶，形成對比。由於朔是陽始之吉日，而晦為陰盡之凶日，吉日哭與凶日歌，都顯示人與天不協調，被視為禁忌的行為。而「望」之所以可以建囷倉，是因望為月盈滿之日，建倉象徵倉儲盈滿，這與上述二十八宿的「胃」日建倉的思維方式類似。

對天象的禁忌也包括氣候現象。例如天上的虹即是禁忌現象之一。《淮南子・天文訓》說：「虹蜺彗星者，天之忌也。」《詩經・鄘風・蝃蝀》：「蝃蝀在東，莫之敢指」，蝃蝀即虹，當時有不可用手指虹的禁忌。為何不可以用手指虹？鄭玄箋云：「夫婦過禮則虹氣盛」，虹是夫婦交接的象徵，孔穎達指出虹都是「雙出」的，雄為虹，雌為蜺。虹有兩個頭，漢畫中畫成兩個頭的龍，[87]看起來像交接的兩龍或兩蛇。趙建偉認為虹的形象與古代禁忌中的「兩頭蛇」禁忌有關，古代有看到兩頭蛇的人將會死亡的禁忌。兩頭蛇其實指的也是兩蛇相交，漢畫中常見伏羲女媧人首龍身，兩尾相交之圖。交接

---

[84] 《三國志》，卷 29，〈管輅傳〉，頁 826。

[85] 《左傳・成公十六年》：「陳不違晦。」陳，即陣，指出兵戰陣之事；違晦，觸犯晦日之忌。杜預注：「晦，月終，陰之盡，故兵家以為忌。」

[86] 葛洪撰，王明點校，《抱朴子內篇校釋》（北京：中華書局，1985），卷 6，〈微旨〉，頁 115-116。按《顏氏家訓》引《道書》也有同樣的話。見顏之推撰，王利器校注，《顏氏家訓校注》（上海：古籍出版社，1980），頁 102。

[87] 見於武氏祠左石室屋頂前坡西段，參蔣英矩、吳文祺，《漢代武氏墓群石刻研究》（濟南：山東美術出版社，1995），頁 80。

之形顯之於眾，是一種禁忌現象，而「指」也是一種常見的咒術行為，以手指向禁忌對象，本身就是一種禁忌行為。[88]

對動植物也有一些禁忌。植物禁忌方面資料甚少。關於樹木不可隨意斫伐一事稍有記載。睡簡《日書》乙種的〈木日〉有伐木的良日與忌日，並且不同的木有不同的忌伐日：甲乙榆、丙丁棗、戊己桑、庚辛李、壬辰漆。（睡乙 66-67）孔家坡漢代《日書》載之更詳，提到甲子、乙丑伐榆，父死；庚辛伐桑，妻死；丙寅、丁卯伐棗，□母死，壬癸伐某樹則少子死。觸犯伐木之忌竟導致家人不幸，可見禁忌之甚。不過，建除中的「破日」雖諸事不可為，卻可以伐木，這與「破」的意義相合。[89]西漢敦煌懸泉的〈四時月令詔條〉提及正月到八月都不可以伐木，禁伐期較長，[90]而《四民月令》則只到季夏為止不可以伐木，伐的話會生蠹蟲。[91]此外植物的種植也有一些禁忌，例如，「月殺」（正、五九月之丑，二、六、十月之戌，三、七、十一月之未，四、八、十二月之辰）之日不可以種樹，這天種的樹會死。（睡甲 105 正壹）又，逢「未」日（未於三合五行屬木）不可以種樹，種了樹長大，種的人將死亡。（睡甲 125 正參）關於五穀的良日與忌日，《日書》中也有記載，這裡不多討論。[92]

動物方面的禁忌記載較多，許多動物的反常現象，在當時人眼中被視為禁忌或不祥。例如正常的蛇只有一個頭，兩頭蛇就被視為不祥，古人相信看到兩頭蛇的人會死。[93]另如家中最常見的鼠，其反常現象當時人也視為禁忌。古人本常以鼠來占吉凶。《日書》甲種有〈鼠襄戶〉篇，提到每月那一天看到鼠上了戶的吉凶：「入月一日二日吉，三日不吉，四日五日吉，六日不吉，七日八日吉，九日恐。廿二日廿三日吉，廿四日恐，廿五日廿六日吉，廿七日恐，廿八日廿九日吉。」（28 正貳，29 正貳）大約是每吉兩天，凶一天。鼠的惡兆常與家族命運相關。漢昭帝元鳳元年（80 B.C.）九月，有黃鼠銜尾

---

[88] 趙建偉，《人世的「禁區」——中國古代禁忌風俗》，頁 46-52。

[89] 以上見《隨州孔家坡漢墓簡牘》〈建除〉及〈伐木日〉，頁 129-131。

[90] 《敦煌懸泉月令詔條》，頁 4。

[91] 《四民月令校注》，頁 17。

[92] 參考賀潤坤，〈從云夢秦簡《日書》的良、忌日看《氾胜之書》的五谷忌日〉，《文博》，1995：10（西安），頁 65-68、74。

[93] 賈誼，《新書》（臺北：中華書局，1978），卷 6，〈春秋〉，頁 132，載孫叔敖故事。

舞於燕王宮正門中，派人去看，鼠舞如故，過了一日一夜才死。漢人認為是燕王謀反將死的惡兆。[94] 漢宣帝時，霍氏一族將被誅滅之前，第中鼠暴增，[95] 這些都是凶忌。如果鼠壞的是個人器物，則影響及於一人。漢末曹沖曾提到，當時人相信衣服被老鼠咬了，衣服的主人將有不吉。[96]

鴞（梟）即貓頭鷹，是當時另一個禁忌動物。梟晝伏而夜出，是所謂「惡聲之鳥」，古人對其聲音非常厭惡，視為不祥。《晏子春秋》載齊景公建了路寢之臺而不使用，柏常騫問他原因，他說有梟叫個不停，令人厭惡。柏常騫說可以用禳解之術去除，方法是建一間新屋而放上白茅草。等屋成，柏常騫夜間施法，終於使梟伏地而死。故事中要去除梟，竟用到禳解法術，可以看出對梟的禁忌。[97] 管仲阻止齊桓公封禪，主要理由是當時沒有鳳凰麒麟之瑞，反而「鴟梟數至」。[98] 漢代人對梟亦極為忌諱。賈誼為長沙王傅三年，有鴞（楚人稱之為「服」）飛入屋內，自覺命不久長，發書占其吉凶，書中說「野鳥入處兮，主人將去」。[99] 鴞被視為死亡之兆。漢宣帝時霍氏之誅，有鴞「數鳴殿前樹上」，[100] 也以鴞與死亡相關。這可能與梟活動於陰暗處及夜間相關。《詩經・陳風・墓門》：「墓門有梅，有鴞萃止。」事實上，鴞經常出現於漢代墓畫，常在祠堂之頂，是墓葬的象徵。

烏鴉是孝鳥，並非惡鳥，古代視為太陽之精，周武王伐紂事件中甚至視為吉兆，[101] 這種正面形象漢代猶然，但在一些情況下也有被視為不祥者。《焦氏易林・旅之困》：「鴉噪庭中，以戒災凶」又同書〈屯之晉〉：「烏鳴嘻嘻，天火將起。」而其群聚，也是惡兆，同書〈旅之比〉：「烏合卒會（別本作烏會雀合），與惡相得。」[102] 後世對烏鴉的忌諱已見端倪。

---

[94] 《漢書》，卷 27 中之上，〈五行志中之上〉，頁 1374。

[95] 《漢書》，卷 68，〈霍光傳〉，頁 2955-2956。

[96] 《三國志》，卷 20，〈鄧哀王沖〉，頁 580-581。

[97] 《晏子春秋集釋》，卷 6，〈內篇雜下〉，頁 375-376。

[98] 《史記》，卷 28，〈封禪書〉，頁 1361。

[99] 《史記》，卷 84，〈屈原賈生列傳〉，2496-2497。按西漢中葉的《焦氏易林》，卷 1，〈屯之夬〉，頁 13：「有鳥來飛，集于古樹，鳴聲可惡，主將出去。」可以相證。

[100] 《漢書》，卷 68，〈霍光傳〉，頁 2955-2956。

[101] 《論衡校釋》，卷 3，〈初稟〉，頁 131。

[102] 以上見焦延壽，《焦氏易林》，卷 1，頁 13，卷 4，頁 261、263。「烏鳴嘻嘻，天火將起」可能用春秋 之典，《左傳・襄公三十年》：「或叫于宋大廟曰：『譆譆，出出。』鳥鳴于亳社，如曰『譆譆』。甲午，宋大災。」不過〈屯之晉〉將鳥鳴改為烏鳴，可見烏的禁忌。

此外，家內的雞犬不寧，也被視為惡兆。《焦氏易林．夬之屯》：「雞鳴失時，君騷相憂，犬吠不休，行者稽留。」[103] 可以看出當時的想法。

總之，在天人相感的觀念下，人們常視天地及周遭環境變化與自身命運相關，大至日月之變，小到雞犬鳴吠，異常的現象也就視為禁忌。人們拘守陰陽之說，「牽於禁忌，泥於小數，舍人事而任鬼神」的背後，[104] 仍可看出與順應自然，諧和天地的觀念。

參、人與人——生命與生活禮俗禁忌

以上禁忌，討論了人在時空的框架下，對自然秩序的順逆趨避。然而除了自然，人本身也是禁忌對象（如孕婦、產婦）。人是群居的動物，在社會生活中人與人間關係密切，更重要的是，一個人的言行作為不但攸關一己之吉凶，更會影響其他人的生活與命運，因而衍生出許多禁忌。例如孕婦的行為將會影響子女的命運，婚、喪涉及家族的吉凶，而衣食住行更包含人們的凝聚與交會。因此其禁忌既反映了人倫關係的規範，也顯示群、己的吉凶禍福及理想追求。在這個考慮下，本節並不特別集中於對禁忌對象（如產婦之類的人）的禁忌，而是擴大到人群互動的禁忌，將其置於生命禮俗與社會生活的脈絡中來觀察。

一、生命禮俗禁忌——生、婚、喪、身體

人的一生從出生到死亡，有一連串的關鍵時刻，這些關鍵時刻最能顯示禁忌的重要性，以下以出生、婚姻與死亡三方面稍作討論，並附帶討論身體禁忌。

（一）生育禁忌

在漢代人的天人感應觀念中，人與天地共一氣，人稟天地之氣而生，因稟氣厚薄，而有善惡吉凶，其決定點，則早在受孕之時。王充即指出，「凡人受命，在父母施氣之時，已得吉凶矣。」[105] 因此受孕時的狀況如時日、天象、環境等都要注意，而形成了種種禁忌。

首先在天象時日有變之時不宜行房，以免感應惡氣，生下不正常的孩

[103] 《焦氏易林》，卷 3，〈夬之屯〉，頁 199。
[104] 《漢書》，卷 30，〈藝文志〉，頁 1734-1735。
[105] 《論衡校釋》，卷 2，〈命義〉，頁 50-51。

子。上文提到〈月令〉載仲春雷發之時，警告民眾不可行房即是一例。王充指出如此懷孕，在「氣感傷胎」的情形下，會造成「瘖聾跛盲」「受性狂悖」之子。[106]這顯然將雷電聲光造成暫時聾盲的現象，及雷為天怒的想法，以「氣感」與這種狀況下受孕而生者的可能的特質聯繫起來。從《太平經》所載看來，不只雷電而已，逢月之弦望晦朔時，以及反支、血忌等凶日都不可以「合陰陽」，以免生子不順遂，帶來禍殃。[107]成書於六朝的《產經》，在許多方面承襲了漢代的禁忌，提到「合陰陽」要避開「九殃」：

> 日中之子，生則嘔逆，一也；夜半之子，天地閉塞，不喑則聾盲，二也；日蝕之子，體戚毀傷，三也；雷電之子，天怒頭威，必易服狂，四也；月蝕之子，與母俱凶，五也；虹霓之子，若作不祥，六也；冬夏日至之子，生害父母，七也；弦望之子，必為亂兵風盲，八也；醉飽之子，必為病癲、疽、痔、有瘡，九也。[108]

九殃中除第九項外，都與天象及時日有關。天人之間，具有交感的巫術關係，如夜半天地閉塞，受氣所生子不暗則聾盲，日蝕之子，身體也會毀傷（蝕）。至於月蝕，為女子之凶兆，《禮記．昏禮》：「婦順不修，陰事不得，適見於天，月為之食」，故月食而孕之子，「與母俱凶」。至於虹霓、冬夏至、弦望都是特殊時刻，皆已見上節。

其次，受孕的環境與場合如果不適當，也為人所忌。當時人忌諱某些居住方位，以免不易有子，例如睡簡《日書》甲種〈相宅篇〉提及娶婦建小內室，如果位在整個住屋西北端，就會無子，依道路建小內室，也「不宜子」。而居父母之喪期間受孕，被視為「犯禮傷孝」，既使生子也多不舉養。[109]

懷孕期間，也有種種禁忌。馬王堆漢墓帛書的《胎產書》，提及懷孕期間胎兒的發展及其禁忌。[110]一月胎兒還是流形的，二月成膏狀，這兩個月孕婦的飲食不可有辛腥刺激性，起居也要安靜。三月時成脂狀，但仍無定形，

---

[106] 《論衡校釋》，卷 2，〈命義〉，頁 53。

[107] 《太平經合校》，卷 112，〈寫書不用徒自苦誡〉，頁 572-573。

[108] 丹波康賴撰，趙明山等注釋，《醫心方》（瀋陽：遼寧科學技術出版社，1996），卷 28，〈房內．求子〉，頁 1150-1151，引《產經》。

[109] 《風俗通義校注》，卷 2，〈正失〉，頁 128-129。

[110] 《馬王堆漢墓帛書（肆）．胎產書》（北京：文物出版社，1985），頁 136。

會見物而化，因此這個月內的禁忌特別重要，孕婦不使侏儒，不看沐猴，是怕胎兒受感變成畸形；不吃蔥薑及兔羹，以避免胎兒變成多指如薑，缺脣如兔。[111] 總之，無論吃的看的，都有禁忌。四月以下飲食居處也都要留意。古代又有「胎教」之說，則禁忌的不只是飲食視聽，所有的不正的行為思慮皆所禁忌。[112] 胎兒會感應外物而變之說，與受胎為秉氣成形，萬物以氣相感的觀念有關。

生產時的禁忌也不少。產育本身就就是一種禁忌，王充提及當時人忌諱婦人生子，以為不吉，將有吉事、入山林或遠行渡川澤的，都不跟產婦接觸。既使生子之家本身也很忌惡生產之事，常在道旁建臨時住屋，滿月了才能回家。[113] 為何如此忌諱生產之事？應與當時經血與產血之忌有關。《說文》云：「姅，婦人污也，从女，半聲。漢律：『見姅變，不得侍祠』。」所謂「姅」之污，照段玉裁的解釋，包含月事、生子及傷孕等所有污血。漢律見到姅變不可侍祠的規定，應本於《禮記．內則》：「妻將生子及月辰，居側室，……夫齋，則不入側室之門。」婦人污血被視為不潔，為齋戒祭祀所忌。事實上齋戒之時，連婦人亦不應見，東漢周澤為太常，曾臥疾齋宮，其妻前往問侯，被他以犯齋禁的罪名送獄。[114]

污血之外，胞衣與血俱出，也被視為不吉，這也是漢人諱婦人生產的原因之一。王充解釋何以忌諱產子，提到「生與胞俱出，如以胞為不吉，人之有胞，猶木實之有扶（核）也。」[115] 一般以胞衣為不吉，因此產後須埋胞以免污染他人，並且由於胞衣與胎兒一體，其埋葬方位也會影響出生兒的命運。馬王堆漢墓帛書的《胎產書》及《雜療方》中分別有〈禹藏埋胞圖〉及說明文字，共十二幅排成方形，每月一圖，各有十二個方位，除了其中二方位有注明「死」字外，其餘各方都是數字。埋胞之法，要避開每月「大時」與「小時」的禁忌方位（即有「死」字者，「大時」、「小時」兩神煞見本

[111] 張機撰，《金匱要略》（李克光主編本，臺北：知音出版社，1990）〈果實菜穀禁忌并治第二十五〉：「妊婦食薑，令子餘指。」頁 686。《淮南子．說山訓》及《論衡．命義》提到見兔或食兔，會導致胎兒「缺脣」。

[112] 見《大戴禮記．保傅》，另參賈誼，《新書》，卷 10，〈胎教〉，頁 202-205。

[113] 《論衡校釋》，卷 23，〈四諱〉，頁 977。

[114] 《後漢書》，卷 79 下，〈周澤傳〉，頁 2579。

[115] 《論衡校釋》，卷 23，〈四諱〉，頁 975-976。

文「時日信仰」節），並選當月數字最大的一方埋之。據考這些數字是代表出生兒的壽命。[116]

出生時嬰兒的長相、人數、方式、頭的方向都有講究。秦律規定「其子新生而有怪物其身及不全而殺之，勿罪。」[117] 可看出對怪形嬰兒的忌諱。靈帝光和二年（179 A.D.），洛陽上西門外女子生了一個兩頭、異肩、共胸的連體嬰，以為不祥而拋棄。[118] 應劭提到東漢末時，不舉養一出生就有鬢鬚的嬰兒，為其「妨害父母」。當時人視三胞胎為禁忌，若生了三胞胎則不加舉養，主要是認為三胞之多，與六畜生子相似，不利父母。又有一出娘胎就張眼而視的，稱為「寤生」，也被認為妨害父母，而與父親同月生的，被視為妨父，都不加舉養。[119] 出生時的頭向可以占其吉凶，如敦煌漢簡中有一條「生子，東首者富，南首者貴，西首者貧，北首者不壽。・生子見天者。」[120] 所謂「生子見天」即出生當下，甫出娘胎時之頭向。睡虎地秦簡《日書》乙種也有類似的文字。（睡乙 74 貳 -79 壹，248）

當時人特別重視出生時日，認為出生時日可看出其一生。《日書》類的記載中有不少以生子日占吉凶者，如睡簡《甲種》的〈除〉、〈稷辰〉（乙種略同）記有某一類日子中生子的吉凶。〈人字〉及馬王堆《胎產書》之圖，都是以人形圖，上列地支以表出生日之吉凶。〈星〉及乙種的〈官〉載二十八宿所值日生子的吉凶。〈生子〉及乙種的〈生〉載六十干支各日生子之吉凶。孔家坡漢簡《日書》的〈生子〉篇，不但有十二支日占生子吉凶之文，還附上其可能的壽命與死之干支日。[121] 由於生子之日並不能控制、選擇，知其吉凶及未來命運的意義何在？值得進一步推敲。

按西漢的擇日、占卜專家司馬季主曾說「產子必先占吉凶，後乃有之。」說的雖是先王，但從上述不利父母者不被收養的情形看來，這種情形並沒有

---

[116] 李建民，〈馬王堆漢墓帛書「禹藏埋胞圖」箋證〉，《中央研究院歷史語言研究所集刊》，65：4（臺北，1994.12），頁 725-832。

[117] 《睡虎地秦墓竹簡》，〈法律答問〉，頁 109。

[118] 《後漢書》，附《志》，卷 17，〈五行五〉，頁 3347。

[119] 《風俗通義校注》，卷 2，〈正失〉，頁 128-129；〈佚文・釋忌〉，頁 560-562。東漢張奐為武威太守，武威人多妖忌，凡二月五月及與父母同月生的嬰兒都殺掉不養，奐力糾此弊，見《後漢書・張奐傳》。

[120] 甘肅省文物考古研究所編，《敦煌漢簡》（北京：中華書局，1991），簡號 2056。

[121] 《隨州孔家坡漢墓簡牘》，頁 177。

改變。睡簡《日書》甲種的〈生子〉篇有「丁未生子，不吉，毋（無）母，必賞（嘗）（繫）囚。」之文（睡甲 143 正肆），又說「甲子生子，少孤，衣污」（睡甲 140 正陸）。無母、少孤都是不利父母，這些占吉凶之文有可能形成某些舉養的禁忌，用以提供父母參考。事實上，《日書》乙種的〈生〉篇的確清楚顯示其為舉養之忌：「凡己巳生，勿舉，不利父母。」（睡七 247）因此這些日子不是用以選擇出生日，而是作為決定是否舉養的參考。

無論如何，上述資料顯示當時人相信由出生日期可看出人的命運，這種想法已開後世以生日算命的先聲。這些對未來的預測，反映了當時人對子女的期望及希望避免的命運。[122] 而由生日吉凶而形成許多舉養禁忌，除了上述與父親同月生者、己巳生者外，還忌諱正月、二月、五月所生子。[123] 王充提到當時「四諱」之一，即諱正月、五月所生子，不可養育，如果勉強舉養，父母有禍死之咎。[124] 其中尤以五月五日所生子最為人所忌。《風俗通義》提到當時的「俗說」，認為五月五日所生子「男害父，女害母」，如孟嘗君田文生於此日，其父田嬰要其母不舉養，認為如果長到與戶一樣高時，就會不利父母。何以如此？王充提出一個解釋，「夫正月歲始，五月盛陽，子以此月生，精熾熱烈，厭勝父母，父母不堪，將受其患。」[125] 此說可與本文上述談節令禁忌時指出的，五月為十二支中之「午」，於三合五行中為火旺毒盛之時的說法相證。五月五日出生者被視為禁忌，一直下及唐宋猶然，流傳甚為久遠。[126]

（二）婚姻禁忌

婚姻是人倫之始，為維護人倫關係，而產生不少禁忌。首先，在婚姻對象的選擇上，同姓相婚自先秦以來一直是禁忌，至漢仍被強調。雖然不同祖

---

[122] 這方面蒲慕州做了很好的分析，參考蒲慕州，〈睡虎地秦簡《日書》的世界〉，《中央研究院歷史語言研究所集刊》，62：4（臺北，1993.12），頁 635-638。

[123] 諱二月生子已見注 115。五月子見下引王充、應劭諸說。另參李貞德，〈漢隋之間的生子不舉問題〉，《中央研究院歷史語言研究所集刊》，66：3（臺北，1995.9），頁 752-755。

[124] 《論衡校釋》，卷 23，〈四諱〉，頁 977-978。

[125] 以上見《風俗通義校注》，〈佚文・釋忌〉，頁 561；《論衡校釋》，卷 23，〈四諱〉，頁 979。

[126] 尚秉和，《歷代社會風俗事物考》（臺北：商務印書館，1967），卷 27，〈古忌五月五日生〉條，頁 321。

先的同姓結婚姻，在漢代未受禁止，但同族相婚則懸為厲禁，王莽就是一個很好的例子。王莽娶了同姓的王咸之女為后，卻下令禁止元城王氏與姚、嬀、陳、田四姓通婚，因王氏與此四姓上古為同族。[127]可見同姓為婚之忌，大體仍被遵守。其次，居喪嫁聚有違倫常，故亦為重要禁忌，受到法制的維護。西漢曲陽候王根，在成帝崩未葬時，聘故掖女樂而被告就國，東漢時趙惠王乾，居父喪私自娉妾，也被削封邑。[128]這些禁忌由於已法制化，具有較強的約束力。

作為生命過程新階段的開始，婚禮的進行過程也有不少禁忌。例如議婚時的「問名」習俗，顯示了古人對名字的禁忌。由於必須透過媒人才能通名，同時也反映了婚前兩方不可接觸的禁忌。可惜的是，我們沒有足夠的資料對這些禁忌加以討論，目前的史料大多集中於婚期的決定上。正如當時人相信生子之日決定了人的一生一樣，結婚之日的吉凶也被看作婚姻成敗的關鍵，因此其選擇極為慎重。漢武帝時曾聚會占家，問某日可否聚婦，結果五行家、堪輿家、建除家、叢辰家、曆家、天人家、太一家答案各不相同，武帝裁定「避諸死忌，以五行為主」。[129]可看出對嫁娶日不可觸忌的重視。

《日書》類的資料中有許多嫁娶日的禁忌。據估計不可嫁娶之日超過全年半數以上。[130]其中「建除」、「叢辰」類的禁忌日，分布於全年，不可嫁娶之日也佔很高的比例。另一個分布全年的禁忌日是二十八宿所值日，其中如睡簡《日書》甲種〈星〉中記載，角日取妻，會得妒婦，心日則妻悍，箕日妻多舌等等。也有從嫁女的角度來看的，例如另一篇關於星宿所值日嫁女的記載提到「直參以出女，室必盡。直營室以出女，父母必從女居。直牽牛、須女出女，父母有咎。凡參、翼、軫以出女，丁巳以出女，皆棄之。」（睡甲 2、4、5、6 背貳）嫁女之日，犯忌除了會被遺棄，還會影響父母娘家。星宿之外，月亮亦有影響，每月十四及十五日不可嫁娶，而正月、七月的朔日也是禁忌。（睡甲 8-9 背貳，乙 117-118）

嫁娶是男女的結合，以陰陽和合為要。《日書》將月、日各分男女牝牡，代表陰陽，子、寅、卯、巳、酉、戌為男日（牝日），丑、辰、午、未、申、

---

127 《漢書》，卷 99 中，〈王莽傳〉，頁 4106。

128 《漢書》，卷 98，〈元后傳〉，頁 4028；《後漢書》，卷 14，〈趙孝王良傳〉，頁 559。

129 《史記》，卷 127，〈日者列傳〉，頁 3221-3222，褚先生曰。

130 林素娟，〈春秋至兩漢婚姻禮俗與制度研究〉（新竹：國立清華大學中國文研究所博士論文，2003），頁 287。

亥為女日（牡日）；正、二、六、七、八、十二為牡月，三、四、五、九、十、十一為牝月。[131] 牝月牡日娶妻為吉（睡甲12）符合陰陽相合的原則；相反的，月日皆陰或皆陽，則是禁忌之日。

婚姻期於長久，但某些日子具有分離、破壞的意義，因此成為凶日。這些日子包括「大敗日」、「分離日」及「艮山」。「大敗日」是春三月季庚辛（三個月中每月最後逢庚、辛之日）、夏三月季壬癸、秋三月季甲乙、冬三月季丙丁，這些日子是「日衝」，即月、日之五行屬性相衝。如春為木，而庚辛為金，金克木。月日衝克不諧，娶妻就會「不終」（睡甲1背）。「分離日」是指逢戌、亥之日，這是地支中最後的兩個，可能象徵婚姻一開始就走到了盡頭，因此娶妻「不終」，有死亡或離棄之禍。（睡甲10背）不過，武威簡中的日忌則只強調亥日（地支最後一個），並說這天娶婦「不利姑公（公婆）」。[132]「亥不嫁娶」發展到後世成為嫁娶最重要禁忌之一，此時已出現。[133] 至於「艮山」，取義於《易》艮卦之相背不見（已見時日禁忌一節），相背故利離異，不利婚娶。「艮山」又被稱為「禹之離日」，禹長年離家，故託名於他。

除了「禹之離日」外，癸丑、戊午、己未被認為是禹娶梌（塗）山氏之女的日子，禹的婚姻聚少離多，這天結婚，注定不是被棄，就是喪子。戊申、己酉日是牛郎娶織女的日子，若以此日結婚，三年之內就有死亡或分離之禍。至於壬申、癸酉是天震高山的日子，娶妻也不能留居，也是不吉（以上皆見睡甲2背壹）這些都假託古代傳說人物的離異遭遇，以作為婚姻之忌。

婚娶之日不但有時間的禁忌，也有方位之忌。睡簡《日書》乙種有〈家（嫁）子〉篇（睡乙197-201），據學者研究，是一、五、九月居東方，二、六、十月居南方三、七、十一月在西方，四、八、十二月在北方的「太歲」（即前面所說的正月起卯，逐月左行卯、午、酉、子，一年三周的「大時」、咸池）。其嫁子之方位與吉凶，應是以嫁子之家為中心來計算嫁往之方向。以正月為例：「正月、五月、九月，正東盡，東南鬥，正南夬麗，西南執辱，

---

[131] 原簡頗有錯漏，此據劉樂賢補正，參所著《睡虎地秦簡日書研究》，頁69-72。

[132] 中國科學院考古研究所、甘肅省博物館編著，《武威漢簡》（北京：文物出版社，1964），頁136。

[133] 黃一農，〈嫁娶宜忌—— 選擇術中的「亥不嫁娶」與「陰陽不將」考辨〉，劉增貴編，《法制與禮俗》（臺北：中央研究院歷史語言研究所，2002），頁285-308。

正西郄逐，西北續光，正北吉富，東北反向。」[134] 由於正月居東，東方及其對衝之西方最為不吉，而北方最吉，符合「迎則凶，背則吉，左則凶，右則吉」的原則。不過，如前所說，西漢末以下，「太歲」已用來指行向與木星相反，年行一辰的神煞，王充所說就是此類。《論衡·難歲》：「假令太歲在子，天下之人皆不得南北徙，起宅、嫁娶亦皆避之，……不與太歲相觸，亦不抵太歲之衝也。」由此知太歲所居之方及其所衝之方，都不適嫁娶。「太歲」雖異，但吉凶方位的原則仍然相似。

最近發表的孔家坡《日書》〈孤虛〉篇，也是嫁娶方位之忌。所謂孤虛，是以「六甲」各旬所無之兩地支為「孤」（十干配十二支，餘二），與其對衝之兩地支為「虛」，如甲子旬中無戌亥，戌亥為孤，則辰巳為虛，換算為方位，則甲子旬虛在東南，孤在西北。〈孤虛〉云：「凡取妻嫁女，毋從孤之虛，出不吉。從虛之孤，殺夫。」[135] 換言之甲子旬中嫁娶，往西北、東南都不吉，他旬類此。

嫁娶是人生大事，婚日不但要親迎，還要宴客，因此許多不適合出行與宴客之日，也就成為嫁娶禁忌日。例如「反支日」是漢代最受重視的不可出門之凶日，「赤帝臨日」為極凶的不可出行、宴客之日，「殺日」及「血忌」不可殺牲見血，都不可嫁娶。這些日子後文還會提到，這裡不贅。綜觀上述，可以看出婚娶禁忌，如同姓不婚、喪中不娶等，反映了對倫理維護，而婚日的禁忌，則顯示了陰陽和合，對婚姻穩固與長久的企求。

（三）喪事禁忌

死亡是生命的結束，是生命禮儀中的最後關卡，也有不少禁忌。首先，死亡及喪事本身就是極凶之事，與死亡相關及與喪事相似的事物都被視為禁忌。例如日常語言中忌言「死」（見下節言語之禁）。又如《禮記·曲禮》提到父母在世時，為人子的冠衣都不可用白色鑲邊，因為這種服飾近似喪服。漢人還忌諱反掛其冠，也因為像死人服。睡時不可以仰著睡，因為這樣仰著布展手足，有如死人。[136]

漢代人相信死亡日期及埋葬日期會影響生者的命運。《日書》中關於這

---

[134] 原文頗有誤漏，此據劉樂賢補正，見所著《睡虎地秦簡日書研究》，頁 90。

[135] 《隨州孔家坡漢墓簡牘》，頁 143。

[136] 《論衡校釋》，卷 23，〈四諱〉，頁 980。

方面的資料不少。甲種〈星〉篇記載二十八宿所對應的二十八種日子，其中「畢」日若死，一定會死二人，（睡甲 85 正壹）東井日死更可怕，會死五人。（睡甲 89 正壹）換言之，這些日子中一人死亡，會使其他人跟著死。還有種以干支計算死日的，在子日死了人，其後也必以子日死；（睡甲 83 背壹）亥日會死三人；甲辰、甲寅死，必又有死者；甲子日死的如果是男子，年內必有成年女子死。（睡甲 94-96 背壹）這些與王充所說的「戊、己死者，復尸有隨」類似。[137] 這些日忌可以看出，當時人對死亡深感恐懼，唯恐一件凶事會帶來另一件，永遠揮不去死亡的陰影。

另外一些死忌，則記載了當時人相信不同日子死亡的人，會對不同方位的生者產生影響，近年出土的敦煌懸泉置漢簡中日書類的〈死〉篇中，提到不同日子的影響方位，如辰日死的話，西南間一室必有死者。卯日死，復有喪，西南間三室有死者，其他午、酉、亥、未亦有類似資料。[138] 睡簡《日書》乙種有一篇以四季天干論死者對各方位生者的影響，（睡乙 202-223 壹）如「春三月，甲乙死者，其後有憙，正東有得。丙丁死者，其東有熹，其西惡之。……戊已死，去室北，不去有死……」這類死忌與與上述不同的是，其影響未必皆凶，也包括了吉方。

漢代的守喪者有種種禁忌。例如不可沐浴、剪指甲、飲酒食肉，不近婦人、不作樂、不聘妻、不訪友等。[139] 這些是基於對死者的情感與尊敬，似與「吉凶之忌」無關，值得討論的是哭喪的禁忌。《論衡》提到當時有「辰日不哭，哭有重喪」之忌。[140]「辰日不哭」的禁忌可上推到《日書》的「辰不可以哭、穿肆（殔），且有二喪，……」（睡甲 191 貳），又見於《武威漢簡》的日忌簡中。[141] 西漢後期敦煌懸泉置漢簡〈死〉篇中也說「（辰）勿以哭泣，以哭泣，不出三月復哭」，同樣見於〈死〉篇的不可哭之日還有午日及夏三月寅日。可能古代數術中不可哭之日原不限辰日，但到王充的時代辰日最為人所重。何以辰日不可哭？《顏氏家訓・風操篇》，引《陰陽說》云：

---

137 《論衡校釋》，卷 24，〈辨祟〉，頁 1013-1014。

138 胡平生、張德芳編撰，《敦煌懸泉漢簡釋粹》（上海：上海古籍出版社，2001），頁 178-179。

139 楊樹達，《漢代婚喪禮俗考》（臺北：華世出版社影本，1976），頁 269-273。

140 《論衡校釋》，卷 24，〈辨祟〉，頁 1013-1014。

141 《武威漢簡》，頁 137。

「辰為水墓，又為土墓，故不得哭。」這是以「五行寄生十二宮」之說，認為水與土都葬於辰，[142] 因有兩墓，哭有「重喪」之嫌，故忌之。近人或以辰為龍，認為古代求雨，是由巫號哭請龍星，辰日哭象求雨，而雨多墓崩，因此忌諱。[143] 說甚新異，但似未能針對「重喪」解釋，反不如「兩墓」說妥當。

埋葬、挖墓壙都要動土，因此也有日忌。據上引，辰日不但不可哭，也不可挖墓穴（「穿肂」）。睡簡《日書》甲種有一條云：「毋以辰葬，必有重喪。」（睡甲 105 正貳）由懸泉簡〈死〉篇可知，辰日穿壙的後果較辰日哭嚴重得多：「不出三月有五喪」，其他亥、卯、未諸日也不能挖墓穴。至於葬日尤為重要。《論衡．譏日》提到當時的《葬曆》上說：

> 葬避九空、地臽，及日之剛柔，月之奇偶。日吉無害，剛柔相濟，奇偶相應，乃為吉辰。不合此曆，轉為凶惡。

「九空」、「地臽」都是神煞名稱。地臽之日不詳，至於九空，據《星曆考原》等書引《曆例》，是「正月在辰，逆行四季」，「逆行四季」指辰、巳、戌、未之序，即正、五、九月之辰日，二、六、十月之巳日，三、七、十一月之戌日，四、八、十二月之未日。[144] 避開這些凶日之外，還要配合日子的剛柔奇偶。睡簡《日書》甲種〈葬日〉篇將葬日分為兩種，子寅卯巳酉戌是「男日」，午未申丑亥辰是「女日」。女日死，又於女日葬與男日死，又於男日葬，兩者都會導致再度死人。據此可推知女日死、男日葬，男日死、女日葬較好。男日與女日可理解為陰日與陽日，其日支雖與禮書中的剛日與柔日不同，但這種陰陽相配為吉的情形卻與「剛柔相濟」相合。[145] 關於死日與葬日之剛柔相配、奇偶相合，張寅成曾統計漢代帝、后的崩日與葬日，發現前後漢皇帝崩與葬日間無定規可循，這與皇位繼承的權力鬥爭有關，但後漢皇后的崩葬

---

142 參考蕭吉著，錢杭點校，《五行大義》（上海，上海書店出版社，2001），卷 2，〈論生死所〉，頁 32-34。提及土之十二宮本同於火，應葬於戌，但火生土，為土之母，母子不同葬，而其他各地支也都不適合，所以改葬於辰。因此辰兼水土二墓。

143 趙建偉，《人世的「禁區」——中國古代禁忌風俗》，頁 154-155。

144 李光地等撰，《御定星曆考原》（文淵閣四庫全書本），卷 4，頁 11。

145 參考劉樂賢，《睡虎地秦簡日書研究》，頁 69-72。唯劉氏云男子宜於女死、葬，女子適於男日死、葬則不確，因簡明明說的是女日死不可女日葬，死葬須不同，所謂男日女日只是日之陰陽，與男女無關。「男子亦然」（睡甲 31 正貳），如果對照乙種〈人日〉的「男子日如是」（睡乙 108）可知只是「男子日亦然」之省，不是指男子。

日間，除一例外，其餘十例，皆符合王充所說「剛柔相濟，奇偶相應」原則，可見這些禁忌連皇室也都遵守。[146]

葬地的選擇在當時亦應有許多禁忌，可惜資料不存。東漢人吳雄營葬之事可以稍見端倪。吳雄少時家貧，喪母，擇葬於人家不要葬的地方，也不擇時日，巫都說會滅族，而吳雄不聽，後來竟三世任廷尉。[147] 這個例子顯示當時一般人大多相信葬地風水之忌。

此外上冢也有禁忌，王充提及當時有曾受刑的人不可以上丘墓祭祀的禁忌，拘守忌諱者甚至有刑徒不行弔喪，不見他人棺柩之忌。王充認為這是受刑身殘，不宜見祖先，但應劭則指出當時一般人認為刑人上冢，「令人死亡」。[148] 此外，懸泉漢簡中有一條提到，上冢不可以帶刀，因為「死人不敢近」，也不可以哭，因為「死人不敢食」。[149]

（四）身體禁忌

生命從出生到死亡，除過關儀式，身體本身就存在不少禁忌，其中血的禁忌值得注意。血代表生命，無論是人或動物的血，都與信仰關係密切。古代殺牲以血為祭，稱為「釁」。祭祖也是殺牲為祭，故稱為「血食」。此外，血還用於盟誓，又用於驅邪。《風俗通義》記載，正月以狗血塗門，可以驅除不祥。[150] 然而血既是神聖的，又是不潔的。古代祭祀之前，主持祭祀的人都要齋戒，齋戒即戒血肉腥羶，故以沾血為不潔。如漢元帝欲乘船入太廟祭祀，御史大夫薛廣德免冠頓首諫止說「陛下不聽臣，臣自刎，以血汙車輪，陛下不得入廟矣！」[151] 因此祭前沾血，是祭祀之忌。祭祀之前之所以不可與產婦接觸，也是同樣的考慮。

最值得注意的是，古代祭祀時，有「血忌」之日，不可沖犯，王充指出：「祭祀言觸血忌，喪葬言犯剛柔，皆有鬼神凶惡之禁，人不忌避，有病

---

[146] 張寅成，《中國古代禁忌》，頁 35-39。

[147] 《後漢書》，卷 36，〈郭躬傳〉，頁 1546。

[148] 《論衡校釋》，卷 23，〈四諱〉，頁 970；《風俗通義校注》，〈佚文．釋忌〉，頁 566。

[149] 《敦煌懸泉漢簡釋粹》，頁 183。注中提到放馬灘秦簡的志怪故事中也說「祠墓者毋敢殼（哭）」。

[150] 《風俗通義校注》，卷 8，〈祠典〉，頁 378。

[151] 《漢書》，卷 71，〈薛廣德傳〉，頁 3047。

死之禍。」[152]何謂血忌？《論衡・譏日》云：「如以殺牲見血，避血忌、月殺。」[153]「血忌」日不可以殺牲見血，其具體禁忌不詳，不過居延漢簡中有一段文字，可能與此相關，這段文字分兩欄，上一欄月分不詳，只有「三日不可以殺六畜見血」之類的句子五行，每行日數不同。下一欄則列出了九到十二月的「不可以殺六畜見血」日，計有：九月三、十九、廿四日，十月朔、廿、廿二、廿九日，十一月四、廿六日，十二月二、十一、廿四、卅日。[154]「血忌」是當時的重要禁忌，在漢代已出現在曆注中。居延漢簡又有一簡上列建除等日，其中「滿」日下有「血忌、往亡」兩忌，敦煌漢簡也有「十一日甲午，破，血忌、天李」之簡。[155]《日書》中有許多不可殺牲之忌，例如春三月甲乙，不可以殺，因為是「天所以張生時」，其餘夏之丙丁，秋之庚辛，冬之壬癸亦同（睡甲 102 背 -106 背）。總之，在各季本方天干日，被視為當季天張生氣之時，不可殺生。不過，所謂「殺牲見血」，「殺牲」與「見血」似為二事。最近發表的的孔家坡《日書》，其〈血忌〉（原標題）云：

> 春心、夏輿鬼、秋婁、冬虛，不可出血若傷，必死。血忌，帝啟百蟲口日也。甲寅、乙卯、乙酉不可出血，出血，不出三歲必死。[156]

四季值心等星宿之日忌出血，是指人的身體而言，出血為死亡之兆。

無論動物血與人血，見血多為凶徵。例如門戶上發現了血，也是一種惡兆，古代有名的歷陽城傳說，即是一例。據說淮南歷陽有一老嫗，常做好事，一天有人告訴他：如果看到東城門門坎上有血，就是城將陷為湖的徵兆，趕快上山，不要回頭。因此她每天去東城門，吏問知其故，到晚上，門吏殺雞，故意以血塗門。次日，老嫗看到門血，便走上山，城果陷為湖。[157]與這相似的例子還有王莽時候的故事。漢平帝時王莽輔政，其長子王宇不滿他的作風，與博士吳章、其內兄呂寬合謀，夜間以血塗家門，用鬼神之戒嚇王莽，

---

[152] 《論衡》，卷 23，〈四諱〉，頁 969。

[153] 《論衡》，卷 24，〈譏日〉，頁 993。

[154] 《居延新簡》（北京：文物出版社，1990），頁 350，編號 EPT58.21。

[155] 《居延新簡》，簡號 EPT65.425B；《敦煌漢簡》，簡號 1968B。

[156] 《隨州孔家坡漢墓簡牘》，頁 179。

[157] 《淮南鴻烈集解》，卷 2，〈俶真訓〉，頁 75-78。

結果事覺被殺。[158] 這兩個例子中，血塗門戶，頗有以血污染之意。血在此也是不潔之徵，為當時人所忌。

其他如髮、鬚、爪等不可拋棄，在一些場合中剪除它們須擇日，在死亡時也要剪下入葬，這些已有學者研究，此處不贅。[159] 至於身體的沐浴，甚至有擇日專著，《論衡》所引有《沐書》：「子日沐，令人愛之；卯日沐，令人白頭。」王充認為沐頭有忌，浴身無忌，[160] 當時人觀念中頭重於身。但《日書》云「毋以卯沐浴，是謂血明」（睡甲 104 正貳），卯日的禁忌不只沐而已，也及於浴。另外，當時的觀念中，身體各部分尊卑不同，沐浴時頭、上身、下身各用一巾，不可混用。[161]

手與唾液被認為具有法力。古人相信不可用手指虹，這是因為「指」是一種法術行為。行法時也有以手指星宿者。[162] 漢代有諺云「千人所指，無病而死」，《墨子・明鬼》：「指畫殺人」，都是例證。又不可唾人，唾是對人的侮辱，又是詛咒的方式。漢景帝時，長公主在景帝前說栗姬的壞話，提到栗姬與其他貴人夫人見面時，常叫侍者祝唾其背；[163] 漢昭帝時，大司農田延年被人所告，他不願赴獄，說是不要「使眾人指笑我，卒徒唾吾背」。[164]《論衡》說楚越之人，與人談言，口唾射人，則人脤胎（脹），腫而為創。其人祝樹樹枯，唾鳥鳥墜。[165]

身體的一些徵兆也是禁忌。例如漢人相信耳鳴、目（即目動，若後世言眼皮跳）、打嚏涕都會有事發生，都須加防備，有時要「封符鎮書」才能解災。[166] 此外，影子也被視為身體的延伸，當時有五月不上屋之忌，魏世有

---

[158] 《漢書》，卷 67，〈云敞傳〉，頁 2927-2928；同書，〈樓護傳〉，頁 3707-3708。

[159] 江紹原，《髮鬚爪：關於它們的迷信》（臺北：東方書局據 1928 年上海開明書店影本，1971）。

[160] 《論衡校釋》，卷 24，〈譏日〉，頁 993-995。

[161] 劉增貴，〈中國古代的沐浴禮俗〉，《大陸雜誌》，98：4（臺北，1999.4），頁 15。

[162] 《漢書》，卷 80，〈宣元六王傳・東平思王劉宇〉，頁 3325。

[163] 《史記》，卷 49，〈外戚世家〉，頁 1976。

[164] 《漢書》，卷 90，〈田延年傳〉，頁 3665-3666。

[165] 《論衡校釋》，卷 23，〈言毒〉，頁 949-950。

[166] 在漢簡中已出現相關資料，參考陳槃，〈漢晉遺簡偶述〉中的〈耳鳴目瞤書〉條，收於其所著《漢晉遺簡識小七種》（臺北：中央研究院歷史語言研究所，1975），頁 10。

人問董勛：「俗五月不上屋，云五月人脫上屋，見影，魂便亡。」[167] 這種說法應與影之長短有關。有身體就有影子，但五月是夏至前後，影子最短，是生命消散之凶兆，故以為忌。[168] 古人又有不踩影子之俗，所謂「往來過人不履影」，[169] 雖表尊敬，但也與影子是身體的一部分的想法有關。

二、生活禁忌──衣、食、住、行、言語

（一）飲食之忌

秦漢飲食禁忌見於記載者不多。以日時之禁言，每日都要飲食，本無日忌，《日書》提到飲食者，都是指請客聚會而言。其中最凶的是「赤帝臨日」，即正月上旬午，二月上旬亥，三月上旬申，四月上旬丑，五月上旬戌，六月上旬卯，七月上旬子，八月上旬巳，九月上旬寅，十月上旬未，十一月上旬辰，十二月上旬酉。這是赤帝降殃的日子，不但不能飲食，百事都不可為。如果違犯了，一年之內必有災殃。這天出外遇雨，則三個月內，會有死亡之事。（〈行〉127-130）此外，《日書・星》還記載了逢「昴」、「畢」兩星之日都可以打臘，但都不可以吃六畜的肉。（85 正壹、86 正壹）

宴飲為吉事，如有爭鬥是為大忌。當時人相信「上朔日」不可以會客請客，因為會引起爭鬥。這是由於「上朔日」是年德與陰陽之氣俱盡的日子。[170] 例如甲年德在甲，而日干氣盡於亥，另一項禁忌是當時宴飲中有「坐不移樽」之忌，當時人相信宴飲中移轉樽酒，也會引起鬥爭。[171]

飲食也有季節時序之忌，關於寒食節與改火之祭已見前文。《金匱要略》有「春不食肝，夏不食心，秋不食肺，冬不食腎，四季不食脾」之言，[172] 顯

---

[167] 《太平御覽》，卷 22，〈時序部・夏中〉，頁 237 本注引。此應為董勛《問禮俗》中的一部分。據勛言，此俗自秦至魏未改。

[168] 趙建偉，《人世的「禁區」──中國古代禁忌風俗》，頁 72-73。

[169] 戴德撰，高明註譯，《大戴禮記》（臺北：商務印書館，1989），第 60 篇，〈衛將軍文子〉，頁 239-240。

[170] 《風俗通義校注》，卷 10，〈佚文・釋忌〉，頁 562，引《堪輿書》。《論衡校釋》，卷 24，〈辨祟〉，頁 1013-1014，也提到「上朔不會眾」。「上朔日」據《御定星曆考原》及《協紀辨方書》為甲年癸亥日、乙年己巳、丙年乙亥、丁年辛巳、戊年丁亥、己年癸巳、庚年己亥、辛年乙巳、壬年辛亥、癸年丁巳。

[171] 以上《風俗通義校注》，〈佚文・釋忌〉，頁 563-564。

[172] 《金匱要略》，〈禽獸魚蟲禁忌并治第二十四〉，頁 648-649。

然是基於時序之說，將飲食與季節、五行結合起來。至於五月「陰陽爭」，要「薄滋味」也是一例。天變時，飲食亦有禁忌。《風俗通義》提及當時人相信：「臨日月薄蝕而飲，令人蝕口。」因為日月食是非常嚴重的事，連人君都廢樂而極力救蝕，當時有俗語說：「不救蝕者，出行遇雨」。在此情況下而猶自安樂飲酒，自然會遭到「蝕口」的處罰。當時人還忌諱在雷鳴時做醬，認為吃了這種醬會「腹中雷鳴」。[173]又有「六甲日勿食鱗甲之物」之俗。[174]以上日月蝕與「蝕口」、雷鳴所作醬與腹中雷鳴、甲日與鱗甲等，都顯示當時禁忌中的巫術觀念。

（二）衣服之忌

衣服是身體的延伸，代表了身體及個人。春秋時豫讓為智伯復仇，屢刺襄子不成，襄子叫人拿著他的衣服，豫讓以劍刺衣三下，象徵完成報仇，然後自殺。[175]漢代皇帝死後，每個月都要拿出墓上寢中的衣冠，備法駕出游至其廟，稱為「游衣冠」。[176]古代又有「衣冠冢」，相傳橋山黃帝冢中，所葬即其衣冠。[177]另外《禮記．曲禮》載「毋踐屨」，踩人的鞋子也是忌諱。由於衣服具有重要的象徵意義，因此也有一些禁忌。

王充曾提及東漢裁衣之忌：「裁衣有書，書有吉凶。凶日製衣則有禍，吉日則有福。」[178]東漢的裁衣之書已不可見，但在《日書》中可找到線索。衣服的製作要擇日，楚建除〈除〉的「秀日」，可以「折（製）衣常（裳）、服帶，吉。」（睡甲 13 正貳）〈稷辰〉的「秀」亦可製衣。（睡甲 32 正）製衣、裁衣的宜忌，在睡簡《日書》的〈衣〉（睡甲26正貳）、〈衣良日〉（睡甲 113 背 -114 背）、〈衣忌〉（睡甲 115-117 背）中記載得很清楚。詳細的日期這裡不具引。需要說明的是，為何裁衣要如此慎重？主要因為衣服每日穿在身上，時時會影響到人。當時人相信，不同日子製的衣服具有不同的吉凶，穿上這些衣服，就會影響人的命運。例如穿上丁丑日做的衣服，就會

---

173 以上見《風俗通義校注》，〈釋忌〉，頁 563-564。

174 《金匱要略》，〈禽獸魚蟲禁忌并治第二十四〉，頁 668。

175 《史記》，卷 86，〈刺客列傳〉，頁 2521。

176 《史記》，卷 99，〈叔孫通傳〉，頁 2726，《集解》引應劭；《漢書》，卷 73，〈韋玄成傳〉，頁 3115-3116。

177 《史記》，卷 12，〈孝武本紀〉，頁 472-473。

178 《論衡校釋》，卷 24，〈譏日〉，頁 994。

讓人喜歡（媚人）。丁亥日的衣服使人得福，丁巳日的衣服安於身，癸酉日做的衣服，則會有更多衣服穿。（睡甲 26 正貳）穿上十一月丁酉所裁之衣，就會終身穿精美的絲衣，穿十月丁酉裁製的衣服，則一年內必有絲衣可穿。（睡甲 114 背）「丁酉」似乎是最適合裁製衣服之日，另一條資料中載，穿上丁酉日之衣，往西後又往東行，然後坐而飲酒，就會「兵矢不入於身，身不傷。」（睡甲 118 背）則適當的日子所裁衣，配合儀式，甚至可以免於兵禍。

相反的，在裁衣忌日所做的衣服，則不利於人。例如〈衣忌〉載六月己未不可以製新衣，會帶來死亡。己、戊、壬、癸，丙申、丁亥所製衣，一定會穿在死人身上。癸丑、寅、申、亥，秋丙、庚辛裁衣也是死人所穿。此外五月、六月不可以製複衣（可加絮的衣服），每月倒數第五日也不可以裁衣。

對災禍的恐懼，使人不但慎於裁衣，甚至穿新衣服，也有禁忌。例如〈星〉的「軫」日，可以「乘車馬、衣常（裳）」（睡甲 95 正壹）指乘新車、穿新衣而言。天水放馬灘出土的秦簡《日書》甲種，除了「利衣良日」外，還有「衣新衣良日」，[179] 可以看出當時人對衣服吉凶信仰之深。

裁衣之忌外，關於衣服之忌記載甚少。上文提及與喪服相似的衣服是禁忌之一，這裡就不再多談。

（三）居住禁忌

關於秦漢時代的居住禁忌，史料較為豐富，這裡分修造禁忌、入室吉凶、家宅地形、居住行為四方面稍加討論。

就修造禁忌方面看，不宜修造之日非當多，例如〈稷辰〉的「秀日」凡事皆吉，獨不可「復（覆）室蓋屋」（睡甲 32 正 33 正），星宿所值之日中，角、營室都不可以蓋屋為室（睡甲 68 正壹，80 正壹）。至於禁忌的「神煞」非常多，例如〈帝〉篇（睡甲 96 正壹－ 101 正壹）的「帝為室日」、「四廢日」，〈土忌〉（睡甲 104-109 正壹）的「土徼」、「臽日」、「土神」、「地衝」、「牝日」、「地杓」、「柖榣合日」等神煞。其他神煞如「月殺」等還有不少。這些神煞從五行方面看，有些是土盛之日，有些是月日五行相衝，不宜犯土。有幾點值得說明。

---

[179] 〈天水放馬灘秦簡甲種《日書》釋文〉，頁 6。

首先，動土是比較直接的侵犯天地自然的行動，嚴重者會「絕地脈」，[180] 可說直接干擾自然之氣，因此土忌是上述時令禁忌的一部分，與月令也有密切關係。例如忌於五月、六月、十一月、十二月興土，冬動土為「發蟄」之類，（睡甲 106 正壹，142 背）可以看出源於古代月令系統。其次，屋室是人的居所，犯土禁對居住其中不同居室者有不同影響，例如在「帝為室日」這天築室，則「筑（築）大內，大人死。筑（築）右邛，長子婦死。筑（築）左邛，中子婦死。筑（築）外垣，孫子死。筑（築）北垣，牛羊死。」（睡甲 100 正）從家主至牛羊，各受其殃。第三，禁忌修造，不但有共同的「不可興土功」之忌，更有為室、蓋屋（屋頂）、穿門戶、安門、井、垣、倉、牛羊圈、水溝、廁所等各自的禁忌；不但有修造之忌，也有毀棄、破壞屋、門、垣之忌。第四，方位禁忌在修造之忌中非常重要。例如春不可建東向室，夏不可起南策室，秋、冬不可起西向、北向室（睡甲 96 正貳 -99 正貳），這個禁忌是與「月建」（又稱「小歲」、「小時」）方位相衝。王充提到漢人最忌諱的是「太歲」的方向：

> 世俗起土興功，歲、月有所食，所食之地，必有死者。假令太歲在子，歲食於酉，正月建寅，月食於巳，子、寅地興功，則酉、巳之家見食矣。[181]

由此可見興土的方向，如果與歲月相食，不但會影響自家，更會影響鄰居。至於家內建屋，也有方向。王充提到當時人忌諱「西益宅」，即向西加蓋房子，一般以為犯凶神，故不祥。另一種說法是西方是尊者之位，往西動土，不利家長。[182] 這種禁忌，不但與吉凶相關，也具有倫理的意義。

建屋之後，遷入居住的時間也有禁忌。例如〈秦除〉中的「收日」（睡甲 23 正貳）可以入室，這與「收」（容納）的意義相符。[183] 又上文逢「營室」

---

[180] 蒙恬自言築長城「絕地脈」得罪於天，見《史記》，卷 88，〈蒙恬傳〉，頁 2569-2570。

[181] 《論衡校釋》，卷 23，〈調時〉，頁 981。

[182] 《論衡校釋》卷 23，〈四諱〉，頁 968-970；《風俗通義校注》，〈佚文．釋忌〉，頁 562。

[183] 按：學者一向將此「入室」解釋成「納室」，即娶妻，陳偉則釋為出門久行歸家，但皆不確。見陳偉，〈九店日書校讀及其相關問題〉，《人文論叢》（武漢：武漢大學出版，1988），頁 99。放馬灘《日書》甲種簡 21 相對的文字作「可以居處」可知「入室」指「入居」而言。

星所值之日，「不可為室及入之」也是禁忌。《史記・龜策列傳》載龜策所問，「居官有憂」與「居家多災」同為人所禁忌。

秦漢時代，居處的風水觀已漸形成。《釋名・釋宮室》云：「宅，擇也，擇吉處而營之也。」《日書》甲種有〈直（置）室門〉篇（睡甲 114 正壹 -123 正參），[184] 有二十二個方位門名及其吉凶，各門的名稱雖與後世有別，但與後世《黃帝宅經》二十四個方位有類似之處。這些資料主要說明了兩點：一是宅門的朝向可以決定一家的命運，如「南門，將軍門，賤人弗敢居」，「食過門，大凶，五歲弗更，其主（癃）」等。一是宅之好壞是變遷的，每一個門向的宅幾乎都有改建或改向的年數，若干年都要更改一次，所以沒有永遠興盛的宅向。

漢人認為，人順天而為，但即使天也有所缺，所以有故意在所建屋上留下缺漏的情形。《史記・龜策列傳》：「……物安可全乎？天尚不全，故世為屋，不成三瓦而陳之，以應之天。」注引正義言「為屋不成，欠三瓦以應天，猶陳列而居之。」[185] 可以看出當時有不可將瓦蓋全之忌。在「天尚不全」的觀念下，宅有興衰也就可以理解。《論衡》提及當時人的想法：「宅有盛衰，……宅盛即留，衰則避之」。[186] 可與〈直室門〉篇相證。

漢代還流行一種將人之姓名分為五音，以與五行相應，然後配合居宅門的方位的方術，《論衡》提及「圖宅術」曰：「商家門不宜南向，徵家門不宜北向。」商為金，南則為火，火克金，徵為火，北為水，水克火，方位與姓氏相克。[187]

宅之吉凶，不只與方位有關，也與其形勢及配置有關。睡簡《日書》甲種的一段文字，一般稱之為〈相宅〉篇，[188] 對此有詳細描述。其中屋宇的形勢非常重要，宇若為城中最高者，主人貴而貧。最低，則富而癃。房屋四周高，中間低，富。四邊低中央高則貧。此外東西南北之高低，左右之長短，

---

[184] 放馬灘也有同樣的圖，唯迄未見發表。最近孔家坡簡發表，〈直室門〉篇與睡甲《日書》大體相同。見《隨州孔家坡漢墓簡牘》，頁 164-166。

[185] 《史記》，卷 128，〈龜策列傳〉，3237-3238 本文及注。

[186] 《論衡校釋》，卷 24，〈辨祟〉，頁 1014-1015。

[187] 《論衡校釋》，卷 25，〈詰術〉，頁 1038。

[188] 見劉樂賢，《睡虎地秦簡日書研究》，頁 218-225。類似的文字也見於九店楚簡，見湖北省文物考古研究所、北京大學中文系，《九店楚簡》（北京：中華書局，2000），45-59 簡。

多出的部分之方位，垣的高低等各有吉凶，如此之類，所述甚詳。以宇為中心，廡、內、宮、祠室、池、水竇、圈、囷、井、圂、屏、門、道、祠木等都各有吉凶。[189] 這些部分的吉凶影響到不同的家人，如池建於正北，「不利其母」；井居於西北角，就會「絕後」；環著道路建小內室，不容易有子；圂（廁）如果在東北，其妻常會生病。「門」與房的大小比例也很重要，「小宮大門」與「大宮小門」都不吉，居里門的右邊也是不吉的。[190]

在居住行為上的禁忌資料不多，一些禁忌已成為日常禮儀的一部分，不易分辨。例如不可箕踞之俗，《禮記．曲禮》：「坐毋箕。」因古人無內褲，箕踞猶如裸露，反映了古人身體禁忌的一面。在沐浴時，禁忌兩人共用一器，主要的原因是，當時人相信這樣兩人會不和以致鬥爭，必不得已，沒有別的澡器可用時，要唸「人相愛，狗相嚙」才能避免衝突。[191] 睡覺時，不可以「偃寢」，即仰著布展手足，因為這樣像屍體。掃地掃一半，不可以去接手，因為墓葬也有掃除工作，最忌「接手」。此外還忌諱在井下磨刀，因為井加刀，是「刑」字，恐有受刑之禍。[192] 此外，《淮南子》提及當時世俗相信，頭枕門限而睡的，鬼神會踩他的頭。[193]《風俗通義》也提到當時人認為躺在門的臺階上的話，鬼會踩他頭，使他病癲。[194] 這些都是居住的瑣碎禁忌。

（四）出行禁忌

由於交通、治安條件的限制，出行是古代日常生活中的大事。遠行在外，將面對不可知的危險。漢印中大量的「行吉」、「到吉」、「行道吉」、「行毋咎」、「今日利行」、「利行」、「利出」、「出入利」等印文，[195] 都顯示了對出行平安的企求，出行禁忌因此而生。

---

[189] 晏昌貴、梅莉，〈楚秦《日書》所見的居住習俗〉，《民俗研究》，2002：2（山東），頁 125。

[190] 按原文「入里門之右」顯然是從里門外看，右邊不吉。但古代正門居南，坐北朝南，以建築物為主體（即從內往外看），則「入里門之右」，指的正是「閭左」，眾所週知，秦漢時代居「閭左」者地位較低，「入里門之右」之所以不祥，或與此相關？這只是推測，尚待證實。

[191]《風俗通義校注》，〈佚文．釋忌〉，頁 564。

[192]《論衡校釋》，卷 23，〈四諱〉，頁 980。

[193]《淮南鴻烈集解》，卷 13，〈氾論訓〉，頁 460。

[194]《風俗通義校注》，〈釋忌〉，頁 564。

[195] 羅福頤，《漢印文字徵》（北京：文物出版社，1978），第二，頁 7、15、18；第四，頁 15。

關於出行的禁忌，大體上仍可分為時日與方位兩項。時日方面，以分布全年的建除、叢辰、二十八宿日之類論，宜行之日較忌行之日為多。[196]但《日書》楚建除系統的「外害日」，不可到四方野外，出必遇盜見兵。（睡甲 9 正貳）「外陰日」則「不可遠行，遠行不返」（睡乙 22 壹）。至於秦建除與叢辰，其「執日」出行，會被人所執；（睡甲 19 正貳）「危陽」也「不成行」（甲 36 正）；違忌出行的後果都很嚴重。

《日書》中不利於出行的神煞很多，如「艮山」（「禹之離日」），「反支」、「赤帝臨日」、「月殺」、「大敗日」、「䚗羅」、「臽日」、「往亡」、「歸忌」等。其中「反支」是最常被提到的，出土漢代曆日中每注「反支」。反支日的計算是據當月朔日計算的，秦代每月三日，而漢代則每月有四至五日，漢代的反支日不辦公，也不可出門。王莽時張竦遇賊，但由於當天是反支日，竦守禁忌不離開，竟因此為賊所殺。[197]另一極凶的出行日是「赤帝臨日」。指正月上旬午，二月上旬亥，三月上旬申，四月上旬丑，五月上旬戌，六月上旬卯，七月上旬子，八月上旬巳，九月上旬寅，十月上旬未，十一月上旬辰，十二月上旬酉。這些日子是赤帝（掌天獄的刑罰之神）出行開臨人間降災之日，因此不可具為百事（睡甲 127-130 正）。[198]而從「往亡」、「歸忌」可看出，不但出行有忌，回家也有禁忌之日。王充質疑「塗上之暴尸，未必出以往亡；室中之殯柩，未必還以歸忌」，[199]但他的話正反證了當時人相信這些忌諱。後漢桓帝時汝南人陳伯敬，「行路聞凶，便解駕留止，還觸歸忌，則寄宿鄉亭」，即為一例。[200]值得注意的是，陸行與水行的禁忌不同。陸行忌土盛之日，水行則忌水盛之日。[201]

方位禁忌方面，許多行忌涉及月日與方位的配合，清楚顯示了五行生克關係。根據日忌的一般原則，出行方位與季節所值方位相同，則不吉。相反（相衝）的也不吉。前者以「歲忌」為代表，後者以「四門日」與「行忌」為代表。歲忌是大凶日，其禁忌是：春三月己丑不可東，夏三月戊辰不可南，

[196] 劉增貴，〈秦簡《日書》中的出行禮俗與信仰〉，頁 505-507、509。

[197] 《漢書》，卷 92，〈陳遵傳〉，頁 3714，注引李奇。

[198] 關於赤帝何指，考見劉增貴，〈秦簡《日書》中的出行禮俗與信仰〉，頁 503-541。

[199] 《論衡校釋》，卷 24，〈辨祟〉，頁 1013-1014。

[200] 《後漢書》，卷 46，〈郭躬傳〉，頁 1546。

[201] 劉增貴，〈秦簡《日書》中的出行禮俗與信仰〉，頁 516-517。

秋三月己未不可西，冬三月戌戌不可北。違犯的百里中大凶，二百里外必死。此忌出行方向與季節方向相同，（睡甲 131 正）從五行看，天干之戊、己為中央土，地支之丑、辰、未、戌各為東南西北四方之土，兩者相結合之日子在各季都是土最盛之日，出行行於土，土盛多險阻，故不適合出行。「四門日」是：不可在辛壬東南行，為「日之門」。不可在癸甲西南行，為「月之門」。不可在乙丙西北行，為「星之門」。不可在丁庚東北行，是「辰之門」。（睡甲 132 正）「四門日」中，辛壬於方位為西北，東南行與其相反（對衝），其他各方向也都是如此，故不利行。而「行忌」又被稱為「行向大忌」，即西行忌亥未日，東行忌丑巳，南行忌辰申日，北行忌戌寅日。（睡乙 142）[202] 西行何以忌亥未？需要從三合五行的關係來解。照三合局來看，丑巳酉為金、未亥卯為木，辰申子為水，戌寅午為火。（睡乙 83-87）因此亥未為木，木屬東，故為西行相反，故為大忌，其他三向原理亦同。

以上可看出，出行禁忌有其五行的根據。然而當時人除五行外，又常籍之於鬼神，例如「赤帝臨日」即以「赤帝」為名。出行還涉行神信仰，出行也常有一些法術與儀式，這些留待下一節討論，這裡不贅。

（五）言語之禁

日常生活中，語言也有許多禁忌。首先，在從事某些活動時，不可以說和這些活動相關的不吉利的話，例如《淮南子．說山訓》：「祭之日而言狗生，取婦夕而言衰麻，置酒之日而言上冢，渡江、河而言陽侯之波。」[203] 祭祀要殺牲而言狗生，是不合宜的；而娶婦之夕提到象徵喪事的「衰麻」，有婚姻不能諧老之兆；置酒請客，卻提到上冢祭食死者之事，有詛咒客人之嫌；要渡江河卻提到水神陽侯的大波浪，恐致翻覆，顯然都是大忌。從這些例子看來，當時人深恐不吉的語言會導致不吉的後果，故引以為諱，這反映出當時人相信語言具有某些咒術的效果。

與死亡相關的言語，自然是當時的禁忌。當時有諱言「死」之俗，秦始皇巡行到平原津而病重，諱言「死」，以致群臣不敢提後事。[204] 忌諱說「死」，

[202] 行忌簡文殘損，向無法通讀，我據馬王堆陰陽五行將其還原，考見劉增貴，〈秦簡《日書》中的出行禮俗與信仰〉，頁 519。

[203] 《淮南鴻烈集解》，卷 16，《說山訓》，頁 549-552。

[204] 《史記》，卷 6，〈秦始皇本紀〉，頁 264。

應是人之常情。王鳳病危，漢成帝問他「如有不可言」應如何處理，此例直接用「不可言」來代替「死」，足見禁忌之甚。[205]東漢桓帝時，汝南人陳伯敬，凡事小心，深守禁忌，連呵叱狗馬，也「終不言死」，亦可見忌諱之深。[206]既忌言「死」字，遂以其他詞語代替。這一類的替代語非常多，例如漢代一般人稱死為「物故」，是指「物就朽故」，即如物之朽壞。或以為「物」是「無」，「故」即「事」，言不能再有行事。[207]另一說法是，忌說人死，而只說他所使用之物「已故」。[208]三項說法中，第一項類似道家對死的描述，《莊子·天道》：「其生也天行，其死也物化」，[209]第二項則為延伸的解釋，第三項更反映了諱言死之俗。另外還有以「不諱」、「不可諱」代替「死」的。又有「亡」「徂逝」，以離開為解；「卒」、「终」以結束為稱。值得注意的是，以吉語代替「死」字的習慣，例如用「百歲後」或「千秋萬歲」。「百歲」是人壽之極，而「千秋萬歲」則象徵死後進入另一個世界而永存，漢人每稱墓室為「萬歲室宅」，[210]期其永存。以吉代凶，是漢代人對禁忌之事常用的方式，而這些替代語，一方面可以看出對死的忌諱，另一方面也反映了漢人的死亡觀。

至於上位者的死亡，替代語更為委婉，除避忌外更顯示了對死者地位的尊崇。《禮記·曲禮下》：「天子死曰『崩』。諸侯曰『薨』。大夫曰『卒』。士曰『不祿』。」皆「死」之代稱，漢代「卒」字已用於一般人，而「崩」、「薨」仍加沿用。皇帝死稱「崩」或「山陵崩」，又稱「宮車晚出」、「宮

---

205 《漢書》，卷 98，〈元后傳〉，頁 4024。

206 《後漢書》，卷 46，〈郭躬傳〉，頁 1547-1548。

207 《史記》，卷96，〈張丞相列傳〉，頁2689，注《集解》引漢末高堂隆之言。另見《史記》，卷 110，〈匈奴列傳〉，頁 2911，注《索隱》。按漢代不但人死稱物故，牛馬死或衣物破敗也稱物故，見於漢簡者不少。如《居延新簡》簡號 EPT51.192、EPT51.405；《敦煌漢簡》簡號 143、172、177、694 諸簡。此外《漢書·匈奴傳》：「當孝武時，雖征伐克獲，而士、馬物故亦略相當。」同傳嚴尤諫王莽：「軍出未滿百日，牛必物故且盡。」皆可為證。以上物故一詞亦用於畜、物，諸例承審查人提示，謹此致謝。

208 《漢書》，卷 54，〈蘇武傳〉，頁 2467，注顏師古云：「一說，不欲斥言，但云其所服用之……物皆已故耳。」此外，王念孫認為「物故」即死亡，「物」是「歾」的借字。見《讀書雜志》（臺北：廣文書局影本，1963），四之十〈物故〉條，頁 316，可備一說，但至少漢魏間人如高堂隆等並不如此解釋。

209 《莊子》，卷 4，《天道》，頁 114-115。

210 其例甚多，如〈郭稚文墓室題字〉，收於永田英正編，《漢代石刻集成·圖版、釋文編》（京都：同朋舍，1994）。

車晏駕」，皆「死」之尊名。皇帝具神聖性，漢人稱呼皇帝，不敢直指其名，因此以「乘輿」代替，「宮車晏駕」之言，既反映了當時諱言「死」之俗，也顯示了對神聖者的禁忌。此外，有些人也諱言重病，稱病危為「不豫」，也是一例。

語言禁忌中，對名字的禁忌特別值得注意。關於人名的避諱，學者之研究已多，這裡要補充的是，名字的忌諱也與死亡觀念相關，不只表現對被稱呼者的尊敬而已。雖然名字之諱生前也有，但死者之名是更嚴重的忌諱。《禮記·曲禮上》說：「卒哭乃諱」鄭玄在注《周禮·春官》〈小史〉條云：「先王死日為『忌』，名為『諱』。」在漢代，這種習俗不只限於先王，已普及於一般百姓，漢碑〈漢三老諱字忌日記〉正是記載著祖先的死日之「忌」與名字之「諱」，試引其部分如下：

> 三老諱通，字小父，庚午忌日。祖母失諱，字宗君，癸未忌日。
> 掾諱忽，字子儀，建武十七年，歲在辛丑。四月五日辛卯忌日。
> 母諱捐，字謁君，建武廿八年，歲在壬子，五月十日甲戌忌日。[211]

何以死而忌諱？《左傳·桓公六年》：「周人以諱事神，名，終將諱之。」所謂「以諱事神」孔穎達認為「謂諱神之名以事其神」，[212] 死了要諱名，是因古代視死者為神，神名不可任意呼喚，呼名如降神，故諱之。另一個可能的原因是，基於生者對死者的恐懼。喪禮固然是孝道的表現，但其另一作用是透過儀式隔離生者與死者，使死者安居墓宅，不會干擾生者，漢代大量的鎮墓文石刻中出現「生人屬陽。死屬陰。」、「生屬長安，死屬大（太）山。死生異處，不得相防（妨）。」之類的詞句，可以看出對死者的忌諱，在此情況下，呼死者名諱猶如召喚死者，有妨生者。這種對死者名字的禁忌，顯然隱含著對死者危害生者的恐懼。

肆、人與鬼神—— 禁忌、法術與儀式

一、鬼神之忌

禁忌，是為了避免做被相信會帶來災害的事，而產生的信仰。這些信

[211] 高文編，《漢碑集釋》〈河南大學出版社，1985〉，頁 1-2。
[212] 《春秋左傳正義》，卷 4，〈隱公八年〉，頁 73 孔穎達疏。

仰從產生的原因、違犯導致的可能後果、及違犯後如何避免災害的方法看，都與鬼神及其他超自然的力量的信仰關係密切。如果說禁忌是「消極的巫術」，[213]是告訴人們「別這樣做」，以免帶來災害，那麼對犯禁的補救就是「積極的巫術」，教導人們如何透過法術與儀式以避凶趨吉。秦漢時代的禁忌與鬼神及超自然力量間有什麼關係？禁忌所反映的人與鬼神、法術儀式如何互動？這些都是值得進一步思索的問題。

首先，前面幾節的禁忌討論，可以看出人與天地，人與人間的禁忌。這些禁忌每強調陰陽之氣、五行生克、星宿所值、歲月所食及神煞所向，似乎都只是自然的規律性運行。但對一般人而言，歲月之所以有許多禁忌，不只是可計算出的五行關係，還因歲月是神，禁忌是人對神的一種態度。王充云：「如歲月終竟者宜有神，則四時有神，統、元有神。月三日魄，八日弦，十五日望，與歲、月終竟何異？歲、月有神，魄與弦、望復有神也？」[214]王充的質疑，恰好反證了當時一般人視歲月為神，而魄弦晦望等也視為神。漢末的徐邈，就稱「太歲」為「遊神」。[215]當時人相信不避歲月會「觸鬼逢神」，正說明了禁忌是「鬼神凶惡之禁」。[216]

事實上，數術之學甚為複雜，對一般人而言，將禁忌以鬼神來解釋更易理解。例如上文提及「伏日」不可外出，與陰陽五行相關，而民間卻認為「伏日萬鬼行」才是原因。《日書》中的一些禁忌，雖具五行原理與運行規律，卻將禁忌的原因歸之於鬼神。正如上引王充所說的「必託之神怪，若設以死亡，然後世人信用畏避。」例如耕作的忌日中，有一條云「田亳主以乙巳死，杜主以乙酉死，雨帀（師）以辛未死，田大人以癸亥死。」（睡甲 149 背）將這些鬼神之忌日作為種植之忌。又如「五丑」（乙丑、丁丑、己丑、辛丑、癸丑）之日不可以降巫，因為這是天帝殺巫咸的日子。（睡甲 27 貳正）這是以古代神巫被天帝所殺之日作為巫之禁忌。與天帝相關的事常視為禁忌。更多出現的是天帝所做的事，凡人不可以做，而視為禁忌。例如睡簡《日書》甲種〈啻〉篇，指出一些日子是天帝蓋房子的日子，在這些日子中，一般人不可以築室，建築不同部位的屋子，會導致不同家人的死亡。（睡甲 96 壹

[213] 見弗雷澤（James George Frazer）著，劉魁立編，《金枝精要》（上海：上海文藝出版社，2001），頁 22-23。

[214] 《論衡校釋》，卷 23，〈調時〉，頁 983-984。

[215] 《太平御覽》，卷 180，〈居處部・宅〉，頁 1007，引《徐邈別傳》。

[216] 《論衡校注》，卷 24，〈辨祟〉，頁 1008；及卷 23，〈四諱〉，頁 969。

正 -101 壹正）。另一條資料提到，正月是「神以治室」的日子，故凡人不可治室及築牆。（睡甲 148 背）相反的，在「地杓」神煞之日，是「神以毀宮」的日子，也不可以起土功。（睡甲 138 背）至於孔家坡簡的「垣日」，是「帝毀丘之日」，不能壞垣，不可除內中。[217] 而天帝的出行也影響人間，例如所有日子中最凶的是「赤帝臨日」，這些日子是赤帝（掌天獄的刑罰之神）出行開臨人間降災之日，因此不可具為百事。（睡甲 127-130 正）[218] 天帝的其他作為也影響人間的禁忌。例如孔家坡日書中的「血忌」之日，不可以出血，因為這是「帝啟百蟲口」之日。[219] 天帝之外，一些禁忌也歸諸大禹及其他鬼神，如婚姻禁忌之「禹之離日」及禹娶涂山氏女之日，以及牛郎娶織女之日都不可嫁娶等。上文也提及行神於五行中為北水，水忌土，土之日不可出行也是一例。

孔家坡日書中的兩篇文字，可以說明鬼神在時日中的作用。一篇是〈主歲〉，提及甲乙朔，青帝主歲；丙丁朔，赤帝主歲；戊己朔，黃帝主歲；庚辛朔，白帝主歲；壬癸朔，炎帝主歲。主歲諸神之下，還有「行沒」之神，分別是人炊、高者、邑主、風伯、群巫。在他們的主持下，歲各有吉凶。另一篇〈死〉是十二地支日疾病所患諸神，子有疾，所患天土（后土）；丑有疾，患三土君；寅有疾，患北君最主；卯有疾，患三公主；辰有疾，患大父；巳有疾，患高姑姊；午有疾，禱道鬼尚行；酉有疾，患門臽（閻）之鬼，戌有疾，患門、街，亥有疾，患人炊、老人。[220] 可以看出每日生病，與觸犯所值諸神有關。

由上可知，許多禁忌，在當時人的解釋中，都與鬼神有關。鬼神的死日，也是凡人的禁忌之日，鬼神行事之日，凡人不可做同樣的事。即神的許多行為，如出行等，也影響凡人的行為；而鬼神各主時日，所犯各有災殃。可以說秦漢時代的禁忌，一部分與人對鬼神的禁忌有關。正如本文前言所引太平經之言，當時人認為天地、日月列星、五行四時、六甲陰陽、萬物眾生、鬼神精魅、風雨雷電，都「有神有君長」，也都影響人的行事。又，王充在《論衡》中也提到當時的一種說法：「鬼者，甲乙之神也，甲乙者，天之別氣也，其形象人。」[221] 則甲乙五行干支，在當時人的意見中，也是一種鬼神。

---

217 《隨州孔家坡漢墓簡牘》，頁 163。

218 關於赤帝何指，考見劉增貴，〈秦簡《日書》中的出行禮俗與信仰〉，頁 503-541。

219 《隨州孔家坡漢墓簡牘》，頁 179。

220 《隨州孔家坡漢墓簡牘》，頁 182、172。「門臽」應即「門閻」。

221 《論衡校釋》，卷 22，〈訂鬼〉，頁 936。

上述是因對鬼神的禁忌，而產生了行事禁忌，但對鬼神本身的禁忌，則表現在祭祀上。睡甲《日書》中不少祭祀日禁，如楚〈除〉的「結日」〈稷辰〉的「徹日」，〈星〉的心、尾、箕，〈帝〉為室日，寅日都不宜祭祀。不同的鬼神有不同的祭祀之忌，例如古代的「五祀」（門、戶、行、灶、中霤，中霤即室中）各有宜忌，如祀行神，不可於戊、己屬土之日，而宜在屬水的庚申之日，這與行神為北水之神相合。[222] 至於祭祀的禁忌之一，是不可以污穢，而應以潔清事神。所有的祭祀在舉行之前都要齋戒沐浴。如《四民月令》載八月時，卜擇白露節後的良日，祠歲時常奉的尊神，在祭祀前七日，全家不可以到喪家及剛生產小孩的家，全家大小都要齋戒掃滌以祭。[223] 這是認為喪家及生產之家會污染祭者。漢代中央的祭祀的齋戒日數是：天地七日，宗廟、山川五日，小祠三日。如果在齋日內有汙染，應解齋，由副手行禮。[224]

從祭祀的範圍來看，包括祖先、一般的鬼神、五祀、史先（史皇或倉頡）、行神等，各有禁忌之日。[225] 因祭祀目的不同，在儀式進行中也各有不同禁忌，例如春旱求雨的儀式中，不可伐木。董仲舒指出，春旱求雨，要在屬水之日禱於社稷，[226] 夏求雨則不可動土，秋毋舉火事，冬毋壅水。「四時皆以庚子之日，令吏民夫婦皆偶處。凡求雨之大體，丈夫欲藏匿，女子欲和而樂。」[227] 按《漢書．昭帝紀》「夏，旱，大雩，不得舉火。」臣瓚曰：「抑陽助陰也。」董氏之說，在前漢曾被部分執行，在後漢也成為禮制。

二、解除禁忌的法術與儀式

在禁忌之俗中，往往有許多法術與儀式，這是為了解除禁忌所帶來的災

---

[222] 關於秦漢行神的考證，見劉增貴，〈秦簡《日書》中的出行禮俗與信仰〉，頁526-531，本文考證工藤元男的「禹為行神」說不成立，而指出日書中自有行神，與五祀中之行神相合。

[223] 《四民月令校注》，頁 60。

[224] 《後漢書》附《續漢書志》，卷 4，〈禮儀上〉，頁 3104。

[225] 劉樂賢，《睡虎地秦簡日書研究》，頁 440-445。

[226] 《後漢書》附《續漢志》，卷 5，〈禮儀中〉，頁 3118-3119 注引。

[227] 蘇輿撰，鍾哲點校，《春秋繁露義證》（北京：中華書局，1992），卷 16，〈求雨〉，頁 426-437。

禍，或不得已必須冒犯禁忌時所採取的補救措施。這裡先以《日書》中記載最詳的出行儀式加以討論。[228]

秦簡《日書》甲種〈行〉提及，行出家門後，不能回頭看（「顧」），也不能停步，要走在大路中央或靠右，靠左則小不利。直行毋顧的原因是：小顧表示小停，小不利；大顧表示大停，有大凶；都象徵出行不順而多險。（130 正）在古代傳說及法術中，「顧」會帶來災殃。[229] 直行到城門，要舉行以下的儀式：

> （A）行到邦門困（閫），禹步三，勉壹步，譁（呼）：「皋，敢告曰：某行毋（無）咎，先為禹除道。」即五畫地，掓其畫中央土（甲種111背）而懷之。（甲種112背）

> （B）【出】邦門，可☒（乙種102參）行☒）（乙種103參），禹符，左行，置，右環（還），曰□□（乙種104參）□□右環（還），曰：行邦☒（乙種105參）令行。投符地，禹步三，曰：皋（乙種106參），敢告☒符，上車毋顧，上☒（乙種107貳）

> （C）禹須臾臾臾行，得。擇日出邑門，禹步三，向北斗質畫地視之曰：禹有直五横，今利行，行毋咎，為禹前除，得。（放馬灘《日書》66、67）

這三條資料各有不同，但也有互通之處。首先值得注意的是，儀式舉行於城門（邦門）的門限（閫）附近，門限是空間的界線，儀式舉行於此，顯示將遠離家邦。其次，這個儀式的施行者，顯然是出行者自己，從「禹步」到祝辭，行者將自身模擬為禹，以便役使鬼神，為其清除出行途中的險害。從（C）的祝辭：「禹有直五横，今利行，行毋咎，為禹前除，得」來看，施術者（出行者）也是模擬為禹，甚或以禹自稱。將自身模擬為神，象徵出行順利，還

---

[228] 關於出行儀式的詳細討論，參考劉增貴，〈秦簡《日書》中的出行禮俗與信仰〉，頁521-526。

[229] 傳說伊尹之母夢有神告之曰：「臼出水而東走，毋顧。」明日，視臼出水，告其鄰，東走十里而顧，其邑盡為水，身因化為空桑。見《呂氏春秋》，卷14，〈本味〉，頁739-740。

可從東漢蔡邕祝詞中得到旁證，蔡邕在〈祖餞祝〉中，[230]即有「風伯雨師，洒道中央，陽遂求福，蚩尤辟兵」之句，顯然冀望能如《韓非子．十過》所述黃帝出行，得眾神護佑。

（A）（B）（C）三者都是透過「禹步」方式來施術，關於禹步及五畫地等，學者討論已多，這裡不打算重複。[231]（B）條除了「禹步」外，還提及「禹符」，有「左行」「右還」及投符於地的儀式。「還」讀作轅，即左行後掛符於轅，然後再投符於地。[232]學者或認為這段文字是出行歸家到城門所舉行的儀式，然而細看原簡，首句「出邦門」，「出」字雖殘，尚可見部分筆畫，釋為「出」應是正確的，「禹符」於出行前先投地除道，仍應是在城門舉行的出行儀式之一部分，而非歸來儀式。以上的儀式應是用以解除可能觸犯禁忌所帶來的嚴重後果，這些儀式進行的過程中也有自身的禁忌，例如直行，不可顧之類。

以上儀式之外，緊急狀況之下，在非良日必須出行時，為免觸犯禁忌，也有一些儀式，周家臺漢簡云：

> ．有行而急，不得須良日，東行越木，南行越火，西行越金，北行越水，毋須良日可也。[233]

這是指出行者在欲行之方向，擺上此方位五行屬性之物，然後越過它而行。例如東方屬木，東行只要越過屬木之物即可克服險阻，其他各方位同此。按額濟納出土漢簡中有一簡云：「☐南方火即……急行者越此物行吉。」（2002ESCSF1:4）[234]應即與此相同。這種法術使我們想到古代祖道「犯軷」的儀式，是以車輾過軷土，作為克服險阻、出行吉利的象徵。

這類的法術還有一些，額濟納漢簡另一簡：

> 欲急行，出邑，禹步三，唬「睾！」，祝曰：「土五光，今日利

[230] 嚴可均，《全後漢文》，卷79，頁8。

[231] 參工藤元男，〈雲夢睡虎地秦簡「日書」と道教的習俗〉，《東方宗教》，76（町田，1990），頁50-57。

[232] 《日書》研讀班，〈日書——秦國社會的一面鏡子〉，《文博》，1986：5（西安），頁15。

[233] 湖北省市荊州周梁王橋遺址博物館，《關沮秦墓簡牘》（北京：中華書局，2001），頁133。

[234] 《額濟納漢簡》，頁283。

以行，行毋死，已辟除道，莫敢義〔我〕當獄史」壯者皆道道旁。[235]

此處之「急行」，並非指快速行走，以上簡之「有行而急」、「急行者」來看，應指有急而不擇良日之行。「土五光」應是土地之神。這是透過禹步、咒語呼喚土神之名，以除道利行。

出行的儀式或咒語之類，是解除禁忌最常用的方法。上文提到不得已兩人必須共同一器洗澡時，唸咒語：「人相愛，狗相齧。」也是此類。大體上，解禁之法約有以下幾種。

第一種即上述以儀式解除的方式。除上述出行、澡手之例外，祭祀中的「解除」儀式、及觸犯喪葬禁忌時的「解除」儀式亦屬之。以祭祀之「解除」論。《日書》中有解除擇日之事，〈稷辰〉「危陽」之日「利解事」（睡甲36正）。據王充的說法，解除之法是先設祭祀，然後對鬼神「驅以刀杖」。這是從古代儺的儀式延伸出的方法，尤其是治宅完掘土後，要解謝土神，稱為「解土」。解土的方法是：做土偶人，以像鬼形，然後要巫祝進行儀式。[236]至於喪葬之「解除」儀式，其目的之一，是解除「重復」。所謂「重復」，有學者認為是指死者與家中後人的名字、或年命、歲月有某種相同，會導致活人咎殃而言。[237]此說似不確，我認為應是指死亡之日不吉而言。建和元年的陶瓶解除文云：「建和元年十一月丁未朔十四日，天帝使者謹為加氏之家別解地下後死，婦加亡，方年二十四。等汝名借（籍），或同歲月重復拘校日死、或同日鳴（名）重復拘校日死。告上司命下司祿、子孫所屬、告墓皇使者、轉相告語。」所謂「或同歲月重復拘校日死、或同日鳴（名）重復拘校日死。」都是指死於「重復拘校之日」，即死日不吉。又，永壽二年（156A.D.）的解除文云：「永壽二年二月己未朔廿七日乙酉，天帝使者告丘丞墓伯、地下二千石。今成氏之家死者字桃椎，死日時重復，年命與家中生人相拘籍。到，復其年命，削重複之文，解拘伍之籍。」[238]更清楚地指出死的那天是「日

---

235 《額濟納漢簡》，頁 284。

236 《論衡校釋》，卷 25，〈祀義〉，頁 1047。

237 王育成，〈南李王陶瓶朱書與相關宗教文化問題研究〉，《考古與文物》，1996：2（西安），頁 65-66。

238 以上二文引自池田溫，〈中國歷代墓券略考〉，《創立四十周年記念論集》（東京：東京大學東洋文化研究所，1981），頁 270-271。

時重復」之日。所謂「重復」，應是指本文喪事之忌一節所說某日死，則「必復之」（又會再死一人），或某日葬「必有重喪」，或「復尸有隨」之類，死於會重複死人的日時，就必須以解除的儀式與文字來除忌。這類文字大多借天帝使者之名，以停止生人與死者之勾連。

第二種是用象徵的方式去除不吉。例如上文曾提及人們對梟非常忌諱，漢代東郡產梟，政府就下令在最不祥的五月五日這天吃梟：「使東郡送梟，五月五日為梟羹以賜百官。以惡鳥，故食之。」[239] 梟為不祥之鳥，於五月五日的禁忌之日殺而食之，象徵不祥的去除，具有巫術上禳除的作用。

第三種是以符咒之法來解禁。蔡邕在〈廣連珠〉中說：「臣聞，目、耳鳴，近夫小戒也；狐鳴、犬嗥，家人小妖也，猶忌慎動作，封鎮書符，以防其禍。」[240] 由蔡邕之言，可以看出禁忌現象或對象出現時，可以用符咒來封鎮。上述喪葬解除陶瓶上，有時也畫有符咒。

第四種是以厭勝之法以解除禁忌。例如王充提到當時人相信起土興功，會被歲月所食，所食之處，必有死亡。「假令太歲在子，歲食於酉；正月建寅，月食於巳。子、寅地興功，則酉、巳之家見食矣。」被影響到鄰家就以厭勝之法補救。「以五行之物，懸金木水火。假令歲、月食西家，西家懸金；歲、月食東家，東家懸炭。設祭祀以除其凶，或空亡徙以辟其殃。」[241] 食於西家，則主家在東，東為木，故西家懸金以克木；食於東家，則主家在西，西屬金，故東家懸炭（代表火）以克金，這是以厭勝之法避免被動土之家所影響。同樣的，不擇時日而出行，也可用厭勝解禁，孔家坡《日書》的〈五勝〉云：

> 五勝：東方木，金勝木。鐵，長三寸，操，東。南方火，水勝火。以簷盛水，操，南。北方水，土勝水。操土，北，裹以布。西方金，火勝金。操炭，長三寸，以西，纏以布。□□行操此物不以時。[242]

「不以時」出行時，東行拿著鐵，西行拿著炭，以所行方向相克之物以勝之，所拿如炭等相克物與王充所說相同。另外，取吉利的名字，也是一種厭勝之

---

239 《史記》，卷 12，〈孝武本紀〉，頁 456-457，注引如淳。

240 《太平御覽》，卷 459，〈鑒戒下〉，頁 2241 引。

241 《論衡校釋》，卷 23，〈譋時〉，頁 981。

242 《隨州孔家坡漢墓簡牘》，頁 140。

術。王符提到東漢時貴戚之家，害怕家宅不吉就替它取了好名字，但破敗的還是很多，不因這些禁忌而興旺。[243]

第五種是避開觸忌的場所、方位與時間，即上述王充所說「空亡徙以辟其殃」之類。這種方式見諸記載者不少。例如秦始皇時，太后與嫪毐私通懷孕，怕人知道，就詐卜，以「避時」的名義遷居雍。[244] 成帝河平年間，太皇太后也避時到昆明東觀。[245]「避時」即避開時日所忌之處。因取時日之便，又稱「便時」。而避的主要原因是因怕病是因居宅不吉之故，故移他處。所以又稱之為「避疾」。東漢章帝時，魯丕為趙相，趙王商嘗欲「避疾便時」，移住學宮。魯丕反對，認為按禮制，諸侯應死於路寢。「死生有命，未有逃避之典也。」[246] 漢安帝延光年間，皇太子驚病不安，就避到安帝乳母王聖的家中，但太子的乳母王男認為王聖家新修繕，犯土禁，不可久留，因此兩邊爭執。王聖因此設法陷害死王男等，太子經常為此嘆息。王聖恐怕將有後患，就構陷太子，安帝竟因此而廢太子為濟陰王。這一場政局的大變動，起因竟因避疾及動土禁忌。[247]《潛夫論．浮侈篇》也提及當時百姓信巫祝的話，以至「奔走便時，去離正宅」，可知這種禁忌上至帝王，下至百姓，無不遵從。

避疾便時，是因時與宅有不吉，正如前引王充所說，「宅盛即留，衰則避之」下及魏晉，避衰之風更盛，所避之「衰」又不只於宅。魏明帝女生不久即死，明帝葬以成人之禮，又打算到許昌「避衰」。陳群上書諫，明帝不聽。[248] 這裡的「避衰」，有的學者認就是「避煞」，指人死後會回到家中的「回煞」，此禁忌盛行於六朝。[249]

以上可看出禁忌與鬼神關係密切，不但禁忌之因，常歸之鬼神，解禁之方也與鬼神相關。解除禁忌的各種法術與儀式，反映了當時人扭轉違忌後果的努力，它與禁忌本身同樣折射了當時豐富的信仰面貌。

---

[243] 王符著，汪繼培箋，《潛夫論箋》（臺北：世界書局，1975），〈忠貴〉，頁 49。

[244] 《史記》，卷 85，〈呂不韋列傳〉，頁 2511。

[245] 《漢書》，卷 26，〈天文志〉，頁 1310。

[246] 《後漢書》，卷 25，〈魯丕傳〉，頁 883-884。

[247] 《後漢書》，卷 15，〈來歷傳〉，頁 590-591。

[248] 《三國志》，卷 22，〈陳群傳〉，頁 636。

[249] 《顏氏家訓校注》，卷 2，〈風操〉，頁 104，校注。

伍、結語

秦漢時代的禁忌，是民間信仰與天人感應學說的複雜產物，既有原始的巫術思維與鬼神禁忌，又有規律的五行生克與神煞運行，反映了中國古代信仰的多面性。本文從人與天地、人與人、人與鬼神三方面加以討論，希望能從瑣碎的禁忌中，鉤勒出較清晰的信仰圖象。

從人與天地的關係看，當時人相信天地自然與人的命運相關，小自雞犬鳴吠，大至日月之變，其異常失序皆被視為禁忌。因此人們謹守「四時之大順」，順應天地之氣的運行，參與自然周期性的循環，以及星宿神煞規律性的活動。從這個角度看來，似乎人們對自然只有順從因應。然而從另一面看來，規律性的自然顯示的不只是機械的宇宙觀，只要掌握其規則，人們也就擁有了可操作、選擇與趨避的空間，甚至可設法改變其吉凶。嚴格說來，像《日書》這樣的內容，只著眼於禁忌方面並不完全妥當，它除了提醒人們避免凶日外，更重要的是指導人們選擇吉日，因此也具有積極意義。

其次，就人與人的關係看，在生命歷程與日常生活中，都存在不少禁忌，這些禁忌隨時、空場合而不同，其中一些反映了天人感應的關係。例如產育禁忌方面，從受孕、懷孕、出生到舉養，都與自然及環境相感應。又如居、喪動土，行涉山水之忌也與自然相關。另一些禁忌反映了倫理與人群關係，例如同姓不婚之禁，以及結婚月日之強調陰陽相合、剛柔相濟都反映了婚姻倫理與理想。在人群互動中，禁忌不只涉及個人，還會影響他人。例如當時人不願與產婦接觸，以免沾染不潔，又相信某日出生的人，長大後會不利父母，而父母的不當行為，也會生下命運不好的小孩。居住、喪事之忌中，牽涉的不只是一人一家，也擴及了鄰家甚至整個社群。從這些情形看，禁忌可以說是重要的社會規範，也是人與人相處的重要守則。

禁忌，是為避免做被相信會帶來災害的事，而產生的信仰。無論從產生的原因、可能後果，與違忌避災之法看，禁忌都與鬼神、巫術關係密切。例如伏日不可出門，從五行解釋是「金氣伏藏」，但一般人卻歸因於那天是「萬鬼行」之日，出行會遇鬼。王充提到不信擇日與避歲、月者，會「觸鬼逢神」，五行、陰陽、星宿、歲月在一般人的眼中不只是具規律性的自然，也是鬼神。禁忌必「必託之神怪，若設以死亡，然後世人信用畏避。」這些辟禁包括神的行為、名字等。例如有些日子是神做某事（治室、毀宮等）之日，一般人在這天就禁忌做同樣的事。對鬼神之名的忌諱、祭鬼神時的齋戒也都顯示禁忌與信仰的關係。在不得已而必須違忌的情況下，可以採取種種法術以避免災害，例如以禹步禹符等「解除」儀式除災，或以殺死禁忌物、鎮書符咒、厭勝、遷徙等方式避禍，這些方式既反映了鬼神信仰，也呈現了氣類相感的巫術觀念。

王充在《論衡・難歲篇》中提到「俗人險心，好信禁忌。知者亦疑，莫能實定。是以儒雅服從，工伎得勝。」禁忌的研究，使我們在「儒雅」的大傳統背後，發掘出當時社會信仰層面。這些信仰，一部分反映了古代社會長久的原始信仰與社會經驗，另一方面也經過「儒雅」傳統的倫理化、學術化（如五行學說）。因此禁忌不只是「俗人」的信仰，也是「儒雅」傳統的一部分，這個傳統在漫長的歷史階段裡，對中國歷史與社會產生了重大的影響，值得我們特別給予注意。

（原刊於：《新史學》18 卷 4 期，2007 年。）

DOI:10.978.986437/1778.0002

當「天學」遇上「地學」：十九世紀後期來臺傳教士對於風水民俗的態度

洪健榮 *

壹、前言

十七世紀以來，閩粵渡臺移民透過原鄉社會風水文化的實踐，逐漸完成「在地化」的鄉土認同；傳統風水民俗也伴隨著臺灣漢人聚落的形成，成為地方紳民習以為常的生活方式，並構成普遍性的社會文化現象。[1] 十九世紀後期，臺灣正式對外開港通商之後，西方傳教士紛紛來到福爾摩沙島上建立據點，從事宣教工作。[2] 在傳教士購地設堂或營建其他傳教設施（如學校、醫院等）的過程中，地方人士或因其建置地點妨礙陰陽宅居坐向或牴觸境域風水龍脈而群起抗拒，甚至引爆出各種風水反教的衝突事件，造成傳教士在臺宣教活動的阻礙。風水民俗本身，於是成為他們所關注的對象。

過去學界關於在臺傳教士與傳統風水民俗的研究，主要從涉外關係史或政治史的角度，探究風水民俗在晚清臺灣教案中所扮演的角色，剖析地方紳民風水反教的動機，並檢討這類教案的特質及其歷史影響。[3] 此種研究取向，主要是著重於中外雙方針對風水反教事件的交涉過程與協調結果，也較為留

本文為行政院國家科學委員會補助專題研究計劃「清代臺灣官紳對於『風水』的態度」（NSC100-2410-H-305-045）的延伸研究成果之一。初稿曾發表於輔仁大學歷史學系主辦「第七屆文化交流史暨輔仁大學在臺復校 50 週年：遷徙與新生國際學術研討會」（2011 年 11 月 18–19 日），會後修訂稿刊登於《輔仁歷史學報》第 29 期（2012 年 9 月）。

* 國立臺北大學歷史學系教授

[1] 洪健榮，《龍渡滄海：清代臺灣社會的風水習俗》（新北：花木蘭文化出版社，2015 年）。

[2] 莊吉發，〈清代臺灣基督教的教堂分佈及其活動〉，收於氏著，《清史論集（十四）》（臺北：文史哲出版社，2004 年），頁 267-301。

[3] 林文慧，《清季福建教案之研究》（臺北：臺灣商務印書館，1989 年），第 2 章，〈臺灣教案〉，頁 34-69；蔡蔚群，〈建省以前臺灣北部的教案（1872–1885）〉，《臺北文獻》，直字第 133 期、134 期，2000 年 9、12 月，頁 171-210、231-256；蔡蔚群，《教案：清季臺灣的傳教與外交》（臺北：博揚文化事業公司，2000 年）。

意中國官紳及庶民百姓反教的原因及目的。[4] 筆者先前撰有〈清季淡水開港後西教傳佈與傳統風水民俗的衝突〉一文，嘗試從社會文化史的角度，檢視北臺風水反教事件中地方紳民的態度、清朝官員的立場及西方人士的觀感，以理解在異文化接觸的歷史際遇中，西方宗教與風水民俗之間的糾結所在，如何成為有心人士隨機操作的工具，也使得風水問題躍登上西力東漸與列強競逐的國際舞臺，成為中外各國交涉民教關係之際所關注的公共議題。[5] 本文擬進一步將取樣的對象從臺北地區擴及到全臺各地的教會人士，並將論述的焦點放在傳教士本身的風水遭遇及其反應，希望能從西方文化的視野，重新考察十九世紀後期西教東傳的歷史波折與民教衝突的風水情結。

在資料運用上，本文以當時來臺傳教士的見聞紀錄或書信為主要的徵引資料，如北部加拿大長老教會宣教士馬偕（偕叡理，George Leslie Mackay, 1844–1901）的日記及回憶錄 *From Far Formosa*，南部英國長老教會宣教士甘為霖（William Campbell, 1841–1921）的 *An Account of Missionary Success in the Island of Formosa*、*Sketch from Formosa* 及 *Handbook of the South Formosa Mission*（《臺南教士會議事錄》）、巴克禮（Thomas Barclay, 1849–1935）的 *Formosa for Christ*，天主教道明會士費南德滋（Pablo Fernandez）編輯的 *One Hundred Years of Dominican Apostolate in Formosa, 1859–1958*（黃德寬譯《天主教在臺開教記》）等書，並徵考這段期間的教會刊物報導與會議紀錄等相關文獻，包括英國基督長老教會的《使信月刊》（*The Messenger*，臺南臺灣教會公報社 2006 年複刊本《使信全覽》）、《臺灣府城教會報》（1885 年創刊，1892 年更名為《臺南府教會報》、1893 年易名為《臺南府城教會報》），[6] 以及當時中外官方檔案如《教務教案檔》、英國國會文書（*British Parliamentary Papers*）等相關資料。

---

[4] 過去學界從中國官紳的立場來分析晚清民教衝突的問題，極具代表性的力作為學者呂實強的《中國官紳反教的原因（1860–1874）》（臺北：中央研究院近代史研究所，1985 年 3 版）一書。

[5] 《臺北文獻》，直字第 172 期，2010 年 6 月，頁 43-68。筆者另撰有〈明末耶穌會士艾儒略對中國傳統堪輿術數的批判〉（《輔仁歷史學報》，第 22 期，2009 年 1 月，頁 237-267）一文，嘗試從思想文化史的角度，探究明清之際入華耶穌會士看待傳統堪輿術數的基本態度。此種研究取徑，亦為本文所採取的分析模式。

[6] 關於前述資料的相關介紹及研究，可參閱張妙娟，《開啟心眼：《臺灣府城教會報》與長老教會的基督徒教育》（臺南：人光出版社，2005 年）。

本文嘗試透過當時來臺傳教士的論著與各類相關的檔案，探討西方宗教視野中的臺灣風水民俗形象，解析傳教士看待傳統風水禁忌的基本態度，以及他們面對這類「入境隨俗」的壓力所採取的因應方式，藉此呈現在晚清臺灣教案頻傳的時空背景中，外來宗教文化與民間傳統習俗之間在價值取向上的差異或對立。

貳、民教風水糾紛的歷史情境

早在十六、十七世紀之交，入華耶穌會士利瑪竇（Matteo Ricci, 1552–1610）在中國各地傳教期間，即曾因教堂風水問題而與地方人士發生衝突。[7] 利瑪竇在南京時，曾遇過一位前來「踢館」的訪客，自稱能根據風水原理以預言未來，利瑪竇對此頗不以為然。[8] 利瑪竇等人所遭受的歷史經驗並未及身而絕，類似的情境，再度在十九世紀後期西教東傳的時代背景中浮出檯面。由此也顯示出傳統漢人社會的風水習俗與西方宗教的教義信仰之間，存在著不因時移世換而有所消褪的內在矛盾。

一、風水反教的緣由

1858年（咸豐八年），英法聯軍之役清廷戰敗，在其與西方各國簽訂的天津條約中，始允許外國傳教士前赴中國各地傳教。西方傳教士進入福建地區之後，首要購地建造教堂，作為他們宣教的根據地。對於遠道而來的傳教士而言，擇地營建只是為了尋求一棲身落腳之處，並以位置適當、方便傳教為原則，不料卻在建堂過程中遭到地方紳民的抵制，導致這段期間教案頻傳。閩省紳民抵制西教的行為，某些時候，即是出自於風水習俗的考量。[9]

---

[7] 林金水，〈利瑪竇在中國的活動與影響〉，《歷史研究》，1983年第1期，頁26。此外，明清之際入華耶穌會士亦曾遭遇一場因堪輿術數的門戶歧見所掀起的政治鬥爭，可參閱黃一農，〈擇日之爭與「康熙曆獄」〉，《清華學報》，新21卷2期，1991年12月，頁247-280。至於首當其事的耶穌會士對於中國傳統星占及地理選擇術的看法及其因應之道，可參閱黃一農，〈耶穌會士對中國傳統星占術數的態度〉，《九州學刊》，4卷3期，1991年10月，頁5-23；黃一農，〈從湯若望所編民曆試析清初中歐文化的衝突與妥協〉，《清華學報》，新26卷2期，1996年6月，頁189-220。

[8] 利瑪竇、金尼閣著，何高濟等譯，《利瑪竇中國札記》（北京：中華書局，1983年），頁359。

[9] 相關的例證，可參閱中央研究院近代史研究所編《教務教案檔》第1至5輯（臺北：中央研究院近代史研究所，1974–1977年），以及林文慧《清季福建教案之研究》一書。

同光時期，除了福建地區的多起教案曾涉及風水爭端之外，臺灣本土也有類似的情形發生。

1859年（咸豐九年），西班牙天主教道明會士郭德剛（Fernando Sainz, 1832–1895）自菲律賓馬尼拉啟程，經廈門抵達打狗港（高雄）之後開始佈道。[10] 1865年（同治四年），英國長老教會宣教師馬雅各（James L. Maxwell, 1836–1921）自廈門抵達打狗，隨後以臺灣府城為中心進行傳道。[11] 天主舊教（Catholicism）與基督新教（Protestantism）的勢力，於是繼十七世紀中期荷蘭、西班牙兩國據臺期間的傳教活動之後，重返臺灣本土社會。隨著新、舊教傳教士的陸續來臺及其教務活動的推廣，在南北各地亦造成幾起與臺灣紳民的衝突事件，風水問題也成為引爆民教對立的導火線之一。

經歷1868年（同治七年）的臺灣教案、樟腦糾紛與安平砲擊事件的動盪之後，英國長老教會派遣甘為霖於1871年（同治十年）抵臺，協助南部教會事務的拓展。[12] 1874年（同治十三年），甘為霖擬在嘉義縣白水溪一帶（今臺南市白河區仙草里）擴建禮拜堂，以便於傳教工作的進展。是年底，白水溪附近店仔口居民吳志高（吳墻，1826–1880）等人，以甘為霖所建教堂屋舍（今白水溪教會前身）干擾到吳家祖墳風水為由，曾邀約甘為霖親臨舍內協商風水問題的解決之道。甘為霖自認其重新擴建的教堂就在原來的地點，也與吳家墳墓有相當的距離，應無妨礙風水之虞，料想吳志高這場「鴻門宴」式的約談居心叵測，於是加以婉拒。[13] 翌年元月，吳志高率領一批莊眾乘夜將白水溪教堂焚毀，甘為霖等人慌忙離去，造成南部教會史上的「白水溪教案」。這次的風水反教事件，也成為甘為霖在臺傳教生涯所遭遇過最重大的一次打擊。[14]

---

[10] 江傳德編纂，《天主教在臺灣》（臺南：聞道出版社，2008年），頁30-31。

[11] 鄭連明，《臺灣基督長老教會百年史》（臺南：臺灣教會公報社，1984年二版），頁6-8。

[12] 蔡蔚群，《教案：清季臺灣的傳教與外交》，頁70-129。

[13] 甘為霖在這次民教衝突事件前後的親歷見聞，可參見臺灣教會公報社編，《使信全覽（23）》（臺南：教會公報出版社，2006年複刊本），1875年5月，頁117-121；William Campbell, *An Account of Missionary Success in the Island of Formosa*（London: Trubner & Co., 1889）, pp. 371-388；William Campbell, *Sketch from Formosa*（London: Marshall Brothers, 1915）, pp. 93-101.

[14] 臺南長老大會，《南部大會議事錄（二）》（臺南：教會公報出版社，2004年），頁125-127。另參閱何培夫主編，《臺灣地區現存碑碣圖誌 補遺篇》（臺北：國立中央圖書館臺灣分館，1999年），頁71-72，181-182。

事發當時，甘為霖等人立即向嘉義縣衙門報案，知縣陳祚詢問此事的來龍去脈，在其呈稟臺灣道夏獻綸（1837–1879）的調查報告中提到：

> ……訊其起釁情由，則稱添蓋教堂房屋，有吳志高聲言礙其祖墳風水，釀成事端等語。當飭役勇護送該教士赴郡，一面親赴查勘拏辦等情。旋准駐台英國領事額勒格里照會，以據教師監物〔甘為霖〕稟稱，向在嘉義白水溪地方傳教，因欲添蓋房屋，被店仔口吳志高等藉稱有礙伊祖墳風水，乘夜將小禮拜堂燒燬。該處受教番民先有被牽牛隻毆傷情事，照請嚴加查辦，以符和約等由。

陳祚於事發後，在英國領事額勒格里（William Gregory）與甘為霖的施壓下，曾經前往該處勘察，結果發現白水溪距離店仔口十餘里，被燒毀的教堂與吳姓祖墳尚隔一山之遙，而且放眼四處，並無其他鄰居房舍的蹤影。[15]換句話說，在地方官員與傳教士的心目中，吳志高所宣稱的教堂有礙其祖墳民居風水的說法，不過是一種掩人耳目的片面之辭罷了。如追究其縱火焚堂的主要原因，或許是緣自店仔口居民先前與傳教士的財務、產權等糾紛，再加上傳教士的進駐威脅到吳志高等人的聲勢，由於存在著先入為主的成見，以致其刻意鏟除外教勢力在鄰近區域的發展基地。[16]

在甘為霖筆下「惡名昭彰」、「無法無天」的吳志高，[17]為當時店仔口的地方豪強，遍交嘉南地區的縉紳人士。1863年（同治二年）初，吳志高曾統轄附近五十餘莊居民協助官軍抵抗戴潮春（?–1864）部眾的進擊，解除嘉義圍城之急，因此深得地方民眾的擁戴與官府的信任。彰化鹿港士紳吳德功（1850–1924）在《戴案紀略》卷中記載「其人身材五短，爾雅溫文，無武夫氣。平時為村學究，屢試不第，曉暢事機，一呼百諾，兼五十三莊總理」。吳德功在書中並將吳志高智勇退敵的才能，歸諸於店仔口地區的風水庇蔭所致：「按店仔口後山，即嘉義文廟尖峰，山上出火，名火山巖，開屏列帳，直趨抵莊。北面有北隙諸小山，西南有上下茄苳土埠，羅列環拱。其人傑之出，殆由地靈歟！」[18]在習究風水觀念的士紳眼中，吳志高的擇居地

[15] 中央研究院近代史研究所編，《教務教案檔》第3輯（臺北：中央研究院近代史研究所，1975年），頁1442-1443。

[16] 蔡蔚群，《教案：清季臺灣的傳教與外交》，頁129-140。

[17] William Campbell, *An Account of Missionary Success in the Island of Formosa*, pp. 371-372.

[18] 吳德功，《戴案紀略》（臺北：臺灣銀行，1959年），卷中，頁34。另參閱蔡青筠，《戴案紀略》（臺北：臺灣銀行，1964年），頁40。

點店仔口一帶具有相當不錯的風水格局，故能地靈人傑，培育出吳志高這類的社會秀異分子。而在嘉義縣境的這場民教衝突事件中，以吳志高為首的地方人士援用風水之說作為反教排外的藉口，其中縱然不乏借題發揮的色彩，然而，我們也不要忽略了這樣的事實：風水之說既可作為這位深具領袖魅力的吳志高號召群眾與大動視聽的反教理由，此舉既顯示吳志高本人對於風水的各項禁忌原則具有一定程度的認知（甚至是奉行者），同時也反映出風水習俗深入人心的影響力，足以成為社會動員的籌碼，激起地方民眾敵愾同仇的情緒。

加拿大長老教會派任的第一位海外宣教師馬偕在北臺傳教期間，也曾遭遇過類似的風水禁忌問題。1872 年（同治十一年），馬偕抵達淡水，正式展開宣教工作。[19] 1877 年（光緒三年）八月，馬偕來到了淡水縣艋舺，這處北臺商貿重鎮曾於 1868 年（同治七年）爆發英商寶順洋行（Dodd & Co.）租屋案，主因為當地黃姓族眾以該洋行向民婦黃莊氏所租房屋「與書院附近，恐礙風水」，隨後因雙方溝通不良，引起了一場激烈的衝突。[20] 馬偕置身於這處排外氣氛濃厚且有風水糾紛先例的港埠，先前他於 1875 年四月造訪當地之際，也曾受過暴力對待，令他心生怨懟。[21] 但此時，馬偕為了拓展北臺教務，仍透過教民陳永順的引介，向草店尾街（今艋舺清水巖祖師廟前方貴陽街二段之一部）的鄭筆承租屋地，設置教堂。同月，艋舺三邑總理蔡達淇、貢生林紹唐與職員黃龍安（?–1886）、白其祥（1831–1910）等地方頭人向淡水同知陳星聚（1817–1885）呈稟，當地紳董原擬在草店尾建造試館以供士子住宿，鄭筆若將房屋租予教民，日後開考，應試士子群聚於此，難免滋生事端且貽累街眾。再者，附近居民傳聞馬偕欲將該店屋加高修理，惟恐其有礙風水方向，因而告官處置。

同知陳星聚據報後，乃照會英國副領事司格達（B. C. George Scott），說明艋舺紳民抵制草店尾街設置教堂醫寓的基本立場，其中強調：「該店屋加高屋頂，與民居方向均有所碍」，「與其滋事而累居民，不若先事而請退租，既無妨礙民居方向，又免民教日久生事」。司格達隨後轉詢馬偕，出示

[19] 陳俊宏，《重新發現馬偕傳》（臺北：前衛出版社，2000 年）。

[20] 中央研究院近代史研究所編，《教務教案檔》第 2 輯（臺北：中央研究院近代史研究所，1975 年），頁 1300-1304，1335-1338。

[21] 馬偕著，林昌華等譯，《馬偕日記》（臺北：玉山社，2012 年），第 1 輯，頁 212。

教堂並無加高於眾屋之上的保證，眾民人可以無慮方向關礙的問題，以平息當地民眾的疑慮。[22] 艋舺當地民眾與馬偕斤斤計較於房舍與教堂的相對屋頂高度，其實是傳統漢人社會普遍存在的陽宅風水禁忌。[23]

民教相安的情勢維持了兩個多月，至十一月初，馬偕抵達草店尾街開堂講經，有感於屋宇結構不符教堂形貌，於是立即動工以修整外觀。當地紳民以馬偕在不商問左右鄰居的情形下，突然又將租屋拆建加高，違背先前「並無加高礙民方向」的承諾，此舉未免欺人太甚，於是紛紛投告官府。同月，生員林紹唐、頭人黃龍安、益興號王馬赤、合益號洪祥與蔡達淇率領紳民兩百餘人，將馬偕所拆教堂舊木磚料強加毀壞搬移。[24] 事發之後，司格達辯稱馬偕先前與陳星聚的約定，僅是教堂「不欲加高於眾屋之上」，不應與教堂「不加高」的情形混為一談：

> 查草店厝屋獨教民所租之屋，比眾矮些，故偕教士前意只欲升高與眾屋齊平，不欲加高於眾屋之上。不料貴分府誤會來文之意，即傳諭居民謂不加高，縱使眾民紛紛不平。[25]

然而，對於信仰風水觀念的地方紳民而言，教徒執意將禮拜堂屋頂加高的結果，勢將沖煞民居的風水位向，此事攸關其身家性命。教徒既無事先告知且不顧居民的反對，加上外國官員未能先行約束教民不要輕舉妄動，在仇外情緒高漲的氣氛籠罩下，這座有礙民居風水之嫌的禮拜堂，最終還是遭到紳商民眾的合力拆毀。

---

[22] 中央研究院近代史研究所編，《教務教案檔》第 3 輯，頁 1522-1523，1527。

[23] 十九世紀末入華的英國倫敦會士麥高溫（John MacGowan, ?–1922）即觀察到類似的社會現象：「任何一個曾經參觀過中國城鎮的人都不能不注意到，所有的房子都是一樣的高，人們很難見到比其他房子高的房屋。你也許會奇怪，在你徜徉數十里的街道上，怎麼會有如此單調無變化的統一？為什麼中國人的思想會滿足於自家的屋頂有著和他的鄰居們完全一樣的高度？這個謎底還是風水。一所房子如果比周圍的房子高出許多，就會給周圍的房子造成危險。……因而，所有的鄰居們將提出嚴正抗議，直到這些可怕的事情平息下去，而高房子又恢復到統一的高度」。引見朱濤、倪靜譯，《中國人生活的明與暗》（北京：時事出版社，1998 年），〈風水〉，頁 116。

[24] 中央研究院近代史研究所編，《教務教案檔》第 3 輯，頁 1531-1533。另參閱 *British Parliamentary Papers: Essays and Consular Commercial Reports, 1877–79* (Shannon: Irish University Press, 1971), p. 373.

[25] 中央研究院近代史研究所編，《教務教案檔》第 3 輯，頁 1540。

二、教務推展的阻礙

風水糾紛出現在激烈的反教事件中，主要是牽扯到傳教士設置教堂的硬體形制及其方位問題。我們知道，清代臺灣傳統民宅屋舍的營建形制與方位坐向概有一定的格局，最忌諱有所沖犯。舉凡這些與漢人社會理想的空間秩序或風水觀念相互牴觸的事物，包括宅沖（正對別家宅門或厝角、牆角、屋簷等尖狀物）、柱沖（正對大樹、木柱、煙囪等柱狀物）、路沖（正對直向道路或屋宅座落於路巷盡頭）等。[26] 在風水觀念盛行的社會風氣下，民眾往往將自家遭遇的疾病災禍，歸咎於屋宅風水受到外來的沖煞所致。宅主為能鎮辟某些不利的風水形煞，通常延請道士或地師擇吉安置各種厭勝物，如設於屋頂中脊的風獅爺（瓦將軍）、符水缽、八卦牌，掛於門楣的太極八卦牌、獸牌、山海鎮、白虎鏡，置於外牆或牆角的石敢當，以及置於正廳前屋埕或牆頭上的各類照屏，來反制沖煞，求取平安。[27] 類似的情形，在漢人開發較早、產業繁興且宅居數目相對密集的街市，如臺灣南部安平、中部彰化鹿港與北部淡水艋舺一帶，以及清代時期南北各地逐漸成型的漢人聚落中，較為常見。[28] 而這類的民俗禁忌，自然也構成了晚清在臺教會人士推廣教務的阻礙。

風水理論傳達一系列趨吉避凶的術數法則，這些法則通常是透過各種口訣式、通俗化的禁忌內容，來發揮其實質性的規範作用，並提供一般民眾簡易可行的不二法門。對於風水禁忌的遵行，係民間人士實踐傳統堪輿之說的主要方式。[29] 而在各種跨越陰、陽宅理論及其應用分際的風水禁忌中，通常以龍脈禁忌最受關注。就風水學的觀點，龍脈聚局主宰地方人事的吉凶禍福，也攸關村莊聚落的興衰起落，必須謹慎維護，不得任意穿鑿。若是傷

---

[26] 呂理政，〈聚落、廟宇與民宅厭勝物〉，《臺灣風物》，40 卷 3 期，1990 年 9 月，頁 81-85。

[27] 呂理政，〈聚落、廟宇與民宅厭勝物〉，頁 91-98，100-112。關於風水學上的陽宅沖煞，題名清代箬冠道人所著《八宅明鏡》卷上〈陽宅六煞〉中，曾條列出 35 項傳統中國社會常見的沖煞情形，可以參考。箬冠道人，《八宅明鏡》（臺北：武陵出版公司，1999 年據清乾隆年間刊本景印），卷上，31b-33a。

[28] 周榮杰，〈臺灣民間信仰中的厭勝物〉，《高雄文獻》，第 28、29 合期，1987 年 4 月，頁 51-91；盧明德，〈安平古聚落所見獸牌及其造形之研究〉，《實踐學報》，第 12 期，1981 年 3 月，頁 243-299；覃瑞南，〈風水鎮物在臺灣地區民宅施作的研究〉，《臺南女院學報》，23 卷 1 期，2004 年 10 月，頁 267-286。

[29] 漢寶德，〈風水宅法中禁忌之研究〉，《國立臺灣大學建築與城鄉研究學報》，3 卷 1 期，1987 年 9 月，頁 6。

殘風水來龍致使地氣發洩，勢將災禍臨頭、厄運難逃。[30] 由於這項堪輿忌諱的存在，促使人們重視護龍保脈的措施，以維持地方社會的安寧。1885 年（光緒十一年）六月，傳教士巴克禮在鳳山縣境內麟洛一帶客家莊擇地設堂之際，當地耆老以禮拜堂選定地點正位在境域「龍頸」（the neck of the dragon）上，對於村落本身將帶來禍害，於是群起阻撓其建堂舉動。巴克禮向村民表示，這類的龍脈之說令他難以信服。但輿情壓力所及，最終還是迫使他設法另尋出路。[31]

教堂之外，其他傳教據點如醫院或學堂的設置過程中，某些時候，也難免於民間風水習俗的抵制。只要是碰到這類敏感的風水問題，民教雙方即使出面協調，往往也不易取得共識。1878 年（光緒四年）秋，馬偕原擬在淡水的一處山丘上購地興建醫院，作為他醫療傳教的據點，但附近居民認為此設置地點會傷礙當地廟宇風水，結果群起反彈，馬偕籌建醫院的計劃因而暫告中斷。[32] 1887 年（光緒十三年）初，南部基督長老教會設置醫院的地點，亦曾遭到風水民俗的難題。到了 1890 年（光緒十六年）春，巴克禮為了醫院地點再度遭到地方民眾以風水為名而集體抗爭一事，迅即呈報分巡臺灣道陳鳴志加以處理。[33]

當時不僅基督教（新教）的情形如此，天主教（舊教）在臺灣本土的傳佈過程也曾面臨到同等的待遇。如 1867 年（同治六年）九月，道明會士郭德剛在臺灣府城東門外向陳姓婦人租屋以開設教堂，當地舉人吳尚震等人以該教堂有礙民居方向，遂群起禁阻並迫勒遷移。郭德剛在地方輿情的壓力下，仍執意搬入居住。翌年（1868）三、四月間，教堂遭到附近居民焚毀，呂宋駐廈門領事巴禮勞為此，乃函請總理衙門轉飭地方官員處置，以保障傳教士的人身安全與傳教權益。[34]

---

[30] 徐善繼、徐善述，《地理人子須知》（臺北：武陵出版社，1986 年據明萬曆 11 年重刻隆慶 3 年本景印），卷 6 下，〈論風水不可妄加築鑿〉，頁 390。

[31] 臺灣教會公報社編，《使信全覽（29）》，1885 年 10 月，頁 11-13。

[32] *British Parliamentary Papers: Essays and Consular Commercial Reports, 1877–79*, p. 722.

[33] 甘為霖著，阮宗興譯校注，《臺南教士會議事錄》（臺南：教會公報出版社，2004 年），頁 353-354，403。

[34] 中央研究院近代史研究所編，《教務教案檔》第 2 輯，頁 1274-1276，1312-1315，1379-1384；Pablo Fernandez ed., *One Hundred Years of Dominican Apostolate in Formosa, 1859–1958* (Taipei: SMC Publishing Inc., 1994), pp. 97-100；江傳德編纂，《天主教在臺灣》，頁 81-83。

1887 年（光緒十三年）五月，西班牙天主教道明會士何鐸德（或譯何安慈，Celedonio Arranz）為了與基督教長老教會馬偕競爭北臺的傳教空間，[35] 逕行在大稻埕（今臺北市大同區一帶）、和尚洲（今新北市蘆洲區）租地創設天主教堂，事前未經該國領事先行知會臺北府淡水縣查照，確認其有無妨礙民居方向。此後，由於教堂所在位置被地方人士認定為「有礙民居大街」，再加上先前法軍侵擾北臺之際民間受災慘重，當地紳民連帶遷怒於同屬天主教國度的西班牙傳教士，民教雙方於是陷入劍拔弩張的對峙僵局。淡水縣令汪興禕接獲地方紳商的稟報後，有鑑於事關中外交涉，惟恐釀生國際爭端，遂將何鐸德的違約設堂行為，呈報臺灣巡撫劉銘傳（1836–1895）出面處置。[36]

通觀前述的風水糾紛事件，通常是出自事前的溝通不當所造成的誤會，特別是民教雙方針對風水禁忌的認知差異所致。相較於漢人社會對於風水之說的習以為常，歐洲人士針對這類民俗的疑慮難解，難免構成彼此之間相互協調上的困難度。此情此景，不禁讓我們聯想起十九世紀後期曾任英國駐打狗等地領事並為臺灣鳥類學研究之先驅的郇和（或譯史溫侯，Robert Swinhoe, 1836–1877），某日曾詢問某位中國官員是否相信風水之說，其所得到的答覆是：「不管你相不相信，事實就是如此」。[37] 史溫侯內心中的問號，相信也是當時許多來臺傳教士的迷思。

在社會現實的層面上，由於傳統風水習俗在信仰上的「功利性」特質，使其成為地方紳民抵制教堂等硬體設施的動機；而風水之學所具備的「工具性」、「可操作性」或「隨機詮釋性」，得以讓他們援之為理直氣壯的反教藉口，成為其動員社會人力的文化資源，並助長排外的氣勢。由此可見，風水禁忌在地方紳商夥同民眾以拒斥西教東傳的環節中，既是手段，往往也是目的。相形之下，對於傳教士而言，他們所面臨到的現實難題，卻是一種「入境隨俗」的壓力或是如何「從俗而行」的選擇。

---

[35] Pablo Fernandez ed., *One Hundred Years of Dominican Apostolate in Formosa, 1859–1958*, pp. 156-166, 172-174；江傳德編纂，《天主教在臺灣》，頁 108-111。

[36] 中央研究院近代史研究所編，《教務教案檔》第 5 輯（臺北：中央研究院近代史研究所，1977 年），頁 2073-2085。

[37] 白尚德著，鄭順德譯，《十九世紀歐洲人在臺灣》（臺北：南天書局，1999 年），頁 45。

參、入境隨俗的壓力及其反應

十九世紀後期，來臺傳教士對於風水糾紛的因應之道，往往仰仗西方政治勢力的介入或是要求清朝官治力量的伸張，來加以善後處置。西方政治勢力作為傳教士在臺宣教工作的後盾，既須保障傳教士的人身安全與傳教權益，也須顧慮到傳教工作如何避開臺灣傳統民俗的干擾。

一、民教相安的妥協

在前述 1877 年的艋舺教案中，英國副領事司格達接獲馬偕的投訴後，照會淡水分府進行查辦。同知陳星聚隨後函文告知艋舺紳民以「開設教堂，定欲加高屋頂，大加修理，與民居方向均有關礙」為理由，反對馬偕租屋建堂。司格達在回覆陳星聚時聲明：「本署查偕教士前日所稟，教堂並不加高於眾屋之上，則眾民人可以不虞方向關礙矣」。司格達強調西教與人為善的本質，在無違風水坐向及和約規定的情形下，中國官紳不宜妄加干涉。[38]

同年十二月，司格達復以草店尾街教堂遭毀一案照會陳星聚，批斥艋舺紳商黃龍安等人因先前寶順洋行租屋案與傳教士結下樑子，數月以來，左右鄰居並無向馬偕告及風水方向妨礙之事，可見其所宣稱的風水位向暨屋頂加高與否的問題，「盡屬虛語」，不過是他們興眾滋事或公報私仇的藉口，中國官員應當管制地方紳民的肆意阻撓。[39] 司格達根據馬偕的控訴或引據和約內容表達其護教的立場，在其照會中國官府的行文中，對於地方紳商和民眾動輒藉口風水生事的舉動，以及官員假借風水為名的推託作法，頗有微辭。

晚清中外雙方針對傳教事務的交涉過程中，由於清朝官員屢以風水位向之說對西方人士在臺灣境內購地建堂一事多加限制，甚至對於民間的風水習俗表態支持或消極默許，諸如此類的理由或舉動，往往引起外國官員與傳教士的不滿。在當時，他們大致認為所謂的風水禁忌，本身不過是一種莫名其妙的民間迷信，然而，清朝官員卻信以為真，甚至援之為推託之辭，頗令其難以信服。另一方面，傳教士面對風水禁忌的既成事實，為了讓教務得以順利進行，某些時候，他們也採取了妥協的措施，有選擇性地遷就傳統民俗。

[38] 中央研究院近代史研究所編，《教務教案檔》第 3 輯，頁 1527。

[39] 中央研究院近代史研究所編，《教務教案檔》第 3 輯，頁 1539-1540。

如 1872 年（同治十一年）十一月，英國長老教會牧師李庥（Hugh Ritchie, 1840–1879）協助阿猴地方（今屏東市）教徒在媽祖廟前方新建禮拜堂，其間該廟住持以禮拜堂過高有礙風水為由而阻撓工程進行，雙方因而爆發衝突。事後，經李庥出面與鳳山縣令協調，同意將禮拜堂高度降低，才緩解了這場民教糾紛。[40]

反觀清朝官員針對臺灣民教之間的風水衝突所抱持的立場，一方面，為能平息外國人士的憤懣不平，避免於晚清多事之秋引起更多有損政府權益的國際糾紛，乃即刻查明肇事緣由暨懲辦滋事人等，賠償傳教士的損失，保護教民的安全，並諭令地方紳民遵行禁約條款，不得再加阻撓生事。另一方面，清朝官員亦曾向西方官員表示，惟有遷就甚至尊重風水習俗以穩定民心，才能維持民教之間的和諧共處。為求防患未然起見，在其與列強簽訂的通商章程或傳教條款中，往往聲明外國人士在華租地興造或開堂傳教之際，概不得妨礙民居方向與墳廬風水，事前必須經過地方官員查明租約內容是否符合此項規定，始得給與建屋執照，以防其建物位置或坐向與民間社會的風水禁忌有所牴觸，因而淪為紳民群起反教的口實，造成彼此之間不必要的困擾。

1871 年（同治十年）七月，清法兩國因去年五月天津教案一事，重新擬妥傳教章程八條，當中提到：「至教中買地建堂以及租賃公所，應同真正之原業主，報明該管地方官查覈，有無風水窒礙。如經地方官覈准，仍須本地人民不相嫌惡，均無異詞」。[41] 同年，清帝國與日本議定通商章程中的第二款規定：「兩國官民，准在議定通商各口租賃地基，各隨其地成規照辦。總須由地方官查勘，無礙民居墳墓方向，詢明業戶情願出租，方可公平議價」。[42] 至 1872 年三月，清日兩國共訂敦好和約，另立通商條款三十二則，第二款列舉包括淡水、臺灣在內的通商各埠，兩國官員均可就地建造屋舍，但必須遵守各該國規制，而在中國境內，「地方官尚要查明無有傷礙風水、毀拆墳墓，並察業主所取價值，務得其中」。[43] 1881 年（光緒七年）八月，福州將軍穆圖善（1823–1887）、閩浙總督何璟（1818–1888）、福建巡撫岑毓英（1829–1889）根據傳教條約曉諭地方軍民人等，教士或教民租賃地

[40] 吳學明，〈臺灣基督長老教會入臺初期的一個文化面相──「靠番仔勢」〉，《國立臺南師範大學鄉土文化研究所學報》，第 1 期，1999 年 12 月，頁 117。

[41] 寶鋆等纂，《同治朝籌辦夷務始末》（臺北：文海出版社，1971 年），卷 82，頁 7527。

[42] 寶鋆等纂，《同治朝籌辦夷務始末》，卷 82，頁 7557。

[43] 臺灣銀行經濟研究室編，《清季申報臺灣紀事輯錄》（臺北：臺灣銀行，1968 年），頁 1。

方百姓屋地設立教堂，其租據應由領事官照送地方官員，查明其有無違礙情事。教士建堂傳教如有違礙風水方向情事，當地紳民宜先呈報地方官員處置，不得擅行擾亂滋事，以明地主之誼。[44] 由此可見，清朝政府基於維護教會人士與紳商百姓相安無事的前提，對於傳統風水習俗所抱持的態度。

在前述 1868 年西班牙籍天主教傳教士郭德剛在臺灣府城設堂遭毀一案，後來經閩浙總督英桂（1801–1878）據臺灣道府官員查明事件緣由後，於翌年（1869）初呈報總理衙門扎覆巴禮勞照議完結，清朝官員重申「凡遇購地建堂，務須照約選擇無關方向民居地基」的原則，希請其轉飭郭德剛，如欲在臺灣府城順利傳教，應當「另租無礙方向民居屋地」，以免別生枝節，再度遭到當地紳民的藉端阻撓。[45] 在前述 1887 年西班牙籍天主教士何鐸德在臺北租地建堂遭阻一案，經劉銘傳與呂宋當局駐廈門領事胡敦若（Ortuno）協調後，同年六月，清朝政府批准胡敦若申請該國傳教士在北臺從事宣教活動。斯時，淡水縣官員為求慎重起見，經協調當地紳商鋪戶人等意見，並形諸具體的規約，要求何鐸德如「開堂設教，必須照約擇僻靜之所，不得在大街通衢，有碍民居地方」；而其先前在大稻埕、和尚洲所租房屋，「係在人烟稠密之處，有碍民居，嗣後開設教堂，務須另租房屋」，藉此緩和地方群眾的疑慮。[46]

此外，如1880年（光緒六年）八月，英國長老教會傳教士施大闢（David Smith）等人計劃於臺灣府城購地蓋屋，設置女學堂。當地士紳本諸民俗禁忌與男尊女卑的觀念加以抵制，為此稟請臺灣縣令潘慶辰引約攔阻。潘慶辰據報後，呈報臺灣道張夢元照會英國駐臺領事官霍必瀾（Pelham L. Warren），說明女學堂之設置於條約各款中實無憑據，並希望其能從光緒四至六年間（1878–1880）閩省福州烏石山教案的風水癥結中得到教訓，「若以省垣烏石山之事較量而觀，自能洞曉，不便觸犯紳士等之所忌也」。[47]

在十九世紀後期臺灣的風水反教案例之中，教堂的外在型式通常是釀成

---

[44] 淡新檔案校註出版編輯委員會，《淡新檔案．第一編　行政（二）》（臺北：國立臺灣大學圖書館，1995），頁 27-28。

[45] 中央研究院近代史研究所編，《教務教案檔》第 2 輯，頁 1373-1380，1447-1448，1499-1506。

[46] 中央研究院近代史研究所編，《教務教案檔》第 5 輯，頁 2085-2086，2092-2093。

[47] 中央研究院近代史研究所編，《教務教案檔》第 4 輯（臺北：中央研究院近代史研究所，1976 年），頁 1176-1177，1200-1201。按：烏石山教案的民教衝突，乃緣於「前因閩省水災、火患連年疊見，歸怨於洋樓高聳，損傷閩省風水，眾口一辭」。中央研究院近代史研究所編，《教務教案檔》第 3 輯，頁 1565。

紛爭的焦點所在。根據學者陳梅卿的研究，這段時期英國長老教會在臺灣中南部各地興建的 35 處教堂中，有 29 處為閩南式的民房建築，只有 6 處的建築型式為洋式建築（屋頂較尖且掛有十字架），包括埔里社廳烏牛欄庄、安平縣羅漢內門木沙庄、羅漢外門紅花園庄、新化南里公仔林、新化南里撥馬庄以及鳳山縣旗後街等教會；除了旗後街教會之外，其餘 5 處皆座落於平埔族地區。陳梅卿指出，由於旗後為開港通商口岸，洋人時常進出，再加上當地原有洋式尖頂建築，居民對於同為洋式尖頂的旗後教堂較不排斥；而平埔族人對此似乎也較易接受。至於在其他區域，教會方面有鑑於十字架尖頂造型不易緩解漢人的疑慮，於是「只有退一步以一般民房的閩南式建築來作教堂建築」，來規避傳統的風水禁忌問題，以便於傳教。[48]

二、直接挑戰的方式

在十九世紀後期民教紛爭的歷史情境中，清朝官員通常要求西方傳教士入境隨俗與從俗而行，但某些傳教士卻往往視而不見，或是置之不理，以至於在臺灣各地引爆風水反教之類的糾紛。他們的不以為意，甚至不以為然，無非也表達出一種對於臺灣社會風水民俗的態度，以及他們堅持福音傳教為優先的基本立場。

在 1877 年艋舺教案期間，淡水同知陳星聚於八月初照會英領事司格達的公文中，即援引事前成約，重申外國人士在臺地開設教堂應遵循如下的條件:「如果公平定價，無礙民居，不關方向，地方官不得阻止和約，均有明言。可見外國人民與中國人民租賃房屋，尚須各出情願而又無礙民居方向者」。[49] 同年十月，陳星聚因教民擅行加高教堂屋頂而引發衝突一事，再度照會司格達，譴責教民違約於先，因而導致當地紳民針對改堂礙向的抗爭：「經先後傳訊嚴切開導，三次出示，該居民等許以厝不拆建、頂不加高、無礙民居方向，伊等聽其租屋設教。況約載租限兩年設教與民無干，均各安然。兩月餘來教士往來設教送藥，各無異言，一無阻止。今該店主何以忽欲拆建加高，致使眾居民共以方向為害，紛紛不平」。[50] 而身歷艋舺教案的馬偕，在後來

---

[48] 陳梅卿，〈清末英國長老教會在臺之教區〉，《臺灣史料研究》，第 6 號，1995 年 8 月，頁 56-57，64。

[49] 中央研究院近代史研究所編，《教務教案檔》第 3 輯，頁 1523。

[50] 中央研究院近代史研究所編，《教務教案檔》第 3 輯，頁 1532。

的傳教歷程中，甚至採取「直搗黃龍」的方式，直接挑戰臺灣傳統社會通行的風水民俗禁忌。

1884 至 1885 年（光緒十至十一年）間，因法軍侵臺，馬偕在北臺陸續設置的教堂大多遭到戰火的波及，景尾（景美）、新店、艋舺（萬華）、錫口（松山）、水返腳（汐止）、大龍峒（大同區）、和尚洲（蘆洲）、三角湧（三峽）、金包里（金山）等處教堂，接連被當地民眾拆毀。清法戰爭結束後，馬偕於 1885 年向臺灣巡撫劉銘傳爭取事後賠償補助金，隨即在艋舺、錫口、新店重建三所教堂。[51]

這三所新建落成的教堂，在外觀上擁有七十至八十呎的高塔與石造的尖頂，也就是秉持風水觀念的漢人所忌諱的屋頂形式（宅形沖煞）。[52] 馬偕在他的回憶錄中，基於其對傳統風水禁忌的深切體認，進而從當事者的角度，解說他刻意新建尖頂教堂的用意，希望能藉此破除漢文化傳統的風水觀念，以引導臺灣民眾拋開堪輿迷信而崇奉基督信仰：

> 在艋舺、新店和錫口三間教堂都豎了尖頂，來讓異教徒看出他們所信的風水只是一種迷信。我們在山形的屋頂上再加上七呎高的塔，然候再加更高，又更高。大家都站著注視好幾個小時，覺得實在不可思議，不過，並沒有人來打擾我們，反而是他們自己彼次相爭論。……所有的塔頂完成後，在每個塔頂的前面在塗灰泥的上面，我放上燃燒的荊棘的圖案，並用中文在圖案上寫著「焚而不燬」的歷史箴言。[53]

馬偕刻意在建築物上作出尖頂形制的安排，無非是採取「當頭棒喝」般的強硬方式，直接針砭臺灣民間的風水禁忌。馬偕出自基督信仰的虔誠，更引述《聖經》出埃及記第三章第二節的 “Nec Tamen Consumebatur”（焚而不燬）一句話，作為教堂頂部的圖像標誌，來紀念教會過去在北臺地區所曾親歷過的「風水」迫害，以此宣揚教眾為求福音宣教而不惜殉教的情操，並

---

[51] 中央研究院近代史研究所編，《中法越南交涉檔》第6輯（臺北：中央研究院近代史研究所，1962 年），頁 3394-3422；馬偕著，林昌華等譯，《馬偕日記》，第 2 輯，頁 62-107。

[52] 漢寶德，〈風水宅法中禁忌之研究〉，頁 5-55。

[53] George Leslie Mackay, *From Far Formosa* (New York: Fleming H. Revell, 1896), pp. 201-202. 譯文引自林晚生譯，《福爾摩沙紀事：馬偕臺灣回憶錄》（臺北：前衛出版社，2007 年），頁 190-191。

賦予其在先前遭到毀壞的教堂故址上重建這幾處教堂的神聖性。但對於信奉風水觀念的地方人士而言，此舉無疑是一項公然的挑戰。然而，這幾座教堂後來竟得以安然無恙，根據馬偕的說法，地方紳民不再群起毀堂的原因，應該是他們認為「現在教堂的塔反而比我們的廟還高，而且比我們原先拆掉的還大間。我們如果把這間拆了，他就會再造一間更大的。我們是沒有辦法阻擋這位蕃仔宣教師的」。除此之外，在馬偕心目中對於教會相當友善的臺灣巡撫劉銘傳以官方力量的介入，促使當地紳民不敢輕舉妄動，亦有相當密切的關係。[54]

馬偕的另外一項「風水奇遇」也值得一提，話說他新建高塔外觀的艋舺教堂落成之際，當地恰有三名學子高中秀才，附近居民認為此係承受該高塔風水的福蔭所致，後來更譽之為「艋舺風水塔」、「三哲雄塔」（三雄寶塔）。因此，當艋舺教會重建獻堂之際，原為艋舺當地反教首謀的黃、林、吳三大家族，反倒致贈教會一「耶穌聖教」碑石（立於今艋舺教會前庭左側）。當1893年（光緒十九年）馬偕擬返回加拿大省親之時，黃、林、吳三大家族動員民眾組成盛大的歡送隊伍為他送行。馬偕親眼目睹這樣的變化，也頗感訝異。[55] 歷史的吊詭在於，一旦原有沖煞之虞的尖塔形制轉而被視為「風水塔」，[56] 先前的民俗阻力頓時變成了信仰的助力；綽號「鬍鬚番」的馬偕，也一躍成為當地文風蔚興的關鍵人物。從這項例證讓我們體會到，風水之學在傳統漢人社會的實踐過程中，往往存有某些隨機詮釋的空間。[57]

---

[54] 同前註。

[55] 陳王癸，〈馬偕博士與臺灣〉，《臺灣文獻》，33卷2期，1982年6月，頁113-114。關於這次艋舺紳民送行隊伍的盛況，亦可參閱馬偕著，林昌華等譯，《馬偕日記》，第3輯，頁106-107。另參見艋舺教會，〈艋舺教會建堂沿革碑〉（1986年3月14日）。

[56] 傳統堪輿學強調風水塔可以作為地方文教設施的案山文（筆）峰，具有凝聚風水生氣以促進人文興起的功能，如《地理囊金集註》中云：「大抵尖秀者，主出文章榮達之士」。劉謙著，謝昌註，《地理囊金集註》（臺北：武陵出版公司，1995年據明刊本景印），頁13b。關於風水塔的形制及其方位宜忌，可參閱高衡士，《相宅經纂》（南京：江蘇廣陵古籍刻印社，1997年），卷2，〈文筆高塔方位〉，頁27b。

[57] 馬偕在北臺所受到的對待，或許也是臺灣海洋文化特質的一種發揮，表現在社會風氣方面較傳統中國更為開放，易於接納一些嶄新的或外來的事物，清季臺灣社會推行洋務運動的各項建設成效即為顯例。如就西教東傳的層面而言，十九世紀後期進入中國大陸與來到臺灣本土的西方傳教士也察覺到這類的差異性，如巴克禮曾經表示，教會要在臺灣革除祖先崇拜或偶像崇拜之類的風俗習慣，其間遭受到的阻礙不及在中國大陸的情況。臺灣教會公報社編，《使信全覽（29）》，1885年9月，頁13-14。實際上，這段期間，置身於海峽兩岸的傳教士面對風水民俗的反應及其「闢風水」的論述模式也有所差異，

馬偕採用尖塔造型的建築形制，亦出現在1882年（光緒八年）創建的淡水理學堂大書院（Oxford College，牛津學堂）的屋頂瓦鎮上。有人解釋此為佛塔造型，具有東西合璧的色彩，係馬偕為了緩和附近佛教信眾的排斥心態，或是體現其迎合傳統風水思維的用意。高燦榮則認為，該學堂的小尖塔應是仿自哥德式高聳形的建築風格，如同前述艋舺教堂的尖頂型式一般，亦為馬偕刻意用來破除風水迷信的設計。[58]

除了教堂建置與傳統陽宅地理觀念的衝突之外，教會人士針對陰宅風水葬俗的問題，亦有所表態。在巴克禮創辦的白話字版《臺灣府城教會報》中，曾於1887年（光緒十三年）十二月第三十一張刊出一篇〈辯神主論〉（Piān Sîn-chú Lūn），全文申述傳統社會重視敬祖的觀念與基督教要人孝順父母的道理相互呼應，強調為人子者養生送死，透過信主以照顧往生者的靈魂，依照孝道來處理先人的身後事，但毋須遷就民間的風水（hong-súi）習俗。[59]在1890年（光緒十六年）五月第六十一張刊出的一篇〈論喪事〉（Lūn Song-sū）中，嚴正抨擊漢人社會過度迷信風水葬地，衍生出停柩不葬以待佳穴的流弊，造成先人無法儘早入土為安，既是違背孝道，對信主者而言殊不可取。[60]同年六月第六十二張刊出同篇〈論喪事〉的文章裡，亦批評民俗迷信風水蔭人（Sè-siók sin hong-súi ē ti-im lâng）的社會風氣，勸誡世人切莫為了追求人生在世的現實利益，輕信地理師相擇佳地的言詞，卻無視於唯有天主才能賜福的真理。[61]教會人士透過通俗性的話語舉證，來勸化群眾揚棄風水擇葬的行為，轉而習於一種合乎教義規範的生活方式。他們極力宣揚基督福音以「端風正俗」並堅定信仰的立場，由此可見一斑。

大致說來，由於傳統風水觀念在民間社會的根深柢固，使得在臺傳教士不得不面對入境隨俗的壓力，直須承受風水習俗的衝擊。對於傳教士而言，

關於這個問題，筆者將另文討論。

[58] 高燦榮，《淡水馬偕系列建築的地方風格》（臺北：臺北縣立文化中心，1994年），頁63-66。

[59] 《臺灣府城教會報》，引見臺灣教會公報社編，《臺灣教會公報全覽》（臺南：教會公報出版社，2004年），第31張，頁100-102。

[60] 《臺灣府城教會報》，引見臺灣教會公報社編，《臺灣教會公報全覽》，第61張，頁46-48。

[61] 《臺灣府城教會報》，引見臺灣教會公報社編，《臺灣教會公報全覽》，第62張，頁54-56。

傳教工作竟然受到風水民俗的連累，或許是他們始料未及的意外；建堂必須遷就此項傳統禁忌，[62] 也許是他們難以釋懷的情事。傳教士除了訴諸具體的言論與實際的行動來挑戰民俗禁忌，或是隨機調整、彈性因應，以避免在傳教的過程中直接遭受到風水民俗的阻撓。此外，在他們的著述中，偶而也表達了個人身歷其境對於風水民俗的體驗，或是針對西方宗教信仰與這類民俗禁忌如何相互抵觸的觀感。夾雜於這些「說地理」、「評堪輿」或是「闢風水」的字裡行間，往往也透露出傳教士所面臨的現實挑戰。

肆、傳教士對風水民俗的批判

在異文化的接觸過程中，外來者易於對「他者」的風俗民情產生敏感或迷惑，也往往會以自己所熟悉的理念去權衡異地文化的特質與價值，以便化陌生的空間為可知的領域，融入自我的思維架構中，獲得一種想像的意會或同情的理解。在這個領悟或解譯的環節上，針對各種與自身價值系統相容度不高或認識不清的存在、現象和觀念，通常會賦予其負面的評價及形象，或認定為「陋俗惡習」，或視之為「迷信愚昧」，藉以映襯出自我成長的歷史背景、文化環境或宗教信仰的相對優越性。[63] 由於天主教（基督教）係所謂的「天啟式」宗教，具有一神信仰的特質，強調天地宇宙及世間萬物皆為天主（上帝）所創造，唯有天主（上帝）可以賜福降災並且預知未來，如此特質也轉化為一種對於異教風俗的排他性，形成了正信／迷信之間的價值判斷。

一、風水「迷信」的觀感

針對漢文化傳統風水術數而言，早在十六、十七世紀期間，西方傳教士已切身體會到這類民俗在晚明社會普遍流傳的情形，並將之貼上了「迷信」的標籤。如利瑪竇在其傳教日記中指出堪輿與曆書、擇日、算命、占夢、神諭的迷信特質，抨擊陰陽宅風水觀念以及相擇趨避之說的荒唐不堪，並批評

---

[62] 在當代臺灣社會，我們亦可看到類似的例證。如 1960 年天主教神父毛振翔於板橋林家花園前方創建聖若望天主堂之際，當地居民基於風水禁忌的考量，數度警告其「不可面對林家祠堂蓋房屋，已往曾有人試建，每次都會死人」。毛振翔則答之以「我來此不是與佛老作對，是與他作伴的」。江傳德編纂，《天主教在臺灣》，頁 667。

[63] 相關的論述，可參閱莊雅仲，〈裨海紀遊：徘徊於自我與異己之間〉，《新史學》，4 卷 3 期，1993 年 9 月，頁 59-79；洪健榮，〈明末艾儒略《職方外紀》中的宣教論述〉，《輔仁歷史學報》，第 24 期，2009 年 12 月，頁 159-192。

堪輿地師的存在已然構成了社會的禍害，不論平民或士紳都在受害者之列。[64] 葡萄牙籍耶穌會士曾德昭（Alvaro Semedo, 1585–1658）於 1638 年（崇禎十一年）完成的《大中國志》一書中，強調中國人相當迷信為亡者選造墳墓建築一事，而中國傳統迷信之一的地理（Tili）之術，即是「根據地勢，及其與天的關係、方位的情況，進行占算，宣布某地吉利，某地不吉，如果蓋房，何處可獲取成功，利於發家，反之，則有疾病、災害、衰敗等等邪惡。這一行業有很多專業的師傅，人們為此付出大量毫無收穫的金錢」。[65]

在傳統中國紳民的心目中，基督徒不講究風水；[66] 而在基督徒的心目中，風水無非是一種迷信。1862 年（同治元年）間，英國基督長老教會《使信月刊》刊登一篇專論「迷信」（superstition）的文章，通篇本於基督教強調天啟信念的唯一性及福音信仰的神聖性，將相地術（風水術，Geomancy）以及巫術、通靈術、占星術、占卜術等一概視為迷信。文中批評異教徒為了借助超自然的力量，以滿足自我的心理需求或是追求現實的功利目的，往往迷惑於這些宣稱其具有前知性或預測力的「異端邪術」，基督徒有責任加以摒除，並力圖導之為正。[67]

十九世紀後期，置身於風水之說籠罩的社會氣氛中，以傳揚天主福音為職志的來臺傳教士，同樣對於這類的異教社會風俗（heathen customs）有所感觸，包括風水的本質及其構成要件、臺灣紳民奉行風水之說的原因以及風水在傳統社會的實質影響力等等。例如，既往在艋舺等地身遭傳統風水民俗之害的馬偕，在他的回憶錄中曾剖析臺灣民間風水習俗的特性，以及外國人士觸犯這項傳統禁忌的後果：

> 一般人認為風水和無數事情的好壞運都有關係，所以，像是認為地上和空中都有其平衡或一種難以解說的東西，不可隨意破壞。新教堂的牆只要建得高出鄰近的房子幾呎高，就必將引起鄰居們的憤怒和惶恐，因為這樣是破壞了風水。外國人因依著他們的方式做他們的工作，以致在無意中，不斷的破壞當地人的風水。[68]

---

[64] 利瑪竇、金尼閣著，何高濟等譯，《利瑪竇中國札記》，頁 90-91。

[65] 曾德昭著，何高濟譯，《大中國志》（上海：上海古籍出版社，1998 年），頁 60，113。

[66] 馬偕著，林昌華等譯，《馬偕日記》，第 3 輯，頁 117。

[67] 臺灣教會公報社編，《使信全覽（13）》，1862 年，頁 76。

[68] George Leslie Mackay, *From Far Formosa*, p. 201. 譯文引自林晚生譯，《福爾摩沙紀事：馬偕臺灣回憶錄》，頁 190。

基本上，馬偕將臺灣島上的「異教徒」所信奉的風水禁忌，視為是一種「迷信」。[69] 如前所述，個性強硬且不輕易妥協的他，後來特意將新建教堂以尖頂的外觀來呈現，主要是為了打破此種通行於民間社會的風水迷信，以便於踢開這塊有礙於傳教事業的絆腳石。

1895 年來臺宣教的英國長老教會牧師梅監務（Campbell N. Moody, 1865-1940），於 1896 年間與蘭大衛醫師（David Landsborough, 1870–1957）進入中部彰化地區之際，曾對於當地社會流傳該城鎮「緊鄰龍首」（the dragon's head）故為吉地的風水龍脈之說，以及地方人士為了護龍保脈起見，刻意避免各種採挖礦源的作為，留下深刻的印象。[70] 在此之後，梅監務於所著《異教徒之心》（*The Heathen Heart*）一書中，揭示臺灣民間偶像崇拜與祖先信仰極為盛行，洋溢著功利主義的色彩。人們在日常生活中承受著各種迷信的壓力，如憂懼於陽宅整修、床位移動、爐灶設置或是地面掘洞、牆上打釘等作為，惟恐觸怒地靈（earth-spirit）而招致不測，概為常民信仰中的風水禁忌。臺灣民眾為了趨吉避凶以祛禍納福，舉凡遷宅或喪葬等事宜，皆須諮詢專業人士來擇定佳地與吉日，以彌補內心中的不確定感。有鑑於此，梅監務向異教徒提示正本清源的法門，惟有透過基督信仰的洗禮，才能從這些迷信恐懼中解脫出來。[71]

風水民俗重視祖墳庇蔭效應的內涵，與傳統漢人社會的祖先崇拜關係密切。關於祖先崇拜（或偶像崇拜）在漢文化社會的普遍性，及其與基督教信仰的差異性，來臺傳教士也多有體認。如 1880 年代創辦臺南神學院的巴克禮，在他的著作中指出中國傳統儒、釋、道的宗教體系，其共通點在於泛靈信仰（Animism），表現在儀式行為上充斥著迷信的色彩，與基督教唯一真神的教理極為不同。臺灣社會傳承了傳統中國的信仰文化，猶以祖先崇拜最為顯著。地方人士長期間受到傳統信仰的束縛，並且花費大筆錢財去從事風

---

[69] 同前註。

[70] 臺灣教會公報社編，《使信全覽（35）》，1897 年 4 月，頁 95。

[71] Campbell N. Moody, *The Heathen Heart: An Account of the Reception of the Gospel among the Chinese of Formosa* (Edinburgh: Oliphant, Anderson & Ferrier, 1907), pp. 110-111. 關於梅監務在臺的傳教經歷及其神學思想，可參閱洪伯祺，《宣教學者梅監務》（臺南：教會公報出版社，2005 年）。

水墳穴的諮詢、婚喪喜慶的擇日等迷信行為，以至於逐漸陷入貧困的窘境，但卻執迷不悟。[72]

同為南部教會主要宣教者的甘為霖，也認為「中國人是一個相當迷信的（superstitious）民族」[73]，並強調臺灣民間的迷信以及各類的陋俗惡習，係傳教士宣揚福音的一大阻礙。[74] 白水溪教案的爆發，讓他切身地感受到這一點。即使在他的回憶錄中傾向於認定所謂的「風水」，或說是一種想像性的精神影響（imagined spiritual influences），其實是吳志高等人反教排外的藉口，「此種理由極為無理」；[75] 但是，他並不否認作為「藉口」的陰宅風水之說，在臺灣民間社會具有相當程度的影響力，否則，也不至於成為吳志高可以興師動眾的引爆點。

傳統風水之說著重於納福消災的目的性，在實踐層面上則具有一種工具性的作用，可視主事者的現實需求而進行隨機操作。由於風水本身對於信奉者而言極富效驗性，不容輕易毀損，以免庇蔭未及卻大禍臨頭，也因此，風水的維護問題在民間社會即可作為一種被神聖化的理由，風水禁忌也可以成為一種被運用的符號。馬偕即觀察到風水如何被有心人士刻意操弄的現象，他曾回憶艋舺這處「異教徒重地」的民眾三番兩次的拆毀教堂，阻撓傳教士的宣教工作，主要還是受到當地紳商豪族（特別是黃、林、吳三大家族）的唆使，以防制外國勢力的進入，威脅到他們的既得利益。所謂的教堂逼近科舉試場或是有礙風水民居等理由，不過是他們「欲加之罪」的藉口罷了。[76]

不管是作為信仰對象也好，或是作為反教藉口也罷，風水之說在臺灣民間社會的流傳，無疑造成了傳教士宣揚福音的困難。1872 年十月，在臺灣府城傳教的天主教道明會神父李嘉祿（Ramon Colomer）於書信中表示，當地社會瀰漫著偶像崇拜與各種迷信陋俗的氣息，地方人士難以接受與其生

---

[72] Thomas Barclay, *Formosa for Christ*, 收於《巴克禮作品集》（臺南：教會公報出版社，2005 年），頁 91-95。

[73] William Campbell, *An Account of Missionary Success in the Island of Formosa*, p. 514.

[74] 甘為霖著，阮宗興譯校注，《臺南教士會議事錄》，頁 61。

[75] William Campbell, *An Account of Missionary Success in the Island of Formosa*, pp. 374-375.

[76] George Leslie Mackay, *From Far Formosa*, pp. 164-169. 林晚生譯，《福爾摩沙紀事：馬偕臺灣回憶錄》，頁 153-157。

活方式格格不入的西方宗教，造成傳教工作進展緩慢。[77] 1890 年五月，李嘉祿復於書信中指出，他經常引用基督教義與中國聖哲章句，向當地民眾宣導各種術數迷信的愚不可及，雖然偶有同意者，但為時不久卻又故態復萌，令他備感挫折與無力。[78] 傳教士深切地感受到，即使有部分民眾願意聽取福音，他們的信仰行為也不斷地搖擺於傳統民俗與西方宗教之間的模糊地帶。直到 1903 年九月，道明會神父杜默爾（Toribio Tobar）向菲律賓玫瑰省會長報告臺南教務的書信中，也不禁抱怨，要讓當地的異教徒放棄舊有的迷信惡習，確實是相當困難的一件事情。[79]

風水「迷信」的負面印象，不時地出現於十九世紀後期來臺傳教士的相關論述中；他們也往往將這類的迷信（其中尚包括民間鬼神崇拜、巫術、占卜與算命之類的術數信仰），歸本於道教方術之學的影響。[80] 而在當時臺籍奉教人士的相關著作中，我們也可以看到類似的價值判斷。例如，被譽為臺灣史上第一位思想家、清末臺北大稻埕知名富商且為虔誠基督徒的李春生（1838–1924），在 1906 年完稿的《民教冤獄解續編補遺》之〈懲俗其四．結論〉中，即秉持基督教真主賜福的教義信仰，批評堪輿之類的術數迷信：

> 若今日之堪輿、算命、相命、卜卦、擇日，與夫巫覡仙佛諸方術家，以休咎惑世者，莫不各誇其道靈應效驗，為人祈福禳禍，而亦莫不以神為張本，誘人迷信。雖然，神也者，有真偽邪正之不同。我不知彼方術家所奉為針本，以斷人休咎者，究為何類之一神？[81]

不僅傳教士或臺籍教徒如此，這段期間來到東方的西方官員、商人或新聞記者，當中亦有表達其對於民間宗教信仰與風水術數等「奇風異俗」的負面觀感。如 1860 年代活躍於福爾摩沙島上的英商必麒麟（William A.

---

[77] Pablo Fernandez ed., *One Hundred Years of Dominican Apostolate in Formosa, 1859–1958*, pp. 142-144. 黃德寬譯，《天主教在臺開教記》（臺北：光啟出版社，1991 年），頁 109-110。

[78] Pablo Fernandez ed., *One Hundred Years of Dominican Apostolate in Formosa, 1859–1958*, pp. 175-180. 黃德寬譯，《天主教在臺開教記》，頁 131-134。

[79] Pablo Fernandez ed., *One Hundred Years of Dominican Apostolate in Formosa, 1859–1958*, p. 209. 黃德寬譯，《天主教在臺開教記》，頁 156。

[80] Duncan MacLeod, *The Island Beautiful: the Story of Fifty Years in North Formosa* (Toronto: Board of Foreign Missions of the Presbyterian Church in Canada, 1923), p. 47.

[81] 李春生，《民教冤獄解續篇補遺》，收於李明輝、黃俊傑、黎漢基編，《李春生著作集》（臺北：南天書局，2004 年），第 3 冊，頁 108。

Pickering, 1840–1907），在他的臺灣見聞錄中指出：「不管老子的本意為何，目前道家的思想業已淪落為迷信和騙局。道教並不要求道士獨身，所以其品行或許比和尚好，但道士卻從事巫術、堪輿、占卜、催眠術等無稽之談」。[82] 又如 1870 年代，兼管臺灣美商事務的廈門美領事李讓禮（Charles W. LeGendre, 1830–1899）、恒德申（J. J. Henderson）等人，曾於其遞呈美國國務院的報告中，強調臺灣民間風水迷信的存在，如何成為北臺煤礦開採的阻礙。[83] 此外，甲午戰爭末期來臺的美國記者戴維森（James W. Davidson, 1872–1933），在其所著《臺灣之過去與現在》（*The Island of Formosa: Past and Present*）一書中，亦曾以「迷信」的字眼指稱臺灣民間的風水禁忌。[84] 不容諱言的是，舉凡外籍人士這類涉及臺灣傳統社會的民俗觀感或是風情意象，難免帶有些許西方觀點的偏見，對於風水之說所衍生出的各種民俗現象通常難以釋懷。

二、風水民俗革除的契機

傳教士視風水為禍水，批評其危害社會人心，並構成福音傳播臺灣社會的障礙。這類的想法，也展現在近代西學東漸的衝擊下，傳統風水民俗所遭受到的質疑與否定。清季北臺雞籠煤務史上，官方及輿論逐漸傾向於將雞籠龍脈視為礦脈採挖以利新式事業的阻力，即為一顯著的例證。[85] 又如 1874 年牡丹社事件之後，清朝政府試圖在臺灣島上架設電線，以加強海峽兩岸的電訊聯繫。同年十月，英國基督長老教會《使信月刊》的一篇短評中指出，過往這類大興土木的舉動往往受制於傳統迷信觀念而難以成行，「風水阻撓了文明的進展與基督教的宣揚」，經由洋務建設的推行，也許將成為此種迷信破除的開始。[86]

---

[82] 必麒麟著，陳逸君譯述，《歷險福爾摩沙》（臺北：前衛出版社，2010 年），頁 82-83。

[83] 黃嘉謨，《甲午戰前之臺灣煤務》（臺北：中央研究院近代史研究所，1961 年），頁 82-84，86-87。關於這段風水觀念與煤礦開採相互糾結的歷史背景，另可參閱 George Williams Carrington, *Foreigners in Formosa, 1841–1874* (San Francisco: Chinese Materials Center, 1978), pp. 51-68.

[84] James W. Davidson, *The Island of Formosa: Past and Present* (London/New York: Macmillan & Co., 1903), p. 477, 494.

[85] 洪健榮，〈當「礦脈」遇上「龍脈」：清季北臺雞籠煤務史上的風水論述〉，《臺灣風物》，50 卷 3–4 期，2000 年 9 月、2001 年 1 月，頁 15-68，155-188。

[86] 臺灣教會公報社編，《使信全覽（23）》，1874 年 10 月，頁 240。

巴克禮的著作中也曾指出，包括風水在內的傳統民俗，不僅有違基督教的根本信仰，也與近代科學知識相互對立。即使到了日治初期電氣化設施日漸昌明的時代，傳統迷信依舊束縛著芸芸眾生的心靈，成為近代科學知識普及化的阻礙。人們依舊在婚禮及葬禮中透過求神問卜的方式，以利於個人的事業或健康。在日常生活中，亦不得任意在地面上動土施工，以免破壞墳墓風水及觸怒地靈（earth spirits）之虞。[87]

除了西方宗教所能發揮的教化力量之外，在某些傳教士的心目中，風水寄生於清代臺灣的傳統社會，一旦政權轉移，這類的風俗習慣將會直接遭受到「移風易俗」的衝擊而有所改觀。日本統治者若能有效地革除風水民俗，對於西方宗教福音的宣揚也會有所幫助。

天主教道明會神父高恒德（Francisco Giner）於 1895 年十一月目睹日軍進駐打狗之後，曾在書信中欣慰地表示，由於日本統治者有意破除他們所厭惡的中國傳統民俗信仰，此舉也許將減少在臺傳教士先前所遭遇的阻礙。[88] 長老教會甘為霖在《素描福爾摩沙》一書中，亦表示他對於 1895 年臺灣改朝換代之後的新情勢，抱持著極為樂觀的態度。[89] 針對政權轉移與風俗變遷的互動層面而言，甘為霖前引著作中論及傳教士面臨日本統治者的基本立場，緊接著引述 1879 年（光緒五年）來臺的基督教長老教會安彼德醫生（Peter Anderson, 1847–1913）的一段言論，來作為印證。安彼德長期在南部教會擔任醫療工作，於 1901 年三月在《使信月刊》中發表一篇在臺傳教的感言，其中提到自 1895 年政權轉移以來，對於臺灣傳統風水民俗所帶來的衝擊：

> 新政權所帶來的一些利益也顯而易見。一來，漢人的異教盲從（heathen bigotry）有所緩和，對於基督教的公然迫害也成為了歷史。我想我們在全島各處興建教堂時，不必再擔心會有民眾反對。福爾摩沙人原本所迷信的風水觀念，在改朝換代後也遭遇到嚴重的打擊。最近一個例證是，日本當局為興建縱貫線鐵路，打穿了城牆，此舉肯定帶給當地民眾很大的影響。在過去，這樣的

---

[87] Thomas Barclay, *Formosa for Christ*,《巴克禮作品集》，頁 94，102-103，108。

[88] Pablo Fernandez ed., *One Hundred Years of Dominican Apostolate in Formosa*, 1859-1958, p. 198. 黃德寬譯，《天主教在臺開教記》，頁 148。

[89] William Campbell, *Sketch from Formosa*, p. 284-286.

事情一定會使漢人驚恐萬分，但現在卻成了理所當然的事，至少表面上看來如此。[90]

安彼德在這段論述中，隱喻風水民俗與清代臺灣傳統社會的特質密切相關，也就是說，什麼樣的社會產生什麼樣的「陋俗」。他認為新政權將帶來新氣象，日本統治者透過國家權力機制的運作，迫使臺灣傳統社會中的風水民俗逐漸失去其原生的土壤，甚至消失在臺灣的歷史時空環境中。安彼德的論述既突顯出政權轉移與風俗變遷的關聯性，在他將風水貼上「迷信」標籤的心態上，也蘊涵著一種西方宗教信仰與傳統風水民俗的價值對立。而過往曾在白水溪教案中遭受風水之災的甘為霖，特意將安彼德的這段文字摘錄在他的著述中，似乎有種一吐怨氣或陰霾頓消的感觸。由此也不難想見，傳統風水民俗在他的內心深處留下了揮之不去的不良印象。

關於政權轉移對於風水民俗造成的衝擊，二十世紀初期曾任臺北神學校校長的加拿大籍宣教師劉忠堅（Duncan MacLeod, 1872–1957），在其所著《美麗之島》（*The Island Beautiful*）一書中，也曾指出明鄭治臺期間原有開採臺灣煤礦的構想，但因民俗過於迷信風水地脈遭受破壞的問題，故採挖一事終難成行。對此，劉忠堅在「貨棄於地」的感慨之中，也夾雜著幾許譏諷之意。相形之下，他認為日本統治者因無視於這項傳統社會的愚昧迷信，致力於工業的發展，故能帶動當時臺灣社會經濟的繁榮。[91]

整體而言，遠道而來的西方傳教士秉持著神聖的使命感，致力於基督福音與聖經教義的宣揚，意圖為福爾摩沙島上長期籠罩於黑暗與迷信的人們帶來正信與光明。[92] 傳教士基於西方宗教主張唯有上帝可以預知人事並且賜福降災的一神信仰，以教理批評臺灣民間社會中夾雜著祖先崇拜或萬物有靈信仰的風水習俗，將之貼上「迷信」、「陋俗」的符號，並訴諸國家權力的支撐，來維護基督教的神聖性，不容術數信仰等「異端邪說」的侵犯。[93] 有如

---

[90] William Campbell, *Sketch from Formosa*, P. 296-298. 譯文引自甘為霖著，林弘宣等譯，《素描福爾摩沙》，頁 287。

[91] Duncan MacLeod, *The Island Beautiful: the Story of Fifty Years in North Formosa*, pp. 17-18.

[92] Thomas Barclay, *Formosa for Christ*,《巴克禮作品集》，頁 159；Campbell N. Moody, *The Heathen Heart: An Account of the Reception of the Gospel among the Chinese of Formosa*, pp. 84-85.

[93] 十九世紀後期，在臺基督教會堅守信徒葬儀的純正性，極力避免臺灣民間風水葬俗的混雜而有違天主聖道。教會對於這類異端之學的排斥，也出現在婚俗問題上。如 1898 年 2 月，甘為霖主理臺南長老大會之際，曾公布施行〈勸懲婚姻條規〉，其中第五條即有

巴克禮強調傳統泛靈信仰所衍生的各種迷信行為與基督教的上帝觀念有所牴觸一般，我們也可以從他的論述中，感受到基督教強調來世的靈魂救贖與傳統風水民俗重視現世的禍福趨避之間，在價值體系上的背道而馳。[94] 另一方面，在臺傳教士涉及風水習俗的說辭及其排拒堪輿術數的心態，或是將臺灣民間講究趨吉避凶的術數之學定位為異端之說的看法，在其歸本於基督教或天主教的基本立場之餘，隱約也流露出一種西方文化中心觀甚至夾帶著近代科學主義觀對於異域文化的歧視。也因此，近代科技知識的激盪以及日本統治力量的伸張，竟成了他們心目中革除風水陋俗的契機，連帶也為教會勢力解脫了過往的羈絆。

伍、結論

從十六、十七世紀以來，在西學東漸的時代環境下，傳統漢人社會的風水民俗不斷地成為西方傳教士的話題，同時也激起了不少來自於基督教觀點與近代科學思潮的質疑或批評。[95] 本文透過歷史文獻的解讀，來理解十九世紀後期當西方傳教士遇上臺灣社會的風水民俗之際，在他們的異文化眼光或基督教視野所觀察到的風水形象，並進而考察這些形象認知的背後所蘊涵的理念衝突或價值對立。大致說來，這些價值矛盾主要涉及兩個層面：一、一神信仰／多神信仰（泛靈崇拜）的差異；二、來世救贖／現世趨避的出入。

就西方宗教與傳統民俗在臺灣本土碰觸的歷史脈絡而言，十九世紀後期來臺的傳教士，不論是出身於基督教或天主教，也不管是置身在臺灣北部或南部，多曾遭遇風水民俗的波及。從原本風水禁忌的爭執，到後來因地方人

關信徒婚儀必須避免術數干擾的規定：「婚姻所用作訂盟聘禮，及臨嫁娶時所需禮物，俱依各處風例便宜，要其所行之禮，所需不物，必不可參以俗見異端。因習俗所尚諸禮物，或藉以趨吉避凶者有之，或藉以保全和諧偕老者有之，或藉以添丁進財者又有之，凡此皆出於術數之端，信主人將行嫁娶，務須細為區別，凡有稍涉異端者，亟宜殺之弗用，庶可享上帝福祉」。臺南長老大會，《南部大會議事錄（一）》（臺南：教會公報出版社，2003 年），頁 58。

[94] Thomas Barclay, *Formosa for Christ*,《巴克禮作品集》，頁 94-96。

[95] 郭雙林，〈論晚清思想界對風水的批判〉，《史學月刊》，1994 年第 3 期，頁 43-51；郭雙林，《西潮激盪下的晚清地理學》（北京：北京大學出版社，2000 年），頁 32-34，267-288；渡邊欣雄，《風水の社会人類学：中国とその周辺比較》（東京：風響社，2001 年），第 2 章，〈風水研究の歴史〉，頁 59-80；于希賢，《風水文化對世界的影響》（北京：世界知識出版社，2010 年），頁 147-150；Ole Bruun, *An Introduction to Fengshui* (Cambridge: Cambridge University Press, 2008), pp. 35-43, 84-99.

士群起毀壞教堂等硬體建築，甚至於毆傷傳教士及教民，接連引發了 1868 年的府城教案、1874 年的白水溪教案、1877 年艋舺教案之類的風水反教事件，或者是民教之間牽涉到風水問題的各種糾紛，促使風水習俗從民間私領域的範疇演變為公領域的國際議題，成了中外各國交涉的對象與注目的焦點。在臺傳教士不僅以具體的行動表現他們對於風水民俗的態度，並形諸文字來傳達他們看待這套術數內涵與行為模式的觀感。當然，這些風水觀感的呈現，多半是帶有批判性的意味或負面性的評價。

不管是風水民俗也好，西方宗教也罷，概為自成一格的生活方式、行為準則與價值體系，且各有其創生的社會背景及文化土壤。然而，在十九世紀後期發生於臺灣本土的這段異文化接觸的歷史際遇中，外來者眼中對於傳統民俗的不解與迷惑，以及民教之間紛爭不斷的癥結，除了地方紳民對於西方宗教伴隨西方帝國主義者「砲艦政策」（Gunboat Policy）而來的反感之外，傳教士堅持福音傳教的優越性與某些教民的仗勢欺人，也難辭其咎。[96] 雖然，在地方紳民動員群眾反教的過程中，風水民俗難免沾染上工具性及可操作性的色彩，但如果將焦點著眼於意識形態的層面上，這類的紛爭以及彼此衝突的成立，無疑也反映出兩種不同世界觀（Weltanschauung）的分歧與對立。[97] 傳教士涉及風水現象的批判性論述，標幟出西方基督信仰與傳統漢人民俗之間的價值衝突，並構成了一場歷史性的對話及交鋒。其中，表現在西方宗教主張唯一真主的恩賜與來世永生的福分，而風水信仰則較為重視陰陽宅居的庇蔭與現世利益的追求。一旦近身接觸，卻又溝通不良，彼此的心結也就在所難免了。

1888 年（光緒十四年）八月，閩省福寧府福安縣令王士駿與法國天主教士高滿珍協調縣境穆洋村民拆毀教堂一案的後續補償事宜，在雙方你來我往的書信裡，展現了一場針鋒相對的論爭過程，其中也透露出兩造之間看待風水民俗的價值差異。高滿珍於八月中發函指責穆洋村民附會風水之說，對

---

[96] 吳學明，〈臺灣基督長老教會入臺初期的一個文化面相——「靠番仔勢」〉，頁 101-130；鄭淑蓮，〈臺灣教案之試析（1859–1868）〉，《弘光學報》，第 31 期，1998 年 4 月，頁 245-265。

[97] 本文在此主要借鏡法國漢學家謝和耐（Jacques Gernet）從世界觀念及思維方式的差異，來解讀明清之際西方傳教士與中國士人的文化衝突。Jacques Gernet, *China and the Christian Impact: A Conflict of Culture, translated by Janet Lloyd* (Cambridge: Cambridge University Press, 1985).

於他們拆燬教堂卻又文過飾非的行徑極為不滿。高滿珍進一步提問，中國各行政區域均有教堂，「設使建堂之處須憑風水以為準，則處處得藉以阻止，人人得起以相難，斷非兩國訂約之初心」。王士駿針對高滿珍的質問，隨後復書駁稱：

> 查風水之說，歐洲之所無，而中國習用之，亦猶貴教士之有洗禮彌撒，亦中國之所無也。我國家政雖君主，而民心之趨向，事事皆委曲聽從，故與各國立約，則曰：無碍民居方向，……夫所謂方向者，即風水書之二十四方向，……若如貴教士所言風水事屬無憑，教民可以自主，則約中既言建造自便矣，何必又議買地章程？[98]

在信奉基督教的西方人士看來，傳統風水習俗固然是「迷信」；但在部分漢族紳民的心目中，基督教本身又何嘗不是擁有某些「迷信」色彩的儀式或教義？如果將前述高、王兩人這段發人深省的問答，與十九世紀後期在臺傳教士的風水觀感加以對照，我們似乎更可以體悟到異文化的碰觸過程中所存在著各種世事無常的吊詭，以及跨文化的交流過程中所夾雜著某些不易確定的變數。

（原刊於：《輔仁歷史學報》第 29 期，2012 年）

[98] 中央研究院近代史研究所編，《教務教案檔》第 5 輯，頁 1893-1895。

DOI:10.978.986437/1778.0003

絕經的歷史研究——從「更年期」一詞談起

李貞德*

壹、前言——「更年期」的詞源、對譯與混用

今日一般社會大眾的認知中，女性在絕經前後有所謂的「更年期」。這個帶著現代醫學權威的用語，指稱特定的生命階段，和許多關乎身體的科學詞彙一樣，是在明治維新（1868–1912）的日本創發，後來才傳入中文世界的。十九世紀末的日本醫師，在轉譯西方 “climacteric” 一字時，為了描繪女性絕經前後的身心變化，而造作新詞。其實，歐洲傳統原以 “climacteric” 表示男女生命週期的各個階段，並不限於中年，而在十九世紀初，法國醫生加爾達訥（Charlies de Gardanne, 1789–1827）已另創 “menopause” 一字，專指女性永久停經及其衍生症狀。[1] 不過，到了十九世紀末，climacteric 在歐洲醫界已逐漸用來形容女性從中年進入到老年的生命轉折及隨之而來的困擾，menopause 則是此歷時數年的階段中具體而明確的身體變化。[2] 日本醫師的新創，顯然傳播迅速，二十世紀的最初十年，便已可見婦科衛教和文藝

* 中央研究院歷史語言研究所研究員

[1] 法國醫生加爾達訥（Charles de Gardanne, 1789–1827）在 1816 年的著作《給進入危險時期婦女的忠告》（*Avis auxfemmes qui entrent dans l'age critique*, [Advice to Women Entering a Critical Age]）中，用了 “ménespausie” 一字，5 年後，該書第二版時，“menopause” 則出現在書名上。見 Véronique Moulinié, Regan Kramer trans., “Andropause and Menopause: Sexuality by Prescription,” 99-115.

[2] 見 Margaret Lock, *Encounters with Aging: Mythologies of Menopause in Japan and North America*, 25-30. 其中，洛克（Margaret Lock）分析明治醫師對歐洲，特別是德國醫界的仰賴，亦提到除了以「更年期」翻譯 climacteric 之外，也有醫學辭典將 “climacteric” 譯成「月經閉止期」，而將 “menopause” 譯成「月經閉止」者。換言之，譯介者雖然瞭解 “climacteric” 比 “menopause” 包含範圍較廣，但對譯並不穩定。

小說採用「更年期」一詞， 前者提醒絕經前後的身心疾患，後者則用以比喻四五十歲婦人喪失女性魅力的哀愁。[3]

臺灣作為當時日本的殖民地，最遲在 1924 年蔣渭水（1890–1931）呼籲民眾重視婦女衛生時，便已提到「更年期」，不過是作為「月經閉止」的同義詞，表示「女子生殖力廢絕」罷了。雖然他在文中形容女子的生殖器官和全身部位，將「漸次萎縮退化」，暗示了老年的開始，卻未見涉及任何疾患或健康問題。[4] 倒是差不多同一時期上海的新式衛生教材中，雖然使用的是「絕經期」而非「更年期」，卻增添了病理色彩，稱婦女此時除發胖之外，也易罹患子宮癌腫、子宮內膜炎，甚至導致精神巨變，故應效法歐美姊妹們請求醫師檢查生殖器官，及早診療。這類論述，隨著國府遷臺，也在戰後臺灣持續發酵，不論是學校課本或報刊宣導，「更年期」皆逐漸被放在婦科病症的脈絡中陳述。6[5] 換言之，雖然同樣稱呼「更年期」，蔣渭水著重的，毋寧是絕經的事實，未必完全符合明治醫師和作家的意旨。而「絕經期」即使在字面上並不包括疾患的含意，論述者仍可能視之為女性老化必經的多病階段。時至今日，“menopause” 和 “climacteric” 在通俗文章中，仍常混用，而「更年期」一詞在中文語境裡更是隨處可見，還不時地被回譯為 menopause，用以指稱永久停經一事。[6]

[3] 婦科醫書，見緒方正清（1864–1919），《婦人の家庭衛生》。文藝小說，如小栗風葉（1875–1926），《青春》（1905–1906 年連載）。蔣渭水，〈婦女衛生〉，《臺灣民報》，大正 13（1924）年 7 月 21 日，2 卷 13 號，頁 13-14。

[4] 在上海開業的婦產科醫師程瀚章（1895–?），曾於 1930 年代主持《婦女雜誌》「醫事衛生顧問」專欄，便在他的書中，提醒讀者小心處理「絕經期」。見程瀚章，《衛生學》，頁 85-86。程瀚章雖未使用「更年期」一詞，但他對絕經的戒慎恐懼，卻非僅視之為一自然無害之人生階段。相關討論，見 Jender Lee （李貞德）, “Sex in School: Educating the Junior High Students in Early Republican China,” 61-91.

[5] 戰後臺灣婦女衛教中的停經課題，見李貞德，〈臺灣生理衛生教育中的性、生殖與性別（1945–1968）〉，頁 65-125。除了正規教材，通俗文論亦頗採用宣導，如《中央日報》「我們的健康」專欄，便標舉婦科醫生為指導顧問，以故事形式描繪更年期婦女的身心疾病及其引起的家庭困擾。見黃森，〈更年期的煩惱——婦科病症漫談之一〉，《中央日報》，1954 年 7 月 18 日，第 3 版。其他各大報紙和相關單刊手冊亦不少，有待發掘分析。

[6] 如 Wikipedia, “Menopause,” https://en.wikipedia.org/wiki/Menopause, accessed June 4, 2018. 若點選中文版面，則稱 “menopause” 為「更年期」，並在英文處顯示 “climacteric” 乃其同義詞。見維基百科，「更年期」詞條，https://zh.wikipedia.org/wiki/%E6%9B%B4%E5%B9%B4%E6%9C%9F, 擷取日期：2018 年 6 月 4 日。其他女性健康手冊或養生保健網站，則更不在話下， 使用頻繁，此處不贅。

其實，醫界對於兩字的意見，也未必一致。根據世界衛生組織（World Health Organization）的定義，"menopause" 指卵巢濾泡停止活動，導致永遠不再來潮，是一種自然的生物現象。至於環繞 "climacteric" 及其症候群（climacteric syndromes）的討論，因指涉範疇不明確而易引起爭議，世衛組織在二十年前便決定將之排除於醫學術語之外。但國際絕經期學會（International Menopause Society）隨後開會研討，認為不論 "climacteric" 或 "climacteric syndrome"，醫學界皆採行良久，具實作意義，主張予以保留，包括學會期刊 *Climacteric* 的名稱亦繼續沿用。不過，為了避免民眾混淆，該學會特別針對相關字詞，釐清定義，並加以公告。[7]

至於太平洋此岸，不論是現代生物醫學或傳統醫療實作的期刊論文，都可發現 menopause 和 climacteric 交替使用的現象。[8] 至今仍持續新刷、流通甚廣的「傳統中國醫學」（Traditional Chinese Medicine, 以下簡稱 TCM）教科書《中醫婦科學》，則在簡介「經斷前後證候」的各種體徵和症狀後，指出此即：「西醫稱為『更年期綜合徵』」。[9] 顯然，作者瞭解「更年期」乃轉譯西方術語而來，但因書中未附英文，無法確定其認知的對譯詞彙，究竟是 "menopause" 還是 "climacteric"，或和其他 TCM 論文類似，其實兩者混用？

「更年期」一詞的原創國又如何呢？「日本更年期學會」的名稱歷三十載，直到前幾年才改為「日本女性醫學學會」，並將英譯定為 "The Japan

---

[7] *Climacteric* 自 1998 年創刊，由國際絕經期學會發行。此學會於 1977 年籌備，1979 年正式成立，而在 1999 年經多次研討後，決定公布該學會對於絕經相關詞彙的定義，並說明和世界衛生組織的歧異，將繼續採用 "climacteric" 和 "climacteric syndromes" 等詞彙。見 International Menopause Society, "Menopause Terminology," http://www.imsociety.org/menopause_terminology.php, accessed June 4, 2018.

[8] 現代生醫論文，如 Cheng-Hsian Chou et al., "Effect of Previous Diagnoses of Depression, Menopause Status, Vasomotor Symptoms and Neuroticism on Depressive Symptoms among Climacteric Women: A 30-Month Follow-Up," 385-389. 該文標題中所稱 climacteric women 在論文中則時而稱 menopausal women。傳統醫學論文，如 Sheng Xiaoming et al., "Clinical Observation: Acupuncture Treatment of Climacteric Syndromes: A Report of 35 Cases," 3-6; Liu Xianming, "TCM Treatment for Severe Dysfunctional Climacteric Uterine Bleeding: A Report of 43 Cases," 46-48; Hu Yin et al., "Prof. Wang Xiao-yin's Experience in Treating Climacteric Syndromes from the Pathogenesis of Kidney Deficiency and Liver Stagnancy," 44-46.

[9] 羅元愷主編，曾敬光、劉敏如副主編，《中醫婦科學》，頁 162。本書原由北京人民衛生出版社於 1988 年出版，最近該社整理作者講稿，納入「中醫名家名師講稿」系列中新出，目次標題則直稱：「更年期綜合徵」，見羅元愷，《羅元愷婦科學講稿》。

Society for Menopause and Women's Health"。[10] 乍看之下，似已完全接受世衛組織的準則。不過，即使到今年春天，各種醫學論著仍常見以「更年期」稱絕經女性，而通俗書刊更不乏呼籲女性重視「更年期」，不要害怕荷爾蒙治療的說法。[11] 換言之，在新詞草創近二甲子之後，日本人使用「更年期」一詞，在含意上仍包括明治以來 "climacteric 的範疇，但在對譯英文時，卻已直指 "menopause" 了。

「更年期」和 "climacteric" 藕斷絲連，又和 "menopause" 若即若離，箇中原因，恐怕在於大眾觀念和使用習慣中，"menopause" 的意義並非如世衛組織規範的那般狹窄，而 "climacteric" 的論述雖也難逃絕經醫療化的疑慮，但其對譯的「更年期」卻曾被用來說明東亞女性的特殊生命經驗。一個漢字詞彙和兩個歐美術語，對女性身體認知和生命評估的異同，錯綜複雜，非醫師一槌定音，百多年來卻論之者寡。二十世紀中葉改造之後的 TCM，以「更年期」對應古典醫籍中的「經斷」一詞，但觸及的女性疾病卻和 1930 年代上海婦科西醫相仿。究竟西潮東漸之前，古代中醫是如何看待婦女絕經一事？他們的意見是否也有演變發展？他們的態度和 TCM 或現代生醫有何異同？凡此，至今皆罕見學者直掘典籍、細究申論。

或許是議題的時代性使然，儘管絕經的社會學、公共衛生，以及中西醫婦科學論著汗牛充棟，但歷史學的貫時性考察卻數量有限。此不限於中醫史，事實上，西方學界追溯百年以上傳統來鑽研絕經課題者，亦屬鳳毛麟角。值得注意的是，這些難能可貴的貫時性論著，一方面釐清了 "climacteric"、"menopause" 和「更年期」等詞彙草創時期的糾葛，另方面也因挖掘了更為淵遠流長的身體觀和生命觀，而逼使中國史學者暫時拋開歐美既有的論述框架，反身直視自己的醫療傳統，留意東西雙方在認知和對治絕經時，是否存在根本性差異。

[10] 此學會原為 1980 年代日本產婦人科醫生的「更年期討論會」，1992 年申請成立學會，並發行刊物，2011 年改名。學會網址見：http://www.jmwh.jp, 擷取日期：2018 年 6 月 30 日。

[11] 最近的醫學論著，如笠原英里子等，〈2 型糖尿病女性患者の自己管理における負担感情と更年期症状の関連について〉，頁 19-27。最近的通俗文章，如田中響子，〈更年期ホルモン補充療法は怖くない〉，頁 293-297；鈴木裕子，〈心とからだの養生学（51）更年期に備えて人生の棚卸しを！〉，頁 83-87 等，還有最新醫普專書分析女性憂鬱症，亦標舉更年期，如野田順子，《女性のうつ病——思春期、産後、更年期、老年期のうつ》。此外，《漢方医学》雜誌上更常見討論女性更年期障害者。

有鑑於此，本文將先回顧這些歐美絕經歷史的研究成果，並介紹目前鳳毛麟角的中醫絕經史論文，然後再以其中涉及的經典觀念，說明中國醫學文獻在述說女性永久停經時，曾經出現的意見及其關懷重點的變化。本文的目的，不在綜論或概述中醫絕經兩千年史，僅擬分析一兩例證，以為示範，盼拋磚引玉，引起學界探討絕經歷史的興趣，並在東西雙方的對照之下，思考未來繼續深究的可能取徑。[12]

需先說明的是，雖然「更年期」、“climacteric” 和 “menopause” 三詞混用幾成學界常態，本文為求清晰，在介紹西文論著時，除依照原作中的遣詞用字外，將盡量以絕經或永久停經對譯 “menopause” 一字。又，或有人以為，古代社會平均餘命不長，女性壽年恐未跨過絕經門檻，故醫家難以置喙。此種談法，頗符常識，卻又不免想當然耳的成分，中西學界皆有反駁者，主要在於平均餘命的計算包括大量嬰兒早夭的情形，未可直接推算女性壽年，以下將隨文申論。至於具體的歲數，在本文所涉各種時空中，當代北美婦女絕經的平均年齡大約在 51 歲，前後四年則可能出現相關徵兆，而亞洲已開發國家如日本等地的情況亦類似。[13] 但近代早期的歐洲，則和傳統中國一樣，因無足夠統計數據，難以確知絕經的平均年齡。換言之，歷來文獻所載，可以是實質觀察後的推估，也可能反映古人對身體處於天地之間的想像與期待。歐洲各家對“climacteric”的年齡歧見，以及中國醫書對「七七數盡」的態度變化，正是本文將著墨提醒之處。以下，仍從「更年期」的歷史說起。

貳、絕經的歷史研究

一、以日本經驗呼應北美醫療化論述

最早將「更年期」納入歷史脈絡中分析的，其實是一位人類學家。洛克

[12] 近年學界又有「男性更年期」的說法，日本方面相關文章較多，包括擔憂性慾減退等問題。不過，由於對定義存在歧異，在大眾語彙中尚未獲得普遍認可，且貫時性的歷史研究更少，因此本文暫不討論，僅在相關處納入註腳說明。男性更年期議題在中西雙方的發展，初步分析，見唐文佩、吳苗，〈男性更年期綜合徵——概念及其演變〉，頁 157-160。

[13] 絕經年齡會因營養程度、社經地位、教育水準、生活習慣、勞動型態、地區氣候等各種因素而有部分差異，最近的研究顯示，已開發國家白人婦女大約在 50 到 52 歲之間停經，亞洲多國婦女亦然，而 47 歲半開始，便可能出現月經不規則的現象。討論見 Ellen B. Gold, “The Timing of the Age at Which Natural Menopause Occurs,” https://www.ncbi.nlm.nih.gov/pmc/articles/PMC3285482, accessed November 30, 2018.

（Margaret Lock）自 1970 年代起即在日本進行人類學調查，分析城市區民在和洋兩種醫學傳統下的診治經驗。[14] 在她的長期觀察與眾多訪談中，發現日本女性對於「更年期」的態度和北美討論 “menopause” 的觀點大相逕庭。二十世紀下半葉，絕經前後可能出現盜汗、失眠、情緒起伏等症狀，嚴重者甚至發狂，幾乎成為已開發國家的共同新知，困擾著即將邁向老年的女性們。然而在 1980 年代的日本，雖然名為「更年期」的書刊大量出現，卻多環繞四五十歲女性的家庭與社會角色作論。丈夫在外打拼、長期缺席，子女陸續畢業、即將離家，而公婆明顯衰老、需人照料，現代家庭的重責大任，彷彿都在中年女性的肩頭上。婦產科醫生的態度不一，或視之為社會問題而非健康問題，故不建議診療。中年婦女則不太關注身體變化，比較在乎的是身兼主婦、母親、人媳等所帶來的壓力。即使涉及健康狀況，停經年齡的日本婦女也少提及熱潮紅，反而經常抱怨肩頸僵硬和頭痛。[15] 除了訪談，洛克蒐集大量醫學論著、科普作品和通俗讀物，從日本人對「文明病」的認知出發，反覆推敲醫療與文化的相互折衝。她的專書在 1993 年出版，指出北美對 “menopause” 的態度和處置，是女性生命經驗遭到醫療化的結果，而日本的「更年期」，則必須放在戰後現代化和都市化等劇烈社會變動的脈絡中來理解。她挑戰生醫論述以為女性的停經體驗普世皆同，提出「在地生物學」（local biologies）的說法，為探討女性老化的課題張綱舉目。[16]

洛克的研究開風氣之先，闡明「更年期」不僅僅是生物現象，亦包含社會建構的面向，其分析視角為吾人認識日本現代社會、女性生命處境、醫療觀念與實作，以及老年議題等都開拓新境。其實在洛克之前，延續 1960 年代的婦女健康運動，加上荷爾蒙替代療法（Hormone Replacement Therapy, 以下簡稱 HRT）的爭議，北美學界已偶見論述，質疑絕經醫療化的走向。[17] 洛克之後，人類學、社會學和女性主義學者針對各地女性絕經的

---

[14] Margaret Lock, *East Asian Medicine in Urban Japan: Varieties of Medical Experience*.

[15] 見 Lock, *Encounters with Aging*, 11-19. 專書論述較為完整，不過，她的部分觀點已可見於稍早的著作中，如 Margaret Lock, “Models and Practice in Medicine: Menopause as Syndrome of Life Transition?,” 216-280 等。

[16] 關於在地生物學，參 Margaret Lock, “Menopause, Local Biologies and Cultures of Aging,” 494-504.

[17] 如，同為醫療人類學的 Susan E. Bell, “Changing Ideas: the Medicalization of Menopause,” 43-63. 不過，貝爾（Bell）這篇醫療人類學的著作，可能是其所從出的論文集中少數具批判性者。

身體經驗和醫病關係，研究日增，其中不乏和洛克類似，以北美為參照樣本，討論歐洲、拉丁美洲或南亞印度等地情況者。[18] 也有以美國內部非裔、亞裔和白人女性經驗歧異作論者。[19] 重點皆在指出女性的身體經驗，不宜限於生物醫學的範疇，而應納入特定時空文化脈絡中考察。[20] 在 1990 年代社會科學群起探究絕經體驗的氛圍中，臺灣學者亦未缺席，以本地公共衛生調查出發，說明將自然現象的永久停經稱為「更年期」並加以治療，是正常生命經驗遭到醫療化的結果。[21]

不過，這些研究大多專注於當下的醫療論述與社會機制，取材或分析並無太長的時間縱深。洛克的名著既以當代日本為主，北美部分不到四分之一，回顧歷史的分量也不算多。儘管如此，她還是花了 60 頁的篇幅，從十九世紀末醫師對女性生命週期的發言談起，簡要綜述了醫學性別化、婦女生命醫療化的發展，指出在二十世紀初內分泌新知的衝擊，以及 1966 年婦科醫生威爾森（Robert Wilson）出版《芳齡永駐》（*Feminine Forever*），渲染雌激素帶來的美景之後，停止排卵、不再來潮，才變成有待治療的「虛乏之症」（deficiency disease），代表著喪失女性身分的老化階段，是需要對抗以保青春的生命歷程。[22]

上世紀末的北美學界，絕經的社會科學論述如雨後春筍，歷史學者的參

---

[18] 歐洲，如 Véronique Moulinié, Regan Kramer trans., "Andropause and Menopause," 99-115. 拉丁美洲，如 Yvette G. Flores, "Latina Sexuality: De (re) constructing Gender and Cultural Expectations of Midlife," 85-101. 印度，如 T.S. Syamala and M. Sivakami, "Menopause: an Emerging Issue in India," 4923-4930.

[19] 非裔與白種女性之比較研究，如 Eve Agee, "Menopause and the Transmission of Women's Knowledge:African Women and White Women's Perspectives," 73-95. 比較亞裔者，如 Marjorie Kagawa-Singer, Sue Kim, Katherine Wu, Shelley R. Adler, Yuko Kawanishi, Nancy Wongvipat and Gail Greendale, "Comparison of the Menopause and Midlife Transition between Japanese American and European American Women," 64-91.

[20] 約當同時，另一位人類學大家馬汀（Emily Martin, 1984 年以前以 Emily Martin Ahern 為名出版）則在臺灣進行田野調查，探討月經的文化意涵，其後又另有專著，考察醫學教科書以負面詞彙描述女性身體經驗。馬汀除討論來潮和孕產，亦以絕經被視為衰弱和敗壞，說明現代西方科學語言展現的文化偏見。不過，她並未專門討論更年期的問題。見 Emily Martin Ahern, "The Power and Pollution of Chinese Women," 193-241; Emily Martin, *The Woman in the Body: A Cultural Analysis of Reproduction*; Emily Martin, "The Egg and the Sperm: How Science has Constructed a Romance Based on Stereotypical Male-Female Roles," 485-501.

[21] 張玨、張菊蕙，〈婦女健康與「醫療化」——以停經期／更年期為例〉，頁 145-185。

[22] Lock, *Encounters with Aging*, 301-367.

與卻不明顯。洛克之後，若有醫療史論文，則多聚焦於二十世紀下半葉 HRT 的興衰消長。有些文章細緻考察美加藥廠的宣傳策略， 包括配合醫學新說、微調治療標的、區隔他廠新藥，以維持產品常銷等。例如 1942 年在加拿大蒙特婁研發成功的結合型雌激素商品普力馬林（Premarin），後來被美國藥廠併購。廠商不但在紐約開設婦女資訊中心，發行書刊，1970 年代更贊助威爾森的基金會，繼續研究女性老化。至 1980 年代預防醫學興起，普力馬林主打預防骨質疏鬆，1990 年代則因應高齡社會而標榜可延緩阿茲海默症。各種論述手段，使普力馬林至今聲勢不落，仍是北美產銷最大宗的荷爾蒙藥劑之一。[23] 這類研究，將醫藥納入社會機制、經濟發展與媒體文化的脈絡中考察，頗發人深省。[24] 不過，整體而言，長時段的歷史分析仍不多見。

此外，洛克進行的是比較研究，她訪談的對象卻僅限於日本，並未包括作為對照組的北美婦女。科學新知和醫師論述的分析，強化絕經遭到醫療化的印象，卻無法反映似乎總是處於受害者一方的女性聲音。洛克歷歷在目地呈現了日本婦女面對「更年期」的多種樣貌，那麼，北美婦女面對 “menopause” 的情形又如何呢？究竟，北美女性的絕經體驗，有何歷史演變？ 1970、80 年代的美國婦女和她們的婆媽之輩， 有何異同？十九世紀以來，北美的政經社會發展，和 “menopause” 的醫療論述與實作，對女性造成什麼影響，又引起了那些回應？這些提問， 要到洛克大作出版十多年後，才獲得比較完整的補充。

霍克（Judith Houck）的專書 2006 年問世，導論章便陳明：就純粹的生物層面觀之，“menopause” 意謂絕經並喪失生殖能力，而 “climacteric” 則指絕經前後各式各樣的身體變化和情緒困擾。但長久以來在美國，不論是醫學文獻或大眾想像中，“menopause” 一字實則包含了絕經本身，以及為了適應生育週期結束後的人生，而可能出現的身心障礙。[25] 如此看來，美國人使用 “menopause” 一字，其實和日文、中文語境裡的「更年期」類似，包含了絕經的生物現象，及其衍生的身心與生活問題。霍克將美國婦女、醫學

---

[23] 見 Alison Li, “Marketing Menopause: Science and the Public Relations of Premarin,” 101-120.

[24] 另外， 如 Elizabeth Siegel Watkins, “Dispensing with Aging: Changing Rationales for Long-term Hormone Replacement Therapy （1960–2000）,” 23- 37, 亦採類似分析策略，但不限於特定藥劑。

[25] Judith Houck, *Hot and Bothered: Women, Medicine and Menopause in Modern America*, 5.

界和通俗文化對此一生命階段的看法，分為三期。第一期從 1897 年美國第一本專論絕經的醫學著作出現到 1937 年，第二期從 1938 年英國生化學家成功合成雌激素 DES（diethylstilbestrol）到 1962 年。第三期則從 1963 年開始，當年威爾森夫婦首次發表期刊論文，宣稱絕經婦女若未接受荷爾蒙治療，將喪失女性魅力，過著殘缺的餘生。雖然洛克在篇章標題上，將此期設定至 1980 年，不過在餘論中，她檢討了世紀之交絕經議題的持續延燒，以及未來的研究展望， 算是比較完整地交代了百年來的發展史。

霍克指出，十九世紀末的人們認為婦女絕經不再生育，即邁入了老年。雖然有些輿論會將處於此生命階段的女性，形容成男人婆或神經質，不過，醫師撰文卻會提醒絕經不是疾病，只要注意保健、維持活動，以女性此時累積的人生歷練，應可安然度過。[26] 至於第二期的新藥和第三期的醫論，可想而知，呼應先驅研究的觀察，證成絕經逐漸醫療化的發展。DES 的出現提升了婦女接受停經治療的可行性，雖然負擔得起的，大概僅限於白人中產階級已婚女性。[27] 至於威爾森及其同僚的呼籲，則不但從醫學角度為長期使用荷爾蒙療法奠下基礎，出版專書、敷陳演繹「永遠的女性氣質」，更掀起了「何為女人」的文化論戰，是第一期的人們無法想像的革命性發展。[28] 難得的是，霍克的分期雖以醫藥演進為斷，她所收集的資料卻不限於此，特別是當她發現不少醫學論文仍排斥絕經為病、提醒慎用荷爾蒙療法時，婦科診所的醫師卻持續擴大開出雌激素處方。[29] 霍克於是將醫療介入女體的視角，從學術論文轉往診間互動和女性自述，指出二戰之後大量發行的健康手冊，以及伴隨出現的問卷調查皆值得一探。通俗衛教刊物延續著長久以來的觀念，以生育為女性天職，並讚賞那些已經完成妻母責任的人。這些論述一方面配合戰後人力資源調整，企圖將女性從勞動現場送回家庭，另方面則鼓勵絕經婦女善用下半場的黃金歲月，強調若出現任何症狀，不必浪費唇舌和丈夫或親友討論，應儘速徵詢醫生意見。[30] 而 1950 至 1960 年代幾個包括數百人的問卷

---

[26] Houck, *Hot and Bothered*, 14-39, 40-57.

[27] Houck, *Hot and Bothered*, 58-88.

[28] Houck, *Hot and Bothered*, 152-187.

[29] 霍克和先驅研究者如貝爾（Susan Bell）意見不同，認為醫界論文採用 Symptoms 一字，並非如貝爾所稱，將絕經視為疾病並將之醫療化，而是特意謹慎區分作為自然生理發展的絕經，和它可能衍生的不良反應。見 Houck, *Hot and Bothered*, 60-61.

[30] Houck, *Hot and Bothered*, 89-113.

調查和訪談，則顯示女性對中年和老化的看法因人而異，絕經體驗亦落差甚大，但已有三成以上的女性開始藉助雌激素度過此段人生。[31]

將女性的聲音納入分析之後，歷史發展顯得更加複雜。威爾森的研究受藥廠贊助、著作為藥廠宣傳，將絕經期的婦女描繪成皮膚乾燥、形容枯槁、性趣缺缺，彷彿人生無望，而這「虛乏之症」皆源自女性荷爾蒙不足。她們本是戰後回家挑起妻母重任的人，卻在 1960 年代避孕藥帶來的性解放風潮中落敗了。年輕女子不再受到婚育束縛，變成遲暮婦人既羨慕又防範的對象。儘管部分女性主義者批判威爾森的言論根本是歧視，但他強調荷爾蒙療法的回春功效，宛如婦女良友， 專書出版頭七個月便大賣 10 萬冊。中年女性不但買書、用藥，也撰文呼應，以自身經驗說明重返浪漫、拯救婚姻的歷程，見證「永為女人」的幸福美景。

女性的聲音和她們的經驗一樣，多元分歧，難以特定意識形態框限。威爾森夫婦發表論文的1963年，正是傅瑞丹（Betty Friedan）出版《女性迷思》（*Feminine Mystique*）揭示美國第二波婦運大纛的同年。之後避孕藥的致病風險引起關注，婦女健康運動風起雲湧，儘管直到 1970 年代末，醫學報告仍堅稱雌激素和子宮內膜癌僅有「聯繫」而非「因果」關係，絕經婦人卻和年輕女子一樣，開始提高警覺，參與論述和行動，嘗試奪回對自己身體的主導權。[32] 這樣的風氣持續，直到二十一世紀初，HRT 增高罹癌風險的研究出爐，女性不得不再度省思該如何認知並面對絕經和老化，而學者也益發體認到女性身體作為社會文化論述核心，對歷史研究的意義。[33]

二、近代早期歐洲的絕經病理化

對照洛克的比較分析，霍克的書豐富了學界對美國婦女絕經體驗的認

---

[31] Houck, *Hot and Bothered*, 133-151.

[32] 第二波婦運和接下來的婦女健康運動，論之者眾。燃起星星之火的專著， 包括 Betty Friedan 的 *The Feminine Mystique* 以及 Boston Women's Health Book Collective 的 *Our Bodies, Ourselves*。後者 1970 年首發自印本，原名 *Women and their Bodies*，之後改名，由商業出版公司發行，至今仍深具影響力，更藉網路之便無遠弗屆，見 Our Bodies Ourselves, "History," https://www.ourbodiesourselves.org/our-story/history, accessed December 5, 2018.

[33] 婦女健康自主運動的影響，亦可見於二十世紀末開始的大型研究計畫。如 1993 年起，婦女健康動議（Women's Health Initiative）針對超過 16,000 名使用 HRT 的婦女，進行長期追蹤，在 2002 年時發現她們罹患中風、乳癌、冠狀動脈心臟病的風險都有增高的跡象。見 Houck, *Hot and Bothered*, 229.

識，較諸早先的社會科學研究，也補充了不少 HRT 盛行之前醫生和大眾對絕經的看法。然而，她既以美國近百年史為主，更早的情況便無甚著墨。事實上，過去三十年來，性別與醫療的研究蓬勃發展， 但絕經的傳統醫療史論著卻不可多得。美國方面，偶有學者指出：維多利亞時代（1837–1901）的醫師利用初潮與停經提醒婦女責無旁貸的家庭角色，而美國女性則視絕經為擺脫生殖重擔的象徵，是鬆了一口氣而非令人沮喪的人生階段。[34] 歐洲方面，婦科發展史的新作備出，但多著重在產婆和男性醫師的消長，月經論述則放在生育文化的脈絡中分析，罕見以絕經為題者。[35] 少數的例外，如史托伯格（Michael Stolberg）則質疑社會科學家和女性主義者視「絕經醫療化」為現代產物的觀點， 指出工業革命以前的醫生，早已將之描繪成地獄人生，而上層社會留下紀錄的婦女，看來對此亦深信不疑。[36]

史托伯格承認十七世紀中葉以前，醫界確實少談永久停經，但他反對此乃大部分女性沒有活到絕經年齡，才導致醫界忽視的說法。他指出法國人口資料顯示，是嬰兒死亡率高造成平均餘命的低落，而 40% 的女性若能活到 15 歲，就有機會再活 45 年。醫界未曾申論絕經議題，一則因早期醫論多為註釋古典醫學經典，經典不提，注家也就沉默，另一則因醫家多聚焦更為危險的月經不調，而絕經只是其中一環。[37] 然而不管在何種論述中，絕經都非好事。主流的觀點認為，月經具有定期清理女性體內蓄積穢物的功能，倘若不再來潮，便喪失了此一維護健康的機制。另一種說法則視月經為孕育胎兒，並可以轉化為乳汁的體液，而永久停經則顯示，女性已老化虛弱到無法

---

[34] 見 Carroll Smith-Rosenberg, *Disorderly Conduct: Visions of Gender in Victorian America*, 182-196; Carroll Smith-Rosenberg, "Puberty to Menopause: the Cycle of Femininity in Nineteenth Century America," 58-72. 史密斯羅森伯格（Carroll Smith-Rosenberg）的著作，也是洛克和霍克討論十九世紀時的重要參考資料。

[35] 早期的佳作，如 Ornella Moscucci, *The Science of Women: Gynaecology and Gender in England, 1800–1929*, 分析自十八世紀末現代醫學論述女性氣質、重商主義政府憂心人口不足，至 1929 年英國皇家學院婦產科成立的過程。本世紀則陸續有 Helen King, *Midwifery, Obstetrics and the Rise of Gynaecology: The Uses of a Sixteenth-Century Compendium* 和 Monica Green, *Making Women's Medicine Masculine: the Rise of Male Authority in Pre-Modern Gynaecology*, 分別運用中古以降至十七世紀的醫學史料，討論歐洲婦產醫學的發展，亦皆著重於生育科技及其社會文化脈絡，未見申論絕經。

[36] 如 Michael Stolberg, "A Woman's Hell? Medical Perceptions of Menopause in Preindustrial Europe," 404-428.

[37] 討論見 Stolberg, "A Woman's Hell?," 408-409.

再產出多餘的好血。停經婦女百病叢生，腰疼腿痛、失聰反胃、頭暈盜汗，不一而足。[38]

十八世紀開始，停經受到醫界更多關注，論文和醫案相繼出版，且多為法國學者之作，史托伯格推斷應和婦產科正逐漸專業化有關。[39] 此時，醫生們雖主張絕經之後，女性不再受生殖之累，可以展開全新生活，但非一蹴可幾，乃需特別謹慎處理。十九世紀初醫界對神經系統的新認識，搭配傳統女性纖細、子宮敏感的觀念，使絕經成為關鍵而危險的生命階段。從月經逐漸不穩到完全停止的七、八年間，婦女可能罹患麻痺、中風、痔瘡、肺或胃出血、風濕性疾病、水腫或關節浮腫、痙攣或萎縮症、呼吸困難、憂鬱、歇斯底里、花痴等，就別提更為致命的子宮或乳房腫瘤了。為了確保平安度過，醫師建議應定期做婦科檢查。面對可能的身體障礙和預期的心理恐懼，再加上兩性關係相對保守的時代，卻得不斷讓醫師觀察下體，婦女們在絕經前後的這幾年，確實宛如身陷地獄、煎熬難耐。[40]

史托伯格呼籲研究者將視野延伸至傳統醫療，考察不同時代對女性身體的論述，才能看出二十世紀絕經議題的淵源與特點。不過，他的論文 1999 年發表之後，並未見更多後起之秀跟進。[41] 德黑（Christine Théré）最近一篇綜合回顧便指出，法國學界鑽研當代絕經醫療化的課題，已超過三十年，卻罕見對傳統作論。她主張 “menopause” 一字首創的時代，亦即此一課題緣起的十八世紀末至十九世紀初，值得細究。德黑考察 1770 年代至 1836 年法國醫界的論著，指出對衰老的看法，從原本男女無別到出現性差，而絕經則變成判斷女性邁向老年的指標。[42]

德黑以傳統歐洲認知生命消長破題，指出除了幼、青、壯、老四階段外，

---

[38] Stolberg, “A Woman’s Hell?,” 412-424.

[39] 唯一明顯的例外，是倫敦醫學會會長佛特格爾（John Fothergill, 1712–1780）寫給月經閉止婦女的指南，而此書也是翻譯成法文後才真正暢銷。見 Stolberg, “A Woman’s Hell?,” 412.

[40] 此即史托伯格標題之所由，而女性擔驚受怕，會寫信給醫師尋求指導，亦是難得的史料。討論見 Stolberg, “A Woman’s Hell?,” 420-425.

[41] 倒是史托伯格自己在幾年後又發表一文，指出 1813 年英國醫生哈爾福德（Henry Halford）提出 “male climacteric” 一詞，但其論述基本上不出傳統七年一變的 “climacteric” 觀念，之後相關談法則多受女性 menopause 論述框架的影響。見 Michael Stolberg, “From ‘Climacteric Disease’ to the ‘Male Climacteric’: The Historical Origins of a Modern Concept,” 111-116.

[42] Christine Théré, “Life Change and Change of Life: Asymmetrical Attitudes toward the Sexes in Medical Discourse in France (1770–1836),” 52-76.

還有七年一變（即前述古典 “climacteric”）的觀念，而十八世紀論者各自提出老年門檻，從四十出頭到六十出頭的說法都有，未見分論男女。[43] 但 1782 到 1804 的二十年間，多位自然論醫師陸續針對生命週期發表意見，稱女性成熟較早，故衰老亦早，並細緻區分出 43 到 49 歲乃女性的危險時期（critical age），50 歲之後就老了，但此時男性卻仍擁有活力，他們要到 57 歲才進入老年。[44]

此後，性差的談法益發明確，「危險時期」的論著漸增，之所以危險，正是因為絕經。倫敦醫學會長寫給月經閉止婦女的指南，翻譯成法文時，標題被改成《給四十五到五十歲婦女的建議》（*Conseil pour les femmes de quarante-cinq ans*），譯者並在序言中加入道德訓誨，稱年輕時潔身自愛、善盡母職的女性，將來比較容易度過此一難關。[45] 正是在此歷史發展的脈絡中，加爾達訥在 1816 年發表了他的名著《給進入危險時期婦女的忠告》，並新創 “menopause” 一字，一方面提倡絕經醫學，另方面亦提醒婦女注意。他的書分為三部分：危險時期子宮的生理狀態、各種衛生與預防措施、絕經障礙及其治療。德黑除了介紹其人其書，也分析當時多篇書評，指出加爾達訥專著的最後一部分，篇幅最長，也最受到肯定，而絕經自此便已朝著病理化的方向前進。[46]

十九世紀的法國醫界對此申論豐富，德黑則以一本 1836 年的暢銷保健專書作結。該書說明男性在 60 到 63 歲、女性則在 40 到 45 歲之間經歷「生命轉變」。其中，男性乃漸進變化而女性則以絕經判分；男性年輕時的放蕩將表現在自己的體態上，但女性除了自身健康，也因妻母角色而影響家庭社會。雖然，若能順利度過，女性將不再受生育之苦，得以重享快樂人生，但此階段危機四伏，因此男性固應小心謹慎，女性則最好就醫診治。尤有甚者，

---

[43] 其中，49 歲和 63 歲被認為是最危險的時候，而 “climacteric” 一字在法文中用來指稱女性絕經，則是比較晚的事。見 Théré, “Life Change and Change of Life,” 54.

[44] Théré, “Life Change and Change of Life,” 55-57.

[45] 佛特格爾（John Fothergill）的著作及其影響，亦見史托伯格前引文。德黑介紹法文版譯者佩迪哈岱勒（Petit-Radel）乃一退役軍醫，其道德論述實反映了對法國大革命的不滿。另，著名的瑞士醫師天梭（Samuel-Auguste Tissot, 1728–1797）則曾特別提醒不應將「危險時期」此一泛稱用來專指女性絕經。討論見 Théré, “Life Change and Change of Life,” 59, 63-64.

[46] Théré, “Life Change and Change of Life,” 65-67.

為了保險起見，婦女一旦進入此一生命更替的年齡，應儘速遠離喧鬧的社交活動，回歸寧靜的居家生活。[47]

三、「傳統中國醫學」（TCM）的經斷論述是現代產物

德黑分析傳統醫療文獻及其作者，呼應了史托伯格挖掘歷史縱深的倡議，也稍補現代絕經醫療化論述不足之處。雖然歐洲中古以前關於月經閉止的意見，仍罕見歷史學者跟進申論，[48] 但至少對 “menopause” 一字在歐洲出現的時代背景、它和 “climacteric” 的分合重疊，以及「更年期」對譯兩字的不穩定性，學界已稍有認識。

反觀目前「更年期」一詞廣泛流通的中文世界，其悠久的醫學傳統如何論述月經閉止，卻少見細緻的歷史分析，彷彿仍在迷霧之中。今年春天，唐文佩和張大慶合作發表的鴻文，綜論十八世紀以降絕經醫療化的過程，特別是 1930 年代後內分泌醫學的影響，應是中文世界對此一議題最完整的貫時性分析。該文細述絕經從一自然之生理階段到疾病的演變、從個人隱私到社會話題的發展，以及雌激素治療與癌症風險的爭議，說明絕經的醫療化和其他生命歷程遭到醫療化一樣，都是將健康問題放在個人層面上論說，並企圖透過醫療在個人層面上制訂解決方案。這種將社會、文化和生理因素綜合造成的不適症狀簡化為個體生理改變，如體內雌激素不足的說法，一方面固化了女性身體機能較弱的刻板印象，另方面則可能將女性置於更大的健康風險之中。為了論證絕經醫療化是西方近代以後的產物，作者特別在篇首略舉《黃帝內經》和《醫宗金鑑》兩條，指陳「中醫對絕經持一種順其自然的態度，即不主張干預絕經」。[49] 不過，由於全文主要在談西方醫學史，故提及中醫亦僅止於此。

---

[47] 此保健手冊題為《生命改變與老年的醫療照顧（給超過四十五歲男女的忠告）》，乃針對中老年人而發，作者居耶唐（Sebastien Guyetant, 1777–1865），早年以疫苗防治天花成名。他的書 1837 年即再版，並陸續翻譯成德文、義大利文等，廣受歡迎、影響深遠。討論見 Théré, “Life Change and Change of Life,” 67-72.

[48] 專研中古女性醫療史的格琳（Monica Green），早期曾將號稱十二世紀沙萊諾（Salerno）女醫生拓圖拉（Trotula）的拉丁文著作英譯，後來則出版完整論著，分析十二至十七世紀婦科醫學的發展，不過都未見著墨申論月經閉止的議題。譯註見 Monica Green, *The Trotula: A Medieval Compendium of Women's Medicine*, 專書即前引 Green, *Making Women's Medicine Masculine*.

[49] 唐文佩、張大慶，〈生命過程的醫學化——絕經成為疾病的歷史與爭論〉，117-127。

最近雷祥麟一篇精彩的論文，介紹二十世紀下半紅遍臺日的女醫師莊淑旂（1920–2015），說明她融合傳統中醫和現代藥學來宣揚獨特的健康養生知識，曾經論證女性的一生有「三春」，而「更年期」便是一個重新得力的好機會。雷文指出莊醫師的說法提升了女性的自我認同，卻恐怕違背了傳統中醫對絕經的認知。[50] 雖然雷文的重點不在絕經議題，故未再加申述，但其論點回應了歐美研究中納入女性經驗的呼籲，為絕經的歷史分析提供重要面向。只是，莊淑旂身兼女性和醫師兩種角色，她對「更年期」的看法，有無傳統中醫的基礎，反映多少個人體會，其著作的影響，以及對二十世紀認識絕經歷史議題的意義，似乎都還可以繼續追蹤深究。

其實，如本文第一節所示，現代中醫對「更年期障礙」的討論汗牛充棟，本世紀初，當 HRT 因致癌而引起質疑時，中醫更挺身而出，彷彿成為停經前後婦女客製化且相對無害的照顧方式。[51] 不過，蔣熙德（Volker Scheid）拉長時段的考察卻顯示，現代中醫的絕經論述與治療，是二十世紀中葉的產物，並非號稱傳承兩千年的醫學知識。[52] 蔣熙德分析 1960 年代中國中醫高等教育的改革，蒐集當時的教研資料，指出教改領袖曾經揚棄「更年期」此一日本轉譯自歐洲的用語，改採出現在古典醫籍的「絕經」或「經斷」來稱呼永久停經，同時透過重新詮釋《黃帝內經・素問》〈上古天真論〉達成中醫絕經論述的「全球化」。蔣熙德的文章並未引出〈上古天真論〉原文，為了方便接下來的討論，此處將涉及女性成長發育的段落先抄錄於下：

> 帝曰：人年老而無子者，材力盡邪？將天數然也？岐伯曰：女子七歲，腎氣盛，齒更髮長。二七而天癸至，任脈通，太衝脈盛，

---

[50] 「三春」除了「更年期」，還包括初潮和懷孕，而雷祥麟指出除了「三春」之說，莊淑旂還以另外兩種方式提升女性的自我認同，其一是她稱主婦為廚房中的藥劑師，強調她們的重要性，另一則是以她自己為榜樣鼓勵女性。相關討論，見 Sean Hsiang-lin Lei（雷祥麟）, "Housewives as Kitchen Pharmacists: Dr. Chuang Shu Chih, Gendered Identity, and Traditional Medicine in East Asia,"166-192.

[51] 胡文龍編著，《更年期障礙中醫典籍研究》。在序文中，胡文龍指出現代醫學 HRT 雖是目前首選，但風險受益比引人關注，而中醫藥對更年期障礙的治療具有優勢。不過，他也明確點出更年期障礙在古代醫籍中並無單獨記載。

[52] Volker Scheid, "Globalising Chinese Medical Understandings of Menopause," 485-506. 蔣熙德關注此論題甚久，前曾有一較短的文章說明旨趣，見 Volker Scheid, "Not Very Traditional, Nor Exactly Chinese, So What Kind of Medicine is It? TCM's Discourse on Menopause and Its Impacts for Practice, Teaching, and Research," 5-20. 不過，完整的看法仍應以 2008 年的論文為準。

> 月事以時下，故有子。三七腎氣平均，故真牙生而長極。四七筋骨堅，髮長極，身體盛壯。五七陽明脈衰，面始焦，髮始墮。六七三陽脈衰於上，面皆焦，髮始白。七七任脈虛，太衝脈衰少，天癸竭，地道不通，故形壞而無子也。[53]

蔣熙德指出，從上面的引文可知，在〈上古天真論〉中腎氣是和「齒更髮長」等發育階段相連，而任衝二脈才和天癸月事有關。然而，1960 年代的中醫教改專家先將〈上古天真論〉中女性「七七地道絕」的現象和「腎」連結，再透過「腎陽虛」和副腎機能障礙的比較研究，將腎與荷爾蒙聯繫起來。之所以如此，乃因腎之虛實可類比荷爾蒙論述、有利於中醫之全球推廣，故蒙教材作者青睞，至於衝任二脈，則因無法呼應生物醫學的認知系統，而在革新標準課本中遭到刪除。蔣熙德點出：在這些教材中，「經斷前後諸症」或「絕經期綜合症」等章節，看似繼承悠久傳統，卻是以中醫語彙，如腎虛，轉譯現代生醫荷爾蒙「虛乏之症」的理論建構而成。[54]

為了說明二十世紀 TCM 教材作者的刻意選擇，蔣熙德回溯金元醫家不同派別，指出自張元素（1115–1231）以降，易水學派多強調脾胃影響健康，而「火逆」造成類似熱潮紅的體熱，可透過調整脾胃解決。即使到十六世紀，王肯堂（1549–1613）說明月水和臟腑的聯繫時，也以停經連結太陰（脾）、以孕產連結厥陰（肝），而少陰腎經則是與天癸相連。這種歸經方式，和劉完素（1120–1200）、朱丹溪（1281–1358）以補腎滋陰的觀點不同。雙方辯論，至清中葉仍然可見，如祖述易水學派的黃元御（1705–1758）便批評劉完素、朱丹溪以「陰虛」之名診療逆火，不但無法治癒，反將令病人速死。[55]蔣熙德認為現代 TCM 忽略傳統醫學文獻中的多元聲音，為迎合生物醫學的「虛乏之症」而將經斷問題聚焦於腎虛，將有礙於絕經診治的有效性。何況在荷爾蒙療法備受爭議的二十一世紀，以此手段追求中醫的全球化，恐怕不蒙其利、反受其害。

蔣熙德的研究有執業上的現實關懷，這篇二十世紀中醫經斷論述的歷史考察，乃為一個更大的臨床實作計畫奠立基礎，[56]雖然為了呈現腎虛之外的

---

[53] 郭藹春主編，《黃帝內經素問校注》，〈上古天真論篇第一〉，頁 9。

[54] Scheid, "Globalising Chinese Medical Understandings of Menopause," 491-494.

[55] Scheid, "Globalising Chinese Medical Understandings of Menopause," 494-498.

[56] 蔣熙德的大型多年期計畫 "The Westminster Menopause Study"，除中醫絕經症候醫療的

觀點而上溯金元各家，但未申論傳統文獻中關於絕經的其他課題。他在文中提及〈上古天真論〉，主要用以說明 1960 年代 TCM 專家的取捨，至於其中「七七地道絕」對歷代醫者的意義，則未著墨，但此正是和女性絕經息息相關的課題，值得進一步追究。

〈上古天真論〉的經典文字眾所周知，顯示生育是傳統中國醫學對女性身體的主要關懷。其中直指核心，說明十四之後，月事以時下，故有子，而女性雖然在 35 歲時初顯衰貌，但 49 歲絕經失去胎產能力， 才是分水嶺。既然天癸竭、地道絕，七七之數已是盡頭，便不再續論。古典醫經態度明確，那麼，此下醫家對治婦人，開方下藥，是否亦將之視為重要截點呢？醫家的關懷重點和診治策略，和前述歐美歷史研究所提供的訊息，有何可參照對比之處？又或者，是否可進一步與蔣熙德的論點相互發明？以下便從經典提示的「七七」之數說起。

參、傳統中醫絕經歷史之變與不變

一、中古醫方對「七七」之淡然與樂觀

綜覽古典醫籍，目前可見最早具針對性、用以治療七七之後婦人的藥方，似乎是《金匱要略》的溫經湯。[57] 其中稱：「婦人年五十所，病下利數十日不止，暮即發熱，少腹裡急，腹滿，手掌煩熱，唇口乾燥」，醫師判斷此乃「曾經半產，瘀血在少腹不去」，並以調經效驗，可療崩中去血的溫經

括比全球化歷史外，尚包較東亞醫療傳統對絕經的診治策略、女性絕經症候體驗之跨文化比較、定義倫敦婦女絕經症候中醫治療策略之有效性，以及中醫治療絕經症候之評估實驗等，相關資訊見 University of Westminster, "The Westminster Menopause Study," https://www.westminster.ac.uk/eastmedicine/projects/the-westminster-menopause-study, accessed July 24, 2018.

[57] 更早文獻可徵之醫案，如淳于意（約 205–150 B.C.）診籍所載 25 個案例中的 7 名婦女，應皆未脫離產育年齡，不在停經前後的討論之列。7 名女性患者中，較為年長者，僅齊王太后和濟北王阿母，唯以漢初女性 13 至 19 歲成婚，生育為母進而為太后，或有乳汁可任嬭母者，亦不過四十上下，且二醫案皆未曾提及婦科相關之症狀和診斷。淳于意診籍醫案，見司馬遷，《史記》，卷 105，〈扁鵲倉公列傳〉，頁 2797-2813。詳論此 7 例之診治，可參 Lisa Raphals, "The Treatment of Women in a Second-Century Medical Casebook," 7-28.

湯對治。[58] 不過，張仲景（145–208）此處完全未提及經帶等婦科表現，溫經湯的目的在於排出育齡期間流產造成的小腹瘀血，停經並非重點。張仲景的論治邏輯，也未從天癸竭、地道絕的角度切入。[59]

半世紀後，《脈經》中錄有兩例，確實涉及 49、50 歲婦人的月經問題，但王叔和（210–258）的態度似亦淡然處之。第一例中婦人 50 歲，前已絕經，某日又來，且二三日不止，醫師判斷「此為居經，不須治，自當止」。[60] 第二例中，婦人脈診微濇，顯示體虛，醫師推測她乃上吐下瀉受苦，婦人卻否認，於是詢問年齡，轉由月事狀況推敲，曰：「夫人年七七四十九，經水當斷，反至今不止，以故致此虛也。」說完之後，便無下文，並未提供治療建議，大概也認為「不須治，當自止」？[61]

對治 50 歲的婦人，王叔和曾提醒，除了診脈，也應詢問飲食狀況，判斷究竟是腸胃問題，還是經帶問題。倘屬後者，則處治方式與育齡期婦女無異。[62] 此和前述史托伯格文中所稱古典歐洲醫學情況類似：由於將絕經前後各種病變納入月經不調的脈絡中論治，故少見停經的專題分析。而這種傾向，也可見於中國第一本病理學著作《諸病源候總論》（610）。巢元方討論「帶下候」，沿襲王叔和的判準，以婚育為準，分為三類，未涉絕經問題。提及五十婦人，則僅抄錄張仲景溫經湯，並繼承王叔和以飲食為判準，搭配脈象，以確認背痛和腹痛的婦人，究因腸胃或帶下問題所致。[63]

---

[58] 張仲景，《金匱要略》，卷 22，〈婦人雜病脈證并治〉，頁 607。

[59] 張仲景此條歷來討論汗牛充棟，由於提問和作答之間參差，後世醫家甚至認為：「《傷寒》《金匱》中，最難理會之文，莫如本條，以問意答意方意，俱似不相承貫故也。」見清初高學山，《高注金匱要略》，〈婦人雜病脈證并治第二十二〉，頁 284-300。因此，也有主張「下利」非腹瀉，乃崩中下血訛誤，以求對應「溫經」之名。見丹波元簡（1754–1810），《金匱玉函要略輯義》，卷 5，〈婦人雜病脈證并治第二十二〉，頁 314-315。

[60] 王叔和，《脈經》，卷 9，〈平帶下絕產無子亡血居經證第四〉，頁 185。王叔和之前診斷育齡婦人經斷不來，曾說明：「一月為衃，二月為血，三月為居經」，認為「月事以時下」的規律，有可能因人而異，見王叔和，《脈經》，卷 9，〈平妊娠胎動血分水分吐下腹痛第二〉，頁 179。針對這位 50 歲的婦人「今反清血」，或亦作如是觀，將停經絕生之後月事重返，類比為 3 月一來的居經，認為 5 日即止，不必治療。

[61] 王叔和，《脈經》，卷 9，〈平鬱冒五崩漏下經閉不利腹中諸病證第五〉，頁 186。

[62] 王叔和，《脈經》，卷 9，〈平帶下絕產無子亡血居經證第四〉，頁 183。

[63] 隋代巢元方著，丁光迪校注，《諸病源候總論》，卷 37，〈婦人雜病諸候一〉，「二十四、帶下候」，頁 1090-1092。

由此觀之，50 歲，或可當作育齡期後檢視健康的時機，卻非第二世紀醫師診斷疾患的判準。七七數盡，對第三世紀的醫師來說，是生理發展的自然現象，確實可作為診斷的注意事項，倘若繼續來潮，可能導致虛乏，卻非嚴重問題，醫書既不提供處方，也未深入論述。此種態度，至七世紀皆然，既與前述歐美視絕經為虛乏之症相異，也和宋元以降偏加關注有別。

尤有甚者，和〈上古天真論〉以 49 歲「地絕形壞」、言盡於此不同，中古醫方認為養生得法的婦女，即使在七七之後仍有可能懷孕生子。《病源論》中便收錄了東晉張湛的《養生方》，主張面對月亮調節氣息，仰頭吸月精光，令人陰氣盛長，以致「少小者婦人，至四十九已上，還生子。斷緒者，即有子」。假使鍛鍊不輟，甚至可以成仙！[64] 同時代《范汪方》所載開心薯蕷腎氣丸，更是宛如仙丹妙藥，不僅可強化男精，亦能令女子七七之後依然生育：「婦人斷續者，服一劑，五十得子。」[65] 這類突破數盡絕產的期望，在中古房中方書裡最為明顯，其中宣稱七七之後，婦人若得年少男伴，便能繼續生育，如唐代《玉房秘訣》稱：「女子五十得少夫，亦有子。」[66] 所謂「老陰遇少陽則有子」，南齊褚澄（?–483）已有此說，但未強調七七之數。[67] 房中書以女性 49 歲為一截點作論，一方面承認七七天癸竭、絕經乃常態，另方面卻也挑明：對於有效操作方技者而言，醫學經典陳述之天命，並非無法超越的限制。[68]

---

[64] 巢元方著，丁光迪校注，《諸病源候總論》，卷 38，〈婦人雜病諸候二〉，「五十一、無子候」，頁 1124 引《養生方》。

[65] 丹波康賴（912–995），《醫心方》，卷 13，「治虛勞五勞七傷方第一」，頁 2a-3a 引《范汪方》。此條《醫心方》，卷 28，〈房內〉，「用藥石第二十六」亦引，卻刪除了「婦人斷續者，服一劑，五十得子」之說，顯示房中書主要以男性為預設讀者，以男性為方技的操作主體。《范汪方》又名《范東陽方》，《隋書・經籍志三》載錄，唯《晉書》范汪（308–372）本傳則未提及此著作。見丹波康賴，《醫心方》，卷 28，〈房內〉，「用藥石第二十六」，41b-42a；房玄齡等撰，《晉書》，卷 75，〈范汪傳〉，頁 1982-1984；魏徵等撰，《隋書》，卷 34，〈經籍志三〉，頁 1042。

[66] 丹波康賴，《醫心方》，卷 28，〈房內〉，「求子第二十一」，頁 32ab 引《玉房秘訣》。

[67] 褚澄著，趙國華校譯，《褚氏遺書校釋》頁 56-57。雖然明清醫家偶亦稱「老陰遇少陽則有子」，但不論明代張介賓（1563–1642）《景岳全書》或清代陳夢雷（1650–1741）《醫部全錄》、魏之琇（1722?–1772?）《續名醫類案》等，皆僅引錄褚澄之說，未見申論發明。

[68] 中古房中醫學之樂觀態度，與當代盛行之道教身體觀相呼應，葛洪（283–343）著，王明校釋，《抱朴子內篇》，卷 16，〈黃白〉，頁 262 引老子龜甲經文，稱：「我命在我不在天」，強調個人修道養生之重要，即為一例。討論見林富士，〈試論中國早期道教對於醫藥的態度〉，頁 107-142。

然而，態度樂觀的房中方技，在宋代逐漸退出醫方分類，金元以降的藥方醫案，也不再標榜數外生子。[69] 至於五十行經，中古醫者頂多認為會導致虛弱，未見開方授藥，但宋元以降的態度卻不同了。《內經》文字被一再引述，而數外來潮也被正式提出，和天癸過期、經脈不調等問題放在一起，成為醫者診治的對象。

二、宋代婦科確立與「七七數盡」常態化

北宋許叔微（1075–1154）的《本事方》，是現存最早可見強調「七七數盡」並關注「五十行經」的醫書，其中援引〈上古天真論〉稱：「《素問》云：七損七益，謂女子七七數盡。而經脈不依時者，血有餘也，不可止之。但令得依時，不腰痛為善，當歸散。」[70] 一百年後，陳自明（1190–1270）在《婦人大全良方》中徵引許叔微此條，接著提供茱萸鹿茸圓給中年以後之婦人補氣固血，並在〈通用方序論〉中，收錄一加減四物湯，「以療高年婦人白帶」。陳自明除了對治數盡餘血，也照顧高年氣血問題，可說開了中老年婦女保健之先河，也暗示著即使七七天癸竭、不再生育，女人的身體仍有別於男人，需要特別養護。[71]

---

[69] 相對於《漢書．藝文志》將房中書納入生生之具的方技中介紹，《隋書．經籍志》將房中書歸入除疾保命的醫方之屬，但脫脫（1314–1355），《宋史．方技上》「序言」卻指明：「方士修煉、吐納、導引、黃白、房中，一切焄蒿妖誕之說，皆以巫醫為宗。漢以來，司馬遷、劉歆又亟稱焉。然而歷代之君臣，一惑於其言，害於而國，凶於而家，靡不有之。」見脫脫，《宋史》，卷 461，〈方技上〉，頁 13495-13496。元明正史提及房中術，皆在姦臣佞倖妨害政治等負面脈絡中討論，不論〈藝文志〉或〈經籍志〉記載醫學相關文獻時，也不再收錄房中相關書籍。房中術發展與道教的關係，討論見林富士，〈略論早期道教與房中術的關係〉，頁 233-300。

[70] 方云：「當歸、川芎、白芍藥、黃芩，各剉炒各一兩，白朮半兩，山茱萸兩半，右細末，每服二錢，酒下，空心，日三服。冷，去黃芩，加桂一兩。」見許叔微，《證類普濟本事方》，卷 10，〈治婦人諸疾〉，頁 78ab。原條目中「七損七益」「七七數盡」「不腰痛為善」作「十損七益」「十七數盡」，以及「不腰痛為喜」，此處依照陳自明《婦人大全良方》校定，見陳自明，《婦人大全良方》，卷之 1，〈調經門〉，「婦人天癸過期經脈不調方論第十九」，頁 60 引許學士言。《四庫全書總目提要》稱許叔微「紹興二年進士，醫家謂之許學士。宋代詞臣，率以學士為通稱，不知所歷何官也。是書載經驗醫方，兼記醫案，故以本事為名。」見永瑢等撰，《四庫全書總目提要》，卷 103，頁 2104。

[71] 當歸散和茱萸鹿茸圓，見陳自明，《婦人大全良方》，卷之 1，〈調經門〉，「婦人天癸過期經脈不調方論第十九」，頁 60-61；四物湯，見陳自明，《婦人大全良方》，卷之 2，〈眾疾門〉，「通用方序論第五」，頁 64。

《婦人大全良方》乃中國第一部婦人方專著，其中標示「婦人以血為本」，展現的性別化身體觀，論之者眾。[72] 而在宋代婦科醫學確立的過程中，具體彰顯血之作用的月水，益發引起醫者注意，天癸來去的時間點，似乎需更明確？而其判斷基礎，正是古典醫經。十二、十三世紀的許叔微和陳自明，較之千年前的王叔和更進一步，除了關心數外來潮可能體虛腰痛外，並特別徵引《素問》七七之數，來說明醫者介入診治的判準。

重視《內經》，並以〈上古天真論〉此段來認知女性的身體和生命變化，是北宋儒醫特色，此不限於絕經，也包括初潮。劉宋陳延之的《小品方》提醒醫家，診治女性應注意是否正逢經期，而病人也有告知的義務，否則將誤導醫生做出錯誤判斷，此乃因「女子婦人其治異品」，而所異之處，正在於「女子年十六以上，則有月病」。[73] 隋唐藥王孫思邈的巨著在北宋初年有一殘本《新雕孫真人千金方》，其中卷一談及理病，承繼《小品》之說，月病年齡並未載為 16 歲，而是 14 歲，然而到了卷二〈婦人方〉破題時，卻又稱婦人乃眾陰所集，「十五以上，陰氣浮溢」。[74] 兩部醫書、三處提及初潮，年齡卻參差不一， 顯示中古醫家並未嚴格遵奉《素問》〈上古天真論〉的成長發育理論。但這種現象至北宋校正醫書局重新點校各書之後，已然改觀。[75] 現今普遍流傳的《千金方》，由校正醫書局整理刊布，根據〈上古天真論〉的「二七」之說，將婦人初潮，定在 14 歲。

宋代儒醫尊崇《內經》，以為範準，二七天癸至和七七天癸竭的規律性，也為「婦人以血為本」的理論提供了經典佐證。中國婦人醫學獨立成方的過程中，「七七數盡」逐漸常態化，此一發展，和近代歐洲婦科專業化過程中

---

[72] 五世紀開始醫方逐漸將女性身體視為有別於男性的存在，並依之發展出婦人獨立成方的論述，研究見李貞德，《女人的中國醫療史——漢唐之間的健康照顧與性別》，頁 49-53。將月經失調諸症重新詮釋並建立宋代婦人專科，討論見 Charlotte Furth, *A Flourishing Yin: Gender in China's Medical History*, 960-1665, 59-93. 將五至十三世紀之發展視為兩個持續建立中國婦科的階段，討論見 Yili Wu, *Reproducing Women: Medicine, Metaphor and Childbirth in Late Imperial China*, 25-30.

[73] 北里研究所附屬東洋醫學總合研究所醫史文獻研究室編，《財團法人前田育德會尊經閣文庫藏小品方‧黃帝內經明堂古鈔本殘卷》，頁 14，釋文頁 39。

[74] 曾鳳校注，《新雕孫真人千金方校注》。曾鳳從《新雕》本中避皇帝諱等多方面考察，推斷此刻本最晚 1064 年已出現，較之校正醫書局 1066 年為早，故未經宋代儒臣改動。

[75] 北宋校正醫書局以儒臣主導，醫者輔佐，全面點校醫書，以求正本的緣起、組織、理念與影響，討論見范家偉，《北宋校正醫書局新探——以國家與醫學為中心》。

絕經病理化的現象，似乎遙相呼應？不過，東西雙方在乎的絕經病理，重點似乎大相逕庭。

栗山茂久（Kuriyama Shigehisa）研究中西醫學對於放血治療的發展歧異，曾經指出希臘自蓋倫（Galen）以降，即擔憂體內積血過多可能造成腐敗發炎，導致各種疾病，除以運動消耗多餘的體液、以工作排除蓄積之廢物外，亦宜定期放血舒緩。因之，希臘的醫學傳統認為女性既不運動也不工作，只能靠規則的月經來潮排出積聚廢血。[76] 準此，無怪永久停經便如前述史托伯格所稱：絕非好事。反之，古典中醫雖亦曾以針刺放血作為一種治療手段，但在氣的身體觀確立之後，針灸主要在於氣之補瀉，而體虛導致外在邪氣入侵，則成為最需防範之事。換言之，相對於希臘醫學憂懼體液過剩無法排出，中國醫學更擔心「虛」。[77] 雖然，栗山並未進一步推敲古典中醫對育齡期間的月經不通和七七數盡後的永久停經，在虛實的論述上有無或有何異同，不過，他點出中西醫學對血的態度有別，甚具啟發，也使明清醫家對「五十行經」的戒慎恐懼，在一片絕經乃虛乏之症的哀聲中，更顯特殊。

三、「五十行經」作敗血論

宋代醫家雖然提出「七七數盡」，提醒繼續來潮需要注意，但他們和中古醫方類似，即使面對 49 歲來經婦人，亦顯得不甚憂慮，主張重點在安撫腰腹疼痛，而不在遏止餘血排出。但明清之後，「五十行經，遂成崩漏」的說法，在醫案中頻繁出現，論述也更形複雜。七七數盡成為準則，數後來潮所反映的，已不僅是血有餘的自然狀態， 而是令人憂心的反常病徵。陳自明繼承許叔微，以當歸散舒緩五十行經引起的腰腹疼痛，在明代的薛己（1487–1559）看來，顯得簡略不足。

近來學者鑽研明清婦科發展，指出有向「去性別化」移動的現象，其中

[76] 中西古典醫學皆曾以放血治療，後卻發展大異，其原因和歷程，討論見 Shigehisa Kuriyama, *The Expressiveness of the Body and the Divergence of Greek and Chinese Medicine*, 195-231. 其中頁 200、208、227 三度提到希臘醫學因對積聚之憂懼而重視月經規律。

[77] Kuriyama, *The Expressiveness of the Body and the Divergence of Greek and Chinese Medicine*, 217-231.

一例，便是薛己透過《註婦人良方大全》，大量濃縮、修飾，甚至刪減陳自明《婦人大全良方》中的字句和段落，排除了天生柔弱難治的女性身體觀，重新詮釋婦科疾病的根源。[78] 不過，薛己此處論陳自明引許叔微方，卻未縮減刪節，反倒擴大申論，將七七數盡卻經不依時細分為七種不同肝證。[79] 他不採血餘之說，跳脫婦人以血為本的基礎，將宋代以經脈為準的判斷，轉變到以臟腑為主的診療。[80] 他主張肝腎虛熱、肝血虛熱、肝火內動、肝火血燥、脾經鬱火、肝脾鬱火，以及肝腎虧損等，應分別以當歸散、四物湯、小柴胡湯、逍遙散、歸脾湯和六味丸治療。如此細分，更見對 49 歲做為「天癸竭」定年之重視。

薛己德不孤，所論非獨發。宋代許叔微視為「血有餘」的五十行經現象，在其後繼者眼中卻是令女性身體虛弱、需要補強的問題，不僅醫方，連本草書也提醒危險，李時珍（1518–1593）視五十行經為敗血，便是顯例。尤有甚者，雖然從宋代以來，婦人方中已會觸及當斷不斷的問題，但並未顯示在條目上，《本草綱目》卻在卷 2〈百病主治藥〉「崩中漏下」的項目中，明列「月水不止」和「五十行經」兩條，將兩者分開討論，並提供新的、有別於傳統當歸、四物等調經方劑，而是具有針對性的本草藥物治療，其中之一是黃芩，另一則是茜根。黃芩用於治療49歲卻月水不止，茜根條目下則直稱：「五十後行經，作敗血論。」[81] 同樣地，在卷 13 山草類黃芩條和卷 18 蔓草類茜草條的發明項下，李時珍再度分列「經水不斷」和「五旬行經」，前者明言 49 歲、當斷不斷的婦人，應以具清熱作用的芩心作丸，「每服七十丸，

[78] Wu, *Reproducing Women*, 46-47.

[79] 薛己，《薛立齋註婦人良方大全》，卷 1，〈調經門〉，「婦人天癸過期方論第十九」，頁 38。該段原文：「許學士云：婦人經脈過期不及，腰腹疼痛，或七七數盡而月經下者，宜用當歸散治之。愚按：前症若肝腎虛熱，用當歸散。肝血虛熱，四物加柴、梔、丹皮。肝火內動，小柴胡加山梔、丹皮。肝火血燥，加味逍遙散。脾經鬱火，加味歸脾湯。肝脾鬱火，歸脾、逍遙兼服。肝腎虧損，歸脾、六味兼服。仍與前後月經不調治驗同用。」

[80] 此處診治方向從經脈轉變到臟腑，顯示陳自明重視血氣，視為婦人健康之判準，而薛己關注脾胃等消化系，即使判斷婦科疾病時亦然。討論見 Furth, *A Flourishing Yin*, 144. 此亦引起蔣熙德關注流派演變之處。

[81] 李時珍，《本草綱目》，卷 4，〈百病主治藥〉，「崩中漏下：月水不止、五十行經」，頁 365。

空心溫酒服，日二次」，[82] 後者則以茜根搭配阿膠、柏葉、黃芩、地黃、髮灰等煎服治療。[83]

實則，黃芩頗見於中古醫方，陶弘景（456–536）嘗用以止住不正常出血，孫思邈則以之合大黃、黃連為丸，對治帶下之疾，十二、十三世紀金元醫家亦曾以黃芩入藥安胎並補產後虛損。[84] 前引許叔微對治腰痛的當歸散中，實亦包含黃芩，但李時珍此處卻將之獨立論列，作為五十行經用藥。條芩以醋反覆浸泡 7 次，炒研做成丸劑，每日服用兩次，一次 70 丸，藥量不輕。自此以後，「五十行經」做為一種需要對治的問題，以及芩心（或子芩）丸劑作為診療手段，在明清藥方和醫學百科全書中相繼收錄，成為婦人方的標準內容。[85]

茜根之演變亦類似，前此少見用於婦人方，中古本草醫家如陳藏器稱可治蠱毒。[86] 李時珍徵引北宋許叔微《本事方》和《聖濟總錄》等多則醫方，以茜根治療吐血、鼻血，可知茜根抑止不正常出血，在方書中已歷史悠久。[87] 此外，《本草綱目》載：「俗方用治經血不通，以一兩煎酒服之，一日即通，甚效」，顯示在明代，茜草對治月病的功能乃時人共識。只是，許叔微視為血有餘的現象，李時珍卻主張應做敗血論，不論是否暴下，只要「天癸當住，

---

[82] 李時珍，《本草綱目》，卷 13，《草部二》，〈山草類下〉，「黃芩」，頁 780-783。李時珍註記稱本條出自《瑞竹堂方》，應即元代沙圖穆蘇，《瑞竹堂經驗方》，1326 年刊行。查宋峴考釋，《回回藥方考釋》，未見相關條目，不知此新的、針對五十行經的黃芩用藥，和元代治下漢族以外醫藥是否有關。

[83] 李時珍，《本草綱目》，卷 18，《草部七》，〈蔓草類〉，「茜草」，頁 1311-1312。李時珍註記稱本條出自《唐瑤經驗方》。張廷玉（1672–1755）等，《明史．藝文志二》載唐瑤嘗著《歷代志略》4 卷，或為十四世紀末至十五世紀初之人，唯其《經驗方》刊行年代不詳。見張廷玉等，《明史》，卷 97，〈藝文志二〉，「史類．故事類」，頁 2391。

[84] 金元醫家中曾建議以黃芩治療胎產疾患者，包括劉完素、李東垣（1180–1251）、朱丹溪等。

[85] 芩心丸之名稱、配方、功用，以及轉載，見李時珍，《本草綱目》，卷 13，《草部二》，〈山草類下〉，「黃芩」，頁 780-783。沙圖穆蘇嘗任元廷御史，其《瑞竹堂經驗方》所載芩心丸方屢見後世徵引，如朱橚，《普濟方》，卷 334，〈婦人諸疾門〉，「月水不斷」，頁 471、孫一奎（1522–1619），《赤水玄珠》，卷 20，〈婦人一〉，「調經門一」，頁 780、陳夢雷，《醫部全錄》，卷 396，頁 454、吳謙，《婦科心法要訣》（收於《醫宗金鑑》，卷 44-49），卷 44，〈經閉門〉，「婦人經斷復來」，頁 38-1/39-1。另，孫一奎同卷亦收錄許叔微、陳自明和薛己的藥方。

[86] 李時珍，《本草綱目》，卷 18，《草部七》，〈蔓草類〉，「茜草」，頁 1311。

[87] 宋代以茜根止血多首，見李時珍，《本草綱目》，卷 18，《草部七》，〈蔓草類〉，「茜草」，頁 1311-1312。

每月卻行」，都應以茜根治療。此後，直至清初，如《醫部全錄》等之百科全書仍相繼轉錄， 並持續敗血之說。[88]

明清醫家益發在乎婦人竭盡之數，也可從其進一步分辨五十行經的種類並綜論各種處理方式一窺究竟。明清之際的名醫張璐（1617–1699）晚年彙總一生所學，出版《張氏醫通》（1695），對於數外來經當治或不當治，反覆斟酌。在「經閉不行」條下，他呼應三世紀王叔和的意見，認為「經水絕後，一朝而清血，二三日不止者，不須治，當自止。經水常五日至者，五日癒。」[89] 但在「經候」總論之中，卻又提醒醫者病家應注意分辨，數盡之後來經，究竟是年老無病卻氣血有餘，或一月兩至恐氣虛不能統血，又或是既絕復來乃氣病者，主張應以四物湯、八珍湯或十全大補湯等各種方劑治療。[90]

雖然張璐同意宋代許叔微的血餘之說，但沒有加上「不可止之」或「不須治」之類的建議，反而接著提醒當斷不斷、難免崩淋，倘若既絕復來，更要小心，並以疼痛為判準，服藥遏止。但最終，他感歎服藥得效者，仍是少數，大部分數外行經，皆屬虛甚。他的態度並不似王叔和或許叔微般樂觀，在另一篇「淋漓」中，更明確指出：「月水至老不斷，必成淋證」，基本上已將血餘之說擱置不論了。[91]

清初與張璐齊名的吳謙（1689–1748），受乾隆皇帝（1735–1795 在位）之命統籌編纂醫學百科全書《醫宗金鑑》，其中《婦科心法要訣》針對數外來經，綜合歷代說法，提供完整建議。吳謙呼應前輩意見，主張應分辨 49 歲之後，究竟是繼續行經，或是經斷復來，認為前者僅是「血有餘」，但後者則應檢視是否伴隨其他症狀，尤其若已停經一年、三年甚至五年之後再度出血，更應警覺，並提供數則藥方，建議依照病因，斟酌使用。其中，對治血熱的芩心丸，已見於李時珍書。因怒氣或憂思造成肝脾無法藏血、攝血，則和前引薛己所論類似，主張用逍遙散、歸脾湯等。至若出血過多，造成虛損，如上引張璐所收，以十全大補湯和八珍湯等補藥強身。

值得注意的是，以逍遙散、歸脾湯治療肝脾受傷，無法藏血攝血，在薛

[88] 陳夢雷，《醫部全錄》，卷 383，頁 58。
[89] 張璐，《張氏醫通》，卷 10，〈婦人門上〉，「經閉不行」，頁 403。
[90] 張璐，《張氏醫通》，卷 10，〈婦人門上〉，「經候」，頁 399。
[91] 張璐，《張氏醫通》，卷 10，〈婦人門〉，「淋漓」，頁 405。

己註文中僅提及「脾經鬱火」、「肝脾鬱火」，吳謙則指明乃怒氣傷肝、憂思傷脾有以致之。情志變化造成臟腑受損，影響血之運行，導致五十行經，如此連結，並非漢晉醫家論法，似乃金元以降的變化。[92] 不過，這是另外一個課題，此處暫不多說。應先小結的是， 在與歐美醫史研究對照之下，傳統中醫的絕經論述，似乎自有關懷的課題，而即使是同一課題，也非自漢至清一成不變。

肆、結語——性別與醫療史的未竟之業

二十世紀上半葉，在荷爾蒙理論引導下，「更年期」被視為婦科新知。二十世紀下半，人類學家、社會學家、公共衛生學者，努力拆解"menopause"的疾病形象，認為將婦女停經的自然人生階段，型塑成身心煎熬、須賴藥物扶持度過的歷程，是生物醫學界和當代社會文化共同建構的結果。就在「更年期」及其荷爾蒙療法逐漸遭到檢討的數十年間，當代 TCM 將「更年期障礙」納入標準教材中，羅列自古以來的診治經驗，提供絕經婦人另類良方。然而這種作法，近幾年引來部分跨界執業和醫史研究的學者質疑，認為忽視傳統醫學對停經的多元看法，恐怕有礙精進治療效驗。

其實，不論東西方，歷史學者對女性絕經的研究都起步甚晚。最早推敲"menopause"、"climacteric"和「更年期」百年分合的，是從北美到日本進行調查的人類學家。三十年來，歐美學界性別與醫療的歷史研究佳作備出，但觸及育齡期後女性健康與疾病者，卻屈指可數。本文首先介紹這些前瞻性的論著，指出針對二十世紀 HRT 之消長作論者， 頗能呼應社會學者提出之醫療化現象；就特定藥物之研發、運用與宣傳深入分析者，更呈現了科學史與社會文化史交流的成果。其中，亦有歷史學者擴大範圍蒐集材料，將通俗

---

[92] 情志影響女性健康，是中古以來婦人方的共識，孫思邈《千金方．婦人方》便從胎產出發，分析情不自抑導致婦人有病難治，不過，他和中古其他醫家相同，對七七數盡幾無著墨，亦未見討論老年女性的情志問題。但金元以降醫家則不同，張子和（1154–1231）便曾稱婦人經血終於七七之數，數外暴下，應以《內經》「火主暴速」理解，而暴速者，不限暴怒，也有憂結、驚恐，甚至暴喜致之者。見張從正撰，鄧鐵濤等編校，《儒門事親》（收入張從正撰，鄧鐵濤等編校，《子和醫集》），卷 5，〈百病治法二〉，「經血暴下六十五」，頁 148。明代醫案中頻繁記載女性的情緒波動，尤其是眾多鬱怒的例子，反應此時醫學理論視火為病原的發展，討論見 Shigehisa Kuriyama, "Angry Women and the Evolution of Chinese Medicine," 179-189.

科普和醫病關係等紀錄納入討論，因而得以展現女性自己的聲音與經驗，值得效法。而少數遠溯近代早期甚至歐洲中古後期的文章，則顯示醫療傳統對老年身體論述的性別區分，並不始於荷爾蒙風起雲湧的現代北美，故而挑戰卻也補充並複雜化了絕經醫療化的談法。

傳統醫學論述絕經的歷史研究，歐美學界雖然著作也不算太多，但已漸有斬獲，倒是中國史方面，截至目前，對經斷醫說的貫時性分析，仍頗乏人問津。本文以古典醫經論女性成長變化的階段為例，嘗試探討傳統中國醫學文獻對絕經的看法。初步的印象是：儘管《素問》〈上古天真論〉以七七天癸竭標誌女性生命邁入老年，漢晉醫者亦頗引用，但若不符常態，似乎並未引起太大警訊。中古醫者對五十行經的婦人並不顯得特別憂慮，對仍能懷孕生子者甚至展現歡慶之意。雖然慶賀正說明了《內經》七七之數才是常軌，但這類出現於房中方書的描述，顯示一種接納例外並對正確養生表達樂觀的態度。不過，五世紀以降，性別化的身體觀逐漸發展，婦人以血為本的認知，為宋代婦科確立奠定基礎。十二世紀，醫者開始援引《內經》， 強調七七數盡之說，建議 49 歲仍然來經者可以藥物舒緩腰腹疼痛。明清醫家對七七之數更加介意，不但細分類別，主張應判斷是氣血有餘抑或經斷復來，尤有甚者，則稱數外來經應作敗血論，並提供特定藥方對治疾病。

貫時性的分析顯示，傳統中國醫家視絕經為生命歷程之一部，不見認為絕經本身就值得憂慮的論點，既不恐懼餘血難以排出，也無延續來經以對抗「虛乏之症」的療法，與西方古典以來的醫學觀念頗有差別。換言之，不論是為了定期排穢或永保青春，若歐美醫學傳統視為有益健康的「常態」，是月經持續來潮，那麼中醫文獻所呈現的「常態」，無寧是：時候到了，就該絕經，反之則可能有害健康？而且，對此一「常態」的認定，似乎隨著時代遞嬗而逐漸增強。這種變化，和醫學內部的發展，如尊崇特定經典，以及性別化的身體觀，可能皆有關連。至於外在的社會發展，如人口增加和平均餘命拉長，有何又如何產生影響，則亦需進一步深究。[93] 參照其他文化傳統進行研究， 頗具啟發性，而針對中醫絕經史，也仍有眾多課題待開發。

[93] 如前所述，史托伯格並不認為中古以前醫者缺乏絕經論述是導源於平均餘命不長，主張乃因醫家傳承並註釋經典的習慣所致。中國史方面的人口資料亦顯示，即使在漢唐之間，上層社會婦女亦不乏活過七七之數者，故醫家論或不論絕經，不宜簡單地化約為壽命長短所致。

例如，除了「七七數盡」和「五十行經」，歷代醫家對絕經還在乎哪些面向？他們對喪失生殖能力前後的婦女，有何特殊建議？這些課題，不僅關乎醫療史領域的未竟之業，也涉及老年社會生活史及其中的性別面向。[94] 至於婦女自身的絕經體會與觀點，古典與中古時期的文獻，大概隻字難求，但近世以降的史料不乏女性聲音，明清醫案保留眾多 45 到 55 歲婦女的疾病與治療紀錄，若再加上近現代女性參與生老病死的自述與回憶，或許能為吾人開扇門窗，繼續擴大絕經的史學分析，並深化性別與醫療的歷史研究。

（原刊於：《新史學》29 卷 4 期，2018 年）

[94] 學者研究指出，傳統社會進入老年門檻的歲數，會因生理機能和社會身分的範疇有別，而在不同種類的文獻記載中呈現差異。但女子因無官職，衰老的標準較少涉及社會身分，不像男性，有所謂六十致仕、七十持杖之類的表徵。生育能力，可說是判斷女子衰老與否的主要標準。初步討論，見林富士，〈傳統中國社會對於「老年」門檻的界定——以漢唐之間文獻為主的初步探討〉，收入林富士，《中國中古時期的宗教與醫療》，頁 615- 648，特論男女之別，見頁 619-623。

DOI:10.978.986437/1778.0004

1920 年代德國支持安樂死的論述：以《對於無生存價值生命滅絕的開放：其範圍與方式》為中心之分析

伍碧雯 *

壹、前言——1920 年代德國的民主討論環境

生與死均為人生大事，前者為生命之開啟，後者為生命之結束，二者分別位在生命歷程的兩個端點，整體過程縱然千變萬化，然而人人難逃一死。死亡是人生歷程的最後步履，毫無逆轉之餘地，跨入後即全然終止結束。如何面對死亡？如何善終？如何優雅、舒服、無痛苦、有尊嚴的「好死」？實為死亡過程的難題。美國醫學者努蘭（Sherwin B. Nuland）在其獲得美國國家書卷獎的著作《死亡的臉》（*How we die: reflections on life's final chapter*）中表示，人應該有權決定離世的方式，「死亡屬於瀕死者和那些愛他的人們」[1] 書末他引用詩句：「而應以不變的信念，堅毅而寬心地邁向墳墓。……躺下來，做個好夢。」[2] 努蘭所推崇與期望的理想死亡過程，充滿了溫暖、浪漫、無懼，當然更無痛苦。

從實質處理面而言，現代醫師面臨病患瀕死狀態時，大多有理性的處置規範可依據。以 2004 年德國的「聯邦醫師協會關於醫療上陪伴死亡之原則」（Grundsätze der Bundesärztekammer zur ärztlichen Sterbebegleitung）為例，將「尊重病患生命的自我決定權，維護其健康，減輕其痛苦，以及陪伴瀕死者至死」等，列為基本重點，此外也提到：有一些病情，若經由適當的診斷與治療過程，仍然無效，則可以進入「緩和醫療照顧」（die palliativ-medizinische Versorgung）。[3] 但是針對此項要點，更特別說明：「這個決定，

---

* 國立臺北大學歷史學系副教授

1 Sherwin B. Nuland, *How we die: reflections on life's final chapter* (New York: Alfred Knopf, 1994), 中譯：許爾文．努蘭，楊慕華譯，《死亡的臉》，頁 332、334。

2 許爾文．努蘭，《死亡的臉》，頁 338。

3 本文件引自 Udo Benzenhöfer, *Der gute Tod? Geschichte der Euthanasie und Sterbehilfe* (Göttingen: Vandenhoeck & Ruprecht, 2009), 206.

絕對不可受到經濟考量的牽制」，換言之，以「浪費醫療資源」、「節省醫療成本」……等等衡量經濟能力相關的思維方式，都應摒除於陪伴瀕死者，以及處置死亡的過程。[4]

無論是感性的陳述理想死亡方式，或是理性規範陪伴死亡過程，都呈現出西方學術界以異於傳統基督教的觀點，思索與詮釋死亡。在眾多與死亡相關的課題中，「安樂死」（Euthanasie）是最極端，也最具爭議的課題。因為「安樂死」不僅只用於形容理想的死亡方式，也是終結生命的實踐行動。因此，誰可以決定生命結束，並規範結束的形式、過程與步驟？誰握有終結生命的合法、合理解釋權？更具爭議性的問題是：安樂死屬於他殺、自殺或是協助殺人？……等等眾多迄今二十一世紀，仍在宗教、法律、倫理、醫學、人性等各層面，各自據理力爭、各自表述的紛亂狀態。各方在安樂死議題上，難以產生共識與難以妥協的根本原因，即在於前述：死亡為生命的「最後步履」、「無可逆轉性」與「全然終止」之總合狀態與結果。

十九世紀末期開始，有關安樂死的討論逐漸成為歐洲與美國學界的課題。[5] 本文選擇德國1920年代為探討時代，主要著眼於這段時期為德國威瑪共和（1918–1933）的核心時期。德國所面對的政治體制變動、現實經濟景況，緊密牽動著學術界對於安樂死的思考模式，甚至迫使學界從務實的角度，思考死亡議題：

首先，相較於西方民主國家，德國至1918年底才脫離傳統帝制，驟變為民主共和制。突然出現的嶄新政治體制與時代精神，導引了學界與社會進入開放、自由的討論環境。間接為探討敏感的死亡問題，塑造了絕佳的開放議論空間。許多安樂死的支持者，稟持著經濟工業化、生活現代化的新時代、新環境，應以新思維、新理念、新的解決方案為思考出發點，在十九世紀末已出現的安樂死論述之上，繼續闡揚觀點，添加支持立場的柴火，猛燒此課題。當時投入安樂死討論的學者，主要來自法律、醫學、神學、倫理學等領

---

[4] Udo Benzenhöfer, *Der gute Tod? Geschichte der Euthanasie und Sterbehilfe*, 206. 比較1979年德國的「聯邦醫師協會對於協助死亡之準則」（Richtlinien Bundesärztekammer für die Sterbehilfe），以及1993年「聯邦醫師協會對於醫療上陪伴死亡之準則」（Richtlinien der Bundesärztekammer für die ärztliche Sterbebegleitung）兩者的內容，均無特別註明禁止以經濟因素考量的敘述。可參閱：Udo Benzenhöfer, *Der gute Tod? Geschichte der Euthanasie und Sterbehilfe*, 201-206.

[5] Udo Benzenhöfer, *Der gute Tod? Geschichte der Euthanasie und Sterbehilfe*, chap. IX.

域。各自依其學術或宗教信仰立場與信念，提出意見。數年之間即出現相當多的論述。有學者認為，雖然威瑪共和時期的討論，最終並未促成政府決定開放安樂死，但是當時的論述模式與思考重點，迄今仍然極具參考價值。[6]

其次，德國剛經歷 1914 年至 1918 年的大戰，士兵死傷人數最多。戰後學界與政界憂心，國內青、壯人口嚴重折損，人口品質有下降之危，進而可能導致社會重建無力、國家生產力不足、國際競爭力落後，甚至民族退化等後續長期的影響。戰後政府又面對未可知的賠款與財、經困境。而這些只有德國才面對的特殊狀況，促使「經濟效益決定生存價值」的思考模式，日益增加合理性與正當性。這也反映在討論如何提升人口品質的相關議題中。其中最負面、最極端的安樂死，因而成為選項。[7] 因此威瑪共和時期支持安樂死之論述動機，不單純是為了個人尋求「好死」的死亡方式討論，也是尋求國家困窘經濟與社會貧困等問題的解決之道。

第三，1933 年納粹政權開始，安樂死的討論者在前面民主時代享受的多元開放議論環境，立即終止。極權時代乃由國家全面主導言論與思想內容，安樂死議題的正、反爭議已無須存在，由政治高層單方面決定積極、秘密的實踐。威瑪共和時期支持安樂死的相關論述，是否直接導致了 1940 年代納粹在國內進行強制性集體安樂死，以及預備了之後滅絕猶太人的「大屠殺」（Holocaust）行為？納粹的暴行與威瑪共和時期的論述，有無直接關連？德國歷史學者至今仍有爭議。[8] 甚至納粹時期的秘密安樂死行動，是否可

---

[6] Michael Schwartz, "„Euthanasie"-Debatten in Deutschland (1895–1945)," *Vierteljahrshefte für Zeitgeschichte*, 46 Jg. (1998), 665.

[7] 伍碧雯，〈納粹政權對於「無生存價值」德國人的處置〉，《成大西洋史集刊》，10（臺南：國立成功大學歷史學系，2002），頁 292-293。

[8] 有關納粹政權對德國國內特定人士進行強制且集體的安樂死，以及對猶太人大屠殺等暴行，是否與威瑪共和時期支持安樂死的相關論述有直接關連？德國學界看法不一。研究德國安樂死與優生問題的學者史慕爾（Hans-Walter Schmuhl），認為密切相關，因為威瑪共和時期，安樂死早已是德國種族衛生學者的討論議題；在納粹掌權之前數十年，支持安樂死的學術論述已發展相當成熟與完整，這些學術論點為 1930 年代納粹政權執行安樂死舖了一條坦途。可參閱：Hans-Walter Schmuhl, *Rassenhygiene, Nationalsozialismus, Euthanasie. Von der Verhütung zur Vernichtung ›lebensunwerten Lebens‹, 1890–1945* (Göttingen: Vandenhoeck & Ruprecht, 1992), 19. 但是同樣研究安樂死問題的歷史學者史華滋（Michael Schwartz）則認為，不能直接判定威瑪共和時期的安樂死論述，與納粹執行安樂死有直接關聯，因為無論是學術界或是社會大眾，從二十世紀之初至 1940 年代，對於是否支持安樂死都沒有達成共識，而且批判與反對安樂死之聲始終存在。參閱：Michael Schwartz, "„Euthanasie"-Debatten in Deutschland (1895–1945)," 618, 664-665.

歸責於少數醫學界人士「缺德」（Keine Ethik）、「反常道德」（pervertierte Moral）的犯罪行為？學者也無一致的看法。[9] 但是由納粹執行滅絕生命的大屠殺行為，已清楚寫在德國歷史的章節中，不容駁斥與抹滅。這層歷史幽暗面，導致二次大戰後，西德對於安樂死問題持極度謹慎、保守，甚至拒斥的立場。威瑪共和時期因而成為德國歷史上，迄今唯一無禁忌、無包袱討論此議題的「美好時光」！

威瑪共和時期有關安樂死的論述相當多，但多散見於各種學術期刊，少有以專書形式出版。綜觀這些資料可看出，歐洲歷史上長期握有生、死正統解釋權的基督新、舊教會人士，對於安樂死支持或反對的議論不多。反而支持安樂死的各個學術領域人士，不僅發表眾多，而且論述內容大膽、新穎、深具顛覆傳統基督教死亡觀的性質。以致於目前歷史學界的研究中，對於基督教會立場的分析著墨甚少，或只給于極少的篇幅。[10] 是否威瑪共和時期，支持安樂死的單方言論已成銳不可擋的主流，而基督教會已招架不住，無力堅持傳統對待生命的立場？或者基於信仰立場，基督教會根本拒絕此種行為，而無須加入論戰行列？此現象值得另外為文探討檢視。本文將以 1920 年出版後，立即引領德國學界熱切討論安樂死問題的《對於無生存價值生命滅絕的開放——其範圍與方式》（*Die Freigabe der Vernichtung*

[9] 德國醫學倫理史學者費偉（Andreas Frewer）表示：德國醫學界在威瑪共和至納粹政權時期，有關安樂死的論辯過程與論點演變，仍然沒有釐清：參閱：Andreas Frewer, "Die Euthanasie-Debatte in der Zeitschrift *Ethik* 1922–1938: Zur Anatomie des medizinethischen Diskurses," in Andreas Frewer and Clemens Eickhoff, Hg., *››Euthanasie‹‹ und die Aktuelle Sterbehilfe-Debatte. Die Historischen Hintergründe Medizinischer Ethik* (Frankfurt am Main: Campus-Verlag, 2000), 90. 費偉的文章發表於 2000 年，但是十多年來德國學術界關於此問題的討論然持續進行，而綜合性的論述仍然缺乏。

[10] 有關近代德國安樂死問題的歷史研究，包含在近代德國優生、種族衛生，甚至滅絕猶太人的整體討論中。幾本此方面的重要著作，例如：Peter Weingart, Jürgen Kroll, and Kurt Bayertz, *Rasse, Blut und Gene. Geschichte der Eugenik und Rassenhygiene in Deutschland* (Frankfurt am Main: Suhrkamp, 1992); Hans Walter Schmuhl, *Rassenhygiene, Nationalsozialismus, Euthanasie. Von der Verhütung zur Vernichtung ›lebensunwerten Lebens‹, 1890–1945*; Kurt Nowak, *"Euthanasie" und Sterilisierung im "Dritten Reich": die Konfrontation der evangelischen und katholischen Kirche mit dem Gesetz zur Verütung erbkranken Nachwuchses und der "Euthanasie"—Aktion* (Weimar: Böhlau, 1984); *Ernst Klee, ››Euthanasie‹‹ im NS-Staat. Die ››Vernichtung lebensunwerten Lebens ‹‹* (Frankfurt am Main: S. Fischer Verlag, 2004); Udo Benzenhöfer, *Der gute Tod? Geschichte der Euthanasie und Sterbehilfe*. 這些重要學術專論中，都僅以極少的篇幅，提及基督教會的反應與立場。

lebensunwerten Lebens. Ihr Maß und ihre Form）一書為探討核心，[11] 分析 1920 年代——德國政治的新時代，支持安樂死的主要論述中，究竟包含哪些重點？具有哪些特殊性？這些支持安樂死的論述，如何強勢的呈現安樂死的合理、合法性？其論述的架構與關鍵性說詞何在？藉此以瞭解二十世紀初期德國有關支持開放安樂死的觀點。

貳、「安樂死」詞義的轉變——從靜態到動態

「安樂死」一詞自古希臘時代出現，至十六世紀初期之前，原意均指個人最理想的死亡狀態應是「和緩、舒適、美麗的死亡」，完全沒有外力介入之意，更無積極或消極死亡之說法。[12] 然而在基督教生死觀尚未成為歐洲文明的主流價值之前，上古時代各地區，都出現過在特殊狀況下，由外力結束他人生命的實際情形。例如：廣為人知的斯巴達殺嬰、古希臘人與羅馬人處死年老者，或是無工作能力的奴隸；日耳曼人與斯拉夫人也處死身體殘疾者，與不治之症患者。[13] 但是基督教則完全拒斥任何以外力縮短他人生命的作法，包括任何原因的自殺，也必須受到譴責。基督教的死亡觀認定：生命無論多麼痛苦與受折磨，自然死亡才是生命結束的唯一方式，其他死亡形式都違反、干涉、褻瀆上帝的計畫。隨著基督教影響勢力之擴張，中古時期開始，基督教教義成為歐洲文明的主要內涵。教會也成為所有價值的權威詮釋者，其對於生、死的看法，即理所當然形塑了歐洲正統的生死觀。

「安樂死」一詞的使用與想法，在沉潛十幾個世紀之後，曾短暫浮現。

---

[11] 有關《對於無生存價值生命滅絕的開放——其範圍與方式》的基本出版資料與重要論點，請參閱本文第三部分「三、支持安樂死——賓丁與霍賀的論點」。

[12] 有關「安樂死」一詞的定義與轉變，除了可參考一般性的百科全書、辭典之外，學術性的百科全書與基督教神學的百科全書，例如：Cornelia Schmitz-Berning, *Vokabular des Nationalsozialismus* (Berlin: Walter de Gruyter, 1998), 215-218; Hans Dieter Betz, Don S. Browing, Bernd Janowski, and Eberhard Jüngel, Hg., *Religion in Geschichte und Gegenwart. Handwörterbuch für Theologie und Religionswissenschaft*, Bd. 2, (Tübingen: Mohr Siebeck, 1999), 1681-1682.

[13] Karl Heinz Hafner andRolf Winau, "'Die Freigabe der Vernichtung lebensunwerten Lebens'. Eine Untersuchtung zu der Schrift von Karl Binding und Alfred Hoche," *Medizinhistorisches Journal*, Bd. 9, Heft 3/4, (1974), 231. 對於安樂死在西方古代歷史之發展有深入解釋，另外也可參考 Volker Zimmermann, "Die ››Heiligkeit des Lebens ‹‹- Geschichte der Euthahasie in Grundzügen," in Andreas Frewer and Clemens Eickhoff, Hg., *››Euthanasie‹‹ und die Aktuelle Sterbehilfe-Debatte. Die Historischen Hintergründe Medizinischer Ethik*, 27-45.

十六世紀初期英國哲學家莫爾（Thomas More, 1478–1535）與十七世紀的培根（Francis Bacon, 1561–1626），兩人時代相隔將近百年，卻都提出支持安樂死的看法。認為旁人（例如：教士或醫師）面對受病痛折磨，極為痛苦的病人，可以扮演協助終結生命的推手。根據這種說法，「旁人」得以從「陪伴死亡」（Sterbebegleitung）的被動角色，轉變成為具有積極縮短他人生命，甚至引導進入死亡的主角。這種詮釋，促使安樂死之原意，產生重大變化。從「美麗的死亡」這種靜態的形容藝術性的死亡、死亡的藝術，或是有尊嚴的死亡，質變為具有動詞功能的實踐、執行死亡之手段與方式。甚至以「解放悲慘」的理念，取代「舒適、美麗」的靜態原意。而協助死亡的想法，也成為日後討論安樂死的重要概念。[14] 雖然莫爾與培根的說法，在當時相當孤立，沒有引起共鳴，也無後續討論。但是已大膽異於中古時期以來的兩大傳統：

第一、違反基督教傳統的死亡觀。基督教堅信人之生命結束，僅能取決於上帝的旨意與計畫，不可由人為操控介入干涉。

第二、違反以「西波克拉提斯誓詞」（Hippokratischer Eid）所提示之醫學倫理：維護生命為醫師之職志與醫學的最高宗旨。而安樂死明顯有協助死亡與促成生命縮短之實，此與醫學傳統、醫學倫理完全背道而馳。[15]

歷史發展過程中已逐漸質變的安樂死原意，在十九世紀末的德國，再度浮現檯面，而且以更邏輯、更犀利的方式論述死亡。1895 年德國哥廷根大學博士生約斯特（Adolf Jost, 1874–?）出版《要求死亡的權利》（*Das Recht auf den Tod*）一書。這本僅僅五十多頁的小書中寫到：

> 當我們看到一位絕症病人，被無以言之的疼痛長期糾纏，未來仍然是絕望的久病不癒、毫無復原機會；當我們走過精神病院的每個病房，滿眼所見全都是癲狂者或是癱瘓麻痺者，我們具有人本能的同情心，那麼我們一定會急切的問：『難道這些人沒有權利要求死亡嗎？難道一個人性的社會沒有義務，以儘可能無痛苦的

[14] 這種賦予醫師在死亡過程中扮演積極角色的想法，尤其是指醫師應減輕瀕死之人的病痛，以助其死亡。莫爾的作品是《烏托邦》（*Utopia*, 1516），培根的作品是 *De dignitate et augmentis scientiarum*, 1605.

[15] 有關「西波克拉提斯誓詞」（Hippokratischer Eid）可參閱：Udo Benzenhöfer, *Der gute Tod? Geschichte der Euthanasie und Sterbehilfe*, 201.

方式，讓他們死亡嗎？』……如果這種人自殺，我們應該，或是我們能夠裁判他嗎？事實上在實踐方面，國家與社會要採取立場。[16]

約斯特在書中處理的核心課題，即是積極協助死亡的安樂死。他強力支持在特定情況下，允許自殺，或是經由他人之協助，結束生命。對於生命價值的傳統看法，他提出質疑：

我們常說，人的生命具有無與倫比的高價值……但是這種價值的衡量標準究竟為何？我們都知道，我們十分珍愛的物品，之所以被視為物品，因為它對我們有用。[17]

何謂「有用」？他以人是否對於社會仍然有經濟效用，做為裁決生命存廢的標準，因此認為「比起健康者，病人消耗可觀數量的物資。一個病人或是一群病人，都會吸去許多人的工作勞力；要照護他們、等待他們，他們消耗了糧食與醫藥物資。」[18]

他認為有些人，例如：絕症病患與精神病患的生命價值，「不僅是零，甚至是負數，尤其是在絕症的狀況下，已經有極大的疼痛，還去照護他」，而且他也認為，照護這種無生存希望的病人，會造成照護者本身的情緒低落。[19] 約斯特最終的訴求是：這些無可治癒的病人，死了比活著更好，解放這些悲慘生命，才是真正的善待他們。

十九世紀末期這本以前衛論點，闡述生命價值與結束生命方式的小書，

---

[16] Adolf Jost, *Das Recht auf den Tod* (Göttingen: Dieterich'sche Verlagsbuchhandlung 1895), 6. 此處引自：Gerd Grübler, Hg., *Quellen zur deutschen Euthanasie-Diskussion 1895–1941* (Berlin: Lit Verlag, 2007), 23. 有關「安樂死」一詞之歷史轉變，可參閱：Christian Merkel, *"Tod den Idioten"—Eugenik und Euthanasie in juristischer Rezeption vom Kaiserreich zur Hitlerzeit* (Berlin: Logos Verlag, 2006), 43-44; Walter Kasper, Hg., *Lexikon für Theologie und Kirche*, Bd. 9 (Freiburg: Herder, 2000), 976; Hans Dieter Betz, Don S. Browing, Bernd Janowski, and Eberhard Jüngel, Hg., *Religion in Geschichte und Gegenwart. Handwörterbuch für Theologie und Religionswissenschaft*, Bd. 2, 1682.

[17] Adolf Jost, *Das Recht auf den Tod*, 19. 此處引自：Gerd Grübler, Hg., *Quellen zur deutschen Euthanasie-Diskussion 1895–1941*, 30.

[18] Adolf Jost, *Das Recht auf den Tod*, 17. 此處引自：Gerd Grübler, Hg., *Quellen zur deutschen Euthanasie-Diskussion 1895–1941*, 29.

[19] Adolf Jost, *Das Recht auf den Tod*, 17, 26. 此處引自：Gerd Grübler, Hg., *Quellen zur deutschen Euthanasie-Diskussion 1895–194*, 29, 34.

由於約斯特的知名度太低，並未在當時的德國社會引起注意，更未促使學術界論辯。[20] 約斯特的論點也不能算是近代德國歷史上，首先提出支持開放安樂死的論點。[21] 至少十九世紀中期，德意志地區著名的生物學者海克爾（Ernst Haeckel, 1834–1919）在 1868 年，也有類似支持安樂死的說法，只是沒有具體寫成專書。[22] 然而從另一方面而言，約斯特這本只有五十頁的《要求死亡的權利》，卻可視為十九世紀最早將支持安樂死論點結構化，並以此為單一主題呈現的專著。若將書中的論點放在十九世紀末期以迄今，漫長的安樂死討論過程中檢視，更可看出其思考死亡課題的極端性與顛覆傳統之處。約斯特綜合提出了以下迴異於傳統的死亡觀點：

第一、肯定人有「要求死亡」（Tötung auf Verlangen）的權利：絕症患者（含精神病患）應該擁有自主的死亡決定權，因為這是自我意志的實踐。第二、認可他人得以「協助死亡」（Sterbehilfe）：實踐這種自我意志的死亡，也就是結束生命的行為，可藉由他者——即國家、公權力擁有者，協助完成，而且無須負擔法律刑責。第三、經濟計量的生命價值觀：個人對於社會有用，或是無用，成為衡量生命是否續存的重要量尺，甚至是唯一量尺。因此國家財政負擔、社會利益、物資消耗等之計量，與個人生命的存廢，具有直接緊密關係，不可迴避與忽視。

約斯特身處於十九、二十世紀之交的歐洲新時代——「現代」來臨，一

---

[20] 有關約斯特的生平，資料相當少。根據德國醫學史研究者班森霍夫（Udo Benzenhöfer）的資料，約斯特從奧地利到德國就讀哲學、數學與物理，出版《要求死亡的權利》後不久，父親就以年老病重為由，在奧地利自殺身亡。約斯特 1897 年取得哲學博士學位後，動向與工作不詳，但是 1907 年底，到柏林擔任新聞記者，不久即患有精神妄想症，住在柏林的精神療養院後，1908 年送回奧地利治療，卒年不詳，可參閱：Udo Benzenhöfer, *Der gute Tod? Geschichte der Euthanasie und Sterbehilfe*, 82, note 5.。

[21] 班森霍夫認為，嚴格討論是否應該開放不治之症患者安樂死的議題，最早出現於 1870 年英國作家威廉斯（Samuel D. Williams jr.）以〈安樂死〉（Euthanasia）為題，發表文章。參閱：Udo Benzenhöfer, *Der gute Tod? Geschichte der Euthanasie und Sterbehilfe*, 134.

[22] 海克爾認為，面對無可治癒的精神病患、癌症患者，先天缺陷的嬰孩，為了減輕這些病患及其家屬無盡的痛苦，法律應該允許醫師給予嗎啡，使其死亡，而且這完全符合基督教義中「愛鄰人」的誡令；但是現今之法律卻懲罰這種事情。海克爾於 1915 年大戰期間出版的著作中表示，自己在 1868 年與 1904 年即已提出以上的觀點。Ernst Haeckel, *Ewigkeit. Weltkriegsgedanken über Leben und Tod, Religion und Entwicklungsleben* (Berlin: Verlag von Georg Keimer, 1915), 34-35. 關於海克爾的論點分析與歷史評價，可參閱：Jürgen Sandmann, *Der Bruch mit der humanitären Tradition. Die Biologisierung der Ethik bei Ernst Haeckel und anderen Darwinisten seiner Zeit* (Stuttgart : Gustav Fischer Verlag, 1990).

切傳統價值觀都在鬆動、批判、省思、重新詮釋。例如：十八世紀啟蒙思想強調的生存權，百年以來，持續發酵成為個人至上的自我決定權；傳統自由主義試圖壓制的政府權勢，至十九世紀末，又要求公權力擴大，甚至介入個人的生、死問題。在諸多「現代」的轉換情況中，受挫最嚴重的是基督信仰的威權地位。約斯特作品中的「個人意志」、「公權力結束生命」、「自殺除罪化」、「以經濟計量生命價值」等說法，每一項重點都無視於千年以來，歐洲基督信仰詮釋生、死的權威立場。每一個論點都深具強力的顛覆力道，自認以現代之科學「新」姿，挑戰傳統的信仰「舊」思；以關懷當代苦難、積極解決當代社會問題的信念，挑戰他認為：只處理死後、消極面對疼痛，又膽怯介入死亡的基督信仰論述。「現在精神疾病與生理疾病已無可醫治之人，儘管已承受極大的痛苦，卻被迫只能等待自然死亡」。[23] 而所謂的「等待自然死亡」，即指基督信仰認定生命終結的唯一方式，並以此長期約束國家法律，不得介入生命結束的重要說詞。約斯特與其後支持安樂死的人士，完全無法認同這種宗教信念之綑綁，而欲徹底轉變。

參、支持安樂死——賓丁與霍賀的論點

德國學界進入討論安樂死的熱潮，於1920年德國當代著名的刑法學者賓丁（Karl Binding, 1841–1920）與弗來堡大學精神醫學講座教授霍賀（Alfred Hoche, 1865–1943），合著《對於無生存價值生命滅絕的開放——其範圍與方式》（*Die Freigabe der Vernichtung lebensunwerten Lebens. Ihr Maß und ihre Form*）一書之出版而開啟。[24] 這本只有薄薄六十頁左右的著作，卻由當時著名的學術出版社發行，至1922年已有第二刷印行。兩位作者分屬相異的學術領域，卻能跨學科共同處理安樂死課題，不僅在當時罕見，今日亦不多見。[25]

---

[23] Adolf Jost, Das Recht auf den Tod, 6. 此處引自：Gerd Grübler, Hg., *Quellen zur deutschen Euthanasie-Diskussion 1895–1941*, 23.

[24] Karl Binding and Alfred Hoche, *Die Freigabe der Vernichtung lebensunwerten Lebens. Ihr Maß und ihre Form* (Leipzig: Felix Meiner, 1920). 德國法制史研究社群在2006年重新印行此書，由BWV・Berliner Wissenschafts-Verlag出版，書前並附上法蘭克福大學的刑法學與犯罪學教授Wolfgang Naucke長篇導言，以利讀者瞭解此書之內容與重要性。

[25] 全書有三分之二是賓丁從法學觀點之論述，此書出版之時，賓丁已去世。

一、「滅絕無生存價值者」的法律基礎

此書的第一部分是賓丁所著「法律部分的闡述」（Rechtliche Ausführung）。他以感性的筆調，展開全書的論述：

> 我敢於在我生命將終結之前，還把一個問題講出來，這其實是我長久以來思索的問題。因為這個問題十分棘手，且難以找到解答，因此大部分的人都迴避。[26]

賓丁苦思的問題即：是否應該在法律層面，有條件開放自我，或是他人協助終結生命的行為，即自殺與安樂死之開放？他在文中也引用約斯特《要求死亡的權利》之詞，認為事關：「我們一直堅持的道德與社會看法」。[27] 約斯特的論點，終於在二十多年之後，找到知音，有了後繼者，開始發酵，也逐漸在學術界與社會產生影響力。或許賓丁並非真正在垂暮之年，才開始思考安樂死的問題。但是顯然這位在當時法學界具有重量地位的學者，想以畢生的法學知識、學術實力與知名度，為世界大戰後德國社會面臨的現實苦難問題，提出確實可行的解決之道。[28]

賓丁以「自由是所有人類權利之首」，「因此，他對於自己的生命，有天賦的自主性」的說詞，作為鞏固與支撐論點的重要基石。[29] 藉由這個歐洲自啟蒙時期以來，已無可撼動的人權至上神聖原則，建構了自我終結生命——自殺的合理性。他認為：

第一、自殺是法律無可禁止的行為，不可處罰；基督教藉由稱說上帝觀

---

[26] Karl Binding and Alfred Hoche, *Die Freigabe der Vernichtung lebensunwerten Lebens. Ihr Maß und ihre Form*, 5.

[27] Karl Binding and Alfred Hoche, *Die Freigabe der Vernichtung lebensunwerten Lebens. Ihr Maß und ihre Form*, 5

[28] 賓丁對於自殺與安樂死之關注，並非只出於自身年紀大的感慨，或是出自從哲學立場探討死亡的興趣，而是極可能出於實際的國家關懷，解決社會問題。此點可由他在註釋 48 的補充說明看出，他先引用霍賀的敘述：「所有戰爭強權，在這次世界大戰的整體損失，大約要估計到一千兩百萬至一千三百萬的死亡人數」。再引用德國社會民主黨的黨報「前進」（Vorwärts）之最新估計，「這場戰爭德國陸軍死亡 1728246 人，戰艇 24112 艘，損失的價值，超過一切計算」。Karl Binding and Alfred Hoche, Die Freigabe der Vernichtung lebensunwerten Lebens. Ihr Maß und ihre Form, 26.

[29] Karl Binding and Alfred Hoche, *Die Freigabe der Vernichtung lebensunwerten Lebens. Ihr Maß und ihre Form*, 6.

點，否定自殺、譴責自殺，但是「新約關於這個問題，根本隻字未提」，而「所謂十誡之中的『你不可以殺人』，當然與自殺無關」。[30]

第二、既然自殺並非違反個人意願，更不是觸犯法律的犯罪行為，則不應與謀殺、打死人的犯罪行為等同視之。同理，自殺的參與者、協助者——安樂死執行者，也不應受處罰。[31]

以上這些論點，顯示了賓丁對於自殺與安樂死的強力支持。當然他也知道，若是「錯誤判斷死亡狀況，這種過失致死，會導致『安樂死』惡名滿天」。[32] 因此提出以下三種群體可以施行安樂死：

（一）無可醫治之疾病，或是無可拯救之外傷患者。這些病患意識清楚，完全瞭解自己的狀況已無藥可救，而強烈想要解脫生命。尤其是不治之惡性腫瘤病患，無藥可之醫治的肺結核病患，致命性的外傷患者。賓丁說：「我認為，不需要等到他們產生無法忍受之疼痛，才『要求死亡』。同情他們，就是讓這些無希望者沒有疼痛。」[33]

（二）天生或是後天麻痺癱瘓，而進入末期階段，無可治癒的精神病患、心智障礙者（Blödsinnige）。[34] 賓丁認為：

> 他們對於生存或死亡，都沒有任何意願。……他們的生命已經徹底沒有目的，但是他們完全沒有感覺。對他們的家屬、對於社會而言，他們都是可怕的沉重累贅。[35]

---

[30] Karl Binding and Alfred Hoche, *Die Freigabe der Vernichtung lebensunwerten Lebens. Ihr Maß und ihre Form*, 7,9.

[31] Karl Binding and Alfred Hoche, *Die Freigabe der Vernichtung lebensunwerten Lebens. Ihr Maß und ihre Form*, 13-15.

[32] Karl Binding and Alfred Hoche, *Die Freigabe der Vernichtung lebensunwerten Lebens. Ihr Maß und ihre Form*, 19.

[33] Karl Binding and Alfred Hoche, *Die Freigabe der Vernichtung lebensunwerten Lebens. Ihr Maß und ihre Form*, 28.

[34] Karl Binding and Alfred Hoche, *Die Freigabe der Vernichtung lebensunwerten Lebens. Ihr Maß und ihre Form*, 30. 賓丁文中所用的 Blödsinnige 一詞，在今日德語為罵人、嘲笑之用，中文可譯為：白痴、智障。學術文章已不再使用，但是，此字在威瑪共和時期，並無罵人之意。

[35] Karl Binding and Alfred Hoche, *Die Freigabe der Vernichtung lebensunwerten Lebens. Ihr Maß und ihre Form*, 30.

另一方面賓丁也承認，如果讓這些人死去，他們的母親與長期照顧的照護者，將會十分難過，「因為這些人非常需要照顧，在此情況下，會使人產生一種使命感，全神貫注於完全無生存價值的生命，年復一年無限的延展下去。」[36]

（三）原本意識清楚的健康者，因某種重度、致命的傷害，而陷入昏迷狀態，就算他們從昏迷中甦醒，卻仍然處於巨大的悲慘之中。賓丁認為「出於同情」，這種人應施予安樂死，這「不是掠奪生命，反而是使他免於可怕恐怖的終結」。[37]

賓丁絕無意使他的界定變成「開放殺任何人」（die Freigabe der Tötung an Jedermann）的藉口。[38] 因而將論述內容緊扣無可治癒的病患、無以承受之疼痛、同情而助其解脫……等等情形。但是他對於生命價值的基本想法與立場，接續了前述約斯特的大膽論點，甚至更直接了當的反問：

> 是否有些人的生命，使法律承認且欲保護之利益的特質已強烈喪失，這種持續的生命，對生命的承擔者與社會一樣，已失去所有價值？[39]

因此他根本上也與約斯特同調，認為個人生命之價值與持續存活的意義，完全取決於是否對整體社會有用；若是判定無用，即為社會的負擔與累贅；而有權利「判定無用」的裁決者，可以是病患本身——自我決定終結生命，也可以是家屬，或是國家賦予公權力之第三者，由其決定施予安樂死。這種對生命價值與處置的合理性與合法性論點，由《對於無生存價值生命滅絕的開放——其範圍與方式》的第二部分——霍賀所寫的「醫師方面的意見」（Ärztliche Bermerkungen），繼續闡述。

---

[36] Karl Binding and Alfred Hoche, *Die Freigabe der Vernichtung lebensunwerten Lebens. Ihr Maß und ihre Form*, 30.

[37] Karl Binding and Alfred Hoche, *Die Freigabe der Vernichtung lebensunwerten Lebens. Ihr Maß und ihre Form*, 32.

[38] Karl Binding and Alfred Hoche, *Die Freigabe der Vernichtung lebensunwerten Lebens. Ihr Maß und ihre Form*, 32.

[39] Karl Binding and Alfred Hoche, *Die Freigabe der Vernichtung lebensunwerten Lebens. Ihr Maß und ihre Form*, 26. 賓丁在此句話的註釋中，特別引述約斯特的看法：「人生命的價值，不僅可以是零，而且可以是負數。」

二、「滅絕無生存價值者」的經濟合理性

相較於賓丁已是極受當代法學界肯定的學者，霍賀則是爭議性的人物。他在文中不僅使用極端的措辭，而且有令人瞠目結舌的觀點。例如：他認同醫師可以因學術研究之需要與興趣，在特定情況下，終結特殊疾病者的生命。[40] 而影響力更大之論點，則在於強調生存價值與經濟衡量之間有直接關連性，他說：「這些心智完全死亡者，從經濟關係而言……他們的存在，在整體上都是沉重的負擔。」[41] 霍賀並提出他實際詢問療養院之後所得出的花費計算：粗估全德國有二萬至三萬的精神病患與心智障礙者（die Idioten），每人每年的療養院照顧費用大約是 1300 馬克；他們的平均壽命約為五十歲，耗費「糧食、衣服、暖氣等巨大的資本，這種毫無生產力可言的目的，剝奪了國家財富。」[42] 而且「迄今，我們無法禁止讓這些壞損之人繼續繁殖」。[43] 在生存權利方面，他認為這些人已喪失主、客觀的生存權，「所有狀態都已失去價值的心智死亡者，他們主觀生存的權利，與客觀的目

---

[40] Karl Binding and Alfred Hoche, *Die Freigabe der Vernichtung lebensunwerten Lebens. Ihr Maß und ihre Form*, 45-46. 霍賀在文中舉出自己年輕時擔任助理所遇到的情況為例：一位患有奇特腦部疾病的孩童，院方很確定即將在 24 小時之內死去；此孩童所患的疾病，極具學術研究價值。如果孩童死於醫院，「我們就可以解剖屍體，檢驗之時，找到結果。」但是孩童的父親要求，將小孩帶回家。「我們都知道，如果孩童在死前被接回家，我們解剖屍體的可能性就沒了。」霍賀表示，當時他可以用嗎啡注射這位「反正絕對將死的人」，讓他先死在醫院。但是，「我畢竟沒有做這件事」，因為「我個人對於學術知識的期望，還無法使我提出夠分量的法律權益之理由」。因此，「縮短生命不是醫師職責」的理念，說服了霍賀，使他沒有對瀕死的小孩施打致命的嗎啡。德國醫學史教授費西特訥（Gerhard Fichtner）批判霍賀這種對於自然科學幾近瘋狂的興趣，時常有盲目、匪夷所思之舉動。在 1976 年費西特訥批判霍賀的文章中，引用霍賀自己的陳述，說自己很喜歡進行試驗，例如：「砍斷的頭顱，用適當的化學液體，經由機器輸血，使他再度恢復意識」。Gerhard Fichtner, "Die Euthanasiediskussion in der Zeit der Weimarer Republik", in Albin Eser, Hg., *Suizid und Euthanasie als human- und sozialwissenschaftliches Problem* (Stuttgart: Ferdinand Enke Verlag, 1976), 25-26.

[41] 賓丁文中所用之 die geistig Toten 一詞，在此翻譯為「心智死亡者」。Karl Binding and Alfred Hoche, *Die Freigabe der Vernichtung lebensunwerten Lebens. Ihr Maß und ihre Form*, 50.

[42] Karl Binding and Alfred Hoche, *Die Freigabe der Vernichtung lebensunwerten Lebens. Ihr Maß und ihre Form*, 51. 有關霍賀在文中極端措辭用字的陳述，也可參閱：伍碧雯，〈納粹政權對於「無生存價值」德國人的處置〉，頁 293。

[43] Karl Binding and Alfred Hoche, *Die Freigabe der Vernichtung lebensunwerten Lebens. Ihr Maß und ihre Form*, 52.

的性、必要性之間，根本就是矛盾」，這些人既沒有能力要求生存，對於其他思考過程也完全無能。[44]

這樣的語詞使用與陳述，是否太過冷酷、缺乏同情心呢？霍賀卻反駁，對於這些「無生存價值生命」（lebensunwertes Leben）有同情心，是「無法根除的錯誤想法，或是稍微好一點的思考薄弱」，而且只是一般人將自己的想法、感覺，投射在這些「無生存價值生命」者身上；真正的同情，應該是讓他們活著時，或是進入死亡階段，都「沒有痛苦，也沒有與痛苦同在」。[45] 霍賀以醫師的立場，強烈支持安樂死，而且與賓丁一致地賦予安樂死合理性與道德性。他甚至大膽地說：

> 也許有一天，我們會認為，清除心智已完全死亡者，不再是犯罪，不再是不道德的行為，不再是只憑感覺的粗野，而是一個允許、有必要的行動。[46]

多位學者都認為，賓丁與霍賀在《對於無生存價值生命滅絕的開放——其範圍與方式》中侃侃而論的死亡方式，在德國討論安樂死課題上，絕對是值得標記的重大里程碑。[47] 在這本共同著作出版後，當時代其他支持安樂死的說法，已無法再超越，而只能更接近或認同兩位作者的想法；反對安樂死者，更無法迴避這此書，必須先提及書中的說法，再加以反駁。[48] 能成為里程碑之作品，首先在於天時、地利之因。此書在 1920 年，即世界大戰結束

---

[44] Karl Binding and Alfred Hoche, *Die Freigabe der Vernichtung lebensunwerten Lebens. Ihr Maß und ihre Form*, 54.

[45] 「沒有痛苦，也沒有與痛苦同在」原文是 wo kein Leiden ist, ist auch kein mit-Leiden。Karl Binding and Alfred Hoche, *Die Freigabe der Vernichtung lebensunwerten Lebens. Ihr Maß und ihre Form*, 55.

[46] Karl Binding and Alfred Hoche, *Die Freigabe der Vernichtung lebensunwerten Lebens. Ihr Maß und ihre Form*, 53.

[47] 2004 年 12 月 4 日德國萊比錫大學，針對《對於無生存價值生命滅絕的開放——其範圍與方式》一書內容與影響，召開學術研討會，多位醫學史研究者發表論文，均指出賓丁與霍賀的合著，在當時德國社會極具影響力。可參閱：Ortrun Riha, Hg., *'Die Freigabe der Vernichtung lebensunwerten Lebens' Beiträge des Symposiums über Karl Binding und Alfred Hoche am 2. Dezember 2004 in Leipzig* (Aachen: Shaker Verlag, 2005). 相似的意見也可參閱：Udo Benzenhöfer, *Der gute Tod? Geschichte der Euthanasie und Sterbehilfe*, 89-90. Ernst Klee, *››Euthanasie‹‹ im NS-Staat. Die ››Vernichtung lebensunwerten Lebens ‹‹*, 18-19.

[48] Karl Heinz Hafner and Rolf Winau, "'Die Freigabe der Vernichtung lebensunwerten Lebens'. Eine Untersuchtung zu der Schrift von Karl Binding und Alfred Hoche", 233.

後兩年出版，當時德國政、學界與一般大眾，都深刻感受到戰後生活水準下降、青、壯年人口死傷、國家競爭力與未來財、經狀況不明確……等等，逐漸浮現的現實困境。[49] 因此，支持安樂死的約斯特作品，在十九世紀末尚不受青睞，找不到共鳴。但是二十世紀初期，在戰火猛烈衝擊之下，傳統政治體制都已重挫，連帶許多傳統價值觀也受到震撼。對於死亡的看法，雖然未必立即改觀，卻有重新檢視的可能。這本支持安樂死的作品，因而得以在價值觀鬆動與重塑之際，快速成為社會話題，變成引領各界討論的時髦之作。

能成為討論安樂死經典之作的第二個因素，在於此書內大膽又前衛的論點，以及毫不避諱的極端遣詞用字，在社會上產生了指標意義，後續影響極大。從名詞使用方面而論：文中以「無生存價值生命」、「心智障礙者」、「心智完全死亡者」、「無用的存在者」（Ballastexistenzen）、「壞損之人」（Defektmenschen）等名詞，稱呼精神病患，形容不治之症患者。這種讀起來毫無憐憫、欠缺尊重之意的表達，不僅在學術著作中罕見，而且在六十頁的作品中密集重複出現，促使這些名詞在德國社會逐漸流行。尤其書名中更清楚以「無生存價值生命滅絕」為題，公開賦予「滅絕」（Vernichtung）為合理終結生命的想法。這個組合用詞，也逐漸成為相關專業書籍、教科書、期刊文章的標題。[50] 整體而言，書中直接的用詞、理性且似乎符合學術規範的論述，不僅在當時造成衝擊與震撼，即使在今日閱讀，也令人深思與驚訝。

有學者估計，從 1922 年至 1933 年之間，共有七份以安樂死為主題的博士論文，其中法律與醫學領域的六份博士論文標題，均有「無生存價值生命滅絕」或「處死」等字；只有哲學領域的一份論文以「安樂死」一詞為題。[51] 若以 2007 年出版的《德國安樂死討論史料，1895–1941》（*Quellen zur deutschen Euthanasie-Diskussion 1895–1941*）為例，其中匯集了多篇當時代論述安樂死的重要文章。從中可計算出，在 1920 年《對於無生存價值生

[49] 伍碧雯，〈納粹政權對於「無生存價值」德國人的處置〉，頁 292-293。

[50] 根據德國法學博士梅克爾（Christian Merkel）的研究，當時多本法律專業書籍、教科書的書中關鍵詞索引，都找得到「無生存價值生命滅絕」的詞條。Christian Merkel, *"Tod den Idioten"—Eugenik und Euthanasie in juristischer Rezeption vom Kaiserreich zur Hitlerzeit*, 48-49. 此外亦可參考：Karl Heinz Hafner and Rolf Winau, "'Die Freigabe der Vernichtung lebensunwerten Lebens'. Eine Untersuchtung zu der Schrift von Karl Binding und Alfred Hoche," 233-234 註釋所列出的文章。

[51] Gerhard Fichtner, "Die Euthanasiediskussion in der Zeit der Weimarer Republik", 24.

命滅絕的開放——其範圍與方式》出版之前，討論安樂死問題的文章標題，大多使用「安樂死」一詞；兩人的合著出版後，至 1933 年的三十八篇文章，其中有二十篇文章的標題，使用「無生存價值生命滅絕」一詞。[52]「無生存價值生命滅絕」不僅成為安樂死的同義詞，而且已有取代之勢。1920 年之前，學術界若非消極討論安樂死，就是避而不談。但是 1920 年之後，不僅公開討論安樂死、支持安樂死，還加入了「滅絕」的思維元素。以「滅絕」思考人類生命，這是終結生命想法的巨大轉折。

此外賓丁與霍賀的論點也為病患自我決定之自殺、旁人協助其自殺等狀況，破除傳統道德、宗教信仰、刑法規範的禁止與指責。他們認為，國家有權力決定病患的死與不死，醫師也未必以「拯救——救活人命」為唯一職責，而且所謂「拯救」也可以有「滅絕悲慘生命，行解脫之實」、「終結痛苦生命，行憐憫之實」的新解釋。作者當然也強調實際執行「生命滅絕」、開放安樂死，絕對要有嚴格的判斷與考核過程，以免執行粗糙與誤用。[53] 在支持開放安樂死的期望下，賓丁與霍賀不僅賦予國家新的干涉權、介入權，也擴展了西方醫學領域。從傳統的治療醫學與預防醫學領域，延伸到死亡醫學、臨終醫學的「新」範疇。這是否可以評價為西方現代化來臨產生的進步現象？實值得商榷，但是支持安樂死的理念，足可視為西方傳統人權、自由權、生命權的重新詮釋與變化。值得一提的是，賓丁在書中已為實施安樂死可能產生的誤判，安排合理的說詞：

> 所有人類的行為，都會產生錯誤，沒有人會傻傻的讓錯誤產生，
> 所有對於當事人有用、有治癒效果的行為，都不應該有失誤……
> 縱使有錯誤的危險性存在，還是必須讓善與理性發揮出來。[54]

他認為開放安樂死，是為無止盡的悲慘生命找尋解脫的方式，這種解放悲慘生命，難道不是符合善與理性嗎？另一方面霍賀接續強調的國家經濟效益，為國家節省照護費用，難道不也是符合善與理性嗎？[55]

---

[52] Gerd Grübler, Hg., *Quellen zur deutschen Euthanasie-Diskussion 1895–1941*, 5-8.

[53] 基本上賓丁認為，病人是否實施安樂死的決定過程，除了尚有意識的病人本身應先提出死亡意願之外，必須由國家法務人員、非病人的主治醫師、精神科醫師、以及病人信賴之醫師共同決定。 Karl Binding and Alfred Hoche, *Die Freigabe der Vernichtung lebensunwerten Lebens. Ihr Maß und ihre Form*, 34-37.

[54] Karl Binding and Alfred Hoche, *Die Freigabe der Vernichtung lebensunwerten Lebens. Ihr Maß und ihre Form*, 37.

[55] Karl Binding and Alfred Hoche, *Die Freigabe der Vernichtung lebensunwerten Lebens. Ihr Maß und ihre Form*, 50-51.

肆、對於支持安樂死的回應

一、安樂死的道德意義——解放悲慘生命與解救國家經濟

觀而言《對於無生存價值生命滅絕的開放——其範圍與方式》的論點，既非獨創，更非首開風氣之先的觀點。但是出版後，確實在德國學界與社會引發持續的論述，掀起討論之波瀾。然而這些論述，卻不是激烈的正、反兩方論辯。因為從當時出版的相關文章數量來看，認同賓丁與霍賀論點，以及贊同開放安樂死的文章篇數，大大超越反對者的發表。尤其有數位學者立即為文表態，支持賓丁與霍賀的想法，這如同與其攜手，共同宣傳安樂死的重要性與必要性，更為開放安樂死的立場奠定堅實基礎。

例如：醫學領域的杜賓根大學教授高普（Robert Gaupp, 1870–1953）在1920年立即表示，極為樂見賓丁與霍賀想法之發揚。他認為，「對於沒有價值的生命，我們予以特別溺愛與照顧，同一時間在另一個不明顯的地方，有價值的生命卻必須很悲慘」，他形容此種情形是「錯誤的人道」。[56] 並舉出世界大戰期間的例子：當時德國國內遭逢飢荒，一般人民得忍受飢餓，甚至因餐風露宿而得肺炎，但是「沒價值無可治癒的精神病患」卻有充足食物可吃，「我寧可將那些無可治癒精神病患，經常收到農村親戚送來的奶油與肉，分給有價值的人。」[57]

同年十一月柏林大學的刑法學教授克雷（Karl Klee, 1876–?），也在公開演講中讚揚賓丁與霍賀的作品，認為是「一部醫學家與法學者共同合作，而令人高興的成品。」[58] 他說：「我們追求的，就是完全失去生存價值生命的滅絕；如果對病人而言，所有結束生命的理由都符合，這也是承認個人有死亡的權利。」[59] 而且他強調這種想法，完全契合基督信仰所要求「純粹憐

---

[56] 高普所說「錯誤的人道」，原文為 "falsche Humanität"。他以「對於無生存價值生命滅絕的開放」為題，在刑法雜誌（*Deutsche Strafrechtszeitung*）上發表文章。Robert Gaupp, "Die Freigabe der Vernichtung lebensunwerten Lebens," *Deutsche Strafrechtszeitung* H. 11/12 (7. 1920), 336. 此處引自：Jochen-Christoph Kaiser, Kurt Nowak, and Michael Schwartz, Hg., *Eugenik Sterilisation ››Euthanasie‹‹. Politische Biologie in Deutschland 1895–1945. Eine Dokumentation* (Berlin: Buchverlag Union, 1992), 81.

[57] Jochen-Christoph Kaiser, Kurt Nowak, and Michael Schwartz, Hg., *Eugenik Sterilisation ››Euthanasie‹‹. Politische Biologie in Deutschland 1895–1945*, 82.

[58] 這是克雷於1920年11月19日在法醫學與醫學的聯合會上發表的演講。Jochen-Christoph Kaiser, Kurt Nowak, and Michael Schwartz, Hg., *Eugenik Sterilisation ››Euthanasie‹‹. Politische Biologie in Deutschland 1895–1945*, 84.

[59] Jochen-Christoph Kaiser, Kurt Nowak, and Michael Schwartz, Hg., *Eugenik Sterilisation ››Euthanasie‹‹. Politische Biologie in Deutschland 1895–1945*, 84.

憫的行為」，更何況「今日的適用性，就是明日的合法性」，他甚至相信未來宗教界，也會接受優生、種族衛生的衡量價值，進而成為整體倫理觀的一部分。[60] 克雷的論述，間接批判了傳統基督教討論生死問題時，只堅持永恆不變的原則。他主張改採變動、相對的價值觀。這種對於基督教生死觀的挑戰，在西方歷史發展上雖然早已屢見不鮮，但是直接連結到以安樂死的方式「滅絕無生存價值者」，並且將這種人為結束生命的行為，詮釋為深具現實必要性、社會合理性，而且堅信安樂死並沒有違反宗教道德的說法，確實是二十世紀初期的特殊展現。賓丁與霍賀的論點，在此處發揮了極大影響力，成為催促傳統生命觀急速扭轉的重要推手。1930 年霍賀更被當時著名的生理學者，也是《倫理》（*Ethik*）雜誌的主編亞伯德哈頓（Emil Abderhalden, 1877–1950）視為學術界的典範。[61]

在《對於無生存價值生命滅絕的開放——其範圍與方式》出版後，同年秋天由薩克森地區兒童療養院醫師梅特澤爾（Ewald Meltzer, 1869–1940），向兩百位療養院中智障兒童的父母發出問卷，調查他們是否支持安樂死。梅特澤爾的問卷只設計了四個問題：[62]

> 第一、如果經由專業判斷確定，您的小孩患有無法治癒的智障，您是否同意，無論如何都採取無痛苦的縮短生命方式？

---

[60] 「今日的適用性，就是明日的合法性」原文是 das Zweckmäßige von heute ist das Gerechte von morgen。Jochen-Christoph Kaiser, Kurt Nowak, and Michael Schwartz, Hg., *Eugenik Sterilisation ››Euthanasie‹‹. Politische Biologie in Deutschland 1895–1945*, 84.

[61] 在亞伯德哈頓的主持之下，1933 年起《倫理》即是支持政府執行安樂死的重要雜誌。參閱：Andreas Frewer, "Die Euthanasie-Debatte in der Zeitschrift *Ethik* 1922–1938: Zur Anatomie des medizinethischen Diskurses," 91-93.

[62] 此問卷發出之時間在 1920 年秋天，當年的問卷中，梅特澤爾清楚表示：「經由一位著名的法學家——在萊比錫過世的大學教授賓丁，與一位非常有名的醫學的大學教授，最新出版的作品，將舊的問題重新提出」。1920 年梅特澤爾是否回收問卷之後，立即公開調查結果，目前不得而知。但是 1925 年其出版的《縮短「無生存價值」生命的問題》（*Das Problem der Abkürzung "lebensunwerten" Lebens*）一書中，不僅公布 5 年前的問卷結果，而且將回覆者的意見詳細放在書內。Ewald Meltzer, *Das Problem der Abkürzung "lebensunwerten" Lebens* (Hall an der Saale, 1925)，此處引自 Jochen-Christoph Kaiser, Kurt Nowak, and Michael Schwartz, Hg., *Eugenik Sterilisation ››Euthanasie‹‹. Politische Biologie in Deutschland 1895–1945*, 82-83. 梅特澤爾較完整的文章收錄於 Gerd Grübler, Hg., *Quellen zur deutschen Euthanasie-Diskussion 1895–1941*, 299-311.

第二、是否只有當您不再能照顧您的小孩，例如您過世了，才同意？[63]

第三、是否只有當小孩承受身體或是心理重度劇痛，您才同意？

第四、前述第一至第三個問題，您的夫人會如何回答？

調查共發出 200 份問卷，回收了 162 份，其中 119 份同意對自己的小孩實行安樂死，43 份持反對意見。這個結果梅特澤爾相當意外：「我沒有料到如此，相反的結果才是我的預期」。[64] 以問卷調查方式產生統計數據，在日後安樂死討論中也十分罕見，而僅以數據呈現的調查結果，對於支持安樂死的陣營是較為有利。

1920 年之後有關安樂死——「無生存價值生命滅絕」討論，並未侷限於法律與醫學領域內。屬於右派、民族主義立場的威瑪出版商兼作家霍夫曼（Gerhard Hoffmann, 1887–1939），以筆名於 1920 年發表的《力量之道德》（*Moral der Kraft*）中，提出了將體弱久病的「可憐人」送交「保健警察」（Gesundheitspolizei）處理的特殊想法。[65] 1922 年發表的《人類從悲慘中之解放》（*Die Erlösung der Menschheit vom Elend*）一書，直接提出實施安樂死的方式，應該完全寄望于醫師。他認為醫師的首要職責，就是維護國民的健康，「基於此職責，而要求無可治癒者之滅絕」。他強調地區性的醫師，應具有選擇健康者與淘汰不治之症患者的重要任務，也應該組成「篩選委員會」（Selektionskommission），到各地區篩選人民，「檢驗全體人民的健康狀況，以及淘汰被不治之症糾纏的患者」。[66] 霍夫曼的篩選與淘汰論述，

---

[63] 此處「才同意」是指：同意採取無痛苦的縮短生命方式。以下問題「第三」也相同。

[64] 梅特澤爾刻意將四個問題設計成只能回答「是」或「否」。他在〈縮短「無生存價值」生命的問題〉中指出，問卷結果：119 份回答「是」；43 份回答「否」。雖然統計數據呈現支持對自己小孩實行安樂死的父母佔了絕大多數，梅特澤爾說：「對我而言，那 43 張反對票的重要性大於那 119 張贊成票。」Jochen-Christoph Kaiser, Kurt Nowak, and Michael Schwartz, Hg., *Eugenik Sterilisation ››Euthanasie‹‹. Politische Biologie in Deutschland 1895–1945*, 83; Gerd Grübler, Hg., *Quellen zur deutschen Euthanasie-Diskussion 1895–1941*, 311.

[65] 霍夫曼（Gerhard Hoffmann）的筆名為 Ernst Mann，1920 年於威瑪出版的作品為 *Die Moral der Kraft* (Weimar: Biewald, 1920)。此處引自：Karl Heinz Hafner and Rolf Winau, "'Die Freigabe der Vernichtung lebensunwerten Lebens'. Eine Untersuchtung zu der Schrift von Karl Binding und Alfred Hoche," 233，文中註釋 46。

[66] 1922 年霍夫曼繼續以 Ernst Mann 為筆名，於威瑪出版 *Die Erlösung der Menschheit vom*

也是循著賓丁與霍賀論點的脈絡，一貫發展而成。霍夫曼以非醫學、非法律、非學術專業領域的社會人士，發表支持安樂死的論述，也間接說明安樂死想法，已逐步邁出學術界，而有擴及社會大眾的發展趨勢。

從十九世紀末至 1920 年代，詮釋安樂死的論述很多，但是符合當時代想法的安樂死定義究竟為何？ 1926 年一本學術著作中的簡要說法，幾乎含括了過去眾多討論的重點：

> 我們對於安樂死的瞭解是，從優生的、種族衛生的，以及經濟的理由，經過一定程度的觀察，謹慎排除任何誤用，以無痛苦的人道方式，除去身體無價值的生命，也就是精神死亡者與出生即先天殘疾者，他們已不具有主、客觀的生存價值。[67]

當然也有更為極端的想法，就是對於「所有這些身體或是道德方面低價值者，無論他個人同意與否，一律殺死。」[68]

二、薄弱的質疑與批判

整體而言從十九世紀末期以來，敏感的安樂死問題在德國學界與社會已不是禁忌，而是各界公開討論的課題。自從《對於無生存價值生命滅絕的開放——其範圍與方式》出版後，贊成開放安樂死想法的聲勢急速增加，這方面的論述，已從如何判定不治之症的醫學層面、如何協助死亡除罪化的法律層面、如何減輕國家財政負擔的政治、經濟層面，以及如何釋放家屬憂傷的親情、道德層面等，逐步建立紮實的開放安樂死論述基礎、架構。甚至已經為不治之症患者預設了合理接受死亡的立場，營造輿論情境，認為他們有強烈意願，想結束生命。藉此形塑安樂死具有個人求死權利的正當性、合理

Elen (Weimar: Fink, 1922) 一書。此處引自：Gerhard Fichtner, "Die Euthanasiediskussion in der Zeit der Weimarer Republik," 24.

[67] 這是出自巴特（Fritz Barth）1926 年的著作《安樂死——無生存價值生命滅絕之問題》（*Euthanasie: das Problem d. Vernichtung lebensunwerten Leben*）。巴特的生平已無從得知，只知道他於 1924 年以《安樂死》（*Euthanasie*）為題，取得海德堡大學哲學博士學位。Fritz Barth, *Euthanasie: das Problem d. Vernichtung lebensunwerten Leben* (Heidelberg: Hörning, 1926), 26. 此處引自：Chrstian Merkel, *"Tod den Idioten"—Eugenik und Euthanasie in juristischer Rezeption vom Kaiserreich zur Hitlerzeit*, 18.

[68] Fritz Barth, Euthanasie (Heidelberg: Braus, 1924), 5. 此處引自：Chrstian Merkel, *"Tod den Idioten"—Eugenik und Euthanasie in juristischer Rezeption vom Kaiserreich zur Hitlerzeit*, 44.

性，以及社會應該接受這種出於憐憫，協助悲慘之人解脫悲慘生命的必要方法。然而儘管學界與社會，都有支持開放安樂死的強勢發表，卻還是必須正視此想法，有違歐洲千年以來基督教塑造的生死觀念。安樂死論點所包含的：自我決定之生命權、國家允許協助他人結束生命、以人為方式縮短生命等重點，以及使用「滅絕」、「無生存價值之生命」概念，每一項都涉及評判他人的生命價值、決定他人生命存廢的裁決。此與基督信仰之生命觀大相逕庭，在此也呈現出：我是即他非、我非即他是的「現代、科學」對抗「傳統、宗教」，兩種無可妥協，也無可互動的尖銳對立。

如何說服社會上廣大的基督信仰者，從傳統基督教的死亡觀轉向，認可與支持安樂死的想法？這是安樂死支持者必須面對的問題。以理服人，應該是正確之道，賓丁對於基督信仰提出合理的質疑：難道充滿愛的上帝，會希望人類經過無止境的身體與心靈之折磨才死亡嗎？[69] 自殺是否為殺人違法行為？對此聖經新約之中，根本「隻字未提」，這是賓丁所提出的理由。[70] 刑法學教授克雷也表示，安樂死的觀念與基督信仰所要求之「純粹憐憫的行為」，完全吻合。[71] 1920 年代中期，對於賓丁與霍賀安樂死論點持質疑態度的兒童療養院醫師梅特澤爾也表示，「有一些神學代表認為，此行為並不違反基督信仰的精神，因為這種行為是出於對受苦之人最純正的善意，一種深刻的道德行為。」[72] 但是這些輕描淡寫的說理之詞，只予人淺層，又不具邏輯辯證的說服力道，完全無助於建立科學界與宗教信仰界之間的互動，更遑

---

[69] Karl Binding and Alfred Hoche, *Die Freigabe der Vernichtung lebensunwerten Lebens. Ihr Maß und ihre Form*, 6.

[70] Karl Binding and Alfred Hoche, *Die Freigabe der Vernichtung lebensunwerten Lebens. Ihr Maß und ihre Form*, 7.

[71] Jochen-Christoph Kaiser, Kurt Nowak, and Michael Schwartz, Hg., *Eugenik Sterilisation ››Euthanasie‹‹. Politische Biologie in Deutschland 1895–1945*, 84.

[72] Meltzer, Ewald. *Das Problem der Abkürzung "lebensunwerten" Lebens* 此處引自 Jochen-Christoph Kaiser, Kurt Nowak, and Michael Schwartz, Hg., *Eugenik Sterilisation ››Euthanasie‹‹. Politische Biologie in Deutschland 1895–1945*, 82. 也可參閱 Gerd Grübler, Hg., *Quellen zur deutschen Euthanasie-Diskussion 1895–1941*, 300. 評估梅特澤爾對於安樂死的態度，絕對不能以其在納粹時期反對納粹執行強制安樂死與絕育的立場，而簡化為他從 1920 年對療養院病童父母發出問卷開始，即已「完全反對」安樂死。從梅特澤爾 1920 年代的論點，甚至到 1933 年納粹登臺之初所發表言論，都可看出他對於安樂死「原則上」反對，但是病人在特定情況下（例如：久病、同時又重度昏迷、且家屬認為病人受盡折磨）可以施予安樂死。參閱：Andreas Frewer, "Die Euthanasie-Debatte in der Zeitschrift *Ethik* 1922–1938: Zur Anatomie des medizinethischen Diskurses," 93-95.

論與基督信仰的生死觀對話。這種現象並不是支持安樂死立場者，在爭取基督信仰群體時的疏失，或是刻意迴避。而是有鑑於「新時代」來臨，若安樂死能合法化，其推動與實踐的主力將來自於國家、議會，而非教會。若希望扭轉民眾死亡觀念、接受安樂死，則由政府主導的教育推廣與政府宣傳，比透過教會宣導更迅速。現實潮流已轉變，實無必要大張旗鼓與基督信仰的死亡觀正面交鋒，甚至挑釁論戰，更無須特別營造溝通的管道。當代究竟誰有能力實質解決、解放、解救，以及解釋這群「悲慘生命」、這群所謂「無生存價值者」？支持開放安樂死人士的立場與信心已十分明顯，並堅信自己站在憐憫、道德，而且屬於善的一方。

在1920年代——這個德國第一次民主共和的核心時期，基督信仰團體，無論新、舊教會，在面對來勢洶洶的支持安樂死言論時，鮮有回應，更缺乏集體性的反駁。反而是有零星基於科學立場的批評。例如：醫學博士布萊恩艾克（H. Brennecke）於1921年在精神醫學雜誌上發表的文章，其中強烈指責賓丁與霍賀的安樂死論點是：「包藏在法律規範與自然科學無誤的外衣之下」的說法，這完全是「不負責任的自私主義之嘴臉」，還「結合了物質性生命觀的破壞污染」。[73] 他批評賓丁與霍賀的說法是「物質主義的邏輯性結果」，而這種物質主義，「認為受苦之人，沒有更高的道德性，只有無可拯救的錯亂，以及隨之而來折磨人的痛苦」，「我抗議這種錯誤的方向」。[74]

類似的批判還來自於醫學博士華施庫恩（Wausckuhn）的指責，認為賓丁的用詞不精確，具有醫學背景的霍賀，身為合著者，不僅未加以澄清，反而還從醫學角度接續使用「精神已死的狀況」、「完全的心智障礙」這類的形容詞，最後再認定「他們的存在，最嚴重的造成全體普遍的負擔」。[75]

---

[73] H. Brennecke, “Kritische Bemerkungen zu der Forderung Bindings und Hoches “Die Freigabe der Vernichtung lebensunwerten Lebens,” *Psychiatrisch-Neurologische Wochenschrift* 23 (1921/1922), 6. 此處引自：Jochen-Christoph Kaiser, Kurt Nowak, and Michael Schwartz, Hg., *Eugenik Sterilisation ››Euthanasie‹‹. Politische Biologie in Deutschland 1895–1945*, 85-86.

[74] Jochen-Christoph Kaiser, Kurt Nowak, and Michael Schwartz, Hg., *Eugenik Sterilisation ››Euthanasie‹‹. Politische Biologie in Deutschland 1895–1945*, 86.

[75] 華施庫恩在文中舉例指出，賓丁的用詞中，「精神弱者」（Geistesschwachen）、「無法治癒的智障者」（unheilbar Blödsinnigen）、「智障療養院」（Idiotenanstalt）、「智障者照護療養院的主管們」（Vorstehern dieser Anstalten zur Pflege der Idioten）等用詞都不夠精準。Dr. Wauschkuhn, “Die Freigabe der Vernichtung lebensunwerten Lebens,” *Psychiatrisch-Neurologische Wochenschrift* 24 (1922/1923), 215. 此處引自：Jochen-Christoph Kaiser, Kurt Nowak, and Michael Schwartz, Hg., *Eugenik Sterilisation ››Euthanasie‹‹.*

錯誤判斷還包括霍賀所舉出的數據有灌水之嫌，華施庫恩批判為「粗糙的遊戲」，因為書中既說全國有兩萬至三萬名精神病患；註釋中又解釋有三千至四千人是「完全沒有精神狀態之生存，與周遭完全沒有互動關係」。[76] 那麼所謂「無生存價值者」、應該被「滅絕」者，究竟是「兩萬至三萬人」或是「三千至四千人」？華施庫恩更反對兩位作者提出由國家立法以實踐安樂死，因為如果「對於無生存價值生命滅絕的開放」真的成為國家政策，那麼：

> 公立的精神病院最有危險，有些人就會在那裡被處死，這是之前絕對無法想像到的事情。人民將有理由對公立精神病院完全失望，信任感永遠喪失。[77]

如果安樂死開放，則醫護人員將是直接面對問題與處理病患的第一線人員。支持安樂死人士會視醫護人員為解放、解救悲慘生命的協助者、對於生命的憐憫者；但是反對安樂死人士，則會形容醫護人員是殘害、奪取他人性命的劊子手、死亡的推手。在 1920 年代眾多討論安樂死的文章中，幾乎看不出療養院醫護人員對於安樂死問題的具體態度。只有基督教牧師烏布里希（Martin Ulbrich, 1863–1935），根據自己在德國南部，為肢體殘障者成立療養院的實際管理過程，以及接觸眾多醫護人員的經驗，表示：

> 很奇怪，自殺或安樂死的支持者，都是從外行人的圈子中增加進來。但是照顧精神異常者的工作人員，反而是一致反對的，尤其是基督信仰的慈善團體代表們，他們所處理的，都是最悲慘的事情。[78]

很可惜烏布里希並沒有為「一致反對」，提出可信的統計數據，或是更具說服力的說詞，以駁斥安樂死支持者的驚世論點。

Politische Biologie in Deutschland 1895-1945, 88.

[76] Karl Binding and Alfred Hoche, *Die Freigabe der Vernichtung lebensunwerten Lebens. Ihr Maß und ihre Form*, 51. 同頁下方之註釋。

[77] Dr. Wauschkuhn, "Die Freigabe der Vernichtung lebensunwerten Lebens," 217. 此處引自：Jochen-Christoph Kaiser, Kurt Nowak, and Michael Schwartz, Hg., *Eugenik Sterilisation ››Euthanasie‹‹. Politische Biologie in Deutschland 1895–1945*, 89.

[78] Martin Ulbrich, *Die Not der Anormalen und ihre Abwehr. Fingerzeige und Ratschläge aus 20jähriger Erfahrung* (Hamburg, 1923), 33. 此處引自：Jochen-Christoph Kaiser, Kurt Nowak, and Michael Schwartz, Hg., *Eugenik Sterilisation ››Euthanasie‹‹. Politische Biologie in Deutschland 1895–1945*, 92.

伍、結語

從《對於無生存價值生命滅絕的開放——其範圍與方式》出版後的回應文章來看，德國有關支持開放安樂死的論述，無論發表者的學術領域為何，均已呈現出將各類型不治之症患者集體看待、集體評價，而無視於病患的個別差異狀況；並且將人的生存價值經濟計量化，以人能否提供國家社會勞力或智力，判定生命的有用與無用；依此量尺，將不治之症患者集體歸類為浪費社會資源的多餘者。如此裁判與論述生命存廢之學者，不僅已接受「無生存價值者」此一尖銳的用詞，也已經認同以「滅絕」的方法處置生命。他們視安樂死為動機良善的措施，具有「解放、解救、解脫」不治之症生命的效用與道德功能，實行的終極目的乃在於使所謂「有用」的社會人群，得以擁有最佳生存資源，因此高度期待藉由國家公權力，賦予安樂死之實踐合法性與必要性。換言之，國家應該立法允許終結「無生存價值者」的生命。

「集體、多數」優先於「個體、少數」的想法，以及符合於「集體、多數」經濟效益的思考模式，明顯盤據在支持安樂死一方的論述中。依此而將佔人口少數的不治之症患者，視為「無用物」，貼上「無生存價值者」的標籤，這不僅完全漠視患者本身具有不可剝奪的生存權，也忽略每一位患者的病況差異、其親屬的態度，以及照護者與病患互動所可能產生的情感回饋。儘管有些論述以解決、解救無止境的病痛折磨為切入點，似乎思考動機良善，但是考察其論述的核心部分，仍然是抽離了人性、人文情感面，而僅僅為國家計算經濟成本、為社會節省人力、物力的統計數字考量。

由於安樂死課題本身具有高度的道德模糊與爭議性，例如：個人處理自身生命的自由權限度究竟有多大？另外安樂死也具有高度的法律論辯，例如：協助者是否有協助殺人的罪責？因此儘管 1920 年代的相關討論中，支持開放安樂死的意見，佔據絕大多數學術言論版面。但是直到威瑪共和結束，民主政府從未制訂任何允許安樂死合法執行的政策。1940 年代納粹政權執行了「T4 行動」、「小孩安樂死」與「14f13 特殊行動」等，強制性的集體安樂死。以納粹對於社會意見的嚴密控制與強勢主導，也深知安樂死屬於極具爭議的敏感課題，為避免引起人民不安與反感，有可能導致政權不穩，因此將執行列為高度機密行為。但是上述數項行動的執行動機、主要方式與預期的結果，幾乎都脫胎自 1920 年代支持開放安樂死的論述內容：國家主導執行、經濟精算計量、重理性而非重人性的醫學判斷，以及「滅絕」社會無用之人。[79] 納粹藉由隱密執行，即不需公開討論細節，更可以迴避公開研議法律規範，也避免是否除罪化的道德爭議。這是威瑪共和時期支持安樂死人士，難以預料到的脫軌實踐。

德國自 1918 年首次脫離政治集權，進入與英、美、法同質性的民主時代。民主制度保障了開放、多元的論述空間。但是與西方民主傳統密不可分的「以人為本」、「人性至上」的理念，以及對於國家權力保持高度警覺的立場，在德國討論安樂死問題過程中，鮮見其發生影響力，反而對於「公權力介入生命終結」一事，寄予厚望。支持安樂死人士在思考上的諸多盲點、缺失與不周全，日後被極權政權運用，而將數萬人的生命推向無可逆轉的全然終止。二次大戰結束後，一位曾經在納粹時期擔任療養院院長的德國醫師供述，1940 年他在電車上遇見支持安樂死的先驅人物——霍賀：

> 他告訴我，他最近接獲一位親戚的骨灰……這位親戚被執行安樂死了。霍賀教授非常清楚的表達，他徹底反對當時的措施。他也詢問我，我如何護衛我的療養院。我告訴他，我盡最大的能力抵制。霍賀教授對此非常認同。[80]

後人已無從得知，曾經熱切為支持安樂死寫下驚世論點的霍賀，在納粹時期立場翻轉的心路歷程。但是更令人想不到的是在二次大戰後，西德審判納粹時期執行強制安樂死的醫師時，仍然有醫師堅稱，以安樂死處置不治之症的精神病患，不應視同犯罪，「同樣地，我認為對畸形胎兒（Contergan-Kinder），在出生之時即殺死他，是有必要的。」[81] 甚至肯定「高速公路、安樂死與種族衛生，是希特勒執行最好的三項成就」。[82] 威瑪共和時期積極呼籲政府開放安樂死人士，以解放悲慘生命與解決國家財政負擔為立論基礎

---

[79] 伍碧雯，〈納粹政權對於「無生存價值」德國人的處置〉，頁 299-304。

[80] 這是德國西南部艾門丁根（Emmendingen）療養院院長馬特斯（Dr. Viktor Mathes）於 1948 年的供述。此處引自：*Ernst Klee, ››Euthanasie‹‹ im NS-Staat. Die ››Vernichtung lebensunwerten Lebens‹‹*, 25.

[81] Ernst Klee, *››Euthanasie‹‹ im NS-Staat. Die ››Vernichtung lebensunwerten Lebens‹‹*, 13. 所謂 Contergan-Kinder 即指沙利度胺嬰兒，這是 1960 年代在西德發生孕婦吃藥後，產下畸形兒的醫藥界醜聞。

[82] Ernst Klee, *››Euthanasie‹‹ im NS-Staat. Die ››Vernichtung lebensunwerten Lebens‹‹*,13.

點，其始終避談的執行失誤，在下一個世代，在極權政府的手中，卻已演變成道德失控與文明的野蠻性了！

（原刊於：《國立政治大學歷史學報》40 期，2013 年）

DOI:10.978.986437/1778.0005

忠君或虔信？知識菁英與亨利八世的對抗及妥協

李若庸 [*]

> 在反對王后的那群大臣中，有許多人對國王拒絕承認羅馬教會權威一事，感到不滿。諾弗克公爵（duke of Norfolk）便是如此。[1]他向法國大使表示，他與他的友人都不會同意此舉。這件事傳到了國王耳裡，他已經著手調查。公爵惹上麻煩了；我想這是他不喜歡在宮裡走動的原因。[2]

這是 1534 年 3 月，西班牙駐英大使喬比（Eustace Chapuys, 1489–1556）寫給主上查理五世國王（Charles V, 1500–1558）的報告內容。它透露出當時英格蘭宮廷的緊張氛圍：亨利八世與出身西班牙的凱撒琳王后（Katherine of Aragon, 1485–1536）間的婚姻爭議，因為 1533 年初亨利與安・葆琳（Anne Boleyn，c.1500–1536）的成婚而大致底定。[3] 同情凱撒琳的人士對此結果不無遺憾，但這是國王私人的家庭與感情問題，國王的決定未必盡如人意，但身為英格蘭子民，沉默接受仍是唯一的選擇。

然而，看似平靜的狀況在 1534 年出現了重大的變化。葆琳在 1533 年 9 月生下女兒伊莉莎白（Elizabeth I, r.1558–1603）。亨利於是在 1534 年 3 月，透過國會通過「繼承法」（Act of Succession, 25 Henry VIII. c.22），宣告凱撒琳所生的女兒瑪麗公主（Mary I, r.1553–1558）為「私生女」（因

* 國立臺北大學歷史學系教授

1 「諾弗克公爵」指的是 Thomas Howard（1473–1554），他是安・葆琳的舅父，是以屬於「反凱撒琳」的陣營。然而 Howard 家族一直是虔誠的天主教徒。

2 J. S. Brewer, J. Gairdner & R. H. Brodie (ed.), *Letters and Papers, Foreign and Domestic, of the Reign of Henry VIII*, 21 vols. and addenda (London: Longman & Co., 1862–1932), vol. 7, no. 296.（以下稱為 *Letters and Papers, Henry VIII*）。

3 亨利八世與安・葆琳在 1533 年 1 月，由亨利一手提拔的坎特伯里大主教克蘭默（Thomas Cranmer, 1489–1556）祕密證婚，爾後在六月公開加冕。

其父母的婚姻無效），正統的王位繼承人為新生的公主。[4]「繼承法」有幾項重要的後續發展：首先，它隨後通過一項附帶決議，要求「所有英格蘭臣民」一旦被要求，就需就此法公開宣誓。「宣誓」意謂著接受法案的內容，以及該法案引以為據的「國王至高權」（Royal Supremacy）理論。另一項重要的後續發展是「叛國法」（Treasons Act 1534, 26 Henry VIII. c. 13）的通過。依據「叛國法」，凡是拒絕承認「繼承法」的人，其行為視同「叛國」，得依「叛國罪」（high treason）處以極刑。[5]

1534 年的「繼承法」讓英格蘭臣民面臨另一波的挑戰與抉擇：他們這次要決定的不是「接不接受新的王后」，而是「要不要放棄羅馬教廷」，奉國王為獨立的英格蘭教會的最高領袖（Supreme Head）。英格蘭臣民的為難處境在喬比的報告中充分展現出來：宮中的保守派諾弗克公爵雖然支持葆琳，卻不贊成國王與羅馬決裂。這篇報告尤其值得注意的是，諾弗克的反對意見已「傳到國王的耳裡」，國王正在「著手調查」。

諾弗克面臨來自國王的壓力，他的際遇並不特別，他所遭遇的是所有亨利朝菁英 1534 年後的共同經驗：亨利八世為了「確保」（「強迫」一詞或許更為貼切）全國人民對其政策的支持，全面且系統地要求全國臣民（尤其針對具指標意義的宗教團體與意見領袖）就「繼承法」的內容表態接受。此政策在地方的層級是由當地的主教或教會核心人士執行；他們負責「督導」重要人士與組織成員（如修院裡的修士）連署支持法案。在中央方面，國王則針對個別朝臣與意見領袖，透過勸說、施壓、甚至逮捕、處決的手段，獲取支持。亨利八世顯然決定不惜代價。

亨利八世的強勢作為激起極大的波瀾，不僅在歐陸人們議論紛紛，英格蘭境內也掀起大規模的白色恐怖。政治菁英們不再享有緘默的空間；從朝中大臣到滯留海外的意見領袖，都被要求表態支持。可以說在 1534 年之後，英格蘭境內再也沒有人能對亨利八世的宗教改革政策，置身事外。

令我們深感困惑的是，亨利八世如此大規模地「翻攪」英格蘭的統治

---

[4] 此法在 1534 年 3 月通過，但因「法律之紀年」以每年的 3 月 25 日為一年之始，所以法案的正式名稱為「1533 年王位繼承法」。

[5] 在此之前，拒絕接受亨利八世政策者僅處以「褫奪公權與沒收財產」（attainder）之罪。此舉顯示亨利八世意欲透過修法，增加他給予反對者的壓力與懲處。

階層，為何不曾激起有效的抵制與反抗？換個角度說，亨利八世的英格蘭國教會不是在密謀中建立；它是個「眾聲喧嘩」，震動全歐洲的宗教革命。如同許多宗教改革學者的研究顯示，英格蘭在1530年代大部分人仍然信奉著「傳統信仰」（traditional faith）。這個歐陸邊緣的「化外之國」，一般民眾對於天主教會（乃至羅馬教廷）的認識或許極為有限，但是，英格蘭在這段期間養成了許多受過良好人文主義訓練的知識菁英（知名的《烏托邦》〔*Utopia*〕作者湯瑪斯．摩爾爵士〔Sir Thomas More，1478–1535〕便是其一）；他們之中有許多人雖然對教會曾提出嚴厲的批評，但仍視羅馬教會為基督教世界的正統。這些知識菁英無論在知識或學養上，都有足夠的能力判斷國王的言行。對他們而言，國王的許多說辭與其稱為「辯護」，不如論為「狡言」。我們因此要問，這些知識菁英既然有能力辨識真相，何以沒能阻止國王的激進作為？他們為何沒有形成牽制力量？當亨利八世大力翻攪英格蘭王國時，他們在思考什麼？他們做何判斷？如何選擇？

這些乍看之下零散的問題，其實彼此間息息相關。因為亨利八世1534年開始的強勢作為，牽動了整個的英格蘭宮廷，所有菁英都牽扯在內。知識菁英既然與此階段的政治變化密切關聯，他們的思維與決定也就影響著局勢的發展。所有問題因此匯集成為我們的核心提問——「亨利朝的知識菁英為何未能形成阻止國王一意改革的力量？」

為了回答上述問題，本文將依反應模式，把亨利朝知識菁英分成三類來討論：他們是「殉道的菁英」、「流亡的菁英」，以及「屈服的菁英」。這三類菁英有其個別的處境與考量，也分享著共同的價值與信念。本文設定兩個寫作目的：一是重現亨利朝知識菁英身處的險惡處境，為他們的歷史經驗留下記錄。二是透過理解精英們的情感與思維，來尋找核心問題的解答。如同諾弗克的例子所顯示，亨利朝菁英多不贊同國王脫離羅馬教會的決定。他們為何寧可選擇屈服、流亡，甚至殉道，也不願意集體反抗？他們共同的選擇（或者說「不選擇」）代表著何種意義？它反映著知識菁英存在著的共同價值嗎？這些是本文要探討的面向。

除了上述問題，本文還有兩個在學術史上的研究企圖。英格蘭「官方宗教改革（Official Reformation）的成功」始終是學界關心的重點。亨利八世如何在有限的資源下，完成艱難的「官方宗教改革」？研究者一直想要找到答案。近年來「合作論」（cooperation）在英國學界逐漸成為主流。青壯學者如沙根（Ethan H. Shagan, 1971–）等人以「合作」與「利益共享」的角度，來解釋英格蘭臣民「協助」官方宗教改革的完成。[6]

「合作論」同樣激盪了本文對知識菁英的思考。在探討亨利朝菁英看待國王宗教改革的反應時，最令人感到驚訝的是，他們出現過各種選擇——屈服、流亡、殉道，唯一沒有出現過的選項就是「集體反抗」。亨利八世在1530年代的作為極其強勢，他給予整個菁英階層很大的壓力。然而即便如此，「有能力」的菁英（不管是基於知識抑或實力）也不曾集合起來，公開與國王對抗。[7] 為什麼如此？什麼樣的考量與躊躇讓他們放棄了這個選項？這是本文想要探討的議題。而問題的答案或許有助於我們對「合作論」的內涵，進一步地瞭解。

此外，本文也希望與整個都鐸王朝，乃至於十七世紀的英格蘭歷史研究對話。1642年至1651年間，英格蘭發生了改變歷史軌跡的重大事件——「大內戰」（The Civil War）。查理一世（r.1625–1649）因為與國會激烈衝突，最後導致軍事對立。國王在內戰中失去了王位，英格蘭進入沒有君主的「共和時期」。從「都鐸盛世」落入「亂世內戰」，英格蘭在一百年間的變化劇烈。「大內戰問題」因此成為英格蘭史上重大的研究課題。學界的大內戰的解釋傳統認為，英格蘭在十五世紀中葉到十七世紀之間，在政治、社會、乃至於宗教上都歷經重大的轉變。這些「潛在」的歷史變化，最終匯流成為十七世紀中葉的激烈衝突。

延續「大內戰」的研究傳統，我們可以回頭這樣探討目前的宗教改革議題。「大內戰」的爆發突顯了斯圖亞特家族（House of Stuart, 1603–1714）統治上的重大缺失。我們必須要問，與斯圖亞特家族比較起來，十六世紀的都鐸王朝並未享有更為豐厚的統治資源：王室沒有常備軍隊，財政收入經常捉襟見肘，[8] 甚至地方的重要職位（如保安官〔Justice of Peace〕等），

---

[6] Ethan H. Shagan, *Popular Politics and the English Reformation* (Cambridge: Cambridge University Press, 2003).

[7] 即使是1536年發生在英格蘭北方的「聖寵朝聖行」（Pilgrimage of Grace），它也不具此種特性。英格蘭的「政治菁英」（貴族）並非一貫地如此順服：1215年，貴族迫使約翰王簽下歷史上的重要文獻「大憲章」（*Magna Carta*），便是一個著名的貴族反抗例子。

[8] 亨利八世在1523年欲徵收「恩稅」（Amicable Grants）來支付對法戰爭的花費時，便遭遇重重阻礙。

都得仰賴熱心人士無給擔任。這樣「脆弱」的政府，卻能支持亨利八世「強悍地」推動宗教改革。都鐸王朝的特殊性，確實值得探討。我們也可以從另外一個角度觀察這個問題：繼都鐸家族之後統治英格蘭的斯圖亞特王室，它失落了何種重要的統治特質或資源，以致在相對溫和的統治時代（尤其相對於都鐸諸王動盪卻堅決的宗教立場及政策），竟然落得革命遜位的下場？本文認為，探討都鐸菁英的思維模式，能為上述問題找到部分解答。

壹、殉道的菁英

在所有殉道的菁英中，最為人所熟知的是《烏托邦》一書的作者摩爾爵士。他在 1535 年 7 月因為拒絕接受「繼承法」中否定羅馬教廷「首席權」的內容，而被亨利八世以叛國罪處以極刑。然而，與摩爾同時殉道的還有另一位較不為人所熟知的知識菁英，他與摩爾因同樣的罪名被囚禁在倫敦塔監獄，並且與摩爾一同在1535年處決。他是「羅徹斯特主教」約翰・費雪（John Fisher，bishop of Rochester, 1469–1535）。[9] 費雪的名聲在後世不如摩爾響亮，但他的學識與品德，在當代（無論在英格蘭或者歐陸）都深受敬仰。他比摩爾早一個月踏上行刑臺，殉難時已屆六十六歲高齡，並且痼疾纏身。亨利八世以極其殘酷的手段處決這位得隆望重的孱弱主教，在當時輿論引起

---

[9] T.E. Bridgett 的 *Life of Blessed John Fisher, Bishop of Rochester, Cardinal of the Holy Roman Church, and Martyr under Henry VIII* (London: Burns & Oates, Limited, 1888) 是費雪最早的傳記。不過 Bridgett 本身是教會人士，因此對費雪充滿著同情與瞭解，在觀察角度上難免有失客觀。然而，此書仍是研究費雪生平值得參考的專著。Bridgett 之後，Edward Surtz 亦曾以專書討論過費雪：*The Works and Days of John Fisher. An Introduction to the Position of St. John Fisher, 1469–1535, Bishop of Rochester, in the English Renaissance and the Reformation* (Cambridge, Mass.: Harvard University Press, 1967)。Brendon Bradshaw 與 Eamon Duffy 則在 1989 年編纂了一本論文集，*Humanism, Reform and the Reformation: The Career of Bishop John Fisher* (Cambridge: Cambridge University Press, 1989)。此書是對費雪學術最新的反省；書中論文修正傳統將費雪視為「保守的中古教會人士」的印象；此書主張費雪是一位人文主義者，唯有從此角度切入，才能真正理解費雪的學術。在所有關於費雪的研究中，Maria Dowling 的 *Fisher of Men: A Life of John Fisher*, 1469–1535 (Basingstoke: Macmillan, 1999) 最為重要。Dowling 的專長在研究英格蘭的人文主義傳統，其代表作為 *Humanism in the Age of Henry VIII* (London: Croom Helm, 1986)。Dowling 亦將費雪放在人文主義的脈絡下觀察；她在書中剖析費雪的幾個角色：大學講師、人文主義者、主教、傳教士（preacher）、異端的打壓者（opponent of heresy）、虔信的作者（devotional writer），以及不屈從的政治人物（reluctant politician）。她給予費雪的思想新的定位。此書對於費雪為天主教會辯護的作品，有精闢的分析。

極大的震盪。亨利絕決的意志與嚴酷的手段在處決費雪一事上展露無遺。費雪是第一位被亨利八世公開處決的意見領袖。他的死宣告了亨利八世對知識菁英「溫和勸說」政策的結束，他將以嚴厲的手段來對待異己。費雪的殉道具有相當大的指標意義。

「學者」（scholar）與「教士」（priest）是對費雪最貼切的描述。他出身英格蘭北部約克郡的商人家庭。受到改革派神學家密爾頓（William Melton，d.1528）的啟發，費雪很早便對信仰課題充滿興趣。他在十五歲時進入劍橋大學就讀，學成後便在學校出任要職。費雪擔任副校長（Vice Chancellor）期間，致力於提升劍橋的古典學術，提倡拉丁文、希臘文，以及希伯來文作品的閱讀。1504 年，費雪被任命為「羅徹斯特主教」。「羅徹斯特」是英格蘭最貧窮的教區，神職人員通常將之視為「教會職涯」的第一步；然而費雪卻在這裡待了三十一個年頭，直至 1535 年被亨利八世解除職務為止。費雪的虔誠與安貧，由此可見一斑。

費雪的思想較接近「基督教人文主義」（Christian humanism）的傳統。他對於教會的弊病體會甚深，因此自律極嚴，一輩子都以安貧自許（據說他立志成為一位「模範主教」）。然而，身為一位天主教徒，費雪捍衛羅馬教會「正統地位」的立場亦極堅定。他在 1520 年於聖保羅大教堂首次公開抨擊路德，這場演說極為成功，演講的宣道詞後來發行了五種版本。而他的《駁斥路德的主張》（*Assertionis Lutheranae Confutatio*）一書，總共印成了十九個版本，包括再版四次的德文譯本。[10] 曾有史家認為，亨利八世反擊路德（Martin Luther, 1483–1546）所撰寫的名著《捍衛七項聖禮》（*Assertio Septem Sacramentorum*，1521），實際的執筆者其實是費雪（諷刺的是，此作品為亨利贏得「信仰捍衛者」〔*Fidei defensor*〕的稱號）。[11] 費雪也曾毫不留情地逮捕新教神學家庭戴爾（William Tyndale, c.1494–1536）的追隨者希頓（Thomas Hitton, d.1530）。希頓在費雪的審訊與刑求後，被處以

---

[10] John Fisher, *English Works of John Fisher, Bishop of Rochester (1469–1535): Sermons and Other Writings, 1520–1535,* ed. Cecilia A. Hatt (Oxford: Oxford University Press, 2002), pp. 9-10.

[11] 路德本人在 1522 年曾經質疑《捍衛七項聖禮》一書是由亨利八世親自執筆。他認為，約克大主教愛德華・李 (Edward Lee, c.1482–1544) 或其他宮廷文膽才是真正的作者。由於費雪曾撰寫許多反駁路德的策論，因此也有史家猜測他是實際的撰述者。不過 Cecilia A. Hatt 對此不表贊同。她認為兩人的寫作風格差異甚大，費雪的論證比亨利八世要細緻許多。見 Fisher, *English Works of John Fisher, Bishop of Rochester*, p. 114.

異端焚死之刑。凡此種種都顯示，費雪以其學養與虔信，擔負起英格蘭天主教會支柱的重責。

費雪與都鐸王室的淵源深厚。亨利七世的母親「蒲福夫人」（Lady Margaret Beaufort, 1443–1509）在他的勸說下，於劍橋設立「聖約翰」（St John's）與「基督」（Christ's）學院，提倡古典學術。1509 年，亨利七世與蒲福夫人相繼去世，費雪擔起王室葬禮上的布道工作。而繼任的亨利八世在王儲時期亦曾受教於費雪，是他的學生。

費雪與都鐸家族的緊密互動在亨利與凱撒琳的婚姻問題浮上檯面後，備受考驗。費雪是凱撒琳堅實的支持者；他代表凱撒琳在離婚法庭上發言，主張凱撒琳與亨利的婚姻合法有效；在上帝面前締結的婚約，生死不渝。他甚至表示，願意以生命捍衛此立場。[12]

費雪的堅持最終為他帶來災難。1532 年開始，亨利八世開始積極推動他的離婚「計畫」：5 月，摩爾因立場歧異，辭去「大法官」（Lord Chancellor）之職。8 月，亨利八世一手提拔的克蘭默（Thomas Cranmer, 1489–1556）繼任為坎特伯里大主教（archbishop of Canterbury）；克蘭默隨即在隔年 1 月為亨利八世與安．葆琳祕密證婚。1533 年 3 月，費雪首次被捕入獄。[13] 他在 6 月間被釋放，但國王的舉措是個嚴正的警告，費雪倘不改變立場，必會面臨更為嚴酷的對待。

1534 年「繼承法」通過，所有人都被要求宣誓承認。費雪堅持羅馬教廷的首席地位，再度被關進倫敦塔監獄。[14] 費雪當時已屆六十五歲高齡，並且身染重病。他在塔中監禁逾年，得到極為惡劣的起居與飲食對待。費雪的乞憐處境，令人印象深刻。他在寫給「祕書大臣」（Lord Secretary）克倫威爾（Thomas Cromwell, 1485–1540）的信中說道：

---

[12] 亨利八世對於費雪的發言極為惱怒，曾親自提筆給坎貝吉歐，為自己辯護。Richard Rex, "Fisher, John [St John Fisher] (c.1469–1535)", *Oxford Dictionary of National Biography*（以下稱為 *DNB*), Oxford University Press, 2004 [http://www.oxforddnb.com/view/article/9498, accessed 17 May 2010].

[13] 此次逮捕的主要目的在阻止費雪妨礙葆琳於六月的加冕典禮。費雪因此在六月的典禮後不久便被釋放。Richard Rex, "Fisher, John [St John Fisher] (*c*.1469–1535)", *DNB*.

[14] 在此期間，費雪於三月亦曾入獄一次，最後是以三百英鎊的罰鍰，換回自由。可以說，自 1533 年開始，費雪便不斷地進出倫敦塔獄。Richard Rex, "Fisher, John [St John Fisher] (*c*.1469–1535)", *DNB*.

> 我乞求你能在我窘迫的時候照護我：我既沒有襯衣也沒有床單，沒有足夠的衣服可穿，只有令人羞赧的襤褸衣衫。更別說，它們即使能夠使我保暖，我也很可能犯病。我的飲食也是。上帝知道，它經常少得可憐。在我這個年紀，我的胃需要一點肉類，不然的話，我很快會撐不住，不停咳嗽，身體不適，無法保持健康……（從倫敦塔，十二月二十二日）。[15]

費雪的處境實在不堪。姑且不論他望重士林的菁英領袖身分，就以一位羸弱老者考量，他的待遇亦有違人情。他被迫卑微地請求基本的物質供給，以便「保持健康」。波爾（Reginald Pole, 1500–1558）對費雪的狀況描寫得相當詳盡：[16]

> 說到羅徹斯特主教〔指費雪〕，他從監禁的漫長苦難中存活下來。想到他的年紀，他脆弱的健康狀態，以及身體的瘦弱，誰會相信他能撐過一個月？確實，三年前我離開英格蘭時便認為，他即使待在自己家裡盡可能地靜養，依他的病況也活不過一年。我後來聽說，他在奉召前往倫敦入監的途中，因為虛弱，昏厥了好幾次。現在，他竟能在那有礙健康的污濁監獄存活十五個月，誰看不出來，這是上帝的手，超越自然的力量，延長了他的生命。[17]

費雪的處境引起歐陸極大的關注。1535 年 5 月，新任的教皇保祿三世（Paul III, r.1534–1549）決定賦予費雪樞機主教的頭銜。[18] 此舉大大激怒了亨利八世。他表示：樞機主教的冠冕（cardinal's hat）不准進入英格蘭，他會「將費雪的項上人頭奉上。」[19] 不久，費雪就被正式審判，他被控拒絕承認「國王為英格蘭教會的最高領袖」，觸犯「叛國之罪」。風燭殘年的貧病主教，被判處公開「吊死」（hanged）、「水淹」（drawn），再「大卸四塊」（quartered）的極刑！最後，亨利八世顧慮對費雪過於嚴厲的懲罰，

---

[15] *Letters and Papers, Henry VIII*, vol. 7, no. 1563.

[16] 關於波爾，見本文第二節的討論。

[17] Bridgett, *Life of Blessed John Fisher*, p. 290.

[18] 雖然有人認為這是教廷藉此給予費雪支持，但依當時亨利八世的心境與作為，此舉只會激怒國王，進一步坐實了費雪「叛國」的指控，教廷不可能不瞭解這樣的可能。在「可能危及費雪安全」的情況下，教皇仍執意如此做，顯然，教廷的利益考量已超越費雪本身的安危。

[19] *Letters and Papers, Henry VIII*, vol. 8, no. 876.

反而為他贏來群眾的同情，遂改在倫敦塔內斬首處決（6 月 22 日）。[20] 目睹行刑過程的法官萊斯托（William Rastell, 1508–1565）對當時的費雪留下一段令人動容的描述：

> 他的外袍與聖帶（tippet）[21]被取下；接著，他在眾目睽睽之下站起身來（超乎預期的人眾聚集在此見證這場駭人的處決，我也是其中一人）——一個修長、乾瘦的軀體，只剩下皮包骨。在場的人大多深感驚訝，怎麼有人如此枯槁卻還能活著，因為他看起來像是一具乾癟的屍身，沒有一點筋肉，猶如死亡現身，或者可以說，是有著人的形體，使用人的聲音的死亡。[22]

費雪臨刑時的形象確實駭人。處決後，他的屍身被剝去衣物，留置在刑臺示眾，直至夜幕。屍身最後被拋置在教堂後院的無名塚，連最起碼的葬禮祝禱也沒有舉行。費雪被砍下的頭顱則被拋入泰晤士河中。亨利八世要世人知道：「叛徒」的下場便是如此！

費雪的死引起極大的震撼與回響：一位備受敬重的神職人員與知識菁英，在風燭老病之年，不僅被沒收財產，在條件惡劣的牢獄拘禁逾年，甚至在臨終前，連基本的基督徒儀式也未獲舉行。撇開費雪與都鐸家的深厚淵源不談，就以他和亨利八世間曾有過的師生情誼，亨利對待「異議菁英」的嚴峻手法，確是殘酷無情。

費雪的殉難值得記錄，但同樣值得關注的是費雪內心的想法：從都鐸家最信任的教會人士，到與國王分道揚鑣，走上刑臺的殉難菁英，費雪究竟走過怎樣的心路歷程？他的內心有過怎樣的盤算掙扎？要釐清此點，我們必須提起費雪生命中一段重大的密謀——他曾希望查理五世介入英格蘭的內政，並不惜支持查理以軍事行動，「撥亂反正」！[23]

費雪的「計畫」進行得相當隱祕，大約未向任何英格蘭友人提及，因為

---

[20] Fisher, *English Works of John Fisher*, p. 13.

[21] 「聖帶」係指神職人員披在肩上的黑色帶子。

[22] Fisher, *English Works of John Fisher*, p. 14.

[23] J.J. Scarisbrick 對此事有相當深入的見解。見 J.J. Scarisbrick, "Fisher, Henry VIII and the Reformation Crisis," in Brendan Bradshaw and Eamon Duffy (eds.), *Humanism, Reform and the Reformation: The Career of Bishop John Fisher* (Cambridge: Cambridge University Press, 1989), pp. 156-157.

在其私人信件中沒有任何訊息可循。我們唯有在喬比寫給查理五世的例行報告中獲得線索，不過內容仍相當隱微。喬比最早是在 1531 年初向查理五世提及他與費雪的接觸：「羅徹斯特主教最近派人告訴我，國王又再嘗試收買他以及其他支持王后的人，跟他說了許多愚昧與謬誤的謊言。」費雪向喬比求證，由亨利處傳來「查理五世與教皇不合」的傳言是否屬實。[24] 在此之後，雙方由於支持凱撒琳的立場接近，互動遂趨密切。到了 1532 年年初，費雪與喬比間已建立起隱密的溝通管道。喬比向查理五世報告：

> 已經與羅徹斯特主教溝通過皇帝信裡面的命令。是透過第三者，因為沒有與他交談的機會。他派人告訴喬比，當兩人碰面時，喬比別特別注意他，直到時機好轉。有個與他溝通的安全管道，確信他持有善意。[25]

費雪與查理五世方面達成的默契為何，到此時仍然隱晦。只能說，情勢不斷向安．葆琳方面傾斜，促使費雪與西班牙方面的聯繫日益緊密。

費雪「善意」的內容終於在 1533 年 9 月的信件中得到具體的解答。伊莉莎白公主在 9 月誕生，凱撒琳的處境變得微妙：一方面，安．葆琳生下公主讓瑪麗公主身為唯一王嗣的地位受到動搖。但另一方面，葆琳生下「女」嗣，讓亨利國王大失所望，他對葆琳的熱情有消退的跡象，反轉情勢的機會隱約浮現。在這樣的情境下，費雪積極希望查理五世採取行動。喬比寫道：

> 虔誠的羅徹斯特主教派人來通知我，要教皇發動戰爭來對付這些頑強傢伙的機會渺茫。陛下您必得插手，您的作為將和對抗土耳其人一樣地取悅上帝。如果事情走上決裂，那麼陛下您動用所有資源，扶植公主〔指瑪麗公主〕的女伴——「克拉倫斯公爵之女」——的兒子為國王，也不算錯估局勢。許多人認為，這個國家應該屬於他。這位「兒子」目前在帕度亞（Padua）讀書。[26]

喬比的報告有些出人意外：費雪因為教廷無法有效行動而感到失望（其實西班牙方面亦有同感），他希望查理五世強勢扭轉情勢，即使公開對抗亦在所不惜。費雪甚至設想了取代的國王人選。這位「克拉倫斯公爵」的外孫，

---

[24] *Letters and Papers, Henry VIII*, vol. 5, no. 62.

[25] *Letters and Papers, Henry VIII*, vol. 5, no. 707.

[26] *Letters and Papers, Henry VIII*, vol. 6, no. 1164. 亦可見 no. 1249。

便是我們下一節要討論的菁英——波爾。費雪提議，可以讓瑪麗公主與波爾成婚，強化兩人的統治基礎。他確曾動過顛覆之心。[27]

軍事行動茲事體大，尤其查理五世正面臨著土耳其勢力的步步進逼，情勢緊張。查理終於沒有公開介入英格蘭事務，費雪的期望也最後落空：亨利八世依然「如期推動」他脫離羅馬教廷的計畫。費雪與都鐸王室的關係緊密，但他同時對宗教信念極為堅持。我們該如何理解從「侍奉國王」到「顛覆國王」的費雪？「忠君」與「虔信」兩種價值在費雪的心中究竟怎樣衡量？英格蘭人文主義專家道林教授（Maria Dowling）的看法或許很值得參考。她認為：

> 在此事〔指亨利八世的離婚官司〕之前，費雪對亨利的忠誠絕對無庸置疑；但他與國王間的歧異，使他選擇反對立場，最終走上公然的背叛。對費雪而言，關鍵問題是教皇權威、天主教世界的團結、婚姻的神聖性，以及一旦走上分裂，亨利與其子民靈魂的命運。[28]

道林的這段評論意在說明費雪於離婚問題上採取反對立場的原因。她認為對費雪而言，離婚牽涉的不僅是國王私人的感情問題，它還觸及教皇赦免特權（indulgence）等宗教議題。國王離婚不但破壞「婚約」的神聖性，也傷害英格蘭與教廷間的聯繫，造成分裂。失去「正統教會」的協助，英格蘭國王與臣民如何獲得生命的救贖？他們的靈魂該何去何從？這些問題讓費雪憂心。道林的評論相當中肯。費雪確實在事件發微之初，便已預料到後續的發展（事實也證明，費雪的所期不差）。他在婚姻事件所持的堅持態度，並不只出於固執的宗教信念，它同時包含了「忠君」與「虔信」的兩項考量。

費雪的詳細思考我們已無從得知，因為事涉敏感，費雪怕牽累無辜，因此將所有相關信件都予以銷毀。所幸，「殉道菁英」的思維，我們仍能從與費雪遭遇雷同的摩爾身上尋得答案。費雪與摩爾先後被下入倫敦塔監獄，兩人在獄中曾互通訊息，詢問對方給予國王的答覆。[29] 從兩人供稱的通信內容，再參照摩爾在獄中寫給女兒瑪格麗特（Margaret Roper, 1505–1544）的家書，我們得以探尋殉道菁英內心的矛盾與抉擇。

---

[27] *Letters and Papers, Henry VIII*, vol. 6, no. 1164.

[28] Dowling, *Fisher of Men*, p. 132.

[29] *Letters and Papers, Henry VIII*, vol. 8, nos. 856, 859, 867.

摩爾入獄後，亨利八世動員許多親友前來勸說。摩爾心意已定，但為免牽連無辜，他堅決保持沉默，不與任何人討論內心的想法（他的說辭是：信仰乃個人獨立的選擇，他只求誠實面對自己的良知）。[30] 但因奉命前來勸說的瑪格麗特已懷有身孕，摩爾擔心她憂心過度影響健康，於是破例透過家書，向她詳述自己內心的想法。摩爾雖然無法改變決定，但他希望透過剖白，讓瑪格麗特能夠理解，進而釋懷。這是父親對女兒的最後關懷。[31] 摩爾在信中向瑪格麗特表示：

> 他是國王忠誠的臣子與祈福人（bedsman），為他以及整個國家祈禱；他不做任何事，說任何話，心懷任何傷人的想法，只祈望大家都好。如果這麼做不足以留住一個人的性命，那他也不渴望苟延存活。（他）早已瀕臨死亡；從他來到這裡以後，有好幾次，他都以為會在片刻間死去，但從未因此感到悲傷，反而是在痛苦過去時，感覺遺憾。因此，他微賤的身軀任憑國王處置，希望他的死能為他帶來好處……接下來的事就交給上帝。他向上帝祈求，將祂所意願之事放置於國王心中。摩爾心裡掛懷的只是靈魂，對於肉體他並無繫念。[32]

摩爾對瑪格麗特說：「他一直以來問心無愧；他首先侍奉上帝，其次侍奉國王。」[33] 摩爾的表白令人動容。他雖然違抗國王，但字裡行間處處流露對國王及國家的忠誠情感。「首先侍奉上帝，其次侍奉國王」，這或許是所有選擇的答案。對於「殉道菁英」摩爾而言，反對國王不代表拋下「忠君」信念。只是，「忠君」與「虔信」有明確的先後順序；在「虔信」的信念面前，「忠君」價值只能退居次位。

從費雪到摩爾的例子，我們得到這樣的結論：對殉道菁英而言，「忠君」與「虔信」價值同時存在，只是在不同的情境下，扮演不同的分量。以凱撒琳的離婚官司為例，摩爾認為此事與「虔信」的關聯尚少，侍奉國王是優先的選擇；他雖然不支持葆琳為后，但君命難違，只能以國王的意志作為臣子

---

[30] *Letters and Papers, Henry VIII*, vol. 8, no. 867.

[31] 摩爾與瑪格麗特父女情深。摩爾被處決後，他的頭顱循例應被拋棄在泰晤士河（費雪便是如此）。瑪格麗特祕密行賄獄吏，將頭顱帶回收藏。摩爾的頭顱最後與瑪格麗特的夫婿葬在一起。

[32] *Letters and Papers, Henry VIII*, vol. 8, no. 659.

[33] *Letters and Papers, Henry VIII*, vol. 8, no. 815.

的行事準則。相較之下，處事嚴格的費雪便堅持許多。可以說，從頭到尾，他都不曾隱藏反對離婚案的立場。然而，費雪如此堅持並非意圖違逆國王，而是因為他認為離婚案涉及教皇地位等根本問題。在「異端」盛行的時刻（路德剛公開挑戰教廷權威），宗教議題絲毫不能讓步：這不僅是個人的信仰選擇，它還關係著國王與英格蘭人民的靈魂救贖。費雪相信，真正重要的是靈魂的永生，而不是此世的生命。也因此，他願意傾一切可能（包括犧牲自己的生命），換取英格蘭君民的救贖。可以說，乍看之下有「叛國」意圖的費雪，是將「忠君」的信念（拯救亨利的靈魂）置放在「虔信」的框架下完成。

費雪與摩爾在個別事件中的選擇或許不同，但同樣身為「殉道」菁英，他們捍衛「虔信」價值的立場卻同樣堅決：涉及信仰的根本問題，即使失去生命，也不能妥協。如果政治讓步是為了成就「君臣之義」，那麼殉難犧牲就是為了保全「宗教良知」。無論如何，「虔信」價值在殉難菁英的心中都佔有不可撼動的首要地位。費雪與摩爾分別以自己的方式，實踐他們的「忠君」理念。但當「忠君」與「虔信」不可兩全之時，「殉難」便成為「虔信」菁英唯一的選擇。

貳、流亡的菁英

> 這可能嗎？你怎能殺死這樣的人？他們的清白、美德，與學識，過去在你自己以及所有人的心中獲有最高的敬意。而這麼做的理由僅是因為他們不肯違背良知，贊同你那褻瀆上帝的……你怎能殺死費雪？你怎能殺死摩爾？你怎能犯下這樣的罪行，墮落至此？我不在現場，但每每想起此事，它便像場可怕的惡夢，而告知我此事的人，像是在敘述夢境。即使是基督徒的公敵尼祿（Nero）與多米提安（Domitian），[34]他們如果與你同樣地認識他們〔指費雪與摩爾〕，也不可能如此殘酷地對待。我而且敢發誓，路德本人如果身處你的位置，擔任英格蘭國王，即使他們兩人是他最可怕的敵手，也不會想到以這樣的手段來施加報復。
>
> ——《捍衛基督教會的統一》[35]

[34] Titus Flavius Domitianus（r.81–96）為羅馬皇帝。他曾迫害基督徒，是以在基督教的傳統中評價不佳，與尼祿同為「暴君」典型。

[35] 引用自 Bridgett, *Life of Blessed John Fisher, Bishop of Rochester*, pp. 422-423.

這是費雪與摩爾被處決後，悲憤交集的波爾，在呈給亨利八世的策論《捍衛基督教會的統一》（*Pro ecclesiasticae unitate defensione*, 1536）中發表的激烈言論。波爾將亨利八世與著名的羅馬「暴君」尼祿及多米提安相提並論。他甚至宣稱，即使是立場最為對立的路德，也不會這樣對待他的敵人。費雪與摩爾的死對當時身處義大利的波爾造成極大的衝擊。他見識了國王的性格與決心，也明白自己再沒有沉默的空間。他決定表態，最後一次力諫國王回頭，而在此同時，也做好了長期流亡的準備。[36]

這對於波爾並不是容易的決定，因為他與亨利八世間有著極深的君臣恩情；亨利對波爾寄望深厚，而波爾也懷抱著深刻的忠君情懷。波爾的出身尊貴。母親瑪格麗特（Margaret，Countess of Salisbury, 1473–1541）是愛德華四世（Edward VI, r.1461–1483）的姪女，前朝金雀花王室（House of Plantagenet）的最後一系血脈。[37]或許因為波爾家族是都鐸王室的潛在對手，是以一直不為亨利國王所信任。[38]然而，亨利八世卻例外地對波爾恩遇有加。波爾從求學時代開始，就持續接受亨利八世的生活資助：他在牛津就讀時，亨利曾連續兩年賜予他十二英鎊的津貼；待他前往帕度亞求學，亨利又撥付一百英鎊的資助，還特別去信威尼斯政府，要求對他特別關照。[39]波爾在義

---

[36] 學界近年來對波爾的研究以 Thomas F. Mayer 最為重要。Mayer 是波爾的專家，除出版多本波爾的專論，也是最新出版的波爾書信集的編者。茲就他的 *Reginald Pole: Prince and Prophet* (Cambridge: Cambridge University Press, 2000) 一書為例略為說明 Mayer 的研究角度。此書分析波爾的作品與寫作情境，讓讀者對波爾其人有更深入的瞭解。此書最有價值的論點是 Mayer 挑戰了傳統將波爾神聖化的歷史定位。Mayer 認為波爾深諳馬基維里（Niccolò Machiavelli, 1469–1527）的論點，並將之運用在推動英格蘭的天主教信仰上。Mayer 的研究一絲不苟，文筆稍嫌乾澀枯燥。不過他的作品仍是瞭解波爾不可忽略的參考著作。

[37] 瑪格麗特是愛德華次弟克拉倫斯公爵（duke of Clarence，1449–1478）之女。

[38] 從 1518 年開始，波爾家族更因為與英格蘭最具勢力的白金漢公爵（Edward Stafford，duke of Buckingham, 1478–1521）締結聯姻，而讓亨利八世備感威脅，雙方陷入微妙的緊張關係。白金漢公爵後來在 1521 年被亨利八世處決。

[39] 波爾早年曾進入牛津大學求學，在那裡受到李納克爾（Thomas Linacre, 1460–1524）與拉蒂默（William Latimer, c.1460–c.1545）等著名人文學者的啟發，他於是在 1521 年前往義大利的帕度亞大學（University of Padua）繼續求學。Thomas F. Mayer, ed., *The Correspondence of Reginald Pole, vol.1: A Calendar, 1518–1546: Beginnings to Legate of Viterbo* (Aldershot: Ashgate, 2002), p.41 n.10. 因為亨利八世的關照，出身高貴的波爾在帕度亞備受禮遇：除了住進豪華御所，得到配劍上街的特許，威尼斯政府還特別指定當時已屆六十五歲高齡的雷歐尼可（Niccolò Leonico Tomeo, c.1456?–1531），擔任波爾的老師。Mayer, *The Correspondence of Reginald Pole*, pp.40-42. Cardinal Gasquet, *Cardinal Pole and His Early Friends* (London: G. Bell and Sons, Ltd., 1927), pp.18-20. *Letters and Papers, Henry VIII*, vol.1, no.4190; vol.2:2, p.1455; vol.3:1, no.198.

大利的花費也是仰賴亨利給予的教職收入。[40]波爾因為亨利八世的特別照護，地位尊崇，一帆風順。

1527 年，亨利八世開始蘊釀他的離婚計畫，身處義大利的波爾很自然地為國王所差遣。他在 1529 年底奉命前往巴黎大學，尋求有利於國王離婚的神學論點。[41] 波爾早期的傳記史家認為，波爾雖然勉力完成任務，但其實不認同國王的作為：他曾以「離婚判決的困難度與危險性」為理由，建言反對國王的計畫。然而，波爾的權威史家梅耶（Thomas Mayer）持不同的意見。他認為這些史家的結論是根據波爾日後的說詞而來；此時期的波爾係誠心為國王奔走。[42]我們姑且不論波爾此時期的想法如何（因為沒有書信存留，無法獲知真相），但可以確定的是，在離婚案推動之初，波爾選擇站在國王身邊，供國王驅策。「忠君」價值在此時高於其他。

波爾的思想在 1532 年間出現變化。[43] 他在離婚問題上與亨利八世出現歧見；他因為不能屈從於國王的見解，還拒絕了約克大主教的職位。不過，波爾也不願意與亨利公開衝突，他於是避走他鄉，重返帕度亞求學。喬比對於當時的情況有以下的描述：

> 國會將在十六日召開……幾乎所有宗教與世俗的大貴族都將出席……公主女伴的兒子（雷金納德．波爾，索爾斯堡女伯爵的兒子），拒絕了約克大主教的職位，因為他不願意採納國王的論點，一直到最近才獲得出國求學的許可。他告訴國王，如果他留在國內，就必須出席國會。而如果離婚問題被提出來討論，他就必須依其良知發言。基於此點，國王立即允許他的離境，並且承諾繼續供給他四百杜卡幣（ducats）的收入，保有他的聖俸。[44]

---

[40] T. F. Mayer, "Pole, Reginald (1500–1558)", *DNB* [http://www.oxforddnb.com/view/article/22456, accessed 17 May 2010]。波爾在 1526 年取得 South Harting，Sussex 的聖俸（living）；1527 年取得約克大主教區的教職；同年又獲得 Exeter 大教堂的教士俸（canonry）（7 月 25 日）。四天後，他被選為首席司祭（dean）。波爾享有此俸直到 1537 年 6 月。

[41] *Letters and Papers, Henry VIII*, vol. 4:3, nos. 6003, 6004, 6383, 6394, 6505. 教皇曾試圖壓制簽署支持亨利八世的行動，見 *Letters and Papers, Henry VIII*, vol. 4:3, no. 6403. 波爾在 1530 年夏天完成使命，返回英格蘭。他在英格蘭期間，開始跟隨 Robert Wakefield 學習希臘文。依據 Mayer 的判斷，這是波爾接觸神學的開始。也是在此契機下，波爾逐漸離開了亨利八世的思維。Mayer, "Pole, Reginald (1500–1558)", *DNB*.

[42] Mayer 認為，若非如此，則波爾應該難逃與其他十五名教會人士一同被罷黜教職的命運。見 Mayer, "Pole, Reginald (1500–1558)", *DNB*。

[43] 有一種說法是，波爾因為替亨利搜集神學意見，遂開始對宗教理論感到興趣。

[44] *Letters and Papers, Henry VIII*, vol. 5, no. 737.

波爾返回義大利後，專心投入他深感興趣的神學議題，不對英格蘭的事務發表意見。[45]

然而，1534 年時，局勢出現重大轉折。亨利八世強勢要求知識菁英表態，波爾與亨利的關係面臨挑戰。波爾是「海外學人」的意見領袖，留學生們經常出入他的家宅聚會，他的公開支持對於亨利至為重要。然而，波爾早在 1532 年便對離婚案持反對想法，經過兩年的神學浸淫，他的立場更趨堅定。面對亨利的壓力，波爾非常掙扎：他無法蒙蔽良知，又不願意違逆國王。他唯一能做的是「爭取緘默的空間」，他希望透過「不表態」，來避免內心價值的衝突。

1535 年，英格蘭的局勢益發險峻，反對國王的團體或個人都遭到嚴厲的懲處，費雪與摩爾相繼殉道。這帶給波爾很大的刺激；他體會到閃避是懦弱的表現，這樣做只會讓情勢更為惡劣，讓國王越走極端。他決定打破沉默，上書國王，說明他的心路轉折與決定：

> 我的內心經歷了不可思議的轉變。到目前為止，我一直保持沉默，心懷恐懼；現在，我要勇敢地說出來。我要說出曾發生在我身上的事；上帝為證，我句句屬實。我剛聽聞這場殺戮時，[46]整整一個月，我的人驚呆了，發不出聲音，因為這前所未見的舉措，聞所未聞的酷行。待我恢復過來，心智與他們〔指費雪與摩爾〕一樣清明後，我決定不再像以前那樣，只在友人的耳畔低聲私語我的想法，而是要以基督的言辭，從屋頂上鼓吹、宣揚。[47]

波爾的表白很令人動容。他說出自己曾有過的恐懼、掙扎，也道出費雪及摩爾的殉道為他帶來的巨大衝擊。最後，他告知亨利他不再沉默，要將真正的信念宣揚出來。波爾所經歷的是亨利朝菁英（或者平民百姓亦然）的共同經驗：來自國王的龐大恐懼與壓力，以及內心劇烈的交戰與掙扎。波爾與

---

[45] Mayer, “Pole, Reginald (1500–1558)”, *DNB*. 他的友人與首位傳記作者，拉克薩大主教貝卡德里（Ludovico Beccadelli，Archbishop of Ragusa, 1501–1572）曾這樣描述：波爾自 1532 年從英格蘭返回帕度亞後，便「強烈轉向神學研究」。Jonathan Woolfson, *Padua and the Tudors: English Students in Italy, 1485–1603* (Cambridge: James Clarke & Co Ltd, 1998), p. 112.

[46] 指亨利八世處決費雪與摩爾之舉。

[47] *Pro ecclesiasticae unitate defensione*, lib. Iii. 引用自 Bridgett, *Life of Blessed John Fisher, Bishop of Rochester*, p. 424.

費雪及摩爾不同的是，他決定離開英格蘭：他不選擇殉道，他選擇流亡。他決定留在歐陸奔走，傾力讓「讓英格蘭（如果不是亨利國王）『回歸正途』」。

「流亡」是個痛苦的決定，因為亨利為確保波爾的支持，動用所有管道，向他恩威並施。波爾的決定不僅關係到個人理念，還牽扯到他留在英格蘭的親人朋友，尤其是她年邁的母親。「流亡菁英」波爾的遭遇讓我們見識到亨利八世的強悍手段，而波爾的心路掙扎，也反映了亨利朝菁英的艱難處境：「忠君」與「虔信」價值再次衝突。

亨利八世對波爾的「遊說」從1535年初便已展開。最早被交付這項任務的是波爾在帕度亞的親近友人史塔基（Thomas Starkey，c.1495–1538）。[48] 史塔基剛結束學業返回英格蘭發展。亨利八世責成他取得波爾對「國王至高權」等問題的「正面」意見。史塔基多次去信波爾，字裡行間處處透露他承受龐大壓力。他勸波爾要「審慎考慮以下的話，因為它們牽涉到你整個的人生，以及在這個國家中你所愛的親人及朋友。」[49] 他建議波爾「仔細參考『利未律法』（Levitical law）」，以其為根據思考國王的婚姻問題；依據《舊約聖經》「利未記」中的經文，亨利八世與凱撒琳的婚姻沒有效力。[50]

除了史塔基之外，波爾在義大利的英籍友人也被動員加入勸說的行列：他在威尼斯的舊遊哈維爾（Edmund Harvel，d.c.1550）便在指示之下，造訪波爾，促其表態。[51] 連波爾的親信僕人思羅克莫頓（Michael

[48] 史塔基出身於赤郡（cheshire）的中等家庭，父親曾出任威爾斯公職，因此在地方上頗有聲名。他在1516年畢業於牛津大學的「莫德林學院」（Magdalene College）。在那裡，史塔基結識了許多同好，包括有自然科學家渥敦（Edward Wotton, 1492–1555）、人文學者路普塞（Thomas Lupset, c.1498–1530），以及對他一生影響極為深遠的友人兼贊助者—波爾。史塔基在1523年與路普塞一同追隨波爾的腳步，前往帕度亞求學。他在那裡與波爾益為親近，不僅擔任波爾的私人祕書，還陪伴他出使各地。透過波爾，史塔基與許多重量級人士建立起不錯的交情。

[49] *Letters and Papers, Henry VIII*, vol. 8, no. 218. 史塔基之後又多次去信波爾勸說，參見 *Letters and Papers, Henry VIII*, vol. 8, nos. 219, 801, 1156.

[50] 「利未律法」指的是《舊約》「利未記」中的經文。不久之後，克倫威爾也寫了一封信給波爾，「希望波爾能運用他的學識與判斷力，回答史塔基信中所提出的問題。」克倫威爾顯然讀過史塔基的去信。*Letters and Papers, Henry VIII*, vol.8, no. 220.

[51] *Letters and Papers, Henry VIII*, vol.8, no. 535. 克倫威爾似乎是透過史塔基，以「邀請哈維爾回英發展」為酬，要他在波爾表態一事上使力。*Letters and Papers, Henry VIII*, vol.8, no .579. 亦參見 no. 672. 哈維爾此時期與史塔基通信的重點之一是「報告」波爾的近況。

Throckmorton, d.1558），也一度為克倫威爾所接觸，遊說他改投旗下。[52] 英格蘭的海外學子大多經濟困窘，並且期待回國發展，是以國王在此有很大的著力空間。長期旅居帕度亞的波爾非常瞭解留學生內心的難處（波爾本身便常資助他們），舊遊的勸說讓他承受很大的壓力。他坦誠布公的商議對象，逐漸從原本的英格蘭舊友，轉變為他在義大利結識的天主教會友人。

交遊的轉變顯示波爾意向的轉折。波爾在寫給威尼斯友人皮烏里（Alvise Priuli）的信中透露了他的為難。[53] 波爾表示，他已「將自己完全交付給基督的意志，藉此機會，闡揚上帝的榮耀。然而，必須小心行事。」[54] 這封信顯示波爾對皮烏里的信任，但信中「小心行事」的字眼也表示他的宗教見解高度敏感。令人不無傷感的是，波爾因為立場不同，不得不與故國摯友們分道揚鑣。

波爾心中有了與國王決裂的打算，但他還希望多做努力。1535年10月，他從帕度亞寫信給克倫威爾，請求他向國王轉達自己的心意。波爾知道自己的意見不為國王所喜，但仍竭盡所能透過各種管道向亨利八世建言。他的信中流露深厚的「忠君」情懷：他對於亨利八世的栽培之恩，一直銘記於心。

> 我請求你〔指克倫威爾〕能給我一個更大的恩惠，替我向陛下保證，我隨時準備供他驅使；因為我認為我所擁有的任何美善，除了來自上帝，均得自陛下他在我接受教育的過程中所施予的慷慨；我以為，我在此處的獲益，超過國王曾賜與其他人的所有提拔。[55]

然而，波爾的溝通並未獲得成果。亨利八世仍持續施壓，要求他就「迎娶兄長遺孀是否合法」以及「羅馬教廷是否神聖」等問題明確表態。波爾最後提筆回應，完成了1536年5月出爐的策論——《捍衛基督教會的統一》。

---

[52] *Letters and Papers, Henry VIII*, vol. 8, no. 536. 思羅克莫頓是波爾的親信僕人。波爾《捍衛基督教會的統一》的初稿便是交付給他，由他送回英格蘭呈給亨利八世過目。此行相當驚險，思羅克莫頓差點無法脫身，安全回到帕度亞（他以「負責傳達國王的意思給波爾」為由，才得以順利離開英格蘭）。

[53] 皮烏里出身威尼斯銀行世家，兄長曾擔任威尼斯總督（doge），兩人常分享宗教經驗。

[54] *Letters and Papers, Henry VIII*, vol. 8, no. 762.

[55] *Letters and Papers, Henry VIII*, vol. 9, no. 701.

這本策論的內容與結果我們已在前面約略提及，我們在此關注的因此是波爾撰寫此書前後的心路抉擇。波爾已經決定，國王倘若不願回頭，他將尋求外界力量來「拯救英格蘭」。他不會與費雪及摩爾一樣，奉召回國，入獄殞身來完成君臣之義，因為這樣不能阻止國王朝「錯誤的道路」繼續前進。他要盡力阻止國王步上歧途，即使被冠上「叛徒」之名亦在所不惜。他決定留在海外，「走向羅馬」。[56]

波爾透過他在義大利的友人康達里尼（Gasparo Contarini, 1483–1542），與羅馬教廷取得聯繫。康達里尼出身威尼斯的貴族家庭，在 1535 年時出任樞機主教，是教皇保祿三世倚重的左右手。波爾哀傷地對康達里尼表示，他「對英格蘭感到絕望」，請求康達里尼運用一切影響力，「協助羔羊，迷途知返！」[57] 康達里尼於是積極安排波爾前往羅馬，以便借重教廷的力量，達成波爾解救祖國的希望。[58]

然而，在此同時，波爾仍未放棄向亨利八世表明心跡。他在 7 月 15 日自威尼斯寫了一封長信給亨利國王，向他說明不回英格蘭的決定，力勸國王回頭。波爾表示，「原本招致的恥辱」，將因「迷途知返，轉化成更大的榮光。」

> 關於解說這本書（《捍衛基督教會的統一》）……要理解此書，必得貫徹地讀。在某些段落，作者可能看起來像國王最大的敵人；然而，把段落放在一起閱讀便會知曉，尖銳的安排係出自最親愛的目的；沒有一本書，裡面包含比此書更尖銳的文字，以及更炙熱的愛。「我一直以來所盼望的是陛下您能在榮譽、富裕、安全，以及眾人的愛與敬仰下，長久地治理國家。」[59]

波爾提醒亨利，他的聲譽已嚴重受損，唯一的補救之道是重返天主教會門下。他以睿智聞名的所羅門王（King Solomon）為例，說明英明如所羅門王，亦曾因「過度鍾愛女性」而誤入歧途。他今日所做的一切只是為了提

---

[56] 亨利八世讀過波爾的策論後表示，他與波爾間有很深的誤會，希望波爾返英釐清。亨利此舉自是為了「誘騙」波爾回國。波爾滯外不歸，為亨利八世帶來威脅。

[57] *Letters and Papers, Henry VIII*, vol. 10, nos. 1093, 1097.

[58] *Letters and Papers, Henry VIII*, vol. 11, no. 71.

[59] *Letters and Papers, Henry VIII*, vol. 11, no. 91.

點國王。國王身邊缺少直諫的臣子；一味替國王辯護只是陷國王於不義。波爾相當感性地說：

> 誰會告知他〔指亨利八世〕他的錯誤？而即使能找到這樣的人，又到哪裡去尋得願意傾聽的國王？然而，上帝已賜給國王這樣一位忠誠的臣子，他身處安全之境，並且因國王敦促他發表意見，而有了暢所欲言的機會。[60]

波爾將自己比喻為一位外科醫生。當外科醫生「依據他的訓練，取出他的手術刀，割除壞死無用的皮肉時，怎不讓傷者陷入瘋狂，大聲呼喊他〔外科醫生〕為敵人。」然而，眾所周知，外科醫生的所為不是要與病人為敵，是要為他的健康盡份心力。[61] 波爾最後表示，上帝已讓情勢有所轉變：安．葆琳已被斬首，造成此番混亂的原因已經消失。[62] 亨利八世可順理成章回歸教會，重返正途。[63]

波爾的這封信文情並茂，不僅說之以理，且動之以情，字裡行間流露出他力挽狂瀾的企圖。他雖然對亨利八世深感失望，卻不願放棄最後規勸國王的機會。波爾已經選擇了「虔信」，但他尚未放棄「忠君」的可能！

波爾在給亨利八世寫信的同一天（1536 年 7 月 15 日），也同時寫了一封給母親的信。信中親子間真情流露，波爾有與母親訣別的意味。他向母親表達自己全心侍奉上帝的決心，希望她理解自己的決定，並且請求母親不必為他掛念，將一切都交付給上帝。

> （我）最謙卑地祝福您一切安好。夫人，我清楚夫人您一直期盼我返家，尤其在此時刻，強烈希望在幾天之內，您便能立即見到我……現在，我無法依您的期望回返，而且，我知道您會對我的未歸感到悲傷與驚訝……您曾將我全然地奉獻給上帝……是以，如您願意與我分享上帝所賜予我的安慰，則最合宜的方式，便是將所有對我的掛慮拋開，讓我與我主同在。我的意思是，不要花費絲毫心思在我身上，因為您明瞭，您為我找到的是怎樣的一

[60] *Letters and Papers, Henry VIII*, vol. 11, no. 91.

[61] *Letters and Papers, Henry VIII*, vol. 11, no. 91.

[62] 葆琳在 1536 年 5 月 19 日，被亨利八世以通姦的罪名處決。

[63] *Letters and Papers, Henry VIII*, vol. 11, no. 91.

> 位主人。至於您自身以及我，我相信您會把一切都交託給祂的仁慈，而這將成為我自您那裡得到的最大安慰。[64]

波爾在寄送家書後不久（18日），便接到康達里尼的來信，通知他教皇急欲召見。[65]他於是在27日寫了一封信給教皇，表明奉召，但也同時說明，「辜負亨利國王」讓他內心不安，希望教皇能透過宗教會議的舉行，讓英格蘭重返羅馬懷抱。

> 收到教皇的來信……很高興得知他〔指教皇〕當務之急是要召開宗教會議。樂意竭盡所能地配合……然而，內心相當不平靜，唯恐此舉將觸怒國王。對國王，他欠負著諸多恩惠，雖然站在一位堅定捍衛教會者的立場，他〔指亨利八世〕已背離了教會。但不管別人如何，仍無法對亨利全然絕望。祈望能在宗教會議中，挽回英格蘭。[66]

波爾決定前往羅馬的消息很快傳入亨利八世的耳中。他動用所有管道，力阻波爾成行。波爾在帕度亞的舊遊都奉命勸阻。[67]銜命勸說者中最具影響力的是波爾的長兄蒙塔古大人（Lord Montague）——亨利・波爾（Henry Pole, c.1492–1539）。蒙塔古在9月13日寫信給波爾，提醒他整個家族的命運掌握在國王手中：

> 近來曾與國王交談，他誦讀了你書中相當多的內容，這讓我深感悲痛，即使我失去了母親、妻子，與兒女，亦不過如此……你如此不近情理地對待這般高貴的國王；你無法否認，除了上帝，你所有的一切都來自於他。此外，他提拔我們這個被徹底踐踏的家族，晉升至高貴，展現了他的寬厚、他的仁慈、以及他的憐憫。

---

[64] *Letters and Papers, Henry VIII*, vol. 11, no. 92. 波爾的母親不久便回覆一封信。信中持續以母親的柔情勸說波爾，訴說亨利國王對她以及波爾手足的照顧，提醒波爾亨利國王一直以來對他的深恩厚愛。*Letters and Papers, Henry VIII*, vol. 11, no. 93.

[65] *Letters and Papers, Henry VIII*, vol. 11, no. 115.

[66] *Letters and Papers, Henry VIII*, vol. 11, no. 173. 波爾此時的心情亦可從他在8月10日寫給維農娜主教（Bishop of Verona）吉伯提（Gian Matteo Giberti, 1495–1543）的信中看出；他在信中表示教皇打算召開大公會議（General Council），他既奉召，就只能前往。*Letters and Papers, Henry VIII*, vol. 11, no. 269.

[67] *Letters and Papers, Henry VIII*, vol. 11, nos. 401, 402.

（我）見你有一天將會恩將仇報，或視你自身的判斷力超越所有國人，這令我感到悲傷……你如果還通情達理，現在就該迷途知返。如此，則我們能將一切視為神的意志，透過你的負恩來展現國王的逆來順受。他〔指亨利八世〕堅韌地忍受你的詆毀，這已超過這個國家最最卑微者之所能……因此，親愛的雷金納德，拋開你心中的諸多顧慮，讓我們……依我們不可推卻的職責，一同侍奉他吧。[68]

蒙塔古最後在信中極力勸阻波爾前往羅馬：

我感到不可思議，你會因為羅馬主教寫給你的一封短信，便決定今年冬天與他為伴。你如果這樣做，則我所有的希望都破滅了……然而，我終究無法完全絕望，無法相信你的盲目會如此地觸怒上帝，以致失去這般高貴君主、你的祖國，以及整個家族的眷顧。[69]

蒙塔古的信乍看之下與其他人的書信沒有太大差別，然而，他在開頭便「婉轉」提及，他是在克倫威爾的「善意提醒」下完成此信。[70] 蒙塔古雖未明言，但顯然暗示波爾，整個家族都在亨利八世的嚴格監控中。[71]

「家人安危」是波爾沉重的煎熬與考驗。他面對的不僅是個人的良知，還有親人的生命。在親情的壓力下，他曾一度考慮退縮。他在 10 月 10 日寫給康達里尼的信中，披露了自己的心情：

近來收到許多來自英格蘭關於國王處置我的信件。信件越頻繁、越駭人，我就越得將安危全然託付給教皇……國王必然認為這些信能阻止我前往羅馬。他是對的，然而神的恩典讓我堅持我的決定。這些來信，一封是來自克倫威爾，以國王的名義寫成，裡面充滿了各種威嚇。第二封來自滕斯托爾（Tunstal），他長篇大論，試圖引用《聖經》的權威論證，與教皇的徵召相較，我更有

[68] *Letters and Papers, Henry VIII*, vol. 11, no. 451.

[69] *Letters and Papers, Henry VIII*, vol. 11, no. 451.

[70] *Letters and Papers, Henry VIII*, vol. 11, no. 451.

[71] 事實證明，在波爾拒絕回英後，他的家族在英格蘭遭受亨利八世嚴厲的報復；蒙塔古本人在 1539 年被以「叛國罪」處決，其家產也被沒入。他的母親則在 1541 年被亨利八世處死。

> 義務遵從國王的傳喚。[72]第三封信深深地打動我，來自我的母親與兄長。他們在如此悲慘的沉重壓力下提筆，閱讀他們的來信，我幾乎屈服了。我真的開始改變計畫，他們是如此殷切地懇求我不要進行這趟忤逆國王的行程，否則將與我斷絕血源關係。我不知道該如何避開這項針對我要害而來的打擊，除非更改計畫，我於是想請求教皇的仁慈許可。然而，我被兩位傑出的主教勸阻了……他們說，我的堅忍不拔，將更彰顯基督的榮光，當國王的脅迫與親人的慈愛都不能使我動搖之時。[73]

終於，波爾決定捨棄一切，將命運付託給上帝。1536 年 12 月 22 日，波爾在羅馬接受教皇的正式冊封，成為樞機主教。他的任務是「盡一切可能，讓英格蘭重返天主教會！」[74]

波爾從「信服國王」、「規勸國王」，至公然「反對國王」，走過了一段艱辛的歷程。波爾的書信顯示，他未曾或忘亨利八世曾賜予的知遇之恩；他試圖結合「虔信」與「忠君」兩種價值。只是，他區別出「忠君」與「服從」之間的差別：他捨棄了以「服從國王的命令」為內涵的「忠君」解釋。他將「忠君」定位為「力勸國王回歸正途」。然後，在勢不可為之時，將「忠於國王」昇華為「忠於國家」，不惜化身為外人的棋子，換取英格蘭的「回歸正途」。波爾一直是歷史上評價正面的人物。當代人稱他「才德兼備」。1536年之後，波爾在亨利政府的官方文書中被定位為「叛徒波爾」（traitor Pole）。然而，波爾背叛的是亨利國王，卻不是英格蘭。經歷了抉擇的歷程，波爾區別了「國王」與「國家」。他試圖「顛覆國王」，卻不曾「背叛國家」。波爾的選擇展現了知識菁英另一番的掙扎與執著。波爾雖然沒有像殉道的摩爾等人如此地讓人欷歔傳頌，但他獲得的正面評價，亦可視為青史還予他的公正報償。

參、屈服的菁英

在所有亨利朝的知識菁英中，最易為人所忽略的是第三類——「屈服的

---

[72] 滕斯托爾（Cuthbert Tunstal, 1474–1559）是波爾敬重的學界友人。他曾任倫敦主教等重要教職。原本在離婚議題上，滕斯托爾與摩爾等人站在同樣的立場，但因為來自亨利八世的龐大壓力，滕斯托爾最後選擇屈服。

[73] *Letters and Papers, Henry VIII*, vol. 11, no. 654.

[74] *Letters and Papers, Henry VIII*, vol. 11, no. 1353.

菁英」。他們沒有像摩爾、費雪那般引人矚目，也沒有像波爾一樣揚名立萬。他們不是「聖人」，[75] 沒有為了理念違抗國王；他們被歷史的洪流所淹沒。然而，就本文的中心關懷來看，這群「被淹沒」的「屈服菁英」特別值得探討。他們與亨利八世一手提拔的宗教改革推手（如克倫威爾、克蘭默等人）不同。[76] 他們接受過良好的人文主義與神學教育，對於局勢有優越的判斷能力。在某種程度上，他們也懷抱著理念；他們絕大多數不認同亨利八世的激烈作為，但他們最後都選擇了屈從。這是值得我們研究的課題：他們擁有知識，擁有判斷力，為什麼還選擇屈服？是出於政治壓力，還是價值選擇？這群菁英的思維或許最能代表，也最足以說明「知識菁英未能阻止亨利八世推動宗教改革」的原因。

在所有屈服的菁英中，我們要討論的史蒂芬・加德納（Stephen Gardiner, 1482–1555）是最具代表性的人物。加德納的出線主要基於幾項理由：首先，他在當代是與摩爾、波爾等人齊名的人物。他們的養成背景接近，出仕後互動密切，同屬一個文人圈。[77] 其次，加德納活躍的時期甚久：他在瑪麗朝中期過世，服侍過多位都鐸君主，也親身走過宗教改革後英格蘭教會於「新教」（Protestant）與「天主教」間的劇烈震盪。加德納在愛德華六世乃至瑪麗時代的作為，有助於我們釐清他真實的信念，對他在亨利朝的選擇做出更準確的論定。最後一項則是學術史的理由。加德納受到的學界關注相當稀少。穆勒（James Muller）在 1926 年的作品《史蒂芬・加德納與都鐸朝的反動》仍是相關研究的經典。[78] 而最近一本以他為主題的論著《捍衛天主教會：史蒂芬・加德納的一生》也已經有二十年的歷史。[79]「二戰學者」穆勒的學術紮實，但論點四平八穩：他的作品以闡述加德納的生命全貌為目標，缺少清

---

[75] 這是 Redworth 對其主人公加德納的注腳。Glyn Redworth, *In Defence of the Church Catholic: The Life of Stephen Gardiner* (Oxford: Basil Blackwell, 1990), p. 2.

[76] Diarmaid MacCulloch 寫過一篇文章比較加德納與克蘭默，詳細說明兩人在不同階段的養成與思維，值得參考。不過，MacCulloch 是研究克蘭默的專家，他在心境上不免對克蘭默懷抱著「同情的理解」。Diarmaid MacCulloch, "Two Dons in Politics: Thomas Cranmer and Stephen Gardiner, 1503–1533," *The Historical Journal*, 37:1 (March 1994), pp. 1-22. 關於克蘭默可見 Diarmaid MacCulloch, *Thomas Cranmer: A Life* (New Haven, London: Yale University Press, 1996).

[77] 舉例來說，加德納曾與摩爾一同出使法國。

[78] James Arthur Muller, *Stephen Gardiner and the Tudor Reaction* (1926, reissued 1970).

[79] *Redworth, In Defence of the Church Catholic Church.*

楚的問題意識與切入觀點。可以說，在亨利朝相當重要的加德納，因為缺少「特出的氣節」與戲劇化的生命歷程，幾乎為學界所徹底遺忘。然而，「平凡」的加德納真的不值得關注嗎？本文認為，正因為加德納「平凡」，所以更值得探討，因為他代表的正是絕大多數面對亨利八世的強勢作為，無能為力的「平凡」英格蘭子民。如果連受過良好教育，享有政治資源與社會聲望的加德納都「無力回天」，一般的平民百姓又如何阻檔國王的堅決意志？在某個程度上，亨利朝宗教改革之所以成功，答案就落在加德納的身上。

加德納出身富裕的布商家庭，自幼便接受良好的教育。他後來進入劍橋大學就讀，在古典學上表現優異。加德納的興趣後來轉向法律，他在 1520 至 1521 年間，先後獲得民法（civil law）與教會法（canon law）兩個學位。加德納初露頭角是在 1525 年。他受到當時的首席大臣「烏爾西樞機主教」（Cardinal Thomas Wolsey, 1475?–1530）賞識，進入他的家宅服務。加德納在外交上具有長才，多次負責外交任務。離婚案浮上檯面後，亨利八世亟需對外交涉的人才，加德納遂獲得重用。[80]加德納在國王的離婚事件中全然支持亨利的立場，自此仕途一帆風順。他先是被提拔在國王的身邊擔任祕書，接著被派任到英格蘭的古老主教區——「溫徹斯特」（Winchester）——擔任主教。依加德納的資歷，這是國王給予的優厚報償。

加德納在歷史上的評價相當分歧。知名的新教作家福克斯（John Foxe, 1517–1587）稱他為「狡猾的溫徹斯特」（Wily Winchester），認為他「擁有殘酷的本性」與「不乏狡獪的機智，總是俟機阻撓真理的傳播。」瑪麗朝的新教流亡領袖波奈（John Ponet, c.1514–1556）則鉅細靡遺地描述加德納（身體上）「惡魔般」的殘疾。[81]當代的編年史家瑞色斯里（Charles Wriothesley, 1508–1562）則喚加德納為「好主教」（good bishop），說他支持英格蘭脫離羅馬教廷一事，「功德無量」。瑞色斯里此言乃反諷之語，因為他是天主教會的支持者。[82]

[80] 1527 年，加德納和摩爾一同代表英格蘭，與法國簽署共同對抗查理五世的盟約。英格蘭此舉意在借助法國的力量，「解救」當時為查理五世困在羅馬的教皇克雷芒七世（Clement VII, r.1523–1534）。亦即，亨利八世企圖透過教廷，取得與凱撒琳解除婚姻關係的許可。

[81] 波奈的論點不甚公允，因為他在 1551 年取代加德納成為「溫徹斯特主教」，兩人在職位上有前後任的緊張關係。

[82] Redworth, *In Defence of the Church Catholic*, p. 3.

相對於都鐸朝作者對加德納的冷潮熱諷，二十世紀的歷史學家顯然對他友善許多。瑞德沃斯（Glyn Redworth）這樣評論加德納：

> 他不是聖人。不像摩爾，他看不見傑若姆（Jerome）覺察到的真理：分裂（schism）終將走向異端（heresy）。這位熱切的年輕主教……讓自己相信，國王至高權是值得支持的目標。服從對加德納而言是一種宗教的行為，更何況，唯有君王的保護，才能拯救被反教會團體與新教支持者步步進逼的教會。[83]

瑞德沃斯認為加德納有思想上的盲點，但他立意良善：他希望透過「效忠國王」的方式來「捍衛天主教會」。加德納比不上殉道的摩爾與費雪，他比較「懦弱」（weaker），但他也更符合人性（human）。他是一個活在「宗教改革亂世」的平凡人，「不特別勇敢，也不全然誠實。他在判斷上出現許多失誤，但他試著同時效忠國王與他的上帝。」[84]

加德納究竟是什麼樣的人？是心機深沉的狡詐惡徒，還是亂世浮沉的平庸凡人？要回答這個問題，我們必須拉長時間斷限，觀察他一生的作為來下評斷。加德納雖然在 1530 年代的風暴中全身而退，但他與亨利八世的重臣克倫威爾及克蘭默等人並不和睦。克蘭默以坎特伯里大主教的身分強勢介入主教權限，他的舉動引起加德納強烈的抗議。加德納的反應顯示，他雖然遵從國王自立教會的決定，但對於教會內部的大幅變革（如 1536 年的「解散修院」（Dissolution of the Monasteries）之舉）並不贊同。

加德納的宗教立場在亨利八世去世後更趨明顯。亨利八世辭世時繼位的愛德華六世（Edward VI, r.1547–1553）只有九歲，朝政掌握在舅父「薩莫塞公爵」（Edward Seymour，Duke of Somerset, 1506–1552）的手中。薩莫塞與愛德華一樣信仰新教，英格蘭教會遂明顯在教義上往新教方向傾斜。克蘭默因為理念接近，

於是獲得薩莫塞的重用，主導教會的改革工作。加德納對於克蘭默簡化儀式內容的作法深為不滿，兩人終因 1549 年版《共同祈禱書》（*Book of Common Prayer*, 1549）的內容，發生嚴重衝突。[85] 加德納最後被逮捕下獄，在倫敦塔中監禁了五年之久。

---

[83] Redworth, *In Defence of the Church Catholic*, p. 3.

[84] Redworth, *In Defence of the Church Catholic*, p. 3.

[85] 1549 年的《共同祈禱書》（*Book of Common Prayer*）中，規範國教會的儀式內容與祈禱詞。裡面的神學解釋，與保守派的加德納等人的看法不同。

1553 年，瑪麗一世即位，加德納的命運再次翻轉。瑪麗是凱撒琳的女兒。具有西班牙血統的她是位虔誠的天主教徒。瑪麗即位後的首要之務便是放棄國王「教會之首」的頭銜，帶領英格蘭重返羅馬教會的懷抱。瑪麗從倫敦塔中釋放被拘禁的前朝「異議菁英」，加德納重獲自由。加德納在瑪麗朝深受女王的信任：他不僅重返溫徹斯特主教區，還出任朝中最重要的「大法官」一職，親手在瑪麗的加冕典禮上，將王冠戴在女王的頭上。加德納在瑪麗治下擔負重任：他重新宣告瑪麗的合法繼承權利（此舉意謂「承認瑪麗之母凱撒琳與亨利八世的婚姻效力」），帶領天主教會恢復運作。加德納還公開收回他以前支持「國王至高權」的言論！

加德納在「國王至高權」的立場上出現一百八十度的反轉。他在亨利朝支持國王脫離羅馬教會，卻在愛德華時代因反對新教改革而甘心入獄。加德納前後的作為如此矛盾，我們該如何解讀？學養俱佳的加德納缺乏中心信念嗎？倘若如此，他應該不會在愛德華朝冒上生命危險，反對當道。然而，加德納若是天主教會的信奉者，又何以支持亨利八世自立為教會領袖的決定？面對「矛盾的加德納」，我們唯有從他的著作中尋找答案。

加德納在 1535 年撰寫了一本《論服從的真諦》（*De vera obedientia*）的策論。[86] 此書對「服從」（obedience）的意涵有深入的剖析，有助於我們理解他的思想。他寫道：

> 真正的服從是服從真理。上帝就是真理。因此，真正的服從是服從上帝以及祂所指定的代理人。上帝真言所在的《聖經》認定國王是上帝在世間的代理人。我們因此應該服從國王，無論在宗教抑或世俗的事務上。這也是合乎道理的，因為組成教會的成員，同時組成了國家；否定國王在一個領域內對他們的權威，卻承認他在另一個領域的地位，這是件荒謬的事。再者，《聖經》未就臣民對（其）國王的服從設下任何上限。倘使國王的命令違逆上帝的意旨，（那麼）是下達命令的國王，而非服從國王的臣民，

[86] 此論的正式標題應為《主教論服從的真諦》（*Episcopi de vera obedientia oratio*），不過今日多以《論服從的真諦》稱之。此作品在 1535 年完成後，隨即印刷出版。1553 年，新教神學家貝爾（John Bale, 1495–1563）將之翻譯為英文，在漢堡（Hamburg）出版。此譯本未經加德納本人認可，有許多的錯誤。Pierre Janelle 在 1930 年代重新整理、翻譯加德納的作品，成為最可靠的版本。Stephen Gardiner, *Obedience in Church and State: Three Political Tracts by Stephen Gardiner*, ed. and trans. by Pierre Janelle (Cambridge: Cambridge University Press, 1930).

> 將接受上帝的裁判。國王享有至高的地位，這並非創新之舉。以色列的國王這麼做，羅馬的皇帝們如此，英格蘭的古代君王們亦如是。稱呼國王為英格蘭教會在世間的最高領袖不過是以坦率的言詞表達一項既存的權利。[87]

加德納認為臣民有服從的義務，不管是面對上帝，抑或國王。而「忠君」與「虔信」兩者並不衝突，因為「國王是上帝在世間的代理人」，服從國王就是服從上帝，服從真理。國王享有世間的至高地位（不分宗教或政治），自古皆然。面對至高的國王，臣民唯有全然地服從。裁判國王是上帝的工作。

加德納援引《聖經》為據，闡釋「服從」的意義。他的論證顯示，他在1534年的危局中選擇效忠國王，承認「繼承法」的條文，並非全然出自「狡詐」的野心抑或「亂世浮沉」的考量。他的選擇有著神學信仰的依據：他相信國王是上帝揀選的代理人（不是教皇），所以服從國王便是服從上帝，兩者並行不悖。

加德納的想法可在1535年發表的另一個作品《你若坐在她身邊》（*Si sedes illa*）得到進一步的印證。這是一篇為「亨利八世處決費雪」一事辯護的短文。加德納在文中抨擊費雪拒絕依順國王的意志。他表示：費雪冒犯的不僅是「人」（man，指亨利國王），他同時冒犯了「神」，因為國王是上帝在世間「唯一的代理人」（only vicar）。即使面對的是邪惡且殘暴的國王，服從仍是臣民不容置疑的本分（absolute duty）。臣民甚至沒有提出質疑或反對的權利，他只能溫和、恭順，且耐心地承受一切不合理的對待。國王只對上帝負責。教皇不能妄稱擁有至高地位，他只是個主持儀式的教士，隨時可被撤換。教會在國家內不應享有任何特權；它唯一的工作便是宣教，它甚至連管理自己的權利都不具備。[88]

加德納的論述明確地申論了費雪的「罪行」（sin）：費雪捨本逐末，誤將「主持儀式」的教士「羅馬主教」（bishop of Rome）[89]奉為教會的最高領袖。他冒犯了上帝在世間的代理人——亨利國王；他逾越了人臣的服從本分，犯下違逆國王，也違逆上帝的大罪。費雪被處決，合情合理。加德納

---

[87] Muller, *Stephen Gardiner and the Tudor Reaction*, p. 61.

[88] Stephen Gardiner, "Gardiner's Tract on Fisher's Execution", in *Obedience in Church and State*.

[89] 此為宗教改革後，亨利八世陣營對羅馬教皇的一貫稱呼。

在兩個作品中所展現的立場相當一致，其間的關鍵尤在「國王是上帝於世間『唯一的代理人』」一詞上。加德納反對的不是天主教的信仰內容，[90] 他反對的是「以教皇為教會之首」的羅馬教會體制。這是他與費雪最大的不同之處。

加德納的思想與費雪、波爾等人有明顯的差距。乍看之下，他的立論反而與新教神學家庭戴爾（William Tyndale, c.1494–1536），甚至是路德更為接近。庭戴爾對於「服從」一詞亦曾提出過討論。他在《一位基督徒的服從》（*The Obedience of A Christian Man*, 1528）書中表示，王權來自上帝，人們對於國王因此有服從的義務。因為保羅在《羅馬書》中曾經揭櫫：「人世間的所有權力均來白上帝。人世間獲得權力的人，便是上帝的代理人。」[91]

然而，加德納與庭戴爾等人的「意氣相投」只是「短暫同行」。因為他與新教改革者在教義上有著根本的差異。加德納支持七項聖禮，他主張「教階制度」（hierarchy）。他的立場在反對愛德華時代的教會改革中，清楚展現。他與大力批判天主教會聖禮的庭戴爾非常不同。所以說，加德納支持亨利八世脫離羅馬教會，但他不支持英格蘭教會朝庭戴爾、路德、乃至於喀爾文（John Calvin, 1509–1564）的思想傾斜。他是個宗教上的「保守主義者」（conservative），也或者稱為「傳統主義者」（traditional）更為貼切。他接受基督教會幾百年來在英格蘭宣揚的信仰內涵，也奉行儀典聖禮。加德納是個「尊奉君王」的「傳統信仰者」。而值得強調的是，加德納並非異數。在1530年代，甚至整個都鐸王朝，絕大多數的英格蘭人民都與加德納一樣，是懷抱著「忠君」信念的傳統信仰「虔信」者。加德納不曾公起身然反抗亨利八世，正說明了絕大多數的英格蘭人民無法揭竿而起的心理猶豫。而加德納在愛德華六世時代對於傳統信仰的堅持，適足以解釋英格蘭遲遲無法完成所謂的「民間宗教改革」（Popular Reformation），蛻變成為全然的新教國家。[92]

---

[90] 此點見下面的申論。

[91] 《羅馬書》13：1-8 中寫道：「讓每一個靈魂都順從於較高權力者的權威吧」，因為「世上只有上帝方有權力，所有權力均來自於上帝的任命」，「反抗權力便是反抗上帝的任命」。William Tyndale, *The Obedience of A Christian Man* (1528; London: Penguin, 2000), p. 36.

[92] 「宗教改革何時在英格蘭完成？」這是學界關注的核心議題。研究者辯論的焦點是：英格蘭並未在亨利八世建立「獨立的英格蘭教會」（即所謂「官方宗教改革」的完成）的同時，完成信仰的改宗（conversion）。最早提出此論點的是 Christopher Haigh。Haigh 在其 *Reformation and Resistance in Tudor Lancashire* (London: Cambridge University Press, 1975) 一書中，以英格蘭西北的 Lancashire 為證，指出該地並未隨亨利八世宗教改革的

肆、結論：亨利八世與他的知識菁英

> 在回報他人方面，亨利八世性格裡有項突出又令人厭惡的特質：安普生（Empson）與達德利（Dudley）；烏爾西、摩爾，與克倫威爾；亞拉岡的凱撒琳與安．葆琳；巴尼斯（Barnes）與諾弗克——一個接著一個，被他冷笑著摧毀或棄置一旁，一旦他們再無利用價值。[93]

史托基教授（Charles Sturge）的這段話精簡而生動地標舉出亨利八世的用人特色。對他而言，所有的人（從妻子、女兒，到大臣）都是達成目的後「可拋棄」的工具；一旦沒有利用價值，亨利八世便會毫不留情地處置（死）或驅逐他們。亨利八世對待周遭人士或者不無真情：他曾有意探望被葆琳刻意隔離的瑪麗公主；[94] 他也曾厚待賞識的貴族青年波爾。然而，只要他們的想法與他的意志相違，他便會捨棄人情，毫不猶豫地拔除阻礙在面前的障礙。史托基對亨利八世的評論相當深刻，而史托基所觀察到的，正是亨利八世對知識菁英抱持的基本態度：只要違逆國王的意志，任何人都可以剷除。

亨利八世如此看待他的菁英，他的知識菁英又是如何對待國王？經由本文的討論我們可以知道，在這些菁英心中存在著兩種深刻的價值——「忠君」與「虔信」。這兩種原本「和諧」的價值，因為宗教改革的推動而產生了衝突：對羅馬天主教會的「虔信」抵觸到「對國王的忠誠」。1534 年「繼承法」的通過，讓所有菁英都必須表態；「忠君」與「虔信」在他們心中劇

推動而改變信仰。Haigh 此番革命性的論點提出後，學界遂逐漸形成宗教改革應將亨利八世的「官方宗教改革」以及英格蘭民眾的「民間宗教改革」分成兩個區塊研究。「官方宗教改革」大致在亨利八世朝初步達成（雖然仍有後續的許多紛擾及擺盪）。然而「民間宗教改革」何時發生？如何發生？何時完成？學界至今仍無定論。相關研究可參見李若庸，〈評 Peter Marshall, *The Impact of the English Reformation 1500–1640*〉，《新史學》，9：4（臺北，1998.12），頁 171-177。

[93] Charles Sturge, *Cuthbert Tunstal: Churchman, Scholar, Statesman, Administrator* (London: Longmans, 1938), p.228. 安普生（Sir Richard Empson, d.1510）與達德利（Sir Robert Dudley, c.1462–1510）都是亨利七世時代的財政官員。他們因為替國王整頓財政，引來民怨。亨利八世即位不久，便將兩人處決，以收攬人心。巴尼斯（Robert Barnes, c.1495–1540）是英格蘭早期的新教改革家，為克倫威爾所倚重。但因為亨利八世最後決定英格蘭教會不再朝新教傾斜，遂在 1540 年將他處決。在史托基提及的八個人中，只有凱撒琳王后與諾弗克公爵兩人沒有成為亨利八世的刀下亡魂。

[94] *Letters and Papers, Henry VIII*, vol.7, no.83.

烈激盪：費雪、摩爾、波爾，加德納，無人得以倖免；他們都得在這兩種價值間做出選擇。於是，「忠君」與「虔信」在不同的菁英身上發揮不同的影響力：殉道的費雪與摩爾將「虔信」放在「忠君」之上，他們無法為了服侍國王放棄自己的宗教良知。而屈服的加德納則以「忠君」高於「虔信」來說服自己，選擇在信仰議題上支持國王的決定。值得注意的是，無論做出何種選擇，這些知識菁英都未曾完全放棄任何一項價值：選擇「忠君」的菁英固然放棄了自主的宗教表達，選擇「虔信」的菁英也未曾忘懷「忠君」的信念。流亡的波爾時刻惦念著讓國王「回歸正途」，而殉道的費雪與摩爾選擇以死亡來成全某種意義上的君臣之義。因為「忠君」的信念，讓「不積極作為」成為許多知識菁英最後的決定；這使得他們無法發揮應有的牽制力量。

我們也可以從另一個角度切入，來理解「忠君」與「虔信」雙重價值所造成的深刻影響。沙根在分析亨利八世化解 1536 年「聖寵朝聖行」（Pilgrimage of Grace）的叛亂危機時，曾提出亨利八世操作叛民「忠君」情緒的手法。沙根表示，亨利先以懷柔的含糊承諾，安撫對國王懷抱敬意的大部分叛民，讓他們自動返家。然後再動用武力，以強勢的鎮壓手段對付堅持抗爭的少數群眾。價值的衝突造成了群體的分裂，削弱了反對力量。[95] 同樣的情況也出現在亨利朝的知識菁英身上。

菁英階層的價值分裂早在 1530 年初凱撒琳的離婚爭議中顯現出來。在離婚事件裡，天主教會明顯站在凱撒琳這邊。然而幾乎所有知識精英，從摩爾、波爾，到加德納（甚至費雪最後也默認了國王的決定）都選擇支持國王的立場。他們不一定同意國王的作為（凱撒琳是位德行兼備的虔誠王后），但是他們無論如何不能為了「天主教」的王后，違逆他們的國王。這個事件顯示，「忠君」價值深值人心。如果不是亨利脫離羅馬教會的作為過於激進，讓「虔信」與「忠君」的衝突白熱化，到達無可妥協的程度，亨利八世的知識菁英恐怕還會努力地在「忠君」的架構下，掙扎地尋找可能的妥協出路。

「忠君」與「虔信」都是深植於都鐸菁英內心的信念。亨利八世的執意作為讓他們面臨兩項價值的激烈衝突，他們被迫為兩種並存的價值排出順序。菁英們不同的排序選擇，造成了不同的結論：他們有的選擇順服，有的選擇流亡，有的選擇殉道。姑且不論選擇過程中個別菁英曾經歷的內心掙

[95] Shagan, *Popular Politics and the English Reformation*.

扎，就整體而言，我們可以說，深陷兩種價值拉扯的菁英階層，給予亨利八世拉攏與脅迫的操作空間。於是，知識菁英分裂成為支持與反對國王的兩大陣營。分裂的菁英再難對國王產生預期的制止力量。甚至，根深柢固的「忠君」信念，讓選擇殉道的摩爾與費雪，即便走上了行刑高臺，也不願意透露一句違逆國王的公開遺言。而如果「忠君」價值是都鐸王朝得以「成就盛世」的原因，那麼我們或許可以合理推論，「失去英格蘭子民對於王室的不悔支持」是斯圖亞特家族「邁向失敗」的重要關鍵。

（原刊於：《成大歷史學報》第 38 號，2010 年）

DOI:10.978. 986437/1778.0006

從基礎邁向上層建築：英國左派理論與政治的變革

楊子政 *

壹、前言

歷經了十三年的執政，英國工黨（Labour Party）政府於 2010 年五月敗選下臺，其執政期間爭議頗多，包括向新古典自由主義靠攏的社會經濟政策、親美的外交路線、強力的媒體操作、集權中央的黨務運作等都引起不少質疑與批判。僅管本屆工黨政府是英國歷史上自我標榜為社會主義性質的政黨掌握政權最長的時期，[1] 部分人士卻認為工黨路線的改變證明了所謂議會路線的社會主義運動的破產，指責工黨背離了社會主義原則。[2]

關於「新工黨」（New Labour）的政策和實踐，國內外學界已有頗多相關討論，亦非本文的重心。[3] 本文所關注的課題是 1960 年代至 1980 年代末期英國左派運動中關於社會主義政治實踐之理論與路線的發展，正如同新工黨／「第三條路」的理論構劃者季登斯（Anthony Giddens）所指稱的：1980 年代部分英國左派的討論已經預見了日後社會主義政治所必須進行的變革。[4] 換言之，新工黨的路線就某個程度上而言乃是英國左派運動持續發

作者感謝兩位匿名審查人的寶貴意見，以及國科會研究計畫「二十世紀英國左派書寫中的社會主義想像」（NSC-98-2410-H-305-048）的支持。

* 國立臺北大學歷史學系助理教授

[1] 1995 年修改的工黨黨章第四條宣稱：「工黨是一個民主的社會主義政黨。」

[2] 參見 Leo Panitch and Colin Leys, *The End of Parliamentary Socialism: From New Left to New Labour* (London: Verso, 2001).

[3] 國內學界的相關討論，參見：吳育仁，〈勞動關係新思維：英國第三條路的政治經濟哲學〉，《理論與政策》14, 4 (2000): 91-112；陳宜中，〈第三條路：新時代的新政治？〉，《臺灣社會研究季刊》40 (2000): 153-179；黃偉峰，〈邁向唐寧街十號：1997 年英國大選工黨勝選因素初探〉，《歐美研究》28, 1 (1998): 137-192。

[4] Anthony Giddens, *The Third Way and its Critics* (Cambridge: Polity Press, 2000), pp. 27-28.

展所積累而成的歷史產物，因此應有必要針對英國左派運動之理論與路線的辯論和發展進行較具縱深的歷史性的考察。

自 1960 年代以來，國際共產主義／社會主義運動即遭逢劇烈的挑戰，亦不斷地進行理論與路線的辯論與修改。本文分析英國左派對於古典馬克思主義有關「基礎／上層建築」（base/superstructure）概念所進行的修改，以及對政治路線與政治實踐之影響。本文要探討的主題是：英國左派理論家與運動者對於理論的詮釋是如何在歷史的脈絡中被模塑？對於理論的解釋和使用是如何地在當代政治社會環境的變動中被不斷的改變？而從這些對理論的不同詮釋版本中去檢視理論與詮釋者之間以及文本與脈絡之間的互動關係，進而去評析英國左派之理論與實踐的連結，反思其歷史經驗，進而省視葛蘭西（Antonio Gramsci）之「文化霸權」（hegemony）理論的當代意義。

為討論上述課題，本文將說明自 1960 年代至 1980 年代期間不同的左派政治團體對於社會主義理論的不同詮釋版本，探討模塑這些詮釋版本的歷史脈絡，以及理論的應用對左派運動的影響，對英國左派的理論詮釋進行「歷史化」（historicize）的工作。筆者將由馬克思主義傳統內部去分析部分英國左派人士引用葛蘭西之「文化霸權」理論對古典馬克思主義有關基礎／上層建築概念所進行的修改，不僅從理論上質疑「經濟決定論」（economic determinism）以及工人階級的領導權等概念，從而在實踐上主張放棄傳統「階級政治」（class politics）與工會運動，重新定義了所謂「社會主義」政治的內容，並進而在 1980 年代發展出與工黨「強硬派」（hard left）歧異頗大的政治路線與政治實踐。

貳、從莫斯科到羅馬：傳奇的建構

自 1960 年代至 1980 年代末期，在英國左派對於古典馬克思主義有關基礎／上層建築概念所進行的辯論過程中，1920 年代義大利共產主義運動領導人葛蘭西的「文化霸權」理論具有關鍵的重要性。確實，如同福加斯（David Forgacs）所指出的，英國左派應是除了義大利共產黨之外，對葛蘭西理論之討論和使用最廣泛的政治流派。[5] 1960 年代以來，葛蘭西一直受

[5] David Forgacs, Gramsci and Marxism in Britain, *New Left Review* 176, Jul./Aug. (1989): 70.

到國際共產主義／社會主義運動內部企圖改革的人士的高度關注，並且成為他們的一面旗幟。[6] 葛蘭西被建構為一位多元的、富創造性的馬克思主義者，他的理論被認為啟發了「歐共主義」（Eurocommunism）的民主路線，引發了左派對於文化、意識型態領域的重視，展開了對階級政治的批判。[7] 於是，在這個詮釋版本中，葛蘭西成為「新的」、「西方的」、「非教條的」馬克思主義的代表。

即便在 1989 年之後，當蘇聯與東歐等「實存社會主義」政權解體，馬克思主義在理論上以及實踐上均受到強烈的批判之際，西方知識圈對葛蘭西的討論、研究並未曾中斷。[8] 儘管西方建制內的左派政治運動力求與傳統社會主義政治、馬克思主義劃清界線，葛蘭西仍然被視為重要的政治資產。例

---

[6] 關於葛蘭西理論的討論，茲列舉重要著作：Walter L. Adamson, *Hegemony and Revolution: A Study of Antonio Gramsci's Political and Cultural Theory* (Berkeley: University of California Press, 1980); Carl Boggs, *The Two Revolutions: Antonio Gramsci and the Dilemmas of Western Marxism* (Boston: South End Press, 1984); John M. Cammett, *Antonio Gramsci and the Origin of Italian Communism* (Stanford: Stanford University Press, 1967); Joseph V. Femia, *Gramsci's Political Thought: Hegemony, Consciousness, and the Revolutionary Process* (Oxford: Clarendon, 1987); David Harris, *From Class Struggle to the Politics of Pleasure: The Effect of Gramscianism on Cultural Studies* (London: Routledge, 1992); Renate Holub, *Antonio Gramsci: Beyond Marxism and Postmodernism* (London: Routledge, 1992); Chantal Mouffe, Hegemony and Ideology in Gramsci, in Chantal Mouffe (Ed.), *Gramsci and Marxist Theory* (London: Routledge, 1979), pp. 168-204; Anne Showstack Sassoon, *Gramsci's Politics* (London: Hutchinson, 1987); Anne Showstack Sassoon, *Gramsci and Contemporary Politics: Beyond Pessimism of the Intellect* (London: Routledge, 2000); Roger Simon, *Gramsci's Political Thought* (London: Lawrence and Wishart, 1982)；Palmiro Togliatti, *On Gramsci and Other Writings* (London: Lawrence and Wishart, 1979).

[7] 更詳盡的討論，見 Ernesto Laclau and Chantal Mouffe, *Hegemony and Socialist Strategy: Towards a Radical Democratic Politics* (London: Verso, 1985), pp. 47-91.

[8] 1989 年後出版之有關葛蘭西理論的重要著作包括：Andreas Bieler and Adam Morton (Eds.), Images of Gramsci: Connections and Contentions in Political Theory and International Relations (London: Routledge, 2006); Richard J. F. Day, Gramsci is Dead: Anarchist Currents in the Newest Social Movements (London: Pluto, 2005); Maurice A. Finocchiaro, Gramsci and the History of Dialectical Thought (Cambridge: Cambridge University Press, 2002); David Harris, *From Class Struggle to the Politics of Pleasure*；Deb Hill, *Hegemony and Education: Gramsci, Post-Marxism, and Radical Democracy Revisited* (Lanham, MD: Lexington Books, 2007); Renate Holub, *Antonio Gramsci: Beyond Marxism and Postmodernism*；Peter Ives, *Language and Hegemony in Gramsci* (London: Pluto Press, 2004); Carl Levy, *Gramsci and the Anarchists* (Oxford: Berg, 1999); Adam David Morton, *Unravelling Gramsci: Hegemony and Passive Revolution in the Global Political Economy* (London: Pluto Press, 2007)；Emanuele Saccarelli, *Gramsci and Trotsky in the Shadow of Stalinism: The Political Theory and Practice of Opposition* (London: Routledge, 2007); Anne Showstack Sassoon, *Gramsci and Contemporary Politics*.

如 1991 年義大利共產黨宣布轉型為左派民主黨（Democratic Party of the Left）時，領導人奧凱托（Achille Occhetto）便聲稱：「葛蘭西將伴隨著我們到新的政黨中去。」[9] 而在英國，當工黨在 1997 年的國會大選中贏得史無前例的勝利之後（659 席中獲得 418 席），亦有工黨的策士指出新工黨的路線是受到葛蘭西的理論所啟發。[10]

葛蘭西 1891 年出生於義大利貧瘠的薩丁尼亞島上的一個佃農家庭，雖然身有殘疾，健康狀況不甚良好，他仍在 1911 年獲得獎學金進入杜林大學（University of Turin）就讀。[11] 1913 年他加入義大利社會黨，並開始為左派報刊撰寫文章。1919 年他協助創辦了社會黨週刊《新秩序》（*Ordine Nuovo*），之後在 1921 年，又參與了義大利共產黨的組建。自 1922 年至 1924 年，葛蘭西在莫斯科及維也納為共產國際（Communist International）工作，而當義共內部陷入派系與路線的鬥爭之際，在共產國際的支持下，1924 年葛蘭西回到義大利，掌握了黨的領導權，並於同年當選為國會議員。然而，1926 年葛蘭西旋遭法西斯政府逮補，並被判入獄二十年以上，雖然身處墨索里尼的監獄中，在參考資料缺乏以及檢查制度下，葛蘭西仍就義大利的政治情勢進行書寫，這些材料日後被編纂成《獄中筆記》（*Prison Notebooks*）。[12] 歷經長期牢獄生活的折磨，葛蘭西健康狀況持續惡化，病逝於 1937 年。

相較於其他同世代的國際共產主義運動領導人，葛蘭西主持黨務的時間較短，並未曾犯下所謂重大的「路線錯誤」，而論者亦頗難將自 1926 年即被下獄的葛蘭西與自 1920 年代末期以來主導國際共運的斯大林以及其獨裁殘暴的路線結合起來。另外，法西斯政權長期對葛蘭西的監禁，以及葛蘭西

---

9 David I. Kertzer, *Politics and Symbols: The Italian Communist Party and the Fall of Communism* (New Haven: Yale University Press, 1996), p. 100.

10 Anne Showstack Sassoon, *Gramsci and Contemporary Politics*, pp. 95-97, 102-104; Robert Jackson, Mr Blair's Italian Job, *Spectator* Dec. (1998): 16-17; Economist, New Labour's Gurus: The Apostles of Modernity, *Economist* Oct. (1997): 36-39.

11 關於葛蘭西的生平，參見：Alastair Davidson, *Antonio Gramsci: Towards an Intellectual Biography* (London: Merlin Press, 1976); Giuseppe Fiori and Tom Nairn, *Antonio Gramsci: Life of a Revolutionary* (London: Verso, 1990); Paolo Spriano, *Antonio Gramsci and the Party: The Prison Years* (London: Lawrence and Wishart, 1979).

12 Antonio Gramsci, *Selections from the Prison Notebooks* (London: Lawrence & Wishart, 1971).

在獄中的不懈寫作、思考共產主義運動的未來，亦為葛蘭西的一生增添了悲劇、傳奇的色彩，造就其「烈士」的形象。於是，葛蘭西成為早期共產主義運動領導階層中少數擁有光榮政治紀錄的人物之一，這使得他在歐洲左派內部享有頗高的威信。在這樣的基礎上，有關葛蘭西的「傳奇」、「神話」，如同我們下面將看到的，被逐步地創造出來。

1956 年以前葛蘭西的理論在義大利之外很少受到討論，僅有少數英國共產黨的知識分子企圖翻譯、引介葛蘭西的作品，但卻遭到英共中央的限制，因為當時領導國際共運的蘇聯方面對葛蘭西的理論採取高度質疑的態度。[13] 然而，1956 年二月蘇共的第二十次代表大會上，斯大林的繼任者赫魯曉夫發表秘密報告，揭露並批判斯大林時期的種種罪行。同年十一月，蘇聯軍隊入侵匈牙利，鎮壓了那吉（Imer Nagy）政府的改革。於是，在蘇共二十大與匈牙利事件的衝擊下，蘇聯作為所謂社會主義模範與領導國家，其威信與聲望不斷降低。在這樣的態勢下，西方資本主義世界中最大的共產黨——義大利共產黨及其領導人陶里亞蒂（Palmiro Togliatti）開始對蘇聯採取批判性的立場，[14] 譴責斯大林的個人崇拜以及蘇聯社會制度的腐敗，強調國際共運「多元中心」（poly-centralism）的方向，並宣示義共今後的發展將走一條獨立、民主的道路。[15] 陶里亞蒂的改革姿態，引起了西方部分尋求變革的共產主義者的關注，並進而引發了他們對義共的理論源頭——葛蘭西政治思想的討論。[16] 但是，在這個階段，在義共的官方詮釋版本中，葛蘭西理論的內容與蘇聯方面所謂的馬克思列寧主義（Marxism-Leninism）並無顯著的差異。

自第二次世界大戰以來，義大利共產黨便宣稱葛蘭西的「訓示」

---

[13] 楊子政，〈英國共產黨歷史家小組及其「思想的戰役」〉，《成大西洋史集刊》13 (2005): 149-150。

[14] 1950 年代義共在歷次國會大選中皆獲得 25% 左右的選票：Lelio Basso, The Italian Left, *Universities and Left Review*, Spring (1957): 26.

[15] Togliatti on Stalin and Collective Leadership, *World News*, 31 March 1956 [London]: 201-203.

[16] 1956 年五月二十七日，在英國共產黨「歷史家小組」（Historians' Group）的會議上討論了葛蘭西選集的出版準備工作：Communist Party of Great Britain archive, Labour History Archive and Study Centre, Manchester: CP/CENT/CULT/5/13, Minutes of the Historians' Group (1956). 另參見：Christopher Hill, Antonio Gramsci, *New Reasoner* Spring (1958): 107-113; Louis Marks, Antonio Gramsci, *Marxist Quarterly* 3, 4(1956): 225-238; George Thompson, Gramsci: The First Italian Marxist, *Marxism Today* Nov. (1957): 61-62.

（teaching）一直引導著黨的路線與發展。[17] 然而，何謂葛蘭西的「訓示」卻是在不同的階段有著不同的內容；關於葛蘭西理論的詮釋以及應用總是因應當代局勢的變化被不斷地修改。至 1960 年代中期為止，義共對於葛蘭西的解釋是根據陶里亞蒂的版本：陶里亞蒂聲稱葛蘭西並非一位原創的思想家，相反的，葛蘭西是一個忠實的列寧主義者（Leninist）；葛蘭西的貢獻，在於運用列寧主義去分析當代特殊的義大利情勢，[18] 他主要的政治策略主張在此時被定義為包括「通往社會主義的民族道路」、「階級聯盟」、「反經濟主義」（anti-economism）等，均被視為是源自列寧的思想。[19] 另外，陶里亞蒂強調，就理論的實質內容而言，葛蘭西的「文化霸權」與列寧的「無產階級專政」（dictatorship of the proletariat）概念之間並無不同。

到了 1960 年代末期，義共這個列寧主義版本的葛蘭西卻有了改變。1968 年蘇聯出兵捷克，結束了「布拉格之春」，以義共為首的歐洲十七國共產黨發表聯合聲明譴責蘇聯干涉捷克內政。為與蘇聯做出進一步的區隔、發展自主路線，義大利、法國、西班牙等國共黨共同提出了「歐共主義」的主張，強調擁有民主傳統的西歐發達資本主義國家的情勢與 1917 年的俄國差異甚大，因此蘇聯模式的共產主義並不適用於西歐。[20] 西歐共產主義運動應考量本國國情，以民主、和平的方式建立社會主義，並去爭取傳統工人階級選民以外的支持，包括新興的婦女運動、學生運動等。「歐共主義」並且促成了義共的「歷史性妥協」（historic compromise）策略的發展：義共主張為了完成義大利在政治、經濟、社會各層面的現代化，必須調整立場尋求與一切政治上「進步」的力量，包括社會黨、天主教會等合作。[21]

---

[17] Palmiro Togliatti, The Tasks of the Party in the Current Situation, in Palmiro Togliatti, *On Gramsci and Other Writings*, p. 85.

[18] Palmiro Togliatti, Leninism in the Theory and Practice of Gramsci, in Palmiro Togliatti, *On Gramsci and Other Writings*, pp. 171-180.

[19] Palmiro Togliatti, Leninism in the Theory and Practice of Gramsci, p. 179; Palmiro Togliatti, Gramsci and Leninism, in Palmiro Togliatti, *On Gramsci and Other Writings*, pp. 203-204. 另參見：Joseph V. Femia, *Gramsci's Political Thought*, pp. 165-172, 200-203; Peter Gibbon, Gramsci, Eurocommunism and the Comintern, *Economy and Society* 12 (1983): 328-330; Paul Piccone, Italian Marxism (Berkeley: University of California Press, 1983), pp. 167-176.

[20] Peter Lange and Maurizio Vannicelli (Eds.), *The Communist Parties of Italy, France and Spain: Power and Continuity* (London: Allen & Unwin, 1981), pp. 31-40, 109-114, 203-216, 230-238, 287-296.

[21] 「歷史性妥協」的策略於 1975 年三月義共第十四次代表大會上決議通過。

1976 年國會大選大有斬獲後，義共亦與傳統政敵——保守派的基督教民主黨（Christian Democratic Party）達成協議，支持其組閣。[22]

隨著新政治路線的發展，再加上陶里亞蒂於 1964 年病逝，使得義共傾向列寧主義的葛蘭西詮釋版本有了改變，另一個較「民主」、「多元」的詮釋版本開始被建構。1970 年代初期，義共開始宣稱其歐共主義的路線是受葛蘭西的理論所啟發，葛蘭西理論的發展遠遠超越了列寧主義的水平；[23] 陶里亞蒂的繼任者隆哥（Luigi Longo）強調葛蘭西是堅持民主概念的理論家，並指出早在 1930 年代，葛蘭西便認為各國共產主義運動必須走獨立自主的道路。[24] 於是，由 1950 年代到 1970 年代，在義共不同的詮釋版本中，葛蘭西從列寧主義的追隨者轉變為歐共主義的啟發者，由專政的擁護者變成了民主的捍衛者，由蘇共的支持者轉變為義共獨立路線的代言人。

歐共主義的提出，以及義共作為西歐最大共黨組織所帶來的政治威信，使其逐漸取代蘇聯成為西歐共產主義運動的領導者，同時，它也被西歐部分尋求改革的馬克思主義者視為運動的模範。[25] 義共對葛蘭西的推崇亦引發了對葛蘭西理論的高度關注與熱烈討論，而在這些討論中，葛蘭西對英國共產黨改革派人士以及「新左派」（New Left）的理論與路線的影響尤其深刻。

英國新左派的形成始於 1956 年，在歷經蘇共二十大與匈牙利事件的衝擊後，英國共產黨仍選擇了支持蘇聯的立場，[26] 引發了黨內主要知識分子的

---

[22] Donald Sassoon, *The Strategy of the Italian Communist Party: From Resistance to Historic Compromise* (London: Frances Pinter, 1981), pp. 220-234.

[23] Joseph V. Femia, *Gramsci's Political Thought*, p. 167.

[24] David I. Kertzer, *Politics and Symbols*, pp. 46-48.

[25] 例如霍布斯邦表示，1956 年後，他在精神上成為義大利共產黨的黨員，因義共的路線與他對共產主義的期待較契合：Eric J. Hobsbawm, *Interesting Times: A Twentieth-Century Life* (London: Penguin, 2002), p. 216.

[26] 英國共產黨成立於 1920 年，在 1991 年自行解散後轉型為「民主左派」（Democratic Left）。英共並未在政治上扮演過重要的力量，在歷次國會大選中最好的表現是在 1945 年獲得兩個席位。然而，英共在大選中的邊緣位置究竟是導因於政治路線，或是英國的單一選區／相對多數獲勝／無比例代表的選舉制度，學界仍有不同意見。在上述的制度設計下，左派選民傾向把選票集中於最有希望當選的大黨候選人，使得小黨難以贏得席次，造成了工黨在大選中對於左派選票的獨占，然而英共對工會運動以及左派文化有著遠超過其選票所呈現的影響力，參見：Francis Beckett, *Enemy Within: The Rise and Fall of the British Communist Party* (London: Merlin Press, 1995); Andy Croft (Ed.), *Weapon in the Struggle: The Cultural History of the Communist Party in Britain* (London: Pluto Press, 1998); Raphael Samuel, *The Lost World of British Communism* (London: Verso, 2006); Willie Thompson, *The Good Old Cause: British Communism, 1921–1991* (London: Pluto Press, 1992).

批判。[27] 尋求改革受挫之後，英共部分著名的知識分子包括歷史學家湯普森（E.P. Thompson）、撒伏爾（John Saville）等宣布退黨，而其他如國際聞名的史家霍布斯邦（Eric Hobsbawm）雖仍然留在黨內，但卻不再積極參與黨務，亦對英共的未來發展感到悲觀。[28] 退出英共的湯普森等人於 1957 年夏季出版《新理性者》（*New Reasoner*）雜誌，倡導社會主義的人道主義。[29] 1960 年，《新理性者》與一批以霍爾（Stuart Hall）為首，關懷文化層面的青年基進知識分子所主持的刊物《大學與左派評論》（*Universities and Left Reviews*）合併為《新左評論》（*New Left Review*）。[30] 霍爾 1932 年出生於牙買加的一個中產階級家庭，1951 年前往英國進入牛津大學學習文學。在牛津，他與其他左派人士共同創辦了《大學與左派評論》，企圖去討論與處理包括族群、文化等被傳統左派忽視的議題，發展文化面向的馬克思主義。

《新左評論》發起者的活動並不僅止於撰寫理論文字，他們還企圖在英國各地組織新左社團（New Left Club），嘗試在依循蘇聯共產主義模式的英國共產黨以及走溫和議會改革路線的工黨之外，開拓左派政治的「第三空間」，組織一新的、獨立的社會主義運動。[31] 然而，刊物的編輯委員會內部不久發生歧見，湯普森、霍爾等選擇退出，在這之後，霍爾進入伯明翰大學當代文化研究中心（Centre for Contemporary Cultural Studies, University of Birmingham），並於 1969 年成為該中心主任。另一方面，《新左評論》自 1962 年起由青年學者安德森（Perry Anderson）主導，並自 1960 年代中期開始，藉由引用葛蘭西的文化霸權理論去分析英國資本主義的危機。[32]

---

[27] 周樑楷，〈1956 年對英國馬克思主義史家的衝擊：以哈布斯頗和湯姆森為分析對象〉，收入國立中興大學歷史系主編，《第三屆史學史國際研討會論文集》（臺中：青峰，1991），頁 235-261；John Saville, The Twentieth Congress and the British Communist Party, *Socialist Register* 13 (1976): 1-23.

[28] Eric J. Hobsbawm, *Interesting Times*, pp. 210-218.

[29] E. P. Thompson, Socialist Humanism, *New Reasoner* Summer (1957): 105-144; E. P. Thompson, The New Left, *New Reasoner* Summer (1959): 1-17.

[30] Chun Lin, *The British New Left* (Edinburgh: Edinburgh University Press, 1993), pp. 10-19. 關於英國新左派的討論，另參見：Michael Kenny, *The First New Left: British Intellectuals after Stalin* (London: Lawrence & Wishart, 1995); Ellen Meiksins Wood, A Chronology of the New Left and Its Success: Or, Whos Old-Fashioned Now?, *Socialist Register* 31 (1995): 22-49.

[31] Chun Lin, *The British New Left*, p. 17.

[32] Perry Anderson, Origins of the Present Crisis, *New Left Review* 23, Jan./Feb. (1964): 26-53; Perry Anderson, Components of the National Culture, *New Left Review* 50, Jul./Aug. (1968): 3-57.

《新左評論》對於葛蘭西理論的興趣與引介，不久即受到英國共產黨的關注，隨著義共威信的上升，葛蘭西於是成為左派政治團體爭奪的一面旗幟，在 1969 年寫給英共總書記古倫（John Gollan）的信件中，英共的出版部門主管康福士（Maurice Cornforth）說明葛蘭西作品的出版時指出：

> 整個情況（葛蘭西作品的出版）因我們在《新左評論》的好朋友[33]——他們已經成立他們自己的圖書發行公司——嘗試強力介入葛蘭西作品的出版而更加複雜……我們要求黨派遣代表至義大利黨，去確保我們，而不是我們新左派的好朋友，出版葛蘭西……作為一個共產黨人，他是我們的人，（he is our man）我們不想令他被新左派接管並且被他們標榜為好的共產主義者去對抗壞的共產主義者。[34]

康福士的提議隨即獲得英共中央的支持，1971 年葛蘭西的《獄中筆記》選集由英共出版部門發行，在這個階段，相較於 1956 年的抗拒變革，英共內部已經出現不小的改變。自 1960 年代中期開始，由於美國對於越南的軍事介入，西方各國出現了大規模的青年與學生抗議運動，由質疑戰爭的正當性發展到對整個西方現存資本主義體制的批判，並進而助長了各種新社會運動與左派團體的發展。於是，英共得以在 1960 年代吸收了一批新世代的黨員，這些經由學生運動加入英共的新血，多數是大學生並且來自於中產階級家庭，與年長世代的黨員相較，更加關切包括民主、文化、性別、族群等議題，力主擺脫擁護蘇聯的路線，企圖對黨進行徹底的改革。[35] 他們自 1960 年代末期開始影響英共的路線，並在 1970、1980 年代黨內變革的過程中扮演重要角色。而在他們之中，馬丁．杰克（Martin Jacques）尤其是活躍人物。

杰克出生於 1945 年，雙親都是英共黨員。1960 年代中期因參與反戰和平運動的緣故，加入了共產黨。1967 年當他還是曼徹斯特大學數學系學生時，即被選舉為英共中央執行委員會的成員，隨後杰克進入劍橋大學研讀歷

---

33 康福士以諷刺筆法稱英共的競爭對手《新左評論》為「好朋友」。

34 Communist Party of Great Britain archive, Labour History Archive and Study Centre, Manchester: CP/CENT/CULT/08/04, Letter from Maurice Cornforth to John Gollan (16 May 1969).

35 Geoff Andrews, Young Turks and Old Guard: Intellectuals and the Communist Party Leadership in the 1970s, in Geoff Andrews, Nina Fishman and Kevin Morgan (Eds.), *Opening the Books: Essays on the Social and Cultural History of the British Communist Party* (London: Pluto Press, 1995), pp. 227-231.

史，獲博士學位，並於1971年起在布里斯托大學擔任經濟史講師。由於徹底改革英共的企圖，杰克更於1977年放棄了學術生涯，接掌了英共之理論與討論刊物——《今日馬克思主義》（*Marxism Today*）——的總編輯一職。

自1960年代末期開始，由於新世代黨員的參與決策，英共中央的強硬路線有了調整：1968年蘇聯入侵捷克，黨中央一反過去支持蘇聯的立場，反而跟隨義大利共產黨發表譴責聲明。[36] 於是，在蘇聯作為所謂社會主義的模範，威信不斷受到質疑之際，對於英共黨內的改革派，包括杰克及其盟友來說，如何在馬克思主義的傳統內部尋求和定位一條新的路線，以及為他們的政治改革建構一個新的理論基礎便成為重要的課題。在這樣的態勢下，義共的歐共主義以及其晚近所發展的較民主、多元的葛蘭西理論詮釋版本，適時地為英共改革派所用；在1970至1980年代期間，葛蘭西的理論被英共改革派與部分新左派人士進一步的發展成為合法化其理論修改的基礎，並促成了在實踐上對傳統社會主義政治的挑戰。[37]

至1960年代末期，相較於馬克思主義傳統中馬克思、恩格斯、列寧理論的建制化，對於葛蘭西作品的官方版本詮釋尚未確立，因此何謂葛蘭西理論的「真實」意義還有待詮釋者的論斷。[38] 另外，葛蘭西所留下的著作多屬片段、破碎的性質；葛蘭西早年的寫作生涯，作為一位左派報刊的記者，書寫多是新聞評論，目的在分析當代重要政治事件而非進行嚴謹的理論討論，因此從這些新聞評論中可發現不同甚至相互矛盾的觀點。例如，1914年十月，當葛蘭西仍然是義大利社會黨黨員時曾發表文字，主張社會黨應支持義

---

[36] Executive Committee of the CPGB, Statement of the Executive Committee of the CPGB on 24 Aug 1968, *Marxism Today* Oct. (1968): 294-295.

[37] 除了英共改革派的詮釋版本外，1970至1980年代期間英國左派知識圈針對葛蘭西的主要理論詮釋還有安德森之傾向列寧主義的解讀，以及社會主義工人黨（Socialist Workers' Party）突顯葛蘭西理論中關於工廠委員會（workers' council）的討論，參見：Perry Anderson, The Antinomies of Antonio Gramsci, *New Left Review* 100, Nov./Jan. (1976-1977): 5-78; Chris Harman, *Gramsci versus Reformism* (London: Socialist Workers' Party, 1983); Sam Ashman, Gramsci's Political Thought Revisited, *International Socialism* Winter (1991): 122-130.

[38] David Forgacs, Gramsci and Marxism in Britain, *New Left Review*, 176, Jul./Aug. (1989): 71-72. 另參見：Perry Anderson, The Antinomies of Antonio Gramsci, *New Left Review*, 100, Nov./Jan. (1976-1977): 5-6; Joseph V. Femia, *Gramsci's Political Thought*, pp. 196-198, 204; Paul Piccone, *Italian Marxism*, pp. 168-169, 174.

大利參與第一次世界大戰。[39] 這個立場與當時仍在社會黨內的墨索里尼相互呼應，但卻與黨內左派人士——即日後成立義大利共產黨的主要力量——的主張相抵觸，然而，這些評論卻甚少在對葛蘭西理論的討論中被提及。此外，在葛蘭西遭到法西斯政權逮捕後，於獄中書寫了大量多為理論、政略討論性質的筆記，但由於獄中書信檢查制度的緣故，迫使他必須借用其他的詞語指涉有關馬克思主義或共產黨組織的敏感用語。[40] 例如，他用「實踐哲學」（philosophy of praxis）一詞指稱馬克思主義；[41]「實踐哲學的開創者」則用來指稱馬克思與恩格斯；「現代君王」（Modern Prince）與「集體的知識分子」（Collective Intellectual）指涉共產黨；「有機知識分子」（organic intellectuals）則可能是指共黨幹部。[42] 還有討論亦指出：獄中檢查制度也令葛蘭西在筆記中對國家（state）、「政治社會」（political society）、「市民社會」（civil society）等日後解釋葛蘭西理論過程中被視為關鍵的概念，使用上呈現不連續、前後不一的現象。[43]

因此，葛蘭西留下的作品，必須經由後人的編輯、整理與組合才能編印成可讀的文本，而在編輯整理的過程中，編者個人的判斷與詮釋將不可避免地涉入其中。於是，葛蘭西支離的文本可被詮釋者不斷的重新解釋／創造／發明為各種不同版本的政治論述。[44] 葛蘭西的「訓示」和「遺教」也因之在不同的脈絡下有著不同的版本，值得注意的是，葛蘭西理論在英國的詮釋者對於葛蘭西文本的破碎、不連續性質有著高度的認識，並將之視為「正面的

[39] Antonio Gramsci, Active and Operative Neutrality, in Antonio Gramsci, *Selections from Political Writings, 1910–20* (London: Lawrence & Wishart, 1977), pp. 6-9.

[40] Perry Anderson, The Antinomies of Antonio Gramsci, *New Left Review*, 100, Nov./Jan. (1976-1977): 6-7.

[41] 然而，徐崇溫指出「實踐哲學」一詞並非只是馬克思主義的代稱，而是葛蘭西企圖超越唯心主義與唯物主義對馬克思理論的獨特詮釋，見 Antonio Gramsci，徐崇溫譯，《實踐哲學》（重慶：重慶，1990），頁 3-18。

[42] 楊子政，〈英國共產黨歷史家小組及其「思想的戰役」〉，頁 154。

[43] Perry Anderson, The Antinomies of Antonio Gramsci, *New Left Review*, 100, Nov./Jan. (1976-1977): 7-15.

[44] 主要參考：Perry Anderson, The Antinomies of Antonio Gramsci, *New Left Review*, 100, Nov./Jan. (1976-1977): 5-6; Joseph V. Femia, *Gramsci's Political Thought*, pp. 196-198, 204; David Forgacs, Gramsci and Marxism in Britain, *New Left Review*, 176, Jul./Aug. (1989): 71-72.

優點」。[45] 霍爾即聲稱葛蘭西文本的靈活特性使得他與其他左派人士可以用他們自己的方式使用葛蘭西。[46]

由於政治路線的不同，1970 至 1980 年代期間，英國左派知識圈中對葛蘭西理論的解讀亦頗有歧異。例如，安德森認為葛蘭西的「遺教」乃是列寧主義的進一步發展，強調文化霸權的概念是在闡明工人階級在奪取政權的過程中，不但必須準備以暴力鎮壓反革命，還要提升群眾的政治意識。此外，在政治策略的方面，葛蘭西也繼承了列寧的工農聯盟的概念，主張經由建立一個由工人階級所領導，涵蓋其他在經濟上被剝削的階級和團體所組成的歷史性集團（historic bloc）來推翻資本主義制度。[47]

另外，托洛斯基派（Trotskyist）的社會主義工人黨（Socialist Workers' Party）強調葛蘭西的主要貢獻在於 1919 年至 1921 年間為義大利工廠委員會（workers' council）運動所撰寫的一系列文章。[48] 在這個階段，葛蘭西主張必須將十月革命的經驗直接應用至義大利，於是，根據社會主義工人黨的詮釋，葛蘭西成了倡導工人自發性的暴動以奪取生產工具的革命理論家。[49]

除了上述的詮釋版本之外，就對於左派政治路線所產生的影響而言，自 1970 年代開始，在英國對葛蘭西理論的引介與使用主要還是由倫敦共產主義大學（Communist University of London）以及《今日馬克思主義》所主導。倫敦共產主義大學是英共於 1969 年開始舉行的年度左派知識分子會議，1970 年代會議由英共改革派領導人杰克所組織，企圖建立一個共黨與其他左派知識分子對話的論壇。論壇的參與者除以杰克為首的青年世代英共改革派之外，曾在 1956 年後嘗試進行黨內變革未果的霍布斯邦等亦是活躍人物。

---

[45] Stuart Hall, Reading Gramsci: Introduction to Revised Edition, in Roger Simon, *Gramsci's Political Thought* (London: Lawrence and Wishart, revised edn. 1991), p. 9.

[46] Stuart Hall, *Marxism Today* April 1987 supplement, *Gramsci 87* (London: Marxism Today, 1987), p. vi.

[47] Perry Anderson, The Antinomies of Antonio Gramsci, *New Left Review*, 100, Nov./Jan. (1976-1977): 18-20, 22-24.

[48] 東尼·克里夫（Tony Cliff）及其支持者於 1949 年脫離屬於托洛斯基派第四國際的革命共產黨（Revolutionary Communist Party）另行組建了社會主義工人黨。1960 年社會主義工人黨開始發行《國際社會主義》（*International Socialism*）刊物，1999 年社會主義工人黨併入社會主義聯盟（Socialist Alliance），見 David Boothroyd, *Politico's Guide to the History of British Political Parties* (London: Politico's Publishing, 2001), pp. 301-303.

[49] Chris Harman, *Gramsci versus Reformism*, pp. 1-32; Sam Ashman, Gramsci's Political Thought Revisited, *International Socialism*, Winter (1991): 122-130.

此外，1960 年代參與《新左評論》的霍爾，以及在 1970 年代開始嶄露頭角的新左派理論家拉克勞（Ernesto Laclau）、莫菲（Chantal Mouffe）等也積極參與論壇活動。總體的來說，倫敦共產主義大學的參與者雖然出身於左翼政治的不同流派，但在理論上卻有著相似的傾向，即不接受教條馬克思主義，也反對社會民主主義，企盼在馬克思主義的傳統中開創一條更民主、多元的路線。因此，雖然他們並非都是前面所談到的《新左評論》的成員，在理論上卻呈現某種相近的「新左派」，或者說「改革派」的傾向。[50] 經由論壇的活動，他們成為知識乃至於政治上的盟友，而當杰克接掌《今日馬克思主義》之後，他們在共產主義大學的理論討論，更有了發聲的管道並進一步落實為政治實踐。

《今日馬克思主義》為英共 1957 年創立的「理論與討論刊物」，自成立以來編輯一直是由文化部門的領導人克魯曼（James Klugmann）主持，刊物的流通範圍在較早時期僅限於少數左派知識分子。克魯曼於 1977 年逝世後，隨著改革派在黨內力量的提升，杰克被任命為主編，並於 1979 年十月針對《今日馬克思主義》的編輯方向進行了徹底的改變。[51] 刊物新的撰寫風格不再套用大量馬克思主義術語，改採新聞報導式的寫作；刊物討論的焦點不再是艱澀的理論問題，而著重於當代政治時事的分析；刊物的撰稿者，則多為改革派共黨人士以及其在共產主義大學活動中締結的盟友。[52] 就流通的範圍而論，杰克所主持的《今日馬克思主義》成就不凡，銷售量由 1970 年代末期的每月 5,000 份上升到 1983 年的 11,500 份，並在 1989 年達到了 17,500 份。[53] 隨著銷量的提升，刊物的論述得以更廣泛地被左派政治團體以及知識圈所閱讀與討論，下一節中，我們將看到團結在《今日馬克思主義》下的「改革派」在理論上對 1970、1980 年代英國左派政治所帶來的衝擊。[54]

---

[50] 參見 Chun Lin, *The British New Left*, pp. 147-167.

[51] Herbert Fredrick Pimlott, *From the Margins to the Mainstream: A Study of the Transformation of Marxism Today* (Ph.D. thesis, University of London, 2000), pp. 54-60.

[52] Martin Jacques, Report to the Executive Committee: Making Excellent Progress, *Focus* Mar. (1983): 8-9.

[53] Martin Jacques, Report to the Executive Committee: Making Excellent Progress, *Focus*, Mar.: 9; Communist Party of Great Britain archive, Labour History Archive and Study Centre, Manchester: CP/CENT/CONG/23/08, Political Resolution of 1987 CPGB Congress, The New Challenge Facing Britain's Labour and Democratic Movement.

[54] 本文用「改革派」或「英國左翼改革派」指稱上述團結在《今日馬克思主義》之下來自英共、新左派、工黨等不同左派團體卻有著共同改革主張的人士。

參、在葛蘭西的旗幟下前進：理論的修改

在倫敦共產主義大學與《今日馬克思主義》有關葛蘭西的理論討論中，文化霸權的概念是最被突出的主題，藉由使用文化霸權的概念，英國左翼「改革派」人士挑戰了馬克思主義中基礎／上層建築理論中的經濟決定論傾向，質疑工人階級的領導權，從而在理論上以及實踐上修改了傳統社會主義政治的內容。馬克思使用類似建築物的譬喻——「基礎／上層建築」說明社會的經濟生產關係所構成的基礎在一定程度上約制著政治的、法律的、意識型態的上層建築。然而，馬克思對於在多大的程度上，上層建築是受基礎所制約的，並未釐清甚至出現不一致的觀點。[55] 因此，在馬克思主義傳統內部，此議題一直是辯論的焦點。蘇聯版本的教條馬克思主義根據列寧的詮釋，將上層建築視為經濟基礎的反映；因之社會的意識型態、文化層面便完全由經濟生產關係所決定。[56] 這也就是說，在資本主義社會，資產階級的統治是由其在經濟生產關係中的優勢所奠定的，而文化、意識型態領域中資產階級思想的宰制只是再現了他們在階級關係中的統治地位。

在 1970、1980 年代的英國左翼改革派的詮釋中，葛蘭西首先是以挑戰蘇聯版本的馬克思主義的代言人身分登場。根據葛蘭西的《獄中筆記》，一個階級的統治不僅是經由強制的暴力鎮壓也是由於大眾的同意所鞏固；強制性的武力是透過國家（或稱政治社會）實施，而大眾的同意端賴資產階級在市民社會中建立其意識型態的領導權。[57] 此意識型態的、智識的、道德的、文化的領導權，即被葛蘭西稱為「文化霸權」。[58] 他說文化霸權意謂：

> 廣大人民群眾給予統治基本集團所強制的社會生活基本方向的「自發」的同意；此同意是「歷史性地」由統治集團因其在生產領域的位置與功能所享有的威信（以及因而信任）所造成的。[59]

---

[55] 例如，《政治經濟學批判》序言中，馬克思指出物質生活的生產方式是法律與政治的上層建築的真實基礎，但是在《路易．波拿巴的霧日十八》中，他又提到國家對於經濟基礎的相對自主性。因此，在馬克思主義者之間，基礎／上層建築的關係一直是辯論的重點，見 Stuart Hall, Re-thinking the Base and Superstructure Metaphor, in Jon Bloomfield (Ed.), *Class, Hegemony and Party* (London: Lawrence & Wishart, 1977), pp. 43-64.

[56] Leszek Kolakowski, *Main Currents of Marxism: Its Origins, Growth, and Dissolution, Vol.2* (Oxford: Oxford University Press, 1978), pp. 383-384.

[57] Antonio Gramsci, *Selections from the Prison Notebooks*, pp. 235, 263.

[58] Antonio Gramsci, *Selections from the Prison Notebooks*, p. 57.

[59] Antonio Gramsci, *Selections from the Prison Notebooks*, p. 12.

改革派主張，文化霸權應被理解為「同意的組成」，它「不是一組以武力方式的宰制關係，反而是政治與意識型態的領導權方式的同意。」[60] 而藉由葛蘭西文化霸權概念中對「強制／同意」（coercion ／ consent）、「國家／市民社會」的討論，他們進一步點出「東方／西方」、「落後」的東歐／「發達」的西歐、「運動戰／陣地戰」（war of movement ／ war of position）的分際。他們宣稱早在 1930 年代，葛蘭西已經強調俄國以及西歐地區政治情勢的差異，在一段經常被引用的文字中，葛蘭西提到：

> 在東方，國家就是一切，市民社會是初生的和未形成的；在西方，國家與市民社會之間存在著適當的關係，而當國家開始動搖，市民社會這個堅固的結構立即顯現。國家只是外部的壕溝，在它後面豎立著碉堡和工事的強大系統……[61]

有鑒於葛蘭西對於東方／西方的劃分，改革派主張葛蘭西理論中的「運動戰」，即以大規模、正面的、暴力的方式與國家機器對決的策略，[62] 僅適用於統治主要是由國家的強制性武力所支持的沙俄時期，而在 1970 年代的西歐，根據杰克與霍爾所宣稱源自於葛蘭西的啟發，資本主義的統治乃是由於文化霸權扮演教育者的角色，創造了人們對於資本主義體制的主動同意。[63] 因此西方社會主義革命的策略應是在意識型態層面上進行鬥爭，即葛蘭西所謂漸進滲透方式的「陣地戰」，[64] 而非 1917 年俄國革命的暴力模式。[65] 於是，葛蘭西被改革派建構為西歐「發達」資本主義國家革命策略的構劃者，葛蘭西的文化霸權被用來駁斥列寧的「無產階級專政」，成為抗衡列寧的理論權

---

[60] Roger Simon, *Gramsci's Political Thought*, pp. 21, 24; Roger Simon, Gramsci's Concept of Hegemony, *Marxism Today* Mar. (1977): 78.

[61] Antonio Gramsci, *Selections from the Prison Notebooks*, p. 238.

[62] 參見 Antonio Gramsci, *Selections from the Prison Notebooks*, pp. 229-235, 238-239.

[63] 主要參考：Martin Jacques, Trends in Youth Culture: Reply to Discussion, Marxism Today Apr. (1975): 111; Stuart Hall, Re-thinking the Base and Superstructure Metaphor, pp. 64-67. 亦參考：Stuart Hall, The 'Political' and the 'Economic' in Marxist Theory of Class, in Alan Hunt (Ed.), Class and Class Structure (London: Lawrence and Wishart, 1978), pp. 15-60; Stuart Hall, The Problem of Ideology: Marxism without Guarantees, in David Morley and Kuan-Hsing Chen (Eds.), Stuart Hall: Critical Dialogues in Cultural Studies (London: Routledge, 1996), pp. 25-46.

[64] 葛蘭西關於「陣地戰」的討論，參見 Antonio Gramsci, *Selections from the Prison Notebooks*, pp. 238-239.

[65] Anne Showstack Sassoon, Hegemony, War of Position and Political Intervention, in Anne Showstack Sassoon (Ed.), Approaches to Gramsci (London: Writers and Readers Publishing Cooperative, 1982), pp. 97-100.

威。[66] 如同英共改革派知識分子，杰克的盟友杭特（Alan Hunt）所指稱的：「列寧與歐共主義的基本原則之間有著根本的不相容……葛蘭西的思想與列寧所提出的架構是互相衝突的。」[67]

於是，在 1970、1980 年代，葛蘭西被改革派放到了列寧以及教條馬克思主義的對立面。如同表 1 所示：

表 1　作為教條馬克思主義對立面的葛蘭西理論

教條馬克思主義；列寧主義	葛蘭西的理論
專政（Dictatorship）	文化霸權（Hegemony）
強制（Coercion）	同意（Consent）
國家（state）	市民社會（Civil Society）
運動戰（War of Movement）	陣地戰（War of Position）
經濟鬥爭（Economic Struggle）	意識型態鬥爭（Ideological Struggle）
俄國	西歐

資料來源：本表為作者所製。

根據上表中英國左翼改革派對葛蘭西的詮釋，西方資本主義的統治並非由於資產階級在生產關係中的宰制，而是由於其在意識型態領域中文化霸權的行使，此一論點，於是肯定了意識型態領域與上層建築相對於經濟基礎的自主性，並進一步挑戰了馬克思主義傳統中的經濟決定論。

根據古典馬克思主義，一個社會的性質，主要是由其經濟生產關係所決定，因此所謂的「資本主義」社會，係指其生產關係而言，亦即其階級關係為資本主義式的。「資本主義」作為一個有問題的經濟生產模式，各種政治、社會、文化問題，例如帝國主義、性別不平等、族群歧視等皆由此而衍生。但是，改革派經由對於葛蘭西理論的應用，強調上層建築的自主性，使得他們對於何謂「資本主義」與既往的詮釋有很不一樣的定義；既然相對於經濟生產關係，上層建築有其自主性，這就是說所謂的「資本主義」社會並不只是一個經濟生產模式，而且還包括了文化、政治、社會等層面。因此，他們

[66] Chantal Mouffe, Hegemony and Ideology in Gramsci, in Chantal Mouffe (Ed.), Gramsci and Marxist Theory, pp. 170-172, 176-195; Roger Simon, *Gramsci's Political Thought*, pp. 72-77.

[67] Alan Hunt, Discussion: Is the Marxist Tradition Democratic?, *Marxism Today* Nov. (1981): 34-35.

主張「資本主義不僅只是生產的體系，而是整個社會生活的形式，以其運動對抗所有事物。」[68]

而當資本主義被理解為「整個社會生活的形式」，傳統左派的政治策略也不再適用。在經濟決定論的思考下，資本主義社會中資產階級的統治建立在經濟生產關係中的優勢，而其在政治、社會、文化、意識型態領域中的支配只是反映了他們在階級關係中的統治，而這也說明了為何傳統左派將建立社會主義的任務賦予了工人階級，因為唯有改造經濟生產關係才可能改變整個社會，而工人階級是在經濟生產關係中受剝削最深的。[69] 然而，當所謂的「資本主義」被詮釋為「整個社會生活的形式」，這意謂著資本主義的壓迫與剝削，不僅存在於經濟的領域，同時也發生在社會生活的所有範圍。這就是說，反對資本主義的鬥爭，不應侷限於經濟事務，而必須處理社會所有領域的不平等與壓迫，包括族群歧視、性別不平等問題。改革派宣稱根基於葛蘭西，對於古典馬克思主義所進行的理論修改，於是更有了政治實踐的意義。如同杰克所指出的：「階級鬥爭不只是經濟的或甚至是經濟的和政治的，它也是意識型態的和文化的，它發生於社會的所有領域。它關懷人們生活的所有層面。」[70]

因此，上層建築相對於經濟基礎的自主性的觀點於是進一步質疑並挑戰了傳統左派政治中工人階級的領導權。在 1970 年代以前英國左派的政治策略思考中，社會主義革命必須依賴工人階級的領導，一直是主要意見。在工黨的組織架構以及所謂「社會主義轉型」的政治論述中，工會運動扮演著關鍵的角色。[71] 而在英共 1968 年修改的政治綱領《通往社會主義的不列顛之

[68] Stuart Hall, Re-thinking the Base and Superstructure Metaphor, p. 65.

[69] 馬克思與恩格斯在《共產黨宣言》中指出：「過去一切階級在爭得統治之後，總是使整個社會服從於它們發財致富的條件，企圖以此來鞏固它們已經獲得的生活地位。無產者只有消滅自己的現存的占有方式，從而消滅全部現存的占有方式，才能取得社會生產力。無產者沒有什麼自己的東西必須加以保護，他們必須摧毀至今保護和保障私有財產的一切。」Karl Marx（馬克思）、Friedrich Engels（恩格斯），〈共產黨宣言〉，收入氏著，《馬克思恩格斯選集》第一卷，頁 262。另參見 Karl Marx, Theories of Surplus Value, in David McLellan (Ed.), *Karl Marx: Selected Writings* (Oxford: Oxford University Press, 1977), pp. 393-396, 413-414.

[70] 引文出自：David Forgacs, Gramsci and Marxism in Britain, *New Left Review*, 176, Jul./Aug. (1989): 81

[71] Labour Party, Labour Party General Election Manifesto 1974, in Iain Dale (Ed.), *Labour Party General Election Manifesto* (London: Politico's Publishing, 2000), p. 189.

路》（*The British Road to Socialism*）中亦強調，英國社會主義的建立端賴工人階級領導，並結合所有反對「壟斷資本主義」（monopoly capitalism）之階級與團體。[72] 上述工黨與英共的政治論述與政治策略，其背後的理論思考在一定程度上均受到前面提到的古典馬克思主義之經濟決定論的影響；即意識型態領域是受經濟基礎所約制的，故人們的社會存在決定了他們的意識，工人階級是資本主義制度作為經濟生產方式下受剝削最深的，因此他們在意識上，受其階級位置（class position）所影響，必然是最反對資本主義而傾向社會主義的，其政治亦是最革命性的。工人階級於是成了最有可能亦是最有正當性去推翻資本主義的力量。[73]

但是，在改革派引援葛蘭西對基礎／上層建築的詮釋版本中，由於對上層建築自主性的強調，政治、社會、文化領域的矛盾並不只是經濟領域鬥爭的再現，於是在建立社會主義的過程中，各種政治、文化、社會團體或運動，就不應附屬於工人階級的抗爭，而必須維持其自主性。再者，若資本主義指涉的是「整個社會生活的方式」，那麼工人階級的經濟訴求便僅觸及推翻資本主義的一小部分，資本主義所引發的其他政治、社會、文化層面問題，諸如性別、族群、環保等議題便非關生產關係的改變，亦不是工人階級所能獨立處理的。最後，如果人們的意識並非由其階級位置所約制，那麼工人階級被剝削的經濟位置也不能保證其意識以及政治便必然是社會主義性質的。[74] 傳統左派政治對於工人階級在社會主義革命中領導地位的觀點便被徹底否定了。

---

[72] Communist Party of Great Britain, *The British Road to Socialism* (London: CPGB, 1968 edn.), pp. 13-14.

[73] 馬克思主張：「人們在自己生活的社會生產中發生一定的、必然的、不以他們的意志為轉移的關係，即同他們的物質生產力的一定發展階段相適合的生產關係……物質生活的生產方式制約著整個社會生活、政治生活和精神生活的過程。不是人們的意識決定人們的存在，相反，是人們的社會存在決定人們的意識。」Karl Marx（馬克思），〈《政治經濟學批判》序言〉，收入氏著，《馬克思恩格斯選集》第二卷（北京：人民，1972），頁 82。另外，馬克思還強調：「人的本質並不是單個人所固有的抽象物。在其現實性上，它是一切社會關係的總和。」Karl Marx（馬克思），〈關於費爾巴哈的提綱〉，收入氏著，《馬克思恩格斯選集》第一卷（北京：人民，1972），頁 18。

[74] Stuart Hall, Re-thinking the Base and Superstructure Metaphor, pp. 65-66; Chantal Mouffe, Hegemony and Ideology in Gramsci, pp. 188-195.

肆、從理論到實踐：對工黨政治路線的批判

對於團結在《今日馬克思主義》之下的英國左翼改革派人士而言，作為政治策略，葛蘭西之文化霸權最根本的是分析工人階級如何贏得大眾主動的同意和支持。[75] 葛蘭西將集體的政治意識與組織之發展分為三個階段。首先為「經濟一統合」（economic-corporate）的階段，即從事相同行業的工人意識到彼此共同的利益並進行組織，但尚未建立起與其他行業工人的團結。到了第二階段，工人發展出同一階級的意識，但其訴求仍停留在純粹經濟的領域，而在最後的階段，工人階級必須超越其行業的限制，並將訴求由純粹經濟的，提升至普遍解放的層次，於是工人階級的利益也成為所有被壓迫階級與團體的普遍利益，葛蘭西指出文化霸權便是在這個階段形成。[76] 應用葛蘭西的觀點，改革派強調，在社會主義革命中工人階級的領導權是「學習」而來的，而為發展文化霸權，工人階級不能一味追求短期的經濟利益。[77]

如同霍布斯邦於 1978 年分析二次大戰後英國工人運動的趨勢時點出：自 1950 年代以來，英國工人運動的發展便停滯了；做為工人代表的主要政黨——工黨，其得票率持續下滑。[78] 選票流失的主要因素在於英國資本主義體系以及階級結構的轉變，使得白領、女性、少數族群的工人數量不斷增加，傳統的工人以及工會運動未能認識此一趨勢，忽視上述新興社會運動團體各種非經濟性的要求，諸如性別、族群平等的主張，反而集中於追求短期的、狹隘的經濟利益如薪資的調漲等。對此，霍布斯邦稱之為「經濟主義」（economism），並指出工人運動的「經濟主義」趨向亦導致了「宗派主義」（sectionalism）：各工會競相提出其經濟訴求，發動罷工活動，但不考慮對其他工人的影響，最後使工人運動陷於內部鬥爭。面對當代工人運動的困境，霍布斯邦與其他改革派人士主張，參考葛蘭西之理論，工人運動必須廣

---

[75] Eric J. Hobsbawm, Gramsci and Political Theory, *Marxism Today* July (1977): 211.

[76] Antonio Gramsci, *Selections from the Prison Notebooks*, pp. 181-182.

[77] Alan Hunt, Class Structure and Political Strategy, *Marxism Today July* (1977): 222-224; Roger Simon, *Gramsci's Political Thought*, pp. 29-32.

[78] Eric J. Hobsbawm, The Forward March of Labour Halted?, *Marxism Today* Sept. (1978): 279-286. 這裡必須指出霍布斯邦將工人運動的發展等同於工黨的得票率是具爭議性的，更詳盡的討論，見 Martin Jacques (Ed.), *The Forward March of Labour Halted?* (London: Verso, 1981).

泛接納各個被壓迫階層與團體的訴求，方能代表普遍的利益，獲得主動的同意和支持，從而建立工人運動的文化霸權。根據霍布斯邦的討論，為求代表普遍的利益，工人運動訴求的重點及其文化霸權的內容主要應是「民主化」，而非生產關係的改造。[79] 對此，霍爾更進一步表示上述策略的理論源頭就是葛蘭西；社會主義所追求的不應只是經濟利益的提升，而是去民主化所有不平等的權力關係，他主張：

> 葛蘭西發展了精深的觀念即文化霸權不是由國家，但是由市民社會中的多元中心所構成的。據此，一個社會主義的替代性概念必須包含此抗爭去民主化跨越所有社會活動之中心的權力……[80]

拉克拉與莫菲亦在 1981 年於《今日馬克思主義》上明白的闡述這樣的觀點：

> ……敵人不是由其剝削的功能，而是由其使用某種權力所界定的。此權力也不是源自於一生產關係的場所，但卻是今日的社會之組織形式特徵的結果。這個社會的確是資本主義的，但這並不是它的唯一特徵；它也是性別主義的，以及父權的，更別說它是種族主義的……[81]

於是，藉由使用葛蘭西的理論，英國左翼改革派揚棄了傳統社會主義政治的部分內容；對他們來說，社會主義所追求的目標不再只是終止資本主義的經濟生產關係，建立一個成長更為迅速、運作更有效率、分配更為公平之經濟體制，而是去民主化社會各個層面的權力不平等關係。因此，社會主義應去解決的問題，不應只是資方的剝削，更關鍵的還有父權的壓迫、族群的歧視、環境的破壞、甚至異性戀的霸權等。此一觀點，更在他們對於柴契爾（Margaret Thatcher）政權性質的討論過程中進一步充分發展。

1979 年英國國會大選保守黨在柴契爾領軍下贏得執政權。在英國左派當中，前述圍繞在《今日馬克思主義》的那些改革派人士首先指出柴契爾之

---

[79] Eric J. Hobsbawm, The Forward March of Labour Halted: A Response, *Marxism Today* Sept. (1979): 265-268; Eric J. Hobsbawm, Observations on the Debate, in Martin Jacques (Ed.), *The Forward March of Labour Halted?* (London: Verso, 1981), pp. 167-182. 另參見：Roger Simon, *Gramsci's Political Thought*, pp. 29-32; Communist Party of Great Britain, *The British Road to Socialism* (London: CPGB, 1978 edn.), pp. 18-24.

[80] Stuart Hall, The State: Socialism's Old Caretaker, *Marxism Today* Nov. (1984): 29.

[81] Ernesto Laclau and Chantal Mouffe, Socialist Strategy: Where Next?, *Marxism Today* Aug. (1981): 22.

政治路線與過往右派政府的重大差異。[82] 保守黨上臺前，霍爾在 1979 年一月即強調柴契爾的政治代表著一套全新的論述與實踐，並將之命名為「柴契爾主義」（Thatcherism）。[83] 根據霍爾與杰克的分析，柴契爾主義是右派因應英國資本主義危機深化，導致舊有的文化霸權崩解所做出的回應。[84] 在 1945 年至 1951 年工黨執政之後，繼任的政府，不論保守黨或工黨，均採行混合經濟、福利國家，以國家干預、調和勞資矛盾的方式進行經濟之治理，然而自 1960 年代中期開始，此一所謂社會民主主義的「共識政治」（consensus politics）逐漸無法處理持續的經濟衰退，最後導致共識政治的文化霸權的危機。在這樣的態勢下，各類右派、反動的意識型態包括反移民之國族沙文主義、鼓吹傳統性別分工的家庭價值論述、主張嚴懲社會邊緣團體的「法律與秩序」（law and order）的概念、強調菁英主義競爭、市場法則至上的經濟理論，作為對於「共識政治」、工會運動以及基進學生運動的反撲，從 1970 年代開始興起，並在論述上取得優勢。結果，意識型態領域中的力量對比被改變了，而有利柴契爾政治路線的環境於是被創造了出來。[85]

改革派人士指出柴契爾主義的關鍵特質在於其與傳統共識政治的決裂以及民粹（populist）的成分。相較於過去歷屆政府尋求階級和解，柴契爾並不避免去刺激階級對立；她不隱藏瓦解傳統社會民主主義機構的企圖，並嘗識去推翻福利國家、規訓工會運動，而更重要的是柴契爾政府有能力將前述 1970 年代以來各類紛雜的右派觀點組織與接合（articulate）起來，[86] 轉化

[82] 關於英國左派對於柴契爾政府的討論，參見：Bob Jessop, *Thatcherism: The British Road to Post-Fordism* (Colchester: University of Essex Press, 1989); Andrew Gamble, *The Free Economy and the Strong State: The Politics of Thatcherism* (Basingstoke: Palgrave, 1989); Stuart Hall, *The Hard Road to Renewal: Thatcherism and the Crisis of the Left* (London: Verso, 1988); Stuart Hall and Martin Jacques, *The Politics of Thatcherism* (London: Lawrence and Wishart, 1983).

[83] Stuart Hall, The Great Moving Right Show, *Marxism Today* Jan. (1979): 14-20.

[84] Stuart Hall, The Great Moving Right Show, *Marxism Today* Jan. (1979): 14-15; Martin Jacques, Thatcherism: The Impasse Broken?, *Marxism Today* Oct. (1979): 7-10.

[85] Stuart Hall, The Great Moving Right Show, *Marxism Today*, Jan. (1979): 17-20; Martin Jacques, Thatcherism: The Impasse Broken?, *Marxism Today*, Oct.: 8-10.

[86] 關於霍爾的「接合」理論，參見：陳光興，《文化研究：霍爾訪談錄》（臺北：元尊文化，1998），頁 124-140；Lawrence Grossberg (Ed.), On Postmodernism and Articulation: Interview with Stuart Hall, in David Morley and Kuan-Hsing Chen (Eds.), *Stuart Hall: Critical Dialogues in Cultural Studies* (London: Routledge, 1996), pp. 131-150; Jennifer Daryl Slack, The Theory and Method of Articulation in Cultural Studies, in David Morley and Kuan-Hsing Chen (Eds.), *Stuart Hall: Critical Dialogues in Cultural Studies* (London: Routledge, 1996), pp. 112-127.

為一套統整的論述獲得大眾主動的同意和支持。[87] 這就是說，柴契爾政府的強大力量乃是根植於意識型態的領域；它重新定義了左／右的政治光譜，並且重新設定了政治辯論的議題與領域。於是，柴契爾主義創造了新的群眾基礎，其中包括了部分傳統工人階級的支持，而一個新的、右派的、取代傳統「共識政治」的文化霸權便被建立起來。[88]

面對保守黨的攻勢，英國左派的主要政黨——工黨之政治路線的發展，卻與改革派的期望頗不相同。自 1979 年敗選後，工黨內部的「強硬派」逐漸取得發言權，[89] 他們認為選舉的失利是肇因於過去歷屆工黨政府背叛了社會主義的原則，因之遭選民所背離。面對柴契爾的右派路線，工黨更應去捍衛以及深化傳統社會主義或者說社會民主主義之價值以及政策，包括擴大產業國有化、福利國家、保衛工會權利等。[90] 1980 年工黨黨魁選舉，出身黨內左派的福特（Michael Foot）獲得勝利，更顯現了工黨內「強硬派」力量的成長。[91]

---

[87] Stuart Hall, Discussion: Thatcherism: A New Stage?, *Marxism Today* Feb. (1980): 26; Stuart Hall, No Light at the End of the Tunnel, *Marxism Today* Dec. (1986): 14-16; Stuart Hall, Blue Election, Election Blues, *Marxism Today* July (1987): 30-35; Stuart Hall, Learning from Thatcherism, in Stuart Hall, *The Hard Road to Renewal: Thatcherism and the Crisis of the Left*, pp. 271-283; Andrew Gamble, Crawling from the Wreckage, *Marxism Today* July (1987): 12-17.

[88] Stuart Hall, Discussion: Thatcherism: A New Stage?, *Marxism Today*, Feb. (1980): 26-28; Stuart Hall, A Long Haul, *Marxism Today* Nov. (1982): 16-17; Martin Jacques, Thatcherism: The Impasse Broken?, *Marxism Today*, Oct.: 13-14; Ernesto Laclau and Chantal Mouffe, Socialist Strategy: Where Next?, *Marxism Today*, Aug.: 21-22.

[89] 自 1918 年「公有制條款」制定後，工黨內部便存在著不同意見。部分工黨人士認為工黨的目標是消滅資本主義的生產關係，建立社會主義的經濟體制。然而，亦有其他人士主張工黨的目標應只是消弭資本主義的弊病，而非建立新的生產關係，而這構成了黨內左派以及右派的主要不同路線。左派以及右派的不同主張並不僅限於經濟層面，也呈現在各個不同領域；例如，在外交政策上，左派倡言國際合作，右派則強調現實主義，見 Patrick Seyd, *The Rise and Fall of the Labour Left* (Basingstoke: Macmillan, 1987), pp. 1-17.

[90] Leo Panitch and Colin Leys, *The End of Parliamentary Socialism: From New Left to New Labour*, pp. 135-175, 178-197; Patrick Seyd, *The Rise and Fall of the Labour Left*, 100-136; Eric Shaw, *The Labour Party since 1979: Crisis and Transformation* (London: Routledge, 1994), pp. 3-28; Andrew Thorpe, *A History of the British Labour Party* (London: Palgrave, 2000), pp. 188-212.

[91] 福特的當選是否可被視為工黨內部左派力量取得領導權，學界仍有不同觀點。例如潘尼契（Leo Panitch）與來伊（Colin Leys）便指出福特雖出身工黨左派，但其路線相較於 1980 年代工黨左派之主要領導人東尼．班（Tony Benn）之「新左」立場有顯著差異，見 Leo Panitch and Colin Leys, *The End of Parliamentary Socialism*, pp. 172-173, 177-178, 189-190.

在工黨中央的路線趨向強硬的態勢下，部分黨內溫和派人士於是宣布退黨，另謀出路，於 1981 年另行成立社會民主黨（Social Democratic Party）。[92] 隨後，社民黨與中間路線的自由黨（Liberal Party）締結聯盟。到了 1983 年國會大選，工黨遭遇了巨大的挫敗，得票率僅 27.6%，為 1922 年以來的最低點，雖然其敗選部分是由於社民黨／自由黨聯盟瓜分選票（獲 25.4% 的選票）的結果，[93] 但改革派主持的刊物《今日馬克思主義》強調工黨的慘敗乃是由於其過時的傳統社會主義路線。[94] 他們認為針對柴契爾政府之文化霸權的性質，工黨以傳統社會民主主義的政策以及強力的工會抗爭作為回應是純粹防禦性的、是只求鞏固人數日漸萎縮的傳統工人階級的支持，未能認識到英國之經濟與階級結構已歷經了徹底的轉變，柴契爾的路線代表著右派面對此一轉變過程的因應方案，並已經在意識型態領域中改變了左／右力量的對比，使得很大部分的選民對傳統社會主義的政策懷有敵意。[95] 工黨必須在意識型態領域與柴契爾主義抗爭，建立新的、替代性的文化霸權，去爭取最廣泛的不同意柴契爾路線的選民的支持。為完成此目標，工黨必須先進行自我的革新，揚棄不合時宜的政策，以擴展民主權利而不是狹隘的經濟利益的訴求作為核心價值，以及左派的文化霸權的內容。[96] 如同霍布斯邦所建議的，工黨應結合「所有民主的力量與主張」，由階級的政黨轉型為人民的政黨。[97]

這些論點隨即遭到工黨內部「強硬派」人士的反擊；工黨內頗具聲望的領導人物東尼・班（Tony Benn），雖然在大選中失去國會席位，仍嚴厲譴

---

[92] 參見 Ivor Crewe and Anthony King, *The Birth, Life and Death of the Social Democratic Party* (Oxford: Oxford University Press, 1995).

[93] 在英國的單一選區／相對多數獲勝／無比例代表的選舉制度設計下，由於工黨與社民黨／自由黨聯盟之選票分裂的結果，柴契爾政府仍以 42.4 % 之得票獲得 61.1 % 之國會席次。

[94] Eric J. Hobsbawm, Labour's Lost Millions, *Marxism Today* Oct. (1983): 7-13; Eric J. Hobsbawm, Labour: Rump or Rebirth?, *Marxism Today* Mar. (1984): 8-12.

[95] Stuart Hall, A Long Haul, Marxism Today, Nov. (1982): 17-18; Andrew Gamble, Thatcher: Make or Break, *Marxism Today* Feb. (1980): 14-15.

[96] Stuart Hall, Discussion: Thatcherism: A New Stage?, *Marxism Today*, Feb. (1980): 28; Stuart Hall, A Long Haul, *Marxism Today*, Nov. (1982): 17-18; Eric J. Hobsbawm, Observations on the Debate, p. 173.

[97] 霍布斯邦並未闡述何謂「所有民主的力量與主張」，僅列舉了婦女運動、民族主義政黨為工黨應考慮結盟的對象，見 Eric J. Hobsbawm, Observations on the Debate, p. 179.

責《今日馬克思主義》是「非社會主義的替代方案的販子」，[98] 而另一位工黨重量級的國會議員海法（Eric Heffer）亦強調為了對抗柴契爾政府，必須更進一步去深化社會主義的價值，他還指出當所謂改革派人士以義大利共產黨作為其政治模範時，必須認識到在大多數的議題上，義共相較於工黨，是位於政治光譜上的右翼。[99] 工黨內部的辯論在《今日馬克思主義》的篇幅上展開，也顯示著此一英共理論刊物的重要性在英國左派政治運動中顯著的提升。而由東尼．班和海法的論點中，我們可以見到 1980 年代的英國左派，在面對各種新的情勢與挑戰之際，正處於一個政治認同與政治論述重新建構、政治力量重新組合的階段，也因此既有的政治標籤不再能夠被沿用，或正在被重新定義，所以我們看到在此特殊的情境下，社會民主運動的領導人物以政治路線比共產黨來得「左」自豪，並譴責共產黨人「背叛」了社會主義。

工黨「強硬派」人士的激烈回應於是使團結在《今日馬克思主義》下的改革派愈發認定英國左派革新的首要工作是去擊退「強硬派」的抗拒。[100] 他們投入工黨內部正方興未艾的路線辯論，以刊物進行干預，促成工黨的變革，並企圖進一步去改變整個英國左派的政治論述與路線。[101] 1983 年之後，《今日馬克思主義》的大量篇幅投注在對於傳統社會主義／階級政治的檢討，並掀起對工黨「強硬派」的批判。[102] 刊物的立場，在一定程度上影響和反映了自 1983 年工黨敗選後新選出的以金諾克（Neil Kinnock）為首的溫和派領導階層企圖向中間移動的路線主張，並扮演了為金諾克在黨內進行的變革清除反對聲浪的角色。[103]

---

[98] Tony Benn on Labour Election, *Morning Star* 3 Oct. 1983 [London].

[99] Eric Heffer, Viewpoint: Labour's Lost Millions, *Marxism Today* Dec. (1983): 50-52.

[100] Jon Bloomfield, Crossed Lines: Communists in Search of an Identity, *Marxism Today* Apr. (1984): 25-27; Jon Bloomfield, Facing Up to the Left's Crisis, *Socialist Action* May (1984): 9; David Cook, John Hoffman, Lou Lewis and Jane Woddis, A Roundtable Discussion–The Long and Winding Road: British Communists in 1983, *Marxism Today* Nov. (1983): 27, 29.

[101] Communist Party of Great Britain archive, Labour History Archive and Study Centre, Manchester: CP/CENT/EC/23/01, Martin Jacques' Report on *Marxism Today* (10-11 Jan. 1987); CP/CENT/CONG/23/08, Political Resolution of 1987 CPGB Congress. 另參見 Francis Beckett, *Enemy Within: The Rise and Fall of the British Communist Party*, pp. 190-211.

[102] 參見 Beatrix Campbell, Kinnock's Crusaders, *Marxism Today* Oct. (1985): 9-13; Stuart Hall, Realignment for What?, *Marxism Today* Dec. (1985): 12-17.

[103] The Tribune Interview: Martin Jacques, *Tribune* 9 Oct. 1998 [London]: 7; Martin Jacques, Report to the EC: 36 Extraordinary Weeks, *Focus* Nov. (1984): 5. 金諾克及其政治盟友亦

1980 年代中期開始，《今日馬克思主義》的改革派更進一步強調經濟領域的新興趨勢，諸如全球化、消費社會的興起、產業結構的轉變等，已經使得傳統左派的經濟政策無法因應上述新的變化。[104] 資本全球化流動的結果已令任何國家嘗試利用公領域部門進行經濟的干預無法達成預期的效果，而產業結構也已經由大量生產、大量消費、以製造業為基礎的福特式（Fordist）生產模式進入分眾消費、強調創意和行銷、以服務業為主軸的後福特式（post-Fordist）生產模式，這樣的改變也使得傳統左派的社會基礎崩解，原本被視為鐵版一塊的工人階級內部發生因收入、工作性質差異所引起的劇烈分化，導致單一政治認同的不可能。[105] 這樣的情況下，左派必須認清現實、接受現實，在現實的基礎上去發展新的策略，籌組與柴契爾主義相抗衡的政治聯盟。左派應聯合中間派以及所有不同意柴契爾路線的人士，甚至包括保守黨內反對柴契爾的力量，以追求英國徹底政治民主化與現代化為目標，建立替代性的文化霸權。[106] 如同《今日馬克思主義》的主編杰克在 1991 年所宣稱的：

對《今日馬克思主義》的論述，高度讚揚：Norah Carlin and Ian Birchall, Kinnock's Favourite Marxist: Eric Hobsbawm and the Working Class, *International Socialism* Autumn (1983): 88-116. 另外，新工黨的理論大師季登斯亦指稱 1980 年代霍爾等的討論「已經預見了日後社會主義政治所必須進行的變革」：Anthony Giddens, *The Third Way and its Critics*, pp. 27-28.

[104] Stuart Hall and Martin Jacques, Introduction to *New Times*, in Stuart Hall and Martin Jacques (Eds.), *New Times: The Changing Face of Politics in the 1990s* (London: Lawrence and Wishart, 1989), pp. 11-13; Stuart Hall, The Meaning of New Times, in Stuart Hall and Martin Jacques (Eds.), *New Times: The Changing Face of Politics in the 1990s* (London: Lawrence and Wishart, 1989), pp. 116-117, 125-127; Robin Murray, Fordism to Post-Fordism, in Stuart Hall and Martin Jacques (Eds.), *New Times: The Changing Face of Politics in the 1990s* (London: Lawrence and Wishart, 1989), pp. 38-40, 44-47.

[105] Rosalind Brunt, The Politics of Identity, in Stuart Hall and Martin Jacques (Eds.), *New Times: The Changing Face of Politics in the 1990s* (London: Lawrence and Wishart, 1989), pp. 150-159; Charlie Leadbeater, New Times: Back To the Future, *Marxism Today* May (1989): 12-17; Stuart Hall, The Meaning of New Times, pp. 118-119.

[106] Stuart Hall and Martin Jacques, Introduction to *New Times,* pp. 15-18. 另參見 Ernesto Laclau and Chantal Mouffe, *Hegemony and Socialist Strategy*, pp. 159-171. 總體而言，1980 年代末期改革派談的所謂「民主」主要是指政治上的，在這個階段他們最關注的「民主」議題乃是英國憲政機構徹底民主化，包括選制的改革、上院的改革、地區的自治權、成文憲法的起草等，值得注意的是以上部分議題亦是「新工黨」所大力推動的。參見 Mark Perryman (Ed.), *The Blair Agenda* (London: Lawrence and Wishart, 1996), pp. 18-62, 198-225.

> 對我們來說，政治是一項探險，沒有必然也沒有保證。好的思想和有趣的人士沒有特定的政治歸屬。你可以在右派、中派、和左派發現他們。[107]

而由改革派所主導的英國共產黨，也在其 1989 年通過的政治綱領《新時代宣言》（*Manifesto for New Times*）中主張：

> 不同政黨中的現代化主張者之間，相較於在他們各自政黨內部的傳統主義者，可能有更多的相同點。因此，在左派與右派之外，我們需要一套新的語彙去描述政黨。那將會開啟革新的政治和倒退的政治、現代化主張者和傳統主義者之間的界線。[108]

於是在改革派強調向中間移動的論述中，他們對於「社會主義」也有了頗為不同的定義與想像。他們認為社會主義乃是一價值體系，而非任何特定的經濟生產模式；社會主義係指對於正義、平等、民主等價值的追求，至於應使用何種手段完成上述價值則應隨著時代的改變而有不同的方式。因此，他們質疑福利國家、產業國有化等政策在經濟全球化時代的可行性，並把抵抗社會各層面的權力壓制視為新時代所謂「社會主義」的目標。如同杰克於 1989 年所指出：

> 在其核心，社會主義非關形式或政策。在過去黨內一個時期，反對收入政策與歐洲經濟共同體被視為社會主義的試金石。多麼胡扯！我們必須思考社會主義為整體的目標與價值……[109]

此時儘管左翼改革派依然使用《今日馬克思主義》發聲，他們之中部分人士甚至還是英共的領導人物，但其所謂「社會主義」政治的實質內容已和傳統的馬克思主義者與共產黨人有頗大的差異：他們主張工人運動應思考適時的妥協而非強力的抗爭；他們支持產業私有化而反對公有制；他們強調個體發展而非階級團結。他們的刊物親善地專訪保守派政治人物但卻痛斥工黨

---

[107] Martin Jacques, Goodbye, and Thanks, *Marxism Today* Dec. (1991): 3.

[108] Communist Party of Great Britain, Manifesto for New Times: Realignment of Politics, in Stuart Hall and Martin Jacques (Eds.), *New Times: The Changing Face of Politics in the 1990s* (London: Lawrence and Wishart, 1989), p. 452.

[109] CPGB archive: CP/CENT/CONG/23/14, Martin Jacques's Opening Speech on *Manifesto for New Times* at 1989 CPGB Congress.

「強硬派」；他們的路線被中間派政治人物讚揚但卻遭工黨左派國會議員反對。[110]

以上的路線變革，英國左翼改革派宣稱均源自於葛蘭西理論的啟發，而在他們以「自己的方式」使用葛蘭西的過程中，[111] 葛蘭西被詮釋成為一位反教條主義者、反經濟決定論者、西歐社會主義革命策略的規劃者、民主權利的擁護者、反對階級政治的先行者。最後，或者對改革派來說也是最重要的，葛蘭西成了他們所追求的政治變革的支持者。

另一方面，工黨在歷經了 1987、1992 年兩次國會大選的挫敗後，其政治論述與政治策略亦不斷地向中間移動。1994 年，布萊爾（Tony Blair）接任黨魁，與杰克所成立的政治智庫「德模」（Demos）互動密切，杰克成為當時布萊爾主要的智囊之一，「德模」亦在「新工黨」的政治路線與政治論述建構的過程中扮演關鍵的角色。[112] 在布萊爾的主導下，工黨進行了徹底的改變；在經濟政策上，揚棄傳統社會主義的思維，接納了市場經濟並主張改革福利國家。而在 1995 年，工黨更對黨章第四條進行修改，其中雖加入了工黨為一個「民主的社會主義政黨」的談法，但對於公有制的承諾卻遭到刪除。1997 年布萊爾高舉「新工黨」的旗幟投入國會大選取得壓倒性的勝利。在這個階段，工黨的政治路線與政治論述，已和上述 1980 年代末期《今日馬克思主義》的改革派人士的觀點頗為相近，[113] 如同布萊爾於 1994 年撰寫

---

[110] 1980 年代《今日馬克思主義》的人物專訪對象包括曾任保守黨政府副首相的赫索泰（Michael Heseltine）、保守黨內閣閣員愛維娜．嘉莉（Edwina Currie）、自由黨領導人大衛．史迪爾（David Steel）以及日後在新工黨掘起過程中扮演重要角色的曼得森（Peter Mandelson）：John Lloyd, The Tory Opposition: Interview with Michael Heseltine, *Marxism Today* Mar. (1988): 12-19; Beatrix Campbell, A Taste of Currie: Interview with Edwina Currie, *Marxism Today* Mar. (1987): 20-25; Martin Jacques and Malcolm Rutherford, The Importance of Being Liberal: Interview with David Steel, *Marxism Today* Oct. (1986): 26-33; Beatrix Campbell, Party Presence: Interview with Peter Mandelson, *Marxism Today* Oct. (1989): 6-7.

[111] 霍爾指出：「我們以我們自己的方式使用葛蘭西。」Stuart Hall, *Marxism Today* April 1987 supplement, *Gramsci 87*, p. vi.

[112] 關於政治智庫「德模」與新工黨關係的討論，見 Leo Panitch and Colin Leys, *The End of Parliamentary Socialism: From New Left to New Labour*, pp. 242-244.

[113] 1991 年英國共產黨解散後，杰克成立了政治智庫「德模」，曾一度與布萊爾關係密切，但之後杰克的立場頗有改變，於 1998 年十二月發行《今日馬克思主義》特別復刊號對新工黨政府進行強烈的批判，見 Martin Jacques, Good to be Back, *Marxism Today: Special One Off Issue* Nov./Dec. (1998): 2-3.

的宣傳手冊《社會主義》（*Socialism*）中所強調的：過去，社會主義者往往將特定的手段如產業國有化錯誤地視為社會主義的目標，然而，社會主義應被定義為一套原則與信仰，包括對於公平、互助、創造力的重視，至於如何達成這些原則與信仰則應隨著時代的改變有所差異。[114]

伍、理論回顧與反思

在英國左翼改革派以「自己的方式」詮釋與使用葛蘭西的過程中，在1970年代葛蘭西的理論主要是被用來進行對古典馬克思主義理論的修改，而在1980年代則是被用來討論因應理論修改所引發的實踐策略的問題，對傳統階級政治進行挑戰。因此，改革派在很大程度上是藉由使用葛蘭西的理論去確立他們做為馬克思主義者的發言位置，依賴葛蘭西的威信去建構他們論述的正當性，利用葛蘭西的觀點去批判傳統社會主義政治的路線。

例如，在1980年英共內部的報告中，葛蘭西的地位已被提高到與馬克思、恩格斯、列寧並列，成為所謂馬克思主義傳統的四大理論權威之一。[115]同樣的，當1985年英國的托洛斯基派政黨——社會主義工人黨發動強烈攻擊，譴責英共以及《今日馬克思主義》的政治路線背離了階級分析以及階級政治時，[116]改革派的回應便是強調其路線正是淵源於馬克思主義的傳統，即葛蘭西的政治與文化概念。[117]

此外，安德森亦指出葛蘭西之「陣地戰」策略，與第二國際（Second International）時代德國社民黨的理論代表人物考茨基（Karl Kautsky）之「消耗策略」（strategy of attrition）之間概念的高度相似性。[118]早在葛

---

[114] Tony Blair, *Socialism* (London: Fabian Society, 1994), p. 4.

[115] Communist Party of Great Britain archive, Labour History Archive and Study Centre, Manchester: CP/CENT/PC/15/16, Martin Jacques, Theory and the Work of the Communist Party (23 Jul. 1980).

[116] Ian Birchall, Left Alive or Left for Dead? The Terminal Crisis of the British Communist Party, *International Socialism* Summer (1985): 66-89; Alex Callinicos, The Politics of *Marxism Today*, *International Socialism* Summer (1985): 153-165.

[117] Jon Bloomfield, Marxism Today: A Reply to Alex Callinicos, *International Socialism Autumn* (1985): 107-115.

[118] Perry Anderson, The Antinomies of Antonio Gramsci, *New Left Review*, 100, Nov./Jan. (1976-1977): 61-69; Ernest Mandel, *From Stalinism to Eurocommunism* (London: New Left Books, 1978), pp. 190-193. 第二國際主要的政治路線是社會民主主義，認為社會主義可由民主的、透過議會選舉獲得多數支持的方式、運用及改造資本主義的國家機器來完成。

蘭西之前，1911 年考茨基便曾使用出現在葛蘭西討論中之「陣地戰／運動戰」有關西歐／俄國情勢差異的對照，去說明「推翻策略」（strategy of overthrow）僅適用於民主權利尚未確立的沙俄；相反的，在德國，由於工人數量龐大許多，並擁有堅實的組織以及民主選舉的權利，德國工人階級的鬥爭必須採用漸進的「消耗策略」，經由持續的選舉參與和宣傳最終去贏得國會多數。然而，儘管考茨基與葛蘭西概念上的相似性，「消耗策略」卻從未在英國左翼改革派的討論中出現，反而是葛蘭西之「陣地戰」被奉為啟發 1970 年代英國左派政略的重大發現。這或許是因為考茨基的名號在社會主義傳統中，經常和第二國際之社會民主主義路線的挫敗連結起來，[119] 考茨基本人亦曾被列寧貼上「叛徒」的標籤，因此無法為改革派提供適切的理論權威，所以，我們可以說，改革派所重視和使用的，除了葛蘭西理論的內容外，還有葛蘭西的名號所帶來的威信。

但是，就理論的引介來看，改革派對葛蘭西的應用方式也約制了他們的詮釋觀點，使得他們對葛蘭西的掌握並不全面。而他們不夠全面的理論詮釋，如同我們下面將看到的，也對他們提倡的所謂社會主義政略帶來深刻的影響。[120]

以葛蘭西的文化霸權概念而論，儘管改革派確切地點出葛蘭西強調在革命過程中必須建立文化領域的領導權以獲得群眾之同意，然而對於葛蘭西而言，文化霸權的建立同時必須依賴經濟基礎的支持。[121] 他並未建議社會主義革命可以不經由經濟結構的改造而單單由意識型態鬥爭來完成；一個階級的

---

[119] 參見拉克勞與莫菲關於考茨基的討論：Ernesto Laclau and Chantal Mouffe, *Hegemony and Socialist Strategy*, pp. 14-25.

[120] 作者對於葛蘭西的閱讀，頗受安德森與費米亞（Joseph V. Femia）的影響，傾向所謂「列寧主義」版本的詮釋，然而本文討論的重點乃是改革派對葛蘭西的詮釋並不全面，並嘗試在改革派對葛蘭西的詮釋版本之外，說明其他的詮釋版本。爭論何謂葛蘭西文本的「真實意義」並非本文的目的。另外，值得一提的是 1980 年代左翼改革派代表人物拉克勞與莫菲於 2001 年亦針對葛蘭西的文化霸權概念提出相對較為「基本教義」版本的詮釋，而這不僅與作者對於葛蘭西的閱讀頗為相同，也突顯了本文的另一個主要論點：理論的詮釋是深刻地受當代政治、社會、文化所約制的，見 Ernesto Laclau and Chantal Mouffe, Preface to the Second Edition, in Ernesto Laclau and Chantal Mouffe, *Hegemony and Socialist Strategy* (London: Verso, 2nd edn. 2001), pp. xiv-xvi.

[121] 參見 Walter L. Adamson, *Hegemony and Revolution*, pp. 176-178; Perry Anderson, The Antinomies of Antonio Gramsci, *New Left Review*, 100, Nov./Jan. (1976-1977): 18-20; Joseph V. Femia, *Gramsci's Political Thought*, pp. 24-25; Renate Holub, *Antonio Gramsci: Beyond Marxism and Postmodernism*, p. 6; Anne Showstack Sassoon, *Gramsci's Politics*, pp. 115-117; 120-121; 133-134.

文化與道德的領導權，即使是以高度間接的方式，終究是連接至該階級在經濟領域的主導權。[122] 因此，縱使在建立文化霸權的過程中一個階級可能必須對其他階級或團體做出妥協或犧牲，葛蘭西主張這些妥協不應觸及階級根本的利益，他解釋說：

> ……無疑的這樣的犧牲和妥協不能涉及本質；雖然文化霸權是道德的、政治的，它也必須是經濟的，必須當然以經濟活動的決定性核心為根據。[123]

葛蘭西的文化霸權概念建立在其對基礎／上層建築的理解上。依循著馬克思的脈絡，葛蘭西同樣地把基礎／上層建築視為一個辯證的總體。他以人體的骨架與皮膚為例說明基礎／上層建築的關係，指出我們不能說人體的皮膚僅是虛幻而骨架才是真實，但是相反的，去掉了骨架的支撐之後，皮膚便失去了作用，人體亦無法存在。[124] 這就是說，葛蘭西並未如同英國左翼改革派一般，把基礎／上層建築看做兩個分離的領域，並高度突出上層建築的自主性；他事實上將基礎／上層建築理解為人體的骨和皮，即一個相互關連的總體，也因此，葛蘭西的文化霸權是指涉一個階級在基礎以及上層建築這個總體的領導權。在這個意義上，改革派對文化霸權的詮釋似乎顯得片面，而他們以此片面理解的文化霸權理論去討論由此理論衍生的概念與策略如國家／市民社會、強制／同意、運動戰／陣地戰、經濟鬥爭／意識型態鬥爭時，也不免過於強調二元對立的模式。[125] 在葛蘭西那裡，國家與市民社會均是「整體國家」（integral state）的一部分，無法分開去討論，所以在策略上來說，強制／同意、運動戰／陣地戰、經濟鬥爭／意識型態鬥爭等也應交互為用，相互支援。[126]

---

[122] 葛蘭西對「歷史性集團」（historic bloc），即一個由掌握文化霸權的階級所領導之階級聯盟，進行分析時亦指出：「……歷史性集團的概念，在那裡物質力量即是內容，而意識型態則是形式；然而此一形式與內容的劃分只有教導的價值，因為沒有形式的物質力量在歷史上是無法想像的，而沒有物質力量的意識型態也只是單獨的幻想。」Antonio Gramsci, *Selections from the Prison Notebooks*, p. 377.

[123] Antonio Gramsci, *Selections from the Prison Notebooks*, p. 161.

[124] David Forgacs (Ed.), *An Antonio Gramsci Reader* (London: Lawrence and Wishart, 1988), p. 197.

[125] 參見本文表 1。

[126] Perry Anderson, The Antinomies of Antonio Gramsci, *New Left Review*, 100, Nov./Jan. (1976-1977): 22-24; Carl Boggs, *The Two Revolutions: Antonio Gramsci and the Dilemmas of Western Marxism*, pp. 115-116; Joseph V. Femia, *Gramsci's Political Thought*, pp. 203-216;

在葛蘭西關於建立文化霸權過程的說明中，最為改革派所樂道的就是工人階級之文化領導權的實現，仰賴工人是否能由「經濟——統合」的階段發展至霸權的階段；亦即工人運動之訴求必須由薪資抗爭提升至代表社會所有階級的普遍利益，改革派更指出，所謂的普遍利益應是擴大民主權利的要求。但是對於所謂的「經濟——統合」階段，在葛蘭西的書寫脈絡中，係指1910年代義大利社會黨與部分工會的路線；[127] 他批判持統合主義（corporatism）觀點的團體，自我侷限在所謂合法的範圍追求工人薪資的調漲，因而接受了資產階級的改良主義以及其國家機器的正當性，並使工人團體之間陷於相互競爭，所以他主張工人階級必須超越「經濟——統合」的階段，應不是說工人要放棄經濟領域的鬥爭，而是強調工人不應只追求短期的經濟利益，更關鍵的是去發展工人的團結與意識，徹底改造資本主義經濟體制。

那麼，在葛蘭西的討論中，又何謂所有階級的「普遍利益」呢？或者換句話來說，什麼才是工人階級的文化霸權的內容呢？由葛蘭西的《獄中筆記》看來，工人階級文化霸權的內容應是特指「實踐哲學」（筆記中為規避監獄檢查制度對馬克思主義的代稱）而非改革派所宣稱的政治民主改革。對此，葛蘭西指出理論的目的是「實踐哲學的發展……到它變成為高層文化的霸權的典型的位置。」[128] 所以為創立實踐哲學的鬥爭是「等同於為了人類文化統合的鬥爭」[129] 他強調：

> 實踐哲學傾向不把「普通人」阻留在他們原始的常識哲學的水平上，相反地，力圖去引導他們向更高的生命概念。如果實踐哲學肯定知識分子與「普通人」接觸的必要，這並不是為了限制科學活動和為了與群眾的低下水平保持一致，然而正是為了建立一個智識－道德的集團，這個集團要使所有群眾，而不只是一小部分的知識分子團體，能夠創造在政治上智識的進步。[130]

David Forgacs (Ed.), *An Antonio Gramsci Reader*, p. 224; Anne Showstack Sassoon, *Gramsci's Politics*, pp. 193-197, 199-203.

[127] 參見 Antonio Gramsci, *Selections from Political Writings, 1910–20*, pp. 104-105, 110-111.

[128] Antonio Gramsci, *Selections from the Prison Notebooks*, p. 442.

[129] Antonio Gramsci, *Selections from the Prison Notebooks*, p. 445.

[130] Antonio Gramsci, *Selections from the Prison Notebooks*, pp. 332-333.

在這裡葛蘭西不僅指出「有機知識分子」在教育群眾上所扮演的重要功能，[131]還明確點出來教育的內容就是實踐哲學——即馬克思主義，換句話說，在葛蘭西看來，馬克思主義是將群眾意識從原始的常識水平提升起來的最重要工具，而這也是文化霸權的內容。

經由力陳工人階級必須將鬥爭提升到代表所有被壓迫者的利益的層次，某種程度上葛蘭西並非提出一個新的概念，而是進行對馬克思主義傳統的補充說明。馬克思認為在資本主義的生產關係之中，無產階級是在生產過程中受到壓迫和剝削最深的，在這樣的情況下，他們將聯合起來推翻資本主義社會。馬克思相信無產階級的鬥爭本質是去終止所有資本主義社會的剝削和壓迫，也因此它代表了所有被壓迫者和被剝削者普遍的利益。[132]所以，為了推翻資本主義，工人必須進行組織和行動，由經濟生產關係的承載者即馬克思所謂的「自在階級」（class-in-itself），轉變為自覺的、具備政治意識的行動者——「自為階級」（class-for-itself）。[133]但是，馬克思的著作中並未說明工人如何從結構的承載者轉變為政治的行動者。[134]對此，列寧主張由於改良主義的影響，工人有時會傾向以合法手段改善其處境，而未能認識到其革

[131] 葛蘭西的「有機知識分子」的概念指涉在政治運動或社會階級形成過程中，擔任教育者、組織者、領導者角色的人士。葛蘭西認為工人階級的「有機知識分子」的任務是去進行道德的以及智識的改革，建構屬於無產階級的意識型態和文化領導權。然而，對於所謂知識分子，葛蘭西的定義是很不同而且寬廣的，他拒絕以傳統上被廣為接受的方式，即以智識活動的內在性質去辨別知識分子和非知識分子，反而是由社會功能去定義什麼是知識分子。知識分子指涉那些在社會中有能力去發揮組織、教育、領導功能的人們；知識分子的組織功能並不只是在智識和文化的領域行使，亦在經濟與生產的領域起作用。所以，知識分子的範疇不僅包括思想家和學者，同時也涵蓋政治運動者、教士、工會幹部等，「有機知識分子」即是指稱那些與他們所代表的階級緊密結合在一起，並且意識到自我在社會中的功能的人們。經由對「有機知識分子」的強調，葛蘭西申明工人階級為了挑戰資本主義制度及建立自己的文化領導權，他們必須創造屬於自己的知識分子。因為葛蘭西賦予「有機知識分子」如此重要的組織與教育功能，他也稱共產黨——一個被他視為主要是教育與領導群眾的組織——為「集體的知識分子」（Collective Intellectual）。而這更點出了葛蘭西所謂的知識分子指涉的是共產黨的幹部。參見：楊子政，〈英國共產黨歷史家小組及其「思想的戰役」〉，《成大西洋史集刊》13: 150-154。

[132] Karl Marx（馬克思）、Friedrich Engels（恩格斯），〈共產黨宣言〉，頁 262。

[133] Karl Marx, *The Poverty of Philosophy*, in David McLellan (Ed.), *Karl Marx: Selected Writings* (Oxford: Oxford University Press, 1977), p. 214.

[134] 王振寰，〈工人階級形成的分析：E.P. Thompson 與新馬克思主義〉，收入氏著，《資本、勞工與國家機器：臺灣政治與社會的轉型》（臺北：唐山，1993），頁 165-166。

命的任務和真實的利益，在這樣的情況下，社會主義革命的意識就必須由具革命先鋒性質的知識分子團體從外部帶入工人之中，去轉變工人的思想。列寧所構想之共產黨組織即以此為雛型。[135]

很大的程度上，葛蘭西的文化霸權概念是企圖對列寧的革命先鋒政黨所扮演的角色所進行的闡述。[136] 葛蘭西和列寧一樣，認為社會主義的意識必須由外部帶入勞動者之中，指出「無產階級的政黨，絕對不能跟隨群眾，它一定要領導群眾。」[137] 因此，葛蘭西強調共產黨的組織和教育的角色去提升工人的意識，使工人超越改良主義的思維進而發展其革命的階級意識，也唯有透過共產黨的馬克思主義政治教育，工人的政治水平方能提升。[138] 關於共產黨的政治教育作用，葛蘭西有以下說明：

> 黨執行此一功能……這就是培養自己的幹部……以及把他們轉變為勝任的政治知識分子、領導者以及整體社會——包括市民社會和政治社會——有系統的發展所固有的所有活動和功能的組織者。[139]

對共產黨的領導、教育角色，他又有如下的補充：

> 現代君王應該是而且也不能不是智識和道德的改革的宣揚者和組

[135] 列寧強調：「我們說，工人本來也不可能有社會民主主義的意識。這種意識只能從外面灌輸進去，各國的歷史都證明：工人階級單靠自己本身的力量，只能形成工聯主義的意識，即確信必須結成工會，必須同僱主鬥爭，必須向政府爭取頒布對工人是必要的某些法律，如此等等。而社會主義學說則是從有產階級的有教養的人即知識分子創造的哲學理論、歷史理論和經濟理論中發展起來的。現代科學社會主義的創始人馬克思和恩格斯本人，按他們的社會地位來說，也是資產階級知識分子。」：Vladimir Ilich Lenin，〈怎麼辦〉，收入中共中央馬克思恩格斯列寧斯大林著作編譯局編，《列寧選集》第一卷（北京：人民，1995），頁 317-318。

[136] Joseph V. Femia, *Gramsci's Political Thought*, pp. 135-137. 另參見 Sam Ashman, Gramsci's Real Legacy, in Lindsey German and Rob Hoveman (Eds.), *A Socialist Review* (London: Bookmarks, 1998), pp. 80-87; Massimo Salvadori, Gramsci and PCI: Two Conceptions of Hegemony, in Chantal Mouffe (Ed.), *Gramsci and Marxist Theory* (London: Routledge, 1979), pp. 249-252.

[137] 引文出自 Joseph V. Femia, *Gramsci's Political Thought*, p. 150.

[138] Sam Ashman, Gramsci's Real Legacy, pp. 125-127; John M. Cammett, *Antonio Gramsci and the Origin of Italian Communism*, pp. 195-196; Joseph V. Femia, *Gramsci's Political Thought*, pp. 138-140, 156-157.

[139] Antonio Gramsci, *Selections from the Prison Notebooks*, pp. 15-16.

> 織者，[140]這也就意味著創造民族——人民的集體意志的後續發展的領域朝向一個現代文明的優越和總體的形式的實現。[141]

對此，葛蘭西還強調：

> 現代君王，隨著他的發展，革命化整個智識和道德的體系，它的發展意味著任何行動被視為有益的或有害的、良善的或邪惡的，參照標準完全是現代君王自身這個範圍內，是有這於鞏固它還是對抗它。[142]

因此，共產黨被葛蘭西視為建構工人階級文化霸權最重要的機構，而共黨的知識分子則被賦予組織和教育的關鍵功能，所以葛蘭西也把共產黨稱為「集體的知識分子」（Collective Intellectual）。[143] 這就是說，對於葛蘭西而言，工人階級的文化霸權並非如同一個中空的容器，其內容可以被隨意地填充或「接合」。另外，工人階級的文化霸權並不會自動地建立，亦不能經由妥協或協商而來，而是工人階級政黨去領導群眾和進行政治教育所建立的。葛蘭西的文化霸權概念，最根本的，是強調共產黨必須藉由馬克思主義的政治教育去喚醒所有被壓迫階級的革命意識，而透過接受馬克思主義教育的洗禮，所有的被壓迫者便將追隨並主動支持共產黨以及無產階級的領導。在這個意義上，文化霸權的概念很大一部分是列寧革命先鋒隊概念的補充說明。

所以，我們可以說，1970、1980 年代英國左翼改革派對於葛蘭西的理論詮釋與使用是相對片面的。的確，葛蘭西的理論發源於特殊的歷史脈絡而或有其侷限性，葛蘭西於 1920、1930 年代所構劃的政治策略也未必適用於 1970、1980 年代的英國社會。此外，如同前面所討論的，英國左翼改革派人士他們自己也強調對葛蘭西的解釋和應用不是為了理論研究的目的，而是作為對當代政治的干預。於是，葛蘭西對於上層建築、意識型態領域的討論被擴大詮釋，甚至成為支持改革派修改和批判傳統社會主義政治以及馬克思主義中之經濟決定論、階級政治和工人階級領導權的理論基礎。

然而，從政治實踐的角度來看，英國左翼改革派對於葛蘭西文化霸權過

---

[140] 由於法西斯監獄中的書信檢查制度，葛蘭西的《獄中筆記》借用「現代君王」（Modern Prince）指稱共產黨。

[141] Antonio Gramsci, *Selections from the Prison Notebooks*, pp. 132-133.

[142] Antonio Gramsci, *Selections from the Prison Notebooks*, p. 133.

[143] 楊子政，〈英國共產黨歷史家小組及其「思想的戰役」〉，《成大西洋史集刊》13: 154。

於片面的詮釋，亦在實踐上有著深刻的影響。馬克思主義的傳統本就主張理論與實踐不可分離，馬克思本人亦強調他的理論是為了改變世界而不是為了解釋世界所提出的。[144] 在本文前面的分析中，我們看到了在 1970 年代初期改革派對於基礎／上層建築所進行的看似細微的理論修改，卻動搖了一系列馬克思主義的相關概念，最後促成了對傳統社會主義政治實踐徹底的檢討和批判。對葛蘭西來說，工人階級文化霸權的內容是馬克思主義的政治教育，文化霸權的實踐是共產黨教育以及組織群眾。但是根據改革派的詮釋，他們所謂文化霸權的內容似乎可和任何意識型態「接合」；他們在 1980 年代末期嘗試建立的文化霸權是傾向和其他階級進行協商、取悅主流媒體、「慶祝」所有的「新」的事物。[145] 最後，在《今日馬克思主義》的改革派那裡，他們所謂的文化霸權，在實質上，不再是去建立左派的文化與智識的領導權，反而是去接受現存資本主義體制的意識型態統治。在 1980 年代末期英國左翼改革派的政治論述與政治實踐中，我們已經隱約見到了日後新工黨路線的雛型。[146]

陸、結論

由 1950 年代至 1980 年代末期，西歐左派政治運動關於葛蘭西理論的詮釋以及宣稱受到葛蘭西理論所啟發的政治路線被數度地修改。1950 年代的義共領導階層強調葛蘭西是列寧忠實的學生，葛蘭西的理論是討論俄國革

---

[144] 馬克思主張：「人的思維是否具有客觀的真理性，這並不是一個理論的問題，而是一個實踐的問題。人應該在實踐中證明自己思維的真理性，及自己思維的現實性和力量，亦即自己思維的此岸性。」Karl Marx（馬克思），〈關於費爾巴哈的提綱〉，頁 16。

[145] 例如，《今日馬克思主義》於 1980 年代中期宣稱當時的歌手振災演唱會乃是新形態的基進政治運動的代表：Stuart Hall and Martin Jacques, People Aid: A New Politics Sweeps the Land, *Marxism Today July* (1986): 10-14. 另外，每日郵報的保守派專欄作家萊斯莉（Ann Leslie）於 1987 年評論《今日馬克思主義》時指出：「我想它的（《今日馬克思主義》）名稱是誤導。在它的分析中我沒有見到古典馬克思主義，這應是為什麼那麼多馬克思主義者厭惡它。《有思考力雅痞的社會主義》（*Socialism for the Thinking Yuppie*）或許不是響亮的名稱但毫無疑問地是較正確的。」Marxism Today, Happy Birthday to Us, *Marxism Today* Oct. (1987): 33.

[146] 1980 年代《今日馬克思主義》的改革派人士包括杰克、霍爾、霍布斯邦等之立場於 1990 年代末期頗有改變，轉而強烈批判新工黨政府之路線，參見 Eric J. Hobsbawm, The Big Picture: The Death of Neo-liberalism, *Marxism Today: Special One Off Issue* Nov./Dec. (1998): 4-8; Stuart Hall, The Great Moving Nowhere Show, *Marxism Today: Special One Off Issue* Nov./Dec. (1998): 9-14.

命經驗如何落實到義大利特殊的脈絡。然而到了 1960 年代末期，葛蘭西成了義共主張議會路線以及階級合作之歐共主義的理論基礎。歐共主義版本的葛蘭西也在蘇聯威信下降、傳統馬克思主義解釋世界之能力受到質疑的時代，被英國部分新左派以及共產黨改革派人士所使用，填補了他們放棄列寧主義版本的馬克思主義之後的理論真空。義共的政治威信以及葛蘭西光榮的政治紀錄，提供了那些英國左翼改革派人士作為馬克思主義者的正當性，以及路線修改的合法基礎。於是自 1970 年代開始，經由倫敦共產主義大學的會議，改革派人士針對馬克思主義傳統中對於基礎／上層建築的經濟決定論詮釋，以葛蘭西之文化霸權概念的名義，提出一系列的理論討論與修改，此時，對他們來說，葛蘭西的重要性是反對教條主義的理論權威。從 1977 年起，他們以《今日馬克思主義》為發聲工具，對於傳統馬克思主義／社會主義政治策略進行挑戰，亦引發了英國左派運動內部一系列的辯論。在這個階段，改革派的理論討論更有了實踐的連結，他們眼中的葛蘭西，也成了倡導組成追求擴充民主權利的跨階級政治運動的啟發者。到了 1980 年代中期，葛蘭西之文化霸權更被《今日馬克思主義》進一步引申去分析柴契爾的政治、攻擊工黨人士的強硬路線，最後改革派主張，依據葛蘭西理論的精神，左派為建立其文化領導權，必須先自我更新，放棄傳統的價值和政策、體認現實、認清現狀，與一切反對柴契爾路線的階級和團體，包括部分保守黨人士，進行合作。

上述對於葛蘭西不同的詮釋版本突顯了政治理論的解釋和應用是深刻地被當代政治、社會、文化的脈絡發展所約制的。義共與英國左派對於葛蘭西理論的使用是受一定的歷史條件所影響，這些不同的詮釋版本，不僅體現了葛蘭西理論的部分內容，也透露出當代政治社會情勢的變化，而由理論的不同詮釋版本中，我們亦可閱讀出詮釋者所置身之歷史脈絡的變動，以及所謂的馬克思主義者如何以不同的論述去合法化他們作為馬克思主義者的身分。

由於葛蘭西文本的片段性質，以及監獄檢查制度所造成的隱喻方式的書寫風格，使得詮釋者得以用不同的方式閱讀葛蘭西。藉由相對片面地使用葛蘭西的思想，《今日馬克思主義》建構了一位支持他們政治路線的葛蘭西，然而這個版本的葛蘭西，如同前面所討論的，並未呈現葛蘭西政治理論的完整內容。確實，葛蘭西由 1950 年代以來在馬克思主義傳統中被逐漸建構起來的崇高威望和傳奇地位，使得他的名字對於 1970 年代的英國左翼改革派來說，格外地有價值。相反的，在歐陸的法、德兩國，葛蘭西並未如同在英國一般被廣泛地討論，這或許是因為在上述兩個國家中均存在各種非教條的、較具重量性的馬克思主義理論傳統。[147] 然而，在英國，上述在地的、本土的、非教條的馬克思主義的智識傳統在 1970 年代之前並未被確立，因此，葛蘭西作為所謂「進步的」、「多元的」馬克思主義的代表，以及民主路線的義共的象徵，於是被英國左翼改革派討論和使用以建立其政治的威信和理論的正統地位。

在英國左翼改革派對葛蘭西使用的過程中，我們看到名稱、名號（name）並不是一個無關緊要的議題。[148] 名稱、名號攸關政治正統；名稱、名號創造了理論威信，名稱、名號建構了政治認同。葛蘭西名號的力量使團結在《今日馬克思主義》之下的改革派得以創造一個所謂「馬克思——恩格斯——列寧——葛蘭西」的理論正統，並重新定義他們自己是馬克思主義傳統中的「葛蘭西主義者」（Gramscians）。[149] 相對於「保守的」、「教條的」、「壞的」馬克思主者如斯大林主義者，列寧主義者等，「葛蘭西主義者」是「開放的」、「多元的」、「好的」馬克思主義者。因此，經由使用葛蘭西之名，改革派得以確認他們政治上做為馬克思主義者的身分，建構一個新的馬克思主義者的認同；他們得以抗拒傳統馬克思主義者與工黨「強硬派」的批判，並合法化其富自由主義色彩的政治路線為「馬克思主義」的。所以，名稱並不僅僅只是一個名稱，它同時也建構了政治認同與政治正統。

但是，在 1980 年代中期之後，就實質的內容而言，那些自我定義為「葛蘭西主義者」的人士之政治路線與當時的社民黨或自由黨並無顯著的區隔。以葛蘭西之名，由左翼改革派主持的《今日馬克思主義》以及英國共產黨變成了很特殊的「馬克思主義」刊物與組織。他們為刊物發行認同信用卡、頌揚消費社會、擁抱全球化、強調接受現實；主張妥協、競爭、個人主義；另

[147] 例如，在法國有結構主義版本、存在主義版本的馬克思主義；在德國則有法蘭克福學派（The Frankfurt School）的理論傳統。

[148] 更詳盡的關於政治名稱、政治符號與政治認同、政治實踐的討論，見 David I. Kertzer, *Politics and Symbols*, pp. 3-10, 153-171; Norman Fairclough, *New Labour, New Language?* (London: Routledge, 2000), pp. 3-20.

[149] Willie Thompson, *The Good Old Cause*, pp. 164-166.

一方面，他們批判工會運動的不合時宜、攻擊工黨人士的「瘋狂」。諷刺地，他們的主張均是以葛蘭西之名推動。名稱確實影響深刻，但一個沒有妥善內容的名稱顯然是不足夠的。

誠如《今日馬克思主義》的總編輯杰克於 1998 年進行回顧時自豪的指出：其刊物的論述深刻地啟發了日後的新工黨人士，並為他們清除了工黨內的反對力量。[150] 然而，最終，就文化霸權的概念來看，1970、1980 年代的英國左派經驗的當代重要意義或許是：左派政治力量之文化霸權建立的過程中，與其他團體和階級進行妥協的同時，也應進行教育的工作。左派所謂的文化霸權不應只是關切如何贏得選舉以及討好所有人士，最關鍵的是教育群眾以及提升人們的政治、社會意識。文化霸權最終有關領導權，因此是指涉左派領導其他階級與團體，而非被其他團體領導。因此，儘管變革和妥協或許是建立文化霸權過程中不可缺少的，同樣的，持續進行深入的政治教育更是根本的。身陷法西斯牢獄中不懈寫作的葛蘭西，傳達了這樣的訊息。

（原刊於：《思與言：人文與社會科學雜誌》第 50 卷 1 期，2012 年。）

[150] The Tribune Interview: Martin Jacques, *Tribune* 9 Oct. 1998 [London]: 7.

DOI:10.978.986437/1778.0007

依違於江湖與廟堂之間——明清之際保標行跡考

陳熙遠*

壹、保標——外傳與正史之間[1]

目前市面上已有不少關於標局的通論性作品，[2] 儘管將標局的組織與發展描寫得繪聲繪影、煞有介事，然畢竟實據無憑，能否反映歷史實情，難免令人疑信相參。特別關於保標活動起源的時代背景與地緣關係，多屬臆測揣想，且人言言殊。

史學界運用傳統意義上的史料探討保標與標局的可能起源，多始自經濟史的研究大家。出身清華國學研究院的衛聚賢（1899–1989），在其關於山西票號史的開創性研究裡號稱，經過考證，原來顧炎武（1613–1682）、傅山（1607–1684）與戴廷栻（1618–1691）等清初遺民為了推翻清朝，利用山西人長於經商，創設「標局」，以雇用武人保護商人或幫商人轉運現金為名，暗地進行革命事業。[3] 衛聚賢《山西票號史》的初稿寫成於 1939 年，先

---

* 中央研究院歷史語言研究所研究員

[1] 由於「保標」、「標局」應為原生本義，「鏢」、「鏢」等字則為後出，因此本文率以保標、標局行文。惟涉及引文處，悉依原著措辭。

[2] 例如：曲彥斌，《中國鏢行》；方彪，《鏢行述史》（按：該書後又改以《京城鏢行》發行）；李金龍、劉映海，《清代鏢局與山西武術》。真正運用的歷史文獻相當有限，曲彥斌在《中國鏢行》末頁僅列出十種「主要參考文獻」（頁 172），其中前四種屬原始材料，除了徐珂《清稗類鈔》之外，一是曾任標師的李堯臣（1876–1973）口述史料：李堯臣，〈保鏢生活〉，頁 229-246；一是〈江湖走鏢隱語行話譜〉，收入曲彥斌點校，《中國民間隱語行話》，附錄；最後就是劇作名家齊如山（1875–1962）以筆記形式所寫的〈鏢局子史話〉，收入齊如山，〈鏢局子史話〉，《齊如山隨筆》，頁 69-74。

[3] 衛聚賢認為票號的出現就是為了抵制標局的高額運費。至於標局確切設立的時代，衛聚賢在書中先是引萬籟聲《武術滙宗》：「考創設標局之鼻祖，係清乾隆時，神力達摩王之老師，山西人神拳無敵張黑五者，請于達摩王，轉奏乾隆，領聖旨，開設興隆標局于北京順天府前門外大街，嗣由其子懷玉、繼以走鏢，是為鏢局之縞矢。故鏢師父走鏢時，有『黑五』口號者，即看對方是否為張黑五門下之友朋孫徒也。」但他隨即批評說：「按

是在《中央銀行經濟月刊》上發表，後因抗戰，遂先刊行初稿，後雖經數次重印，但並未再修訂補充。該書影響所及，山西儼然成為標局發祥之地。[4]

日本東京文獻學派第二代領袖加藤繁（1880–1946），晚年曾寫過一篇〈標局〉的短文。[5]除了藉由對北京會友標局（於1922年歇業）的考察訪談，描寫標局的經營，更引用錢肇鼇（1729–?）《質直談耳》中一位標客的故事：該標客從蘇州閶門搭船，護送兩箱「白鏹」（白銀）回嘉定，途中曾「手提雙刀」，在岸邊「伏于荒塚」，巧妙躲過三艘劫盜的危機。[6]約略同時，明清經濟史名家傅衣凌（1911–1988）也留意到「保標」的「標」字本義，在〈明代陝西商人〉一文的註腳裡，傅氏援引褚華（1758–1804）於《滬城備考》中追記其五世從祖的一位僕人姚大漢「嘗為布商護貨，往來秦晉間，盜不敢近」，進而推測「清代的標客即源自標布客商，而標局則為護送布商而得名」。[7]陳國棟則於1984年發表〈保標考〉一文，參較多種史料進行更為

戴廷栻卒于康熙三十年，標局之成立，當不在乾隆時代。」見衛聚賢，《山西票號》，〈序〉，頁1；〈歷史．票號的前身〉，頁5-8。令人不解的是，筆者覆查萬籟聲《武術滙宗》一書，皆未見前項引文。參較：萬籟聲，《武術匯宗》，下篇，〈餘談．鏢師與江湖〉，頁252-260。按：衛聚賢，本籍為山西萬泉，一生極富傳奇色彩，他自學出身，考入清華國學研究院，曾親炙梁啟超（1873–1929）與王國維（1877–1927）等多位大家，後以考古學家和歷史學家名世。他早年參與並主持南京明故宮遺址以及新石器文化的考掘工作，對中國考古學的早期開展有一定的貢獻，然卻似因種種緣故，竟至淹沒無聞。或因衛氏常持異論別解，多有待考或商榷之處，故未能被學界廣泛接受，然其立論仍有值得參考之處，非一般陳說襲見可比。在其自行重刊的《山西票號》書末，曾附上〈衛大法師（自警）語〉，頗堪玩味：「處處留心皆學問，事事如意非丈夫」、「研究學問主張『傳統』，傳統是『懶惰』的代名詞」、「我能寫時不寫，是我對不起國家；寫下稿子不能出版，這是國家的損失。」見衛聚賢，《山西票號》，〈衛大法師（自警）語〉，頁356。

[4] 今山西平遙並設有「華北第一鏢局」博物館。沿用乾隆年間山西人神拳張黑五創辦興隆鏢局的說法。參見其官方網站：http://www.hbdybj.com/index.htm，擷取日期：2018年8月26日。

[5] 加藤繁，〈標局〉，頁127-132。

[6] 原文見錢肇鼇，《質直談耳》，卷2，〈帋[布]標客〉，頁2b-3a。按：傅圖藏本為六卷本，應為1914年新鐫本，前有錢大昕於乾隆五十年（1785）之序文。錢肇鰲為乾嘉考證大家錢大昕（1728–1804）之弟，「精於六書形聲之學」。另加藤繁在引文中，將「伏于荒塚」誤植為「伏手荒塚」。見加藤繁，〈標局〉，頁131。

[7] 傅衣凌，《明清時代商人及商業資本》，頁201。按：據〈傅衣凌自傳〉，傅先生於1946年返回家鄉福州，擔任福建省研究院社會科學研究所研究員，展開一系列商人與商業資本的研究，包括徽州商人、江蘇洞庭商人、陝西商人與福建海商，集結而成《明清時代商人及商業資本》，原由人民出版社刊行於1956年。參見傅衣凌，〈傅衣凌自傳〉，頁127-136。另，其所引用〈姚大漢〉一條原文，見褚華，《滬城備考》，卷6，〈姚大漢〉，頁6。

細緻的考證，「保標」一詞的本源，以及其與護送標布客商的密切關係，自此可謂定讞。[8]

關於保標活動與標局設置的情節，殆始見於清嘉慶道光年間（1796–1850）的話本小說，例如出身滿洲鑲紅旗的「燕北閑人」文康所創作的《兒女英雄傳》（《金玉緣》）。另有不少作者佚名的公案小說，以歷史人物為依託敷衍故事，關於江湖保標的情節更數見不鮮，最著名的有以施琅（1621–1696）之子施世綸（1659–1722；書中作「施仕倫」）為主角的《施公案》、以彭定求（1645–1719）為核心的《彭公案》。不過這些小說設定的背景既在康熙（1661–1722）、雍正（1722–1735）年間，出現江湖走標的活動，倒也在情理之間。至於以明代中葉「海青天」海瑞（1514–1587）為名的演義——《海公小紅袍全傳》裡，有一回提及嬰山大王沈勇打劫「荆襄標商仝欽差學政」等同行的十餘號舡隻。沈勇當然早已「久聞標商多是有手段的」，而他底下眾頭目們也怯怯懦懦地提醒大王：

> 那舡上兵將手執軍器，甚至強勇，更有標客相幫，利害難當，不可惹他。

但嬰山大王仍執意劫掠這一隊官商合舡，果見那位「護標好漢」以其「煉（練）就百發百中的神箭」，不僅隨手射死了十餘人，更對著登上船頭的沈勇，袍袖一起，將一枝箭「搜地一聲正中其咽喉」。[9] 如果小說裡這段虛構的情節可以當作屬實的本事，那麼這段傳奇無疑是江湖保標首度與廟堂官兵聯手禦敵的歷史美談。

逮至民國以後，關於江湖的俠情演義可謂是變本加厲，越「演」越烈，標局在近現代武俠小說裡幾乎成了不可或缺的元素。舉凡武俠小說裡，各種

[8] 陳國棟，〈保標考〉，頁 30-39。

[9] 佚名，《大明繡像小紅袍全傳》，14 回，〈兩欽差解寶遇劫，嬰山盜拯溺反讎〉、15 回，〈孫娘子山寨解難，沈大王江畔捐軀〉，頁 16b-20a。按：小說中「荆襄標商」有時亦作「荆襄布商」，此亦可證「標」、「布」兩字互義相通。此外《古本小說集成》本中在其出版說明的「前言」中，將原出版年「道光壬辰」誤判為「道光十一年（壬辰，1882）」（頁 2）。又：在其前傳《海公大紅袍全傳》裡，雖曾出現「保鏢」一詞，但僅是比喻的用法，意指嚴世藩在朝中有父親嚴嵩和內監王惇的庇蔭：「我父在朝權秉鈞衡，在皇上跟前，言必聽，計必從。我又同王內監情同骨肉一般，即有什麼彌天大禍，有此二人保鏢，還怕什麼大事！……」嚴世蕃意指他在朝中有父親嚴嵩和內監王惇庇蔭。見佚名，《海公案》，51 回，〈小嚴賊行計盜孌童〉，頁 300。按：本文所有引文劃底線處皆為筆者所加，以為提點之用。

幫、派、教、會之外，最常見的兩種建置無非是客棧與標局：客棧是往來武林中敷衍是非的公共場域，而標局則是行走江湖招惹恩怨的民間組織。沒有客棧、標局，武林江湖何來恩怨是非？！

即以當代家喻戶曉的金庸（查良鏞）的作品為例，其小說常將虛構的英雄傳奇與史傳的人物事件參融互動。在其以清朝為背景的小說裡，幾乎皆有鏢局的蹤影。[10] 而在其全部作品裡，最早出現鏢局的時代是歷史背景設定於宋元明之交的《倚天屠龍記》，不過恐怕並不符合保標興起的歷史實情。該書的故事主軸從第三章正式展開，金庸明白標定時值元順帝至元二年三月廿四日（1336 年 5 月 5 日），武當三俠俞岱巖無意間獲得「武林至尊」的屠龍刀，但在攜返武當山的途中，遭到天鷹教紫薇堂堂主殷素素的暗算，屠龍刀不幸被奪。而不願與武當正面結怨的殷素素，暗地以二千兩銀委託臨安府的「龍門鑣局」，將身受重傷的俞岱巖運回武當山。此外書中還陸續出現虎踞、晉陽與燕雲等名號的鏢局。金庸信手拈來，一舉就將標局出現江湖的時間，往前推移了將近三百年。

《笑傲江湖》是少數被作者刻意隱去歷史背景的作品，故事裡當然也出現了福建的福威鑣局。儘管金庸並未明白標示《笑傲江湖》的年代，但有考證癖的讀者，仍可從建置或情節所涉及的蛛絲馬跡中試作推敲。其中該書有一段是「天王老子」向問天拿出一幅圖為賭注，引誘梅莊四莊主丹青生打賭。書中描寫向問天打開一個卷軸，圖畫上「一座高山沖天而起，墨韻凝厚，氣勢雄峻之極」，而在那陳舊的圖畫右上角題著「北宋范中立谿山行旅圖」十字。[11] 其實這詩塘上的題字出自晚明書畫名家董其昌（1555–1636）的手筆，並鈐有「宗伯學士」、「董其昌印」等印記。而這幅北宋畫家范寬（字中

[10] 其首部創作《書劍恩仇錄》（1955），故事展開於乾隆十八年（1753）六月，裡面出現北京的鎮遠鏢局。隨後以乾隆四十五年三月十五日（1780 年 4 月 19 日）的《雪山飛狐》（1959）則有北京的平通鏢局，作為《雪山飛狐》前傳，並與《書劍恩仇錄》有所聯繫的《飛狐外傳》（1960），則除了鎮遠鏢局外，還有飛馬鏢局、延安府的五郎鏢局與大同府的興隆鏢局。《碧血劍》（1956）的故事從明崇禎六年（1633）一路鋪陳至清順治元年（1644），其中有武會鏢局、永勝鏢局和廣武鏢局。而金庸封筆之作，是以康熙初年莊廷鑨（1585–1655）明史案揭開序幕的《鹿鼎記》（1969），自然在北京也有武勝鏢局。以上例舉皆參見「遠流版」金庸小說全集。為省篇幅，恕不一一羅列出處。書後年代為初版之時。此外附在《雪山飛狐》之後的短篇小說《白馬嘯西風》（1961）有山西省太谷縣晉威鏢局，《鴛鴦刀》（1961）裡則有陝西西安府威信鏢局，《俠客行》（1965）裡有渝州的西蜀鏢局。據筆者初步估計，金庸 15 部小說中殆出現過 18 所鏢局。

[11] 金庸，《笑傲江湖》，19 章，〈打賭〉，頁 777-816。

立，990–1020）著名的「谿山行旅圖」後來庋藏在乾隆皇帝（1711–1799，1736–1795 在位）肇祥之地——重華宮裡，並編入乾隆九年（1744）開始纂集的《石渠寶笈》。[12] 現藏於臺北故宮博物院的原畫詩塘正中央還有鈐有「乾隆御覽之寶」的璽印。若以此蒐藏的線索推敲：《笑傲江湖》所描述的時代背景，應該就是這幅畫從晚明董其昌題款註記之後，到乾隆皇帝御覽鈐印之前；亦即從流落於江湖到收編入廟堂之間。[13] 有趣的是：金庸刻意隱去時代背景的這部小說，反倒符合本文推估歷史上標局出現的時間點。[14]

當然，文學藝術的創作，本有權無視於歷史框架的羈絡。反言之，歷史學家在運用戲曲小說時，就必須審慎對待。例如 1969 年張徹導演、倪匡編劇的「保鏢」，甚至將故事背景設定於北宋年間，以洛陽「無敵莊」為官府押解 20 萬兩黃金前往開封，中途遭遇「飛虎寨」盜寇埋伏劫掠，三位兒女英雄聯手抗敵護鏢的過程來鋪陳情節。[15] 當然這並不意味距離歷史越遠的文學創作，就越容易罔顧歷史實情。初版於乾、嘉之際的《粉粧樓》，故事乃延續《說唐後傳》，描寫唐代開國功臣之後聯合忠義之士懲惡鋤奸的故事，其中也有一回如此描寫：

> 眾位英雄上了馬頭，戴煙氈大帽，身穿元色夾襖，身帶弓箭腰刀，扮做標客的模樣，沖州撞府，只奔山東大路，投雞爪山去了。[16]

儘管《粉粧樓》裡並無標局、標行或保標的蹤影，但推敲這段描繪，似乎早在大唐盛世之際就已出現「標客」的職業，而且其裝束模樣已成為一種套式，深烙人心，因此假扮者得以依樣模仿，而旁觀者則可以從其裝扮辨識指認。

---

[12] 張照，《石渠寶笈》，卷 26，〈重華宮七〉，頁 25。

[13] 當然，仿范寬此幅畫作的名家極夥。董其昌之外，孔尚任（1648–1718）在〈題方一峰摩范寬行旅圖〉一詩，也曾表示：「吾圖已鬻此圖存」。見孔尚任著，徐振貴主編，《孔尚任全集・輯校註評》，冊 3，頁 1460-1461。

[14] 當然，小說虛構，本可存於無何有之鄉。書中有些地名的舛誤，不宜吹毛求疵。如該書中第 30 章提及「黑木崖是在河北境內，由恒山而東，不一日到了平定州。」實則平定州位於山西省，至於河北一地，明清兩代皆屬直隸省，民國十七年（1928）以後方改名為河北省。

[15] 張徹導演，倪匡編劇，「保鏢」（Have Sword, Will Travel）。主要演員有姜大衛、狄龍與李菁。

[16] 作者原可能只是用「標客」的模樣，讓讀者領略這些人的扮相。見竹溪山人撰，《粉粧樓》，56 回，〈老巡按中途遲令箭・小孟嘗半路贈行裝〉，頁 39b。

儘管小說演義裡的武林，自有一套紀事繫年的時空座標，然而不論如何，就《粉粧樓》這節的描繪，對應的恐非唐朝的實況，更可能是反映作者所處乾嘉之際的情境：「標客」的職業身分、裝扮造型，已成慣聞習見。

小說稗史裡對出入江湖的保標情節，儘管描繪具象且鮮活，但畢竟多為文學想像的投射，不宜直接作為考證歷史實情的憑據。本文試圖以檔案文書作為主要的論證依據，耙梳出其中關於保標活動早期發展的蛛絲馬跡。當然筆者並未忽略：號稱存真的官書檔案未必呈顯遭到壓抑的實情，而可能受囿於書寫者的視野產生遮蔽的盲點；虛構的小說稗史也未必純屬橫空出世，有時反而更能照映出正史所忽略的故事曲折。但如果我們先從官方文書檔案入手，也許別有發現：江湖上行走的保標，其實不只存在於江湖上的演義傳說而已。

貳、備戰遼東——晚明東北潰防與江湖募兵

就目前筆者所蒐集的史料而論，涉及「保標」最早也最重要的史料，實則攸關大明朝廷因應東北女真勢力的崛起。

顧名思義，「遼東」（遼左）一詞殆指遼河以東的區域。不過在中國歷史上，它所指涉的範圍，並不侷限於渤海與黃海之間的半島，還包括現今東北亞的泰半腹地。明永樂（1402–1424）至宣德（1425–1435）年間，還曾一度在遼東半島以北設置奴兒干都司（1409–1434），管轄範圍包括黑龍江、烏蘇里江與松花江流域。而在行政體系上，遼東半島與山東半島同屬於山東承宣布政使司的轄區。

在明國四境邊防之中，西北的蒙古與嘉靖以後東南的倭亂，向為朝廷邊防的重點。相較之下，東北女直（真）的威脅相對隱晦。儘管李夢陽（1472–1529）早在其〈秋懷〉詩裡便曾經預警：

> 大同宣府羽書同，莫道居庸設險功。安得昔時白馬將，橫行早破黑山戎。
>
> 書生誤國空談裏，祿食驚心旅病中。女直外連憂不細，急將兵馬備遼東。[17]

---

[17] 李夢陽，《空同集》，卷 29，〈秋懷・其六〉，頁 3b-4a。從《空同集》詩集編排的順

就命題與形式來看，李夢陽創作這〈秋懷〉八首，透過地景或史事興起抒懷，顯然有意追步唐代杜甫（712–770）寫於大曆元年（766）的〈秋興〉八首。不論如何，李夢陽「急將兵馬備遼東」的呼籲，在其寫作當時畢竟是空谷跫音，並未獲得任何重視。直到晚明女真坐大，遼東局勢一發不可收拾之際，識者方才恍然：當年李夢陽並非杞人憂天的囈語，詩句竟成讖語。福建道監察御史楊州鶴在呈請朝廷因應「滅虜安邊」當發帑金以佐軍興的題本裡，特別標舉出李夢陽該詩所言確有先見之明。[18] 後來廣東博羅的張萱（1553?–1636）於萬曆三十九年（1611）罷官歸里後，積二十餘年的苦心孤詣，輯成 107 卷《西園聞見録》，整飭自洪武（1368–1398）以迄萬曆（1572–1620）時期的國朝史事，全書檢視兵事者高達 32 卷，無疑是其措意關注的重點。張萱在檢視遼東局勢的發展時，也特別提及：「李公夢陽〈秋興〉詩有和戎劇戎，急備遼東之語，不幸而中矣！」[19]

在李夢陽寫就〈秋懷〉詩的一百多年之後，出身建州左衛的努爾哈赤（nurgaci, 1559–1626；天命，1616–1626）於萬曆四十四年（1616）在赫圖阿拉（hetu ala）稱汗，成立了後金汗國（amaga aisin gurun, 1616–1636）。兩年之後，努爾哈赤更大張旗鼓，羅列明國「欺凌至極，實難容忍」的「七大恨」告天誓師，正式與明朝決裂。[20] 等到努爾哈赤軍隊勢如破竹地連陷撫順、清河等軍事據點，明國朝廷才意識到事態極為嚴峻，於是在萬曆四十七年（天命四年，1619）大舉動員，幾傾全國的正規兵力，以曾奉命經略朝鮮軍務的兵部侍郎楊鎬（?–1629）總督大軍，擬以四路兵馬分進合擊，欲對後金部隊施以致命的夾擊。不料努爾哈赤早已掌握到相關情報，並採取「憑爾幾路來，我只一路去」的策略，在薩爾滸（Sarhū）一役，徹底擊潰明軍。[21] 大明與後金兩國國力頓時此消彼長，雙方對峙的攻防情勢自此易位。

序推敲，李夢陽的〈秋懷〉詩應寫於正德六年（1511）之前，卷 28 為五言律，而卷 29 為七言律，〈秋懷〉詩之前的作品無年代的線索，而其後則有〈正德辛未（1511）四月十七日簡書始至於時久旱甘澍隨獲漫爾寫興〉，以及〈春暮丁丑（1517）年作〉、〈戊寅（1518）早春上方寺〉等詩。

[18] 程開祜，《籌遼碩畫》，卷 16，〈福建道監察御史楊州鶴題為聖諭軫念遼左周至，滅虜安邊有機，伏乞大發帑金以佐軍興、以鼓士氣事〉，頁 52b。

[19] 張萱，《西園聞見錄》，卷 53，兵部二，〈附己未西園聞遼警詩小序〉，頁 14b。張萱將李夢陽原詩題〈秋懷〉誤記作〈秋興〉，倒也反映他洞悉李夢陽追步杜甫詩作的用意。

[20] 努爾哈赤所宣稱的「七大恨」，詳見清高宗敕纂，《清實錄·滿洲實錄》，卷 4，天命三年四月十三日，頁 198b-207a。

[21] 詳細經過，參見谷應泰，《明史紀事本末補遺》，卷 1，〈遼左兵端〉，頁 1a-15b。

萬曆三十五年（1607）丁未科探花張瑞圖（1570–1644）曾有詩句：「昨聞遼東失鼙鼓，江湖中宵汨如雨。何人借箸能籌邊？誰信賦詩堪退虜！」[22] 當時明朝諸臣應該不至於妄想以賦詩退敵，[23] 但就在遼東災報踵至，遼左事勢岌岌之際，卻有不少朝臣士子「會聞遼警，喪師蹙地，患且剝膚」。[24] 因此紛紛效法漢朝開國功臣留侯張良（?–185 B.C.）「借箸代籌」的典故，提出各種籌邊退虜的因應策略。而禦遼抗金之道，除攻防戰略之外，不外乎兵源與軍餉兩項。誠如劉錦藻（1862–1934）所論，明朝自中葉以後，「天下衛所之兵幾於徒有虛籍，緩急所恃，惟民兵及諸鄉兵，與四川、粵西、湖廣三省之土兵而已」。[25] 一旦邊防吃緊，如何擴大招募江湖草野之士，加以整頓訓練，以為朝廷效命，遂成當務之急。

當時河南道監察御史盧謙（1561–1635）眼見遼左喪師之後，朝中「凡議兵、議餉等項，章滿公車」，而他特別針對募兵練兵避免虛冒一事提出建言。當時朝廷在研議召募新兵之來源時，主要傾向從中州河南、山東、浙江與直隸等處著手。盧謙特別提醒朝廷應該向山東東昌府的臨清一地招募武林好漢：

> 職謂山東之中尚遺東昌之臨清。蓋臨清以護送標客為生業，其習于武事，無人不然。職素遊齊、魯，聞之有日。舊秋詢之撫臣李長庚，亦言招兵無如臨清，則臨清亦當多募也。[26]

盧謙為南直隸廬江人，萬曆三十二年（1604）甲辰科進士，曾任江西永豐縣知縣。他以在山東地區的親歷見聞作證，並引山東巡巡撫李長庚（?–1644）的建言為奧援。李長庚是湖廣麻城人，萬曆二十三年（1595）進士，初授戶部主事，歷任江西左右布政使，四十四年陞任山東巡撫。[27] 萬曆四十六年

---

[22] 張瑞圖，《白毫菴》，襍篇，卷 1，〈答賴王言〉，頁 100。

[23] 按：典出北宋大將高瓊（935–1006）在澶淵之役（1004）時，反諷文臣馮拯（958–1023）「何不賦一詩以退敵」的故事。見李燾，《續資治通鑑長編》，卷 58，真宗丙子，頁 18-19。

[24] 趙維寰，《雪廬焚餘稿》，卷 3，〈擬上救時萬言書〉，頁 1a。

[25] 嵇璜、曹仁虎等奉敕撰，《續文獻通考》，卷 128，〈鄉兵〉，頁 56。

[26] 程開祜，《籌遼碩畫》，卷 20，〈河南道監察御史盧謙題為遼左事勢岌岌，謹效愚悃，以備採擇、以保封疆事〉，頁 26a。

[27] 顧秉謙等纂修，中央研究院歷史語言研究所校勘，《明神宗實錄》，卷 542，萬曆四十四年二月丙寅 [廿五] 日，頁 10307。

（1618），當遼左孤危已極，李長庚緊急題奏，表示登州水陸二營共額兵2,419名，奉旨從中挑選1,500名渡海赴遼應援，所存只九百餘名皆為「挑選遺剩者」，何況登州「孤懸三面，備禦全空。一水之外，南有倭、東有虜，萬一交警，則束手坐困，無可支撐」，因此建請「一面發兵、一面召募」，望能募補到千名新兵，以保內地無虞。[28] 雖然李長庚並未在該題奏中提及要特別向何處招募兵源，但對照盧謙題奏中援引兩人面晤時的商議，顯然兩人都對招募山東臨清一地的民間武力以為「檢兵練卒」，抱持高度的期待。山東與遼東本屬同一轄區，唇齒相依，若能在山東本地召募援兵，當可儘速揀練，並及時馳援，可說是就近汲水救火，實為備禦之上策。盧謙以其親身所見，加上山東巡撫的附議，建議朝廷應在山東東昌府的臨清州廣招兵馬，因為該地素以「護送標客為生業」，並以習武為尚。過去研究保標的學者惜從未留意盧謙這份題奏，這份奏議至為重要，足以確認：臨清的保標活動，最遲在萬曆中後期已然極為活絡，而且當時當地以保標為生業的人口，必然達到一定的數量，才可能成為朝臣在研擬招募兵源時的一個選項。

事實上並非僅有盧謙倡議召募臨清的標兵，當朝廷陸續從直隸、山東、河南、山西與陝西等處各州縣分別召募40名兵入衛之後，巡按陝西監察御史牟志夔曾針對如何擴大召募各地驍勇提出建言，其中亦特別舉出：

> 有兵之處，以所募之兵應。如河南之毛兵、少林寺之僧兵、山東臨清之獲（護）送標兵之類，并他州縣驍勇應募者。夫不強之，以不就于行間，約束猶易。[29]

為了因應國家兵員的嚴重不足，除了在京省左近州縣招募兵丁之外，也特別徵召特殊的民間武力，包括河南的毛兵、嵩山少林寺的僧兵，以及山東臨清的標兵。其中河南的「毛兵」，指的應是毛葫蘆兵。按照自幼潛研武學的程

---

[28] 顧秉謙等纂修，中央研究院歷史語言研究所校勘，《明神宗實錄》，卷569，萬曆四十六年閏四月癸酉［十五］日，頁10717。

[29] 程開祜，《籌遼碩畫》，卷25，〈巡按陝西監察御史牟志夔題為海內援兵漸集，遼左制勝有機，謹陳一得，以佐朝議，仰祈聖斷事〉，頁50b-51a。按：原文作「獲送」，應即「護送」。另，牟志夔為萬曆三十二年（1604）進士，生卒年待考，現存史籍多載其為閹璫魏忠賢（1568–1627）黨羽，並刻意稽延崇禎帝登極後赦還東林名臣趙南星（1550–1627）之詔令，以致趙死於戍所。參見溫體仁等奉敕修，《明熹宗實錄・附錄》，天啟七年十月庚戌［十七］日，「故太子少保吏部尚書趙南星卒」條下小註，頁18-19。並見張廷玉等撰，《明史》，卷243，〈趙南星〉，頁6301。

宗猷（1561–?）的解釋，「毛葫蘆」原指這群人取鹿之陰囊外皮包裹箭筒，防止竹筒因風而裂。[30] 而河南南陽、鄧州等處的毛葫蘆軍，早在元末就曾被官府收編。[31] 至於朝廷借用少林僧兵的歷史則可上溯至唐代，而明代嘉靖年間在因應倭寇對東南海疆的劫掠侵擾等時，朝廷更多番仰仗少林僧兵的武力。[32]

必須留意的是：此處所指的臨清標兵，顯然不是明中葉之後開始設置的標兵。抗倭名將戚繼光（1528–1588）曾在〈辨請兵〉一文中解釋：「標兵，乃就中掄各部曲之壯者，不滿數千，隸于總督、巡撫、總兵標下，謂之標兵，用以備戰。」[33] 這些標兵其實是直接隸屬於總督、巡撫或總兵轄下的親信部隊。[34] 而此處臨清的標兵，即指招募原本從事護送標客行業者充軍為兵。與少林僧兵或河南毛兵的差別是：這群保標之徒是在明代後期才新興形成的江湖勢力。可惜臨清標客在史書裡獲得的關注，遠不如其他投效過廟堂的江湖武力，後者如少林僧兵至少為清朝官方欽定的《明史》所收錄，歸類在「隨其風土所長應募，調佐軍旅緩急」的「鄉兵」中。[35] 臨清標客的蹤跡則幾乎被淹沒在歷史的長河裡。

從牟志夔奏議的措辭推敲：河南的毛葫蘆兵、嵩山少林寺的僧人、臨清的保標，或者是充滿地域色彩的特殊族群（毛葫蘆兵）、或者隸屬於某一宗教組織教徒（少林僧）、或者是具有特定職能的行業身分（保標）。凡此皆具有可供外人指認、而與他者足以區分辨別的社會身分，並且有強烈的地緣關係。而且上自廟堂，下至江湖，人人可能都已習聞曉喻，因此向朝廷建言的上奏者無庸添附註解，說明這些可供招募的兵源為何，而覽奏的天子或部議的諸臣也都知其所指為何。換言之，臨清的保標雖是新興的民間武力，但

[30] 程宗猷在《蹶張心法》一書裡敘及弩箭竹筒的製法時，順帶提及「毛葫蘆」一詞的由來：「箭筒以竹為之，兩頭存節，取節比箭略長一寸中間近上開一門，門之長短以箭出入無礙為率。竹見風多裂破，故毛葫蘆兵射鹿，取鹿陰囊皮上下包裹，見風不裂。稱毛葫蘆兵者以此。」程宗猷，《蹶張心法》，卷 1，〈造弩箭筒說〉，頁 12b-13a。

[31] 《元史》描寫這些「金、商義兵」「以獸皮為矢房，狀如瓠，號毛葫蘆軍，甚精銳」。宋濂等撰，《元史》，卷 139，〈朵爾直班〉，頁 3359。

[32] 關於少林寺捍衛朝廷的傳統，可參考 Meir Shahar, *The Shaolin Monastery: History, Religion, and the Chinese Martial Arts*, 55-81.

[33] 戚繼光，〈辨請兵〉，收入陳子龍等選輯，《明經世文編．戚少保文集》，卷 349，頁 3753a。按：該文作於隆慶二年（1568）三月，見戚祚國，《戚少保年譜耆編》，卷 7，〈請兵辨論〉，頁 7b-14a。

[34] 關於明代標兵的起源與發展，參見蕭立軍，《明代省鎮營兵制與地方秩序》。

[35] 張廷玉等撰，《明史》，卷 91，〈兵志．鄉兵〉，頁 2251-2252。

在當時已經是一種具有辨識性的職業身分。可以推測：這群提供武力來保護標商跋涉遠途的標兵，極可能是經過長期經營之下，透過一定的社會組織或區域網絡來聯繫、動員，甚至平常進行演習訓練的武力社群。

參、天下咽喉——臨清標客與保標武力的發祥

若非有一定數量，大臣在題奏建議中不可能單獨點名山東臨清一地。換言之，臨清一地在萬曆年間勢必已然聚集相當人數的標客。問題是：為甚麼山東的臨清竟會聚集數量如此大的保標武力？修纂於萬曆年間的《歙志》，曾如此羅列當時各個行政層級的「都會」區：

> 今之所謂都會者，則大之而為兩京，江、浙、閩、廣諸省；次之而蘇、松、淮、揚諸府；臨清、濟寧諸州；儀真、蕪湖諸縣；瓜州、景德諸鎮。[36]

其中州一級的「都會」——臨清與濟寧兩州皆在山東，皆可說是應「運」而生，即因位於京杭大運河的交通要津而滋盛繁衍。京杭大運河自元代開通以後，北起北京，南至杭州，流經直隸、山東、江蘇和浙江諸省，並溝通海河、黃河、淮河、長江和錢塘江五大水系。[37] 其中臨清因位於京杭大運河與衛河的交匯之處，扼據要津，自明代中葉起已急遽發展為華北最繁華的商業城市，[38] 向有「天下咽喉」之稱（圖 1）。[39] 嘉靖二十九年（1550）庚戌科的會元傅夏器（1509–1594），亦如此盛稱臨清：「南北之襟喉，天下之都會。言繁華者莫先焉。」但他也預判：一旦「天下有變，則臨清必受兵」。而以當時臨清之富庶繁華，終難免「藏多則誨盜，物聚則興戎」；[40] 承平之時可能為盜匪所覬覦，戰亂之際則更成為兵家必爭的資源寶庫。

---

[36] 張濤修，謝陛纂，《（萬曆）歙志》，卷 10，〈貨殖二〉，頁 2a。

[37] 關於明清運河沿岸城市發展的綜述研究，參見傅崇蘭，《中國運河城市發展史》；關於大運河物產流通的動向與收取體制的發展，可參考川勝守，〈明代、長江・大運河水運の流通構造〉，頁 483-503。

[38] 參見許檀，〈商業城鎮的發展〉，頁 110-183。

[39] 楊洵、陸君弼等纂修，《（萬曆）揚州府志》，卷 17，〈名臣傳・曾銑〉，頁 30b。

[40] 傅夏器，《重刻叔祖錦泉先生文集》，卷 2，〈曾子館陶典史序〉，頁 31b。傅夏器該文主要是應同鄉曾龍湖選授治理館陶縣，提醒他館陶作為臨清州的旁邑，「天下有變，則臨清必受兵，兵禍中於臨清，則館陶亦不能以無事」。傅夏器所言不虛，後來崇禎十五年閏十一月十二日，清兵破臨清，隨即於二十六日圍攻館陶，因「城守甚固」，清兵暫時撤去。見趙知希纂修，張興宗增修，《（雍正）館陶縣志》，卷 12，〈兵警〉，頁 8。

即使經過明清更迭的巨變，臨清州仍能迅速從兵燹中恢復元氣，主要是因其位居要津的優越地理位置，而得以在短期之間重整旗鼓。雍正年間編定的《山東通志》如此賦詠臨清州：

> 連城依阜，百肆堵安。兩水交渠，千檣雲集。關察五方之客，牐通七省之漕。[41]

國家歲漕東南數百萬，乃由運河供億京師，而臨清州綰轂南北水陸咽喉，商貿活動自然極為發達。其中最重要的商品，無非江南所生產的棉布。晚明上海人張所望（1556–1635）便曾在《梧潯雜佩》自誇其家鄉松江一地所製作的棉布足以「衣被天下」。[42] 相對而言，江南人民的生計，也往往仰給於賣至北方的標布。保標最初即以護送貿易到遠方的「標布」為生意。[43] 陳國棟比較萬曆《清浦縣志》（萬曆廿五年，1597）與崇禎《松江府志》（崇禎三年，1630）關於朱家角描述的關鍵差異，前者僅作「商賈輳聚，貿易花布，為今巨鎮」，後者則作「商賈湊聚，貿易花布，京省標客往來不絕。今為巨鎮」，並就其中新增的關鍵之句推斷：標客往來不絕的現象，當出現在兩志修纂之間。[44]

明亡之後自縊殉節的徐石麒（1577–1645）即曾估計：江南人民的衣食之源，若以十分計之，則耕鑿佔十分之四，貿易佔十分之三，機杼佔十分之三。倘若一旦「標布不行」，將造成「工食騰湧」，影響所及，「緯

---

[41] 岳濬修，杜詔纂，《（雍正）山東通志》，卷 7，〈形勝志〉，頁 11a。

[42] 張所望同時指出，棉花之種原出西番，元朝始進入中國。該說為清代學者廣泛援引。見汪灝等編，《佩文齋廣群芳譜》，卷 12，〈桑麻譜．木棉花〉，頁 6b-7a；鄂爾泰編，《授時通考》，卷 77，〈桑餘．木棉辨〉，頁 22a；姚之駰，《元明事類鈔》，卷 24，〈衣冠門．布〉，頁 23。

[43] 按：「標布」的用法一直沿用至清末，《（光緒）川沙廳志》曾介紹各種服用之布：「布，以棉花為之，密而狹者為『小布』，亦謂之『扣布』，又名『中機布』。幅略濶者為『大布』，亦謂之『標布』。長十六尺為『平梢』，二十尺為『套段』。……」似乎是以尺幅大小劃分。見陳方瀛，《（光緒）川沙廳志》，卷 4，〈民賦志．物產〉，頁 15b-16a。若根據清代的裁衣尺，1 尺約 35.5 公分，因此平梢約為 568 公分，套段則為 710 公分。另外，王韜（1828–1897）在其《瀛壖雜志》裡描寫其鄉里女紅之紡織，則指出：「所織之布，則有小布、稀布，以丈尺之短長為別，其行遠者為『標布』。關、陝、齊、魯諸地設局邑中，廣收之，販諸北方。」王韜，《瀛壖雜志》，卷 2，頁 3。

[44] 陳國棟，〈保標考〉，頁 34。此外，顧炎武的《肇域志》也沿襲崇禎《松江府志》對松江府朱家角鎮的描述：「商賈輳聚，貿易花布，京省標客往來不絕。」顧炎武，《肇域志》，卷 9，〈松江府〉，頁 10a。

霜織月之家，大抵操杼軸而泣矣！」[45] 以節烈終生的浙江嘉善人陳龍正（1585–1645）也曾呼籲城居的鄉紳急公好義，在天荒年歉時不僅捐輸賑災，更可以粟米換購布匹的方式，救濟紡織農家一時之急。他認為等到「標客銀至，布價自然復增，頓主結賣，可仍得原初米價」。[46] 由此可見江南棉織與北方標客間生計的依存關係，極為密切。

浙江山陰的祁彪佳（1602–1645）在其《宜焚稿》中，載存不少其經手審理的重大案件，其中一件是他在擔任巡按蘇松等處監察御史時，負責審理的一位標布商人謀害親弟，導致十條人命喪生的重大刑案。根據祁彪佳題本中描述該命案發生的過程，可以看出松江府與臨清州標布貿易的往來模式。整個案情相當曲折，主謀黃自富原在松江府開設「萬元字號」的布店，而事件的導火線則是在天啟六年（1626）八月，黃自富本將「萬元字號」的標布1,200 筒，捲成 299 包，共計 12,000 疋，準備運往臨清，發賣給當地「南屏鳴玉」的店舖，每筒介付該銀 72 兩，付折色 7 兩 2 錢（九折），再付朱行一兩二錢，因此找文 6 兩 6 錢。然而船行途中，在長洲縣沉湖十八家村一地，竟遭其弟黃自儒糾夥攔截，將其標布劫走，轉載至湖州典當。[47]

當然北方的標客可能定期到江南收購標布，然後再轉售北方各地。也可能如前案所示，松江府的布店與臨清州的舖號兩造間建立起貿易伙伴的契約關係。不論貿易的形式如何，位居水陸交通輻輳的臨清，都是江南標布轉運北方各省的樞紐重鎮。揣摩當時的情景：北方京省標客攜帶銀兩到江南地區蒐購標布，再運送到北方諸省販賣。來時攜帶標銀，去時載運標布，南北往來絡繹不絕，專業的保標自然應運而生。崇禎（1627–1644）初年擔任戶部尚書掌管全國財政的畢自嚴（1569–1638）曾針對兵餉急需提出權宜設法的建言。其中他特別針對標客布商遠程夾帶萬金諸多不便，建議朝廷可仿效會票的做法：

---

[45] 徐石麒，《可經堂集》，卷 10，〈答按臺宗凌霄，名教一〉，頁 38b。

[46] 原條文為：「吾邑以紡織為業，婦人每織布一疋，持至城市易米以歸。荒年米貴則布愈賤，各賈乘農夫之急，閉門不收，雖有布，無可賣處。鄉村如有好義之家，量米多少隨附近收換布疋，每疋約照時價寬付米一升。積布在家，俟標客銀至，布價自然復增，頓主結賣，可仍得原初米價。此不過守候兩三月間，巳[己]財不損分毫，而應農家之急，有莫大之功。鄉紳城居者可倣此意，各就附近城外懸牌收買，則粟、布互相流通，農夫餉婦不至束手枵腹矣。捐賑之外，設此權宜，以為惠而不費之計。」陳龍正，《幾亭外書》，卷 4，〈救饑法十五條．鄉村收布三〉，頁 49b-50a。

[47] 祁彪佳，《宜焚全稿》，卷 8，〈巡按蘇松等處監察御史臣祁謹題為鬩墻釀禍株殺九命事〉，頁 472-498。

> 今道路險阻，商人如標客、布商之類，家挾萬金，常思遠寄，不能奮飛。誠及此時亟下一旨，俾入金，臣部即給與會銀勘箚，不拘南京、各布政司，惟商意之所嚮，註定地方，文到之日，地方官驗明勘箚，不許稽勒，亦即日照數給還。仍將勘箚轉呈撫、按題繳。[48]

根據畢自嚴的規劃，戶部以會銀勘箚的方式，省卻標客遠程運送標銀的風險。這種運作模式，或可視為清代票號或現代銀行匯兌的早期雛型，只不過是由官方來主導認證與擔保。畢自嚴顯然特別針對當時標客南北往返，常有經年輸運標銀的需求。可見在道險路阻或跋山涉水的情形下，標客必須採取防範的措施。尤其踰境跨區的風險，隨著地方執法對轄區秩序掌控的降低，各州縣交界的荒郊曠野，極可能有王法鞭長莫及之處。

當萬曆四十六年遼左情勢「孤危已極」，山東巡撫李長庚請朝廷允許急調附近南兵，水陸兩師並進，以保衛封疆。當然，所謂師行糧從，隨著援兵的調增，額外的兵餉如月行糧等勢需調撥，當時山東省自從大祲之後，民力竭困，該營春餉無從支給，司府的庫藏俱為賑荒而搜括如洗。而山東向來主要稅銀收入有二：一是來自東嶽泰山的香稅；[49] 二就是臨清州解部、解監的稅銀。泰山香稅往額每年五萬餘兩，但此時只有六、七千至萬金而已，纔足額數的十分之二。面臨「官如懸罄，民若反裘，別無一絲一毫可為借用」的窘境，李長庚建議朝廷考量：

> 惟有臨清解部、解監稅銀，每年約共四萬兩，伏乞皇上軫念東方、遼左唇齒之邦，與他地不同，援發既不可遲，備禦又不可懈，俯將前銀暫留應解之數，聽職等酌量為發兵援遼，及募兵守登[州]之用，庶兵行不匱，內地永安，而緩急亦有所恃矣。[50]

臨清解部、解監的稅銀，主要來自創置於明宣德四年（1429）的臨清運河鈔

---

[48] 畢自嚴，《度支奏議》，堂稿，卷 10，〈兵餉急需權宜設法疏〉，頁 51b-52a。崇禎二年十二月二十七日具題。

[49] 關於泰山香稅的研究，日本學者早發其端，見澤田瑞穗，〈泰山香稅考〉，頁 547-561。隨後有不少學者相繼投入研究，如韓光輝，〈泰山香稅考〉，頁 189-197；成淑君，〈自是神人同愛國，歲輸百萬佐昇平——明代泰山碧霞靈應宮香客經濟初探〉，頁 38-41；蔡泰彬，〈泰山與太和山的香稅徵收、管理與運用〉，頁 127-179；邱仲麟，〈明清泰山香稅新考〉，頁 37-132。

[50] 程開祜，《籌遼碩畫》，卷 4，頁 41a。

關。萬曆年間，臨清鈔關每年徵收船料商稅銀，往往居全國八大鈔關——崇文門、河西務、臨清、淮安、揚州、滸墅關、北新關（杭州）、九江——之首。萬曆三十三年（1605）曾諭令戶、工二部：「其各省直稅課，俱著本處有司照舊徵解：稅監一半并土產解進內庫，以濟進賜供應之用；一半解送該部，以助各項工費之資；有餘以濟京邊之用。」[51] 亦即一半解送內庫，一半解送相關部會，若有餘裕才提供京師與邊鎮之用。李長庚顯然不僅有意動員臨清的保標武力，同時也盤算著用臨清原本解送中央的稅收，以支用發兵援遼與召募新兵的軍餉。

臨清關不僅有徵收高額的稅銀，更隨著標布生意的發達，滋生豢養出一群行走江湖、隨機應變、閱歷豐富的民間武力。換言之，臨清一地蘊含的豐富「人力」與「財力」，儼然成為晚明抵抗清軍的重要後勤支柱。

過去可能受限於史料的蒐集不易，關於保標早期的活動，多從筆記小說的記載裡試加推敲。而溯源保標最早的線索，大抵追蹤到小說《金瓶梅》裡西門慶大官人所經營的「標船」。[52] 本文則先從官方檔案的記載，確定了萬曆晚期臨清保標活動的熱絡，再回過來檢視《金瓶梅》裡的相關記載。《金瓶梅》在萬曆末葉於文人間廣為流傳，「公安三袁」中的老二袁宏道（1568–1610）曾將《水滸傳》、《金瓶梅》兩書並列為傳奇中的「逸典」，認為「不熟此典者，保面甕腸，非飲徒也！」[53] 儼然推崇為品酒稱觴之輩必讀的經典作品。三袁中的小弟袁中道（1570–1623）先前曾聽過董其昌推薦：「近有一小說名《金瓶梅》，極佳」，但董其昌又道貌岸然地表示「決當焚之」。後來袁中道藉探訪名山勝水以「滌浣俗腸」的雲游過程中，終在其二哥之處獲見這部「模寫兒女情態具備」的小說。他在萬曆四十二（1614）年七月的日記裡表示：《金瓶梅》儘管有誨淫之虞，既不必焚毀，也無需崇奉，「有名教之思者，何必務為新奇，以驚愚而蠹俗乎！」[54] 而李日華（1565–1635）是在萬曆四十三年（1715）十一月五日獲讀朋友所藏的《金瓶梅》，並在日記裡批

---

[51] 顧秉謙等纂修，《明神宗實錄》，卷 416，萬曆三十三年十二月壬寅 [二] 日，頁 7814。

[52] 最早注意《金瓶梅》裡「標船」的記載，是柴田忠雄於昭和十年（1935）於北京研究《金瓶梅》時所發現，後為加藤繁特加援引，認為此即明代中葉存在標局之證。見加藤繁，〈標局〉，頁 127-132。

[53] 袁宏道，《袁中郎全集》，卷 14，〈觴政．十之掌故〉，頁 5b。

[54] 袁中道著，錢伯城點校，《珂雪齋集》，外集，卷 9，〈游居杮錄〉，頁 1315。

評：「大抵市諢之極穢者，而鋒燄遠遜《水滸傳》。袁中郎極口贊之，亦好奇之過。」[55]他對袁宏道（中郎）所論不以為然，但也可見袁中郎對《金瓶梅》的推崇，在當時的文人社群裡逐漸流傳發酵，幾成口碑。

《金瓶梅》既係借《水滸傳》北宋末年武松殺嫂的一段故事揭開敷演的序幕。小說開篇「話說宋徽宗皇帝政和年間」，其前六回描繪潘金蓮和西門慶偷歡的情節。而武松是清河縣人，因此即以清河縣為故事鋪陳的主要場景。作者巧妙地以偷樑換柱的方式，將明代臨清州的繁華嫁接到宋代的清河縣上。當然，明清時期確實有「清河縣」，一是在直隸的邢臺地區，一是位於江蘇淮陰地區，前者適與山東臨清交界（圖 2）。《金瓶梅》的場景雖設於清河縣，但從其所描寫這座城市的地理位置與繁華景象而言，當是以位於運河的重鎮臨清州為藍本。令人玩味的是，《金瓶梅》有座相當熱鬧的臨清馬頭：「這臨清閘上，是箇熱鬧繁華大馬頭去處。商賈往來，船隻聚會之所，車輛輻輳之地。有三十二條花柳巷、七十二座管絃樓」。[56]從《金瓶梅》的描寫來看，清河是座大城市，官府林立；而「臨清馬頭」的規模充其量只是依附於清河縣城。但作者安排這一「臨清馬頭」，恐怕正是換位假藉的筆法，暗示書中所描繪的宋代「清河縣」其實是以作者當代位於京杭大運河的臨清州為臨摹的場景。

《金瓶梅》裡的主人翁西門慶既在提刑院做掌刑千戶，又在「家中放官吏債」，還開了段子舖、生藥舖、紬絹舖與絨線舖等四、五處舖面，主要都與布匹有關。而且「外邊江湖又走標船」，為他辦事的「夥計、主管」高達數十人之多。[57]有一回，西門慶大官人還問起屬下韓道國：「客夥中標船幾時起身？咱好收拾打包。」[58]當然，這「標船」可能只是提供船隻採買「布貨」來發賣，《金瓶梅》裡的夥計似乎也不見具有特殊的武藝。不論如何，至少可以確定的是：在《金瓶梅》成書之際，萬曆年間的臨清，應已有專門用來購置標布的「標船」。由此，對標船上銀貨的載運採取保護的措施，逐漸形成在人力市場上的特殊需求，保標的生意自然興盛起來。大概先有保標的行當，起初可能僅附屬於某個布舖，或許要到入清以後，才逐漸組織成一專業常設的標局。

---

[55] 李日華，《味水軒日記》，卷 7，萬曆四十五年十一月五日，頁 66b。

[56] 笑笑生，《新刻金瓶梅詞話》，92 回，〈陳經濟被陷嚴州府，吳月娘大鬧授官廳亭〉，頁 2a。

[57] 笑笑生，《新刻金瓶梅詞話》，69 回，〈文嫂通情林太太・王三官中詐求奸〉，頁 3b。

[58] 笑笑生，《新刻金瓶梅詞話》，66 回，〈翟管家寄書致賻・黃真人發牒薦亡〉，頁 1a。

《金瓶梅》設計這「臨清馬頭」一地，一方面固可以解釋成臨靠清河的馬頭。另方面，晚明的臨清州本就是天下水馬頭的重鎮。清初深受康熙帝賞識，曾入直「南書房行走」的高士奇（1642–1704）在《天祿識餘》有條〈馬頭鑣客〉，援引了《程途一覽》的記載：

臨清為天下水馬頭，南宮為旱馬頭，鑣客所集。[59]

《程途一覽》原書疑已散佚，後來關於臨清馬頭的記載，殆皆從高士奇的這段筆記轉引而來。《程途一覽》此處所用水、旱馬頭，當為比擬之詞。意即山東臨清州與直隸南宮縣分別是水道與旱路動線上的兩大貿易商埠。既為商旅輻輳的運輸樞紐，無疑有護送財貨等保全上的需求，自然匯聚許多藉此討生活的標客。顧名思義，《程途一覽》可能是明代中葉以降士商行旅所用的參考類書，諸如《士商類要》、《華夷風物商程一覽》、《客商一覽醒迷天下水陸路程》或《士商要覽》等書。[60] 在《程途一覽》原書裡的措辭究竟是用「鑣客」抑或「標客」，今無可查對。不過在高士奇援引該書的康熙年間，「鑣客」一詞似乎已經開始出現，並為後人所沿用。如山東棲霞的訓詁學者郝懿行（1755–1825）在其《證俗文》中，多處援引《天祿識餘》以解釋各類俗稱用語，其中提及「都會為馬頭，架手為鑣客」，即以該書轉引《程途一覽》所載為據。[61] 再如在梁章鉅（1775–1849）的《稱謂録》裡，更直接將「保鏢」等同於「鏢客」，亦從《天祿識餘》轉引該條筆記為證：

鏢客：《天祿識餘》「《程途一覽》云：臨清為天下水馬頭，南宮為旱馬頭，鏢客所集。」[62]

---

[59] 高士奇，《天祿識餘》，卷下，〈馬頭鑣客〉，頁 49。「馬頭」本指以土木築設於河岸，便於船泊。《資治通鑑》中曾記唐穆宗長慶二年「[史憲誠] 於黎陽築馬頭，為渡河之勢」。浙東史學家胡三省（1230–1302）曾特別註記「馬頭」的本義：「附河岸築土植木，夾之至水次，以便兵馬入船，謂之馬頭。」司馬光編著，胡三省音註，《資治通鑑》，卷 242，〈唐紀．穆宗長慶二年〉，頁 7822。

[60] 寺田隆信在其對山西商人的研究中，已留意各類明清商業書的出版與應用。參見寺田隆信，〈明清時代の商業書〉，頁 299-317。關於商業書所涉及經商活動、商品流通與交通運輸等情況的綜論性專著，參見陳學文，《明清時期商業書及商人書之研究》。

[61] 郝懿行，《證俗文》，卷 17，〈方言〉，頁 36b。按：《證俗文》引《天祿識餘》一書，約有 58 處之多。

[62] 梁章鉅，《稱謂錄》，卷 30，〈保鑣〉，頁 3a。

從原始的「標」字，漸轉與「鏢」、「鏢」相通並用而論，原本可能僅是籠統地指稱往來貿易的「標布客商」，已逐漸轉義為專指行走江湖、護衛標商安全與貨銀往返無虞的保標武力。

臨清保標的需求應不限於水運的標船。臨清畢竟是南船北馬的輻輳據點。明清之際的江西寧都人魏禧（1624–1681）在面對「天下之變，如江河潰決」時，決意杜戶隱居於鄉里的翠微峰，除傳世的《魏叔子文集》之外，魏禧另外撰寫《兵謀》、《兵法》與《兵跡》等兵事專著，此一系列的兵書三部曲較乏後人問津，然而其中實包羅他對前代軍事痛定思痛的全盤檢討。其中有《兵跡》一書，魏禧詳細列舉晚明以降各種民間武力。在該書卷 8「華人編」裡，他首舉臨清之「標兵」，巨商大賈招募這些標兵護送重貲，正是仰賴這些善於騎射的「標兵」，協助其採取陸運的方式，至北方京省一帶經營買賣：

> 【標】臨青北路一帶有標兵，善騎射，用駿馬、小箭。箭曰雞眼，馬曰游龍。往來飛馳，分毫命中。巨商大賈，常募以護重貲，彼與俱則豎紅標，故曰標兵。賊不敢伺。有時為逆，即是響馬，劫掠孔道，以鳴鏑為號，聞鳴鏑則響馬至矣。矢不從後發，每逾人之前，行回鏃反向，行路者須棄物走，不則致命。亦有善射者，輒下馬，步趨傍馬之側，張弓向賊，引而不發，彼見之，知為能手，亦不敢動。響馬與標皆勁兵也。[63]

魏禧所述有三點值得注意：一是標兵為臨清（臨青）的特殊民間武力；二是「標」名乃源於護送的旗幟；三是標兵其實具有依違於黑白兩道的特性：標兵與響馬具有同樣的騎射武藝，儘管標兵職在護送，而響馬意在劫掠，但兩者其實系出同源，不過是正反殊途而已。而魏禧在結語中表示兩者皆「勁兵」，頗有蹊蹺。言下之意，兩者僅一線之隔、一念之差，皆可作為官方招募的兵源，成為捍衛廟堂的軍隊。

臨清保標動員的人力極夥，當然並非只有臨清本籍之人。當時恐怕來自四方、聚集於臨清，圖以保標為生業者大有人在。臨清不僅是布商的集中地，也是保標的集中地。既有布商運銀載貨的大量需求，才可能衍生出護送的生

[63] 魏禧，《兵跡》，卷 7，〈華人編．標〉，頁 1。按：現存鉛印本之《兵跡》，刊作臨青，應即臨清，疑為抄印之誤。

意，並且從原本布商本身招募護送的保標，逐漸發展成專業化的經營模式。若《金瓶梅》成書於嘉靖年間，則書裡所提西門慶經營的標船，仍以布商專屬載運為主，尚無標局提供契約式的定期服務，隨行的伙計也還看不出是否有習武的背景。不過，船跑江湖、車行馬路，常年遠程攜銀或運貨者，難免途經曠野荒郊，或遇迷津陌路，若非本身已備自衛防身之術，則僱傭武林中人保標護駕的需求，自必隨著商貿交通網絡的發達越益提升。位於水陸網絡樞紐的臨清，遂成保標生業蓬勃的溫床。

肆、決戰徂徠——劉源清與臨清標兵的最後一役

前述在備戰遼東的奏議裡，儘管可以看出不少官員對招募臨清保標的積極主張，但仍無法確定朝廷是否照准其議，付諸施行，以及是否確有臨清的標兵參與抗清的戰役。

庋藏於中央研究院歷史語言研究所的明清檔案中，原屬明代的官方史料僅有四千多件，數量雖少，但彌足珍貴。筆者在檢閱崇禎年間檔案時，發現一份〈署總兵劉源清奏為恭謝天恩等事〉的兵科抄件（圖3），其中涉及晚明在與大清部隊禦戰的抗衡過程中，招募並動員臨清保標兵力的重要訊息。這份檔案的主角劉源清（?–1643），雖曾列名於清朝官修《明史》的忠義傳裡，但《明史》僅是在描述前太常少卿張振秀（?–1642）參與抵禦清軍圍城時，提及劉源清，並列入最後一起犧牲的官員名單中：

> 崇禎十五年，大清兵圍河間，遠近震恐。臨清總兵官劉源清偕榷關主事陳興言、同知路如瀛、判官徐應芳、吏目陳翔龍、在籍兵部侍郎張宗衡、員外郎邢泰吉、臨汾知縣尹任及[張]振秀等合力備禦。未幾，城被圍，力拒數日，援不至，城破，並死之。[64]

《明史》的記載簡略，且與實情有不少出入之處。的確，崇禎十五年（1642）十一月清兵攻陷臨清，有不少致仕居鄉的官員因此而犧牲。[65] 不過當時擔任「署總兵官」劉源清，並非如《明史》所言，於臨清城被清軍攻陷之際殉難。

---

[64] 張廷玉等撰，《明史》，卷291，〈劉源清〉，頁7475。

[65] 張自清，《臨清縣志》，卷5，〈大事紀‧明〉，頁7b。大事記：「十五年壬午，冬十一月，清兵下臨清，前太常少卿張振秀死之。」

根據史語所庋藏的殘存明代檔案，大致應可勾勒出劉源清在崇禎年間的重要事蹟，彌補並更正《明史》記載的缺失。劉源清是山東兗州府曹縣人。其兄長劉澤清（?–1649），原亦為晚明抗清的重要將領，北京陷落後，輾轉投效南明弘光朝，後又變節降清，最終是以勾結山東曹縣的叛賊而伏誅。[66] 劉源清於崇禎初年開始嶄露頭角，曾於崇禎四年（1631）擔任山海掛印總兵官，[67] 並於翌年獲得朝廷「敘濃濟嶺鄆馬山戰功」。[68] 崇禎十四年（1641）時，劉澤清曾以「雙股生瘡，不能馳馬」為藉口；又念軍機重務，「暫委胞弟劉源清統兵剿賊」。[69]

史語所庋藏的這份兵科抄件——〈署總兵劉源清奏為恭謝天恩等事〉，封面註明為「崇禎十六年正月六日到[兵]部」。時任防護山東東兗東路署總兵官的劉源清，在奏本中除了恭謝天恩、趨赴新命之外，更重要的是奏請「移虛懸募額以補東兵事」。劉源清的原奏，應即是在清軍攻陷臨清之後所發。當時山東巡撫王永吉（1600–1659）立即題奏朝廷，由於臨清乃「咽喉重地，居守不可無人」，朝廷隨即命令劉澤清「還守臨清」，而原存的三千兵員，則委由劉源清統領以防護東兗。但劉源清清查兵力之後，發現兵員短缺，必須趕緊招募：

> 察臨清留兵三千，止有分防新募一千，其留臨二千，已經東鎮塘報：城陷守死，化為烏有。今臣所統募兵尚在虛懸無著，更念戎馬孔棘，戰守正殷，合無即以臣見，募保標之兵以充三千之數，領臨鎮之餉，則兵將相習，呼吸可靈。總在封彊之用度，免臣另募之遲。伏候聖裁，臣不勝悚仄待命之至。崇禎十陸年正月初四奉聖旨：奏內以保標募兵、充領臨餉，該部即行察覆。[70]

---

[66] 據《清實錄》載：「劉澤清勾連曹縣叛賊，謀為不軌，事覺，澤清并弟姪及賊渠李洪基、李化鯨皆伏誅。」見鄂爾泰等奉敕修，《清世祖章皇帝實錄》，卷 40，順治五年十月丙辰[廿五]日，頁 325。另方志亦載：「劉澤清，山東曹縣人，闖賊窺臨時，縱兵丁擄民財物，又夜多設火具，欲肆焚殺，偵云賊至，乃走。後以逆誅。」參見：于睿明，《（康熙）臨清州志》，卷 1，〈總兵．明崇禎〉，頁 69a。

[67] 《明實錄．崇禎長編》，卷 51，崇禎四年十月己酉[九]日，頁 2967。

[68] 《明實錄．崇禎長編》，卷 51，崇禎五年二月戊子[二十]日，頁 3301。

[69] 〈移會鎮臣楊御蕃檄行副將劉源清統兵剿〉，崇禎十四年七月，中央研究院歷史語言研究所藏明清史料，登錄號 201331；亦收錄於《明清史料》，癸編，第 2 本，頁 190。

[70] 〈署總兵劉源清奏為恭謝天恩等事〉，崇禎 16 年 1 月 4 日，中央研究院歷史語言研究所藏明清史料，登錄號 035151-001，並收錄於《明清史料》，辛編，第 9 本，頁 849。

原本留防於臨清的三千員額，已隨著臨清一役化為烏有。因此他計畫「募保標之兵以充三千之數」，也就是從保標行業裡招募高達兩千多名的新兵，同時以臨清州的糧餉（文中所指「臨餉」）來支付照應這批新募的保標員額。史語所館藏的這份兵科抄檔，封面註記崇禎皇帝於正月初四日降旨，而兵部收到奏本批紅是在崇禎十六年正月六日，次日即察覆皇帝裁奪。不過無法從這份檔案裡判讀後來兵部察覆的結果，以及皇帝最終如何定奪。

然而史語所另存藏有一份同時間的兵科抄件，反映出朝廷對劉源清在防護東、兗兩府時的失職，極不滿意。針對劉源清「奏為恭承新命等事」，兵科嚴加抨擊：

> 劉源清既受防護東、兗之命，則凡兩郡之一城一邑，皆所當防；一草一木，皆所當護。乃受命於[崇禎十五年]閏十一月初九日，而兗郡告陷即在十二月初八日。誠不知源清之防者何事？護者何地？至東昌徼倖保全，尤係源清所傾陷之馬岱奮力擊卻。是源清於兗府既為有罪，於東昌仍屬無功。乞請專敕，蓋求為淹覆從前之計。業蒙俯允，是聖明已弘開使過之仁，源清當急圖桑榆之效，如仍前逗怯，仰負皇仁。本科職掌所在，當即以白簡直糾，以定後日功罪之案，以明天下是非之公，寧能嘿嘿已乎！[71]

朝廷對劉源清銜命防護東昌、兗州兩府的表現顯然極為不滿，並指出他這份題奏，表面上依例進繳所有募練的敕書一道、關防一顆，但同時又「仰祈皇上俯賜東兗敕書，便臣欽遵行事」。兵科直指他意欲藉此來掩蓋其防護失職，歸因於尚未獲得朝廷賦予全權，同時也強調皇帝仍廣開弘恩，不計前嫌，期許他能「急圖桑榆之效」。究其實，此時山東局勢岌岌可危，清軍隨時可能突圍，進而兵臨北京城下，明朝廟堂正命懸一線，朝廷至此恐怕也別無懸念，除了以官箴的訓誡與道德的規範，冀望劉源清能正視「後日功罪之案」與「天下是非之公」，所以仍交付其全權統籌「封疆之用」。由此推斷，朝廷對劉源清「募保標之兵以充三千之數」，並運用臨清糧餉的計畫，應如其所擬施行。

然而，朝廷對劉源清寄予的厚望，最後仍不幸落空。根據劉源清兄長劉澤清的塘報，劉源清最後是在崇禎十六年（1643）二月五日，率領精銳三千與清軍會戰於泰安的徂徠山。最後卻「血戰力竭」，幾乎全軍覆沒。

---

[71] 〈劉源清為進繳募練敕書關防事〉，中央研究院歷史語言研究所藏明清史料，崇禎16年1月6日，登錄號201412-001，並收錄於《明清史料》，癸編，第3本，頁293。

徂徠山位於東嶽泰山南30里之處，是東嶽的「案山」，上有紫源池，下有玲瓏山與獨秀峯（圖4）。[72] 著名的北宋思想家石介（1005–1045）即築室於此，著書講學，學者稱「徂徠先生」。[73] 根據史語所庋藏崇禎朝「塘報孤軍死戰捐軀報國事」的兵部題稿（殘本），劉源清在二月初五日率領部隊，前往青州救援，但就在泰安徂徠山「撞遇虜賊大隊」，當清軍以「大營包來，衝開步營」，劉源清所率領的親丁「登時俱戰死，只剩二十餘人，被奴圍在山坡，與賊對□」。最後劉源清「被圍落馬」，當時他「面中一矢，身中二矢」。又依據後來曾被「達子」擄去餵馬的「□[逃]出難民口供」，這些難民親眼看見：

> 劉三總兵[劉源清]被達子架至達王面□[前]□□[要他]跪，不肯跪；問他話，也不肯說；少間，大聲罵起，被擁□□□[營]外殺了（圖5）。[74]

這一役損失極為慘重。劉源清所招募的鄉勇「十傷八九，止于親丁二十餘人」生還。劉源清原本是在劉澤清的授意下，「倡募西三府鄉勇制挺從戎」。「西三府」指的就是位於山東西部的濟南、兗州、東昌三府，相對於青州、萊州與登州等東三府。在發兵之前，劉源清派人傳遞家書給劉澤清，表示當時他已經按照先前的規畫，募得「義勇萬餘」，準備從泗水、蒙陰進發。但因劉澤清提醒他鄉民未經訓練，擔心他「籌虜太易，恐甚輕敵墮狡」，後來劉源清僅「挑選精銳三千」，準備會合大軍夾勦清兵。萬沒想到就在徂徠山與清軍會戰。這三千精銳的義勇，應該包括在東昌府招募到臨清的保標兵力。如果說劉源清真能依照當初向朝廷題奏的計畫，不到一月就順利招募到臨清的兩千標兵，而且馬上披掛應戰，就表示這批從浪跡江湖轉效朝廷軍旅的保標鄉勇，終不敵後金國席捲的正規部隊，幾乎盡喪於徂徠山之役。

---

[72] 詳細形勝可參見：顏希深修，成城纂，《（乾隆）泰安府志》，卷3，〈泰安縣〉，頁6b-7a。

[73] 陸釴纂修，《（嘉靖）山東通志》，卷5，頁13a。

[74] 〈兵部為塘報孤軍死戰捐軀事〉，崇禎16年3月8日，中央研究院歷史語言研究所，中央研究歷史語言研究所藏明清史料，登錄號035022；另收入《明清史料》，乙編，第6本，頁575。按：塘報乃攸關兵戎之情報。明朱國禎（1558–1632）曾解釋「塘報」：「今軍情緊急走報者。國初有刻期百戶所，後改曰塘報。」但他對「塘報」的取義亦「未解所謂」，僅引周密《齊東野語．馬塍藝花》所言「凡花之早放者，名曰堂花」，進而揣測「『堂』一曰『塘』，其取之此與？」見朱國禎，《湧幢小品》，卷12，〈塘報〉，頁261。

大明江山在內外交迫之際，危如累卵，即使動員了江湖上各路的英雄好漢，不論是少林的僧兵、河南的毛兵，或是臨清的標兵，終究無法旋乾轉坤。原本定鼎的廟堂此時儼然已變成逐鹿的江湖。

伍、亡命天涯——國變中標客的最後身影

清初大臣魏裔介（1616–1686）曾論列明朝末葉的各種弊端，特別批判晚明召募民間武力一事。他認為明朝設置衛所，藉以蓄兵養馬、武備軍政，「無事則耕，有事則戰」。然而明末因「天下多事」，朝廷苦於衛所之軍不足為用，因此召募各種「民間之驍悍者」進入軍伍。殊不知——

> 此輩多四方無籍之徒，主將得人，養之厚而馭之嚴，亦能有功，否則鼓噪逃竄，去而為盜。明之流賊，雖起於饑民，實由此輩驀入其中，為之雄長，往往有弓馬技藝精熟過人者，李自成、張獻忠皆逃兵中渠魁，故官兵逼之而潰，如饑民烏合，雖百萬，亦不能戰也。[75]

魏裔介的反省，雖是後見之明，但也的確指出當時國家危亡之際，朝廷陷入病急倉皇投醫的窘境。明朝本欲仰賴江湖英雄救亡圖存，但卻終被草莽之士登堂入室。晚明流寇的坐大，恐怕其中確有不少是曾混跡軍伍之人，而這些烏合之眾，或可擾亂世局於一時，最後仍無法對抗清軍訓練有素的勁旅。

當甲申年（崇禎十七年，1644）流寇入京，廟堂一夕淪為江湖。臨清保標武力為明朝效命以至犧牲的事蹟，幾乎隨之沉埋歷史。清初紹興府諸暨高湖人余縉（1617–1689）在追記其伯兄余綸（字岸修）於甲申之變時換裝南還的過程中，有一段關於標客掩護滯京南方士人潛逃歸鄉的故事。這段記載想必是余綸向族內子弟反覆口述的一段歷史記憶。畢竟這一段驚心動魄的歷史，是發生在他個人生涯同大時代命運的轉折點上。

余綸原為崇禎十六年（1643）癸未科第三甲賜同進士出身。該癸未科是明代進士科舉的最後一榜。只不過這末代金榜上的進士注定命運多舛；在獲得鯉躍龍門的欽點之後，他們成為最後一批必須列班效忠的明朝屬臣。一旦國更天換，功名轉瞬間變成詛咒，他們必須面對進退出處的抉擇。當年的狀元為南直隸武進人楊廷鑒（1603–1655），在崇禎十七年三月闖王李自成

[75] 魏裔介，《兼濟堂文集》，卷14，〈明季利弊論〉，頁374。

（1606–1645）攻佔北京後，他曾試圖變裝潛逃，卻不幸被人識破，只得返回弘文館擔任修撰。直到李自成潼關一役兵敗後西竄，楊廷鑒則趁機投奔南明，南明亡後，又被清廷所收編。

當時列名楊廷鑒榜上的余綸和同年兼同鄉的史繼鰌兩人也趁著亂局逃出北京。[76] 一年前兩人同登金榜，正值春風桃李，沒想到轉眼間國更天換，卻迎夜雨江湖。他們原本是計畫從臨清搭船南返，但患水道險阻，於是策蹇陸行，一路上從臨清轉往濟寧。當他們快要抵達濟寧之際，忽然聽到一群人馬馳驟之聲，須臾間數百坐飛騎蜂擁而過。驚恐之餘，他們只得引騎避立道左，讓這群人馬先行，就在雜沓聲中擦身而過的當口，余綸剛好瞥見尾隨在後的幾匹坐騎裡，竟有一位變裝的同年歸起先，歸起先恰巧也對目相視，於是「舉手微笑，振策馳去」。余綸詢問隨從之人，「始知前騁者江南標客，而三吳士大夫變服以從者也。」[77]

余綸的這位同年歸起先是江蘇常熟人，第二甲賜進士出身，崇禎十七年正月授刑部主事提牢。然就任不到月餘，闖王李自成即攻陷京城。在歸起先授職之初，家中傳來父親病篤的消息，他曾連夜草疏乞終養例，未得朝廷俯允；後再從堂上官請給假出城候命，又遭駁回。當時不瞭解其中內幕曲折的地方鄉紳，以為遠在京城的歸起先已然接受某防禦使或某縣令之職，[78] 甚至聯名發布〈嘗熟縣討叛公檄〉，痛斥那些「位列六卿、身躋青鎖、世受國恩、名參甲榜」的在京同鄉，竟然「婉孌于賊庭，乞生于虎口」。而其中歸起先亦遭到點名批判。[79] 經余綸這段追憶的揭露，歸起先脫困離京的曲折才真相大白：原來他是變裝混跡於標客之中，披星南還，回到常熟故里，終得向鄉里父老澄清誣冤。後來歸起先的三子歸允肅（1642–1689）在康熙十八年（1679）己未科殿試拔得頭籌，成為清朝第十六位狀元。而歸起先本人也在康熙皇帝的覃恩下，於康熙二十一年（1682）祗領翰林院的修撰一銜。[80]

---

[76] 據乾隆《紹興府志》所載人物事略：「史繼鰌，字矢如，諸暨人。崇禎癸未進士，授刑部主事，適闖賊陷京師，棄職旋里，隱居教授者數載，卒于家」。李亨特修，平恕纂，《（乾隆）紹興府志》，卷 54，〈人物志・文苑・明・史繼鰌〉，頁 39b。

[77] 見余縉，《大觀堂文集》，卷 18，〈伯兄岸脩甲申南旋逸事記〉，頁 1a-7b。

[78] 參見計六奇，《明季北略》，卷 22，〈吳文熾〉，頁 56b。

[79] 本縣士民（署名），〈嘗熟縣討叛公檄〉，收於馮夢龍，《甲申紀事》，卷 8，頁 494-495。按：原文即作「嘗熟」。

[80] 歸起先之傳略，可參見高士鸃、楊振藻修，錢陸燦等纂，《（康熙）常熟縣志》，卷 18，〈邑人〉，頁 56a-57b。

回首甲申之變當年，歸起先之所以能自賊廷虎口脫身，終得返鄉明志洗冤，當歸功於那群標客的掩護，成就一段江湖佳話。研判那群標客當初所規劃的路線，理應也和余綸等人一樣，由於考慮到水道險阻，因此從臨清改走陸路，於是數百騎的人馬浩浩蕩蕩一路朝南奔馳。而清初余縉所追記的這段軼聞，可能正是在國更天換之際，文人記憶書寫裡所捕捉到這群江湖標客的最後身影。

陸、結論：草莽戰沙場——從江湖標客到廟堂標兵

「標局」作為一專有名詞，從晚清以降即收錄於辭書或百科全書之中。在黃人（1866–1913）主編的《普通百科新大辭典》（1911）裡，曾對「鑣局」一詞提出相當詳贍的詮釋：

> 鑣，為馬之銕勒口。鑣局專制響馬，故取其義。或以其所用銕鏢為解，則坿會。蓋亦保險之一種。而在我國，則又為一地方、一社會之特別營業。凡有挾重資行北五省者，慮盜劫，則乞鏢局保護，計資多寡出費，于是局中派人護之行，是曰保鑣。行裝上有特別徽識，曰鑣旂。盜遇之，則揖讓而過，蓋別有秘密契約，不盡恃武力也。若遇劫，則局照償所失。凡鑣局，皆滄州人設。即局員非滄人，而必以滄為標。此種國民之尚武精神，與山西票號之經濟手段，皆國粹也。[81]

這段說明大抵對標局的運作經營進行基本的勾勒，如標局之設主要是因應護送重要財貨的需求，甚至保標行走江湖可能與道上劫盜間建立一定的默契。不過，該辭書的解釋仍有不少值得推敲之處：首先，編者澄清「鑣」字的本意應是駕馭的馬勒，而非使用的兵器。這其實並非編者自出胸臆的新解，按照《說文》的界定，「鑣」字確實是指「馬銜」，[82] 不過黃人將之比附為專制響馬的寓意，倒是別出心裁。他又指出標局皆為直隸滄州人所設置，亦未免過於武斷。儘管滄洲人素負習武盛名，但若說標局是滄洲人壟斷的生業，則與歷史實情出入頗大。最後，黃人還將標局聯繫到國民尚武的精神，與山西票號並稱為國粹。[83]

---

[81] 黃人，《普通百科新大辭典》，〈補遺・鑣局〉，條 220，頁 30。

[82] 許慎，《說文解字》，卷 14 上，頁 8。

[83] 武術開始在清末民初受到重視，無疑與國族主義的興起有關，故經常冠以「國術」之名。反映在方志的編纂上，就是開始載錄地方上以習武任俠顯跡者，例如民國山西省《浮山

有趣的是：「著論求為百世師」的梁啟超在〈中國地理大勢論〉一文裡也將「響馬」與「標客」並舉：

> 燕、齊之交，其慓悍之風猶存。至今響馬、標客，猶椎埋俠子之遺。[84]

「椎埋俠子」一典，出自《史記・酷吏列傳》裡王溫舒（?–104 B.C.）年少殘暴的事蹟。不過王溫舒出身陽陵，應屬秦地（約為今之陝西咸陽之東），嚴格而言並非燕、齊之交。《史記》描寫他「少時椎埋為姦」，意即他年少時不僅殺人越貨，甚至毀屍滅跡。後來王溫舒因緣際會進入公門任職，特別選擇郡中豪勇十餘人當其爪牙，並把持每個人過去的隱私重罪，放手讓他們去督捕盜賊。結果齊趙相界的盜賊不敢侵擾他的轄區，博得路不拾遺的政譽美聲。[85] 王溫舒可說是挾持黑白兩道而為共主的早期典型。梁啟超將標客與響馬並舉，雖指兩者慓悍之風皆源於其地理習尚所致，但俠與盜兩者的區隔，有時的確就僅在一線或一念之間。而如果追溯其源，標客與響馬可能就是前引魏禧記載明末活動於山東臨清北路的標兵。

本文嘗試以官方檔案文書的記載為中心，探討在江湖上流傳甚久的保標形蹤影跡。首先確定了本來做為民間武力的保標，在面對東北女真勢力的崛起時，成為廟堂徵召的兵源，最後更投身於明與後金對壘的戰役中。而作為南北航運交通樞紐的山東臨清，對保標行當的興起與發展，無疑扮演著孕育催生的關鍵角色。

縣志》特別開列「技術」一卷，專載武術、醫術等「國術」。其前言特別引孔子「雖小道，必有可觀者焉」，同時指出「今中央崇尚國術，因都為一集」。言下之意，似乎為了呼應「中央」的呼籲。該卷收錄不少與保鏢有關的武術名家：如名列首位的俠盜魏淼「專劫貪官污吏之為暴于民者」，其徒弟張某從業於鏢局。精通少林拳的吉老二，先世曾為鏢師，在運錘使棒以及氣功方面皆有可觀。此外，尚有與魏淼齊名的齊老二，曾以掃躺腿的絕活，享譽於河南、河北等地。在太平天國的對陣中，齊家兄弟三人更以「三角對背」的戰術衝出包圍。齊老二另外的著名事蹟便是在太行山山徑中擊退劫鏢的匪徒。任耀先修，張桂書纂，《（民國）浮山縣志》，卷 31，〈技術〉，頁 1a。

[84] 梁啟超，〈中國地理大勢論〉，頁 90。

[85] 後來王溫舒因被出賣而畏罪自殺，殃及五族，詳見司馬遷，《史記》，卷 122，頁 3149-3151。後世官箴書多引王溫舒的事蹟，當作為官任事的負面教材，例如徐元瑞著，楊訥點校，《吏學指南（外三種）》，頁 140；陳弘謀，《在官法戒錄》，收入《官箴書集成》，卷 4，頁 52b-53a；覺羅烏爾通阿，《居官日省錄》，收入《官箴書集成》，卷 4，頁 36b-37a。

迨至清中葉以後，原本正規的八旗勁旅與綠營部隊，逐漸喪失其戰鬥力。因應內外隱隱蠢動的危機，如何動員民間武力以為官方軍事奧援，再度成為朝廷殫精竭慮的重要課題。曾擔任湖南巡撫姜晟（?–1806）經理苗疆時幕僚的嚴如熤（1759–1826），於嘉慶五年（1800）應試孝廉方正科時，提出《平定川、楚、陝三省方略策》，他在〈三省山內邊防論〉裡建議應積極將兩種人納入團練之中：一為普通的州縣民壯，一則為特定的武林奇俠。而後者之中，又有兩類人物值得官府著意收編：一是在山野間尋狩的獵戶，因為這些獵戶「平時專驅虎狼之為民害者，其火銃百不失一，五溪蠻無以踰之」。[86] 再者就是行走江湖的標客：

> [又]各廠中防嘓匪刼掠，有標客拳勇技擊，一可當十。往時有捐重貲，募數百人護輜重者，獨無失亡。或大軍有急，揮此輩援之，往往轉敗為勝。古名將破賊必蓄選鋒，此足備軍鋒之用，不事外求者也。[87]

嘓匪指的是四川嘓嚕，亦稱「嘓嚕子」。四川殆經明末兵燹後人口急遽銳減。朝廷曾宣導湖廣、江西、陝西、廣東等外省移填四川，然入川移民之無業之人，有些人遂以學習拳棒、符水架刑，從而肆行鄉鎮。早在乾隆四年（1739）四川巡撫方顯（1676–1741）曾上奏指出：「川省惡棍，名為嘓嚕子。結黨成群、暗藏刀斧，白晝搶奪，乘夜竊刦。」[88] 直到清末，嘓嚕子始終是川省最為棘手的禍患。嚴如熤這篇〈三省山內邊防論〉的建言，雖是針對苗疆三省的邊防而發，但卻經常為晚清編纂的方志、官箴書與經世文編所援引。[89] 當然，收編江湖上的奇人異士，史上經見，並非新聞。咸豐三年（1853）十月底欽差大臣琦善（1786–1854）在收復揚州城的過程中，就有

---

[86] 嚴如熤此處所指「五溪蠻」，蓋指活動於黔、川、鄂三省交界處沅水上游的少數民族。《南史・夷貊傳下》：「居武陵者有雄溪、樠溪、辰溪、酉溪、武溪，謂之五溪蠻。」見李延壽，《南史》，卷 79，〈夷貊〉，頁 12b。

[87] 嚴如熤，《三省山內風土雜識》，頁 34a-34b。

[88] 慶桂等奉敕修，《清高宗純皇帝實錄》，卷 103，乾隆四年十月癸卯 [三十] 日，頁 559b。

[89] 例如：余修鳳，《（光緒）定遠廳志》，卷 5，〈地理志・風土〉，頁 9b；朱子春修，《（光緒）鳳縣志》，卷 8，〈風俗志〉，頁 7；張鵬翼，《（光緒）洋縣志》，卷 7，〈風俗志〉，頁 7b；張機高，《（民國）佛坪縣志》，卷下，〈雜記志・附府志山內風土〉，頁 18b；戴肇辰，《學仕錄》，卷 12，〈三省邊防備覽策略〉，頁 23a；徐棟輯，《牧令書輯要》，卷 9，〈三省邊防備覽策略〉頁 56b-57a；賀長齡，《清經世文編》，〈兵政・三省山內邊防論〉，卷 82，頁 16。

投效其麾下的一位標客建功。這位孫姓標客擔任千總一職，能一躍登上十餘丈的炮臺，眺望城中炊烟不起，聞四壁鳥烏聲樂，確定叛軍已經遠去，於是飛稟琦善。隨後並由南城抵北門，復繞東門而出徐寧門，清查四處敵蹤。[90]其所擔任的角色，雖非破敵之前鋒，但卻是偵敵之前哨。

當國家常備的正規軍隊無法勝任日益告急的邊防，或四處蠭起的內亂時，江湖上的民間自衛武力往往成為廟堂臨危應急的選項。對比前引晚明因應外敵時徵召民間武力的倡議，晚清嚴如煜招納標客的建言，確實讓人有隔世卻似曾相識之感。十七世紀初期明朝曾一度試圖將保標納入軍隊的編制，而在十九世紀初期標客的武藝再次受到青睞，一度被寄望能輔補官方兵力之不足。江湖的俠客再度成為拯救廟堂的奇兵。只不過，藉助保標這類的民間武力恐怕也只能治「標」於一時，據傳庚子拳亂，八國聯軍佔領北京之際（1900），西太后慈禧（1835–1908）倉皇出宮，一方面亟需熟悉沿途路況的嚮導，一方面又有強化警備護衛的考量，於是先逃往張家口，再由當地東廣玉與西廣玉兩家標局接駕，引領護送西太后一行人前往西安。[91]

前賢曾論斷標局是顧炎武協同傅山等文人遺民為反清復明而設，然並未引據憑證，未免流於浪漫的想像。實則臨清護送標客的江湖武力早已投身於明末的抗清戰役中。儘管其中或有不少「草野忍看天下亂」的俠義之士，[92]這群臨時投充行伍的臨清標兵，亦或許個個身懷才不世出的武功絕技，但無法整合成一訓練有素的正規部隊，一時拼湊的烏合之眾臨陣沙場，終究難敵屢經戰陣而節制有度的八旗勁旅。

當國家命懸一線時，行走江湖的俠客搖身一變成為保衛廟堂的士卒。這批臨時應急收編的民間武力，在平常或許可以弭平江湖上的小風小浪於一時一地，但終究無法扶正將傾的廟堂大廈、挽回既倒的歷史狂瀾。

（原刊於：《新史學》29 卷 2 期，2018 年。）

---

[90] 事蹟詳見佚名，《廣陵史稿》，卷 1，〈世琨傳〉，頁 8a-20b。

[91] 久下司編，《鏢局》，無頁碼。承蒙村田雄二郎教授協助複製該書，謹此致謝。按：該書載慈禧太后西逃一事是在咸豐九年八月底英法聯軍焚園明園之後，恐為誤記。英法聯軍焚園明園是在咸豐十年（1860），時為「懿貴妃」的慈禧隨咸豐帝前往熱河避暑山莊避難。

[92] 此借「東林三君」之一的趙南星詩句，見趙南星，《趙忠毅公詩文集》，卷 5，〈聞遼東虜退之二〉，頁 7b。

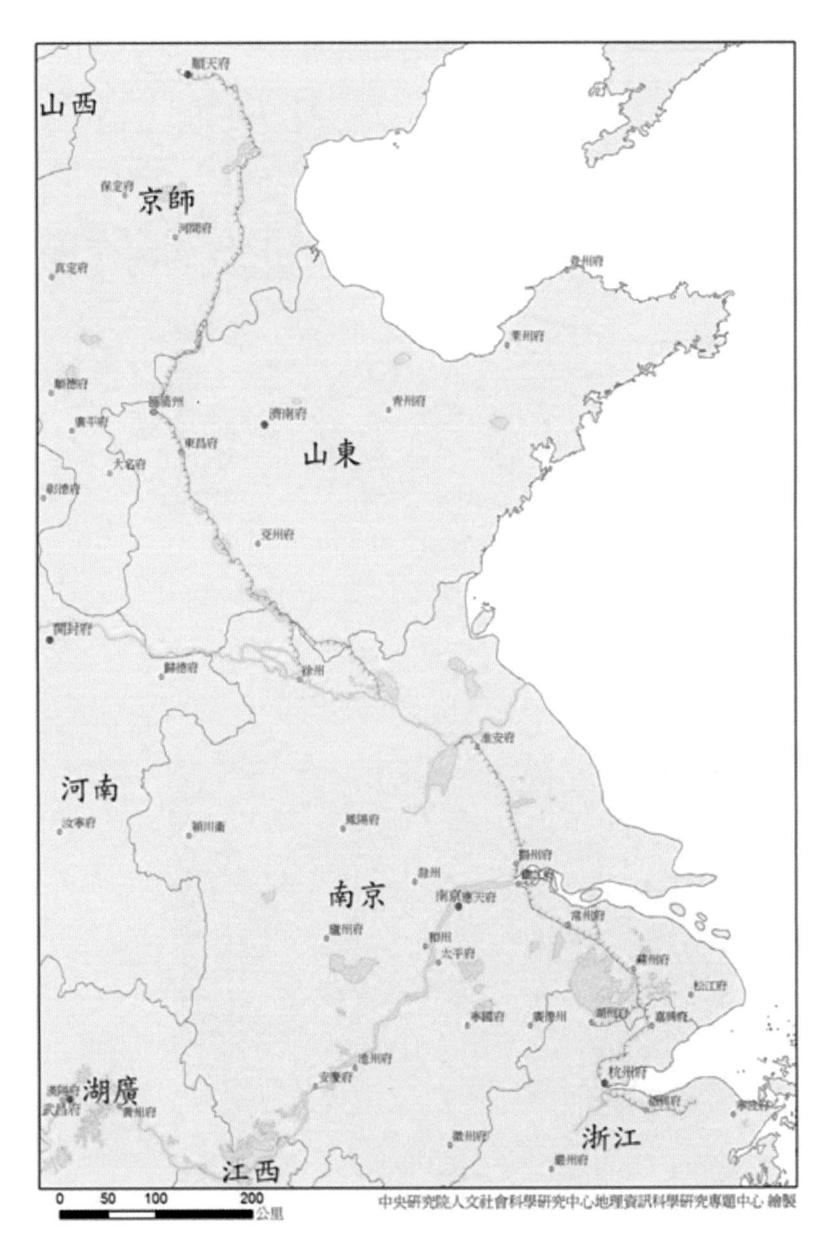

圖 1　明代京杭大運河路線圖

說明：臨清州為山東河段（會通河）的樞紐。

資料來源：參考王瓊，《漕河圖志》、謝純，《漕運通志》，卷 1，〈河圖〉、朱思本繪，羅洪先增纂，《廣輿圖》，卷 2，〈漕運圖〉與潘季馴，《河防一覽》，卷 1，〈全河圖說〉等書繪製。中央研究院地理資訊專題中心協助製圖。

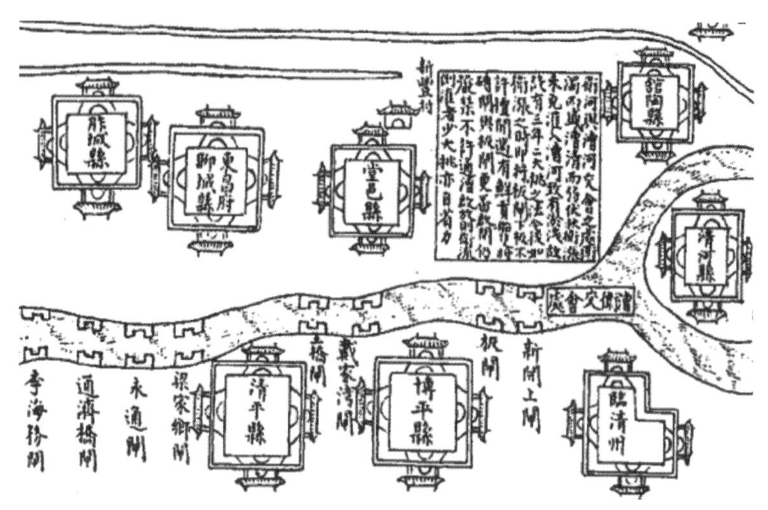

圖 2　漕衛交會處之臨清州與清河縣

說明：此圖顯示臨清州（隸屬山東東昌府）與清河縣（隸屬直隸廣平府）的相對位置。

資料來源：潘季馴，《河防一覽》，卷 1，〈全河圖說〉（局部），頁 147b，據國立故宮博物院藏本影印。

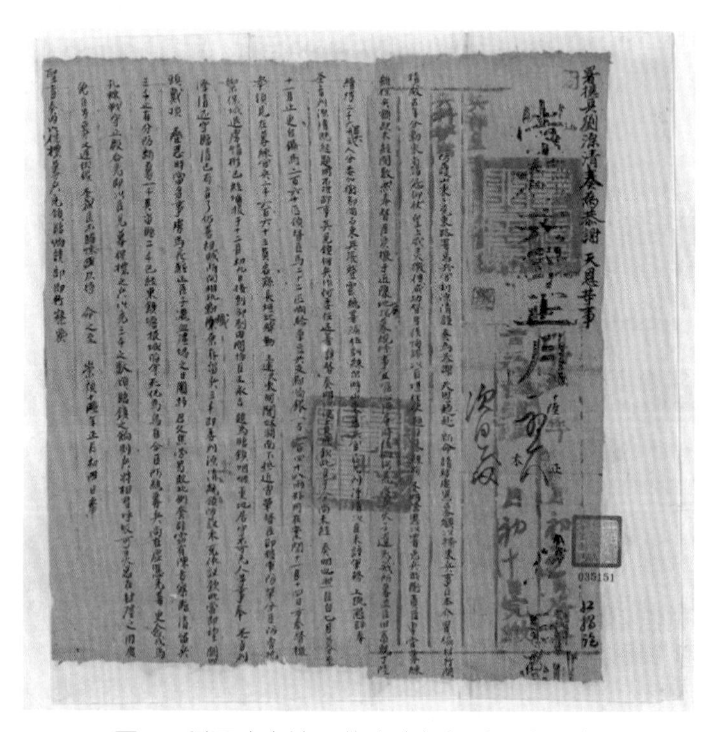
署總兵劉源清奏為恭謝天恩等事

圖 3　劉源清奏請召募臨清保標兵丁充軍案

說明：奏文內提議「募保標之兵」（左起三行）；末尾並奉聖旨批示：「以保標募兵」。

資料來源：〈署總兵劉源清奏為恭謝天恩等事〉（兵科抄件），中央研究院歷史語言研究所藏明清史料，登錄號 035151-001。

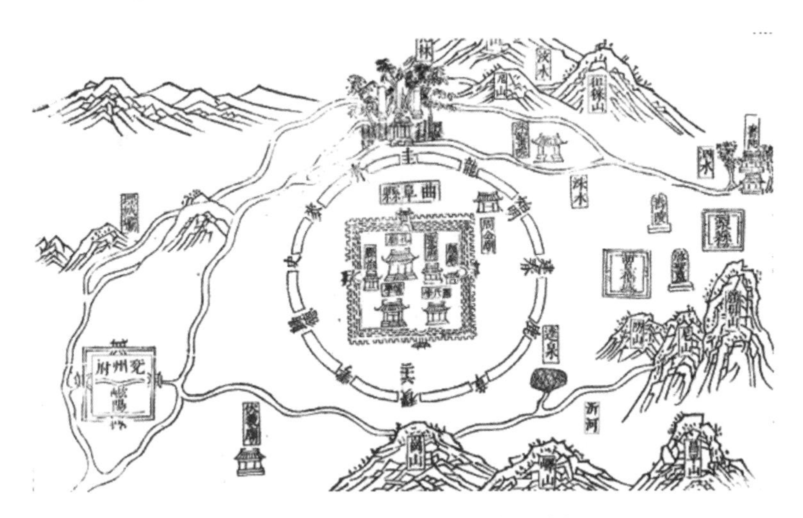

圖 4　曲阜縣周邊地理與鄰近州縣

說明：該圖顯示徂徠山、泗水縣、兗州府之相對位置。

資料來源：趙祥星修，錢江纂，《（康熙）山東通志》，卷 1，〈闕里圖〉，頁 26a-b，據清康熙十七年 [1678] 刻本影印。

圖 5　塘報劉源清戰死徂徠山一役

說明：上文提及劉源清被俘至「達王」面前，終遭殺害（左十行起），下文提及劉源清領三千精銳於徂徠山遭敵殲滅，僅親丁二十餘人生還。

資料來源：〈兵部為塘報孤軍死戰捐軀事〉（殘本局部），崇禎 16 年 3 月 8 日，中央研究院歷史語言研究所藏明清史料，登錄號 035022。

DOI:10.978.986437/1778.0008

宋代先賢祠考：兼論南宋中後期的地方官學

山口智哉 *

一般認為宋代士大夫是以科舉為基礎的儒教知識分子。宋代科舉滲透到社會之中，參加考試的人口日益增加，但因為及第人數未能與這種情況成正比，導致在地方上出現了許多科舉未及第者。如何掌握這一群具有知識而無正式官職的人，成為北宋後半期到南宋時期，國家面臨的重要課題。其中，地方官學成為國家或地方官府通過教育跟禮儀活動，與地方精英交流的重要活動場域之一。

但是，對於地方精英跟州縣學的關係，先行研究似乎還有討論之餘地。關於宋代的州縣學，周愚文對其制度及興廢，以北宋時期為中心，說明官學教育被認為是替代科舉考試的選拔方法，但是後來處於科舉的從屬性地位，到了明代，變成了科舉制度的準備階段。[1] 正如大家所知道的，明代以後的科舉制度在地方學校舉行學校試，通過之後得到的生員身分，跟舉人身分一樣具有終身的社會地位。[2] 再者，在元代，政府將士人階層歸於「儒戶」，具在官設教育單位，接受教育的義務並因此享有優免特權，形成了官吏預備

本文為拙稿〈宋代先賢祠考〉（《大阪市立大学東洋史論叢》15號，2006年，頁89-111）的中文翻譯版，曾以〈宋代先賢祠考：兼論南宋中後期的地方官學〉為題發表於「宋都開封與十至十三世紀中國史」國際學術研討會（開封：河南大學，2012年8月）。本文在此一基礎上，修正過去說明不夠清楚的地方，對部分史料解讀上的錯誤進行修正，同時在文末補充本文發表以後的相關研究成果，全文論旨則沒有改變。

* 國立臺北大學歷史學系助理教授

1 參見周愚文：《宋代的州縣學》（臺北：國立編譯館，1996年），頁259-263。

2 參見酒井忠夫：《中国善書の研究》（東京：國書刊行會，1960年），頁105-122；重田德：〈郷紳支配の成立と構造〉，收入《岩波講座世界歷史》12卷（東京：岩波書店，1971年），頁347-380。

階層。[3] 宋代地方官學的發展跟轉變需要放在宋代到明代官學發展的脈絡之上。關於南宋中期以後的官立學校制度，因史料的限制，具體情況不得而知，加上朱子學發展的脈絡之下，當時引人注目的是書院而不是官學，因此近年來學者普通認為：即私學書院的發達最終促進了它與官學在功能上的同一化。[4]

筆者曾經討論過南宋時期的州縣學裡所舉行的鄉飲酒禮，地方精英參與此活動而培養群體意識。[5] 除了教育以外，地方官學的祭祀空間，也通過舉行春秋的祭孔活動、鄉飲酒禮，加強參與者對儒教的尊崇，培養群體意識。本文擬透過觀察設置於州縣學內的「先賢祠（堂）」祭祀對象跟其空間的特徵，分析地方官設置先賢祠的用意，並進一步探討地方政府跟地方精英的關係。

有關先賢祠研究的先驅是寺田剛，[6] 他指出：宋朝南渡之際，通過祭祀殉國忠臣，喚起義烈之風，維持風教。後來，因為想要表達對前朝正道之士的追慕，遂開始在學校裡設置先賢祠、鄉賢祠。立祠的對象自然是道學派人士占過半。

Ellen Neskar 對宋代的先賢祭祀曾進行廣泛地探討，[7] 他基於北宋後半期到南宋時期的科舉、學校改革的潮流，對龐大先賢祭祀的事例做統計，得到的結論如下：關於北宋時期的傾向，可以看到對立祠沒興趣的新黨跟對此積極的舊黨的差別；到了南宋時期，舊黨派的士大夫之間流行對朋友或老師的表揚，特別道學派的表揚活動創造新的儒學教育的類型；再者，從立祠活動裡看到南宋「地方化」的典型，先賢的祭祀區分或選擇標準較模糊，且由地方官跟地方精英主動經管。韓明士（Robert P. Hymes）曾提出，「地方化」現象是北宋精英採用重視科舉而以中央為主的「中央志向」，不過南宋精英

---

[3] 參見牧野修二：〈元代の儒學教育—教育課程を中心にして—〉，《東洋史研究》37 卷 4 號，1979 年。關於元朝「儒户」的研究整理，參見森田憲司：《元代知識人と地域社會》（東京：汲古書院，2004 年），頁 13-42。

[4] 參見陳雯怡：《由官學到書院——從制度與理念的互動看宋代教育的演變》（臺北：聯經出版社，2004 年）；Linda Walton, *Academies and society in Southern Sung China,* University of Hawai`i Press, 1999.

[5] 參見山口智哉：〈宋代鄉飲酒礼考—儀礼空間としてみた人的結合の〈場〉—〉，《史學研究》241 期，2003 年，頁 66-96。

[6] 寺田剛：《宋代教育史概説》（東京：博文社，1965 年），頁 272-277。

[7] Ellen Neskar, *The cult of worthies: A study of shrines honoring local Confucian worthies in the Sung Dynasty (960–1279)*, Ph. D. dissertation, Columbia University, 1993.

所採用的是更重視地方內部的婚姻或社會活動的「地方志向」。[8] 與此相關，包弼德（Peter K. Bol）討論南宋時期以後的「地域」概念如何形成、維持。[9] 他說：「『地域』作為歷史實體能否存續下去，在於願意維持此空間的士人共同體的存在，維持此共同體的方法之一就是通過該地方的名人或神祠，以及供奉地方名士的鄉賢祠來進行宣傳活動。」

透過先行研究的整理，可以看到道學派士人的積極祭祀先賢的活動，隨著南宋中期以後朱子學變為國家之學而漸趨普及，同時將該地方出身的學者納入祭祀的過程。但是，從祭祀活動跟群體意識的角度來看，對於州縣學裡所舉行的先賢祭祀，還有可以討論的餘地。Ellen Neskar 的討論很廣泛，可是，他沒有分開私設書院跟地方官學的事例，有必要進行更進一步的整理。再者，關於先賢祠的具體祭祀活動，遠藤隆俊曾經討論過蘇州的范文正公祠，學者們注意到，先賢祭祀比較容易受到地方官、地方精英等各個地方的特殊因素影響，以後還需要累積更多個案研究。[10]

另外，趙克生對明代鄉賢祠、名宦祠加以分析，他指出：「仕于其地而惠澤于民者謂之名宦；生于其地而德業、學行著于世者謂之鄉賢」。[11] 可知明代已明確將「先賢」區分為名宦與鄉賢兩大類。從歷史的脈絡來看，先賢祭祀，早在周代早就存在，但原不限定於學校內；宋元以後，才變成設置於廟學內為主，而祭祀對象為廣義的「先賢」。明代直至弘治年間，先賢祭祀的推廣趨漸普遍，而先賢祠進一步分化為名宦祠及鄉賢祠。[12] 本文的討論也將集中在宋到元代先賢祭祀的變化，最後論及宋明之間學校內先賢祭祀的轉變以及時代特徵。

本文主要討論學校內設置的先賢祠，對其祭祀對象、祭祀活動的內容、先賢祠設置的背景、地方官府跟地方精英的關係加以探討。

---

[8] Robert P. Hymes, *Statesmen and Gentlemen: The Elite of Fu-chou, Chiang-hsi, in Northern and Southern Sung*, Cambridge University Press, 1986.

[9] 參見包弼德（Peter K. Bol）著、鈴木弘一郎譯：〈地域史と後期帝政国家について—金華の場合—〉，《中国——社会と文化》20 號，2005 年，頁 364-389。

[10] 遠藤隆俊：〈宋代蘇州の范文正公祠について〉，《中国の伝統社会と家族：柳田節子先生古稀記念》（東京：汲古書院，1993 年），頁 329-346。

[11] 趙克生：〈明代地方廟學中的鄉賢祠與名宦祠〉，《中國社會科學院研究生院學報》1 號，2005 年，頁 118。

[12] 趙克生：〈明代地方廟學中的鄉賢祠與名宦祠〉，頁 118-119。

壹、先賢對象的選定

在宋代史料中，地方學校內設置祭祀鄉里先賢人物的空間大多叫做先賢祠或先賢堂，但宋人也使用表示鄉里賢者的「鄉賢」這個詞彙，因此此祭祀空間有時也稱為鄉賢祠或鄉賢堂。北宋太宗朝時期，大名府學裡即有鄉賢堂，韓琦對其祭祀對象之一的唐魏徵撰寫序及贊：

> 唐相鄭國魏公，魏之曲城人也。以命世之才逢不世出之主，專以仁義之道，切磨規諫，欲俾厥後，坐肩唐虞。謂守文之難，過於創業。帝用其說，不四三年，遂興太平，較其大功，不下房杜。大名之學有鄉賢堂，蓋以故丞相文正王公、忠愍寇公、尚書忠定張公、侍郎王公、崇儀柳公，皆文武巨賢，出吾里中，圖其儀形而尊祀之，以起生徒之志，誠盛事也。然唐距本朝為最近，若鄭公之德業閎大，超然獨出，得不為鄉賢之冠乎？其可遺哉？余求得其像，建堂於宣聖殿之北、鄉賢堂之南，以完其美。[13]

大名府學的鄉賢堂裡安置著王旦、寇準、張詠、王祜、柳開等畫像，成為尊崇的對象。再以唐太宗朝同鄉名臣魏徵作為鄉賢之冠，繪製他的畫像，於宣聖殿與鄉賢堂之間建祠祭祀。值得關注的是，原先被供奉在鄉賢堂裡的五位都是宋朝的官僚，後來才供奉魏徵並立為「鄉賢之冠」，顯然有通過將歷史上的名臣放在其五位之首，以提高同一時代五位鄉賢威望。

雖然韓琦說他們都是「出吾里中」，但撰者韓琦是相州安陽人，張詠是濮州鄄城人，都是大名府的鄰州出身，甚至寇準的本貫其實是華州下邽（現西安近郊），嚴格上來說並不是同鄉。寇準是太宗朝到真宗朝宰相，頗有政治才幹，他與大名府的關係是他赴任過知大名府成安縣事、知大名府。[14] 以明代的標準來看，大名府世族出身的王祜、王旦父子跟柳開才符合「鄉賢」的概念，而寇準只是過去到大名府做過地方官，雖然不知他在大名府當官的表現如何，但應該包含在「名宦」的範疇。

大名府學的例子為我們瞭解北宋時期的先賢、鄉賢的認識提供珍貴的訊息。北宋時期的先賢、鄉賢的認識跟南宋時期頗有共同之處。但是，據我所

---

[13] 韓琦：〈唐太子太師贈司空鄭國魏公贊（並序）〉，《安陽集》卷 23。

[14] 《宋史》卷 281〈寇準傳〉。

看到的南宋時期的相關史料裡，沒有提到韓琦的記載，無法考證其說法跟南宋人對先賢、鄉賢的看法有沒有直接的影響。要考慮地方先賢祠跟設立彼此間的關係，可以舉南宋寶慶元年（1225）的臨安先賢祠跟會稽先賢祠的例子。從王埜〈先賢堂記〉得知，知臨安府袁韶向朝廷建議建立臨安先賢祠時，提到史浩設立的會稽先賢祠之事：

> （寶慶元年）九月吉日，知臨安府袁公韶言於朝曰：「聖明御極，留神治本。微臣承乏輦轂下，將何以宣布上旨，為列州率。維昔太史忠定越王鎮會稽，嘗集郡之先賢，立祠鏡湖上。歲久弗治，近朝家賜錢增葺，所以祓飾厥文，而垂後法也。錢塘為浙右都會，名人巨公，前後相望，獨未有論次章述者。今將考此邦人物，仿會稽故事，剏為祠宇，俾國人有所矜式，於教道其有補。[15]

袁韶的請求馬上得到朝廷的許可，他將先賢祠的堂屋建立於南山山麓北邊，撰寫許由等「全節之士」34 人以及「女婦之以孝烈著者」5 人的生平與贊語，並刻石列之於先賢堂內，取代繪像。

對於設立先賢堂的用意，王埜說明如下：

> 埜聞，一鄉之善士，生同時，居同里，耳聞目接，固有與之俱化者矣。若居雖同里，而生不同時，其得於父兄長老之傳，如《楚國先賢》、《襄陽耆舊》二傳所載，士大夫或未必盡知，而凡民何從知之。況六飛移蹕，今已百年，物繁俗靡，出城不跬步，湖山之麗甲天下，良辰美景，婆娑遊衍，又安知許、嚴高節之在此都也。今也，周旋祠下，挹志士之流風，識正女之往行，將有起敬起慕，若醉醒而夢覺者。是豈不為感發人心之地哉。[16]

由此可見，王埜對先賢的看法還是「同里」的賢者。再者，在贛州寧都縣，將孫立節、胡埜、曾興宗三位同鄉的「君子」供奉於學校內的祠堂，叫做「鄉先生祠堂」[17]，除此以外，將同鄉且該尊重的「鄉先生」看作先賢而供奉的例子不勝枚舉。

相較於杭州、會稽等人文薈萃的名城都會，風氣未開、地處偏遠的中小

---

[15] 王埜：〈先賢堂記〉，《咸淳臨安志》卷 33。

[16] 王埜：〈先賢堂記〉，《咸淳臨安志》卷 33。

[17] 李方子：〈鄉先生祠堂記〉，《同治贛州府志》卷 65。

城市尋找先賢人物，顯然較為困難，而可能將先賢的範圍加以擴大。例如，常州宜興縣的先賢堂供奉著晉人的周處跟宋人的蔣之奇、陳襄、蘇軾、鄒浩。其中，周處跟蔣之奇是同鄉，但另三位是異鄉（鄒浩是常州晉陵人）。撰寫〈宜興縣先賢祠堂記〉的真德秀說：

> 古者鄉先生沒而祭於社。……陽羨自晉以來世有顯人，若周孝侯遷善之勇，死國之忠，卓然有百代標表。繇梁而唐，文章事業亦或聞見可觀。迨至國朝，則有若樂安蔣公者，以儒術為時所宗，雖王金陵猶推尊不敢後。若古靈陳公則嘗守郡而卒葬於此，東坡蘇公則買田築室而終於此。二公之學行節守要皆一世偉人，塋域所藏，寢廟所寄，雖非其鄉而謂之鄉人可也。[18]

真德秀認為，雖然是異鄉，但像陳襄和蘇軾這樣，生前長居於此或身後卒葬於此者，將他們當作鄉人也沒關係。此外，該先賢堂裡還供奉四位，真德秀也同樣以「或窆或寓」為祠的理由，允許祭祀。

南宋中期之後，隨著道學的普及化，道學派士大夫常常試圖將道學派的前輩師友當作學校內先賢祠的祭祀對象。引發當地士人或學生討論是否能將奉祀範圍從本地「出身」擴大為「或窆或寓」。例如，嚴州（浙江建德）本來在州學明倫堂東偏有「五賢祠」，裡面供奉東漢人嚴光、唐人宋璟、宋人田錫、范仲淹、趙抃。後來，又供奉張栻、呂祖謙二位於別室。嘉定十年（1217），知州鄭子悌將他們合在一起，叫做「七賢祠」。此時，有些學生提出異議，陳淳反駁如下：

> 因考，子陵，里之高士，其清風孤操，有以起人主尊敬之誠，而成一代節義之俗。廣平之危言峻行，不少屈撓，與諫議之勁直，文正之忠誠，清獻之清白，又皆郡之賢刺史，載在史籍，昭昭不待言也。至如乾道庚寅中，南軒以道學名德守是邦，而東萊為郡文學。是時南軒之學已遠造矣，思昔猶專門固滯，及晦翁痛與反復辨論，始翻然為之一變，無復異趣。……東萊筮仕方初，以少年豪才博覽，藐視斯世，無足與偶，何暇窺聖賢門戶。及聞南軒一語之折，則愕然回，釋然解，乃屏去故習，斂躬屈節，為終身鑽仰之歸。且道紫陽，沿濂洛以達鄒魯，俛焉日有孜孜，斃而後已。……而鄭侯今日所以示邦人合祠之意者，亦豈徒云乎爾哉。[19]

---

[18] 真德秀：〈宜興縣先賢祠堂記〉，《西山文集》卷 26。

[19] 陳淳：〈嚴陵學徒張呂合五賢祠說〉，《北溪大全集》卷 12。

陳淳認為，會稽餘姚人的嚴光應該是「里之高士」，宋璟以下四位到嚴州當過知州的「賢刺史」，將他們當作先賢是理所當然，那麼，乾道六年（1170）「以道學名德守是邦」的張栻跟當文學參軍的呂祖謙為什麼不能合祠呢？從他討論的內容來看，嚴州先賢祠的選擇標準十分曖昧，除了嚴光以外，其他六位原都是根據其名聲跟赴任當地的經驗而被納入祭祀對象。再者，漳州州學本來供奉「郡先賢」，其後立祀周敦頤、程顥、程頤等三先生。紹熙五年（1194），朱熹當漳州知事，漳州州學卻始終沒有立祠紀念朱熹。嘉定五年（1212），趙汝讜赴任知漳州，在謁學之後認為「大缺典」，「教授敖陶孫、推官黃桂、縣尉鄭斯立等亦以為言，乃辟尊道堂之偏為兩室，先賢居其左，三先生與公居其右」，[20] 這是將先賢跟道學派分開供奉的例子。

最後，舉信州（江西上饒）州學的例子：

> 淳祐初，天子幸太學，詔升五先生于從祠（濂溪周先生曰汝南伯，明道程先生曰河南伯，伊川程先生曰伊陽伯，横渠張先生曰郿伯，晦庵朱先生曰徽國公）。前教授趙君必袗既奉詔，繪五先生於殿下兩廡矣。而講堂西偏先儒之祠猶存。五先生舊繪像者，所以寓尊慕之深意也。兩賢堂舊址，祠魯國陳文正公、端明汪玉山先生，歲且周甲子矣。比增祠大參余公堯弼、施公師點，謂其為郡之顯宦也。因更名曰鄉賢堂。繼又增祠忠湣鄭公驤，謂其能捐驅而殉國也。夷險兩途而與魯國陳公事業相表裏。六年冬，眾謂舊祠隘陋，得請於郡，乃辟一室而遷之，益以文昌韓西元吉，存南渡之文獻，示不忘中原也。處士王公時敏、聘君陳克齋先生文蔚，亦與祠焉。伊洛考亭之源流，道之所存，富貴功名又所不論，且上以承聖主升五先生從祠之意，下以啟後儒紹先聖先師道統之傳也。[21]

嚴州學內，原來有紀念先儒的「先儒堂」跟供奉陳康伯、汪應辰的「兩賢堂」。「先儒堂」供奉周敦頤、程顥、程頤、張載、朱熹等五先生，後來，朝廷在淳祐元年（1241）下令周惇頤等五人從祀孔廟，前教授趙必袗製造五先生的畫像於孔廟的兩廡，至於先儒堂內原有五先生繪像則仍舊保留。另外，學校裡亦有供奉陳康伯、汪應辰的「兩賢堂」，後來增祀余堯弼、施師點等本州出身的「顯宦」，結果將堂名改成為「鄉賢堂」。之後，鄉賢堂又

---

[20] 趙汝讜：〈四先生祠堂記〉，《乾隆福建通志》卷 71。

[21] 趙蕃：〈重修廣信郡學記〉，《章泉稿》卷 5。

增祀對金抗爭中殉國的鄭驤、一直主張北伐的韓元吉（原籍系開封，但退休後，居住嚴州）、「處士」王時敏、朱熹門人陳文蔚等人。「鄉賢堂」的名稱出現的契機是由於當時增祠了當地出身的祭祀對象。也就是說，嚴州府學祭祀對象從一開始的朝廷裡任高官要職的人，擴大到活躍在鄉里內的士人跟道學派的人物。

如上所述，雖然宋人的先賢、鄉賢的觀念非常曖昧且有地域性，但還是可以看到一些趨向。第一，宋代設立在地方學校的先賢祭祀設施一般稱為「先賢祠（堂）」或「某先生祠（堂）」，雖然「鄉賢」觀念早就在北宋時期看得到，但是冠以「鄉賢」的祠（堂）到南宋後半期以後才逐漸出現。第二，從先賢供奉的條件來說，當地出身這個前提並非必要條件，比較常見的是曾經赴任過當地且有一定政績的地方官，或者當時著名的士大夫（著名的理由可能是政治、學術等多方面的）。第三，到了南宋中期以後，道學對思想、政治世界的影響力漸趨明顯，道學派人物跟其弟子被選定為先賢。而且，即使不是知名官員，只要在鄉里社會裡獲得聲譽的人物，也具備作為先賢的條件。

貳、馬光祖的主題公園：建康府的「青溪先賢祠」

有些先賢祠充分展現創建者的意志與思維，建康府（江蘇南京）先賢堂即是一例。據周應合《景定建康志》記載建康府城內外設有數座祭祀先賢的祠堂。例如，建康府學內的先賢祠在大成殿跟明德堂的東西偏共四處，供奉26位先賢，他們都是曾經在建康府當官的人（應該說屬於「名宦」的範疇）跟道學派人物。本章討論的不是此府學內的先賢祠堂，而是建立在府學東邊的「青溪先賢堂」，筆者希望透過分析其祭祀對象跟碑記內容，觀察宋人對此先賢堂的感情。

首先，《景定建康志》裡提到，青溪先賢堂設立在府學跟明道書院之間，名為青溪的地方，由馬光祖創建於開慶元年（1259）。先賢堂裡供奉周、漢以來的賢者41位，每位都有贊，刻在祠位下部。[22]

馬光祖，字華夫（一字實父），婺州金華人，著名的道學者馬之純（字

[22] 《景定建康志》卷31〈儒學志四・祠先賢〉。

師文，隆興元年〔1163〕進士）之孫。[23] 他考上寶慶二年（1226）的進士，之後調新喻主簿，已施展才幹，師事真德秀。接下來，他任知餘干縣（江西上饒），設立先賢祠堂。[24] 歷任浙東提舉常平、浙西提點刑獄、淮西總領兼權江東轉運使、戶部尚書兼知臨安府、浙西安撫使等。寶祐三年（1255）到咸淳五年（1269）之間，前後三次知建康府，共 10 年左右的時間。關於馬光祖知建康府時期的政績，葛紹歐曾有專文介紹。[25] 根據葛氏的研究，馬光祖重視文教政策，重修建康府學（咸淳二年），創辦小學（咸淳三年），都撥米 100 石當學產。他也致力於書院教育，咸淳元年，提高明道書院每月養士錢，咸淳四年，又建立南軒書院。另外，青溪南邊的貢院也在咸淳三年重建。

根據周應合〈青溪先賢堂記〉，馬光祖在寶祐五年（1257）到建康府當官之際，已有設立先賢堂的想法，委託前宗學諭馮去非選定祭祀對象而制定贊。後來，此計畫因馬光祖轉任而導致停頓，直到馬光祖再次到建康赴任，才建立了先賢堂。其祭祀對象的標準為「公卿大夫士可祠三，道一、德一、功一」，主要是建康出身、曾經到建康當官、過去來到建康或曾居住或遊歷者。[26] 供奉在青溪先賢堂的 41 位賢者如表 1：

表 1　青溪先賢祠的祭祀對象

編號	祭祀對象	時代	祭祀理由
1	太白	春秋吳	初逃句曲山中。
2	范蠡	春秋越	築越城在長干里。
3	嚴光	漢	結廬溧水縣。
4	諸葛亮	三國蜀	往來說吳同伐曹操，又勸孫權定都建鄴。
5	張昭	三國吳	宅在長幹道北近，宅有張侯橋。
6	周瑜	三國吳	周郎橋在句容縣。
7	是儀	三國吳	宅在西明門。
8	王祥	晉	墓在江寧化城寺北。
9	周處	晉	子隱台在鹿苑寺。
10	王導	晉	宅在烏衣巷。

[23] 《宋史》卷 416〈馬光祖傳〉。

[24] 袁甫：〈餘干縣先賢祠堂記〉，《蒙齋集》卷 12。

[25] 葛紹歐：〈馬光祖三知建康府的政績〉，《國立臺灣師範大學歷史學報》23 期，1995 年，頁 139-149。

[26] 周應合：〈青溪先賢堂記〉，《景定建康志》卷 31〈儒學志四・祠先賢〉。

編號	祭祀對象	時代	祭祀理由
11	陶侃	晉	事見石頭城。
12	卞壼	晉	忠烈廟在冶城南。
13	謝安	晉	宅在烏衣巷口。
14	謝元	晉	別墅在土山下。
15	王羲之	晉	事見冶城樓。
16	吳隱之	晉	茅屋故基在城東。
17	雷次宗	劉宋	開館雞籠山，號北學。
18	劉瓛	齊	居檀橋。
19	陶宏景	齊	居茅山。
20	蕭統	梁	書台在定林寺後。
21	顏真卿	唐	昇州刺史。
22	李白	唐	往來金陵，具載本集。
23	孟郊	唐	溧陽尉。
24	李建勳	唐	賜號鐘山公。
25	潘佑	南唐	見江南錄。
26	曹彬	趙宋	開寶，升州行營統帥。
27	張詠	趙宋	祥符，知升州，再任。
28	李及	趙宋	淳化，升州觀察推官。
29	包拯	趙宋	天聖，知江寧府。
30	范純仁	趙宋	治平，江東運判。
31	程顥	趙宋	嘉祐，上元主簿。
32	鄭俠	趙宋	清涼寺有祠。
33	楊時	趙宋	嘗家溧陽。
34	李光	趙宋	紹興，宣撫使。
35	張浚	趙宋	紹興，留守都督。
36	楊邦乂	趙宋	建炎，知溧陽縣，遷通判。
37	虞允文	趙宋	紹興，督府參謀。
38	朱熹	趙宋	淳熙，江東轉運。
39	張栻	趙宋	督府機宜文字。
40	吳柔勝	趙宋	生於金陵。
41	真德秀	趙宋	嘉定，江東運使。

其中宋人共有16位，可分為三種類型：一、曾經到建康府當官，所謂「名宦」之類（曹彬、張詠、李及、包拯、范純仁）；二、道學派人士（程顥、楊時、朱熹、張栻、吳柔勝、真德秀，除了楊、吳以外，其他 4 人重複供奉於府學內的祠堂）；三、一方面曾有到建康府當官或者跟道學派有關係，另

一方面可以看到具有強烈的「恢復中原」的政治主張。例如，李光、張浚曾經到建康府當官，而且此兩位都是南宋初期主戰派的典型人物；楊邦乂在當建康通判的建炎三年（1129）不接受金將兀朮的投降勸告而殉難；虞允文在紹興三十一年（1161）打敗金國海陵王完顏亮於采石磯，進行北伐的人物；鄭俠，福建福清人，隨父官建康府（當時江寧府）。進士高第，調光州司法參軍。當時王安石推行新法，他激烈地批判其不便，出外任，不久又貶官。徽宗即位，遇赦而還故官，又為蔡京所奪，回鄉，自是不復出。[27] 一般來講，南宋朝君臣皆認為新法應對北宋滅亡負起政治責任，尤其是道學派人士。從此來看，激烈地抵抗新黨的鄭俠可能在此政治氛圍之下被供奉於先賢祠。

青溪先賢堂在開慶元年（1259）落成，同年 8 月舉行釋菜禮。此時，馬光祖對與會者吟詠的賦中提到：

> 子徒識青溪之政視易聽，而不知我朝之度越前代也。盍觀之是祠乎！清莫如子陵，而隱之、致堯其流也；忠莫如清臣，而子布、子羽其儔也。休征之孝，望之之節，子隱之勇，內史之介，逸少之雅，仲倫、子珪、德施、太白、東野之文，皆可以言德，而未若大伯之為至。明哲則陶朱公，整暇則茂弘、安石，英邁則士行、公瑾、幼度，皆可以言功，未若孔明之為盛。我宋諸賢功德兼之。武惠，士行也；忠獻，茂弘也；忠襄，望之也；忠定、孝肅，清臣也；介公，滎陽之鄰也。忠宣，其謝安乎！正肅，其子羽乎！恭惠，致堯之儔乎！莊簡、忠肅，公瑾之亞乎！至若河南純公、龜山文靖公、南軒宣公、紫陽文公、西山文忠公，皆以道鳴者，則漢而下所未有也，而皆萃於吾宋。[28]

非常明顯，馬光祖藉由比賦先賢來強調宋人之德行。在這裡，他首先列出歷代有德、有功的人物，然後論述宋代的諸賢不僅兼備與過去賢者相匹敵的功、德，甚至有漢以後未曾出現的優於「道」的人物：「吳祠所重在功，而道德之意薄，晉祠或功或德，道則未聞也。古今並祠，三者始備」。[29] 設立此祠堂的用意在「因其不可忘而思其所可學」，勸勉後人完善功、德、道三

---

[27] 《宋史》卷 321〈鄭俠傳〉。
[28] 周應合：〈青溪先賢堂記〉，《景定建康志》卷 31〈儒學志四．祠先賢〉。
[29] 周應合：〈青溪先賢堂記〉，《景定建康志》卷 31〈儒學志四．祠先賢〉。

者。[30] 馬光祖師事真德秀而道學造詣頗深，可能因此積極表揚道學派士人。同時他的宋人優越的看法讓我們想起當時南宋王朝面對的國際狀況，也就是說，他不僅勸勉士民效法先人或同時代人有意義的行為，而且跟國內外人士表明宋人的優越性，建康府青溪先賢堂可謂含有深厚的政治宣傳意味。

除此以外，我們從諸葛亮的祭祀也可以看到宋代在歷史詮釋的特色。青溪先賢堂祭祀他的理由是，「往來說吳同伐曹操，又勸孫權定都建鄴」。[31] 對於後者，《景定建康志》提到：

> 又《獻帝春秋》，劉備至京謂孫權曰：「吳去此數百里，即有警急赴救為難，將軍有意屯京乎？」權曰：「秣陵有小江百餘里可以安大船，吾方理水軍，當移據之」。備曰：「蕪湖近濡須，亦佳」。權曰：「吾欲圖徐州，宜近下也。諸葛亮亦曰：『鐘阜龍盤，石城虎踞，真帝王之宅』」。[32]

除此以外，從《景定建康志》卷 17〈山川志序〉、《景定建康志》卷 38〈武衛志一〉等資料裡也有同樣記載。[33] 但是，建康是三國吳的帝都，為什麼要供奉諸葛亮？此背景與宋人的「偏袒蜀漢」的心情有關。據近藤正則的研究，南宋政壇裡存在支持蜀漢「恢復中原」大義名分的政治立場。繼承北宋程伊川主張蜀漢正統性的看法，朱熹以下的南宋學者發展出以蜀漢為正統的風潮。[34] 朱熹對諸葛亮的評價極高，他的蜀漢正統論也是在表揚孔明的基礎下立論。青溪先賢堂供奉諸葛亮的背景可以說是經過南宋士大夫書寫行動的累積，以蜀漢為正統的潮流滲透到社會，而其目的則是「北伐」的實際政治的主張。

接著我們來看青溪的空間形態。青溪本是圍繞教育設施發展起來的空間，其出現可以溯上到三國時代。許嵩《建康實錄》提到：

---

[30] 周應合：〈青溪先賢堂記〉，《景定建康志》卷 31〈儒學志四・祠先賢〉。

[31] 《景定建康志》卷 31〈儒學志四・祠先賢〉。

[32] 《景定建康志》卷 15〈疆域志一〉。

[33] 正史裡沒有相關記載。《景定建康志》的記載可能參考《獻帝春秋》，但該書現在已經散佚不詳。同樣的表現看到於《太平御覽》卷 193〈居處部・城下〉所引《丹陽記》裡。宋代以後，例如《太平寰宇記》卷 90〈升州〉裡有記載，但一般沒有寫出出典。

[34] 參見近藤正則：〈《資治通鑑綱目》の周辺——蜀漢正統論と諸葛亮評価をめぐって〉，《漢文學會會報》31 號，1986 年。

> 冬十一月，詔鑿東渠，名青溪，通城北壍潮溝。……陶季直《京都記》云：「典午時，京師鼎族多在清溪北。俗說，郗僧施泛舟清溪，每一曲作詩一首。謝益壽聞之曰：『清溪中曲，復何窮盡也』」。[35]

可知青溪一地自三國吳時期開鑿、晉六朝時期以後，成為了諸多大家巨室的住宅地，同時也是泛舟詠詩的勝地。到了宋代，知府史正志在乾道五年（1169）將放生池移到梁江總故宅附近，即割青亭的故基建青溪閣。[36] 關於此空間設置，史正志的門生張椿（右朝奉郎權發遣和州軍州主管學事兼管內勸農營田屯田事）說：

> 今大帥史公繇甘泉法從，宅牧留京，政修戶庭，而人自得。於一路十州之外，凡地之勝與景之殊者，悉表出之。六朝以來，人物事蹟，搜訪具備。覺山川益奇，登覽益多，而聞見益廣。至是青溪數曲之地，足曆而心營之。……一日，公顧謂客曰，夫豈以遊樂故而為此哉，予之意殆非也。……今青溪之地，延袤數里，蒲蓮葭葦，暎蔓蒠蒨，潛深伏奧，依戲藻荇，不知其幾千萬億，皆欲使之遂性鹹若，圉圉洋洋，游泳恩波，以祈兩宮萬年之壽。此予之理是溪、創層閣，而以時往來其間者，述平原之志，舉幹元之實，而效蕃臣之精懇者也。[37]

雖然他強調設置放生池的主要目的在於祈禱高宗跟孝宗的長壽，但是實際上也承認青溪作為勝地的特徵。

馬光祖也沒有忽略青溪作為勝地的特質。《景定建康志》提到：

> 馬公光祖浚而深廣之，建先賢祠及諸亭館於其上，築堤飛橋，以便往來，遊人泛舟其間，自早至暮，樂而忘歸。[38]

馬光祖在對青溪的整建修繕的基礎下，將先賢祠及其各亭館的建設融入玩賞遊樂的遊覽空間中。

---

[35] 許嵩：《建康實錄》卷 2，吳太祖赤烏四年（241）條。

[36] 《景定建康志》卷 21〈城闕志二．樓閣〉曰：「青溪閣。在府治東北青溪上。本梁江總故宅。至國朝，為叚約之宅。有亭曰割青，取荊公詩割我鐘山一半青之句。乾道五年秋，因移放生池於青溪之曲，即割青故基，建閣焉。」

[37] 《景定建康志》卷 21〈城闕志二．樓閣〉。

[38] 《景定建康志》卷 18〈山川志二．青溪〉。

《景定建康志》裡提到馬光祖在青溪建立的建築物：

> 青溪諸亭，東自百花洲而入，臨水小亭曰放船。入門有四望亭，曰天開圖畫，環以四亭，曰玲瓏池，曰玻瓈頃，曰金碧堆，曰錦繡段。其東有橋曰鏡中，由此而東為青溪莊，與清如堂相望。南自萬柳堤而入，為小亭三，曰（闕），曰（闕），曰（闕）。橋之南舊萬柳亭，改曰溪光山色。自橋而北，亭臨水曰撐綠，其徑前曰添竹，後曰香遠，尚友堂之西曰香世界，先賢祠之東曰花神仙清，如堂之南，滌波橋之西曰眾芳，曰愛青，其東曰割青，青溪閣之南，清風關之北有橋曰望花隨柳，其中曰心樂，其前曰一川煙月，惟割青為舊，餘皆馬公光祖所作也。[39]

其中，「天開圖畫」、「清如堂」、「溪光山色」、「撐綠」、「添竹」、「香世界」、「眾芳」、「愛青」、「割青」、「青溪閣」、「清風閣」、「望花隨柳」、「心樂」等名稱都可以從《景定建康志》附〈青溪圖〉上確認（圖1）。可以想見青溪蕩漾著清水，蓮花盛開，柳枝飄蕩，可以望見亭子或橋樑。其中央有兩個建築相對，一是「先賢堂」（先賢之祠），二是「尚友堂」。來到此地的遊客跟朋友會聚，邊眺望美麗的風景，即興做詩。參觀一些景點後，他們達到面對「尚友堂」的「先賢堂」，逐一確認供奉的先賢跟其贊詞，藉以使遊覽者學習先賢的行跡跟思想，懷抱尊敬之念跟愛國精神。可見馬光祖設置青溪先賢祠有通過遊客參觀勝地，讓他們認識到自己這一個脈絡所主張的道德觀念跟政治思想，可以說是一座「主題公園」（theme park）。

另外，關於先賢堂的祠位，《景定建康志》裡提到：

> 馬公之建是祠也，議位序者定為四十二人，公之大父野亭先生與焉。公曰，野亭自有祠漕司矣，此不必列。蓋不欲私其祖也，今祠位尚虛其一，後之君子當有列野亭於此祠，以備其缺者矣。[40]

可見，先賢堂的祠位原來有42座，其中一位先賢本來是馬光祖的祖父馬之純，但馬光祖認為祖父被供奉於轉運使司，沒有要列祀。《景定建康志》的撰者周應合遂以馬光祖「不欲私其祖也」，勸說後人供奉馬之純以補先賢祠的缺。不過，文獻中也可以看到馬光祖不願將有私怨的趙葵之父（趙方）入

[39] 《景定建康志》卷22〈城闕志三・亭軒〉。

[40] 《景定建康志》卷31〈儒學志四・祠先賢〉。

祠先賢祠的說法。[41] 當然，《景定建康志》是馬光祖修、周應合撰，不可能有貶馬光祖、馬之純的記載。從馬光祖師事真德秀的學術背景，到馬之純與趙方等祭祀對象的選擇，可以看到入祀先賢祠對象的選擇往往受到設立者的個人關係、政治志向的影響。

參、立祠的管理：平江府學的王蘋祠

本章擬以平江府學的王蘋祠為例，利用王蘋《王著作集》所收的相關資料，對先賢的祭祀過程以及其後的管理加以探討。

關於王蘋的傳記，《王著作集》所收《國史》王蘋傳、《吳郡志》王蘋傳、門人章憲撰〈墓志〉等資料。王蘋，字信伯，福建福清人，隨父遷到平江（蘇州），是程頤高弟，同門楊時也給他極高的評價。南渡後，知平江府事孫佑推薦他，宰相趙鼎上奏，得到跟高宗拜謁的機會，賜進士出身，任秘書省正字兼史館校勘，上奏〈治本三事〉，亦參與了《神宗實錄》的編修。朱震、胡安國、尹焞等都舉王蘋以自代。之後，遷著作佐郎，歷任通判常州、主管台州崇道觀，秦檜嫉妒他，因從子得罪，他也連坐，免職。後雖恢復主管台州崇道觀，但以高齡致仕，授左朝奉郎，紹興二十三年（1153）逝，時年 72 歲。[42]

王蘋被供奉於先賢祠的契機是在嘉熙元年（1237）7 月，王蘊（王蘋弟）的曾孫王德文提出供奉祠王蘋的申請（立祠劄子）：

> 右，德文不避蕭斧之誅，輒瀝衷忱，冒干威聽。德文曾大父通判蘋，家本福唐，僑寓震澤，執經伊川之門。紹興四年，知平江府孫公佑以學行薦，特令布衣上殿，奏對稱旨，聖語有曰：「王蘋起於草茅，若素官於朝，通儒也」。始命初品，越一日，復賜出身。繇小著倅毗陵，國史有傳。有文集、《語解》、《記善錄》行於世。程門名流如胡文定、尹和靖、張思叔三先生相與講道，遺帖可考。陳唯室、曾文清皆門弟也。惟是抱負不克盡施，賫志以歿，葬於湖州長興縣和平鎮茅栗山。門戶衰落，家叔左藏正垂

[41] 周密：〈馬趙致怨〉，《癸辛雜識》續集卷下。

[42] 關於此《吳郡志》的記載，范成大《吳郡志》（宋元方志叢刊本）只有其節略，明代編撰的《續吳郡志》也沒有此記載，無法確切找出此條資料引自何處。

> 改秩而遽亡；家兄帥幹斗文雖掇乙科，尚遲合穎；德文碌碌不武，弗振厥紹，俱不能發揚潛耀，實負愧悉。幸遇判府節制待制侍郎先生宗主斯文，維持正道，凡前輩明義理之學者莫不褒表而顯揚之。至若近日，唯室先生許祠於學，闔郡歎詠。扶植名教之意，甚盛甚休。唯室師曾大父者也，且蒙崇獎，則為師者當俾與唯室並祠，何榮如之？然則薦於朝者，前使君孫公也；祠於鄉者，今判府侍郎實齋先生也。異世一轍，千古兩賢，九原有知，當必效亢回之報矣。冒犯峻嚴，德文下情無任戰灼俟命之至。右謹具申呈，伏候台旨。嘉熙元年七月（闕）日承信郎、新差監甯國府南陵縣酒稅務王德文箚子。[43]

這裡提出一些王蘋生前行跡的記載，加上當時王蘋的弟子陳長方（號唯室）剛被供奉於府學，既然陳長方師事王蘋，自然沒有道理反對將王蘋與陳長方並祀的請求。平江府對此請求的判斷是：

> 台判，王著作乃程門高弟，他郡猶為之立祠，況生長之郡乎。送學議行。[44]

當時的知平江府王遂批准了立祠的請求，府學設置王蘋祠，與陳公祠奉獻祭文。[45] 從王德文的申請經過平江府受理、審理的狀況來看，在嘉熙元年（1237）的階段，府學先賢祠的管理單位是平江府。

王蘋被列在先賢祠的 9 年後，淳祐六年（1246），府學生王思文請求王蘋祠的管理及其俸祿開支。此申請跟平江府的判斷可以在郭庭堅〈掌祠府帖〉裡看到。郭庭堅是通判平江府事，知平江府事魏峻離任（任期：淳祐四年〔1244〕到同六年）跟新知府徐鹿卿到任（同六年 5 月）之間，他代辦知府的職責。首先，揭開全文如下：

> ①軍府據府學時中齋生王思文狀：「曾大父著作蘋執經伊川先生之門，親傳正學。紹興四年，六龍南渡，行幸吳門。郡侯孫公佑以學行薦，令布衣上殿，奏對稱旨。聖語有云：『王蘋起於草茅，議論若素宦於朝，通儒也。』蒙賜進士出身，遷至著

[43] 王德文：〈立祠箚子〉，王蘋：《王著作集》卷 6。

[44] 王德文：〈立祠箚子〉，《王著作集》卷 6。

[45] 王遂：〈實齋王先生立祠祭文〉，《王著作集》卷 6，但《趙氏鐵網珊瑚》卷 2 作〈王公陳公立祠祭文〉。

作，國史有傳，及《語解》、文集、《記善錄》行於世，有如胡文定、尹和靖、張思叔三先生遺帖可考。陳唯室、曾文清皆門弟子也。前政實齋閣學王先生下車之初，首以吾鄉六君子為問，以策於學。念先著作及唯室祠祀未備，繪像並祠於郡庠，德至渥也。今唯室之孫陳之諒首祈請於判府史尚書，月有奉祠之賜，學有掌祠之職。其他先賢之後亦各有之，獨是曾大父之祠缺然有愧。思文蒙前政江府教僅與沾汙微俸，得尾殿祭之後。思文一介麼麼，粗安義分，不敢躁求。竊惟著作門人之後，既已得職，儻不控陳，實維暴棄。茲蓋恭遇判府發運提領節制待制侍郎先生。道傳孔孟，業紹伊周，幸陶教育之恩，久被作成之澤。乞照先著作門人陳唯室先生孫陳之諒例，幫給使府奉祠職事」。

②奉前政判府魏侍郎台判，庫呈一日。

③繼據公使庫單子具呈，照得掌祠官月支錢三十貫，十七界官會。

④所據府學掌祠學生王思文申乞幫支請給，奉前政判府魏侍郎台判索掌祠帖呈，仍契勘掌祠俸有無高下。

⑤又據公使庫單子，據王思文稱，見充掌祠，未曾給帖。提督官書擬：「王掌祠據稱未曾給帖，然而著作之像既祠於學，則與陳唯室事體一同，合不合照例月給俸，仍給帖。」

⑥奉前政府判府魏侍郎台判，牒學保明，府司已牒府學契勘去後，

⑦今承府學申，繼送前郡契勘呈。

⑧今據正錄直學、鄉貢免解進士、學生許東發等狀申：「蒙送下府牒，為王秘校思文乞支月錢事。東等照得王思文見肄業本學時中齋，其先世著作見祠於學，今據所陳，欲就使府給帖，支幫月錢。東發等保明詣實，申乞備申使府，取自指揮施行。」

⑨奉台判，本學既與保明，合與照朱秘校例支，自六月為始，須至行遣。

⑩右，今帖府學，時中齋生王思文，仰充王著作掌祠，先具遵稟狀申。淳祐六年閏四月（闕）日帖。

從事郎兩易平江府觀察推官 吳

迪功郎特兩易平江軍節度推官 蔡

宣教郎差充僉書平江軍節度判官廳公事 趙

承議郎添差通判平江軍府事 余

承議郎通判平江軍府事暫領府事 郭庭堅 台押[46]

①是平江府學時中齋生王思文的申狀（「時中齋」是府學內學舍的名稱之一），陳長方的孫子之諒向史尚書請求每月的「奉祠之賜」，結果學校內設置「掌祠之職」。史尚書應該是史彌遠的兒子史宅之（1205–1249，明州人，知平江府的任期：淳祐元年〔1241〕到同三年）。獲准之後，遂成先例，「掌祠之職」適用於其他先賢的後裔，但王蘋祠沒有人掌管，因此，王思文請求同樣的處理。平江府受理此申請後，具體處理如下：首先，②知府魏峻發下公使庫詢問掌祠職之事，公使庫回答如下（③④⑤）：掌祠官每月支付十七界會子 30 貫；[47] 掌祠職的俸祿沒有高下；王思文說已充掌祠職，但他還沒拿到憑證（帖）；公使庫提督官建議：「王掌祠未曾給公文，但王蘋之像已經祠於學，應該跟陳長文的情況一樣，是不是應該給予憑證按例支付月俸。」⑥按照知府魏峻的指示，平江府將牒文送交府學，請他保明王思文的身分。接下來，⑦府學經過查證後將申文送給平江府，⑧由府學正錄直學、鄉貢免解進士、學生許東發等製作的狀申，證明王思文的身分、跟王蘋的關係，請平江府給王思文給帖，支付月錢。接著，⑨暫領府事郭庭堅判文，「本學既與保明，合與照朱秘校例支，自六月為始，須至行遣。」最後，⑩將帖文送交府學，由王思文當王著作掌祠，並請他回文結案。

從此史料可以看出有關先賢管理的狀況。平江府學有管理先賢祠的職務，而府學將此職務托給陳之諒、王思文等先賢後裔且持有學籍的人。從王德文〈立祠箚子〉（1237）來看，王蘋家族後來「衰落」，叔叔王正垂改官後不久急逝，哥哥王斗文考上進士乙科，但升遷並不順利。[48] 雖然如此，從他們都獲得官職、致力於舉業的事實來看，此「衰落」的說法過於誇張。例如，族人王德文「資稟穎悟，筆端有口，屢魁京庠，士論推重，當世名勝爭

---

[46] 郭庭堅：〈掌祠府帖〉，《王著作集》卷 6。

[47] 舊文「十七界官會」的解釋不正確，在此謹修正。

[48] 關於王斗文，舊文根據《吳郡志》卷 28〈進士題名〉的記載推斷他考上年次為「嘉定十三年」，不過其墓誌（王庚孫：〈宋鎮東將僉判王公墓志〉，《吳都文粹續集》卷 38）內容與王德文的墓誌（王敉：〈宋故提幹王公壙記〉，《吳都文粹續集》卷 40）說明的親屬關係不合，無法確認為同一人，在此謹撤回修正。

願納交」，[49] 可見他的交遊不僅限於下層社會世界。雖然王德文終究沒考上科舉，但是他參與泰州海陵縣（江蘇泰州市）知事趙善湘推進的修城工程，以其功績得官，之後也在王遂、史宅之、陳垓、鄭宗山等地方官之下做官。淳祐六年 10 月，王思文逝世之際，王敉以其子及學生雙重身分撰寫壙記，其兄奉議郎、知處州麗水縣主管勸農公事王斗文埋其諱。再者，從①來看，王思文也似乎拿到某些學校的補助工作（「思文蒙前政江府教僅與沾汙微俸」），由此可見，雖然王蘋族人並不是科舉及第者多的華麗官僚家族，但他們維持與士大夫、士人階層之間的交流，並以此有任官機會，學校在他們獲取、維持官僚身分的過程中扮演了不可忽略的角色。

對王蘋後人來說，王蘋祠的設置有何意義？首先，這使得王氏一族可以在當地維持一定程度的社會地位。須江隆針對福建莆田方氏的研究也提到類似的情況。方氏家族由於日益衰落，因此把自家祠廟定位為地方廟，積極向政府請求廟額封賜。也就是說作為祠廟管理者，方氏一族利用制度性權威煽動當地人民的信仰心，進一步取得宋朝官方的承認，藉此保持方氏作為地方領導者的地位。[50] 王氏一族或許也是如此。王德文、王思文的情況較之先祖應該算是没落，他們爭取在地方士人階層聚集的學校內設置先賢祠，把自己的祖先納入祭祀，甚至作為管理者而獲得一定的代表性，應該有其意義。

其次，王氏針對自己祖先列祠先賢祠內，還能期待官方提供實際支援。王思文當掌祠之職，平江府每月支付他公使錢 30 貫。據佐伯富的研究，公使錢是州軍以上的官廳或地方官的機密費。公使錢有很多公私用途，除了宴請及饋贈官員往來費用以外，有時候用以收買名臣墓附近的土地建立祠堂碑樓，或貼補給孤貧之民葬嫁的費用。除此以外，有的屬官在任官過程中死亡，如果家貧或父母年高，會由公使錢撥付作為撫卹金，又有的屬官父親身故，因家貧而無法籌措到旅費之時，亦會以公使錢支付奔喪旅費。雖然地方官對公使錢的運用比較彈性，但主要還是用在地方上的風俗振興或儒教德行的實踐。[51] 王蘋祠呢？它先是由王遂設立於府學，又由史宅之開支管理費，王德

[49] 王敉：〈宋故提幹王公壙記〉，《吳都文粹續集》卷 40。

[50] 須江隆：〈福建莆田の方氏と祥応廟〉，宋代史研究会編：《宋代社会のネットワーク》（東京：汲古書院，1998 年），頁 393-433。

[51] 參見佐伯富：〈宋代の公使錢について——地方財政の研究〉，《中國史研究第二》（京都：東洋史研究會，1971 年），頁 170-230。

文本人曾任王遂、史宅之的屬官，自然對王蘋祠的設置與管理用力不少。先賢祭祀跟其管理的措施是地方教化之一環，應是知府該做的行為，但是，實際上傳統中國社會知府跟屬官（以及其家族）的私人關係往往會影響到如何落實祭祀與教化的決定。再者，「掌祠之賜」的 30 貫相當於南宋時期的正七品的俸祿。按照衣川強的研究，此 30 貫占了下級官員生活費每月 100 貫的三分之一，[52] 這個薪水對一位學生來說，應該不算低，[53] 對王氏這個中、下級官僚家族來說，拿到掌祠職與先賢祠堂管理費即表示獲得足夠的補助。也可以說是，間接得到地方官或地方官府給他們的經濟支持。

在平江府的范仲淹祠堂也有類似的情形。據遠藤隆俊的研究，范文正公祠原來在平江府學內，到南宋末期咸淳十年（1274），蒙知府潛說友的建議，專祠被設置於城內，撥田產 300 畝作為運營費用。其祭祀活動之際，平江府長官帶屬僚舉行，另一方面，將其管理委託給范氏後裔，持有半官半民的特徵。值得注意的是，文正公祠跟其管理田產的撥付使得面臨倒閉危機的范氏義莊再次恢復，成為了家族再興隆的契機。[54] 以先賢的後裔管理先賢祠的例子，在第四章即將討論的新昌縣學也有同樣的狀況。雖然還要累積個案研究，但從本章的分析跟范文正公祠的情況來看，不能否定地方官府設立於學校內外的先賢祠措施含有地方官府對官僚家族的支持性質。

肆、先賢祠的祭祀跟其秩序：以紹興新昌縣學為例

本章以紹興府新昌縣學的先賢祠為例，對先賢祠的祭祀及其秩序空間的特徵加以探討。[55] 新昌縣處於浙東丘陵中北部的山區，宋代新昌縣建置在後梁開平二年（908）。《成化新昌縣志》裡提到：

---

[52] 參見衣川强：《宋代官僚社会史研究》（東京：汲古書院，2006 年），頁 440-443。

[53] 王思文在史料中叫「王秘校」，據龔延明：《中國歷代職官別名大辭典》（上海：上海辭書出版社，2006 年）來說，「秘校」是新及第進士的別稱，元豐官制改革以前，新及第進士的初任（寄祿官）常常是秘書監校書郎。再說，官制改革以後，秘書監改為秘書省，秘書監校書郎實職化（以前的寄祿官名改為承務郎）。當時，王思文應該沒有考上科舉，不知所指為何。

[54] 參見遠藤隆俊：〈宋代蘇州の范文正公祠について〉，頁 340-343。

[55] 關於新昌縣，參見山口智哉：〈宋代地方都市における教育振興事業と在地エリート—紹興新昌県を事例として—〉，《都市文化研究》9 號，2007 年，頁 35、36、38。

> 張公良，字希留。宋太平興國中，為新昌尹，立縣治，建邑庠，邑人石賀出財代民，成之友。卒不能返喪，賀又獻地葬之。曰官阡，是也。[56]

當時的縣治大致不會超過市場聚落的規模，也沒有城牆，最初看到立縣衙、建學校的記載是建縣約 70 年後的太平興國年間（976–984）。

目前所看到的資料裡，新昌縣學在北宋時期的具體狀況很不清楚，反而有力家族石氏經營的石溪義塾的活動很顯著，無論族人還是外人，培養出許多科舉及第者。《成化新昌縣志》裡提到：

> 宋開府石城先生石公，諱待旦，字季平。漢萬石君四十五世孫。祖元遂檢校太保，始居新昌，子孫遂為新昌大族。先生天禧三年進士，志趣出郡，高隱不仕，勇於為義，居石溪山水之間，建義塾三區，號上、中、下書院，身自設教，後禮明道先生主塾事，四方儒士願受業者無所拒，皆飲食■■之，凡數百人。若文彥博、呂公著、杜衍、韓絳皆出其門，先後入相，登顯仕者七十二人，取鄉薦者難以枚舉。四相以先生之文行聞於朝，上嘉之，賜十字為其子孫名，所謂待、之、景、公、問、宗、孝、正、奕、祖，是也。范文正公、歐陽文忠公相繼守郡，極尊禮之，稱石城先生而不名。享年九十而卒。後以子貴贈開府儀同三司、刑部尚書，葬於石溪。娶孔氏，贈文安郡太夫人，生五子。允之，知常州、銀青光祿大夫；亞之，太常博士；溫之，知撫州、封福清郡開國男；秀之，光祿丞；修之，不仕。子孫傳至命，凡十六世，衣冠綿綿不絕。[57]（筆者注：「■」是原文塗抹部分。）

石待旦開設義塾，收很多學生，共有 72 位科舉及第者。甚至有「後禮明道先生主塾事」以及「若文彥博、呂公著、杜衍、韓絳皆出其門」的記載，由於他們活動的時間間隔較長而且沒有其他可靠的資料，此一說法可信度有待商榷。陶晉生曾對新昌石氏加以探討，指出石氏家族裡考上進士者，北宋時期有 23 人，南宋時期有 17 人。[58]

---

[56] 《成化新昌縣志》卷 13〈來宦〉。

[57] 《成化新昌縣志》卷 12〈鄉賢〉。

[58] 參見陶晉生：《北宋士族：家族・婚姻・生活》（臺北：中央研究院歷史語言研究所，2001 年），頁 311-312。

到了南宋時期，石氏以外的呂氏、黃氏等家族的教育活動也蓬勃發展起來。士人家族營建書塾或藏書樓，積極進行子弟教育跟學術交流，特別是陳氏設立的桂山義塾成為了許多士大夫、士人聚合的地方。與此同時，新昌縣學首先在紹興十三年（1143）由知縣林安宅重建，之後，詹恭、錢宏祖等歷代知縣各自在嘉定四年（1211）、嘉定七年（1214）加以整修。再者，南宋後半期以後，致力於修訂禮儀、設置祭祀設施，例如在嘉熙三年（1239），知縣丁璹制定釋奠儀式，〈釋奠儀〉、〈釋奠圖〉、〈禮器圖〉、〈割牲圖〉刻石於學宮內。[59]

作為這些學校內禮儀空間的整備之一環，先賢祠也在新昌縣學中建立起來。《萬曆新昌縣志》裡提到：

> 新昌據天姥沃州之勝，自晉唐以來，文人才士來遊來歌，里之人未有名世者。……寶祐改元，金華王公領縣事，大懼放失。非所以移風俗美教化之本，乃請進士俞彬、黃飛、俞公愷、張漢英、石塤分事傑作，整齋序，新講堂，取《四書》，日與諸生發明天理人欲之辨，拔弟子之俊者教於學，贊鄉先賢之名世者，而立之祠。[60]

寶祐元年（1253）任知新昌縣事的王世傑，委託進士俞彬、黃飛、俞公愷、張漢英、石塤等整修齋序、講堂。此處所說的「進士」其實是舉人，也就是所謂的鄉貢進士，從俞、黃、張、石等姓來看，似乎他們都是新昌縣的精英階層出身。再者，王世傑經過跟學生討論，提拔優秀的弟子當教師。宋代的學校裡有各種各樣的職務，例如「學論」是聽教官的講義之後，將其內容傳達各齋的學生，重要的是，這些職務常常由學生擔任。[61] 由此可見，當時新昌縣學內有不少的學生，學校機構跟其運作漸趨成熟。同時，王世傑在學校內設立先賢祠，製作鄉先賢贊，跟畫像一起祭祀於祠堂裡。

關於此先賢堂，王世傑〈先賢祠記〉裡提到：

> 世傑令南明之三年，既治學教養，建祠淑堂，有覺其楹，又皆為

---

[59] 《越中金石記》卷 5。

[60] 韓境：〈修學記〉，《萬曆新昌縣志》卷 7。

[61] 參見宮崎市定：〈宋代の太学生生活〉，《宮崎市定全集》10 卷（東京：岩波書店，1992 年），頁 345-346，註 1。

文以落之。竊惟雖邑斗大，衣冠人物則冠於越，而石、黃二氏尤著，子孫緝緝蟄蟄，續詩禮未艾。其鼻祖偉節高風，隱德逸行。如石城先生，乃石氏鼻祖，設義學，自為師，其遊學如杜沂公、文潞公、呂申公、韓康公，皆一代偉人，其擢高第，登顯仕者七十六人。其旁支嫡裔，如尚書之論蘖京，侍御公之論奸檜，編修之直諒，寺簿公之學問，檢詳公之篤厚，迭起而鼓鐘其家聲。如宣獻黃公，文行足以軌範鄉閭，風節足以儀刑朝著，見於葉水心銘、袁絜齋狀者班班也。如三山林公之令是邦，葺邑庠，振風教，以淑士心。是十二賢者宜祠也。人各為之贊並字而祠之，行請二族賢者、德者領其祠云。寶祐四年，宣教郎知新昌縣主管勸農公事王世傑記。[62]

新昌先賢祠裡總共有 12 位先賢。其中，石待旦（創辦石溪義塾，培養諸多科舉及第者）、石公弼（北宋末期，任言路官而論蔡京）、石公揆（彈劾秦檜，死於獄中）、石斗文（在孝宗朝，以直諫為名）、石墪跟石宗昭（立志學問，與朱熹深交），黃度（以寧宗朝為中心，活躍於政界，官至禮部尚書）的 7 位都是縣內精英家族的石氏、黃氏的出身。其他 5 位除了對南宋初期新昌行政有功績的林安宅以外，還有傳說學習於石溪義塾的文彥博、呂公著、杜衍、韓絳等 4 位曾任宰相的官員。簡言之，新昌縣當時選擇先賢條件為：一、新昌縣出身乃至逗留此地的人；二、本人（或其子弟）曾經考上科舉；三、活躍於中央官界；四、跟學術界的名人有交往。

值得注意的是，該祠亦委託石氏、黃氏的賢者、德者掌祠（行請二族賢者、德者領其祠云）。[63] 如前一章所討論，平江府將府學先賢祠及范文正公祠的管理托給祭祀對象的子孫，並支付管理費。因為資料的限制，我們無法確認在新昌縣學是否採取同樣的管理方法，但是，從知縣在縣學裡設置了尊崇地方精英祖先的空間，至少可以看到，以學校為媒介，地方官府跟地方精英的「協調」關係。

學校與士人的關係，也可以從縣學中所舉辦的禮儀活動看得出來。王世傑〈新昌縣學重建講堂記〉裡提到：

甲寅乙卯，創先賢祠，行鄉飲禮，開大、小學，有朋自遠方來，

[62] 王世傑：〈先賢祠記〉，《成化新昌縣志》卷 5〈學校・鄉賢祠〉。
[63] 王世傑：〈先賢祠記〉，《成化新昌縣志》卷 5〈學校・鄉賢祠〉。

相與讀聖人書，獨講堂屋老未暇，每與諸生坐其下，則凜乎懮其將壓而斯道無所寄。[64]

該史料說明，寶祐二年（1254）新昌縣學的狀況，創置先賢祠，舉行鄉飲酒禮，舉辦大、小學教育，可是講堂仍舊破爛，後來王世傑決定重建。鄉飲酒禮是指地方士大夫（包括寄居者）與地方官在於特定日期聚集於學校行飲酒禮的儀式。在宋代，隨著科舉廣泛地滲透到地方社會，在地方學校舉行集會，或是地方考試通過集會形成地方社會裡士大夫、士人交流的場域，重新受到注目，並將此場域解釋為鄉飲酒禮。南宋初期，在進行科舉、學校改革的背景下，中央政府試圖將鄉飲酒禮推廣到全國。雖然國家的控制沒有實現，但到了南宋後半期，各地已有自行定義的各種鄉飲酒禮。隨著道學的普及化，鄉飲酒禮內容主要以教化民眾為目的。[65] 南宋時期，隨著歷代知縣的興學政策，新昌縣內的士人家族也發展了起來，從中可以看到，知縣以縣學空間為中心，跟地方士人互動，帶動縣內的學術、教育活動甚至各種各樣的公共事業。

關於先賢祠的祭祀，由於史料限制，無法考證宋代的狀況，但可以參考明代鄉賢祠、名宦祠舉行春秋兩次的祭祀活動，供奉豬二、羊一、帛一。[66] 在平江府，祭祀於府學孔廟的文正公在春秋上丁日舉行釋奠，專祠的文正公祠在次丁日舉行釋菜。[67] 同樣的儀式亦可見於南宋時期的其他地區。真德秀也在泉州、福州的先賢祠舉行釋菜。[68] 前一章討論的青溪先賢堂落成時也舉行了「舍采」（釋菜）。另外，婺州（浙江金華）東陽縣學在「上丁釋奠，乃陳爵、豆，率諸子行禮」。[69] 從這些例子來看，先賢祠的定期性祭祀（重建學校之際等非定期性祭祀除外），一般跟春秋上丁日所舉行的祭孔活動在一起舉行釋奠或釋菜。

---

64 王世傑：〈新昌縣學重建講堂記〉，《成化新昌縣志》卷 5〈學校．明倫堂〉。

65 參見山口智哉：〈宋代鄉飲酒礼考—儀礼空間としてみた人的結合の〈場〉—〉，頁 77-90。

66 《萬曆新昌縣志》卷 7〈祠典〉。

67 參見遠藤隆俊：〈宋代蘇州の范文正公祠について〉，頁 337-340。

68 真德秀：〈謁先賢堂祝文〉，《西山文集》卷 54。關於地方官真德秀的祭祀活動，參見小島毅：《中国近世における礼の言説》（東京：東京大學出版會，1996 年），頁 75-90。

69 曾賁：〈先賢堂記〉，《道光東陽縣志》卷 11。

新昌縣的先賢對象在明代出現較大變化。明代成化年間（1465–1487），新昌縣學儒學訓導暨《成化新昌縣志》編纂者的莫旦提到：

> 舊名先賢祠。宋寶祐四年，知縣王世傑剏建。中奉宋賢石待旦、石公弼、石公揆、石塾、黃度、石斗文、石宗昭、文彥博、呂公著、杜衍、韓絳、林安宅，凡十二人。泰定三年，郡守王克敬增奉俞浙，通十三人。成化三年，知縣毛拔重建。[70]

可知，元代新昌縣先賢祠又增祀俞浙，先賢奉祠增至13位。但是，莫旦對先賢祠的祭祀對象與序列提出質疑。《成化新昌縣志》裡提到：

> （莫）旦聞之，《禮》曰：「民不祠非族人。」凡不當祠而祠者，謂之淫祠。昔狄仁傑毀江淮淫祠七百餘所，惟存夏禹、伍員二廟，伊川猶以存伍員廟未是。蓋員可廟於吳，而不可廟於楚也。今文彥博、呂公著、杜衍、韓絳、林安宅，皆他產也。不過遊學、從政而來新昌耳。一體例為鄉賢，似或未當。況四相與石待旦為師生，坐俱南向，尤為未安。因撤去五位，而進以十二人，且正其位號云。〇正南面，則宋義士贈開府儀同三司、刑部尚書、述古殿大學士、石城先生石公待旦居左第一。……〇通二十位，敘齒不敘爵，內有子孫弟侄之分，故有南面東西之別。[71]

他的基本看法是，鄉賢祠的祭祀對象應該是當地出身，其他外地人只能視為「他產」，一旦祭祀，就等於「淫祠」。這是相當嚴厲的說法。從這條史料可以看出，宋人跟莫旦之間圍繞祭祀空間的定位有很大不同，莫旦的思考裡已經沒有像宋代那樣的先賢概念，只有「祭祀當地出身的賢者」的看法。此一觀點與其說是祭祀「先賢」，毋寧說是以「鄉賢」為中心的奉祀概念。接著，他又指出，雖然文彥博、呂公著、杜衍、韓絳都是石待旦的門弟，但是他們的祠位跟石待旦師一起南面，導致混亂秩序。莫旦最後的做法是，把文彥博等4人及林安宅以「他產」的名義請出新昌縣先賢祠。他將留下的8人加上宋人7人（董公健、王夢龍、吳觀、王FORMAT、陳非熊、陳祖、陳雷）、元人1人（石永壽）、明人4人（胡剛、呂升、楊信民、董曾），共20位，形成以「鄉之先賢」為中心的祭祀空間。至於祠位排列，以「敘齒不敘爵」

[70] 《成化新昌縣志》卷5〈學校．鄉賢祠〉。

[71] 《成化新昌縣志》卷5〈學校．鄉賢祠〉。

的標準，「內有子孫弟侄之分，故有南面東西之別」，做了新的祭祀秩序安排（圖2）。[72]

像莫旦這種重視祠位的「年齒秩序」的情況，自宋代即有，漢州（四川廣漢）有三賢堂，供奉楊大年、宇文之邵、張浚，其排位即是：

> 齒以長幼之序，被以隱居之服，使若其賢初無與於官爵名位者。[73]

此三賢堂也是按照長幼之序排列。傳統中國社會比較普遍看到用長幼之序或親族關係來建立集團的秩序。就此秩序認識而言，可能在宋代跟明代之間沒有明顯差異。另外，可以注意的是，宋代新昌縣先賢祠新建時，以奉祀同一個朝代的人為主。反而，莫旦重新排序的鄉賢祠，因以本鄉先賢為主，故承祠涵括前代所立鄉賢與當代賢者，勢必產生排擠效應，可能因此作出集中承祀鄉先賢的做法。再者，觀察新加的 7 位宋人的祭祀理由：南宋末期官至宰相的王爚；慶元三年（1197）進士及第而擔任要職的王夢龍；發生方臘起義後，率子弟與鄉人而破叛軍，但最後勢孤援絕，遂自殺的董公健；曾任紹興稽山書院長，後來宋亡之際，率家人，集義勇，與元兵力戰而死的陳非熊跟吳觀；南宋後半期，建立桂山東塾、桂山西塾，很多學生從縣內外來塾的陳祖跟陳雷。除了南宋末期的高官以外，其他先賢都是以在新昌縣內進行義舉為理由，供奉於先賢祠。

如上所述，宋人對同一個時代人的表揚反映了當時的政治狀況。而且從宋人不太拘泥祭祀對象的出身地方來看，可以看到宋人更在意科舉及第到中央政界的一些上升志向。相反地，莫旦敬慕祠堂裡並排而坐的宋代以來的鄉賢，則反映了他對忠孝節義及長幼的「秩序」想像。

據趙克生的研究，明代正德年間到嘉靖年間左右開始出現鄉賢祠跟名宦祠的區別。如果祭祀非當地出身者或沒有到此地做官的人，也常常受到限制。而且，為了將自己的祖先供奉於鄉賢祠，不乏有人行賄提學官，先賢祠已經成為了民間的「公共家廟」的狀況。[74] 可見明代的學校不僅僅是獲得生員身分等社會地位的空間，而且被作為體現地方秩序的空間。也就是說，學校空間（含先／鄉賢祠）的實際意涵到了地方士人跟地方學校更有密切關係

[72] 《成化新昌縣志》卷 5〈學校．鄉賢祠〉。

[73] 侯午仲：〈漢州三賢堂記〉，《全蜀藝文志》卷 34。

[74] 參見趙克生：《明代地方廟學中的鄉賢祠與名宦祠》，頁 121-123。

的明代已出現轉化，宋代即使在南宋朱熹奠定道統的階段，其所架構的禮亦僅區別國家與學校而未組合至本鄉與他者。莫旦認為，學校裡設立的供奉鄉賢的空間內應該有一種特定的「秩序」，通過追求端正鄉賢的序列，讓地方士民確認地方社會的秩序。

伍、結論

本文以州縣學內設置的先賢祠為線索，對祭祀對象及其空間的特徵、地方官設置先賢祠的用意、地方政府跟地方精英的關係加以分析。

首先，宋代祭祀於先賢祠的對象相當多元：曾經赴任過當地且有一定政績的地方官、士大夫社會裡在政治、學術、文學方面的評價極高的人物等皆可入祠。與後世的鄉賢定義不同，籍貫並非最重要的考量。[75]南宋中期之後，這些狀況逐漸轉變，一是道學派思想滲透到在地士人階層，除了科舉、官界的成功，以鄉里的善舉為主的士人也被納入先賢；二是地方官跟以在地表現為主的地方精英的互動越來越受重視，「籍貫」作為區別的要項，逐漸成為重要的指標。[76]建康府的青溪先賢堂，反映先賢祭祀的推動者馬光祖持有的實際政治、思想的主張、個人關係的影響。此先賢堂設置於府學與書院之間的教學空間裡，該地又是歷史勝地，建造者希望遊覽該地的人能夠在享受適合詠詩的美麗風景的同時，感受到先賢堂的政治或思想含義。平江府學可以看到先賢祠祭祀對象的決定權在於地方長官，學校內先賢的祭祀管理由先賢的後裔擔任。先賢的後人在管理先賢祠的同時，也能獲得管理費。至於新昌

[75] 當地出身的先賢之選定與該地區的發展程度可能有不少關係，因為在先進地區或人文薈萃的大州裡找先賢有可能比後進地區或比較冷清的小縣容易一些。鄭丞良對明州地區縣學的先賢祠加以分析，指出：「雖以紀念鄉先生為主要特色，又仍存有為數不少「報功」性質的生祠，並且尚未取得地方士人的高度認同。因此，約可推論此時縣學先賢祠仍屬於萌發階段」。參見鄭丞良：《南宋明州先賢祠研究》（上海：上海古籍出版社，2013年），頁145-146。

[76] 魏峰指出：「宋代的地方社會因為官員的遷居、籍貫變更頻繁，依據籍貫形成的地方社會的文化、政治力量沒有能夠充分積累，而是不斷向政治中心聚集；禮儀制度亦沒有明確劃分鄉賢、名宦、祭祀，為本地官員去世後列入祭祀提供制度安排。」參見魏峰：《宋代遷徙官僚家族研究》（上海：上海古籍出版社，2009年），頁138-139。再者，鄭丞良指出，對南宋時期明州州縣的先賢祭祀有三個發展階段：一、出現個別祠堂；二、彙聚成集合式先賢祠；三、理學家祠堂加入。參見鄭丞良：〈南宋明州州學先賢祠與人物祭祀〉，《宋學研究集刊》1輯（杭州：浙江大學出版社，2008年），頁320-347。

縣學的先賢祠則是由知縣在縣學內部設置崇敬著名地方精英、名人的空間，並透過地方士人參加的鄉飲酒禮，是在學校空間裡再現地方社會秩序的空間。相較於宋代先賢祠，明代地方學校中的鄉賢祠更重視秩序，將先賢嚴格區分為鄉賢與名宦，鄉賢的對象也被限制於該地方出身者。根據長幼秩序排列祠位，可以說鄉賢祠在表揚故人的同時，祠內空間也成為表現本鄉社會秩序之場域。

宋代先賢祠至明代鄉賢祠的轉變，其社會背景是什麼呢？在宋代，由於除了科舉以外，地方士人無法獲得較穩定的終身身分。因此需要積極地爭取這些地方政府與學校的保障。地方政府、學校則利用先賢祠的設置及其管理的補助經費引地方士人納入地方政府的脈絡中。從中可以看到，地方官府與地方士人之間，存在著以學校為媒介的「協調」關係。而地方士人集合於學校，獲得地方政府之協助、舉行禮儀活動，進而締結人際關係，形成彼此之間的連繫與牽絆，這種牽絆，社會科學領域相關學者稱之為社會關係資本（Social Capital），[77] 有助於改善社會的效率性。

明代的鄉紳階層獲得舉人、生員等社會身分後即已獲得免除賦役的特權。[78] 與宋代不同，明代學子從學校試開始，逐步拿到學歷身分，[79] 鄉紳階層依靠此考試制度來獲得特權，並因此能得到比一般民眾更有利的社會資源，對地方社會有很大的影響力。從趙克生的研究可看到明代對鄉賢祠祭祀的鬥爭更像是鄉紳階層在地方學校內進行的霸權鬥爭。明代學校、鄉賢祠的空間與其說是形成社會關係資本之場域，不如說是爭奪利權之場域。[80] 新昌縣學儒學訓導莫旦致力於建立鄉賢祠位的秩序的背後，反映的是地方官府與地方

---

[77] 社會關係資本，又稱社會資本。根據帕特南（Putnam）的說法，所謂的社會關係資本，指的是社會關係（個人與個人之間的關係）所形成的互惠、信任、規範，能夠改善社會的效率性。此一觀念被廣泛使用在政治學、經濟學、社會學、經營學、教育學、農學等各種研究領域，透過累積社會關係資本，教育、健康、安全等國民生活方面起了作用，對市場的效率化、交易成本縮減、技術革新等經濟方面也有改善的可能性。參見 Robert D. Putnam, *Making Democracy Work: Civic Tradition in Modern Society*, Princetion University Press, 1993.

[78] 參見重田德：〈鄉紳支配の成立と構造〉，頁 347-380。

[79] 參見宮崎市定：《科挙史（東洋文庫 470）》（東京：平凡社，1987 年），頁 52-54。

[80] 筆者認為，明代地方學校並沒有喪失形成社會關係資本、地方官府與當地鄉紳「協調」空間的功能。雖然如此，在科舉比前一代更進一步滲透到社會，地方學校成為當地士人得到身分保障的重要場域，地方士人圍繞有限的利益展開激烈鬥爭，也不是奇怪的事。

士人面臨崩潰的「協調」關係，莫旦是否因此想要透過鄉賢祠空間重新呈現「秩序」？[81] 不得而知，相關研究還需要累積個案，再作深入討論。[82]

（此文原是以作者的〈宋代先賢祠考〉〔《大阪市立大學東洋史論叢》第15號2006年，頁89-111〕的中文翻譯版，再補充近年來相關研究的討論，發表於「宋都開封與十至十三世紀中國史」國際學術研討會。）

[81] 其實，莫旦當時因主持學校的重建與當地精英黃氏家族因風水而發生衝突，此一過程要說是地方政府與地方精英的「協調」，其實還有很大的差距。參見 Joseph Dennis 著、吉田真弓譯：〈宋・元・明代の地方志の編纂・出版およびその読者について〉，須江隆編《碑と地方志のアーカイブズを探る》（東京：汲古書院，2012年），頁81-100。另外，莫旦在《成化新昌縣志》卷16〈石家風水〉裡特別記載了宋代地方官林安宅與地方精英石氏因風水而產生衝突的傳說，批評這是荒誕無根據的記載，顯然有以古諷今的用意。參見山口智哉：〈宋代における紹興新昌県社会の変容と地方史の紡がれかた—「石家風水」伝承を手がかりとして—〉，伊原弘、市來津由彥、須江隆編：《中国宋代の地域像——比較史からみた専制国家と地域》（東京：岩田書院，2013年），頁111-142。

[82] 關於先賢祠、鄉賢祠的研究，近年有梅村尚樹：《宋代の学校——祭祀空間の変容と地域意識》（東京：山川出版社，2018年）一書，對於本文所未能有機會處理的經學討論脈絡（第四章）；以魏了翁對先賢祭祀及祖先祭祀的討論（第五章）；及南宋先賢祭祀的特徵對元明代官學、書院的影響（第六章）等，有很好的闡明。

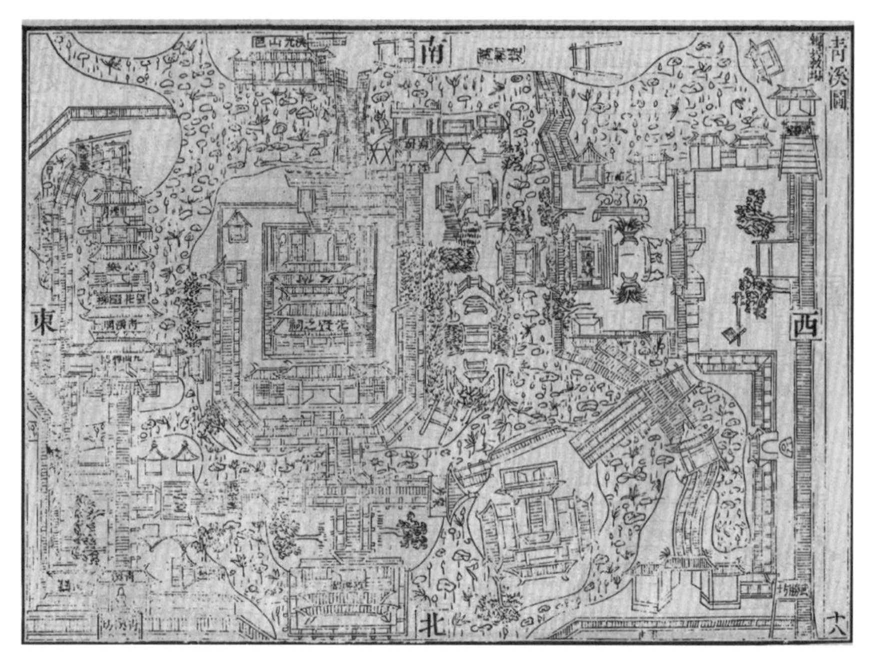

圖 1　《景定建康志》附〈青溪圖〉

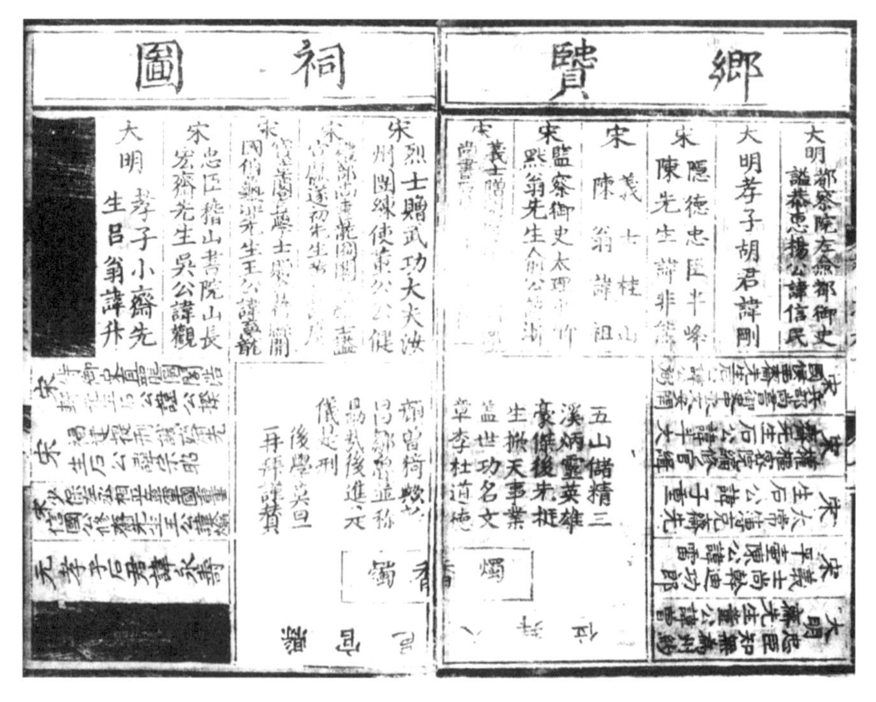

圖 2　《成化新昌縣志》附〈鄉賢祠圖〉

DOI:10.978.986437/1778.0009

抗戰時期中央控制地方之再思：以蔣中正對楊全宇、吳肇章囤積案的處理為例

王超然 *

壹、前言

中央控制地方是歷代政治核心課題，基本目標為中央能遂行集權與控制，使政令貫通各地，並徵調各項資源支持體制持續運作。國家體制在傳統時期規模相當小，能夠將人事、軍事、財政權掌握在手，任免調動地方官員至縣一級，確實收到各地每年上繳中央的稅賦，掌握軍隊的指揮、調度與後勤補給，而沒有成為私人武力，即是相當成功的中央集權運作模式。近代帝制終結建立共和政體後，很長一段時間陷入四分五裂局面，中央徒具形式，人事、軍事、財政落入地方軍政人物之手。南京國民政府在 1927 年建立後，蔣中正主要依靠關稅等穩定財源，建立與擴充中央軍隊，透過武力征服、財政收編、談判協商等方式，逐一壓制各地的軍政勢力，在 1937 年抗戰前夕粗定全國一統局面，如就傳統「中央控制地方」模式而言，蔣中正有其一定成就。

隨著抗戰爆發，戰爭進入長期化後，中央為持續動員社會的人力、物資、財力應付龐大的戰爭需求，維持戰時的國家運作，創立許多新機構，例如兵役部、糧食部等，使得國家體制擴大化成為此時期的顯著特點，[1] 由於傳統中央對地方控制的模式已不符合當下戰時環境需求，國家必須摸索出一套不同以往的治理方式，因而「中央對地方的控制」在戰時進入新的動態變

本文承蒙張力教授提示國家發展委員會檔案管理局典藏的相關資料，復蒙匿名審查人惠賜寶貴修改意見，謹此致謝。

* 國立臺北大學歷史學系助理教授

[1] 朱莉（Julia Strauss）指出戰時國府組織規模至少較戰前擴大五倍之多，見氏著，"The Evolution of Republic Government," in Frederic Wakeman Jr. and Richard Louis Edmonds, eds., *Reappraising Republican China* (New York: Oxford University Press, 2000), pp. 75-97.

化過程。[2] 對蔣中正而言，戰時中央控制地方的課題，除了對於地方軍政、財政控制的傳統面向外，社會民生經濟議題，特別是通貨膨脹對於一般民生的影響，也成為必須面對的新課題。國府為應付危局必須向地方徵調比平日更多的資源，而推動許多新制度，如徵兵、田賦徵實等，加重民眾負擔；另一方面，由於戰爭進入長期化，許多地區為日軍所佔領，各項物資日益缺乏，造成後方社會出現惡性通貨膨脹的現象。後方社會一方面要負擔國家的各項戰時徵調，又要面對日益嚴峻的日常生活狀況，在雙重夾擊之下而形成對國家的不滿，進而動搖國府統治的基礎。因此，蔣中正除了要解決前線龐大的戰爭需求外，同時要處理後方的民生經濟問題，將中央對地方的控制，從傳統面向跨入從未進入的新領域，也就是用國家力量壓制民間市場價格，甚至進行重要物資管制與分配，以期解決國家戰時需求與一般百姓民生問題。故此，中央為因應戰時出現的新課題，必須發展新的集權與控制方式，將市場納入國家管理範疇，而帶領中央控制地方模式在戰時朝新的面向變化。[3]

國府的糧食管理政策及田賦徵實政策，正是這個新變化的產物。如單就帳面數字而言，國府推動新政策取得不錯成果，也因此得以支撐到抗戰勝利。以戰時首都重慶所在地四川為例，田賦徵實推行後每年上繳中央的額度都是第一，從此面向認為，四川地方確實相當配合中央的政策，而國府在四川的「中央化」似乎相當成功。進一步深究中央在四川取得糧食的原因，雖然如

[2] 相關討論可見 Joseph W. Esherick, “War and Revolution: Chinese Society During the 1940s,” Twentieth-Century China, 27:1 (November 2001), pp. 1-37; 楊維真，〈戰爭與國家塑造——以戰時中國（1931–1945）為中心的探討〉，《漢學研究通訊》，卷28期2（2009年5月），頁 5-14。

[3] 近來西方學界對國民黨在抗戰時期國家治理的評價，從易勞逸（Lloyd E. Eastman）的批判觀點轉向正面肯定。他們稱讚國民黨在國家建構（state building）取得一定的成果，朝向理性化與行政官僚體制的國家行政機器，為戰時中央化的新發展之一。參見 William C. Kirby, “Continuity and Change in Modern China: Economic Planning on the Mainland and on Taiwan, 1943–1958,” *The Australian Journal of Chinese Affairs*, No. 24 (July 1990), pp. 121-141; Julia Strauss, *Strong Institutions in Weak Polities: Personnel Policies and State Building in China, 1927–40* (New York : Oxford University Press, 1998 New York : Oxford University Press, 1998); Julia Strauss, “The Evolution of Republic Government,” in Frederic Wakeman Jr. and Richard Louis Edmonds, eds., *Reappraising Republican China* (New York: Oxford University Press, 2000), pp. 75-97; Morris L. Bian, *The Making of the State Enterprise System in Modern China: The Dynamics of Institutional Change* (Cambridge, Massachusetts, and London, England: Harvard University Press, 2005); Morris L. Bian, “Building State Structure: Guomindang Institutional Rationalization during the Sino-Japanese War, 1937–1945,” *Modern China*, 31:1 (January 2005), pp. 35-71.

日本學者笹川裕史及天野祐子等的研究指出，[4] 中央使用強力監控手段，並向基層行政人員層層施壓，以行政、軍事力量壓制地方的反彈，確保能在農村拿到糧食。但是，大多數的研究都已顯示，中央推動糧食政策過程弊端叢生導致民怨，與地方人士對於糧食管理政策的杯葛，而田賦徵實在四川的成功，是中央與地方妥協的結果。[5] 換言之，在戰時中央對地方控制的推展，除了從帳面數字觀察外，在實際運作上還有許多面向值得進一步的思考與探索。

國府在戰時跨入過去不涉入的領域，建立新的管理模式與控制方法，相對而言，地方也在理解中央新推動的政策並思考如何回應，在接受與反抗之間尋找適合的支點。中央與地方在過程中，各自進行權力創造與相互較量，中央關注在如何拿到資源，而地方也思考是否是照單全收，或者選擇性接受？夾在中央與地方之間的執行官員，則要考量如何完成指標能對上級交代，是運用權力強制要求地方遵行？或取得基層有力者配合，盡量減少反彈的情況下，讓參與這個體制的各方雨露均霑，而完成中央任務？換言之，在兩個可能中存在著許多面向，而中央與地方最終以「妥協」，作為新體制的運作方式，顯見中央在過程中並未完全取得上風，雖然拿到糧食，但也留下灰色空間讓地方自行運作。這些灰色空間存在也影響了國府推動糧食管理的實際成效，也成為再思戰時中央控制地方的一個切入面向。為何說這些灰色空間具有關鍵性？因為就是地方人士在將糧食交給中央的同時，不但可以將

[4] 〔日〕笹川裕史，〈糧食・兵士の戦時徴発と農村の社会変容：四川省の事例を中心に〉，收入〔日〕石島紀之、久保亨編著，《重慶国民政府史の研究》（東京：東京大学出版会，2004），頁235-256；〔日〕笹川裕史，〈重慶戦時糧食政策の実施と四川省地域社会〉，收入〔日〕中央大学人文科学研究所編，《民国後期中国国民党政権の研究》（東京：中央大学出版部，2005），頁415-451；〔日〕天野祐子，〈日中戦争期における国民政府の食糧徵発：四川省の田賦実物徵収を中心に〉，《社會經濟史學》，卷70期1（2004年5月），頁25-47；〔日〕笹川裕史、奧村哲，《銃後の中国社会：日中戦争下の総動員と農村》（東京：岩波書店，2007）。

[5] Lloyd E. Eastman, *Seeds of Destruction: Nationalist China in War and Revolution, 1937–1949* (Stanford, Calif.: Stanford University Press, 1984), pp.45-70; 侯坤宏，〈抗戰後期四川省田賦征實政策之研究〉，《近代中國》，期51（1986年2月），頁122-137；侯坤宏，〈抗戰時期田賦徵實的實施與成效〉，《國史館館刊》，復刊第四期（1988年6月），頁149-173；簡笙簧，〈全國糧食管理局對戰時四川糧荒因應措施之探討：民國二十九年七月至三十年六月〉，收入中華民國史專題第五屆討論會秘書處編，《中華民國史專題論文集第五屆討論會》（臺北：國史館，2000），冊2，頁1775-1811；許秀孟，〈國家、社會與糧食：抗戰時期四川省臨時參議會有關糧食政策的討論〉，《國史館館刊》，期31（2012年3月），頁39-68。

損失降到最低，甚至因而獲利的基礎。糧食管理既以「協商」為主，亦即中央在過程中不能主導全局，必須讓出些許空間，使地方人士能夠牟取利益。但是，如此一來勢必影響中央對於民生經濟的控管，無法強力地壓下糧價，因而使一般升斗小民的生活更為惡化。過去研究往往偏重於中央推動田賦徵實如何在地方拿到糧食，以及對於抗戰的影響。但對蔣中正而言，推動糧食管理拿到糧食，只是解決一部分問題；拿到糧食的同時，能夠解決高漲的糧價，讓升斗小民買到便宜的大米，甚至將惡性通貨膨脹一舉解決，同時解決軍食供應與民生消費危機，才是糧食管理政策的全貌。由歷史觀之，國府對於物價的控制是失敗的，但不能因此否定國府沒有解決戰時民生經濟的用心，而且要將此觀察帶入討論，才能讓戰時「中央控制地方模式」的面向更為具體與複雜。

「嚴禁囤積居奇」為蔣中正的糧食管理的核心理念之一，他一直認為這是解決糧食問題的最佳方法，即便親自主導糧價戰，遇到許多挫敗，也沒有放棄此方法，一直試圖藉此展現強力管理的意念。而 1940 年的楊全宇案及 1941 年的吳肇章案，就是最著名的嚴懲囤積居奇案例，並由中央的軍法執行總監部辦理。[6] 國府為因應戰時狀況、加強社會管理，將不具軍人身分而涉及特殊刑事案件者，如公務人員貪汙收賄或違反禁令囤積物資皆交付軍法審判，希望藉此展示強力嚇阻性。既能顯示中央威權，又可達到有效管理地方社會之目的，這是中央控制與治理地方的新方式。過去對於楊全宇、吳肇章兩案的理解，僅止於是國府嚴懲囤積居奇的案例，但由於缺乏材料，以致兩個案件沒有受到充分的研究與分析，故對於背後的脈絡、蔣中正對兩案的涉入程度與希望達到的目的，並不清楚。筆者現在以國家發展委員會檔案管理局典藏的《吳肇章等違反糧食管理案》檔案，重新探討蔣中正在四川推動糧食管理，執行嚴懲囤積居奇時，中央與地方的實際互動，以及遭遇的困難，並藉此反思抗戰時期「中央控制地方」的情況。

如從歷史發展的脈絡觀之，國府在戰時發展，例如國家規模的擴大化，以及對於民生經濟的管理，這些戰時的權宜措施，都成為日後國家日常運作的一部分，國家對於社會自主空間的壓縮越來越大，到中共成立政權後達到極致。因此，國府戰時「中央化」的發展，正是一個承先啟後階段，一方面

[6] 關於軍法執行總監部的設置與運作情形，可參見葉高樹，〈抗戰時期軍法執行總監部的設置及其運作〉，《中華軍史學會會刊》，期 3 上冊（1997 年 12 月），頁 441-486。

國府在傳統中央控制地方的基礎上開始建構新的運作模式；另一方面，這個新的模式由於尚處萌芽階段，夾著許多含混與模糊空間，明顯不及中共的「高度中央集權」模式。中共在 1950 年統治四川後，同樣也推動徵糧，而額度遠高於國府，通貨膨脹雖不及國府時期嚴重，但也形成生活威脅。中共處理兩事明顯十分成功，並未動搖其統治基礎。筆者本文目的希望藉由蔣中正處理囤積居奇一案，可以看到國府「中央控制地方」的侷限為何？並進一步思考國府模式與中共的不同。

貳、成都搶米風潮前後的情勢變化

國府在 1941 年 7 月實施「田賦徵實」，將 1927 年劃為省稅的田賦再改成國稅，並捨棄貨幣而徵收實物，一方面顯示中央要開拓新稅源，解決財政匱乏的危局；此外，也藉此掌握統治區的糧源，解決軍糧、公食與都市的民食供應問題。國府的舉動，在當時有不少反對聲浪，認為捨棄貨幣而改徵實物，不僅是開時代倒車之舉，造成納稅人負擔，從中又衍生運輸、管理、倉儲等問題，徒增政府的經費負擔。但對中央而言，此實為不得不然之舉。

抗戰爆發為中央帶來主要影響之一，就是治理空間的轉換，並由此衍生出諸多課題。對國府而言，戰時大後方地區，多半是過去與中央淵源不深，甚至關係不睦之處；因此如何處理與地方實力派的關係，強化對地方的控制力，讓中央政權穩住，成為國府戰時治理的重要面向之一。另外，國府在戰前稅收中，統稅、鹽稅、關稅等佔財政收入八成之多，主要來自沿海與長江中下游的大城市與鹽產地，戰爭爆發盡失這些地區，導致中央的主要財源大幅縮減；如以 1936 年與 1939 年的稅收相比，統稅減少近八成，鹽稅縮水近六成，關稅則掉了近九成，[7] 由此可見政府歲入陷入緊縮狀態，但在財源短少情況下，卻又要應付日益膨脹的軍費及各項開支，而成為政府難以負荷的包袱。因此對於中央而言，如何在大後方站穩，並從基層徵調戰爭需要的人力、物力、財力，成為戰時最關鍵的課題。

國府在戰前主要依靠工商業的都市地區支持，戰爭爆發後則轉變為農業經濟為主的西南地區，亦即國家如需要人力、物力、財力，對象已經由都市

[7] 抗日戰爭時期國民政府財政經濟戰略措施研究課題組編，《抗日戰爭時期國民政府財政經濟戰略措施研究》（成都：西南財經大學出版社，1988），頁 27。

社會轉變為農村社會，國府理論上應要適度地調整治理策略，例如將焦點放在農村之上，填補失去的稅源，使國府的財政不會陷入嚴重失衡，並能夠支撐戰爭持續下去。但國府高層在三年多的時間內，也許是對問題嚴重性的認識不足，或者沒預期到戰爭走向長期化，抑或不想挑動地方的敏感神經，沒有更動既定的財稅體系，而是以印鈔票解決問題。在七七事變前，官方公布的法幣發行量將近 14 億 7 百萬元，而三年後至 1940 年 7 月，已暴增到 39 億 6 千萬元之多，[8] 而且這僅是官方的帳面數字，如加上地方或私人銀行發行的各式貨幣，則市面流通的總量絕非僅如此。國府在抗戰前三年，以最省事的方式解決財政問題，但其後患卻幾乎壓垮重慶政權。國府大印鈔票的後遺症到 1939 年逐漸浮現。高層如宋子文在 1939 年因與孔祥熙交惡，也擔心濫發鈔票出問題，對「財政前途」感到「疑慮」，而拒絕擔任財政部長。羅家倫在 1940 年元旦拜訪王世杰，談到他對「今年大局之觀察」，也認為危機在「財政」，「當於此早為備之」。王世杰亦在 1940 年 3 月 15 日的《日記》，記下對「物價到處猛漲」相當憂慮，但負責相關事務的財政部與經濟部，「亦無有效之辦法，即有辦法，亦無執行之勇氣」。[9] 換言之，雖然感受到危機，中央並沒有主動出擊的打算。

中央大印鈔票的同時，並未預備好相關的配套措施，如盡可能解決戰爭導致的市場供給面萎縮的情況，或者思考將重要物資，例如糧食、棉紗控制在手，以應付龐大的戰爭需求。抗戰爆發，沿海重要的工商業地區淪陷，即便中央將部分產業遷入西南，但要趕上戰前產值水準並非易事。此外，重要的交通建設被日軍佔據或破壞，導致農村的原物料不易輸出，加上有人基於自保或套利，刻意囤積物資，種種因素導致流通於市場的商品量不足，而鈔票的流通量過多的情況。所謂「物以稀為貴」，在兩邊不對等的狀況下，票面價值降低與物價日益高昇，是極有可能出現的趨勢。但對中央而言，印鈔票打仗也是不得已之事，在缺乏外援支持下，要獨立撐住財政，此為最為可行之法。何況，物價在戰爭爆發後的兩、三年，大致呈現穩定狀況，而國府因此對市場也採取放任態度，並不認為統制物資是必要的。

---

[8] 藍天照，〈如何穩定糧價〉，收入侯坤宏編，《糧政史料》（臺北：國史館，1989），冊 4，糧食管理、物價與糧價，頁 374。

[9] 王世杰著，林美莉編輯校訂，《王世杰日記（上）》（臺北：中央研究院近代史研究所，2012），頁 238、244、257。

糧食作為最關鍵物資之一，戰爭初期並未受到特別管制，依舊自由流通。雖然國府頒布一些管理法規，實質上形同具文，而軍糧、公食、民食，都是透過市場進行採購與交易，並沒有出現狀況。此外，糧價在戰爭初期不但沒有上漲，反而因為許多糧戶、富戶為逃難，爭先將手上糧食拋售，換取現金方便攜帶，加上西南地區連兩年豐收，且糧食集中在大後方，呈現下跌趨勢。[10] 國府面對此表象沒有心生警惕，甚至透過農本局增加糧食購銷數量，目的不在大量儲存而是為了提升疲軟的糧價，[11] 可見中央並未意識到糧價將出問題。隨著 1938 年武漢會戰結束，抗戰進入長期僵持的態勢，糧戶與地主已由戰爭初期的拋售轉為惜售心態，而且國府濫發鈔票的結果，也使得囤積實物比持有貨幣保值，加上大量游資由沿海地區進入大後方企圖尋找新的投資物，種種因素造成糧食上市的數量減少。導致糧價上漲的誘因，隨著情勢變化相互影響，並逐漸反應於市場價格之上。

糧價漲跌，並不是單純的數學加減問題，其引發的連鎖效應，對於社會、經濟、財政、政治、軍事各方面都會產生不良影響。因為無論公私兩方取得糧食都是透過市場交易，一旦糧價持續上漲，不僅升斗小民的日常生活受苦，也影響到軍糧採購，而增加中央財政負擔，政府必須籌措更多的法幣購糧，造成財政狀況進一步惡化。但是，政府大量採購軍糧反過來影響到市場，導致糧食流通量變少，又造成糧戶、糧商惜售不肯出糧，不但形成政府與民爭食，又成為糧價持續上漲的誘因，更加重一般民眾的生活負擔形成龐大民怨。對國府而言，如果不將物價壓下去，不但影響統治威信，並導致財政走向破產，朝向國家體制的崩盤前進。因此，國府在 1940 年後，除了前線軍事戰場外，在後方則出現新的經濟戰場，物價成為國府必須想辦法壓制的大敵。

糧價到 1939 年底開始猛漲，都市居民首先受到波及，特別對工人、中下貧民而言，吃飯成為生活難題而形成一股民怨。四川省府亦意識到糧價上漲是一大問題，在 1940 年 2 月 27 日開會商議平價之法，並派員到各地調

[10] 金普森、李分建，〈論抗日戰爭時期國民政府的糧食管理政策〉，《抗日戰爭研究》，1996 年第 2 期，頁 72-91。

[11] 〈農本局概況〉，收入侯坤宏編，《糧政史料》（臺北：國史館，1988），冊 1，農政機構與組織，頁 187-190。

查囤積米糧之情況。[12] 省府方有動作，十幾天後成都就爆發民眾搶米風潮。在 1940 年 3 月 14 日晚上八時左右，大約有三、四千人聚集，沿路搶劫米行，最後到達重慶商業銀行倉庫，搶奪大米與其他物資。倉庫守衛向軍政機關求援，相關單位立即派出軍、警、便衣與特務前往處理，動用武力驅散暴民，逮捕帶頭分子，大小米商蒙受程度不一的損失。[13] 當時四川省主席一職由蔣中正兼理，日常事務則由成都行轅主任兼省府秘書長賀國光負責。賀國光在事發第二日召集會議商討處置措施，並要求軍警維持社會穩定。成都警察局審問滋事分子後，發現有三人為《時事新刊》記者，其中朱彥凡為中共黨員，並將此訊息上報賀國光。賀國光在與省黨部主委黃季陸等商議後，將事件主因定調為中共陰謀，並將情況呈報蔣中正。蔣中正在 17 日電告賀國光等人，指示處決首要分子，並查封涉嫌媒體。賀國光在 20 日槍決朱彥凡，並查封《時事新刊》、《捷報》。[14] 蔣中正對賀國光的處置尚稱滿意，在 20 日寫下「共產黨在成都陰謀暴動手段甚惡，幸能一網打盡，此實天予我以轉危為安之機」。[15]

國府知道成都爆發搶米風潮，雖瞭解事態嚴重但對如何處理起初是毫無頭緒，難以入手，[16] 蔣中正將原因歸於中共，從政治因素思考實屬正常。但情勢未如蔣中正預期「轉危為安」，到 6 月後更加惡化，國內外各項因素相

---

[12] 周開慶編著，《民國川事紀要（中華民國二十六年至三十九年）》（臺北：四川文獻月刊社，1972），冊 2，頁 94。

[13] 〈成都行轅保安課長李又生報告「成都搶米風潮經過」（1940 年 3 月 20 日）〉，中國國民黨中央委員會黨史會編，《中華民國重要史料初編：對日抗戰時期第五編中共活動真相（三）》（臺北：中國國民黨中央委員會黨史會，1988），頁 273-276；李文孚，〈抗日中期蔣幫製造成都「搶米」事件鎮壓中共四川地下組織的真像〔相〕〉，收入中國人民政協會議四川省成都市委員會文史資料研究委員會編，《成都文史資料選輯》（成都：中國人民政協會議四川省成都市委員會文史資料研究委員會，1983），輯 4，頁 33-34。

[14] 〈成都行轅保安課長李又生報告「成都搶米風潮經過」（1940 年 3 月 20 日）〉，國民黨黨史委員會編，《中華民國重要史料初編：對日抗戰時期第五編中共活動真相（三）》，頁 278-280；李文孚，〈抗日中期蔣幫製造成都「搶米」事件鎮壓中共四川地下組織的真相〉，收入中國人民政協會議四川省成都市委員會文史資料研究委員會編，《成都文史資料選輯》，輯 4，頁 34-39。

[15] 蕭李居編輯，《蔣中正總統檔案：事略稿本》（臺北：國史館，2010），冊 43，頁 297-298。

[16] 成都搶米風潮發生後，王世杰等面見蔣中正，敦促其採取措施，而蔣「亦深覺問題之嚴重」，「惟辦法之議定，執行之人選，極不易決」，見王世杰著，林美莉編輯校訂，《王世杰日記（上）》，頁 258。

互影響，導致糧食價格如同脫韁野馬越發難以控制，[17] 迫使蔣中正必須正視此問題。蔣中正下令張羣（國防最高委員會秘書長），在 7 月 11 日召集財經官員、意見領袖，與四川省官員，開糧食會議商討對策，決定在 8 月 1 日成立全國糧食管理局，內定盧作孚主持。[18] 蔣中正在 8 月 28 日寫下「經濟之威脅，甚於敵機之轟炸，糧價飛漲，百物騰貴，鈔票缺乏，運輸不濟，演成有物束手無策之狀，如能打破此關，則抗戰勝利過半矣」。[19] 蔣在此刻意識到，必須克服糧價問題引發的經濟與政治等各種難題，不然任由情況發展將造成不可收拾的局面。

中央創立全國糧食管理局，成為第一個專職機構，宣告國家正式將手伸向過去不曾觸及的領域，用行政力量管理市場，達到壓制糧價的效果。國府被迫接管糧食事務，但中央內部對實施糧食管理的必要性，與如何實施有爭議，地方也並非人人樂見中央插手糧食市場，因為牽涉到「利益」重新分配的問題。糧價上漲，雖有小民受苦，但對農村的糧戶、地主與糧商而言則大有益處。國府由開始打壓糧價，到一路演變成徵收實物，在在損害他們的既得利益。此外，國府在 1941 年將田賦由省稅改為國稅，不只是單純地調整財政收入分配，也等於中央向地方收回財權與爭奪財源，挑動到地方實力派的敏感神經，也關係到中央與地方之間的政治互動。

四川不僅是戰時首都所在地，為政治、軍事中樞，也是當時最重要的糧倉，以及人口最多的省分，具有重要的政治、經濟與軍事意義。民國建立後，四川長期為地方軍人把持，國府在 1935 年方藉剿共得以入川，並推動一系列中央化措施，但川軍將領依舊或明或暗地抵制國府。抗戰爆發，中央政府移駐重慶，更迫切地希望掌握四川，嚴重危害到地方軍人的政治利益。[20] 川

---

[17] 侯坤宏，〈抗戰後期四川省田賦征實政策之研究〉，《近代中國》，期 51，頁 124-125。

[18] 簡笙簧，〈全國糧食管理局對戰時四川糧荒因應措施之探討：民國二十九年七月至三十年六月〉，收入中華民國史專題第五屆討論會秘書處編，《中華民國史專題論文集第五屆討論會》，冊 2，頁 1778。

[19] 黃自進、潘光哲編，《蔣中正總統五記：困勉記（下）》（臺北：國史館，2011），頁 736。

[20] 有關四川政局在抗戰前後變化的探討，可見 Robert A. Kapp, *Szechwan and the Chinese Republic: Provincial Militarism and Central Power, 1911–1938* (New Haven : Yale Univ. Press, 1973); 凱普（Robert A. Kapp），〈中國國民黨與大後方：戰時的四川〉，收入張玉法主編，《中國現代史論集》（臺北：聯經出版事業公司，1980），輯 9，八年抗戰，頁 221-229；林能士、楊維真，〈抗戰前國民政府與地方實力派之關係：以川滇黔為中心的探討（1928–1937）〉，《政大歷史學報》，期 15（1998 年 5 月），頁 199-237；楊

軍不僅在政治上抗拒中央，在經濟利益上也因糧食管理受到侵害。中央壓制糧價，表面上是各地的地主、糧戶、糧商的利益受損，背後也危害到地方軍人的經濟收益，因為他們本身就是大地主、大糧戶，而隨著田賦徵實的實行，他們的經濟利益損失亦跟著擴大。此外，除了本土的地主、糧商、軍政實力人物之外，國府高層人士也不乏與地方軍政人物交好者，甚至共同進行工商投資活動，而孔祥熙是其中關鍵人物，因此即便高層沒有參與糧食交易，但基於合作立場或人情壓力，私人關係也多少影響到他們對於蔣中正命令的執行程度。換言之，中央在四川推動糧食管理，實際上同時面對三種阻力：一來自中央內部，一來自地方實力派，還有基層的有力者，並且三者是一個龐大的利益鏈的結盟。

蔣中正在 9 月 11 日特地發表〈為實施糧食管理告川省同胞書〉，正式宣告糧食管理上路。但蔣中正與盧作孚對管理如何進行，存有相當歧見。蔣中正希望能立即將四川的糧價壓下，但盧作孚則打算以循序漸進的方式，讓糧價逐漸下降而解決問題。[21] 盧作孚的方式，並不符合蔣中正的期望，蔣在 9 月 7 日表示對盧的方案感到「恐無效果」，希望以強制的行政力量解決現存難題，並說「在此緊急生死關頭，若不破除經濟學說上正統派自由貿易觀念，則所謂管理集中者必等於紙上談兵，必誤大事」。[22] 蔣接著在 9 月 22 日又留下「糧食問題尚無把握，盧作孚敷衍從事，可慮也」，[23] 可見其不認同盧的作法。由蔣、盧的分歧，可見中央內部並未形成共識，但蔣必須先穩住地方上蠢蠢欲動的四川軍人。

重慶商業銀行，在成都搶米風潮中成為群眾的目標物，觸動到地方軍人的敏感神經，也牽動了四川政局變化。此銀行的董事長為潘文華的弟弟潘昌猷，有深厚且複雜的政治背景，[24] 銀行倉庫成為群眾的主要目標，不免讓地

維真，〈1938 年四川省政府改組風潮始末〉，《國史館學術集刊》，期 4（2004 年 9 月），頁 101-134。

[21] 簡笙簧，〈全國糧食管理局對戰時四川糧荒因應措施之探討：民國二十九年七月至三十年六月〉，收入中華民國史專題第五屆討論會秘書處編，《中華民國史專題論文集第五屆討論會》，冊 2，頁 1789-1796。

[22] 薛月順編輯，《蔣中正總統檔案：事略稿本》（臺北：國史館，2010），冊 44，頁 257-259。

[23] 薛月順編輯，《蔣中正總統檔案：事略稿本》，冊 44，頁 308。

[24] 石體元、劉選琛、趙世厚，〈潘昌猷經營重慶商業銀行內幕〉，中國人民政協會議四

方人士產生聯想。成都行轅保安課長李又生在事後，給中央的報告中就提到潘文華陣營因為現場有「便衣軍人攜帶武器」，認為「搶米群眾係有計畫有組織之行動，造成地方不寧」，中央以此「造成恐怖局面，以為用兵口實」，圖謀消滅地方軍人。他們為了自保，打算掌握「成都市公安權」並準備軍事自衛。[25]

搶米事件發生時的成都市長楊全宇為王纘緒擔任省主席時任命。王纘緒在 1939 年 9 月因受地方軍人抵制，被迫辭去省主席帶軍出川抗戰，楊全宇身為王纘緒人馬，很容易受地方軍人猜忌。地方軍人希望換上自己人，而賀國光也想趕走楊全宇。楊全宇先前為平抑糧價，在市府設立成都市平價米銷售處，賀國光改為省府管轄，並派姪子擔任處長。賀處長以職權謀私，造成社會不滿，民眾怪罪成都市府，大發傳單揭發弊端，四處控訴楊全宇。楊全宇不肯背負罵名，除在省務會議檢討搶米風潮時，直接揭穿賀處長貪汙舞弊之事，並說此為事件發生主因。另外，楊全宇又製造大量傳單發至市面，將實情公諸於世，而讓賀、楊二人形同水火。[26] 賀國光遂上書蔣中正，將搶米事件責任完全歸罪楊全宇，蔣中正於是在 9 月 10 日撤換楊全宇，而讓具地方軍政背景的余中英在 10 月 1 日接任。[27]

楊全宇遭撤換後，賀國光成為地方軍人下一個目標。實際上，地方軍人很早即醞釀趕走賀國光，在劉峙（重慶衛戍司令）、徐恩曾（中統局負責人）1940 年 1 月 9 日、10 日向蔣中正報告四川政局動態時已披露相關訊息；地方實力派希望掌握四川的軍政大權，不樂見蔣中正兼理川政。此外，賀國光對地方軍人並非言聽計從，如不用潘文華介紹的人，導致潘不快，而力主「倒

川省委員會文史資料研究委員會編，《四川文史資料選輯》（成都：四川人民出版社，1991），輯 39，頁 12-61。

[25] 〈成都行轅保安課長李又生報告「成都搶米風潮經過」（1940 年 3 月 20 日）〉，國民黨黨史委員會編，《中華民國重要史料初編：對日抗戰時期第五編中共活動真相（三）》，頁 281。

[26] 高興亞，〈蔣介石殺楊〔全宇〕、楊〔澤〕、程〔澤潤〕實況〉，中國人民政協會議四川省委員會文史資料研究委員會編，《四川文史資料選輯》（1981），輯 25，頁 119-120。

[27] 楊澤本，〈前成都市長楊全宇被殺始末〉，中國人民政協會議四川省成都市委員會文史資料研究委員會編，《成都文史資料選輯》（1996），輯 29，頁 372；余中英（1899–1983），四川郫縣人，先後擔任過劉文輝、劉湘與鄧錫侯的部屬，與地方軍人關係深厚，參見四川省郫縣志編纂委員會編，《郫縣志》（成都：四川人民出版社，1989），頁 772-774。

賀運動」。[28] 成都搶米風潮發生後，地方軍人懷疑省府在背後主導，與賀國光的關係更為惡化。楊全宇在 9 月下臺，成為搶米風潮的替罪者，不表示賀國光就此能安於其位，地方軍人透過戴笠、吳鼎昌等向蔣中正傳話，表達賀國光風評不佳，如要安定四川政局，一定要將之撤換，並希望由川籍人士接任省主席。[29] 他們在倒賀同時，也在選擇新的四川省主席人選，而在 1938 年遭受挫敗的張羣，此時成為選項之一。

張羣在 1938 年接省主席失敗後轉任重慶行營主任，延攬劉湘親信鄧漢祥為僚屬，透過他經營與四川地方軍政人物的關係，成效良好。[30] 此外，蔣中正也為張羣接掌川政創造空間，他對重慶與四川地方政務的指示，透過兼任國防最高委員會秘書長的張羣辦理，[31] 並籌組川康經濟建設委員會，網羅地方實力人物參與，也讓張羣主持會務，增加雙方互動的機會。[32] 在地方軍人動作的同時，張羣亦透過戴笠向蔣中正傳話，表示鄧錫侯等人希望蔣能卸下省主席一職，並公推張羣接任，而如果張沒有意願，則希望他能向蔣推薦潘文華。張羣也透過戴笠向蔣表示，不計個人毀譽，願意為其分憂解勞，出任四川省主席。[33] 換言之，張羣與地方軍人已達成合作默契。

地方軍人動作頻繁之際，中央正在四川開始實施糧食管理，並大舉採購軍糧，政局必須以穩定為主。潘文華部的師長周成虎駐軍於瀘縣，建議潘氏內結鄧錫侯、劉文輝，外聯雲南龍雲，並打算在 11 月 2 日意圖進行特殊行動，中央預先得知訊息將其撤職，並調動部隊至川北，壓下一場可能的政治風暴，顯示地方並不安靖。[34] 蔣中正對此情勢，在 11 月 6 日留下「最近以糧價高漲，與四川軍閥擾攘不寧，最足使余精神鬱悶」之語，可見，「四川軍

---

[28] 〈劉峙等電川中各將領擬效龍雲要挾中央並有逐賀國光之議等情報提要〉，國史館藏，《蔣中正總統文物》，檔號 002-080200-00531-003，「特交檔案／一般資料——呈表彙集（一〇四）」。

[29] 〈電有關賀國光在川失威信吳鼎昌對川省主席一職意見〉，國史館藏，《專藏史料：戴笠史料》，檔號 144-010101-0001-062，「戴公遺墨：政治類（第 1 卷）」。

[30] 四川省人民政府參事室、四川省文史研究館編，《川康實力派與蔣介石》（成都：四川大學出版社，1993），頁 185-193。

[31] 劉維開，〈國防最高委員會的組織與運作〉，《政大歷史學報》，期 21（2004 年 5 月），頁 135-164。

[32] 陳雁翬，〈張羣與川康經濟建設委員會〉《四川文史資料》，輯 29（1982），頁 188-200。

[33] 〈戴笠電蔣有關設置川康屯墾督辦並擁張為主席案〉，國史館藏，《專藏史料：戴笠史料》，檔號 144-010101-0001-063，「戴公遺墨：政治類（第 1 卷）」。

[34] 唐縱，《唐縱失落在大陸的日記》（臺北：傳記文學出版社，1998），頁 152。

閥」與「糧價」，已是現階段蔣心中兩大難題。蔣經再三斟酌後，決定「對糧價應研求辦法，對川閥應逆來順受」，以解決困境。[35] 因此，蔣中正在 11 月 7 日，決定由張羣接任省主席並調賀國光回重慶，順應「川閥」的需求。

張羣上任後沒有辜負蔣中正期望，確實將四川政局穩住，其打通地方關係實為關鍵。他在擔任省主席前，致力營造與地方人士的和諧互動，除川康建設期成會、國防最高委員會外，四川省臨時參議會也是施力甚深之處。省臨時參議會參議員是由國民黨省黨部、地方政府推薦，最後由國防最高委員會定奪，中央對人選有相當的主導權。[36] 中央在 1939 年 4 月底確定四川省參議員名單時，張羣以擔任國防最高委員會秘書長之便，將地方士紳及與地方軍人有淵源者如李伯申、向傳義、石體元等列入，並以李、向兩人為正副議長，預先在省參議會建立人脈。[37] 蔣中正兼理川政時期，省政府作風強勢，賀國光並不重視省臨時參議會，府會關係不睦。張羣上臺後，一改過去強勢作風，立即以李伯申為省政府秘書長，並由向傳義接任議長，藉此修補府會關係。張羣並首開先例，將省府年度預算送往參議會審查；而在執行中央政策，如田賦徵實等都會親自向議會說明，並請中央負責官員到成都與參議員當面溝通，處處表現以地方民意為尊，不以強硬手段推動中央政策的作風。[38]

此外，張羣在人事安排，也讓各方派系得到好處。先以劉湘親信甘績鏞任財政廳長，後由潘文華人馬石體元繼任，並以陳懷先為省田糧處處長、戴高翔擔任軍管區參謀長，使潘文華對四川省的財政、田糧與徵兵事務有很大的主導權，藉此換取潘的支持。此外，張羣以劉文輝的親信胡子昂為建設廳長，並縱容第 24 軍由西康走私鴉片到成都販售，獲取劉文輝好感。[39] 鄧錫侯、潘文華、劉文輝推薦省級以下的各地行政、財稅人選，張亦盡量給予支持。張羣滿足地方軍人需求，同時也在蔣中正面前盡力維護他們，成為中央與地

---

[35] 黃自進、潘光哲編，《蔣中正總統五記：困勉記（下）》，頁 747。

[36] 許秀孟，〈抗戰時期省級民意機構的建立：以四川省臨時參議會為例的討論（1939–1945）〉，（臺北：國立師範大學歷史學系碩士論文，2011），頁 35-36。

[37] 陳雁翬，〈張羣與川康經濟建設委員會〉，《四川文史資料》，輯 29，頁 189。

[38] 許秀孟，〈國家、社會與糧食：抗戰時期四川省臨時參議會有關糧食政策的討論〉，《國史館館刊》，期 31，頁 41-67。

[39] 四川省人民政府參事室、四川省文史研究館編，《川康實力派與蔣介石》，頁 196-197；張為炯，〈西康建省及劉文輝的統治〉，中國人民政協會議四川省委員會文史資料研究委員會編，《四川文史資料選輯》，輯 16，頁 50-52。

方之間的調人，而使得地方情勢逐漸穩定。[40] 但是這樣的方式，也使得中央的意志在很多時候必須退讓甚至無從伸張。

參、蔣中正嚴懲楊全宇囤積案

蔣中正把四川省政交給張羣之後，便全力處理糧價問題。對蔣而言，以嚴法懲處囤積是管理糧食的核心理念，在〈為實施糧食管理告川省同胞書〉即已提及。蔣在 11 月 12 日對重慶附近的縣長與糧政人員訓話，再度重申此點，表示「在一縣裡只須嚴辦幾個有勢力的為富不仁之徒，糧食問題自然可以解決的」。[41] 戴笠在 11 月 15 日也向蔣中正報告，建議短期內施行「嚴懲」，方能「確立政府威信，貫徹政府功令」，而長期則是「徹底實施糧食管理」，方可安定民心。[42] 但國府在此刻尚缺乏實際案例，足以引起民眾注目，並有效嚇阻地方豪強。

蔣中正為讓中央相關部會瞭解到糧價問題的嚴重性，在 12 月 14 日召集相關人員，舉行首次糧食與物價會報，並定為常例，其後每週舉行一次。此外亦在當天下手令至新聞檢查處，指示任何關於糧食和物價問題的文章，未經他親自核准不可發表。[43] 亦即蔣中正已將解決糧食問題的責任繫於一己之身，親自總攬大局。[44] 隨後，他在 12 月 16 日下令，因要專注思索解決糧價問題對策，一星期內不批閱公文，要各機關暫停呈送。行政院在 12 月 21 日收到侍從室送來的一份文件，就是蔣中正閉關一週的成果，包含蔣中正擬

---

[40] 米慶雲，〈張羣先生主川見聞〉；雷治新，〈姻長張嶽軍生活與處事片段〉，中國人民政協會議四川省成都市委員會文史資料研究委員會編，《成都文史資料》，輯 18，頁 185-196。

[41] 蔣中正，〈蔣委員長對來渝參加糧食會議各縣市長講：「糧食管理要點與縣長的重大責任」（民國 29 年 11 月 12 日）〉，國民黨黨史會編，《中華民國重要史料初編：對日抗戰時期第四編戰時建設（三）》，頁 60。

[42] 〈戴笠報告派員參加全國糧食管理局召集之第三區各縣長及糧管副主委會議情況及意見，川省黨部召集省會附近十三縣市黨部舉行糧食問題討論會綜合意見書〉，國史館藏，《蔣中正總統文物》，檔號 002-080109-00011-005，「特交檔案／分類資料／財政／賦稅（一）」。

[43] 陳克文著，陳方正編輯、校訂，《陳克文日記 1937–1952（上冊）》（臺北：中央研究院近史研究所，2012），頁 687-688。

[44] 林美莉，〈蔣中正與抗戰後期的物價決策：以侍從室的活動為中心〉，收入黃自進編，《蔣中正與近代中日關係（上）》（臺北：稻鄉出版社，2006），頁 285-312。

定的五項原則以及專家研擬的兩個方案，而方案的每一頁內容，都有蔣用紅綠鉛筆修改的記號與各種眉批，讓人感到蔣「是如何為這問題苦心焦慮，也可知道他研究問題，解決問題是如何小心謹慎」，[45] 期望用盡全力一舉解決危機。蔣決定採取更強制手段，指示各級行政機關嚴厲取締囤積米糧，並要求四川所有商號與私人，要在 1941 年 1 月 26 日前，將各種糧食與日用品盡量出售或登記，違者嚴懲。[46] 換言之，「嚴懲囤積」成為蔣中正的強制管理的重要政策，也勢必會找人開刀，以顯示中央的決心。誰會是首例？楊全宇囤積糧食一事，適時的浮上檯面。

在成都發生搶米風潮後，正好王纘緒、楊森等籌組的大川銀行在 7 月正式成立，由楊全宇出任董事長一職；王纘緒女婿熊覺夢擔任總經理主導。楊全宇只是掛名，但對處境不利的他，畢竟是一轉機，遂興起「做點生意」的念頭，並將目標鎖定糧食市場。楊全宇在 1940 年 9 月 6 日接獲指令到重慶，在 9 日面見蔣中正獲知去職訊息，後在 18 日返回成都。楊全宇停留重慶期間，出席大川銀行重慶分行開幕典禮，與分行經理歐書元會面。歐為楊森的人馬，過去與楊全宇素無交集，在大川銀行成立後方有公務上往來。楊全宇與歐書元商談，表示他手上有一筆資金，預計投入糧食買賣，並以小麥為投資物，但因為本身沒有門路，希望歐書元幫忙接洽。回成都後，在 10 月 3 日前先後寫兩封信給歐書元，再三確認後續情況，並將 5 萬元分兩次匯至重慶分行。歐書元收到款項後，跟合川的萬福臻雜糧店經理李佐臣訂購小麥。[47]

歐書元考慮楊全宇擔任過公職，以其名義訂貨恐對名聲不好；而歐本人因擔任福民麵粉廠監事，便以福民麵粉廠名義，向李佐臣訂購小麥，前後共計 1,180.8 市石，並暫放當地倉棧，視情勢變化再處理。楊全宇在 11 月時又給歐書元 25,000 元，請他注意「棉紗」、「紙煙」、「大米」等項目。歐書元在 11 月 26 日回信，先向楊說明之前資金運用情況，表示小麥存放在

[45] 陳克文著，陳方正編輯、校訂，《陳克文日記 1937–1952（上冊）》，頁 689-690。

[46] 蔡盛琦編輯，《蔣中正總統檔案：事略稿本》（臺北：國史館，2010），冊 45，頁 138-140。

[47] 歐書元，四川廣安人，為楊森同鄉，在其第二十軍擔任過軍部經理處處長。王纘緒與楊森在 1940 年開設大川銀行，歐書元在重慶分行擔任經理。李佐臣，四川合川人，為雜糧商。李佐臣因堂弟李維周與歐書元合資經營申新麵粉公司，而跟歐書元有業務往來。〈訊問筆錄：軍法執行總監部訊問楊全宇、歐書元、李佐臣〉，國家發展委員會檔案管理局（以下簡稱「檔案管理局」）藏，《國防部》，檔號 A305000000C/0031/1573.35/26433800，「吳肇章等違反糧食管理案」。

合川，而棧單已寄到重慶，由歐本人保存，請楊全宇放心，並附上李佐臣在11月6日記錄的進貨詳情單，以為證明。這批小麥進價因分次購入，價格由每「老石」119元到159元不等，到11月底已漲到236元，帳面獲利已達41,707元。歐書元因小麥價格已突破200元，此時投入後續資金不划算，暫時不行動，等待楊全宇進一步指示。

歐書元在11月26日寫的信，成為楊全宇囤積居奇的關鍵罪證。蔣中正是如何得知此訊息？據檔案來看，是成都郵電檢查所「檢獲」，「密寄」到軍統局，再轉呈給蔣中正。[48] 但楊全宇為何成為特務系統的關注對象？此可能與賀國光有關。賀國光調回重慶後，擔任憲兵司令及重慶衛戍副總司令，一直密切注意楊全宇，暗囑特務陳仕塗（又稱陳仕敢、陳子塗）查探楊全宇。陳仕塗為楊全宇中學同學，並一同赴歐留學，兩人關係匪淺。陳仕塗接到指示後，時常藉故到成都楊家拜訪，伺機掌握相關情資；最後於12月初在楊宅找到歐書元在11月26日寫的信，認為事關重大，將原件抄寫一份給賀國光，賀氏再轉呈蔣中正。[49] 蔣中正接獲情報後，下令重慶衛戍總司令部稽查處秘密拘捕楊全宇等三人。軍警於12月14日在成都逮捕楊全宇，16日移送至重慶。歐書元在14日於重慶被捕，李佐臣則在15日在合川被捉，並移送重慶看管。三人被送至軍統局密審，軍警並會同合川縣政府將萬福臻的倉棧封存，一共有小麥2,000多市石（717.4老石）。中央對楊全宇等被捕事暫時秘而不宣，要待蔣中正確定全盤規劃後，方有明確的步驟。

蔣中正在12月20日下令將楊全宇等三人由軍統局移送軍法執行總監部。楊全宇等移送軍法機關，並非接受正式審訊，而是補正形式程序。三人拘禁在軍統局時已經被審問，楊全宇在12月14日留下筆供，承認匯款給歐書元，並交代歐書元委託李佐臣囤購小麥之事等，而蔣下令將楊移送軍法執行總監部時，已根據軍統局呈報的各種文件為這三人定罪。蔣下了四條手令，要戴笠親自交給軍法執行總監何成濬，令其「限三日內如批示執行，勿得延誤」。蔣的指示為：

> 楊全宇歷充黨政要職，而竟於此物價糧食嚴重時期，從事於囤積

---

[48] 〈密件：檢獲大川銀行歐書元寄楊全宇函囑進麥子事〉，檔案管理局藏，《國防部》，檔號A305000000C/0031/1573.35/26433800，「吳肇章等違反糧食管理案」。

[49] 高興亞，〈蔣介石殺楊、楊、程實況〉，中國人民政協會議四川省委員會文史資料研究委員會編，《四川文史資料選輯》，輯25，頁120。

居奇，實屬有意破壞抗戰擾亂社會。應即處以死刑，以昭炯戒。

歐書元身為銀行經理，乃甘為楊全宇為驅使，代為購囤糧。應即處以有期徒刑十年，以儆效尤。

李佐臣代歐書元以福民麵粉廠名義，囤積大批小麥，殊為朋比作奸之奸商。應即處以有期徒刑五年以儆效尤。

本案封存小麥七百壹十七石四斗，應即全數沒收充公，交由全國糧食管理局處處理，作為賑濟被災貧民之用可也。[50]

由上可知，蔣中正要以嚴懲楊全宇三人為其強制管理方案壯聲勢，向社會宣示國府的決心與魄力。

楊全宇等人移送到軍法機關，並不清楚自己的命運已被決定。軍法執行總監部雖已接獲蔣中正的手令，並未立即執行處置。軍法官在12月21日依序訊問楊全宇等三人，並留下審問紀錄。楊在審訊中，強調是「不知誤犯」，而非「明知故犯」，因辭去官職，想投資做點生意，又「以為」小麥不在政府禁止囤購之列，才會委託歐書元進行相關事項。如真有意做投機生意，一開始就會選大米，因為買賣容易而且獲利更高，相較之下小麥並不熱門，而囤積量又不多，僅是一般的生意經營。楊全宇希望念在於黨政公職，「曾竭盡棉薄」，所為屬無心之過，現深具悔意，且又是初犯，能「從寬議處」。歐書元、李佐臣兩人則將責任推到楊全宇之上。歐書元表示與楊全宇並無特殊交情，是以上級交辦事項的心態替楊處理囤購小麥之事，兩人並非狼狽為奸。李佐臣則說從不認識楊全宇，與歐書元也是泛泛之交。李佐臣宣稱，因其堂弟李維周與歐書元合資經營生意，兩人才有機會見過一、兩次面。此次是因歐書元寫信託付，才會處理購麥之事，根本不知道真正買主是楊全宇。由此可見，三人為避禍採用不同訴求，但有默契地強調所作所為，並非「囤積居奇」。[51]

楊全宇三人在審訊時，試圖減輕罪刑，各自親友也在外展開援救行動。由於是秘密逮捕，三人的親友一時間也不清楚他們被拘留在何處，只好透過

50 〈委員長手令五件〉，檔案管理局藏，《國防部》，檔號 A305000000C/0031/1573.35/26433800，「吳肇章等違反糧食管理案」。

51 〈訊問筆錄：軍法執行總監部訊問楊全宇、歐書元、李佐臣〉，檔案管理局藏，《國防部》，檔號 A305000000C/0031/1573.35/26433800，「吳肇章等違反糧食管理案」。

各種關係打探消息。大川銀行總經理熊覺夢透過王纘緒的關係，得知三人移送到軍法執行總監，找何成濬說情。而歐書元的妻子歐張啟元及李佐臣的兒子李靈根，則在 12 月 22 日聯名上請願書給何成濬，為歐、李兩人申冤，並附上楊全宇在9月21日、10月3日與11月23日三天，寫給歐書元的親筆信，表明整件事是楊主導，兩人「碍於隸屬及友誼關係，一時未加考慮致遭牽累，實則迫於情勢」。[52] 由此可知，在當時無論是楊全宇三人或親友都沒料到，蔣中正已決定以迅雷不及掩耳方式立下「嚴懲」首例。

1940 年 12 月 23 日上午 6 時，蔣中正下令的最後期限，楊全宇在重慶市郊的菜園壩刑場槍決，遺體被拍照存證，附在軍事委員會發出的布告上，張貼在重慶市的布告欄。此外《中央日報》（重慶）於二版以極大的版面，發布楊全宇將於當日處決的新聞。[53] 中央社亦將此訊息，轉發給大小報紙與各省政府，讓國民與地方官吏知道楊全宇被槍決之緣由，[54] 以實際行動宣示國府的「嚴懲囤積居奇」政策。歐書元、李佐臣則移送至四川軍人監獄服刑。中央藉由嚴懲楊全宇，對外宣示糧食管理朝強制路線前進，並警告地方豪強中央的法條不容小覷。

蔣中正在 12 月 27 日知道楊全宇已槍決，說「此於經濟前途，影響必大也」。[55] 他在 28 日再留下「楊全宇於二十三日伏法後，人心為之一快，物價已趨平穩」等句，[56] 在年末的最後一天，又寫下「石友三通敵謀叛與楊全宇囤積居奇，兩人先後正法，關於軍事與經濟前途之影響甚大」。[57] 由這些隻字片語，可知蔣內心對糧食管理新方案成功的期盼有多大，也希望藉處決楊全宇讓過熱的糧價能迅速降溫，使「人心為之一快」，讓他看到來年的光明。

---

[52] 〈為檢呈函件照片証明事實懇祈鑒核傳審宥釋事〉，檔案管理局藏，《國防部》，檔號 A305000000C/0031/1573.35/26433800，「吳肇章等違反糧食管理案」。

[53] 〈前成都市長，楊全宇伏法，囤積居奇者其鑑諸〉《中央日報》（重慶），1940 年 12 月 23 日，第 2 版。

[54] 〈楊全宇正法，軍委會通電各省市，布告週知以昭炯戒〉《中央日報》（重慶），1940 年 12 月 24 日，第 2 版。

[55] 黃自進、潘光哲編，《蔣中正總統五記：困勉記（下）》，頁 754。

[56] 蔡盛琦編輯，《蔣中正總統檔案：事略稿本》，冊 45，頁 159。

[57] 蔡盛琦編輯，《蔣中正總統檔案：事略稿本》，冊 45，頁 168。

肆、中央對地方的妥協

糧價在 1941 年初，似乎一度受到控制，但情勢隨即險峻，到了 4 月時變本加厲。蔣中正在 4 月 24 日得知情況，認為「癥結在川人刁狡藏糧不售」，至於盧作孚已到「痛哭莫法」的地步，蔣遂寫下「經濟惡險，人心動搖，其可憂懼，較之軍事任何緊迫為甚也！」[58] 顯而易見，楊全宇之死，並未對社會形成鎮懾或威嚇力，民間依舊「藏糧不售」，甚至更加嚴重，正如何北衡所說：「蔣介石殺楊全宇，是曹操的借頭計，但曹操殺糧官王厚的頭，平息了糧怨，蔣介石殺楊全宇的頭並沒有起到作用，糧食情況照樣一天比一天糟」。[59] 蔣中正逐漸認清現實後，在 5 月 25 日感慨地說：「成都米價現竟漲至每市石二百元以上，政府不論用何方法取締皆不生效！」[60] 顯而易見，蔣中正想用強制手段一舉壓下糧價，沒有獲得預期效果。既然全國糧食管理局的方式無效，中央轉向成立糧食部，將糧食管理行政層級提升，並且推動田賦徵實，希望能解除困境。

現實的殘酷，不僅讓蔣中正嚐到政策失敗的苦果，為解決籌措民食問題，必須忍受向地方軍人暫時低頭的屈辱。1941 年 5 月時糧食部正在籌組中，而田賦徵實政策也預定在下半年施行，但各方面需糧孔急，蔣中正要求徐堪先籌到民食 10 萬石以應付燃眉之急。徐堪找劉文輝、潘文華、鄧錫侯幫忙，並先給三人現款 3 百萬至 5 百萬元法幣，地方軍人拿到錢後立即把事情辦好。蔣中正得知情況後，寫下「余乃知囤積居奇者尚非奸商地主，而乃為當地之軍閥也」。[61] 事情發展至此，真相已大白，川人違背禁令並非性情「刁狡」，而是在地方軍人帶頭下，各地的囤積戶有恃無恐。蔣中正在此刻應該清楚知道，楊全宇不過是一小角色，必須嚴懲地方軍人，才能達到真正效果。

讓蔣中正備感鬱悶的是 5 月底被迫花錢解決問題後，在 6 月初又受到地方人士當面羞辱。蔣中正在 6 月 7 日與鄧錫侯等人會面，事後寫下「嗚階〔鄧

---

[58] 黃自進、潘光哲編，《蔣中正總統五記：困勉記（下）》，頁 773。

[59] 楊澤本，〈前成都市長楊全宇被殺始末〉，中國人民政協會議四川省成都市委員會文史資料研究委員會編，《成都文史資料選輯》，輯 29，頁 374。

[60] 葉惠芬編輯，《蔣中正總統檔案：事略稿本》（臺北：國史館，2010），冊 46，頁 285。

[61] 葉惠芬編輯，《蔣中正總統檔案：事略稿本》，冊 46，頁 285-286。

漢祥〕以糧食騰貴，乃得意忘形。可嘆！」[62] 由此可見，地方人士很清楚，中央此刻有求於他們，可以挾糧自重，因而洋洋得意。蔣中正面對此羞辱也只能暗藏於心，在 6 月 8 日寫下「敵機日夜轟炸，糧價日漲，而又發此隧道慘案，人心憤激異常，社會隨時可生變亂，可憂孰甚！」[63] 他又表示，「防空隧道之慘劇，與衛立煌受共黨之迷惑，孫哲生為處理其家事，要求赴滬，以及成都土劣軍閥，操縱糧食又要脅等等，打擊余之精神，苦無耐心與毅力。嗚呼！苟無耐心毅力，何能持久抗戰哉？」[64] 他清楚知道，在此刻「糧價」如果不能有效壓制，則「社會隨時可生變」，而實施田賦徵實是否成功？成為關鍵。

田賦徵實如要成功，則中央對「成都土劣軍閥，操縱糧食又要脅」該如何處理？在 1941 年成為糧食管理新執行者的徐堪，以拉攏地方政商名流進入糧食管理體制為解決之道，而劉湘時代的財政廳長劉航琛成為關鍵人物。徐堪在 1941 年 3 月找上劉航琛，表示中央打算取消全國糧食管理局另設糧食部，但現階段根本無糧食可分配，請他幫中央解決問題。劉航琛答應後，由軍委會與行政院共同會銜正式任命為川東南督糧特派員，徐堪並準備一間辦公室與劉航琛一同辦公，顯示對其倚重之意。

由於重慶的民食供應吃緊，蔣中正在 5 月找地方軍人後，又在 6 月約劉航琛至官邸面談。蔣表示重慶每月需要約 1 萬石大米，但倉庫實際存量只有 6 百石，希望一星期內在其家鄉瀘州鄰近地區籌到 7 萬石大米，劉航琛表示沒有問題。蔣又提出希望在一個月內籌到 30 萬石大米，劉再打包票。於是蔣中正要劉航琛立即進行，並問他需要什麼協助？劉航琛表示要大量現款，中央現在必須付現並當面繳清，各地米商才願意賣米。此外，劉航琛請蔣派秘書程懋型（曾任瀘縣縣長）隨行協助，既可代表中央管帳，又具地方關係，蔣中正也答應了。劉到瀘州後找大糧戶與米商，他們要求 1 石為 120 元，劉則將價格定為 125 元，並且先付清再運糧。由於條件優渥，加上政府當面結清，劉航琛預訂到 280 多萬石糧食，政府則先支付三億多法幣。[65] 劉透過這

[62] 黃自進、潘光哲編，《蔣中正總統五記：困勉記（下）》，頁 780。

[63] 黃自進、潘光哲編，《蔣中正總統五記：困勉記（下）》，頁 780-781。

[64] 黃自進、潘光哲編，《蔣中正總統五記：省克記》，頁 192-193。

[65] 沈雲龍、張朋園、劉鳳翰訪問，張朋園、劉鳳翰紀錄，《劉航琛先生訪問紀錄》（臺北：中央研究院近代史研究所，1990），頁 99-102。

種方式，完成蔣中正交付的任務，中央也在 6 月 19 日登載相關消息以安定民心。[66]

劉航琛替中央籌糧，迅速又見成效，國府索性將下半年在四川推動田賦徵實的工作亦交其負責，任命他為四川省糧政局長。劉航琛以四川省糧政局局長的身分，召集各地士紳組成一工作團，一同巡迴各地辦理田賦徵實事務，「因為只有他們的話，地方才肯聽」。劉航琛每到一處，就請隨行的本地籍士紳出面，與當地的糧戶、米商交涉，協調地方支持中央政策，使得徵糧進展順利，三個月內完成了中央的配額，而且還多了近 80 萬石。劉航琛在 1941 年下半年後，先後擔任陪都民食供應處處長、四川省糧政局長、糧食部儲運局局長及糧食部政務次長等要職，可說是總攬陪都重慶與四川的各項糧食業務。[67]

劉航琛將地方有力人士納入體制中，依靠地方人脈關係，並給予許多優待，讓中央能在四川爭到糧食；抱持此種想法者並非只有劉航琛，糧食部長徐勘與四川省主席張羣亦是。四川 1941 年度徵購額度為 1,200 萬市石稻穀（徵收與徵購各佔一半），實際上就是中央與地方人士協商的結果。如按照第三次全國財政會議商議的標準，川省的省縣田賦正附稅總額，以每元折換稻穀兩市斗，則原本的 9,980 萬元轉換為近 1,900 萬市石。辦法一出，引發地方反彈聲浪，認為此舉不僅加重川人負擔，而且額度亦較其他省為多。徐堪為撫平不滿，特別邀川省的財政廳長、建設廳長商議，訂出〈川省三十年徵糧辦法〉，將徵購額度減至 1,200 萬市石。[68] 徐堪重視地方不滿之聲，並立即想辦法補救，但還是有思慮不周之處。在〈川省三十年徵糧辦法〉中，公食補助只到省級公務員一級，張羣看到新辦法後，立即建議徐堪，要將縣級公務員與鄉保人員納入。張羣表示「攤購之穀全賴縣區鄉保人員推動執行，若此穀與彼輩有關，必皆踴躍從事，若不令劃撥，深明大義能有幾人？倘認為自被歧棄，縱不從中撓阻，亦惟敷衍塞責，竊恐礙及購額」。[69] 張羣

---

[66] 〈劉航琛擔任川東南區督糧特派員，供應渝市糧食卅萬石，三個月內可陸續運到〉，《中央日報》（重慶），1941 年 6 月 19 日，第 3 版。

[67] 沈雲龍、張朋園、劉鳳翰訪問，張朋園、劉鳳翰紀錄，《劉航琛先生訪問紀錄》，頁 102-103。

[68] 〈糧食部呈送三十年度川省徵糧辦法等件〉，侯坤宏編，《糧政史料》（臺北：國史館，1990），冊 5，田賦徵實，頁 69-74。

[69] 〈糧食部為民國三十年川省徵糧呈文行政院〉，侯坤宏編，《糧政史料》，冊 5，田賦徵實，頁 74-75。

治理四川，就是想方設法，以利益、位置、人情、名聲、物質等換取地方軍政人物合作，使中央政令能在地方動起來，並減少施政阻力。他提醒徐堪把基層行政人員納入政策受益者中，也是同一施政原則，將國家利益與私人需求結合，如此他們才有願意在基層徵糧，而能讓中央拿到糧食。徐堪也立即採納此建議。

由劉航琛、徐堪、張羣為了田賦徵實能成功，處處以地方為尊，處心積慮協調出其能接受的方案可知，如果不在整體運作的考慮上加入地方利益因素，並將地方各級軍政人員綁在體制中，則中央不僅是田賦徵實，或許任何政務都無法有效推動。此後，1941 年至 1944 年中央審定在四川徵收額度後，省府都會交給參議會審議，參議會大多將中央配額刪減，而省府最終也是遵照議會的版本執行，顯示張羣尊重「地方民情」的態度，也讓中央至少可以拿到一定程度的糧食。[70] 但是如此，也讓許多土豪劣紳，打著為中央承辦徵購事務而趁機牟取私利，因而造成更大的弊端。亦即，中央如沒有防弊的手段，即便拿到糧食，也在社會產生巨大民怨，而成為侵蝕中央威信的來源。

伍、退讓或嚴懲：國府處理吳肇章囤積案的角力

一、中央破獲吳肇章等囤積案

《大公報》（重慶）在 1941 年 12 月 5 日刊載了一則振奮人心的消息，國府行政院經濟會議的成都經濟檢查隊，在成都地區大規模逮捕囤積居奇的商人，並查獲大量不法物資。[71] 一時之間朝野讚譽有加，中共的《重慶新華日報》在〈短評〉中說國府「的確是做了些事」，但也希望在重慶比照辦理。[72] 由中共的評論，可以看出當時國府一方面必須妥協，將糧食管理事項交由地方權貴辦理；另一方面，一般人因為徵糧造成生活問題而怨聲載道，[73] 國府又不能不顧，不然勢必將危及國府的統治基礎。因此，中央在此刻打擊囤積

70 許秀孟，〈抗戰時期省級民意機構的建立：以四川省臨時參議會為例的討論 1939–1945〉，頁 56-59。

71 〈制裁囤積居奇：成都一帶逮捕不法商人多名，經濟會議決依法嚴辦〉，《大公報》（重慶），1941 年 12 月 5 日，第 2 版。

72 〈短評〉，《重慶新華日報》，1941 年 12 月 5 日，第 2 版。

73 〔日〕笹川裕史、奥村哲，《銃後の中国社会：日中戦争下の総動員と農村》，頁 21-62。

奸商，不僅回應社會各界的質疑，也再度宣示嚴懲囤積不法並非空包彈。

蔣中正在 1941 年一方面對地方採取妥協策略，另一方面則開始進一步強化經濟管理架構。國防最高委員會在 1941 年 3 月於行政院設立經濟會議，成為經濟管理的專責機構；並將原先隸屬物價審查委員會的經濟檢查隊，移至經濟會議指揮調度，在地方執行經濟檢察工作，打擊不法行為。故此，經濟會議不但可協調與整合各行政機構運作，並擁有獨立的經濟警察權，能夠直接深入地方，整頓當地的經濟活動。國府除設立經濟會議為指揮管理中心，並通過一系列法令賦予軍法機關審判違反經濟管制案件之權，以強化對社會壓制力。國府在 1941 年 10 月進一步將平價工作交由經濟會議總理，而糧食部、經濟部、社會部及各地行政機關，分別負擔糧價、工礦產品、工資與一般民生必需品的價格管制。[74] 由此看來，國府設置經濟會議為主管機關，並建構了一張井然有序的法網，擁有自己的經濟警察權，配上軍法機關為後盾；顯示蔣中正解決經濟困局是採取兩手準備策略，一方面為瞭解決當下困境，必須「逆來順受」，暫時與地方實力派妥協，順應他們的要求給予實質利益；另外，強化經濟管理機制，而在糧食籌措充裕後，選擇適當時機出擊，與地方實力派進行下一階段博奕，重新掌握主導權。

國府逮捕行動實際發生時間為 1941 年 11 月 24 日。成都經濟檢查隊早已在成都地區，包含成都、郫縣、新都等縣展開秘密調查數月，到 11 月 24 日在地方官員及軍警配合下，大規模逮捕成都等地的豪紳及搜查商號、銀行等，並查封大小私人倉庫。被逮捕者分別為官員、銀行經理、商人，乃藉由經手民食採購趁機大量囤積大米及其他重要物資者。[75] 由此可見，蔣中正一直在暗中布局，以便在適當時機出擊，宣示中央底線。涉案人員幾乎都具「官吏」、「巨商」、「銀行經理」身分，例如主嫌之一的吳肇章，身分即兼具官吏、縣立銀行經理、私人銀行地區主管及倉棧業主；可見國府推動田賦徵實，引入地方權貴參與，開啟他們趁機牟利的契機。若仔細分析涉案的人員與機構，多半與劉航琛有關，例如報導中提到的川鹽銀行、川康平民商業銀

[74] 〈平價機構權責：規定部門之劃分，經濟會議為最高機關〉，《重慶國民公報》，1941 年 10 月 1 日，版次不詳。

[75] 〈制裁囤積居奇：成都一帶逮捕不法商人多名，經濟會議決依法嚴辦〉，《大公報》（重慶），1941 年 12 月 5 日，第 2 版。

行皆為其產業，吳肇章也是其業下的基層主管。劉航琛在為國服務之餘，一方面將個人生意帶入糧政事務中，藉此享受田賦徵實帶來的龐大利益；但也因無法獨佔，必須拉攏各地豪強配合。他如工程總包商一般，將「工程」層層發包下去，吸收各層級的菁英一同參與，例如吳肇章、陳仲虞等地方人士，並及福川銀號、新都縣銀行、永豐和銀號等地方金融機構，被納入利益分配體系中，形成一榮俱榮、一損俱損的共生結構。

劉航琛如此而為，與張羣將基層公務員納入徵糧體制有異曲同工之妙，也顯示國府要動員基層農村資源，單靠各級行政體系，包含省級、縣級、鄉鎮與底層保甲人員，實際上是不足的；必須將體制外的社會菁英，諸如縣、鄉鎮的袍哥大爺、鄉紳、商人、地主等一併納入，並以利益、人情、關係等方式，將上、中、下各層級菁英，原本各自為政、自成一體的大大小小勢力，整合成一個不具強制力的利益結盟，方有可能打通各方面關節，獲得需要的資源。唯有如此，才能夠把糧食由農村運到城市中；各層級的地方豪紳在劉航琛帶領下，紛紛地與徵購事務掛勾，打著公家旗號更肆無忌憚的囤積各項物資。因此，成都經濟檢查隊的行動，正是要警告地方豪強，也為補救田賦徵實推動後在地方造成的惡劣影響，避免危害到政策的正當性。

吳肇章在新都是以袍哥起家的基層豪紳，在 1933 年前後開始經營大米生意，先建立大美倉庫、毗河倉庫以囤積糧食，並操作倉飛以便投機獲利。[76] 到 1940 年後，中央因糧價上漲，導致軍糧採購不易，吳肇章看到機會來臨，透過冷開泰結識劉航琛，並與中央大員搭上線，得以出任川康平民銀行新都辦事處主任及川省第一區民食供應處顧問等職，獲得參與政府採購糧食業務的機會。[77] 至於另一個涉案人陳仲虞，則擔任川鹽銀行郫縣辦事處主任，其叔叔陳國棟為省參議員，在郫縣深具影響力。陳國棟早年出身軍旅，曾被劉湘任命為四川鹽運使，1927 年辭官定居成都成立福川銀行，為地方的大豪

---

[76] 倉飛，為倉單的俗稱，據《中華百科全書（典藏版）》的定義，「為倉庫營業人因寄託人之請求，由倉單簿填發之有價證券。其作用一方面在證明寄託物（即受寄物）之有堆藏及保管關係，一方面亦為便於寄託人之處分寄託物」。參見〈倉單〉，《中華百科全書（典藏版）》，http://ap6.pccu.edu.tw/Encyclopedia/data.asp?id=5634。（2014 年 3 月 10 日檢索）

[77] 蘇劍威，〈蔣介石槍斃吳肇章原因何在？〉，收入中國人民政協會議四川省成都市委員會文史資料研究委員會編，《新都文史資料》（1984），輯 1，頁 147-149。

紳。陳國棟在 1940 年成為參議員，是劉文輝的代言人。[78] 陳國棟兼具地方軍人、鉅賈、豪紳、參議員等多重身分，為地方特權階級代表人物；成都經濟檢查隊逮捕陳仲虞、葉柳溪，無疑是觸動了地方實力派的敏感神經。

對中央而言，此次逮捕行動背後隱含多重政治意義，較槍決楊全宇更為關鍵。楊全宇雖曾任地方要員，畢竟是中央與地方政壇的邊緣人物，蔣中正意圖以楊全宇達到殺雞儆猴之效，對地方實力派而言，嚇阻效果不大。隨著時勢變化，蔣中正必須忍氣吞聲向地方低頭，而地方特權人物在張羣、徐堪、劉航琛護航下，紛紛參與糧政事務之中，囤積居奇者非但沒被嚴懲，反而佔據各項要職，並以此掩護私人牟利，槍決楊全宇成為一大諷刺，而民眾眼裡亦質疑國府整頓不法的能力與決心。這次的逮捕行動，無論是人數或者查封物數量，都遠比楊全宇案多，雖然吳肇章、陳仲虞等僅是涵蓋各方勢力的龐大利益網的小人物，也算是間接向地方軍人示威，展現中央試圖壓制地方的決心。因此這次成敗，與強制管理是否能持續下去，具相當關鍵性。

中央按照此案囤積物性質，分別交由成都行轅、地方縣府、財政部、經濟部等調查。國府似乎做好準備，有各項辦法應付地方反擊，並達到伸張中央控制力的目的，但實情真是如此？此案的主管機關，分別是張羣的成都行轅、地方縣長與孔祥熙的財政部。張羣能安於省主席之位，正因對地方實力派備極禮遇，現要他鐵面無私處置吳肇章、陳仲虞，無疑是與地方權貴走向對立面，如此則 1938 年的地方軍人反中央政潮再現，不是沒有可能。而基層縣長要懲辦囤積日用品的地方豪紳，也是難度極大。以新都縣為例，因曾發生縣長被吳肇章等豪紳趕走一事，[79] 新任縣長到任後立即加入袍哥，以示尊重地方，[80] 期望縣長嚴格執法等同緣木求魚。至於孔祥熙與劉航琛關係密切，要財政部嚴查川鹽、川康平民銀行的帳目，實際操作可能有一定難度。事情因背後牽涉面太廣，除地方實力派，中央大員亦牽扯在內，這是蔣中正沒有計算在內的變數。換言之，此案最大的阻礙，是來自於地方實力派與中央權貴之間千絲萬縷的關係，並反映在後續處理之上。

[78] 四川省郫縣志編纂委員會編纂，《郫縣志》，頁 756-757。

[79] 王化雲，〈新都事變始末〉，《新都文史資料》（1984），輯 1，頁 113-125。

[80] 四川省新都縣志編纂委員會編，《新都縣志》（成都：四川人民出版社，1994），頁 900。

二、成都行轅處理階段（1941.11.24–1942.03）

蔣中正對後續處置，原則為速審速決以達到嚴懲不法目的，但下面各級機關，則是能拖就拖、能避就避。以郫縣為例，縣府在 1942 年 12 月 26 日，寫了一份〈成都經檢隊在郫縣查封米糧案奉令辦理經過情形報告〉，呈給軍法執行總監部，說明案發一年多的處理情形。縣府在報告中指出，成都經濟檢查隊在 1941 年 11 月 24 日就將陳仲虞、葉柳溪押至成都行轅拘禁，並查封川鹽、福川倉棧及其他私倉後，省府、縣府就沒有後續動作。省府在 12 月 5 日才派軍法官到郫縣，將涉案銀行的相關帳冊帶走，並陸續傳訊涉案人到成都審訊。也就是說，省府拖了十幾天才展開蒐證與審訊，而給予涉案人員與背後的相關人士，相當充足的時間可以擬定因應之道。

郫縣縣府在 1942 年 1 月 7 日接到省府轉來中央電令，蔣中正要求「限一星期內處決，非嚴懲不可」。但縣府僅在七天後（1 月 14 日）上電文至省府，表示「縣府無案可稽。可否即請行轅懲辦，以昭鄭重」。省府在 15 天後（1 月 29 日）回覆縣府，表示囤積糧食部分，由成都行轅辦理，至於囤積重要日用品及地方金融機構違法部分，依照行政院指示是由縣政府負責；而行轅處理完畢後，會將其餘部分移交縣府處理。省府到 2 月 24 日再發指示至郫縣縣府，表示行轅對囤積糧食案件「正在擬判中」，等到判決確定後，縣府就可以依照相關法令，處理其餘違法部分。[81] 縣府藉此向上級表示，在 1941 年 3 月以前都是省府在處理，縣府沒有參與其中，而在行轅沒有做出判決前，縣府也無法對其他性質的違法事件做實質審理。亦即，縣府不是有意違背蔣中正指示，而是實際運作上有諸多侷限，縣府必須遵照體制運作，而非刻意違背。

由郫縣縣府報告可知，蔣中正的指示與體制實際落實有很大落差。郫縣縣府的處理相當消極與被動，一切都是依照上級指示辦理，將所有的事情推到省府身上。由此也反映出，基層政府根本不想得罪巨室，如非成都經濟檢查隊主動出擊，郫縣縣長對境內囤積居奇情況會保持視而不見。事情爆發後，縣府又必須回應最高層的要求，只好透過公文往返將問題往上推，並一再強調縣府不是有意拖延，遲遲沒有行動的原因在於省府，不是自己消極敷

---

[81] 〈成都經檢隊在郫縣查封米糧案奉令辦理經過情形報告〉，檔案管理局藏，《國防部》，檔號 A305000000C/0031/1573.35/26433800，「吳肇章等違反糧食管理案」。

衍，可說是在夾縫求生存。此外，省府也是同樣態度。省府在 1941 年 12 月 5 日展開審訊後，糧食囤積一案直到 1942 年 3 月沒有任何結果出現。蔣中正要求在一星期內結案，郫縣將問題踢回成都後，省府也是一拖再拖，沒有遵照指示辦理，也等於是告訴蔣中正，張羣也有自己的考量。張羣自吳肇章等人被捕後，就面對來自各方的人情關說，如袍哥要角冷開泰、侯少煊以及軍方鄧錫侯、潘文華等，希望他能為吳肇章脫罪。[82] 張羣為維護地方政局穩定必須謹慎處理，結果要讓各方面接受並非易事。故此，省府與縣府雙方以公文往返，一方面向重慶交代，表示案件正在處理，不是毫無進展；另外，希望以時間冷卻外界關注，讓其緩緩地自公眾印象消失，並協商出一項各方勢力都能接受的方案，等待適當時機「正式宣判」。張羣、郫縣府想以拖待變，但沒料到蔣中正對此案的關注與堅持嚴辦的決心超乎想像，以致將事情圓滿落幕之目的沒有達成。

蔣中正對地方官員推托與外界批評政府處置過慢，已從別的管道知悉，戴笠在 1942 年 1 月 3 日即將相關訊息向蔣中正反應。戴笠在報告中先大力讚揚蔣中正處置英明，說自一個多月前的逮捕行動後，重慶、成都的物價大跌，「是乃遵照鈞座指示檢察巨大囤戶之效，尤其成都方面，自郫縣川鹽銀行、福川銀行，及新都吳肇章等案舉發後，市場為之蕭然，人心大為振奮，而輿論之擁戴，民眾之同情，均可於各種報章雜誌之評論與呼聲中窺見其熱烈情緒之一斑」，而由「成都糧價由七百餘圓降至五百餘圓，更具體表現人為之操縱，固未嘗不可以人力加以排除也」。由此可知，蔣中正實為吳肇章案後的主導者，而嚴懲囤積確實有一定效果。但是，戴笠接著表示，現在案子已拖了一個多月無結果，又因「觸及權貴，與所謂特殊勢力，反動至為劇烈」，外界已在流傳「政府並無處置之決心，封存之貨行將啟封，拘押之人亦將開釋」，也因為政府處置不明，物價又再度上揚，不免有功虧一簣之憾。

戴笠提醒蔣中正，「查而不辦，無異打草驚蛇；辦而不嚴，亦不足以儆一儆百。蓋非徒不能解決問題，且適以增張囂勢也」。換言之，中央既然已出重手，就要堅持下去，絕不能中途縮手，不然只會讓外界認定國府外強中乾，嚴重影響中央威信。戴笠認為吳肇章案一定要辦下去，且「若不依法處以極刑」，「則非特政府威信難以維持，糧食問題亦必無法解決」。戴笠強

[82] 蘇劍威，〈蔣介石槍斃吳肇章原因何在？〉，《新都文史資料》，輯 1，頁 149。

調中央之前辦楊全宇「人心大快，功效大見」，而此案不論是情節或者囤積量，都較楊案嚴重，「若任其拖延或甚至不了了之，則兩兩相較不平立見，而經濟政策之推行必大受打擊」。戴笠提供兩點建議供蔣中正參考：第一，「擬請鈞座手令主辦機關限期按律懲處」；第二，「若成都行轅與川康行署因地方關係有所不便，以不妨移送軍法執行總監部辦理」。[83] 換言之，戴笠建議蔣中正可兩手準備，如地方軍政機關，能貫徹蔣中正意志，做到「限期按律懲處」，是最佳情況；如果不能，則中央全面接管該案，以便能落實「按律懲處」的目的。

由戴笠的建議，可以看出中央控制四川的困局。首先，地方大員為穩住政局，傾向以協商、妥協處理事務，讓政通人和。蔣中正往往必須透過「手令」施壓，[84] 直接要求下屬執行，反映出中央要在地方遂行其意志並不容易。再者，中央在制訂如〈非常時期違反糧食管理治罪暫行條例〉時，特別將審判權交予有軍法權的軍事機關，以加重強制性與嚇阻力，但從中央到地方擁有軍法權的機關眾多，中央並不能獨佔此一權力。因此，無論是成都行轅或是川康綏靖公署，對於吳肇章都有審判權，川康公署為川軍勢力，自然不會「限期按律懲處」；而成都行轅主任為張羣，理應屬於中央陣營，也同樣有「地方關係」的考量，則國府對四川控制的侷限，由此可略見端倪。

蔣中正在戴笠的建議之下，先於 1 月 7 日對地方各級主管機關下達「限一星期內處決，非嚴懲不可」指示，沒料到「地方關係」壓過其最高指示；郫縣縣府表示「無案可稽」，而行轅也是一拖再拖，導致「限期按律懲處」無法落實。地方主管做不到「限期」結案，期望他們「嚴懲」則是更不可能。成都行轅在經數月拖延後，終於判吳肇章 15 年徒刑，陳仲虞 9 年，與蔣中正預期差距太大，證明成都行轅確實顧忌「地方關係」。蔣中正遂依戴笠第二項建議，在 1942 年 3 月下令將吳肇章等人移送重慶的軍法執行總監部複審，希望中央軍法機關可以判出令他滿意的結果。但無論是蔣中正或戴笠，都把事情想的太簡單，把人送到重慶由中央軍法機構審理，就能夠避開「特

[83] 〈戴笠呈蔣中正擬請手令主辦機關嚴懲吳肇章等囤積大宗糧食案與擴充經濟檢察組織注意解決民食及加強控制四川軍事〉，國史館藏，《蔣中正總統文物》，檔號 002-080103-00050-010，「特交檔案／分類資料／中日戰爭／全面抗戰（十七）」。

[84] 關於蔣中正的「手令」研究，參閱張瑞德，〈遙制：蔣介石手令研究〉，《近代史研究》，2005 年第 5 期，頁 27-49。

殊勢力」與「地方關係」的阻擾，達到嚴懲目的？此案最特殊的地方，在於吳肇章案牽連甚廣，除地方幫會頭子、軍人外，還有中央權貴如孔祥熙、劉航琛等人，何成濬承受的人情壓力不比張羣輕。此時，關鍵在何成濬能否秉持蔣中正意志，將吳肇章處以極刑？

三、軍法執行總監處理階段（1942.03–1942.11）

（一）郫縣群眾事件

蔣中正在 1941 年 12 月即下令將查封米糧運往成都以廉價出售。成都行轅一直不執行，等到吳肇章案宣判確定，方開始著手籌備相關事宜。成都的《新新新聞》1942 年 3 月 19 日突然刊載一則新聞，表示郫縣被查封的米糧，政府已下令交由四川民食第一供應處以平價販售，所得金額則暫存於銀行，等到相關案件全部完結再處理。該報導在郫縣引起騷動，許多人對政府如何處理非常關心。為何此訊息會引起地方民眾關注？原因是福川銀號董事長、省參議員陳國棟，已先暗中將被封存的大米分批製成倉單，並以廉價出售給許多小戶，購下倉單的民眾等於擁有這批查封物的所有權，因此政府要販售查封物，也等於自己的權益受損，自然會關注事態的發展。消息見報後，陳國棟秘密地由成都回到郫縣，指示郫縣商會主席朱國華召集收購倉單的眾多小散戶，商議後續的行動步驟。[85] 在消息見報的第二天，大約三百人左右聚集在川鹽、福川的倉棧，要求交還實物，直到傍晚經縣府人員勸說才散去。縣府知道事態嚴重，在 3 月 21 日立即發電文向成都請示。

朱國華在 3 月 23 日上午 9 點又組織三百多人到縣府前示威，而糧食業公會主席呂敬廷、郫筒鎮（縣治）鎮長朱蓄涵參雜其中，亦有數十名攜帶短槍的幫會分子，並挾持川鹽、福川新派任經理黃仲至、鄭學周。他們提出縣府管押黃、鄭二人，交出川鹽、福川的倉棧鑰匙，以及政府在未提出明確辦法前，不能將查封物運到成都販售等多項要求。成都行轅、成都經濟檢查隊、省糧政局、民食第一供應處等機構，也正好於當天派員至縣府商議相關事務。省方官員與縣府官吏商議後，認為政府既定事務不可因此變更，但要

[85] 〈密件：擬具處置意見書函請迅辦〉，檔案管理局藏，《國防部》，檔號 A305000000C/0031/1573.35/26433800，「吳肇章等違反糧食管理案」。

跟示威群眾好好說明。因此縣府召集示威代表溝通，請他們遵守法令不要滋事，而有些示威代表如朱國華已到成都請願，只有呂敬廷、朱蓄涵到場。

3月24日朱蓄涵先在商會召集示威代表協商，隨後轉往縣府及國民黨縣黨部請願。各方人馬與縣黨部書記長、三青團組織員協調，決定在次日下午3點召集相關單位及法人團體，與購買倉單的小散戶代表，共同商議解決辦法。協商會議在3月25日召開時，朱國華也結束「請願」，從成都返回郫縣並出席會議。朱國華在會中拿出四川省糧政局局長康心如的便函，表示存戶如能提出證明，在川鹽、福川的查封大米，是屬於「糧戶收租之米」、「正當商人合法經營之米」、「僅供食米之用者」，則政府會呈報上級發還。換言之，陳國棟拉攏原本無關的小糧戶並發動群眾抗爭活動，使省府有所顧忌，為了穩固秩序不得不退讓，做出違背中央政令，轉向照顧地方利益的舉動。[86]

此外，陳國棟不只在郫縣製造群眾事件，又指示朱國華利用去省府請願的機會，沿途秘密聯絡各地袍哥，並以金錢收買「貧民」，準備組成武裝，一旦行轅堅持依照預訂計畫將查封糧食運到成都，預備在途中以武力把物資奪回來。[87]行政院經濟會議秘書長賀耀組由成都經濟檢查隊隊長廖宗澤處，得知陳國棟與其黨羽在幕後與幕前的各種策劃與行動，將情況報告蔣中正，建議下令成都行轅將陳國棟、朱國華二人也押送到重慶，交由軍法執行總監一併審判，並處以死刑以儆效尤。蔣中正瞭解情況後，除了發電令到成都，要張羣將陳國棟、朱國華逮捕，押送到重慶審判，另外4月25日將此案外案發電告知何成濬，要軍法執行總監部一併處理。[88]

張羣對蔣中正的指令非但未遵照辦理，反而一直拖延不處理。何成濬到7月8日，擬了一封電文給張羣，表示從蔣中正要求將陳國棟押到重慶受審後，至今沒有任何消息，以致軍法執行總監部無法進一步處理，希望張羣告知何時能將人送過來。[89]軍法執行總監部在8月17日接到成都行轅來電，張

[86] 〈成都經檢隊在郫縣查封米糧案奉令辦理經過情形報告〉，檔案管理局藏，《國防部》，檔號A305000000C/0031/1573.35/26433800，「吳肇章等違反糧食管理案」。

[87] 〈密件：擬具處置意見書函請迅辦〉，檔案管理局藏，《國防部》，檔號A305000000C/0031/1573.35/26433800，「吳肇章等違反糧食管理案」。

[88] 〈陳國棟、朱國華解渝與吳肇章陳仲虞案併訊嚴辦電〉，檔案管理局藏，《國防部》，檔號A305000000C/0031/1573.35/26433800，「吳肇章等違反糧食管理案」。

[89] 〈為電請將陳國棟等囤積食居奇一案解部併辦由〉，檔案管理局藏，《國防部》，檔號A305000000C/0031/1573.35/26433800，「吳肇章等違反糧食管理案」。

羣在電文中表示，有關押送陳國棟至重慶一事已解決，何成濬不用再過問此事。並說明已先發電文給蔣中正，報告他數月以來調查郫縣群眾事件的「真相」。張羣說有關陳國棟、朱國華意圖鼓動群眾抗議風潮，經「詳加調查尚無事實證據」，一切都是空穴來風或者是有人刻意造謠。經過張羣詳細調查，去年查封的川鹽、福川的糧食，涉嫌存戶「雖不乏囤積居奇者，但考察結果亦有多數存戶」是無辜的，「而經濟檢查隊未予分別處理，一律予以查封」，反而損害大多無辜者權益，甚至影響到生計。亦即政府打擊囤積居奇，反而成為擾民。張羣表示，已指示郫縣政府持續「偵察」朱國華，找到他鼓動風潮的實據，而陳國棟現為省參議員及成都市錢業公會主席，又歷任高級軍職，既然查無實據，請蔣中正免予逮捕。張羣力保陳國棟，蔣中正別無他法，只能批示「據稱既未查獲實証，可暫免予逮解」，[90] 使陳國棟在成都依舊穩如泰山。

（二）葉柳溪死亡

張羣採取「拖」字訣，最後以查無實據幫陳國棟開脫，何成濬何嘗不是如此？吳肇章、陳仲虞、葉柳溪三人在 3 月時已押送到重慶，軍法執行總監部一直到 7 月 25 日才正式提審。由此可見，何成濬辦理此案並不積極，深知此案背後牽涉層面過廣，如果沒有掌握好，可能會將自己捲入風暴之中。

軍法執行總監部的軍法官，在 7 月 25 日正式審訊吳肇章等人前，已先發生一件離奇事件，嫌犯之一的葉柳溪在 6 月 27 日因突發性急病，7 月 3 日死在押所。葉柳溪身為福川銀號營業主任，經手各項實際事務，對於陳國棟、陳仲虞等如何進行不法行為及實際囤積數量應有相當的瞭解，軍法執行總監部如要認真辦理此案，是極佳的突破點。但沒想到，葉柳溪自 1941 年 11 月底被逮捕後一直沒有任何狀況，移送到重慶至 6 月底居然因急病身亡。看守所在 7 月 3 日向上級呈報，表示葉柳溪在 6 月 27 日「突生急病，人事不知」，經過醫療人員診斷後認為是神經麻痺，俗稱偏中風引起，結果因為病況沉重在 7 月 3 日死亡。由於葉柳溪為重大罪犯，在看守所暴病身亡，看守所負責人連忙報告軍法執行總監部審判組，請求派員至看守所勘驗。審判組接獲報告後，在當天立即派書記官王志仁前往檢驗。王志仁到看守所看過

---

[90] 〈代電復請查照核辦為要弟張羣厌法孝附抄蓉轅法字第一一四二號代電〉，檔案管理局藏，《國防部》，檔號 A305000000C/0031/1573.35/26433800，「吳肇章等違反糧食管理案」。

葉柳溪的遺體後，寫下「面呈黃色，兩手彎曲，雙足伸直，口張齒露，兩眼緊閉，委係生前患病死亡，餘無別故」等語，[91] 其敘述基本上是對遺體外觀的描述，如果能進行遺體解剖，也許可追查出其他的死因，但上級接獲王志仁的報告後，也接受了此觀點。

軍法執行總監部對葉柳溪之死既已下定論，其後問題為是否應該告知蔣中正？審判組組長賈煥臣在 7 月 8 日上簽呈徵詢何成濬的意見，何批了「可」。軍法執行總監部在 7 月 13 日上簽呈給蔣中正，說明葉柳溪因神經麻痺而身亡，請示能否通知家屬領回遺體。蔣中正在 7 月 24 日看過後，也批了「可」，沒有其他表示。對葉柳溪急病身死，最高領袖既然沒有表示異議，也沒有人會再去質疑是否有其他的可能性。葉柳溪的死亡，對各方勢力而言，是一個極為有利的結果。外面要營救吳肇章、陳仲虞的人，不必擔心葉柳溪在審訊過程透露太多不為人知的情節，使得案情可以控制在一定的範圍內，不會趨向複雜與擴大化。而且吳肇章、陳仲虞等在應訊時，可以將事情推到葉柳溪身上，以不清楚實際情況為由，將自己的罪刑減到最低。何成濬也可以將案情限制在吳肇章、陳仲虞之上，避免將更多人牽扯入其中，而使得自己吃力不討好。

陳國棟敢私賣倉單、在郫縣鼓動群眾行動，加上葉柳溪突然身亡，對蔣中正是一警訊。張羣處處維護陳國棟，無疑地增加地方權貴的氣焰，而葉柳溪在重慶的看守所死得不明不白，由上而下沒人認真追查是否另有隱情，只想趕快結案了事。兩個事件，一發生在地方，一出現於中央，正告訴蔣中正：國府對於大局的掌握，無論在地方或者是中央都存在著問題。

（三）國家總動員會議的建議

吳肇章、陳仲虞在1941年11月底被逮捕後，中間經由成都押解到重慶，改由中央軍法機關審理，拖延到 1942 年 7 月，不但沒有任何審判結果；在郫縣被查封的大量囤積物也在經張羣「詳加調查」後，表示其中大多屬於守法的一般存戶所有，反而指責成都經濟檢查隊執法輕率。事件演變至今，外界流傳「政府並無處置之決心，封存之貨行將啟封，拘押之人亦將開釋」的

[91] 〈檢驗押犯葉柳溪屍體報告〉，檔案管理局藏，《國防部》，檔號 A305000000C/0031/1573.35/26433800，「吳肇章等違反糧食管理案」。

說法，似乎一一得到對證。吳肇章、陳仲虞的判決結果，已成為蔣中正抵擋「特殊勢力」的最後一道防線。

中央負責經濟管理的行政院經濟會議，因國府在 1942 年 5 月正式實施《國家總動員法》，於 6 月更名為國家總動員會議，成為經濟管理的主管機關。[92] 至此時，「經濟管理」已成為抗戰後期的重要國策，而吳肇章案的重要性也隨著增加，國府如果辦不下去，怎能讓社會相信「總動員」可以做出具體成果？國家總動員會議在 7 月 10 日發函給軍法執行總監部，清楚指出吳肇章一案，拖延過久引起輿論懷疑，「影響國家動員綦鉅」，希望能夠迅速判決，以宣示政府威信及順應輿論。國家總動員會議表示，成都行轅的吳肇章案判決書正本，早已轉發至軍法執行總監部，本不應發函關切。但是，成都經濟檢察隊呈報資訊「確屬寔情」，「且其經過事寔，本會議較為明瞭，深感被告等確屬罪無可逭」，而成都行轅判決，「似有未能盡情盡寔處」。故國家總動員會議，針對如何判決吳肇章等人寫了一份意見書，提供軍法執行總監部參考，藉提醒何成濬要體察上意，做出「合法之裁判」。

國家動員會議在意見書中，對成都行轅原判決理由一一駁斥。成都行轅認為吳肇章僅是一普通商人，依照《非常時期違反糧食管理治罪暫行條例》第四條第二項規定，「穀三千市石以上五千市石未滿，或小麥一千八百市石以上三千市石未滿者，處無期徒刑，或十年以上有期徒刑」，[93] 而判吳肇章 15 年刑期。國家總動員會議指出，吳肇章為官商合辦的新都縣銀行副經理，又兼任四川民食第一供應處顧問，依法已具「公務人員」身分，按照同條例第八條，[94] 加上其他相關法律規定，「應處死刑」，但「原判僅照普通商人擬處，殊欠允當」。國家總動員會議對陳仲虞被判 12 年，則說「原判所處，尚無不合」。但是成都行轅在判刑時，沒有將陳仲虞的身分與職務一併列入考量，則是一大缺失。國家總動員會議認為，陳仲虞利用職權從事非法囤積，理應引用其他相關法條加重處刑，成都行轅僅就私人行為處刑，至於職權謀

---

[92] Hans J. van de Ven, *War and Nationalism in China, 1925–1945* (London; New York: RoutledgeCurzon, 2003), pp. 279-281.

[93] 《非常時期違反糧食管理治罪暫行條例》（1941 年 5 月 12 日公布），侯坤宏編，《糧政史料》冊 4，糧食管理．物價與糧價，頁 68。

[94] 《非常時期違反糧食管理治罪暫行條例》（1941 年 5 月 12 日公布），侯坤宏編，《糧政史料》冊 4，糧食管理．物價與糧價，頁 70。

私部分，則歸為「銀行本身責任」，也就是銀行負擔主要責任，藉此減輕陳仲虞的個人罪刑。國家總動員會議認為此舉不可取，表示「蓋抗戰以來，多餘資金，均集中於銀行、公司、行號、地主之手，至集中原因，又多係囤積居奇操作市場所致，倘不殺一而儆百，則經濟政策，無由寔施」，而「原判以銀行本身責任六字，輕輕移轉管轄，揆諸法理，未敢苟同」。

因外界尚未得知葉柳溪7月3日在看守所死亡一事，在意見書也建議如何處置葉柳溪、陳國棟。國家總動員會議認為成都行轅審判葉柳溪發生的錯誤，與陳仲虞部分一樣，就是以「幫助犯論處，置該被告本身責任於度外」，甚至「置該經理鄭學洲而不問」。也就是，成都行轅不僅刻意為其減罪，並將案情限縮在已被逮的人上，沒有進一步挖出可能涉案者，因此郫縣福川銀行經理一直高枕無憂，而更高層的劉航琛更不必擔心被傳訊。至於陳國棟、朱國華兩人私下販賣倉單，並刻意製造郫縣民眾請願風潮，以及意圖武裝劫糧，國家總動員會議希望能「併案分別論處，以彰法紀，而遏刁風」。

國家總動員會議在意見書最後，寫下「本案原判決，不獨未盡偵察之能事，而故意避重就輕，以形諸言外」。[95] 換言之，國家總動員會議不認同成都行轅的原判，並特別將如何處置一一具體陳列，正要提醒何成濬最好能按之辦理。換言之，在蔣中正心中此案不是單純的囤積居奇案，而攸關國家總動員是否能成功施行及政府威信能否維繫。蔣中正鑑於成都行轅的處理，對下級機關的信心已發生動搖，也讓他質疑何成濬能否辦出合其心意的結果，因此要國家總動員會議發函給軍法執行總監部，以免事情的結果超出預期。

（四）正式審理與宣判

在上級一再催促下，軍法執行總監部終於在7月25日提訊吳肇章、陳仲虞。兩人在接受審訊時，一一否認各項指控。陳仲虞說郫縣川鹽銀行辦事處倉庫的存米都是政府公米，且是按銀行董事長劉航琛指示，郫縣縣長也知情，只是「沒有用公事呈報」。審問官追問：「總行回信可以呈閱否？」暗示陳仲虞，可以由總行發函證明他所言一切屬實。另外，陳仲虞將自己倉庫的囤米，推說是張姓、李姓「鄉下人」放的，至於實際情形如何，全都是葉柳溪經手，他不清楚實際情況。審訊官問他，「你為何不自己辦理，而托葉

---

[95] 〈吳肇章違反囤積糧食案處理意見書〉，檔案管理局藏，《國防部》，檔號A305000000C/0031/1573.35/26433800，「吳肇章等違反糧食管理案」。

柳溪辦理呢？」陳仲虞說：「因我不明辦理手續，故托葉柳溪代為經理」。很明顯地，將事情推給死人，以撇清自己的責任。吳肇章在審訊時，也如陳仲虞一般，將事情推的一乾二淨。吳肇章表示，森聚倉庫的米大多是四川民食第一供應處存放，另有少部分是「老佰姓」的，完全沒有自己的米。審問官問他，是否有公文證明所言屬實？吳肇章則說，是民食處官員口頭跟我說的，我就照辦，沒有任何文件證明。審問官又問他，老佰姓存放的部分實際情況如何？吳肇章推說，是下面職員經手，他不清楚。審問官最後他：「你倉庫既租給民食供應處，為何還存放老佰姓的米呢？」吳回答：「是管倉庫人經手，我不知道」。[96]

軍法執行總監部審問組審訊後，就要進入結案宣判，國家總動員會議在 7 月 29 日，又將成都經濟檢查隊關於吳肇章囤積案的報告轉給軍法執行總監部，再度加強壓力。但何成濬還是持續拖延。到最後賀耀組在 9 月 21 日將蔣中正的手令發給何成濬。蔣在手令寫下「吳紹〔肇〕章案有否遵令嚴辦，希速查復」，[97] 何成濬知道不能再拖下去，又深感為難，在當天在日記寫下：

> 此案成都行轅原判徒刑十五年，委座謂為太輕，令解本部再訊。本部審判組以吳無公務員身份，行轅判十五年，已較其罪情為重，再減輕，則違背委座意旨，加重又於法理不合，頗以為難，故遲遲未決定，今委座既如此注意，本部審判組之主張，恐終不能邀允也。[98]

何成濬至今難以下決定，因來自兩方面的壓力。自吳肇章被移往重慶後，外界營救層級即提升到中央大員之列。吳肇章的結拜兄弟冷開泰，當時擔任西南糖業菸酒專賣局局長，其上司為孔祥熙。吳的家人透過冷開泰，請孔祥熙出面向蔣中正求情，另外又以重金買通侍從室副官，試圖從旁說情。[99] 由此可知，除地方軍人外，包含皇親國戚與蔣中正身旁隨從，各方人情壓力紛紛到來；而蔣中正又希望嚴辦，在雙方都不想得罪的情況下，何成濬只好能拖

---

[96] 〈訊問筆錄：軍法執行總監部為陳仲虞等囤集案〉，檔案管理局藏，《國防部》，檔號 A305000000C/0031/1573.35/26433800，「吳肇章等違反糧食管理案」。

[97] 〈抄委員長機秘（甲）第 6905 號手令〉，檔案管理局藏，《國防部》，檔號 A305000000C/0031/1573.35/26433800，「吳肇章等違反糧食管理案」。

[98] 何成濬著，何慶華藏，沈雲龍校註，傳記文學雜誌社編輯，《何成濬將軍戰時日記》（臺北：傳記文學出版社，1986），上冊，頁 163。

[99] 蘇劍威，〈蔣介石槍斃吳肇章原因何在？〉，《新都文史資料》，輯 1，頁 151-152。

就拖。其實，何成濬心中早有決斷，從其認為吳肇章「無公務員身份」，成都行轅判刑已過重，其傾向相當明顯。即便國家總動員會議在意見書中，一再申明吳肇章具公務人員身分，理應處死刑，何成濬也不接受，表示「加重又於法理不合」。可見，要不是蔣中正持續關注此案，又下手令要他「希速查復」，軍法執行總監部不無可能維持成都行轅原判。

軍法執行總監部在 9 月 26 日，將〈奉交成都行轅判決吳肇章等囤積糧食居奇一案擬具意見簽請核示〉簽呈上給蔣中正批示。何成濬在簽呈中表示，成都行轅原判「雖尚適法，惟衡情自嫌稍輕」，故改判吳肇章無期徒刑、褫奪公權終身，陳仲虞有期徒刑 12 年，「以符嚴懲囤積居奇之旨」。至於郫縣的川鹽、福川兩銀行的查封囤米，地方宣稱都是合法存戶寄放並無違法說詞，則表示不能認為全部合法，軍法執行總監部贊同成都行轅打算「將該項食米，除公告原存戶到案到訊明確係自食者，准予發還外，餘均沒收」的辦法。

蔣中正在 10 月 3 日批示此簽呈，表示：

> 吳肇章案重大且延誤期多時，應即槍決，勿再延誤。陳仲虞判無期徒刑，並罰作苦工。為何不早判決，必要我催詢方提此案，此為明明有失職守。以後凡關於經濟違法事宜，必須於一個月內判決，如逾期即係該監部溺職是問。此案延誤至今尚無著落，此乃明明舞弊。應即將承辦此案之主管負責人嚴辦。記存之米與囤積何別，應照囤積例處治，限十日內詳報。[100]

蔣中正完全否決軍法執行總監部的判決。何成濬直到最後仍試圖保住吳肇章一命，而陳仲虞則由 9 年改判為 12 年，蔣中正只好親自下令處決吳肇章，並強調「勿再延誤」，並判陳仲虞無期徒刑，且要「罰作苦工」，並對何成濬處理相當不滿意，認為「有失職守」，也因此規定「經濟違法」案件，執法單位要在一個月內判決，不可「逾期」。蔣中正對成都行轅與中央軍法執行總監部，對如何處理違法囤積米口徑一致，寫下「此乃明明舞弊」六字，要求 10 日內查明。總之，如蔣中正沒有一再施壓，此案很可能就被張羣、何成濬以高高舉起輕輕放下的方式處理了結。

[100] 〈奉交成都行轅判決吳肇章等囤積糧食居奇一案擬具意見簽請核示〉，檔案管理局藏，《國防部》，檔號 A305000000C/0031/1573.35/26433800，「吳肇章等違反糧食管理案」。

何成濬並未立即執行蔣中正的指示，到 10 月 12 日清晨又去見蔣中正，試圖做最後努力，再次被蔣拒絕。何成濬回部後終於下令給審判組，表示「今晨已謁見委座，吳肇章事，絕無挽救之望，可即辦理」。[101] 審判組接到指示後，在 10 月 14 日執行槍決；而陳仲虞則在 10 月 17 日由重慶移往成都的四川軍人監獄服刑。在蔣中正一再施壓之下，拖延將近一年多的囤積大案終於了結。

（五）後續處理

吳肇章伏法、陳仲虞入獄服刑，理應是中央打擊囤積居奇的一大成果，卻迥異於楊全宇案的大張旗鼓地宣傳，一直到 11 月 5 日才在《中央日報》（重慶）登載此消息，並放在第三版左下角一小版面，簡單描述相關過程。[102] 官方為何以此低調的方式宣布此訊息？可能是中央深知事件並未獲得圓滿結果，反凸顯出中央權貴與地方實力派，已形成了龐大的利益鏈與關係網，導致蔣中正的意志在執行過程中，不斷地受到阻礙、扭曲、拖延，以致最後不得不採用非常手段處理。從郫縣縣政府到張羣的成都行轅，及何成濬的軍法執行總監部，處處維護與特殊勢力的關係，也讓蔣中正對下屬產生高度不信任感。這可由吳肇章案的後續處理來看。

吳肇章、陳仲虞，一槍決、一入獄，而郫縣被查封囤積物爭議還未解決。蔣中正在 10 月 3 日的批示，很清楚地寫下「明明舞弊」，並要相關單位以「囤積例」在 10 天內辦出成果。何成濬也只能與成都行轅聯繫，繼續處理此問題。何成濬並未回報吳肇章在 10 月 14 日已槍決，蔣中正因對下面不放心，而由侍從室第一處在 10 月 22 日發函給何成濬，表示「奉諭吳紹〔肇〕章有槍決否？著查報等，請即查報函復，以便轉陳」。[103] 何成濬在當天，上簽呈給蔣中正，說明已按照批示處理。至於郫縣川鹽、福川銀行囤積案，則無法在 10 日期限內辦好，因「本部距離過遠，無從直接處理」，但已將蔣的批

---

[101] 〈吳肇章事何成濬 10 月 12 日函〉，檔案管理局藏，《國防部》，檔號 A305000000C/0031/1573.35/26433800，「吳肇章等違反糧食管理案」。

[102] 〈囤積者鑒，吳肇章處死刑已執行槍決，陳仲虞無期徒刑並作苦工〉，《中央日報》（重慶），1942 年 11 月 5 日，第 3 版。

[103] 〈侍從室請查照吳肇章槍決否〉，檔案管理局藏，《國防部》，檔號 A305000000C/0031/1573.35/26433800，「吳肇章等違反糧食管理案」。

示轉給成都行轅處理。[104] 何成濬為怕公文程式延誤，又特地在 10 月 26 日發函給侍從室第一處，告知已上簽呈說明，請其轉告蔣中正。

蔣中正看到何成濬的簽呈後，批示：

> 吳肇章案限半月內（十一月十五日以前）審結，否則即以成都行轅陽奉陰違，有意包庇罪犯論，並將該罪犯屆期槍決可也。[105]

何成濬表示軍法執行總監部無法直接處理郫縣的案子，已交由成都行轅。蔣中正不想重蹈覆轍，讓各機關又一拖再拖，下了最後期限，並且用「陽奉陰違」，表達其不滿。

蔣中正再度以限期審結的方式施壓，似乎奏效。張羣對此案早已處理完畢，並在 10 月 13 日寫了〈處理吳肇章等案內查封食米經過情形〉的簽呈上呈蔣中正。軍委會侍從室第二處也將原件抄錄一份，在 10 月 18 日發到何成濬處。何成濬在 10 月 29 日又上了一份簽呈，附上張羣的簽呈，作為事情已處理好的證明。何成濬在文中表示，經四川省政府與相關單位調查，「確係人民寄存，並不盡屬囤積」。糧政機關在查封時，還沒辦理登記，存戶也不清楚「禁例」，導致合法存米被列為囤積品。省府當局對此情形補正，並將查禁食米發還給合法存戶，而張羣在過程中，「躬加督察，不敢稍涉徇縱」。[106] 何成濬認為省府處理正確，但蔣中正不認同，批示：「吳肇章究有槍斃否？沒收者只一千餘石，而發還者有一萬餘石之多，殊為可駭，應再覆查」。[107]

蔣中正對張羣的報告，不僅細讀並用黑筆標出重點，另外用紅筆在「米一萬零七百」這六個字旁畫線，才會特別指出非法囤積與合法發還的數字差距如此之大，「殊為可駭」，也間接告訴何成濬，他不接受張羣的處理。此外，蔣中正多次問吳肇章是否槍決，表示他對何成濬也失去信心，亦能說明

---

104 〈為呈報遵批辦理吳肇章等囤積糧食居奇一案情形請鑒核由簽呈稿〉，檔案管理局藏，《國防部》，檔號 A305000000C/0031/1573.35/26433800，「吳肇章等違反糧食管理案」。

105 〈為呈報遵批辦理吳肇章等囤積糧食居奇一案情形請鑒核由簽呈〉，檔案管理局藏，《國防部》，檔號 A305000000C/0031/1573.35/26433800，「吳肇章等違反糧食管理案」。

106 〈為呈明處理吳肇章等案內查封食米經過情形乞鑒核〉，檔案管理局藏，《國防部》，檔號 A305000000C/0031/1573.35/26433800，「吳肇章等違反糧食管理案」。

107 〈奉交議成都行轅張主任呈報處理吳肇章等案內查封食米經過情形一案擬請准予備查〉，檔案管理局藏，《國防部》，檔號 A305000000C/0031/1573.35/26433800，「吳肇章等違反糧食管理案」。

為何《中央日報》（重慶）一直到 11 月 5 日才發布吳肇章槍決消息。蔣中正的下屬至少在處理此案件，大多是「陽奉陰違」，以致蔣中正對吳肇章槍決一事都不能肯定，也難怪宣傳體系必須低調處理。

何成濬到 12 月 4 日才收到蔣中正的批示，知道必須有具體行動回應；在次日上簽呈，說明吳肇章確實已在 10 月 14 日槍決，另外派審判組副組長盧益美前往成都、郫縣等地，實際調查囤積案的處理情形。盧益美在 12 月 6 日請示何成濬，「調查範圍」及應注意事項，何成濬指示，「勿偏信一方所言」；另外，要盧益美將「委座親批各件，携往西交張岳軍一閱，俾明悉底蘊」因「恐岳軍對本部或不諒解」。[108] 亦即，何成濬希望張羣體諒，一切都是蔣中正主導，他只是奉命行事，而「委座親批各件」中，或許包含蔣中正下令槍決吳肇章以及陳仲虞判無期徒刑的批示。總之，何成濬相當注意人情關係的維護。

盧益美在 1942 年 12 月初，先後至成都行轅、省政府、糧政局、建設廳及郫縣縣府等機構，拜會主管並調閱相關資料，調查郫縣查封食米的處理情況。並於 1943 年 1 月 18 日將調查情形寫成報告，交給何成濬。何成濬則在 3 月 19 日將此報告原件與摘要說明送交蔣中正批示。何成濬表示，1942 年 3 月 23 日行轅與省府及成都經濟檢查隊在郫縣因遭到眾多「存戶」阻擾，導致查封米啟運無法執行。成都行轅在之後將後續處理交由省府，不再過問相關事宜。省府派科長趙士傑至郫縣與「存戶」協商，由於相關帳冊已移至重慶，趙士傑便宜行事直接讓縣府辦理存戶登記。在川鹽、福川的原始帳冊只有 128 個存戶，經過重新登記增為 545 戶。其後，縣府以有的「存戶」因路遠來不及登記為由再次補登，最後變成 560 戶。縣府依此製成名冊，省府就按此將查封米發還給「合法存戶」，僅少數被列為違禁米遭沒收，遂有蔣中正認為「殊為可駭」之情況發生。

由報告中可知，陳國棟等人意圖找人充當「存戶」將查封米「合法」領回，而省府為穩定地方也刻意配合。何成濬指出，省府處理過程具有多項過失，例如省府不聽從蔣中正指示，擅自將查封食米直接「發還」或「沒收」，「顯已逾越權限」。而縣府對存米不具處置權，卻自行辦理存戶登記造冊，

---

[108] 何成濬著，何慶華藏，沈雲龍校註，傳記文學雜誌社編輯，《何成濬將軍戰時日記》，上冊，頁 192。

其內容問題百出卻沒再三驗證，即將米糧擅自發還。而且，縣府即便過了期限，依舊允許「存戶」登記，就算姓名、存米數量都有問題，「仍為陳明理由，予以發還」，甚至有「發還之米，超出三百九十餘石，尚有存戶懸未解決」的狀況。亦即，縣府為了息事寧人，不惜「濫發」，不但讓特殊勢力「回本」，甚至連「利息」也一併支付。

何成濬認為成都行轅顯有重大缺失，張羣應要負最大責任，而相關人員也應問罪。但何成濬刻意為張羣辯護，指此案「係由四川省政府處理」，成都行轅完全不參與，「似無責任可言」，似乎成都行轅張主任跟四川省政府張主席不是同一人，只是剛好同姓。何成濬將責任推到「省府」，而「行轅」沒有任何問題，顯然是一種詭辯。至於趙士傑經手的名冊雖有諸多缺失，但何成濬表示「情有可原，係存賑濟之心，本非核定有無之權利」。亦即趙士傑為滿足郫縣的老百姓，以不忍之心進行審查，即便有諸多缺失，但也是為當作「賑濟」之用。故此，整件事情雖有諸多缺失，但都是「情有可原」。

何成濬最後指出「川省轄地既廣，處境特殊」，張羣為政「不得罪於巨室，以結好於細民，將廣施仁，先宏市義」。亦即，張羣主政四川，如不「市義」巨室，則無法「廣施仁」。張羣處理雖「揆法未洽，衡情可原」，希望蔣中正可「寬其微愆，藉可責以巨效」。何成濬認為之前啟封導致民眾請願，已傷政府威信，迄今依舊餘波蕩漾，如堅持全部沒收，等於再次推翻協議，省府的信用將蕩然無存。何況「人民已叨施濟」，如堅持沒收，則可能引發更大的群眾事件，希望蔣中正能「曲予察原，姑免深究」。[109]何成濬替張羣辯護，也告訴蔣中正「為政不得罪巨室」是第一要務，一味堅持「嚴辦」，不考量相關的主客觀因素，是不切實際的。蔣中正在看到後，只寫下短短二十個字：

> 此種公文長篇論列，究竟要點何在，何不指明？可惡！[110]

在此批示內，蔣中正的各種情緒，以「可惡」兩字表達閱後心情。蔣中正應

---

[109]〈為呈報澈查四川省政府處理郫縣川鹽銀行及福川銀號倉庫被封存米經過情形一案請核示〉，檔案管理局藏，《國防部》，檔號 A305000000C/0031/1573.35/26433800，「吳肇章等違反糧食管理案」。

[110]〈奉交議成都行轅張主任呈報處理吳肇章等案內查封食米經過情形一案擬請准予備查〉，檔案管理局藏，《國防部》，檔號 A305000000C/0031/1573.35/26433800，「吳肇章等違反糧食管理案」。

該很清楚，所謂「要點」就是「為政不得罪巨室」，再堅持下去，非但徒勞無功，且可能引發地方反彈，進而動搖國府統治。蔣中正或許是心理不能接受真相，底下的人確實是「陽奉陰違」，且不敢勇於任事。但蔣中正在寫下「可惡」之餘，或許應該問的是：為何張羣、何成濬不能「為政敢得罪巨室」？是中央的機制不夠健全？資源不夠？這些問題也值得後人進一步深思。

陸、結論

蔣中正在1940年因成都搶米風潮，注意到社會潛在不穩定因素，因戰爭延長化帶來的問題已逐漸浮現。蔣中正起先認為中共煽惑是社會不安主因，其後才慢慢理解，「囤積居奇」導致糧價上漲是問題癥結所在。他原本預期只要國府施展強力管理，並嚴禁囤積居奇，則問題即可解決。故此，蔣中正辦理楊全宇囤積案，藉此昭告社會大眾不要觸犯法禁。但楊全宇之死，並沒有帶來預期結果，形勢演變至1941年越發嚴峻，蔣中正也終於瞭解問題在於地方軍人，以及他們形成的龐大利益鏈。

蔣中正在此形勢下，先將四川省政府交給張羣，不料地方軍人則藉與張羣形成「共治」取得相當的話語權。另外，為了讓田賦徵實推動順利，以劉航琛負責主要執行工作；類似總包商將各項徵購事務，層層分發到各地，由基層菁英承包；而吳肇章、陳仲虞等人，就是因此而加入這個利益共生群體。換言之，原本分散各地、各據一方的地方菁英，透過國府推動糧食管理與田賦徵實，反被整合成一個龐大的聯盟，這也是蔣中正在推動糧食管理此政策時始料未及之處。

因此，當蔣中正想藉由嚴懲吳肇章、陳仲虞以展現中央的控制力，並及時矯正與地方「協商」的弊端時，遭遇極大的抵制。為何如此？楊全宇自青年即出省求學就業，跟四川本地特殊勢力沒有任何淵源與關係，所以被本地人排斥。雖因投靠王纘緒得以出任成都市長，但王纘緒後被川軍聯合排斥，楊全宇背後無人，被蔣中正處死當然不會引起太多反彈。吳肇章、陳仲虞則全然不同，兩人為根深蒂固的地方菁英，與各方人物有千絲萬縷的聯繫。蔣中正選擇兩人開刀，就等於對地方特殊勢力下手，因此吳肇章、陳仲虞的判決過程，就是中央與地方的較勁。雙方各展神通，表面上吳肇章被殺、陳仲虞被關，為蔣中正的勝利，實際上是慘勝，甚至是輸了。蔣中正再三施壓，張羣、何成濬就是不肯判死刑，一定要親自下命令，才能達成目的，而且地方上查封的物品，幾乎全部回到豪紳之手。這樣的結果，不僅距離蔣中正原本預期甚遠，更嚴重的是削減了中央威信，亦加深了中央與地方之間的裂痕。

中央在四川推動田賦徵實政策時，是以協商、妥協的方式落實，而非中央強力主導，甚至張羣能為中央在四川穩住局面，也是以處處尊重地方巨室，辛苦維繫而成。劉航琛、徐堪、張羣千方百計將四川各方人物拉入徵糧事業，許以各項好處，就是為中央至少能夠拿到省參議會認可的額度，解決軍糧、公糧問題。而如陳國棟、吳肇章等地方人士則能從中獲利，這是雙方合作「默契」的潛規則。蔣中正對成都地區的豪紳進行逮捕活動，可說是破壞合作基礎、跨越了底線，表示中央既要從地方拿到糧食，地方人士在配合之餘也不能從中獲利。其實，就算要跨越底線也無可厚非，政治原本是講求實力而不是道德，顯然蔣中正高估了自己的能力，他非但不能趁機壓下地方特殊勢力，反倒讓張羣陷入兩面不討好的局面。由張羣對陳國棟的維護可知，在當時中央並沒有一舉打倒地方軍政勢力的本錢，反倒是地方人士擁有攪亂局面的能力，甚至連減緩民生疾苦都做不到，因而傷害了政府威信。

由此可見，戰時「中央控制地方」模式的新變化，是國家將控制與集權範疇進一步擴大到民生經濟面，但實際上從上到下的人都在摸索「底線」在哪？亦即，蔣中正想要重新定義資源分配的規則，心理上想要強力主導一切，但實際上作不到，必須依賴各方人士配合，國家機器才能運作。吳肇章等人囤積居奇，正是運用國家賦予的正當性，在為國徵糧的同時，也順帶牟取私人利益，其中公私混雜的模糊空間，給予各方人士從不同的角度出發，以符合自己利益的方式詮釋。亦即，中央提供了形式要件，但不能主導實際運作，大家在此形式下各顯神通、各取所能。因此出現國家總動員會議認為吳肇章是公務人員，而中央執法總監不同意的情況也不足為奇。在各界各自解讀下，最後透過蔣中正一錘定音，一方面顯示此案的高度政治性；另一方面，也凸顯出戰時「中央化」進入新的變化階段的模糊性，新的權力創造過程充滿灰色空間，以致於各界人士能從中合縱連橫，將中央的政策進行扭曲、各自解讀。

藉由吳肇章案，可以發現過去學界討論中央對地方控制，或者中央與地方的關係，往往將兩者各自視為鐵板一塊，實際則不然。從張羣、何成濬的事例，可以看到無論是中央官員或在地方被歸類為中央派人馬，在執行中央政策時，他們還是有自己的考量與難處，即便他們視蔣中正為領袖，忠心耿耿也希望維護中央的威望，但也有自己人情義理的考量與為人處事的難處。張羣、何成濬始終希望在執行蔣中正的意志及各方的人情關說之中，取得兼顧兩面的平衡點，但是反而在處理吳肇章案中陷入兩面不是人的尷尬處境。對蔣而言，他們沒有雷厲風行地執行其意旨，對地方人士而言，則是沒有顧及各方協商的默契。蔣中正在吳肇章案不滿意張羣、何成濬，並不表示他心中有更適合人選可以替代。唐縱在 1944 年年底曾建議蔣中正換掉張羣，蔣不同意而表示「非張主席更不行」，[111] 顯見蔣即便情緒上不能接受，但心裡也清楚知道現階段還是只能以張羣的方式才能穩住四川。何成濬主觀上也希望辭去軍法執行總監這一吃力不討好之職，他很清楚因為這個位子不好做，所以沒人跟他搶，而他也只能勉強待下去。[112] 換言之，何成濬、張羣各自有各自的牢騷、不滿與無奈，蔣中正無法駕馭他們貫徹意志，這正是國府戰時「中央化」的致命點。

由此兩案出發，可進一步深思同樣是號稱「黨國體制」的中共，其「中央控制地方」模式與國民黨有何不同？而中共又是如何處理徵糧以及通貨膨脹問題？蔣中正在 1938 年被推舉為國民黨總裁，而確立其為國民黨黨國體制的領袖，集大權於一身；毛澤東則在 1943 年的中共第七次全國代表大會成為黨內不可動搖的領袖，並擁有對思想、政治、軍事、政策、組織的最後決定權。國共兩黨將大權集於個人，與當時的戰時背景有密切關係，而這些戰時的權宜措施到後來都發展成日常運作模式，對於兩黨的「中央化」的發展具有關鍵性影響。但是從吳肇章案的處理過程來看，蔣中正對於黨國體制的駕馭，顯然有其侷限，表面上是公認的領袖，但實質上無法統合各項資源，黨、政、軍彼此間各行其是，沒辦法唯蔣之命是從。相對而言，毛澤東是透過黨，將軍、政機構整合成一體，並建構一個由上而下的運作體系。而且，相較於國民黨黨員可以擁有自己的私人生活、私人資產，共產黨員自延安時期就開始進入集體生活方式，包括食、衣、住、行無一不是靠公家供給，可以說私人空間是依附黨國體制之上，一旦離開了黨就沒有別的出路。中共除了控制私人的物質生活外，在思想與精神上又透過「整風」運動，將眾人的心志統整在毛澤東主義旗幟下。毛澤東一手掌握物質與精神兩面向，自然能

[111] 唐縱，《唐縱失落在大陸的日記》（臺北：傳記文學出版社，1998），頁 436。

[112] 何成濬著，何慶華藏，沈雲龍校註，傳記文學雜誌社編輯，《何成濬將軍戰時日記》，上冊，頁 245。

將政令向下貫通；而各級黨政體系又複製著中央模式，透過書記領導地方軍政大權，成為高度中央集權的體制。因此，當蔣中正要殺吳肇章一人，必須一而再、再而三的下令才能做到；而毛澤東在鎮反時，只要下指標命令各地殺多少人，地方不但做到，甚至超過毛的指標，可見兩種模式的差距。

再者，蔣中正處理徵糧與壓制物價，基本上就是依靠由上而下的命命令，並配合建構新的國家機構，以達到其目標。簡而言之，國府戰時「中央控制地方」的過程，就是單純的組織主義與命令主義，在過程中缺乏宣傳、動員，以發動民眾由下而上支持蔣打擊不法，讓打擊囤積居奇成為強有力的群眾運動。而且，國民黨沒有用「階級」的觀點去分析社會群眾，無法將社會上少數的富人與多數的貧民形成對立，而連結多數貧民去壓制富戶，反倒必須依靠社會特殊勢力的協助，方能動員到社會資源。蔣中正無法將特殊勢力排除於體制外，又想要壓制他們以緩解民怨，即便有心拯救升斗小民，但實質上又加深他們的苦痛，以致於到頭來所有的社會群體都抓不住，這種結構性的問題，也許最終導致在大陸的失敗。相較而言，中共的徵糧額度遠高國府，如果說國府在四川推動田賦徵糧後，每年最高拿到糧食產量 10%，中共則是 25%，但中共高舉「有力者出力，有糧者出糧」，使地方有力者負擔大部分田賦，而一般貧民則相對少出。這樣的方式引發大規模的武裝抗爭，中共不但沒有因此退讓，反而毫不遲疑地動用大軍鎮壓，並將這些反叛者打成階級敵人，動員社會群眾一同壓制特殊勢力。中共得以將大量的物資掌握在手上，而有了壓制物價的本錢；陳雲在上海的棉糧之戰得以成功，將通貨膨脹問題解決，就是因為如此，達到蔣中正想做但做不到的目標。中共在 1950 年統治四川後，不但將社會結構全然改變，牢牢掌握著各項社會資源，四川則依循著抗戰時期的傳統，輸出供應全國大城市的日常消費，支撐黨國體制的日常運作，甚至到大饑荒（1958–1961）即便大量人口餓死，中共依舊沒有調降徵糧額度，四川也沒因此發生任何動亂。由此觀之，國府戰時中央控制地方模式的變化，其實已經預示了未來中共的「中央化」模式，亦即國家規模擴大化、對於社會事務的干涉以及壓制社會運作空間，但由於兩者的運作有著截然不同的方式，以致於呈現的效果也是天差地遠。

（原刊於：《中央研究院近代史研究所集刊》89 期，2015 年。）

DOI:10.978.986437/1778.0010

唐代前期死刑覆奏制度

陳俊強 *

壹、前言

死刑覆奏制度乃指死囚執行死刑之前，有關部門需審察案件並向皇帝奏聞，俟皇帝批准後方可執行死刑。覆奏制可謂對死刑案件最後一道複核程序，是帝制中國基於恤刑、慎刑思想而制定的措施。覆奏之制至唐太宗（599–649）時有了重大改變，京師執行死刑前須五覆奏，地方須三覆奏，最稱慎重。後世史家極度讚揚，以為「若太宗之恤刑也，可謂至誠而近於古矣。幾致刑措，宜哉！」[1]

關於唐代覆奏制度之梗概，在一般中國法制史或者唐代法制史等通論性著作中，大致都有論及。然而或許限於篇幅，諸多細節難免忽略。較早對唐代覆奏制度展開專題探討的，有日本學者岡野誠〈唐代における死刑覆奏について〉，[2] 詳論唐太宗時期覆奏制度的建立，並考訂唐律與唐令間齟齬矛盾之處。近年宮部香織〈律令死刑覆奏制度について〉，[3] 重新檢討律令之間的歧異，提出與岡野氏不同的新說。中文論著方面，仇加勉、王平原〈「复奏」、「覆奏」考辨〉，[4] 論證了古代「復奏」、「覆奏」之含義和區別。

---

* 國立臺北大學歷史學系教授

1 〔宋〕范祖禹：《唐鑑》（上海；上海古籍，1980 年），頁 43-44。

2 岡野誠：〈唐代における死刑覆奏について〉，《明治大學社會科學研究所年報》，21（東京，1981 年），頁 103-108。

3 宮部香織：〈律令死刑覆奏制度について〉，《國學院法政論叢》，20（東京，1999 年），頁 81-96。

4 仇加勉、王平原：〈「复奏」、「覆奏」考辨〉，《首都師範大學學報（社科版）》（北京，2007 年），頁 45-49。

錢大群的〈決死囚「覆奏」次數與時日考辨〉一文，[5] 針對史籍中有關唐代五覆奏執行時日記載矛盾之處作了一番辨析。學界對於唐代覆奏制度雖然不乏討論，但就其變革之契機以及律令之相關規定，仍有未盡之處，拙稿嘗試就此展開更為深入和全面的考察，敬希方家不吝賜正。然而限於篇幅，拙稿所論主要是唐代前期，至於後期的變化將另文探討。

貳、覆奏的起源與創立

關於死刑覆奏制度的淵源，可以追溯至上古時期，據《禮記．王制》云：

> 成獄辭，史以獄成告於正，正聽之。正以獄成告于大司寇，大司寇聽之棘木之下。大司寇以獄之成告於王，王命三公參聽之。三公以獄之成告於王，王三又，然後制刑。[6]

當判決書擬好之後，「史」把判決書提交給「正」。「正」再審理一遍，然後把判決書提交給大司寇。大司寇在審理的場所——「棘林」之下再審理一遍，然後把判決書提交給周王。周王又命令司馬、司徒、司空三公共同審理一遍，三公審理之後把判決書提交給周王。周王再審查一下案件是否在「三又」，即「三宥」範圍之內，[7] 然後裁定應處的刑罰。王者在用刑之前再三審核，可謂後世覆奏制度之濫觴。

西漢武帝（前 157– 前 87）時，酷吏王溫舒（?– 前 104）誅殺河內姦猾千餘家，史稱「上書請，大者至族，小者乃死，家盡沒入償臧。奏行不過二三日，得可事。論報，至流血十餘里。」[8] 由於案件牽涉廣泛，誅殺範圍

---

[5] 錢大群：〈決死囚「覆奏」次數與時日考辨〉，收入氏著《唐律與唐代法制考辨》（北京：社會科學文獻，2009 年），頁 310-322。

[6] 〔東漢〕鄭玄注，〔唐〕孔穎達疏：《禮記正義》（十三經注疏本），卷 13，〈王制〉。

[7] 所謂三宥是指《周禮．秋官．司刺》的「壹宥曰不識，再宥曰過失，三宥曰遺忘。」參看〔東漢〕鄭玄注，〔晉〕賈公彥疏：《周禮注疏》（十三經注疏本）。「三宥」之「不識」應指一般愚民不識法而誤犯；「過失」是有所注意但并沒有非常注意，而發生犯罪的結果；「遺忘」則是指對應予注意的也沒有給予注意的疏忽，即忘記了應有的注意。「不識」、「過失」、「遺忘」之所以可得一定程度的寬貸，誠如賈公彥疏云：「非是故心，過誤所作也」，也就是沒有犯罪之意圖。關於「三宥」的討論，可參見西田太一郎著：《中國刑法史研究》（東京：岩波書店，1974 年），頁 124-129。另參看拙著：《魏晉南朝恩赦制度的探討》（臺北：文史哲，1998 年），頁 11-12。

[8] 〔西漢〕司馬遷：《史記》（點校本），卷 122，〈酷吏．王溫舒傳〉（北京：中華書局，1972 年），頁 3148。

太大，所以特別奏報皇帝請求批准。曹魏明帝（205–239）青龍四年（236）下詔：「其令廷尉及天下獄官，諸有死罪具獄以定，非謀反及手殺人，亟語其親治，有乞恩者，使與奏當文書俱上，朕將思所以全之。」[9] 要求有關官員對死罪欲乞恩者的文書奏上，思考是否可以免死。劉宋孝武帝（430–464）大明七年（463）亦曾下詔：「自非臨軍戰陳，一不得專殺。其罪甚重辟者，皆如舊先上須報，有司嚴加聽察。犯者以殺人罪論。」[10] 嚴禁地方專殺，要求死刑案件都要上報。以上各例都是將死刑案件奏請皇帝核可，與後世死刑執行前對天子的奏報，雖有相似之處，但仍有些許距離。

北魏太武帝（408–452）即位以來重視刑獄，除命崔浩制定新律外，又減輕刑罰。對於死刑案件更是關注，史稱：

> 以死不可復生，懼監官不能平，獄成皆呈，帝親臨問，無異辭怨言乃絕之。諸州國之大辟，皆先讞報乃施行。[11]

鑑於人死不可復生，死刑案件審判結束後，皇帝還要親自問訊，確保犯人沒有任何冤屈怨言。地方的死刑案件，都要「讞報」。「讞」，平議也，此處即議獄之意。[12] 讞報即是複核和奏報皇帝，皇帝同意後才可執行死刑。北魏太武帝訂立死刑讞報之制，應是後世覆奏制度的源頭。

隋文帝（541–604）開皇十二年（592），「詔諸州死罪不得便決，悉移大理案覆，事盡然後上省奏裁。」[13] 地方的死罪要由大理案「覆」，然後「奏」裁，當為覆奏制度的雛型。及至開皇十六年（596）秋八月丙戌，又下詔曰：

---

[9] 〔晉〕陳壽著，〔劉宋〕裴松之注：《三國志》（點校本），卷 3，〈魏書．明帝紀〉（北京：中華書局，1959 年），頁 107。

[10] 〔梁〕沈約：《宋書》（點校本）（北京：中華書局，1974 年），卷 6，〈孝武帝紀〉，頁 132。又〔宋〕司馬光：《資治通鑑》（點校本），卷 6，〈孝武帝紀〉（北京：中華書局，1981 年）、卷 129，〈宋紀十一〉「宋孝武帝大明七年（463）四月甲子」條作「其罪應重辟者」，當是。

[11] 〔北齊〕魏收：《魏書》（點校本），卷 111，〈刑罰志〉（北京：中華書局，1974 年），頁 2874。

[12] 〔東漢〕班固：《漢書》（點校本）（北京：中華書局，1964 年）卷 5，〈景帝本紀〉：「諸獄疑，若雖文致於法而於人心不厭者，輒讞之。」〔唐〕顏師古注曰：「讞，平議也。」

[13] 〔唐〕魏徵：《隋書》（點校本），卷 25，〈刑法志〉（北京：中華書局，1973 年），頁 714。

> 決死罪者，三奏而後行刑。[14]

應是包括首都在內的全國死刑案件，在執行之前一律都要三次奏聞，確立了後世死刑三覆奏制度。

參、覆奏制度變革的契機——盧祖尚案和張蘊古案

唐朝繼承隋朝三覆奏的規定，但在太宗朝將三覆奏增加為五覆奏，此為唐朝法制的一件大事，據《通典》云：

> 因大理丞張蘊古、交州都督盧祖尚並以忤旨誅斬，帝（指唐太宗）尋追悔，遂下制，凡決死刑，雖令即殺，二日中五覆奏，下諸州三覆奏。[15]

杜佑將此事繫於貞觀二年（628）三月之後、四年（630）十一月之前，而唐太宗將三覆奏增為五覆奏的緣由，則是追悔誅殺大理丞張蘊古（?–631）和交州都督盧祖尚（?–628）。

一、盧祖尚案

張案和盧案都是貞觀初年的重大案件，除了《通典》以外，二案尚見於其他史籍。若依《通典》敘述的順序，張案當在盧案之前。《舊唐書．刑法志》在敘述張案之後，接著記載「又交州都督盧祖尚，以忤旨斬於朝堂，帝亦追悔。」顯見《舊志》也是認為張案是發生在盧案之前。然而，《冊府元龜．帝王部．悔過》的敘事卻是先盧案後張案。關於二案發生的具體時間，兩《唐書》〈太宗本紀〉和《通鑑》卷193皆將盧案繫於貞觀二年（628）十月戊子（十五日）。至於張案，兩《唐書》〈太宗本紀〉失載，《貞觀政要》卷7、《新唐書．刑法志》均注明是貞觀五年（631），而《通鑑》卷193更明確繫於貞觀五年秋八月條。如此看來，《通典》和《舊志》之記事顯然錯亂。

關於盧祖尚一案，據《舊唐書》本傳，云：

---

[14] 《隋書》，卷1，〈文帝紀〉，頁41。不過，《隋書．刑法志》則將此事繫於開皇十五年，未知孰是？

[15] 〔唐〕杜佑撰，王文錦等點校：《通典》，卷170，〈刑法八．寬恕．大唐〉（北京：中華書局，1989年），頁4413。

> （甲）貞觀初，交州都督、遂安公壽以貪冒得罪，太宗思求良牧，朝臣咸言祖尚才兼文武，廉平正直。徵至京師，臨朝謂之曰：「交州大藩，去京甚遠，須賢牧撫之。前後都督皆不稱職，卿有安邊之略，為我鎮之，勿以道遠為辭也。」祖尚拜謝而出，既而悔之，以舊疾為辭。（乙）太宗遣杜如晦諭旨，祖尚固辭。又遣其妻兄周範往諭之曰：「匹夫相許，猶須存信。卿面許朕，豈得後方悔之？宜可早行，三年必自相召，卿勿推拒，朕不食言。」對曰：「嶺南瘴癘，皆日飲酒，臣不便酒，去無還理。」（丙）太宗大怒曰：「我使人不從，何以為天下！」命斬之於朝，時年三十餘。尋悔之，使復其官蔭。[16]

從《舊傳》記載，可知（甲）盧先後出任蔣州刺史、壽州都督、瀛州刺史，並有能名。貞觀初年，太宗鑑於歷任交州都督均不稱職，遂以祖尚出鎮交州。祖尚先是應允，後來卻以舊疾推辭。（乙）太宗先後派遣杜如晦和祖尚妻兄周範曉諭，甚至承諾三年後必定召還，但祖尚仍以嶺南瘴氣，自己不善喝酒加以推辭。（丙）太宗終被激怒而斬祖尚，但不久追悔，遂恢復祖尚官蔭。

有關本案的梗概，各書記載大致相同，但若干細節，仍稍有出入。據《冊府元龜・帝王部・悔過》曰：

> （甲）盧祖尚為瀛州刺史，咸稱政理。時朝廷以前後作牧交州者，多使勳戚，憑恃阻遠，率為愆過。知其幹略，於是徵令入朝，引之內殿，恩禮殊厚。太宗謂之曰：「交州重鎮，自非宗枝，莫處其任。然朕子弟不才，恐不稱職。今以委卿，無辭遠也，一二年便當召卿。」祖尚拜謝而出。既而悔之，自言性不飲酒，以瘴癘為託。（乙）太宗令杜如晦申諭之，祖尚固辭，不肯奉詔。又遣其妻兄周範殷勤曉之，曰：「常人之交，猶篤言信，卿許天子，安可退而致辭？」又不納。（丙）於是引見，太宗親問其故，祖尚對益堅。太宗大怒曰：「我使人不得，何以為政？法令不可以不行，驕臣不可以不罰。」因命左右曳出，斬之于朝堂，尋亦大悔，命所司復其官蔭。[17]

---

[16]〔後晉〕劉昫：《舊唐書》（點校本），卷69，〈盧祖尚傳〉（北京：中華書局，1975年），頁2521。

[17]〔宋〕王欽若等編：《宋本冊府元龜》，卷175，〈帝王部・悔過〉（北京：中華書局，1989年），頁6a。

《新唐書》本傳則云：

> （甲）貞觀二年，交州都督以賄敗，太宗方擇人任之，咸以祖尚才備文武，可用也。召見內殿，謂曰：「交州去朝廷遠，前都督不稱職，公為我行，無以道遠辭也。」祖尚頓首奉詔，既而託疾自解。（乙）帝遣杜如晦等諭意曰：「匹夫不負然諾，公既許朕矣，豈得悔？三年當召，不食吾言。」對曰：「嶺南瘴癘，而臣不能飲，當無還理。」遂固辭。（丙）帝怒曰：「我使人不從，何以為天下！」命斬朝堂。既而悔之，詔復其官。[18]

又《資治通鑑》卷193「唐太宗貞觀二年十月條」云：

> （甲）交州都督遂安公壽以貪得罪，上以瀛州刺史盧祖尚才兼文武，廉平公直，徵入朝，諭以「交趾久不得人，須卿鎮撫。」祖尚拜謝而出，既而悔之，辭以舊疾。（乙）上遣杜如晦等諭旨曰：「匹夫猶敦然諾，柰何既許朕而復悔之！」祖尚固辭。（丙）戊子，上復引見，諭之，祖尚固執不可。上大怒曰：「我使人不行，何以為政！」命斬於朝堂，尋悔之。他日，與侍臣論「齊文宣帝何如人？」魏徵對曰：「文宣狂暴，然人與之爭，事理屈則從之。有前青州長史魏愷使於梁還，除光州長史，不肯行，楊遵彥奏之。文宣怒，召而責之。愷曰：『臣先任大州，使還，有勞無過，更得小州，此臣所以不行也。』文宣顧謂遵彥曰：『其言有理，卿赦之。』此其所長也。」上曰：「然。曏者盧祖尚雖失人臣之義，朕殺之亦為太暴，由此言之，不如文宣矣！」命復其官蔭。[19]

又《唐會要》曰：

> （甲）其年，上以瀛州刺史盧祖尚才兼文武，命鎮交趾。祖尚拜而出，既而悔之，辭以疾。（乙）上遣杜如晦等諭旨，祖尚固辭。（丙）上怒，斬之。他日，與羣臣論齊文宣帝何如人？魏徵曰：「文宣狂暴，然人與之爭事，理屈則從之。」上曰：「然向

[18] 〔宋〕歐陽修、宋祁：《新唐書》（點校本），卷94，〈盧祖尚傳〉（北京：中華書局，1981年），頁3834。

[19] 《資治通鑑》，卷193，〈唐紀九〉「唐太宗貞觀二年（628）十月」條，頁6058。

者盧祖尚雖失大臣之義，朕殺之以為太暴。由此言之，不如文宣矣。」命復其官蔭。[20]

有關（甲）的部分，盧祖尚應允了太宗的任命後，大部分的史籍記載他以「舊疾」推辭，但《冊府元龜》則直接指出他以嶺南瘴癘，自己不善飲酒為由推託。關於（乙）的部分，太宗屢次遣人勸說盧祖尚赴任，各書中以《舊傳》和《冊府元龜》所載較為詳盡，可知說客包括杜如晦和周範。

關於（丙）的部分，祖尚被太宗處斬的地點應為「朝堂」，《舊傳》「命斬之於朝」之後，當脫一「堂」字。朝堂所在，據胡三省注云：「閣本太極宮圖：東西朝堂在承天門左右。承天門，外朝也。東朝堂之前有肺石，西朝堂之前有登聞鼓。」[21] 可知朝堂亦是司法之空間。太宗誅祖尚之理由，當以上引《冊府元龜》所記較為完整，云：

太宗怒曰：「我使人不得，何以為政？法令不可以不行，驕臣不可以不罰。」

太宗以祖尚一再抗命，導致法令不能貫徹，難以為政，遂重罰驕臣。至於太宗事後追悔，並復其官蔭，《新傳》云「詔復其官」，當脫一「蔭」字。太宗追悔的原委，《唐會要》和《通鑑》都有記載，但以《通鑑》較為詳細。祖尚被殺後，魏徵與太宗論及北齊文宣帝高洋的為人行事。魏徵指出高洋雖是狂暴，但與人爭辯時，若理虧還是願意屈從別人。太宗聞後反省盧祖尚一案，以為祖尚雖失人臣之義，但逕予處斬仍是太過殘暴，遂追復其官蔭。

二、張蘊古案

若與盧祖尚一案相比，發生在貞觀五年的張蘊古案對覆奏制度的影響更大，史籍經常將其視作五覆奏制度建立的關鍵事件。

張蘊古，相州人，博涉書傳。太宗即位之初曾上〈大寶箴〉，得到太宗嘉許，賜以束帛，《舊唐書》收入〈文苑傳〉，本傳中述及被殺一事，云：

---

[20] 〔宋〕王溥撰：《唐會要》（點校本），卷 52，〈忠諫〉（上海：上海古籍，1991 年），頁 1059-1060。

[21] 《資治通鑑》，卷 193，〈唐紀九〉「唐太宗貞觀二年（628）十月」條，頁 6058。

> 除大理丞。初，河內人李好德，素有風疾，而語涉妄妖。蘊古究其獄，稱好德癲病有徵，法不當坐。治書侍御史權萬紀劾蘊古家住相州，好德之兄厚德為其刺史，情在阿縱，奏事不實。太宗大怒，曰：「小子乃敢亂吾法耶！」令斬於東市。太宗尋悔，因發制，凡決死者，命所司五覆奏，自蘊古始也。[22]

張蘊古被殺一事最終導致五覆奏的建立雖是事實，但期間仍有一些發展過程，本傳之記載稍嫌簡略。關於五覆奏之建立將在後文討論，此處先針對張案略作辨析。

張案是貞觀初年重大案件，除上引《舊傳》外，尚見於其他史籍，但彼此記載稍有歧異，如《貞觀政要》云：

> 貞觀五年，張蘊古為大理丞。相州人李好德素有風疾，言涉妖妄，詔令鞠其獄。蘊古言：「好德癲病有徵，法不當坐。」太宗許將寬宥。蘊古密報其旨，仍引與博戲。持書侍御史權萬紀劾奏之。太宗大怒，令斬於東市，既而悔之。……因詔曰：「凡有死刑，雖令即決，皆須五覆奏。」五覆奏自蘊古始也。[23]

《隋唐嘉話》記載：

> 貞觀中，有河內人妄為妖言，大理丞張蘊古以其素狂病，不當坐。太宗以有情，令斬之，尋悔以無所及。自後每決死刑，皆令五覆奏。[24]

《舊唐書．刑法志》則云：

> 河內人李好德，風疾瞀亂，有妖妄之言，詔按其事。大理丞張蘊古奏，好德癲病有徵，法不當坐。治書侍御史權萬紀，劾蘊古貫相州，好德之兄厚德，為其刺史，情在阿縱，奏事不實。太宗曰：「吾常禁囚於獄內，蘊古與之弈棋，今復阿縱好德，是亂吾法也。」遂斬於東市，既而悔之。又交州都督盧祖尚，以忤旨斬於朝堂，帝亦追悔。下制，凡決死刑，雖令即殺，仍三覆奏。[25]

---

[22] 《舊唐書》，卷190上，〈文苑上．張蘊古傳〉，頁4993-4994。

[23] 〔唐〕吳兢撰，上海師範大學古籍整理組點校：《貞觀政要》，卷8，〈論刑法三十一〉（上海：上海古籍出版社，1978年），頁240。

[24] 〔唐〕劉餗撰：《隋唐嘉話》，卷中（北京：中華書局，1979年），頁18。

[25] 《舊唐書》，卷50，〈刑法志〉，頁2139。

《冊府元龜・帝王部・悔過》曰：

> 張蘊古為大理正，貞觀中，河內人李好德風疾瞀亂，有妖妄之言，詔按其事。蘊古奏好德癲病有徵，法不當坐。持書御史權萬紀劾蘊古貫屬相州，好德之兄厚德為其刺史，情在阿縱，奏事不實。太宗曰：「吾嘗禁蓋琮於獄而蘊古與琮奕碁，今復阿縱好德，是亂吾法也。」遂斬東市。既而悔之，因下制，令死刑雖令即決，仍三覆奏。[26]

《通鑑》又云：

> 河內人李好德得心疾，妄為妖言，詔按其事。大理丞張蘊古奏：「好德被疾有徵，法不當坐。」治書侍御史權萬紀劾奏：「蘊古貫在相州，好德之兄厚德為其刺史，情在阿縱，按事不實。」上怒，命斬之於市，既而悔之，因詔：「自今有死罪，雖令即決，仍三覆奏乃行刑。」[27]

各書皆云張蘊古被殺緣自審理李好德一案。李好德或謂「狂病」，或謂「風疾」，或謂「心疾」，應該都是指精神失常。好德講了些「妖妄之言」，但具體內容不詳。張蘊古時任大理丞，但也有史籍作大理正，未知孰是。[28] 蘊古以為李好德確實精神失常，縱有妖妄之言也不應判罪。然而，治書侍御史權萬紀（?–643）劾奏，以蘊古為相州人，李好德之兄李厚德是相州刺史，蘊古「情在阿縱，奏事不實」，故意縱放李好德。

關於縱放犯人之處罰，見於《唐律疏議・斷獄律》「官司出入人罪」條，云：

> 諸官司入人罪者，若入全罪，以全罪論，……其出罪者，各如之。……若未決放及放而還獲若囚自死，各聽減一等。[29]

但官司出入人罪的刑罰是建立在原來犯人的刑罰上，所以必須先檢討李好德的罪刑。好德妄為妖言罪的規定見於《唐律疏議・賊盜律》「造祆言祆書」條，云：

26 《宋本冊府元龜》，卷 175，〈帝王部・悔過〉，頁 6a。

27 《資治通鑑》，卷 193，〈唐紀九〉「唐太宗貞觀五年（631）八月」條，頁 6087。

28 按大理正，從五品下；大理丞，正六品上。參看〔唐〕李林甫等撰，陳仲夫點校：《唐六典》，卷 18，〈大理寺鴻臚寺第十八〉（北京：中華書局，1992 年），頁 502-503。

29 〔唐〕長孫無忌等撰，劉俊文點校：《唐律疏議》，卷 30，〈斷獄律〉「官司出入人罪」條（總 487）（北京：中華書局，1983 年），頁 562。

> 諸造祆書及祆言者，絞。（注云：造，謂自造休咎及鬼神之言，妄說吉凶，涉於不順者。）傳用以惑眾者，亦如之；其不滿眾者，流三千里。言理無害者，杖一百。即私有祆書，雖不行用，徒二年；言理無害者，杖六十。[30]

好德妖言的內容不詳，但從太宗「詔按其事」判斷，情節應是相當嚴重，可能達到絞刑的程度。倘若好德真是科處絞刑而蘊古故意縱放，按照前引「官司出入人罪」條，當以「全罪論」，即以死罪為無罪，當科以死罪。不過，好德應當仍「未決放」，即未行刑或縱放，故蘊古的刑可以減一等，即改科流三千里。[31]

據前引《貞觀政要》所載「太宗許將寬宥。蘊古密報其旨，仍引與博戲。持書侍御史權萬紀劾奏之。」則太宗應是採納了蘊古的判決，準備寬宥李好德。可是，蘊古竟將太宗寬宥之旨意密報好德，又與好德博戲，遭到舉發才觸怒太宗，引來殺身之禍。正如太宗所云「蘊古身為法官，與囚博戲，漏洩朕言，此亦罪狀甚重。」可知蘊古之罪名尚有「漏洩朕言」。[32] 按漏泄大事的懲處，可參看《唐律疏議．職制律》「漏泄大事」條，云：

> 諸漏泄大事應密者，絞。非大事應密者，徒一年半；漏泄於蕃國使者，加一等。[33]

張蘊古漏泄之事非關謀反大逆等軍國大事，應是徒一年半之處罰，不算嚴重。值得注意的是，好德既是精神異常，為何能與蘊古博戲？而蘊古為何要將太宗旨意泄露給一個精神異常的人？好德真是精神異常嗎？顯然蘊古阿縱好德，並非無徵。又據前引《冊府元龜．帝王部．悔過》，云：

> 太宗曰：「吾嘗禁蓋琮於獄而蘊古與琮奕碁，今復阿縱好德，是亂吾法也。」

則蘊古除了縱放李好德以外，之前已因與禁囚蓋琮奕碁一事，引起太宗不滿。

---

[30] 《唐律疏議》，卷 18，〈賊盜律〉，「造祆言祆書」條（總 268），頁 345。

[31] 關於官司出入人罪的討論，可參看劉俊文著：《唐律疏議箋解》（北京：中華書局，1996 年），頁 2069-2079。

[32] 《貞觀政要》所記常有與《通鑑》、兩《唐書》出入之處，應是另有所本。史家陳寅恪以為《貞觀政要》是實錄的分類節本。見氏著：《元白詩箋證稿》（上海：上海古籍，1978 年），頁 310-322。

[33] 《唐律疏議》，卷 9，〈職制律〉「漏泄大事」條（總 109），頁 195。

綜合而言，張蘊古在李好德事件以前已有與獄囚過從甚密的紀錄，及至李好德事件中，又犯了「情在阿縱，奏事不實」的罪行，阿縱之因就是蘊古是相州人，而李好德兄厚德為相州刺史；阿縱的證據就是張蘊古與好德博戲以及漏泄禁中語等情事。

三、太宗嚴辦盧案和張案的原因

盧祖尚之所以遭到重懲是因為原先已答允皇帝出任交州都督一職，後來竟一再藉詞推託；張蘊古則是奏事不實，欺矇人君。太宗殺盧祖尚的理由是「法令不可以不行」，殺張蘊古則以其「亂吾法也」，都是著眼在維護法的權威性。然而，除此以外，還有沒有更深層的原因？

一般述及張蘊古案，經常忽略彈劾者治書侍御史權萬紀。權萬紀，《新唐書》有傳，史稱為人「悻直廉約」、「不阿貴近」，受到太宗重用，曾劾奏王珪（570–639）、房玄齡（579–648）等大臣。[34] 此外，《通鑑》在此案之後的一段記載也值得注意，云：

> 權萬紀與侍御史李仁發，俱以告訐有寵於上，由是諸大臣數被譴怒。魏徵諫曰：「萬紀等小人，不識大體，以訐為直，以讒為忠。陛下非不知其無堪，蓋取其無所避忌，欲以警策羣臣耳。而萬紀等挾恩依勢，逞其姦謀，凡所彈射，皆非有罪。陛下縱未能舉善以厲俗，柰何昵姦以自損乎！」上默然，賜絹五百匹。[35]

權萬紀等人以告訐大臣而得到太宗寵信，魏徵（580–643）為此進諫太宗，指出太宗縱容萬紀等告訐，目的其實是「警策群臣」。魏徵一語道破太宗心意，故太宗為之「默然」。太宗為何要這樣做呢？筆者以為與太宗得位不正有關。太宗原非儲君身分，以政變弒兄殺弟，脅迫君父而登基，缺乏統治的正當性。貞觀初年，太宗根基未固，自必著意尊君卑臣，鞏固帝位，所以才會重用權萬紀等人告訐群臣。在這樣的背景下，筆者以為盧案和張案並非純因君主一時震怒而發生的錯殺事件，而是鑑於臣下欺矇君上，損害帝王權威，因而刻意嚴懲重罰以樹立君主權威，警策群臣。與其說盧張二人是因為觸法而被殺，毋寧說是由於臣下欺騙君主，危害太宗的統治而遭到重懲。

---

[34] 《新唐書》，卷 100，〈權萬紀傳〉，頁 3939。

[35] 《資治通鑑》，卷 193，〈唐紀九〉「唐太宗貞觀五年（631）八月」條，頁 6088。

肆、五覆奏的成立

一、重申三覆奏

《貞觀政要》在張蘊古案後記載了一段太宗對房玄齡等大臣的訓斥，云：

> 謂房玄齡曰：「公等食人之祿，須憂人之憂。事無巨細，咸當留應。今不問則不言，見事都不諫諍，何所輔弼？如蘊古，身為法官，與囚博戲，漏洩朕言，此亦罪狀甚重。若據常律，未至極刑。朕當時盛怒，即令處置，公等竟無一言，所司又不覆奏，遂即決之，豈是道理？」因詔曰：「凡有死刑，雖令即決，皆須五覆奏。」五覆奏自蘊古始也。[36]

太宗承認張蘊古罪不至死，其時盛怒之下雖令決殺，但房玄齡等官員竟無一人發言勸阻，有關部門又沒有覆奏，才鑄下大錯。太宗將自己為了加強君威而濫殺大臣一事，巧妙轉移為臣下不能盡責而導致的錯誤。不過，也因此開啟了覆奏制度改革的契機。

《貞觀政要》記載太宗在訓斥大臣後，下詔「『雖令即決，皆須五覆奏。』五覆奏自蘊古始也。」然而，在前引《冊府元龜》、《新唐書·刑法志》、《通鑑》等資料卻都說張蘊古案之後太宗只是「仍三覆奏」，這當如何理解？對於五覆奏制定的時間，兩《唐書》〈太宗本紀〉的記載亦復不一。《舊唐書·太宗本紀》記曰：「秋八月戊申，初令天下決死刑必三覆奏，在京諸司五覆奏，其日尚食進蔬食，內教坊及太常不舉樂。」[37]而《新唐書·太宗本紀》則寫道：「十二月丁亥，決死刑，京師五覆奏，諸州三覆奏，其日尚食毋進酒肉。」[38]五覆奏的建立，《舊紀》定在貞觀五年八月戊申，《新紀》則定在十二月丁亥，孰對孰錯？大抵唐人及五代史料，包括《貞觀政要》、《隋唐嘉話》、《通典》、《舊唐書》等都記載張蘊古案後太宗馬上增三覆奏為五覆奏，但宋代的典籍，包括《冊府元龜》、《新唐書》、《通鑑》等卻將五覆奏的建立訂在貞觀五年十二月。

筆者以為張蘊古案最終的確促成三覆奏增為五覆奏，但期間尚有一段發

---

[36] 《貞觀政要》，卷 8，〈論刑法三十一〉，頁 240。

[37] 《舊唐書》，卷 3，〈太宗本紀下〉，頁 41。

[38] 《新唐書》，卷 2，〈太宗本紀〉，頁 33。

展過程。前引《貞觀政要》所載太宗對房玄齡的訓斥，重點是臣下沒有勸阻和覆奏，並無片言隻字提及三覆奏之不足，更非下令建立新制。故此，太宗接著頒布的詔書理所當然是重申有司仍須遵照固有的三覆奏。又據《冊府元龜·帝王部·慎罰》云：

> （貞觀）五年八月制：「決死刑，雖令即決，仍三覆奏。」十二月制：「決死囚二日中五覆奏，下諸州三覆奏行之。其日尚食勿進酒肉。皆令門下覆鞫，有據法當死而情有可矜者，錄狀奏聞。」[39]

明確記載太宗針對覆奏之事，分別在八月和十二月都有處分：八月是強調決死仍要三覆奏，十二月則是頒布五覆奏新制。《通鑑》在張蘊古案之後，記載了太宗所下詔書：「自今有死罪，雖令即決，仍三覆奏乃行刑。」[40] 因此，貞觀五年八月只是重申官司須三覆奏，而非增為五覆奏。此次改革的重點旨在將覆奏更加法制化，重申覆奏是官員必須依法執行的程序。

二、三覆奏增為五覆奏

據《唐會要》記載：

> 其年十一月九日敕：「前敕在京決死囚日，進蔬食。自今已後，決外州囚第三日，亦進蔬食。」[41]

《唐會要》本條繫於貞觀五年之後、六年之前，「其年」當為貞觀五年。從敕文可知太宗之前曾指示在京處決死囚之日「進蔬食」，即供奉沒有肉類而只有蔬菜的飯食。其後又在十一月九日進一步規定決外州囚的第三日，亦進蔬食。貞觀五年八月太宗重申三覆奏之後，又曾先後針對在京和在外覆奏程序完成的案件，指示有司減損膳食。至此，覆奏制度更加完備，一個月後遂有五覆奏的成立。

五覆奏建立的時間，據《通鑑》云：

---

[39] 《宋本冊府元龜》，卷 151，〈帝王部·慎罰〉，頁 6a。明本《冊府元龜》（北京：中華書局，1960 年）「決死囚二日中五覆奏」則作「決死刑二日中五覆奏」。

[40] 《資治通鑑》，卷 193，〈唐紀九〉，「唐太宗貞觀五年（631）八月」條，頁 6087-6088。此詔亦見於兩《唐書》〈刑法志〉。

[41] 《唐會要》，卷 40，〈君上恤刑〉，頁 840。

（十二月）上謂侍臣曰：「朕以死刑至重，故令三覆奏，蓋欲思之詳熟故也。而有司須臾之間，三覆已訖。又，古刑人，君為之徹樂減膳。朕庭無常設之樂，然常為之不啖酒肉，但未有著令。又，百司斷獄，唯據律文，雖情在可矜，而不敢違法，其間豈能盡無冤乎！」[42]

貞觀五年十二月初一，太宗針對覆奏制度，提出三點看法，其一，法令雖有三覆奏，但官員頃刻之間三覆奏，「都未得思，三奏何益？」[43]；其二，刑人當撤樂減膳；其三，官員斷獄死守律文，縱是情在可矜，都不敢法外開恩。因此，在次日的丁亥日（初二），太宗宣布新制：

制：「決死囚者，二日中五覆奏，（天）下諸州者三覆奏；行刑之日，尚食勿進酒肉，內教坊及太常不舉樂。皆令門下覆視，有據法當死而情可矜者，錄狀以聞。」[44]

針對第一點，太宗將覆奏的次數增加為京師死罪五覆奏，諸州三覆奏；針對第二點則是行刑當日撤酒肉、不舉樂，是在十一月九日敕文的基礎上，作進一步的補充；針對第三點，覆奏之工作交由門下省負責，並且申明犯人情有可矜者，錄狀奏聞。

太宗「徹樂減膳」的做法源自於儒家經典，據《左傳．莊公二十年》：

夫司寇行戮，君為之不舉。[45]

又《左傳．襄公二十六年》云：

古之治民者，將刑，為之不舉，不舉則徹樂。[46]

鄭玄釋「舉」為「殺牲盛饌」。自天子以至大夫，其每天的膳食稱為「舉」，

---

[42] 《資治通鑑》，卷 193，〈唐紀九〉「唐太宗貞觀五年（631）十二月」條。本條記在十二月之下，沒有繫日。但接在其後的是丁亥日所頒制敕，丁亥日為初二，則太宗對侍臣講的話明顯就在初一，不解為何司馬光不直接注明「丙戌朔」？

[43] 《舊唐書》，卷 50，〈刑法志〉，頁 2140。

[44] 《資治通鑑》，卷 193，〈唐紀九〉「唐太宗貞觀五年（631）十二月」條。《通鑑》、兩《唐書》〈刑法志〉、《冊府元龜》等皆作「下諸州三覆奏」，但據《貞觀政要》，卷 8，〈論刑法三十一〉，可知應作「天下諸州三覆奏」。

[45] 〔晉〕杜預注，〔唐〕孔穎達疏：《春秋左傳注疏》（十三經注疏本），卷 9。

[46] 《春秋左傳注疏》，卷 37。

士庶則謂之「食」。[47] 君主享用盛饌之時，亦以樂助慶，但國家將有行刑處決之事，君主會貶膳撤樂，以示哀憫。太宗指示覆奏以後「徹樂減膳」，無疑是秉承儒家精神而建立的新規定。

關於在京五覆奏的具體實施辦法，據《舊唐書．刑法志》云：

其五覆奏，以決前一日二日覆奏，決日又三覆奏。

又據前引《通鑑》「唐太宗貞觀五年十二月丁亥」條云：

其五覆奏者，以決前一二日，至決日又三覆奏。

五覆奏似在三日內進行，有別於制書所云「二日中五覆奏」。為何會有這樣的歧異呢？或以為二日五覆奏是太宗原先制敕的內容，但「著于令」時，即落實為法令時作了修改，因而成為三日五覆奏。[48] 然而，《舊唐書．刑法志》「以決前一日二日覆奏」一句，「二日」之「日」應為衍文。[49] 至於《通鑑》「以決前一二日」一句難解，文字或有脫落。故此，筆者難以苟同有三日五覆奏的做法。

綜合而言，太宗將濫殺張蘊古一事諉過臣下，進而開啟覆奏制度改革的契機。關於太宗對覆奏制度的改革，各書記載紛歧。事實上，太宗在貞觀五年八月至十二月間陸續推出不同的改革方案。在貞觀五年八月二十一日，太宗申明決死必須要三覆奏；不久，又先後針對在京和在外覆奏程序完成的案件，指示有司減損膳食；十二月二日，則是頒布五覆奏新制。太宗對覆奏制度的改革重點是：（一）覆奏成為一定要依法執行的程序，務使臣下恪盡提醒君上的責任；（二）增加覆奏次數和拉長覆奏時間，讓皇帝有更充裕時間深思熟慮，[50] 二者都是旨在落實儒家慎刑、恤刑的精神。

---

[47] 據《國語．楚語下》：「祀加於舉。天子舉以大牢，祀以會；諸侯舉以特牛，祀以太牢；卿舉以少牢，祀以特牛；大夫舉以特牲，祀以少牢；士食魚炙，祀以特牲；庶人食菜，祀以魚。」

[48] 錢大群前揭：〈決死囚「覆奏」次數與時日考辨〉，頁 317-322。

[49] 參看涂家飛：〈《舊唐書．刑法志》校議〉，《文教資料》（南京，1994 年），頁 122-125；吳玉貴：〈《舊唐書》勘誤〉，《中國社會科學院歷史研究所學刊》，第 2 集（北京，2003 年），頁 361-425。

[50] 錢大群前揭：〈決死囚「覆奏」次數與時日考辨〉，頁 313-317。

伍、覆奏的具體程序

據仁井田陞《唐令拾遺・獄官令》第6條（開元7、25）云：

> 諸決大辟罪，在京者，行決之司五覆奏；在外者，刑部三覆奏。（注：在京者，決前一日二覆奏，決日三覆奏；在外者，初日一覆奏，後日再覆奏。縱臨時有敕，不許覆奏，亦准此覆奏。）若犯惡逆以上及部曲、奴婢殺主者，唯一覆奏。其京城及駕在所，決囚日，尚食進蔬食，內教坊及太常寺，並停音樂。[51]

仁井田陞將本條唐令定為開元七年令和開元二十五年令。唐令此條包括三部分：一為在京在外的覆奏次數與間隔；二為對於嚴重犯罪的覆奏特例；三為皇帝在決囚日的生活安排，即進蔬食和停音樂。關於覆奏次數與間隔將詳下節，以下先探討幾個基本問題。

一、覆奏之義

「覆奏」之「奏」是指臣下向皇帝聞奏，應無爭議，但何謂「覆」？有的辭書將「覆奏」釋為「再三奏聞」，[52]有的則釋為「再度向上級稟奏」。[53]這些解釋或多或少都將「覆」字賦予再三、反覆、重複的意思。然而，「覆」字也有審查、核察、考察、核查的意思。[54]按《爾雅・釋詁下》將「覆」釋作「審也」；《說文解字》釋「察」為「覆也」。《周禮・考工記・弓人》云：「覆之而角至，謂之句弓。」鄭玄注云：「覆，猶察也。」宋人孫奭（962–1033）解釋唐律「覆奏」的「覆」亦是釋為「審也」。[55]在法律用語中，「覆」經常是作為詳察、審查之意。除了覆奏以外，也常見按覆、審覆等。覆奏之義，當為審察與奏聞，並非反覆、重複稟奏。由於人命關天，人死不可復生，必須慎之重之。因此，五刑中唯有死刑才需要在執行前增加此道複核程序。

---

[51] 仁井田陞：《唐令拾遺》（東京：東京大學出版會，1964年覆刻發行。初版於1933年由東方文化學院東京研究所發行），頁761。

[52] 中文大辭典編纂委員會編：《中文大辭典》（臺北：中國文化大學，1990年），頁13265。

[53] 大辭典編纂委員會編：《大辭典》（臺北：三民書局，1985年），頁4365。

[54] 參看前揭仇加勉、王平原合著：〈「复奏」、「覆奏」考辨〉，頁45-49。

[55] 〔宋〕孫奭：《律音義》，〈詐偽第九〉（上海：上海書店，1994年），頁260。

二、覆奏之單位

法令規定死刑執行前需要審察和奏聞，那麼誰來負責這些工作？太宗時下令不論在京或在外，一律都由門下覆視，但實際上卻有門下以外官員覆奏的例子。試看貞觀十六年（642）十一月廣州都督党仁弘一案：

> 仁弘有材略，所至著聲迹，上甚器之。然性貪，罷廣州，為人所訟，贓百餘萬，罪當死。上（即太宗）謂侍臣曰：「吾昨見大理五奏誅仁弘，哀其白首就戮，方晡食，遂命撤案；然為之求生理，終不可得。今欲曲法就公等乞之。」……於是黜仁弘為庶人，徙欽州。[56]

党仁弘自廣州罷任後，被人告發貪贓百餘萬，論法當死。最後，太宗體恤仁弘年紀老邁，遂曲法開恩，將其黜為庶人，徙置欽州。太宗「吾昨見大理五奏誅仁弘」一語，《冊府元龜》作「吾一昨見大理進殺仁弘第五奏」，[57]皆指大理寺已經完成五度覆奏的程序，都是奏請誅党仁弘，可知覆奏的單位是大理寺。大理寺負責審理京師百官犯罪，党仁弘自廣州都督罷任回京，其貪贓案屬於大理寺的審理權限。另外，再舉唐高宗的李孝協一案為例。據《冊府元龜・帝王部・守法》，云：

> 高宗麟德元年（664）二月丙午，魏州刺史、郇國公孝協坐贓賜死。宗正卿、隴西王博乂等奏稱：「孝協父長平王叔良，身死（疑脫「王」字）事者，孝協更無兄弟，繼嗣便絕，特望矜免其死。」帝曰：「時覽所司覆奏孝協死罪，非不愴然。但國之枝戚，任寄為重，不能廉慎，遂及贓貨狼籍。且畫一之法，百王共貫，豈親疏異制，用捨殊途？若有利於百姓，皇太子亦所不赦，身之肌膚，朕亦不惜。今知孝協既有一子，令其主祭。其朞功等親，並宜依舊，勿拘令式。」孝協竟自盡於第。[58]

魏州刺史、郇國公李孝協因貪贓而被賜死，[59]由於具有宗室身分，所以覆奏其事的是宗正卿。只是高宗認為法令應是天下共守，不能親疏異制，最終孝協仍被賜死於家。

---

[56] 《資治通鑑》，卷196，〈唐紀十二〉「唐太宗貞觀十六年（642）十一月」條，頁6182。
[57] 《宋本冊府元龜》，卷150，〈帝王部・寬刑〉，頁5a-5b。
[58] 《宋本冊府元龜》，卷58，〈帝王部・守法〉，頁12a。
[59] 李孝協及其父叔良之事，可參看《舊唐書》，卷60，〈宗室・長平王叔良傳〉。

及至開元制令時，進一步規定在京和在外的覆奏單位。在外的死刑案件，〈獄官令〉明確規定是由刑部覆奏。至於在京部分，基於犯人的身分與犯罪的性質，案件可能歸屬不同的單位審理，故覆奏由「行決諸司」負責。從上引党仁弘案和李孝協案，可知自貞觀朝以來已是由「行決諸司」負責在京的覆奏。

三、覆奏之原則

若以前述太宗後悔誅殺大臣而對覆奏制度進行的改革，可知覆奏具有防止帝王專殺的作用。然而，畢竟帝王任意殺戮並非常態，此套機制要針對的毋寧是全國的死刑案件。按理來說，唐代對於死刑的判決極為慎重，判決定讞前都已經過層層的複核程序，[60] 冤假錯案的機會應該不大。據前引《通鑑》所記貞觀五年十二月太宗詔云：

> 百司斷獄，唯據律文，雖情在可矜，而不敢違法，其間豈能盡無冤乎！

各級官員在審理死刑案件時，在面對層層複核監督下，為了自保其實都會依照法律來判決。甚至縱使遇到可矜可憫的情況，為免被指違法縱放犯人而受罰，也不敢輕言寬貸。因此太宗遂指示官司覆奏時：

> 有據法當死而情可矜者，錄狀以聞。

若囚犯依法合死但其情由值得矜恕的，錄其事狀奏聞皇帝。可見官員覆奏時應著眼犯人是否情在可矜可宥，至於案情的虛實或者律條的輕重，已經不須多所費心。前引高宗朝李孝協一案，孝協貪贓固是罪無可逭，宗正卿訴求的是其父叔良身死王事，[61] 而孝協又沒有兄弟，為免叔良絕後而請求高宗「矜免其死」。

---

[60] 關於唐代死刑的複核程序，可參看王宏治：〈唐代死刑複核制度探究〉，《法政論壇》，2008 年 4 期，頁 160-173。王氏指出唐代的刑部、中書、門下、尚書都省、御史臺等部門各從不同方面對死刑作複核。

[61] 據《舊唐書》，卷 60，〈長平王叔良傳〉，頁 2345，可知李叔良在武德四年（621）突厥入寇時，受詔率軍征討，不幸中流矢身亡。

四、對於特殊犯罪的覆奏

前引開元〈獄官令〉規定在京死囚五覆奏，在外三覆奏，「若犯惡逆以上及部曲、奴婢殺主者，唯一覆奏。」其中「部曲、奴婢殺主者，唯一覆奏」的規定，不見於貞觀時期，應為新增條文。「惡逆以上」是指「十惡」罪中的謀反、謀大逆、謀叛、惡逆。[62] 謀反是指謀害皇帝及謀奪帝位；謀大逆是指圖謀破壞宗廟、山陵、宮闕等象徵皇權的建築；謀叛是指圖謀背國從偽，三者都屬侵害皇權的犯罪。至於惡逆則是指侵害父祖的身體與生命以及期親以上尊長的生命。

謀反等犯罪除了惡性重大以外，有時牽涉廣泛，理應更加縝密審覆，以防冤濫。然而，在法令設計上竟是一覆奏，究竟是什麼原因？正如前述，覆奏原則不是案情的虛實或者律條的輕重，而是在檢查犯人是否「情在可矜」，那麼這些嚴重犯罪僅有一覆奏則並不讓人意外。蓋縱使皇帝、父母、主人如何不是，為人臣者、子者、奴者都沒有忤逆謀害的理由。犯下如此破壞名教、違逆倫常的惡行，難說其情有可矜可憫之處，因此只能得到一覆奏的恩德。日本《養老令．獄令》規定奴婢殺主甚至不必覆奏，自然也是出於同樣的考量。關於日本令的內容，將詳下節。

五、決囚日不進酒肉

根據上引〈獄官令〉「其京城及駕在所，決囚日，尚食進蔬食，內教坊及太常寺，並停音樂」一句，可知只有在京決囚日才有撤樂和減膳，至於地方的覆奏則沒有類似規定。然而，前引貞觀五年十一月九日敕文，明確指出在京和在外的死刑覆奏之後，都有停酒肉進蔬食的安排。《新唐書》對此有更詳細的記載：

> 自今宜二日五覆奏。決日，尚食勿進酒肉，教坊太常輟教習，諸州死罪三覆奏，其日亦蔬食，務合禮撤樂、減膳之意。[63]

在京五覆奏後是撤樂和減膳，在外諸州三覆奏後亦會減膳。開元令與貞觀的規定明顯有差異。再看日本的狀況。據《養老令．獄令》第 5 條：「其京國

---

[62] 《唐律疏議》，卷 1，〈名例律〉「十惡」條（總 6），頁 6-9。

[63] 《新唐書》，卷 56，〈刑法志〉，頁 1409。

決囚日，雅樂寮停音樂」，撤樂範圍包含在京和在外，近於貞觀制度。關於日本令的內容，將詳下節。另外，北宋《天聖令・獄官令》第5條，云：

> 其京城及駕所在，決囚日，內教坊及太常並停音樂。外州決囚日，亦不舉樂。[64]

北宋《天聖令》的規定與日本《養老令》幾乎相同，也是在京在外的決囚日，並不舉樂。

〈獄官令〉第6條是仁井田陞根據《唐六典》卷6「刑部郎中員外郎」條、《通典・刑六・考訊附》、《宋刑統・斷獄律》復原而來，而有關撤樂與減膳部分主要是來自《唐六典》和《通典》。究竟是開元制令時將決外州囚日減膳的條文刪除，還是《唐六典》和《通典》的記載有缺漏？這是值得進一步思考的問題。

決囚日進蔬食是否確實執行？據《唐會要》卷40〈君上恤刑〉云：

> （太宗）因謂三品已上曰：「今曹司未能奉法，在下仍多犯罪，數行刑戮，使朕數食空飯。公等豈不為媿！宜各存心，以盡匡救。」

詔書中所謂「空飯」，當指沒有肉類而只有蔬菜的飯食。[65]太宗云「數食空飯」，即知決日進蔬食並非空言，而是確有遵行。又房玄齡在貞觀二十二年（648）臨終前對太宗的上奏：

> 陛下每決死囚，必令三覆五奏，進素食，停音樂者，蓋以人命所重，感動聖慈。[66]

亦知太宗撤樂減膳的做法，並非虛文。不僅如此，唐代某些品階的官員每天

---

[64] 天一閣博物館、中國社會科學院歷史研究所天聖令整理課題組，《天一閣藏明鈔本天聖令校證附唐令復原研究》（北京：中華書局，2006年），頁327。

[65] 「空飯」之空，應是僅僅、單獨之意。「空飯」有時可解作白飯，例如《太平廣記》（點校本）（北京：中華書局，1974年），卷134，〈報應三十三〉，「宿業畜牲・王珍條」：「船上無菜，人皆食肉。珍不食，唯飡空飯而已。」此處空飯當指白飯。空飯一詞在日僧圓仁的《入唐求法巡禮行記》中曾出現七次，其中有云：「當寺慶僧正入寺，屈諸寺老宿於庫頭空茶空飯，百種周足。兼設音聲。」既是重大慶典，又云「百種周足」，當不會只有白飯，此處應是沒有肉的齋飯。關於空飯一詞可參看董志翹：《入唐求法巡禮行記》詞匯研究》（北京：中國社會科學，2000年），頁278-283。

[66] 《宋本冊府元龜》，卷548，〈諫諍部・遺諫〉，頁13b。

可以得到朝廷供給一定分量的肉食，但在決囚日則會暫停。[67] 可知決囚日進蔬食之事，在君臣生活中都有實踐。

綜合而言，覆奏指審察與奏聞，並非反覆、重複稟奏之意。〈獄官令〉明確規定在京的死刑是由行決諸司負責覆奏，在外的則由刑部覆奏。官司覆奏主要著眼於犯人是否情在可矜，而不是案情的虛實或者律條的輕重。因此，犯了惡逆以上以及部曲、奴婢殺主者，屬於臣弒君、子弒父、奴弒主等破壞名教、違逆倫常的惡行，難說其情有可矜可憫之處，只能得到一覆奏的恩德。〈獄官令〉規定在京決死囚日有司須進蔬食，但決地方囚日卻沒有類似的做法。這有別於之前貞觀五年十二月的規定，也異於同時的日本《養老令》和之後北宋的《天聖令》。

陸、唐律與唐令矛盾之檢討

一、律令的歧異

除了前引〈獄官令〉第 6 條以外，在《唐律疏議》中亦有相關條文制裁違反覆奏規定的行為。據《唐律疏議．斷獄律》「死囚覆奏報決」條：

> 諸死罪囚，不待覆奏報下而決者，流二千里。即奏報應決者，聽三日乃行刑，若限未滿而行刑者，徒一年；即過限，違一日杖一百，二日加一等。

> 《疏》議曰：「死罪囚」，謂奏畫已訖，應行刑者。皆三覆奏訖，然始下決。若不待覆奏報下而輒行決者，流二千里。「即奏報應決者」，謂奏訖報下，應行決者。「聽三日乃行刑」，稱「日」者，以百刻，須以符到三日乃行刑。若限未滿三日而行刑者，徒一年。即過限，違一日杖一百，二日加一等。在外既無漏刻，但取日周晬時為限。[68]

本條對於違法官員的處分有三種狀況，其一是不待覆奏報下而逕決死囚，將

---

[67] 《唐六典》卷 4「尚書禮部．膳部郎中員外郎職掌」條曰：「四品、五品常食料七盤（注云：每日領米二升，麪二升三合，酒一升半，羊肉三分，瓜兩顆，餘並同三品。若斷屠及決囚日，停肉，給油一合，小豆三合。三品已上亦同此。）」

[68] 《唐律疏議》，卷 30，〈斷獄律〉「死囚覆奏報決」條（總 497），頁 572。

被處以流二千里。其二是接到皇帝已經批准決死的公文後，仍要等待三天才可以行刑，未滿三天就處決犯人的將判徒刑一年。其三是超過期限仍不處決死囚的則以超過的日數來處罰。[69]

覆奏之後，死刑執行已經得到確定，不過仍須等待三天才可以行刑。倘若皇帝對於死刑的批准需要更正的話，尚有三天的時間可以彌補。唐代皇帝經常大赦寬免死囚，在京犯人因近水樓臺，很容易沾沐皇恩，為免對地方死囚有失公允，所以〈斷獄律〉規定覆奏確定後，仍需等待三天才可以行刑，這三天可謂是「執行猶豫期」。[70]

若將前引〈獄官令〉「決日三覆奏」中之「決日」理解為執行死刑之日，則死刑執行與覆奏的完成是在同一天。但《唐律》卻要求官員要在覆奏結束、君主報下之後經過三天才能處決犯人，律令之間明顯存在矛盾。日本學界對於唐令與唐律互相矛盾之處，討論甚多，[71] 甚至早在《令義解》之注釋中即已提出疑惑。據《養老令．獄令》第 5 條「大辟罪」條，云：

> 凡決大辟罪，在京者，行決之司三覆奏。（注：決前一日一覆奏，決日再覆奏。）在外者，符下日三覆奏。（注：初日一覆奏，後日再覆奏。）若犯惡逆以上，唯一覆奏。（注：家人奴婢殺主，不須覆奏。）其京國決囚日，雅樂寮停音樂。[72]

《養老令》乃根據《唐令》而制定，二者大致相同，但仍有些許差異。《養老令》第一部分的覆奏次數，在京和在外沒有分別，都是三覆奏，有別於唐代在京五覆奏，在外三覆奏。另外，《養老令》沒有注明在外究竟是由誰覆奏，[73] 而唐代則明確規定是刑部。第二部分特殊犯罪的處理，唐代在惡逆以

---

[69] 關於不待報處決死囚以及不依限處決死囚的討論，可參看劉俊文著：《唐律疏議箋解》，頁 2105-2111。

[70] 前揭宮部香織：〈律令死刑覆奏制度について〉，頁 94-95。又唐代皇帝頒分恩赦確實非常頻繁，290 年間曾先後大赦 188 次、曲赦 74 次、錄囚 101 次、降罪 82 次。關於唐代皇帝的恩赦，可參看拙著：《皇恩浩蕩──皇帝統治的另一面》（臺北：五南圖書，2005 年），頁 76。

[71] 參看前揭岡野誠：〈唐代における死刑覆奏について〉，以及宮部香織：〈律令死刑覆奏制度について〉等文。

[72] 黑板勝美編集：《令義解》，新增訂補《國史大系》，卷 10，〈獄令〉（東京：吉川弘文館，1988 年），頁 313。

[73] 岡野誠推測應由刑部省負責。參看前揭氏著：〈唐代における死刑覆奏について〉，頁 104。

上、部曲和奴婢殺主罪都是一覆奏，而日本在惡逆以上犯罪同於唐令，但在「家人奴婢殺主」犯罪卻是不覆奏。第三部分撤樂減膳的差異已見前文。

《令義解・獄令》「大辟」條的注釋云：

> 謂依律，奏報應決者，聽三日乃行刑是。三覆奏訖，更經三日，乃聽行刑。今案此條，再奏之日，即得行決，二法不同，遲速頓異。凡用刑之道，非是好殺，捨速從遲，是為優長。即下條，奏報之日，不得馳驛行下，是亦緩死之義。[74]

《養老律》已佚，但《養老律》乃根據《唐律》而制定，其相關內容應與唐律雷同。從注釋文字可知《養老律》也有「奏報應決者，聽三日乃行刑」之規定，即覆奏結束三天之後，才能用刑。《令義解》注意到官員究竟是遵循〈獄令〉的規定在覆奏當天處決犯人，還是依據〈斷獄律〉的規定，俟覆奏之後三天才能行刑？注釋家主張秉持「緩死」的精神，言下之意應當遵照律文而行。

有學者以為〈斷獄律〉僅僅是針對在外的覆奏而非在京的覆奏，律令之間應無矛盾。從〈斷獄律〉的疏文中「三覆奏訖，然始下決」一語，確是專指在外而非在京的覆奏。[75] 另外，疏文又提到「須以符到三日乃行刑」。按照唐代公文書的傳遞，「尚書省下於州，州下於縣，縣下於鄉，皆曰符。」[76] 疏文云「符到三日」，明顯是對地方而言。[77] 然而，「三覆奏訖，然始下決」、「符到三日」等都是疏文而非律文，屬於律文的闡釋部分。細究律文，並沒有排除在京的狀況，所以本條應當同時規範在京和在外的覆奏。倘若如此，〈斷獄律〉「奏報應決者，聽三日乃行刑」的條文，與〈獄官令〉在京執行死刑當天三覆奏的規定，難說沒有牴觸。

二、「決日」試析

關於唐律與唐令規定扞挌之處，或許可以從「決日」的意思來疏通。

---

74 《令義解》，卷 10，〈獄令〉，頁 313。

75 宮部香織前揭：〈律令死刑覆奏制度について〉，頁 92-93。

76 《唐六典》，卷 1，「尚書都省・左右司郎中員外郎職掌」條注。

77 中村正人：〈書評：宮部香織〈律令死刑覆奏制度について〉〉，《金澤法學》，42 卷 1 號（1999 年），頁 291-292。

根據〈獄官令〉的規定，有關官員須在二天內五度覆奏：「決日」前二覆奏，「決日」三覆奏。至於在外者則須在二日內三覆奏：「初日」一覆奏，「後日」再覆奏。何謂「決日」？或以為是死刑的執行日，或以為可能是死刑預定日。[78] 倘若如此理解的話，官員必須先確定「決日」，然後才能在「決日」前一天兩度覆奏，「決日」三度覆奏。筆者以為是否可以逆向思考，官司是先進行覆奏，才確定「決日」呢？

「決日」應有二層含義，一為死刑執行確定日，一為死刑執行日。覆奏是死刑執行前最後的複核程序，所以需要覆奏的案件，判刑早已定讞。依法而言，官司在法定行刑時間內都可以處決犯人，只是處決前需要完成覆奏的程序。舉例來說，倘若在京官司在十一月初一展開兩次覆奏，第二天的十一月初二再完成三次覆奏。俟五度覆奏完畢，君主報下後，死刑即可執行。十一月初二日即是所謂的「決日」，因為當天死刑的執行可說完全確定，「決」有「決定」、「確定」的意思。既然確定，十一月初二當天即可執行死刑，「決日」也可能是死刑執行日，所以「決」也有「處決」的意思。太宗將三覆奏增為五覆奏之理由，即是鑑於「有司須臾之間，三覆已訖。」君主無法深思熟慮下，死刑已經執行，犯人已被處決。言下之意，覆奏之後，可能即刻行刑，死刑執行確定日與死刑執行日也許就是同一日。

關於地方的覆奏是二日三覆奏，〈獄官令〉不用「決日」而用「初日」、「後日」，明顯含義有別。有關官員將死刑案件奏報皇帝，第一日首次覆奏，第二日二次覆奏，第一日即「初日」，第二日即「後日」。「後日」三度覆奏結束後，死刑的執行即告確定，但因為相關文書自長安發至地方需要一定的時間，地方俟收到文書後方可執行死刑，因此各地死刑實際執行的日子仍需另行安排。職是之故，令文就不用決日，而用初日和後日以示區別。

正如前述，決日既是死刑執行確定日，也是死刑執行日。然而，實際上死刑執行確定日與死刑執行日終究略有相差，它們可能是同一日，也可能不是同一日。前引貞觀十六年（642）十一月廣州都督党仁弘貪贓案，太宗謂侍臣曰：

---

[78] 岡野誠前揭：〈唐代における死刑覆奏について〉，頁104。岡野氏以為《令義解》指出的矛盾確實存在，應是律令編纂上不夠完備。在京在外的官員皆需遵守〈斷獄律〉之規定，覆奏報下三日內都不可執行死刑，所謂「決日」或許是「死刑執行預定日」。

> 吾昨見大理五奏誅仁弘，哀其白首就戮，方晡食，遂命撤案。

從太宗「昨見大理五奏誅仁弘」一語，可知「昨日」第五度覆奏已結束，「昨日」即法令中的「決日」，但党仁弘仍未被處決。「決日」是完成最後的複核程序，確定可以執行死刑的一天，但並不一定就是死刑執行的一天。又據前引太宗貞觀五年十一月九日敕：

> 前敕在京決死囚日，進蔬食。自今已後，決外州囚第三日，亦進蔬食。

各州距離長安的里程不一，收到長安報下核准死刑公文的時間必然前後不一，從而處決犯人的時間也必定不一，皇帝不可能預知各地處決犯人的確切時間，所以敕文中的「決外州囚第三日」不可釋為「處決外州囚犯的第三日」，而是「確定外州囚犯死刑執行的第三日」，這裡的的「決」顯然是確定死刑執行的意思。

如果「決日」不一定是處決死囚的日子，而是確定死刑執行的日子，那麼，律文與令文之間未必有捍扞矛盾之處。在京的死囚在五覆奏後只是確定要執行刑罰，仍要等待三天後，官司才可處決死囚。關於在京在外死囚覆奏程序，可參看表 1。

表 1　唐代死刑覆奏程序表

死囚所屬	在京	在外
覆奏的單位	行決諸司	刑部
流　　程	決前一日　二覆奏 君主報下 ↓ 決日　三覆奏 君主報下 ↓ 在京行決諸司收到結果 ↓ 等待三日 執行死刑	初日　一覆奏 君主報下 ↓ 後日　再覆奏 君主報下 ↓ 地方行決諸司收到結果 ↓ 等待三日 執行死刑

柒、結論

拙稿是對唐初覆奏制的變革以及律令的相關規定，作一較為完整和深入的考察。綜合前文，可以歸納幾點看法：

第一，覆奏制是對死刑案件最後一道複核程序，其淵源可追溯至《禮記．王制》，是儒家思想影響下，帝制中國的一種慎刑、恤刑措施。北魏太武帝時大致建立死刑覆奏之制，至隋文帝時，正式制訂死刑三覆奏的規定。

第二，貞觀二年十月的盧祖尚案與貞觀五年八月的張蘊古案是唐代覆奏制度變革的關鍵事件，尤以後者影響更大，最終促成了五覆奏的建立。盧祖尚答應太宗出鎮交州後卻一再推託，終於激怒太宗而被處斬。事後魏徵藉議論北齊文宣帝高洋之機諷喻太宗，太宗為此大悔，遂恢復祖尚官蔭。張蘊古在李好德事件以前已有與獄囚過從甚密的紀錄，及至李好德事件中，又犯了「情在阿縱，奏事不實」的罪行，只是法不至死。筆者以為盧案和張案並非純因君主一時震怒而發生的錯殺事件，而是太宗在貞觀初年汲汲於鞏固帝位的背景下，鑑於臣下欺矇君上，損害帝王權威，因而刻意嚴懲重罰以樹立君權，警策群臣。

第三，貞觀五年張蘊古案後，太宗對覆奏制度作了重大改革，在八月二十一日申明覆奏是一定要依法執行的制度，務使臣下恪盡提醒君上的責任；不久，又先後針對在京和在外覆奏程序完成的案件，指示有司減損膳食；在十二月二日將京師三覆奏增為五覆奏，既增加覆奏次數也拉長了覆奏時間，使皇帝有更充裕時間深思熟慮。

第四，覆奏指審察與奏聞，並非反覆、重複稟奏之意。〈獄官令〉明確規定在京的死刑是由行決諸司負責覆奏，在外的則由刑部覆奏。覆奏制度固然具有防止帝王專殺的作用，但畢竟帝王任意殺戮並非常態，此套機制要針對的毋寧是全國的死刑案件。官司覆奏時，主要著眼於犯人是否情在可矜，而不是案情的虛實或者律條的輕重。因此，犯了惡逆以上以及部曲、奴婢殺主者，屬於臣弒君、子弒父、奴弒主等破壞名教、違逆倫常的惡行，難說其情有可矜可憫之處，因此只能得到一覆奏的恩德。〈獄官令〉規定在京決死囚日有司須進蔬食，但決地方囚日卻沒有類似的做法。這有別於之前貞觀五年十二月的規定，也異於同時的日本《養老令》和之後北宋的《天聖令》。

第五，《獄官令》決日覆奏的條文與《斷獄律》「奏報應決者，聽三日乃行刑」的規定，表面看來頗有扞格難解之處。筆者以為「決日」之義，一為死刑執行確定日，一為死刑執行日。若「決日」不一定是處決死囚的日子，而是確定死刑執行的日子，那麼，律文與令文之間未必有矛盾。

（原刊於：《中華法系與儒學思想》，原名是〈唐代前期死刑覆奏制度——兼論其與儒家思想的關係〉，2014 年。）

DOI:10.978.986437/1778.0011

納兵於禮——中國古代軍禮的形成

李訓詳*

壹、序說——儀式、禮俗與軍禮

相較於日常生活，軍事是社會行為中的特殊部門，軍隊是社會組織中特殊的團體，所以不論中外古今，軍隊之中都有和一般日常禮儀不同的特別儀式行為，用來區別上下等級，維繫紀律，強化內部的整合凝聚，這是當今一般所謂的軍禮。軍禮之所以不同於常禮，除了軍隊有不同的紀律要求之外，和武裝的特殊需要也有很大的關係。西方的舉手軍禮據說來自古羅馬軍團，而軍團的騎士策馬相遇時，會掀起頭上所戴的面甲，一方面是向對方表達敬意，一方面也是相互辨認，區別敵我。十一世紀以後，騎士裝備未必有面甲，就改為去盔脫帽致意。後來英國進一步把脫帽敬禮的方法改為手觸帽沿，同時翻開手掌的舉手禮，這種舉手軍禮隨著西方操典的全球化，成為當代一般軍禮的來源。

中國古代也有類似的儀式性的軍禮，一樣也是因為武裝的關係，和生活常禮有很明顯的區別。《禮記．少儀》中說「武車不式，介者不拜」，鄭玄注：「兵車不以容禮下人也，軍中之拜肅拜。」常禮中乘車表示敬意，要扶軾俯身低首，但乘兵車則不必；平常的手拜，是手至地，軍隊中的肅拜，因為身著甲胄的關係，則是低一低頭。周亞夫屯兵細柳，以軍禮見天子[1]，受到漢文帝的器重，傳為美談，是很有名的例子。不過後世的軍禮，也並不完全如此簡質。戚繼光的《練兵實紀》中很重視軍禮，他認為軍禮是名分之所

---

* 國立臺北大學歷史學系助理教授

1 《史記．絳侯周勃世家》。

繫，紀律的根本，「彼臨敵用命，繫於平日有禮，禮不可逾閑，則知死長。」[2]沒有用平日的軍禮，用統御的威儀來潛移默化，養成服從習慣，在戰場上出生入死之際，即使臨陣用布惠和刑殺的手段，也不見得能有效控制軍隊。所以相形之下，戚繼光所講的軍禮儀式，比起「軍中肅拜」的禮節，更有尊卑之分。《練兵實紀》中，千總見本營主將，除非路迎不便，原則上是要「兩跪一揖」。「總見千總，平時兩揖一跪。入營奉台上發放，則跪而聽之。」[3]軍禮沿革，可以展現軍人地位的變化，是值得注意的。

不過以上所說的「軍禮」，和本文所欲申論的軍禮不同。西方的舉手禮或中國古代的肅拜，都只是軍隊內部的儀式習慣（rite），至多近於古人所說的「軍容」、「軍旅之容」[4]，這種儀式習慣，中外古今的軍隊皆有，和中國古代文化中的「禮」的概念，並不完全對等或相應。尤其儒者所建構的「五禮」（吉、凶、賓、軍、嘉禮），除了古有的儀式、習俗外，往往還包括了禮意、德行、制度規章的內容。提到「禮」，經常是指向一定程度的人文化的規範，甚至就是聖人制作裁擇的結果，並不把一切既成的習俗、儀式都列為禮。所以現代研究古禮的學者，習染於晚周以後的禮制之說，才會訝於上古所傳的「振武禮」，居然是「充滿血腥氣」。[5]原初社會多有特異風俗，從中國儒家傳統的概念來說，禮和俗是應作區別的。禮儀規範固然多來自古有的習俗，但在形成「五禮」的系統時，已經不單純是古習舊慣的承襲，而是導向了一個新的價值行為系統的創建。

因而本文所擬討論的「軍禮」，並不僅指古代和軍旅之事有關的儀式習俗，更意在釐清中國禮制的「五禮」系統下的「軍禮」的來歷。把「用武」和「禮」這兩個概念，結合為「軍禮」的概念，並不是自古而然，而是儒家思想的產物。「殺人之中，又有禮焉」（《禮記．檀弓》）原非封建武士在戰場上的常態，而是孔子有意鼓勵的結果。尤其兩漢以後，儒學昌盛，中國其實已被儒家化，許多儒學創造的概念，便被自然的接受，習焉不察，視為自古以來當然應有之事。本文認為「軍禮」之說，其實是孔子以後，儒家學

2　戚繼光，《練兵實紀雜集》卷二，〈儲練通論下．原軍禮〉。

3　戚繼光，《練兵實紀》卷二，〈練膽氣．第七，定軍禮〉。

4　軍容一詞見於《司馬法》，秦蕙田《五禮通考》軍禮的部分也列入「軍容」一項。《賈誼新書．卷六．容經》有云：「軍旅之容，湢然肅然固以猛。」

5　陳戍國，《先秦禮制研究》（湖南：湖南教育出版社，1991），頁246。

派因應封建制的危機，而新起的制作。「軍禮」的形成，背後的意義是儒家學派對武力在政治社會中應具有怎樣的地位，一種歷史性的反思。[6]

「禮」的概念，涵義豐富，在討論軍禮概念的起源之前，應先對本文所指涉的「禮」和「軍禮」作個說明。

學者大抵都承認，「禮」制的重視和強調，是中國文化的一個特色，而這點主要是來自儒家學說的影響。對於禮的來源，《大戴禮》中有「禮三本說」：

> 禮有三本：天地者，性之本也。先祖者，類之本也。君師者，治之也。……故禮上事天，下事地，宗事先祖而寵君師，是禮之三本也。[7]

根據這個「禮三本」說，可以推論，古代的禮可分為兩類，同時也是兩個階段的來源，一者是報始——對天地先祖的祭禮，二者是為治——君師的緣人情而制禮。

就第一個來源說，王國維對甲骨文的分析，提出一個論點：「奉神人之事通謂之禮」。[8]這個解讀和劉師培所說的不謀而合。劉師培云：

> 上古五禮之中僅有祭禮，冠禮、昏禮、喪禮悉為祭禮所賅。……古代禮制悉賅於祭禮之中，舍祭禮而外，固無所謂禮制也。[9]

《禮記．祭統》說：「禮有五經，莫重於祭。」古代政治，不離神權色彩，因而祭祀行為幾滲透到一切的生活規範之中。比如以天子出行為例，有所舉動，便有許多必要的祭祀，如「類乎上帝，宜乎社，造乎禰。」[10]出軍也是

---

[6] 學者討論先秦的軍禮，多由《周禮．春官．大宗伯》中的理念框架，溯源古代的事例。如田旭東，〈先秦軍禮考〉《秦俑博物館開館三十週年國際學術研討會暨秦俑學第七屆年會論文集》（西安，2009）、陳高志，《西周金文所見軍禮探微》（臺北：國立臺灣大學中國文學研究所，2002）、〈《左傳》與軍禮〉，《內湖高工學報》16 期，頁 93-108。。把軍禮的存在視為先行的，而非後設的理念，這是和本文所欲考論的有所不同的地方。

[7] 王聘珍，《大戴禮記解詁》卷一，〈禮三本〉。

[8] 王國維，《觀堂集林．釋禮》。

[9] 劉師培，《劉申叔遺書．古政原始論．禮俗原始論第十》。

[10] 《禮記．王制》。

出行的一種，自然也會執行這些祭祀。[11]但如果因而把「類乎上帝，宜乎社，造乎禰」這些與出征相關的祭祀行為的存在，便認為古代有一套「軍禮」的理念的證明，似乎是可以商榷的。鍾柏生考論殷代戰爭禮，就發現殷代戰爭程序中，雖然祭祀、占卜儀式繁多，但似無專屬的戰爭祭祀。[12]這個論點在我們界定古代軍禮的意義時，是很值得重視的。

禮的第二個來源，是聖王的制作，即所謂「緣人情制禮」[13]。而這種聖人制禮的過程，往往是對原有的禮俗作了取代或賦予新義。《周官．地官》「土均掌平土地之政，……禮俗喪紀祭祀皆以地孅惡為輕重之法而行之」，鄭注云：

> 禮俗，邦國都鄙民之所行先王舊禮也。君子行禮，不求變俗，隨其土地厚薄為之制豐省之節耳。

所以儒家的制禮作樂，因為「不求變俗」，新的制作之中，沿襲不少舊俗的原料，新制舊俗之間的變化意義，也就容易被忽略了。許多後起的現象和觀念，常被視為古已有之。傳統禮學家考論古禮，常用溯源的方法，容易產生盲點的地方就在這裡了。吉、凶、賓、軍、嘉的五禮系統，到《周禮》中才形成，但因為祭祀、喪葬、朝聘、軍旅、昏冠等禮儀，不少沿自古代禮俗，前有所循，以至於杜佑認為：「自伏羲以來，五禮始彰，堯舜之時，五禮咸備」。[14]似乎五禮的體系，已行於堯舜之時。若以後律前，視之為古今一貫，那麼禮制變化的歷史意義，便不易追索了。

本文旨在申論，封建城邦的時代，本質上是尚武的文化；文事禮樂，與用武行師，各有其獨立的實踐領域，即禮樂和戎事，二者對內和對外有別。

---

[11] 《禮記．王制》中，出行和出軍的祭祀並無區別，只是出軍時到了戰地，多了一項禡祭。禡祭雖是師祭，但《詩．大雅．皇矣》傳云：「於內曰類，於野曰禡。」雖內外有別，其實仍是類似的對空間的祓禊儀式，以祈求庇佑，和軍事行動的關係不大。這個意義下的軍禮，大體是祭祀文化的延伸，大凡進行重大行動與決策，都會有類似的儀式，並不專屬於戰爭。

[12] 鍾柏生，〈卜辭中所見的殷代軍禮之二——殷代的戰爭禮〉，《中國文字》新十七期，頁 177。

[13] 《史記．禮書》：「余至大行禮官，觀三代損益，乃知緣人情而制禮，依人性而作儀，其所由來尚矣。」

[14] 杜佑，《通典》卷四十一，〈禮一．沿革一〉。

而軍旅之事，以克敵致果為上，並不特別強調合不合禮制，手段仁義不仁義。所以春秋以前，並沒有把禮制和戎事合而為一的軍禮觀念。但尚武文化的發展，帶來封建制的危機，到了周秦之際，孔子的後學，才出現把兵事納入禮制，強調王者仁義之師的軍禮觀念。以下先論軍禮原本不見於經禮；次論三代的尚武文化與封建制危機；再由孔子對軍旅之事的看法，說明儒學論王者之兵的軍禮觀念的形成。

貳、五禮體系的成立與軍禮存亡之疑

中國古代禮典的系統，根據《周禮．春官．大宗伯》，分為吉、凶、賓、軍、嘉五禮。五禮的分類與作用，是「以吉禮事邦國之鬼神示」，「以凶禮哀邦國之憂」，「以軍禮同邦國」，「以賓禮親邦國」，「以嘉禮親萬民」。雖然禮典的系統觀至少在周秦之際已經出現，但直至漢魏，實際內容的編纂仍未到完備的階段，到晉以後才有比較完整的禮典。後世禮典編纂，為什麼會選擇這個五禮系統？據《通典》所述禮制沿革，是因為禮雖起於伏羲之時，至「堯舜之時，五禮咸備」，但「夏商二代，散亡多闕」，到周公攝政時，

> 六年致太平，述文武之德，制《周官》及《儀禮》，以為後王法。《禮序》云：『禮也者，體也，履也。統之於心曰體，踐而行之曰履。』然則《周禮》為體，《儀禮》為履。

《周禮》相傳為周公致太平之書，採取《周禮》為體，自然也就以五禮系統為禮經的大法了。不過這套禮制，「自孔子時已不能具」，秦統一天下，「收其儀禮，歸之咸陽」，但採用的只是其中「尊君抑臣」的部分。漢代以後，廣開獻書之路，才是補緝舊文，重訂儀注的過程。

對於五禮的起源，《周禮》並沒有解釋。杜佑的《通典》則說之如下：

> 伏羲以儷皮為禮，作瑟以為樂，可為嘉禮；神農播種，始諸飲食，致敬鬼神，蜡為田祭，可為吉禮；黃帝與蚩尤戰於涿鹿，可為軍禮；九牧倡教，可為賓禮；易稱古者葬於中野，可為凶禮。又，「修贄類帝」則吉禮也，「釐降嬪虞」則嘉禮也，「群后四朝」則賓禮也，「征於有苗」則軍禮也，「遏密八音」則凶禮也。故自伏羲以來，五禮始彰。

杜佑把五禮的起源推到伏羲等五帝時代，其中軍禮的起源，歸於黃帝與蚩尤的涿鹿之戰，這可能是因為黃帝、蚩尤很早就是軍祭對象的緣故。劉邦起兵反秦，所行的儀式就是「祠黃帝，祭蚩尤於沛庭」，然後釁鼓，立旗幟。[15]

以「《周禮》為體，《儀禮》為履」的五禮系統，是不是周公與孔子所定的禮制？有些學者表示懷疑，如顧棟高《春秋大事表》指出，春秋時無人引《儀禮》。但多數學者還是確信無疑的，俞正燮《癸巳類稿》就舉證說明《儀禮》行於春秋，他認為「大凡禮制張設，不必人人皆行，要其相去不遠。」[16] 不過五禮系統是否有當於古代禮制的實況，還不在於文獻上是否有足夠的證據，其最大的疑點，恐怕是出在軍禮的部分。以下先就軍禮的構成先作說明。

《周禮》「以軍禮同邦國」，所謂的「同邦國」，是「威其不協僭差者」。也就是凡有不協調的，有僭越和差別的，均用軍威加以統一。其中又分五個子目：一者，「大師之禮，用眾也。」大師之禮主要指出征行軍之事，後來禮典中的皇帝親征、告廟、命將、凱旋、獻俘等儀節，都屬於這一類，這也是後世軍禮中的最主要部分。

《周禮》軍禮中的第二項，是為「大均之禮，恤眾也。」鄭玄注：「均其地政、地守、地職之賦，所以憂民也。」古代內政軍令合一，這一項講的是戶口校比，以及賦稅的攤派徵收，這一項和地官的關係較大，可能是因為軍事行動要徵調軍賦，所以也列為軍禮的一環。

軍禮的第三項，「大田之禮，簡眾也。」鄭玄注：「古者因田習兵，閱其車徒之數。」也就是借田獵實行軍事動員演習，四時講武，分別稱為春蒐、夏苗、秋獮、冬狩，《周禮．夏官．大司馬》對這部分有詳細的記述。只不過春秋時並沒有按季舉行的大蒐禮，也有的大蒐禮純粹是軍事檢閱和演習，並不包括田獵之事。[17]

---

15 《史記．高祖本紀》。齊有八神將之祠，其三曰兵主，祠蚩尤，見《史記．封禪書》。周代專屬軍事類的祭祀有禡祭，至所征地後，舉行禡祭，兵禱後可增氣勢。禡祭其神或云蚩尤，或曰黃帝。大抵兩個均是禡神。雖然杜佑《通典》卷七十六，〈軍禮一〉言禡祭其禮亡，但後世兵書如《太白陰經》均保留這項祭祀，且有為軍將提供的祭文範本。

16 俞正燮，《癸巳類稿．卷二．儀禮行於春秋時義》。

17 大田之禮，其制度沿革可參閱楊寬，〈「大蒐禮」新探〉，收入氏著《古史新探》，中華書局，1965。

第四項是「大役之禮，任眾也。」鄭玄注：「築宮邑，所以事民力強弱。」這一部分目的在根據人民體力的強弱，分配興作公共工程，這部分工作，屬於匠人建國營國之事，可能是因為大興徒役，也用軍法部勒，所以放在軍禮的項目。

第五項「大封之禮，合眾也。」鄭玄注：「正封疆溝塗之固，所以合聚其民。」古代城邦，國外有溝塗封樹作為疆界，此項應該指的是經常性地防護整頓疆界，使人民安居。

《周禮》五禮中的軍禮，範圍廣闊，不僅涵蓋了軍容、軍制、軍法、軍祭，還包括民政行役，在古典中很難找到根據。南北朝學者按照「《周禮》為體，《儀禮》為履」的原則來重訂禮典時，最大的困難，就是《周禮》中只有軍禮的架構，而《儀禮》中沒有相應的軍禮的儀注內容。所以禮學家多推測，軍禮已全部佚亡。如南朝禮學家崔靈恩認為：「《儀禮》者，周公所制，吉禮惟得臣禮三篇，凶禮四篇，喪服上自天子下至庶人餘三篇皆臣禮，賓禮惟存三篇，軍禮亡失，嘉禮得七篇。」《儀禮》的內容是禮學家用以充實五禮架構的重要根據，而因為《儀禮》中事實上不存在軍禮，所以被視為亡失。也因此五禮中軍禮部分的條目，相形之下，較為空泛，在禮典中的歸屬分類間挪動，變動的幅度也是最大的，而禮儀所具有的權威性也受到影響。梁武帝時關於禮制的爭議，可以作為一個例證：

> 齊武帝永明二年，詔尚書令王儉制定五禮。至梁武帝，命群儒又裁成焉。吉禮則明山賓，凶禮則嚴植之，軍禮則陸璉，賓禮則賀瑒，嘉禮則司馬褧。……梁天監初，陸璉定軍禮，依古制類造等用牲幣。帝曰：「宜者請征討有宜，造者稟謀於廟，類者奉天時以明伐，並明不敢自專。陳幣承命可也。」璉不能對。嚴植之又爭之，於是告用牲幣，反亦如之。[18]

以上梁武帝和臣子所爭的焦點，是「宜」、「類」、「造」的祭祀中，所用牲幣的問題。這條天子親征的軍禮，出自《禮記．王制》：「天子將出征，類乎上帝，宜乎社，造乎禰，禡於所征之地。」梁武帝因為崇佛斷肉的關係，雅不願多用牲幣。所以對於「宜」、「造」、「類」等軍祭的名義作了另類的解釋，認定禮儀的重點在表達奉天征伐，「不敢自專」，陳幣承命即可，

[18] 《通典》卷七十六，〈軍禮一〉。

不必用牲幣。定軍禮的陸璉似乎也沒有根據來解釋軍祭用牲幣的來源，不能反對梁武帝的說法，尚待定凶禮的嚴植之力爭，才維持原案。

軍禮是不是因為《儀禮》有闕漏，所以相關部分佚亡而不存？清代禮學家邵懿辰認為《儀禮》是孔子手定，其中篇次完整，並無闕漏。[19] 他認為孔子之教，「以冠、昏、喪、祭、射、鄉、朝、聘八者為天下之達禮」，而《儀禮》十七篇，正可完整表達這八者的內容，並沒有闕逸的現象。如果《儀禮》並無闕逸，何以不見軍禮的內容？關於這點，邵懿辰設想了三點解釋：第一點，他質疑《周禮》是晚出之書，吉、凶、賓、軍、嘉的架構，並不是〈祭義〉、《尚書》等典籍所指涉的五禮。吉、凶、賓、嘉四項，已經涵蓋了八個達禮的範圍了，似乎《儀禮》原本就不必包括軍禮的範圍。第二點，因為《周禮》的吉、凶、賓、軍、嘉五禮，原本就是作以「括王朝之禮」，和八項達禮性質不同，尤其軍禮所談的，「於倫常無屬焉」，「非所語於天下之達禮也」，所以《儀禮》原無收錄。第三點，邵懿辰基本上已傾向認為，《儀禮》中沒有軍禮，是孔子定禮，有意識抉擇的結果。所以他說：「孔子定十七篇，以吉、凶、賓、嘉，當世通行之事，軍禮非所宜習。抑所謂俎豆之事嘗聞，軍旅之事未學者也？」不過他也認為孔子並沒有一味貶抑武事。有文事者必有武備，禮經不必另立軍禮，因為八達禮中的鄉射、大射，「已寓軍禮之意」了。

射禮「已寓軍禮之意」，是不是可以意味著可以歸於軍禮？這不是邵懿辰一人的設想。因為軍禮內容並不明確，所以後世禮典中軍禮的條目，常有挪動更變，乃至於重出的現象。這說明軍禮在五禮系統中，地位最為尷尬。禮典中軍禮的內容來源，「周制」部分除取材《周禮》若干職官外，主要取自《禮記》如〈王制〉、〈月令〉等文獻，又加上漢魏南北朝時的儀注故事，〈月令〉中和動用軍旅、兵器有關的項目，就可以將之列入軍禮，如露布、大儺、二至寢兵等項目，後代也置入軍禮之列。而大射、鄉射禮的歸屬，屢有改動。鄭玄將之歸於嘉禮，《開元禮》則屬軍禮，《通典》從之，到宋代又歸屬嘉禮。秦蕙田作《五禮通考》，認為「古者射以觀德，貫革非所尚也」，[20] 所以仍從鄭玄的安排，歸於嘉禮。這些是軍禮涵蓋內容並不明確的例證。

---

[19] 邵懿辰，《禮經通論》，收入《皇清經解續編》卷千二百七十七。

[20] 秦蕙田，《五禮通考・凡例》。

其實軍禮和其他重出的情況，並不只於鄉射、大射一項，軍禮中的軍祭，和吉禮沒有太大的分別。軍禮中的命將出征、敗軍，也和凶禮有重出的地方。《孔叢子・問軍禮》：

> 若不幸軍敗，則驛騎赴告，于載櫜鞬，天子素服，哭于庫門之外三日，大夫素服哭于社，亦如之。亡將失城，則哭七日。天子使使迎于軍，命將無請罪，然後將帥結草自縛，袒右肩而入，蓋喪禮也。[21]

不只敗軍以凶禮處之，為表示兵者凶器，爭者凶德，命將出征之時，亦仿凶禮。《淮南子・兵略訓》載，將軍受命出征，「乃爪鬋，設明衣也，鑿凶門而出」，古代喪禮，入殮時為死者剪甲，是為「爪鬋」。明衣即冥衣，是凶服。凶門是北開的門戶，中國處華北，習俗一向不北向開門，將軍出征，鑿一北向的門，由此而出，凡此均表示有死無歸的決心。

《周禮》軍禮五項子目中，大均、大役、大封等項，可以併入其他官守，而與軍事相關最大的軍制、軍法之類，內容過於繁重，除了秦蕙田的《五禮通考》外，史書大體歸入兵志，不置於禮典，從這樣的角度看來，軍禮的觀念，固然代表了相當高遠的理想，但所謂軍禮的禮制內容則多可歸併，其獨立性是不如其他諸禮的。

以上關於軍禮的討論，大體可以作結如下：中國古代的禮典，如果根據《周禮》的五禮體系，不少學者相信軍禮是周公、孔子手定禮制的一環。但是禮學家根據「《周禮》為經，《儀禮》為履」這樣的設想，卻難以復原軍禮。禮學家多認為這是軍禮亡佚，文獻不足徵的結果。但邵懿辰卻以《儀禮》、《禮記》論禮的體系完整，推測孔子手定的禮，根本沒有軍禮這一環。孔子明明重視武備[22]，何以沒有手定軍禮？根據他和衛靈公的對話：「俎豆之事嘗聞，軍旅之事未學者也」，可能有兩種原因，一者，孔子真的不懂軍旅之事。二者，孔子其實不願對衛靈公談軍旅之事。在深究孔子對軍旅之事的看法之前，本文擬根據兩個現象提出一種可能的推測：孔子以前，興禮作樂，

---

[21] 此條蓋出於《禮記・檀弓下》：「軍有憂，則素服哭於庫門之外，赴車不載櫜韔。」又輔以春秋時的受降制度。

[22] 《史記・孔子世家》：夾谷之會，孔子攝相事，曰：「臣聞有文事者必有武備，有武事者必有文備。」

內容原本就與武事無關，兵事不在禮中。五禮系統中的軍禮之說，是晚起的概念。

第一個現象，春秋以前，我們可以見到「戎事」、「武事」、「軍旅之事」這些詞彙，但罕見把軍事和「禮」聯繫起來的用語，如「軍禮」一詞，在文獻上僅一見。《左傳．襄公三年》，魏絳擔任司馬官，因為晉悼公之弟楊干行軍亂行，魏絳殺了楊干的僕人以懲戒。晉悼公大怒，準備殺魏絳。魏絳作了告白文書，自行前往，準備受死。他的答辯是：

> 日君乏使，使臣斯司馬。臣聞：「師眾以順為武，軍事有死無犯為敬。」君合諸侯，臣敢不敬，君師不武，執事不敬，罪莫大焉。臣懼其死，以及楊干，無所罪逃。不能至訓，至於用鉞，臣之罪重，敢有不從，以怒君心。請歸死於司寇。

悼公讀了書信，赤著腳就奔出來謝罪了，說：「寡人之言，親愛也；吾子之討，軍禮也。寡人有弟，弗能教訓，使干大命，寡人之過也。子無重寡人之過，敢以為請。」

《左傳》的記載用「軍禮」一詞指稱司馬魏絳的用軍法，但《國語．晉語七》，對同一件事，所記載晉悼公的說辭是這樣的：「寡人之言，兄弟之禮也。子之誅，軍旅之事也，請無重寡人之過。」史料中對同樣的言語一事兩載，究竟《左傳》與《國語》兩者中哪一方有潤飾而失實的問題，不容易斷定，但《左傳》「軍禮」一語既屬孤證，又有《國語》的反證，恐怕是難以作為春秋以前有「軍禮」觀念的證據。另一項可以對照的證據是《國語》中云：「受命於廟，受脤於社，甲冑而效死，戎之政也。」受命於廟、受脤於社，即後來軍禮中的出師、凱旋獻捷之禮，但《國語》只說是「戎之政」，不稱「軍禮」。這可能就反映了春秋以前，行禮、用武，各有畛域，並沒有納兵於禮的「軍禮」觀念。[23]

[23] 《左傳．莊公八年》有：「治兵于廟，禮也。」古代兵器收在公家，戰前才對國人授甲，所以治兵於廟是制度之常，如同出征前的告廟，都是必要的儀式，這些儀式按常規執行，便是合於禮；不按常規執行，便是「非禮」。所以這些治兵、出師儀式的存在，既不能說明「軍禮」觀念的存在，也和本文所論的軍禮涵義並不相同。類似的事有〈僖公二十七年〉晉文公新作三軍，擔心民心未附，於是在被廬閱兵，「大蒐以示之禮」。另外〈襄公二十五年〉，楚蔿掩為司馬，統計軍賦數量，交給子木，《左傳》作者亦稱「禮也」。不論是閱兵或統計軍事資源，這些大抵屬於共同體內部的經常事務，執行得當，即是「禮也」。所以同樣是大蒐，商紂王的黎之蒐引起反叛（昭公四年），比蒲的大蒐時機不宜（昭公十一年），就被視為「非禮也」。現今學者多逕稱藉田獵演兵為「大蒐

第二個現象是戰國以後，周秦之際，除了《周禮》所說的五禮之外，儒家文獻中把軍旅之事和禮連綴起來的詞語觀念就多了，如《禮記．曲禮》：「班朝治軍，蒞官行法，非禮威嚴不行。」《禮記．仲尼燕居》：「以之田獵有禮，故戎事閑也。以之軍旅有禮，故武功成也。」此外《大戴禮記．本命》更有一個九禮的系統，將軍旅納入：「禮義者，恩之主也。冠、昏、朝、聘、喪、祭、賓主、鄉飲酒、軍旅，此之謂九禮也。」九禮系統，看來是冠、昏、喪、祭、射、鄉、朝、聘八項達禮的補充，特別納入軍旅，正反映了周秦之際，如何將軍旅之事納入禮制，是儒學的一個中心問題。《孔叢子．問軍禮》一篇，孔子後代的孔鮒，因陳涉之問而敷陳行軍出征、作戰、命將、軍中勝敗之禮。軍禮的形成，至此時已有了相當具體的方案了。

《儀禮》在三禮中成書最早，最能表現孔子對禮的觀念，而其中並沒有納入軍禮。孔子非不重武事，但手定的禮典，似乎本無軍禮。「軍旅之禮」的提出，乃孔門後學所為，時間恐怕已到了戰國中期以後。至於為什麼春秋以前，未見有軍禮觀念的提出？這就要由封建城邦時代的尚武文化來解釋了。

參、三代尚武之風與封建制的危機

西方史學家有云：「歐洲的版圖是在戰爭的鐵砧上錘出來的。」[24] 中國古代封建秩序的完成，恐怕也不遑多讓。傳統文獻多著墨於聖王的文德，強調封建秩序中禮所具有的維繫作用，但現代史家也體察到城邦時代文化中的暴力色彩。呂思勉說：「炎、黃之際，世變轉移之亟也。蓋為暴始於蚩尤，而以暴易暴，實惟黃帝。」[25] 封建秩序，以「興滅國，繼絕世」為理想，然屠國滅族之事，蓋不少見。《尚書．堯典》，堯諮詢繼任人選，四岳推舉鯀。堯不以為然，曰：「吁！咈哉！方命圮族。」「方命」是抗命，所謂「圮族」，錢賓四先生的按語是：「《說文》：圮，毀也。又曰：山無草木曰圮。蓋古氏族皆居山，毀其族，斯殺其居，使山無草木矣。」[26] 也可略覘其中的消息了。

禮」，但戰國以前的文獻中似未見將「大蒐」稱「大蒐禮」的例子，其中語彙涵義的微妙差異，便是本文所欲申論的關鍵所在。

[24] R. A. Brown, *The Origins of Modern Europe* (London, 1972). 轉引自邁克爾．霍華德著，褚律元譯，《歐洲歷史上的戰爭》（瀋陽：遼寧教育出版社，1998），頁 1。

[25] 呂思勉，〈炎黃之爭考〉，收入氏著《讀史札記》（臺北：木鐸出版社，1983），頁 46。

[26] 錢穆，〈中國古代山居考〉，收入氏著《中國學術思想史論叢》第一冊（臺北：東大圖書公司，1976），頁 65-66。

龍山文化大抵相當於傳說中的五帝時代，也是杜佑論禮的沿革中，禮制起源的時代。從考古學的線索來看，龍山文化同時也是制度化暴力的時代。這表現在大量的戰爭用兵器、防禦設施的增加，以及非正常死亡的骸骨的堆積。[27] 山西襄汾陶寺遺址，學者多認為相當於堯舜時代，甚或就是唐堯所都。但城址發掘中，多有暴力的遺存，除了大量的骨鏃外，I HG8 坑有三十餘男性頭骨，多有砍斫痕。另有明顯受虐殘害的女性人骨架一具。晚期建築遺址有大規模人為毀壞的痕跡。[28] 陶寺遺址的墓葬中，271、1364 號墓，也有隨葬石鉞的男性，學者推斷是中原武士貴族階級的起源證據。[29]

城邦時代的貴族既源於武士，權力的來源與尚武有關，故喜以「武」為美稱。[30] 夏帝槐「是為祖武，立三歲而東九夷來御」[31]。《史記．殷本紀》中記載商湯伐桀，「以告令師，作《湯誓》，於是湯曰：『吾甚武』，號曰武王。」「成湯」的稱號，可能是「武湯」。[32] 以下的商王，也常以「武」為美稱。所以封建時代的君王，儘有多力善走，膂力過人之輩。像商紂王據說就是「材力過人」，能「手格猛獸」。

尚武之風的一個現象，即耽於田獵。史籍中的昏瞶君主，最重要的特徵之一，便是游田無度，並且經常因此受到臣下的勸阻。《太平御覽》卷二十一，〈時序部六〉引《太公金匱》：

> 紂常以六月獵於西土，發人逐禽。民諫曰：天務覆施，地務長養。今盛夏發民逐禽，而元元命懸於野。民踐之百日不食。紂以為妖，殺之。

因為王者田獵，有發動人民三驅之制，所以擾民最甚。《易．比卦》：「王用三驅，失前禽，邑人不誡，吉。」說明了貴族武士的田獵，並不得人心。

---

27 張光直，《古代中國考古學》（瀋陽：遼寧教育出版社，2002），頁 299。

28 嚴志斌、何駑，〈山西襄汾縣陶寺城址 2002 年發掘報告〉，收入解希恭編，《襄汾陶寺遺址研究》（北京：科學出版社，2007），頁 157。

29 杜正勝先生，〈中原國家的起源及早期發展〉，收入氏著《古代社會與國家》（臺北：允晨文化公司，1992），頁 205。

30 關於夏商時代的尚武文化，可參宋鎮豪，《夏商社會生活史》（北京：中國社會科學出版社，1994），頁 445-451。

31 方詩銘、王修齡，《古本竹書紀年輯證》（臺北：華世出版社，1983），頁 174。

32 陳夢家，《殷墟卜辭綜述》，第十二章第七節，〈廟號的區別字〉（北京：中華書局，1998），頁 438。

但商代甲骨文所見，最喜好田獵，規模也最大的，並不是昏瞶的武乙和帝辛，而是中興名王武丁。[33] 甲骨文中田獵的日子，武丁之後的諸王有一定的擇日規律，但和《周禮》講的四時大閱，農隙講武，均不相同。《周禮・大司馬》注：「兵者凶事，不可空設，因蒐狩而習之。」《白虎通》曰：「王者諸侯所以田狩者何也，為田除害，上以供宗廟，下以簡集士眾也。」[34] 看來後世的經學家多少有把貴族武士喜好的田獵活動合理化的成分。

城邦是以邑的共同體為中心所發展起來的，共同體中以血緣關係為主，構成邦人熟悉的內部世界。而城邦之外，有郊、有野、有林、有坰，也有附庸，隨著空間的擴展，逐漸涉入陌生與異己的外部世界。所以這種由內而外的不同層次，構成封建城邦的同心圓式的世界觀，這個世界觀的最基本原則，便是內外有別。城邦內部的人際關係，主要比照親屬血緣關係，基本原則是所謂「服術有六：一曰親親，二曰尊尊，三曰名，四曰出入，五曰長幼，六曰從服。」（《禮記・大傳》）這也就表明了，內部世界是以禮維繫的世界。對於外部世界，既是敵意與警戒的來源，但是也是擴張掠奪的對象。應付外部世界，固然也要依賴聯盟、締婚等手段[35]，但武力的運用，還是自我防衛和勢力範圍擴展的關鍵因素。所以武力貴族的勇武征服，是封建制擴張的動力[36]，只要不施諸同人，引發反噬之禍，「我武維揚」是受到鼓舞的，也是貴族好以戰技誇耀，崇尚武勇的原因。《左傳・僖公三十三年》：

> 春，晉秦師過周北門，左右免冑而下，超乘者三百乘。王孫滿尚幼，觀之，言於王曰：「秦師輕而無禮，必敗。輕則寡謀，無禮則脫，入險而脫，又不能謀，能無敗乎？」

超乘，一般解為跳下而即躍上兵車的動作，是武士車戰時必要的戰技。秦的武士過天子之門，沒有卷甲束兵，僅免冑而下，同時在周人面前大作戰技表演，顯示這種武士耀武揚威的心態，實難以掩扼。

封建城邦文化中，經常提到這種內、外有別的差等原則。《左傳・僖

[33] 陳煒湛，《甲骨文田獵刻辭研究》（桂林：廣西教育出版社，1995），頁 3-4。

[34] 《左傳・隱公五年》孔疏所引。

[35] 參見俞偉超，〈凌家灘璜形玉器是結盟、聯姻的信物〉，以及〈早期中國的四大聯盟集團〉，收入氏著《古史的考古學探索》（北京：文物出版社，2002）。

[36] 杜正勝先生，〈西周封建的特質〉，收入前引書。

二十五年》記載，晉取得周王所賜的陽樊之田後，陽樊不服，晉派兵包圍。陽樊人倉葛呼曰：「德以柔中國，刑以威四夷，宜吾不敢服也。此，誰非王之親姻，其俘之也？」兵刑是對付外人的，德是內部世界的原則，既然都是王的親姻，同姓子民，是不應該作為用武征服的對象。這樣的原則，也得到晉文公的認同，最後遣送陽樊之民離開。

因為對內用德，對外用兵是兩種不同的對待原理，所以國容和軍容有別。今本《司馬法．天子之義》極論其事：

> 古者，國容不入軍，軍容不入國。軍容入國，則民德廢。國容入軍，則民德弱。故在國，言文而語溫。在朝，恭以遜。修己以待人，不召不至，不問不言。難進易退。在軍抗而立，在行遂而果。介者不拜，兵車不式，城上不趨，危事不齒。

類似的觀點，也見於《禮記》。《禮記．少儀》云：「武車不式，介者不拜。」同時強調，兵器不宜用於國中，所以乘兵車，出國門時，要留意使刃部向前，歸返進入國門時，刃部要朝後。禮以讓為主，國門之內，本當講究長幼尊卑，但用兵場合，便沒有長幼之序了，這是對內和對外、國容和軍容、用德和用刑的差別。

在國和在軍有不同的行為準則，同樣的觀念也見於《國語．周語中》：

> 夫戰，盡敵為上。守和，同順義為上。故制戎以果毅，制朝以序成。

韋昭引《左傳．宣公二年》之事，注此云：「戎，兵也。殺敵為果，致果為毅。」這裡區分了「制戎」和「制朝」的兩個不同情境，也就是說，在國中要講長幼尊卑，講禮制謙讓，用兵則要講殺敵致果、盡敵為上，爭取最大的利益。

這裡應特別討論「制戎以果毅」的原則，和一般常提到的「不重傷、不禽二毛」的封建武德，是不是有所衝突？封建武德對殺戮的約束，主要見於兩個材料，一個是《左傳．僖公二十二年》，宋襄公在泓之戰失敗後，為自己的辯解。他說：

> 君子不重傷，不禽二毛。古之為軍也，不以阻隘也。寡人雖亡國之餘，不鼓不成列。

值得注意的是，宋國國人並不認同宋襄公的說法，尤其可以貴族子魚的反駁作為代表。子魚認為宋襄公「未知戰」。強敵來臨，有地形優勢可以利用，有列陣不及的時機可以利用，這是天賜良機，自然應該把握。他認為「明恥、教戰，求殺敵也」，按照武事的法則：

> 「獲則取之，何有於二毛」？「傷未及死，如何勿重」？

子魚這裡強調的，正是「制戎以果毅」的原則。他認為「若愛重傷，則如勿傷；愛其二毛，則如服焉」，也就是說，如果要講仁愛，一開始就不該打仗，就要用以德服人的辦法。既然動了武，「三軍以利用也」，軍事行動只考慮地利、時機能不能用，不考慮手段是不是仁愛。子魚這番言論，正是清楚劃分制戎、用禮的二分法，這兩個領域在貴族武士心目中，是不相混淆的。

另一條類似的古代戰爭恤民的材料則見於《禮記．檀弓下》：

> 吳侵陳，斬祀殺厲。師還出竟，陳大宰嚭使於師。夫差謂行人儀曰：「是夫也多言．盍嘗問焉；師必有名，人之稱斯師也者，則謂之何？」大宰嚭曰：「古之侵伐者，不斬祀、不殺厲、不獲二毛。今斯師也，殺厲與？其不謂之殺厲之師與？」

吳侵陳這件事發生在魯哀公初年，吳國師行不義，不僅毀了陳的社，還殺了染病的人。吳王夫差得意之餘，還戲弄陳的使者，要他給自己的軍事行動取個名號，下個總結。陳的使者嘲諷道：「這次軍事行動不是專殺病人嗎？那就叫殺厲之師吧。」值得一提的是，為什麼三代戰爭會有不斬祀、不殺厲、不獲二毛的原則？「不斬祀」可能和封建城邦的受降制度有關。[37]保留社祀，戰敗國即使被滅，還可復國，這種情形在春秋並不罕見。「不殺厲，不獲二毛」，則和獻捷制度有關。封建制度的規矩，諸侯有戰果，得到俘獲，要把戰利品獻給天子，而獻捷的內容，規格很高，健康不良的病患，斑白二毛的老者，均不堪作為獻捷的供品，自然也不在俘獲的內容。所以不殺厲、不獲二毛，來源恐不在於對敵人的仁愛，而是三代貴族武士對人牲供品或俘虜的要求規格甚高所致。[38]

武事以盡敵多殺為原則，事實上「不禽二毛」的原則也不見得是絕對適用。這一點也有一件金文資料可以佐證，《禹鼎》記錄了周厲王對南方用兵，

---

[37] 先秦的受降、獻捷制度，可參看楊希枚，〈先秦諸侯受降、獻捷、遣俘制度考〉，收入氏著《先秦文化史論集》，（北京：中國社會科學出版社，1995）。

[38] 參見鍾柏生前引文。

用西六師、殷八師，平定噩侯的反叛。對這場戰爭，周王所下給指揮官的指令，是「勿遺壽幼」[39]，所以《司馬法》所說的王者征伐，「見其老幼，奉歸勿傷」，恐怕不能作為史實看待。《易・離卦》：「上九，王用出征，有嘉折首，獲匪其醜，无咎。」高亨的解釋是，言有王者出征，斬首甚多，且在敵類之外更有所獲。[40] 有嘉折首的「嘉」，指喜慶之事，可見以多斬首為喜慶，並不始於秦人，三代尚武文化，大抵如此。

古代用兵所可考見的流行軍事儀式，如致師、詛敵、祈勝、望氣視日、京觀武軍等，後來的禮典很少收錄這方面的內容，可見軍禮的收錄是有選擇性的，這一類自古相傳的習俗儀式，儒家並不視為軍旅之禮的內容。武軍京觀，最足以表達古代尚武文化的耀武示威成分，值得在此作一說明。《左傳・宣公十二年》，晉楚之戰，晉軍大敗。戰後潘黨勸楚王「築武軍而收晉尸以為京觀」。這裡沒有說明武軍京觀的內容。楊伯峻《左傳》注，引《漢書・翟方進傳》來解說。王莽破翟義後，誅夷三族，同坑埋之，築為武軍封，方六丈，高六尺，然後建表木高丈六尺，書曰：「反虜逆賊鱷鯢在所」。楊伯峻推測，收敵尸而加封土，即謂之武軍。建表木而書之，即謂京觀。[41] 武軍和京觀，兩者雖然不同，但指的是同一回事，這是一種紀功示威的建築物。白川靜認為，甲骨文中「貞：翌辛亥，呼婦姘宜于磬京？」「磬京」的「京」就是「京觀」[42]。《呂氏春秋・古樂》中提到：「武王即位，立六師，克殷。六師未至，以銳兵克之於牧野。歸乃薦俘馘于京大室。」楊希枚認為京就是這種高臺式紀念建築，牧野之戰後，武王可能也實行過殺聚敵俘築京觀的儀式。甚至《詩・皇矣》中說文王的「以伐崇墉」，都可能是這一類事蹟。[43]《呂氏春秋・孟春紀・禁塞》：「所殘殺無罪之民者，不可為萬數。……以至於今之世，為之愈甚。故暴骸骨無數，為京丘若山陵」。可見京觀的設施，隨

[39] 參見徐中舒，〈禹鼎的年代及其相關問題〉，收入氏著《徐中舒歷史論文選輯》（北京：中華書局，1998）。

[40] 高亨，《周易古經今注》（臺北：樂天出版社，1974），頁 107。

[41] 楊伯峻，《春秋左傳注》（北京：中華書局，1981），頁 744。

[42] 白川靜著，溫天河、蔡哲茂譯，《甲骨文的世界》（臺北：巨流出版社，1977），頁 125。鍾柏生前引文雖然也認為甲骨文中有京觀之類的設施，但「磬京」是地名，不當作京觀解。

[43] 楊希枚，〈論殷周時代高層建築之（京）、崑崙與西亞之 Zikkurat，《大陸雜誌》第三十四卷，第五、六期。

戰國軍爭的慘烈，規模更為擴大。這樣的紀功儀式普用於古代，一直到隋唐都還常見諸史冊，不過顯然不被禮典列為軍禮的範圍。

尚武文化，雖然是封建拓展的動力，但尚武之風的發展，終究帶來了封建制的危機。封建制何以崩壞，這是先秦史上的大問題，在此不能詳論，謹就武事的發展所帶來的封建制危機一點加以申說。

呂思勉論中國刑法的起源，原本是來自對付外族的手段。古代的刑指肉刑，特點是用刀鋸斧鉞這類兵器施諸肢體。至於不虧體的拘禁罰作這類的處罰，則用於本族，此即《周禮．司圜》所說的：「凡圜土之刑人也，不虧體」。這表示了對本國和外族的處罰，原本有內、外之別的。至於髡、黥這類的恥辱刑也是來自於比照異族，因為斷髮紋身本是異族的風俗，俘獲的奴隸，便帶了這種奇異的標記。後來本族的犯罪者，也被比照為奴隸，於是施以同樣的標記。[44] 刑法起於對付外族的戰爭，日本學者滋賀秀三也有類似的看法，他認為中國最原始的死刑，就是軍陣上執行的死刑。古代最早的死刑方式「戮」和「徇」，原本是用以處死敵俘，己方的違反軍紀號令者，也被比照為敵人處置，表示棄絕的意思[45]。古代軍陣上的誓詞，像〈甘誓〉、〈湯誓〉、〈牧誓〉，多以「孥戮汝」這類警告作結，而「孥戮」這類舉動，參諸《禹鼎》的「勿遺壽幼」，本來是施諸外敵的。武事的發展，逐漸把對付外族的手段，用於控制本邦人。不只平民如此，前面所提到的，晉侯之弟揚干犯行，魏絳擔任執行軍法的司馬官，堅持執法，儘管還是不能處罰大貴族，但可以用殺戮其僕來取代受刑，可以說明，軍旅之事的刑殺原理，終究是壓過了兄弟之禮的親愛。

不僅城邦內部的共同體關係受到武事的侵蝕，封建諸國的國際關係，也因為武事的擴張而處於緊張狀態。春秋列國相攻，已經是常態，本不足為奇，但呂思勉有條「古師行多侵掠」的筆記，尤其能說明春秋封建貴族用兵行軍的貪婪掠奪，使得原本封建同盟關係時時處於戒備和緊張。[46]《穀梁．襄公二十五年》曰：「古者大國過小邑，小邑必飾城而請罪，禮也。」大國只是

---

[44] 呂思勉，《先秦史》第十四章第六節〈刑法〉（臺北：臺灣開明書店，1977，臺六版）。

[45] 滋賀秀三，〈中國上古刑罰考〉，收入《日本學者研究中國史論著選譯》（北京：中華書局，1992）。

[46] 呂思勉，〈古師行多侵掠〉，收入氏著《讀史札記》。

行軍經過，並非來犯，但小國仍需警戒整飭，並卑禮相待，是因為大國經常臨時起念，乘機侵略。小國的卑詞相待，處之以禮，其實是暗示大國，已方已有準備，避免其輕舉妄動。《左傳．成公六年》：「晉伯宗、夏陽說等侵宋，師於鍼，衛人不保。說欲襲衛，曰：雖不可入，多俘而歸，有罪不及死。」晉人侵宋過衛境，見衛國沒有防備，便動了掠俘的念頭。《左傳．成公八年》：「鄭伯將會晉師，門於許東門，大獲焉。」注曰：「過許，見其無備，因攻之。」

為什麼封建諸國如此好行侵掠，我們不能只由武士的貪婪來解釋，這其實是尚武文化發展的必然經濟後果。軍事行動最大的限制就是資源補給的問題，糧餉輜重不繼，軍隊就有飢餒崩潰之患。宋朝的沈括曾經計算過糧餉運補的問題，他估計「若興師十萬，輜重三之一，止得駐戰之卒七萬人，已用三十萬人運糧。此外難復加矣。」這還不包括途中病損等因素，所以他的結論是：「凡師行，因糧於敵，最為急務。運糧不但多費，而勢難行遠。」[47] 封建城邦，資源有限，遠途行師，即便有隨行運載輜重，若不在中途劫掠補充，同樣難以為繼。即使是主盟的大國晉、楚，對於盟邦的貢賦，更是貪求無厭，斤斤必較，原因也就在這裡。所以封建城邦的尚武文化，終究因為軍事經濟的難以逆轉的機制，回頭吞噬了自己的母體。

周代的諸賢並不是沒有看到封建制下尚武文化的危機，《國語》開篇就是祭公謀父勸穆王「耀德不觀兵」的話。《左傳．隱公四年》魯大夫眾仲評論衛的州吁之亂，就認為「夫兵，猶火也，弗戢，將自焚也。」《史記．周本紀》亦記載武王在伐商大事告成之後，也有「縱馬於華山之陽，放牛於桃林之虛，偃干戈，振兵釋旅，示天下不復用也」的舉動。春秋晚期，華元、向戌的弭兵呼籲，也得到一定程度的反應。不過顯然戢兵的主張並沒有改變武士貴族尚武的本質，弭兵運動也沒有阻止春秋列國進一步的軍事化。周代封建制度的起源，原本是為了「糾合宗族」以「扞禦外侮」，但是武力的發展，終於到了不止同姓相侵，甚至有勾結外族，以戎侵夏的地步。[48] 這可能就是孔子寧可不言軍旅之事，而要由俎豆之事下手來改變這個世界的原因。

---

[47] 沈括，《夢溪筆談》卷十一，〈官政一〉。

[48] 楊希枚，〈先秦諸侯受降、獻捷、遣俘制度考〉，因為侵伐同姓，獻捷制遂變為遣俘，甚至有以戎侵夏的情況。

肆、孔子與軍旅之事

顧頡剛曾有〈武士與文士之蛻化〉一文，認為古代的士都是武士，一直到孔子，都還是多力而知兵的，文、武人才未嘗分別為二。但孔子歿後，門弟子輾轉相傳，逐漸傾向於內心的修養，而不以習武事為急，乃至於羞言戎兵，惟尚外表。為了生計，不得不轉趨知識、能力的獲得，乃由武士蛻化為文士。[49] 這篇短文對士階層的角色轉變頗具歷史的洞識，但是對孔子與兵事的關係，則發揮得不夠完備。其中有兩點值得提出討論的，一者，從知兵多力轉向文事修養，可能不是孔子歿後，門弟子的因輾轉相傳所造成的轉變，事實上孔子對甲兵之事的態度，已逐漸轉向導入以禮用兵了。二者，孔子歿後的儒家，固然多以知識學問得到生計來源，但是並沒有「羞言戎兵」，相反地，戰國中晚期，適逢大爭亂世，當世討論熱烈的一個問題是，戰爭的手段有沒有可能解決政治失序的問題。[50] 儒家學者面對這個問題也做了具體的回應，可以說，這可能是儒學發展史上，儒者最重視戰爭理論的一個階段。而孔門後學對軍事所抱持的態度比孔子本人更為積極。

要瞭解孔子本人對軍旅之事的看法，首先要知道孔子是幽默感十足，喜歡講反話的人。要把握他的意思，有時候不能只聽片面的言語。例如《論語·陽貨》中有：「孺悲欲見孔子，孔子辭以疾，將命者出戶，取瑟而歌，使之聞之。」明明是拒見孺悲，卻不點破，讓聞者自行體會，這是孔子常有的作風。認為孔子不懂兵事，或是孔子鄙薄兵事的，經常被他在《論語·衛靈公》中的故事所誤導：

> 衛靈公問陳於孔子。孔子對曰：「俎豆之事，則嘗聞之矣；軍旅之事，未之學也。」明日遂行。

類似的事，不只一見。《左傳·哀公十一年》亦有：

> 孔文子之將攻大叔也，訪於仲尼。仲尼曰：「胡簋之事，則嘗學之矣；甲兵之事，未之聞也。」

---

[49] 顧頡剛，〈武士與文士之蛻化〉，收入氏著《史林雜識》初編。

[50] 戰國晚期的寢兵論、義兵論針鋒相對，可參見《呂氏春秋》中的討論。

孔子一再被詢問軍陣之事，反而可以證明他是有知兵之名的。而他出名的原因，可能是因為弟子的宣傳。《史記．孔子世家》載：

> 冉有為季氏將師，與齊戰於郎，克之。季康子曰：「子之於軍旅，學之乎？性之乎？」冉有曰：「學之於孔子。」

事實上孔子本人並不諱言他能用武，懂甲兵之事。《禮記．禮器》云：「孔子曰：我戰則克，祭則受福，蓋得其道矣。」《禮記．表記》也說：「子曰：事君軍旅不辟難，朝廷不辭賤。」據說他曾射於矍相之圃，「觀者如堵牆」（《禮記．射義》），可見其武藝出眾。

不過孔子的能武，並不代表他對武事的執著。誠如顧頡剛所說，孔子時期是武士蛻化為文士的轉變關鍵，而和這個現象相關的，是孔子同時也打破了封建的尚武文化，開始把禮的精神貫注到軍旅之事的領域。

從孔子在衛國的去就看來，顯然他把俎豆之事的地位放在軍旅之事上。孔子對軍旅之事的基本立場，可能接近於宣王時祭公謀父的「耀德不觀兵」論，以及春秋之初眾仲的戢兵理論。也就是周公所頌的：「載戢干戈，載櫜弓矢」（《國語．周語上》），兵器不能沒有，但要收藏起來。他一方面說：「有文事必有武備」，但一方面又對尚武之風加以抑制。《論語．子路》中，「子曰：善人為邦百年，亦可以勝殘去殺矣。誠哉是言也。」勝殘去殺的可能，就建立在把尚武文化中導入禮義。《禮記．檀弓下》有個故事，很能表現出孔子的看法：

> 工尹商陽與陳棄疾追吳師，及之。陳棄疾謂工尹商陽曰：「王事也，子手弓而可。」手弓。「子射諸。」射之，斃一人，韔弓。又及，謂之，又斃二人。每斃一人，揜其目。止其御曰：「朝不坐，燕不與，殺三人，亦足以反命矣。」孔子曰：「殺人之中，又有禮焉。」

相較於鐵之戰，貴族武士爭功，自誇勇武，如衛莊公蒯聵說：「吾九上九下，擊人盡殪。今日之事，莫我加也。」（《國語．晉語九》）商陽的克制，無異空谷足音。這是和「盡敵為上」的尚武文化，適成強烈的對比，也得到孔子的共鳴。

孔子對尚武文化的打破，主要表現在他對「勇」的重新界定上。勇本來是封建武德最具特色的代表，武士精神最受矚目的表現。《左傳》一書，最耽溺於武士精神的描寫，所以勇的表現刻劃尤多。《釋名》：「勇，踴也，見敵踴躍欲擊之也。」可見「勇」之為德，原本就是來自戰陣上的尚武精神。勇士各國皆所在多有，而齊莊公尤其大加提倡。《淮南子・人間訓》記載他出獵時，有蟲舉足搏其車輪。他問御者，御者答以螳螂，並說：「其為蟲也，知進而不知卻，不量力而輕敵。」莊公說：「此為人而必為天下勇武矣。」回車而避之。「勇武聞之，知所盡死矣。」齊莊公也曾設勇爵，以觴勇士，使他手下的武士各個誇勇相爭。由齊莊公所獎勵的內容來看，武士修練的，多是一往無畏，不計生死，但也不具道德意義的血氣之勇。

孔子論勇，則盡力用禮義相繩，避免武士的血氣之勇。如：

> 《論語・為政》：「非其鬼而祭之，諂也。見義不為，無勇也。」

> 《論語・泰伯》：「勇而無禮則亂。」「好勇疾貧，亂也。人而不仁，疾之已甚，亂也。」

> 《論語・憲問》：「仁者，必有勇。勇者，不必有仁。」

> 《論語・陽貨》：「好勇不好學，其蔽也亂。」

> 《禮記・仲尼燕居》：「勇而不中禮，謂之逆。」

「勇」之為德，並不具足，所以他對以勇自喜的學生子路，格外針砭：

> 子路曰：「君子尚勇乎？」子曰：「君子義以為上。君子有勇而無義為亂，小人有勇而無義為盜。」[51]

《論語・子路篇》：「子曰：善人教民七年，亦可以即戎矣。」又「子曰：以不教民戰，是謂棄之。」對這兩條，《朱子語類》中朱子和門人曾討論孔子所教的是什麼：

> 或疑：「『不教民戰。』善人教民也七年，固是教之以孝悌忠信，不須兼戰法而教之否？」曰：「然，戰法自不用了。孔子卻是為見春秋時忒會戰，故特說用教之以孝悌忠信之意。」

---

[51] 《朱子語類》卷四十三，〈以不教民戰章〉

朱子相信孔子的即戎之教，並不是教戰陣之法，而是倫理教化，這個推測很可信。春秋國人從事步戰，主要的戰法是熟習進退坐作之道（《周禮·夏官·大司馬》），並不需要七年的時間。所以孔子論軍旅之事，最大的意義，就是把封建武士的尚武文化，綰合到禮義之教上。孔門後學繼承了這樣的傳統，如《禮記·祭義》曾子曰：「戰陣無勇，非孝也。」如此仁義可以為干櫓，不必儘恃血氣以殺伐了。

儘管孔子論軍旅之事，已著眼打破尚武文化，導入以禮義用兵的觀念，但把武事和禮制結合在一起的「軍禮」觀念，仍不明顯。完整的軍禮架構，更還沒有出現。所以儒家禮經最早形成，可能最貼近孔子想法的《儀禮》，其中並不包括軍禮的部分。但是從《禮記》這類孔門後學的記錄中，他們已愈傾向於提出「軍旅有禮」這樣的概念了。也更相信，以禮義用兵的王者之師，是針砭亂世的憑藉。

伍、納兵於禮——軍禮的形成

孔子之後，儒家學者沿著兩條線索發展軍旅之事。第一條路線是兵學的路線，從運用的角度證明仁義之師是可行的。代表文獻是《吳子》、《荀子·議兵》、《司馬法》。第二條路線是制禮的路線，重點是闡明「禮樂征伐自天子出」，代表的文獻有《大戴禮記》和《禮記》中的若干篇章、《周官》、《孔叢子·問軍禮》。《左傳》雖以記事為主，但透過「禮」的名義褒貶，也在匡正發揮武力合理使用的方向。[52] 這兩條路線雖然取徑有別，但互相呼應，仁義之師的兵學理論配合歷史鑑證與軍禮的儀注，讓充滿理想主義的儒家兵論似乎更具有說服力。

一、《吳子》

以仁義的原則用兵，首先應論及《吳子》。吳起是衛人，曾經學於曾子，事魯君。曾子之學最重孝道，而吳起功名心重，母死不歸，被曾子逐出門牆。所以吳起的學術根底是儒學，錢賓四先生推測《左氏春秋》乃成於吳

---

[52] 李惠儀，《〈左傳〉的書寫與解讀》（南京：江蘇人民出版社，2016），其引言中說，「禮」是《左傳》中最重要、最常見的道德詞匯，它「嘗試把秉持正道的修辭，加諸暴力和混亂的史實之上。」

起之手。[53] 他的兵法是在魯國學的，但詳細的師承《史記》本傳沒有說明。最近發現的《上博楚簡》，中有《曹沫之陣》一篇，與《吳子》多有可以相互發明之處，或許吳起所學的就是這一派的兵學。

吳起雖然被逐出師門，但顯然他仍以儒者自居，所以《吳子》書前的序論，便說：「吳起儒服，以兵機見魏文侯」。戰國兵學雖以《孫子》、《吳子》並稱大宗，二者風格頗有差異，《孫子》用兵以講權謀形勢而著稱，《吳子》則是用仁義行師的理論。吳起的學術歸類，雖然在《漢書．藝文志》被歸為兵權謀家，而在一般學術史上因為主持變法而常被視為法家，但值得注意的是，他是最早把禮、義引入用兵理論的兵家，說明納兵入禮的思潮，可能在戰國中期以前就已發展了。這裡收羅其兵法中有關以仁義用兵的部分，討論於下：

（一）強調教民，而教的內容是禮、義

《吳子》兵法的開宗明義便云：「昔之圖國家者，必先教百姓，而親萬民。」這個原則呼應孔子的「以不教民戰，是謂棄之。」同時強調「凡制國治軍，必教之以禮，勵之以義，使有恥也。」

（二）撫之以仁

《史記．孫子吳起列傳》：「起之為將，與士卒最下者同衣食。臥不設席，行不騎乘，親為贏糧，與士卒分勞苦。卒有病疽者，起為吮之。」

（三）舉順天人

《吳子．圖國》：「是以聖人綏之以道，理之以義，動之以禮，撫之以仁。此四德者，修之則興，廢之則衰。故成湯討桀，而夏民喜悅。周武伐紂，而殷人不非。舉順天人，故能然矣。」這和孟子的義戰說相近。

（四）戰勝易、守勝難

儒家論兵的特長，不在攻勝，而在政勝。荀子也說：「彼仁義者，所以脩政者也。政脩則民親其上，樂其君，而輕為之死。」攻城略地，一時巧取不難，難在長治久安。這一點即是《荀子．議兵》所說的：「兼并易能也，

[53] 錢穆，〈吳起傳左氏春秋考〉，收入氏著《先秦諸子繫年考辨》（上海：上海書店，1992）。

唯堅凝之難焉」。守勝、堅凝之術，照儒者論兵的看法，還是要從脩政的根本下手。

（五）一勝者帝

「天下戰國，五勝者禍，四勝者弊，三勝者伯，二勝者王，一勝者帝。」從歷史上看，仁義之師，並不是百戰百勝，而是一舉而勝。施子美注此云：「舜之格有苗，一勝而帝也。湯之征葛伐夏，二勝而王也。晉文公舂侵曹伐衛，夏敗楚師於城濮，三勝而伯也。」他認為儒家論兵，相信「聖人有心於愛民，無心於用兵」，所以可以一舉而勝。

（六）告於祖廟

《吳子・圖國》：「不敢信其私謀，必告於祖廟，啟於元龜，參之天時，吉乃後舉。」儒家重視祭祀，對於行軍過程的類、宜、造、禡各類祭祀，何者應當舉行，保留最為完備，並且有一套理論。《孔叢子・儒服》：「信陵君問子高曰：『古者軍旅賞人必於祖，戮人必於社，其義何也？』答曰：『賞功於祖，告分之均，示不敢專也。』戮罪於社，告中於土示，聽之當也。」古代血腥的戰爭祭祀儀式，從而賦予了人文理性的意義。今本《吳子》的篇幅保存甚少，討論軍禮並不完備，但仍有相應的部分。其兵書之所以在行軍中多保留祭祀、卜禱，自然是為了表示行事合於天意，非屬人謀。

二、《荀子・議兵》

《荀子・議兵》是荀卿在趙孝成王前，和臨武君的一場兵學辯論。錢賓四先生認為臨武君乃趙將龐煖，[54] 也是當時知名的兵家 [55]。不過這篇辯論紀錄只有荀子唱獨腳戲，只是借臨武君的問題加以發揮，很少看到臨武君的申論。以下略論幾點與仁義用兵有關的內容。

（一）用兵攻戰之本在乎壹民

戰國是大動員徵用民兵的時代，雖然一般兵家也期望多加訓練，但事實上勢不可能。所以戰國的軍隊，本質上不是傭募、「驅市人而戰」，就是農夫，誠孔子所謂「以不教民戰」。驅動這些民兵，商鞅用重刑，魏國用厚賞，

---

[54] 錢穆，〈龐煖即臨武君考〉，收入氏著《先秦諸子繫年考辨》。

[55] 《漢書・藝文志》縱橫家類有《龐煖》二篇。龐煖論兵亦見於《鶡冠子》中的〈世賢〉、〈武靈王〉篇。

孫子則主張操作形勢，只有儒家論兵堅持「善附民」、把「壹民」當作攻戰之本。臨武君認為這緩不濟急。他的論點近於孫子，就是用勢利、變詐，讓士兵「無所往則鬥」。

（二）仁人之兵、王者之志

仁人之兵雖難期速成，但是練成之後，「百將一心，三軍同力，臣之於君也，下之於上也，若子之事父，弟之事兄」。這就是把孔子的忠信孝悌之道用到軍事上。仁人之兵，發諸深厚的感情，所以「不可詐也」。桀紂的軍隊若遇上湯武之師，必無僥倖。

（三）王者之兵，隆禮貴義，兵不血刃，遠邇來服

王者之兵，由禮、義而齊一：「隆禮貴義者，其國治」「禮義教化，是齊之也。」「兵大齊則制天下，小齊則治鄰敵」。王者的軍制，教令嚴明，「御死轡，百吏死職，士大夫死行列。」王者不以人民為敵，所謂「不殺老弱，不獵禾稼，服者不禽，格者不舍，犇命者不獲。王者的用兵是「有誅而無戰，城守不攻，兵格不擊，上下相喜則慶之。不屠殺，不潛軍，不留眾，師不越時」。荀子雖然常與孟子針鋒相對，但談論仁義之師時，兩者相當一致。孟子相信「仁人無敵於天下」、「征之為言正也，各欲正己也，焉用戰？」荀子同樣也認為「故亂者樂其政，不安其上，欲其至也。」

（四）兵者所以禁暴除害，非爭奪也

臨武君質疑：「凡所為有兵者，為爭奪也。」「先生議兵，常以仁義為本；仁者愛人，義者循理，然則又何以兵為？」臨武君的問題正是泓之戰後，武士貴族子魚質疑宋襄公的問題，宋襄公不能自圓其說，但儒者已經有了正式的答案。荀子的解釋是：「彼兵者，所以禁暴、除害也，非爭奪也。」這個觀點又見於《大戴禮記．用兵》。《大戴禮記．用兵》是《孔子三朝記》的一篇。《孔子三朝記》據說是孔子三見哀公所作。哀公問：「用兵者，其由不祥乎？」孔子的回答是：「胡為其不祥也？聖人之用兵也，以禁殘止暴於天下也；及後世貪者之用兵也，以刈百姓，危國家也。」

（五）以德兼人，勝於以力兼人、以富兼人

荀子論仁義之兵所受到最重要的質疑，是「秦四世有勝，兵強海內，威行諸侯，非以仁義為之也。」荀子則堅持，秦的強盛並非根本之道，他認為「兼人有三術：有以德兼人者，有以力兼人者，有以富兼人者」。所以一時

兼人並不難，問題是如何長期保有。這就是所謂「兼并易能也，唯堅凝之難焉。」以力兼人，兼愈多，權愈輕，力愈弱。以富兼人，兼愈多，國愈貧，二者終不能長久。所以他主張「以德兼人者王，以力兼人者弱，以富兼人者貧。」而以德兼人，是「凝士以禮，凝民以政」，「禮脩而士服，政平而民安，士服而民安，是謂大凝。」至此「王者之事畢矣」。

三、《司馬法》

最能代表儒家仁義戰爭觀念的兵書應屬《司馬法》，這部書一樣強調先教而後戰：「雖有明君，士不先教，不可用也。」「以禮為固，以仁為勝。」《司馬法・仁本》顯然是納兵於禮的思想的產物。

但《司馬法》的性質相當複雜，來歷也最難斷定。《司馬法》在劉歆《七略》中原本歸於兵權謀家，後來班固作《漢書・藝文志》，改列入《六藝略》的《禮》類，名稱也改題為《軍禮司馬法》，有一百五十五篇之多，顯然東漢時已經將它視為軍禮。今本則只有五篇，《隋志》的著錄就是三卷五篇，和《漢志》的原本相去甚遠。《司馬法》另有部分佚文，因為經典和兵書的注疏引用而得到保存，佚文部分主要屬於軍賦編制方面的資料。

《司馬法》的來歷如何，恐怕連司馬遷也沒有明確的把握。在《史記・司馬穰苴列傳》中，他先記述了齊景公時的田完苗裔司馬穰苴的戰功，以及被尊為大司馬的事跡。其後田和自立為齊威王，用兵行威，就是來自穰苴之法。齊威王因使大夫追論古者《司馬法》，而附穰苴於其中。因號曰司馬穰苴兵法。司馬遷時，《司馬兵法》通行於世，他讀後有兩點結論：一者，《司馬兵法》「閎廓深遠，雖三代征伐，未能竟其義，如其文也。」二者，穰苴「區區為小國行師，何暇及司馬兵法之揖讓乎」？這兩點意見，具體說來，就是《司馬法》所說的仁義戰爭，境界極高，「閎廓深遠」、「揖讓」的程度，連湯武革命、三代征伐也做不到。所以這可能是古代司馬官典守的檔案文獻嗎？再者，穰苴只是小國行師，用不到這麼高境界的兵法，恐怕司馬遷也懷疑當時流行的《司馬法》，應與司馬穰苴無關。

《司馬法》引發的問題很多，有的屬古籍辨偽，有的屬今古文家法的爭議[56]，與本文主旨無關的問題，這裡可以不必討論。這裡應加以探討的是，

---

[56] 金建德，〈司馬兵法的真偽與作者〉，收入氏著《古籍叢考》（臺北：臺灣中華書局，1967，臺一版）。廖平以《司馬法》為今文學，黃以周則以為是古文學。

司馬遷所說的「閎廓深遠」，指的是什麼？龔定盦懷疑：「其言《孫》、《吳》之輿臺，尚不如《尉繚子》，所謂宏廓深遠者安在？」其實所謂「閎廓深遠」，就表現在今本《司馬法》的前兩篇〈仁本〉與〈天子之義〉。這兩篇正代表了儒家仁義理論施用於到軍事上的規畫。龔定盦生於儒學昌盛之世，習於仁義道德之說，聞之不以為異，但如果我們衡諸前面所說的三代尚武文化，就可知道《司馬法》陳義之高，決非〈武成篇〉的血之流杵所能及的。

《司馬法・仁本》云：

> 戰道不違時，不歷民病，所以愛吾民也。不加喪，不因凶，所以愛夫其民也。冬夏不興師，所以兼愛民也。

以之與《周書・大武》相比，《周書・大武》說，伐之機有七，內容是：

> 四時：一、春違其農。二、夏食其穀。三、秋取其刈。四、冬凍其葆。三興：一、征以和時。二、伐亂以治。三、伐飢以飽。

也就是春天讓敵人不能種地，夏、秋搶劫對方的收成，冬天讓敵人受凍。選擇我方合適的時機來出兵，以我的治對付敵之亂，以我之飽攻伐敵之飢。這些手段固然過於陰忍，但其實是用兵常道。也就是荀子所說的「畜積修鬥，而能顛倒其敵」的詐術。（《荀子・仲尼》）《周書・大武》，按照其書序所說，或許是太公為文王謀畫所作[57]，可能是相傳《太公書》的一部分。殷周革命的過程，春秋貴族多相信其間頗用陰謀，[58]相形之下，《司馬法》兼愛敵我雙方人民，不乘人之危，而《周書》專門趁虛而入，《司馬法》謂之「揖讓」，不亦可乎？

《司馬法》的「閎廓深遠」，還包括其中的「禮樂征伐自天子出」的色彩，此見於〈仁本〉中的「會之以發禁者九」：

> 憑弱犯寡，則眚之。賊賢害民，則伐之。暴內陵外，則壇之。野荒民散，則削之。負固不服，則侵之。賊殺其親，則正之。放弒其君，則殘之。犯令陵政，則絕之。外內亂，禽獸行，則滅之。

---

[57] 朱右曾，《逸周書集訓校釋》（臺北：臺灣商務印書館，1971），頁 160。

[58] 參見《左傳・宣公六年》中荀林父的言論。晉侯欲伐狄，他勸晉侯稍待狄害民更甚，「盈其貫」時，再一舉滅之。他相信這就是周初文武「殪戎殷」的手段。這類陰權之計，多保留在《周書》、《太公書》中。

九伐之法，就是王者發動戰爭的原則，所以是以上伐下，維護秩序的戰爭。這也就是《大戴禮記．用兵》所講，戰爭是禁暴止殘的手段，而非掠奪的工具。《司馬法》這一段，和《周禮．夏官．大司馬》所說的九伐之法一致，可能也就是《大戴禮記．朝事》中所說的「明九伐之法以震威之」。〈仁本〉中講「順天之道，設地之宜，官民之德，而正名治物，立國辨職，以爵分祿，諸侯悅懷，海外來服，獄弭而兵寢，聖德之治也。」禮樂和征伐之事，至此完備。太史公說三代征伐，尚且「不能如其文，竟其義」，洵非虛語。

金建德推測《司馬法》最初成於齊威王時大夫的追論，漢文帝時今文博士作了輯補。[59] 他認為，劉向《別錄》所說：「文帝所造書，有《本制》、《兵制》、《服制》篇。」《本制》即《禮記》的〈王制〉，是今文學提綱挈領的作品。而《兵制》可能就是《司馬法》了。如其說可從，那麼《司馬法》也代表了戰國中期以後，周秦之際，乃至於到漢初，儒門學者建構軍禮的代表作。只是就目前僅存的佚文，尚難以確認《司馬法》是否完全涵蓋了《周禮》中所說的，包括了大師、大均、大田、大役、大封這些龐雜內容的軍禮。

以上論儒家由兵學的領域發揮了仁義之師，以禮用兵的禮論。以下續論孔子之後，孔門把軍事納入禮制的制作。孔門後學對經典的發揮，散見於《禮記》、《大戴禮記》等傳記。目前所能見到的文獻，固然零散不完整；而孔子之後，儒分為八，各派重點不盡相同，所以目前保留的傳記，彼此也有不少歧異的地方。這些傳記，除了相當部分是對原本禮經的補充發揮，如冠、昏、鄉飲酒、射、燕、聘、喪服各義外，也有一部分是把原有的禮的架構，加入軍事部分的新說。這個新說就是把原有《儀禮》八項達禮，增軍旅之禮為九禮。《大戴禮記．本命》云：「禮義者，恩之主也。冠、昏、朝、聘、喪、祭、賓主、鄉飲酒、軍旅，此之謂九禮也。」這個九禮的架構，其實與《周禮．春官．大宗伯》所說的五禮架構並沒有不同，王聘珍《大戴禮記解詁》解云：「九者，五禮之別也。冠、昏、賓主、鄉飲酒，嘉禮也。朝、聘，賓禮也。喪，凶禮也。祭，吉禮也。軍旅，軍禮也。賓主謂賓射饗燕之類。」之所以同樣架構而有不同名稱，照《大戴禮記》所說，是因為「其文變也，禮之象五行也，其義四時也。」五禮是定體，但義則往來隨情況調整，如同

---

[59] 金建德，前引文。《漢書．藝文志》中《司馬法》篇數達 155 篇，遠多於今本，金建德認為係漢文帝時經師增補的結果。

四時。而納兵入禮的制作，比較可據的內容，主要表現在〈主言〉、〈月令〉、〈千乘〉、〈王制〉，以及《周官》相應職官，和《孔叢子・問軍禮》。

《大戴禮記・主言》[60] 的重點，在講「明主之道」，採用孔子和曾子對話的形式，明主之道的總綱是七教、三至：

> 孔子曰：「吾語汝。道者所以明德也，德者所以尊道也。是故非德不尊，非道不明。雖有國焉，不教不服，不可以取千里。雖有博地眾民，不以其地治之，不可以霸主。是故昔者明主內脩七教，外行三至。七教脩焉可以守，三至行焉可以征。七教不脩，雖守不固；三至不行，雖征不服。是故明主之守也，必折衝乎千里之外；其征也，衽席之上還師。是故內脩七教而上不勞，外行三至而財不費，此之謂明主之道也。」

明主之道的七教三至，即上承孔子「善人教民七年，亦可以即戎矣」的發揮。內容是「上敬老則下益孝，上順齒則下益悌，上樂施則下益諒，上親賢則下擇友，上好德則下不隱，上惡貪則下恥爭，上強果則下廉恥。」就是「等之以禮，立之以義，行之以順」的教化。三至是「至禮不讓而天下治，至賞不費而天下之士說，至樂無聲而天下之民和」，由此可以海內歸心，然後可以征。所以：

> 明主之所征，必道之所廢者也。彼廢道不行，然後誅其君，致其征，弔其民而不奪其財也。故曰明主之征也，猶時雨也，至則民說矣。是故行施彌博，得親彌眾，此之謂衽席之上乎還師。

儒者論兵，相信可以一戰而帝，刀不血刃，就是相信這樣的教化力量。

整軍經武的原理落實為禮儀的實踐，經常是用〈月令〉的方式，來安排其行事時間表。此蓋即〈本命〉所說的「禮之象五行也，其義四時也」。照〈月令〉系統，兵事在五行中屬金，其時為秋。秋季的軍禮，主要在賞軍、簡練、出征、田獵、閱兵、馬政。

> 立秋之日，天子親帥三公九卿諸侯大夫，以迎秋於西郊。還反，賞軍帥武人於朝。天子乃命將帥，選士厲兵，簡練桀俊，專任有功，以征不義。詰誅暴慢，以明好惡，順彼遠方。

[60] 主言，《孔子家語》作「王言」。

（季秋之月）天子乃教於田獵，以習五戎，班馬政。命僕及七騶咸駕，載旌旐，授車以級，整設於屏外。司徒搢扑，北面誓之。天子乃厲飾，執弓挾矢以獵，命主祠祭禽于四方。

《大戴禮記．千乘》同樣也按四時分配職官行事，但它的分配方法與《禮記．月令》不同，主持武事的司馬官是分配在夏，而其行事如下：

司馬司夏，以教士車甲。凡士執伎論功，脩四衛，強股肱，質射御，才武聰慧，治眾長卒，所以為儀綴於國。出可以為率，誘於軍旅，四方諸侯之遊士，國中賢餘、秀興閱焉。

《禮記．王制》也有類似的內容：大司徒「教士以車甲。凡執技論力，適四方，嬴股肱，決射御」但並沒有和〈千乘〉一樣配上時序。

後代如《通典》的軍禮，有部分儀式和整軍經武無關，但因為使用兵器的關係，也列入軍禮，這些部門大致是和月令有關，如合朔伐鼓、冬夏至寢兵、馬政馬祭、時儺等。

參酌〈王制〉、〈月令〉，而對出征行軍儀式講得更加詳備的，則有《孔叢子．問軍禮》。《孔叢子》中因陳涉之問而言行軍之禮。主要有幾個部分：一、天子親征。二、命將出征。三、軍敗之禮。軍禮中特別重視天子親征，和「禮樂征伐自天子出」的強調是有關的。〈問軍禮〉篇幅不大，內容亦只集中最重要的幾項出征之禮，顯然還不算完備的軍禮制作，但把兵事納入禮制，以仁義用兵，禮樂征伐自天子出，在此已俱見其義了。

陸、餘論

孔子的時代，周文衰弊，禮壞樂崩，而這樣的危機，相當程度來自封建文化內在的尚武之風的發展。孔子及其後人，以善人教民之旨，王者用兵的規劃，仁義之師的主張，扭轉封建尚武文化，把禮的精神延伸到戎政用武，這是三代文化的一大轉向。所謂的軍禮，並非先行於封建城邦的既成觀念與制度，而是在封建崩壞中後設創制的新說，已申論如前。

戰國晚期，秦兵強於天下，統一已勢在眉睫，而得之不以仁義，當此之際，講究仁義禮樂的儒者，似乎還有無比的信心，相信天道必還，黃河九曲，終必東流。《孔叢子．論勢》中記錄魏王和相國子順（孔子之後嗣）談論天下大勢，魏王問：「秦其遂有天下乎？」子順對曰：「必然焉。雖然，取不以道，得不以道，自古以來，未有能終之者。」這就是荀子所相信的，兼併易能，堅凝為難。兵、法之家驅民於戰，使貪使愚，威克重於愛克，證明了人性中恐懼、貪婪、仇恨力量的強大與無堅不摧。但儒者的理論相信，這樣的力量終不長久，更不究竟，寧可寄王政於教化，所以亂世之中仍傳學不輟。五禮系統中除孔子所定的吉、凶、賓、嘉禮之外，軍禮的發展，應就在周、秦之際，甚至直到漢初才有較成熟的觀念產生。《周禮》可能就是代表這樣理念的產物。

《史記》記叔孫通定朝儀，魯國諸生或不肯往，他們的理由是「禮樂所由起，積德百年而後可興也。」漢初創痍未復，不是興樂制禮的時候。《禮記・中庸》也說，「非天子不議禮，不制度，不考文。今天下車同軌，書同文，行同倫，雖有其位，苟無其德，不敢作禮樂焉。雖有其德，苟無其位，亦不敢作禮樂焉。」無德無位，不到制禮作樂的時候，有所抒發，或者就托之於古了，《孔叢子・問軍禮》最後的結語是：「王曰：行古禮如何？太師曰：古之禮固為於今也。有其人，行其禮則可。無其人，行其禮，則民弗與也。」如果僅是飾以軍禮的名義，而所施所行亦無異於橫暴的兼併殺伐，那又何當於軍禮所主張的，王者行師的制作意旨呢？漢魏以後軍禮發展的趨勢，或許已經被孔鮒所言中了吧。

（原發表於：帝國之禮國際學術研討會，2009 年。）

DOI:10.978.986437/1778.0012

蘇轍禮論與史論關係之探究

蔣義斌*

壹、前言

蘇洵曾撰〈六經論〉闡述「禮」為六經核心的觀點，而且曾經參與宋政府《太常因革禮》的修撰。[1]蘇洵對蘇軾、蘇轍兄弟而言，不僅僅是父親而已，同時也是他二人的教師。[2]蘇洵還來不及對六經作具體的注疏，[3]而這項工作後來由二蘇兄弟來完成。二蘇傳世的經學作品，蘇軾有《蘇氏易傳》與《東坡書傳》；蘇轍則撰《詩集傳》與《春秋集解》。禮既是蘇洵〈六經論〉的核心，然而三蘇均未曾對「禮經」（狹義地指《禮記》、《周禮》、《儀禮》）作過注解，此事頗啟後人疑竇，值得作進一步的探究。

查檢某些通行的二蘇個人文集，不難發現，不管蘇轍也好，或是蘇軾也好，他們的個人文集，都各自收錄了〈禮論〉、〈易論〉、〈書論〉、〈詩論〉、〈春秋論〉（以下簡稱〈五經論〉）。[4]令人詫異的是：兩人文集所收的〈五經論〉，除了各論的排列順序有所不同之外，各論論文的實際內容，竟然幾

* 國立臺北大學歷史學系特聘教授

1 參蔣義斌，〈蘇洵論禮蠡測——兼論其經史觀〉，《臺灣師大歷史學報》，第47期（2012，06），頁63-104。

2 蘇轍撰，陳宏天、高秀芳點校，《欒城後集》（收入《蘇轍集》，北京：中華書局，1990），卷7，〈歷代論引〉，頁958，謂：「予少而力學，先君，予師也，亡兄子瞻，予師友也。父兄之學，皆以古今成敗得失為議論之要。」卷22，〈亡兄子瞻端明墓誌銘〉，頁1126，謂：「少與轍皆師先君（蘇洵）。」

3 蘇洵注疏六經，晚年由《易經》開始。《欒城後集》，卷22，〈亡兄子瞻端明墓誌銘〉，頁1127，謂：「先君晚歲讀《易》，玩其爻象，得其剛柔遠近、喜怒逆順之情，以觀其詞，皆迎刃而解。作《易傳》，未完。疾革，命公（蘇軾）述其志。」

4 《欒城應詔集》（收入《蘇轍集》），卷4，收錄了〈五經論〉；蘇軾撰，孔凡禮點校，《蘇軾文集》（北京：中華書局，1986），卷2，亦收錄了〈五經論〉。

乎完全相同。後世所傳許多類書，在選擇古文範本時，雖選錄〈五經論〉中的某些文章，不過多將這些文章，歸置於蘇軾名下。然而仔細推究，二蘇合撰〈五經論〉的可能性並不大，〈五經論〉的確實作者，亦有待釐清。

蘇轍史論的寫作，集中於三個階段：一為嘉祐六年（1061）報考制科考試時所撰的史論；二為紹聖二年（1095）完稿的《古史》乙書中的史論；三為崇寧五年（1106，68 歲）完稿的《歷代論》45 篇。

本文擬由蘇轍的著作中對禮的見解，說明蘇轍的「禮論」，不僅僅只由注疏「禮經」可以達成。一般來說，蘇轍認為「禮義」必須在歷史發展的軌跡中探討，因此，蘇轍的史論，有不少是在討論「禮義」——恰當的文明行為。[5]

〈五經論〉之〈書論〉一文，指出聖王制禮移風易俗的過程，有兩個階段：一為立禮「矯拂世俗」；二為「丁寧激切」與臣民溝通。說明這兩個階段特質的措辭——「矯拂世俗」、「丁寧激切」，在蘇轍的策論中，都可以找到相同的用法；但這兩個措辭，卻未見於蘇軾的制策之中。此外，本文並輔以蘇軾文集的版本，論證〈五經論〉中的〈禮論〉、〈書論〉，出自蘇轍手筆的可能性較高。

貳、蘇轍報考制科考試完成〈五經論〉及其他史論

一、蘇轍參加制科考試

嘉祐二年（1057）正月 6 日，仁宗任命翰林學士歐陽修知貢舉，當時蘇軾 22 歲、蘇轍 19 歲，少年英才。蘇軾〈刑賞忠厚之至論〉乙文，被歐

[5] 現代口語中，並無與古漢語「禮義」完全相同的語詞。禮與儀式有關，但儀式並不能涵概禮。古漢語儀式性的「禮」，稱之為「儀禮」。《禮記》〈冠義〉：「凡人之所以為人者，禮義也。禮義之始，在於正容體、齊顏色、順辭令。容體正，顏色齊，辭令順，而後禮義備。以正君臣、親父子、和長幼。君臣正，父子親，長幼和，而後禮義立。」「冠禮」可以視為一種儀式，但〈冠義〉篇由「禮義」來討論「冠禮」，「禮義」，應是一切禮儀的指導原則。「禮義」始於容體、顏色、辭令，應為禮儀的基礎。「義」的通訓為「宜」，因此，本文所用的「禮義」一辭，用現代的漢語，可用「恰當的文明行為」來詮釋。此外，《詩》〈序〉謂：「變風發乎情，止乎禮義。發乎情，民之性也；止乎禮義，先王之澤也。」此與蘇轍用禮義一辭有相通之處，不過蘇轍認為，後世亦可因人情依禮義，另制新禮。

陽修評為第二。在試經義時，蘇軾對以《春秋義》，又被評為第一。[6] 3月5日殿試，3月11日放榜，二蘇雖均中榜，但是蘇軾僅列於乙等。同榜者還有：章衡、呂惠卿（甲等）、張載、程顥、曾鞏、曾布等名人，本年的科舉，也揭開了日後變革的序幕。[7]

嘉祐二年科考放榜不久，4月7日，二蘇母親過世，蘇軾、蘇轍返蜀。嘉祐五年（1060）喪服成，歐陽修、楊畋推薦二蘇，再參與「材識兼茂明於體用」制科考試。[8] 嘉祐六年（1061）6月2日，王安石任知制誥。7月，蘇洵參與編修《太常因革禮》。7月21日，遷司馬光為起居舍人，同知諫院。8月17日，二蘇應秘閣「賢良方正能直言極諫」科試。

二蘇參與嘉祐六年的制科考試，常為人所稱道。當時制科考試，必須有推薦人及50篇論著。葉夢得《避暑錄話》述及制科考試說：

> 故事：制科必先用從官二人舉，上其所為文五十篇，考於學士院，中選而後召試，得召者不過三之一。[9]

保薦人及50篇論著，是制科考試報名的必要條件，然後再由學士院初選，通過初選，才能正式召試於秘閣，葉夢得所說的「召試」，實即是秘閣試。

---

[6] 蘇轍，《欒城後集》，卷22，〈亡兄子瞻端明墓誌銘〉，頁1118，謂：「嘉祐二年，歐陽文忠公考試禮部進士，疾時文之詭異，思有以救之。梅聖俞時與其事，得公《論刑賞》，以示文忠。文忠驚喜，以為異人，欲以冠多士。疑曾子固所為，子固，文忠門下士也，乃置公第二。復以《春秋》對義，居第一。殿試中乙科。」

[7] 李燾，《續資治通鑑長編》（以下簡稱《長編》）（北京：中華書局，1995，新校本），卷185，頁4467，謂：「（嘉祐二年）春正月癸未（6日），翰林學士歐陽修權知貢舉。先是，進士益相習為奇僻，鉤章棘句，寖失渾淳，修深疾之，遂痛加裁抑，仍嚴禁挾書者。及試牓出，時所推譽，皆不在選。囂薄之士，候修晨朝，群聚詆斥之，至街司邏吏不能止；或為祭歐陽修文投其家，卒不能求其主名置於法。然文體自是亦少變。」《長編》雖僅提到「文體自是亦少變」，其實由本榜錄取的人，及其後於嘉祐六年制科試，宋朝中期變革的人才，已漸形成。

[8] 蘇轍，《欒城集》（收入《蘇轍集》），卷18，〈楊樂道龍圖哀辭（並敘）〉，頁339，謂：「嘉祐五年三月，轍始以選人至流內銓。是時，楊公樂道以天章閣待制調銓之官吏，見予于稠人中，曰：『聞子求舉直言，若必無人，畋願得備數。』轍曰：『唯。』既而至其家，一見坐語如舊相識。明年，予登制科。公以諫官為考官秘閣。又明年四月，公薨。方其病也，予見於其寢，莫然無言，曰：『死矣，將以寂滅為樂。』蓋予之識公，始三歲矣。三歲之中，不過數十見。公齒甚長，予甚少。公已貴，予方貧賤。見之輒歡樂笑語，終日不厭，釋然忘其老且貴也。蓋公死，士大夫相與痛惜其不幸，而予又竊有以私懷之。」

[9] 葉夢得，《避暑錄話》（臺北：臺灣商務印書館，1983，《文淵閣四庫全書》本），卷下，頁69b。

秘閣試通過後，才進入關鍵的殿試。[10] 在得到歐陽修、楊畋的推薦後，可能至嘉祐六年，二蘇才完成 50 篇論著，科名則改為「賢良方正能直言極諫」。[11]

二、蘇轍撰寫 50 篇論策

二蘇同時報名嘉祐六年的制科考試，報名時都應完成 50 篇論著。蘇轍的這 50 篇論著，保留在《欒城應詔集》卷 1 至卷 10。[12] 蘇轍的這 50 篇論文，分為論、策二部分，各有 25 篇。25 篇論分別為：〈夏論〉、〈商論〉、〈周論〉、〈六國論〉、〈秦論〉、〈漢論〉、〈三國論〉、〈晉論〉、〈七代論〉、〈隋論〉、〈唐論〉、〈五代論〉、〈周公論〉、〈老聃論上〉、〈老聃論下〉、〈禮論〉、〈易論〉、〈書論〉、〈詩論〉、〈春秋論〉、〈燕趙論〉、〈蜀論〉、〈北狄論〉、〈西戎論〉、〈西南夷論〉，合計 25 篇；25 篇策分別為：〈君術〉五道、〈臣事上〉五道、〈臣事下〉五道、〈民政上〉五道、〈民政下〉五道，合計 25 篇。[13]

蘇轍報名制科考試時所繳交的 25 篇論中，依蘇轍文集收錄的次序，可分為四部分：（一）由〈夏論〉至〈五代論〉12 篇，綜述三代至宋初的歷史；

---

[10] 葉夢得對制科考試的程序，敘述的並不完整，宋代制科考試的程序，除葉夢得所述者外，尚有殿試。宋代制試的完整過程，參王德毅，〈宋代賢良方正科考〉，《臺大文史哲學報》，14 期，（1965，11），頁 318-331。

[11] 歐陽修、楊畋為二蘇推薦的制科，原應為「才識兼茂明於體用科」，但二蘇完成報名時，科名已改為「賢良方正能直言極諫」，嘉祐六年二蘇通過殿試，其改派職務的任命書分別由王安石、沈遘撰寫，而二人的文集也都保留了任命詔書稿，如王安石，《臨川先生文集》（北京：中華書局，1959），卷 51，頁 549，〈應「才識兼茂明於體用科」守河南府福昌縣主簿蘇軾大理評事制〉；沈遘，《西溪集》（臺北：臺灣商務印書館，1983，《文淵閣四庫全書》本），卷 5，頁 9，〈應「才識兼茂明於體用科」新授河南府澠池縣主簿蘇轍可試祕（書省）校書充商州軍事推官制〉，二篇制書均謂二蘇應「才識兼茂明於體用科」試。

[12] 《欒城應詔集》除了收入《蘇轍集》外，另有單行本問世，其中以《四部叢刊》本，流傳較廣。蘇軾的制試報名著作，以《東坡七集》系列版本較清晰。蘇軾，《東坡七集》（收於《宋集珍本叢刊》，第 21-23 冊，北京：綫裝書局，2004）中，收錄了《東坡應詔集》10 卷，第 1–5 卷為 25 篇策；第 6–10 卷為 25 篇論，但其中並沒有〈五經論〉，詳述於後文。

[13] 蘇軾報考制科試的 50 篇論策，也分為 25 篇論、25 篇策。這 50 篇論策，在《東坡七集》收錄的情況，參前註，其中與經學有關的論，為《中庸論》3 篇，另有《大臣論》2 篇，再加上 20 篇史論。Peter Bol 在討論蘇軾的史論，即止於上述 25 篇論，並未觸及〈五經論〉，應是正確的選擇。參 Peter Bol, T*his Culture of Ours—Intellectual Transitions in T'ang and Sung China* (Stanford: Stanford University Press, 1992), Ch.8, p. 259. 劉寧譯，《斯文：唐宋思想的轉型》（南京：江蘇人民出版社，2001），第 8 章，頁 271。

（二）〈周公論〉、〈老聃論〉上下；[14]（三）〈五經論〉（〈禮論〉、〈易論〉、〈書論〉、〈詩論〉、〈春秋論〉）；（四）燕趙、蜀、四夷民俗諸論：本組史論主要討論民俗，包括〈燕趙論〉、〈蜀論〉、〈北狄論〉、〈西戎論〉、〈西南夷論〉等與民俗有關的5篇史論。[15]這四組史論，若不計有關〈老聃論〉的2篇，其他均與「經」、「史」有關，而有關史的論文，比重更多於經。

三、〈五經論〉作者商榷

蘇轍報考制科考試的論文，甚為明確。然而某些通行本的蘇軾文集，也收錄了〈五經論〉（〈禮論〉、〈易論〉、〈書論〉、〈詩論〉、〈春秋論〉），是以形成二蘇個人文集均收有〈五經論〉的情形，僅排列前後順序有所不同，其內容幾乎完全相同，[16]此事頗啟人疑竇。因為是取得考試資格的基本條件，所以二人合撰〈五經論〉的可能性不大。且如後文所述，〈書論〉有「愚讀」《史記》〈商君列傳〉、「愚始讀」三代之書的措辭，明顯地應屬二蘇其中一人的作品。

南宋時所編的《三蘇先生文粹》，已出現將〈五經論〉的作者歸置於蘇軾名下的情形。[17]檢視明清所編唐宋古文的類書，〈五經論〉的5篇論文，雖不一定被全數收入，但所收的數篇，多繫於蘇軾名下。如茅坤所編《唐宋八大家文鈔》收錄〈書論〉、〈禮論〉、〈春秋論〉；[18]唐順之所編《文編》

[14] 在制科考殿試的試題，提到漢文帝「尚老子」，而「天下富殖」。蘇轍回答說：「臣聞老子之所以為得者，清淨寡欲，而其失也，棄仁義、絕禮樂。儒者之得也，尊君卑臣，而其失也，崇虛文而無實用。然而道之可以長行而無弊者，莫過於儒術。其所以有弊者，治之過也。漢文取老子之所長而行之，是以行之而天下禮。」參《欒城應詔集》，卷12，〈御試制策〉，頁1357。《欒城應詔集》，卷2，〈老聃論上〉，頁1264，蘇轍說：「老聃之說曰：去仁義，絕禮樂，而後天下安。而吾之說曰：仁義禮樂，天下之所待以治安者。」

[15] 這5篇論文，與風俗有關。如〈燕趙論〉除了討論燕、趙等河北地區的民俗外，也討論吳、楚的民俗；〈蜀論〉則討論蜀地、秦晉地區的民俗，比較分析的意味濃厚。〈北狄論〉、〈西戎論〉則討論契丹、西夏之俗之所以常侵凌中國，與中國之俗有關，中國之俗與「戎狄」相較，中國之俗較「優遊緩帶，不識兵革之勞，驕奢怠惰，勇氣消耗。」〈西南夷論〉則不主張對西南用兵，而應「通關市」，使「我吏民待之如中國之人。」

[16] 參註4。

[17] 《三蘇先生文粹》（收於《宋集珍本叢刊》第23冊），卷12，將〈五經論〉視為蘇軾的作品。

[18] 茅坤編，《唐宋八大家文鈔》（臺北：臺灣商務印書館，1983，《文淵閣四庫全書》本），卷133，〈東坡文鈔十六〉，頁1-8。

收錄〈書論〉、〈禮論〉；[19]清高宗敕編《御選唐宋文醇》收錄〈詩論〉、〈禮論〉等等皆是。[20]

如上所述，不少類書，將〈五經論〉視為蘇軾的作品。然而也有些類書，將〈五經論〉置於蘇轍名下的。例如《御選古文淵鑑》，卷51收錄蘇轍的作品，其中就包括了〈五經論〉中的〈書論〉。[21]可見情況相當分歧。

上述類書收錄〈五經論〉中的論文，雖各有不同，但〈書論〉與〈禮論〉二論最常被收錄，可見〈書論〉與〈禮論〉應有其獨到的見解。本文擬於以下章節中分別論述，此二論出自於蘇轍之手筆的可能性較高。

若由蘇軾文集的版本，似乎也可以佐證此項論證。因為有些蘇軾文集的版本，並未收錄〈五經論〉。南宋郎曄所編《經進東坡文集事略》是流通相當廣的刊本，該本為進呈孝宗而編，在資料的收集有其審慎之處，蘇軾報名制科考試的25篇論，以「進論」的名稱，收錄於卷4至卷8，「進論」中並沒有〈五經論〉；[22]又明成化本《東坡七集》或《蘇文忠公全集》有《應詔集》10卷，收錄蘇軾制科考試的論策，其中均未收錄〈五經論〉。[23]

參、蘇轍論策與〈禮論〉之關聯性

一、〈五經論〉中〈禮論〉之要旨

蘇洵的〈六經論〉始終環繞著「禮」的議題，其〈易論〉、〈禮論〉、〈樂論〉與〈詩論〉，分別討論禮的神聖性、禮的權威（力量）、禮的內化、禮的人情基礎；而〈書論〉、〈春秋論〉，則討論禮的實踐，與民俗的辯證關係。[24]

---

[19] 唐順之編，《文編》（臺北：臺灣商務印書館，1983，《文淵閣四庫全書》本），卷27，〈書論〉，頁5b；〈禮論〉，頁21。

[20] 清高宗敕編，《御選唐宋文醇》（臺北：臺灣商務印書館，1983，《文淵閣四庫全書》本），卷41，〈眉山蘇軾文四〉，〈詩論〉，頁9；〈禮論〉，頁21。

[21] 康熙選、徐乾學等編注，《御選古文淵鑑》（臺北：臺灣商務印書館，1983，《文淵閣四庫全書》本），卷51，〈書論〉，頁73-75。

[22] 蘇軾撰、郎曄編注，《經進東坡文集事略》（臺北：臺灣商務印書館，1983，《四部叢刊》本），卷4-8。

[23] 蘇軾，《東坡七集》（收於《宋集珍本叢刊》，第21-23冊），收錄《東坡應詔集》10卷。成化本《蘇文忠公全集》，流通較廣的版本為世界書局於民國25年刊行本，但書名改為《蘇東坡全集》，1986年北京中國書店，又再複印世界書局的刊本。

[24] 同註1。

〈五經論〉之〈禮論〉，為報考制科考試時所繳的論文，該文也承襲了蘇洵對「禮」的看法，文明之「禮」形成過程，於該文約可歸納為下述兩項重點：

（一）文明的「禮」的形成：對話、激發廉恥之心

〈五經論〉之〈禮論〉一文，起首便說：「昔者商周之際，何其為禮之易也。」天子、諸侯、大夫、卿士，「周旋揖讓，獻酬百拜」，「樂作於下，而禮行於上」，「雍容和穆，終日而不亂」。當時人為何可以「習慣而無疑」地行禮？該文分析說：

> 其身安於禮之曲折，而其心不亂，以能深思禮樂之意，故其廉恥退讓之心，盎然見於其面，而坌然發於其躬。夫是以能使天下觀其行事，而忘其暴戾鄙野之氣。[25]

引文中激發臣民的「廉恥退讓之心」，延續自蘇洵對古代聖王之禮的看法，聖王能以廉恥退讓激發人民的潛能，所以可以令臣民信服。上引文述及制禮的聖王，並不是強迫臣民行禮，而是經過長期地與臣民對話，以身作則，激發大家的廉恥之心，效法聖王行禮，並逐漸改變原本「暴戾鄙野」之氣。

蘇洵〈易論〉云：「生民之初，無貴賤，無尊卑，無長幼」，[26]當時「人相殺無已」。蘇洵對「生民之初」的推論，蘇軾、蘇轍二人，也有類似的言論，不過這種言論，應解釋為他們都認為初民的禮，並不全然是文明之禮，二蘇的措詞中，「禮」往往是指文明之禮。前文所講的「廉恥退讓」之心生，忘其「暴戾鄙野」之氣，同時也是聖王制禮移風易俗之效。

（二）「禮」與風俗之間的辯證關係

〈五經論〉之〈禮論〉認為，「風俗變易」是事實，風俗「更數千年以至於今」，「天下之事已大異（於古）矣」。因此處今之世，不可能簡單地只以恢復「三代之禮」為念。〈禮論〉並說：三代之禮已非今之人「素所習」，若「強使焉」，「甚矣夫！後世之好古也」。「後世」應包含了宋代，〈禮論〉認為後世的社會環境與三代不同，為博好古之名而強行三代之禮，是很過分的事。

---

[25] 《欒城應詔集》，卷 4，〈禮論〉，頁 1268。

[26] 蘇洵撰，曾棗莊、金成禮箋注，《嘉祐集箋注》（上海：上海古籍，1993），卷 6，〈易論〉，頁 142。

聖王教化百姓以文明之「禮」，禮與民俗之間是處於對話的關係，而非「強使」百姓服從。這個觀點，應也是承自蘇洵，蘇洵說：「聖人因風俗之變而用其權」。[27] 然而〈五經論〉之〈禮論〉基於以上所述，進一步主張「三代之（飲食禮）器」，「不可復用」於宋代，並批評說：「後世宗廟之祭，皆用三代之器，則是先祖終莫得而安也。」該文所持的理由如下：

> 蓋三代之時，席地而食，是以其器用各因其所便，而為之高下大小之制。今世之禮，坐於床而食於床上，是以其器不得不有所變。雖使三代之聖人生於今而用之，亦將以為便安。故夫三代之視上古，猶今之視三代也。三代之器，不可復用矣，而其制禮之意，尚可依仿以為法也。[28]

雖然三代制禮之精神「尚可（模）仿」，但三代時的禮器，是依據當時「席地而食」之俗而設；宋代則「坐於床（椅）而食」，其飲食之器，與三代時的食器不同。依據「禮」與「俗」有辯證關係的原則，該文導出：「春秋社稷，釋奠、釋菜」等禮器，是用「以享古之鬼神」者，則「皆從其（當時之）器」，亦是可以理解的。〈五經論〉之〈禮論〉固然主張宋代不能套用古禮，但也不是全面的反對古禮。

〈五經論〉之〈禮論〉所述，雖可發現承自蘇洵之證據，但蘇轍更著重於論證，禮必須在歷史發展中探索，與〈禮論〉的旨趣吻合。〈禮論〉在說明「商周之際」文明之禮形成之後，也說明「禮儀」由簡樸往文明的過程，其文謂：

> 昔者上古之世，蓋常有巢居穴處，汙樽壞飲、燔黍捭豚、蕢桴土鼓，而以為是足以養生送死，而無以加之者矣。[29]

「上古之世」已有簡樸的禮器，文中雖未明確說明上古之世的起始，但應包括堯舜時期。二蘇的用語，尚有「生民之初」一語，[30] 而蘇洵〈易論〉也說：「生民之初，無貴賤，無尊卑，無長幼」。蘇轍〈周論〉謂：

---

[27] 蘇洵撰，曾棗莊、金成禮箋注，《嘉祐集箋註》，卷 6，〈書論〉，頁 158。

[28] 《欒城應詔集》卷 4，〈禮論〉，頁 1269。

[29] 《欒城應詔集》卷 4，〈禮論〉，頁 1268。

[30] 蘇軾撰，孔凡禮點校，《蘇軾文集》（北京：中華書局，1986），卷 3，〈秦始皇帝論〉，頁 79，謂：「昔者生民之初，不知所以養生之具，擊搏挽裂與禽獸爭一旦之命，惴惴焉朝不謀夕，憂死之不給，是故巧詐不生，而民無知。」

> 昔者生民之初，父子無義，君臣無禮，兄弟不相愛，夫婦不相保，天下紛然而淆亂，忿鬥而相苦。文理不著，而人倫不明，生不相養，死不相葬，天下之人，舉皆戚然，有所不寧於其心。[31]

蘇轍〈周論〉一文，也撰於制科考試報名時。雖然現代學界認為初民亦有禮儀，但蘇轍明白地指出他所謂的禮，和建立包含國家的「人倫」群體有關。另外，前引文之末，特別強調處在無法建立和諧群體的情境，「天下之人」皆「戚然」而不安於心。初民欲走出無人倫群體的情境，是聖王（人）制禮的先決條件，三代聖王之制禮，並不是強加之於人民百姓。

禮必須在歷史、民情環境中檢討，是〈五經論〉之〈禮論〉的重要命題，而歷史的發展，三蘇常用「勢」來說明。〈禮論〉反對單純地襲用古禮，前引文「風俗變易」，經數千年以至於今，「天下之事已大異」，「事」字若易為「勢」，當更可掌握該文的論旨。

〈五經論〉之〈禮論〉的核心主張，在蘇轍的有關論著，常可發現。以下再舉蘇轍於制科考試秘閣試的策論，說明之。

二、秘閣試蘇轍與禮有關之策論

仁宗時制科考試，在繳交 50 篇論文報名後，皇帝會再派文學侍從之臣，就秘閣考試，《宋會要輯稿》載：

> （嘉祐）六年八月十七日，命翰林學士吳奎、龍圖閣直學士楊畋、（權）御史中丞王疇、知制誥王安石就秘閣考試制科。奎等上王介、蘇軾、蘇轍論各六首。[32]

嘉祐六年 8 月 17 日，秘閣的六道試題分別為：「王者不治夷狄」、「禮義信足以成德」、「劉愷丁鴻孰賢」、「禮以養人為本」、「既醉備萬福」、「形勢不如德」。[33] 其中「王者不治夷狄」一題，與《公羊》學者主張「王者不治夷狄」有關。蘇轍的回答非常的直接，他認為公羊學者的言論，過於「迂闊」；「劉愷丁鴻孰賢」一題，則討論劉愷、丁鴻讓國，是否得當有關。

---

[31] 《欒城應詔集》，卷 1，〈周論〉，頁 1246。

[32] 徐松輯，《宋會要輯稿》（北京：中華書局，1957），第 111 冊，〈選舉 11〉，〈舉賢良方正能直言極諫等科〉，頁 8，（總頁 4430）。

[33] 同前註。

此外四題，均與禮有關，[34]而蘇轍尤能由歷史、禮俗來討論作答，與前述〈五經論〉中〈禮論〉之要旨深契。

「禮義信足以成德」一題，出典於《論語》樊遲請為圃。蘇轍認為樊遲請問農、圃，是為了要「富民」，但孔子答以禮、義、信，對此蘇轍分析說：

> 周衰，凡所以教民之具既廢，而戰攻侵伐之役交橫於天下，民去其本而爭事於末。當時之君子思救其弊，而求之太迫，導之無術。故樊遲請學為稼，又欲為圃，……今夫樊遲欲為農圃以富民，而孔子答之以禮、義、信也。[35]

蘇轍論證與財富等因素相較，禮、義、信，對社會群體而言，更為基礎。關於這點後文將會再述及。

「形勢不如德」這種題目，很容易變成「八股」、空談，然而蘇轍由法令、地形來分析「形勢」。他認為「秦之法令」嚴峻，形成人為的「形勢」；而都關中，又有「天府之固」，則是地理的形勢。秦有這二方面的優勢，但僅二世即滅。因此，蘇轍結論認為，「德」比「形勢」更重要。「法制」為何也可以成為「形勢」？他說：

> 天下之人，其初蓋均是人也，而君至於為君之尊，而民至於為民之卑，君上日享其樂，而臣下日安其勞，而不敢怨者，是法制之力也。[36]

人是平等的，而「法制」之力，造成君尊、民卑。君尊臣卑難道不是「禮」也強調的嗎？蘇轍於〈形勢不如德論〉乙文，分析古代聖王制禮的原則，說：

> 此豈非聖人知天下之不可以強服，而為是優柔從容之德，以和其剛強難屈之心，而作其愧恥不忍之意故耶？[37]

以上引文，在蘇洵的〈六經論〉中，也能找到相應的文句。然而蘇轍認為秦「法」，出於統治者為單方的強制力。文明的「禮」，則是「君」、「民」

---

[34] 雖然上述兩題，也與禮義有關，然而下述四題與禮的本質有更直接的關連，且與〈禮論〉的論旨有關，故本文僅討論下述四題。

[35] 《欒城應詔集》，卷 11，〈禮義信足以成德論〉，頁 1341。

[36] 《欒城應詔集》，卷 11，〈形勢不如德論〉，頁 1342。

[37] 同前註引書，頁 1343。

的互動，不是單方「強服」對方。雖然聖王在制禮的過程居於主動，但是以其「德」讓百姓「愧恥」而樂從，〈形勢不如德論〉乙文的結論說：

> 嗟夫！秦人自負其強，欲以斬刖齊天下之民，而以山河為社稷之保障，不知英雄之士開而闔之，刑罰不能繩，險阻不能拒。故聖人必有以深結天下之心，使英雄之士有所不可解者。[38]

秦朝「自負其強」，單方面地以「法」齊天下之民，但「英雄之士」不為其所設的形勢（地理、法制）所屈。故聖王的「對話互動」，以「深結天下之心」的作法，也會使「英雄之士」與之「深結」、「不可解」。

由歷史的經驗中，蘇轍找到可靠的「事實」，也論證了「禮」較「法」更具基礎性。[39] 若確認文明之禮，是以相互的對話為前題，則後世不能單純地只提恢復「三代之禮」。因為當後世民俗已改變，恢復三代之禮，也是種強迫。

三代制禮之所以是典範，應是指制禮的過程，可視為禮制的典範。後世人是否可以發展新禮？蘇轍在〈禮以養人為本論〉中說：

> 律令起於後世，而禮出於聖人。敢變後世之刑，而不敢變先王之禮，是亦畏聖人太過之弊也。《記》曰：「禮之所生，生於義也。」故禮雖先王未之有，可以義起也。故因人之情，而為之節文，則亦何至於憚之而不敢邪？[40]

「先王」制禮，因應人情。後世時空環境、民俗改變，也可以「變先王之禮」，先王未定之禮，也「可以義起」。

秘閣試的最後一題為「既醉備五福」，〈既醉〉為《詩經》〈大雅〉〈生民之什〉之詩，蘇轍認為該詩為頌成王「太平」之詩。[41]「五福」一辭，則出自《書經》〈洪範〉。五福為：壽、富、康寧、修好德、考終命（善終）。蘇轍首先由平王「優柔和易，而無所怨」，天下之民「各樂其所」，「年穀

---

[38] 同前註。

[39] 此處基礎性，並不是指有效率。在蘇轍的其他論文，也指出秦法可以收到短期效率。

[40] 《欒城應詔集》，卷 11，〈禮以養人為本論〉，頁 1343。

[41] 蘇轍，《詩集傳》（北京：語文出版社，2001，《三蘇全書》第 2 冊），卷 16，〈既醉〉，頁 504 謂：「周自文王至於成王，而天下平，無所復事，故君子作此詩。言王與羣臣祭畢而燕於寢，旅酬至無算爵，醉之以酒而飽之以德，臣之所以願其君者，反復而不厭，此謂太平也。」

時熟」、「父子兄弟相愛」、「無暴戾於和之節」。百姓得以祭祀，並相與「宴樂」。接著蘇轍說：「朝廷之間」、「君臣相安而親戚相愛」；宗廟之祭完畢，與諸父昆弟「宴于寢旅」，「君臣釋然而皆醉」。〈既醉備五福論〉的最後，蘇轍說：「百姓相與歡樂於下，而後君臣乃相與偕醉於上」，心和氣平，無暴戾之氣，故能有五福。百姓歡樂於先，而後朝廷的歡樂才能「醉而愈恭，和而有禮」，這需要正確認知及自我反省的能力。因此，該文的結尾，蘇轍說：「能觀〈既醉〉之詩」，又觀「〈抑〉與《酒誥》以自戒」，則「五福可以坐而致」。統治者的樂，必須要建立在自省的能力。[42]

蘇轍秘閣試直接與禮有關的四道策論，與前述〈禮論〉論旨的關連度頗高。〈禮論〉的主要旨趣：（一）聖王是以對話、激發臣民廉恥之心制禮；（二）對話也表現在「禮」、俗之間，隨著俗的發展，三代之禮不能強推行於後世。蘇轍秘閣試的〈形勢不如德論〉乙文，強調聖王曉得「天下不可以強服」，故以激發臣民「愧恥不忍」之心為主要手段。蘇轍〈禮以養人為本論〉乙文，則基於禮、俗之間的辯證、對話的關係，主張先王所未有的禮，可以依禮義另立適合時代所需的禮。[43] 蘇轍〈既醉備五福論〉乙文，則強調周成王「優柔和易」，而「天下之民各樂其所」，並不是以強迫的手段施政，而是以對話行禮後的成果。

綜上文所述，〈五經論〉這組文章中的〈禮論〉一文，與蘇轍對「禮」的理解更為契合，這點在蘇轍的秘閣試有關的論文中，得到印證。[44]

肆、蘇轍〈御試制策〉與〈書論〉之關聯性

一、蘇轍〈御試制策〉之要旨

前文討論〈五經論〉之〈禮論〉，與蘇轍的秘閣試的「禮論」更為契合，下文則由蘇轍的〈御試制策〉檢討〈五經論〉的〈書論〉應是蘇轍的作品。雖然這篇文字也收到某些版本的蘇軾的文集中，因此常有人將此文視為蘇軾

---

[42] 《欒城應詔集》，卷 11，〈既醉備五福論〉，頁 1345。

[43] 《欒城應詔集》，卷 11，〈禮以養人為本論〉，頁 1343-1344，可以依「禮義」的原則，另立新禮，是蘇轍禮論的核心理念之一。

[44] 秘閣試蘇軾的策論，也保留於其文集中，但上述〈五經論〉〈禮論〉的主旨，在蘇軾的秘閣試論文中，並未發現。

的作品。嘉祐六年制科考試殿試階段，二蘇均有答策，而蘇轍的〈御試制策〉有助於論證〈書論〉，應是蘇轍的作品。

嘉祐六年制科殿試於8月25日舉行，考題約600字，本身即是篇論文，其中提出國家的發展，及目前的諸多問題，諸如：民生、邊境國防、浮費、冗兵、冗官、學校、法禁等等。甚至還問到貨幣，以及宰相兼管國家財政是否得宜等問題，可謂大哉問！蘇軾的〈御試制科策〉近6,000字，而蘇轍的〈御試制策〉則約7,000餘字。

蘇轍〈御試制策〉乙文，首先反問仁宗「守太平之成基」，可以無憂嗎？這應是延續他秘閣試的最後一題〈既醉備五福論〉的發揮，「醉酒飽德」必須建立在自省的基礎之上。蘇轍認為仁宗有「憂懼之言」，但「未有憂懼之誠」。因為仁宗寶元、慶曆之間西羌作亂，仁宗「晝不安坐，夜不安席」。亂事稍定，仁宗即「棄置憂懼之心」而不再思慮，如此長達「二十年矣」。蘇轍說：「古之聖人（王），無事則深憂，有事則不懼。」因為「無事」時多所用心，所以出事時才能「不懼」。[45]〈既醉備五福論〉蘇轍指出民樂於前，而朝廷樂於後，統治者的樂，要建築在自戒、反省的基礎。以上是由聖王所建立的典範，而在後世歷史事實中，亦可以找到印證。

蘇轍在〈御試制策〉中，提到太康、商祖甲、周穆王、漢成帝，及唐穆宗、恭宗等六帝統治時，使國家走上衰亡之路。他們共同的特色如下：「皆以天下之治安，朝夕不戒，沉湎於酒、荒耽於色」，「晚朝早罷，早寢晏起」，故導致「中臣不得盡言，小臣不得極諫」。前述六帝之「左右前後，惟婦人是侍」，「法度正直之言，不留於心」。[46]

宋仁宗是否也有「左右前後，惟婦人是侍」的情形？蘇轍在〈御試制策〉中說：「陛下自近歲以來，宮中貴姬至以千數，歌舞飲酒，歡樂失節，坐朝不聞咨謨，便殿無所顧問。」這正與上述太康、商祖甲、周穆王、漢成帝、唐穆宗、唐恭宗六帝的行為相似，因此蘇轍建議仁宗說：「陛下何不（嘗）試于清閒之時」，「上思宗廟社稷之可憂」、「內思疾疢病恙之可惡」、「下思庶人百姓之可畏」，如此目前「嬪御滿前」的情形，反而是要擔憂而不足以為樂的了。

---

[45]《欒城應詔集》，卷12，〈御試制策〉，頁1349。

[46]《欒城應詔集》，卷12，〈御試制策〉，頁1350。

蘇轍對仁宗的批評，可能屬於高道德標準，但他其實是落實前述的「禮論」，在不能生硬地恢復三代之禮的前題下，宋代仍須制定新禮。制禮有制禮的原則，如需在人情的基礎，反身自省，使百姓「愧恥」樂從，而不是強迫百姓接受。

前述蘇轍〈形勢不如德論〉乙文中，同時也提到，「聖人（王）必有以深結天下之心」，這點在〈御試制策〉中，有更深入的剖析。蘇轍提到君臣的關係，並不同父子般的絕對，他說：

> 臣又聞人君之於天下，本非有情愛相屬如父子兄弟之親也，上以其勢臨下，則下以其勢奉上。二者相持而行，不相悅則解，不相合則叛。[47]

君臣的關係，是相對的，「不相悅則解」，「不相合則叛」。接著他舉土地滋生草木為例，說明「深結」的意含：

> 譬如草木之於地也，托之而生，判然二物也，有根而綢繆之，交橫相入，而至於不可拔。及其不相入也，木槁於上，而根本不下屬，地確於下，而氣不上接，一夫之力，可拔而取也，飄風暴雨可拔而離也。[48]

當草、木不能與土地「交橫相入」，則草、木雖突出地表，但可輕易地拔除，也會被風雨吹倒。草、木愈是與土地盤根錯結在一起，愈有生機。所以蘇轍接著說：「是以古之聖人，於其無事之時」，「必深結百姓之心，使之歡忻交通，分義積厚」，如此之故，在遭遇變故時，也「不忍相棄」。例如漢朝文、景之治，「優裕天下，時使薄斂，寬田租，宥罪戾。」一直到王莽篡漢「國統已絕」，而天下之心」猶「不忍離漢」，是因為漢朝文、景，「所以愛之者深而不可忘也。」[49]

接著蘇轍反問：宋朝「國家自祖宗以來，至於陛下四世矣」，仁宗是否可以「深結」於民呢？他說：

> 民之所好者生也，所惜者財也。陛下擇吏不精，百姓受害于下，

---

[47] 《欒城應詔集》，卷 12，〈御試制策〉，頁 1352。

[48] 同前註。

[49] 同前註。

> 無所告訴，則是陛下未得以生結民也；陛下賦斂煩重，百姓日以貧困，衣不蓋體，則是陛下未得以財結民也。[50]

對生存、財產的保障，是統治者與臣民「深結」得其心的要件，上引文所示，蘇轍認為宋朝的施政無法做到這些。接著他出「賦斂之不仁」，來說明宋朝施政的缺失：

> 吏之不仁，尚可以為吏之過；賦斂之不仁，誰當任其咎？且陛下凡所以用財者，果何事乎？上有官吏之俸，下有士卒之廩，外有夷狄之賂。此三者陛下未得省之之術，臣亦未敢以為言也。[51]

賦斂不仁，收來的稅收，政府是否妥善的運用？答案是否定的。不只如此，蘇轍認為：「陛下內有宮中賜予玩好無極之費，此何為者？」然而百姓所生產之物，莫不有稅。除了賦稅外，宋朝尚有專賣制度，一些重要物資由政府壟斷，如「茶、鹽、酒、鐵，關市之征」，「古之所無者，莫不並行」，百姓多有怨言，不安其生。宋代賦稅繁重，不能深結民心，而皇宮中浪費的情形，「司會不敢爭，大臣不敢諫」。此外宋朝為收買外夷的歲幣，亦添增不少百姓的負擔。蘇轍擔心「民心之不歸」，建議仁宗「痛為節儉以寬百姓」，「使天下知戴陛下之德」，一旦發生事故，則「民尚可以使之無叛」。[52]

殿試策題尚有關於貨幣發行、五均等國家財政的議題，對此蘇轍皆有強烈的批評。蘇轍對國家過於主導或專斷的體制，基本上是採反對的態度。這和他主張文明之禮，是相互對話完成的，應有些關連。策題中提及「圜法九府」及「五均」，[53] 蘇轍認為這些透過貨幣統銷壟斷物質的辦法，均出於《周禮》，對「當世之務」並無助益。又說：策題的提問「不足深論」，[54] 似乎有些偏離主題了。

二、蘇轍策論與〈書論〉之關聯性

殿試策題的最後，總結了策題的核心問題為：「富人強國，尊君重朝，

---

[50] 同前註。

[51] 《欒城應詔集》，卷 12，〈御試制策〉，頁 1352-1353。

[52] 《欒城應詔集》，卷 12，〈御試制策〉，頁 1353。

[53] 此次制試的完整題目，收錄在蘇軾撰，孔凡禮點校，《蘇軾文集》，卷 9，頁 289-290。

[54] 《欒城應詔集》，卷 12，〈御試制策〉，頁 1358。

弭災致祥，改薄從厚」，希望應試者「悉意以陳」。蘇轍回答道：「陛下丁寧激切至於如此，而臣何敢不為陛下申重其說。」蘇轍的總結是：「求賢不如變俗」。「丁寧激切」很少人會如此措詞；而「求賢不如變俗」的結論，也令人側目。

以下先解釋蘇轍「求賢不如變俗」的意旨。求賢變俗應是一般人的見解，然而蘇轍卻說「求賢不如變俗」，以下先舉出他的論據：

> 俗所不悦，雖有賢者，將不能自立。俗苟好之，雖天下之人將從風而靡。昔太祖好武略，則天下之猛士出而為之兵；太宗好奇謀，則天下計畫之士出而為之慮；真宗好文而愛儒，則海內無有不學以待上之所使。[55]

蘇轍的禮論，制禮雖是聖王的工作，但「俗」也有其主體性，禮、俗之間是對話的關係，君主要以身作則說服臣民，因此蘇轍說：「臣願陛下改易所好，以變天下之俗」。這也是蘇轍前述〈禮論〉及秘閣試的主張。

「丁寧激切」不是一般人的措詞，而此一措詞，未見於蘇軾的著作，只出現在蘇轍的制策之中。值得吾人特別注意的是：〈五經論〉的〈書論〉乙文，也有「丁寧激切」同樣的措詞，〈書論〉說：

> 然及觀三代之書，至其將有以矯拂世俗之際，則其所以告諭天下者，常丁寧激切，亹亹而不倦，必使天下盡知其君之心，而又從而折其不服之意，使天下皆信以為如此，而後從事。[56]

作者「觀三代之書」，以瞭解三代聖王制禮移風易俗的過程。首先聖王體會世俗的不足，而世俗、風氣有其自主性，[57] 因此在第一階段聖王欲「矯拂世俗」，然而聖王「矯拂世俗」，不是以強服（強迫）的手段，而是一再地「告諭天下」，和臣民溝通，以致於「常丁寧激切，亹亹而不倦」。上述聖王採對話溝通的手段，又務必做到使臣民「盡知」，而後說服臣民。如此才能使「天下皆信」，而後「從事」改革。

---

[55] 同前註。

[56] 《欒城應詔集》，卷 4，〈書論〉，頁 1271。

[57] 《欒城應詔集》，卷 6，〈君術第五道〉，頁 1291，謂：「臣聞事有若緩而其變甚急者，天下之勢是也。天下之人，幼而習之，長而成之，相咻而成風，相比而成俗，縱橫顛倒，紛紛而不知以自定。當此之時，其上之人刑之則懼，驅之則聽，其勢若無能為者。然及其為變，常至於破壞而不可禦。故夫天子者，觀天下之勢而制其所向，以定其所歸者也。」

綜前所述，〈五經論〉之〈書論〉一文，指出聖王制禮移風易俗的過程，有兩個階段：一為立禮「矯拂世俗」；二為「丁寧激切」與臣民溝通。說明這兩個階段特質的措詞——「矯拂世俗」、「丁寧激切」，在蘇轍的策論中，都找到相同的用法，並未見於蘇軾的制策之中。「丁寧激切」已述於前，至於「矯拂世俗」將補述於下。

報名制科考試，必須繳交50篇論著，蘇轍除了有25篇論外，尚有25篇策，這25篇策中有〈君術〉5篇，〈君術第五首〉討論君主如何與民風、習氣對話。他曾用長江大河，形容民俗的自主性。江水的流勢，不可止，若遇到阻力，則會激起波浪，「激而無所泄，則咆勃潰亂」，蕩然而四出，「壞堤防、包陵穀，汗漫而無所制」。因此善治水者，因其所入而導之，則長江大河的流勢，「不至於激怒坌湧而不可收」。若水勢「既激」，則要「能徐徐而泄之，則其勢不至於破決蕩溢而不可止」。然而通常人們的回應，在水「安流」時，沒有憂患意識，不去排除會「激」水的諸多因素。在水激而未亂時，也不「大懼」設法「徐泄其（水）怒」。缺乏反省，最終導致橫水肆流。蘇轍又舉漢朝史實說明，若在民情有所激動，天子任其發展，將導致一發不可收拾的禍害，他說：

> 譬如東漢之士，李膺、杜密、范滂、張儉之黨，慷慨議論，本以矯拂世俗之弊，而當時之君，不為分別天下之邪正以快其氣，而使天下之士發憤以自決之，而天下遂以大亂。[58]

東漢末李膺、范滂等，本欲「矯拂世俗之弊」，而當時漢朝天子沒有善用其力，終致民情、民怨如大河般的沖毀堤防，[59] 導致國家衰亡。

如前所述，〈五經論〉的〈書論〉乙文的措詞，和蘇轍制策的措詞，更為接近。同時〈書論〉的其他一些論述，也有助於理解前文所述，制定矯拂世俗之禮，要採取對話的立場。《書經》在蘇洵的〈六經論〉體系中，是討論禮在三代落實的紀錄，〈五經論〉的〈書論〉則由史的角度，論述制禮的對話性原則。〈書論〉首由《史記》〈商君列傳〉談起，謂：

> 愚讀《史記》〈商君列傳〉，觀其改法定令，變更秦國之風俗，

---

[58] 《欒城應詔集》，卷6，〈君術第五道〉，頁1292。

[59] 蘇轍〈君術〉乙文，尚討論社會菁英分子，在移風易俗扮演的角色。為避免枝蔓，故未多作敘述。

誅秦民之議令者以數千人，黥太子之師，劓太子之傅，而後法令大行，未嘗不壯其勇而有決也。[60]

商鞅制定法令，欲移風易俗，嚴格執法，甚至太子師、傅也處罰，該文所說：令人「壯其勇而有決」，應屬常情。

〈五經論〉〈書論〉的開篇，令人印象深刻；以商鞅變法，與三代聖人以禮移風易俗對比，也形成了強烈感受。前文已述及三代聖王制禮以「矯拂世俗」，常「丁寧激切」，務必使人信服。該文說：「愚始讀而疑之，以為近於濡滯迂遠而無決。」三代制禮的過程是與臣民對話，[61] 要花許多溝通的時間、心力，與商鞅變法的「勇而有決」相較，三代制禮是有些迂遠費時。然而商鞅所完成的最多也是「霸道」，而三代所完成的是王道。

〈五經論〉〈書論〉的結論，在討論王道、霸道的區別。商鞅變法，並未採納臣民的意見，未充分與臣民溝通，[62] 三代王道因為是與臣民互動、對話雖費時，但與臣民形成盤根錯結的關係，故得到臣民由衷的支持。反之，商鞅的霸道，是單向的壓制，雖快速有效，但不得人心，故無法持久。

〈五經論〉〈書論〉乙文，兩次使用「愚讀」一詞，如「愚讀」《史記》〈商君列傳〉、「愚始讀」三代之書，[63] 因此，吾人或可推斷，〈書論〉當非二蘇合撰的作品，應屬二蘇其中一人的作品。由本文以上論述推斷，〈書論〉是蘇轍的作品，可能性較高。

伍、蘇轍史論與〈禮論〉之關聯性——制科考試與《古史》論著階段

蘇轍史論的寫作，集中於下述三個階段：第一階段為報考制科考試時所

---

[60] 《欒城應詔集》，卷 4，〈書論〉，頁 1271。

[61] 《欒城應詔集》，卷 4，〈書論〉，頁 1271-1272，謂：「堯舜之時，其君臣相得之心，歡樂而無間，相與籲俞嗟歎，唯諾於朝廷之中，不啻若朋友之親，雖其有所相是非論辯，以求曲直之當，亦無足怪者。」

[62] 《欒城應詔集》，卷 4，〈書論〉，頁 1272，謂：「若夫商君則不然，以為要使汝獲其利，而何恤乎吾之所為，故無所求於眾人之論，而亦無以告諭於天下。」「求眾人之論」、「告諭」均屬溝通。同文中又說：「湯、武征伐之際，周旋反復，自述其用兵之意，以明曉天下。」

[63] 《欒城應詔集》，卷 4，〈書論〉，頁 1271。

撰寫的史論；第二階段為紹聖二年（1095）完稿的《古史》乙書中的史論；第三階段為崇寧五年（1106，68 歲）完稿的《歷代論》45 篇。茲將蘇轍三個階段所撰寫的相關史論，表列於表 1：

表 1 蘇轍所撰秦以前相關史論對照表

報考制科考試所撰的史論（上）	《古史》乙書中的史論	《歷代論》中的史論（上）
	〈三皇本紀〉（蘇轍評）	
	〈五帝本紀〉（蘇轍評）	〈堯舜論〉1
〈夏論〉1	〈夏本紀〉（蘇轍評）	
〈商論〉2	〈商本紀〉（蘇轍評，內容同左〈商論〉）	〈（商）三宗論〉2
〈周論〉3	〈周本紀〉（蘇轍評，內容同左〈周論〉）	〈周公論〉3
	〈吳太伯世家〉等十六世家（蘇轍評）	〈五伯（霸）論〉4
〈六國論〉4		
〈秦論〉5	〈秦本紀〉、〈秦始皇本紀〉（蘇轍評）	
	〈伯夷列傳〉等三十七列傳（蘇轍評）	〈管仲論〉5、〈知罃趙武論〉6

報考制科考試所撰的史論，包含了以下三組：一、宋朝以前的歷朝共計 12 篇，以下簡稱「歷朝論」（表 1 列 1–5 篇、表 2 列 6–12 篇）；二、與民俗、邊防有關的 5 篇；三、〈周公論〉、〈老聃論〉上下，合計 3 篇。這三組史論合計 20 篇。因蘇轍另撰《古史》乙書，以改寫《史記》，[64] 斷限止於秦朝。故表 1 的斷限至秦，以利對照蘇轍於三個不同階段所撰寫史論的篇名。

至於蘇轍報考制科考試時所撰秦以後的史論，與《歷代論》中的史論的對照表，則接續表 2 於下：

[64] 關於蘇轍《古史》改寫《史記》的情形，參見 Chia-fu Sung, "Between Tortoise and Mirror: Historians and Historiography in Eleventh-Century China" (Harvard University, Ph.D. dissertation, 2010), p. 237，將《古史》與《史記》篇名作了仔細的對照。

表 2 蘇轍所撰秦以後相關史論對照表

報考制科考試所撰的史論（下）	《歷代論》中的史論（下）
〈漢論〉6	〈漢高帝〉7、〈漢文帝〉8、〈漢景帝〉9、〈漢武帝〉10、〈漢昭帝〉11、〈漢哀帝〉12、〈漢光武〉上、下13.14、〈隗囂〉15、〈鄧禹〉16、〈李固〉17、〈陳蕃〉18
〈三國論〉7	〈荀彧〉19、〈賈詡〉上、下20.21、〈劉玄德〉22、〈孫仲謀〉23
〈晉論〉8	〈晉宣帝〉24、〈晉武帝〉25、〈羊祜〉26、〈王衍〉27 、〈王導〉28、〈祖逖〉29
	〈苻堅〉30
〈七代論〉9	〈宋武帝〉31、〈宋文帝〉32、〈梁武帝〉33
〈隋論〉10	
〈唐論〉11	〈唐高祖〉34、〈唐太宗〉35、〈狄仁傑〉36、〈唐玄宗憲宗〉37 〈姚崇〉38、〈宇文融〉39、〈陸贄〉40、〈牛李〉41
〈五代論〉12	〈郭崇韜〉42、〈馮道〉43
〈燕趙論〉、〈蜀論〉、〈北狄論〉、〈西戎論〉、〈西南夷論〉	〈兵民〉44、〈燕薊〉45
〈周公論〉、〈老聃論〉上、下	

一、制科考試時期的史論

由以上二表所示，蘇轍報考制科考試時期所撰的史論，共計 20 篇，也涵概了古今。報考制科考試時，尚有〈五經論〉5 篇。如上所述，〈五經論〉中〈禮論〉、〈書論〉的論述，也出現在蘇轍〈御試制策〉中。這些史論，與〈禮論〉、〈書論〉的內容，也相呼應，尤其 12 篇「歷朝論」中討論到先王所未有，而另起的新「禮義」。不過以下先討論「歷朝論」的上古時期部分。

如前所述蘇轍的禮論承自蘇洵，主張禮必須建立在人情的基礎，而制禮則須與民俗對話。報考制科考試所撰的「歷朝論」，也由歷史的發展，更具體地呈現上述的主題。夏朝是中國歷史上第一個父傳子的朝代，蘇轍〈夏論〉乙文，基於父愛子之「人情」，肯定帝位父子相繼的繼承制，並說：「堯舜之傳賢」是出於「不得已」的選擇。人情之常，是〈夏論〉論禮的基礎。[65]

[65] 蘇轍，《欒城應詔集》，卷 1，〈夏論〉，頁 1244，該文的結尾處舉閔子、子夏守完終

蘇轍於〈商論〉中指出，商朝的賢君比周朝多，然而周朝傳國的時間卻比商朝久，其原因為何？這應是值得深思的問題，蘇轍認為需由禮、俗辯證的關係來理解。他首先討論周公制禮，是以文和之禮制來教化「剛強之民」，他說：

> 蓋常以為周公之治天下，務為文章繁縟之禮，以和柔馴擾天下剛強之民，故其道本於尊尊而親親，貴老而慈幼，使民之父子相愛而兄弟相悅，以無犯上難制之氣，行其至柔之道，以揉天下之戾心，而去其剛毅勇果之政，故其享天下至久。[66]

周禮之「柔」、「文」與商禮之「剛強」，則基於商、周的風俗，〈商論〉說：

> 竊常求之於《詩》《書》之間，見夫《詩》之寬緩而和柔，《書》之委曲而繁重者，舉皆周也。而商人之詩，駿發而嚴厲，其書簡潔而明肅，以為商人之風俗，蓋在乎此矣。夫惟天下之有剛強不屈之俗也，故其後世有以自振於衰微。然至於其敗也，一散而不可復止。[67]

商朝的風俗「駿發而嚴厲」、「簡潔而明肅」；周朝則「寬緩和柔」。雖然漢朝以來，一直有歷史發展的趨勢是「一文一質」的說法，[68] 然而蘇轍於〈周論〉一文中，他不贊成一文一質之說，而主張歷史的發展是趨向於文，他甚至提出「自生民以來，天下未嘗一日而不趨於文也」的主張。[69] 將「生民以來」皆趨向於文，解釋成「民俗」有「文」的需要，更符合蘇轍的論旨。蘇轍〈周

三年之喪的不同表現，說：「閔子終三年之喪，見於夫子，援琴而歌，戚戚而不樂，作而曰：『先王制禮，弗敢過也。』子夏終三年之喪，見於夫子，取琴而鼓之，其樂衎衎然，作而曰：『先王制禮，不敢不及也。』而夫子皆以為賢。由此觀之，聖人之行，豈求勝夫天下人哉，亦有所守而已矣。」孔子論禮，也尊重各人的人情感受。〈夏論〉中，蘇轍曾說：「聖人之不喜異於人情，而有時賢人會以異於眾人以自高。」他舉例說：「昔者嘗聞之：魯人之法，贖人者受金於府。子貢贖人而不受賞，夫子歎曰：『嗟夫！使魯之不復贖人者，賜也。』夫贖人而不以為功，此君子之所以異于眾人者，而其弊乃至於不贖。」不顧人情的善行，反而會有不良的結果。

[66] 蘇轍，《欒城應詔集》，卷 1，〈商論〉，頁 1244-1245。

[67] 蘇轍，《欒城應詔集》，卷 1，〈商論〉，頁 1245。

[68] 這種看法最常見於公羊學者，如董仲舒，即有三代一質一文改制之說，參董仲舒撰，蘇輿注，《春秋繁露義證》（北京：中華書局，1992），卷 7，〈三代改制質文〉乙文，即在討論「文家之禮」、「質家之禮」的區別。

[69] 蘇轍，《欒城應詔集》，卷 1，〈周論〉，頁 1246，謂：「《傳》云：夏之政尚忠，商之政尚質，周之政尚文。而仲尼亦云：周監於二代，鬱鬱乎文哉！吾從周。予讀《詩》、《書》，歷觀唐虞，至於商周。蓋嘗以為自生民以來，天下未嘗一日而不趨於文也。」

論〉分析趨向於文也是屬於「人情」，故說：「凡世之所謂文者，皆所以安夫人之所不安。」「文」是令人心安理得的情感，故蘇轍又說：「人之所安者，事之所當然也。」[70]基於這種認識，他否認「一質一文」及由文再轉質的歷史觀。蘇轍說，「自周而下，天下習于文」，故「非文則無以安天下之所不足」，故「文」是周以後歷史發展的大勢。

若歷史的發展，如蘇轍所說，那他要如何解釋秦朝呢？其〈六國論〉分析六國不知天下的形勢，而讓秦可以乘勢發展。[71]蘇轍〈秦論〉乙文，比較了秦、漢的得國，二者雖均透過「疾戰」的方式得國，秦有「六世基業」，而劉邦僅有「一人之德」，[72]但秦、漢傳國長短的不同。蘇轍指出，這和秦、漢時民情不同有關。劉邦、項羽雖也乘亂爭天下，將天下百姓捲入集團鬥爭之中，但楚、漢相爭時，民情企盼走出戰亂，「民猶有待於戡定，以息肩於此」，因此劉邦「疾戰定天下」，當「天下既安」而「下無背叛之志」。秦朝則不然，秦以武力疾戰打敗六國，但民心思變，蘇轍說：

> 若夫六國之際，諸侯各有分地，而秦乃欲以力征，強服四海，不愛先王之遺黎，第為子孫之謀，而竭其力以爭鄰國之利，六國雖滅，而秦民之心已散矣。[73]

秦的疾戰導致「秦民之心已散」，有民怨；而漢朝「疾戰」時，民情想走出戰亂，故天下安定後，民無叛心。秦、漢時，因民情不同，影響這兩個朝代得國時間的長短。

蘇轍〈秦論〉一文，分析秦、漢時代的民情之後，他接著分析周朝在得天下之前，先有數百年基業，至文王、武王初時，「三分天下而有其二」應

---

[70] 蘇轍，《欒城應詔集》，卷 1，〈周論〉，頁 1246。

[71] 蘇轍，《欒城應詔集》，卷 1，〈六國論〉，頁 1247-1248，謂：「夫秦之所與諸侯爭天下者，不在齊、楚、燕、趙也，而在韓、魏。」六國諸侯不知「韓、魏，諸侯之障」，反而使秦人得出入於其間，「此豈知天下之勢邪？」

[72] 蘇轍，《欒城應詔集》，卷 2，〈秦論〉，頁 1248，謂：「秦人居諸侯之地，而有萬乘之志，侵辱六國，斬伐天下，不數十年之間，而得志於海內。至其後世，再傳而遂亡。劉季起於匹夫，斬艾豪傑，蹙秦誅楚，以有天下。而其子孫，數十世而不絕。」其實秦仍有六世的基業，而劉邦則以一己之德，傳國十餘世。

[73] 蘇轍，《欒城應詔集》，卷 2，〈秦論〉，頁 1249。

是指得民心，[74] 故可以保有天下。然而秦朝則於始皇時「舉累世之資」，已竭其先王之澤。這和蘇轍在〈御試制策〉中說，古代聖王「必深結百姓之心」的論旨，可以互相呼應的。

三代聖王所建立的制度，有助於「深結百姓之心」，上下「歡忻」，蘇轍在《古史》一書的〈秦始皇本紀〉論說：

> 夫商周之初，雖封建功臣子弟，而上古諸侯碁布天下植根深固，是以新故相維，勢如犬牙。數世之後，皆為故國，不可復動。[75]

前文也述及蘇轍制科殿試，說明古代聖王與百姓「深結」之密切，猶如盤根錯節。封建制有利於達成盤根錯節，而秦朝廢封建行郡縣制，猶如滄海上之舟，「大風一作，漂卷而去」。廢封建是否為秦朝不能久得國的原因？蘇轍的答案是否定的，他提出晉朝封建反而加速滅亡的史實。所以行封建制或郡縣制，並不是能否與民「深結」的主因。[76] 並且歷史發展的大勢，是要行郡縣制，[77] 秦朝行郡縣制，是符合歷史的發展，若秦行「德」政，以「郡縣治之」，「雖與三代比隆，斯可也」。歷史的發展，並不一定是退化的，郡縣制也可以建立新王道。[78]

二、《古史》中之史論對禮可以義起的補充

前述秦朝郡縣制，符合歷史發展大勢，但秦朝累積的德行，不足以建立新王道，其根源起始於秦襄公。《古史》〈秦本紀〉中，蘇轍論秦國「本以強兵富國為上」，也出了不少賢君，其中「襄公最賢，詩人稱之」，而「襄

---

[74] 同前註。

[75] 蘇轍，《古史》（北京：語文出版社，2001，《三蘇全書》第3冊），卷7，〈秦始皇本紀〉，頁446。

[76] 同前註。

[77] 同前註。

[78] 蘇轍，《古史》，卷7，〈秦始皇本紀〉，頁446，謂：「古之聖人立法，以御天下，必觀其勢，勢之所去不可強反。今秦之郡縣，豈非勢之自至也歟？然秦得其勢，而不免於滅亡，蓋治天下在德，不在勢。誠能因勢以立法，務德以扶勢，未有不安且治者也。使秦既一天下，與民休息，寬繇賦，省刑罰，黜奢淫，崇儉約，選任忠良，放遠法吏，而以郡縣治之，雖與三代比隆斯，斯可也。」其中「與民休息，寬繇賦，省刑罰，黜奢淫，崇儉約，選任忠良，放遠法吏。」應即是新王道。

公以耕戰自力，而不知以禮義終成之」。商鞅變法，使秦國強大，但「商君厲之以法」，秦國「風俗日惡，鄙詐猛暴，甚於六國」。秦風不足以令六國臣民心服，因此雖統一六國，但不久即滅亡。[79]

蘇轍的論證，有以下幾點值得注意：第一、秦朝的郡縣制雖符合歷史的發展，但秦朝並未依文明之禮的原則，建立王道。文明之禮包括君臣、人際關係等。封建體制的禮制，不可以複製到郡縣制，而需依「禮義」另立新禮，其間君主的「德」行、溝通，是很重要的。第二、制定法律，雖收到快速的效果，但造成秦俗「鄙詐猛暴」「甚於六國」的現象，因此六國之後，不服秦朝的統治，秦德之所以不足以感人，是因秦朝未能據人情對話所致。

由經典時代（上古時期）對聖王事跡的敘述，萃取出「文明之禮」的本質，是否適用於以後的歷史發展？文明之禮的本質中，原本即包含了相互的對話，由歷史的發展來檢討、驗證，是必須的，尤其「禮可以義起」，更說明了禮必須在歷史中檢討。

蘇轍於制科考試時期所寫的史論，與撰寫《古史》時期所寫的史論，對文明之禮的作用、形成，見解大致相同。這由《古史》中的〈殷本紀〉、〈周本紀〉的「蘇子曰」，與〈殷論〉、〈周論〉完全相同，即可看出。文明之禮的典範與三代有關，殷、周尤為關鍵，《古史》雖為〈夏本紀〉寫了一篇不同於〈夏論〉的史論，然而〈夏本紀〉的「蘇子曰」，除了說明父子相傳是符合「人情」的繼承禮制，同時於文中又再次強調：「禮雖先王未之有，可以義起也。」[80] 說明古代聖王制禮，也有另以「義起」的事實。

三、制科考試時所撰漢至五代的史論

然而制科考試時所寫的「歷朝論」，與《古史》相較，「歷朝論」尚多出自〈漢論〉至〈五代論〉六篇論，亦即表 2 編號 6 至編號 12 諸論。雖然秦漢以下，並無名實相符的聖王，開國皇帝往往是以暴力得國，[81] 但其中也

---

[79] 蘇轍，《古史》，卷 6，〈秦本紀〉，頁 424。

[80] 蘇轍，《古史》，卷 3，〈夏本紀〉，頁 367-368。

[81] 蘇轍，《欒城應詔集》，卷 1，〈秦論〉，頁 1248，謂：「蓋秦、漢之事，其所以起者不同，而其所以取之者無以相遠也。」

有「英雄之君」，而英雄之君中，以漢高祖最為突出。[82]不過對漢高祖的評價，並不是〈漢論〉的重點，整篇〈漢論〉的重心，在於指出「古之人君，收天下之英雄」，因「不失其心」，故「天下皆爭歸之」。雖然自漢朝以後的朝代，並不是以德服人，但這些英雄之君的作為，也須令群臣心服。

於〈漢論〉乙文中，蘇轍並未著墨於漢高祖的君臣相得，反而舉王莽不能保其國的原因。他認為，「天下不服無漢之王莽」，才是主因。也就是說，王莽在漢朝時掌權，天下人尚能心服，因為百姓仍認同漢朝。然而當王莽另立新朝時，則天下人心不服。[83]「心服」，雖不能與民俗等同，但古漢語的「俗」，是可以包括民氣、民風的。蘇轍此處所說的「不服」，應是指民氣。在王莽執政時，民心仍在漢，同樣是一股來自人民的力量，而王莽雖居皇位，亦不能掌控。

東漢末年，曹魏之所以能成功地創立新朝代，是因為「當時之人，皆知漢之天下已去」，而曹操善收拾人心，因此時人「心服曹氏」而「安為之臣」。[84]蘇轍所說的心服，與現代的「認同」一詞，頗為相似。

「心服」（或「認同」）及民心所向，是蘇轍〈漢論〉的重點，同時也是漢朝以後歷史的總序。雖然漢朝以後的皇朝，開國時並不是以德行說服臣民，令人心悅誠服，故不能稱之為聖王。「心悅誠服」與「認同」之不同，在於德行及說服的誠意過程。漢朝以後的王朝，能令時人「認同」，往往是英雄之君與社會智勇材力之士合作的結果，其間也須有禮的基礎，但其禮不能僅延襲三代聖王之禮，而須依義另起新禮。

孔子的言論，往往是蘇轍「禮義」的依據。蘇轍於〈漢論〉結論時，引《論語》〈季氏〉曰：「天下有道，禮樂征伐自天子出；天下無道，禮樂征伐自諸侯出。」以及「自諸侯出，蓋十世希不失矣；自大夫出，五世希不失矣；陪臣執國命，三世希不失矣。」蘇轍分析說，執國政的群臣，「其素所服者（被認同的範圍）愈狹」，則「其失之也愈速」，為何會如此呢？因為其他臣民「不平者眾」。蘇轍又引《論語》〈季氏〉說：

---

[82] 蘇轍，《欒城應詔集》，卷 2，〈三國論〉，頁 1253，謂：「夫古之英雄，唯漢高帝為不可及也夫。」

[83] 蘇轍，《欒城應詔集》，卷 2，〈漢論〉，頁 1251。

[84] 同前註。

> 「祿之去公室五世矣，政在大夫四世矣，而三桓之子孫微矣。」嗚呼！公室既微，則三桓之子孫，天下之所謂宜盛者也，而終以衰弱而不振，則夫君臣之分可知也已。[85]

「陪臣執國命，三世希不失」，是因為百姓仍認同前朝，如王莽、曹操父子之簒漢，這也正說明了「君臣之分」的重要，而君臣之分，是建立在「認同」的基礎。

蘇轍〈漢論〉引孔子的言論另起「禮義」，正說明秦漢以後的歷史，不能僅襲用三代禮。孔子身處春秋之時，他對歷史發展、社會處境、民情，有深入瞭解，故其言論可被用作參考論據，而孔子也具有「聖人」之地位。

漢朝滅亡後，中國陷入長期分裂，蘇轍的〈三國論〉，分析漢以來成功的「英雄之君」，如何對待「智勇」的大臣；〈晉論〉則以晉朝為例，分析統治階層，不能「自處太高，而不習天下之辱事」，導致國事日非；〈七代論〉分析南北朝七代的發展，指出英雄之士，有時也會因其智勇阻礙統一的情形；〈隋論〉則就隋朝的興亡，分析國家團體的凝聚的原則為「重人輕物」。

蘇轍〈唐論〉乙文，在本系列的史論，也非常的突出。討論「內憂」、「外患」，與制度設置的「內重」、「外重」有關。所謂「內重」，是指「聚兵京師，外無強臣，天下之事，皆制於內」；「外重」則為朝廷之外，有諸侯大國，其「兵足以戰，食足以守」，而其「權足以生殺」，天子之大臣有所「畏忌」，故而「內患不作」。雖如此，「內重」也有弊病：「奸臣內擅」而外無所忌，甚至「匹夫橫行于四海而莫之能禁」；「外重」的弊病則為：諸侯擁兵，而「內無以制」。因此，偏於「內重」或「外重」，均易有外患或內憂。[86]

以上的論證，容易令人想到封建與郡縣的利弊得失。然而蘇轍〈唐論〉乙文的論旨，並不止於此。〈唐論〉說：

> 周之諸侯，內無府兵之威，故陷於逆亂而不能自止。秦之關中，外無節度之援，故脅于大臣而不能以自立。有周、秦之利，而無

[85] 同前註。

[86] 蘇轍，《欒城應詔集》，卷3，〈唐論〉，頁1259，謂：「夫天下之重，在內則為內憂，在外則為外患。」「愚嘗以為天下之勢，內無重，則無以威外之強臣，外無重，則無以服內之大臣而絕奸民之心。此二者，其勢相持而後成，而不可一輕者也。」

周、秦之害，形格勢禁，內之不敢為變，而外之不敢為亂，未有如唐制之得者也。[87]

周朝聖王所施行的封建，不能行之於後世，周朝的封建有其優點，但因「內無府兵之威」，故導致諸侯爭亂。秦朝的郡縣，則因外無大臣而導致趙高等專擅。因此蘇轍認為，唐朝的制度，「有周、秦之利，而無周、秦之害」。

以上所述，似乎僅是討論制度，但若依前所述蘇轍所主張的：先王所未有之禮，可以義起。先王制定的封建制，不能為後世所用。蘇轍的〈唐論〉乙文，具體地說明，後世恰當的制度，必須在歷史發展中探求。

漢、唐在秦以後的歷史發展，有重要意義，而宋朝則承自五代。蘇轍在〈五代論〉中，綜述了商、周至五代的發展。於該文中，蘇轍論及商、周在契、后稷時即積德數百年，才於湯、武時立國。若由前述〈書論〉、〈御試制策〉中所述，殷、周聖王長期與臣民對話制禮，應是同一思路的論證。歷史發展到了秦漢，而秦漢之際，「其英雄豪傑之士，逐天下之利惟恐不及」，因不是以德為基，故不久即又陷於戰亂。唐之後的五代，其「帝王起於匹夫，鞭笞海內，戰勝攻取」，數十年的時間，改換了五個朝代。蘇轍最後就五代政權改易，總結說：「夫取天下不可以僥倖於一時之利。」「一時之利」是指武力懾人，而非以德行感人。蘇轍又說：「僥倖於一時之利，則必將有百歲不已之患。」[88]

陸、蘇轍《歷代論》中與禮相關之史論

一、〈堯舜論〉等六篇史論

與制科考試時期所撰的史論，以及《古史》乙書之史論相較，蘇轍晚年所完稿的《歷代論》，在秦漢之前，又增加了〈堯舜論〉、〈（商）三宗論〉、〈周公論〉、〈五伯（霸）論〉、〈管仲論〉、〈知罃趙武論〉等六篇史論。

堯舜為古代的聖王，蘇轍《古史》〈五帝本紀〉中，也有與堯舜有關的評論，但與《歷代論》中對堯舜論述的角度完全不同。堯舜時天下仍有災荒，

---

[87] 蘇轍，《欒城應詔集》，卷 3，〈唐論〉，頁 1260。
[88] 蘇轍，《欒城應詔集》，卷 3，〈五代論〉，頁 1261-1262。

甚至有「民不粒食」的現象，在制試策論中，蘇轍已有這種論述，[89]但《歷代論》中的〈堯舜論〉，有其特殊意義。首先蘇轍仍指出，「堯之世，洚水為害」，邏輯上來說，「堯之為國，當日夜不忘水耳」，然而事實並不全然如此，他說：

> 今考之於《書》，觀其為政先後：命羲和正四時，務農事，其所先也，未乃命鯀以治水。鯀九年無成功，乃命四嶽舉賢以遜位。四嶽稱舜之德曰：「父頑，母嚚，象傲，克諧以孝，烝烝乂，不格奸。」堯以為然而用之，君臣皆無一言及于水者。[90]

水災饑荒，固然令人緊張不安。然而施政要有人民認同的基礎，人民認同與否，則在於施政者的用心，是否採取有效作為。蘇轍說，堯之時「君臣皆無一言及于水」，而努力於「正四時，務農事」，培養有德行的繼承人，至舜時用禹才解決了水患。蘇轍認為，五教修明，應是更重要的，他說：

> 使五教不明，父子不親，兄弟相賊，雖無水患，求一日之安，不可得也。使五教既修，父子相安，兄弟相友，水雖未除，要必有能治之者。[91]

舜在水患尚未解決時，仍研究曆法指導人民耕作之外，在蘇轍的論證中，他尚須注意五教。在〈堯舜〉乙文中，蘇轍引用孔子的話來與上述「史實」印證：

> 昔孔子論政曰：「足食，足兵，民信之矣。」子貢曰：「必不得已而去，於斯三者何先？」曰：「去兵。」曰：「必不得已而去，于斯二者何先？」曰：「去食。自古皆有死，民無信不立。」古之聖人，其憂深慮遠如此。[92]

去兵、去食、民無信不立，得到人民的認同，維持和諧秩序，才是國家成立的先決條件。蘇轍引用孔子的言論，其實是作為「禮義」的根據，[93]孔子有德無位，雖非「聖王」，但為「聖人」，其言論與史實相互印證，更可以說明先王之禮的精神，同時也可以為後世的參考。

---

[89] 蘇轍，《欒城應詔集》，卷 8，〈臣事下　第一道〉，頁 1304，謂：「堯舜之時，洚水橫流，民不粒食，事變繁多，災害並興。」

[90] 蘇轍，《欒城後集》，卷 7，《歷代論》〈堯舜論〉，頁 958。

[91] 同前註。

[92] 同前註引文，頁 959。

[93] 本文於此所說的「禮義」，是指「恰當性」、「正當性」。

〈堯舜論〉，最後總結，蘇轍提出「世之君子，凡有志於治」，而有「富國而強兵」的主張，但「富國強兵」真能維持長治久安否？其文曰：

> 患國之不富，而侵奪細民；患兵之不強，而陵虐鄰國。富強之利終不可得，而謂堯、舜、孔子為不切事情，於乎殆哉！[94]

有學者指出，王安石變法的宗旨，為「富國強兵」。[95] 上述蘇轍引《論語》而建立的「禮義」，也有回應當時施政的成分。「富國」可能成為「國富」，為達「國富」的目的，而「侵奪細民」；「強兵」成為「兵強」，兵強之後可能「陵虐鄰國」。以「富國強兵」作為施政唯一理念，確實尚有討論的空間。

在《歷代論》〈三宗論〉中，蘇轍由商朝中宗（太戊）、高宗（武丁）、祖甲三宗，討論在位年數與政績表現。商中宗享國七十五年，高宗五十九年，祖甲三十三年，比漢文帝、景帝、昭帝、明帝、章帝、和帝、唐太宗等明君的享國都久。[96] 商三宗在位時間雖久，但是《尚書》〈無逸〉周公告誡周成王，不可學「商三宗」的放逸。與商三宗相較，在位不長的漢、唐明君反而有治績。蘇轍在〈三宗論〉中，討論的主題為：君主在位長久與否，和國家的長治久安，不一定有正向的關連。

在歷史事實的基礎，檢討、分析「禮義」──恰當的行為規範，是蘇轍的一貫主張。〈三宗論〉乙文，除了引用上述的數字之外，蘇轍又舉秦漢以來久在位的皇帝，如秦始皇帝、漢武帝、梁武帝、唐文帝、唐玄宗等，皆以「臨御久遠，循致大亂」，有的「失國」，有的「僅能免其身」。有為之君又久在其位，為何會如此？君主生活條件優渥，容易放縱聲色、飲食，而導致夭壽是常見的現象。若這種不知克制的皇帝，又幸運能久在位，則「用物多而害民久」，反而「矜己自聖，輕蔑臣下」，這種皇帝久在位會失國，也是可以理解的。蘇轍根據以上的歷史事實，提出以下的「禮義」：

---

[94] 蘇轍，《欒城後集》，卷 7，《歷代論》〈堯舜論〉，頁 959。

[95] 葉適，《水心別集》，收入《葉適集》（臺北：河洛圖書出版社，1974），卷 14，〈紀綱三〉，頁 815，謂，「王安石相神宗」，「安石不知其為患在於紀綱內外之間，分畫委任之異」，「而以為在於兵之不強，財之不多」。王安石變法，「經紹聖、崇寧而天下大病」，「凡青苗、凡保甲、凡兵財之政，所謂欲因弱勢而為強勢者，至宣和末年，掃地無有」。

[96] 蘇轍，《欒城後集》，卷 7，《歷代論》〈三宗論〉，頁 959，將諸帝在位時間列於下：西漢文帝二十三年，景帝十六年，昭帝十二年。東漢明帝十八年，章帝十三年，和帝十二年，唐太宗二十三年。

> 古之賢君，必志于學，達性命之本而知道德之貴，其視子女玉帛與糞土無異，其所以自養，乃與山林學道者比，是以久於其位而無害也。[97]

帝王也要透過學習，完成「聖德」，其實這也符合當時許多士人的期待。

後世視為三禮之一的《周禮》，蘇轍一貫持批評的態度。在制科殿試策，他甚至沒有回答題目中有關《周禮》的問題。在《歷代論》〈周公論〉乙文中，蘇轍則主張《周禮》一書，並非周朝真正實施的禮，而是「秦、漢諸儒」之作品。[98] 他的解釋有兩點值得注意：其一，《周禮》一書成書較晚；[99] 其二，該書後儒以私意「損益」成書。[100] 第二點是蘇轍評駁《周禮》的主要論據。他舉證說明《周禮》不可信的證據，[101]〈周公論〉最後總結，蘇轍說：

> 《周禮》之詭異遠於人情者，皆不足信也。古之聖人，因事立法以便人者有矣，未有立法以強人者也。立法以強人，此迂儒之所以亂天下也。[102]

前述蘇轍的禮論，主張立禮制須建立在「人情」的基礎；而《歷代論》〈周公論〉一文，則以「人情」來考史，甚至主張「《周禮》之詭異遠於人情者，皆不足信」。「立法以強人」是蘇轍所反對的；同時他又提到，「迂儒」套

---

[97] 蘇轍，《欒城後集》，卷 7，《歷代論》〈三宗論〉，頁 959-960。

[98] 《周禮》屬古文經，漢初流行今文經學，故《周禮》常受到今文經學者的排難。蘇轍雖非今文經學者，但也承襲了一些漢朝學者的見解。參見錢玄，《三禮通論》（南京：南京師範大學出版社，1996），頁 28。

[99] 關於這點，現代學者也多持這種看法，如錢穆即主張《周禮》一書，形成於戰國晚期。參見錢穆，〈周官著作時代考〉，《兩漢經學今古文平議》（臺北：聯經出版社，1994，《錢賓四先生全集》第 8 冊），頁 323-370。另外也有學者主張完成於漢初，參彭林，〈《周禮》主體思想與成書年代研究〉（北京，中國社科院出版社，1991），頁 229-230。

[100] 《周禮》是否出於秦漢儒者之手？該書所述的制度是否可以行之於宋？在宋代同是學界關注的問題。馬端臨《文獻通考》〈經籍考〉注錄《周禮》時，也引用了蘇轍〈周公〉乙文。馬端臨雖不全贊同《周禮》是出於秦漢儒者之手的見解，但也主張在宋代不能套用《周禮》。參馬端臨，《文獻通考》（北京：中華書局，1986），卷 180，〈禮〉，頁 1551-1555。

[101] 蘇轍，《欒城後集》，卷 7，《歷代論》〈周公論〉，頁 960-961，謂：「近郊遠郊，甸地稍地，大都小都，相距皆百里。千里之方，地實無所容之，故其畿內遠近諸法，類皆空言耳。此《周禮》之不可信者，一也。……謂一縣而百乘則可，謂一縣而百里，則不可。此《周禮》之不可信者，二也。（略）非公邑必為井田，而鄉遂必為溝洫。此《周禮》之不可信者，三也。」

[102] 蘇轍，《欒城後集》，卷 7，《歷代論》〈周公論〉，頁 961-962。

用不合人情的《周禮》，「所以亂天下」，則與王安石推行新法與《周禮》有關。[103] 據《周禮》以「亂天下」，是他對時局的看法。[104] 宋儒對《周禮》的爭論，雖與政爭有關，但也與對國家規模、社會權力等核心問題有關。關於這些爭議，在南宋仍有所檢討，南宋有些學者認為北宋滅亡，即與「富國強兵」的國策有關。[105] 這些議論，雖有其言之成理的論據，但不免有些事後檢討的成分。若由由蘇軾對王安石「富國強兵」國策的檢討，其中對國家權力過度發展，可能會會妨礙到人民權利，[106] 是更值得重視的論點。

《歷代論》在漢朝之前，尚有〈五伯（霸）論〉、〈管仲論〉、〈知罃趙武論〉等三論。這三篇論文，引春秋、戰國史實，加強《歷代論》〈堯舜論〉、〈三宗論〉、〈周公論〉諸論的論旨。如在〈堯舜論〉中，提到的「去兵」；在〈五伯論〉中，指出五霸中，齊桓公、晉文公最「盛」，但齊桓、晉文的用兵，「皆出於不得已」，故能服人完成霸業。齊桓與晉文相較，齊桓公的義行，比晉文公多，[107] 但晉國的霸業比齊國維持長久的原因，除了晉文公之後又有襄公、悼公等賢君外，晉國的知罃、趙武等將領，皆能「不用兵以服諸侯」，因此晉國得以「不失伯（霸）」業。[108]

---

[103] 此處「迂儒」應是指王安石，王安石變法與《周禮》的關係，一直是學界注意的焦點之一。王安石變法曾撰《周禮新義》，該書後雖有所散失，程元敏輯本，頗有參考價值，參程元敏，《三經新義輯考匯評（三）：周禮（上）》（臺北：國立編譯館，1986）。王安石變法與《周禮》的關係，近人的研究成果，可參 Jaeyoon Song, "Shifting Paradigms in Theories of Government: Histories, Classics, and Public Philosophy in 11th to 14th Century China."(Harvard University, Ph.D. dissertation, 2007), Ch. 3. 王啟發，〈在經典與政治之間──王安石變法對《周禮》的具體實踐〉，《湖南大學學報》（社會科學版，2007），21：2，頁 11-18。

[104] 類似的觀點，在南宋仍甚盛行，葉適的弟子呂中即有非常有系統的評論。關於呂中的研究，參張其凡，〈大事記講義初探〉，收於呂中撰，張其凡、白曉霞校，《類編皇朝大事記講義》（上海：上海人民出版社，2014），附錄；Jaeyoon Song, "Shifting Paradigms in Theories of Government: Histories, Classics, and Public Philosophy in 11th to 14th Century China." Ch. 1.

[105] 呂中認為，熙寧、元豐、紹聖、崇寧雖分為幾個不同的階段推行新法，而後王韶、童貫與「開邊」有關 ，最終以「復燕薊」釀成大變。參呂中，《類編皇朝大事記講義》，卷 1，〈國勢〉，頁 44-45。

[106] 如前文所述，國家規模、權力過於龐大，可能會侵犯到人民權利，蘇轍於前引文中述及，為達「國富」的目的而「侵奪細民」；「強兵」成為「兵強」，兵強之後則可能「陵虐鄰國」。

[107] 蘇轍，《欒城後集》，卷 7，《歷代論》〈知罃趙武〉，頁 964，謂：「齊桓公存三亡國，以屬諸侯，其義多於晉文。」

[108] 蘇轍，《欒城後集》，卷 7，《歷代論》〈知罃趙武〉，頁 964-965。

蘇轍於《古史》〈齊太公世家〉中，評論管仲未諫止齊桓公後宮立眾多夫人，導致諸子爭立。蘇轍評論中提及，「夫古之聖人，為君臣父子夫婦之禮，皆有本末不徒設也。」[109] 在《歷代論》之〈管仲論〉中，蘇轍雖延續其父蘇洵對管仲的評論，[110] 他也引用其《古史》乙書中，有關桓公在管仲臨終前的對話。桓公先後問管仲，易牙、開方、豎刁三人是否可用？管仲均以三人的行為、舉止，不近人情，而請求勿用。管仲死後，桓公仍用這些行為不近人情的人為大臣，終於導致齊國內亂。[111]

二、〈漢論〉等有關君臣之禮的史論

若與制科考試時期所寫的〈漢論〉相較，可說〈漢論〉的重點，是綜論君臣之道；而《歷代論》則有表 2 所列編號第 7 至 18 等 11 篇史論，包括了：漢高帝、文帝、景帝、武帝、昭帝、哀帝、東漢光武諸帝，及隗囂、鄧禹、李固、陳蕃等大臣。蘇轍認為，漢朝之所以能得國，得天命亦是重要原因。[112] 西漢的敗亡，則出於人謀不善。[113]〈隗囂論〉乙文，則引《兵法》說明隗囂不知就有道、去無道；〈鄧禹論〉乙文，則主張敵強時須緩用兵。〈李固論〉、〈陳蕃論〉二文，則引孔子論行、藏，[114] 大臣處事須周密，不可暴虎馮河。[115]〈李固論〉、〈陳蕃論〉這兩則史論的主旨，亦在討論君臣之禮，而其「禮義」的依據，為孔子的言論。

《歷代論》有關君臣之禮的史論，尚有〈羊祜論〉、〈陸贄論〉等。在

---

[109] 蘇轍，《古史》，卷 9，〈齊太公世家〉，頁 474。

[110] 蘇洵對管仲的評論，參蘇洵撰，曾棗莊、金成禮箋注，《嘉祐集箋注》，卷 9，〈管仲論〉。

[111] 蘇轍，《欒城後集》，卷 7，《歷代論》〈管仲〉，頁 963，謂：「《傳》曰：管仲病，且死，桓公問誰可使相者。管仲曰：『知臣莫若君。』公曰：『易牙何如？』對曰：『殺子以適君，非人情，不可。』公曰：『開方何如？』曰：『倍親以適君，非人情，難近。』公曰：『豎刁何如？』曰：『自宮以適君，非人情，難親。』管仲死，桓公不用其言，卒近三子，二年而禍作。」謹按：上文的《傳》指《古史》，蘇轍《古史》的這段敘述，據《史記》〈齊太公世家〉改寫。

[112] 蘇轍，《欒城後集》，卷 7，《歷代論》〈漢高帝〉，頁 965，謂：「高帝之入秦，一戰于武關，兵不血刃，而至咸陽。此天也，非人也。」「懷王之遣沛公固當，然非邯、羽相持于河北，沛公亦不能成功。故曰：此天命，非人謀也。」

[113] 蘇轍，《欒城後集》，卷 8，《歷代論》〈漢哀帝〉，頁 971，謂：「今王氏（王莽）之亂，與呂氏、七國等耳，而哀帝無其人，漢遂以亡。非特天命，蓋人謀也。」

[114] 蘇轍，《欒城後集》，卷 8，《歷代論》〈李固論〉，頁 975。

[115] 蘇轍，《欒城後集》，卷 8，《歷代論》〈陳蕃論〉，頁 976。

〈羊祜論〉中蘇轍提出：「善為國（策謀）」的臣子，必須考慮其君是「可與共患難」或是「可與同安樂」的君主，然後才採取行動，君臣的相處才能妥適。否則成功了以後，反而會有後憂。[116]〈陸贄論〉中，蘇轍檢討陸贄為人正直，肯直言切諫，協助唐德宗平定藩鎮，陸贄有此功業，但最終「斃丁裴延齡之手」。[117]〈陸贄論〉乙文，在提出說明之前，先引用《論語》分析唐德宗的個性，缺少決斷力，[118] 其實是位不可同安樂的君主。於該論中，蘇轍認為，陸贄若能效法范蠡，完成復國事業後即隱退，君臣之間可以「超然無後患」。[119] 蘇轍依史實等建立的君臣之禮，其間雖有些無可奈何的地方，但君臣關係並不是絕對的，則是很明顯，臣子至少還有個可以退隱的空間。

三、〈王衍論〉等與禮相關的史論

〈王衍論〉在《歷代論》中，有特殊的地位。該文不但行文的風格特殊，而且所論的時代，是綜論魏晉南北朝。以下先敘述〈王衍論〉對魏晉南北朝的概述，蘇轍說：漢代之儒「猶能守禮」，「在朝廷則危言」、「在鄉黨則危行」。曹操好法術，魏文帝以後漸崇尚虛無，故「蔑棄禮法，而以道自命」，導致亡國南渡。[120]

〈王衍論〉的主題，與「禮」有關。而且通篇直接談到王衍的文字，僅有「王衍兄弟卒以亂天下」幾個字。本篇的開篇，先用了近四百字，討論「聖人（王）之所以御物者三，道一也，禮二也，刑三也。」道、禮、刑三者，蘇轍認為，「道」屬形而上；「禮」、「刑」則屬器。這似乎是篇哲學性的論述，而與一般人所理解的史論有所差異。

〈王衍論〉的主題與禮有關，但與以往討論的方式不同，該論由「道」開始討論。蘇轍認為形而上的「道」，以「無」為體，而「入於群有」，但道的本身不可視、不可聽，必須藉著可視、聽的器，才能顯現出來。[121]「禮」

---

[116] 蘇轍，《欒城後集》，卷 9，《歷代論》〈羊祜論〉，頁 983-984。

[117] 蘇轍，《欒城後集》，卷 11，《歷代論》〈陸贄論〉，頁 1005。

[118] 同前註，謂：「贄以有常之德，而事德宗之無常，以巫醫之明，而治無常之疾，是以承其羞耳。」

[119] 同前註引文，頁 1007，謂：「吾以為使贄反國，而為鴟夷子皮（范蠡）浮舟而去，則其君臣之間，超然無後患，然後可以言智矣哉。」

[120] 蘇轍，《欒城後集》，卷 9，《歷代論》〈王衍論〉，頁 985-986。

[121] 蘇轍，《欒城後集》，卷 10，《歷代論》〈梁武帝論〉，頁 994，也提到「自五帝三

即是可以彰顯「道」的器。魏晉學風的偏失，在於僅追求形而上的「道」，而不知「道」其實是在禮之中。該論對王導、謝安亦有所評論，蘇轍說：

> 王導、謝安，江東之賢臣也。王導無禮于成帝而不知懼，謝安作樂於期喪而不受教，則廢禮慕道之俗然矣。[122]

王導、謝安為東晉名臣，但墮入「廢禮慕道之俗」。另於〈王導論〉中，蘇轍又分析「東晉之不競」的原因，與「俗亂於下，政弊於上」，而不能以禮「正」之有關。[123]

〈宋武帝論〉乙文，蘇轍討論有智、勇的劉裕，為何不能樹立典範？於該論中，他引《論語》〈衛靈公篇〉，說明為國須有智、仁、莊、禮，宋武帝因缺少仁、禮，故功業有限。[124]於〈宋文帝論〉乙文，蘇轍則說，劉宋之君臣，若「略通《春秋》，則文帝必無惠公之禍」。[125]

梁武帝是南朝賢君，並精通三教，蘇轍的〈梁武帝論〉，也論述他對三教的看法。與前所述相同，蘇轍由道、器來說明由「禮」（器）明「道」。〈梁武帝論〉乙文中，他也提到孔子推崇有「道」的老子，然而孔子最終「不與（老子）共斯世」。蘇轍認為，這是因為：「捨禮樂政刑，而欲行道於世，孔子固知其難哉！」[126]漢代時佛教東傳，中國社會出現兩種態度：其一為「好之篤者，則欲施之於世」；其二為「疾之深者，則欲絕之於世」。然而蘇轍認為，上述兩種態度均有所失。在〈梁武帝論〉乙文中，蘇轍說：

> 誠以形器治天下，導之以禮樂，齊之以政刑，道行於其間，而民不知，萬物並育而不相害，道並行而不相悖，泯然不見其際而天下化，不亦周、孔之遺意也哉！[127]

王以形器治天下，導之以禮樂，齊之以政刑，道行於其間，而民莫知也。」

[122] 蘇轍，《欒城後集》，卷9，《歷代論》〈王衍論〉，頁986。

[123] 蘇轍，《欒城後集》，卷10，《歷代論》〈王導論〉，頁987。

[124] 蘇轍，《欒城後集》，卷10，《歷代論》〈宋武帝論〉，頁992。

[125] 蘇轍，《欒城後集》，卷10，《歷代論》〈宋文帝論〉，頁994。

[126] 蘇轍，《欒城後集》，卷10，《歷代論》〈梁武帝論〉，頁995。

[127] 同前註。

老、佛擅長形而上的「道」，蘇轍認為，儒家雖亦有以道見長者，[128] 但治國是以「形器治天下」，並「導之以禮樂」，道原本即存在禮樂、刑政之中。引文所說的「道並行而不相悖」，應該也包括了佛、老之道。佛、老之道在禮樂、刑政建構成的器世間，可以並行。

蘇轍認為，由禮樂推衍出的「道」，是「下行上達」的道，[129] 與純粹「上達」的道，仍有所不同。佛、老的道，傾向於上達。蘇轍《歷代論》〈唐太宗論〉乙文，則由下行上達來說明唐太宗的優點及限制。蘇轍說，「唐太宗之賢，自西漢以來，一人而已」；施政「任賢使能，將相莫非其人」；「恭儉節用，天下幾至刑措」。他認為自三代以下，未有能與唐太宗相比的皇帝。然而唐太宗時伏下唐朝武氏之亂，「子孫為戮，不絕如線」。蘇轍認為這是因為唐太宗不注重禮之故，諸如立嫡感情用事，不守禮法；一度想用滅口的方法，破除讖諱預言；用了不知「禮義之重」的李勣為顧命大臣等。[130]

柒、結語

蘇洵、蘇軾、蘇轍三蘇父子，以同列古文八大家著稱於世。三蘇蜀學，有其學術特色，例如：重視「禮」，並主張在歷史發展中，探討新的禮義；在經史關係方面，也有新的論述。這些論述雖然起始於蘇洵，但因為蘇轍的繼承及史論的闡揚，使整個體系有更完整的論述。

雖然某些蘇軾文集通行本中，收錄了〈五經論〉（〈禮論〉、〈易論〉、〈書論〉、〈詩論〉、〈春秋論〉）系列的論文。然而本文由〈五經論〉中的〈禮論〉、〈書論〉的要旨及措辭研判，[131] 出自於蘇轍的手筆可能性較高。若由蘇軾文集的版本，似乎也可以佐證此項論證。因為有些蘇軾文集的版本，並

---

[128] 〈梁武帝論〉乙文中，蘇轍認為孔子雖不常言「道」，但孔門弟子也有見道者，該文說：「于其門人，惟顏子、曾子，庶幾以道許之。」

[129] 「下行上達」一辭，應引自《論語》〈憲問〉：「不怨天，不尤人，下學而上達。」

[130] 蘇轍，《欒城後集》，卷 9，《歷代論》〈唐太宗論〉，頁 997-998。

[131] 先王未有之禮，後世可以依「禮義」另起，是蘇轍「禮論」的要旨。有學者認為，蘇軾的史論承其父蘇洵的觀點，主張「法先王」，如張元，〈蘇軾的史論〉，《第二屆國際華學研究會議論文集》（臺北：中國文化大學文學院，1992），頁 640。若如此，則蘇轍史論中，主張可以依「禮義」另起新禮的主張，是值得特別注意的觀點。

未收錄〈五經論〉。南宋郎曄所編的《經進東坡文集事略》，是流通相當廣的刊本，該本為進呈孝宗而編，在資料的收集有其審慎之處。蘇軾報名制科考試的25篇論，以「進論」的名稱，收錄於卷4至卷8，但是「進論」中，並沒有〈五經論〉；又明成化本《東坡七集》或《蘇文忠公全集》中，有《應詔集》10卷，收錄蘇軾制科考試的論策，其中均未收錄〈五經論〉。

蘇洵〈六經論〉始終環繞著「禮」的議題，蘇轍一方面承繼其父蘇洵對「禮」之探討；另方面也對「禮論」提出一些補強的洞見。從蘇轍早期報名制科考試所撰的論策，和《古史》乙書，以及《歷代論》等等著作中，都可以看出，其史論與「禮論」之諸多關聯性。

蘇轍「禮論」重要的命題之一，主張先王沒有開發出來的禮，後世可以依據「禮義」的原則，另立新禮。蘇轍認為，「禮義」必須在歷史發展的軌跡中探討，文明之「禮」，應該隨著時間而有所發展。秉持「先王未有之禮，可以義起」的原則，在歷史中可以發掘這些新起的「禮義」；而孔子的言論，往往是蘇轍經常引用的論據。[132]

如前文所述，蘇轍論證秦朝歷史的發展，與其禮論的主要觀點有關。他認為秦朝的郡縣制雖符合歷史的發展，但秦朝並未依文明之禮的原則，建立王道。文明之禮包括君臣、人際關係等。封建體制的禮制，不可以複製到郡縣制，而需依「禮義」另立新禮，其間君主的「德」行、溝通，是很重要的。秦朝的法治缺乏制禮的雙向對話，而只有統治者單向的壓制。

一般人可能以為據禮義立新禮的原則，可能只適用於秦漢以後。然而蘇轍改寫《史記》的《古史》乙書，基本上仍繼續延續報考制科考試時對禮的見解，這在《古史》〈殷本紀〉、〈周本紀〉的「蘇子曰」，與〈殷論〉、〈周論〉完全相同，即可看出。然而《古史》為〈夏本紀〉寫了一篇不同於〈夏論〉的史論，〈夏本紀〉的「蘇子曰」，除了說明父子相傳是符合「人情」的繼承禮制，同時又再次強調：「禮雖先王未之有，可以義起也。」說明古代聖王制禮，也有另以「義起」的事實，而人情之常是重要的考量依據。蘇轍對禮的理解，也引發他對《周禮》的架構，是不合人情的質疑。蘇轍以歷史發展為素材，而發展的禮義，並不主張國家應以「富國強兵」為施政目的，這可能也是他批評《周禮》原因之一。

[132] 雖然蘇轍有時偶而也會引用孟子的言論，但多數情況是徵引孔子的言論。

三蘇父子均有意注疏五經，蘇軾、蘇轍先後完成了《易》、《詩》、《書》、《春秋》的注疏，唯獨沒有「禮經」方面的注疏。《周禮》一書，蘇轍認為是出自後儒之手，其中許多論述，不符合禮義；《儀禮》是古禮，也不一定符合後世之需。對蘇轍而言，後世不能套用古禮，而新的禮義必須在歷史中探討。此一宗旨，於蘇轍制科考試時期相關策論、《古史》及《歷代論》中，均有所闡述。蘇轍對《周禮》的否定，可能是導致他和王安石衝突的原因之一；[133] 而對古禮的見解，則可能是導致他和程頤不和的原因之一。[134]

不能套用古禮，而秦漢以後的歷史發展，成為探討、驗證「禮義」的素材。古代聖王時期的封建制，並不一定適合於後來的歷史大勢，郡縣制也有可能建立新王道。蘇轍於制科考試時期所寫的〈漢論〉，其重點在民心之所向及「心服」（或「認同」），同時也是漢朝以後歷史的總序。雖然漢朝以後的王朝，開國時並不是以德行說服臣民，令人心悅誠服，故不能稱之為聖王。「心悅誠服」與「認同」之不同，在於德行及說服的誠意過程。漢朝以後的王朝，能令時人「認同」，往往是英雄之君與社會智勇材力之士合作的結果，其間也必須有禮的基礎，但其禮不能僅延襲三代聖王之禮，而必須依義另起新禮。在〈唐論〉乙文中，蘇轍認為唐朝的制度，「有周、秦之利，而無周、秦之害」。蘇轍晚年所撰的《歷代論》，對唐朝也多所肯定。然而《歷代論》系列史論，除了強調禮的重要，也凸顯君臣之關係，不應該是絕對的，臣子應該還有可以退隱的空間。

（原刊於：第四屆海峽兩岸『宋代社會文化』學術研討會，2015 年。）

---

[133] 蘇轍與王安石學術立場不同，在制科殿試策即可看出，蘇轍對《周禮》的批評立場。制科試原本蘇轍可能會落榜，司馬光的大力推薦，才使得蘇轍得以中榜。以上參見《蘇轍集》《年表》，頁 1374-1375。然而中榜後，派任新職的詔書，當時知制誥之一的王安石拒絕撰寫，而改由沈遘撰寫。參見蘇轍，《欒城後集》，卷 12，〈潁濱遺老傳〉，頁 1015。

[134] 這些都有待將來再進一步深入研究。清高宗敕編《御選唐宋文醇》將〈禮論〉列為蘇軾的作品，恐有誤，但乾隆於篇後評語頗有參考價值，茲列於後：「軾與二程同在元祐朝，伊川好用古禮，軾意不然。兩家弟子遂至互相抗侮，竟成洛黨蜀黨之目，元豐羣小方睽睽伺隙，而諸賢不悟自相謗毀，至紹聖初乃盡竄嶺海可哀也。」參清高宗敕編，《御選唐宋文醇》，卷 41，〈禮論〉，頁 14a-15b。

DOI:10.978.986437/1778..0013

絕塞山泉煮龍井——高士奇扈從東巡及其東北見聞

林士鉉*

前言

本文以江南文士高士奇於康熙二十一年（1682）扈從康熙帝巡幸東北邊疆，及其《扈從東巡日錄》一書所載之內容為線索，討論漢人在邊疆的特殊經驗及視域表現，並且兼及東北地區之於滿洲統治之特殊性。由於清代官方未曾修纂以「盛典」為名的東巡官書，且至今尚未見到有關東巡活動的專案檔冊，因此東巡史料散見於各種檔案、官書，或少數隨行人員的個人記錄，如本文討論的《扈從東巡日錄》即為其一。

內文首先討論康熙帝舉行東巡的原因，其第二次東巡更加深入吉林邊地，以及各方記載此次東巡的差異。其次討論高士奇得以扈從東巡的原因，以及其《扈從東巡日錄》的內容特色，進而分析高士奇如何描述東北邊疆，又以何種元素、形式連結其自身文化背景。第三，討論東巡結束後高士奇隨即出版《扈從東巡日錄》，而書中康熙帝的文士形象，卻與他諭示的「不入漢俗」原則頗有矛盾，且無論康熙帝與高士奇，他們所呈現的東北均混雜了滿洲故土及邊塞絕域兩種概念，清初與十八世紀以後滿洲統治者與東北故土的關係有連續性，也有差異。

壹、清帝東巡

一、康熙帝首巡東北

清朝入關後帝王巡幸東北的緣起甚早。順治十一年（1655），十七歲的順治帝已計畫重返盛京，謁陵祭祖，當時因軍務繁多，以及朝臣親貴不予

* 國立臺北大學歷史學系副教授

支持而作罷。[1] 十八歲的康熙帝則實現父親的夙願，康熙九年（1670），他諭示東巡祭祖之行與皇父有關：「每念皇考未竟之志，朝夕寢食不遑寧處」，[2] 康熙十年（1671），康熙帝即首次東巡，是年九月初三日起行，十九日至盛京，十一月初三日返抵京師。[3] 此後，康熙帝又舉行康熙二十一年（1682）、三十七年（1698）兩次東巡，重返東北祭祖謁陵乃成為清朝慣例。繼而乾隆八年（1743）、十九年（1754）、四十三年（1778）、四十九年（1783）、嘉慶十年（1805）、二十三年（1818）、道光九年（1829），陸續舉行了十次東巡。[4]

康熙帝首巡東北並非毫無阻力，籌畫近二年，又因政局不穩，無法規畫完整的東巡路線；雖行抵盛京，完成謁祭福陵（清太祖）、昭陵（清太宗），仍留有未祭永陵（清太祖祖先）之憾。首巡固然較為匆忙，卻仍有助於瞭解東北實況，調整施政方針：（一）東北地方人民淳樸，獄訟事簡，官員應撫育軍民，愛養招徠。（二）無論滿、漢人民皆賴農桑，官員應多方勸喻墾種，「以副朕重念發祥故地之意」。（三）費雅喀、赫哲各部，雖稱服順，「然其性暴戾」，寧古塔將軍應防範並廣布教化，「以副朕懷遠至意」。（四）羅剎雖云投誠，應嚴加防範，注重操練，整備器械。[5] 由此可知，當時東北治邊方針以安定當地軍民之生計，東北駐防地的農業生產是駐軍的糧食來源，也是維持正常軍事運作的重要基礎。尤其關注各族群及俄國的動向。此外，還與耆老舊臣會見聯誼，與蒙古王公舉行校射競技，其後兩次東巡亦關注這些重點。在此，康熙帝也明確使用「發祥故地」之概念。[6]

---

[1] 《清實錄．世祖章皇帝實錄》（北京：中華書局，1986），卷 84，順治十一年六月，頁 662；卷 85，順治十一年七月，頁 671。

[2] 《清實錄．聖祖仁皇帝實錄》，卷 34，頁 457，康熙九年九月丙辰；康熙十年正月甲子，上諭禮部因去歲命議政王貝勒大臣等會議東巡展祭太祖、太宗陵事，以去年各處多有水旱災荒且應用之物預備不及，具題暫行停止，再著議政王等會議具奏。事見卷 35，頁 471。

[3] 中國第一歷史檔案館整理，《康熙起居注》，冊 1（北京：中華書局，1984），頁 1-7；另參《清通鑑》，卷 28，康熙十年九月二十三日（辛未），頁 1470-1471。

[4] 歷次東巡之背景、行程概況，參見王佩環，《清帝東巡》（瀋陽：瀋陽出版社，2004）。王佩環《清帝東巡》一書將歷次東巡過程作了重點性的介紹，書末附載實錄、御製詩文有關東巡的描述，及高士奇、南懷仁、楊鍾義、何汝霖等人的記錄，可作為進一步研究東巡活動的基礎。

[5] 《清實錄．聖祖仁皇帝實錄》，卷 36，康熙十年九月辛未，頁 492。

[6] 清代「發祥重地」一詞所指涉的核心範圍，順治年間約指盛京城內，及興京祖陵，見《清

首次東巡之後，東北地區的統治仍不甚樂觀，根據內閣大庫滿文檔案可知，官方組織的軍事群體尚且生計困難，駐防行動也存在調整的必要性。如康熙十一年（1672）二月，兵部與理藩院、寧古塔將軍巴海曾就東北駐兵之耕種、移防等問題反覆討論：

> ……臣等議得，據寧古塔將軍巴海等來文內稱：因羅剎賊人尚未降迎，本年應於黑龍江、松花江兩江合流處駐兵，而耗費田作之力，連續二年霜害、水澇等災傷穀，致使本年軍民食用生理不足。又因去年帶來新滿洲章京、兵丁未能將已種穀物稍加施作，復因水澇漫衍，今不足食用，且預備兵丁之米糧亦不足，穀物不足之家戶人等，今給官穀喂養，因給遷移家戶之官兵人口、新到人等之官穀不足，今欲各給奴才一對悉皆未至。是故，若使彼等駐兵，則無田作之人；若使彼等皆留下，僅以舊兵前往，以新滿洲之新兵丁守城則不可倚恃；若僅使半數舊兵營生後派遣，則耗費田作之力；因今年已未獲穀物，倘欲再散給軍丁民人，則舊有穀物皆已盡於新來人口。是故，因兩江合流處距寧古塔遙遠，若以少數船隻、兵丁前往，足使生畏。雖新舊兵丁輪班行走，炮手、水手內無妻子、家產之流人眾多，且皆無須入班，若每年行走，勞苦疲蔽，致於逃散，再足完數亦屬不易。因據康熙九年貴部咨文內稱羅剎有互不侵害等情形，若每年駐兵，因寧古塔兵民皆賴自食其力，兵丁、水手等得田而不作，苦於糧食生計。停止駐兵後，欲使新舊兵丁、水手、炮手等勤作田地等語。……康熙十一年二月二十六日具奏，奉旨：據該將軍來文，寧古塔軍民皆自食其力為生，欲停止駐兵後，勤作田地。著停止駐防，餘依議。欽此。[7]

據此可知，當地駐防人員的組成以滿洲披甲、「新滿洲」兵丁、民人、流人、奴僕為主，民人、流人應屬漢人。以屯田維生的東北駐軍長期面臨人力不足的困境，為維持對遼東以北的軍事統治，當地駐軍的生存條件不止對漢人而

實錄．世祖章皇帝實錄》，卷 107，順治十四年二月，頁 842；卷 128，順治十六年九月，頁 996。康熙年間約指盛京地方、奉天，以及長白山，見《清實錄．聖祖仁皇帝實錄》，卷 11，康熙三年四月，頁 178；卷 36，康熙十年九月，頁 492；卷 69，康熙十六年九月；卷 101，康熙二十一年三月，頁 880。

7 〈兵部左侍郎色塞黑密題據寧古塔將軍巴海咨稱停駐戍兵事〉（滿文摺件），康熙 11 年 2 月 26 日，登錄號 189513-002，《明清內閣大庫檔案》，中央研究院歷史語言研究所藏。

言十分困難，對滿人也是如此。新編成的「新滿洲」群體，又未必能可提供耕作及駐軍人力，甚至還存在信任感的問題；選擇駐軍地點與戰船停泊處，亦在調整之中；經中央地方商議，朝廷乃決定停止駐兵於黑龍、松花二江合流處，實屬力有未逮。

二、康熙帝第二次東巡

首巡東北十年之後，康熙帝再次舉辦第二次東巡。康熙二十一年（1682），平定三藩之亂（1673–1681）因而謁陵祭祖。相較於首巡，除了多次舉行圍猎，還航行於松花江，穿越深山密林，東巡路線動更加深入東北腹地。

第二次東巡開啟清朝巡狩四方的慣例，此後便舉行了數次長程巡幸活動——西巡與南巡，持續擴張、深化領土空間的控制能力。[8] 於此同時，又營建熱河避暑山莊，使之成為塞外的政治中心。隨著康熙帝對國內，尤其是控制南方的能力日趨穩定，疆域西半部的厄魯特蒙古（衛拉特）問題成為關注焦點，自康熙二十九至三十六年（1690–1697）展開三次御駕親征。因此二次東巡後又逾十年，康熙三十七年（1698），因平定準噶爾蒙古而舉行第三次東巡謁陵，此次刻意繞行蒙古地方，以巡幸活動親近蒙古成為帝國慣例，而東巡途中的圍獵及朝覲活動亦分散至木蘭圍場、避暑山莊。

清廷以皇帝命令諭示禮部安排東巡各項事宜，並公開說明東巡目的。康熙二十一年正月十七日，上諭禮部，因討平吳三桂反叛，初聞捷音即詣孝陵（順治帝）行禮，以告成功，「茲奉太皇太后慈諭，太祖太宗山陵亦應親往祭告」等語。[9] 由此可知，東巡之舉又與康熙帝的祖母孝莊文皇后有關。據實錄所載，東巡期間康熙帝致書問候祖母的記載亦多，可謂是以孝莊為核心的書寫。總之，上述記載均顯示這似乎是一次相對單純的祭祀祖陵活動。

高士奇曾扈從康熙帝第二次東巡，在《扈從東巡日錄》中便扼要說明東巡的目的：謁陵、巡視邊疆、遠覽形勝、省覩祖宗開創之艱難，及兼講春蒐

---

[8] 康熙二十二年，首次西巡五臺山，康熙二十三年首次南巡；同年，亦征服臺灣鄭氏政權，隨後又於康熙二十三年兵臨雅克薩，次年中俄簽訂尼布楚條約。

[9] 《清實錄．聖祖仁皇帝實錄》，卷 100，康熙二十一年正月乙丑，頁 5。

之禮，而「春蒐之禮」是儒家的說法，實質所指即是滿洲的騎射傳統。[10] 書中所載的東巡目的整合了實際參與東巡的各種活動。但沒有提及為因應俄國勢力東進至黑龍江下游流域的形勢變化，清朝必需進行防禦準備工作，因此東巡刻意巡視吉林，航行松花江。

東巡並不若公開性的上諭或高士奇所表示的那麼單純。康熙二十年十二月初八日，密諭奉天將軍安珠瑚：

> 將御路、行宮、應經之地，並自佛阿拉通往烏喇之路，詳察繪圖，由同往章京內簡選曉事者一員來奏。惟恐其閱歷淺薄，不能詳記地理山川也。為此欲公開降旨，但尚未定，故未明示。但念定後再議，又恐不及，故特密諭。[11]

此滿文密諭顯示至少在東巡的前一年冬季，先已著手規劃路程，而成行與否尚未可知。再據康熙帝的滿文諭旨，可知奉天將軍安珠瑚〈覆奏查明東巡程途詳察繪圖〉一摺曾表達反對東巡的意見：

> 康熙二十一年二月初二日。諭將軍安珠瑚：爾所奏逐一閱覽，爾言雖是，但今祭告平定雲南大喜之事，不宜推遲，朕在此詳議，定於二月十五日啟程。其餘事宜口諭奏事人畢遣之。[12]

目前尚無法得知安珠瑚覆奏的具體內容，留待未來考察；奉天將軍是東北當地承辦東巡事務的重要地方官，卻不認為東巡可行，然朝廷已先公布東巡即將舉辦，康熙帝於密諭中亦告知安珠瑚將於二月十五日起程，可知東巡勢在必行。

朝鮮君臣也討論此次東巡。《朝鮮實錄》記載，二月初（庚寅），朝鮮君臣已得知清帝東巡，預備籌畫相應禮儀：「以清帝將出來瀋陽，命該曹預備禮單，問安使亦命早出」；[13] 清朝使臣亦抵朝鮮，據朝鮮遠接使李徵奏章，

---

[10] 高士奇，《扈從東巡日錄》二卷附錄一卷，收入於《遼海叢書》（瀋陽：遼瀋書社，1986），卷下，三月十二日（庚申），頁 224。

[11] 〈密諭奉天將軍安珠瑚祭告陵寢〉，滿文諭旨，《宮中檔康熙朝奏摺》第 8 輯（臺北：國立故宮博物院，1976–1977），頁 44，文獻編號 411000007，國立故宮博物院藏。漢譯參見《康熙朝滿文硃批奏摺全譯》（北京：中國社會科學出版社，1996），頁 7。

[12] 〈諭安珠瑚啟程祭告皇陵日期〉，滿文諭旨，《宮中檔康熙朝奏摺》第 8 輯，頁 48，文獻編號 411000002，國立故宮博物院藏。漢譯參見《康熙朝滿文硃批奏摺全譯》，頁 7。

[13] 《肅宗實錄》，八年，收入吳晗輯，《朝鮮李朝實錄中的中國史料》下篇（北京：中華書局，1980），卷 3，頁 4080。

可知他們掌握的情報：「皇帝與中宮、東宮，偕來，三月旬前當到瀋陽、三處墓所，仍向兀羅（按，吉林烏拉）地方、混沌江打漁而還。（所謂中宮、東宮，皆皇帝之淑儀，所謂混沌江，距寧固塔為七八日程云）」。[14]

三月十七日（乙丑），朝鮮派出的瀋陽問安使左議政閔鼎重行抵鳳凰城，返國便向朝鮮國王狀聞清朝情形，提到東巡人數包括：君王、親王、侍衛、大臣及各種官員眷屬等，多達「二十餘萬」，陣容十分龐大：

> 皇帝本月初四日來到瀋陽，從行者幸姬三人，侍妾百餘人，親王八人，蝦六百人（蝦即清官名，如我國宣傳官），大臣索額圖、明珠以下雜色從官共二十餘萬。八固山各出兵三千。或云將相之妻七八百，亦從幸姬而來。皇帝出關以後，日行百餘里，或曉或晚，不定行期。故扈從諸人必於三更整待，不得休息。馬駝道斃者，多至累千匹。又將迤向兀喇地方，遵海而東，轉入山海關……。[15]

關於東巡人數，相較於傳教士南懷仁所載約計七萬人，兩者相去甚遠。[16] 然而朝鮮的記錄大致掌握了組成成員、行程方向，及旅途中的艱難情形。再對比高士奇所載，二月十五日（癸巳），皇帝率皇太子由東長安門出東直門，高士奇從豹尾班後，「諸王及八旗禁旅以次行，旌旗羽葆，絡繹二十餘里雷動雲，誠壯觀也」，僅描寫場面，而沒有提及人數；對比三月十七日（乙丑）之事，東巡隊伍於三天前（癸亥）甫經柳條邊，而次日（丙寅）為「皇上萬壽節」。[17] 可知清朝、朝鮮官方、南方文士及傳教士等看待滿洲統治者組織大隊人馬，重返東北之行，各有關注重點。高士奇記錄的東巡有何特點，詳後分析。

---

[14] 同上註，頁 4081。

[15] 同上註，頁 4083–4084。閔鼎重尚議論盛京將軍安瑚珠的動向、北京政風、陝西總督張勇等政情，及其他返國使臣報告，待另文討論。《朝鮮實錄》也提到東北亞「大鼻韃子」（俄國）的威脅。

[16] 南懷仁描述東巡隊伍：「皇帝自己騎馬走在前面，其次是隨駕的十歲王子，他就是幾年前冊立為遼闊帝國的繼承人。後面是三位主要后妃，各自乘坐鍍金轎子。再後是各位王爺、朝廷貴戚、各等官員，這些人又為眾多的隨員和侍從簇擁著，一行總共約有七萬人。」見（比）南懷仁（Ferdinand Verbiest，1623–1688），《韃靼旅行記》，收入王佩環，《清帝東巡》，頁 643。《韃靼旅行記》，薛虹譯，全文收入《清帝東巡》頁 642-654，薛虹譯自衛藤利夫日譯本《滿洲旅行記》，收於杜文凱編《清代西人見聞錄》；又收入《長白叢書初集 3》（長春：吉林文史出版社，1986）。

[17] 《扈從東巡日錄》，卷下，頁 225。

貳、高士奇扈從東巡

高士奇（1645–1703），字澹人，浙江錢塘人，著作甚多，甚得康熙帝寵信，曾多次扈從康熙皇帝出巡，以詩文留下紀錄。康熙二十一年全程參與東巡盛京、吉林等地，他將沿途見聞逐日記錄撰成《扈從東巡日錄》，此私人記錄實為難得的東巡資料。

關於高士奇如何入仕，日後何以多次扈從巡幸，據載康熙十年四月，康熙帝鏟除輔政大臣鰲拜及黨人，親試太學生，入內廷供奉。是年五月，命高士奇抄寫經筵講義；九月，參與第一次東巡。[18]

《扈從東巡日錄》署名「內廷供奉翰林院侍講臣高士奇」。卷上首引康熙二十一年正月十七日公布東巡之上諭，又載「特諭次日欽點隨從諸臣，臣士奇供奉內廷，例當扈蹕」。可知，文士扈從是當時慣例，或因文移往來仍是行在的基本需求。康熙十六年，設立南書房，明史修纂工作亦持續進行，漢人文臣成為康熙帝推行政務、編纂文史圖書的重要助手。高士奇能夠扈從東巡，顯示他十分受到康熙帝的寵信。由《扈從東巡日錄》可知，內閣學士張英、杜訥等曾送行高士奇至城外，高士奇與張英兩人於康熙十六年十二月十七日同時入值南書房，至此已共事近五年。[19]

高士奇《蓬山密記》記錄了他本人帶給康熙帝的影響：

> 當日初讀書，教我之人止云熟讀四書五經而已。及朕密令內侍張性成鈔寫古文詩文，讀之久而知張性成不及。後得高士奇，始引詩文正路。高士奇夙夜勤勞，應改即改。當時見高士奇為文為詩，心中羨慕如何得到他地步也好。他常向我言：詩文各有朝代，一看便知。朕甚疑此言。今朕逾年探討家數，看詩文便能辨白時代，詩文亦自覺稍進，皆高士奇之功。[20]

---

[18] 〈東巡賦〉可見於高士奇，《經進文稾》，卷 1（清康熙朗潤堂刻本），頁 1a-4b，出自高士奇《清吟堂全集》，收入《清代詩文集彙編》，冊 166（上海：上海古籍出版社，2010），頁256-257。關於康熙十年，高士奇應考、入仕、扈從東巡，及次年呈獻〈東巡賦〉之事見於高士奇相關詩文，惟並非本文重點，此略；亦可於「中國基本古籍庫」檢得。另參見蘭延超，〈高士奇及其《扈從東巡日錄》研究〉（長春：東北師範大學碩士論文，2010），頁 2。此文整理高士奇進入仕途的兩種說法，均與其書法高妙有關，然文中未詳注史料出處。

[19] 張英即將返回南方，高士奇與之交往頗深。見《扈從東巡日錄》，頁 219。

[20] 高士奇，《蓬山密記》，《古學彙刊》第 1 集第 12 冊（第三編下，上海：國粹學報社，

由此可知，康熙帝的詩文品味受高士奇影響甚深，扮演「文學侍從」的角色確實稱職。

高士奇扈從工作的內容，據其自述：「御前奉牘初傳奏，圍裏彎弓學射生」，參預奏牘，亦得學習彎弓射獵；最具體可見的便是大量應和君主的詩作。高士奇又自述扈從期間皆有專人為其服務：「扈從之時，蒙給官馬五匹，隨從圉人一名，氈帳房一架，及一應行李皆官駱駝馱載，專人掌之。」[21] 隨行的南懷仁也有類似的優渥待遇。[22]

據《清史稿》對高士奇等人的評論，可概知他在康熙帝心中分量及政治地位：

> 論曰：儒臣直內廷，謂之「書房」，存未入關前舊名也。上書房授諸皇子讀，尊為師傅；南書房以詩文書畫供御，地分清切，參與密勿。（徐）乾學、（高）士奇先后入直，（王）鴻緒亦以文學進。乃憑藉權勢，互結黨援，納賄營私，致屢遭彈劾，聖祖曲予保全。乾學、鴻緒猶得以書局自隨，竟編纂之業，士奇亦以恩禮終，不其幸歟！[23]

即使高士奇與友人徐乾學、王鴻緒因涉結黨營私，遭言官彈劾，被迫譴退，卻仍不失寵信；身故之後，破例獲得謚號「文恪」。

參、《扈從東巡日錄》內容概要

據《扈從東巡日錄》的記載，此次東巡期程自康熙二十一年二月十五日至五月四日，往返共計八十日。此書分前序、上下兩卷，末附有關松花江「土人」日用、飲食、生殖等二十九個滿語詞彙，考辨並詳述之。

1912）。《清史稿》亦略載高士奇對康熙帝學詩的影響，見《清史稿》（北京：中華書局，1976–1977），卷316，列傳五十八，高士奇，頁10017。

[21] 《扈從東巡日錄》，頁229。四月十一日（戊子），〈扈從雜紀詩四首〉。

[22] 由於南懷仁負責「以科學儀器記載大氣及土地現象、緯度、磁針差度以及山的高度，同時還要回答陛下關於天文、氣象等詢問，因此經常被安排在他（康熙帝）的左右。他挑選一名官員，在整個旅行中主管我的儀器的安全運輸，這些儀器是用馬馱著的。」《韃靼旅行記》，收入《清帝東巡》，頁643。

[23] 《清史稿》，列傳五十八，高士奇，頁10017。

書前刊載陳廷敬、張玉書、汪懋麟、朱彝尊所作四篇序，[24]四人參與撰修《明史》，顯示高士奇的人際網絡。

陳廷敬，當時為翰林院掌院學士，題序時職任「總修明史」，序中他便將康熙朝與明朝文臣扈從事跡相比，認為康熙帝親近儒臣，雖在道途，猶勤如此，此上善君德為史冊罕覯；盛讚此書「馳驅關塞，流連豐鎬，鋪陳帝業之艱難，誦述民風之勤苦，靡不言之成文，歌之成聲。」

張玉書，曾任明史總裁、侍講學士、內閣學士，他稱讚《日錄》較過往同質著作尤為「卓美」。序文中提及當時扈從者以數千百計，而漢人文臣連同他自己僅有三人得以隨從：「內廷供奉侍講高君澹人，及侍讀學士孫屺瞻，[25]與書三人而已」。「永陵展謁」以後，東巡人馬一分為二，高士奇繼續扈從，伴君車駕，「巡視邊徼，兼講春蒐之禮」，而張玉書則偕部院大臣受命還「留都」（盛京）。因此，文士三人只有高士奇獨自扈從。得以遊歷松花、混同、白山、黑水諸勝，記有遼金元諸史未載，及古代使臣未敘之事；高士奇協辦政務，「外廷諸臣耳目所不能及者」，十分羨慕他能預聞機要。另有汪懋麟[26]及朱彝尊[27]二序，亦特別強調君臣緊密互動的可貴。朱彝尊徵引古代典籍，說明：「古者君出，史載筆士載言，蓋必有文學之臣從。」友人諸序之後，高士奇自序略言：「惟就見聞所逮，約略志之，總其時物，參以前史，公私兩載，逐日成編。」

《扈從東巡日錄》卷上內文首引康熙二十一年正月十七日公布東巡之諭旨，其次列載諸友人的贈詩，多達二十二首；這些人多供職於翰林院、詹事府、國子監、大理事及纂修明史的文臣。

高士奇以詠史懷古、思鄉、圍獵、致贈友人等主題，創作了大量詩詞，計有四十五首之多，可謂是此書最大的特色。全書內容可分為四部分：1. 開國故事。生動描述明清重要戰役，且評論前朝失敗之因。清太祖努爾哈齊於明萬曆四十七年（1619）三月，於薩爾滸大敗明軍，經過此役滿洲轉守為攻；崇德四至七年間（1639–1642），清太宗皇太極領兵於松山、錦州、杏

[24] 《扈從東巡日錄》，敘一至敘四，頁 215-216。

[25] 康熙二十一年，孫屺瞻時任翰林院侍讀學士（補原官）、明史總裁官（充）、教習庶吉士等職。

[26] 以刑部主事入史館為纂修官。

[27] 時任翰林院檢討、明史纂修官、日講起居注官。

山一帶重挫明軍。2. 詩詞歌賦。大量應和君主的詩作，也間接表現康熙帝擅長漢文詩作的文才。3. 風俗民情。包括滿洲圍獵、鬥獸舞蹈（莽式舞、揚烈舞）；人參、東珠、貂皮等物產；當地民生用具，附錄列舉二十九個滿文詞彙，如「亞拉桂紫」（alan guidz），樺木箱；「攤他哈花上」（tantaha hoošan），麻布紙；「你馬哈蘇姑厄圖枯」（nimaha sukū etuku）意即魚皮衣，多是民生用品及地方食品。4. 建置沿革。沿途所經北京至吉林一帶山川、郡縣多處詳考，眼見的人文景觀，如屋宇、寺廟、牌坊等，或殘或存或傳說，均有記錄。

此書內容雖存有若干記載失實之處，[28] 惟出版後為即為後出各類東北地志書籍廣泛引用，尤其康熙年間流人文學的著名代表作之一，楊賓《柳邊記略》即大量引述此書。[29]

《扈從東巡日錄》鮮明特色在於收入大量高士奇恭和康熙帝的詩作，但不錄御製詩，這些紀事性質的御製詩是否均收入《御製詩文集》，尚待考察。書中唯一收入的御製詩乃康熙帝賞賜高士奇之作：「六御東巡海上回，夜深懷古帙重開，祕書日日隨行殿，玉勒前頭珥筆來。」「玉勒」指馬，「珥筆」是指插筆於冠側，以備記事；詩中稱高士奇為「祕書」。此詩證明高士奇隨行記事，高士奇也確實不止一次成功地扮演以詩文應和君主的角色。

前引高士奇之諸友書序，提及高士奇協辦政務，「外廷諸臣耳目所不能及者」。但是當時的政務討論幾乎不載於《扈從東巡日錄》中，或因他不曾參與行在之廷議，也可能是他不願流傳。高士奇唯一提到的一件「時事」，是關於朱方旦的文字獄案。康熙二十一年四月三十日（丁未），東巡隊伍將出山海關，高士奇借漢武帝故事，評議朱方旦案：

> 昔漢武帝東巡海上，方士言蓬萊諸神若將可得，遂欲自浮海求蓬萊，群臣諫莫能止。夫武帝以英明之主惑於方士，為後人所譏笑，比者左道朱方旦，持其邪說，蠱世惑民，皇上毅然誅之，以

[28] 李文信遺注、李仲元整理，《扈從東巡日錄批注》，收入於《遼海叢書》，第一集之七冊（瀋陽：遼海書社，1934）。批注條文如：「船廠為明代舊稱，非清造船地」、「大烏喇虞村，今名烏拉街」、「烏稽亦作窩集，漢語老林也。喇母烏稽，通作納穆窩集」、「羌突里噶尚，今稱秦得利、勤得利。噶尚，滿語村也。地在黑龍、松花二江會口之下，指為李陵戰敗之地更屬可笑」等等。

[29] 直接引用過《扈從東巡日錄》的圖書尚包括：《池北偶談》、《柳邊紀略》、《瀋故》、《全遼備考》等。

正人心，天下稱快，孟子曰：經正則庶民興。足徵人主好惡，關於治亂不淺。是日捧讀〈御製觀海詩〉，實寓此意也。[30]

高士奇和纂修《明史》諸友包括纂修官汪懋麟、大學士熊賜履、侍讀學士王鴻緒等，同一立場。康熙二十一年二月十六日，九卿詹事科道等議覆：經湖廣巡撫王新命審實具題，朱方旦及弟子坐死罪。[31] 其時正值東巡起行次日。

我們比對相關史料，可知東巡途中仍持續進行政務討論。例如康熙二十一年三月二十六日（甲戌），康熙帝君臣駐蹕吉林，是日於行幄中議政，君臣討論吏部、刑部人事，也針對福建總督姚啟聖應否進剿臺灣之事進行廷議，[32] 而《扈從東巡日錄》未有記載。藉由比對不同的史料，除瞭解東巡期間的政務運作，也反映高士奇的觀察與同時發生的歷史事件之間的差距，可知「書寫」的脈絡與意涵遠比表面所呈現的更為複雜。

《扈從東巡日錄》記載大量的詩作，東巡儼然是一次「如詩的行旅」。高士奇生動的詩文筆調使得明清戰爭、布陣圍獵、邊疆人物風情，及以滿洲為主體的歷史功業，躍然紙上，博得諸友人的讚賞。雖然〈附錄〉中以漢字注音的滿文詞條，考察詳細，然用音譯帶有隨意性，若干吉林地名亦僅以漢字音譯滿語；[33] 由於並未以滿文書寫，如此便相對淡化了滿洲特色。總之，透過大量的詩作，全書呈現富有詩意的東巡及「文人化」君主形象，如此便十分不同於傳教士南懷仁的記錄，亦不同於朝鮮君臣的「偵察」角度；而這種文人化的形象描繪顯然是江南文士的特長，也可能是康熙帝刻意為之的結果。

肆、《扈從東巡日錄》與書寫絕塞

一、書寫絕塞

東巡過程中，康熙二十一年三月十二日（庚申）謁陵結束，康熙帝「率諸王、大臣、侍衛東行，自此入山，詰曲登陟，無復斥堠，但以馬行紀道

[30] 《扈從東巡日錄》，頁 231-232。

[31] 孟森，〈朱方旦案〉，《心史叢刊》一集（臺北：華文書局，1969），頁 15-24。

[32] 《康熙起居注》，冊 2，頁 831-832。

[33] 如：「喇母烏稽」，滿語讀如：namu weji，意即海洋密林；「昂邦朵紅」，滿語讀如：amba dogon，意即大渡口。

里。」[34]離開遼瀋地區，轉往過去只有流放發遣之罪犯被迫前往的深山密林。此時高士奇進入「絕塞」、「絕域」之境，進入與盛京地區迥然有別的空間地域，其文字記述也明顯出現變化，絕塞乃與「江南」互有聯結：

> 是日穀雨，汲山泉煮所攜龍井茶啜之。蓋西湖之水，以虎跑為最，兩山之茶，以龍井為佳。穀雨前，高臥山中採茶旋焙，時汲虎跑泉烹啜，香清味洌。入都以來，此事久廢，今於絕塞，聊記佳辰耳。[35]

汲水煮茶原是高士奇舊日生活中極為平常的生活情調，西湖水與龍井茶明顯象徵江南水鄉的士人文化。高士奇從江南到京師，再從京師到東北邊疆，值此穀雨時節，僅能以絕塞山泉烹啜龍井，遙想江南原鄉的「香清味洌」，其行旅書寫確實交織著伴君扈從的榮耀與人地不宜的情緒。

三月二十八日（丙子），立夏時節，經烏喇故域，當地存有一座保寧庵，住僧為江寧人，他向高士奇乞得詩句：「野寺荒寒江水濱，門前寂寞長荊傣，經過莫漫傷歧路，幸是天涯扈從人。我來異地逢春盡，纔見花開一兩枝，蔓草孤村人跡斷，鄉心遙與白雲期。」詩作中對於絕塞「異地」中的荒蕪寂寥，絲毫不加掩飾，僅能寄語白雲，遙念南方故園。同時高士奇也慶幸自己的身分乃是扈從之人，不必定住於此。

康熙帝原欲深入「烏稽（weji）」，即茂密老林之中，可能原先已計畫東行至寧古塔一帶，終因連續天雨而未行。此時高士奇則留心於「訪土人」，記錄密林之中的台站、渡口情形；又考察諸書所載，略述金代會寧府的路徑及都城、殿宇等史蹟。他刻意引用流人文士吳兆騫的記錄，記錄寧古塔一帶的風土民情：「人勁勇，重信義，道無拾遺，人不敢私鬥」。由於並非親身走訪，只可探問居民並參考他人著作稍知其詳。

四月初三日（庚辰），天時細雨，泛舟江中，高士奇作詩曰：「似江南杏花春雨時，不知身在絕塞也。」次日仍是行舟，高士奇記載：「因念幼稚家居，八月望夜，登吳山絕頂，觀錢塘江潮，月色橫空，江波靜斂，……語云：十萬軍聲半夜潮，……。松花江有潮不怒，但過眼驚心，身共水天，飄泊此際，沉吟塵心……。」四月十三日（庚寅），雨中過夜黑河，詩曰：「誰

[34] 《扈從東巡日錄》，頁 224。

[35] 同上註。

信東風欺絕塞，都不許把春留。」[36] 杏花春雨、錢塘海潮均可與絕塞風光比擬，而在此絕塞境域中竟感到春光不曾佇足，絕塞彷彿四季無別，僅有無盡嚴冬。

高士奇籠統使用「土人」一詞指稱本地之人，也間使用「滿洲」、「新滿洲」、「八旗壯丁」、「烏稽人」、「流人」、「居人」等作為特定對象之代稱。他多次描述「流人」，其長篇詩作〈流人歎〉成為描寫流人生活的經典作品；「微軀歷患難，異域誰見憐」之詞，似乎表現了高士奇的同理心。[37]

相較於「第二代流人」描述東北的方式，楊賓自述撰寫《柳邊紀略》的原因其一為：「泉甘土肥，物產如參貂，非中國有」因此值得予以記錄；[38] 而吳桭臣《寧古塔紀略》認為東北民情「大率信義為重，路不拾遺，頗有古風」，特別肯定寧古塔風土之淳樸。[39] 二代流人眼中筆下的東北是人情有古風，但其自然物產「非中國」也。高士奇的書寫立場雖不同於流人，文化背景卻相同的，絕塞亦是相同的絕塞。整體東北只有少數和滿洲有關的據點如：盛京城、陵寢等，具有神聖的地位，這是政治性質的神聖，而政治之外，屬於文化層面的則僅有模糊的「古風」稍可入目，古風雖可連接古今，然而畢竟人地不宜。

高士奇與友人觀看東北絕塞的方式，除了可與自己江南文化背景連結，也富於聯想「長安」。翰林院檢討毛奇齡臨行贈詩云：「仗扈龍驤遠，江迴鴨綠寒；豐人雞犬在，彌望即長安。」三月十三日（辛酉），高士奇行於萬山千嶺之中，見春雪初融，地多泥濘，歎曰：「唐人所謂，只今河畔冰開日，正是長安花落時。」三月二十三日（辛未），高士奇作扈從雜詩四首，當時投身於鷹、犬、天鵝曲等邊塞特有的圍獵及藝文活動中，乃感：「邊地蕭條風景別，今宵有夢到長安」。北京之於東北，在江南文士筆下似可與長安之於西域對應。

[36] 《扈從東巡日錄》，頁 228-229。

[37] 《扈從東巡日錄》，頁 225。

[38] 楊賓，《柳邊紀略》，收入於《續修四庫全書》（上海：上海古籍出版社，2002），冊 731，卷 1，頁 252。

[39] 吳桭臣，《寧古塔紀略》，收入於《續修四庫全書》，冊 731，頁 609。參見王學玲，〈是地即成土──清初放東北文士之「絕域」紀游〉，《漢學研究》，24 卷 2 期（2006.12），頁 255-288。

二、長白山的轉化——從「滿洲族源」到「回向周代」

祭祀長白山亦是康熙帝此次東巡的重要目的。長白山與天池是滿洲開國神話中的場景，滿洲族源傳說的官方版本即是長白山三仙女神話。此神話中三位仙女沐浴於長白山天池，喜鵲銜來朱果置於其中一位佛庫倫衣物上，佛庫倫吞食朱果後，生下布庫里雍順，是為滿洲先祖。[40] 清朝官方祭祀長白山始於康熙十六年（1677），此次東巡特別安排祭祀長白山。[41]

康熙二十一年三月二十五日（壬申），康熙帝即於松花江畔遙祀長白山，行三跪九叩禮。高士奇於《扈從東巡日錄》中記載此事，但引用元人葉隆禮《遼志》的觀點，說明長白山一名的由來：「長白山在冷山東南千餘里，『白衣觀音』所居，其內禽獸皆白，人不敢入，恐穢其間，以致蛇虺之害。」[42] 這代表什麼意義？或許高士奇等人對於上述滿洲開國神話並無所知。清初文人創作的數篇〈長白山賦〉中，漢人描繪的長白山雖有飛仙羽人的神靈傳說，突顯其神聖性，[43] 卻仍不是三仙女神話。

相較於傳教士南懷仁對長白山的描述：

> 到達了吉林——位於發源自名山長白的松阿嘎江的江畔城市。長白山在吉林南面約四百里，山巔長年為白雪所掩覆，據說高聳云上，所以名曰長白。此山山麓或其支脈，是東韃靼祖先的誕生地。因此，皇帝一到江畔，立刻下馬，面南向山，為祭山和祭祖而三叩首。然後，乘坐金轎，在親衛武官的簇擁中進入吉林城。[44]

這顯示南懷仁知道長白山是滿洲祖先的誕生地，但他沒有提及「天池」，或許當時他也未必知道三仙女神話；漢人極可能因為不甚瞭解，才沿用典故的說法。

比起沒有三仙女神話的長白山，或是包括「盛京」、「祖陵」等範圍不

---

[40] 滿洲開國神話可見於清朝各種官書，如《清太祖武皇帝實錄》、《清太祖高皇帝實錄》、《滿洲實錄》、《皇清開國方略》等等。

[41] 《清史稿》，卷 283，〈覺羅武默訥傳〉，頁 10177。

[42] 《扈從東巡日錄》，頁 226。「遼志」或應指《契丹國志》。

[43] 王學玲，〈在地景上書寫帝國圖像——清初賦中的「長白山」〉，《中國文哲研究集刊》，27 期（2005.9），頁 91-121。個人不同意其有關白衣觀音、白衣仙人與滿洲三仙女神話「極其類似」的觀點，頁 106。

[44] 《韃靼旅行記》，收入《清帝東巡》，頁 648。

甚具體的「龍興之地」，[45] 寧古塔附近的「覺羅村」，成為文士筆下較為具體的「我朝發祥地」。寧古塔位處東北邊陲，作為軍事重地，亦是清朝早期發遣流人之目的地。清初流人文士吳桭臣於《寧古塔紀略》略言：「東門外三里，有村名『覺羅』，即我朝發祥地也。」[46] 張尚瑗於〈寧古塔紀略序〉亦曰：「天子函蓋六合，宅都燕臺，寧古、松漠實王氣發祥之地，若居豐、鎬而回視生民沮漆，陶復陶穴。」[47] 據此，大清之寧古塔有如周文王之豐、周武王之鎬，後者安頓了跟隨古公亶父沿沮漆水而西行的先民，寧古塔除了安頓了大清、滿洲皇族的先民，又何嘗不是指涉寧古塔亦安頓將文明帶入東北絕域的先民，亦即他們自己呢？[48]

王學玲考察清初流放東北文士對於寧古塔的書寫，指出書寫中特別突顯上述的「覺羅村」、「滿洲起源」，並且比附於周朝建國立基時期的豐、鎬等都城，但沒有進一步討論這些流人著作並未提到滿人的三仙女傳說的現象。[49] 滿洲三仙女開國神話沒有被清初漢人記載的現象，確實特別。

康熙帝於康熙十六年曾派人前往長白山祭祀封禪，事見方象瑛《封長白山記》，唯此書僅入《四庫全書存目》，以提要簡介之，似乎流傳未廣。[50] 上述覺羅村似不見於官方出版的各種書籍。由此可見官方與民間對於滿洲族源的書寫存在認知上的差異，清朝前期與中期官方對於東北的記錄與表達，亦不完全相同。高士奇並沒有提到覺羅村，或因此次東巡沒有行抵寧古塔，但他可參考流人文士之作；高士奇的官方身分與流人文士有別，這或許也是一個原因。

---

[45] 清朝對於「龍興之地」一詞的用法，參見《清實錄．聖祖仁皇帝實錄》，卷 232，康熙四十七年閏三月己亥，頁 580「盛京乃本朝龍興之地，當興行教化」；「遼海瀋陽，實為龍興之地」，《清實錄．高宗純皇帝實錄》，卷 201，乾隆八年九月下甲辰，頁 580。

[46] 吳桭臣，《寧古塔紀略》（昭代叢書，庚集埤編），冊 94，清道光十三年吳江沈氏世楷堂刊本，頁 8。

[47] 吳桭臣，《寧古塔紀略》，頁 2。

[48] 寧古塔對於清初流人文士的意涵，參見王學玲，〈一個流放地的考察——論清初東北寧古塔的史地建構〉，《文與哲》，11 期（2007.12），頁 371-407。

[49] 王學玲，〈是地即成土——清初流放東北文化士之「絕域」紀游〉，頁 261。文中述及「相傳滿族先祖於寧古塔吞朱果而孕」之事，並未註明此說之出處；感孕而生的地點，一般據清代官書指出在長白山闥門泊（天池）。至於「覺羅村」，筆者見國立故宮博物院藏「滿文寧古塔地圖」亦標注此地名，詳情待進一步考察。

[50] 《四庫全書總目》，冊 2（臺北：藝文印書館，1969），史部，卷 54，史部十，雜史類存目三，頁 29。

西周初建國於岐山，故西周亦稱為「岐周」反映地景與政治的結合，地景因而富含政治文化意涵的詞彙。高士奇將永陵（太祖努爾哈齊之先祖）所在的山陵喻稱為「我朝之歧山」亦是相似的用法。此山原名喬山，順治八年改名啟運山。康熙帝首巡東北時雖未曾親祀永陵，其後作〈三月十一日雪中詣永陵告祭〉一詩：「一自遷岐基盛業，深思遺緒愧難承」，他也將啟運山喻為「岐山」，康熙帝與高士奇如此不約而同，君臣甚具共識。前引高士奇友人之題序，其中陳廷敬：「馳驅關塞，流連豐鎬」；朱彝尊「文學之臣，從周之蒐於岐陽也」，均如是表述。是故，大清之開國立基可與周代連繫。時至晚清仍如此，《吉林通志》始修於光緒十七年（1891），內文引述副都統容山〈重修牙城記〉：「寧古塔為國家發祥地，猶姬周后稷始封之部。山川深阻，形勢完固。」[51] 這種將政治上的聖地與漢文化傳統相連結的方式成為政治文化特色。寧古塔可比於豐、鎬，長白山亦如岐山；清朝開國的地景特徵與上古周代連結，至少自清康熙年間開始已於君臣文詞中刻意書寫並且流傳。

再對比楊賓有關滿洲文化的重要指標——創製滿文的理解：

> 滿洲舊無文字，有之自太祖始，按明萬曆二十七年己亥二月，太祖以蒙古字製國語，創立滿文行國中，命額爾德尼榜式（按：baksi，巴克什）、大海榜式，立字母十二，名曰十二兀柱頭（按：uju，頭）。兀柱頭所載與漢人反切相類，或一語為一字，或數語為一字，意盡則以兩點節之。其書左行與漢反，波撇彷彿漢隸。蓋蒙古文字本從隸書變出，而滿書又從蒙古變出，旁加以點，是以仍近漢隸。《五代史》云增損隸書之半，以代刻木之約，此一據也。[52]

滿文脫胎自蒙文，但蒙文並非來自漢字隸書，楊賓把滿洲文字間接地比擬於漢字，說成與漢代隸書有關，意圖使滿文文字成為漢字文化圈的成員。這雖是錯誤的理解，但是倒也能與漢文化有所連結。這些事例均反映漢人對於滿洲族群的地域空間及文化元素的想像，具有時代特色。

---

[51] 《吉林通志》，〈輿地志十二・城池〉，卷 24，收入於《續修四庫全書本》，冊 647，頁 450。

[52] 楊賓記述滿文源流及書寫特色，尚引用《池北偶談》、《草木子》、《金史》等，再融合為己說，引文暫略。

伍、扈從東巡之後

康熙二十一年五月初四日（辛亥），駕還京師，旅程結束。康熙帝於返京次日，首先調整流人管理政策，改善流人生計：

> 壬子（五日），上諭大學士等曰：流徙寧古塔、烏喇人犯，朕向者未悉其苦，今謁陵至彼，目擊方知此輩即無屋栖身，又無資力耕種，復重困於差徭，況南人脆弱，來此苦寒之地，風氣凜冽，必至顛踣溝壑，遠離鄉土，音信不通，殊可憫惻。雖若輩罪由自作，然發遼陽諸處安置，亦足以蔽其辜矣。彼地尚田土可以資生，室廬可以安處，且此等罪人，雖在烏喇等處，亦無用也。[53]

不久又調整流人發差辦法：「以後免死減等人犯，俱著發往尚陽堡安插，其應發尚陽堡人犯，改發遼陽安插，至於反叛案內應流人犯，仍發往烏喇地方，令其當差，不必與新披甲之人為奴。」[54]一連串的人事調整並且革除無益差徭，使眾多兵丁受惠。總之，康熙帝透過東巡檢討改革地方管理機制，十分務實。

高士奇也十分積極，隨即著手修改、出版《扈從東巡日錄》；是書自序於是年五月十五日。《扈從東巡日錄》出版後流傳頗廣，引用者亦多。然而，進入乾隆年間，這部書終究未入《四庫全書》。其實高士奇已有多部著作入選四庫，[55]其中有關扈從之事尚有《扈從西巡日錄》、《松亭行紀》；反之《扈從東巡日錄》似乎刻意被遺忘，原因尚待考究。縱使如此，《扈從東巡日錄》自康熙年間起已為文士所閱讀、引用。筆者認為，前引《柳邊紀略》、《寧古塔紀略》等流人文學也沒有入選四庫這樣的機會，兩者或有關聯；也可能上述《扈從東巡日錄》裡的重要特色、元素，日後已被「解構」，部分轉移、挪用至《御製詩文集》，以君主的高度表述之。乾隆年間官方已編纂出版更直接、完整以滿洲開國為主題的《開國方略》、《滿洲源流考》、〈戰迹輿圖〉等圖籍。乾隆帝首次東巡（1743）所書寫再製，極力推廣的滿、漢文《御製

---

53 《清實錄．聖祖仁皇帝實錄》，卷 102，康熙二十一年五月壬子，頁 28。

54 同上註，康熙二十一年五月丙辰，頁 29。

55 例如經部《春秋地名考略十四卷》；史部《扈從西巡日錄一卷》、《松亭行紀二卷》、《金鼇退食筆記二卷》；子部《江村銷夏錄三卷》、《編珠二卷補遺二卷續編珠二卷》；集部《續三體唐詩八卷》、《唐詩掞藻八卷》等，另有部分著作選入四庫存目。

盛京賦》，應是另一個把來自東北的「故土」元素，藉由政治文化機制的主動引導，強化東北地區具有滿洲族群特色的空間領域特性的又一次高峰。[56]

前述《扈從東巡日錄》友人題序強調君臣知遇，尤其大量詩作更間接呈現康熙帝親近漢人文士、敏於詩詞的文人形象。然對比他申斥背離「滿洲禮法」沾染「漢俗」的堅定態度，兩者形成強烈對比。康熙二十六年（1687）六月初七日，上諭：

> ……漢人學問勝滿洲百倍，朕未嘗不知，但恐皇太子耽於漢習，所以不任漢人，朕自行誨勵令皇太子略通漢文，於凡學問之事，似無扞格，且講解書義，有湯斌等在，爾惟引若等奉侍皇太子，導以滿洲禮法，勿染漢習可也。……朕謹識祖宗家訓，文武要務並行，講肄騎射不敢少廢，……近見眾人及諸王以下其心皆不願行猎，朕未嘗不聞，但滿洲若廢此業，即成漢人，此豈為國家計久者哉。文臣中願朕習漢俗者頗多，漢俗有何難學，一入漢習，即大背祖父明訓，朕誓不為此，且內廷亦有漢官供奉，朕曾入於漢習否？……皇太子入於漢習，皇太子不能盡為子之孝，朕亦不能盡為父之慈矣。……又有一輩小人，以不照世祖皇帝時行事為言者，……若在先朝時，此等魑魅魍魎輩，豈容於離照之下？其必放諸海濱絕域，定不留之中國蠱惑眾心。故聖人有言曰：「惟仁者能愛人，能惡人。」此皆朕所未能行者也。今爾等人侍內廷，當自知之。[57]

據此康熙帝自己明確表示他極度重視騎射，不沾漢習，確實奉行「滿洲禮法」，而寫作大量的漢文詩作，嫻熟徵引儒家經典，並非「入漢習俗」。再者，欲將不行祖訓之人嚴加懲戒，流放於「海濱絕域」、「不留之中國」，其所謂「海濱絕域」之地應指清初發遣流人最為集中的東北邊疆，乃相對於中國、中央之地，[58] 如此東北地方便也算是滿人的邊疆。總之，東北或為漢人、滿人之「邊疆」或為國朝發祥、皇室族源之「故土」，其界線是游移不定的。

---

[56] 林士鉉，〈皇矣陪都，實惟帝鄉——乾隆皇帝與滿、漢文《御製盛京賦》〉，《故宮文物月刊》，367 期（2013.10），頁 52-67。

[57] 《康熙起居注》，康熙二十六年六月初七日（癸丑），頁 1638-1640。是日康熙帝與尚書達哈塔、湯斌、少詹事耿介等人議論入選皇太子教習緣由。

[58] 「濱海絕域」為邊疆地區應無疑義。清代的流放人犯主要分作內地軍流人犯和邊疆地區發遣人犯，「發遣」是流放刑罰之一，戍所早期以東北為主，包括尚陽堡、寧古塔，或烏喇地方，後并發齊齊哈爾、黑龍江、三姓、喀爾喀、科布多、新疆，或各省駐防為奴。參見王云紅，〈在流放地：論清代流放人犯的管理〉，《中國社會歷史評論》，2010 年第 4 期，頁 294-313；《清史稿》，卷 143，志一百八，刑法二，頁 4193-4195。又滿文本《起居注冊》「濱海絕域」滿文讀如：mederi jecen ten i ba，意即海疆極地；「中國」讀如：dulimba i ba，意即中央之地，是為兩相對應的地域空間。《滿文本清聖祖起居注冊稿》，康熙二十六年六月，中央研究院歷史語言研究所藏，登錄號 167097-001，頁 21。

乾隆帝等曾多次指出「盛京」或者「大盛京地區」為本朝龍興重地，[59] 嘉慶帝也諭示山海關外東三省地方為滿洲根本重地，[60] 這表示十八世紀、清中葉以後清朝官方人將東北全境、「東三省」視為滿人之「故土」。而本文上述在十七世紀、康熙二十一年第二次東巡前後，無論是清朝官方，及高士奇、東北流人文士的論述，均顯示故土只是某些地景，東北乃故土與邊疆並存的空間。因此，從十七世紀至十八世紀，以關外祖陵與都城、軍事要地如寧古塔、吉林烏喇（船廠），及長白山天池（官方版本的滿洲三仙女神話場景）等地景為核心的故土空間，漸次擴展為全部東北。

美國學者邵丹觀察十八世紀乾隆帝及嘉慶帝其東北故土的言論，與清末東三省總督徐世昌感歎因日俄連續交侵，東北名為國土，實無中國容足之處，兩相比較，東北之於滿洲族群，之於中國，其「領域性」極為複雜。[61] 她指出，「清末民初的滿族」對於東北故土的認知變化，歷經從「故土」到「邊疆」的過程，此現象也反映滿人對於「族」、「國」的再定義過程。她引用「族群領域性」（territoriality）的相關論點，討論「族群領域性」的再定義與身分認同（identity）的重塑兩者如何互動交織。[62] 清朝前期與清末民初形勢不同，所謂的「滿洲的東北」及東北是滿人故土等論點，均表達東北正是「族群領域性」之展示場域。我們若將此概念追溯自十七、十八世紀，與上述清初與第二次東巡期間有關東北的記載一併觀察，清朝前期滿人的族

[59] 乾隆帝所作《御製盛京賦》雖以「盛京」為名，內容已含蓋吉林、黑龍江之山川名物，可謂是「大盛京地區」的概念；《清實錄．高宗純皇帝實錄》，卷 1023，乾隆四十一年十二月下丁巳，頁 708，「盛京、吉林、為本朝龍興之地，若聽流民雜處，殊於滿洲風俗攸關」。

[60] 《清實錄．仁宗睿皇帝實錄》，卷 264，嘉慶十七年十二月庚子，頁 576，「東三省為我朝龍興之地」。

[61] 邵丹，〈故土與邊疆：滿洲民族與國家認同裡的東北〉，《清史研究》，2011 年 1 期（2011.2），頁 23-24。

[62] 邵丹，〈故土與邊疆：滿洲民族與國家認同裡的東北〉，頁 21-38。關於「領域性」，她引用 Robert D. Sack 的觀點：「在地理學界，族群領域性指對於地區的控制而產生的涉及、影響並且支配管理資源資源人的空間策略；這種領域性，作為策略，可以被啟動，被取消。」而關於歷史學者新來注重領域性與族群身分變化的關聯，引用 Charles Maier 的觀點：「領域不僅僅是史學的一個背景因素；當能夠提供忠誠感的『身分認同』能夠確保人身、經濟和文化安全感的『判斷空間』相適，領地是確保構成穩定的族群感的要素邵丹據此，其研究著重分析各種歷史行為者如何根據邊地的領域性變化來定義與重新定義人群。邵丹（Shao Dan）的研究成果詳見：*Remote Homeland, Recovered Borderland: Manchus, Manchoukuo, and Manchuria, 1907–1985* (Honolulu: University of Hawaii Press, 2011). 上述引用：Robert D. Sack, *Human Territoriality: Its Theory and History* (Cambridge: Cambridge University Press, 1986), p. 1. Charles Maier, "Consigning the Twentieth Century to History: Alternative Narratives for the Modern Era," *The American Historical Review*, vol. 105, no. 3(June, 2000), pp.807-831.

群領域性便和清朝多次舉行東巡，及產生類似高士奇《扈從東巡日錄》與其他官私著作的傳述有關。

結論

本文以高士奇《扈從東巡日錄》一書呈現的東巡活動、君主形象，及東北地景空間，顯示東北同時是絕塞邊疆及國朝發祥故土，表達滿漢民族互動與文化書的實質內容。高士奇扈從東巡、書寫東北的特殊之處，不僅是個人的特殊經歷，也反映東北之於滿洲統治的重要意義。透過東巡調整管理機制，東巡同時也具有極大的象徵性意義，蘊含地方地景與帝國疆域完整性建構的複雜過程。高士奇離開盛京，即進入絕塞，其觸景感懷之作多與江南故鄉的經驗與記憶互相連結，邊疆絕塞與政治上聖地、滿洲發祥之故土等概念沒有固定的界限；高士奇詩作中長安也連結了京師，並且將盛京皇陵，通往周代；高士奇雖非流人，卻同樣來自南方，自己的文化背景與身處東北絕塞實屬人地不宜，但他仍自漢文化汲取文史元素賦予族群政治起源地的神聖崇高地位。高士奇《扈從東巡日錄》一書展現的雖是清初漢人的觀點，惟滿洲統治者不僅接受這些觀點，也成為其運用自如的文化資源。從十七世紀到十八世紀滿洲統治的地域空間有十分突出的表現，帝國疆域因西征而擴大，因南巡而深入，同時也與東北密切連繫，討論這個過程應不能略過東巡。歷次東巡除了整飭武備、動員八旗軍，舉行祀典與圍獵反映對於滿洲傳統的重視，也是落實群族領域性的表現。有關東北地域論述是一個持續推動與變動的過程，這些政治文化特色在《扈從東巡日錄》中已略見端倪。

（原刊於：《漢人在邊疆》，臺北：國立政治大學人文中心，2014 年；《瀋陽故宮博物院院刊》1 期，2015 年）

附錄一 〈扈從東巡附錄〉滿語詞彙一覽表

	詞條名稱	滿文拼音復原	詞條釋文	備註
1	亞拉桂紫	alan guidz	樺木箱也。山多樺木，土人取為笥，以盛衣物，如木如革，文理蔚然，不假緣采。	此處alan意即樺皮，又calfa亦同義字；按：guidz疑借自漢語「櫃子」。相關詞彙尚有：樺皮木，fiya；樺木，šajilan。
2	攤他哈花上	tantaha hoošan	麻布紙也。烏喇無紙，八月即雪，先秋搗敝衣，中敗苧入水成毳，漉以蘆簾為紙，堅如革，紉之以蔽戶牖。	tantaha：打了；hoošan：紙。
3	你馬哈蘇姑厄圖枯	nimaha sukū etuku	魚皮衣也。海濱有魚名打不害，肉疏而皮厚，長數尺，每春漲，溯烏龍江而上，入山溪間，烏稽人取其肉為脯，裁其皮以衣，無冬夏襲焉，日光映之，五色若文錦。	nimaha：魚；sukū：皮；etuku：衣。釋文中「打不害」，亦滿語，讀如dafaha，清代滿文詞書作「方口鰟頭」，今通稱大麻哈魚，又稱大馬哈魚、狗鮭，秋鮭等。
4	薩喇	不詳	木板鞋也。長尺許，以皮鞔之，歷雪磧峻嶺，逐獸如馳。	sabu：鞋。滑冰鞋：nisukū；滑雪板：suntaha。
5	摩母羅	moro	木椀也。如盂如缽，斫痕粗，備薦食陳，嘗無貴賤，咸需之。	
6	差非	saifi	木匙也。長四寸，銳上豐下，削木為之，燎以火使曲，雜佩帶上以代箸。	
7	服寺黑	feshen	木甑也。狀如盆，口廣二尺許，底差斂於口，棱其孔以引氣，置粟於中，蒸而始舂，非炊器也。	Feshen：蒸籠；清代滿文詞書作「籠屜」。
8	猛姑戳	monggocon	瓦罇也。高六七寸，腹大如缶，口小如錢，短項而甃足，其質土其聲木，產自高麗，此方珍之，以貯蘆酒。	清代滿文詞書作「長頸瓶」。
9	威護	weihu	小船也。獨木虛中，銳其首尾，大者容人五六，小者二三，一人持兩頭槳，左右棹之，亂流而渡。	清代滿文詞書作「獨木舟」。
10	摩呼郎	moo(i) hūlan	煙囪也。相木之竅穴者，截如柱，樹土炕外，引爨煙出之，覆以筐，以避雨雪，若巨表然。	moo：樹；i：格助詞「的」；hūlan：煙洞。
11	護主	huju	木槽也。刳木如舟，可受水石許，橫置爨側，以代盆盎。	huju：槽。

	詞條名稱	滿文拼音復原	詞條釋文	備註
12	法喇	fara	扒犂也。車而無輪，犂而有箱，載不以盈，險不以傾，冰雪時利用焉。	按：扒犂，滿語讀如huncu，意即：橇、拖床、冰床。
13	搽不蝦喇	cabu(-re/-me) giyalakū	燈架也。取三丫樹，斷而倒置之，一莖直立，鑿以銜燈。	cabumbi：使支搭；giyalakū：隔子、書架子。
14	梭兒合得	solho dere	高麗几也。平其腹棱，其緣高，可七寸廣二尺餘，屈戌鍵之，可支可折。	solho：高麗；dere：桌。
15	石杭	sihan	木桶也。截大木，空其中，以釀酒，以臘虀。	
16	呼扭	hunio	柳斗也。編柳條為之，用以汲泉、量粟。	
17	櫝他姑兒哈非	不詳	烏喇草也。塞路多石磧，複易沮洳，不可以履，縫革為履，名烏喇；烏喇堅，足不可裹，澤有草柔，細如絲，摘而搥之，實其中，草無名，因用以名。	釋文中「縫革為履，名烏喇」，此說另見清初吳柝臣《寧古塔紀略》：「皮鞋名烏臘」。按：烏拉草，清代滿文詞書作foyo，是為禾本、葦類草之總名；亦可讀如foyo orho、gūlha foyo。orho：草；gūlha：靴。「櫝他姑兒哈非」或為滿語tūme（搥）tahan(木底皮靴) gūlha(mbi/-fi)之音譯。
18	他四哈阿落火	tasha orho	莨菪草。也莖如麻，葉小而銳，花如木綿，結實不可食，食之令人狂走。	tasha：虎；orho：草。按：tasha orho，清代滿語詞書作：虎掌草。
19	哈食馬	hasima	拉姑水族也。似蝦有螯，似蟹無甲，長寸許，產溪間，土人謂天廚之珍歲，薦陵寢必需焉。	hasima，清代滿文詞書亦作：哈什螞，為蛙類的一種；哈什螞羹，滿語讀如yaru。釋文中「拉姑」，亦寫作：蝲蛄、蝲蝲蛄，為螻蛄的通稱，滿語讀如lagu。
20	英莪	yengge	紅草果也。結實累累如桑椹，甘好可食，叢生原隰間，或言鸚哥關多此草，遂名，傳訛為英莪也。	清代滿文詞書寫作yengge，意為「稠李子」。釋文中「鸚哥關」，清代文獻多寫作「英額邊（門）」，滿語讀如yengge jase。鳥禽「鸚哥」，滿語讀如yenggehe。

	詞條名稱	滿文拼音復原	詞條釋文	備註
21	一兒噶木克	ilhamuke	花兒水也。因色以名，碧葉敷地，實綴葉上，淺紅而鮮，望之如落花片片，其味甘多汁，人爭食之。	「花」，規範化滿文拼讀作ilha，文獻中亦常見ilga，此處或據ilga音寫。muke：水。按：滿語ilhamuke，清代詞書寫作「草荔枝」。
22	烏立	uli	老鴉眼也。幹柔葉小，結實圓如珠，色紫而味酸，樵者採以止渴，尚方舊制，嘗漉其汁為膏，以錯珍	清代滿文詞書uli意為「杜李」；另參見uli moo，意為「郁李樹」。
23	交烏郎	gio ura	麅子尾也。菌屬，巨木雨餘所蒸，含苞而毳，狀若芝，味甘膩，土人聞見不出乎獸，故名。	gio：麅子；ura：臀。據清代滿文詞書，gio ura意為「麅股磨」。
24	伽爾密	jalmin	蓼芽菜也。烏喇地寒，及秋即無生菜，取蓼花子，濕之覆以銼草，置炕側熯蒸，生芽如線，色微紅，其味辛辣。	
25	諸申木克	jušen muke	滿洲水也。滿洲舊稱諸申，呼水為木克，法取蔬作齏，置木桶中，和鹽少許，以水溢之，其汁微酸，取之以代醯。	按：釋文中「滿洲舊稱諸申」，雖無誤，惟此處jušen，或與奴僕、滿洲舊稱等意涵無關，而與jušembi作酸、jušekebi酸了、jušempe酸醬菜等較有關係。
26	飛石黑阿峰	feshen efen	黏穀米糕也。俗重跳神，祭品此為上獻，色黃如玉，味膩如脂，頗香潔，跳神之家，主婦主鬯，而男擊鼓佐之，無親疏男女環觀，祭畢，雜坐分糕，如受餕，饋遺鄰里，若重貺然。	feshen，亦音譯作「服寺黑」，意即蒸籠；efen：餑餑、餅。據清代滿文詞書，feshen efen意為「撒糕」。
27	詹衝努力	jancuhūn nure	米兒酒也。或即蘆酒，炊穀為糜，如以曲蘖，須臾成醞，朝釀而夕飲，味少甘，多飲不醉。	jancuhūn：甜；nure：黃酒。
28	希福百勒	hife bele	稗子米也。塞田磽瘠，粳稻不生，故種黃稗，亦自芃芃可愛，需火焙而始舂，脫粟成米，圓白如珠。	hife：稗子；bele：米。
29	媽龍膩盟	malanggū nimenggi	蘇子油也。種若紫蘇，而葉不紫，列畦如樹，穀實離離，擷而舂之，炊熟置葦籠中，載以木盤，壓以巨石，斗實得油數升。	malanggū：芝麻；nimenggi：油。

	詞條名稱	滿文拼音復原	詞條釋文	備註
30	蝦棚	hiyabun	糠燈也。即穀糠油滓，和以米汁，附蓬梗上，狀如燭而長十倍，燃之青光熠熠，煙結如云，以此代燭。	

資料來源：高士奇，《扈從東巡日錄》，《遼海叢書》，頁 232-234。另參見「中國哲學書電子化計劃」 http://ctext.org/wiki.pl?if=gb&chapter=407745，檢索日期：2014 年 10 月 12 日。

資料說明：1. 此〈附錄〉原序：「余扈從東行，留松花江上，旬有餘日，目覩土人日用飲食生殖之殊，因考辯名實，而詳書之，附日錄後，用廣異聞焉。錢唐高士奇。」由此可知，高士奇蒐集這些詞彙的時空範圍，大約於康熙二十一年三月二十六日（甲戌），巡幸隊伍駐蹕吉林烏喇，之後於松花江一帶巡游，同年四月四日（辛巳）復駐吉林烏喇，因雨停留三日，至七日（甲申）離開。2. 關於滿洲語文轉寫法，本文採用穆麟德夫轉寫法（Paul Georg von Möllendorff）。

DOI:10.978.986437/1778..0014

時代危機與個人抉擇——以晚明士紳劉錫玄的宗教經驗為例

何淑宜[*]

壹、前言

晚明的佛教復興運動早為學界所注意，這一波運動來自佛教界對內部問題的反省，以及對晚明社會變遷的回應，其中居士佛教是這一波運動的主要內涵之一。針對相關主題，如各宗派的指標性人物，雲棲袾宏（1535-1615）、紫柏真可（1543-1603）、憨山德清（1546-1623）、覺浪道盛（1592-1659）等，以及各宗派的思想、教義，學界都已有非常豐富的研究成果。[1] 除了佛教史的意義之外，這些研究也清楚呈現晚明宗教信仰與社會經濟發展之間相激相成的關係。其中有幾點特別引人關注，一是當時的佛教如何處理人的各種現世慾望或是想望的問題，這裡所指的慾望或想望除了口腹、金錢、享樂，也包括功名、仕宦，甚至經世抱負。這些都是晚明大多數士人牽繫一生的掛懷。另一個問題是，使得這些晚明佛教大師的改革思想得以獲得共鳴的社會基礎是什麼，也就是說指標性人物推動的新教義、新教法必須切合當時人心的需要，才有推展的可能。因此接受這些新思想成為自己信仰一部分的晚明士人面對什麼樣的社會環境與人生處境，也很令人好奇。

晚明許多具有居士身分的士人，正是一群深陷在世俗世界之中，但也

[*] 國立臺北大學歷史學系副教授

[1] Chüng-fang Yü, *The Renewal of Buddhism in China: Chu-hung and the Late Ming Synthesis*; 釋聖嚴，《明末佛教研究》；荒木見悟著，周賢博譯，《近世中國佛教的曙光——雲棲袾宏之研究》；荒木見悟，《憂國烈火禪——禪僧覺浪道盛のたたかい》；Jennifer Lynn Eichman, *Spiritual Seekers in A Fluid Landscape: A Chinese Buddhist Network in the Wanli Period*（*1573–1620*）. 江燦騰，《晚明佛教改革史》；釋見曄，《明末佛教發展之研究——以晚明四大師為中心》；陳玉女，《明代佛門內外僧俗交涉的場域》，頁 89-139。

積極進行佛教修持的人。他們身處在一個經濟十分發達，但也危機日深的時代，地方上因為礦監稅使所激起的民變蠭起，沿海社會不靖，遼東滿洲勢力步步進逼，西南邊境不安，加上嚴重天災造成人民流離失所。面對這樣一個充滿希望與失望的時代，士人如何自處？因此，本文試圖轉從跟隨者與信從者的角度出發，[2] 討論佛教與社會交涉的問題。以下將利用晚明士紳劉錫玄（1574–?）豐富而有趣的自述文字，探討一個中級官僚面臨時代危機與生命困境時，如何藉著記錄與回憶各種宗教修持行為、夢境與卜卦等活動，摸索時代變化跟自身生命定位的關係。

劉錫玄自任官後，即開始收集自己與家人、友人、同僚往來的書信、贈序、遊記、日記、抄錄佛經的冊子等文字，刊刻出版。在這些文字中，佛教信仰是十分重要的主題，而從其中與宗教相關的內容看來，不少文字看似隨手記下，但在刊刻時卻是經過刻意的整理與編排。顯然書寫與編輯這些文字對劉氏而言，不只是述說經驗與想法，還有著另一層意義。認識這些文字的性質，將有助於瞭解劉錫玄書寫、刊刻宗教經驗文字的行為與其宗教信仰的關係。雖然劉錫玄並不一定能代表大部分的晚明士紳，但是因為劉氏在當時並不是特立獨行的人物，所以他的例子或許反而能適切映照出晚明社會的某些特性。

貳、圍城三百日

劉錫玄，萬曆二年（1574）生於南直隸蘇州府長洲縣。關於他的生平梗概，留存下來的傳記資料並不多，但是大體有兩種敘述方式。根據乾隆《長洲縣志》記載，他一直到 33 歲（萬曆三十五年，1607）才中進士，正式步入宦途，之後歷任吉安府學教授、蕪湖關主事、南京禮部祠祭司主事、貴州提學僉事、寧夏參政等官。[3] 在劉氏的仕宦生涯中，任官貴州一年十個月期

---

[2] 信從者如何調適信仰與身處環境、價值觀念的衝突，是信仰研究的重要課題。以天主教為例，晚明清初的士人不僅僅是單向接受傳教士宣傳的教理，而是企圖融通各種觀念與修持法，在這個過程中，看似被動接受信仰的信從者，其實主動性十足。相關研究可見 David E. Mungello, *The Forgotten Christians of Hangzhou*. 本文主角劉錫玄對佛教教義的理解與實踐也有類似的情況。

[3] 李光祚修，《（乾隆）長洲縣志》，卷 24，〈人物三・劉錫元〉，頁 45。

間歷經圍城的遭遇，[4] 是他人生中極為重要的一段經歷，也是傳記作者替劉氏留下生命記錄的唯一記事。相較於縣志以儒家士人官僚的角色來描寫劉錫玄，清代彭際清（1740–1796）編纂的《居士傳》則寫下劉氏作為一名佛教居士的各種宗教修持行為，以及神異的遭遇。[5] 在該書中，劉氏的仕宦經歷被當作是襯托修行與修行效果的角色，看不出太重要的意義。但是在劉錫玄留下的著作中，貴州圍城的經歷成為連結他入黔之前各種奇異經歷與夢境的重要關鍵，兩種傳記描述的人生過程，顯然有著密切的關聯。以下簡述貴州圍城事件的始末，做為本文進一步討論的基礎。

天啟二年（1622）初，貴州水西宣慰司土同知安邦彥聯合烏撒等四十八部苗民共同反明，由貴州西北南下，進逼省城貴陽。[6]（參見圖 1）當時城中武將大多領兵在外，僅剩巡撫李橒（萬曆二十九年進士）、巡按御史史永安（萬曆四十一年進士）、提學僉事劉錫玄等守城，[7] 情勢一度告急。

早在天啟元年（1621）四川永寧宣撫使奢崇明（?–1629）興兵反明時，貴州官員已警覺介於永寧與貴州交界的水西可能有反意。巡按史永安分析說：

> 黔中土司莫大於水西，……近奢杜輝以婦人掌其事，而呈詳土舍安位應襲。臣屢催該道申詳，而竟不報……況奢酋發難，慮與水西百計聯合，其間機括，關係最巨。[8]

萬曆年間水西宣慰司因土司襲位問題懸而未決，長久以來都由前任土司之妻奢杜輝掌政，奢氏為奢崇明之妹。[9] 承繼問題，加上水西與永寧的姻親關係，安邦彥趁機而起並非不可能。[10]

水西的威脅讓省城貴陽更行孤絕。僻處西南邊境的貴州雖在永樂十二年（1414）已正式設為州縣，但對明朝而言，它的重要性來自於此地是通往雲

---

[4] 劉錫玄自天啟元年三月奉令擔任貴州提學僉事，天啟三年（1623）一月請歸回里。

[5] 彭際清，《居士傳》，卷 47，頁 5b-7a。

[6] 衛既齊修，《貴州通志》，卷 30，〈土司〉，頁 91b-92a。

[7] 李珍輯，《明季水西紀略》，卷上，頁 2a。

[8] 《明熹宗實錄》，卷 16，「天啟元年十一月丙辰條」，頁 11b-12a。

[9] 溫春來，《從「異域」到「舊疆」——宋至清貴州西北部地區的制度、開發與認同》，頁 157-159。

[10] 劉錫玄，《黔南十集》，〈張大司馬兼柬鄉紳在朝者（辛酉冬）〉，頁 15-16a。

南的主要孔道，加以土地貧瘠，境內多是苗民散居，[11] 漢人主要集中居住在貴陽城內，[12] 物資、兵援、糧餉大多需仰賴四川、湖廣、雲南等省的接濟。[13] 有鑑於此，貴州巡撫李橒多次上疏朝廷請求增派軍隊、兵餉。他說：

> 藺、播二賊既謀陰連，勢亦遙應，藺〔按：指水西〕藉播孽之盤踞，以斷我援蜀之路；播〔按：指四川播州〕藉苗仲之狂逞，以增我內顧之憂。……然而防江之兵猶虞單弱，……若以復播滅藺，非合數省之兵，聚百萬之餉，設總督以專徵，簡道將以分閫，其何能濟。[14]

李橒建議設總督統籌資源，處理逐漸蔓延於西南各省的動亂。但是對於貴州官員不斷上疏請餉的要求，中央朝廷顯然另有盤算。

當時中央並非不瞭解貴州情勢的危殆，御史徐卿伯（萬曆四十一年進士）即上言:「今西南所苦，在無兵，尤在無餉。」[15] 刑部侍郎鄒元標（1551–1624）也說：「蓋其地楚蜀粵滇，七通八達」，只要朝廷「稍一垂鞭」，將使「河山生色」，「若不用兵，黔將來非國家所有」。[16] 不過在當時情勢下，朝廷顯然無法分兵四顧。翰林院檢討姚希孟（1579–1636）點出中央所面臨的壓力：

> 東陲破裂，榆關一線危於累卵，……且四方告變羽書相望。蜀難未夷，滇黔土司在在蠢動，……而東省左道嘯聚者，又且殺尉逐令矣。[17]

天啟元年滿洲攻占瀋陽、遼陽，遼東陷入苦戰。[18] 不久，山東白蓮教徒徐鴻儒（?–1622）起事，佔領運河兩岸，阻斷漕運。[19] 由於遼東戰事逼近京師，

---

[11] 明末周鍾指出：「大抵貴州為雲南喉吭，一線山路，無貴是無南詔也。」周鍾，〈國朝京省考〉，收入秦駿生輯，《皇明奏議備選》，卷 12，頁 59a。

[12] 羅繞典，《黔南職方紀略》，卷 1，頁 3b。

[13] 萬曆年間任貴州巡撫的郭子章即說：「黔省土瘠民貧，不及中州一大縣。其歲供之費，往往取給於楚、蜀之協濟。」郭子章，〈播平善後事宜疏〉，收入陳子龍等編，《明經世文編》，卷 419，頁 9b。

[14] 《明熹宗實錄》，卷 18，「天啟二年正月乙未條」，頁 18a。

[15] 轉引自黎小龍，〈明代西南總督與民族社會衝突調控〉，頁 72。

[16] 鄒元標，《鄒忠介公奏疏》，卷 3，〈直陳黔省夷情疏〉，頁 69a。

[17] 姚希孟，《文遠集．補遺》，卷 9，〈李本寧先生〉，頁 3b-4a。

[18] 計六奇，《明季北略》，卷 2，〈天啟元年辛酉至七年丁卯七月〉，頁 32-33。

[19] 野口鐵郎，〈天啟徐鴻儒の亂〉。

朝廷的心力幾乎都投注在東北邊防，兵餉的分配也以遼東為先，黔省籌餉極為困難。[20]

安邦彥即利用明廷無力西顧的時機，包圍省城貴陽，直到十二月新任巡撫王三善（1556–1623）率兵解圍，其間圍城約三百日之久。這段時間內省城內外的聯絡幾乎中斷，當時人並無法確切得知圍城內的情形。[21] 不過，身陷圍城的劉錫玄事後編寫《圍城日錄》一書，詳細描述城內動態與軍民的對應措施。

在《圍城日錄》中，劉錫玄將這三百天分為七個時間段落來記述，他稱之為「七番變局」。除了抵禦苗兵的突襲之外，城中守軍糧餉與百姓糧食的問題，是貫穿這七番變局的主軸。根據劉氏的記載，由於城中將領多率兵在外，因此不僅撫、按、提學等親上火線坐鎮各城門，[22] 還發動闔城諸生連夜輪番守城，[23] 一時氣勢頗盛。

不過，四月之後，局勢為之一變。總兵張彥芳與都司黃運清分別由銅仁、遵義率領八千兵眾，在安邦彥刻意縱容下，進入省城。這一看似援助的行動，在劉氏看來卻是一切苦難的開始。軍隊入城後，原本尚稱充裕的官廩倉穀，加速耗盡。官方只得向鄉紳借餉銀，[24] 甚至開捐納之例。[25] 但是七、八月之後，米糧逐漸耗盡，軍紀也日益敗壞，米價不斷上升。[26] 入冬以後，米價已漲至每升 20 兩，而通往城外的大小各路更被苗兵截斷，[27] 城內人心惶惶。之後更

---

[20] 巡按史永安即說：「日聞皇上發帑金二百萬分為東西之用，⋯⋯而僅蒙十萬之給，嗷嗷待哺，所濟幾何？」《明熹宗實錄》，卷 19，「天啟二年二月庚寅條」，頁 20a。

[21] 鄒元標即說：「此兩、三月不聞消息，臣憂心如擣。」鄒元標，《鄒忠介公奏疏》，卷 5，〈懇垂念貞勞臣工疏〉，頁 1b-2a。

[22] 劉錫玄，《黔南十集．黔南軍政》，〈二月初二日稟按院〉，頁 6b-8a。

[23] 劉錫玄，《黔南十集．圍城日錄》，〈二月初七日到四月初六日為第一局〉，頁 10b-11a。

[24] 劉錫玄，《黔南十集．黔南軍政》，〈嚴借餉銀示（四月十四日）〉、〈稟鄉紳（四月十七日）〉，頁 21-22b。

[25] 當時規定「每輸一石准銀三兩，白衣為青衿、為增、為廩、為太學，乃至頓為貢選貢」。劉錫玄，《黔南十集．圍城日錄》，〈五月初七日到七月十二日為第三局〉，頁 23b-24 a。

[26] 劉錫玄，《黔南十集．黔南軍政》，〈柬黃都司（五月二十二日）〉、〈禁搶米示（六月初八日）〉、〈令士民竟殺橫兵示（七月二十六日）〉，頁 35、39、49a。 為解決兵餉問題，劉錫玄建議由有米之家共同養兵，並且令鄉紳襄助守城。劉錫玄，《黔南十集．黔南軍政》，〈批鄉紳公呈（八月初二日）〉、〈行五城士民養兵牌（八月初二日）〉、〈十便示（八月二十九日）〉，頁 53a-54b、64a-70a。鄉紳對此政令的反應見劉錫玄，《黔南十集．圍城日錄》，〈七月十三日到八月十八日為第四局〉，頁 27b-30a。

[27] 劉錫玄，《黔南十集．黔南尺牘》，〈張大司馬鄒少司寇（六月十五日）〉，頁 39b-40a。

傳出士兵搶食屍體、烹煮活人，[28] 甚至公開販賣人肉，索取金銀的消息。[29] 到十一月底，省城內已經瀰漫著一股失敗的氣息。

圍城之外，雖然新接任的貴州巡撫王三善早已在五月時抵達距貴陽不遠的平越衛，卻因籌餉不易，並未積極進兵解圍。[30] 遷延至十二月初，援軍一路東來，七日進抵貴陽，驅趕盤據城外的苗兵。貴陽從二月以來，歷時約三百日的圍城危機，總算順利解除。[31] 據載，省城內的人口由被包圍前的數萬人，到解圍時僅剩二百多人。[32]

參、劉錫玄的圍城經歷與宗教書寫

關於這次圍城的實況，以劉錫玄的記述最為詳盡。這段圍城的經歷顯然是他人生經驗中十分特別的一段遭遇，而這些文字記錄，似乎不只是為了記實，更與他的宗教修持密切相關。

天啟三年歸返家鄉途中，[33] 劉錫玄重新編輯整理入黔後，尤其是圍城期間留下的各種文字、記錄，包括集結其入黔後監督學政與監軍時發布的各種榜文、告示，以及與上司、親友的往來尺牘，如《黔南學政》、《黔南軍政》、《黔南尺牘》；另外即是他在圍城時的各種占卜、異夢及宗教修持經驗，如《圍城禬錄》、《圍城警策》、《機緣預逗》、《圍城夢卜》；還有出黔後在歸途中回顧黔事，而重新整理撰寫的《存黔約略》、《圍城日錄》；以及彙編《城書》、《乘城要法》、《武侯兵要》三書，並加上自己的城守經驗編撰而成的兵書《城守驗方》。[34]

[28] 劉錫玄，《黔南十集．圍城日錄》，〈十月廿四日到十一月初十日為第六局〉，頁38b-39a。解圍後，圍城的慘狀逐漸傳開，人在北京的黃尊素就聽說：「貴州被圍歲餘，相率食人。武弁黃運清等縛人數十，置之空屋，以待買者。每斤一兩六錢，胸肉又益之。」黃尊素，《黃忠端公文畧．詩畧．說畧》，卷6，頁3b。

[29] 如鄉紳潘潤民的女兒，被人強行抱走，當潘氏回家取贖金時，其女已被烹煮成食。黃尊素，《黃忠端公文畧．詩畧．說畧》，卷6，頁3b。

[30] 《明熹宗實錄》，卷27，「天啟二年九月庚午條」，頁18a；卷28，「天啟二年十一月辛酉條」，頁19a。

[31] 《明熹宗實錄》，卷29，「天啟二年十二月己巳條」，頁5b。

[32] 劉錫玄，《黔南十集．圍城日錄》，〈十一月十一日到十二月初七日為第六局〉，頁45a。

[33] 劉錫玄，《黔南十集．黔南軍政》，〈臨出黔條陳黔事稟王軍門（癸亥正月初二日）〉，頁83a。

[34] 劉錫玄，《巡城錄》，〈巡城錄小引〉，頁1。

依據現存資料，上述 11 部書中，除了《軍政》、《學政》、《日錄》、《貴州武舉鄉試錄》另以《黔牘偶存》之名，在明末單獨刊刻之外，其餘各書是否曾經單獨刊行，並無法確定。[35] 可以確知的是，這幾部書在天啟年間是以名為《巡城錄》或《黔南十集》的合集方式出現，[36] 這兩部合集內容大同小異，《巡城錄》另外收有劉錫玄反駁史永安指控的奏疏一份，而《黔南十集》中則未收錄《城守驗方》。除《學政》部分外，整部書的內容幾乎都環繞在圍城前後的軍事、城內危機等主題。從刊刻時間來看，現存的《巡城錄》卷首附有工部主事胡汝淳在天啟三年七月所寫的序文一篇，依此推斷，此書的刊刻應該不會晚於這個時間太久。整體看來，這批著作的成形大抵經過三個階段：首先，主體部分是貴州任官期間發布的告示、隨手記下的見聞與體驗，以及為宗教修證而寫的日記；第二階段是解圍後劉錫玄在歸鄉途中逐步整理，並添加按語；最後則在天啟年間以分冊或整合的方式刊刻出版。

劉錫玄為何會在離開貴州數月之內匆匆編次這些文字？為自己辯護，或許是原因之一。圍城期間，劉錫玄與巡按史永安不合，解圍後，史永安上章彈劾巡撫李櫶、監軍道劉錫玄。[37] 劉氏返鄉後立即上疏辯白，其證據正是圍城時寫就的《城守驗方》、《圍城日錄》。[38]

不過，從這些記錄的內容與劉錫玄的自述看來，編輯這些文字在記實之外，有著另一層用意，他提及記下及編輯各種夢境與卜卦的動機：

> 既輯《軍政》、輯《實錄》、輯《城書》諸篇，則取夢卜之隨記隨驗者，覆加分疏，與諸篇並存。有諸篇以徵於人，而後可《夢卜》以徵於鬼。然人知不徵人而徵鬼者，為傳記所譏，而不知尊人謀，不秩鬼謀者，必不能安吾義命。……獨有《警策》，可無《夢卜》。然有讀《警策》而欲臥者，又不妨以《夢卜》為新聲。[39]

---

[35] 《北京圖書館古籍珍本叢刊》中收錄的《黔牘偶存》即根據明末刻本影印。

[36] 國家圖書館善本書室藏有天啟年間原刻本的《巡城錄》，四川圖書館出版《中國少數民族古籍集成》所收的《黔南十集》，則是影印自中央民族大學所藏的明末刻本。

[37] 黃景昉，《國史唯疑》，卷 11，頁 183。

[38] 歸返蘇州途中，劉錫玄得知史永安參劾其意圖獻城賣路、縱放士民出城、日擁僧人談禪念佛、藉病卸責。劉氏隨即上疏辯稱，他曾贈送鄉紳潘潤民、生員楊大相《城守驗方》、《圍城日錄》二書，希望以此證明他的清白。劉錫玄，《巡城錄》，〈微臣攀留按院太切按院論劾臣罪太誣不得不列欵控辨書〉，頁 1a-27b。

[39] 劉錫玄，《黔南十集．圍城夢卜》，〈圍城夢卜小引〉，頁 2。

劉錫玄以三種類型的文字來記錄這次的圍城經歷，類似史書記實功能的《軍政》、《實錄》與《城書》，輯錄宗教經驗、語錄與現實參證的《警策》，以及具有預示性質的《夢卜》，這三類記載看似各自獨立，但劉錫玄認為它們彼此之間緊密相關。劉氏也說出他編輯這些記載的目的，一是藉《警策》、夢與卜卦以「安吾義命」，確立自己的信仰；另一個目的則是，他為這些書設定了自己之外的讀者，希望利用《警策》、《夢卜》來傳播因信仰而達到「徵應」的想法，而且他認為《夢卜》的新異效果，對人們的吸引力更大。

劉錫玄的想法與晚明清初幾部佛教靈驗記作者的想法頗為類似。如萬曆時人王起隆自述編纂《皇明金剛新異錄》一書的用意道：

> 《金剛經》為般若心髓，震旦誦持最盛。乃世所刊金剛證果報應，大都取諸鳩異廣記，詳於唐宋而略於我明。余謂凡人於沿習則玩忽，玩忽則惡心生；新異則警醒，警醒則善心生。……余傳聞於里中故老事，彙成再四讀之，亦復髮悚汗流。[40]

佛教進入中國後，為了能順利地傳播，自魏晉南北朝開始，出現許多在中國撰造的經典與靈驗記，以中土人士的親身信仰經驗應證佛典的道理，一方面增加佛教與中國人的連結，同時也進一步促成佛教中國化。[41] 其中靈驗記以一個個簡單而平易近人的信仰實例，展現信奉佛教的修持效果，更容易吸引一般的信仰者。[42]《皇明金剛新異錄》的編纂即可以放在此一佛教應驗記的傳統中理解。統計該書所收的 40 則記事，其中弘治朝 1 則，正德與嘉靖時期各 2 則，隆慶朝 1 則，萬曆朝 24 則，天啟朝 1 則，崇禎朝 2 則。[43] 可以發現，明代尤其是萬曆年間的靈驗記事是他蒐集的重點。除了王起隆之外，僧人釋戒顯（1610–1672）編纂的《現果隨錄》也是「非親見聞者不以入」，「務聞人感信而後止」。[44] 顯然王起隆與釋戒顯更強調「當代」、神異的見證實例所產生的感染力量。

---

[40] 王起隆，《皇明金剛新異錄》，〈皇明金剛新異錄序〉，頁 1。

[41] 于君方，〈偽經與觀音信仰〉，頁 97-135。

[42] 關於魏晉以來的靈驗記研究，參見牧野諦亮編，《六朝古逸觀世音應驗記の研究》；于君方，《觀音——菩薩中國化的演變》，頁 175-221；劉亞丁，《佛教靈驗記研究——以晉唐為中心》；鄭阿財，《見證與宣傳——敦煌佛教靈驗記研究》；何佳玲，〈明清《金剛經》靈驗記之研究〉。

[43] 王起隆，《皇明金剛新異錄》，〈皇明金剛新異錄目〉，頁 4。

[44] 周亮工，〈現果錄序〉，收入釋戒顯，《現果隨錄》，頁 1a。戒顯的傳記可見釋元鵬，《雲居山志》，卷 8，頁 80-89；陳垣，《中國佛教史籍概論》，頁 136。另外，野口善敬也曾對其做過研究。野口善敬，〈遺民僧晦山戒顯について〉，頁 251-274。

同樣地，觀察劉錫玄《圍城夢卜》的編排與內容，也可以看到這種相信親身經歷、當下經驗與神異效果的安排。《夢卜》一書的「紀夢」部分，劉氏以時間為序，紀錄 48 個入黔前後，他所做過的各式各樣夢境。這些夢境有些情節豐富完整，有些則相當簡單，而在結構的安排上，除了記下夢境內容，還有劉氏對這些夢境的「釋義」。以下將對這些夢境作一鳥瞰式的觀察，用以說明《夢卜》一書的編輯與劉錫玄宗教實踐之間的關係。

根據《夢卜》記載，入黔之前共有七個夢，以萬曆四十七年（1619）冬天乞夢於杭州于忠肅公祠的夢兆為開端，劉錫玄自述該晚的夢境：

> 即合眼，見「喜為人王」四字，又似欲烹一人，見「大人羹」三字。遂醒，又合眼。見《宗鏡錄》第二十七卷，……夢大虜臨城，玄據一小小高處，……城欲破矣。玄轉入後路，臨河，……欲赴水死，……玄對水作淨土觀，口念佛號，無恐怖，無戀留。……又久之，忽聞鼓吹聲，報虜退矣。余不肖，遽動一媮樂想，遂聞簫笛起句，似迎僊客，……尋念今日乃八關齋日也，深自媿悔云：「虜退，正宜警備修省，奈何作此想。」……忽有人教玄讀《天權集》，又見一「奏」字，遂覺。[45]

對劉錫玄而言，這個夢有如預言般地預示了圍城危機與之後的解圍。在夢與現實的對照中，值得注意的是于忠肅公的角色。于忠肅公是土木堡之變時力保首都的于謙（1398–1457）。弘治二年（1489），明廷下令在于謙的墓旁建「旌功祠」紀念其衛都之功，嘉靖之後，屢屢出現士人乞夢於于謙祠的記載，或為祈求宦途，或為祈求子嗣等。[46]而在劉錫玄夢中，于謙雖然並未正式現身，但是劉氏的夢來自於齋宿于謙祠，對他來說，夢中的種種景象等於是于謙的指示。另外，夢中也出現一些佛教象徵，如經典《宗鏡錄》、臨危時念佛號、作淨土觀想等，更與整個圍城經歷密切交織。劉氏在釋義中也特別強調，「《宗鏡錄》，淨土法門，三百日受用；而水次念佛，直畫圖，

[45] 劉錫玄，《黔南十集・圍城夢卜》，頁 1a-2a。《宗鏡錄》為五代永明延壽（904–975）彙編之書，全書詮釋「一心」的道理。參見劉保全，《佛經解說辭典》，頁 339。《宗鏡錄》在晚明僧人與奉佛士人之間流傳極廣，是晚明提倡淨土信仰或唯識思想的主要資源之一。另外，劉錫玄夢到的「天權」，指北斗七星中的第四星，主伐無道。參見尹協理主編，《中國神秘文化辭典》，頁 309。

[46] 張廷玉等撰，《明史》，卷 170，〈于謙〉，頁 4551。嘉靖年間，監察御史吳百朋（1519–1578）即為求子嗣，乞夢於于謙祠。參見許弘綱，《羣玉山房文集》，卷 4，〈明故介石吳公配虞孺人合葬墓誌銘〉，頁 29b。

非夢兆也」。[47] 在這個夢中，象徵極力為國盡忠的于謙，與淨土思想，巧妙地結合在一起，而他對夢境的敘述與釋義構成一種類似信仰見證的過程。以《宗鏡錄》、念佛為內涵的淨土信仰是劉氏在圍城中消除死亡恐懼的定盤針，解圍後他也隱隱約約地將淨土信仰跟預測未來、解除危機做因果式的連接。透過這種近似神異的書寫，他企圖告訴讀者信仰的可信與靈驗。

這樣的寫法在《夢卜》中隨處可見，譬如圍城危機爆發前不久，他夢見家中設醮，道士的疏詞中說：「錫玄生來已蒙上帝遣有神兵相護，更乞多賜精兵，以便驅除保障。」他釋夢認為，二年十一月他駐紮的東城，原來只剩餓兵六人防守，頃刻間卻突然出現無數精兵擊退突襲的苗兵，正是應了神兵相護的夢兆。[48] 同樣在省城被圍之前，他夢到兩個面目由和善轉為猙獰的木偶神，劉氏在事後也將夢中景象與安邦彥的叛服無常加以連結，並在釋夢中引《普門品》的說法：「諸惡鬼尚不能以惡眼視之，況復加害」，並說這個夢境正是「皈依大士之明驗」。[49] 在《普門品》中，這段話原指當大千世界有夜叉、羅剎鬼來侵擾時，只要誦念觀世音菩薩的佛號，就能脫離險境。[50]

觀音大士在劉錫玄的夢記載中非常關鍵，圍城期間缺米嚴重，曾實施要求士紳捐米的措施，天啟二年八月十二日，他即夢見觀音大士沿街沿門「記米有無多寡」。緊接著他在此條記錄的按語中說：「予以七月廿七日謬于大興寺派米千石，……若非大士慈力，何得果延此兩月。……劇病中得此夢，為黔城萬萬無恙，頻向兩台及闔城言之，非事後方神其說也。」[51] 由這些例子不難發現，劉錫玄在書中不斷利用親身的經驗，連結時人崇奉的觀音大士，以簡單明白的語言，強調信仰的立即應驗。[52] 這樣的寫法在晚明奉佛士人之間頗為流行，如萬曆年間王立轂（1578–1630?）撰寫〈回生自記〉敘述自己因長年奉誦《金剛經》、《梵網經》、《法華經》，因此在遭遇重病、目盲、瀕死時得以延命，並且經觀音大士點化，雙眼復明。王氏的〈回生自

---

[47] 劉錫玄，《黔南十集‧圍城夢卜》，頁 2a。

[48] 劉錫玄，《黔南十集‧圍城夢卜》，頁 7。有關天啟二年十一月苗兵突襲事，見劉錫玄，《黔南十集‧圍城日錄》，〈十一月十一日賊上東城監軍就水之圖〉，圖 7。

[49] 劉錫玄，《黔南十集‧圍城夢卜》，頁 8。

[50] 鳩羅摩什譯，《妙法蓮華經觀世音普薩普門品》，頁 118-119。

[51] 劉錫玄，《黔南十集‧圍城夢卜》，頁 14b-15b。

[52] 關於觀音信仰在中國的流播，于君方《觀音》一書的研究最為全面。

記〉後來由瞿式耜（1590–1651）幫其刊刻流傳於世。[53] 在此過程中，可以看到宗教經驗的書寫與刊刻，共同推動了晚明時期士人將自身的信仰經歷與當時的宗教風潮緊密結合的現象。

綜觀《夢卜》一書可以發現，這些被記載下來的夢境集中發生在三個時間段，分別是圍城事件發生之前的天啟元年十一月到翌年一月之間、天啟二年二月，及該年十月之後。天啟元年九月發生四川奢崇明之變，劉錫玄以提學道兼任監軍道一職。[54] 天啟元年十一月間，他正好隨軍援助四川。[55] 頻繁的軍事行動與其夢境相表裡，不斷預示即將發生的圍城危機，譬如天啟元年正月貴州水西反狀漸露，[56] 劉氏不久夢到他搭乘鐵船觀戲，卻遇到大風浪，所幸平安登岸。他引唐代佛教居士龐蘊的名偈：「護生須是殺，殺盡始安居。會得箇中意，鐵船水上浮」，藉此認為夢中情境指的正是水西叛變，以及往後的殺戮。[57] 龐蘊是佛教史上重要的居士之一，他的偈語與得道故事在宋代以後透過各種禪宗語錄、感應記、戲曲而廣泛流傳，其語錄在晚明也得到系統性的整理，刊刻出版。[58] 從劉錫玄的自述看來，他不僅熟悉這些故事，前人的某些修證經驗甚至與他的意識結合，成為夢境的內容，進一步變成他證成自己的信仰，與傳播信仰的憑藉。

《夢卜》中另一個值得注意的時間段落是天啟二年十月之後。圍城期間最嚴重的危機並不在於水西、苗兵的攻擊，而是兵餉與糧食不繼，尤其在十月之後情況更為嚴重，卻又遲遲盼不到援兵。雖然如此，劉錫玄在十月之後記載下來的卻多是佳夢。譬如十一月初一日，他夢見白、黑二牛接踵而至。他認為白色為殺氣，黑色象徵癸亥，應該是吉兆之象。[59] 根據陰陽五行中五色、干支與五行相互配合的原理，白色屬金，喪之象，而黑色配天干地支的

---

[53] 事見王起隆，《皇明金剛新異錄》，〈王令回生〉，頁 21b。清初冒襄也曾有奉行功過格，賑災致病而起死回生的經歷。參見李孝悌，〈儒生冒襄的宗教生活〉，頁 135-157；吳震，《明末清初勸善運動思想研究》，頁 374-375。

[54] 劉錫玄，《黔南十集．黔南尺牘》，〈邵徵實（辛酉秋）〉，頁 6b-7a。

[55] 王鴻緒編，《明史稿》，列傳 128，〈李檼〉，頁 11b。

[56] 劉錫玄，《黔南十集．黔南尺牘》，頁 34b-35a。

[57] 劉錫玄，《黔南十集．圍城夢卜》，頁 9b-10a。龐蘊的鐵船偈參見于頔集，《龐居士語錄》，卷上，頁 31a。

[58] 譚偉，〈《龐居士語錄》的抄本與明刻本〉，頁 139-146。

[59] 劉錫玄，《黔南十集．圍城夢卜》，頁 17a。

癸亥，屬水。[60] 劉錫玄相信他的夢境正可用傳統陰陽五行的觀念來解釋。另外，十一月二十三日他又連續記載三個佳夢，分別是：夢到艱苦地越過大水，進入類似其蘇州故居的家中；在夢中謁見雲棲大師，但是大師不發一語，而是由其弟子跟劉氏討論世出世法；接著又夢到與巡按史永安等人共同參觀燈節。劉錫玄在釋夢中不斷強調這三個夢的預示性與之後的靈驗，其中雲棲大師未接引他，卻由其弟子跟劉氏討論世法，正是身處圍城，卻可以不死的象徵，而越過大水，整襪帶，更是預示其即將踏上歸途。[61] 總括來說，這段時間所記載下來的夢境，似乎都在隱約之間透露出圍城危機終將解除的徵兆。

《夢卜》中還有一個部分值得關注，那就是「蓍卜」。劉錫玄十分相信卜卦預測未來，幫助解決疑惑的功能，他幾乎是事無大小，有疑必卜，而且不假手他人，同時他也喜歡翻閱《易經》。晚明以占卜為目的，註釋《易經》的書籍甚多，[62] 劉氏讀《易》，主要也是為了占卜，[63] 甚至認為卜卦是瞭解易理的重要途徑。他說：

> 決疑成務者，卜筮也。為扶龜端筴時，四聖人不儼然對面，不知卜筮者也。知卜筮，則知易理矣；知易理，則知吉凶，知生死矣。[64]

在他的認知中，向來被視為小道的卜卦與參究宇宙變化的易理，並無高低差別，更甚者也與注重了悟生死的佛教有共通之處。[65] 綜觀「蓍卜」部分的記載，圍城期間他每個月都用各種方式占卜省城前途，而這些記載下來的占卜結果，隱隱約約與「紀夢」部分相呼應。天啟二年十月之後，劉錫玄記載下來的夢境多是佳夢，而此後卜卦的結果也逐漸由看似不吉，但翻身有望的卦

---

[60] 井上聰，《古代中國陰陽五行の研究》，頁 265-283。

[61] 劉錫玄，《黔南十集．圍城夢卜》，頁 18-20a。

[62] 如喬中和（崇禎時拔貢生）註釋《焦氏易林》，成《大易通變》一書。永瑢、紀昀編，《四庫全書總目提要》，子部卷 111，〈大易通變〉，頁 575。

[63] 劉錫玄在貴州的友人程補菴也喜用《焦氏易》占卜。參見劉錫玄，《黔南十集．圍城警策》，〈日記警策〉，頁 22b。

[64] 劉錫玄，《黔南十集．圍城夢卜》，〈圍城夢卜小引〉，頁 1b。

[65] 劉錫玄對其卜卦的準確度頗為自豪，同時也非常在意他的卜卦與夢是否獲得徵應。如天啟二年十月二十七日，他卜得一卦，與先前于忠肅之夢頗為相合，他隨即將之記載下來，以為日後應證之用。參見劉錫玄，《黔南十集．圍城警策》，〈日記警策〉，頁 20b。占卜在中國有極為悠長的歷史，不少士大夫深諳此道。相關研究見廖咸惠，〈體驗「小道」──宋代士人生活中的術士與術數〉。

象，轉為吉卦。譬如十一月初他占卜「黔城破否？」所得的卦象是剝卦。雖然看似不吉，但是這是一個不宜妄動，厚積實力的卦象。劉錫玄反而安慰眾人必能否極泰來。十二月初一日，他又再次占卦，獲得賁卦。劉氏在事後撰寫的釋詞中提到他在前夜讀畢《華嚴經》後，翻閱《易經》，得賁卦，沒想到第二天卜卦，也得此卦。他解釋說是：「神先告知矣，安得不奇驗哉？」不久，圍城危機也順利解除。[66]

經由對《夢卜》一書的整體觀察可以發現，全書按時間排列，由對夢境的敘述與釋義兩大部分組成，由於全書經過事後重新的編排，因此劉氏是否如實記下夢境的內容而沒有刪節或渲染，並不易窺知。但是《夢卜》一書有意思之處正在於它是一個被整理過的文本，目前的形式反而不經意地透露出劉錫玄對夢與記夢行為的想法。這些看似隨手記下，彼此之間沒有清楚因果關係的夢境與卜卦，經過劉氏事後以時間為序的編排整理與解釋，呈現出一種目的性的、清晰的意涵。首先，夢境敘述與釋義配合，而每段釋義的內容大多是強調夢境的前知性。再者，在夢境描述與釋義中，他不斷引佛經、僧人居士語錄相互參證，並且強調事後的應驗。這樣的寫法與編排進一步將夢的前知與佛教，尤其是淨土信仰緊密連結，隱約呈現一種宗教信仰與個人命運之間因果相續的效果。

劉錫玄解圍後積極編纂、刊刻《夢卜》等書的行為有二層意義：一是與個人的宗教修持有關，劉錫玄一方面受晚明重視現世報應觀念的影響，[67] 十分強調夢境與卜卦的應驗。不過，基本上他仍是以佛教信仰為主體，將各種因素，如卜卦、五行等整合入這套體系之中，而他的整合也是以證成信仰為原則，並不是為了發展一套有體系性的理論。另一方面，刊刻之後的《夢卜》等書其實成為一種公開的文本。書中記述的各種夢，從圍城發生前預示事件發生的夢境，圍城期間與故鄉友人談禪之夢，到圍城後期頻繁出現的佳夢，即使內容並不完全具有佛教色彩，但是整體看來卻清楚地呈現出一個淨土信仰者修證的過程。同時明確傳達一種訊息——因為淨土信仰，不僅使人在面對危機的當下，心靈得到安頓，更讓人的生命得以有所歸趨。從上述《夢卜》一書的「小引」可以看出，劉錫玄希望利用這種方式將個人因念佛頻頻得見

---

[66] 劉錫玄，《黔南十集．圍城夢卜》，〈圍城著卜〉，頁 28a-29a。

[67] 功過格的盛行即是一例。參見 Cynthia J. Brokaw, *The Ledgers of Merit and Demerit, Social Change and Moral Order in Late Imperial China.*

神蹟，且獲致心靈安定的宗教經驗傳播出去。因此可以說，他以佛教信徒之間共通的語言靈驗記作為寫作方式，傳達信仰的經驗，融合晚明特別發達的記夢文化，企圖吸引廣大的非信徒。[68]

肆、盡忠孝與悟生死

雖然這些與圍城經歷相關的文字短期間內刊刻出版，有其傳播信仰的用意，但是在圍城期間，劉氏的生命遭遇極大威脅，他無法預期能否順利脫離險境，所以姑且不論解圍後劉錫玄對圍城經歷的整理與釋義是否為實錄，《圍城禨錄》、《圍城警策》、《機緣預逗》、《圍城夢卜》中大體按日記下的文字，其實透露出書寫在劉錫玄個人宗教修持上的意義，也表現出晚明三教混融與居士佛教的若干特質。劉錫玄寫作日記的習慣受晚明功過格盛行的影響，當時佛道人士流行一種簿記式的日記寫作運動，或稱為「淨土資糧」，[69]或稱為「警策」。劉氏在入黔之前，就曾斷斷續續寫過這種修證日記，記述他的宗教實踐過程。以下將以這些日記為主，討論劉錫玄入黔之前的仕宦經歷與宗教修持之間的關係。

劉錫玄受其母親的影響，自小對佛教即有所體會。[70]不過，他真正獻身於佛教與家鄉吳中一地濃厚的佛教風氣有關。吳中地區自唐末五代之後即佛寺林立，信仰者眾，中晚明時這種風氣更盛，弘治《吳江志》曾記述說：

> 諂神佞佛雖在多為，然而吳人為甚。……四都人民酷信佛法，以為真有天堂、地獄之設者，家惟留長子立戶，餘悉為僧。……其不出家者，亦皆誦經禮佛，……諺謂吳江四都「小西天」。[71]

---

[68] 夢的敘述在晚明是小說、戲曲中十分突出的一項要素，同時也出現在士人自我省察、或敘述人生經歷的各種記述中。參見王汎森，〈日譜與明末清初思想家——以顏李學派為主的討論〉，頁 246-247；Judith T. Zeitlin, *Historian of The Strange: Pu Songling and the Chinese Classical Tale*. Lynn A. Struve, "Dreaming and Self-Search during the Ming Collapse: The Xue Xiemen Biji, 1642–1646," pp. 159-192; "Self-Struggles of a Martyr: Memories, Dreams, and Obsessions in the Extant Diary of Huang Chunyao (1605–1645)," pp. 73-124.

[69] 王汎森，〈日譜與明末清初思想家〉，頁 246-247；陳玉女，《明代佛門內外僧俗交涉的場域》，頁 124。

[70] 劉錫玄，《掃餘之餘》，〈庚申冬日游西山自紀〉，頁 5b-6a。

[71] 莫旦，《弘治吳江志》，卷 5，〈風俗〉，頁 22b-23a。

如此興盛的崇佛之風在萬曆年間達到高峰，其中與晚明佛教復興關係密切的諸位大師，譬如雲棲袾宏、紫柏真可、雪浪洪恩（1545–1608）等都曾在此地活動，帶起極為頻繁的僧俗交流，[72] 也讓更多吳中士人、家族投身修塔、刻藏等宗教活動中。[73] 劉錫玄浸淫在此地濃厚、豐富的佛教環境中，讓他更容易接觸各宗各派的思想與修持方式。

萬曆卅六年（1608），劉錫玄向雲棲袾宏問道，接受淨土信仰。[74] 儘管如此，對於藉由念佛了悟佛法，他其實並未完全信服，他更傾心於禪宗參話頭、直下頓悟的方式。當時他與曹洞宗禪師博山元來（1575–1631）的弟子余大年交往十分密切。[75] 余氏秉承師教，力行參話頭的修行方式，劉錫玄常常與其透過書信互相問答。[76] 此外，劉氏也接觸棒喝禪。萬曆四十七年，蘇州報國寺僧人茂林律師（1569–1637）力勸其放棄參究，專心念佛。[77] 劉氏起初並不贊同，茂林進一步說：「若正在五欲中，便從一句一歸何處，單刀直入，恐難相許。不如借佛願力，加被己靈，較穩當耳。」劉錫玄雖然接受其說，但始終放不下對禪宗參話頭、棒喝修行方式的熱衷。[78] 依違在參話頭與念佛之間的情況，在他心中形成極大的衝突，後來甚至引發一場大病。

萬曆四十八年（1620）夏天，劉錫玄在擔任南京禮部祠祭司主事期間發病。根據他病癒後回溯的記憶，這場大病歷經 21 天，初時他幾乎處於昏睡的狀態，到十五日突然夢到跟友人討論《楞嚴經》。第二天在意識不清的

---

[72] 連瑞枝，〈錢謙益的佛教生涯與理念〉，頁 340。

[73] 根據統計，萬曆廿一年方冊本大藏經刊刻時，主要的資金即是來自浙江嘉興、江蘇丹陽、金壇、崑山、吳江等地的家族。參見陳玉女，《明代佛門內外僧俗交涉的場域》，頁 189。

[74] 劉錫玄，《黔南十集．機緣預逗》，頁 3b-4a。

[75] 博山元來，安徽舒城人。主張參禪者需參究話頭，也要努力做工夫，萬曆年間在閩、越、吳、楚等地傳法。其傳記可見劉日杲，〈博山和尚傳〉，收入元來說，弘瀚、弘裕編，《博山無異禪師廣錄》，卷 35，頁 444。另見長谷部幽蹊，〈參禪警語と無異元來〉，頁 330-335。關於余大年的活動見野口善敬，〈明末の佛教居士黃端伯を巡って〉，頁 117-129。

[76] 劉錫玄，《頌帚三集》，卷上，〈戲與余集生往復簡〉、〈入葉關簡集生〉、〈寄集生燕都簡〉，頁 22a-57b。

[77] 茂林性祇，湖州長興人。明末時於吳、越兩地宣揚律宗教旨。其傳記參見源諒，《律宗燈譜》，卷 2，頁 8。

[78] 劉錫玄，《掃餘之餘》，〈楞伽山房日記〉，頁 1b-2a。

狀況下，一邊詈罵貪贓枉法的下屬，但也不時進入夢鄉，在夢境中，他見到身著戎裝的武官、佛教的天人，也遊了幽冥地府。劉氏自述經歷這些幻象的過程中，他仍時時誦念「阿彌陀佛」。之後的第二個七日，他似乎已不太有病症。但不久情況再度急轉直下，他清楚記得曾與達本和尚論辯機鋒，「喝棒交加」，之後卻陷入狂喜的狀態，他回憶當時自己的言行：

> 余素自攝生，護心腹甚謹。至此際直躶腹伏地狂叫痛號，胡言亂道，字字皆有根據。先感佛恩殺身難報，次笑眾生枉受輪迴，次復呼家奴急將所供佛、菩薩，撇入糞坑，無誤後代兒孫。次復將禪流所參話頭，一一證驗，欲知一歸何處，只歸到此際伏地處耳；欲知念佛是誰，……欲知狗子何故無佛性，試看此時佛性在哪裡？[79]

此番發狂，至深夜才逐漸平息。他決定先停止念佛。不過，隨即陷入心緒混亂的情況，直到聽聞家奴說：「吾儕小人何知佛法。但見主人鎮日顛狂，未有歇息，萬一不諱，其奈家中老主人何？」才突然驚醒，自忖：「五月廿六日酉時所得以何為據？……所得既了無可據，而此四大之調適，則近以慰安親恩，遠以圖報佛恩，……以調適四大為眼前急著，一切得道證道光景，盡作魔事掃除可耳。」從此之後，他才不再發狂，病症也逐漸好轉。[80]

劉錫玄病中的行為頗為類似晚明狂禪之徒徒逞口舌之能，藉呵佛罵祖以為修練的方式，[81]而從他的病症自述，可以看出他傾心於棒喝禪的修證方法，但是不斷地機鋒論辯卻未能讓他真正了悟佛法、安頓身心，他覺得關鍵就在於「日在五欲中」，既然無法擺脫現世人生的各種羈絆，徒然進行參究的方式，只會落入虛妄不實的境地。劉錫玄的病症看似起因於修行方法的衝突，但是更深入追究也與仕宦跟修道之間的兩難掙扎有關，而這種掙扎讓什麼是適當的修行方法的問題更為凸顯。從他的各種回顧性文字，不難看出他時常身陷在科考成功、儒家三不朽期待與遁世出家的徘徊之中。他曾在此次大病病癒後自述這段歷程，他說：

> 男自十二歲學舉業，即無一念不在舉業，至三十餘歲竟不自知其得失也。及丁未〔按：萬曆卅五年，1607〕聞報之次，刻下未動

---

[79] 劉錫玄，《掃餘之餘》，〈庚夏七發．病三七日〉，頁 17。

[80] 劉錫玄，《掃餘之餘》，〈庚夏七發〉，頁 10a-20a。

[81] 關於晚明狂禪之風參見毛文芳，〈晚明「狂禪」探論〉，頁 176-180。

> 一念，止自諗曰：然則從前學問皆進士學問乎？自丁未以後即學佛，遂無一念不學佛。學佛之難，較舉業不可筭數，益難自驗其得失矣。……然禪門學問以叻一聲為究竟，如男日在五欲中，便妄希究竟大事，……此則寔未敢自必也。[82]

這段話透露出一個專心致力於舉業的士人，在科考成功前念茲在茲的掛懷，以及學禪始終無所得的焦慮。而這樣的問題在他當官之後的宦途浮沉中更顯得嚴重。

劉錫玄在萬曆卅五年高中進士，卅八年（1610）秋天待官期間，隱居在太湖的包山，一方面師從古心律師（1540–1615）受五戒，[83] 一方面縱情於「山水聲妓」間，過著與許多晚明江南文人類似的悠遊生活；直到萬曆四十年（1612）才再度任官，擔任吉安府府學教授。[84] 劉氏自述，閉關包山的日子雖然逍遙，但是屢屢出現幻夢，夢中不但有「雲長公提刀逼竄」，也閃現「金輿評伯」的景象。[85] 雖然記載這些夢境的著作《掃餘集》現已亡佚，但是從他記述的關鍵字中，仍可看出一些端倪。「雲長公」即是關公，而「金輿」則是當時盛行的四柱推命中的一種命格。明人萬民英（1523–?）編纂的《三命通會》中說：「輿者，金者，貴之義。譬之君子，居官得祿，須坐車以載之，故金輿常居祿前二辰。」[86] 由此可知，金輿象徵富貴顯達的命格。對劉錫玄來說，夢中意象似乎預示了一個仕途亨達的美好未來，以及必須積極任事的人生。只是之後的境遇事與願違，他也因此更加投入參究禪理，常常與同道機鋒相對、相罵相打。[87]

萬曆四十到四十七年間，劉錫玄的仕途升遷並不十分順利，相較於同在弇園向王士駿（1569–1597）學習科舉文詞的同學黃元會（萬曆四十一年進士）與姚希孟，[88] 劉氏雖然較早中舉，但是幾乎一直擔任閒職，或是他認為

---

[82] 劉錫玄，《掃餘之餘》，〈庚夏七發・六月初十日呈二親〉，頁 21。

[83] 古心如馨，江蘇溧水人。提倡律學以改革晚明的叢林。傳記參見喻謙，《新續高僧傳》，卷 28，〈明金陵天龍寺沙門釋如馨傳〉，頁 865。古心律學思想可見釋果燈，《明末清初律宗千華派之興起》，頁 89-102。

[84] 劉錫玄，《掃餘之餘》，〈庚夏七發・自題七發後〉，頁 34b；劉錫玄，《頌帚居士戒草》，〈頌帚居士戒草自敘〉，頁 1a。

[85] 劉錫玄，《掃餘之餘》，〈庚夏七發・自題七發後〉，頁 34b。

[86] 萬民英，《三命通會》，卷 3，〈論金輿〉，頁 9a。

[87] 劉錫玄，《頌帚三集》，卷下，〈簡來道之〉，頁 1。

[88] 王士駿，字逸季，王世貞（1526–1590）第三子，早卒。參見王士驌，《中弇山人稿》，卷 4，〈祭亡弟逸季文〉，頁 40-42。

無法發揮所長的「俗職」。[89] 譬如萬曆四十四年他受命為南京工部主事，主榷蕪關。蕪湖是當時長江流域中下游重要的竹木、茶、米等貨物的轉運之地，商賈薈萃。[90] 但是劉錫玄卻認為日日與竹木、阿堵物為伍，生活陷於「羶膩」之中，「欲升西方不得」。[91] 顯然他覺得擔任這些職差與他參禪悟道的生活有所扞格。不過，他也並非不嚮往官宦生活，只是他心中對於仕宦有另一種理想的想像，而他擔任過的官職顯然與他熱切的濟世之志不相協調。

劉錫玄十分關注遼東的局勢，譬如萬曆四十一年（1613），他從邸報得知努爾哈赤（1559–1626）率軍滅掉烏拉，勢力大增，他隨即提筆為文天祥（1236–1283）遺墨寫題跋：「真英雄本色，須看得世間無一事，然後於世間事事可做；須是做事的心腸，處處不認真，然後所做底事無一不認真。」[92] 題詞中藉文天祥訴說自己激越之志的態度極為明顯。到了萬曆四十七年春天，經過尚間崖等戰役，明軍北部防區被摧毀，京師震動。[93] 當時任職南京禮部的劉氏致書友人道：

> 遼報決裂已極，聞鹿城鬼號半月。此等大劫運，弟雖時時望依家二人，而事果出意外，則錫玄一身豈必是家二人所有？斷頭決腎無苦不可耳。[94]

劉氏熱烈地希望能在這危急的時代，際會風雲，他並且用「大劫運」來形容當時的局勢，時代危機更激起他的用世之志，劉錫玄也在此時開始大量閱讀兵書。[95] 但是仕途的不如己意，卻讓他沒有可以發揮的戰場，宗教暫時成為他緩解內心焦慮的避風港。

萬曆四十七年底劉錫玄返回蘇州，過著侍奉二親，日日參禪打坐的日

---

[89] 黃元會中進士後，官至江西按察使。姚希孟則在萬曆四十七年中進士，被選為翰林院庶吉士。劉錫玄在萬曆四十七年曾感嘆：「今黃、姚輩先後取尊官，錫玄亦尚盤滯冷曹。」劉錫玄，《掃餘之餘》，〈徐珍甫社兄庚申刻稿序〉，頁 21b-22a。

[90] 劉洪謨輯，《蕪關榷志》，卷下，〈管理蕪湖抽分南京工部虞衡清吏司主事江呈為酌議丈量江簰以一法守事〉，頁 1-4。

[91] 劉錫玄，《頌帚三集》，卷下，〈簡葛吉甫〉，頁 11b-13b。

[92] 劉錫玄，《黔南十集．機緣預逗》，頁 10。

[93] 牟復禮等編，《劍橋中國明代史》，頁 623-631。

[94] 劉錫玄，《掃餘之餘》，〈柬吉甫（己未春）〉，頁 2。

[95] 劉錫玄自述他任職南京禮部期間，即常與應天府尹姚思仁討論《城書》。劉錫玄，《巡城錄》，〈巡城錄小引〉，頁 1a。明代中後期士人喜讀兵書、練武，相關研究參見王鴻泰，〈俠少之游 ——明清士人的城市交游與尚俠風氣〉，頁 101-147。

子，[96] 自覺「十七年來之錫玄，則非甲辰、丁未之錫玄矣。」他認為宦海浮沉不僅日漸消磨他的用世之志，也可能妨礙修行，因此萌生出家長隱的念頭，卻遭到姚希孟的勸阻。[97] 姚希孟與劉氏針對如何處世與修佛法展開討論，[98] 姚氏表示：

> 吾輩幸不為時所棄，又當此紛紛多事之日，正要就有為法中放出一番神通手眼。若成就掀揭勳猷，又當付之如泡、如幻、如露、如電，不帶些子豪傑氣功名氣，……而從此昭昭靈靈中現出瀰天蓋地之局量也，不枉入世一場。[99]

姚希孟同樣感受到明朝正面臨重大的時代危機，他曾經在萬曆卅六年（1608）客宿丹陽時，做了一個奇夢，夢中出現劉備、關羽、張飛率領大軍巡行東南。姚氏自解其夢，認為：「至若氛祲先動，靈爽欲飛。神傳為氣，氣傳為形」。當時東南各省因為嚴重的水災、蝗災發生搶糧暴動，稅使的問題也使地方民情騷然。[100] 所以當時的危機不只在遼東軍事，還包括各種將發未發的地方失序問題。姚氏認為在局勢「紛紛多事」的當口，更顯出佛法與受儒家教養所驅動的經世關懷並不衝突，因此，在世間施展抱負並不妨礙修佛。

相較於姚希孟妥善調處經世關懷與佛法修行，劉錫玄卻常身陷在徒有抱負卻無由施展，以及希望修禪，但又無法忘情世事的困境中。萬曆四十八年夏天的一場大病，與入世、出世兩難的焦慮不無關係。不過，這場大病似乎讓他重新思考調處之道，病癒後他體認到：

> 我等凡夫必須借佛力加護，……宰官居士無不可為。……所以專修淨土為禪門捷徑工夫，至穩至當之學問，切不可以閭巷愚夫愚婦皆能口念彌陀，而忽為鄙陋也。[101]

---

[96] 劉錫玄，《掃餘之餘》，〈楞伽山房日記緣起〉，頁 1a。

[97] 甲辰年即萬曆卅二年，當時劉氏對未來有極大抱負，「有一腔熱血，妄欲讀盡天下書，識盡天下人，閱盡天下名山水」。之後他在丁未年（萬曆卅五年）中進士。劉錫玄，《掃餘之餘》，〈庚申冬日游西山自紀〉，頁 1a-6a。

[98] 姚希孟也奉佛甚為虔誠，他曾說：「不佞年來憂患中頗留心蔥嶺之學。」姚希孟，《文遠集》，補遺卷 17，〈與眾門生〉，頁 30a。

[99] 姚希孟，《文遠集》，補遺卷 4，〈劉達生〉，頁 20。

[100] 姚希孟，《松瘿集》，卷 2，〈秋夢記〉，頁 20b-23a。關於萬曆年間的地方民變，參見巫仁恕，《激變良民——傳統中國城市羣眾集體行動之分析》〉，附錄，頁 339-349。

[101] 劉錫玄，《掃餘之餘》，〈庚夏七發・五月廿七日狂時筆授傅日襄〉，頁 29。

之後他進一步表示：「前在家終日與二親商量要棄官修行。今自一悟後，覺得做官、做和尚有何分別。……宰官何礙修行？」[102] 顯然淨土信仰較之參究、棒喝的修行法門，更能解除他心中的焦慮，讓他自在地悠遊於兩種身分之間。萬曆四十八年的大病也成為他心境轉變與宗教體悟的重要關口。

劉錫玄的這番轉變正是在晚明佛教風氣變化的當口，一股主張禪淨雙修、頓悟漸修的風氣正在形成。尤其是以雲棲袾宏、紫柏真可、憨山德清為中心，[103] 圍繞著一批信從與跟隨的僧人與居士，這批具有士人身分的居士，積極參與實踐大師們所提倡的新修行方式，甚至脫出一門之外，融通各宗各派的教法，可以說這股風氣的成形與發展是雙方共同推動的結果。德清曾有如下的觀察，他說：

> 近世士大夫多尚口耳、資談柄，都尊參禪為向上事，薄淨土而不修，……不但實行全無，且謗大乘經典為文字不許親近，……卒莫能回其狂瀾……。[104]

他認為，參禪是為上上根之人而設，士人應自我檢視是否真能當下頓悟、徹底捨離世間，如果不行，還是遵行淨土念佛，讀經典、重修行才是最穩當的法門。他因此為在家士人設想五戒十善的修行辦法。[105] 紫柏真可也曾用瞎公雞不分辨真雞啼或假雞啼，就隨意模仿為比喻，主張修行需要立穩腳跟。[106] 德清與真可提出士人必須認清自己的根器，決定修行方式，顯然是針對陽明學影響之下，部分士人認為聖人可學而至，學佛亦然，因此傾心於以論禪機直探佛理的風氣。相反地，他們希望建立一種更重視實際的修行功夫。

此外，對於信仰佛教是否要捨離世間，諸位大師也有另一番思考。憨山德清與化州王容玉的對話，頗能反映德清如何定義佛法與現世的關係。王容玉對於身為儒家士人，如果信仰佛教，可能悖離忠孝之教，感到十分不安，而求教於德清。兩人展開一場對話：

---

[102] 劉錫玄，《掃餘之餘》，〈庚夏七發．六月初十日呈二親〉，頁 24a。

[103] 參見荒木見悟著，周賢博譯，《近世中國佛教的曙光》，頁 79-90；荒木見悟，〈憨山德清の生涯とその思想〉，頁 135-173；張學智，〈從紫柏真可看明代佛教的融通趨勢〉。

[104] 憨山德清，《憨山大師夢遊全集》，卷 8，〈示西印淨公專修淨土〉，頁 102-110。

[105] 憨山德清，《憨山大師夢遊全集》，卷 8，〈示西印淨公專修淨土〉，頁 97。

[106] 憨山德清閱，《紫柏尊者全集》，卷 3，頁 75-76。

> （德清）曰：夫忠孝之實，大道之本，人心之良也。安有捨忠孝而言道，背心性而言行哉？是則心性在我，則為本然之天真也。能知天性之真，……則為真人。以天真之孝，則為真孝子。能以見性之功自修，則為真修；以性真之樂娛親，則為妙行。
>
> （王容玉）曰：……第望洋若海，渺無指歸，捷徑之功，乞師指示。（德清）曰：……但念阿彌陀佛。……佛者，覺也，乃吾人本然天真之覺性……而堯舜禹湯，蓋天民之先覺者，……此覺豈非佛性之覺耶？……人既皆可以為堯舜，則人人皆可以作佛明矣。
>
> （王容玉）曰：第以念佛為孝，何以致此孝耶？是所未安。
>
> （德清）曰：昔有孝子遠出，……母嚙指而子心痛，以體同而心一也。子能了見自心，恍然覺悟自心即母心也。以己之覺，以覺其母。……今子以念佛而能令母心安且樂，樂且久，豈非無量壽耶？……是淨土在我而不在人，佛在心而不在跡矣。[107]

對話中，德清以「心」連接佛法與忠孝，當然他以排除「物我對待」的同體之仁的觀點論忠孝，與儒家主張倫理有等差，在基本原則上並不相同，[108]但是可以看出他接受並使用晚明被推展到極致的人人皆可以為堯舜的想法，以心為中介，讓忠孝與佛法成為表裡的兩面，並為徘徊於兩點的士人指出一條簡易直截，且連接兩者之道，亦即淨土、念佛。德清對忠的討論，也表現出同樣的特點，當有人質疑他，禪者怎麼會去整理講現世政治的《春秋左氏傳》時，他辯解說：「禪者，心之異名也。佛言萬法惟心，即經以明心，即法以明心，心正而修齊治平舉是矣。」[109]他不僅正面承認修齊治平的價值，更巧妙地將《大學》八步驟中的正心與佛教中的明心互相比附。德清這樣做，可能是藉儒家的觀念傳播佛教，但經過比附，佛法（尤其是淨土信仰）與現世不再只是衝突，由於照顧到士人最關切的名教問題，使得士人即使信仰淨土、念佛，也能不同於知識程度不高的俗人。

---

[107] 憨山德清，《憨山大師夢遊全集》，卷 4，〈示容玉居士〉，頁 1-3。

[108] 荒木見悟，〈憨山德清の生涯とその思想〉，頁 165-166。

[109] 憨山德清，《憨山大師夢遊全集》，卷 19，〈春秋左氏心法序〉，頁 329-330。

過往研究晚明的佛教復興，大多將焦點放在幾位指標性的大師或居士，強調他們改革與倡導新思想之功，但是其實也可以從跟隨者的角度，來看是什麼樣的環境，讓這些想法或方式得以引起人們的重視、接受與仿效。雲棲、紫柏、德清等大師對晚明佛教的改革，一來是植基於佛教內部的問題，另一方面也來自於他們所身處的社會環境，他們選擇正面面對一群無法拔離世間，但是又能給予佛教新生命力的士人信徒，設想一套適合不出家士人的修行方式。尤其當他們也將人世間的倫理，如忠孝問題，納入教義思考時，更加能夠吸引士人的眼光，而士人的主動回應與參與改造，更有助於這套修行方式推廣與深入於士人之間。劉錫玄的例子正好可以說明一個信仰的跟隨者，如何看待這套信仰，並擇取他身邊的各種資源，摸索出一套適合個人的宗教修證方式。譬如圍城期間，劉氏生命遭受極大威脅，他與侍妾曾有一段對話：

> 姬云：「常年祭聖人，卻為何來？」余云：「若無聖人，今日被圍，早當投賊偷生，回蘇州矣。」姬又問云：「既讀聖人書，又念佛經，何故？」余云：「讀聖人書，使人盡忠盡孝；念佛經，使人知忠孝尚了不得生死。」姬云：「如何了生死？」余云：「只念阿彌陀佛，一心不亂，便了生死。」[110]

儒家激發的是士人的經世關懷，但是當面對時代與心靈的重大危機時，儒家就顯得左支右絀，無法滿足士人在大劫運中，安頓身心的需求。相反地，佛教則猶如定心丸，[111] 不僅緩解生死的焦慮，更透過修行，在極大程度上為現世的遭遇提供解釋與預測。所以劉錫玄說：「遇此圍城，作千椎百鍊之選佛場。……全仗此願生，捨不堅身，得堅固身，畢竟成佛有分」，[112] 成佛是最終極的期待，重要的是淨土信仰提供他在末世恐慌的環境中，最立即、當下的希望。[113] 當然晚明諸位大師對於教義與修行方式的調整，在佛教傳播史上

---

[110] 劉錫玄，《黔南十集・圍城警策》，〈日記警策〉，頁 12a。

[111] 劉錫玄自述他在身陷圍城危機時安頓身心的方法：「任讀忠節諸傳、道學諸書，畢竟抹不倒怕死二字。一開禪藏，便不覺剝皮析骨，甘之如飴矣。」劉錫玄，《黔南十集・圍城蔔卜》，〈圍城蔔卜小引〉，頁 2a。

[112] 劉錫玄，《黔南十集・圍城警策》，〈日記警策〉，頁 25。

[113] 劉錫玄自述在解圍前一天寫下有關圍城是選佛場的文字，事後再覆閱這段記載，他頓然覺得「機感異常」。劉錫玄，《黔南十集・圍城警策》，〈日記警策〉，頁 25b。

並不特殊，不過，劉錫玄的例子卻說明了雲棲等大師所提倡的淨土信仰、頓悟漸修的修行方式，提供大多數士人可以在儒家的名教與對現世報應，甚至未來成佛之間順利找到平衡點。

此外，劉錫玄雖然時時提到雲棲袾宏對他的引領，不過他跟憨山德清的交涉也頗為密切。劉錫玄多次跟德清討論自己的異夢與病中經驗，譬如萬曆四十五年（1617）劉氏向德清訴說自己曾夢到宋人曹翰（924–992）因殺生太多，轉世為豬，因此現身要劉錫玄替其持準提咒、誦阿彌陀號。[114] 萬曆四十八年大病後，劉氏也曾要德清批閱他的病中自記。[115] 在實際的修證方法上，劉錫玄與德清也有相似之處，尤其是在對夢的看法上。

相較於雲棲袾宏不重視神通之事，[116] 德清對夢有較多的討論。德清曾在教導居士修佛時提到夢與修行的關係，他說：

> 若念佛念到煩惱上作得主，即於睡夢中作得主；若於睡夢中作得主，則於病苦中作得主；若於病苦中作得主，則於臨命終時分明了了，便知去處矣。[117]

從上述這段話看來，德清似乎將夢視為虛幻，認為不應執著。但是正如學者所說，德清等人所主張的淨土信仰植基於深重的罪惡觀念，[118] 修行的目的之一即在預防與消除各種不經意而生的惡念。因此在佛教徒以覺醒為最大理想的前提下，更深入地思考夢的意義與可能，也成為他們的工作，[119] 德清即是如此。他在《八識規矩通說》一書中討論夢與意識的關係，[120] 他說：

> 三界生死善惡因果，唯此識造〔按：指第六識〕。……但就善惡一念起時，則心所齊集，以類相從。……然意識有五種緣境不同，五種，謂明了意識、散位獨頭意識、定中獨頭意識、夢中獨

---

[114] 憨山德清，《憨山大師夢遊全集》，卷 25，〈讀異夢記〉，頁 447-448。

[115] 憨山德清，《憨山大師夢遊全集》，卷 17，〈答劉玉受繕部〉，頁 286。

[116] 德清曾記述雲棲袾宏對神通的態度道：「師素誡弟子貴真修，勿顯異。」憨山德清，《憨山大師夢遊全集》，卷 27，〈雲棲蓮池宏大師塔銘〉，頁 491。

[117] 憨山德清，《憨山大師夢遊全集》，卷 10，〈答德王問〉，頁 129。

[118] 荒木見悟著，廖肇亨譯，〈中國佛教基本性格的演變〉，頁 215-241。

[119] 廖肇亨，〈僧人說夢——晚明叢林夢論試析〉，頁 658。

[120] 關於憨山德清的夢論，見廖肇亨，〈僧人說夢〉，頁 661-665。

頭意識、散亂獨頭意識。此五種緣境，唯後夢中、散亂位二種，單緣獨影境。……故參禪工夫，必要離心意識者，要不墮光影門頭，以非真實故耳。[121]

德清在這段話中特別提到意識會存在於不同情境中，他指出修行時必須特別注意在夢中與狂病瘋癲中的意識，細細分辨善惡之念，防止惡念伺機而動，因為它們總是彷彿歷歷在目，非常容易擾人心性。他認為解決這種困境的方法就是念佛，以佛做為最終的基準與歸趨。所以他說：「若念至夢中能念，即是常覺不昧。」[122]

由於德清對意識的特別關注，因此他認為在「煩惱上」、「睡夢中」、「病苦中」念佛的意義，與一般佛家將夢視為虛幻不同，他將檢視夢視為得到覺醒的重要橋樑之一。德清的修行主張其實是從唯識論吸取而來的資源，為了預防惡念蠢動，將修證、查檢的範圍擴大到意識，而檢視夢境、病中念頭就成為檢視意識的入手處之一，同時認識意識的作用也有助於確定與完善修行。[123] 晚明許多信仰淨土的士大夫也對唯識論充滿興趣，[124] 如劉錫玄的友人吳用先（萬曆二十年進士）即曾為高原明昱所寫的《成唯識論俗詮》寫序，[125] 劉錫玄也曾捐貲助刻雲棲弟子釋廣伸注疏的《成唯識論訂正》。[126] 劉錫玄對夢的關注，與他對唯識論的興趣不無關係。

如上所述，圍城期間劉錫玄寫下《警策》、《夢卜》等文字，強調「夢」的預測與警示作用。對於「夢」的出現，他曾有如下的說法：

內典以四法判夢，曰：無明薰習、舊識巡遊、四大偏增、善惡先

[121] 憨山德清述，《八識規矩通說》，頁 294。

[122] 憨山德清，《憨山大師夢遊全集》，卷 10，〈答德王問〉，頁 135。

[123] 德清說他註釋玄奘的《八識規矩頌》，是為了「使學者究心了知，起滅下落易於調治，不致盲修瞎練。」憨山德清述，《八識規矩通說》，頁 292。釋聖嚴研究晚明大量出現的唯識論註釋書籍，認為當時人註釋唯識論作品，並不是將其視為一門學問，推演其複雜的論辯過程，而是出於信仰與實用的目的，藉由分析檢查心與意識，來確定修行者的功力。參見釋聖嚴，〈明末的唯識學者及其思想〉，頁 1-41。

[124] 唐末以來衰微已久的唯識學在晚明重新獲得注意，相關研究見釋聖嚴，〈明末的唯識學者及其思想〉。

[125] 吳用先，直隸桐城（休寧）人，萬曆四十一年間因璫禍牽連，退休家居，期間為該書寫序。高原明昱，《成唯識論俗詮》，〈成唯識論俗詮序〉，頁 1；廖大聞等修，《桐城續修縣志》，卷 12，〈人物志・宦蹟〉，頁 9a。

[126] 釋廣伸，《成唯識論訂正》。

> 兆。……庸詎知晝日塵勞，非即昏囈顛倒，而昏囈顛倒中，三性境量與五十一所極之隨眠，恶作尋伺，歷歷不爽。……即四大聖人所為轉識成智，未必不以在躬之清明，徵志氣於夜卜。而我等凡夫，當呼吸生死時，不借自己識神，誰與定自己跟腳，則又安見夢昧之事，不與決疑成務之易理之卜筮同。[127]

劉錫玄從唯識的觀點解釋為何會有夢，他認為意識藉夢而呈現，它不是真智慧，但是念頭卻會伺機出現，所以夢是一個關鍵。他進一步指出，由於意識可能會隨著人睡著、鬆懈的時候，偷偷藉著夢境表現些什麼，所以修行者更應該時時檢視夢境，進行修持功夫，而對一般資質愚鈍之人，夢不僅可用於檢證信仰，更可能有指引的意義。

認為夢有預示作用的觀念，並不始於晚明，在中國傳統文化中，可說有極為悠長的歷史，[128] 宋代科舉普及之後，夢與預測士人前途之間的關聯更加緊密。[129] 在晚明的社會中，記夢、述夢也成為展現各種信仰的表徵，如華亭人宋懋澄（萬曆四十年舉人）記下他在夢中巧遇道教仙人的情景，[130] 儒生冒襄（1611–1693）深受功過格影響，也曾留下數篇情節神異的夢境記錄。[131] 從劉錫玄的各種夢記載看來，相較於明末清初不少儒者省察自己的夢境時，注意夢是否清正，有沒有渣滓，[132] 劉氏對夢的態度則是融合受佛教唯識論影響，藉夢自我警戒的想法，以及晚明夢文化中普遍存在的預知與報應觀念。

圍城期間，劉錫玄曾有幾次慾望之夢，如八月時夢到聽美麗的女子吹奏

---

[127] 劉錫玄，《黔南十集．圍城夢卜》，頁 1b-2a。

[128] 傅正谷，《中國夢文化》；劉文英、曹玉田，《夢與中國文化》。

[129] 隆慶年間監察御史蔣以化曾記述他從諸生到升任監察御史，都有夢神事先相告。蔣以化，《西臺漫紀》，卷 5，〈紀夢〉，頁 18-21。科舉考生向神靈乞夢的研究參見 Benjamin A. Elman, *A Cultural History of Civil Examinations in Late Imperial China*, pp. 295-370；廖咸惠，〈祈求神啟——宋代科舉考生的崇拜行為與民間信仰〉，頁 41-92。

[130] 宋懋澄，《九籥集》，卷 1，〈記夢（畀菓）〉、〈記夢（授寶）〉，頁 35、37。

[131] 李孝悌，〈儒生冒襄的宗教生活〉，頁 135-157。夏伯嘉則討論明清之際外來宗教與中國夢文化交流的現象，參見氏著，〈宗教信仰與夢文化——明清之際天主教與佛教的比較探索〉，頁 209-247。

[132] 王汎森，〈日譜與明末清初思想家〉，頁 280-281。司徒琳研究明末烈士黃淳耀與薛寀，也提出他們的夢境敘述中透露出強烈的道德困境與焦慮。Lynn A. Struve, "Dreaming and Self-Search during the Ming Collapse: The *Xue Xiemeng Biji*, 1642–1646," pp. 159-192; "Self-Struggles of a Martyr: Memories, Dreams, and Obsessions in the Extant Diary of Huang Chunyao," pp. 73-124.

音樂，十一月底夢到命廚子烹調鹿肉，又夢到命家人製酒壺。對於這些夢境，劉錫玄屢屢以「甚無謂也」評斷，但是他仍將之記下，用以自警。[133] 此外，他也會不斷地回視某些關鍵性的夢境，其中他常以萬曆四十八年那場大病為參證。天啟二年五月十五日，他「回視庚夏七發，始信水西一警，寔是如來之命耳。」五月二十八日，再「閱庚夏七發」，「較之南都汎虛閣所記秤麻時觀想，更大自在，更入實際」；七月五日，他又想及「庚申病劇昏夢所見諸緣」，「已全漏圍城消息」。[134] 而萬曆四十七年乞夢于忠肅公祠的夢境也常在圍城生命受威脅時被憶及。如天啟二年七月倉糧幾盡，他想起夢中出現《天權集》，應該是不死的象徵。十月因為軍隊坐耗糧食並開始吃人，他卜得屯卦，劉氏認為卦象與于忠肅之夢隱隱相合。[135] 十一月十日，傳來苗兵攻城的消息，就在劉錫玄做好投水就死的準備時，兵士來報危機暫時解除。劉氏隨後意識到，這樣的景況「忠肅公直面告我矣！」[136] 圍城三百日中，這兩場關鍵性的夢境時時縈繞在劉錫玄心中，成為他解釋圍城困境與安頓身心的憑藉。這兩場夢透露出相信命運前定的特質，不過也表現出他認為因為皈依淨土，經過執持名號的宗教修持，即使無法改變夙業，卻能讓他在身處危機時更容易找到安身立命的所在。對劉錫玄來說，萬曆四十八年的大病，象徵著他在宗教修證上由棒喝參究的禪法，轉到淨土念佛的重要關鍵，而入黔之後的各種危難與解危，則是考驗他念佛修持虔誠與否的過程。

另外，劉錫玄夢中做佛事固然透露出以夢自我警戒的色彩，不過，也不能忽視劉氏對於虔誠地宗教修持可以獲得善果的濃厚興趣。《圍城襍錄》中記載一則省城被圍前一夜的神異事蹟：

> 二月初六夜，……因倦極暫臥北城樓下。樓下先造火藥，……餘藥狼藉。二鼓後，城外燒民房，飄火及藥，正從余床頭紙屏間沸起。予睡夢中聲響非常，驚走下床，即失雙鞵。毒煙惡焰透眼鼻，直下單田。悶懣欲絕，捫壁跣走，一步一躓。每躓則有二人

[133] 劉錫玄，《黔南十集・圍城夢卜》，頁 15a-b、20b。

[134] 劉錫玄，《黔南十集・圍城警策》，〈日記警策〉，頁 2b、4b-5a、9a。

[135] 劉錫玄，《黔南十集・圍城警策》，〈日記警策〉，頁 6b-7a、20b。屯卦的卦辭是：「元亨利貞。勿用有攸往。利建侯。」象徵物之始。由於初生，因此困難重重。占得此卦表示必得成功，但是一定要耐心等候。參見陳續剛，《白話易經》，〈周易上經・屯〉，頁 53-54。

[136] 劉錫玄，《黔南十集・圍城日錄》，〈十一月十一日十二月初七日為第七局〉，頁 40。

> 掖起，初謂衙役，頻叩門從何出，不答一語。心益急，但念觀世音，求速死。既回環掖予戶外，諸生及諸隸正徬徨不得予所在，不謂挺身突煙焰出，亦從無一人掖予者。始訝此二人非人也。[137]

這段充滿神異色彩的文字與當時社會上流行的善書或勸導念佛的果報錄非常相似，強調誦念佛號所產生的實效。同樣的心態也表現在他對持咒的專注上。雖然劉錫玄早年在修行上擺盪於參禪與念佛之間，但他頗為信持當時流行於士人之間的持咒、修懺行為。[138] 他跟友人姚希孟即奉行原屬於密宗教法的「準提咒」，[139] 因為持此咒「不拘有妻子、飲酒食肉」，乃是修習佛法的方便法門。姚希孟更說，持此咒「罪根既淨，福緣不爽，何功名之不得，何利達之不臻哉？」[140] 持咒可能達到的神通效果，頗為吸引糾結在科舉與官場中的士人。劉錫玄自萬曆三十四年（1606）科考失敗後，即開始持誦準提咒，並且因而有奇夢佳兆產生，此後更是信持不已。他說：

> 辛酉春將入黔，自念諸生時，望司衡如帝天，此何等事，……不一乞靈帝天乎？……廿二日持準提呪，……初六日時持智慧呪，……忽見山頂青光如水銀。……圍城中時露一得……自保首領則呪力也。……賊每攻城急時，余則持準提及大悲二呪，或念觀世音。士民每訝監軍所至，有急輙解，予謝不敢當。然佛力不可誣也。[141]

晚明宗教信仰的現實性及當時佛教禪、淨、密、律諸宗合一的特質，在劉錫玄的這兩段經歷中表露無遺。[142] 持咒念佛的立即效果，讓夢與佛教修持

---

[137] 劉錫玄，《黔南十集．圍城襍錄》，〈北樓二神人〉，頁 3b-4a。

[138] 釋聖嚴，〈明末的居士佛教〉，頁 22-23。劉錫玄也力行修懺，並曾捐出蘇州宅第的部分土地，為僧人真常蓋「大悲懺堂」，提倡修懺之法。姚希孟，《清閟全集．風唫集》，卷 2，〈大悲懺堂記〉，頁 12a-15a。

[139] 準提咒強調藉持誦真言進入不可思議的毘盧境界。參見多田孝正，〈明代の准提信仰——特に「准提淨業」をめぐって——〉，頁 539-565。

[140] 姚希孟，《清閟全集．風唫集》，卷 6，〈持准提陀羅尼說〉，頁 5。

[141] 劉錫玄，《黔南十集．圍城襍錄》，〈入黔呪力〉，頁 50b。除了念佛、持咒，閱讀佛經也是他在黔圍時安頓身心的重要憑藉。他提到當軍糧耗盡無力巡城時他只好徹夜閱讀《華嚴疏鈔》，並與大興寺僧人祖融共同談禪。劉錫玄，《黔南十集．圍城襍錄》，〈牛馬骨〉，頁 36b。但這正是他日後被上章彈劾的原因。沈國元，《兩朝從信錄》，卷 22，頁 33-34a。

[142] 晚明律宗與諸宗融合的研究，參見長谷部幽蹊，《明清佛教教團史研究》，頁 221-250。

不僅分別承擔起指點迷津與解決危難的功能，使得這些徘徊於人生困境的士人心情獲得抒解，而看似不可思議的夢中景象與宗教修持時產生的異象，也因為信仰而獲得解釋，這種穩定感與心靈滿足正是儒家所無法提供的。

晚明佛教，尤其是淨土信仰的種種教義、修持方式提供一整套完整而豐富的資源，讓劉錫玄在面對時代危機、生命困頓時有所歸依。不過正如上文所述，身為受儒家教養的知識分子，以及受到晚明局勢與時代氣氛的影響，一股強調「忠」的意識，也在士人之間瀰漫，其中最具體的象徵是頻繁出現在士人生活世界的關公。他常常出現在士人夢中預示吉凶或指引前程，譬如屠隆（1542–1605）曾記述鄞縣知縣徐廷綬（1515–1578）為了祈雨，密禱於關壯繆侯（即關公），關公更在徐廷綬與道士鬥法時展現神力，助其祈雨成功。[143] 此外，前述姚希孟夢及關公等人平定東南亂事也是一例。

要分清楚劉錫玄對關公的崇拜是來自傳統的忠概念或是佛、道教的影響，雖然並不容易；[144] 不過可以確定的是，劉氏的許多行動都透露出關公影響的痕跡。除了前述隱居修行時有雲長公提刀逼竄之夢外，對於是否接受貴州提學的任命也求助於關公。晚明時官員多將派任貴州視為畏途，蒲秉權（?–1644）即說：「今士之謁天官選者，動以黔蜀為危地，裹足不敢入，苦詞乞免，多方規避，無所不至。」[145] 劉錫玄在入黔之前，也曾預備上疏乞休，卻被姚希孟阻止。姚希孟致書劉氏，提到自己為了劉氏乞休之事，曾「齋戒三日」，「虔叩于壯繆」，獲得一籤，籤中明示劉錫玄不應乞休。為了怕自己會錯籤意，因此再求一籤，仍然得到相同的結果。姚氏於是勸劉錫玄：

> 神明之所指正，其於人情事體灼然洞悉。仁兄之所為屢卜而龜從筮從者，大抵根於有主之衷。且龜筮雖古人所重，近益渺茫而難徵，而前門關廟之籤貴於草木，下可以開愚懵，而精可以參元化。想亦仁兄之所深信，而不以為迂濶，為俚鄙也。[146]

---

143 屠隆，《栖真館集》，卷 20，〈禱雨記〉，頁 1-3a 。

144 唐朝之後，關公也被視為佛教的護法伽藍之一。井上以智為，〈關羽祠廟の由來並に變遷（一）、（二）〉，頁 41-51、50-77。

145 蒲秉權，《碩薖園集》，卷 3，〈一添設台臣疏〉，頁 9a。

146 籤詩為：「世間萬物皆有主，一粒一毫君莫取；貴人相遇水雲鄉，冷淡交情滋味長；黃閣開時延故客，驊騮應得聚康莊。」姚希孟，《文遠集．補遺》，〈劉學憲達生（辛酉）〉，頁 3b-5b。

信末，姚希孟不忘催促劉錫玄趕快整裝出發。為是否該到貴州赴任，劉錫玄著實猶疑甚久，故請姚希孟代為向關公求籤，同時更「自為揲蓍，又以龜參之」，以預問吉凶。[147] 雖然卜卦與籤示出現了不同的結果，但是劉氏最後選擇接受關帝籤與姚希孟的建議，束裝入黔。

另外，當省城幾乎失去解圍的希望時，城內的人只能靠著誦念「張睢陽傳」、「岳武穆正氣歌」與「文天祥遺墨」來激勵士氣，[148] 這時候關公卻出現在城外帶兵的新任巡撫王三善夢中。劉錫玄記述他在解圍後聽王氏說，天啟二年十二月一日，正當他策馬出平添城時，「忽如夢，見關帝大聲云：『王軍門行未？』傍一人對云：『此際行矣。』」對於這段異聞，劉氏深信不疑，認為「若無佛，安得有鬼神，有鬼神，必無無佛理」，而且「真文章，真政事，皆從禪心出」。[149] 與于謙的崇拜一樣，關公是晚明時積極被動員出來激勵士人士氣的象徵，雖然關公在魏晉南北朝之後已逐漸成為儒、釋、道三教共同接納的歷史人物，不過晚明時期關公所代表的忠義精神更為時人所重視。除了萬曆四十二年（1614），關公受朝廷冊封為「伏魔大帝」之外，同時也出現不少與關公相關的經懺典籍彙編，如《三界伏魔關聖帝君忠孝忠義真經》等，成為道士重要的科儀文本。[150] 劉錫玄與其他士人對關公指示深信不疑，多多少少來自凝聚於關公身上的忠義精神與晚明杌隉日深的時代環境合拍。然而，從他如何談論關公神蹟與佛的關係，可以再次看出在面對時代危機、仕宦不順的焦慮與圍城的生命威脅等人生困局時，他企圖結合儒家與佛教（尤其是淨土）兩套資源，解決這些糾結於心中的困境。在這個過程中，兩者看似相輔相成，互不衝突，然而當晚明佛教也熱切地回應時勢的變化，將忠孝、盡力於世事納入教法之中時，[151] 士人遂漸漸被吸引入佛教的陣營。當然，這樣的影響未必是單方面的，佛教也因為晚明的情勢以及必須面對這群無法捨離世間的士人，而產生變化。

---

[147] 劉錫玄，《黔南十集．機緣預逗》，〈庚申除夕柬管席之〉，頁 9b。

[148] 劉錫玄，《黔南十集．圍城禊錄》，〈悚然灑然〉，頁 29b。

[149] 劉錫玄，《黔南十集．圍城禊錄》，〈天保圍城〉，頁 48b、49b。

[150] 王見川，〈軍神、協天大帝、關聖帝君——明中期以來的關公信仰〉，頁 263-279。

[151] 關於晚明儒釋調和的風氣，見荒木見悟，〈金正希と熊魚山〉，頁 129-186。另外，面對晚明阢隉不安的環境，佛教界也萌發出濃厚的入世關懷，參見廖肇亨，〈以忠孝做佛事——明末清初佛門節義觀論析〉，頁 199-242。陳玉女也提到晚明佛教界正面臨教法上求新求變的局面，其中出入世相濟為用的精神是一個重要的特徵。參見陳玉女，《明代佛門內外僧俗交涉的場域》，頁 108-122。

伍、結論

談到晚明的佛教復興運動或是居士佛教，幾位指標性人物的所思所想，以及各宗派教理、教義的討論一直是學界關注的重點，本文則轉由信從者的角度，以劉錫玄的例子說明晚明士人選擇信從佛教（尤其是淨土信仰）的個人與環境條件。在晚明的人物群像中，劉錫玄並不是一個特出的人物，他曾經跟隨王世貞之子學習舉業，但在弇山堂諸子中並不顯眼。在宦途上，多任職閑曹，沒有太顯赫的資歷。地方志上對他的記載，也只著墨於貴州圍城的經歷。他虔誠信仰佛教，但是並不像晚明幾位有名的居士如王肯堂（1549–1613）、錢謙益（1582–1664）般投入高深佛理的研究。所幸他留下了幾部回憶性的文字，讓我們得以一窺一個晚明中級官僚士紳的心靈世界。

劉錫玄留下的著作可以他任官貴州的時間為分界線，之前他刊刻過《頌帚初集．二集．三集》、《掃餘集》、《掃餘之餘》、《頌帚居士戒草》等文集，離開貴州後則刊刻《巡城錄》（又名《黔南十集》）、《方朔明心》等書。入黔之前的著作大多是他與友人的往來書信，以及各種書序、壽序、贈序的合編，離開黔地之後編纂的《巡城錄》雖然也是以彙編書信、告示、雜記等資料為主，但是這些資料很明顯地經過系統性的編排，除了督察學政的記事之外，其他部分的內容主要環繞著天啟二年的圍城事件，而且以夢、卜卦、宗教修持等媒介，將他入仕任官以來的人生與時代風潮、危機緊密連結在一起。

無疑地，劉錫玄的著作中最引人注意的是《圍城警策》、《機緣預逗》、《圍城夢卜》、《圍城禨錄》等書，這些記錄與回憶圍城時心靈活動的文字帶有非常明顯的宗教修持色彩，尤其是淨土信仰的痕跡。雲棲袾宏、憨山德清等人所提倡的淨土信仰選擇直接面對士人無法捨離現世種種事務與慾望的事實，發展出一套新的修行方式與觀念，儘管這些方式在佛教傳統中大部分都可以找到來源，但此時經過系統性地有機整合後，出世與入世不再是對立的兩面，士人得以因此調適現世與修行的衝突。同時，由劉錫玄的例子可以看出，士人面對佛教大師所倡行的修行方式，並非只是單純地接受與模仿，往往在進行宗教修證的過程中，雜揉各家教法；而晚明流行的各種思想、觀念，即成為他們用以尋求開悟、證成信仰的資源，並且從中發展出更適合個人的宗教修行方式。

這樣的修行方式有幾個特點，首先它深受當時功過格與善書運動的影響，強調立即、當下的徵驗。憨山德清等大師重新注意到意識在修行中的位置，因此主張即使在夢中也要時時檢點，以佛為定盤針與修行的路程指引。劉錫玄接受這種重視意識的教法，但是也受到功過格的影響，因此他認為夢中的意識具有預示未來的作用。他十分相信在夢中所做的佛事，不僅是一種指引，更在於加強徵驗的有效性，尤其徵驗跟現實環境的變化息息相關。而將這些宗教經驗記錄下來，本身就是修持的一部分，可供日後作為檢點與見證之用。注重個人宗教經驗的見證，在晚明的佛教界與士人之間顯然是一種風氣，當時出現各種集合當代信仰者的靈驗記或記述個人修持經驗的單篇文章，其中神異、靈驗、新奇是這些文字敘述的共同特色。劉錫玄所寫的《機緣預逗》、《圍城夢卜》等書即具有這樣的特點，雖然其中內容不一定全是與宗教相關的記載，但是將這些文字綜合起來，就是一個淨土信徒邁向信仰的過程。出版這種個人的信仰經驗，讓劉氏不僅是信從者，也成為宗教的傳播者。

此外，這套修行方式積極包納忠孝的概念，對晚明政治、社會與外患日益嚴重的問題，做出直接回應，使得信從淨土信仰的士人不需面對捨離世間與施展抱負、濟世盡忠的衝突。以劉錫玄及其身邊友人為例，他們將于謙、關公等晚明時不斷強調的忠義象徵，與佛教進一步結合，信仰不只在危急時安頓心靈，也成為行動的驅動力。當佛教不再只是強調出世，同時又能提供士人面對不可知未來的力量時，對士人的吸引力更大，而儒家在與其競爭對士人思想與心靈安頓主導權的過程中，則容易因此顯得捉襟見肘。

（原刊於：《新史學》23 卷 2 期，2012 年）

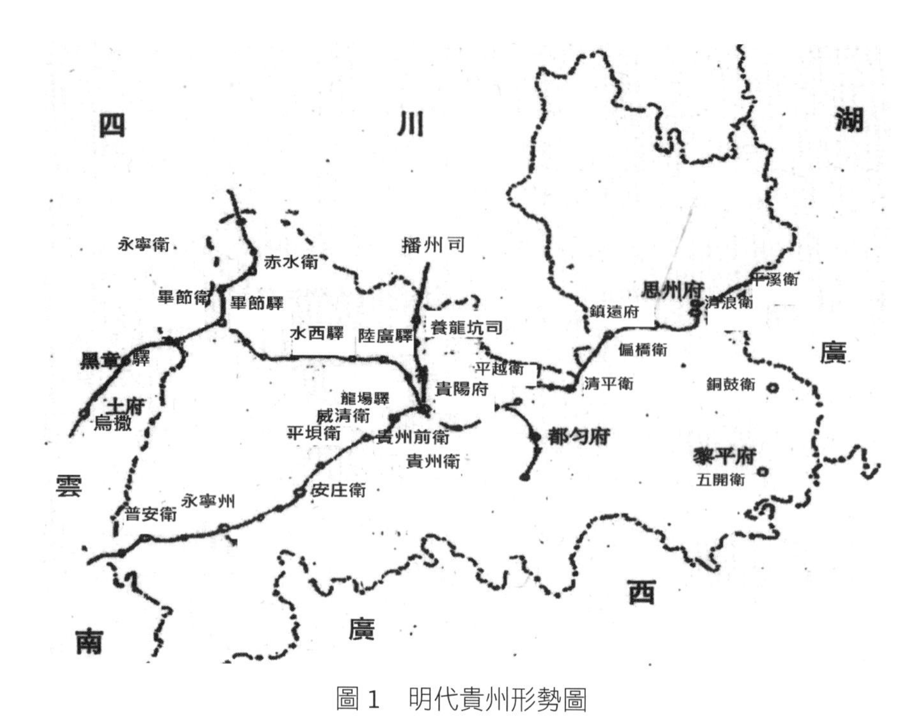

圖 1　明代貴州形勢圖

資料來源：據溫春來，《從「異域」到「舊疆」：宋至清貴州西北部地區的制度、開發與認同》，頁 75「明代貴州驛站圖」改繪。

DOI:10.978.986437/1778..0015

北伐時期政治思潮探討：《革命評論》的個案研究

李朝津 *

1924 年國民黨實行聯俄容共政策，但這政策究竟是一時權宜之計，或是孫中山在思想上有轉折性的變化？從來有很大的爭議。從中共的觀點，孫中山以國民黨第一次代表大會為起點，實行聯俄、容共及扶助工農三大政策，是孫中山受蘇聯十月革命影響，放棄舊三民主義，轉向新三民主義，中國革命的實質內容有很大轉變。但從國民黨觀點，國民黨 1924 年第一次全國代表大會中所發表宣言，其主張與過去並沒有不同，「其對三民主義的解釋，仍是孫中山以往的主張，並無新舊之分」。[1] 所謂三大政策，「孫中山聯俄、容共的本意……則是因應黨時環境旳權宜措施，而是一時策略的運用，自無疑義。至於農工政策，係根據其民生主義而定……尤不能混為一談」。[2] 上述兩個看法，多年來一直爭擾不休。近年學者希望由一個比較客觀的角度解釋，楊天石認為所謂三大政策的確不見於孫中山自身文獻說明，是孫中山去世後由中共及國民黨左派詮釋出來，但他主張孫中山的想法在晚年的確有新的變化，只是他並沒有點出孫中山新的地方在那裡，與三大政策有何關連？[3] 法國學者白吉爾（Marie-Claire Bergere）認為中共與國民黨的看法都正確，因為孫中山「晚年十分活躍，所推動的事經常分屬不同架構，他指揮國民黨改革其意識形態，建立組織原則。他要治理廣東，但又要在全

---

* 國立臺北大學歷史學系退休教授

[1] 蔣永敬，《孫中山與辛亥革命》（臺北：臺灣商務印書館，2011），頁 172。

[2] 蔣永敬，《孫中山與辛亥革命》，頁 177。

[3] 楊天石，〈孫中山「三大政策」概念的形成及提出〉，《近代史研究》，2000 年第 1 期，頁 1-19。

國奪權。他的外交隨環境而變，目的是爭取外國支持，因此同時期的各個行動經常互相矛盾，共產黨與國民黨得以各取所需」。[4] 因此要談孫中山思想，不能不看後人的詮釋，否則只在其留下文獻尋章摘句的爭議，不會有太大結果，是以本文以 1928 年代陳公博主辦的《革命評論》為對象，討論其對三民主義的解釋。

陳公博是汪精衛陣營裡頗有才情的人，抗戰勝利後以漢奸罪伏法。陳公博一生變動起伏很大，他出身北京大學哲學系，中國共產黨創始黨員之一。但其後又離開中共，赴美國哥倫比亞大學留學，實際上是脫黨。拿到碩士學位後，又因為廖仲凱關係回來為國民黨服務。孫中山死後，汪精衛當權，陳公博亦成為國民黨左派標竿人物，與汪精衛來往密切。1927 年 12 月底廣州事變後，汪精衛避居巴黎，但陳公博留在國內，創辦《革命評論》，倡導改造國民黨，並使用馬克思框架詮釋孫中山的三民主義，有異於國民黨內以戴季陶為首的正統派及中共的看法，而且時間距孫中山去世只有三年，對孫中山思想的詮釋，有值得留意地方。

又《革命評論》的出現，適處於國共分手的所謂後革命時期，整個政治環境正在於一個激進氣氛退潮時期。1928 年蔣介石再度執掌權力，國民政府在外交上由急進的革命外交轉為溫和的革命外交，不再高喊推翻帝國主義，修改不平等條約亦以與列強協議為手段；內政上亦不再大規模動員群眾，1928 年召開二屆四中全會，中央黨部取消婦女、海外及青年各部，民眾運動委員會亦改為民眾訓練委員會。但左翼思潮似乎仍相當普遍，根據司馬仙島指出，汪精衛及陳公博的改組派，為當時「全國大多數的男女革命青年同志所組成的一種大聯合；他們各地流行的刊物與小組織最多」。[5] 雖然國民黨左派在進入 30 年代便銷聲匿跡，但它們所代表一個轉型的過程卻值得注意，亦是本文選擇《革命評論》為研究對象另一個原因。

壹、《革命評論》發刊的政治背景

《革命評論》是 1928 年 5 月陳公博在上海創辦。據陳公博自述，創辦原因是在 1927 年 12 月廣州暴動後，汪精衛避走歐洲，但陳公博反對逃避，

---

4 Marie-Claire Bergere, *Sun Yat-sen* (California: Stanford University Press, 1998), p. 289.

5 司馬仙島，《北伐後之各派思潮》（北平：鷹山社出版部，1930），頁 244。

便由廣州移居至上海。當時曾任武漢中央日報的孫伏園在上海辦了一個刊物《貢獻》，陳公博在此先刊登了一篇〈國民革命的危機和我們的錯誤〉，其後陳公博又把他在武漢時寫的小冊子《國民黨所代表的是》部分手稿刊登在《貢獻》，大受歡迎，最後全文出版成小冊子。受此鼓勵，屬汪精衛派系的粵方委員便建議找宋子文幫忙，宋子文在親屬是蔣中正的大舅，在事業上是其夥伴，關係匪淺。宋子文答應每個月補助《革命評論》2,000 元，《前進》1,500 元，兩份雜誌都屬於汪精衛系統，反映出蔣、汪二人當時仍屬合作關係。[6]

蔣中正是 1928 年 1 月 4 日重返南京，擔任國民政府常務委員，復出參政。[7]蔣氏復出，主要得汪精衛支持。蔣中正是 1927 年 8 月下野，9 月武漢、南京及上海三方在商議組織中央特別委員會，再由該會召開第三次全國代表大會，重組國民黨，但由於汪精衛堅持武漢黨中央為正統，要先召開四中全會，由其籌組第三次大會，才合乎黨統。然廣州暴動後，汪派為千夫所指，汪精衛只得下野，支持蔣中正復職。[8]

蔣中正重返南京後，尚要面對不同派系，在其日記，即指責「李烈鈞倒〔搗〕亂腐敗如此，何能革命也」。[9]「李烈鈞為人，傲而且詐，公素輕之……今得確報，彼乃蓄意搗亂，屢向馮玉祥挑撥，以圖離間公與馮氏感情……乃電上海孔祥熙，屬以此意轉達馮氏云」。[10]到 2 月 3 日四中全會召開時，「會中新舊二派，壁壘森嚴，每議一案，輒起爭執，爭執之烈，幾不相容」。[11]所謂新派，主要指汪精衛派，四中全會出席中委 23 人，列席監委 8 人，其中出席者屬於汪派有何香凝、潘雲超、王法勤、王樂平、朱霽青、陳樹人、褚民誼 7 人。而舊派則較複雜，由於四中全會以第二次代表大會中央執行委員會為基礎，西山會議派已全部被排除在外，所謂舊派主要指朱培德、譚延闓、李烈鈞、丁惟汾、柏文蔚，但與蔣中正接近的張靜江、李石曾亦全力杯葛汪精衛派，在選舉中執委常務委員時，蔣即極力調和兩派，2 月 5 日，「往訪譚主席及李石曾張人傑等，商洽常務委員人選問題，以汪兆銘胡漢民二人

---

[6] 陳公博，《苦笑錄》，頁 180。

[7] 《蔣中正總統檔案．事略稿本》（臺北：國史館，2003），冊 2，頁 227。

[8] 李宗仁，《李宗仁回憶錄》（上海：華東師範大學出版社，1995），頁 385-400

[9] 1928 年 1 月 12 日條，蔣中正日記。

[10] 《事略稿本》，冊 2，頁 255。

[11] 《事略稿本》，冊 2，頁 338。

應與否，研究甚久。或言有胡則不能有汪，以彼兩人不自相容，如選汪則去胡可也，而李張則堅持選胡去汪，討論仍不得結果。公歎曰：內部之不能團結，殊令人悶損也」。[12] 無論如何，蔣中正當時與汪精衛仍維持友好關係，是《革命評論》能夠有經濟能力出版的重要背景。

但到同年 9 月，蔣中正卻要切斷《革命評論》補助。據陳公博自已分析有三大原因。第一個是他與吳稚暉的衝突。事緣在廣州暴動發生後，吳稚暉所參與的中央監察委員會對汪精衛派 9 名成員提出檢舉，要求在四中全會懲罰何香凝、陳樹人、王法勤、王樂平、潘雲超 5 人，至於汪精衛、陳公博、顧孟餘、甘乃光則 4 人則情節較重，請轉交至第三次全國大會處分。[13] 但四中全會召開時，蔣中正正力圖調和左、右兩派，故中執會的決議是「接受監察委員會提案，留待審查，函國民政府，覆監察委員會，並將此議決電廣東軍政長官知照」。[14] 到 1 月 31 日中央執監聯席會議，蔣中正任主席，「議決粵方何王等五委員無附共之證據，得照常行使職權」，[15] 換言之可以參加即將舉行之四中全會，無損汪派在黨內實力。至於汪精衛等 4 人仍留至第三次代表大會處理。吳稚暉對陳公博本深痛惡絕，認為他是舞弄汪精衛，策動廣州暴動的真兇，故曾指責陳公博，「汪先生包庇了你們這班小人，也夠他一生受用。尤其你陳公博，一個貪黷無厭的小人，什麼惡主義，什麼無賴口吻都使得出」。[16] 吳氏同時亦忽視了中執會為汪派所留下的空間。

當國民黨準備在 8 月召開五中全會，吳稚暉在 8 月 3 日發表對外談話，認為陳公博雖然在第二次代表大會當選中執委委員，但四中全會已認定汪精衛、陳公博等 4 人要為廣州暴動負責，因此沒有資格出席。陳公博當時才 35 歲，年少氣盛，用他自已的說話，他反對汪精衛「合則留，不合則去」的處事作風，他的原則是「合則留，不合則打」，[17] 對吳稚暉的誤失，自然窮寇直追。他首先當日便向中執會發電，質問他的出席資格，8 月 4 日中執會回文，請其速來南京出席，打了吳稚暉一記耳光。其後吳稚暉咬文嚼字，

---

[12] 《事略稿本》，冊 2，頁 366。

[13] 〈吳稚暉和陳公博一件小交涉〉，《革命評論》，第 15 期，頁 51-52。

[14] 〈吳稚暉、經亨頤、陳公博第二次小交涉〉，《革命評論》，第 17 期，頁 44-45。

[15] 《事略稿本》，冊 2，頁 305。

[16] 〈與民國日報記者書〉，吳稚暉全集（北京：九州出版社，2013），卷 7，頁 47。

[17] 陳公博，《苦笑錄》，頁 178。

認為中執會決議中的「接受」即認定陳公博有犯錯誤。這當然被陳公博繼續窮追猛打，使得吳稚暉頗為狼狽，蔣中正的親密戰友如此為陳公博羞辱，成為陳公博眼中《革命評論》壽終正寢首要原因。

陳公博認為第二個讓《革命評論》夭折的原因是「濟南慘案」。濟南慘案發生後，《革命評論》不斷批評國民政府外交軟弱，並在第 3 期出了一個濟南專號，認為國民政府外交不得其法，陳公博首先批評國民政致電國際聯盟和美國是不足夠，應該「和被壓迫民族與帝國主義下之被壓迫階級聯合」；其次是若「日本不撤回軍隊至中國領土以外，拒絕一切交涉」；第三實行經濟外交，拒買日貨；第四是政府恢復民眾運動；第五是堅持完成北伐，統一全國。[18] 不過陳公博認為他的外交主張雖然與南京政府不同，但最關鍵是《革命評論》攻訐當時的外交部長黃郛的軟弱政策，黃郛是蔣中正的把兄，又是蔣氏的親信，故《革命評論》亦因此不得不遭斷絕財源的厄運。

第三個原因更重要，就是胡漢民回國，直接促成汪蔣合作的破裂，《革命評論》自然無存在必要。在四中全會前夕，當時蔣中正曾力邀胡漢民出席，但胡氏以此時最重要之任務為「北伐與肅清共黨二事」，前者「無能為役」；後者「今在研究之過程中，實不敢自信其已有把握，然認為於此期間，弟當致力與能致力於黨者，實無逾此」，因此拒絕復出參與政治，並在 1 月 25 日出國考察，訪問歐洲。[19] 胡漢民在外遊初期，的確少談國事。[20] 但濟南事件發生後，蔣中正在 5 月 11 日曾有電報給胡漢民、汪精衛，「告以國危已如纍卵，希速回國，同心救亡，勿如秦越人之相視也」。[21] 12 日再擬長函，由譚延闓轉電胡漢民、汪精衛、李石曾、孫科、伍朝樞，力請返國。[22] 胡漢民如何回應，暫不見資料，但此後胡氏即在歐洲協助國民政府向國際聯盟投訴事宜，並在 6 月 3 日向五中全會提出〈訓政大綱〉，主張以黨治國，實行訓政，8 月 8 日胡漢民遂束裝返國。[23]

---

[18] 陳公博，〈中國國民革命和田中的背景〉，《革命評論》，第 3 期，頁 6-7。

[19] 蔣永敬，《民國胡展堂先生漢民年譜》（臺北：臺灣商務印書館，1981），頁 414。

[20] 見陳紅民輯注，胡漢民日記（1928 年 2 月 –7 月），民國檔案，2004 年第 2 期，頁 13-21。

[21] 《事略稿本》，冊 3，頁 316-317。

[22] 《事略稿本》，冊 3，頁 320-321。

[23] 陳紅民輯注，胡漢民日記（1928 年 2 月 –7 月），民國檔案，2004 年第 2 期，頁 13-21；蔣永敬，《民國胡展堂先生漢民年譜》，頁 427。

蔣中正是否因為上述三事而停止補助《革命評論》？並非必然。首先就吳稚暉與陳公博交惡事，吳稚暉和李石曾等與蔣中正關係密切，一直是蔣氏的支持者。但蔣中正遇事亦有對他們表不滿，如在 1928 年 8 月 1 日召開五中全會前夕，蔣氏提議研究蘇聯外交，「而吳（稚暉）、張（靜江）、李（石曾）等即以為不應有此想念，認余為聯俄之萌，頓時表示不信之狀。嗚呼，如此國家與政府，而對俄不准研究，是何心耶」。[24] 彼此間意見不合，應為常事，不會就此便斷絕供應。至於攻訐黃郛一事，《革命評論》提及黃郛次數不多，攻擊力度亦不強，何況當時黃郛受舉指責，《革命評論》並非唯一專攻黃郛者，故影響應有限。胡漢民回南京，據陳公博的回憶，蔣氏特地因為此事由南京來上海找他，表示胡漢民「回來一定要動兵的，我們應該要準備」。[25] 陳公博的回憶，與我們上面蔣氏要調和新舊兩派的態度，是兩個完全不同圖像。事實上縱然蔣氏不喜歡胡漢民，但作為黨的領導人似乎不應如此公開挑釁黨內兩個派系，唯一解釋是蔣中正賣弄權術，借對胡漢民的防範以表示親近汪精衛派，他瞭解陳公博是汪精衛親信，必會將上述說話傳回去，事實上亦是，陳公博當天便給汪精衛打了電報，傳達情況。[26] 另外在停辦《革命評論》後，蔣中正曾透過王樂平，表示希望汪精衛系不要批評政府，他可以保証汪系人馬當選中執會委員。[27] 可見當時雙方並未破裂。

因此停止補助《革命評論》出版，原因並非陳公博所言三者，重點是《革命評論》及其他汪系報刊，看法與南京不一致，為維持黨內一致聲音，蔣中正遂斷然停止經費補助。至於《革命評論》之言論內容，下面會作一簡單介紹。

貳、《革命評論》之內容

陳公博號稱他是一個三民主義信徒，不過他解釋的三民主義，可以說由馬克思主義系統切入，特別是由唯物史觀入手。陳公博本身亦說過：解釋三民主義理論最有勢力的有兩大派，一是從哲學方面著手，另一派則是由經濟方面入手，但「我素來自己承認是一個歷史派」，主張從經濟方面著手。對

[24] 1928 年 8 月 1 日，蔣中正日記。
[25] 陳公博，《苦笑錄》，頁 182-183。
[26] 陳公博，《苦笑錄》，頁 183。
[27] 陳公博，《苦笑錄》，頁 207。

陳公博而言，工業革命以來帝國主義挾著優勢力量突入小農中國，一切農業社會的封建道德均隨之而消失，在這新舊交替時代，人生觀以至社會價值均處於風雨飄搖之中，而新的哲學系統，有待經濟基礎穩固才能出現。故不建立一個形而下學的生活方式，亦無法樹立一個形而上的價值體系。[28]

這種看法在《革命評論》社內十分普遍，曾一度加入中共的施存統亦談及三民主義的解釋，認為有兩大派別：「一種是科學派（或歷史派）底解釋，另一種玄學派（或理想派）底解釋」，科學派站在唯物的觀點上，以事實為根據，以大多數被壓迫民眾的力量和利益為先，始終遵守革命的原則和精神；而玄學派則站在唯心的觀點上，以理想為出發，迷信「全民」的美名而忘記大多數被壓迫民眾的力量和利益，或以三民主義是個萬古不變的真理，建築在某些倫理或道德上，結果是隨時準備妥協，放棄革命的原則和精神。[29] 當然，施存統的比喻，可以說指桑罵槐，暗裡諷刺主張全民革命的吳稚暉及宣揚三民主義繼承道統的戴季陶。

因此可以說《革命評論》社的人接受了馬克思的歷史進化觀念，這種觀念與清末傳入的進化觀並不相同，清末的進化是「物競天擇，適者生存」，史賓塞爾式的自由放任式演進，沒有一個階段性的甚至終極目標的演進。但馬克思的唯物史觀則是個前後緊密相承的階段變化，劉侃元有一個更具體的描繪，他認為把握理論鬥爭的方法有三個重點：「第一應在其事實相互的關聯性上去把握，第二應在其全體性上去把握，第三應在其不斷變與發展的狀態過程上去把握」。歷史的發展是總體性，有嚴密的因果關係，而且不斷變化。[30]

究竟《革命評論》如何觀察當時中國的潮流？陳公博認為對中國革命的挑戰有三，首先是帝國主義的入侵，在歐洲結束後，支配中國主要是英、日、美三國，其實美國利益不深，中國統一與獨立最大阻力來自英日兩國；其次是第三國際，列寧的政策是聯合被壓迫的民族，但第三國際放棄其政策，只想擴大共產黨的勢力，最後要覆沒中國的國民革命，甚至要聯絡日德兩國，犧牲高麗和中國的利益，以奪取外蒙；第三是封建勢力，社會上的代表是土

[28] 陳公博，〈目前怎樣建設國家資本〉，《革命評論》，第7期，頁1。
[29] 存統，〈如何保障三民主義〉，《革命評論》，第11期，頁3-4。
[30] 劉侃元，〈一九二八年與我們〉，《革命評論》，第1期，頁31-33。

豪劣紳，政治上的代表是官僚軍閥。不但群眾被他們壓迫，新興資產階級也被他們壓迫。[31] 在這三個挑戰下，造國民黨在北伐時期的分崩離析，至於下一步的做法，馬濬認為中國只有兩條路可走，一個是社會革命，另一個是國民革命。但「真正科學的社會主義，是由國民經濟到資本主義最後自然形成的東西，只有資本主義發展過程中，才能萌生社會主義，只有資本主義成熟，才能具備一切社會革命的經濟基礎，和完成社會革命的一切建設」，換言之中國仍不具備社會革命的條件。但為了爭取自身利益，中國的小資產階級、無產階級和農民覺醒到他們應該聯合起來，故國民革命是他們唯一的選擇。然可惜的是中國的資產階級害怕民生主義及工農鬥爭，不肯支持農工；而無產階級不但人數稀少，亦不瞭解先要解放中國內一切被壓迫者，才有可能解放自己；而農民則缺乏社會革命意識，只希望解決土地問題。因此三者利益無法交集，唯有國民黨具革命性，能結合三個階級，共同開創。[32]

然國民黨為何出了問題？馬濬認為 1924 年國民黨的改組只空具形式，沒有黨的實質，但到北伐時派系衝突嚴重，連形式都失落了。[33] 究其原因，許德珩則認為國民黨有三派，老黨員只知道反對帝國主義，中共只相信無產階級，空左派缺乏匯聚各個階級的能力。故中山先生去世後，便發生連串衝突。變得組織鬆散，缺乏紀律，官僚軍閥都鑽進來。必須發起一個改造國民黨運動。[34]

另有一些不由歷史看問題，由革命與黨的關係看，強調黨之重要性。革命是進化必須，原因是社會制度變舊，跟不上時代，由被壓迫階級推翻，建立新的社會制度。而領導革命則是黨。黨原來是代表階級利益，但革命黨不一樣，以奪取政權為目的，其成員重要，故必須講求紀律，團結一致。若黨的人變，要以革命作衡量原則，便要實行改造。[35]

有人從代表性來看，黨是建立在群眾基礎之上，剛開始，因有共同敵人，故各級群眾自易聚集在其下，打倒敵人，舊統治者倒，舊統治者是人治，新政府是黨治。黨治必須代表廣大群眾，否則與人治無異。但黨內有不同階級，

---

[31] 陳公博，〈今後的國民黨〉，《革命評論》，第 1 期，頁 4。
[32] 馬濬，〈中國革命之今日和明日〉，《革命評論》，第 1 期，頁 21-23。
[33] 馬濬，〈中國革命之今日和明日〉，《革命評論》，第 1 期，頁 25。
[34] 許德珩，〈中國革命的糾紛與將來的希望〉，《革命評論》，第 1 期，頁 44-45。
[35] 鄭重民，〈革命的立場與黨的立場之研究〉，《革命評論》，第 10 期，頁 22-24

自易衝突，但目前國民黨無特定階級群眾，國民黨本以農工為主，入黨仍以資產階級為主，現在國民黨民眾運動停了，認為國民黨代表大多表人，[36]

無論從那一個角度看黨的組成，大都同意國民黨要成為一個領導政黨，必須重新改組，而且改組後必須是個有紀律團體，可以實行一黨專政。

假如是一黨專政，則如何處理民主問題，這方面革命評論談得較少，但亦有觸及到。施存統認為國民黨過去的失敗，本身不足固然是原因，但對一些基本觀掌握不夠也是原因。例如中國的社會性質，經常把它當作資本主義社會看待，其實它仍是個宗法封建社會，目前革命的主要性質仍是民主勢力對封建勢力的鬥爭，不完成民主革命，亦無法完成民族及民生革命。無疑施存統是少數關注民主發展的人，但上面表述，仍是概念層次，沒有針對黨運作與民主間的矛盾發言。馬濬則有較直接說明，他指出黨治與民主的關係有三個不同看法，一個是支持黨治，無論奪權前或後，革命都要繼續，亦即繼續黨的專政；一個是反對黨治，認為黨治只限於黨，不及普通民眾；最後一個則認為革命成功後，應該還為民治。馬濬較為支持黨治的持續，他的理由是革命時期只有破壞，革命後要建設仍需黨的力量。最後他歸結到黨治與民治兩者應該並行不悖，人民沒有黨便無法革命，而黨亦需要群眾支持才能存在。當前的問題是國民黨由少數人掌控，不可能談民主。[37]

一個比較有創意的提法是蕭淑宇所構想的東方國際。東方國際是北伐時期相當流行的想法，它是與國際聯盟及第三國際抗衡組織。蕭淑宇主張由國民黨推動，各弱小民族國家組成。蕭淑宇強調由國民黨推動，主要因為它有政綱、組織及三民主義，但組織上國民黨也受東方國際指揮。東方國際在各國成立本地的國民黨，然後共同推動自身解放。[38]東方國際能夠與民主發生關連，主要是孫中山在1924年所提出的召開的國民會議，蕭淑宇認為最大的難題便是如何平衡國民黨與國民會議的關係，亦即黨治與民治的關係。解決方法便是把國民會議置於東方國際之下，由其指導，便可以不受國民黨直接指揮。[39]當然其前提便是要先成立東方國際，才可以有國民會議。

---

[36] 蕭淑宇，〈打到北京以後〉，《革命評論》，第6期，頁21-25。
[37] 馬濬，〈黨治的先決問題〉，《革命評論》，第2期，頁11-13。
[38] 蕭淑宇，〈打到北京以後〉，《革命評論》，第5期，頁32-37。
[39] 蕭淑宇，〈打到北京以後〉，《革命評論》，第2期，頁21-22。

參、結論

北伐後的時代是一個人物與思想雜陳交錯的時代，用傳統親共與反共的架構分析，似乎有許多扞格不通的地方。假如說蔣介石是當時反共潮流的最大支柱，但他卻支持《革命評論》的出版。當然可以由謀略角度解釋，為了平衡黨內保守力量，他引用陳公博等左派來制肘右派。然由他對李烈鈞等保守力量的批評，甚至抨擊吳稚暉等反對蘇聯接近，反映出蔣氏與左派在思想上仍有若干共通地方，亦為 30 年代汪蔣共治打下基礎，因此汪精衛與蔣介石的關係，其實仍有很多可以開拓空間。

在思想層面上，反共與親共似乎亦不能作為刻劃北伐後思潮之指標。《革命評論》裡不但是使用與中國共產黨同一個理論系統，而且也沒有把中共當作主要敵人。《革命評論》裡的確有不少批評中共的地方，但主要認為中共的問題是硬套馬克思的階級理論到中國，但中國本身卻並非是個工人領導的社會，因此搞錯了革命方向。對《革命評論》而言，中共並非主要敵人，主要敵人仍是封建力量及腐敗官僚。也許真是要撇開親共與反共的框架，才能理解 30 年代中國思想的變化。

（本文為發表於 2018 年「文化的政治．政治的文化：五四知識分子的轉變」國際學術研討會〔臺北〕論文之修訂稿。）

DOI:10.978.986437/1778.0016

清末民初文人的社會網絡——以上海南社為個案研究（1909-1923）

陳香杏*

壹、前言

十九世紀中葉開放口岸後，上海在被動與主動之間，逐漸吸吮著西方文化的養分，並醞釀出獨特的文化氛圍，面對生活丕變的衝擊，進入城市中的文人也逐漸闢造出迥異於傳統中國人際關係的公共交流網絡。他們在清末加入各種革命及愛國組織，穿梭在充滿政論語言的人際互動中；辛亥革命後，面對動盪依舊的局勢，多數人勉力延續著晚清以來的生活樣態，但也有所醒覺的迎接社會與經濟結構改變後的生存挑戰，將專長轉變為謀生工具，並投入漸形興盛的文化相關行業中。於是在城市生活的畫卷中，傳統文人的色彩漸褪，他們變身為新型文化人，[1] 透過生活空間的擴展與重構的關係網絡，在轉型時期的社會中繼續發揮文化層面的影響力。休閒生活則走入公共娛樂空間，除了抒發鬱結並擷取寫作或編輯的素材，逐漸融入城市居民的通俗文化中。

本文即經由對清末民初活躍於上海的革命文學團體——南社及其成員的生活作一探究，說明在其成立至解體的十餘年間，這些文人如何建構社會關係網絡、尋求自我認同與群體歸屬，並融入上海這個近代化城市的歷程。而選擇南社為研究對象，首先：它的存在維度橫跨晚清與民初兩個時空，自1909年成立，至1923年解體，這段時間正是中國內部各方面激烈轉變的階段，尤其上海更是獨領風騷而受全國所注目；其次：南社成員高達千餘人且

---

* 國立臺北大學歷史學系講師

1 熊月之在〈略論晚清上海新型文化人的產生與匯聚〉一文中，指出晚清所謂的新型文化人，其特徵是具有比較新的知識結構，有比較相近的人生觀，憑藉新知識服務於新式的報館、書局、學校、圖書館、博物館等文化機構，並實現自己的人生價值。《近代史研究》1997年第4期，頁257。

遍布各省，聚集於上海的文士多被網羅其中，隨著十餘年來政治、經濟與社會文化的改變，社員生活面相紛陳而多元，交遊網絡豐富，因此相對於其他團體也較具代表性；再者，南社是清末各界人士秉持救國意念聚合而成的愛國組織，在鼓吹反清革命與反袁運動中皆有重要的貢獻，而整個社團的興衰也反映出過渡時代的起伏變化與多元面貌，但學界對此一團體的研究與重視卻與其重要性不成比例，這種情況直到 1980、1990 年代以來才逐漸有所改變。到目前為止的進展包括南社研究會與南社紀念館的成立，以及南社相關論著與網站的出現，[2] 但多集中於彼岸，臺灣地區則因材料搜尋較為不易，南社研究風氣仍待開展。

基於上述諸因素，本文嘗試從城市空間的角度研究南社文人，也從文人對生活的努力調適一窺城市空間及其性格的變化，進而描繪南社及其成員的都市生活圖像與他們在其中所扮演的角色。期望能為南社此一主題的研究略盡綿薄，並拓展筆者之前相關論述的議題。[3]

貳、清末上海的結社之風與南社的醞釀及創立

一、盛況再起——上海的立會結社

歷代多有文人社集，初始在於雅聚賦詩，或切磋詩藝，或抒懷遣愁，至明代因行八股取士，士人需透過社團刊錄文章行世以提高應考優勢，導致社事大盛；明末國勢日衰、社會漸亂，士大夫結社轉而議論朝政，政治色彩漸濃，其中又以復社聲勢最浩大。該社突破地域結社的限制，廣納社員，並結合各地小團體，據載成員多達 2,025 人，盛況空前。[4] 但在滿清入主中原以

---

[2] 南社研究會與南社紀念館多由南社成員後裔發起設立，除了出版南社相關研究作品，也舉辦紀念會與研討會等活動，並蒐集南社相關文獻與文物等。而迄今曾撰寫南社相關論著（包括專書、期刊論文、學位論文等）的學者主要有彼岸的鄭逸梅、柳無忌、王晶堯、楊天石、劉彥成、郭長海、馬以君、殷安如、張中、鄭勇、孫之梅、盧文芸、欒梅健、金建陵、張末梅、曾景忠、汪夢川、陳東林、張春田、郭建鵬……等人；臺灣地區則有陳敬之、梁惠錦、劉惠璇、陳香杏、林香伶……等人。這些論著內容含括：南社歷史的回顧與整理、創作思想與文學作品的分析，革命愛國思想與組織發展的探討，社團屬性與歷史定位的詮釋，以及專以人、事為論述中心的社團史研究等等。其中盧文芸並架設南社相關網站，開闢南社研究交流的新管道。

[3] 參見陳香杏，《南社研究——以思想層面為主（一九０九－一九二三）》（臺北：國立臺灣師範大學歷史學研究所碩士論文，1993 年）。

[4] 謝國禎，《明清之際黨社運動考》（瀋陽：遼寧教育出版社，1998 年），頁 9。

後，鑒於文人結社干政不利統治，乃屢頒禁令，[5] 結社之風遂遭摧抑，社事終致消沉。直到 1895 年，康梁等人陸續在北京及上海籌組強學會後，局面才逐漸改變，知識分子多以學會為開啟民智、灌輸新知的重要工具，[6] 因此自甲午戰後，學會如雨後春筍般出現，除了後來因戊戌政變曾遭黨禁而受挫之外，直至清亡，每年皆有新團體成立，其中又以東南江浙一帶為盛，蓋因兩省環境富庶，對外聯繫便利，向為人文學術薈萃的中心。如對後世社事儀式具有典範意義的蘭亭修禊即是聚於會稽山陰之蘭亭；而後唐代文人亦興賦詩唱酬；宋元至明中期以後，社事達到極盛；這些詩文社幾分布於東南一帶的都市與名勝之地。[7]

在江浙一帶社團紛立風潮中，上海一地尤為突出。關於上海地區在清末成立的新式社團數量，有些較具代表性的研究可供參考，如張玉法對於清末最後十年間的各式社團加以統計，共得 856 個，其中上海有 93 個；[8] 桑兵的研究則得出在 1901–1904 年間，江蘇、浙江、廣東、福建、江西、湖北、湖南、安徽、山東、直隸、河南、奉天、四川、雲南、廣西等省和上海，共成立新式社團 271 個，其中江蘇 77 個最多、浙江 51 個次之、上海 42 個名列第三；他又將辛亥革命前各地的商會、教育會及農學會等合計，得約 2,000 多個，[9] 數字遠多於張氏所計，據此合理推估，上海的社團數量應該也超過 93 個。儘管張、桑二人所得數字不一，但社團的分布趨勢卻與當時各

[5] 首先順治九年的禁止藉結社干預政治令：「諸生不許糾黨多人，立盟結社，把持官府，武斷鄉曲，所作文字，不許妄行刊刻。違者聽提調官治罪。順治十七年又下旨：「士習不端，結社訂盟，把持衙門，關說公事，相煽成風，身為可惡。著嚴行禁止。以後再有這等的，各該學臣即行革黜參奏，如學臣隱徇事發，一體治罪。」出處同前註，頁 252-254。

[6] 康有為認為「中國風氣，向來散漫，士夫戒於明世社會之禁，不敢相聚講求，故轉移極難。思開風氣，開知識，非合大群不可，且必合大群而後力厚也，合群非開會不可，……」康有為，《康南海自編年譜》，沈雲龍主編，《近代中國史料叢刊第 2 輯》第 11 號（臺北：文海出版社），頁 34；梁啟超亦以為「彼西人之為學也，有一學即有一會，……其入會之人，上自后妃王公，下及一命布衣，會眾有集至數百萬人者，會資有集至數百萬金者，……故學無不成，術無不精。」他指出學會為西人富國強民的要因，故「今欲振中國，在廣人才，欲廣人才，在興學會。」梁啟超，〈論學會〉，收入氏著，《飲冰室文集》（一）（臺北：臺灣中華書局，1983 年），頁 33。

[7] 陳寶良，《中國的社與會》（杭州：浙江人民出版社，1996 年），頁 270-272。

[8] 分見張玉法二書，《清季的立憲團體》（臺北：中研院近史所專刊，1971 年），頁 90-143；《清季的革命團體》（臺北：中研院近史所專刊，1975 年），頁 658-663、671-679。

[9] 桑兵，《清末新知識界的社團與活動》（北京：三聯書店，1995 年），頁 274-275。

地社會發展狀況相吻合。除前述指出江浙所具備的優越條件外，上海則自十九世紀中葉開放通商以來，因經濟發達、交通便利、文化多元，加上相對寬鬆的政治環境，漸成各地文人匯聚之所，也成為清末新式社團的重要「孵化基地」。[10]熊月之曾估計過清末上海的新型文化人，戊戌變法時期約 1,200 名，到 1903 年增加至 3,000 人，1909 年則增至 4,000 人。[11]這些人士致力於以各種形式建立彼此的聯繫和交誼，在國難當前的危機中，他們結合同道組成各種愛國團體，投入一波波反清行動中，而成立於 1909 年的南社便是其中之一，它在最盛時成員高達千餘人，遍布各省，猶如復社之盛況再現。由此可知詩文社自古有之，至明末傾向政治結社並極度盛行，尤其是文風鼎盛的東南一帶。因此南社成立於蘇州虎丘、活躍於上海地區的現象正說明了此地文人議政的可貴精神再度昂揚。

二、風雲際會於上海——南社三巨頭

南社成立於 1909 年，一個風起雲湧、人心思變的年代，發起人為柳亞子、陳去病及高旭。柳氏出身於傳統仕紳家庭，幼承家教，十六歲時曾考取秀才；陳氏祖上雖以商業起家，但自幼母教甚嚴，十五歲起於長洲諸杏廬處執經就學五載；高氏出身於書香世家，自幼受家教薰陶，十三歲學詩書，十七歲即以能詩名噪鄉里，可知三人舊學基礎都頗為深厚。1902 年之前，他們皆寄救國希望於康梁，但自國是日蹙，維新派逐漸轉向保皇立憲，三人亦不再服膺其言論主張。首先高旭在 1900 年唐才常起義失敗後，曾作詩哀悼，革命思想已然萌芽；1902 年陳去病加入中國教育會，發起同里支部，該會由蔡元培、吳稚暉與章太炎等人創立於上海，原致力於編訂教科書以改良教育，之後漸成為東南各省革命之集團。1903 年，柳氏也因陳氏及同邑金鶴望的介紹而加入此會，並入愛國學社，結識章太炎及鄒容等人，進而確立革命思想，同年所做〈駁革命駁議〉一文中，已顯露出反對變法、立憲而崇尚革命的傾向；[12]陳則東渡日本，加入拒俄義勇隊，是年夏秋間歸國，主講於上海愛國女校；十一月，高旭在松江發刊《覺民》。1904 年，陳赴上

---

[10] 方平，《晚清上海的公共領域（1895–1911）》（上海：上海人民出版社，2007 年），頁 145。

[11] 熊月之，〈略論晚清上海新型文化人的產生與匯聚〉，頁 257-258。

[12] 王晶堯等編，《柳亞子選集》（上）（北京：人民出版社，1989 年），頁 17-21。

海任《警鐘日報》主筆，並創刊《二十世紀大舞台》，提倡戲劇革命；高也赴日留學，結識孫中山，參與革命事業；同年冬，鄧實在上海籌組國學保存會，柳、陳、高三人以及姚石子、黃節、胡樸安、馬君武、龐檗子等皆加入為會員。1905 年，高在日本加入同盟會，隨即發刊《醒獅》，並被推為同盟會江蘇分會會長；柳於同年發刊《復報》。1906 年，陳、柳兩人相繼加入同盟會，柳經蔡元培介紹，又加入光復會，成了「雙料革命黨」；[13] 高則歸國，與朱少屏在上海創辦健行公學（成為同盟會江蘇分會外圍組織），提倡革命，有第二愛國學社的傾向；柳也在公學裏教授國文，[14] 其後柳又與高旭、陳陶遺等人促居於八仙橋鼎吉里四號，取名為「夏寓」，作為貯藏秘密文件、召開會議及接待革命黨人之用，實為同盟會機關部；[15] 同年五月，擴大《復報》內容，成為同盟會機關報《民報》的衛星，[16] 可視為南社前身刊物。

自 1902 年起，南社數位主要成員陸續在上海一帶活動，積極參與革命事業，但至 1906 年後，因外在局勢牽制及個人私事之故，活動漸趨平靜。1907 年，健行公學解散，高鬱鬱家居；柳於同年返鄉結婚，轉以文字鼓吹革命，之前居於夏寓期間曾結識多位文化界人士，如甯調元、蘇曼殊、朱少屏、高吹萬、馬君武（後皆加入南社）等人，柳自謂「今春夏間，僑寓海上，得識四方賢豪長者，時相過從，至足樂也。」[17] 由此說明南社雛形已漸具備。自此至 1909 年期間，正是南社成立前的準備期，因此從數位骨幹人物創社前的經歷可以看出社團與上海的深遠關聯。革命風潮的蓬勃促使他們由維新走向革命，以加入各類革命組織為經，又以向外發展人際關係為緯，匯聚成一張繁複的社會網絡，成為日後南社成立的極大助力，也促使後來社員不斷增加。據柳亞子所編〈南社社友姓氏錄〉統計，得出在 1183 位社員中，隸

---

[13] 柳亞子，〈我和南社的關係〉，柳無忌編，《南社紀略》（上海：上海人民出版社，1983 年），頁 10。

[14] 同前，《南社紀略》，頁 7、10。柳教授國文而以激進革命讀物《皇帝魂》為教材，透露出其革命態度已十分積極。張明觀，《柳亞子傳》（北京：社會科學文獻出版社，1997 年），頁 78。

[15] 柳無忌、柳無非編，《柳亞子文集：自傳．年譜．日記》（上海：上海人民出版社，1986 年），頁 10。柳與陳陶遺相識於健行公學，兩人關係密切，柳作〈懷人詩十章〉之七紀之：「半載春申江上註，與君肝膽最相知」。中國革命博物館編，《柳亞子文集：磨劍室詩詞集》（上）（上海：上海人民出版社，1985 年），頁 47。

[16] 柳亞子，〈我和言論界的因緣〉，《逸經》創刊號，1936 年 3 月，頁 20。

[17] 王晶堯等編，《柳亞子選集》（下），頁 662。

籍江蘇省 441 人最多、浙江省 227 人次之，[18] 僅江浙兩省人數總和 668 人就超過社員總數的一半（56.42%），由此可見南社人以東南地區佔大多數（湖南除外[19]）。如就上海一地觀之，成員又以吳江、吳縣、金山三地居多，社友鄭逸梅就說：「有人把南社作為一個大家庭，便以吳江為大房，吳縣為二房，金山為三房。」[20] 因此不論就全國各地或上海一處來看，社員的地域分布使南社略帶同鄉會的性質，而這類社會團體的出現也顯示上海做為一個新興城市吸引了眾多移民潮的必然現象。[21]

三、南社的醞釀與創立

1907 年後，柳、陳、高三人書信往來，詩詞唱和，積極投入創社的準備工作。是年陳在上海參與《國粹學報》的編輯，七月，秋瑾殉難，陳氏感於秋瑾獻身報國之壯舉，擬於上海開會追悼不果，轉而組織神交社，成為南社創立的先聲。[22] 他於〈神交社雅集小啟〉中說明結社宗旨在於連絡天下文士，論交講學；[23] 高旭事後曾作詩寄陳氏，以「彈箏把劍又今時，幾復風流賴總持」勉勵友人，[24] 此時已「走上發起南社的路了」。[25] 同年冬，柳亞子與劉師培、何志劍、楊篤生、鄧實、黃節及陳去病、高旭、朱少屏、沈道非、

---

[18] 其他省籍分布依次為：廣東省 177 人、湖南省 119 人、安徽省 56 人、四川省 25 人、福建省 22 人、湖北省 20 人、江西省 17 人、廣西省 16 人、雲南省 11 人、河北省 9 人、陝西省 6 人、山西省 5 人、山東省 5 人、貴州省 5 人、甘肅省 2 人、遼寧省 2 人、河南省 1 人、籍貫不詳 17 人。柳無忌編，《南社紀略》附錄：〈南社社友姓氏錄〉，頁 181-232。

[19] 湖南籍社員甯調元與傅熊湘等人在上海創辦《洞庭波》雜誌，鼓吹反清，帶動湖南愛國志士紛紛入社，形成社員數高居第四之省分。劉惠璇，〈清末民初「南社」的革命活動及其侷限〉，《警專學報》第 4 期，1911 年 6 月，頁 374。

[20] 鄭逸梅，《南社叢談：歷史與人物》（北京：中華書局，2006 年），前言，頁 2。

[21] 葉中強，〈游走於城市空間——晚清民初上海文人的公共交往〉，《史林》2006 年第 4 期，頁 81。

[22] 柳無忌編，《南社紀略》，頁 6。「神交」之名源於魏晉竹林七賢常聚於林中，史書贊其友誼如「神交」。而神交社則屬秘密革命組織，以推翻滿清為目的。楊天石、劉彥成，《南社》（北京：中華書局，1980 年），頁 268-269；陳旭麓等主編，《中國近代史辭典》（上海：上海辭書出版社，1985 年），頁 453。陳去病以神交社名之，即表示結合同道策劃反滿志業。

[23] 陳去病，〈神交社雅集小啟〉，《南社叢刻》第 4 集，文錄，頁 532-533。

[24] 高旭，〈海上神交社集，以事不得往。陳佩忍書來索詩，且約再游吳門，郵此代簡〉，高旭，《天梅遺集》卷三，《未濟廬詩》，收於郭長海、金菊貞編，《高旭集》（北京：社會科學文獻出版社，2003 年），頁 74。

[25] 柳無忌編，《南社紀略》，頁 7。

張聘齋等人於海上酒樓小飲時，便相約結社，即席賦詩云：「慷慨蘇菲亞，艱難布魯東。佳人真絕世，余子亦英雄。憂患平生事，文章感慨中。相逢拼一醉，莫放酒樽空。」[26]

「南社」之名首度出現在1908年春，三月，柳氏希望促成結社一事，但相約結社者多分散各處，乃有所感而作〈海上題南社雅集寫真〉詩兩首：「雲間二妙不可見（原注：高天梅、張聘齋里居未出），一客山陰正獨游（原注：陳巢南時客紹興）。別有懷人千里外，羅蘭瑪利海東頭（原注：謂劉申叔、何志劍伉儷）。」「雞鳴風雨故人希，幾復風流事已非。回首天涯唯汝在，相逢朱沈倍依依（原注：南社諸子時在海上者唯朱少屏、沈道非兩人而已）。」至此南社醞釀已告成熟，亦即，先由神交社發其端，再由數位主事者廣為交遊，號召同道，經兩年多的籌組，終於誕生。

1909年11月13日，南社正式成立，當日參與成立大會有社員十七人，來賓二位；在十七位社員中，具同盟會籍者有十四人，革命氣氛濃厚。成立地點選在蘇州虎丘張公祠，則因張國維在崇禎年間曾任蘇松巡撫，後在魯王監國時代率兵抗清，戰死殉國；[27]而且明末復社曾在此召開空前盛會，[28]故在此地舉行創社大會，不僅緬懷張公殉國之忠烈，更突顯南社繼承復社文人議政傳統的堅決理念。

參、南社的創社宗旨、組織體制與活動特色

一、創社宗旨與組織體制

關於南社成立宗旨與目的可從兩方面觀察：（一）南社命名緣由：甯調元認為「鍾儀操南音，不忘本也。」[29]陳去病〈南社長沙雅集紀事〉一文云：「南

---

[26] 柳亞子著，徐文烈箋，劉斯翰注，《柳亞子詩選》（廣東：廣東人民出版社，1981年），頁42。

[27] 柳無忌編，《南社紀略》，頁11-14。

[28] 復社共舉行三次大會，第一次是崇禎二年尹山大會；第二次是崇禎三年金陵大會；第三次便是崇禎五年的虎丘大會。吳偉業《復社紀略》卷二云：「癸酉春，溥約社長為虎丘大會，先期傳單四出，至日，山左江右晉楚閩浙以舟車至者數千人，大雄寶殿不能容，生公臺千人石，鱗次布席皆滿，……觀者甚眾，無不詫歎，以為三百年來，從未一有此也。」謝國禎，《明清之際黨社運動考》，頁164-165。

[29] 胡樸安，《南社叢選》，收入沈雲龍主編，《近代中國史料叢刊》第27號（臺北：文海出版社），文選，卷一，頁1。

者對北而言，寓不向滿清之意。」柳亞子說：「它的宗旨是反抗滿清，它底名字叫南社，就是反對北庭的標幟了。」[30]（二）社員在創社前後所發表的文字：高旭〈南社啟〉云：「國魂乎！盍歸來乎！……與陳子巢南、柳子亞盧有南社之結，欲一洗前代結社之積弊，以作海內文學之導師。……今世之學為文章，為詩詞者，舉喪其國魂者也。……倘無人以搘拄之，則乾坤或幾乎息矣！」[31]在〈無盡庵遺集序〉中又說：「當胡虜猖獗時，不佞與友人柳亞盧、陳去病於同盟會後更倡設南社，固以文字革命為職志，而意實不在文字間也。」[32]陳去病〈高柳兩君子傳〉云：「……故至丁未冬，復與余結南社於海上，而天下豪俊咸欣然心喜，以為可藉文酒，聯盟好，圖再舉。」[33]綜觀上述，雖皆未明揭於南社條例上，但其命名「南社」，當是與北廷對抗之意；而宗旨則為：以詩文會友的形式，聯絡各地具文采的愛國志士，除以文詞交流與砥礪外，並議論時局，提倡民族氣節，喚醒國魂，共赴革命。由此而知，南社目的雖是反清，但與當時同盟會所倡行的以武裝推翻滿清不同，社員是以古詩文詞當作革命的武器，以文學推動革命，通過集會及報刊等公共領域發表政治見解，奉行一種典型的不流血的近代市民政治。[34]

南社成立於清之國運將盡而民主共和還未到來的過渡時代，社員多數具有傳統教育的背景，聚會時不免詩文唱酬，隨性抒發，雖有品評人物、臧否時政之類，但多散漫而缺乏現代學會的積極性與組織性。[35]不過正因此特性，所以能廣納各地力量，首先是南社「藉文酒，聯盟好」的豪氣，正顯示其合群的創社理念，社員中江浙人士超過總人數之半，又是另一類型的合群表現，而從南社的目的來看，更是合群救國理想的實踐。[36]其次觀察南社的入

---

[30] 楊天石等，《南社》，頁 1。

[31] 高旭，〈南社啟〉，《民吁日報》，1909 年 10 月 17 日。

[32] 高旭，〈無盡庵遺集序〉，收入周實，《無盡庵遺集》（上海：國光印刷所，1912 年），頁 1，黨史會藏。

[33] 陳去病〈高柳兩君子傳〉，《南社叢刻》第 9 集，文錄，頁 37。

[34] 葉中強，〈游走於城市空間——晚清民初上海文人的公共交往〉，頁 81。

[35] 王爾敏，〈清季學會彙表〉，收入氏著，《晚清政治思想史論》（臺北：學生書局，1969 年），頁 134。

[36] 所謂「合群」，即是指通過結社立會的方式來結合同志，從事各種政治、經濟、社會、文化、教育活動。「合群以進化」、「合群以立國」的思想，萌發於戊戌維新時期，至二十世紀初年，已漸成為上海社會各界人士的普遍共識。方平，《晚清上海的公共領域（1895–1911）》，頁 171-172。

社條件，〈南社條例〉訂有入社資格，即「品行文學兩優，得社友介紹者，即可入社。」[37] 顯示入會條件寬鬆，包天笑回憶說當時只要有人介紹說某君願加入，或是主動邀某君加入，後者答應，便是社員，因此實際上幾乎沒有限制[38]，以致各界人士紛紛加入，包括有報人、教育家、藝術家、曲學家、通俗作家、社會活動家、革命黨人及政治家等。由於人數眾多且各忙於專職，因此只在一些私交場合或雅集活動時才得以聚首言歡、詩酒縱論一番，甚至正式集會也無硬性規定社員參加，大家自由來去，不受拘束，就像一個名流組成的聯誼會，甚至有許多社員從未參加過社集，對於南社似乎只是一種意向性的隸屬關係。[39]

雖然組織的鬆散與入社條件的寬鬆說明南社仍未完全晉身於現代社團之列，卻有助於其吸納更多同道以壯大規模，擴大影響，所謂「譬如群山赴壑，萬流歸海，初不以派別自限」，[40] 如此廣納海內同好應是青黃不接的時代結社立會所能達成的較理想狀態，而文人蜂擁入社的盛況，也顯示出他們急欲尋獲情感與理念的歸屬，重新確認城市中的個人位置。社團的運作機制採分權負責，由社員公推編輯員三人，會計、書記各一人，庶務二人，推動社務進行，產生過程則依民主原則，「職員每歲一易人，雅集時由眾社友推舉，連任者聽。」[41] 因此從入社情形與運行機制來看，南社則又具備了開放性與民主性。

二、社刊的普及與雅集的公共性

南社的主要活動為發行社刊《南社叢刻》與舉行雅集，兩者關係密切。據林香伶分析，南社在二十二次雅集中，除第五、八、九三次與第四次臨時雅集之後沒有叢刻結集出版外，其餘各次約在雅集過後二至三個月就有叢刻

---

[37] 〈南社第三次修改條例〉，柳無忌編，《南社紀略》，頁 23。

[38] 包天笑，《釧影樓回憶錄》（中），張玉法、張瑞德主編，《中國現代自傳叢書》第二輯（臺北：龍文出版社，1990 年），頁 421。

[39] 葉中強，〈游走於城市空間——晚清民初上海文人的公共交往〉，頁 81。

[40] 柳亞子，〈時流論詩多騖兩宋，巢南獨尊唐風，與余相合，寫示一章，即用留別〉，王晶堯等編，《柳亞子選集》（下），頁 690。

[41] 〈南社第三次修改條例〉，柳無忌編，《南社紀略》，頁 23-24。

印行，因此叢刻可視為雅集活動的產物。[42] 以下即先說明叢刻的內容特色與傳布情形，繼之探討雅集活動與公共空間的關係。

（一）《南社叢刻》的特色與流布

《南社叢刻》作為社團刊物，每年冬夏兩季各出刊一次，內容分文、詩、詞錄三種（詩的數量最多），作品以文言發表，然「以舊形式表現新內容」，是謂革命的文學。[43] 叢刻作品內容除了以文學提倡反清、反袁革命[44]、表揚民族氣節、強調民族主義[45]、主張以民為主、主權在民[46]外，尚以文學為改良風俗、啟迪民智[47]的良方；且須反映不合理面，擔任時代的振聾發聵者，[48] 胡樸安曾說「南社之文章，一時代影響之反感者也。」[49] 南社人也提倡語體詩或文白並存，如高旭的詩歌文白相間，宜於歌唱；[50] 馬君武的詩作不僅意義淺顯，且易朗朗上口；[51] 此外陳去病與柳亞子等人強調戲劇的巨大感染力與潛

---

[42] 林香伶，《清末民初文學轉型期的標誌——南社文學研究》（臺北：國立臺灣師範大學國文學系博士論文，2003 年），頁 125-126。

[43] 柳亞子，〈柳亞子的詩和字〉，《人物》1980 年第 1 期，頁 161。

[44] 南社社員藉悼念殉國烈士以表明反清、反袁之決心，前者如徐自華〈鑑湖女俠秋君墓表〉，《南社叢刻》第 3 集，文錄，頁 296；鄧家彥〈弔鄒容〉，《南社叢刻》第 8 集，詩錄，頁 1419；後者如蔣士超〈輓遯初先生〉，《南社叢刻》第 8 集，詩錄，頁 1455；周斌〈哭同社死友〉，《南社叢刻》第 13 集，詩錄，頁 2863。

[45] 藉追懷歷代先賢烈士，以表揚民族氣節，並突顯滿漢對立的種族型民族主義，如吳梅〈自題風洞山傳奇八絕句〉，《南社叢刻》第 11 集，詩錄，頁 2220；沈礪〈展張倉水墓〉，《南社叢刻》第 4 集，詩錄，頁 590；陳子範，〈狂吟〉，《陳烈士勒生遺集》，卷一，古近體詩，頁 1。

[46] 如蔣同超〈讀美國獨立史有感〉，《南社叢刻》第 14 集，詩錄，頁 3162；胡蘊玉〈贈人庵〉，《南社叢刻》第 12 集，詩錄，頁 2473；高旭，〈海上大風潮起作歌〉，《國民日日報彙編》（一），文苑，頁 3-5。

[47] 如高旭〈祝民呼報〉，《南社叢刻》第 1 集，《未濟廬詩集》，頁 57；曾蘭，〈女子教育論〉（1912），《吳虞集》附錄，頁 429-436；柳亞子〈放歌〉，王晶堯等編，《柳亞子選集》（下），頁 653。

[48] 如柳亞子的詩作〈孤憤〉，即是揭露袁氏稱帝之醜態，呼籲人民起而推翻；張冰的〈中日消息〉一詩則憤慨於袁氏之畏懼強權而與日簽訂喪權辱國的「二十一條」，諸如此類抨擊政府之不當措施與鼓勵人民起而對抗之作品，即是南社文章反映時代之明證。

[49] 《南社叢選》，自序，頁 1。

[50] 如〈女子唱歌〉、〈愛祖國歌〉、〈軍國民歌〉及〈光復歌〉等長篇歌行體詩，皆是比較自由的新派詩，賴雲琪，〈南社〉，收入雍容、黃遇奇主編，《中外文學流派》（重慶：西南師範大學出版社，1987 年），頁 267。

[51] 如〈中國公學校歌〉，黨史會編，《馬君武先生文集》（臺北：黨史會，1987 年），頁 310。

移默化的效果，進而倡導戲劇改良，利用演劇將許多艱深的思想傳達社會大眾。[52] 觀諸作品內容的特色，說明了南社諸子認為文學應兼具實用性、時代性與普及性，以達到文學通俗化與啟迪民眾的目的。

叢刻除了是社員抒發理念的園地外，同時也成為民眾讀物。[53] 第四集出版時已遠銷海內外，發行所多達九處；[54] 民國之後，叢刻發行重心轉回上海，第五、六、七三期皆以《太平洋報》館作為發行網絡的中心，此時社員投入報業也越來越多。八、九兩期則改由書店及圖書館共約四至七處代為發行。接著第十、十一、十二集，發行所多達十三處之多，盛況空前，叢刻的影響力也在此時達到最高峰。但之後因受二次革命失敗的影響，叢刻第十三集的發行所驟減為二至四處，第十四到十九集，狀況並無改善；此後直到第二十集發行時，僅剩一處，因此第二十一、二十二集便由當時社長姚光以個人名義印行了。[55] 綜上可知，叢刻內容因能反映時代、深契民心而造成銷售盛況；但其後也因政局動盪、與潮流脫節而不再風行。

（二）上海園林與南社雅集

雅集自古即是文人聚會的一種活動方式，也是文人結社賦詩的淵源。南社雖以革命文學展現出破舊立新的決心，但囿於社員的家庭及教育背景，不免仍以傳統的文人雅集作為主要活動形式，只是在城市的公共空間裡運作進行，雅集內涵也注入時代新精神，陳去病曾在被視為南社前身的神交社〈例言〉中宣稱：「本社性質類似前輩詩文雅集，而含歐美茶會之風。」[56] 南社

[52] 陳去病是戲劇革新的核心人物，不僅發表戲劇理論文章，更強調革命志士應與梨園藝人合作，1904年創辦的《二十世紀大舞台》，提出以「改革惡俗、開通民智、提倡民族主義、喚起國家思想」為唯一目的，出刊後廣受大眾歡迎，香港《中國日報》給予極高評價，《警鐘日報》1904年10月6日所載〈大舞台出版有期〉之相關報導；阿英，《晚清文藝報刊述略》（上海：古典文學出版社，1958年），頁20；景雲，〈中國第一個戲劇雜誌——介紹二十世紀大舞臺〉，收入中國社會科學院文學研究所近代文學研究組編，《中國近代文學論文集·戲劇·民間文學卷（1949–1979）》（北京：中國社會科學出版社，1982年），頁236-239。

[53] 南社條例規定叢刻歲刊兩集，除分贈社友每人一冊，其餘作賣品，見〈南社第三次修改條例〉，柳無忌編，《南社紀略》，頁23-24。。

[54] 當時上海民立報為總發行所，分發行所有上海秋星社、北京帝國日報社、杭州全浙公報社、紹興越社、汕頭新中華報社、桂林南風報社、檳榔嶼及光華日報社等處，張明觀，《柳亞子傳》（北京：社會科學文獻出版社，1997年），頁143-144。

[55] 林香伶，《清末民初文學轉型期的標誌——南社文學研究》，頁139-142。

[56] 楊天石、王學莊編著，《南社史長編》（北京：中國人民大學出版社，1995年），頁85。

也延續此一型態，將傳統文人的詩酒雅集和近代市民的休閒娛樂方式融為一體，[57] 這種轉變說明了城市公共空間在文人的交往互動中成為一個「有意味的形式」。[58] 因此自 1880 年代至清末民初，上海陸續對外開放的一批私人園林，便也在南社雅集中扮演一定的角色。

南社條例規定每半年舉行雅集一次，後來因時局變動導致聚會減少且時間不定，但此一活動始終是推動社務的樞紐，也是社友互通聲息、議論國是的場合。自成立至解散改組，南社共舉行十八次正式雅集，四次臨時雅集，地點的選擇傾向於靈秀的自然山水勝景，透露出文人古雅之逸趣。[59] 如成立大會選在蘇州虎丘，除了著重其歷史涵義與精神象徵，也因該處乃山水名勝；第二次因遷就陳去病之故，選在也是園林名景的杭州唐庄；此後，即將雅集地點移至上海一帶，當地陸續開放的私人園林便成為他們的選擇。由於園林內部的建置齊備，發揮前所未有的社交功能，無形中也改變這批南社人的雅聚內涵。以下即分別介紹各園林的特色以及文人在其中的活動。

1. 張園：首次上海雅集

張園地處靜安寺路（今南京西路）之南、同孚路（石門一路）之西，最早為英商格農所建，幾經轉手，於清光緒八年（1882 年）由無錫人張叔和購得，更名味莼園，又名張園。[60] 張氏善於經營，除將園址不斷擴大，還在園內廣植花木，建置中式亭臺樓閣、小橋流水，並造西式的劇場、餐廳、彈子房與照相室，1885 年開放時，園內已齊備花園、茶館、飯店、戲院、會堂、商場及遊樂場多種功能空間，可謂當時上海最大、最負盛名的中西合璧的園林。因不收門費（隔年門票始收一角），遊客終日絡繹不絕，一位署名賾安主人的餘姚人曾作詩道：「海天勝景讓張園，寶馬香車日集門。客到品花還鬥酒，戲樓簫鼓又聲喧」，[61] 孫寶瑄寓滬三年，先後至張園遊覽約 69 次，平

---

[57] 葉中強，〈游走於城市空間──晚清民初上海文人的公共交往〉，頁 81。。

[58] 同前註，頁 83。

[59] 關於南社歷次雅集舉行的時間、地點、與會人數及活動內容，參見陳香杏，《南社研究──以思想層面為主（一九〇九－一九二三）》，頁 42-51。

[60] 張氏購下此園本為供其母頤養天年，而後張母去世，因觸景傷情而欲出售，後經友人相勸，乃著手擴建改造，並對外開放。沈福煦、沈燮癸，《透視上海近代建築》（上海：上海古籍出版社，2004 年），頁 342。

[61] 蔣慎吾，〈張園掌故〉，上海通社編，《上海研究資料》續集（上海：上海書店出版社），頁 570。

均每年23次，每月2次，[62]在《忘山廬日記》裡他如此描述張園：「凡天下四方人過上海者，莫不游宴其間。故其地非但為上海闔邑人之聚點，實為我國全國人之聚點也。」[63]可見張園的魅力是全國性的，而南社選擇該地作為在上海的首次聚會場所，大抵也是在這樣的背景下決定的。

南社移往上海張園舉行創社以來的第三次雅集，起因於部分社員不滿第二集叢刻的編輯內容，柳亞子稱之為「一蹋糊塗」，因此策動發起對幹部諸人的革命，選擇上海則能避免某些關鍵人物的與會，會中除修改條例，也順利完成人事的改選。[64]此後南社雅集便一直在上海召開，對社員而言，該園存有特別的歷史記憶。園內建於1892年的安塏第大洋樓（Arcadia Hall之譯，指世外桃源），不僅是當時上海最高的建築，也是重要的公共集會場所，樓內兩層共可容納千人，由此可以看出園林的大眾性與公共性程度之高。約自1900年後，每遇各類大事，上海人已習見張園必有集會、演說，據學者研究統計，從1897年12月到1913年4月，此地約舉行39起大型集會，各界人士均有參與。[65]

南社未成立前，便有社員參加中國教育會為了抗議列強惡行而在張園召開的政治集會；[66]民初宋教仁遇刺，南社人即假張園開追悼會，姚鵷雛曾有詩云：「只有莼園千樹柳，當年曾記奠來岑。」此外，亦有社員善用該園空間，如歐陽予倩常在黎明時分前往該園練習哭笑及呼嘯等動作；胡寄塵也常與友人遊賞園景，因此面對三十年後的張園遺址不免作詩悼嘆：「千人曾記試芳樽，一客重來踏路塵。空負味莼名字好，可憐不識太湖莼。」[67]由此可知，張園不只是南社人入上海舉行首次雅聚的地點，也是這批文人交誼、發展人際網絡以及參與公共事務的重要空間。

[62] 熊月之，〈張園——晚清上海一個公共空間研究〉，《檔案與史學》1996年第6期，頁41。

[63] 孫寶瑄，《忘山廬日記》（上海：上海古籍出版社，1983年），頁589。

[64] 柳無忌編，《南社紀略》，頁20-25。

[65] 熊月之，〈晚清上海私園開放與公共空間的拓展〉，《學術月刊》1988年第8期，頁77。

[66] 湯志鈞主編，《近代上海大事記》（上海：上海辭書出版社，1989年），頁562、565、568、569。

[67] 鄭逸梅，《南社叢談：歷史與人物》，頁324-325。

2. 愚園：張園之後的轉向

愚園在靜安寺路西首赫德路（今常德路）八號。前身是一處小花園，1890 年為寓滬寧波巨商所購得，易名愚園。園內分東西兩所，東為臺榭，西為花圃，臺榭之間有敦雅堂，堂前建有可容約五、六百人的高大洋房，是演說集會之所。園內景點甚多，東、西、南分布有杏花村、雲起樓、倚翠軒、花神閣等亭榭建築，西北則設有球場、彈子房等娛樂設施，呈中西合璧之建築風格。當時上海沒有動物園，愚園首開風氣，已畜有虎、豹、猩猩、孔雀、仙鶴等珍禽異獸，供人觀賞；園中還備有茶點酒餚，以供飲啖，因此每逢春秋佳日，園內擠滿遊客，十分熱鬧；外埠人士來到上海，必至愚園遊賞而後快。[68]

南社人在張園舉行過第三次雅集後，便將陣地轉移至愚園，對此有學者認為固然與民國後張園的經營每況愈下有關，[69] 但主因還是辛亥革命後，社員政治理想得以階段性實現，因此雅集的政治功能逐漸被文學、學術及名士娛樂等需求所替代，於是雅趣盎然、東方味較濃的愚園也逐漸取代張園而為社員鍾情之處。[70] 時人也認為愚園「具亭臺竹木之勝，和張園的一味空曠，大相逕庭……」。[71] 1911 年第四次雅集在愚園杏花村舉行後，至 1916 年，南社總共在此雅集十四次，會中活動包括有餐會、收雅集費、社員報告、談話、補收入社書及入社金、以及照相等，有時也會修改條例、改選幹部或舉辦晚宴，其中餐宴及賦詩論詞尤為重點，突顯南社人仍帶有傳統的文人習氣。這些雅聚唱和、吟詠品題的集體創作成為《南社叢刻》的主要來源，在社團成立至解體的十四年裏，共有二十二集叢刻問世，而在愚園雅集的五年多裏，便足足產生有十三集之多，難怪柳亞子會稱此處是南社的「大本營」

---

[68] 錢化佛述，鄭逸梅撰，《三十年來之上海》（上海：上海書店，1984 年），頁 46。

[69] 張園鼎盛時期為 1893 年至 1909 年之間，民國以後，經營每況愈下，1913 年 10 月，鄭孝胥重游張園，發現門前冷落，遊人甚少。此時新世界、大世界等陸續興起，地段、設施與經營手段均略勝一籌，張園更形衰落，1918 年終於停辦。熊月之，〈張園——晚清上海一個公共空間研究〉，頁 32-33。

[70] 金建陵、張末梅，〈南社「雅集」解讀：以第十次為例〉，《南京理工大學學報（社科版）》第 16 卷第 3 期，頁 94。

[71] 錢化佛述，鄭逸梅撰，《三十年來之上海》，頁 47。

了。[72] 除了文人游宴聚會與民眾娛樂休閒外，愚園也經常舉行集會演說，次數僅次於張園。[73]

3. 徐園——愚園之外的選擇

徐園又名雙清別墅，1883 年寓滬海寧商人徐棣山所築，原址在新閘橋北唐家弄（今福建北路），其後因周圍喧鬧且佔地太小，1909 年其子徐仁杰等將其遷至康腦脫路（今康定路），建置如同舊景。園中有草堂春宴、曲榭觀魚、桐蔭對弈、長廊覓句、寄樓聽雨等十二景；另設有大廳與戲臺，供人演說及觀戲。從初建到遷址擴張，徐園陸續對外開放，園主性好風雅，常在園中舉辦花會，如菊花會、梅花會、牡丹會，以及為荷祝壽之會與品蘭雅集等等，文人墨士則藉會賞花、飲酒、下棋及拍照；[74] 又有琴會、曲會、書畫會及射謎活動，每逢開會，裙屐聯翩，蔚為盛況；小說家孫玉聲（海上漱石生）素有謎癖，歷屆都有參與，在其作品《海上繁華夢》第二集中即有對徐園景色的細緻描繪。[75] 徐園在二十世紀初也舉行過一些政治性集會，如中國教育會在此召開週年紀念會；如號召紳商抵制美貨的演說會；南社中人也曾聚集於此哀祭宋教仁的被刺等。

時人曾評論徐園與張園之別：「張園仿照西式，樓台金碧，池沼瀠洄，……冬則地爐活火，一室生春；夏則廣榭涼飆，四檐納爽，軒之外……如錦天綉地，軒之中……似火樹銀花，此以富麗勝者也，宜乎豪客貴官……。徐園則全用中華雅制，虛檐納月，曲欄迎涼，綠沼蘋香……紅窗茶熟……，此以清雅勝者也，宜乎山人墨客。」[76] 文雖說明兩園各有擅場與愛好者，但處於風氣澆灕的上海社會，當不難想像徐園的澹雅風致似乎更易使人萌生結廬人境之感。

當愚園於 1907 年漸廢時（抗戰後改建為市廛），南社也把雅集地點移往徐園，在此除了 1914 年與 1916 年各召開一次臨時雅集外，1917 年至

---

[72] 柳無忌編，《南社紀略》，頁 26。

[73] 熊月之，〈晚清上海私園開放與公共空間的拓展〉，頁 74。

[74] 〈徐園祝荷花生日記〉，《申報》1887 年 8 月 16 日；〈品蘭雅集圖記〉，《申報》1888 年 4 月 7 日，申報影印本（上海書店影印，1983 年）。

[75] 鄭逸梅，《南社叢談：歷史與人物》，頁 326。

[76] 〈徐園品蘭記〉，《申報》1887 年 4 月 4 日，申報影印本。

1919年期間，只有舉行兩次正式雅集。究其原因，應與當時南社內訌相關。該事件起因於1917年社內的唐宋詩之爭，由於兩派各不相讓，經過多次激烈筆戰最終部分社員遭開除社籍；柳亞子是事件主角之一，事後他雖仍高票繼任主任，但面對社員傾軋，柳氏形容自己已「灰心短氣，覺得天下事不可為。」遂於翌年辭去職務，加上時近五四前夕，南社中人多意興闌珊，社務推行不如之前積極，南社元氣也漸趨微弱。[77]

4. 半淞園：三年之後的重聚

半淞園為上海人姚伯鴻於1918年所建，位於滬南高昌廟路（今半淞園路），園中亭臺池沼，皆依山水畫稿加以點綴，有江上草堂、倚山樓、凌虛亭、碧梧軒、水風亭、剪江樓等勝景。取道斜坡，登臨迎飄峰，可觀浦中帆船；更有問津處可達河畔，並有遊艇供人打槳，每至端午則有龍舟競渡之戲。園主工詞章、善書畫，園中建置結構皆來自其巧思。其地近黃埔，與吳淞江頗有距離，取名半淞應是借名而已。[78]

此處每年重陽詩酒之會往往吸引文士雲集，園內並有各種游藝活動，當時文人便極熱衷射謎遊戲，南社陸澹庵、任樹南及徐哲身等人，更是箇中高手。之後此一風習蔓延至其他娛樂空間而漸變為「賭攤」，園林似乎也變成文人們消閒遊戲的娛樂場所了。[79]南社自1919年在徐園舉行第十七次雅集後，整整三年社務完全停頓，直到1922年才在半淞園召開最後一次雅集。席間社員因內訌事件仍舊精神不振，翌年十二月才出版第二十二集叢刻，但此時已是南社解紐、進入新南社的時代了。[80]

半淞園在上海名園中，不算特別，但它建園之時正值中國新文學運動興起之際，1921年時文學研究會員也曾在此聚集商討會務。從這些新舊文人來往穿梭的身影中，我們彷彿也看到了處在過渡時期、新舊夾雜的南社以及

---

[77] 關於內訌事件始末，詳見柳亞子，〈我和朱鴛雛的公案〉，收於柳無忌編，《南社紀略》，頁149-154。

[78] 鄭逸梅，《南社叢談：歷史與人物》，頁326-327。

[79] 洪煜，《近代上海小報與市民文化研究》（上海：上海書店出版社，2007年），頁222。

[80] 南社內訌事件翌年柳亞子辭去主任一職，已逐漸傾心於新文化運動，加上時近五四，與文化潮流背道而馳的南社漸露疲態。至1923年10月，社內擁護新文化運動者終於正式成立新南社，而反對新文化運動者則於翌年四月成立南社湘集，舊南社至此分裂為兩大陣營。

後起的新文學團體，都在半淞園中留下各自時代的足跡與風采，而南社人在這次最後的重聚後也將各奔前程、各找歸屬了。該園之後在八一三淞滬戰火中被日軍砲火炸毀，如今只剩下半淞園路。

5. 小結：公共空間拓展與文人雅集

上海的私人園林在對外開放過程中，配合市民生活的需求而逐漸具有多元的功能，自清末民初以來，除了成為市民休閒重要去處與文人雅士聚會場所，也是各種愛國政治活動的舉行地點。南社雅集在園內召開，社員一方面以文人賦詩聚會的傳統方式進行彼此的文學交流，享受生活的古雅逸趣；另一方面則進行社務的討論，以及以慷慨激昂的言論參與並影響政治事務，這兩種亦新亦舊的活動內容呼應著中西建築混合的園林，別有意味。而在這兩種行事風格中又可個別解讀出不同意涵：前一情境中，南社人猶如一般民眾，享受著園內新式而舒適的設備，自在的與友人交談；後一氛圍中他們則成了所謂的公眾人物，扮演著製造公眾輿論的角色，而社員互動與交往的園林空間則逐漸構成一個公共領域。因此可說私園開放不僅擴大了市民生活空間，更帶給南社文人進入民眾生活圈、享受城市近代化的成果，以及提供社員批判政治與參與公共事務的重要空間。

肆、南社報人的職業表現與社交生活

如果南社的特色是提倡革命文學，則眾多社員活躍於報業領域又是另一個受關注的焦點。研究南社報人之專職與業餘兩方面的生活，恰可呈現傳統文人走向新型文化人的轉變。

一、革命報人的工作與活動

南社由一批充滿政治理想的文人集結，在創社之前溝通彼此民族革命的政治理念的便是各種政論型報刊。[81] 當時上海報業由於清政府實施新政逐步鬆禁而再次蓬勃發展，朝野人士也逐漸捐棄成見而對報紙功能有所讚譽，所謂「上以當執政者之晨鐘，下以擴士君子之聞見」，「崇論宏議，洵足以振

[81] 孫之梅，《南社研究》（北京：人民文學出版社，2003 年），頁 298。

聵發聾，有補於世道人心」。[82] 報人更進一步闡揚維新時期梁啟超提出的報業應為「耳目喉舌」的理念，[83] 自我定位為民意代言人與政府監督者。身處嚴峻政局中，南社中人也紛紛參與各種革命、政治報刊的創編，尤其各大報的副刊，多數掌握在他們手中。鄭逸梅指出在辛亥革命前後，入滬主持筆政的社員人數驟增，對此情形他曾如此描述：「當時上海為全國文化中心點，各種報刊，大都由南社社友主持筆政，如《民立報》為宋教仁、于右任、范鴻仙、談善吾、葉楚傖、徐血兒、陸秋心、景太昭、朱少屏、陳英士；《神州日報》為黃賓虹、王无生、范君博；《大共和報》為汪旭初；《時報》為包天笑；《申報》為王鈍根、陳蝶仙、周瘦鵑；《新聞報》為郭步陶、楊千里、王蘊章；《太平洋報》社友更多，為姚雨平、陳陶遺、蘇曼殊、胡樸安、胡寄塵、李叔同、陳蛻安、鄧樹楠、陳無我、梁雲松、林百舉、余天遂、姚鵷雛、夏光宇、王錫民、周人菊、柳亞子本主《天鐸報》，也被拉進《太平洋報》，亞子自稱「跳太平洋」；《民國新聞》為呂天民、俞劍華、邵元沖、沈道非、林庚白、陳泉卿、陶冶公；《民聲日報》為甯太一、汪蘭皋、黃季剛、陽性恂、劉崐孫；《天鐸報》為鄒亞雲、李懷霜、俞語霜、陳布雷；《民權報》為牛霹生、蔣箸超、戴天仇、劉鐵冷、徐天嘯、徐枕亞、沈東訥；《中華民報》為鄧孟碩、管際安、程善之、劉民畏；《民國日報》為邵力子、于秋墨、聞野鶴、成舍我、朱宗良、朱鳳蔚、陸咏黃；《時事新報》為林亮奇；《生活日報》為徐朗西、陳匪石、姜可生等。其他各種雜誌，也大都是南社社友的地盤，成為南社的一統天下。」[84] 南社人在各報除了發表慷慨激昂的論說，諸如：培植國民獨立思想、鞏固中國在太平洋地位、擁護共和、反袁、保障民權、闡明真理等與時勢互相呼應的主題外，其中《民立報》、《天鐸報》、《太平洋報》、《民國日報》等報副刊更成為他們發表作品的重要園地。

---

[82] 前句出於〈丁其忱致汪康年書〉，後句出於〈馮仲昭致汪康年書〉，《汪康年師友書札》（一），引自趙建國，《分解與重構：清季民初的報界團體》（北京：三聯書店，2008年），頁29。

[83] 梁啟超，〈論報館有益於國事〉，《時務報》第一冊，1896年8月9日。

[84] 鄭逸梅，《南社叢談：歷史與人物》，前言，頁2-3。關於南社成員所參與的上海報刊，鄭氏在此只概略列出十餘種，其後便以「其他各種雜誌，也大都是南社社友的地盤……」等語帶過，時間也只籠統的說是辛亥前後；若以南社具體存立的時間（1909–1923年）而言，實則社員參與的上海報刊數多達二十餘種，如《民聲叢報》、《克復學報》、《警報》、《民國報》、《震壇》等，詳見林香伶，《清末民初文學轉型期的標誌——南社文學研究》，頁78-80。

面對當時緊張混亂的局勢，加上報業市場的激烈競爭，不難想像報人工作的忙碌，南社著名報人包天笑回憶其任職《時報》時就曾說道：

> 在報館裡編新聞，於每日的時間，很有關係。編要聞，時間最晚，因為要等北京的專電到來，那種專電，往往要到夜裡十二點鐘以後，甚而至於到午夜兩三點鐘送到，也說不定。……本埠新聞的編輯，比較要早得多，大概到了下午九點鐘的時候，訪稿全部來了，編本埠新聞的到十點鐘就沒事了，如果在九點鐘以後，發生了特別事故，有重要新聞，明晨必須見報的，當然可以加入，其餘的瑣聞細事，他們也就不再送稿了，至於編外埠新聞的，要更早一點，從前還沒有快信、航郵，下午五點鐘以後，郵差就不再送信了，把當日所到的信，評定它的輕重與緩急，發清了稿子（有的需要修正一下）就沒有你的事了。[85]

上海早期報館的工作時間往往午後才開始，華燈初上時便告一段落了，但從1895年後情形有了大轉變，「報館之記者，其筆墨之忙，每在夜分，埋頭燈下，況瘁異常。蓋以各處訪稿之至，半須旁晚始達之故」。[86] 包氏負責編外埠新聞，在報館的工作相對輕鬆，但也需要忙到下午五點鐘，而負責編要聞與本埠新聞的同事就真的要挑燈夜戰了。雖各有專司，但遇新聞量多或有人告假，彼此仍需互相支援，[87] 由此可知報人工作之辛苦。

工作之外，南社報人也經常參加各種政治集會、追悼會及演講會，如1912年2月南社與克復學報社及淮安學團聯合召開周、阮兩烈士追悼會，由柳亞子主祭，滬軍都督代表等演說；[88] 1911年12月，姚雨平率粵軍北伐隊抵上海，葉楚傖任參謀，南社同人為之餞行；[89]1912年2月於張園召開國事糾正會，多位社員發表演說，激烈痛斥袁氏野心，反對南北議和，主張迅速北伐；[90] 又如馬敘倫時常參與革命黨人在張園舉行的反法和拒法的演講

---

[85] 包天笑，《釧影樓回憶錄》（中），頁386-387。

[86]〈上海社會之現象——報社記者之夜來忙〉，《圖畫日報》第一冊，頁271。轉引自瞿駿，〈入上海與居上海——論清末士人在城市的私誼網絡（1895–1911）〉，《史林》2007年第3期，頁107。

[87] 包天笑，《釧影樓回憶錄》（中），頁384。

[88] 楊天石、王學莊編著，《南社史長編》，頁247。

[89] 同前註，頁228。

[90] 同前註，頁250-251。

會，[91] 主講者有章炳麟、吳敬恆、蔡元培、馬君武及沈步洲等人。[92] 由此可見投身於政論型報紙的部分南社人，因為工作環境氛圍與交際網絡的影響，不免要接觸政治性的活動，甚至本身即是活動的主事者之一。

二、小報文人的求生之道

相較於政治意味濃重的政論型大報，上海的小報文化對市民的內在精神、審美趣味及生活面相有更真實露骨的反映。南社人大多具文采，除了在大報上評議時政外，也不乏於副刊上品論人生，但小報世界更能讓他們發揮專長、抒發心緒以及尋求同好並凝聚我群意識。他們憑藉自身條件與各種管道，躋身當時上海流行的小報文化行列中，[93] 綻放另一種文藝風采。

所謂小報，也就是篇幅小、內容多為藝文瑣事及小品文章、目的供消遣娛樂的報紙。[94] 在此定義下的職場文化中，南社報人寫作題材多取自於民眾生活，而獨特的辦報宗旨與文學旨趣塑造了這批報人既豐富多彩又為人爭議的生活面貌。論其職業表現，為了在競爭激烈的報業市場佔得一席之地，小報文人使出渾身解數以便出奇制勝，因此對報業有不少開風氣之先的創見。例如篇幅小巧與追求趣味即迥異於當時一般報界，就連時人所議論的花榜、花選等活動也是令人咋舌的創舉，這些作為不僅使報紙銷量大增，廣告陸續上門，更突顯出小報人充滿了主動積極的職業自覺。[95] 除了創新，小報人尚

---

[91] 柳無忌、殷安如編著，《南社人物傳》（北京：社會科學文獻出版社，2006 年），頁 6。

[92] 馬夷初，《我在六十歲以前》，沈雲龍主編，《近代中國史料叢刊續編》第 96 輯（臺北：文海出版社），頁 22。

[93] 除了加入小報行列，也有不少社員參與文藝刊物的編輯，據欒梅健研究，從 1912 至 1916 年間，在上海發行的三十六種文藝性刊物中，南社成員擔任編輯職務的即佔了編輯總人數（姓名可考者）一半以上，這些社員包括包天笑、王鈍根、蔣箸超、姚鵷雛、徐枕亞、周瘦鵑、胡寄塵、陳蝶仙、陸澹庵、章巨摩和倪義抱等人，而刊物則有《遊戲雜誌》、《婦女時報》、《七襄》、《禮拜六》、《白相朋友》、《消遣的雜誌》、《餘興》……等等，詳見欒梅健，《民間的文人雅集——南社研究》，（上海：東方出版中心，2006 年），頁 122-124。這些刊物的形式或篇幅有者雖不符合所謂的「小報」，但論其目的與功能，則多與小報相近（或相同）。欒氏的統計年數約佔南社存立時間（1909–1923 年）的三分之一，由此可合理推估社員參與編輯文藝刊物的種類與人數當不止此數。

[94] 關於小報的內涵及定義，參見趙君豪，《中國近代之報業》，《民國叢書》第三編（上海：上海書店出版社，1991 年），頁 157 頁；戈公振，《中國報學史》（上海：三聯書店，1955 年），頁 248；上海通社編，《上海研究資料》（上）（上海：上海書店出版社，1984 年），頁 386。

[95] 所謂「花榜」，是指名士才子出入妓院品花賞花之際，將狀元、榜眼、探花等科舉桂冠

以附送小說附頁或刊載小說的方法來吸引讀者，包天笑便說：「往往一種情節曲折，文筆優美的小說，可以抓住了報紙的讀者。」[96] 有些小報則重金聘請名家加入撰寫行列，增加報紙特色與突顯實力，而部分南社人本身即被網羅為名家，如陳範、汪文溥與潘飛聲等人，便是《遊戲報》的強力支柱；周瘦鵑、包天笑、王西神、姚民哀、姚鵷雛及胡寄塵等人則是《晶報》的撰稿主力；[97]《上海報》剛出版時也擔心無法聚集人氣，因此便延請漱石生與包天笑兩位名報人撰寫長篇小說以吸引讀者。[98] 由此可知，資源相對較少的小報，必須汲汲營營的搏命演出，才能在各報爭食的上海報界中穩住陣腳，求得生存。

論及報人的職業，因上海生活的高消費以及小報收入有限，很少有人以辦報或寫稿為唯一的職業，他們不是兼職於多家報館、雜誌社或出版社，便是另有專職，以便獲得足夠的經濟來源，因此賣文謀生只是報人們共同的兼職方式。這些職業包括：有投身實業界者，如王鈍根本來擔任《申報》副刊編輯，後來轉而經營鐵業，失敗後又重回報界；陳蝶仙在王鈍根離開《申報》後繼任為編輯，其間憑著工業常識，製造蝴蝶牌擦面牙粉與化妝品，經營有成進而成立公司；有跨足文化業者，如陸澹庵應聘為電影公司編劇及導演；包天笑將個人的翻譯小說及創作小說改編為電影劇本上映頗為賣座；鄭逸梅擔任過影戲撰述及宣傳主任；劉鐵冷經營過出版事業，開設數家書店；也有人兼任教職，如王蘊章、范煙橋、鄭逸梅、包天笑、陸澹庵；[99] 而在這些多方兼職的南社報人中，包天笑應該算是藉由賣文為生而成功改變生活的顯例。包氏以他在蘇州與上海兩地所培植的人脈與文名，受《時報》總經理狄楚青賞識而進入報館任職，當時月薪八十元，比他之前任一工作待遇都來的高（一位同鄉任《申報》館編輯已兩年，月薪只有二十八元），因此後來

冠與所賞賜的妓女；而花選則是開放邀民眾以投函之法參加花榜的選美，據載這些活動皆出於小報聞人李伯元的巧思，陳伯熙，《上海軼事大觀》（上），頁91，轉引自程麗紅，〈落拓文人到報界聞人——對晚清職業報人的群體透視〉，《吉林大學社會科學學報》第46卷第3期，頁121。

[96] 包天笑，《釧影樓回憶錄》（中），頁318。

[97] 鄭逸梅，《書報話舊》（上海：學林出版社，1983年），頁252。

[98] 林華，〈上海小報概論〉（41），《福報》，1930年8月28日。轉引自洪煜，《近代上海小報與市民文化研究（1897–1937）》，頁214。

[99] 此處資料參考：鄭逸梅，《南社叢談：歷史與人物》；魏紹昌編，《鴛鴦蝴蝶派研究資料》（上），（上海文藝出版社，1984年）；柳無忌、殷安如編，《南社人物傳》等書。

他便靠著能文之筆與廣泛人脈，陸續兼職多份文字工作而在上海過著還算優渥的生活；[100] 另一位社友周瘦鵑後來受包的提攜，在文界成名後也藉由擔任多家報紙與雜誌的編撰，逐漸擺脫貧窮而安居於上海。[101] 但並非每位文人都能有包氏（或周氏）的境遇，因此說明了文人離開故里、踏進陌生的城市空間後，如果具有較廣的人脈關係，相對就有較多機會改變居上海大不易的窘況。

從以上情形可知上海報人的生活非常緊湊，為了立足上海，身兼數職幾乎成為常態，也逐漸變成社會共識，「單恃本業收入以維持生活者，反視為例外矣。」[102] 這種重疊的工作環境，除了反映出文人身處在近代城市中所作的生活調適與妥協，無形中也加強了彼此的認同感與歸屬感。

三、南社報人的社會交往與休閒生活

無論供職於大報或小報，南社報人仍舊有工作之外的社會交往與人際關係，而這些人際互動有時不免與工作圈重疊，如包天笑任職於《時報》時，他和某些同仁及友人的交往空間常常就在報館裡。時任報館總經理的狄楚青十分好客，而且認為：「在報館裡天天見面，大家親切有味，有什麼問題，可以互相討論。……」[103] 因此特別在館中闢設一處類似小俱樂部的房間，供同仁休息、吃點心、交流討論，以及接待訪客之用，稱為「息樓」；甚至還雇了茶房專門負責息樓的茶水及聽供差遣，[104] 這樣的交流空間為忙碌的工作帶來放鬆的時刻，南社朱少屏即是常客，大家也因經常聚集而形成所謂的「息樓中人」。[105] 另外，于右任麾下的《神州日報》、《民呼報》、《民吁報》及《民立報》等四大報館，在 1907 年後也幾乎成為南社人在上海的聚集之所。[106] 1912 年姚雨平與葉楚傖創辦《太平洋報》，舉凡社長、顧問、總主筆、主筆等，幾乎都是南社社友，那年報館成了南社交通部，柳亞子任文藝

[100] 包天笑，《釧影樓回憶錄》（中），頁 372-379。

[101] 鄭逸梅，《南社叢談：歷史與人物》，頁 239。

[102] 報偵，〈報人之副業〉，《東方日報》1942 年 8 月 22 日。轉引自洪煜，《近代上海小報與市民文化研究（1897–1937）》，頁 204。

[103] 包天笑，《釧影樓回憶錄》（中），頁 380。

[104] 同前註，頁 393。

[105] 同前註，頁 396、420。

[106] 孫之梅，《南社研究》，頁 299。

編輯，李叔同（弘一法師）除了文藝部分，也幫編畫報，當時他寄住在報館三樓，睡覺看書編稿都在裡面，柳後來為李題扇云：「海內爭傳李息霜，奇芬古艷冠南東。」朱少屏任報社幹事，邊主持報務邊幫柳料理社務，蘇曼殊則擔任文藝專欄撰稿人，發表了許多詩文信札以及連載小說《斷鴻零雁記》（並未完刊，後由廣益書局以單行本出版），當時他與朱便常居於柳氏七浦路的寓宅。在這個舊雨新知會聚的《太平洋報》館，南社中人日夜飲宴，相談甚歡，極盡狂放之能事；[107] 陸澹庵與施濟群合辦《金剛鑽報》，兩人常在報社裡設宴款待文人墨客；[108] 老報人孫玉聲主辦《大世界報》時，身兼報人與小說家的社友徐枕亞便常參加其報社聚會，主人或藉機邀稿或聯絡文友以促進交流。[109] 在小報館尚未有稿酬時，鄭逸梅則替《天韻報》義務寫稿，每月得到主人贈送游券作為補償。[110] 由此可見，工作除了謀生之用，也成了文人們在滬建構關係網絡的重要中介。

此外，除因社員增多之際而於各地成立的諸分社（如紹興的越社、瀋陽的遼社、廣州的廣南社、南京的淮南社）以及個別社員於鄉里組成的具消遣傾向的小社（如酒社、銷夏社、銷寒社）之外，部分南社報人也在上海組織或參與其他文社以聯絡感情、抒發心志，較受注目者有 1922 年創立的青社及星社。青社由徐卓呆、張枕綠及數位南社人發起成立，包天笑、胡寄塵、周瘦鵑、范煙橋、王西神、王鈍根及趙苕狂等著名南社報人皆參與其中。社員經常舉行聚餐性集會，討論文學作品及議論時事，訂有社章，也發行刊物《長青》；星社則由周瘦鵑、范煙橋及友人共九位所組成，許多上海文人陸續加入，當時他們的活動及行事風格被視為鴛鴦蝴蝶派，流露一股閑適意味，常藉聚餐舉行集會，不僅評價當時的各大小報刊，也常交流文藝上的意見，並且發行《星報》和《星光雜誌》。由此可知，這兩個後起的文社，社員有所重疊，他們或有或無規章，但都基於彼此共同志趣與嗜好，透過聚餐會與創辦社刊將社員凝聚，形成一個文學的社會交往空間。[111]

---

[107] 張明觀，《柳亞子傳》，頁 171-172；中國革命博物館編，《磨劍室詩詞集》（上），頁 248。

[108] 鄭逸梅，《鄭逸梅選集》第三卷（黑龍江人民出版社，1991 年），頁 783。

[109] 江上行，〈舊上海的小報與報人〉，《上海灘》1999 年第 11、12 期、2000 年第 1、2 期。轉引自洪煜，《近代上海小報與市民文化研究（1897–1937）》，頁 214。

[110] 鄭逸梅，《鄭逸梅選集》第三卷，頁 779。

[111] 洪煜，《近代上海小報與市民文化研究（1897–1937）》，頁 217-221。

除了因職場及參加其他社團而拓展的人際關係網絡，這批報人也多有從事休閒活動。說起上海的娛樂生態，其花樣雜多令人咋舌稱奇，從十九世紀六、七十年代的戲館、書場、酒樓、茶室、煙間、堂子到二十世紀初期的戲院、舞臺、遊樂場、電影院和舞廳等等，無一不令人流連而生消磨心志之虞。風行滬上的《申報》曾如此記載：「上海地方，雖只一隅，而玩好娛樂之事與物，直不啻聚於一處，不幾幾乎成西方極樂世界。酒館妓寮茶樓煙榻他處有者不必言矣，而總不及上海之多且美，而又踵事爭華，精益求精。」[112] 在這些眾多娛樂活動中，花界、伶界與飲酒成為南社文人主要消遣。陳去病於妻子辭世後，每晚必至福州路花雪南家（妓館），借其房間作為會客與寫文章之所，逢年過節，便在妓家請吃花酒，包天笑、諸真長與鄧秋枚也常參與其中；許多志士也慣於在妓院門帘下高談革命議題。[113] 南社另一位要角柳亞子的行徑也不遑多讓，民國元年孫中山退位，南京臨時政府撤銷，柳深感國是日非，無力回天，便與蘇曼殊、葉楚傖躲在窯子裡消沉混日，柳氏謂：「我們的同吃花酒，就在此時，大概每天都有飯局，不是吃花酒，便是吃西菜，吃中菜，西菜在嶺南樓和粵華樓吃，中菜在杏花樓吃，發起人總是曼殊。」[114] 有段時間柳沉迷於新劇，作詩揄揚馮春航、陸子美等伶人，甚至將彼等詩作結集出版，因此招致旁人攻訐，譃稱南社專捧戲子，又影射他與馮、陸兩人關係如何如何等等 [115]；民國四年籌安會成立時，則與友人創立酒社，痛飲累月以抒怨氣。[116] 而社友趙苕狂除了嗜酒，酒敘動輒與人鬥飲，又喜購跑馬票，每逢春秋賽馬，必得告假與之，以博勝負。[117] 同樣有酒癖的是葉楚傖，每抑塞於懷，必藉酒以澆塊壘，有時風雨連朝，乾脆杜門不出，銜杯展卷，罄壺乃止，他形容自己：「酒中人是性中人，豪放恬祥各有真。」[118]

這樣的放縱情狀應可理解為新舊夾縫中的文人仍渴望在城市中回味傳

---

[112] 〈論上海無益之耗費〉，《申報》，1892 年 5 月 17 日，申報影印本。

[113] 包天笑，《釧影樓回憶錄》（中），頁 423-424。

[114] 柳無忌、柳無非編，《柳亞子文集：自傳．年譜．日記》，頁 3；柳無忌編，《柳亞子文集：蘇曼殊研究》（上海：上海人民出版社，1987 年），頁 312。

[115] 楊天石、王學莊編著，《南社史長編》，頁 139，265，368-369；柳無忌編，《南社紀略》，頁 54-55。

[116] 張明觀，《柳亞子傳》，頁 205-207。

[117] 鄭逸梅，《南社叢談：歷史與人物》，頁 241-242。

[118] 同前註，頁 127。

統士大夫風流雅興的生活餘韻，但也易招致放蕩墮落之譏。陳天華作品有段記載：「要會上海的志士，何難之有！到番菜館，茶園子，說書樓，及那校書先生的書寓裏走走，就會到了。……老兄不要把志士的身價看得太高了。……這上海的融化力，實人得很。老兄若在這裡多住幾月，恐怕也要溜進去了。」[119] 陳氏作品的寫就雖在南社成立之前，但對當時志士消閑情狀的諷述卻也入木三分；包天笑在「上海春秋．贅言」中語重心長的指出：「都市者，文明之淵而罪惡之藪也。……而種種窮奇檮杌變幻魍魎之事，亦惟潛伏横行於都市。」[120] 他也深感「二十年顛倒於狂蕩世界，誠難自懺也。」[121] 蘇州人更形容二十世紀初的上海：「不是一個好地方，好似一只黑色大染缸，墮落進去便洗不清了。」[122] 放浪形骸的娛樂消遣雖招致抨議，但南社文人也藉此深入市井各層面的生活，這些相關經歷時而轉化成生動有趣的篇章，除了成為市民休閒閱讀的作品，也使這批報人在充滿政治議論的時代氛圍中，閃現更接近民眾真實生活的獨特風采。

伍、結論

近代以前多數中國文人的生活交遊圈多以血緣與地緣兩種關係為核心，活動範圍大都在鄉里之間，但在清末西力不斷入侵的刺激下，大量文人突破家世與傳統教育的限制，走出鄉里，進入訊息流通快速與社會網絡繁複的城市中，透過各種管道大量吸收新學，並隨著生活方式的改變，逐漸建立新的人際交往關係。

南社主要成員即在這種人際網絡逐漸擴展的時代背景下遇合於上海，他們尋求同好組成愛國團體，結合文人寫詩作詞的專長與慷慨激昂的救國之心，鑄造出革命文學這把利器，將憤慨與理想煉成文字展現在一冊冊的《南社叢刻》中，這些作品透過相關文化機構的代售而傳布，與各地民眾形成一種無形的思想交流。除了社刊的流布，南社的雅集活動也隨著私園的開放而別具意涵，每座園林內部各具巧思，融中西建築特色於一體，功能多元的公

---

[119] 郅志選注，《猛回頭：陳天華、鄒容集》（遼寧人民出版社，1994 年），頁 149。

[120] 包天笑，《上海春秋》（上海：上海古籍出版社，1991 年），頁 3。

[121] 包天笑，《釧影樓回憶錄》（中），頁 424。

[122] 包天笑，《釧影樓回憶錄》（上），頁 214。

共空間既孕育了文人嚮往的傳統逸致雅趣，凝聚了同好的群體意識，也成為他們融入民眾文化的場所；當成員由文學的切磋交流進入政治議論的範疇時，在一定程度上便造就了園林空間別具公共領域的意義。[123]

社員除了在雅集聚會交流情誼，其餘的社會交往與人際互動則呈現在工作上與業餘活動中。自從城市的社會與經濟結構改變，文人謀生方法也隨之變動，不管有無專職，南社多數人都涉足報業，尤其大報副刊與走消閑路線的小報更是他們展示文采與抒發鬱壘的園地，也是當時他們共同的兼職。在政論型的大報環境中，著重於引進新知、報導時事要聞；在各種小報中，則絞盡腦汁創新花樣以吸引讀者、招攬廣告，解決報館經濟上的窘境。

休閒活動在這批文人生活中亦頗具分量，其中又以喝花酒、逛妓院為主要消遣，這種解放模式深刻透露出南社文人的懷舊情結與消極落寞，辛亥革命成功的喜悅，被民國亂象的失望所取代，文人心思遂常陷入故往與現今的夾縫中進退維谷，此種鬱悶與愁緒也只能在風花雪月中付諸一醉了。不過仍有社員組成文學社團，在南社光環即將褪色之際，繼續討論文學、議論時事，而南社則隨著新文化運動與白話文的興起，仍堅守以文言文為表達形式，最終不免與潮流脫節而於 1923 年解體。[124]

經由審視南社文人由社團成立到解體的十餘年生活的內容，更能體會晚清以來時代的劇變帶給大批文人內在心理世界與外在生活空間巨大的衝擊與震盪，他們走出熟悉的鄉里來到陌生的城市，重新構築個人的生存空間，包括謀生方式、人際交往，藉由社團活動凝聚新的群體意識與尋求自我認同，服務於新式的文化機構，在城市近代文明的洗禮中，逐漸蛻化成新型文化人，並實現自己的生活理想，雖然已不同於傳統士紳的位居民間社會的重心，但卻藉由各式社團、同人刊物與公共傳媒等各種中介途徑，繼續發揮文

---

[123] 哈貝瑪斯指出，公共領域的特徵便是閱讀書籍、雜誌、報紙的私人之間形成一個鬆散但開放的交往網絡，並通過私人社團自發聚集在一起，以劇院、博物館、音樂廳以及咖啡館、茶室和沙龍為公共交往空間，由討論文學藝術而逐漸轉向政治問題。哈貝瑪斯著，曹衛東等譯，《公共領域的結構轉型》（上海：學林出版社，1999 年），頁 55-60；J. 哈貝瑪斯，〈關於公共領域問題的答問〉，《社會學研究》1999 年第 3 期，頁 37-38。

[124] 包天笑在回憶錄中曾分析南社無形消滅的原因之一便是南社人「都是研究舊文學的」，「有些人無論如何不肯寫白話文的，而且也不贊成那種歐化的新文學與新詩詞，在五四時代，已成為過去人物了。」包天笑，《釧影樓回憶錄》（中），頁 424。

化層面的影響力，[125] 而除此之外的生活面向，他們則像一般市民，融合於大眾通俗文化中，豐富了上海十里洋場的景緻。

（原刊於：《國立臺北大學人文學院．人文集刊》第 8 期，2009 年。修訂於 2020 年 4 月。）

[125] 張灝指出轉型時代的知識分子，雖然在社會上與政治上已處於邊緣地位，但在文化上，卻是影響極大的精英階層，所以必須就政治、社會、文化三個層面的變動情形一起考量，才能全面瞭解現代的知識分子。張灝，《中國近代思想史的轉型時代》（臺北：聯經出版公司，2004 年），頁 43。

DOI:10.978.986437/1778..0017

Tackling the "National Problem," Proposing the Cooperative: *Instituto de Estudios Peruanos* and the Chancay Valley Project, 1962–1968

Ying-Ying Chu（褚縈瑩）*

Historical Context

The 1960s in Peru, as in most parts of the world, was a time filled with distrust in authority and calls for revolution. Internationally, the success of the Cuban Revolution in the late 1950s crumbled the old order and set the tone for the following decade. The civil rights movement, feminist movement, anti-war movement, and student movement spread all over the United States, Western and Eastern Europe, and Latin American countries such as Brazil and Mexico. In Peru, the peasant guerilla movement led by Hugo Blanco in the early 1960s was well received by the left-leaning youth and constituted part of their identity as a generation under the universal current of radical politics.[1]

Nevertheless, if we examine Peru in the 1960s more closely, we will see that student movements, peasant mobilizations, and left-leaning intellectuals were actually in a process of fragmentation rather than unification.[2] The polit-

---

This article is adapted from Chapter Three of my doctoral dissertation, The Answer was Cooperative: How Anthropologists in Peru Redefined the "National Problem," 1948–1975 (PhD Dissertation, Department of History, State University of New York at Stony Brook, 2016). The original chapter title is "Tackling the "National Problem," Proposing the Cooperative: UNMSM, Instituto de Estudios Peruanos, and the Chancay Valley Project, 1962–1968". To make it an independent article, I rewrite its introduction and conclusion but keep most of the major body part intact. A draft of this chapter has been presented under the title of "Redefining 'Peru Problema': Generation of 1960s in Chancay Valley Project" at the 2014 Congress of the Latin American Studies Association, Chicago, IL May 21-24, 2014.

* Assistant Professor, Department of History, National Taipei University（國立臺北大學歷史學系助理教授）

1 Manuel Burga, *La historia y los historiadores en el Perú* (Lima: Fondo Editorial Universidad Nacional de San Marcos, 2005).

2 See how Jürgen Golte distinguishes between IEP founders and students in "50 años de reorientación de los trabajos del IEP: las sociedades campesinas y la migración a las ciudades," in *50 años pensando el Perú: una reflexión crítica. El Instituto de Estudios Peruanos, 1964–2014*, ed. Martín Tanaka (Lima: IEP, 2014), 35-62.

icization of student movements in Peru liquidated the public universities as an ideal field to promote the study of social reality. Thus, in the 1960s, Peru, as in many other Latin American countries,[3] witnessed a growth of non- governmental, private research organizations replacing public universities as the centers for intellectual debate and the national think tanks, including IEP.[4] Many left-leaning scholars actually expected to cooperate with the reform-friendly regimes of the military junta (1962–1963) and Belaúnde (1963–1968), even though the governments' repression of student and labor movements aroused their anger and criticism.[5]

The cleavages between the established scholars and the student movements will be further developed in the section on institution building. Here, for the purpose of providing a general context, it is sufficient to emphasize that anthropologists, under a universal current of radical politics, perceived their mission in a specific way—to study the social reality and solve the national problem. It was a mission implying academic excellence, social prestige, and political influence, and it was fundamentally different from union organizing and armed revolution. Their "national problem" was differentiated from that of the *indigenista* posed by their predecessors[6], and was strongly influenced by the dependency-theorist inquiries made by the intellectual circle in Santiago, Chile.[7] Here in Peru, the anthropologists' concern began by observing excessive urban migration in Lima, a phenomenon resulting from rural underdevelopment.[8] In contrast to the modernization perspective in the 1950s, scholars

---

[3] Daniel Levy, "Latin America's Think Tanks: The Roots of Nonprofit Privatization," *Studies in Comparative International Development* 30, no. 2 (1995): 3-25.

[4] Burga, *La historia y los historiadores en el Perú.*

[5] Martin Quintana Ch., Rodolfo Guevara T., Julio Llanos C., et al. "Moción de Orden del Día," January 31, 1963, Sala 2, Caja 302, Código de Referencia 319, Numero de Ítem. 259, Archivo Domingo Angulo.

[6] *Indigenista* refers to intellectuals who support the idea of *indigenismo*, a diverse current of thought, literature, and art that emerged in Latin America in the late nineteenth century, flourished in the early twentieth century, and gradually declined after the 1950s. Its basic idea is to celebrate the glorious past of the indigenous ancient civilization, and at the same time to lament the degeneration of contemporary indigenous populations.

[7] Fernanda Beigel, "The Internationalization and Institutionalization of Research and Higher Education in Latin America: The Emergence of Peripheral Centers," in *The Politics of Academic Autonomy in Latin America, ed. Fernanda Beigel* (Farnham: Ashgate, 2013), 31-45.

[8] "Entrevista a José Matos Mar: Lima, diciembre 2001," in *Primera mesa redonda sobre literatura*

in the 1960s were equipped with the theoretical framework of dependency theories to explore the relationships between "peasants" and the larger economic and political order. In the section on intellectual development, I discuss their arguments more closely. Here, I simply state that these scholars agreed that agrarian reform was necessary to change the existing unproductive and paternalistic system of production; this was the radical change they foresaw and were devoted to.

Institution Building: From San Marcos to IEP

To understand where IEP came from, we have to start from the Institute of Ethnology of the *Universidad Nacional Mayor de San Marcos (UNMSM)*, one of the most prestigious public universities in Lima, Peru, and the first to introduce anthropology into Peru from the United States. The Institute's initial stage had relied much on U.S. curricula and teaching materials. Throughout the 1950s, young scholars who had recently graduated from the Institute came back to try to solidify it; one key figure in this effort was José Matos Mar (1921–2015). Ever since Matos Mar was a young scholar, his ambition was to carry on his mentor, Luis E. Valcárcel's proposal that anthropologists should redefine the national problem. In 1953, while studying in Paris, he wrote to Valcárcel with a passionate tone:

> *I continue to be more convinced that what we have proposed, besides being very logical, has a scientific direction. Here, once again, I note a little background about the organization of ethnological studies. They are in total dysfunction. There are so many famous people, including the best specialists and scientists from all fields, but they are so dispersed or specialized, making the Institute of Ethnology of the Museum of Man nothing compared to [our Institute], neither in terms of fieldwork nor a comprehensive program. When I look more deeply, I see only disorientation. The Museum of Man has a wonderful appearance and rich collections, in addition to a strong and solid spirit among the young ethnologists...but there is no guiding body in this environment.... The group of sociologists and economists is strong. Their work is amazing;*

---

peruana y sociología del 26 de mayo de 1965, ed. Carmen María Pinilla (Lima: IEP, 2003), 57-70.

they have enthusiasm, they create organizations, have big plans, and they do work. But they do not crystalize a single bit of information or a supporting argument.[9]

Matos Mar was fascinated by the talented scholars and abundant resources in Paris. However, he could not understand why the research directions were so dispersed compared to Peru. As for the direction Peruvians should pursue, he proposed that the *Realidad Peruana* was definitely the right way to go.[10]

Retrospectively, Matos Mar traced his concern about the national problem and social reality back to his participation in an intellectual group called *Espacio*, which began in the late 1940s.[11] *Espacio* was composed of artists, architects, urban planners, writers, novelists, art critics, and musicians, who were concerned about Lima's population explosion. After Matos Mar came back from Paris in 1954, old friends from the *Espacio* encouraged him to gather a group together to discuss how Peru could become a nation and society in which all people participated. They met once a week; underdevelopment theorists, such as Gregorio Garayar, Emilio Gastanon Pasqual, and Jorge Bravo Bresani, were the guests. These meetings became the basis for the *Movimiento Social Progresista* (MSP) in the 1950s.[12]

MSP's understanding of the urban population explosion problem was connected to the issue of rural underdevelopment. Fragmentation of cultivatable land, population pressure, and the inefficiency of the hacienda system constituted a drive for emigration. A social scientific understanding of rural society, upon which agrarian reform could be planned, was necessary to slow the inflow of rural immigrants. With an institutional position at San Marcos University, Matos Mar worked from the Institute of Ethnology.

In 1958, the Institute of Ethnology was renamed the Institute of Ethnology and Archaeology with a reorientation of its courses and research. The course design was adjusted from an emphasis on Incan history and U.S.

[9] José Matos Mar to Luis E. Valcárcel, December 9, 1953, ALEV C M 164-192, Archivo Luis Valcárcel.

[10] José Matos Mar to Luis E. Valcárcel, May 26, 1954, ALEV C M 164-192, Matos Mar 8, Archivo Luis Valcárcel.

[11] "Entrevista a José Matos Mar."

[12] Ibid.

anthropology to a concern of social reality and development. By 1959, Matos Mar was a professor and Chief of Ethnological Research at the Institute. The syllabus between 1959 and 1961 showed more attention for cultural change and applied research.[13] The reformative actions initiated by young Matos Mar, then 38 years old, aroused the attention and displeasure of the Dean of the School of Arts.[14] José María Arguedas stated, "The old University defends itself with claws and teeth, and no doubt it arranges to strengthen those who will represent the University in the future."[15]

While the Institute of Ethnology was differentiating from its literary and historical roots and aligning more with social sciences, it faced the discontentment of the archaeologists inside the Institute[16] and the threat of annexation by the new Department of Sociology.[17] In the end it was agreed to maintain ethnology and archaeology together under the name of anthropology,[18] and the Institute of Ethnology and Archaeology was renamed in 1962 as the Department of Anthropology. Despite the hostile environment for the nascent anthropology in Peru in the 1950s, it was an undeniable fact that due to Matos Mar's efforts, anthropology was getting students, opportunities for fieldwork, and potential plans for further research.[19] Between 1961 and 1965, Departments of Sociology and Anthropology steadily recruited more and more students while the more traditional departments of the School of Arts, such as History and Literature, were losing students.[20]

---

[13] "Syllabus, Año académico de 1959," MN/ALEV-UNMSM-0002, and "Syllabus, Año académico de 1961," MN/ALEV-UNMSM-0004, Archivo Luis Valcárcel.

[14] José Matos Mar to John Murra, March 13, 1959, Series I. Box 23, Folder Matos Mar, José, Papers of John Victor Murra, National Anthropological Archives, Smithsonian Institution (hereafter cited as Papers of John Murra).

[15] José María Arguedas to Luis E. Valcárcel, April 27, 1959, ALEV C A 181-185, Arguedas 36, Archivo Luis Valcárcel.

[16] José Matos Mar to John Murra, August 3, 1961, Series I, Box 23, Folder Matos Mar, José, Papers of John Murra.

[17] José Matos Mar to Luis E. Valcárcel, June 2, 1960, and August 23, 1960, ALEV C M 164-192, Matos Mar 8, Archivo Luis Valcárcel.

[18] José María Arguedas to Luis E. Valcárcel, March 6, 1962, ALEV C A 186 190-231 233, Archivo Luis Valcárcel.

[19] John Murra to José Matos Mar, August 12, 1961, Series I, Box 23, Folder Matos Mar, José, Papers of John Murra.

[20] "Número de Alumnos Matriculados en la Doctoral de Letras en los Años 1961-1965," Sala 2,

Student movements were radicalized as Matos Mar was about to enact the blueprint for an anthropological approach to studying social reality by arranging student fieldwork at the Chancay Valley since 1962. At first the scholars interpreted the student movement as a symptom of the public universities' structural problems, and tried to propose reformative changes. In 1953, the philosopher Francisco Miró Quesada Cantuarias concluded in "Synthesis of the University Problem" that the main issue was insufficient economic resources to insure that instructors and students could fully dedicate themselves to quality education.[21] The University did make some effort to stop this vicious circle. For example, in 1962, the Rector of UNMSM signed "Regulations for the Full-Time Professors" to manage full-time professors' responsibilities of teaching, research, and technical advising to the university authorities or organizations.[22] Full- time professors should spend at least five hours a day on campus for the above-mentioned obligations and teach no more than three related lectures. Neither could they serve in any public or private position outside the University.

While proposing the reforms and regulations, these scholars were also observing students' class performance. Especially in the case of anthropology, student attendance was low partly due to students' disinterest in cultural issues. José María Arguedas once wrote to the Dean of the School of Arts to explain why fourteen percent of his students in the course, "Introduction of Anthropology," failed to pass: "The average attendance of students was never higher than fifty, even though the total number of registered students was nearly three hundred.... The written exam showed that these students do not read the recommended bibliography. Without reading the recommended books as a foundation, and without attending the classes, this majority of students

---

Caja 304, Código de Referencia 331, Archivo Domingo Angulo. Figure 1 was made according to this document. I show only four departments although the document also includes the departments of Art, Linguistics, Geography, Philosophy, and Psychology. The Department of Sociology was established in 1962 and thus did not include 1961 data.

[21] Francisco Miró Quesada, "Síntesis del Problema Universitario," March 11, 1953. Folder MN/ALEV-UNMSM- 0021, Archivo Luis Valcárcel. Miró Quesada became the Minister of Education between 1963 and 1964 and also competed for the position of Rector of National University of San Marcos in 1966.

[22] "Reglamento para los profesores a tiempo completo, Resolución No. 19560, Aprobado el Reglamento del profesorado a tiempo completo y dedicación exclusiva," Sala 2, Caja 299, Código de Referencia 310, Numero de Ítem 252, Archivo Domingo Angulo.

seem to take the exam as an adventure."[23] In this letter, Arguedas suggested that the poor attendance and participation might result from the fact that not many students really needed this course. He proposed a curriculum reform reflecting students' real needs as a possible strategy to address the problem.

What did the students really want to learn? In another report, Gabriel Escobar depicted the passion and limitations of contemporary university students.[24] His seminar titled "Cultural Change" attracted a good number of senior students attending classes regularly, except on strike days. Nevertheless, he realized that students had different expectations from his:

> *Theories and cases took two-thirds of the professor's time. The remaining time was dedicated to analyzing the relationship between anthropological theories and experiences of development and change, and the consideration of applied anthropology. This emphasis was due to the enormous interests of students to the problem of development today, in our country and the world.... During the year, two written exams were taken.... The overall result shows that while the students have a good control of information, they still have limitations in their perception of scientific questions, difficulties in analysis, and a strong tendency to raise questions and solutions in ideological terms. The other limitation was the fact that, while they have some control of the theories and methods, they do not appreciate cultural differences, patterns of culture, and ethnographic information. In contrast, almost all show a strong tendency for sociologizing and much interest in the solution of practical problems that a course of this nature could not offer.*[25]

While anthropologists of the younger generation were already very much aware of the need to shape the newly consolidated discipline of anthropology to address the urgency of reform, anthropology's emphasis on cultural differ-

[23] José María Arguedas, "Informe sobre el Curso de Introducción a la Antropología," February 13, 1963, Sala 2, Caja 301, Código de Referencia 315, Numero de Ítem 257, Archivo Domingo Angulo.

[24] Gabriel Escobar, "Informe del Catedrático de Etología (Cambio Cultural) del Departamento de Antropología de la Facultad de Letras y Ciencias Humanas de la Universidad Nacional Mayor de Dan Marcos sobre sus Actividades Académicas del Año 1965," December 29, 1965, Sala 2, Caja 307, Código de Referencia 335, Numero de Ítem 274, Archivo Domingo Angulo.

[25] Ibid. Emphases mine.

ences, pluralism, and tenacity could offer only indirect answers to the young passionate students' questions and expectations. In contrast, Maoist pamphlets provided radical ideas and vocabularies that were easily applied to the students' organizing efforts.[26]

What students mobilized against was the university administration and student unions infiltrated by Aprism. APRA (*Alianza Popular Revolucionaria Americana*) had once been the progressive political party and was influential among student and labor unions between 1945 and 1948. However, after the military coup in 1948 and the prohibition of union organizations, unions waned while APRA lost its radical characteristic and began to be abhorred by the radical sectors.[27] While university administrations kept a close relationship with APRA for resources, student movements viewed Apristas as their class enemies.[28] In the case of UNMSM, Aprista Rector Luis Alberto Sánchez won the rector election for the third time in 1966, an easy target of student movements between 1966 and 1969. The University adopted a repressive attitude toward the student strikes and sought help from the police.[29] In 1969, Luis Alberto Sánchez was forced to resign under the new University Law, D. L. 17437, but student political activities and student co-governance were also cancelled. Student movements lost their immediate goal of expelling Sánchez, while encountering repression from the government. Still lacking an alternative to university problems, the only reason for students to organize was democratization, which was interpreted as the elevation of students' status, resulting in a wave of expulsions of professors,[30] including Matos Mar in 1969.

Many intellectuals of Matos Mar's generation expressed their general disappointment with the student movement. Alberto Escobar criticized the movement and politics as having nothing to do with Peru's real problems; they

---

[26] Nicolás Lynch, *Los jóvenes rojos de San Marcos: El radicalismo universitario de los años setenta* (1990: El Zorro de Abajo, Lima), 64.

[27] Julio Cotler, "Democracy and National Integration in Peru," in *The Peruvian Experiment Reconsidered*, eds., Cynthia McClintock and Abraham Lowenthal (Princeton: Princeton University Press, 1983), 3-38.

[28] Lynch, *Los jóvenes rojos de San Marcos*, 279.

[29] Centro Federado de Letras, "Informe a los Estudiantes de San Marcos," Sala 2, Caja 308, Código de Referencia 340, Numero de Ítem 279, Archivo Domingo Angulo.

[30] Lynch, *Los jóvenes rojos de San Marcos*, 23-5, 47-67.

were characterized by an ideological poverty. The university they were trying to shape was not for the society, but at the expense of it.[31] The Project of General Study, one reformative project promoted by Augusto Salazar Bondy to restructure freshman courses and improve academic production, was rejected by the student unions as a Yankee scheme.[32] During this reform process, the scholars figured out they would eventually need another academic stage to continue their ideal, and IEP was clearly the best possibility. Retrospectively, in the memoir of IEP spanning twenty-five years, Alberto Escobar elaborated:

> *The founders of IEP were certain that a university education at the time would not allow for the development of suitable researchers or discussion about training them with a new approach that reflected reality. Therefore, they proceeded to diverge from the kind of widespread training typical of the country's universities. By undertaking interdisciplinary research, they lay the foundation for their future work, which became a framework for preparing new researchers in Lima and other regions of the country, as well.* [33]

The creation of IEP was clearly under the currency of social reality study, posed as the basis for any reformative actions. Drafting the fundamental document of IEP,[34] Matos Mar and Jorge Bravo Bresani[35] wrote:

> *It is obvious that planning for development and institutional and structural reforms, cannot occur without sufficient knowledge about social reality as a dynamic process requiring the contribution of all social disciplines, including history, to achieve a complete interpretation of this complex reality. This approach eliminates static visions and purely economic or sociological schematizations, as well as culturalist visions*

---

[31] Alberto Escobar, "El problema universitario o el vacío ideológico," in *Perú: hoy*, José Matos Mar et al. eds., (México: Siglo Veintiuno, 1971) 260-304.

[32] Lynch, *Los jóvenes rojos de San Marcos*, 22-3.

[33] Alberto Escobar, *IEP Memoria 25 Años*, (Lima: IEP, 1989), 13-4.

[34] José Matos Mar and Jorge Bravo Bresani, "Instituto de Estudios Peruanos," January, 1964. Folder MN/ALEV IEP 002, Archivo Luis Valcárcel.

[35] Bravo Bresani was an economist and the first Director of the IEP between 1964 and 1965. He was one of the important scholars who introduced the theory of development and underdevelopment into Peru. His representative publication is *Desarrollo y subdesarrollo, de una economía del hambre a una economía del hombre* (Lima: Francisco Moncloa, 1967).

that do not adequately integrate the historical and social context and historical-political perspective.... [IEP's] fundamental objective is to improve the knowledge of all social sciences for the development of Peru. Development here is understood as expansion with economic progress in terms of structural change aimed at the promotion of the whole man and all of mankind.[36]

This passage, first of all, shows IEPs interdisciplinary approach to studying Peruvian development with the collaboration of economists, sociologists, historians, political scientists, and anthropologists. Secondly, it attempts to dilute the influence of the previously dominant *indigenista* and culturalist perspectives among Peruvian intellectuals. *Indigenismo* had once been a progressive intellectual movement between late nineteenth century and early twentieth century, which sought to elevate the status of indigenous cultures, especially in the glorious past, and improve the quality of life for contemporary indigenous people. Culturalism came into Peru through the introduction of U.S. anthropology and the Boasian approach, which for Luis E. Valcárcel coincided with the essence of *indigenismo* against racism. For Bravo Bresani, they were revolutionary but also utopian; for the indigenous people, changes and contacts were always occurring, and an overemphasis on cultural uniqueness would easily lead to the trap of stereotypes and ethnocentrism.[37] Social scientific understanding of development issues turned out to be the core of IEP at its inception, and it also epitomized how the IEP scholars were reframing the "national problem" of Peru.

Fundamentally, IEP hypothesized that Peruvian reality was a circuit of external domination, internal domination, and underdevelopment. Based on this hypothesis, two large research projects marked IEP's early days—"Large Company (*Gran Empresa*)" and "Rural Changes (*Cambios Rurales*)"—which constituted the two ends of the internal structure of domination.[38] It was inferred that since the 1950s, the traditional internal structure of domination saw its

---

36 José Matos Mar and Jorge Bravo Bresani, "Instituto de Estudios Peruanos."

37 Carmen María Pinilla, ed., *Primera mesa redonda sobre literatura peruana y sociología del 26 de mayo de 1965*. (Lima: IEP, 2003).

38 Instituto de Estudios Peruanos, *El Instituto de Estudios Peruanos: la institución y sus actividades (1964–1968)*. Lima: Instituto de Estudios Peruanos, 1968. Accessed April 13, 2016. http://repositorio.iep.org.pe/handle/IEP/150

own collapse. Different transformation processes occurred in different areas and groups. Some rural areas were facing problems of land fragmentation and scarcity, as well as competition for land resources with neighboring haciendas, thus witnessing waves of migration, unionization, and land invasions. Others grasped at opportunities provided by technological innovation, especially in agriculture, to improve productivity and be further involved in the market system. This approach dominated IEP's perspective in explaining Peru's reality and problems for its first five years, from 1964 to 1969,[39] which is best exemplified through the Chancay Valley Project.

Politics of knowledge: Funding, Yankee Imperialism, and APRA-MSP Opposition

The Chancay Valley Project emerged from a few short field trips for Matos Mar's *sanmarquino* students in the course, "Ethnological Research in Peru: Field and Cabinet Works" during the school vacation in 1962.[40] It marked the transformation of the Department of Anthropology's focus from community-based research and education using North American methodology, to development-centered and social scientific research.[41] Matos Mar had brewed the idea to find more resources and expand the project for several years; short field trips limited by the university budget and class schedule could not satisfy Matos Mar's ambition.

After the first field trip in early 1962, Matos Mar wrote to John Murra, a prestigious Andean ethno-historian from the United States, to ask if he knew anything about a Ford Foundation mission that would support research projects on indigenous communities.[42] At first, Murra was not sure about the mission Matos Mar had referred to, so he recommended Matos Mar look for William Foote Whyte: "Now, I do know there will be some mission to recognize the necessities of various university institutions, since I am almost named

---

[39] Escobar, *IEP Memoria 25 Años*, 14-5.

[40] Jehan Vellard to Jorge Puccinelli, November 23, 1962, Sala 2, Caja 300, Código de Referencia 312, Numero de Ítem 255, Archivo Domingo Angulo.

[41] "Syllabus, Año académico de 1967," Folder MN/ALEV-UNMSM-0005, Archivo Luis Valcárcel.

[42] John Murra to José Matos Mar, March 11, 1962, Series I, Box 23, Folder Matos Mar, José, Papers of John Murra.

as its member.... The one who will really be the advisor of this mission is William Whyte, who is now in Peru, and it will be very useful to maintain contact with him since this segment of the Ford Foundation is ready to spend money with an open mind."[43] After talking with Sidney Mintz about the funding orientation of the Ford Foundation, Murra added on March 16 that: "... they now do not get involved in research abroad. It is true that they give money to reinforce the local institutions, which may or may not do research. But the Foundation does not sponsor research anymore. It is possible that the Foundation supports one or another young researcher in terms of training, and in many cases the funding is really limited."[44] The shift from funding research projects abroad to research and scholar training at local institutions, played an important role in the establishment of the *Instituto de Estudios Peruanos*. During this time, Matos Mar was introduced to William F. Whyte by Allan Holmberg, the director of the Cornell-Peru Project at Vicos.

Whyte had joined the New York State School of Industrial and Labor Relations at Cornell University in 1948. During his sabbatical year between 1961 and 1962, Whyte conducted a research project, "Human Problems of Industrial Development," surveying values and attitudes relevant to entrepreneurial achievement among high school students of different social classes.[45] Although he was not directly involved in the Cornell-Peru Project at Vicos,[46] Whyte visited Vicos during the year, and his research began smoothly thanks to the contacts made through Allan Holmberg.[47] In the beginning, however, Matos Mar was probably more conscious of how their networking would bring future cooperation than Whyte, since Murra had reminded him of that. Whyte originally had thought about working with Holmberg in order to show a larger picture of Peruvian social and economic development—Holmberg would work

---

[43] Ibid.

[44] Ibid.

[45] See Hilda Berger, "Dr. William F. Whyte: Un año de investigación social en el Perú," August 27, 1962, *Expreso*, p.11, and Whyte, *Participant Observer*, 207-20.

[46] Whyte did write to Rose Goldstein to ask for the questionnaire on attitudes and values that she designed for Vicos and he revised to suit his own project. Whyte, *Participant Observer*, 220.

[47] More specifically, the IIP director, Carlos Monge, had helped the Whyte family settle down in Lima, and two of Whyte's assistants, Hernan Castillo and Mario Vallejos were introduced through Holmberg. Whyte, *Participant Observer*, 216.

on the rural research and he would work on the industrial sector. However, Holmberg's health was declining due to leukemia, and Fernando Belaúnde Terry's emphasis on rural development during his presidential campaign intrigued Whyte to become involved in rural research himself.[48] While Whyte needed Matos Mar to bring him into the field of rural Peru, Matos Mar needed Whyte to bring in more financial resources. They agreed on cooperation shortly after the general election on June 9, 1963.[49] In early 1964, after the establishment of IEP, they decided to make it the headquarters of the project on rural change. The New York State School of Industrial and Labor Relations and the *Instituto de Estudios Peruanos* signed a contract in late 1964.[50]

Research projects on rural changes defined IEP's intellectual orientation to a large degree, but also financially nurtured its initial stage. Retrospectively, Whyte recalled how the funding for this project maintained IEP at that time:

> *Larry Williams and I had nothing to do with the creation of IEP, but, in its early months, we accepted an invitation from Matos to develop our research program in Peru in collaboration with IEP. For twelve years Larry Williams and I made IEP the physical and intellectual center of our work in Peru. We brought in substantial grant money that may have been essential to keep IEP alive in the early years, as grant money from the Peruvian government and other Peruvian sources was drying up. I take special satisfaction from the fact that IEP was able to continue a very dynamic and productive existence in the years after Cornell financial support had terminated.*[51]

The "grant money from the Peruvian government" refers to funding from the Ministry of Public Education. Between June 1964 and May 1965, IEP was subsidized by the project on rural changes, namely Cornell University, with S/.53, 811.50.[52] But the biggest funder the first year was the Ministry of Public

[48] Whyte, *Participant Observer*, 223.

[49] Ibid., 224.

[50] "Convenio entre Universidad de Cornell e Instituto de Estudios Peruanos," Series I, Box 18, Folder Instituto de Estudios Peruanos, Papers of John Murra.

[51] William F. Whyte to Davydd Greenwood and Tom Holloway, April 16, 1985, Series I, Box 23, Folder Matos Mar, José, Papers of John Murra.

[52] "Balance de Ingresos y Egresos: 1 de junio de 1964 a 31 de mayo de 1965," Folder MN/ALEV IEP 003, Archivo Luis Valcárcel.

Education of Peru, where Valcárcel had served as Minister between 1945 and 1947, and Francisco Miró Quesada served between 1963 and 1964. Between 1964 and 1965, IEP's total income was S/.858, 624.00, among which S/.800, 000.00 (ninety-three percent) came from the monthly subsidy of the Ministry. It would be safe to say the Ministry of Public Education gave birth to IEP.[53] However, U.S. funding channeled through Cornell became more and more important.[54]

Whyte and Matos Mar kept looking for more funding while expanding the project to include more universities, students, and field sites. This tough process of tapping funding shows us the picture of academic collaboration in the context of inter-American relationships. While Latin American countries were concerned for U.S. intervention, the United States was dealing with the legacy of McCarthyism. It became a spotlighted issue which institution funded specific research projects, who conducted the researches, and for what purposes. Moreover, Peruvian party politics intertwined with academic politics further complicated the picture.

In the November 1964 AAA (American Anthropological Association) meeting, Whyte presented a report on the Chancay Valley, which interested the director of the Advanced Research Projects Agency (ARPA), Lee Huff, and brought a chance of funding. ARPA was part of the U.S. Department of Defense. Although Huff promised Whyte that ARPA did not require any secrecy, and there would be no intervention regarding research and publications, Matos Mar was still worried about the sensitiveness of receiving Pentagon funding. Ultimately, they expediently agreed to use ARPA's money to pay Cornell researchers while IEP would use only National Science Foundation funding. Their proposal was approved in the end of March, 1965.[55]

In the summer of 1965, the Camelot scandal broke in Chile and the news spread all over Latin America. Matos Mar was getting worried since he had told only Luis Valcárcel about the ARPA money; none of the others on the IEP board of directors had heard about it. Whyte and Matos Mar decided to call a meeting and tell the truth—the members showed their concerns and unwill-

[53] Whyte, *Participant Observer*, 227.

[54] Ibid.

[55] Ibid., 233.

ingness to be directly involved. This meeting did not immediately stop ARPA funding; it simply suggested that ARPA money would only pay the Cornell side, not the IEP side.[56]

The situation became strained in January 1966, when information about ARPA funding leaked out. It ultimately became the front-page story in *La Tribuna*, the official organ of the APRA party, on February 11, and appeared in the press continuously on February 12, 13, 18 and 19.[57] The reports suggested that IEP scholars, who used to label themselves as anti-imperialists and sympathizers with the left, were taking money from the Pentagon through some wirepuller called "Mr. White," to study the social reality of Peru—a project similar to Camelot in Chile.[58] On February 19, the honorary president of IEP, Luis Valcárcel, wrote a letter of proclamation to the director of *La Tribuna* to clarify the project contents, the members and institutions involved, and the funding for rural change projects.

Valcárcel asseverated that IEP did not receive any money from the Pentagon. Although North American universities and private foundations were important funding sources, this was a general and acceptable situation among Peruvian organizations. He had also hoped IEP could raise more money from Peruvian sources, but in 1966, for example, the funding from the Ministry of Public Education accounted only for one-third of IEP's income. The project on rural changes was not a Peruvian version of Camelot, either; it was designed to understand social and cultural changes happening to indigenous peasants and communities. Valcárcel also rectified the participants involved: William Whyte, not White, was not some deceased wirepuller working for the Pentagon but a prestigious sociologist at Cornell University. He also clarified that not all IEP leading members were involved, as the reports had stated. Even with this clarification, the rumors about IEP as a congregation of anti-imperialist

---

[56] Ibid., 234.

[57] Ibid., 235.

[58] "La política y los políticos: Con la verdad no ofendo ni temo," February 12, 1966, *La Tribuna*, p. 4. "Furibundos antiyanquis: Sabios Encabezados por Miro Quesada Estudiarían al Perú con Dinero de EE. UU.," February 13, 1966, *La Tribuna*, p. 1. "Pentágono Subvenciona Comunistas y Comparsa: Paco Miroquesada, Matos Mar y Salazar Bondy juegan a comunistas y cobran dólares yanquis," February 18, 1966, *La Tribuna*, p. 1.

communists taking Yankee imperialists' money did not vanish immediately,[59] and this greatly shook Whyte and Matos Mar's original plan to pay the Cornell side of this project with ARPA money. They returned the unused money to ARPA, whose funding ended on February 15, 1966. According to Whyte, the remaining grant could support the project only until September, 1966.[60]

Matos Mar and Whyte soon turned to other less politically sensitive funding institutions, including the National Science Foundation (NSF) and the National Institute of Mental Health (NIMH). While waiting for the peer review results of both institutions, Whyte also realized the political sensitiveness of a research project like this was not limited to the Peruvian side; it was also on the U.S. side. An inquiry about USAID funding revealed that collaborative scholars in Peru, namely Matos Mar and Julio Cotler, would need to go through U.S. security clearance—a remnant of McCarthyism. Whyte's remark on this interlude shows perfectly how the bilateral relationships delicately influenced the funding policy: "I did not even ask Matos and Cotler to consider going through security checks. Being certified as not constituting a danger to U.S. security would have forever branded them as lackeys of the Yankees."[61]

The Peruvian side of the story also revealed the long existing opposition between APRA and MSP, embodied in academic politics. MSP, in which several members of the IEP board were active, had long been one of the strong critics of APRA. During the Belaúnde regime, MSP allied with Belaúnde's party, *Acción Popular*, while APRA allied with UNO (*Unión Nacional Odriísta*, Manuel Odría's party) and won the majority of seats in the legislature.

Retelling Matos Mar's interpretation of the *La Tribuna* event, Whyte related the attacks on IEP and the project on rural change with the Rector election of San Marcos University in 1966. The Aprista candidate was its Senator Luis Alberto Sánchez, who had been the Rector twice during 1946–1948 and 1961–1963. Sánchez was able to run for Rector while simultaneously being a senator, due to a legislative modification of University Law. His rivals in 1966 were

---

[59] For example, see Manuel Ángel Marinero, "Disfraces que Encubren al Protegido Comunismo en el Perú," September 25, 1966, Series I, Box 18, Folder Instituto de Estudios Peruanos, Papers of John Murra.

[60] Whyte, *Participant Observer*, 235.

[61] Ibid., 236.

Augusto Salazar Bondy and Francisco Miró Quesada, both core members of MSP and the IEP board. Matos Mar's speculation was corroborated by another event during the campaign: Salazar Bondy and Miró Quesada were proposing curriculum reform to establish a program of general studies. Sánchez's camp attacked that proposal, arguing that the project was a plot related to Yankee imperialism since it was supported by the Ford Foundation and the consultant was from the University of Kansas. The campaign was successful; Sánchez won the election and the rumors about IEP and Yankee imperialism died out afterward.[62]

Although the rumors faded away, so did the funding. Preparing for the worst, in November 1966 both Whyte and Matos Mar seemed to foresee the end of the project and probably the end of IEP. The Belaúnde government was in a financial crisis and it severely squeezed the funding from the Ministry of Public Education, whose financial support to IEP was expected to stop completely in 1967.[63] Fortunately, both the project and IEP survived due to NSF and NIMH funding from 1967 to 1969. It may be hard for us to imagine today that IEP had gone through such a shaky period. The simplicity of its publications before 1966 clearly demonstrates its nascent stage.

At an earlier stage, IEP research reports were usually published in mimeograph form, which was cheaper, faster, and thus easier to circulate among scholars.[64] Some reports would eventually be developed into monographs years later, but no one could predict that IEP would become one of the largest publishing houses in Peru, especially for human and social sciences.[65] Matos Mar was just beginning to feel a steady growth of publications in Peru as he wrote to Murra in October 1966, amid the *La Tribuna* crisis:

> *Looking at the past three years in Peru, I think we are close to a profound change in anthropology here. I don't know which form it will take, or whether it will be something better. But I think something new is*

[62] Ibid., 237-8.

[63] Ibid., 236.

[64] John Murra to José Matos Mar, July 24, 1960, Series I, Box 23, Folder Matos Mar, José, Papers of John Murra.

[65] Víctor Urquiaga, Carlos Fernández, and Jesús Astorga, "La Gran Aventura," in *Caretas, Separata Institucional, Instituto de Estudios Peruanos, 25 Años*, 1964–1989, September 25, 1989, pp. 2-4.

emerging, and it would be good to advance prepared. Thus, I think the existence and the quality of the publications are more important than ever: if there is an assault against the existent organization of anthropology or an effort to dilute it, the publications will ensure to maintain a certain quality of work and teaching. The three publications we talk about in the IEP have their importance, but only partially.[66]

Matos Mar had a reason to say IEP publications had only partial importance in 1966. Major initial collections of IEP publications, such as *Peru Problema, America Problema*, and the two series about the Chancay Valley project (including *Estudios de la sociedad rural* and *Estudios etnológicos del valle de Chancay*) did not begin to be published until 1967, and flourished between 1967 and 1984. Up until 2001, *Peru Problema* had twenty-seven volumes, among which twenty-one were published between 1968 and 1984. *America Problema* had eleven out of sixteen volumes published between 1968 and 1980. Two series about Chancay had sixteen out of twenty-five published between 1967 and 1983.[67] In the following section, I continue to discuss how the Chancay Valley Project unfolded the first golden decade of IEP.

Chancay Valley Project: Questionnaire, Fieldwork, and the Economically Successful Communities

The Chancay Valley Project started out humbly from the Department of Anthropology at UNMSM. Originally, it was designed for the *sanmarquino* students in Matos Mar's course, "Ethnological Researches in Peru: Field and Cabinet Works" and simply funded by the Department.[68] The location was chosen for its acceptable distance from Lima, 112 miles, and its plural styles of social relationships, modes of production, and processes of social change,

[66] José Matos Mar to John Murra, October 2, 1966, Series I, Box 23, Folder Matos Mar, José, Papers of John Murra.

[67] Juan Martín Sánchez, "El Instituto de Estudios Peruanos: de la ambición teórica de los años sesenta al estupor fáctico ante el fujimorismo," Documento de Trabajo 123. Serie Sociología y Política 33 (Lima: IEP, 2002), p. 10.

[68] Jehan Vellard to Jorge Puccinelli, November 23, 1962, Sala 2, Caja 300, Código de Referencia 312, Numero de Ítem 255, Archivo Domingo Angulo.

which more closely reflected Peruvian society.[69] Even though the project had meager resources and a short duration, the burgeoning stage had already aimed for a larger scale.

This was also the starting point through which Matos Mar began to realize his ideal of concentrating intellectual efforts on the study of social reality. The first visit in January 1962 was planned systematically, focusing on the coastal part of the valley.[70] Matos Mar assigned students to different types of human settlements such as haciendas, indigenous communities, irrigated land, urban towns, seaports, to study the diachronic changes and synchronic structure of land tenancy, production, and social relations and organization. A basic sketch of the coastal area of the Chancay Valley was presented through students' preliminary reports, journal articles,[71] and thesis.[72] But the picture would not be complete without a study of the highland area of the valley. In mid-1962, coinciding with the winter break of San Marcos, Matos Mar led another group of students to visit the upper valley of Chancay, which was composed mainly of indigenous communities, to prepare for a forthcoming community survey expected in early 1963.[73]

At this stage, students' writings showed their awareness of the anthropological mission to present social problems and solutions, while revealing traces of the *indigenista* perspective that had not completely vanished. Here I use Hugo Neira's series of columns published in the newspaper *Expreso*, where he also served on the editorial board, to show this bizarre combination of perspectives. First of all, Neira distinguished their field trip from the often-seen archaeological and historical research on indigenous communities focusing on extinct cultures and great names. Their anthropological fieldwork was to study

---

[69] José Matos Mar to Jehan Vellard, December 26, 1962, Sala 2, Caja 301, Código de Referencia 314, Numero de Ítem 256, Archivo Domingo Angulo.

[70] José Matos Mar to Jehan Vellard, November 23, 1962, Sala 2, Caja 300, Código de Referencia 312, Numero de Ítem 255, Archivo Domingo Angulo.

[71] Cesar Fonseca, "El proceso de sindicalización de los braceros de las haciendas algodoneras del valle de Chancay," *Cuaderno de Antropología* 2 (1964): 54-60. *Cuaderno de Antropología* was a *sanmarquino* journal and the same volume also included Arcenio Revilla's and Walter Qunitero's works adapted from their preliminary reports.

[72] Heraclio Bonilla, *Las comunidades campesinas tradicionales del valle de Chancay* (Lima: Museo Nacional de la Cultural Peruana, 1965).

[73] José Matos Mar to Jehan Vellard, November 23, 1962.

a group of contemporary common people, who were not only racially and culturally descended from the Incas, but also constituted modern Peruvians. They are the real and deep Peru, *el Perú verdadero y profundo*. However, they were encountering some problems; these people were exploited, and a study of their problems and solutions would influence the orientation of Peru's future.[74] While Neira's readers only gradually grasped the modern anthropological view, his depiction of the community, Pacaraos, soon brought them back to the stereotypical image of an Andean community and then opened up the topic of cultural changes:

> *What is the visible difference in peoples' lives and conception of the world between the blatant, dynamic, and extroverted cities, such as Huaral or Chancay, and the peaceful, hierarchical, and traditional life, somewhat subdued and reserved, of the villages of the upper zone? ... Pacaraos is one of these Andean cities, high and unobtrusive, difficult to find, but its secret lies in the fresh highland hospitality and the peace of its bucolic places, hidden as the tender cactus fruit among the thorny and rocky ridges. Anthropology may reduce its complex historical aggregates, which can be separated like living tissue, into traces of the Incan, Spanish, and the Republican periods, to some hidden classification like this: A community of the marginal area of the northern highland, composed by emerging mestizos, in the process of change and integration into the nation.*[75]

The stereotypical image of an Andean community was utilized by Neira, on one hand, to depict Pacaraos, and on the other hand, to contrast with the anthropological perspective that could pierce this appearance and analyze the marks left by different historical periods.

Neira specifically focused on the infrastructural changes brought by communal efforts, such as the construction of the school, road, electricity plant, and the communal house. But at the same time, there were also changes that seemed to forecast the crumbling of communal traditions, such as the

---

74 Hugo Neira, "La vida cotidiana en una comunidad indígena, I Parte, Comprensión en una aldea peruana: Pacaraos," August 26, 1962, *Expreso*, p.10.

75 Hugo Neira, "La vida cotidiana en una comunidad indígena, II Parte, La silenciosa revolución de los pueblos andinos," August 28, 1962, *Expreso*, p.10.

privatization of land and livestock, which worried Neira. "The changes have been felt in people's minds, and there are various tendencies struggling in the community. The old Traditional Order is in crisis. The Community should convert itself into a Social Cooperative, or it will disappear amid chaos and greed. But so far the authorities remain and are legally recognized, as they have been since 1939."[76] Neira indicated the survival of communal land ownership would be the key to define community in the future.[77] "Indigenous community" was a legally defined unit of autonomy, and the so-called *comuneros* had corresponding obligations to their land usufruct, conceptualized by researchers as the civil-religious hierarchy. This system seemed to operate well in maintaining communal life. However, it allowed narrower access to political power for the younger generation, who was fighting against the system. Further division and fragmentation of land would result in poverty and lower productivity, and thus a rationalization of communal political structure was necessary. This was the reason why Neira, like many other contemporary intellectuals, thought the "cooperative" would be the answer to Peru's rural problem.

The preliminary viewpoints of these earlier research results of the *sanmarquinos* would be more fully developed after Matos Mar established a contract of cooperation based on IEP, with William F. Whyte in 1964, and secured funds in late 1966. Their project proposal stated that underdevelopment and inequality resulted in the marginalization of rural society in national life, rural dependency on the elite group, and thus the "impossibility to organize a rational order at the level of the whole society."[78] Peruvian elite had never seriously looked at rural society, and neither would their decisions benefit the nation as a whole. The project proposal rejected the dualistic picture traditionally presented by the *indigenistas*; it proposed pluralism as the solution to the *Peru Problema*, with the precondition that the connections between the rural "isles" could be built.[79]

The original proposal stated that the project would combine sociological

---

[76] Ibid.

[77] Hugo Neira, "La vida cotidiana en una comunidad indígena, III Parte, Las comunidades: Entre la cooperativa o la disolución," August 29, 1962, *Expreso*, p.10.

[78] José Matos Mar and William F. Whyte, *Proyecto de Estudio de Cambios en Pueblos Peruanos: Cambios en la Sociedad Rural, Objetivos, Propósitos, Primeros Resultados* (Lima: IEP, 1966).

[79] Ibid.

questionnaires and anthropological fieldwork. Whyte made a particular effort to promote the standardization of data through questionnaires, in order to balance the diverse anthropological materials arising from fieldworkers' personalities, experiences, impulse to conduct salvage anthropology, and emphasis on diversity rather than unity.[80] The questionnaire was a revision of what Rose Goldsen had designed for the Cornell-Peru Project at Vicos, to see how values, personality, and outside contact would determine Vicosinos' acceptance to the modern ways of production and life.[81] Failing to persuade Peruvian scholars of the advantages of quantitative research, Whyte himself utilized the data and invited Giorgio Alberti to co-author *Power, Politics, and Progress: Social Change in Rural Peru* (1976).

Although the Cornell scholars attempted to integrate the quantitative perspective into the project, the Peruvian scholars were eager to shed concepts such as personality or values, which could easily lead to a dualistic interpretation of Peru. Dualism was a discourse separating Peru into two worlds—the mestizo and elite's coast and the indigenous highland—that were very different and alienated from each other. While the coastal area was modernizing fast, the highland stagnated due to indigenous peasants' psychological configuration and personality, namely, fatalism, passivity, lack of projection into the future, distrust, and conservatism.[82] Peruvian scholars, greatly influenced by dependency and world-system theory, criticized dualism because it ignored the asymmetrical relationship of production in the long historical process which kept peasants traditional.[83] In other words, peasants' conservative values were a result of long-term dependency rather than a cause of rural underdevelopment.[84]

Whyte was impressed with how Peruvian students were so obsessed by historical methods that "they are inclined to trace the development of any area back to the Spanish conquest. I made what I thought was a big concession by suggesting they trace the history of the villages back fifty years. Fortunately,

---

[80] Ibid.

[81] Whyte, *Participant Observer*.

[82] Giorgio Alberti and Fernando Fuenzalida, "Pluralismo, dominación y personalidad," in *Dominación y cambios en el Perú rural*, José Matos Mar et al., 285-325.

[83] Ibid., 288.

[84] Ibid., 311-3.

they did not accept that limitation."[85] Whyte's concession of fifty years was based on the supposition that the contemporary structure of domination, namely the liberalist economy and expansion of haciendas, could be traced back to the 1890s.[86] Retrospectively, Whyte also recognized the advantage of historical methodology to help the project build the typology and developmental stages of human organizations.

The study of Chancay Valley, headquartered in Lima, was the most productive branch of the whole project on rural changes.[87] Between 1964 and 1969, this branch alone produced at least thirty-six reports, seven theses, four mimeographs, nine IEP series volumes, three conference presentation papers, and six journal articles.[88] The formal publications of the IEP series concentrated on the period between 1967 and 1969, when funding was more stabilized. The most representative work of this stage of the project was *Dominación y cambios en el Perú rural: la micro-región del valle de Chancay* (1969). Matos Mar considered it to be one of the best IEP syntheses on Peruvian rural society before the Agrarian Reform of 1969.[89] Not only did it fully elaborate theoretically on the historical process of Peruvian underdevelopment, dependency, and plurality, but it also comparatively analyzed the social changes of haciendas and communities of the Chancay Valley.

The central concern that strung the comparative pieces in this volume together was how the two entities differed in the ways they faced the factors that would lead to structural changes, so that they were in the process of either collapsing or thriving. William Whyte utilized fieldwork data collected

---

[85] Whyte, *Participant Observer*, 224.

[86] Matos Mar and Whyte, *Proyecto de Estudio de Cambios en Pueblos Peruanos*, 19.

[87] The project was broadened to include six geographical areas, including (1) Valleys of Virú y Moche, (2) Valley of Chancay, (3) Valley of Mantaro, (4) Valley of Urubamba, (5) Province of Huamanga, (6) Province of Arequipa. It recruited six regional universities, such as (1) National University of Trujillo, (2) National University of San Marcos at Lima, (3) National University of Central Peru at Huancayo, (4) National University of Abbot San Antonio of Cuzco, (5) National University of San Cristobal of Huamanga, and (6) National University of San Agustin at Arequipa. With this expansion, the project was renamed "The Project of a Study on Rural Changes in Peru."

[88] The numbers come from my calculation of Rivera Andía, "Bibliografía etnológica sobre el valle del Chancay."

[89] José Matos Mar, presentación to *Hacienda, comunidad y campesinado en el Perú*, ed. José Matos Mar (Lima: IEP 1976 [1970]), 9-12.

by Peruvian students to compare two highland communities, Huayopampa and Pacaraos,[90] pointing out that their key difference lay in the land tenure systems. While Huayopampa maintained communal ownership and used the land rent collected from community members as the income for the communal government, Pacaraos divided its land, and the community had gradually lost its reason to remain a united entity.[91] Julio Cotler compares two cotton haciendas, Caqui and Esquivel, and shows how land tenancy and rationalization of production and management played significant roles in the haciendas' developmental process. After the 1964 Agrarian Reform, Esquivel was divided up quickly while Caqui remained unified and continued to benefit from the preexisting systems of administration and shareholding, professional technical staff, and transferable economic and technological resources.[92] In both cases, it was implied that unified ownership of land, whether common or private, plus the rationalization and technification of agricultural production, would lead to the progress of rural Peru.

In sum, research manpower and publication infrastructure, supported by more financial resources, allowed the Chancay Valley Project at this stage to have more sophisticated theoretical discussions and more revealing case studies that echoed scholars' concerns about agrarian issues. A rationalized, modern organization of production that could bind producers, land, and other productive resources together, was the best option. But how this modern organization of production could go along with existing communal structures in the Andes, was the next question.

This question paralleled the younger generation's emphasis on long-term anthropological fieldwork at the next stage of the project, and jointly these two orientations would create a more nuanced understanding of the Andean highland communities. I refer to the younger generation as Fernando Fuenzalida, José Luis Villarán, and Teresa Valiente at Huayopampa, and Carlos Iván

---

[90] Whyte indicated that his source was from Fernando Fuenzalida, José Luis Villarán, Jürgen Golte, and Teresa Valiente. See William F. Whyte, "Integración y desintegración en dos comunidades serranas," in *Dominación y cambios en el Perú rural*, José Matos Mar et al., 162-222.

[91] Ibid.

[92] Julio Cotler, "Alternativas de cambio en dos haciendas algodoneras," in *Dominación y cambios en el Perú rural*, José Matos Mar et al., 223-41.

Degregori, Jürgen Golte,[93] Modesto Gálvez, and Jaime Urrutia at Pacaraos. They carried out their fieldwork between September and December in 1966 and March in 1967. During this time they were able to refute the static and homogenous picture of indigenous communities and reorient the later publications of the project to center on Pacaraos and Huayopampa.

In our interview, Jürgen Golte still remembers how they were equipped with questionnaires and workshop training before the field trip, and how they completely changed their direction later in the field. Sitting in his office on the second floor of the white *casona* of IEP, Golte still visualizes how the questionnaires collected in 1964 had been stacked up in the hallway when he first joined the project. Since the questions were first designed by U.S. scholars and literally translated into Quechua, Golte was not sure how well they would fit rural Peru. While Whyte thought it was a way to standardize data and make anthropology more scientific, Golte thought of it as a means to provide general impressions rather than precise pictures, and wondered if the questionnaires were ever processed and computed. Regarding the workshop held at IEP in 1965, Golte recalls that it was still largely *indigenista*, despite the senior Peruvian scholars' awareness of carrying the national problem on their shoulders, and their newest tool of dependency theory.

Golte's doubts about the methods and training were further justified by his fieldwork experiences. The fieldwork at Huayopampa and Pacaraos was teamwork.[94] He still remembers how he and other colleagues got off the truck at Huayopampa and were shocked by what they saw: the *huayopampinos* in the 1960s were real businessmen, one characteristic they had never learned in the classroom about the indigenous population. The *huayopampinos* owned their own trucks; they might be divided into poor and rich individuals, but they were actively looking for a better future. The consideration to adjust the fieldwork was reinforced by the information revealed by the historical records

[93] Golte was also involved in the fieldwork at Huayopampa and the report writing process.

[94] Golte explains that the groups would introduce themselves together in front of the community members. However, when it came to fieldwork, each student would establish different degrees of relationships with local people according to their own personalities. Each student would keep close contact with each other and also with the Project Directors. However, the relationships among students were more egalitarian in the case of Huayopampa than in Pacaraos, since people there trusted students less, and Matos Mar arranged some mechanism of supervision.

that the local municipality allowed them to access. These records accounted the *huayopampinos'* efforts to construct their own school, to establish communications with the outside world, and introduce new crops.

They decided to study this dynamic process of change, and Whyte quickly realized its potential for the whole project and immediately agreed. Matos Mar and Whyte also pushed to expedite the writing of the Huayopampa case, although Whyte's suggestion for the young scholars to use the questionnaire results was not taken.[95] Their case study of Huayopampa, titled *Estructuras tradicionales y economía de Mercado* (1968),[96] was published promptly under a new IEP series, Ethnological Studies of Chancay Valley.[97]

In terms of theoretical argument, the younger generation precisely pinned down their issue—the reconceptualization of a peasant community. The image of immobility and isolation developed by Peruvian *indigenistas* were by no means based on any empirical studies of real communities.[98] U.S. anthropological works, such as Eric Wolf's "close corporate community," featuring "defensive ignorance" and "culture of poverty," did not coincide with the dynamics witnessed by the students in Huayopampa, either. Most importantly, they argued that communities should be presented "not as collections of free features but as institutional systems, not as isolated entities but as units in regional and sub-regional contexts."[99]

They examined Huayopampa in its regional and sub-regional contexts. Huayopampa was nestled among the four communities[100] in the District of Atavillos Bajo,[101] Province of Canta. It achieved its dominant status among

---

[95] Whyte, *Participant Observer*, 246.

[96] The book was authored by Fernando Fuenzalida, Jürgen Golte, Teresa Valiente, and José Villarán. It was enlarged and republished in 1982 with the title *El desafío de Huayopampa: Comuneros y empresarios*.

[97] This series has seven numbers. One of which was published before 1970, four were published between 1972 and 1975, and the remaining two were published in the early 1980s.

[98] Fernando Fuenzalida et al., *El desafío de Huayopampa: comuneros y empresarios*, (Lima: IEP, 1982), 20.

[99] Ibid., 21. Emphases mine.

[100] Besides San Miguel de Huayopampa, there were also San Pedro de Pallac, San Luis de Chaupis, and San Salvador de Pampas. Ibid., 48.

[101] The Province of Canta included seven districts: Pacaraos, Veintisiete de Noviembre, Lampían, Atavillos Alto, Acos, Atavillos Bajos, and Sumblica. Ibid.

the neighboring communities through its economic success brought by fruit cultivation. Fruit was first introduced in the 1910s, but the *huayopampinos'* real interest in it had not emerged until the 1940s, which coincided with great improvement in transportation in this region. Since the early 1950s, fruit cultivation had continued to bring in profits and channels of outside contact, which both promised the ability to provide more communal services, and thus consolidated the *huayopampinos'* place on the community board.[102]

Perceiving community as an institutional system, they focused on how the economic success had influenced the communal institutional operations. Previously, in Whyte's comparison, Huayopampa was characterized by communal land tenancy, communal income, and solidarity, in contrast to Pacaraos. Here, the authors provided a more nuanced picture. The suitable area for fruit cultivation was just 0.8 percent of the whole of Huayopampa; this land actually belonged to private owners and was still in a process of fragmentation during the 1960s.[103] Although the privatized land accounted only for a small proportion, it significantly catalyzed changes in the local system of labor exchange. The biggest landowning peasants, about sixteen percent of *huayopampinos*, contracted peons because they needed more labor force than they could personally reciprocate. The *huayopampinos* used to organize fraternities to establish quasi- kindred relationships and make sure they had sufficient labor during the harvest. The change began with some fraternity members' sale of partial rights and obligations they did not need. Some fraternities utilized this operation to raise funds, and the number of peons increased, especially between 1960 and 1965.[104] The biggest landowning peasants were also the ones more likely to adopt new agricultural technologies—from guano to chemical fertilizers, insecticides, and sprayers—than the small landowners.[105]

The authors predicted that the current of land privatization, the increase of recompensed peons, and the influence of modern agricultural technology would advance with the growth of fruit cultivation. The next question was how a community that was increasingly differentiated internally, like Huayo-

[102] Ibid., 94-6.

[103] Ibid., 140-6.

[104] Ibid., 155-8.

[105] Ibid., 165-6.

pampa, could still maintain some degree of communal solidarity. The key lay in mechanisms such as the communal control of pasturage and the revival of festivals. Communal land accounted for forty-eight percent of the whole of Huayopampa and was mainly used for pasture. Although raising cattle played only a secondary role in Huayopampa's subsistence, the authors noticed that the recent price hike of meat made the communal control of pastureland an effective instrument to maintain cohesiveness.[106] In addition, the authors also pointed out the contribution of religious institutions, including fraternities and festivals, toward communal solidarity. These practices did not die out with economic individualization; to the contrary, the economic boom actually revived the religious institutions in Huayopampa.[107]

In sum, the research presented a dynamic community with changes in all aspects of its institutional life, including land ownership, labor exchanges, social networks, communal service, and religious institutions, and yet it still remained integrated. The researchers successfully overthrew the static image of the Andean community created by the Latin American *indigenistas* and North American culturalists.[108] More importantly, this academic excellence was achieved by emphasizing the significance of anthropological fieldwork, through which the researchers avoided presuppositions of the indigenous community and actually studied the "social reality" they had witnessed.

Nevertheless, they continued to reflect on the fieldwork experiences to modify how they should theoretically perceive Huayopampa's economic success. As Golte's retrospection reveals, during the fieldwork these young scholars were very impressed by the *huayopampinos'* entrepreneurship because they had never been conceptually trained to look at an indigenous peasant community in such a dynamic way. They felt the urge to represent this energetic aspect of it in order to break down the unscientific and stereotypical images that had long dominated the racial discourse, cultural representations, and rural policymaking in Peru. They asserted the peasant community actually could

---

106 Ibid., 117-21.

107 Ibid., 287-94.

108 Carlos Iván Degregori and Jürgen Golte "Los límites del milagro: apuntes críticos al estudio de la comunidad de Huayopampa," in *El desafío de Huayopampa*, Fernando Fuenzalida et al., 359-69.

have their own "innovative collective momentum."[109] Later, they reconsidered this explanation of the *huayopampinos'* distinctiveness as too psychological[110] and re-emphasized the aspects of institutional renovations, which made the community a quasi- cooperative and protected small landowners against the market.[111] As the next section will show, thc casc of Huayopampa and its implication would become a model upon which the IEP would base its proposal to the official Agrarian Reform in 1969.

Engaging in Policymaking: IEP Statement to the Agrarian Reform

The initial stage of IEP coincided with a great political transition in Peru, namely, the combination of the military regime, reformative stance, and "new professionalism." New professionalism had emerged among the Peruvian military since the late 1950s, especially those trained in the *Centro de Altos Estudios Militares* (CAEM), to correlate internal security with national development and often seek advice from civil consultants.[112] The military junta that governed Peru between 1962 and 1963 was the first regime of this new professionalism, and San Marcos anthropologists and sociologists also moved forward to contribute their research skills to the reformative projects.[113] The following regime of Fernando Belaúnde Terry, especially in the beginning, was perceived as "sympathetic and conciliatory"[114] toward peasants and agrarian reform. José Matos Mar was one of the civil advisors to the Belaúnde government concerning rural development.[115] UNMSM also cooperated with the Inter-ministerial

[109] Ibid.

[110] Ibid.

[111] Carlos Iván Degregori and Juvenal Casaverde, "Huayopampa quince años después: la profunda transformación de la comunidad y de sus relaciones con la sociedad nacional," in *El desafío de Huayopampa*, Fernando Fuenzalida et al., 373-426.

[112] Peter Klarén, *Peru: Society and Nationhood in the Andes* (New York: Oxford University Press, 1999).

[113] For example, Matos Mar proposed an applied anthropological project to the Ministry of Public Health and Social Care, see José Matos Mar and Juan Comas "Proyecto de Antropología Aplicada en Salud Publica," December 20, 1962, Sala 2, Caja 301, Código de Referencia 314, Numero de Ítem 256, Archivo Domingo Angulo.

[114] Klarén, *Peru*.

[115] Whyte, *Participant Observer*, 224.

Executive Committee of Popular Participation to promote communal development.[116]

IEP gradually solidified institutionally and intellectually after the *La Tribuna* crisis in 1966 and managed to distinguish itself in this current of new professionalism, though not all IEP scholars were willing to be too close to the government. Its renowned series, *Peru Problema* and *America Problema*, was becoming textbooks and references in both national and foreign universities. IEP ascended to become one of the prestigious private research institutes, nationally and internationally, and researchers' salaries reflected this achievement. A reporter from *La Prensa* wrote, "What is interesting about this is that all of them can live and wholeheartedly dedicate themselves to the research with the salaries that the Institute pays them. And this is, per se, one of the most evocative achievements for the future of social sciences of Peru."[117] Achieving academic excellence and social prestige, IEP scholars strived to have their painstaking research results and implications heard by the government. Significant works on rural social change were published timely between 1968 and 1970,[118] when the *Velaquista* Agrarian Reform was just kicking off and was highly anticipated. In fact, the regime and the transformations caused by its reformative policies constituted the central concern of IEP research and publications between 1969 and 1979.[119] In the appendix of *Hacienda, comunidady campesinado*, José Matos Mar, Fernando Fuenzalida, Jorge Bravo Bresani, Julio Cotler, Luis Soberón, José Portugal Mendoza made a statement together to the Agrarian Reform.[120]

---

[116] Comisión Ejecutiva Inter-Ministerial de Cooperación Popular, "Decreto Supremo No. 37-F, Programa de Participación del Universitario en el Desarrollo Comunal pro Cooperación Popular," October 1963, Sala 2, Caja 302, Código de Referencia 319, Numero de Ítem 259, Archivo Domingo Angulo.

[117] The "them" here refers to the researcher and assistant. F. T. H., "Estudiosos de lo Peruano: iep, rigor en la investigación," January 18, 1970, *Siete Días—La Prensa*. Series I, Box 18, Folder Instituto de Estudios Peruanos, Papers of John Murra.

[118] Besides the above-mentioned volumes on the Chancay Valley, there was also Matos Mar, ed., Hacienda, comunidad y campesinado en el Perú and Fernando Fuenzalida, ed., *El indio y el poder en el Perú* (Lima: IEP, 1970).

[119] Escobar, *IEP Memoria 25 Años*, 14-5.

[120] Matos Mar, ed., *Hacienda, comunidad y campesinado en el Perú*, 371-7.

Interestingly, their suggestions about the reform were similar to the Huayopampa case. Their main proposal was to structurally transform peasant communities into an entity that assumed the characteristics of a company and self-government at the same time. To achieve this, the myth of the passive and conservative peasant community must be abolished; their recent studies had shown how Andean peasants were willing to adopt technical innovations, while to some degree maintain their corporative characteristics and communal institutions. They argued that this structural transformation would help peasant communities face the wave of modernization in a more vigorous manner. Under the best situation, the government should equip the community with credit support and financial services, mechanization, improved seeds, fertilizers, and insecticides, and a convenient chain of cargo transportation, storage, and marketing.[121]

In what degree the *Velaquista* Agrarian Reform adopted IEP's above-mentioned proposal of cooperative and the IEP scholars cooperated with the government requires another full article to develop[122]. Here, I cite Francisco Guerra García, a political scientist actively joining SINAMOS[123] (*Sistema Nacional de Apoyo a la Movilización Social*, National Support System of Social Mobilization), to show the predominance of the cooperative discourse at the time. "The idea of implementing cooperatives was current here and elsewhere in Latin America, and there were arguments dating from the 1930s... that an Andean tradition of collective organizations would meld with cooperatives. There were no other new ideas around... mind you it was not made by SINAMOS—we came later— we had to support it."[124] The cooperative discourse traveled a long journey from an ab-

---

[121] Ibid.

[122] Chapter Five of my doctoral dissertation, *The Answer was Cooperative: How Anthropologists in Peru Redefined the "National Problem," 1948–1975* (PhD Dissertation, Department of History, State University of New York at Stony Brook, 2016) deals with this issue.

[123] SINAMOS was a governmental organ during the Velasco period responsible for encouraging social mobilization of the previously marginalized groups and creating propaganda that defended the *Velaquista* policies. It recruited many leftist, ex-guerilla leaders to participate in the official Agrarian Reform.

[124] This quote is from Enrique Mayer's interview of Francisco Guerra García, in Enrique Mayer, *Ugly Stories of the Peruvian Agrarian Reform*, p.37 (Durham: Duke University Press, 2009). Emphases mine.

stract idea embedded in intellectual works to a best option from politicians' tool box. As I argue throughout this article, IEP scholars' anthropological fieldwork and publications played an active role to corroborate it.

Conclusion

In this article, we see IEP scholars' efforts of institutional building against the background of radicalized student mobilizations, Peruvian party politics, and inter-American relationships. They are historical actors, who not only made decisions according to the provided conditions, but also attempted to play a more active role in the forthcoming great changes. They prepared themselves well; they searched for suitable theories to understand the social reality of Peru; they learned practical solutions to agrarian problems from indigenous peasants on the ground; they promptly published their studies to serve as a way to communicate with Peruvian society. Some of them were even ready to serve as the civil consultants for the government and to implement their proposals.

Their political involvement did not prevent them from quality academic works. This is the generation that reframed Peru's "national problem." It is no more a cultural or ethnic question focusing on acculturation, education, and thus salvation of the indigenous groups; it's fundamentally an economic problem of underdevelopment. You cannot solve it without the redistribution of the means of production, especially land. Moreover, indigenous people are not "problems" of this country; what really problematic is the exploitation and marginalization they have faced since the colonial period. Indigenous community as an institution may provide answers, instead of problems, to the question of unproductivity caused by land fragmentation and point out the right way to Peru's development.

More significantly, this is not a speculation made in an armchair; it came from anthropologists' teamwork in the field. Their knowledge was constituted through their oscillation between theoretical frameworks and real life experiences on the ground. As the case study of Huayopampa shows, it was the long-term participant observation that helped the younger generation of anthropologists think beyond the limit of the indigenista perspective and connect the economic vitality they witnessed with the larger framework of dependency theory.

The fact that their knowledge and political proposal were both based on the anthropological fieldwork changes the way we perceive Peruvian Agrarian Reform in 1969. The reformative policy of cooperatives was not simply top-down and thus failed due to the lack of popular support. The policy was actually made after "knowing what was going on" on thc ground. Wc may say that indigenous peasants' perspective to the agrarian issues was mediated by the anthropologists; peasants had not been consulted directly in the process of policy-making. But their experiences of economic success and struggles were translated into policies through social scientific studies.

（本文改寫自作者之博士論文 The Answer was Cooperative: How Anthropologists in Peru Redefined the "National Problem," 1948–1975 其中的第三章：Tackling the "National Problem," Proposing the Cooperative: UNMSM, *Instituto de Estudios Peruanos*, and the Chancay Valley Project, 1962–1968".）

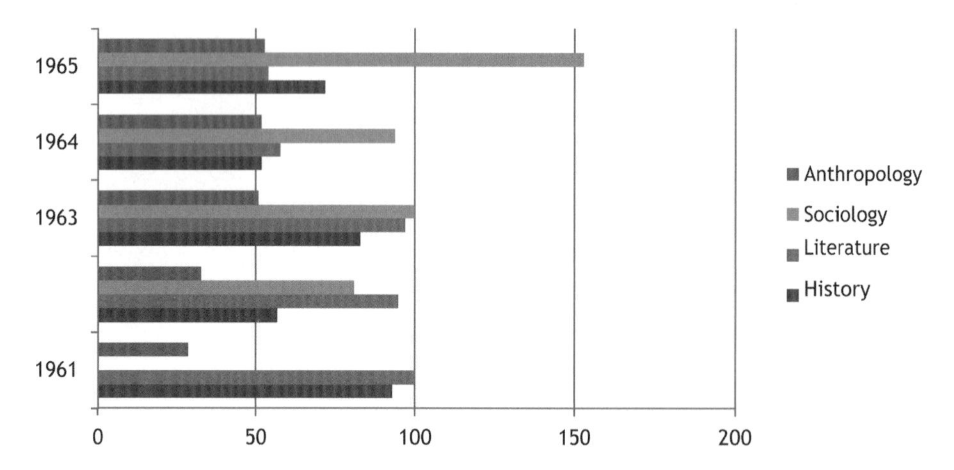

Figure 1. Student Numbers in the School of Arts, UNMSM, 1961–1965

Source: self-made.

DOI:10.978.986437/1778.0018

二戰結束前東北電力事業的發展

陳慈玉 *

壹、前言

電力事業是一基礎產業，而電力做為商品，卻無法長期保存，並且其需求市場隨季節與晝夜變化而異，因此必須隨時保持足夠的生產與供給。由於為了維持由生產端（電廠）到消費端（住宅／工廠）的配送過程穩定，電力業者往往需要投入鉅額資本建構輸電網，從而使電力事業多半具有一定地域的獨占性，成為該地區之公共事業。

由於東北是 20 世紀中國電力建設最發達的區域之一，故中外學者都曾注意到東北電力事業發展的歷史發展。日本曾經長期經營東北，日本學者石田武彥的〈中国東北における産業の状態について—1920 年代を中心に—（その 1）〉一文，[1] 即關注到東北電業中，日本資本在鐵路附屬地的投資，以及日資事業與華資事業的競爭，此情況與東北軍閥割據的政治背景有關，也導致了滿州電力事業經營具有地域性因素。另外作者指出 1926 年南滿州電力株式會社成立後，滿州電業則開始事業統合的趨勢。稍後堀和生發表，〈「滿洲国 」における電力業と統制政策〉一文，[2] 延續了石田對電業統合的看法，同樣指出 1930 年代由關東軍及滿州國官僚主持的滿州電業株式會社，目的在於整合東北眾多華資與不同體系的日資電力事業，進而規劃大規模的電力開發計畫。另外堀和生也注意到電業整併過程中，亦有滿鐵與關東軍、滿州國當局的矛盾存在，因此是多方角力下的產物，不過此一計畫後來

---

* 中央研究院近代史研究所兼任研究員；國立臺北大學歷史學系合聘教授

1 石田武彥，〈中国東北における産業の状態について—1920 年代を中心に—（その 1）〉，《経済学研究》28 卷 4 號（札幌，北海道大學，1978 年 11 月），頁 933-968。

2 堀和生，〈「滿洲国 」における電力業と統制政策〉，《歷史学研究》564 號（東京，青木書店，1987 年 2 月），頁 13-30。

因戰爭因素及 1940 年代電力需求趨緩而成效不彰。晚近須永德武在上述研究的基礎上發表〈滿州における電力事業〉一文，該文先回顧了 1926 年滿州電氣株式會社成立及其事業組成，並以東北各大小電力事業經營始末為脈絡，指出東北電力事業與重化工業有密切關係。[3] 而田島俊雄編，《現代中国の電力産業——「不足の経済」と産業組織》，[4] 則專注二戰後到 21 世紀初期的中國各地區的電業。從日本學者的研究中可以發現到，他們重視的是東北電力事業結構轉變等課題，以及由競爭轉向統合過程中政府政策所扮演的作用。

相形之下，中國學者對東北電力事業的研究則更注意中外資本競爭的課題。最早李代耕的《中國電力工業發展史料——解放前的七十年（1879–1949）》，[5] 其中第六章專門討論東北的電業發展。不過李氏討論的是 1931 年九一八事變之後的東北電力事業，著重於滿州電氣株式會社成立的作用，並批評帝國主義式的資源掠奪，較少討論 1930 年代以前東北電業發展的歷史背景。另外，林美莉之碩士論文〈外資電業的研究（1882–1937 年）〉[6] 中，亦以第三章討論東北的電力事業發展，除了先敘述 1920 年代東北電業中滿鐵系事業自家用發電廠是此時東北電力主要來源，而後各大城市「供給用」的發電廠逐漸成長，形成南滿州電氣株式會社成立的基礎。另外作者也論述了華資電業與日資電業的競爭關係，並注意到這種競爭關係以及滿鐵系自家用電廠等複雜的電力事業結構，造成各種差異甚大的電力規格，成為 1930 年代電業整併過程中額外的成本支出。由上述中文的研究可以發現，外資與華資的競爭關係是中國學者們關心的課題，同時對於華資電力事業經營者給予較多肯定。不過值得注意的是，上述研究中較少將東北電力事業發展置於近代中國電力事業發展的全國脈絡中加以考察。

關於近代中國電力事業發展，王樹槐曾經發表系列論文，特別是針對上

---

[3] 須永德武，〈滿州における電力事業〉，《立教經濟學研究》59 卷 2 號（東京，2005 年 10 月），頁 67-100。

[4] 田島俊雄編，《現代中国の電力産業——「不足の経済」と産業組織》（東京：昭和堂，2008）。

[5] 李代耕，《中國電力工業發展史料——解放前的七十年（1879–1949）》（北京：水利電力出版社，1983）。

[6] 林美莉，〈外資電業的研究（1882–1937 年）〉（臺北：國立臺灣大學歷史學系碩士論文，1990）。

海地區電力公司的研究，如〈設立滬西電力公司的談判，1932–1935〉[7]、〈上海閘北水電公司的電氣事業，1910–1937〉[8]、〈上海浦東電氣公司的發展，1919–1937〉[9]、〈上海翔華電氣公司，1923-1937〉[10]、〈上海華商電氣公司的發展〉[11]等文，逐一討論閘北、華商、浦東等公司經營始末。配合林美莉關於上海外資電業的研究，讓吾人對戰前上海電力事業之發展有清楚的認識。從王樹槐的研究可以發現，上海電力事業中，固然外資的電力公司占有6成的發電容量，但華資亦致力於經營特定區域及鄰近縣分的電力事業，同時也向上海電力公司購電轉售，呈現複雜的競爭與合作關係。由於上海是戰前中國電力事業最發達的區域，因此上海大小電力公司的運作模式，對探討近代中國電力事業有重要意義，亦可作為東北電力事業運作的比較基礎。另外王樹槐的〈中國早期的電氣事業，1882–1928：動力現代化之一〉[12]、〈建設委員會對中國電氣事業的規劃〉[13]等文，專論全國範圍的電力事業建設。

除了上述研究外，臺灣電力事業亦極具參考價值，一方面臺灣電力建設與東北類似，均以日資為主；另方面則是臺灣與東北的幅員皆較上海大，電力事業發展模式與上海略有不同。如林蘭芳所著《工業化的推手——日治時期臺灣的電力事業》[14]探討臺灣電力事業之發展、營運，以及台電公司成立後以售電、連結電網的方式整併其他電力公司，可以與東北的發展過程互相比較。另外北波道子《後発工業国の経済発展と電力事業—台湾電力の発展

---

[7] 王樹槐，〈設立滬西電力公司的談判，1932–1935〉，《近史所集刊》，22期（上）（1993年6月），頁1-38。

[8] 王樹槐，〈上海閘北水電公司的電氣事業，1910–1937〉，《中華民國史專題第二屆討論會論文集》（臺北：國史館，1993），頁395-438。

[9] 王樹槐，〈上海浦東電氣公司的發展，1919–1937〉，《近史所集刊》，23期（下）（1994年6月），頁91-132。

[10] 王樹槐，〈上海翔華電氣公司，1923–1937〉，《郭廷以先生九秩誕辰紀念論文集》（臺北：中研院近史所，1995），頁157-182。

[11] 王樹槐，〈上海華商電氣公司的發展〉，《近世中國之傳統與蛻變：劉廣京院士七十五歲祝壽論文集》（臺北：中研院近史所，1998），頁581-604。

[12] 王樹槐，〈中國早期的電氣事業，1882–1928：動力現代化之一〉，《中國現代化論文集》（臺北：中央研究院近代史研究所，1991），頁443-475。

[13] 王樹槐，〈建設委員會對中國電氣事業的規劃〉，《國父建黨革命一百周年學術討論集》（臺北：近代中國出版社，1995），頁196-230。

[14] 林蘭芳，《工業化的推手——日治時期臺灣的電力事業》（臺北：國立政治大學歷史學系，2011）。

と工業化—》[15]，與湊照宏《近代台湾の電力産業——植民地工業化と資本市場》[16]則同時針對臺灣的水力發電深入討論，指出水力發電建設是臺灣工業發展的基礎。相較之下，東北戰前（水豐發電站）、戰時（豐滿發電站）[17]亦在日本資本的支持下發展水電事業，但仍以火力發電為主。

本文擬在上述的基礎上，探討二戰結束前東北電業的發展，首先分期論述此基礎工業的發展軌跡，其次分析東北電業的特徵，並試圖與同時期上海和臺灣做一比較，以突顯出此獨占性基礎產業在東北地區的性質。

貳、草創期——滿鐵經營時期

日俄戰爭的勝利，使日本取得東北的利權。日本於是組織南滿洲鐵道株式會社（以下簡稱滿鐵）來開發東北的豐富資源，並進一步樹立「滿蒙經營」的根基。鐵路和礦山是滿鐵的兩大投資部門，而兩者都需要動力資源的配合。

東北電力事業始於 1902 年，其契機是 1898 年俄國在關東州開始建設大連港。做為其中一環，1902 年東清鐵道會社於大連港船渠工廠鄰接地建設大連濱町發電所（發電量 600KW），將船渠工廠使用剩餘之電力配電於一般市街。[18]日俄戰爭後日本接收俄國在南滿州的產業，陸續創設營口水道電氣會社（1905 年 12 月）、安東電氣會社（1906 年 1 月），於東北正式開始經營電力事業。[19]

如表 1 所示，1907 年 4 月滿鐵繼承大連之電力事業。此後，東北電力事業以滿鐵事業為中心而開展。滿鐵同時擴充大連之發電設備，並計畫新設

---

[15] 北波道子，《後発工業国の経済発展と電力事業—台湾電力の発展と工業化—》（京都：晃洋書房，2003）。

[16] 湊照宏，《近代台湾の電力産業——植民地工業化と資本市場》（東京：御茶の水書房，2011）。

[17] 相關論文有井志忠，〈「豐滿水電站」的殖民動機與客觀效果〉，《外國問題研究》2010 年 04 期，頁 9-15；王暉、王勁松，〈豐滿水電站的開發建設及其影響初探〉，《大連大學學報》2011 年 06 期，頁 64-69。皆不深入探討，僅簡述而已。

[18] 野島一朗編，《滿州電業史》（東京：滿洲電業会，1976），頁 7；滿史會編，《滿洲開發四十年史》（東京：編者，1964）下卷，頁 512。由於設備規模不大，只能作短距離的送電。

[19] 滿史會編，《滿洲開發四十年史》下卷，頁 512。

以鐵路沿線都市電氣化為目的之電力事業。也就是1908年新設奉天發電所與撫順發電所，翌年大連市街電氣鐵道會社開始營業。1911年收購安東電氣會社，作為直營事業來進行電力供給事業。[20]。

表1　東北電力事業表（1929）

<table>
<tr><th rowspan="2">類別</th><th rowspan="2">事業名稱</th><th colspan="2">發受電容量（KVA）</th><th rowspan="2">供應燈數（盞）</th><th rowspan="2">投資額</th><th rowspan="2">成立年代</th></tr>
<tr><th>發電量</th><th>受電量</th></tr>
<tr><td rowspan="17">南滿洲電氣株式會社</td><td>大連本店</td><td>26,875</td><td></td><td>232,169</td><td rowspan="7">22,000,000</td><td>1907</td></tr>
<tr><td>奉天支店</td><td></td><td>6,000</td><td>74,952</td><td>1908</td></tr>
<tr><td>鞍山支店</td><td></td><td>500</td><td>14,900</td><td>1919</td></tr>
<tr><td>長春支店</td><td>3,000</td><td></td><td>41,329</td><td>1910</td></tr>
<tr><td>安東支店</td><td>8,500</td><td></td><td>55,255</td><td>1907</td></tr>
<tr><td>連山關出張所</td><td>100</td><td></td><td>691</td><td>1925</td></tr>
<tr><td>海城出張所</td><td></td><td></td><td>2,259</td><td>1923</td></tr>
<tr><td>瓦房店電燈株式會社</td><td></td><td>450</td><td>6,000</td><td rowspan="2">160,000</td><td>1914</td></tr>
<tr><td>瓦房電電燈株式會社熊岳城支店</td><td>35</td><td></td><td>1,600</td><td>1924</td></tr>
<tr><td>大石橋電燈株式會社</td><td></td><td>300</td><td>5,000</td><td>60,000</td><td>1916</td></tr>
<tr><td>四平街電燈株式會社</td><td>575</td><td></td><td>10,000</td><td>200,000</td><td>1917</td></tr>
<tr><td>公主嶺電燈株式會社</td><td></td><td>750</td><td>13,000</td><td rowspan="2">300,000</td><td>1917</td></tr>
<tr><td>公主嶺電燈株式會社郭家店支店</td><td>94</td><td></td><td>1,600</td><td>1929</td></tr>
<tr><td>范家屯電氣株式會社</td><td></td><td>300</td><td>3,200</td><td>100,000</td><td>1920</td></tr>
<tr><td>鐵嶺電燈局</td><td>650</td><td></td><td>12,000</td><td>250,000</td><td>1911</td></tr>
<tr><td>開原電氣株式會社</td><td>800</td><td></td><td>13,000</td><td>400,000</td><td>1913</td></tr>
<tr><td>遼陽電燈公司</td><td></td><td>3,750</td><td>20,000</td><td>250,000</td><td>1912</td></tr>
<tr><td rowspan="4">關東廳事業</td><td>旅順</td><td></td><td>1,800</td><td>20,000</td><td>1,250,000</td><td>1907</td></tr>
<tr><td>金州</td><td></td><td>450</td><td>8,000</td><td>500,000</td><td>1917</td></tr>
<tr><td>普蘭店</td><td></td><td>150</td><td>2,000</td><td>100,000</td><td>1921</td></tr>
<tr><td>貔子窩</td><td></td><td>150</td><td>1,500</td><td>60,000</td><td>1917</td></tr>
</table>

[20] 南滿州鉄道株式会社，《南滿州鉄道株式会社十年史》（大連：滿州日日新聞社，1919），頁643-647。

類別	事業名稱	發受電容量（KVA）		供應燈數（盞）	投資額	成立年代
		發電量	受電量			
滿鐵及關係事業	鞍山製鐵所	26,000		5,000	2,500,000	1919
	撫順炭礦	53,000		70,000	12,600,000	1908
	南滿州旅館株式會社	13		300	11,000	1929
	煙臺炭礦		1,000	2,000	不詳	1925
日資事業	北滿電氣株式會社	5,000		70,000	3,000,000	1918
	奉天電車株式會社		250		375,000	1926
	中東實業公司（海林）	48		500	不詳	1917
	西村茂（首山）	6		200	3,000	1924
中日合資	營口水道株式會社	3,600		50,000	2,000,000	1908
	本溪湖煤鐵公司	8,500		15,000	7,000,000	1911
中國官營事業	奉天電燈廠	11,000		90,000	2,000,000	1910
	奉天電車廠		200		600,000	1926
	八道溝煤炭廠	8,000		16,000	不詳	1926
	北鎮縣電氣廠			4,000	不詳	不詳
	黑山縣電氣廠			5,000	不詳	不詳
	打虎山電氣廠			不詳	不詳	不詳
	溝帮子電氣廠			2,000	不詳	不詳
	新立屯電氣廠			3,000	不詳	不詳
	吉林永衡電燈廠	3,200		28,000	1,000,000	1905
	滿州里市政局	170		21,000	不詳	1906
	哈爾濱電業公司	7,000		80,000	2,000,000	1927
	哈爾濱電業公司電鐵部				300,000	1927
	新民電氣廠			4,000	不詳	1927
中國民營事業	蓋平明興電氣公司	75		2,600	90,000	1923
	海城電氣有限公司	155		6,000	120,000	1923
	昌圖元昌電燈公司	60		2,500	50,000	1921
	四平街市電燈公司	125		3,700	150,000	1924
	鳳凰城電燈廠	100		3,000	120,000	1925
	田庄臺電燈公司	50		2,000	不詳	不詳
	錦縣電氣公司	750		19,000	不詳	1923
	通遼長記電氣廠	875		5,000	300,000	1926
	遼源華興電氣公司	675		5,000	320,000	1918
	洮南德記電氣廠	625		5,000	340,000	1918
	大孤山普照電氣廠	10		400	12,000	1925
	北山城子裕華電氣公司	60		1,200	125,000	1918

類別	事業名稱	發受電容量（KVA）		供應燈數（盞）	投資額	成立年代
		發電量	受電量			
	通化電燈公司	75		3,000	200,000	1924
	法庫縣電氣廠	200		2,000	150,000	1927
	西安電氣公司	75		2,200	150,000	1918
	延吉華興電氣公司	60		3,000	不詳	1924
	岫巖電燈公司	30		2,000	不詳	1925
	下九臺兩合公司	54		2,000	100,000	1927
	琿春春發合油房	20		2,000	不詳	1922
	農安電燈廠	75		不詳	不詳	不詳
	樺甸耀樺電燈公司			1,500	不詳	1927
	五常電燈公司	50		1,000	不詳	不詳
	雙城堡耀光電燈公司	400		10,000	不詳	不詳
	扶餘電燈公司	120		3,000	不詳	不詳
	阿什河華東電氣公司	57		500	不詳	1924
	綏芬寶成電燈公司	78		2,000	不詳	1912
	呼蘭永業廣記火磨公司	23		900	不詳	1907
	綏化廣信公司			2,500	不詳	1923
	齊齊哈爾廣信公司	1,600		11,000	不詳	不詳
	海拉爾廣信公司	160		4,000	不詳	不詳
	岔林河廣信公司	18		100	不詳	不詳
	黑河恆曜公司	230		3,200	不詳	1918
	穆稜（個人）	22		不詳	不詳	不詳
	富錦東興公司	20		1,000	不詳	不詳
	三岔河電燈公司	52		1,000	不詳	不詳
	新華兩合公司	不詳		不詳	不詳	不詳
中俄合資	東支鐵道免渡河站	不詳		1,000	不詳	不詳
	東支鐵道札蘭屯站			不詳	不詳	不詳
	東支鐵道富拉爾屯站			不詳	不詳	不詳
	東支鐵道札賴諾爾站			不詳	不詳	不詳
	東支鐵道昂昂溪站	50		不詳	不詳	不詳
外資事業	一面坡（英）	85		1,500	不詳	1919
	橫道河（德）	36		2,000	不詳	不詳
	窰門（俄）	62		1,000	不詳	不詳
	安達（俄）	70		1,820	不詳	1923
	亞布洛尼（俄）	36		不詳	不詳	不詳
	ルカショウ（俄）	60		不詳	不詳	不詳
	馬橋河（俄）	10		300	不詳	不詳

<table>
<tr><th rowspan="2">類別</th><th rowspan="2">事業名稱</th><th colspan="2">發受電容量
（KVA）</th><th rowspan="2">供應燈數
（盞）</th><th rowspan="2">投資額</th><th rowspan="2">成立年代</th></tr>
<tr><th>發電量</th><th>受電量</th></tr>
<tr><td colspan="2" rowspan="2">合計</td><td>173,554</td><td>16,050</td><td rowspan="2">1,125,375</td><td rowspan="2">61,246,000</td><td rowspan="2"></td></tr>
<tr><td colspan="2">189,604</td></tr>
</table>

說明：發受電容量計算單位為千伏安（KVA），換算為常用功率單位瓩（KW）為 1KVA=0.8KW，所以換算後 1929 年東北電力事業總發電量為 138,483 瓩、受電量為 12,840 瓩，總計發受電量 151,683 瓩。

資料來源：《南滿州電氣株式會社沿革史》（大連：南滿州電氣株式會社，1930），頁 6-13。

關東都督府開始在旅順與金州經營電力事業，並先後於 1927、28 年獲得貔子窩電氣會社、普蘭店電氣會社的轉讓，由各地之民政署經營。滿鐵沿線未經之哈爾濱，則在 1918 年 4 月以收購俄國系電力事業之形式，由東洋拓殖株式會社設立北滿電氣株式會社。因為此北滿電氣會社設立於日本行政權未及之滿鐵附屬地外，所以與中國東北政權之哈爾濱電業局展開激烈的競爭關係，結果 1920 年代經營急遽惡化。俄國人自治會並於 1905 年創設滿州里電燈局。[21]

除了北滿電氣會設外，日資的公司尚有關原電氣（1914 年設立）、瓦房店電燈（1914）、大石橋電燈（1916）、公主嶺電燈（1917）、四平街電燈（1917）和范家屯電氣（1921）等株式會社的相繼出現。[22] 另一方面，華資也陸續投入電力事業，1907 年於吉林設立寶華電燈公司，1909 年創立奉天電燈廠，1911 年開設長春電燈廠。[23]

同時，滿鐵經營的鞍山製鐵所、撫順煤礦、煙台煤礦和南滿州旅館株式會社，以及本溪湖煤鐵公司，亦各自擁有專用的電氣設備，並以剩餘的電力供給當地使用。[24] 因此若加上日人投資、中日合資、日俄合資與英、德、俄國人所投資者，到 1929 年為止，滿蒙地區共有 94 家大小不一的電力相關事業，總投資金額達 6 千萬圓，總發受電容量約 19 萬瓩，總點燈數大致有 113 萬盞。[25]

---

[21] 《滿州電業史》，頁 9-10；須永德武，〈滿州における電力事業〉，頁 70。

[22] 《滿州電業史》，頁 13-15。

[23] 《滿州電業史》，頁 9-10。

[24] 《南滿州電氣株式會社沿革史》，（大連：南満州電気株式会社，1930），頁 5-6。

[25] 《南滿州電氣株式會社沿革史》，頁 6-13。

電力事業的擴張係由於需求的增加。主要是第一次世界大戰對東北工業發展所帶來的影響所致。第一次大戰期間，俄國的相對弱勢使東北北部的俄國資本工業完全沒落，華商資本繼之而起，在鐵路沿線以外的地區，柞蠶絲業、毛織業等小規模工廠增加不少；而東北南部的企業亦在大戰中勃興，1919 年可以說達到一個高峰。所有這些新興事業，雖然華商投資不少，但絕大部分仍是日本人投資的。[26] 日本方面最主要的投資者仍是滿鐵，不僅是量方面的膨脹，而且質方面也呈現出多角化經營的現象；另一方面，日本民營企業積極參與，1915–1919 年間，共計在當地成立 605 家公司，總資本達 14,636 萬日圓，是 1914 年的 7.79 倍，而單單 1919 年一年即投入了 7,522 萬日圓，[27] 約占該年總額的 51.4%。其中最引人注目的是工業部門，日本民營公司在 5 年間共成立了 213 家工廠，全部資金為 4,806 萬日圓，[28] 占總額的 32.8% 左右。

此外，日本財閥和銀行亦在東北成立分公司和分行，投資集中於商業和金融業。至於中日合資的企業則以農林水產業和礦業居多，也有一些個人經營的小型商店和工廠出現，總計 1919 年日本對東北的直接事業投資（包括滿鐵、成立於當地的企業、分公司、合資企業和個人經營者）共達 74,935 萬日圓，是戰前的 2.65 倍，其中滿鐵雖居總額的 49.3%，仍有舉足輕重的地位，但比戰前的 81.5%，已低降甚多。就投資結構而言，運輸業和金融業所占比例最大，各占總額的 25.3% 和 23.7%，因為戰前各為 44.5% 和 5.1%，故昇降互見。工業部門的地位自戰前的 5.2% 上昇至 13.1%，礦業部門則從 23.1% 降到 14.2%，商業部門亦提高，戰前僅 4.1%，1919 年則有 10.8% 的比重。[29] 由上述統計數字，可見第一次世界大戰以後，東北經濟趨向多元化。

由於各地電力需求的急增，原本直接經營電力事業的滿鐵，決定擴大電力事業，將旗下電廠獨立於滿鐵之外；因此另成立一企業，繼承全部滿鐵

---

[26] 堀亮三，〈用途別需要より觀たる滿洲石炭の過去、現在及將來（一）〉，載於《滿鐵調查月報》15 卷 5 期（1935 年 5 月），頁 14-15。詳見孔經緯，《東北經濟史》（成都：四川人民出版社，1986），頁 151-178。

[27] 金子文夫，《近代日本における對滿州投資の研究》（東京：近藤出版社，1991），頁 192-193。

[28] 金子文夫，《近代日本における對滿州投資の研究》，頁 193，表 4-10。

[29] 金子文夫，《近代日本における對滿州投資の研究》，頁 195-206。1914 年的投資總額為 2 億 8,226 萬圓，見頁 66，表 1-27。

旗下電力事業。乃於 1926 年 6 月以 2,500 萬日圓資金設立南滿州電氣株式會社，南滿州電氣會社除了撫順煤礦與鞍山製鐵所之自家發電設備外，擁有 5 萬 KW 之發電設備，是當時東北最大的電力企業。[30] 可以說在 1930 年代初期滿洲國出現以前，在日本當局的授意之下，滿鐵將電力事業部門分離出來，企圖讓該公司統制東北的日資電業。

因為如表 1 所示，當時存在著不少日資電氣公司與電燈公司。大致上近代中國電力事業的發展，始於電燈利用，電燈與電力一直是電廠主要收入來源。電力事業開展之初，以電燈為主要的營業項目，因此不少投資者將公司名稱命名為電燈公司或電燈廠。如上海華商電氣公司始於 1904 年上海馬路工程局之電燈部，1906 年改為商辦並命名為內地電燈公司，對外招募股東。[31] 當時運收入全為電燈，包括上海縣城路燈 622 盞、官署 112 盞、商家店舖 366 盞，[32] 並無用於工業生產的電力，因此稱為電燈公司可說是名實相符。到 1918 年內地電燈公司與華商電車公司合併，由於營業項目不僅止於電燈而已，因此新公司稱為華商電氣公司，並公開募集資本。[33] 由華商電氣公司的發展可以看到電力事業機構名稱的變化，反應用電項目的推移，由電燈而發展至電力。

事實上電燈公司與電氣公司二者並沒有明確的使用規範，電力事業發展之初也經常能看到二者互別苗頭的案例，如 1910 年福州商民創辦文明電燈公司，也曾經遇到另一批紳商籌組電氣公司互將競爭城內供電權的案例。[34] 儘管早期電燈公司與電氣公司名稱互有混用，但至 1920 年代左右電力事業開始整併，這種現象可能與輸電技術改良有關。整併後由數家中大型的專業公司以集中發電、聯合營運等優勢，小型的區域性電燈公司轉以向大公司購電，扮演經銷商的角色。這種分工方式在關內以上海地區最為典型。

例如上海閘北水電公司成立於 1910 年，初期主要是受上海馬路工巡總局委託，以官商合辦方式經營閘北地方的自來水事業，所設置的發電機係供水廠抽水機使用，餘電才用於電燈照明。[35] 閘北水電公司成立之後因營

[30] 《南滿州電気株式会社沿革史》，頁 15-16；須永德武，〈滿州における電力事業〉，頁 71。

[31] 李平書，《且頑老人七十自述》（上海：中華書局，1922），頁 186；姚文枏，《民國上海縣志》（上海：編者，1936）卷 11，頁 22。

[32] 楊逸，《上海市自治志》（臺北：成文書局，1974），頁 353。

[33] 〈內地電燈公司辦事處遷移〉，《申報》，1918 年 4 月 9 日，版 10。

[34] 〈閩省電燈公司之爭執〉，《申報》，1910 年 12 月 15 日，版 12。

[35] 汪敬虞，《中國近代工業史資料》（臺北：文海出版社，1978），頁 821-822。「江蘇

運狀況不佳，1914年由江蘇省政府接手成為公營事業，至1924年又改組為民營閘北水電公司，資本為400萬元。[36] 閘北水電公司成立初期主要供電範圍為閘北地區，轉為商辦後於1925年購入江灣電燈廠（1200瓩發電設備），[37] 1932年購人寶明電燈公司，[38] 藉由併購這些上海近郊的電燈廠，閘北水電公司將營業範圍擴大至吳淞、引翔、殷行、江灣等地區，可以說是擴大營運範圍的重要手段。

這種由中大型電氣公司集中發電，再通過售電或併購小型電燈廠的經營方式，是上海市政府為了扶植電力事業的政策。當時上海市政府規劃統一市內發電機構，第一步即為促使小電廠停止發電，向大電廠購電轉售。1930年眞如電氣公司、翔華電氣公司已先後實行向閘北水電公司饋電；浦東電氣公司亦已與華商電氣公司訂立饋電合同。[39] 由這些例子可以看到，至1920年代中期，由於技術革新、經濟發展等種種條件，地區性的小型電燈廠供電照明的經營型態，已無法滿足時代需求，所以整併電力事業，以中大型電廠集中發電及供電成為必然趨勢。[40]

除了上海以外，20世紀初期中國電力事業發展迅速，各地規模在數百瓩以下的小型電燈公司、電氣公司紛紛成立。這些小型的電力事業在1915年以前大約每年新成立1至5家；1916年至1921年大約每年成立9至10家；1921年以後則以每年20至25家的速度出現。[41] 如雨後春筍般成立的小型電力事業，當營業規模近一步擴展時，不免要面臨如前述整併過程。這種整併與分工的發展趨勢，除了上海之外，另一個顯著案例就是自草創期邁向成長期的東北的電力事業，這就是南滿州電氣株式會社的出現。

省咨」（民國8年5月16日），〈上海閘北水電公司〉，中央研究院近代史研究所藏《建設委員會檔案》，檔號：23-25-72-012-01。

[36] 惲震、王崇植，《中國各大電廠紀要》（南京：建設委員會，1931），頁6。

[37] 《中國年鑑》（臺北：天一出版社，1975），頁957。

[38] 「上海市函」（民國21年11月30日、民國23年6月1日），〈上海閘北水電公司換照增值擴充營業區案〉，中央研究院近代史研究所藏《建設委員會檔案》，檔號：23-25-72-015-01。

[39] 〈寶明電氣公司向閘北水電公司饋電公用局統一電廠　第一步計劃完成〉，《申報》，1930年10月7日，版11。

[40] 陶柳門，〈合理化與電廠〉，《電業季刊》2卷2期（1931），頁33-41。

[41] 《新編支那年鑑》（東京：東亞同文會調查編纂部，1927），頁949。

參、成長期——南滿州電氣株式會社經營時期

東北電力事業之整併始於 1926 年成立的南滿州電氣株式會社（以下簡稱南滿電），如表 1 所示，該公司成立時整併的企業中，聯合 15 所機構，擁有 4.2 萬瓩的發電設備，其中規模較大的是大連發電所、安東發電所（前身為安東電燈株式會社，1911 年被滿鐵收購，改名為安東發電所）、奉天發電所、長春發電所等直營發電機構，另外以持股方式掌握鐵路沿線城市的小型電燈公司，如鐵嶺電燈局、瓦房店電燈株式會社、四平街電燈株式會社、公主嶺電燈株式會社等，這些小型的電燈公司發電設備都在 300 至 600 瓩。

南滿電成立後演變成分工合作的電力經營結構，由大連、安東、長春、奉天（撫順）等處的發電所發電，[42] 原本的電燈公司則向南滿電購電轉售，或改建成為變電所。其中由於撫順煤礦發電量極大，1922 年撫順至奉天的輸電系統架設完成後，奉天發電所已逐漸減少發電，轉而成為南滿地區電力轉運的樞紐（所以表 1 是註明為受電）。[43] 其餘小型電燈公司亦紛紛向南滿電購買電力，如成立於 1914 年的瓦房店電燈株式會社，在 1928 年關閉自家發電設備（360 瓩），改向南滿電購電。[44] 又如成立於 1911 年的遼陽電燈公司，一度擁有 3000 瓩的發電設備，然因經營不善，於 1924 年停止發電，改經由奉天發電所向撫順購電。[45] 1933 年昭和製鋼所開發遼陽附近的弓長嶺鐵礦，遼陽電燈公司之設備又改為送電所，轉送礦廠採礦設備、照明需的電力。[46] 鐵嶺電燈局原本是滿鐵在鐵嶺附屬地的發電廠，供應鐵嶺附近的麵粉、製糖、織布等日資工廠用電及照明需求，然而於 1930 年因發電效率不彰，

---

[42] 發電容量又稱為裝置容量，單位為瓦特（Watt，瓦，為了便於計算，多半以 1000 為單位，稱為 KW，瓩），指的是發電機或原動機出廠時所能提供的設計發電功率。如果一個電廠擁有數部發電機組，其串聯成發電系統，則以系統內所有發電裝置的總和作為該電廠之發電容量。進而言之，發電機組運轉 1 小時所產生的電力稱為「發電量」，單位是度（KWH，瓩小時），但是發電容量並不直接等於產出的發電量，因為發電過程中會面臨機器運轉與電流輸出的熱損耗，再加上發電廠不可能 24 小時保持運轉，所以正常運作下電廠內的機器會輪流停機。因此系統發電容量並不能等於實際發電量。

[43] 村井博介、大石日出刀等編，《滿洲に於ける電気事業概説》（長春：滿洲電業株式会社，1935），頁 169-170。

[44] 《南滿州電氣株式會社沿革史》，頁 281-283。

[45] 村井博介、大石日出刀等編，《滿洲に於ける電気事業概説》，頁 156-157。

[46] 《滿洲に於ける電気供給事業概説》（長春：滿州電業株式會社，1937），頁 274。

於是停止運轉，改向南滿電奉天發電所購電。[47] 成立於 1923 年的蓋平電氣公司（位於蓋平，又名明興電氣局），則於 1933 年停止發電，轉向大石橋電燈株式會社購電（此時大石橋電燈公司已停止發電）。[48] 除了向南滿電購電外，也有部分電燈公司停止發電，轉向鄰近大型發電所購電。如前述成立於 1916 年的大石橋電燈株式會社，於 1926 年停止發電，改向中日合資的營口水道電氣會社購電。[49]

從這些小型電燈公司、電業公司的經營軌跡來看，由於 1910 年代後期至 1920 年代初期，電力事業快速發展，各地紛紛成立電燈公司，購入小型發電機發電。然而隨著時代改變，這些小型發電事業面臨經營效率不彰的問題，因此紛紛選擇購電轉售的方式經營，甚至如大石橋電燈株式會社還轉售給予其他電燈公司，扮演輸電中繼站的角色。這種分工模式形成複雜的輸電網，如前述撫順煤礦發電後輸送至奉天，再由奉天轉輸至遼陽，遼陽再轉輸至弓長嶺礦場。大約在 1930 年左右，東北已形成以大連、奉天（撫順）、鞍山、長春、安東等五地為中心的輸電系統，區內小規模電廠的發電設備大多停止運轉，或改裝變電設備作為中繼站。[50]

進而言之，由電力事業名稱不同所代表由電燈至電力之推移，亦可觀察到電力事業發展進程。由於電力是直接用於經濟生產上，代表東北地區製造業、生產事業的成長；而電燈設備雖然能延長工廠工作時數，或可增加經濟效益，但是仍屬於間接性質。惲震、王崇植等人在《中國各大電廠紀要》之結論即指出，電氣應用應該以電力為主、電燈次之。而當時中國關內各大小電廠多半以電燈為主要營業項目，電力經營僅為輔助，只有外商電廠及戚墅堰電廠（供應農田抽水機電力為主）是以電力為主要營運項目。[51] 造成這種現象的原因之一，是電燈收益較電力事業穩定，然而電燈照明僅在夜間用電，工廠在晝夜間都需要電力，因此整體而言，電氣需求量遠較電燈更大，[52]

---

[47] 村井博介、大石日出刀等編，《滿洲に於ける電気事業概説》，頁 160-161。

[48] 村井博介、大石日出刀等編，《滿洲に於ける電気事業概説》，頁 153-154；須永德武，〈滿州における電力事業〉，頁 86。

[49] 村井博介、大石日出刀等編，《滿洲に於ける電気事業概説》，頁 149-150。

[50] 陳真、姚洛編，《中國近代工業史資料》第二輯（臺北：文海出版社，1978），頁 630-631。

[51] 惲震、王崇植，《中國各大電廠紀要》，頁 138。

[52] 惲震、王崇植，《中國各大電廠紀要》，頁 138。

至 1920 年代中期工廠轉以電力為主後，在電氣事業中電力所占的消費比重便逐漸超過電燈。

專業發電廠之出現與上述趨勢密切相關，由於電力事業發展至 1920 年代轉而以工業用電為主，工業電力之要求首先是需要廉價且大量的電氣，其次為穩定的供電品質（電壓、電流等），因此促成專業電廠興起。如惲震、王崇植等人所指出，電廠經營要降低電費成本方法有二，其一為改善經營效率，減少官紳習氣對事業經營的影響；其二為更新生產設備，購入高效率的發電機組，俾便提供穩定、廉價的電力。[53] 這種趨勢使得資本集中於大型公司，他們已採用新式公司的經營體制，並有資本可以購入發電容量更大的新式機組，最終構成以大型的專業電廠發電，中小型區域性電氣公司購電與負責配電的分工營運模式。從東北地區電力事業發展及整併的軌跡來看，能清楚看到這種分工與專業化的趨勢。

事實上，南滿電也曾面臨銀價暴跌與張作霖的利權回收運動等，經營環境惡化之時期；[54] 然以滿鐵附屬地為中心，擴張電力供給事業，例如將本公司置於大連，而於奉天、長春和安東各設分公司，並在 1927 年自營口水道株式會社購買鞍山地區的電氣事業，設立為鞍山分公司。[55]

如表 1 所示，藉由吸收與合併分散於東北各地大小不等的電力事業，南滿電終能成為東北電力事業之中軸，擴大對各子公司的資本和技術方面的控制。[56] 並且關東廳官營的電力事業、滿鐵系企業之自家發電所、日資企業以及中日合資電業等，雖與南滿電無關，但東北地區確實仍廣泛地由南滿電構築發電與輸電系統。

那麼，當時東北的整體電力系統又如何呢？從表 2 可以看出端倪。

---

[53] 惲震、王崇植，《中國各大電廠紀要》，頁 137-138。

[54] 《滿州電業史》，頁 10-12。

[55] 《滿州電業史》，頁 17；須永德武，〈滿州における電力事業〉，頁 71。

[56] 《滿州電業史》，頁 10。

表 2　東北電力事業結構表（1929）

事業種類	事業家數		發受電容量		資本額		供應電燈數	
	家數	平均發電規模	容量（KVA）	%	總數	%	總數	%
南滿州電氣株式會社及關係企業	17	3,099	52,679	27.78	23,720,000	38.73	506,955	45.05
關東廳事業	4	638	2,550	1.34	1,910,000	3.12	31,500	2.80
滿鐵關係事業	4	20,003	80,013	42.20	15,111,000	24.67	77,300	6.87
日資事業	4	1,326	5,304	2.80	3,378,000	5.52	70,700	6.28
中日合辦事業	2	6,050	12,100	6.38	9,000,000	14.69	65,000	5.78
中國官營事業	13	2,275	29,570	15.60	5,900,000	9.63	253,000	22.48
中國民營事業	36	194	6,979	3.68	2,227,000	3.64	113,300	10.07
中俄合辦	5	10	50	0.03	不詳	-	1,000	0.09
外資事業	7	51	359	0.19	不詳	-	6,620	0.59
合計	92	2,061	189,604		61,246,000		1,125,375	

資料來源：《南滿州電氣株式會社沿革史》，頁 6-13。

1926 年南滿電成立後開啟東北電力事業初步整合的階段，至 1929 年南滿電及其關係事業共有 17 家，由表 2 的東北電力事業結構可以注意到南滿電關係企業已占有 27.78% 的發電容量，發電容量達 52,679KVA（42,143KW）。[57]

首先就發電規模分析，東北電力事業中，發受電規模最大的並非南滿電，而是滿鐵關係事業，包括鞍山製鐵所、撫順炭礦、煙臺炭礦等事業，平均規模高達 2 萬 KVA（1.6 萬 KW），占東北總發電容量的 42.2%。其次才是南滿電的關係事業，掌握 27.78% 的發受電容量，平均規模亦達 3,099KVA（2,479KW）。另有中日合辦的營口水道株式會社及本溪湖煤鐵公司，[58] 平均發電規模達 6,050KVA（4,840KW），此二家電力公司皆由日

[57] KVA 中文名稱千伏安，指的是 1,000 伏特電壓通過輸電線路之流量，一般用於電力事業中之輸電系統（受電量）較多，表 1 及表 2 原始數據之發受電量統計及採千伏安為單位，不過一般用於發電系統的容量單位多半使用瓦特（瓩 KW），瓦特指的是實際推動機器轉動的功率，一般而言通過輸電線路的電流會產生一定程度損耗，因此 1KVA 大約等於 0.8KW。

[58] 本溪湖煤礦公司創辦於 1910 年，由中日合資，日方投資者為大倉財閥，當時資金 200 萬元，翌年增資為 400 萬元，易名本溪湖煤鐵有限公司，其中 200 萬元屬於製鐵部門，仍為中日合營。見大倉財閥研究會編，《大倉財閥の研究》（東京：近藤出版社，1982），頁 419-444。

本人掌握主導權。總計上述三類以日資為主導的電力事業，共占總發受電容量的 76.36%。

至於中國官營電力事業，包括奉天電燈廠、八道溝煤炭廠、吉林永衡電燈廠、哈爾濱電業公司等 13 家規模較大的公司，占總發受電量 15.6%，平均規模亦達 2,275KVA。而其他日資電力事業、關東廳事業等，平均規模約在 1,000KVA 上下，占總體發受電容量的 4.14% 左右。相形之下，總數高達 36 家的中國民營電力事業，雖然數量約為電力事業總數的三分之一，但僅占總發受電容量的 3.68%，平均規模亦僅有 194KVA，顯示華資民營多半是小規模的電廠。至於中俄合辦公司多位於中東鐵路沿線，英資俄資等電力事業亦多分布於北滿地區，且規模甚小、資料不詳，因此較難分析。

其次，就資本額觀之，資本額比例最高的是南滿電及關係事業，達 38.73%，而滿鐵關係事業和中日合辦事業，亦各占有 24.67% 和 14.69% 的比重，三者共占 78.09%，約高於總發受電容量中三者所占的比例，可說是東北電力事業投資的主要來源。但滿鐵關係事業所擁有發受電設備容量較高，南滿電的資本額比重則高於其所擁有的發受電設備，造成這種現象的因素，可能是南滿電必須承擔輸電系統與配電系統建置的成本，而滿鐵關係事業多半屬於自家用發電，僅有多餘電力售予南滿電，因此可以集中資本於發受電設備。至於中日合辦事業與中國官營事業相較，前者資本額比重較高，但發受電設備比重較低，或許與本溪湖煤鐵公司之性質有關，因該公司主要經營煤鐵廠，並非專業發電廠。

再進一步從供應電燈數來分析東北電力事業的結構。南滿電的比重高達 45%，顯示其發電用途多半是市區民生用電，與前述資本額的比重相較，可以印證出不少資本投入市區輸配電系統的建構。反之，滿鐵關係事業的電燈供給比重則僅有 6.87%，與 42.2% 的發受電容量比例相去甚遠，顯示其電力多半供給工業用。中國官營事業與中國民營事業合占供應電燈數的 32.6%，顯著地高於二者所占總發受電容量及資本額的比重，因此可說華資電力事業，比較注重供應都市的電燈用電，較少投資工業用電。所以造成這種現象，或許與前述電力事業開展初期，電燈用電的利潤與穩定度都高於工業用電的緣故，上海地區的華資電力事業亦有類似情形。[59]

---

[59] 王樹槐，〈上海華商電氣公司的發展〉，頁 581-604

總之，當時東北電力事業的資本結構，大致可分為日資與華資兩大部分，二者呈現不同的發展趨勢。以南滿電、滿鐵關係事業為主體的日資電力事業，占東北七成之總發受電容量與六成多的總資本額，是東北電力事業發展的主軸，平均規模亦遠大於華資電力事業。若加上本溪湖煤鐵公司等中日合辦事業，則東北電力事業有八成來自日本官方和民間的投資。相較之下，華資電力事業除了官營電廠的規模可與日資相提並論外，民營電廠多半規模頗小，且主要經營項目是民生用電。

接著，分析電力事業的成立年代，列為表 3。

表 3　東北電力事業成立年代分析表（1929）

成立年代	電力事業家數	發受電容量		供應電燈數	
		容量（KVA）	%	總數	%
–1909	9	103,168	55.23	552,276	51.42
1910–1914	8	28,228	15.11	199,329	18.56
1915–1919	15	35,523	19.02	146,000	13.59
1920–1924	16	1,938	1.04	55,879	5.20
1925–1929	17	17,926	9.60	120,491	11.22
合計	65	186,783	100	1,073,975	100

資料來源：《南滿州電氣株式會社沿革史》，頁 6-13。

說明：原表中共有 92 家電力事業，其中 27 家成立年代不詳，故僅能分析 65 家。

表 3 顯示出東北電力事業始於 20 世紀初期，1910 年以前成立 9 家公司；1910 年代則有 23 家；1920 年代設立的多達 33 家，可見電力事業的成長。與表 1 相較，多數華資民營電廠出現在 1920 年代，這可能與 1920 年代的「電權收回運動」有關，因為有如前述，第一次世界大戰後東北經濟繁榮，導致電力需求增加，當時日資電力公司積極向鐵路附屬地以外的地方供電，促使中國商人投資成立電力事業來對抗。[60] 所以有如表 2 所見，這些華資民營電力事業多半規模不大，且以供給民生用電為主。

---

[60] 鄭學稼，《東北的工業》（上海：東方書店，1946），頁 88；〈滿蒙の經濟機構と之を繞る列國の資本戰〉，《東亞》5 卷 3 期（1932 年 3 月），頁 157-158；井村薰雄，〈南方經濟力の滿洲ての浸透〉，《東亞》4 卷 2 期（1931 年 2 月），頁 46；《滿洲開發四十年史》下卷，頁 511-513。中央設計局東北調查委員會編，《東北電業概況》（重慶：編者，1945），頁 2。

由於表 3 的調查係 1929 年南滿電之調查，因此其發受電容量與資本額皆為 1929 年之數據，而非成立時的規模。就發受電容量及電燈供應數來分析，可以發現 1910 年以前成立的 9 家電力事業，占有過半的發電設備及電燈供應數，這 9 家公司分別是吉林永衡電燈廠、滿州里市政局、南滿電大連本店、南滿電安東分店、南滿電奉天分店、旅順民政署、呼蘭永業廣記火磨公司、撫順煤礦、營口水道株式會社等，包括了吉林、大連、安東、瀋陽、旅順、營口等各主要都市，其中南滿電大連、安東、瀋陽的發電廠、以及營口、撫順等電力事業此後持續擴充設備，至 1930 年代左右更成為東北電力事業的主力。

相形之下，1920 年至 1924 年間雖然成立了 16 家公司，但在 1929 年的調查中這些公司所占的發受電設備及電燈供應數都不高，顯示這段期間所成立了多屬小規模電廠。

總之，根據南滿電的調查報告，1929 年東北電力事業共 92 家，總發電容量為 138,483 瓩（不含受電量，共 173,554KVA）[61]；到 1935 年滿州電業株式會社成立後所作之調查，東北電力事業雖只有 82 家，但總發電容量達 310,070 瓩，[62] 電力事業家數變化不大，但發電容量顯著提高，因此可說東北電力事業在的 1920 後半 –1930 年代初的成長期，大多已投資成立區域性發電廠，並隨著其後事業整併、設備擴充，使整體發電量容量大幅提高。

此時期也是鐵路建設事業急速成長的時期，並與政權的變化有關。滿鐵雖然能有效地在經濟上控制東北，卻隨著 1928 年末東北易幟以來的中央化的進行和民族主義的逐漸高漲，滿鐵的獨占東北經濟情況面臨著挑戰。例如雖然 1927 年 10 月，三井物產出身的山本條太郎滿鐵董事長與張作霖之間成立密約，後者允許滿鐵在東北北部敷設五線鐵路；到翌年 5 月，針對其中的長春——大賚線和敦化——會寧線，正式簽訂由滿鐵動工著手敷設鐵路。[63]

另一方面，中國自己積極地建築鐵路，自 1925 年至 1930 年間所敷設

---

[61] 另根據《滿洲に於ける電気事業概説》統計，1929 年發電容量為 169,200 瓩，見村井博介、大石日出刀等編，《滿洲に於ける電気事業概説》，頁 11。

[62] 另根據《滿洲電業史》統計，1935 年發電容量為 402,400 瓩，見《滿洲電業史》，頁 755-759。

[63] 歷史學研究會編，《太平洋戰爭史 1　滿洲事變》（東京：青木書店，1972），頁 148、237；*Akira Iriye, After Imperialism: The Search for a New Order in the Far East, 1921–1931*（Cambridge: Harvard University Press, 1965）, pp. 163-164, pp. 175-180.

的鐵路里程數，自 29 公里增加 37 倍到 1,103 公里，其中有的是「滿鐵並行線」，又可與英國投資的北寧鐵路和蘇聯系統的中東鐵路相連絡。並且此時國際銀價暴跌，以銀為計算單位的中國系統鐵路的運費，較金本位的滿鐵運費便宜，威脅到滿鐵的經營。[64]

再者，中國更進一步計畫「包圍滿鐵」的鐵路網。1928 年成立的統轄東三省交通、運輸和通訊的東北交通委員會，於 1930 年 5 月公布敷設以連山灣葫蘆島為起點的三大幹線及其支線網的計畫，而於 11 月在立法院通過。至於葫蘆島的築港工程，則中國早於該年 1 月與荷蘭築港公司簽訂費用 640 萬美金，預計 1935 年 10 月完成的契約，並在 7 月 2 日舉行動工儀式。[65]

針對此情勢，日本外相（外交部長）幣原喜重郎在 1930 年 12 月發表「有關滿洲懸案鐵路問題之方針」，認為中國方面是計畫能利用這些與滿鐵相競爭的鐵路，把滿鐵兩側的貨物搬運到連山灣或營口，而使滿鐵的勢力範圍僅侷限於其兩側的四、五十哩處，結果必將陷滿鐵於死路。雖然此大計畫不易實現，但如果獲得美國資本的支持，則或許可以進行。並且中國從 1928 年開始希望能收回礦業權等在「二十一條條約」中讓給日本的權益，會破壞日本所構築的控制東北的體系。所以對東北鐵路問題及「二十一條條約」的履行程度滿懷危機感的日本，乃欲絕對地全面掌控滿蒙地區，因為他們認為唯有向海外發展，才能解決日本國內所面臨的經濟恐慌。於是關東軍和陸軍的中樞部門積極思考以武力侵略來達到此目的，[66] 亦即自以往的經濟侵略轉變成為軍事侵略，付諸具體行動的結果就是九一八事變。參見圖 1-3。

參、蛻變期——滿洲電業株式會社經營時期

南滿州電氣會社以統合日本所控制的東北整體之電力事業為目標，九一八事變一爆發，即基於關東軍之委託，接收中國官營之奉天、長春、安東、齊齊哈爾等電燈會社。並且合辦滿鐵附屬地周邊之中國資本的電力會社，由附屬地供給電力；至於附屬地之遠隔地區，則透過各地電力會社之經

[64] 歷史學研究會編，《太平洋戰爭史 1　滿洲事變》，頁 237-238。1925 年至 1930 年間，在東北的日本系統鐵路里程數自 1,802 公里增加到 2,360 公里。

[65] 歷史學研究會編，《太平洋戰爭史 1　滿洲事變》，頁 238。

[66] 歷史學研究會編，《太平洋戰爭史 1　滿洲事變》，頁 238-246、254。

營委託與合辦模式，由此社統合電力供給事業。另一方面，滿鐵系統的營口水道電氣會社開始進出錦州與綏中區域。[67]

1932年成立滿洲國，東北實質上淪為日本的殖民地，其產業的開發必須遵循「日滿一體」的原則，對外的目標是增強國防力量，對內則企求經濟的安定與成長。在1933年3月，「滿洲國」公布實施「滿洲國經濟建設綱要」，[68]展開經濟統制的政策，煤鐵業統制亦為其中之重要一環。

「滿洲國經濟建設綱要」的根本方針就是：有鑑於先進國的無統制的資本主義經濟的弊害，故需加以必要的國家統制，活用資本之效益，以期國民經濟全體的健全且活絡的發展。因此「滿洲國」配合關東軍的旨意，規定統制方策如下：一、凡是涉及國防或具有公共利益性質的重要產業，由公營或特殊公司經營為原則；二、其他產業及資源等經濟事項，則委諸民間企業，但特別重視國民福利，為維持其生計，必須調節生產和消費兩方面；三、採取「一業一社」（每一行業只設立一家公司）措施。[69]

此處所說的特殊公司，兼含準特殊公司，是在「一業一社」的原則下，根據特殊立法或日滿間協定而設立的公司，其業務內容和人事任免，都必須接受日本當局的監督，可視為實行經濟統制的「國策」公司。而為了壟斷東北的電力事業，先於滿州國實業部設置電業監理局。由關東部特務部與滿鐵經濟調查會第二部工業班，進行有關滿州電力事業統制之各種調查與研究。[70] 1933年6月由關東軍司令部確定「滿州電業株式會社設立要綱」。[71]同時，設置設立準備委員會，由關東軍特務部10名，其他關係人士9名就任為準備委員。滿州電業株式會社首任社長之吉田豐彥（關東軍顧問 陸軍大將）就任為此設立準備委員會之委員長，入江正太郎（南滿州電氣株式會社專務取締役）、高橋仁一（同常務取締役）、今井榮量（營口水道電器株式會社

---

[67] 蘇崇民，《滿鐵史》（北京：中華書局出版，1990）頁670。

[68] 菊地主計，《滿洲重要產業の構成》（東京：東洋經濟出版部，1939），頁12。

[69] 菊地主計，《滿洲重要產業の構成》，頁12-14；董長芝，〈日本帝國主義對東北工礦業的掠奪及其後果〉，收於《慶祝抗戰勝利五十週年兩岸學術研討會論文集》（臺北：近代史學會，1996），下冊，頁1107。

[70] 滿鐵經濟調查會，《滿州電氣事業方策滿州瓦斯事業統制方針》（立案調查書類第6編第18卷），1935年6月。

[71] 滿鐵經濟調查會，《滿州電氣事業方策滿州瓦斯事業統制方針》（立案調查書類第6編第18卷），1935年6月，23-25頁。

社長）、高橋貫一（北滿電器株式會社專務取締役）、河本大作（滿鐵理事）、孫澂（滿州國實業部商工司長）、松島鑑（滿州國實業部總務司長）、田中恭（滿州國財務部理財司長）、中村富士太郎（關東廳遞信局電器課長）等電力事業相關人士，分別就任委員。電力事業關係委員之中，入江正太郎與孫澂就任為滿州電業株式會社副社長、高橋仁一為常務理事、中村富士太郎為奉天電業局次長。1934 年 5 月根據「有關滿州電気合同株式会社設立要綱」，所合併的電力企業，包括日資的南滿州電氣株式會社、營口水道電気株式會社、北滿電氣株式會社之 3 社，滿州國資本的奉天電燈廠、新京電燈廠、哈爾濱電業局、齊齊哈爾電燈廠之各電燈廠與安東電業股份有限公司等六家。並由新會社投資於散落各地方之小規模電力事業，藉此實行統制之方針。[72]

由於東北地區幅員廣大，雖然建立了電氣網，但仍有許多地區保留了小型電力事業，這些公司在滿洲國統制經濟的原則下，納入滿州電業株式會社之中。如位於北滿的拜泉殖東電燈公司有 173 瓩的發電設備，以供應當地電燈照明為主；[73] 雙城堡的耀雙電燈公司保有 400 瓩三相發電機，供給當地約 4000 盞電燈；[74] 位於安達的安達電燈股份有限公司有 250 瓩發電機，供應當地 3000 盞電燈等。[75] 從這些例子可以發現：一、隨著東北電力事業整併，輸電系統建構完成，區內許多小電廠紛紛停止發電或改裝為變電廠；[76] 二、東北仍有許多未被納入輸電網的區域，這些地方保留了小規模的電廠；三、小規模的廠名稱大多沿用電燈公司，其營業項目也多以供應電燈照明為主。

當時雖規定各公司以所屬財產及其付屬財產為滿州電業之現物出資。但電力事業之統合，最困難的是標準電波數之統一，以建立全滿州的輸電系統。由於東北電力事業各自發展，故電流規格不一。其中使用週波 60KHZ 的發電設備約 13.4 萬瓩、使用 50KHZ 的發電設備約 10.4 萬瓩、使用 25KHZ 的約有 2.7 萬瓩，大部分「供給用」之都市電廠採週波 50 或

---

[72] 《滿州電業史》，頁 25-26。

[73] 村井博介、大石日出刀等編，《滿洲に於ける電気事業概説》，頁 247-248。

[74] 村井博介、大石日出刀等編，《滿洲に於ける電気事業概説》，頁 250-251。

[75] 村井博介、大石日出刀等編，《滿洲に於ける電気事業概説》，頁 270-271。

[76] 變電廠主要設備為變壓器，單位是千伏安（KVA），對電流進行加壓或減壓，俾便長途輸送或聯一般電網。見村井博介、大石日出刀等編，《滿洲に於ける電気事業概説》，頁 69-76。

60KHZ，「自家用」的撫順煤礦使用 60KHZ、鞍山製鐵所採用 25KHZ 之規格。有鑒於此，1933 年關東軍成立滿州電氣委員會研議統一電流週波的措施，嗣後於同年 11 月決定採用 50KHZ 之規格，1934 年公布電氣事業法，35 年 2 月正式統一標準波數為 50KHZ。[77] 至 1935 年撫順、瀋陽、鞍山的高壓輸電線完工，瀋陽周圍之電流週波統一工作基本完成，而後以此為基礎擴大到東北其餘地區。[78]

根據電氣事業法與事業特許之付款命令，新會社屬於準特殊會社，資本金額 9,000 萬圓。出資者為南滿州電氣株式會社（57,814,000 圓）、營口水道電氣株式會社（4,158,400 圓）、北滿電氣株式會社（2,067,900 圓）、奉天電燈廠 哈爾濱電業局 吉林電燈廠 齊齊哈爾電燈廠 新京電燈廠 安東電業公司（以上合計為 25,959,700 圓）。滿州國實業部於 1934 年 10 月認可，更在 11 月由滿州國實業部與關東廳，認可電氣事業經營與供電規程，於是正式成立了日滿合併的滿州電業株式會社（滿州國法人組織性質）。[79]

成立時社長由曾為設立委員會委員長、關東軍顧問之吉田豐彥就任。1935 年滿洲國境內的輸電系統以大連、營口、長春、奉天、安東、八道壕、齊齊哈爾、北票等八處為中心，利用高壓輸電系統輸送電力。[80] 其後滿州電業會社於 1937 年增資 7,000 萬，在 1941 年更進行倍額增資，名義上之資本金額為 3 億 2,000 萬圓，實際繳納之股款為 1 億 9,200 萬圓，成為東北日系企業中之巨大企業。1940 年 11 月該公司以將來一元性管理水力發電事業為內容，策定「滿州電氣事業要綱」，以此對應之形式，滿洲國於 12 月公布「滿州電業株式會社法」（敕令第 327 號）。經此特殊會社之公布，滿州電業株式會社改組為特殊會社。[81]

此情勢應與中日關係的驟變有關，亦即滿州產業開發五年計畫（1937–

[77] 滿州電業株式会社調查課，《滿州電気事業ノ現状及将来》（長春：滿州電業株式会社，1938），頁 6-9。小林義宜，《阜新火力発電所の最後》（東京：新評論，1992），頁 35-36。又，電流週波是指電流之頻率，單位為赫茲（KHZ），並聯的電流必需週波頻率相同方能匯流。

[78] 村井博介、大石日出刀等編，《滿洲に於ける電気事業概説》，頁 15-16。

[79] 滿州電気協会編，《滿州電業株式会社設立の経緯》（長春：滿州電気協会，1934）；滿州電業株式会社，《滿州電業株式会社業態概要》（長春：滿州電業株式会社，1940），頁 3-7；《滿州電業史》，頁 27。

[80] 村井博介、大石日出刀等編，《滿洲に於ける電気事業概説》，頁 17-19。

[81] 《滿州電業史》，頁 269。

1941）的實施。此五年計畫源自參謀本部作戰課石原莞爾主導的日滿財政經濟研究會所提出的「日滿經濟圈軍需工業擴充計畫」，是經過日本參謀本部、陸軍省和關東軍等討論後而於 1937 年初具體成文的。當年 7 月七七事變爆發，於是參謀本部修改五年計畫，配合日本企畫院針對日本本國、朝鮮和臺灣所提的動員物資為主的計畫，在 1939 年 1 月經內閣會議通過，成為「生產力擴充計畫要綱」（1938–1941）。[82]

在生產力擴充計畫的體系中，對滿洲區域著重開發原料、材料和資源，尤其是希望能逐漸在當地大量生產飛機、武器、彈藥、戰車和軍用汽車等，並期盼在滿洲的生產量能達到日滿全部產量的 20%–30%。[83] 換言之，日本對「滿洲國」的經濟建設之目的，不僅在要求後者能供給資源，而且希望當地可以自給戰時軍需品。[84] 因此特別期待電力的供給增加。

但是，1937 年初提出的共需資金 14 億日圓的「滿洲產業開發五年計畫」中，軍需工業部門所占的資金比重並不大，仍然將大部分資金投入工礦業部門，可見依然著重當地軍需品的自給自足。到七七事變後修改的五年計畫及其後的生產力擴充計畫中，可以看出下列的變化：[85]

一、計畫規模變大，資金方面約為原計畫的 2 倍，且增加部分僅在工礦業部門（增大 3 倍左右）。

二、工礦業部門中，自基礎材料至機械類的生產能力目標值都加以提高，雖然液體燃料、鋼鐵、電力方面的資金增加不少，但飛機、車輛的增額率更大。

---

[82] 詳見原朗，〈1930 年の滿州經濟統制政策〉，滿州史研究會編，《日本帝國主義下の滿州》（東京：御茶の水書房，1972），頁 57-71；大石嘉一郎編，《日本帝國主義史 3. 第二次大戰期》（東京：東京大學出版會，1994），頁 400。又，石原莞爾（1889–1949）是陸軍中將，1937 年 9 月任關東軍參謀副長，主張不擴大中日戰爭，與東條英機對立，乃被排斥於核心之外。

[83] 島田俊彥、稻葉正夫編，《現代史資料 8　日中戰爭 1》（東京：みすず書房，1964），頁 752-770 的「軍需品製造工業五年計畫要綱」；大石嘉一郎編，《日本帝國主義史 3　第二次大戰期》，頁 401。

[84] 石川滋，〈終戰にいたるまでの滿州經濟開發〉，收於日本外交學會編，《太平洋戰爭終結論》（東京：東京大學出版會，1958），頁 744；大石嘉一郎編，《日本帝國主義史 3　第二次大戰期》，頁 401。

[85] 島田俊彥、稻葉正夫編，《現代史資料 8　日中戰爭 1》，頁 720-722；大石嘉一郎編，《日本帝國主義史 3　第二次大戰期》，頁 401-402；原朗，〈1930 年代の滿州經濟統制政策〉，收於滿州史研究會編，《日本帝國主義下の滿州》，頁 74。

三、列舉的「對日送還目標」（回流至日本）中，液體燃料為生產目標的九成，生鐵、鉛的 30–40% 必須輸至日本，而剔除了軍需工業品和鋼材。

易言之，修改後的目標著重軍需品自給和對日本供給資源雙方面。

在生產力擴充計畫及其實行成果中，滿洲煤炭的增產是一重點，因為煤炭是對「日本帝國」提供燃料資源的重要物資。[86] 而當時東北主要是火力發電，故產業開發五年計畫（1937–1941）預定將火力發電提升至 260 萬瓩，除了撫順煤礦發電廠繼續擴充外，也積極開發阜新、北票之煤礦發電廠。[87] 煤炭的重要性在 1942 年以後更明顯，因為 1941 年底珍珠港事變後，日本捲入太平洋戰爭的漩渦中，不但對美國貿易宣告終止，而且意味著不得不侵略東南亞，以解決戰時資源不足的問題。於是日本當局實行第二次生產力擴充計畫和滿洲產業開發五年計畫（1942–1946），後者所需資金總額為 86 億圓，其中工礦業部門即占有 55% 的比重，[88] 可以說是延續第一次計畫的精神。但「日本帝國」內的所有重要物資（煤、鐵礦石、生鐵、鋼等）的生產大概都在 1943 年達到顛峰。[89] 只有滿洲煤例外，1944 年達成計畫目標的 76%，是成績最佳者。[90]

由於滿洲產業開發五年計畫實施後，日資企業一定激增，注重重化學工業的發展，因此對電力的需求增大，而火力發電燃料煤的供給受限，固滿州國政府開始注意到水力的可用性。1937 年公布「滿州鴨綠江水力發電株式會社法」（敕令第 250 號），9 月成立特殊會社性質的滿州鴨綠江水力發電株式會社，更進一步制定火力和水力併用之發送電五年計畫。1941 年延續著第一次五年計畫，發動第二次產業開發五年計畫，以電力事業之一元性經營與水力主體之電源開發方針為內容，著手實行第二次電力開發計畫，特別著重龐大的水力發電工程。[91] 至此，由滿州國政府著手之水力發電事業，

---

[86] 關於當時東北煤炭的增產情形，詳見陳慈玉，《日本在華煤業投資四十年》（臺北：稻鄉出版社，2004），頁 160-161。

[87] 中央設計局東北調查委員會編，《東北電業概況》，頁 28。

[88] 大石嘉一郎編，《日本帝國主義史 3　第二次大戰期》，頁 408。

[89] 大石嘉一郎編，《日本帝國主義史 3　第二次大戰期》，頁 408-409。

[90] 大倉財閥研究會編，《大倉財閥の研究》，頁 644。再者，該年煤業部門設備能力為計畫的 91%。

[91] 石川滋，〈終戦にいたるまでの滿州経済開発〉，頁 756；《滿州経済》3 巻 1 号，1942 年 1 月，頁 74-76。

與滿洲電業會社之火力發電事業於 1944 年 4 月 1 日統合。滿洲國政府於是出資 3 億 2,000 萬圓，配合滿洲電業原有資本 3 億 2,000 萬，因此滿洲電業株式會社總資金倍增至 6 億 4,000 萬圓。滿洲國之出資概要：松花江、鏡泊湖、渾江之各水力發電設備所估算的現物出資相當於 1 億 9,900 圓（此屬於滿洲國水力電氣建設事業特別會計），滿洲國政府所有之滿洲鴨綠江水力發電株式會社與朝鮮鴨綠江水力發電株式會社的股權 7,500 萬圓，加上現金出資 4,600 萬圓。[92]

茲將二戰結束前東北的發電廠列為表 4 如下：

表 4　滿洲國發電廠統計表

單位：瓩

<table>
<tr><th colspan="2">事業名稱</th><th>創立時間</th><th>發電廠數</th><th>變電廠數</th><th>發電力</th><th>受電力</th><th>發受電力合計</th></tr>
<tr><td colspan="8">火力發電廠</td></tr>
<tr><td rowspan="19">滿洲電業株式會社</td><td>大連支店</td><td>1904</td><td>2</td><td>-</td><td>92,260</td><td>-</td><td>92,260</td></tr>
<tr><td>奉天電廠</td><td>1908</td><td>2</td><td>1</td><td>9,000</td><td>90,000</td><td>99,000</td></tr>
<tr><td>朝陽電廠</td><td>1933</td><td>-</td><td>1</td><td>-</td><td>320</td><td>320</td></tr>
<tr><td>洮南電廠</td><td>1926</td><td>1</td><td>-</td><td>850</td><td>-</td><td>850</td></tr>
<tr><td>通遼電廠</td><td>1922</td><td>1</td><td>-</td><td>700</td><td>-</td><td>700</td></tr>
<tr><td>營口支店</td><td>1908</td><td>1</td><td>-</td><td>5,300</td><td>-</td><td>5,300</td></tr>
<tr><td>鞍山支店</td><td>1919</td><td>-</td><td>1</td><td>-</td><td>750</td><td>750</td></tr>
<tr><td>安東支店</td><td>1908</td><td>1</td><td>1</td><td>15,500</td><td>50</td><td>15,550</td></tr>
<tr><td>新京電廠</td><td>1909</td><td>1</td><td>-</td><td>18,250</td><td>-</td><td>18,250</td></tr>
<tr><td>吉林支店</td><td>1907</td><td>-</td><td>1</td><td>-</td><td>3,750</td><td>3,750</td></tr>
<tr><td>哈爾濱支店</td><td>1918</td><td>3</td><td>-</td><td>20,950</td><td>-</td><td>20,950</td></tr>
<tr><td>齊齊哈爾支店</td><td>1908</td><td>1</td><td>-</td><td>1,696</td><td>-</td><td>1,696</td></tr>
<tr><td>承德營業所</td><td>1934</td><td>1</td><td>-</td><td>75</td><td>-</td><td>75</td></tr>
<tr><td>牡丹江營業所</td><td>1933</td><td>1</td><td>-</td><td>275</td><td>-</td><td>275</td></tr>
<tr><td>佳木斯營業所</td><td>1927</td><td>1</td><td>-</td><td>32</td><td>-</td><td>32</td></tr>
<tr><td>海拉爾營業所</td><td>1933</td><td>1</td><td>-</td><td>75</td><td>-</td><td>75</td></tr>
<tr><td>岫巖營業所</td><td>1935</td><td>1</td><td>-</td><td>50</td><td>-</td><td>50</td></tr>
<tr><td>清源營業所</td><td>1935</td><td>1</td><td>-</td><td>50</td><td>-</td><td>50</td></tr>
<tr><td>凌源營業所</td><td>1934</td><td>1</td><td>-</td><td>50</td><td>-</td><td>50</td></tr>
</table>

[92] 《滿洲電業史》，頁 419-420。

事業名稱		創立時間	發電廠數	變電廠數	發電力	受電力	發受電力合計
滿洲電業株式會社附屬電氣廠	瓦房店電燈公司	1930	-	1	-	450	450
	瓦房店電燈公司熊岳城分公司	1924	-	1	-	50	50
	大石橋電燈公司	1916	-	1	-	600	600
	四平電燈公司	1923	-	1	-	150	150
	遼陽電燈公司	1912	-	1	-	4,650	4,650
	鐵嶺電燈公司	1911	-	1	-	2,366	2,366
	開原電燈公司	1914	-	1	-	1,500	1,500
	昌圖電燈公司	1921	-	1	-	75	75
	西豐電燈公司	1933	-	1	-	150	150
	東方電業公司	1935	1	-	1,766	-	1,766
	東方電業公司山城鎮分廠		1	-	160	-	160
	東方電業公司海龍分廠	1935	-	1	-	60	60
	東方電業公司東豐營業所	1935	-	1	-	60	60
	東方電業公司朝陽鎮營業所	1935	-	1	-	150	150
	綏中電器公司	1933	1	1	75	-	75
	達通電氣公司	1933	-	1	-	1,500	1,500
	達通電氣公司公主嶺分廠	1933	-	1	-	900	900
	遼源華新電氣公司	1918	1	1	540	-	540
	延吉電氣公司（圖們）	1933	1	1	300	-	300
	敦化電氣公司（威虎）	1933	1	-	225	-	225
	北安電氣公司	1932	1	-	135	-	135
	北安電氣公司克山分處		1	-	150	-	150
	北安電氣公司訥河分處		1	-	32	-	32
	綏芬電燈公司	1926	1	-	75	-	75
	錦縣電燈公司	1918	1	-	1,000	-	1,000
	法庫電燈公司	1928	1	-	35	-	35
	農安電燈公司	1927	1	-	62	-	62
	滿州里電燈廠	1909	1	-	337	-	337
	依蘭電氣公司	1933	1	-	140	-	140
	佳木斯電燈廠		1	-	110	-	110
關東州廳機關	旅順民政署	1907	-	1	-	1,800	1,800
	金州民政署	1917	-	1	-	450	450
	普蘭店民政署	1921	-	1	-	150	150
	貔子窩民政署	1921	-	5	-	600	600

事業名稱		創立時間	發電廠數	變電廠數	發電力	受電力	發受電力合計
滿鐵事業	撫順煤礦電廠	1908	2	11	60,000	-	60,000
	五龍背溫泉電廠	1927	1	-	10	-	10
日本與滿洲國合營事業	本溪湖煤鐵公司電廠	1910	1	6	9,000	-	9,000
	克山電廠	1927	1	-	1,500	-	1,500
	呼蘭電廠	1912	1	-	87	-	87
	昌圖電廠	1933	1	-	75	-	75
	北票煤礦公司	1926	1	-	1,500	-	1,500
	八道壕電燈廠	1926	1	10	3,200	-	3,200
滿洲國官營事業	洮南電燈廠	1926	1	-	850	-	850
	奉天電車廠	1926	-	1	-	685	685
	通遼電燈廠	1922	1	-	228	-	228
	哈爾濱鐵路局	1927	1	-	562	-	562
滿洲中央銀行	海倫電燈廠	1931	1	-	120	-	120
	綏化新華電廠	1931	1	-	180	-	180
	海拉爾電燈廠	1913	1	-	410	-	410
其他電力事業	下九台電燈廠	1927	1	-	209	-	209
	樺甸耀華電燈廠	1930	1	-	70	-	70
	扶餘電燈廠	1928	1	-	96	-	96
	松花江電燈廠	1922	1	-	96	-	96
	拜泉電燈廠	1925	1	-	125	-	125
	黑河電燈廠	1916	1	-	31	-	31
	富錦、東興德火磨電燈廠	1919	1	-	120	-	120
	阿什河電燈廠	1927	1	-	120	-	120
	雙城耀雙電燈公司	1926	1	-	400	-	400
	滿溝電燈廠	1925	1	-	60	-	60
	安達站電燈廠	1925	1	-	170	-	170
	望奎電燈廠	1926	1	-	90	-	90
	巴彥電燈廠	1930	1	-	36	-	36
	珠河東耀電燈廠	1926	1	-	50	-	50
	一面坡昌隆電燈廠	1928	1	-	100	-	100
	橫道河子電燈廠	1924	1	-	77	-	77
	寧安裕民電燈廠	1926	1	-	79	-	79
	寶成電燈公司	1921	1	-	167	-	167
	頭道溝電燈廠	1931	1	-	40	-	40
	龍井村大新電燈廠	1922	1	-	200	-	200
	琿春電燈廠	1926	1	-	90	-	90

事業名稱		創立時間	發電廠數	變電廠數	發電力	受電力	發受電力合計
	大孤山普照電燈廠	1923	1	-	10	-	10
	通化電燈廠	1924	1	-	60	-	60
	海城電燈廠	1924	-	1	-	3,750	3,750
	西安電燈廠	1922	1	-	208	-	208
	山城鎮東興電燈廠	1919	1	-	160	-	160
	四平街電燈廠	1923	1	-	100	150	250
	義縣電燈廠	1922	1	-	35	-	35
	博克圖電燈廠	1924	1	-	70	-	70
合計			79	59	251,046	115,116	366,162
水力發電站							
松花江	大豐滿水電站	1943			480,000		480,000
	紅石水電站	1943			420,000		420,000
牡丹江	鏡泊湖水電站	1942			46,000		46,000
鴨綠江	水豐洞水電站	1945			560,000		560,000
	義洲水電站	1945			90,000		90,000
	渭源水電站	1945			90,000		90,000
	滿浦水電站	1945			120,000		120,000
	雲峰水電站	1945			50,000		50,000
合計					1,856,000		1,856,000

說明：火力發電廠資料係依據 1935 年出版之《滿洲に於ける電気事業概説》整理而成；水力發電站資料係依據 1945 年出版之《東北電業概況》整理而成。其發電量係計畫值，並非實際發電量。

資料來源：村井博介、大石日出刀等編，《滿洲に於ける電気事業概説》（長春：滿洲電業株式会社，1935），頁 39-304；中央設計局東北調查委員會編，《東北電業概況》（重慶：編者，1945），頁 21-24、35。

由此表可知當時滿洲電業仍未能全面統制所有電力相關事業，而撫順煤礦電廠與本溪湖煤鐵公司電廠依舊是統制外自給自足的大電廠；屬於滿洲國政府的水力發電量亦不容忽視。1937 年滿洲國設立水力電氣建設局以及水力電氣建設委員會，下轄總務、工務二處及鏡泊湖、豐滿和桓仁三個地方工程處。1938 年 9 月，水力電氣建設局計劃在調查地點內建設水電站 46 座，總計裝機容量608. 6萬瓩，水豐、鏡泊湖、豐滿三座水電站計畫分別於1941年、1942 年和 1943 年完成。[93] 實際上，1943 年 3 月，豐滿水電站第一機組開始

[93] 井志忠，〈「豐滿水電站」的殖民動機與客觀效果〉，頁 9-15。

發電，同年 5 月，四號機組投產發電，用 154 千伏電壓向吉林、長春、哈爾濱送電。1944 年 6 月及 12 月，第二、七號機組先後投產，以 22 萬伏特超高電壓向瀋陽、撫順送電。是年豐滿水電站已安裝完成的 4 台機組裝機容量達到 28.30 萬瓩，電力供給範圍計畫包括當時東北主要大城市。[94]

在這蛻變期，以滿州電業會社為主的整個東北的電力產業確實有顯著的成長。尤其是戰時發電設備與發受電量的迅速增加。如表 5 所示， 1930 年的發電容量為 21.61 萬瓩，1934 年滿州電業株式會社成立後發電容量提高至近 40 萬瓩，約為 1930 年的 2 倍。滿電成立時東北大小電力事業共有 82 家，平均規模高達 4741 瓩，相較於 1932 年時全國電力事業平均約 1,022.3 瓩，東北地區已超過甚多，是電力發展的先進地區。

表 5　東北電力事業統計表，1930–1944

年代	發電設備		發受電量	
	萬瓩（KW）	增加率%	度（KWH）	增加率%
1930	21.61	-	504,330,000	-
1931	22.18	2.64	542,960,000	7.66
1932	26.46	19.30	592,910,000	9.20
1933	27.12	2.49	662,400,000	11.72
1934	38.88	43.36	-	-
1935	40.24	3.50	593,000,000	-
1936	41.97	4.30	795,000,000	34.06
1937	50.87	21.21	978,000,000	23.02
1938	57.29	12.62	1,293,000,000	32.21
1939	72.48	26.51	1,516,000,000	17.25
1940	80.65	11.27	1,799,000,000	18.67
1941	105.54	30.86	2,164,000,000	20.29
1942	126.33	19.70	2,794,000,000	29.11
1943	151.22	19.70	3,849,000,000	37.76
1944	177.75	17.54	4,988,000,000	29.59

資料來源：1930–1934 年資料取自村井博介、大石日出刀等編，《滿洲に於ける電気事業概說》，頁 10-13；1935–1944 年資料取自資料來源：《滿州電業史》（東京：滿州電業史編輯會，1976），頁 755-759。

[94] 王暉、王勁松，〈豐滿水電站的開發建設及其影響初探〉，頁 64-69。可惜 1945 年豐滿水電站部分工程尚未完工，戰後又經歷蘇軍的掠奪，使得發電效益大受損失。由於豐滿水電站的重要性，1953 年中華人民共和國開始的第一個五年計畫即將之列為重要項目，至 1960 年全部完工。

如前所述，1934 年以前，最主要的電力事業是南滿州電氣株式會社，但各地另有許多華資官民營以及日資的小型電力事業。1931 年九一八事變發生後，華資官營電廠改由滿州國經營，至 1933 年總發受電量中，日資電業占 85%，滿州國（華資）電業占 15%，[95] 可清楚看到日資電業之優勢。不過此一時期小廠林立，總體的發電設備成長幅度較小。

滿洲電業會社成立後，從表 5 可以發現，東北發電設備迅速增加， 1930 年代初期發電設備增加率高於總發受電量，但是 1935 年以後，由於電力事業統制經營，使得發電效率提高，1935–1936 年發電設備僅小幅成長 4.3%，但發受電量卻大幅成長 34%。[96] 此後至戰時發受電量成長均大於發電設備成長幅度，代表設備使用效率之提高，即意味著東北電力事業體質的轉變。

1940 年代東北電力事業的快速發展，得力於水力發電建設的成長，1941 年鴨綠江水豐洞水庫落成後增加 10 萬瓩的發電容量，約占總發電量之 9.5%；水力發受電量為 171,000,000 度（KWH），約占總發受電量的 8%。至 1944 年松花江豐滿水庫、鏡泊湖水庫等陸續落成運轉，水力發電設備增加至 61.6 萬瓩，占總發電容量之 34.66%；水力發受電量達 26.96 億度，已達總發受電量的 57.51%，超過火力的 19.92 億度和 42.49%，[97] 顯見水力發電成長對東北電力事業發展的重要性。

同時，鐵路建設也趨向一元化，滿鐵於 1933 年設置鐵路總局，接受「滿洲國」的委託，經營鐵路。滿鐵在日本國內籌措莫大資金，積極從事鐵路建設，到 1936 年底為止，日本在東北所敷設的鐵路總里程數達 7,403 公里，為 1930 年的 3.1 倍左右。滿鐵亦已於 1935 年自蘇聯收買中東鐵路（1,733 公里），[98] 因此可以說滿鐵能夠一元性地控制全東北的鐵路網。以至於有學者認為他失去了以往的殖民地行政機關的色彩，變為純粹的鐵路公司。[99]

作為事業領域，鐵路部門是滿鐵事業中創造盈餘者，1935 年建設新線連接以往滿鐵的力量所不及的北安跟佳木斯。也建設了京白線（長春（新京）~ 白城子），與從熱河通往北京的錦古線（錦縣 ~ 古北口）等。

[95] 村井博介、大石日出刀等編，《滿洲に於ける電気事業概説》，頁 12。

[96] 林美莉，〈外資電業的研究（1882–1937 年）〉，頁 89。

[97] 《滿州電業史》，頁 754。

[98] 松本豐三編，《南滿洲鐵道株會社第三次十年史》（大連：滿鐵，1938），頁 788-793。

[99] 安冨步、深尾葉子編，《「滿洲」の成立：森林の消尽と近代空間の形成》（名古屋：名古屋大学出版会，2009），頁 67-68。

但是，這些路線，除了賺取盈餘的經濟線之外，還包含了負有軍事目的的非經濟線，而 1940 年非經濟線的比例高達 46%。在這時期建設的新線約達 5 千公里，占 1945 年時營業總里程之半，且 1939 年新線收入仍占鐵路總收人之半。[100]

在二戰結束時，鐵路網遍布滿洲全土，大部分的地域皆在距離鐵路 50 公里的範圍內，50 公里是相當於馬車在冬季的平野，能夠一天內移動的距離。[101] 當然鐵路網興建的同時，以基礎建設為中心的產業開發，也有顯著的成果，而這些產業的發展都與鐵路的經營息息相關。參見圖 1-4。

肆、東北電力事業的特徵

東北鐵路網的密度與電力的密度息息相關。東北是近代中國電力事業發展最快速的地方，自 1902 年俄國在大連設立發電所開始，至 1940 年代前半短短 40 年間電力事業快速成長。

一、發展趨勢

我們進一步利用 GIS（地理資訊系統）所繪製的圖 2 來顯現其發展趨勢。

東北電力事業的發展與鐵路關係密切，由圖 2 來看，隨著鐵路線的擴張，東北的電力事業也由原本分布於中東鐵路及南滿鐵路的「T」字形幹線上，逐漸延伸到各個鐵路交會點城市，再擴及到其餘區域。因此可以說東北鐵路建設帶動了各地聚落發展，也促成電力事業的擴張。

進一步分析各個時期的電力事業分布可以發現，在 1910 年以前如圖 2-1 所顯示，僅有大連、瀋陽、吉林、營口、安東等主要城市有發電廠，這些城市主要集中在中東鐵路及南滿鐵路沿線。其中大連、營口是重要港埠，人口眾多；瀋陽與吉林則為東北行政中心，另外連接朝鮮與東北的安奉鐵路於 1905 年通車後，安東也成為重要城市，亦有發電廠設於此處。再從圖 2-2 觀察到 1910 年代的發展，連接吉林與長春的吉長鐵路於 1912 年通車後，長春成為東北鐵路網重要中繼站；四平街至鄭家屯的鐵路於 1917 年通車後，四平街亦成為鐵路樞鈕；加上南滿鐵路沿線的公主嶺、開原、鐵嶺、遼陽、

---

[100] 高橋泰隆，《日本植民地鉄道史論》（東京：日本経済評論社，1995），頁 390、394。
[101] 安冨步、深尾葉子編，《「滿洲」の成立：森林の消尽と近代空間の形成》，頁 68。

鞍山等處進一步發展，於是電力事業紛紛成立。如圖 2-3 則顯現出在 1920 年代，東北電力事業與鐵路網逐漸形成，如四平到洮南的四洮鐵路在 1923 年通車、瀋陽到吉林的吉奉鐵路於 1929 年全線通車、打虎山（瀋陽近郊）到通遼的打通鐵路也於 1927 年通車，於是各鐵路交匯點與沿線之都市聚落日益興盛，電力事業亦隨之設立。

1930 年以後東北鐵路網日益完善，而由圖 2-4 可見各地電力事業分布情況。分布最密集的地方是南滿鐵路沿線，並且南滿鐵路沿線的電力事業多半是屬於南滿州電氣株式會社（▲圖示）所有，少部分為日資或滿鐵事業（△圖示），至 1920 年代以後才陸續有零星華資民營電氣事業出現（⬣圖示）。意味著南滿鐵路沿線的城市中，滿鐵及南滿電占有相當優勢。其次，中東鐵路沿線則以其他外資（⬡圖示）及少部分華資民營電力事業為主，滿鐵及南滿電之勢力並未延伸至此。華資電力事業方面，可以發現官營電力事業雖然很早就成立出現，但是僅存在於奉天、哈爾濱、吉林等主要城市，顯見是通過政府行政力量所設立的；另外官營電廠亦分布於遼寧西部的八道壕、新立屯、新民等地，這些多半屬京奉鐵路沿線聚落，顯示中國官方控制力大抵上以遼西為主。至於華資民營電力事業則主要設立在新興的鐵路城市如洮南、通遼、通化、遼源等處。但這些事業不僅規模皆較日資事業小，且分布零散，出現時間亦多半在 1920 年代以後。這種現象固然顯示出這段時期中國官商逐漸重視電力事業而力求發展，然而也意味著華資電力事業實遠遠落後於日資事業，鐵路沿線中大型城市多半已有日資電力事業進駐，因此華資事業僅能坐落於日資勢力所不及的區域。

圖 2 係以電力事業之數量繪製而成，然電力事業亦需考慮發電量之高低，因此圖 3 整併鄰近地區之發受電量後，顯示東北電力事業發電規模分布現象。由圖 3 可見東北大城如大連、瀋陽、長春、哈爾濱等主要城市都有規模龐大的發電事業，尤其是滿鐵沿線城市的發電規模都遠大於中東鐵路及其他支線鐵路的城市，說明東北電力事業以遼寧中南部為主要發展區域。再者，由於東北早期電力事業以火力發電為主，火力發電主要原料為煤礦，因此鐵路沿線的撫順、煙台、本溪湖、阜新、北票等地均有大規模的火力發電廠，這些電廠經由輸電線路連通主要聚落。相形之下，北部地區的電力事業則分布較為零星，亦未能相聯結。

如前所述，直至 1930 年代末期，東北電力事業都以火力發電為主，到

1940 年代初期，隨著松花江、鴨綠江水利工程完工，提供大量且廉價的水力發電，因此東北水力發電規模逐漸高於火力發電，形成「水主火從」的發電結構。松花江流域以豐滿水庫為主，除供應哈爾濱、長春等處的電力需要外，亦通過 22 萬伏特超高壓輸電線供應瀋陽等處的需求；鴨綠江流域的水豐洞水庫發電量也不小，除一半供應朝鮮外，其餘也通過 22 萬伏特超高壓輸電線聯通安東、大連、瀋陽等處。此外，撫順及阜新亦憑藉豐沛的煤礦資源成為火力發電中心，其中尤以撫順最為重要，在 1910 年以前即成立火力發電廠，供應瀋陽和鄰近地區的電力需求，1930 年代末期至 1940 年代初期亦多次擴充發電設備，並且是調節豐滿水電站及水豐洞水電站發電量起伏的重要輔助電廠，在東北發電系統及輸電系統中極為重要。

二、與其他地區比較

根據 1920 年代的不完整的調查，東北電力事業規模已大於全國平均，[102] 而如表 6 所示，此後更高居全國第一。近代中國電力事業始於 1887 年英國人在上海公共租界投資的發電廠，當時公共租借內之電設備僅有 12 瓩，約可供應 16 盞電燈使用。[103] 發展至 1930 年代，全國（東北、臺灣除外）發電容量已達 58.4 萬瓩，其中外資擁有 27.5 萬瓩，華資電廠約有 31 萬瓩之發電設備。[104] 這些電力事業大多集中於江浙一帶，上海一埠之發電容量外資電力事業約有 22.1 萬瓩、華資約 4.8 萬瓩，合計約 26.9 萬瓩，占當時全國發電容量之 46%，由此可知 1930 年代中國之電力事業泰半集中於上海，且以外資投資為主。另一方面，當時國民政府勢力不及的東北、臺灣等處，在日本的銳意經營下也發展電力事業，並取得豐碩的成果。

---

[102] 當時全中國各省電力事業平均規模高於全國平均者計有江蘇省（2,291.8 瓩）、湖北省（1,392.6 瓩）、廣東省（1,330.6 瓩），東北居平均規模第四位，其餘各省電廠均平均規模 1,000 瓩，因此可以說江蘇、湖北、廣東及東北，加上接近規模平均數的河北省（997.2 瓩），是當時國內電力事業發達的區域。值得注意的是，這些地方都有大規模的外資電廠投資，特別是廣東省統計包括港澳地方的電廠，無疑地提高其均數甚多，因此外資電廠投資規模，與該地電力事業規模有密切關係。1927 年各省統計見東亞同文會調查編纂部編，《新編支那年鑑》，頁 937-980。

[103] 陳真、姚洛編，《中國近代工業史資料》第二輯，頁 338。孫毓棠、汪敬虞等編，《中國近代工業史資料》第一輯，頁 194。

[104] 建設委員會編，〈十年來之中國電氣建設〉，《建設》20 期（南京：建設委員會，1937），表二。

表 6　東北、上海與臺灣電力事業發展比較表

	臺灣	上海	東北
1935年發電容量（瓩）	144,050	268,420	402,400
1933–1936年人口數	5,358,527	3,480,018	30,879,717
面積（平方公里）	35,751	893.16	1,133,437
發電密度（瓩/平方公里）	4.03	300.53	0.36
每千人均發電量（瓩/千人）	26.88	77.13	13.03
民生用電比例（%）	44.63	56.40	20.47
工業用電比例（%）	55.37	43.60	73.52
火力發電比例（%）	14.69	100	100
中心發電廠比重（%）	69.42	68.18	22.93
輸電網週波	60KHZ	50KHZ	50KHZ
戰時最高發電容量（瓩）	321,135	203,200	1,777,500
1935–1945年增加容量（瓩）	177,085	-65,500	1,375,100
戰時增漲幅度（%）	122.93	-24.40	341.72

資料來源：

1. 發電容量：柯文德、楊承勳，〈臺灣之電力問題〉（臺北：臺灣銀行經濟研究室，1952），頁 204；吳欽煒、陳光，〈上海各大電廠巡禮〉，《熱工專刊》3 期（1948），頁 37-43；《滿州電業史》，頁 755-759；中央設計局東北調查委員會編，《東北電業概況》，頁 21-24、35。
2. 人口數：田中一二編，《臺灣年鑑》（臺北洲：臺灣通信社，1937），頁 33；《申報年鑑》（上海：申報，1935），頁 B-89；《滿洲年鑑》（大連：滿洲日日新聞社，1935），頁 69。
3. 面積：田中一二編，《臺灣年鑑》，頁 33；《申報年鑑》，頁 B-9；《滿洲年鑑》，頁 66。
4. 用電比例：柯文德、楊承勳，〈臺灣之電力問題〉，頁 210-213；〈上海電力公司の研究〉，《東亞》第 13 卷 8 期（1940 年 8 月），頁 110-111；村井博介、大石日出刀等編，《滿洲に於ける電気事業概説》，頁 23。
5. 輸電網週波：重人，〈臺灣電力公司概況〉，《電世界》1 卷 7 期（1946），頁 240-242；〈上海電力供應概況〉，《技協》1949 年 3 月 28 日，版 2；村井博介、大石日出刀等編，《滿洲に於ける電気事業概説》，頁 20-21。
6. 戰時最高發電容量：柯文德、楊承勳，〈臺灣之電力問題〉（臺北：臺灣銀行經濟研究室，1952），頁 204；吳欽煒、陳光，〈上海各大電廠巡禮〉，《熱工專刊》3 期（1948），頁 37-43；《滿州電業史》，頁 755-759。

由表 6 可見，以 1935 年為基準，上海擁有 26.9 萬瓩之發電容量，其中美商上海電力公司有 18.3 萬瓩、法商電車電燈自來水公司擁有 3.8 萬瓩、

華商閘北水電公司擁有 3.2 萬瓩、以及華商電氣公司 1.6 萬瓩。至於臺灣方面，臺灣電力株式會社投資之日月潭水力發電站已於 1934 年完工，加上臺北、高雄、松山等處的電廠，發電容量已高達 14.4 萬瓩，是當時中國關內發電容量之四分之一。而東北電力事業規模更發展迅速，如前所述，滿州國實施統制經濟，東北電業整併為滿州電業株式會社，在大連、撫順、長春等處都擁有大規模電廠，發電容量已達 40.24 萬瓩。若單就發電容量而言，此時東北、臺灣、關內等處合計發電容量達 113 萬瓩，其中東北、臺灣、上海的比例各為 35.6%、12.74% 和 23.8%，合計約占全國 7 成的比重，因此可知此三處地區在近代中國電力事業中所扮演的重要地位。

東北、臺灣、上海由於區域型態不同，雖然發電容量甚高，但仍應進一步分析其人口、面積的差異，才能確實掌握電力事業之規模。土地面積方面，1935 年滿州電業株式會社供應範圍以滿州國國境為基礎，面積約為 113.3 萬平方公里；[105] 臺灣本島面積有 3.58 萬平方公里；[106] 大上海面積合計共 893 平方公里。[107] 人口方面的統計則較複雜，東北採用 1933 年之人口普查，計有 3,088 萬人；[108] 臺灣則為 1936 年總督府之人口統計的 536 萬人；[109] 上海因為是商業城市，流動人口甚高，不易掌握，1931 年海關統計中估計為 325.9 萬人、[110] 1934 年上海警察局調查為 348 萬人，[111] 相差約 20 萬人，考慮到城市外來人口的影響，表 6 採用 348 萬人之數據。

由這些數據來分析人口、土地面積及發電容量，可以觀察到，上海發電容量高度集中於不足 1,000 平方公里的市區內（事實上市中心區僅約 60 平方公里），因此每平方公里分配之發電容量高達 300.53 瓩、仟人均發電容量達 77.13 瓩，是中國電力事業最發達的地區。臺灣島人口約為上海的 1.5 倍，但面積遼闊許多，因此仟人均發電容量約為上海之 1/3，有 26.88 瓩；但單位面積之發電容量則僅有 4.03 瓩。相形之下，東北雖然總發電容量最

[105] 包括原東三省及熱河。《滿洲年鑑》（大連：滿洲日日新聞社，1935），頁 66。

[106] 田中一二編，《臺灣年鑑》（臺北洲：臺灣通信社，1937），頁 33。

[107] 根據申報 1932 年之調查，包括閘北區、市南區、公共租界、法租界等市中心以及周圍 15 個縣。《申報年鑑》（上海：申報，1935），頁 B-9。

[108] 《滿洲年鑑》，頁 69。

[109] 田中一二編，《臺灣年鑑》，頁 33。澎湖有 9 萬人。

[110] H. G. W. Woodhead, edited, *The China year book* (Shanghai : The North-China Daily News & Herald, 1935), p. 3.

[111] 《申報年鑑》，頁 B-89。

高，但因面積遼闊、人口眾多，其單位面積及仟人均發電容量僅分別有 0.36 瓩、13.03 瓩。比較人口、面積及發電容量後，可以發現儘管三地都有極高的發電容量，但由於人口和土地規模差異甚大，使實際電力事業發展落差十分明顯。其中上海因為是現代化都市，所以電力事業遍布全市，東北及臺灣則因區域規模較大，有限之電力資源便需通過高壓輸電系統及各處輔助電廠之配合，以期能分配至境內各處，這也造成三地發展電力事業的不同取徑。

此外，電力用途的差別亦值得注意。東北由於電力事業發展起源於南滿鐵道株式會社的「自家用」礦山發電廠，所以工業用電占有重要比重。根據 1935 年滿州電業株式會社統計，該社約有 73.5% 的電力供一般工業（34%）、特殊工業（15%）及礦業（25%）使用，僅有 20.5% 供一般家庭的電燈、電熱使用，另外有少部分鐵道及農業使用。[112] 至於臺灣，1935 年則約有 44.6% 供一般家庭的電燈、電扇及電熱使用，55.4% 供工業上的電力用途。[113] 上海電力利用系以上海電力公司營業資料為基礎，1935 年有 43.6% 為工業用電、35.9% 為家庭及商店用電、18.9% 為公共團體用電以及 1.6% 為街燈用電。[114] 由於電力利用狀況統計標準不一，認定上頗有值得斟酌細究之處，如 1920 年代上海電力用途統計顯示工廠動力占近 9 成之比重，[115] 而 1930 年代之統計則約 50% 上下，相去頗多。造成這種現象是因統計認定改變、或係工廠轉移至閘北水電公司營運範圍內的滬西、閘北地區，目前資料尚不十分清楚。職是之故，工業用電、家庭用電比重僅能作為參考，並非絕對數據。就大體趨勢而言，上海與臺灣的工業及民生用電比大約各半左右，東北則以工礦業之利用為主，這或許也與其區域特性有關。由於上海電力事業係因主要為都市型態，所以公共事業方面用電及一般商業活動都需要不少電力，也使得戰前上海的十里洋場、霓虹燈招牌成為近代中國都市的代表符號。臺灣工業用電比重占約近半，則或許是工業發展進程差異所造成的，由於總督府發展電力事業係希望藉廉價電力發展工業，至 1934 年日月潭水力發電所落成前，各處的電力事業仍以電燈公司為主，工業則是 1930 年代後期才顯著

---

[112] 村井博介、大石日出刀等編，《滿洲に於ける電気事業概說》，頁 23。

[113] 柯文德、楊承勳，〈臺灣之電力問題〉（臺北：臺灣銀行經濟研究室，1952），頁 210-213。

[114] 〈上海電力公司の研究〉，《東亞》138 期（1940 年 8 月），頁 110-111。

[115] 〈上海工部局電氣處營業概況〉，《工商半月刊》1 卷 7 期（1929 年 4 月），頁 10-11。

發展。故到 1937 年日月潭第二水力發電所完工，工業用電已成長到 70%、至 1944 年則高達 80%。[116] 東北的用電結構，則如前述，因其發展之初即以重大工礦事業的自家用電為基礎發展，因此 73.5% 的工業用電比重應為合理情況。若再考量到土地面積、人口等條件，此時東北都市化程度並不高，3 千餘萬的人口中，較大型都市僅有瀋陽（81 萬人）、哈爾濱市（46 萬人）、長春（38 萬人）、撫順（22 萬人）、安東（21 萬人）等，[117] 由於都市化發展有限，加上電力事業發展基礎是礦山電廠，因此東北的電力以工業為最主要用途。

分析三處地區的電力事業結構，進一步能掌握其不同的發展過程。電力事業結構由三個角度加以探討，首先是發電型態，具體而言是火力發電與水力發電之差別，前者需要設置於燃料產地（如礦廠附近）或交通運輸便利處，以便起卸煤炭；後者多半受限地理條件因素，位於都市聚落以外的山區。由於設置位置的差異也影響到輸電網之配置與連結，如零星散布的小型火力發電廠則需要統一電流週波才能相互連結，形成電網以互補有無；設置於偏遠礦場的火力電廠或山區的水力電廠，則需要高壓電線 [118] 及變電所輸送電力到人口集中處。另外，區域內是由單一大型電廠進行發電，或主要電廠配以輔助電廠發電，亦或眾多小廠聯合發電，也影響上述兩個條件之變化，所以發電種類、中心發電廠比重、輸配電網配置可說是電力事業結構的重要指標。

如前所述，東北的發電廠至 1935 年為止，仍然都是火力發電，這是因為東北各處豐富煤礦資源以及發達鐵路網，足以支持星羅棋布的小規模火力電廠，這些小規模電廠具有投入成本較低、建造時間短、設置條件不高的優點，因此成為面積遼闊的東北電力事業發展主軸。這種小規模火力電廠遍布各處的情況，可以由中心電廠比重看出端倪，東北發電容量最大的電廠在大連，為 9.2 萬瓩，占總體發電設備的 22.93%，其次為撫順的 6 萬瓩及哈爾濱的 2 萬瓩，因此可知東北電力事業結構並非由一個主要中心電廠構成。這種特徵也使得滿州電業株式會社需要構築輸電網以突破點狀分布的限制，故投入鉅資整合各處電廠之週波規格，由 60KHZ、25KHZ 等大小電廠各自為

[116] 柯文德、楊承勳，〈臺灣之電力問題〉，頁 210-213。

[117] 《滿洲年鑑》，頁 69。

[118] 為了減少電流在長途輸送過程中的衰弱，採用提高電壓的方式送電。因此高壓電網在起點要經過加壓，到達目的地後要減壓，加壓與減壓都是通過變電站進行。

政的情況統一為 50KHZ，俾並聯成電力網絡。同時也必須設置許多變電所作為轉運站，如瀋陽受電量 9 萬瓩的變電所，即是輸送撫順電力及中轉南滿各處電力的樞紐。事實上，統一輸電週波另一重要考量，是華北地區主要電力規格亦為 50KHZ，因此東北電力事業之規格統一也意味著日本有進一步擴展勢力到華北的企圖。[119]

臺灣電力事業早期發展的過程與東北類似，係由各處大小火力發電廠所組成，且多半設於原料取得便利之處，如高雄（港口）、松山（礦場）等處。1919 年臺灣電力株式會社成立後，開始整併大小電廠，並以台電為主要電力供應來源，各處電燈公司所擁有的發電設備規模甚小。這種情況到了 1934 年日月潭水力發電所完工後有了根本轉變，由於日本國內係以水力發電為主，因此總督府致力於臺灣水力發電資源的開發，日月潭水力發電所落成後提供 10 萬瓩發電容量，占 1935 年臺灣島內發電設備的 69.4%，使得臺灣發電事業舉轉為以水力發電為主。由於日月潭水力發電所係一大型中心電廠，其位於中部又遠離人口集中的北部及南部地區，因此構築輸電網、設置位於南北兩端的輔助電廠為主要方針，同時電流規格則定為 60KHZ。由電力結構來觀察，可以得知臺灣電力事業發展雖晚於上海與東北，但是最早開發水力發電資源，以及建構與之相輔的輸電網絡及輔助電廠，奠定了全島聯合經營電力事業的基礎。

上海之電力事業結構與則與兩處大不同，雖然與臺灣一樣，上海發電結構以中心電廠為主，上海電力公司所屬的楊樹浦火力發電廠占全市發電容量之 68%。但由於空間有限，無法利用水力發電，故皆為火力，且多半設於水運要衝以利燃料取得。又因為面積不大，因此不需要高壓電線的輸電系統，亦即通過小型變電站及電線系統即可將電力配送至全市各處，另外有些小型的電力公司如滬西電力公司、華翔電氣公司等多半是直接向上海電力公司購電後再轉售營業區內之用戶，也是電力分配之一形式。上海電力事業之發展以上海電力公司之電廠為主，加上早期華資電力事業規模小，購電情況普遍，所以很早就形成供電網絡，採用 50KHZ 之電流週波，俾便各大小電廠互通電力。而隨著華資電廠的發展，雖然上海市中心電力係外資電業占優勢

119　《滿洲開發四十年史》下卷，頁 540-541。

地位，不過周圍郊縣已逐步納入華資電廠的供電系統中，如閘北、華商、浦東等都將電線鋪設至鄰近地區。相較於東北與臺灣，由表6各種數據之比較，都能清楚看到上海電力發展最大特徵，在於其為都市型態之電力事業聚落，所以電廠密集、輸送距離短、民生需求量大。

1930年代後期開始，日本對東北及臺灣電力事業大幅投資，經歷了戰時發展，東北及臺灣的電力事業都長足有進，雖然戰爭結束時經歷不少破壞，但仍留下可觀的建設成果，所以有必要再進一步以表6對三處戰時發展加以比較。

戰時電力事業進步幅度以東北為最，規劃中的發電容量高達399.6萬瓩，不過此依數字係由各項建設計畫加總而來，多數並未完工，因此並不準確。[120] 考慮各項重大電力事業建設進度及戰爭末期受到破壞及俄國拆遷的情況，戰後接收東北之電力事業發電容量應可達177.75萬瓩左右，[121] 較1935年之40.42萬瓩，10年之間已大幅成長4倍左右，可說極為驚人。東北電力事業快速成長，得力於水力發電事業之開發。如前所述，至1935年為止東北仍舊以火力發電為主，水力發電之建設始於1937年，該位於松花江之大豐滿水庫及鴨綠江之水豐洞水庫開工，預估發電容量分別達60萬瓩與70萬瓩，至1945年已完成之水力發電廠有松花江上之紅石砬水電站42萬瓩、牡丹江上之鏡泊湖水電站6.5萬瓩，大豐滿及水豐洞也都接近完工。[122] 除了水力發電建設外，東北之發電事業也大力發展火力發電，擴充大型礦山之發電設施，如撫順煤礦之發電量至1937年增設5萬瓩。[123] 整體而言，戰時東北電力事業成長迅速，水力與火力發電方面都有相當建設，輔助之輸電網絡也日趨成熟，對戰後中國電力發展有深遠影響。

臺灣戰時電力事業亦進步迅速，除前述1937年發電容量達4.3萬瓩之日月潭第二水力發電所完工，[124] 另外1939年做為輔助電廠的臺北火力發電廠3.5萬瓩也完工，使臺灣發電容量達到22萬瓩。總計至1944年臺灣之發

---

[120] 中央設計局東北調查委員會編，《東北電業概況》，頁38。
[121] 吳欽煒、陳光，〈上海各大電廠巡禮〉，《熱工專刊》3期（1948），頁37-43
[122] 中央設計局東北調查委員會編，《東北電業概況》，頁38。
[123] 李代耕，《中國電力工業發展史料——解放前的七十年（1879–1949）》，頁133。
[124] 藤崎濟之助，《臺灣電力株式會社沿革史》（臺北：編者，1937），頁1175-1176。

電容量已達 32.1 萬瓩，較之 1935 年的 14.4 萬瓩成長一倍多。總督府還計畫建設大甲溪 45 萬瓩的水力發電設施。[125]

相形之下，上海電力事業受到很大打擊，根據戰後相關報導指出，戰後上海工商發展的一重要瓶頸就是電力缺乏，居民被迫接受限電的措施。[126] 上海電力事業受到戰爭之影響，使資本家為之卻步，如原本 1937 年浦東電氣公司規劃增設 1 萬瓩之設備，但因戰爭爆發而暫停。並且戰爭期間因閘北淪為戰場，基礎設施破壞嚴重，使得閘北水電公司發電容量 3.2 萬瓩的設備破壞殆盡。儘管公共租借大致保持完整，但是仍受零星戰爭波及，如楊樹浦發電廠正位處於日軍登岸的楊樹浦地區。此外，1941 年底太平洋戰爭爆發後，上海的國際貿易大受影響，由於上海以火力發電為主，所需煤炭大多自海外輸入，煤炭資源短缺也使部分電廠停工、機件缺乏保養，故 1942 年的發電量僅有 1936 年之半。到 1945 年，發電設備僅有 20.3 萬瓩，為 1935 年之 75%。

三、南滿電與滿電經營比較

東北電力事業在 20 世紀前半有顯著的發展，「南滿州電氣株式會社」（以下簡稱南滿電）與「滿州電業株式會社」（以下簡稱滿電）是其發展的重要推手，從兩家公司的經營內容，可以看出東北電力事業的變遷。

南滿電與滿電具有承續關係，但二者本質上不同，雖然南滿電在南滿地區及鐵路附屬地享有極大優勢，然而仍為企業公司，係滿鐵於 1926 年 6 月將旗下電力事業部門獨立出來經營，所以在許多地方需要與其他電力公司競爭。[127] 滿電則為統制經濟政策下的國營事業，由關東軍特務部及滿州國政府協議成立，於 1934 年底將南滿電等東北其他大小電力公司都收歸經營。[128] 因此相較於南滿電，滿電在整併東北電力事業上扮演更積極的角色。

自表 7 分析，首先可以觀察到南滿電事業單位主要集中於東北南部人口眾多的大城市，如大連、瀋陽、長春、安東等地， 1930 年時其事業單位包

[125] 佐佐木英一，〈臺灣の水力發電地點の優秀性に就て〉，「柏原兵太郎文書」（630-6，30-3）。

[126] 〈上海節約用電辦法〉，《銀行週報》，30 卷 38 期（1947 年 9 月 22 日），頁 30。

[127] 《南滿州電氣株式會社沿革史》，頁 2。

[128] 村井博介、大石日出刀等編，《滿洲に於ける電気事業概説》，頁 5-6。

括大連本店、奉天支店、長春支店、安東支店、連山關出張所（本溪湖附近，安奉鐵路沿線）、鞍山支店及海城出張所（南滿鐵路沿線）等七處，另外在大石橋、瓦房店、四平街、公主嶺、鐵嶺、開原、遼陽等處都有投資的關係事業。因此可以說，南滿電的營運範圍與鐵路密切相關，主要服務對象是南滿鐵路、安奉鐵路沿線的大中型聚落。造成這種現象與南滿電成立的背景有關，由於它是獨立自滿鐵原本自營之電力部門，並且當初設立之目的，便是要提供電力給因鐵路發展而逐漸形成的都市聚落，以其 1928 年營業收入為例，民生（電燈）占 51.75%，略高於工業（電力）的 44.13%，[129] 所以南滿電所屬電廠均為「供給用」之電廠。而「自家用」的電廠如撫順煤礦、鞍山製鐵所、本溪湖煤鐵公司等，並未納入南滿電的經營範圍。

表 7　南滿電與滿電經營比較表

項目	南滿州電氣株式會社	滿州電業株式會社
成立時間	1926年6月	1934年12月
結束時間	1934年11月	1945年8月
資本額	22,000,000円	90,000,000円
總公司	大連	長春
支店	奉天支店、長春支店、安東支店、連山關出張所（辦事處）、鞍山支店、海城出張所	大連支社、奉天電業局、營口支店、鞍山支店、安東支店、新京電業局、吉林支店、哈爾濱電業局、齊齊哈爾支店、承德營業所、牡丹江營業所、佳木斯營業所、海拉爾營業所、岫巖營業所、清源營業所、凌源營業所
主要股東	滿鐵	日滿合辦國營事業
主要發電所	大連、安東、長春	撫順、阜新、大連、長春、哈爾濱、雞寧、佳木斯、西安
成立時發電設備（含關係企業）	46,180瓩（1929年）	168,300瓩（1935年）
占全東北發電設備	29.17%	50%
結束時發電設備（含關係企業）	65,236瓩（1933年）	959,000瓩（1944年）
占全東北發電設備	24.94%	54%
民生用電收入比例	51.75（1928年）	47.25（1943年）
工業用電收入比例	44.13（1928年）	48.51（1943年）

[129] 由 1928 年南滿電大連本店、奉天支店、長春支店、安東支店等收支報告計算而成。見《南滿州電氣株式會社沿革史》，頁 73-74、101-102、120-121、139-140。

項目	南滿州電氣株式會社	滿州電業株式會社
民生用電發電比例	-	11.03（1943年）
工業用電發電比例	-	88.97（1943年）

資料來源：《南滿州電氣株式會社沿革史》，頁 1-3；村井博介、大石日出刀等編，《滿洲に於ける電気事業概説》，頁 1-16；《滿州電業史》，頁 755-759；滿史會編，《滿洲開發四十年史》，頁 516-517；遠見武夫，〈滿州の電気事業概況〉，《滿州產業建設學徒研究團報告 第四篇農、工、醫編》（東京：學徒至誠會，1934），頁 399-400，轉引自林美莉，〈外資電業的研究（1882–1937）〉，頁 73-75。

南滿電成立時資本額為 2,200 萬日圓，以 1929 年之調查為準，約占當時東北 92 家電力事業資本額的 35.92%；[130] 發電設備 4.6 萬瓩，是所有電力事業總發電容量的 29.17%，為東北最大規模的電力公司，重要性不言而喻。其經營範圍集中在遼寧省境內，加上省內其他大型電力事業如撫順等「自家用」電廠、中日合資的營口水道株式會社、華資官營的奉天電燈廠等，可說逾半數以上的電力事業集中於南滿地區。至於長春以北的北滿地區，南滿電並未擴展至此，哈爾濱周圍以華資官營的哈爾濱電業公司與日資北滿州電氣株式會社為主，但這兩家電力事業的經營規模遠小於南滿電。至 1933 年，南滿電發電設備增加至 6.5 萬瓩，不過由於這段期間東北總體電力事業亦長足有進，因此南滿電發電設備所占比例略降至 24.94%，但仍掌握了東北四分之一的發電容量。

再者，從圖 4 可以看出其所屬各公司的固定資金在合併以後增加有限，利潤增加率卻於 1927 年高達 41.72%，意味著壟斷性經營的成果；而且自 1907 年以來，大部分電廠的利潤增加率都遠大於固定資金的增加率，這或許是寡頭獨占所導致的現象吧！

1934 年底滿州電業株式會社成立後，東北電力事業邁入統制經濟的蛻變期，滿電總公司設於長春，所屬事業單位包括大連支社、奉天電業局（含蘇家屯出張所、朝陽出張所、洮南出張所、通遼出張所）、營口支店、鞍山支店（含海城出張所）、安東支店（含雞冠山出張所、連山關出張所、臨江出張所）、新京電業局（含范家屯出張所）、吉林支店、哈爾濱電業局、齊齊哈爾支店、承德營業所、牡丹江營業所、佳木斯營業所、海拉爾營業所、

130 《南滿州電氣株式會社沿革史》，頁 11-16。

岫巖營業所、清源營業所、凌源營業所等處，另有瓦房店電燈株式會社、大石橋電燈株式會社、蓋平電業公司、遼陽電燈公司、鐵嶺電燈局等 26 家關係企業。從事業單位及關係企業的分布位置來看，滿電經營範圍已遍布東北各地區，連往昔日資勢力較為薄弱的北滿州、松花江中下游等地，亦皆成立了營業所。滿電成立時擁有發電設設備 16.8 萬瓩，占當時東北全部發電設備的一半。[131] 如前所述，其發電設備大致以南滿電及北滿電為基礎，另外接收許多原本中國官營而後轉為滿州國營的都市電力部門，並未納入發電規模宏大的「自家用」用電力，及關東州轄下的小型電力事業。

有如前述，滿電致力於統一週波建立輸電系統，也大力擴充發電系統，如 1938 年後利用北票煤礦之豐富資源，擴建阜新中央火力發電廠。1943 年接收撫順電廠，撫順、阜新、大連成為火力發電的核心基地。[132] 另外除了滿電經營的電廠外，尚有部分「自家用」電廠存在，包括本溪湖煤鐵公司（7.7 萬瓩）、鞍山昭和製鋼所（7.3 萬瓩）等。至 1944 年雖然滿電發電設備大幅增加到 95.9 萬瓩，已占有火力發電設備的 82.57%，但仍僅有東北總發電容量的 54%，與成立之初的 50% 相差不多。[133] 滿電所占比重並未相應提高，與前述水利開發有密切關係。

至於滿電的發電用途可見諸表 7 和圖 5，以 1943 年的收支為例，民生用電（電燈）部分占 47.25%，略低於工業用電（48.51），而且這還是最低的年分。但是如果就實際售電度數來比較，便可發現滿電所生產的電力中，有 88.97% 是用於工業用電，僅有 11.03% 用於民生用電。[134] 由此可知滿電之經營方針還是以扶植工業為首要目標，民生用電僅占實際售電量一成，卻占公司近半收入，顯見民生用電之電價遠高於工業用電之價格。

總之，南滿電與滿電在東北電力事業發展過程中扮演重要角色，南滿電成立之背景係由於鐵路開發帶動東北都市發展，滿鐵於是在鐵路沿線的許多大中型聚落自營或投資設立電力事業，甚至在 1926 年將這些電力事業分割出來成立為南滿電，除了聯合經營外也建設主要電廠附近的輸電線，代表電力初步統合工作的展開。南滿電所經營的基礎，包括大連、安東、長春等規

[131] 村井博介、大石日出刀等編，《滿洲に於ける電気事業概説》，頁 9。

[132] 《滿州電業史》，頁 410。

[133] 《滿州電業史》，頁 754。

[134] 《滿州電業史》，頁 755。

模較大的電廠，它更致力於電力統合，通過統一電流週波、建立超高壓輸電線及大力擴建大規模中央發電廠的方式，將東北電力整併為完整的電氣網。

四、發電效率的提昇

1940 年代以前，東北電力事業以火力發電為主，由早期各地設立眾多小型電燈公司、電力公司，到 1930 年代以後逐漸整併為大型發電廠，通過高壓輸電線聯通各處。當時火力發電主要燃料是煤炭，因此煤炭消耗量的多寡意味著發電技術的提昇與否。

東北電力事業發展之初，即在撫順礦場設立燃煤火力發電所，利用礦場豐富的煤炭發電以供礦場照明之用。1920 年前後，撫順裝設利用微煤粉燃燒發電的新設備，使煤炭利用率大幅提高。[135] 並且 1920 年代東北各地的高壓輸電線路陸續動工興建，如撫順至瀋陽（經渾河變電站）的 4.4 萬伏特高壓輸電線於 1921 年完工，同年瀋陽發電所開始接受撫順輸電，1922 年起瀋陽發電所發電量便大幅下降，轉以接受撫順電力為主，至 1924 年停止發電。[136] 大連、長春等城市也陸續完成溝通鄰近地區的高壓輸電線，這種情況造成發電機組集中使用，使得機器可以有效率運轉、保養，達到規模經濟的效果。

雖然表 8 在 1928 年以前僅統計大連及長春兩處發電廠的發電量與煤炭使用量，但是依然可以觀察到大約在 1910 年以前，每產生 1 度（KWH）電力使用的煤炭量大約需要 4–5 公斤左右，可說效率極為低落。此後燃煤發電效率較穩定，每產生 1 度電力約需煤炭 1.5–2.3 公斤，可看出燃煤發電效率顯著提高，發電技術趨於成熟。1923 年以後，則僅需 1–1.3 公斤的煤炭便可產生 1 度電力，意味著燃煤效率大增。由於此時期陸續建立高壓輸電系統，撫順、大連也先後採用新式的微煤粉發電設備，至 1928 年更只需 0.98 公斤便可產生 1 度電力，較之 1910 年以前提高了 5 倍左右的效率。

---

[135] 滿史會編，《滿洲開發四十年史》，頁 126-127。

[136] 《南滿洲電氣株式會社沿革史》，頁 94-95。

表 8　東北發電廠燃煤發電效率

年代	發電量（度KWH）	煤炭消耗量（英噸）	每KWH消耗燃料量（公斤）
1907	925,514	5,214.0	5.72
1908	1,795,914	10,299.1	5.83
1909	3,368,173	13,978.4	4.22
1910	6,748,982	15,850.8	2.39
1911	8,188,610	15,848.5	1.97
1912	8,383,965	17,357.7	2.10
1913	9,812,683	22,124.4	2.29
1914	11,524,020	23,826.9	2.10
1915	12,313,219	21,404.8	1.77
1916	14,433,045	22,105.0	1.56
1917	18,163,246	29,700.2	1.66
1918	20,887,448	36,147.5	1.76
1919	23,906,155	43,941.8	1.87
1920	22,761,824	41,276.2	1.84
1921	27,222,687	49,568.4	1.85
1922	33,291,055	55,978.5	1.71
1923	39,632,936	58,666.3	1.50
1924	40,938,278	53,480.1	1.33
1925	48,466,321	64,876.5	1.36
1926	56,871,997	63,238.6	1.13
1927	68,504,722	72,316.7	1.07
1928	81,230,911	78,679.7	0.98
1929	-	-	-
1930	-	-	-
1931	-	-	-
1932	-	-	-
1933	-	-	-
1934	-	-	-
1935	463,866,442	-	-
1936	571,890,794	-	-
1937	663,663,776	546,866.7	0.84
1938	851,653,000	701,772.5	0.86
1939	1,112,134,160	885,166.2	0.91
1940	1,363,000,000	1,359,430.5	1.01
1941	1,706,000,000	1,766,952.1	1.05

年代	發電量（度KWH）	煤炭消耗量（英噸）	每KWH消耗燃料量（公斤）
1942	1,731,000,000	-	-
1943	1,935,000,000	-	-
1944	1,974,000,000	-	-

說明：1. 1928 年以前數據為南滿州電氣株式會社大連本店及長春支店統計。1935 年以後為滿州電氣株式會社發電量（火力部分）及煤炭消耗量計算而成。

2. 原表長春支店 1919 年以後煤炭用量之統計及 1937 年以後滿電煤炭統計單位為公噸，統一換算為英噸。

資料來源：1928 年以前取自《南滿州電氣株式會社沿革史》，頁 56-57、117-118；1935 年以後取自《滿州電業史》，頁 315、755。

此現象與 1926 年南滿州電氣株式會社的成立有關。南滿電初步整合東北電力事業，這種現象亦可見諸 1930 年代末期至 1940 年代初期的滿州電業株式會社時期。由於缺乏 1929 至 1934 年之間的實際發電量，以及缺少 1929 至 1936 年的煤炭使用量，所以這段時間無法計算出燃煤效率。然而由滿電在 1937 年以後的統計數字來看，每產生 1 度電力約僅需 0.84 公斤的煤炭，效率比南滿電時期略為提高。滿電成立後即致力於進一步統合東北電力事業，除整合各處電廠的電流週波，並增加更多新的火力發電機組，投資建立各處高壓輸電系統。採取集中運轉、高壓輸送的經營方式、其總發電規模達於巔峰，也象徵著壟斷經營東北電業的連續性。

伍、結論

電力是照明、炊事的主要民生必需品，也是機械化的原動力，現代更是交通工具的重要燃料。所以俄國於 20 世紀初期即在其勢力範圍的大連設立發電所，日本接收後更加以擴大，先以聯合壟斷的方式，在各大城市設立電廠（姑且不論撫順煤礦等自給自足的發電），並與華資公司展開競爭而獲得絕對優勢。1920 年代後期開始，隨著日本在東北政治力的穩定，南滿電和滿電先後出現，整合大小不一的日資、華資和滿洲國的電廠，建設輸配電系統（參見附表），擴展了連結東北全域的電力網絡，促進該地區的工業化與經濟發展。

圖 6 是終戰前夕的東北電網，如前所述，該電網大約 1930 年代初期開始建立，至 1945 年左右完成以 22 萬伏特超高壓輸電線路為骨幹的輸電系

統。電力事業可分為發電系統、輸電系統以及配電系統三大部分，其中配電系統係指電力供給至工廠或家戶消費端，無法在圖 6 中顯示，但卻能清楚看到發電系統與輸電系統的運作方式。

首先在發電系統方面，1930 年代東北主要的發電廠是撫順火力發電廠，1930 年代末期阜新火力發電廠建設完成，撫順發電廠亦大幅擴充發電機組。1940 年代以後豐滿水庫及水豐水庫陸續落成，提供大量發電容量，因此至 1945 年春，東北發電系統已經整併為 4 個主要的發電中心，分別是松花江水力發電廠（豐滿）、鴨綠江水力發電廠、撫順火力發電廠以及阜新火力發電廠四處。

其次，在輸電系統方面，由圖 6 可見已完成 4 條 22 萬伏特的超高壓輸電線，分別連接松花江水力發電廠至撫順火力發電廠（350 公里）；鴨綠江水力發電廠至鞍山變電站（205 公里）；鴨綠江水力發電廠經安東變電站至大連（340 公里）；以及鴨綠江水力發電廠至朝鮮。[137]，另外尚有撫順至鞍山、營口的 22 萬伏特輸電線路尚未建設完成，合計東北境內 4 條超高壓輸電線，可以串連松花江、鴨綠江以及撫順三處發電中心，可說是終戰前夕東北輸電網之骨幹。

再進一步從圖 6 觀察其區域性輸電系統，亦即 4 處發電中心各有其主要供應之範圍。松花江水力發電廠經由兩條 15.4 萬伏特的高壓輸電線分別連接哈爾濱變電站（250 公里）及長春變電站（155 公里），通過這兩處變電站將電力轉為一般工業及民生用電，故可知東北在長春以北的區域內主要仰賴松花江水力發電廠供電。

撫順火力發電廠之輸電線則較為複雜，有部分發電機（週波 60Hz）係供給撫順煤礦的生產，然後通過值週波變換機轉換為 50Hz 後併入電網中。撫順一次變電所是連接撫順與松花江之間 22 萬伏特超高壓輸電線之樞紐，通過兩個發電中心的連結，可確保電力供應穩定。經由撫順一次變電所減壓後，撫順發電廠通過 15.4 萬伏特輸電線連接瀋陽之東陵變電所、渾河變電所（50 公里）；再由渾河變電所連接至遼陽變電所及鞍山（80 公里）。因此撫順發電廠產生之電力主要供應瀋陽、遼陽等東北南部區域。

東北南部區域另一個主要的電力來源是阜新火力發電廠，通過 15.4 萬伏

---

[137] 由於鴨綠江水力發電廠的發電量是滿朝各半，故在此不討論送往朝鮮方向的輸電線路。

特的高壓輸電線連結鞍山（190 公里）及營口（160 公里），並連接至錦西變電所（250 公里），供應錦州地方的電力需求。相形之下，鴨綠江水力發電廠之輸電線則較為單純，除了往朝鮮方向的線路外，往東北的輸電線均為 22 萬伏特超高壓輸電線，分別輸往鞍山，以及經安東至大連。因此可說鞍山已成為南滿電力輸送之樞紐，撫順、阜新與鴨綠江的電力網都在此連接。

至於尚未完成的撫順至鞍山 22 萬伏特超高壓輸電線，該線路起自松花江至撫順的 22 萬伏特線路，中間原本經由 15.4 萬伏特線路連接至瀋陽及鞍山，再由鞍山以 22 萬伏特線路連接至大連，應是貫穿東北的樞紐。

總之，超高壓輸電技術成熟後，可大幅減少因距離所損失的電能，因此多數長途輸電網均改採 11 萬伏特以上的高壓線路。二戰結束前夕東北的高壓線路以 11 萬伏特及 15.4 萬伏特為主，其中阜新發電廠至南滿西部，以及松花江電廠至北滿等地，皆已建置 15.4 萬伏特鋁質輸電線路，部分幹線則採用 22 萬伏特輸電線路。戰後直到 1950 年代才繼續架設 22 萬伏特超高壓輸電網。

（原刊於：《新亞學報》18 卷 4 期，2015 年。）

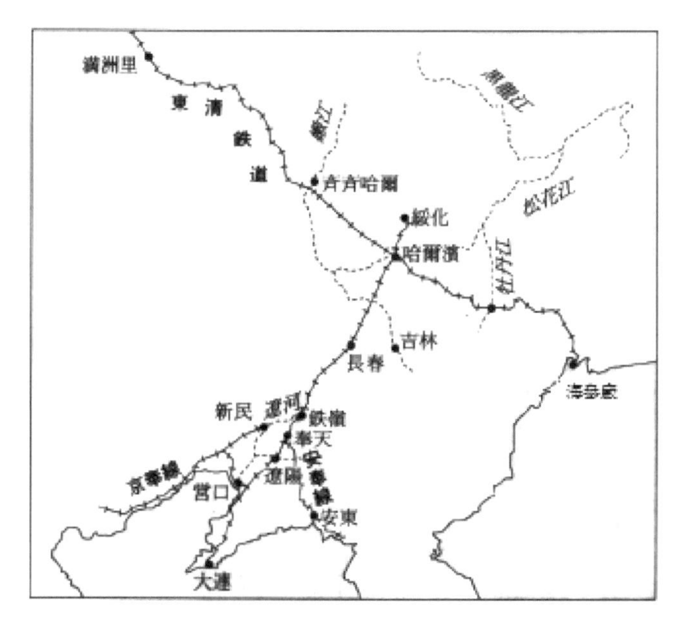

圖 1-1　東北鐵路網的形成圖（1895–1906 年）

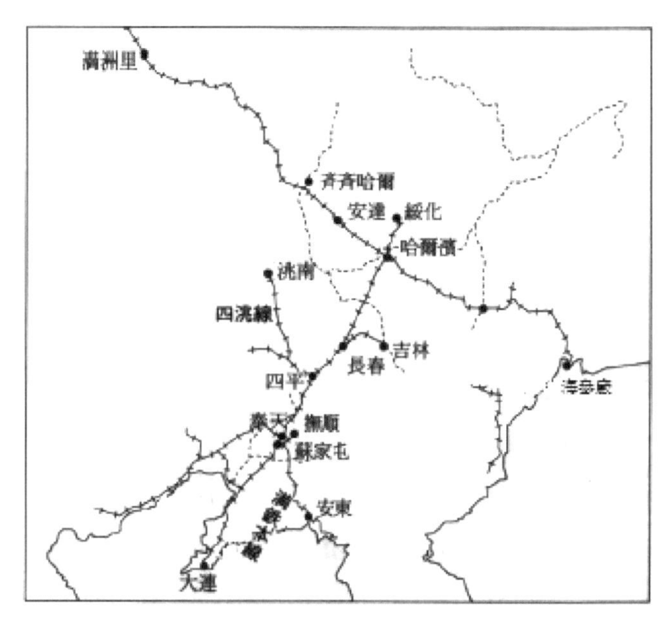

圖 1-2　東北鐵路網的形成圖（1907–1924 年）

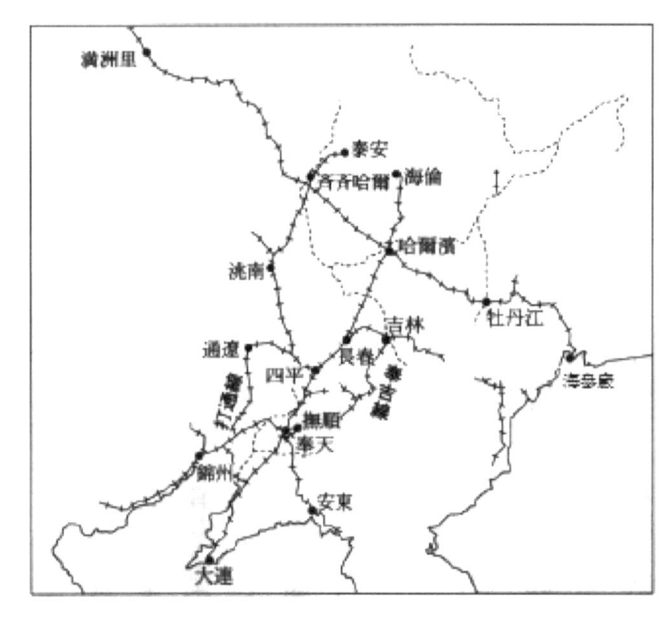

圖 1-3　東北鐵路網的形成圖（1925–1931 年）

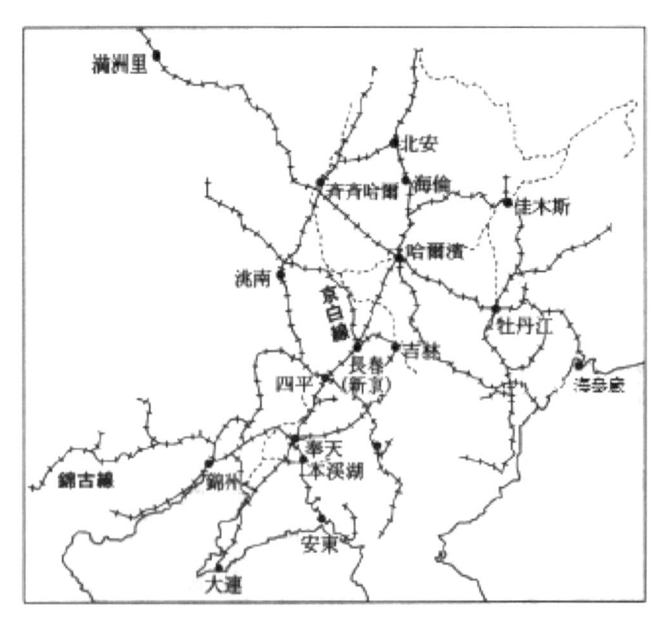

圖 1-4　東北鐵路網的形成圖（1932–1945 年）

說明：虛線表示河川。

資料來源：塚瀬進，《中国近代東北経済史研究：鉄道敷設と中国東北経済の変化》（東京：東方書店，1993）。轉引自安冨步、深尾葉子編，《「満洲」の成立：森林の消尽と近代空間の形成》（名古屋：名古屋大学出版会，2009），頁 64-65。

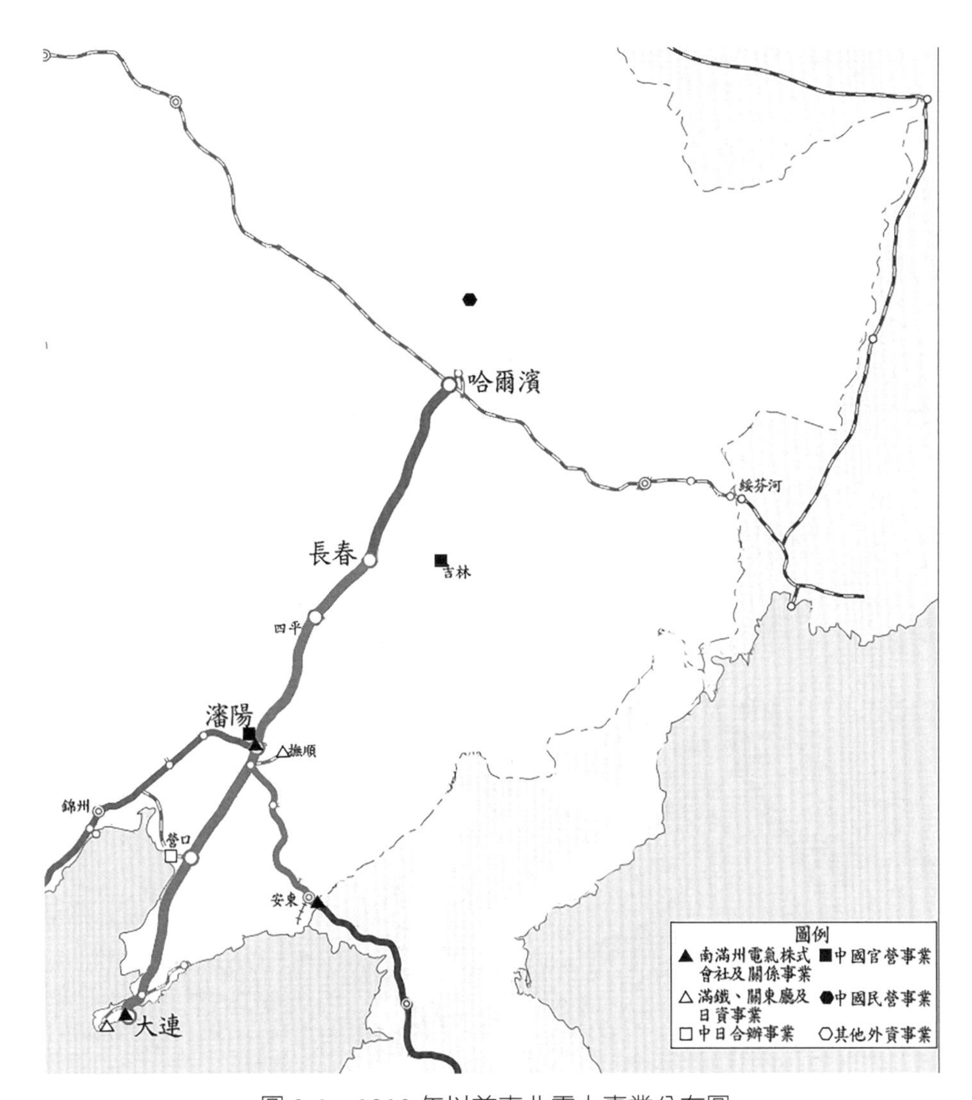

圖 2-1　1910 年以前東北電力事業分布圖

說明：線段代表鐵路，係根據塚瀬進，《中国近代東北経済史研究：鉄道敷設と中国東北経済の変化》（東京：東方書店，1993）製成。

資料來源：南滿州電氣株式會社編，《南滿州電氣株式會社沿革史》，頁 7-13。

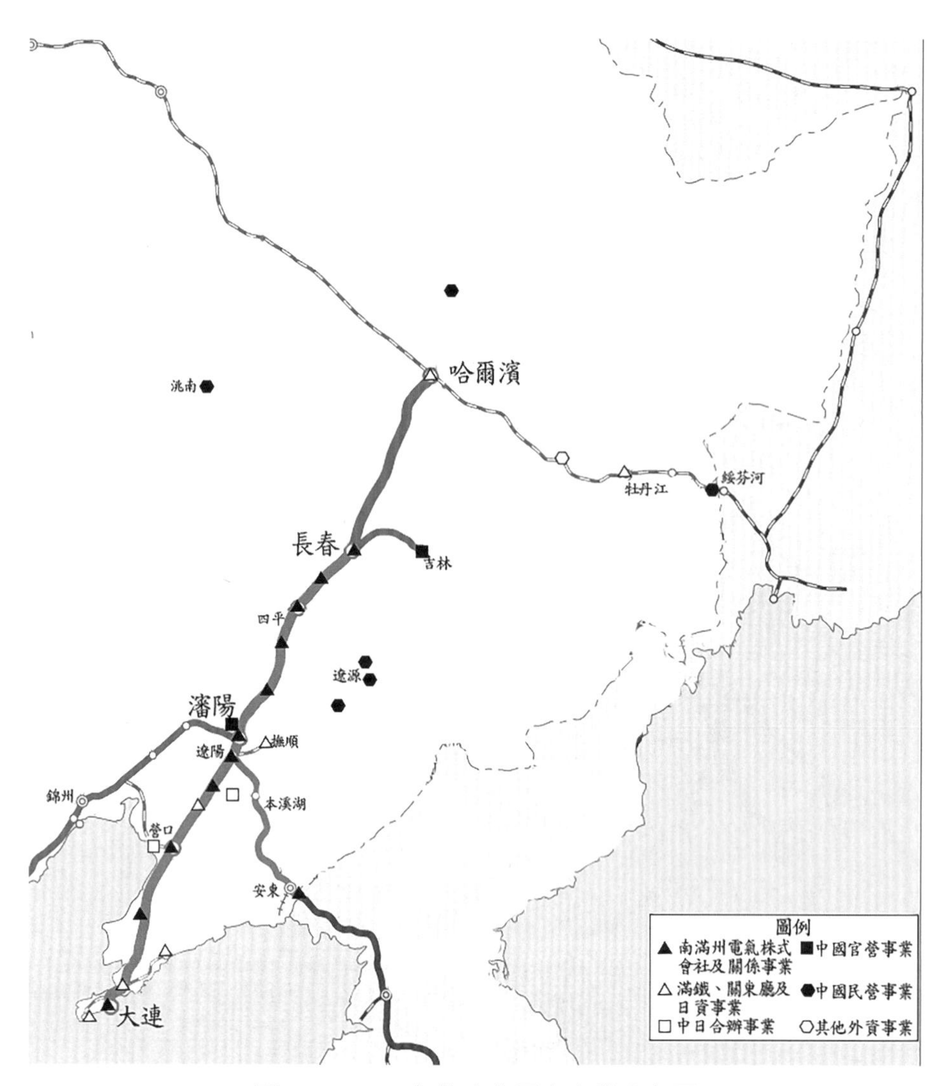

圖 2-2　1910 年代東北電力事業分布圖

說明：線段代表鐵路，係根據塚瀬進《中国近代東北経済史研究：鉄道敷設と中国東北経済の変化》製成。

資料來源：南滿州電氣株式會社編，《南滿州電氣株式會社沿革史》，頁 7-13。

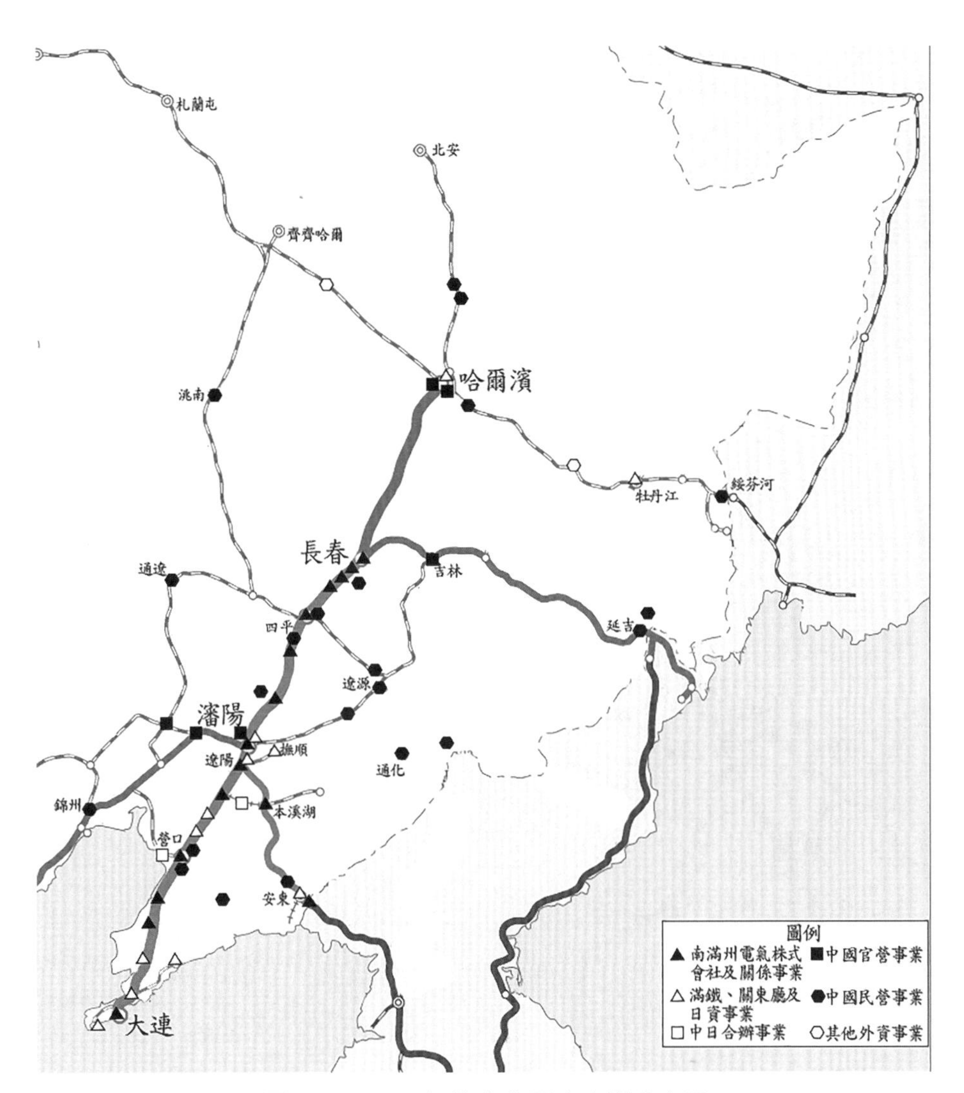

圖 2-3　1920 年代東北電力事業分布圖

說明：線段代表鐵路，係根據塚瀨進《中国近代東北経済史研究：鉄道敷設と中国東北経済の変化》製成。

資料來源：南滿州電氣株式會社編，《南滿州電氣株式會社沿革史》，頁 7-13。

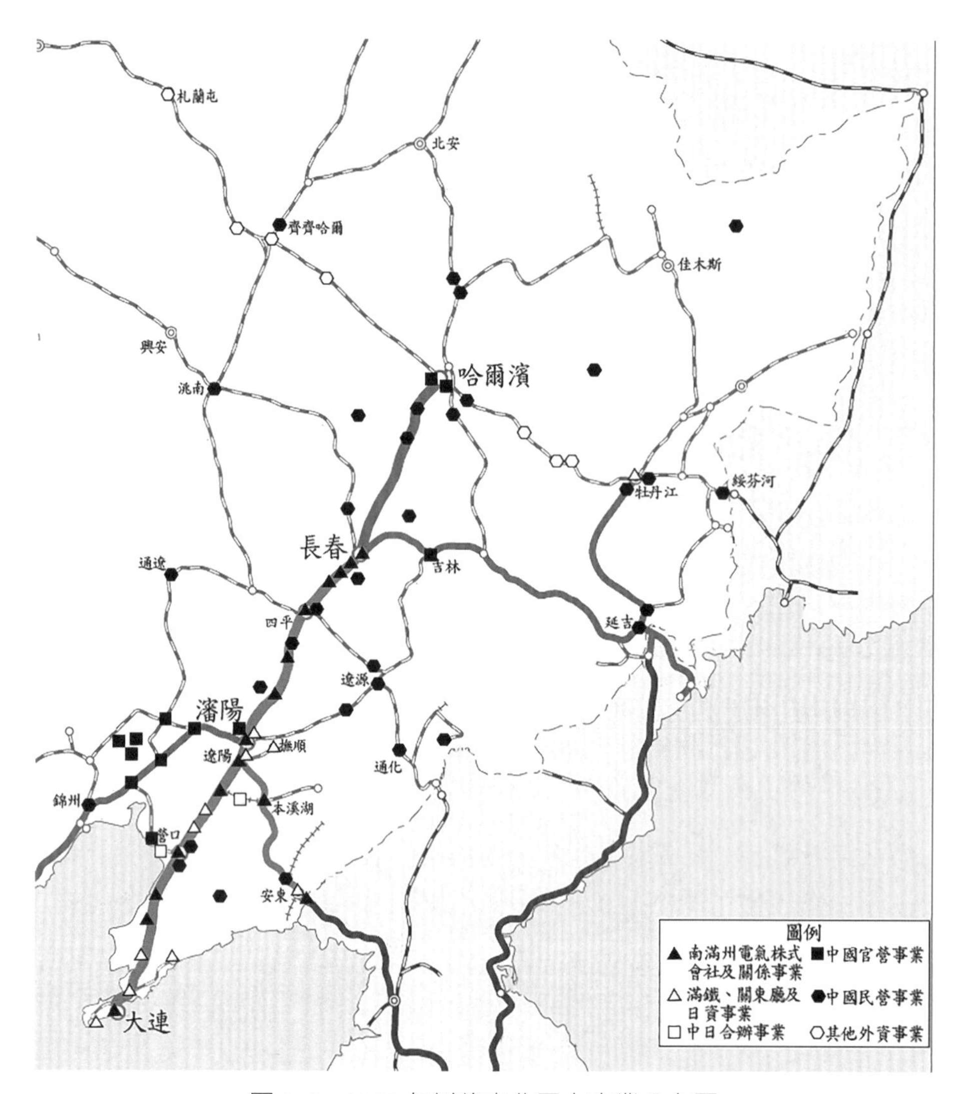

圖 2-4　1930 年以後東北電力事業分布圖

說明：線段代表鐵路，係根據塚瀬進《中国近代東北経済史研究：鉄道敷設と中国東北経済の变化》製成。

資料來源：南滿州電氣株式會社編，《南滿州電氣株式會社沿革史》，頁 7-13。

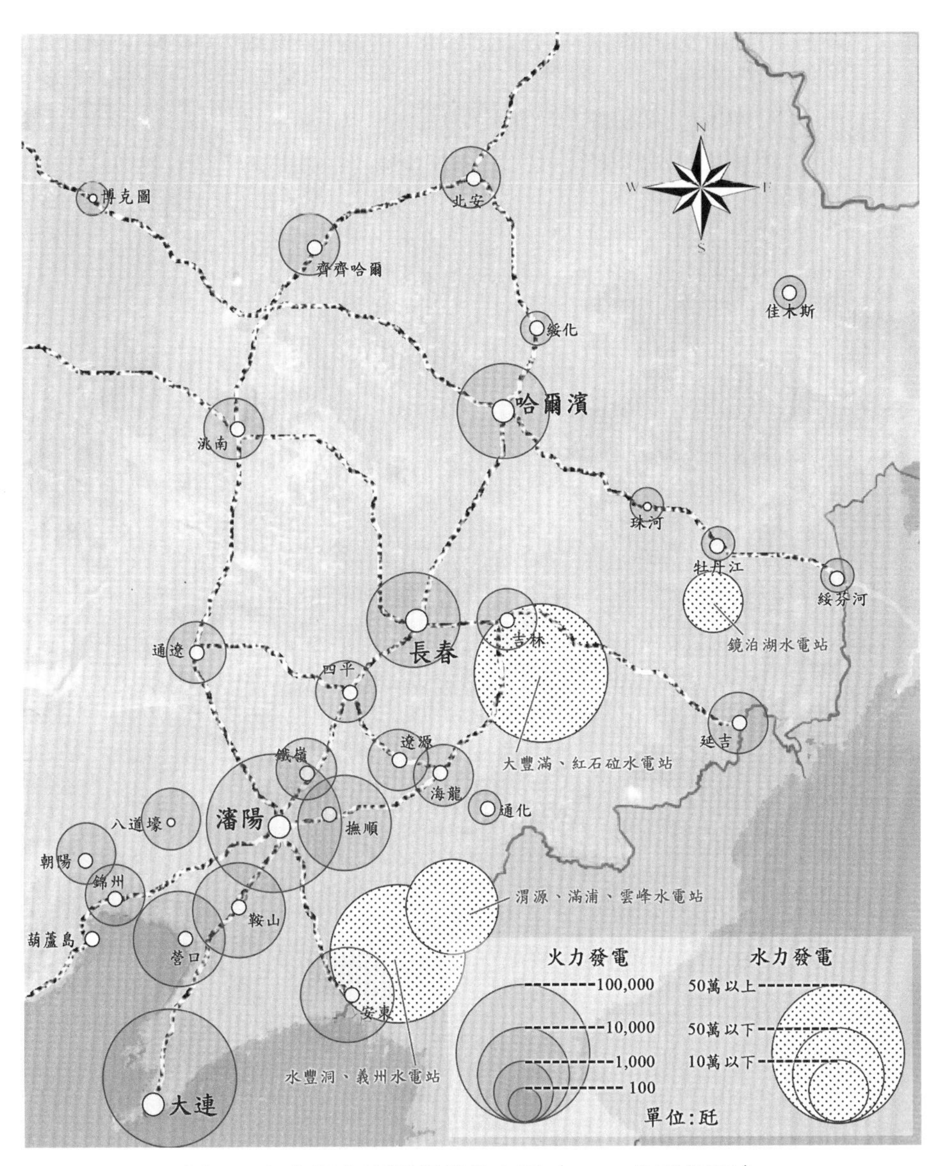

圖 3　東北電力事業規模分布圖（1940 年代初期）

說明：線段代表鐵路，係根據塚瀬進《中国近代東北経済史研究：鉄道敷設と中国東北経済の变化》製成。

資料來源：村井博介、大石日出刀等編，《滿洲に於ける電気事業概説》，頁 39-304；中央設計局東北調查委員會編，《東北電業概況》，頁 21-24、35。

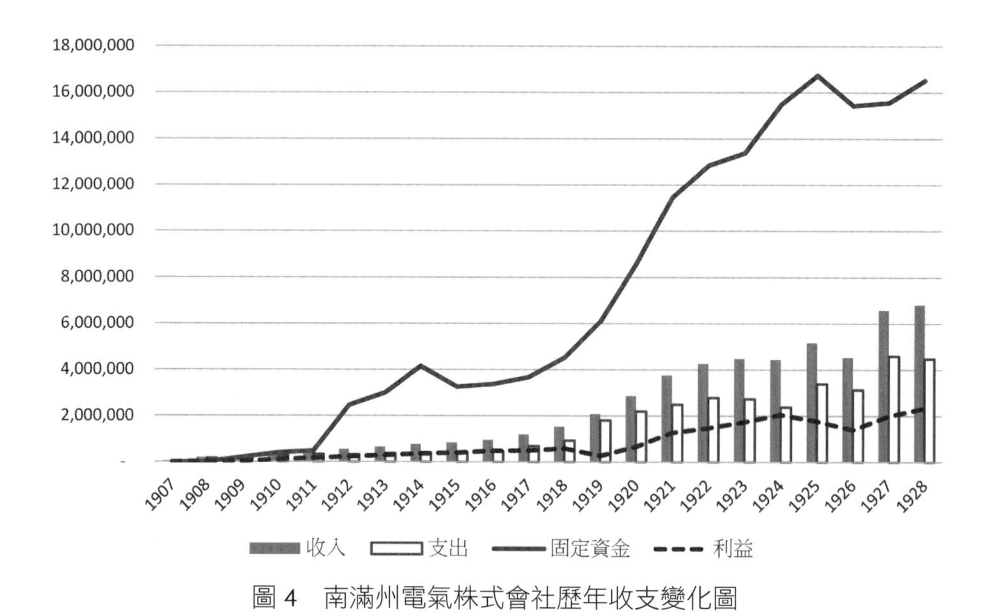

圖 4　南滿州電氣株式會社歷年收支變化圖

資料來源：南滿州電氣株式會社編，《南滿州電氣株式會社沿革史》，大連本社、奉天支店、長春支店、安東支店、聯山關出張所、鞍山支店、海城出張所之營業報告。

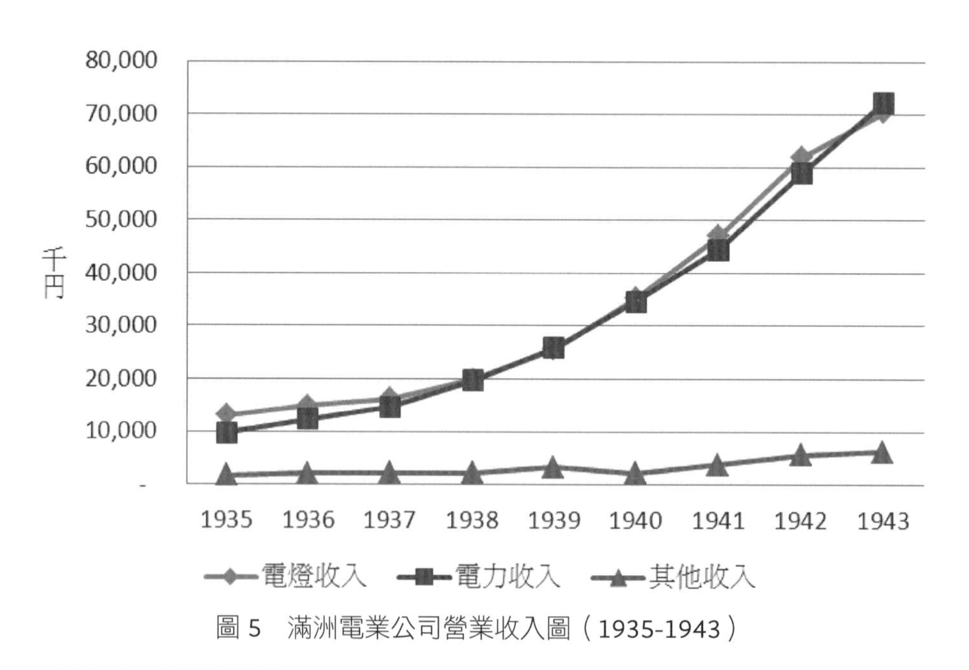

圖 5　滿洲電業公司營業收入圖（1935-1943）

資料來源：《滿州電業史》，頁 757。

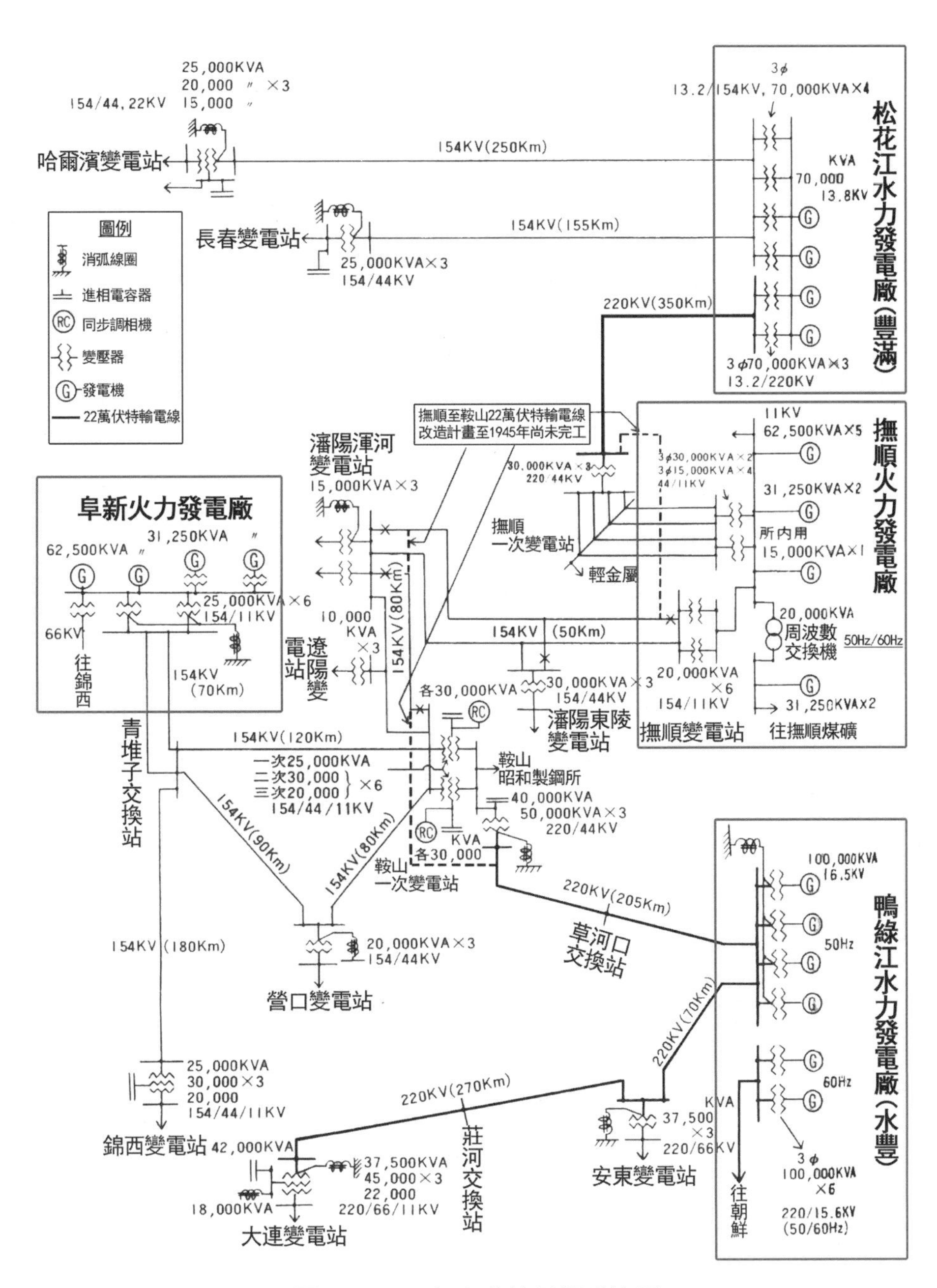

圖 6　1945 年東北輸電網系統圖

資料來源：野島一郎編，《滿州電業史》，頁 509。

附表　滿州電力事業大事年表

1902年	俄國於大連港設立發電所供港區用電，是東北電力事業開端。
1906年	中日合資營口水道電氣株式會社成立。
1907年	滿鐵接收俄國設備，設立大連發電所。
1907年	安東發電廠成立。
1908年5月	撫順煤礦設立第一發電所，供給礦坑用電。
1910年2月	長春發電廠開始發電。
1910年	奉天省與大倉財閥合資成立本溪湖煤鐵公司，同時設立發電所。
1914年11月	撫順設立第二發電所，利用煤礦及瓦斯發電。同年長春發電廠擴充發電設備供給鄰近地區使用。
1918年4月	日本人高橋貫一收購俄國在哈爾濱的發電設施，成立北滿州電氣株式會社。
1919年	鞍山製鐵所成立，供應礦坑及鄰近地區使用。
1920年5月	華資哈爾濱電業公司成立，取得哈爾濱市區供電權。
1921年	撫順至瀋陽輸電線完成，瀋陽發電所停止發電，設備轉為變電站。
1922年7月	撫順大官屯發電所完工，裝設新式機器利用煤粉進行發電。
1922年	大連發電廠第二發電所完工，採用與撫順相同的微煤粉發便設備。同年大連至金州高壓輸電線完工。
1925年	關東州旅順民政署擴充設施，供給鄰近地區民生及工業用電。
1926年6月	南滿州電力株式會社成立，滿鐵將大連、瀋陽、長春、安東等地之發電所移至南滿電統一經營。
1930年	大連至普蘭店輸電網完成，大連設立第三發電所。
1933年3月	《滿州國經濟建設綱要》公布，電業列為具公共性質的事業，應統合經營。
1934年11月	滿州電業股份有限公司成立。
1935年	關東洲及滿州國決定統一採用電流週波50Hz，瀋陽及鞍山首先更新。
1936年11月	訂定滿州開發五年計畫。
1937年8月	滿州鴨綠江水電株式會社成立。
1938年3月	阜新中央發電所開工。
1938年5月	收購關東洲電氣事業。
1938年9月	豐滿水庫開工。
1938年10月	滿州電汽化學工業株式會社成立。
1939年	電線、絕緣體等電氣材料採用戰時規格，全滿州電價統一。
1940年6月	水豐至鞍山22萬伏特輸電線（205公里）、安東至大連22萬伏特輸電線（274公里）動工。
1940年12月	公布滿州電業株式會社法。
1940年	調整特約電價。
1941年5月	長春採用鋁質輸電線。
1941年8月	水鞍輸電線完工。

1941年9月	調整一般電燈、電力價格。
1942年6月	鏡泊湖水電站開始發電（36000瓩）
1942年12月	水豐至安東22萬伏特輸電線（74公里）、東連輸電線完工。
1943年3月	豐滿水電站第一期工程完工，開始向長春輸電。
1943年4月	接收撫順發電廠。
1943年5月	豐滿發電所第二期工程完工，開始向哈爾濱輸電。
1943年7月	松花江至撫順22萬伏特輸電線（360公里）開工。
1943年11月	東辺道開發株式會社、二道江發電所成立。
1944年4月	滿電訂立水利發電合同。
1944年8月	松撫輸電線第一期工程、新撫順變電所（受電量29萬KVA）完工。週波50Hz，200萬瓩電力網並聯完成。
1944年	總發受電量約達47億KWH（水力27億、火力20億）

資料來源：野島一郎編，《滿州電業史》，頁 509。

DOI:10.978.986437/1778.0019

日治時期臺灣總督府土木局營繕課建築人才的來源及其建樹：以尾辻國吉為例

蔡龍保 *

壹、前言

從古至今，在歷史發展的進程當中，「跨境」與「人流、物流」都是歷史變動脈絡中值得仔細觀察的一個視角。「跨境」代表不同區域的交流，「人流、物流」則是交流的媒介，背後含括政治、經濟、社會、文化、科技、藝術等不同元素。具差異性的兩地，原本各自具有的元素在跨境之下所帶來的衝突、矛盾，抑或融合、發展、進步，皆值得進行深入探析。

殖民地內部的跨境並非在各個領域皆有其發展上的必然共同性，而是「同中有異」，或「異中有同」。各個元素的跨境可以是政策推動下的成果，也可以是自發性的結果，或是兩者交錯之下的產物。就日治時期臺灣史研究而言，相較於「物流」的跨境在探討經濟、商業、貿易等議題會自然觸及，「人流」的跨境似乎較少被提出來專題討論，多是附帶於經濟、商業、貿易、政治的討論脈絡之下。累積較多的是臺灣人前往島外發展的研究，例如，中村孝志、[1] 若林正丈、[2] 梁華璜、[3] 林滿紅 [4] 等，探討「臺灣人」、「臺灣籍民」在華南地區及東南亞的活動。近年的研究，則明顯有「以人為中心」

本文初稿曾以〈工手學校與臺灣總督府土木局營繕課：以尾辻國吉的在臺活動為例〉為題，發表於 2014 年 10 月 2-3 日中央研究院臺灣史研究所主辦之「日本帝國與殖民地：人流與跨境」國際學術研討會，蒙評論人黃俊銘教授和許雪姬教授提供寶貴意見，修改投稿階段，亦蒙匿名審查人、期刊主編、編輯委員惠賜諸多寶貴意見，得以改正諸多誤謬之處，特此誌謝。另，本文為日本立教大學 2010 年度招聘研究員的研究成果之一。

* 國立臺北大學歷史學系教授

[1] 中村孝志，〈廈門の台湾籍民と三大姓〉，《南方文化》12（1985 年 11 月），頁 115-137。

[2] 若林正丈，〈「台湾籍民」問題初探〉，《外國語科研究紀要》34:5（1987 年 3 月），頁 99-112。

[3] 梁華璜，《臺灣總督府的「對岸」政策研究：日據時代臺閩關係史》（臺北：稻鄉出版社，2001）。

[4] 林滿紅，〈日本政府與臺灣籍民的東南亞投資（1895–1945）〉，《中央研究院近代史研究所集刊》32（1999 年 12 月），頁 1-56。

和「擴大區域」等兩個特色。鍾淑敏〈日治時期臺灣人在廈門的活動及其相關問題（1895–1938）〉一文，不同以往的是以人為中心的分析，著重於籍民的移居動機、職業別分析以及臺灣人形象等。[5] 而後的「人流」跨境研究，大體皆具此一特色。許雪姬自發表〈日治時期臺灣人的海外活動：在「滿洲」的臺灣醫生〉一文之後，[6] 持續進行臺灣人「跨境」到中國的研究，除了細究「滿洲國」外交部總長謝介石及臺灣人高等官等在滿洲的代表性人物外，[7] 也進一步探究戰爭時期到戰後初期，臺灣人在北京、上海的活動。[8] 卞鳳奎《日治時期臺灣籍民在海外活動之研究》，也將籍民研究由華南擴張到中國上海、北京、滿洲，以及泰國、菲律賓。[9] 陳力航〈日治時期在中國的臺灣醫師（1895–1945）〉一文則是承續許雪姬從職業別研究臺灣人在海外活動的方法，並將對象由滿洲擴及在全中國的臺灣醫師，分析其不同時期的流向與地區別的特色。[10]

日治時期的「人流」跨境，自然不是只有臺灣人前往島外發展，也有外人進入臺灣的面向，皆有其重要的歷史意涵。就外人進入臺灣的「人流」而言，除了張素玢、林玉茹的日本農業移民、漁業移民等相關研究外，[11] 日本

---

[5] 鍾淑敏，〈日治時期臺灣人在廈門的活動及其相關問題（1895–1938）〉，收於走向近代編輯小組編，《走向近代：國史發展與區域動向》（臺北：臺灣東華書局股份有限公司，2004），頁 400-451。

[6] 日治五十年間，前往滿洲一時就職或定居的臺灣人約有 5,000 人，從職業來看，除了擔任中下級行政官僚外，特別值得注意的是醫生的角色。參見許雪姬，〈日治時期臺灣人的海外活動：在「滿洲」的臺灣醫生〉，《臺灣史研究》11: 2（2004 年 12 月），頁 1-75。

[7] 許雪姬，〈是勤王還是叛國：「滿洲國」外交部總長謝介石一生及其認同〉，《中央研究院近代史研究所集刊》57（2007 年 9 月），頁 57-117；許雪姬，〈在「滿洲國」的臺灣人高等官：以大同學院的畢業生為例〉，《臺灣史研究》19: 3（2012 年 9 月），頁 95-150。

[8] 許雪姬，〈1937 至 1947 年在北京的臺灣人〉，《長庚人文社會學報》1: 1（2008 年 4 月），頁 33-84；許雪姬，〈1937–1947 年在上海的臺灣人〉，《臺灣學研究》13（2012 年 6 月），頁 1-32。

[9] 卞鳳奎，《日治時期臺灣籍民在海外活動之研究》（臺北：樂學書局有限公司，2006）。

[10] 陳力航，〈日治時期在中國的臺灣醫師（1895–1945）〉（臺北：國立政治大學臺灣史研究所碩士論文，2012），頁 1-125。

[11] 張素玢，《臺灣的日本農業移民（1909–1945）：以官營移民為中心》（臺北：國史館，2001）；林玉茹，〈殖民與產業改造：日治時期東臺灣的官營漁業移民〉，《臺灣史研究》7: 2（2001 年 6 月），頁 51-93；林玉茹，〈殖民地的產業治理與摸索：明治末年臺灣的官營日本人漁業移民〉，《新史學》24: 3（2013 年 9 月），頁 95-133。

帝國與殖民地之間的人才流動，也是觀察殖民地史的一個重要視角。殖民地官僚的相關研究，以吳文星於 1997 年發表的〈東京帝國大學與臺灣「學術探險」之展開〉一文為開端，該文指出，東京帝國大學（以下簡稱「東京帝大」）的師生、學會因應日本政府和臺灣總督府的要求，來臺展開學術調查，其成果在教育、學術及殖民統治上有所影響。[12] 而後，吳氏的研究更擴及札幌農學校、京都帝國大學（以下簡稱「京都帝大」）等具特色的人才養成學校，[13] 加上近期進行的水產教育相關研究，成功建構出「學術與殖民」的重要架構。

筆者在此一脈絡下，亦陸續考察土木系的「技術官僚」、「技術人員」與殖民統治之關係。先以後藤新平招聘來臺、擔任鐵路事業的長谷川謹介為中心，撰寫〈長谷川謹介與日治時期臺灣鐵路的發展〉一文究明鐵道部技師長、鐵道部部長長谷川謹介來臺之經緯、對臺灣鐵路發展的重大影響，以及所建構的鐵路技師團隊之素質與特色。[14] 再者，以職司鐵路事業的鐵路技師和道路事業的土木技師為對象進行研究，撰寫〈殖民地における技術移転：臺灣總督府鉄道部員の育成を事例として〉和〈日治時期臺灣總督府之技術官僚：以土木技師為例〉，分析臺灣總督府技術官僚在素質、分工、及任務上的階段性變化，由其在臺灣島內、外的工作內容、活動實況，闡明技術官僚如何配合總督府推動殖民統治政策，兼論殖民地技術轉移不良，造成戰後國民政府接收困難，不得不留用許多日籍技師、技手，呈現後殖民時期技術人才斷裂的狀況。[15]

---

[12] 吳文星，〈東京帝國大學與臺灣「學術探檢」之展開〉，收於黃富三、古偉瀛、蔡采秀主編，《臺灣史研究一百年：回顧與研究》（臺北：中央研究院臺灣史研究所籌備處，1997），頁 23-39。

[13] 吳文星，〈札幌農學校と台湾近代農学の展開：台湾総督府農事試験場を中心として〉，收於台湾史研究部会編，《日本統治下台湾の支配と展開》（名古屋：中京大学社会科学研究所，2004），頁 479-522；吳文星，〈京都帝國大學與臺灣舊慣調查〉，《師大臺灣史學報》1（2007 年 12 月），頁 29-49。

[14] 蔡龍保，〈長谷川謹介與日治時期臺灣鐵路的發展〉，《國史館學術集刊》6（2005 年 9 月），頁 61-108。

[15] 蔡龍保著、芹澤良子譯，〈植民地における技術移転：台湾総督府鉄道部員の育成を事例として〉，收於大阪産業大学アジア共同体研究センター編，《アジアの経済発展における企業活動と金融市場の役割：歴史と現在論文集》（大阪：大阪産業大学アジア共同体研究センター，2007），頁 27-48；蔡龍保，〈日治時期臺灣總督府之技術官僚：以土木技師為例〉，《興大歷史學報》19（2007 年 11 月），頁 309-390。

〈日治初期臺灣總督府的技術人力之招募：以土地調查事業為例〉則從技術官僚的招募與養成的角度，探討臺灣總督府如何在短時間內集結龐大的技手集團，完成重大基礎調查事業——土地調查。研究發現，總督府甚至連中級技術人才都強烈倚賴日本國內，以日本官廳流者最多（49.1%），學校單位次之（35.2%），民間業界最少（15.7%）。來自日本國內學校的支援集中於工手學校、攻玉社、順天求合社等三校，前兩者更堪稱是臨時臺灣土地調查局的「人才庫」。[16] 因此，筆者再以工手學校為例，探討殖民統治中的「學、官合作」關係，〈日本工手學校的設立及其畢業生的海外活動：以臺灣為中心的考察（1895–1905）〉究明日本工手學校（今工學院大學）畢業生在日本國內完成「技術立國」的階段性任務後，隨著日本帝國的擴張，進而走向「技術殖民」的歷程，及其與臺灣總督府的合作關係，並分析日治最初十年畢業生大量流入臺灣，活躍於官廳與民間業界之實況。[17]

由上可知，日治時期臺灣史研究中的「跨境」與「人流」相關研究不斷被擴大與深化，近年研究成果不僅豐富且具新意。本文擬在既有的研究基礎之上，探究中級技術人員[18] 的養成學校——工手學校畢業生與臺灣總督府土木局營繕課之關係。擬先從教育史的脈絡中瞭解建築人才的培育狀況，再分析臺灣總督府土木局營繕課設立後五年間（1902–1906）的技師、技手團隊，究明日本帝國對經營殖民地臺灣所需的建築技術人才之來源，工手學校畢業生在日治初期總督府營繕事業中的角色與重要性，並彰顯技術人才流動與殖民統治之關係。最後，以土木局營繕課設立後不久來臺的尾辻國吉為例，究明工手學校層級的建築技術人才在臺之活動實況，及其所代表的歷史意涵。

貳、工手學校與臺灣

一、臺灣技術人才之缺乏

日治時期臺灣的工業教育發軔得相當晚。1910 年隈本繁吉接任學務課

[16] 蔡龍保，〈日治初期臺灣總督府的技術人力之招募：以土地調查事業為例〉，《國立政治大學歷史學報》35（2011 年 5 月），頁 75-144。

[17] 蔡龍保，〈日本工手學校的設立及其畢業生的海外活動：以臺灣為中心的考察（1895–1905）〉，《興大歷史學報》24（2012 年 6 月），頁 1-58。

[18] 工手學校的設立目的是為了培養介於技師（高級）和職工、工夫、礦夫（初級）之間的中級技術人員「工手」（技手、職工長）。

長，翌年任第一任總督府學務部長，總管全臺學事。受到實科教育思潮之影響，除了在公學校設立手工、農業、商業、裁縫等與實業教育相關之科目外，1912 年設立由學務部管轄的臺灣總督府工業講習所，分「木工科」與「金工及電工科」，前者再分為「木工」、「家具」兩分科，後者則分為「鑄工」、「鍛工」、「仕上」、「板金工」、「電工」五分科，教授職工所必須具有的知識與技能。中級建築人才的養成，要到 1917 年將學科擴大為六大科時，才有「土木建築科」的出現，下分土木、建築兩分科。遲至 1918 年 7 月才頒布〈臺灣總督府工業學校官制〉（勅令第 287 號），增設臺灣總督府工業學校，設置機械、應用化學、土木三科，專收日籍學生，10 月制定〈臺灣總督府工業學校規則〉（府令 75 號）。1919 年 4 月，工業講習所改名臺灣公立臺北工業學校。1921 年 4 月，隨著〈臺灣實業學校官制〉的發布，廢止〈臺灣總督府工業學校官制〉，新訂〈臺灣工業學校規則〉（府令 90 號），臺灣總督府工業學校改名為臺北州立臺北第一工業學校，臺灣公立臺北工業學校更名為臺北州立臺北第二工業學校。兩校於 1923 年合併，改稱為臺北州立臺北工業學校。[19] 迄 1938 年後陸續在臺中州、花蓮港廳、臺南州、高雄州、新竹州設立中等工業學校之前，是臺灣唯一正規的中等工業學校。[20]

至於高等工業教育在臺灣的展開，則要等到 1930 年代，隨著臺灣產業結構轉型，配合工業化的進展，才在 1931 年出現臺南高等工業學校，長期缺乏的工業專門教育露出一線曙光。誠如臺灣教育會編《臺灣教育沿革誌》所言：

> 1931年1月7日，公布臺灣總督府諸學校官制中改正（勅令第2號）。前述臺灣的專門教育機關已有醫學、農業、商業相關學校，唯獨欠缺工業教育設施，島內工業技術者全部是日本國內各學校出身者所占據。再者，住在島內的子弟希望就學於工業專門學校者，必須忍受許多不便，前往日本國內遊學，且志願者有年年增加的傾向。另一方面，伴隨著島內各種產業的發達，工業方

[19] 鄭麗玲，《臺灣第一所工業學校：從臺北工業學校到臺北工專（1912–1968）》（臺北：稻鄉出版社，2012），頁 13-19；吉野秀公，《臺灣教育史》（臺北：臺灣日日新報社，1927），頁 343-345。

[20] 若不侷限於「工業學校」之名，1917 年曾設置私立臺灣商工學校，1918 年則設置了嘉義工業傳習所。參見鄭麗玲，《臺灣第一所工業學校：從臺北工業學校到臺北工專（1912–1968）》，頁 20、216-224。

> 面也朝向逐年發展之機運，有素養的工業技術員的需求聲音也漸次增加。因此，此時為因應島內工業發達之需求、促進臺灣產業之發展，決定於臺南市新設高等工業學校。[21]

創校之初設有機械工學科、電氣工學科及應用化學科，1940 年設置電氣化學科，1944 年才增設建築科、土木科。[22] 因此，到日本戰敗為止沒有建築科的畢業生。據臺北工業學校畢業生回憶，畢業後若要升學，通常的選擇就是臺南高等工業學校，但電氣化學、建築、土木等三科的畢業生例外，必須赴日升學，因為臺南高工分別在 1940 年、1944 年才設立此三科。例如，1939 年臺北工業學校建築科的畢業生羅美棧即前往仙台高等工業學校建築科深造。[23]

培育高級工業技術人才的臺北帝國大學（以下簡稱「臺北帝大」）工學部，也遲至 1943 年才增設。1940 年 10 月 15 日拓務大臣秋田清上呈內閣總理大臣近衛文麿的〈臺北帝國大學官制改正〉文書中，談到在臺灣經濟快速發展、走向工業化時，設置臺北帝大工學部之必要：

> 本島的工業教育卻只有高等工業學校1所及工業學校3所，必須想辦法擴充以因應當下之急需。就高級技術員而言，已幾乎無法自內地求得人才。確立高級工業技術員的供給源、振興工業科學、提升本島工業技術水準，就本島達成工業化而言是最為緊急的。因此，於臺北帝國大學增設工學部以養成高級技術員的同時，也使之為工業技術的基礎性研究及指導的機關，以襄助本島工業的快速發達。[24]

基於「促進本島工業化的同時，要使臺灣成為我國向南方擴張之基地」的觀

---

[21] 臺灣教育會編，《臺灣教育沿革誌》（臺北：古亭書房，1973 年復刻本），頁 951。

[22] 《臺灣總督府臺南高等工業學校沿革誌》（手稿本），頁 53、98-99；王耀德，〈日治時期臺南高等工業學校的實習教育〉，收於邱麗娟總編輯，《2012 年文化與區域研究學術研討會：臺南人文與環境論文集》（臺南：國立臺南大學，2013），頁 157、160。

[23] 鄭麗玲、楊麗祝編著，《臺北工業生的回憶（一）》（臺北：國立臺北科技大學，2011 年再版），頁 4、87。

[24] 〈台北帝国大学官制中ヲ改正ス・（工学部創設準備等ノ為事務官増員）〉（1940 年 10 月 24 日），《公文類聚》（東京：国立公文書館藏），典藏號：A02030192800，国立公文書館アジア歴史資料センター，下載日期：2014 年 10 月 25 日，網址：http://www.jacar.go.jp/。

點，臺北帝大於工學部之下設置機械工學、電氣工學、應用化學及土木工學等四個學科，[25] 並無建築科，且該學部到日本戰敗為止沒有畢業生。

此一發展狀況，實與日本帝國對殖民地臺灣的定位有關。初期採取「工業日本」、「農業臺灣」政策，並無迫切培育中高級土木、工業技術人才的需求。從日本帝國的框架下觀之，不在臺灣培育中高級土木、工業技術人才，反而能維持臺灣作為日本國內技術人員活躍的場域。對日本帝國而言，殖產興業、侵略鄰國皆需官廳的技術官僚與民間的技術人員之協力，而殖民地臺灣也成為日本國內人才活躍的場域之一。

1930 年代之後，日本帝國的殖民地政策轉為「工業臺灣」、「農業南洋」，總督府在臺推動「工業化」政策，增加對技術人才的需求，因此積極設置工業相關學校。除了上述臺南高工、臺北帝大工學部等培養高階的技術人才學校之外，邁入戰爭時期後，1938 年以後各地陸續設立中等工業學校，不少亦附設 1 年期的工業技術練習生養成所，以圖養成中階技術人才。[26] 亦即，要到日本國內自顧不暇，難以支援臺灣時，才開始在臺灣本地培養技術人才。[27]

在上述學校教育的脈絡之下，明顯可知臺灣本地培養工業方面（含土木、建築）人才之貧乏，其中，中級建築人才的培養又比土木人才要少得多，甚至沒有培養高級建築人才。因此，對日本國內人才之倚賴必然更加深刻，塑造日本國內各校人才來臺發展之環境，而工手學校就是一個代表性的例子。

二、日治初期工手學校畢業生的來臺概況（1895–1905）

日本在明治維新後邁向近代化，致力於殖產興業。在此一過程中，不論是官廳或民間業界，皆十分欠缺技術人才，初始之際僅能倚靠僱用外國技術

---

[25] 〈台北帝国大学講座令中ヲ改正ス〉（1943 年 3 月 26 日），《公文類聚》，典藏號：A03010141900，国立公文書館アジア歷史資料センター，下載日期：2014 年 10 月 25 日，網址：http://www.jacar.go.jp/。

[26] 1938 年之後工業學校的設立情況，參見鄭麗玲，〈近代化、平等化與差別化之間：臺北工業學校學生之就學與就業（1923–1945）〉，《臺灣史研究》16: 4（2009 年 12 月），頁 104-105。

[27] 〈台北帝国大学官制中ヲ改正ス・（工学部創設準備等ノ為事務官増員）〉（1940 年 10 月 24 日）。

人員。東京帝大、東京工業學校等培養技師級技術人員的學校僅少，[28] 培養處於技師和職工、工夫、礦夫間的中級技術人員「工手」（技手、職工長），這類的學校更是付之闕如。在此一背景之下，帝國大學首任校長渡邊洪基等舊幕臣抱持「技術立國」的構想，與抱持「工業立國」理念的民間企業家結合，兩者相輔相成、相互支援，於 1887 年 10 月成立工手學校。該校初始為夜校，以「邊工作邊學習的方式」推動實業教育，並以「東大系」的華麗師資為號召，由東京帝大的教授來任教，培養不少優秀的畢業生。明治初期，不論是日本官方推動的整備都市、敷設鐵路、擴充通信網、開築港灣等事業，或民間企業如三井、三菱、住友、古河經營之土木業、煤礦業，皆可看到該校畢業生活躍於其中。初期畢業生在日本國內的活動，展現該校發揮「技術立國」和「工業立國」的角色與功能。[29]

值得注意的是，工手學校的發展亦配合日本帝國主義的對外擴張，與帝國官廳之間展現微妙的學、官合作關係。甲午戰後，日本取得第一個殖民地——臺灣，推動臺灣各項近代事業需要各部門的人才投入。初始之際，由於國內的人才需求大，工手學校畢業生多數傾向在國內就業，即使如此，在師長、學長的鼓勵，以及高薪的誘惑下，[30] 每年仍有不少人前來臺灣，迄至日俄戰前，係畢業生最熱門的海外活躍地點。十年間至少有 137 人（含修業中退者）來臺發展，顯示該校為臺灣總督府招募中層技術人才的重要來源之一。[31]

就來臺畢業生的出身學科別觀之，有土木、建築（造家）、採冶、機械、

---

[28] 參見東京帝國大學編，《東京帝國大學卒業生氏名錄》（東京：東京帝國大學，1939）；東京工業大学編，《東京工業大学百年史》（東京：東京工業大学，1985）。

[29] 蔡龍保，〈日本工手學校的設立及其畢業生的海外活動：以臺灣為中心的考察（1895–1905）〉，頁 21-22。

[30] 日治初期，部分工手學校的畢業生確實會因為臺灣地處僻遠、氣候風土不佳，較不願前來。然而，來臺任官不僅加薪、升級快，又有在勤加俸制度、恩給制度、幫助遺族的優遇制度，並支給宿舍費，薪資和升遷與日本國內相比，條件十分優厚。除了高薪的誘因之外，已經在臺工作的學長們投稿《工手學校同窓會誌》，解說其在臺工作經驗，使學弟們更瞭解臺灣的實況，免除無謂的恐懼，加上師長們的鼓勵與訓勉，臺灣仍是畢業生就業的重要選擇地點之一。參見蔡龍保，〈日本工手學校的設立及其畢業生的海外活動：以臺灣為中心的考察（1895–1905）〉，頁 13。

[31] 蔡龍保，〈日本工手學校的設立及其畢業生的海外活動：以臺灣為中心的考察（1895–1905）〉，頁 22。除上文附表 130 名，又陸續發現林耕（土木 1 期，1898 年 1 月來臺）、西村安治郎（土木 18 期，1899 年 4 月來臺）、平澤貞橘（土木科，1899 年 4 月來臺）、石黑周之助（土木 18 期，1899 年 4 月來臺）、富永義郎（土木 1 期，1902 年 5 月來臺）、上野源三郎（土木科 23 期，1902 年 5 月來臺）、大久保乙之助（土木科，1902 年 5 月來臺）、上山齋（1902 年 5 月來臺）等 7 名工手學校畢業生來臺。

電工等五個學科，已掌握的137名來臺者，除12名只知是工手學校畢業而不知學科別者之外，125名分別是土木學科91名，占72.8%；建築學科20名，占16.0%；採冶學科8名，占6.4%；機械學科5名，占4.0%；電工學科1名，占0.8%。土木學科招收人數最多，畢業生人數自然也最多，來臺灣發展者也遠多於其他學科。此一現象亦顯示出日治初期臺灣總督府急於推動鐵路、港灣、道路、上下水道、河川、埤圳等各項土木工程和土地調查等事業，需要大量的土木技術人才。[32]建築學科十年間來臺的畢業生有20名，占第2位，次於土木科。然而其在官廳的重要性或影響力似乎反而大於土木科。何以如此論斷，以下就臺灣總督府最重要的代表性營繕機構——土木局營繕課的人事來進行分析。

參、尾辻國吉來臺前後總督府土木局營繕課之人事結構

本文擬以尾辻國吉為例，觀察工手學校層級建築技手的在臺生涯。尾辻是長年任職於官廳的代表案例，任期長達34年，也是工手學校出身第一位升任建築技師者。1903年7月自東京工手學校建築科畢業，為第29屆的畢業生。同年9月，隨即渡臺擔任臺灣總督府民政部傭員。1904年9月，任土木局營繕課雇員。亦即，剛好在營繕課（1901年11月）設置後不久來臺。本節擬先介紹營繕課設置的沿革，再分析尾辻國吉來臺前後總督府土木局營繕課之人事結構。

一、由民政局內務部土木課到土木局營繕課

臺灣總督府官廳裡出現專掌營繕事業的固定部門——土木局營繕課，係經過約6年半的沿革與發展（參見表1）。1895年5月，依臺灣總督府臨時條例，設民政、陸軍、海軍三局，民政局依據事務分設內務、外務、殖產、財務、學務、遞信、司法七部，內務部之下由庶務課、警保課、土木課分掌有關地方行政、警察監獄、土木、地政戶籍之事務及不屬上述各部之事務。[33]因此，日治之初，係由民政局內務部土木課負責土木營繕事業。

---

[32] 蔡龍保，〈日本工手學校的設立及其畢業生的海外活動：以臺灣為中心的考察（1895–1905）〉，頁16。

[33] 〈一　臺灣總督府臨時條例〉，收於謝鴻竂、林品桐、陳文添編譯，《臺灣總督府檔案中譯本》（南投：臺灣省文獻委員會，1992），第1輯．明治28年甲種永久第1至6卷，頁183-185。

1895 年 8 月實施臺灣總督府條例以來，進入軍政時期，土木、建築修繕事項屬幕僚副官部第三課所管轄。然而，民政局內務部仍設有土木課，負責列舉、設計將來的實施要綱。例如，樞要道路的開築、水道工程、排水工程、總督府及各縣支廳舍和官舍的新築等。[34] 亦即此一時期的土木營繕事業係在幕僚副官部與民政局內務部土木課的相互協力下推動。

表 1　1895–1906 年總督府營繕事業主管部局沿革表

項別／期間	營繕事業主管部局課／局課長官	技師	職掌事務
1895.5–1895.7	民政局內務部土木課	杉山輯吉、牧野實、磯田勇治、瀧山勉	列舉、設計、調查將來要實施的重要要綱
	課長竹下康之（事務官）		
1895.8–1896.4	幕僚副官部第三課		土木、建築修繕之事項
	民政局內務部土木課	杉山輯吉、牧野實、磯田勇治、瀧山勉	列舉、設計、調查將來要實施的重要要綱
	課長竹下康之（事務官）		
1896.5–1897.10	民政局臨時土木部	杉山輯吉、牧野實、磯田勇治、秋吉金德、堀池好之助、瀧山勉、十川嘉太郎	1.實施直轄的臨時土木工程相關事項 2.監督地方廳土木工程
	代理部長山口宗義（事務官）		
	部長高津慎（事務官）		
	課長山下三次（事務官）		
1897.11–1898.6	財務局土木課	澁谷競多、高津慎、小原益知、磯田勇治、堀池好之助	1.直轄工程的相關事項 2.監督各官廳土木工程的相關事項
	課長高津慎（事務官）		
1898.7–1901.11	民政部土木課	高津慎、高橋辰次郎、濱野彌四郎、福田東吾、田島穧造、川上浩二郎、十川嘉太郎、野村一郎、青山重遠、片岡淺次郎、大澤正業	1.直轄工程的相關事項 2.監督各官廳其他公共土木工程的相關事項
	課長長尾半平		

[34]〈一五　辦公廳祕書課掌管之事務〉，收於謝鴻嶷、林品桐、陳文添編譯，《臺灣總督府檔案中譯本》，第 1 輯．明治 28 年甲種永久第 1 至 6 卷，頁 218；臺灣總督府民政部文書課編，《臺灣總督府事務成績提要》（臺北：該課，1898），第 2 編，頁 190；〈一　臺灣總督府臨時條例〉，頁 183-185。

期間＼項別	營繕事業主管部局課 局課長官	技師	職掌事務
1901.11–1906	民政部土木局營繕課	野村一郎、片岡淺治郎、福田東吾、青山重遠、田島穧造、小野木孝治、千葉萬壽、堀內廣治、福島克己、近藤十郎	1.營繕工程計畫實施的相關事項 2.屬於營繕技術的相關事項 註：土木營繕行政相關事項由經理課職掌 課長田島穧造/野村一郎

資料來源：臺灣總督府交通局道路港灣課編，《臺灣の道路》，頁 13-14；〈一　臺灣總督府臨時條例〉，頁 183-185；〈一五　辦公廳祕書課掌管之事務〉，頁 218；臺灣總督府民政部文書課編，《臺灣總督府事務成績提要》，第 2 編，頁 190；臺灣總督府國土局土木課編，《臺灣總督府國土局主管土木事業概要》（臺北：該課，1943），頁 3；高野義夫，《旧植民地人事総覧》，台湾編 1，頁 1-593；高野義夫，《旧植民地人事総覧》，台湾編 2，頁 1-595；蔡龍保，《殖民統治之基礎工程：日治時期臺灣道路事業之研究（1895–1945）》（臺北：國立臺灣師範大學，2008），頁 36-37、65-66。

1896 年 4 月廢止軍政改行民政，5 月依勅令第 169 號設置臨時土木部推動土木事業。臨時土木部設土木課、建築課、庶務課，各課置課長 1 人，以事務官或技師任之。以臨時土木部的一位技師為技術監督，得於土木和建築技術之相關事項，指揮課長及其他技師。這三課中與營繕事業直接相關者為建築課，掌理建築廳舍、官舍及其他營造物之相關事項。[35] 也就是說，進入民政時期後，軍方退居輔助的角色，土木營繕事業轉由臨時土木部主導，開始以發包工程的方式進行各項土木營繕工程，經費改由民政局支出。[36]

1897 年 10 月廢止臨時土木部，將原本由臨時土木部土木課、建築課分掌的土木、營繕事業合併，移交財務局土木課掌管。執掌的土木營業事務內容並沒有改變，職員亦多為臨時土木部的人員。[37]

而後的幾次改制係跟隨總督府官制改正，掌管土木營繕事業的土木課所屬上級機關雖有所變化，但實際上土木課的執掌事項與性質並無太大的

[35] 〈民政局臨時土木部分課規程制定ノ件〉（1896 年 5 月 21 日），《臺灣總督府公文類纂》（南投：國史館臺灣文獻館藏），文號：56 冊 10 號。

[36] 〈明治二十九年十一月中民政局臨時土木部事務報告〉（1897 年 2 月 17 日），《臺灣總督府公文類纂》，文號：158 冊 4 號。

[37] 高野義夫，《旧植民地人事総覧》（東京：日本図書センター，1997），台湾編 1，頁 17、64。

改變。[38] 值得注意的是，1901 年 11 月民政部土木局營繕課的設置，使營繕事業在職掌上明確由土木課分離。在日治初期混雜的土木行政中，相較於 1907 年 4 月設置電氣作業所電氣課、1907 年 6 月設置土木局水利課、1924 年 12 月設置道路港灣課，要早得多。顯示營繕事業在眾多土木事業中，對臺灣總督府而言十分重要，必須優先辦理。

二、臺灣總督府土木局營繕課的技師群像（1902 ~ 1906）

（一）日本高階建築技術者之養成沿革

日本國內最早有「建築學」這個科目由土木技術分離出來，見於 1873 年 6 月的「工學寮入學式並學課略則」，是由日本僱用的外國專家英國籍戴爾（Henry Dyer）擔任工學寮首任都検（實質上的校長）所提出。而建築教育確立的重要背景，可追溯至 1874 年 1 月，原本由大藏省土木寮掌管的營繕事務，轉由工部省製作寮管轄。因此，工部省從原本由土木技術者組成，轉而開始需要擔任營繕事務的建築師或稱建築技術者。1877 年 1 月赴日的英國建築師康德（Josiah Conder），於同年 4 月工部大學校開校之後擔任該校教授，在任期間形成從技術和藝術兩面培育日本建築師的方式。1884 年，康德與工部大學校的契約到期，同年辰野金吾任工部大學校教授，翌年 12 月，工部大學校被併入東京帝國大學，[39] 日本可謂進入獨立培養高階建築人才的時代。

就東京帝大和京都帝大的土木工學科觀之，相較於前者在 1879 年 11 月工部大學校時期開始有第一屆畢業生（例如，日本國內知名的南清、石橋絢彥），後者要到 1900 年 7 月才出現（例如，來臺擔任鐵道部技師的張令紀、朝倉政次郎）。至於建築學科，相較於東京帝大在 1879 年 11 月工部大學校時期開始有第一屆畢業生（例如，日本國內知名的辰野金吾），京都帝大則遲至 1923 年 3 月才出現。[40] 由於京都帝大建築學科設置遲緩，吾人可預

---

[38] 臺灣總督府交通局道路港灣課編，《臺灣の道路》（臺北：該課，1935），頁 4-6。

[39] 清水慶一，〈工学寮・工部大学校に於ける建築教育について〉，《国立科学博物館研究報告 E 類》8（1985 年 12 月），頁 25-35。

[40] 東京帝國大學編，《東京帝國大學卒業生氏名錄》，頁 208、269；京都帝國大學編，《京都帝國大學卒業生名簿》（京都：京都帝國大學，1936），頁 151、246。

知此時總督府營繕課不同於鐵道部或土木部內同時有東京帝大、京都帝大出身的土木技師，而是以東京帝大建築出身的技術者為主，組成土木局營繕課的技師群。

（二）東京帝大建築學科為主體的技師群

日治初期，臺灣歷經樺山資紀、桂太郎、乃木希典三任總督，仍無法解決各地的抗日運動。乃木治理下的臺灣，政治紊亂、人才欠缺，1896 年底，桂太郎、伊藤博文、陸奧宗光、西鄉從道等決定將後藤新平配給乃木。翌年，第三次伊藤博文內閣開始運籌，伊藤首相勸後藤出任乃木總督治理下的民政局長，後因乃木辭職，後藤變成在新總督兒玉源太郎手下擔任民政局長。後藤採無方針主義、生物學原理、尊重舊慣等方策進行殖民統治，為了致力經營臺灣這塊日本帝國最初的殖民地，運用其獨特的政治手腕，從日本國內網羅了一批能力本位的技術官僚。例如，岡松參太郎負責舊慣調查，中村是公負責土地調查，新渡戶稻造負責產業，高木友枝負責衛生，長谷川謹介負責鐵路事業，長尾半平負責土木建築營繕事業。[41]

在長谷川謹介、長尾半平主導鐵道部、民政部土木課時期，明顯可見前一時期的技師團隊幾乎全部被汰換掉，鐵道部只剩小山保政（1899 年 8 月去世），土木課只剩高津慎（1900 年 12 月退官），與上一階段之人事可謂完全斷裂。拔擢的新人，主要就是帝大出身的鐵路、土木技師。長谷川謹介在任時期（1899–1908 年間）的 24 名鐵路技師當中，扣除 2 名不知學歷出身者，22 名中有 12 名是東京帝大出身，4 名出身京都帝大，2 名出身東京職工學校（1890 年起改名東京工業學校），其餘 4 名則分別出身岩手尋常中學校、鐵道工技生養成所、攻玉社量地校。東京帝大出身者占 55%，京都帝大出身者占 18%，其他學校出身者占 27%，東大、京大等帝大出身者高達 73%。[42]

長尾半平在任時期（1899 年 1 月 –1910 年 8 月）的 25 名土木技師中，扣除 7 名不知學歷出身者，18 名中有 14 名是東京帝大出身，1 名出身京都帝大，2 名出身京都第三高等學校工學部，1 名出身東京工業學校。東京帝

[41] 蔡龍保，〈長谷川謹介與日治時期臺灣鐵路的發展〉，頁 67-68。

[42] 蔡龍保，〈長谷川謹介與日治時期臺灣鐵路的發展〉，頁 94-102。

大出身者占 78%，京都帝大出身者占 5%，其他學校出身者占 17%，東大、京大等帝大出身者高達 83%。自長尾半平執掌土木部門後全面汰換人才，形成一支以東京帝大為主的土木技師團隊。[43]

再就土木局營繕課觀之，1902–1906 年間 10 名建築技師中，扣除 4 名不知學歷出身者，6 名中有 5 名是東京帝大建築科出身（含帝國大學工科大學造家學科），1 名出身東京商船航海科（參見表 2）。東京帝大出身者高達 83%，且呈現無其他帝大出身者的情況。亦即，東京帝大建築科出身者，在土木局營繕課的重要性與壟斷性，較之鐵道部、土木部更加顯著。此外，另一值得注意的特色，技師來臺前經歷與軍方的關係十分密切。已知來臺前經歷的 7 位技師當中，5 位曾任陸軍省、海軍省、臨時陸軍建築部[44]的技手或技師，比例高達 71%，其中，特別是與臨時陸軍建築部的淵源最為密切。擔任過文部省技師、囑託等職務者也有 3 位，應是任職於文部省的總務局建築課。

許多帝大畢業生都是畢業後或役畢後立即來臺獲得聘用，顯示日本對國內帝國大學等機構培育之人才已深具信心。這些畢業生在天皇崇拜、雄飛海外的風潮下，也期待在臺灣這塊殖民地發揮長才。此一現象正如東京帝大法科教授戶水寬人於 1902 年所言：「培養各種人才為當務之急，需要的部門多不勝數。以國內狀況言之，培養這麼多的畢業生，派上用場的地方絕不僅限於國內。如果要送出幾千幾百個工學士，可將他們送到東亞各地，單就中國一地就不愁無可興之事業！」對日本帝國而言，殖產興業、侵略鄰國皆需以工學士為先兵，當時工學士儼然是時代的寵兒。[45]

至於工手學校出身的技手，是否也能升任土木局營繕課技師，答案是肯定的，唯升任者不多，且所需時間相當長。因此，迄至 1921 年土木局營繕課裡尚未出現工手學校出身的建築技師。帝大出身的技手大多只要兩年時間即可升任技師，亦有少數經過 3–5 年才升任者；一般高工畢業者則必須以經

---

[43] 蔡龍保，〈日治時期臺灣總督府之技術官僚：以土木技師為例〉，頁 335-381。

[44] 陸軍臨時建築部的本部設在東京，支部及出張所設於各師管所在地，監理兵營的建築、兵營地的整理、收購及其他與軍隊相關的建築和土地等。部長隸屬陸軍大臣，由將官任之，統轄各支部長，各支部長則由佐官任之，其下設置臨時建築事務官。參見小林又七，《改正陸軍軍制要領》（東京：川流堂，1908），頁 39-40。

[45] 又吉盛清，《日本植民地下の台湾と沖縄》，頁 203-204。

驗補其專業、學歷之不足，要經過 8–10 年才能由技手升任技師，[46] 工手學校出身的技手也必須以經驗補其專業、學歷之不足，平均 19 年才能升任技師。本文將介紹的尾辻國吉則花了 14 年，於 1921 年 3 月升任技師，[47] 是相對較快順利升職者，也是工手學校出身的建築技手中第一位升任技師者。而後，至少還有八板志賀助、梅澤捨次郎、住谷茂夫、荒井善作、篠原武男等工手學校出身者升任技師，顯示在日治中後期才陸續有工手學校出身者升任建築技師。

表 2　1902–1906 年間臺灣總督府土木局營繕課技師群

項別 / 姓名/籍貫	學歷(畢)/來臺年	經歷
野村一郎 山口縣士族	帝國大學工科 大學造家 1895.7/1899	1895.7自東京帝大造家學科畢 1895.12以陸軍1年志願兵身分進入近衛步兵第二聯隊第四中隊 1897.12任陸軍步兵一等軍曹、臨時陸軍建築部技師 1899抵臺任總督府民政部土木課技師 1900.9任鐵道部囑託 1903.12臺北基隆市區計畫臨時委員 1904.1總督府民政部土木局營繕課長，設計臺灣銀行第一次工程 1909.10臺灣總督府土木部技師
片岡淺治郎		臨時陸軍建築部技手 1897年獲上半年度賞金45圓 1898.11臺灣總督府民政部土木課囑託 1899.6民政部土木課技師 1902土木局營繕課技師 1903.4休職，敘高等官六等九級俸
田島穧造/東京	帝國大學工科 大學造家 1892.7/1900	1892.7自東大造家學科畢業，任職日本銀行建築事務所從事民間建築 1896臨時陸軍省建築委員、陸軍省技師 1898任職於陸軍省御用掛 1900臺灣總督府民政部土木課技師 1902.4總督府民政部土木局營繕課長 1904.1出差北美、歐洲 1906.5依願免官

[46] 蔡龍保，〈日治時期臺灣總督府之技術官僚：以土木技師為例〉，頁 320。

[47] 蔡龍保，〈日本工手學校的設立及其畢業生的海外活動：以臺灣為中心的考察（1895–1905）〉，頁 21、42。

項別 姓名/籍貫	學歷(畢)/來臺年	經歷
福田東吾	? /1899	1880任職於東京大學 1889文部省技師補 1893文部省技師 1897臨時陸軍建築部技師 1899臺灣總督府民政部土木課技師 1900.1中央衛生會臨時委員 1900受株式會社臺灣銀行之託進行建築工程 1902受臺北監獄之託進行新建工程 1902.5再轉任陸軍技師（臺灣守備隊永久兵營建築主任技師）兼臺灣總督府民政部土木局土木課技師 1903.1因致力於永久兵營建築獲賞與金400圓 1906免兼官，轉任臨時陸軍建築部技師
青山重遠		1901民政部土木課技師 1902臨時臺灣基隆築港局技師兼任民政部土木課技師 1903.10為擬定燈塔建設位置出差彭佳嶼 1905.3依願免官
小野木孝治/東京府平民	東大建築 1899.7/1902.10	1897.7–9從事駿州久能山東照宮唐門及鼓樓之實測 1898.7–9從事京都二條城遠侍之實測；9–10月在關野工學士之下從事大坂日本生命保險會社建築之詳細圖之繪製；10–12月在橫河工學士之下於東京市駿河町三井建築掛從事鐵骨構造之研究 1899.7自東京帝大建築學科畢業 1899.8任海軍技師，補吳鎮守府經理部建築科科員 1900.2依願免本官 1902.1–10任文部省總務局建築課囑託，任東京帝國大學工科大學教室建築工程監督補助；10月28日來臺擔任臺灣總督府民政部土木局事務囑託 1903.8升任臺灣總督府技師 1906.5兼任陸軍技師 1907.2帶官職任南滿洲鐵道株式會社技師，3月免兼任陸軍技師；後歷任東洋拓殖株式會社、鴨綠江採木公司職員
千葉萬壽/青森縣士族	東京商船航海科 1896.10/1899.9	1896.10自東京商船航海科畢業，任海軍少尉候補生 1897.3遞信省東京船舶司檢所司檢官補，3月調職大阪船舶司檢所技手 1898.12遞信省海事局技手 1899.9臺灣總督府通信課事務囑託，11月任汽船檢查官吏 1901.1升任臺灣總督府技師兼海事官 1903.4臺灣總督府海事官兼臺灣總督府通信課技師；5月臺灣總督府海事官兼臺灣總督府土木局營繕課技師 1906.5依文官分限令第11條第1項第4號奉命休職，賞與100圓。

項別 姓名/籍貫	學歷(畢)/來臺年	經歷
堀內廣助/東京市平民		1903.9臺灣總督府技師兼臺灣總督府海事官，敘高等官六等 1905.2臺灣總督府海事官兼臺灣總督府土木局營繕課技師 1909.10臺灣總督府土木部技師兼臺灣總督府海事官
福島克已/東京府平民	東大建築 1899/1905.9	文部省囑託 1905.9臺灣總督府土木局營繕課技師 1907.4臺灣總督府鐵道部技師 1909.11橫須賀海軍經理部技師
近藤十郎/山口縣平民	東大建築 1904.7/1904.10	1904.7自東京帝國大學建築學科畢業；10月任臺灣總督府土木局營繕課建築事務囑託 1906.4臺灣總督府土木局營繕課技師，12月出差清帝國福建省、廣東省、香港進行建築相關調查30日 1909.4臺灣總督府土木局營繕課代理課長

說明：1. 東京帝國大學建築學科在 1897 年之前為帝國大學工科大學造家學科。

2. 經歷僅整理至 1910 年。

資料來源：〈片岡淺治郎事務ヲ囑託ス〉（1898 年 11 月 21 日），《臺灣總督府公文類纂》，文號：（以下省略）347 冊 5 號；〈非職臨時陸軍建築部技手片岡淺治郎任技師〉（1899 年 6 月 30 日），460 冊 13 號；〈事務囑託片岡淺治郎御用濟囑託ヲ解ク〉（1899 年 6 月 23 日），460 冊 25 號；〈片岡淺治郎陞位上奏ノ件、內務大臣〉（1903 年 6 月 12 日），896 冊 13 號，；〈技師片岡淺治郎昇等及休職ヲ命ス〉（1903 年 6 月 18 日），914 冊 19 號；〈小野木孝治ニ建築ニ關スル事務ヲ囑託セラレ民政部土木局勤務ヲ命ス〉（1902 年 10 月 29 日），798 冊 55 號；〈小野木孝治陞位上奏ノ件、內務大臣〉（1903 年 8 月 8 日），896 冊 19 號；〈總督府技師小野木孝治陸軍技師ニ兼任ノ件〉（1906 年 5 月 28 日），1229 冊 73 號；〈小野木孝治在官ノ儘南滿洲鐵道株式會社ニ就職ノ件〉（1907 年 2 月 19 日），1330 冊 61 號；〈技師小野木孝治兼官ヲ免ス〉（1907 年 3 月 16 日），1331 冊 7 號；〈技師小野木孝治昇等、昇級ニ關シ照會ニ對申進鐵道部へ〉（1910 年 6 月 1 日），1712 冊 21 號；〈技師小野木孝治外一名昇級不詮議、廢案〉（1913 年 12 月 1 日），2184 冊 5 號；〈元技師小野木孝治退官賜金〉（1915 年 8 月 1 日），2450 冊 6 號；〈從七位鳥井靜治任技師及千葉萬壽船舶檢查事務ヲ囑託ス〉（1899 年 9 月 27 日），466 冊 28 號；〈技師鳥井靜治、事務囑託千葉萬壽汽船檢查官吏ヲ命ス〉（1899 年 11 月 8 日），469 冊 30 號；〈總督府技師千葉萬壽汽船檢查官吏ヲ命ス〉（1901 年 1 月 14 日），683 冊 29 號；〈千葉萬壽臺灣總督府海事官兼臺灣總督府技師ニシ通信局勤務ヲ命ス〉（1903 年 4 月 4 日），910 冊 27 號；〈臺灣總督府技師兼海事官千葉萬壽民政部土木局營繕課兼務ヲ命ス〉（1903 年 5 月 13 日），912 冊 30 號；〈海事官兼技師千葉萬壽休職及賞與ノ件〉（1906 年 5 月 20 日），1229 冊 49 號；〈近藤十郎建築ニ關スル事務ヲ囑託セラル〉（1904 年 10 月 1 日），1029 冊 1 號；〈大越大藏、近藤十郎、賀來倉太總督府技師ニ任用ノ件〉（1906 年 4 月 11 日），1228 冊 2 號；〈總督府技師近藤十郎外一名ニ清國福建外ニケ所へ出張ヲ命シ支度料給與ノ件〉（1906 年 12 月 28 日），1239 冊 54 號；〈近藤十郎敘位ノ件〉（1906 年 5 月 30 日），1241 冊 26 號；〈技師近藤十郎土木局營繕課

長不在中代理ヲ命スル件〉（1909年4月1日），1546冊19號；〈技師近藤十郎爪哇出張ノ件〉（1912年3月1日），2053冊11號；〈府技師近藤十郎阿里山作業所技師兼任ノ件〉（1913年7月1日），2179冊3號；〈府技師兼阿里山作業所技師近藤十郎免兼官ノ件〉（1915年2月1日），2444冊20號；〈府技師近藤十郎〔臺灣勸業〕共進會事務委員〉（1915年8月1日），2450冊10號；〈〔府技師〕近藤十郎〔民政部土木局〕營繕課長代理〉（1916年8月1日），2574冊19號；〈〔技師〕近藤十郎外一名費目替〉（1916年12月1日），2576冊25號；〈〔府技師〕近藤十郎土木局營繕課長〉（1919年5月1日），2974冊31號；〈〔府技師〕近藤十郎陞等、依願免本官、賞與〉（1923年10月1日），3746冊63號；〈東京府近藤十郎普通恩給証書送付ノ件〉（1924年1月1日），3757冊5號；〈臨時建築部より技術者賞与の件〉（1897年7月26日），《陸軍省大日記》（東京：防衛省防衛研究所藏），典藏號：C07041408500，国立公文書館アジア歴史資料センター，下載日期：2014年10月25日，網址：http://www.jacar.go.jp/（以下省略資料來源）；〈福田技師賞与の件〉（1903年1月9日），《陸軍省大日記》，典藏號：C06083848800；〈福田技師賞与の件〉（1905年12月28日），《陸軍省大日記》，典藏號：C06084213000；高野義夫，《旧植民地人事総覧》，台湾編1，頁1-593；高野義夫，《旧植民地人事総覧》，台湾編2，頁1-595；蔡龍保，〈長谷川謹介與日治時期臺灣鐵路的發展〉，頁61-108；蔡龍保，〈日治時期臺灣總督府之技術官僚：以土木技師為例〉，頁309-390；蔡龍保，〈日本工手學校的設立及其畢業生的海外活動：以臺灣為中心的考察（1895–1905）〉，頁1-58。

三、臺灣總督府土木局營繕課的技手群像（1902–1906）

（一）日本中階建築技術者之養成沿革

根據岸田林太郎於《近代日本建築學發達史》所執筆的〈建築教育〉，以1886年東京商業學校附屬商工徒弟講習所的木工教育為「體系性的中等建築教育之起點」。然而，其實在此之前，建築教育的內容已散見於：1. 工部省各寮司為中心的速成技術者養成機關：例如，橫須賀黌舍職人黌舍、電信寮修技教場、鑛山寮技術生徒，以及鐵道局工技生養成所等；2. 家塾性質的專門教育機關：例如，攻玉社陸地測量習練所、開工舍等；3. 東京府庶民夜學校；4. 文部省系的教育機關：例如，東京開成學校、東京職工學校、東京商業學校等。此時的中等建築教育是以土木性質的工作技術或物品的製作技術為中心，建築教育則被包含在其相關領域中。亦即，原本的建築教育（Architectural Education），是以即物性的技術教育為中心，欠缺建築重要的另一面——藝術性（Art或Art Manufacture等）。[48]

---

[48] 清水慶一，〈明治初期における初等・中等建築教育の研究〉，《日本建築學會論文報告集》307（1981年9月），頁142-150。

被視為「體系性的中等建築教育之起點」，東京商業學校附屬商工徒弟講習所雖然在1886年設立，但隨著日本經濟邁入新階段，很快地瞭解到以往依循「徒弟制」的實業教育之侷限，有必要正式養成從事工業的職工和中堅技術者。因此，一方面有像東京商業學校這樣的木工教育，不是以培養foreman（工頭）為目的，而是以振興handcraft（手工）、振興產業為目標的一種技能教育。另一方面，1887年設立的工手學校則很明確地是為培養輔助專門技術者——技師的中堅技術者。設立之時，該校的建築教育也有教授建築相關工作的技術概要，也就是偏技能教育的面向，但不久即改為專門技術教育（將工部大學校的建築教育簡化）。[49] 清水慶一以為：「與振興手工藝不同，為了振興工業必須養成foreman，亦即實施中等工業教育作為方策。手工教育的開發・振興約以明治25年（1892）為界，之後的中等建築教育切換為養成foreman」。[50]

日本國內在1899年頒布工業學校規程、實業學校令，據之設立正規的中等工業學校之前，[51] 以1886年攻玉社工學校、1887年工手學校等私立學校的設立為起始，之後每年開設工業相關的學校，到明治末年（1912）已達208間，[52] 1901年設立的岡山工業學校是明治時期唯一的官立學校，[53] 可見技手層級的工業系技術人員之養成主力為民間的私立學校。代表性的學校如表3所示。1886–1911年間設立的攻玉社工學校、工手學校、岩倉鐵道學校、三菱工業預備學校、岡山工業學校、關西商工學校、東京商工學校、東亞鐵道學院、東京工科學校、電機學校、三井工業學校、日本工科學校、中央工學校、早稲田工手學校等14所工業系學校當中，創設者明顯多為工部大學校和東大理學部、工學部出身，較多數的學校設置土木、機械、電氣（電工）等學科，應是時代需求所致。創校初始即設有建築（造家）學科的僅7間學校，且招募人數相較土木學科要少得多。以工手學校為例，第一屆土木科畢業生有29人，建築科僅19人。[54] 與其說建築科明顯較不受重視，或應言此

---

[49] 清水慶一，〈明治20年前後における中等建築教育の研究〉，《日本建築學會論文報告集》310（1981年12月），頁143-149。

[50] 清水慶一，〈明治20年前後における中等建築教育の研究〉，頁149。

[51] 工業學校規程較徒弟學校規程晚5年，於1899年發布。

[52] 小路行彥，《技手の時代》（東京：日本評論社，2014），頁109。

[53] 日本工学会編，《明治工業史・土木編》（東京：学術文献普及会，1970），頁1113。

[54] 工学院大学専門学校同窓会編，《専門学校のあゆみおよび会員名簿》（東京：該会，1993），頁202。

一時期建築承包業才剛起步，[55] 人才需求尚少，且許多學校將建築相關科目涵蓋於土木科之中，大約要到明治後期才比較積極設置建築科。像工手學校這樣學科齊全的工業學校設置於這麼早的時間，可說是十分特殊的例子。

表 3　1886–1911 年日本國內代表性工業系學校一覽

項別／校名	創設時間	創設者・初任校長/畢業學校	設置學科	養成人才類型
攻玉社工學校	1886	近藤真琴	土木	技手
工手學校	1887	渡邊洪基/慶應義塾 中村貞吉/工部大學校	土木、建築、採鑛、冶金、應用化學、機械、造船、電工	工手、技手
岩倉鐵道學校	1897	笠井愛次郎/工部大學校 野辺地久記/工部大學校	技術部7科：軌道、橋梁隧道、造家、發動機、汽車、電機、電鐵建築 職員部3科：經理、站務、通信	從事鐵路事業之職員
三菱工業預備學校	1899	三菱長崎造船所 莊田平五郎/慶應義塾	本科、專修科	技士、技工
岡山工業學校	1901		土木、機械、應用化學	
關西商工學校	1902	丁西俱樂部 平賀義美/東大理學部	商業高等、土木、建築、機械、電工、造船、紡織、商業	技手
東京商工學校	1903	山下谷次/京都尽誠舍 棚橋一郎/東大文學部	商業、土木、電機	技師、技手
東亞鐵道學院	1904	土山栞	建設（後改為土木）、業務	鐵路業務必要之人才
東京工科學校	1907	古川武一/元內務省官吏 德永重康/東大理學部	機械、電工、建築、採鑛冶金	技手
電機學校	1907	廣田精一/東大工科 扇本真吉/東大工科	電氣	電氣工業技術者
三井工業學校	1907	三井家 山田直矢/東大理學部	電氣、採鑛、機械	合適的工業手

[55] 建築承包業要到日、俄開戰後，隨著增設師團、鎮守府等才稍稍走向發達。日俄戰後，日本的銀行、會社等逐漸轉而採用西洋建築，此外，隨著各種製造業的興起，興建了許多工廠，尤其是在大阪，使得當地出現許多成功的建築承包業者。而後，隨著第一次世界大戰的爆發，日本景氣良好，銀行會社也好，個人商店也好，都採洋式建築，形成繁盛的西洋建築，帶來建築業的全盛時代。參見蔡龍保，〈產、官合作下的殖民地經營：以日治前期鹿島組的在臺活動為例（1899–1926）〉，《中央研究院近代史研究所集刊》80（2013 年 6 月），頁 83。

項別／校名	創設時間	創設者・初任校長/畢業學校	設置學科	養成人才類型
日本工科學校	1908	大熊武雄 石橋絢彥/工部大學校	土木、電氣→土木、電氣、建築、機械	從事工業的實務性人物
中央工學校	1909	松本小七郎/砲術學校 花和安年/東大理學部	機械、電工、建築→機械、電工、建築、土木	技術者
早稻田工手學校	1911	早稻田大學 德永重康/東大理學部	機械、電工、建築、土木、採鑛、冶金	技手

資料來源：小路行彥，《技手の時代》，頁 110；日本工学会編，《明治工業史・土木編》，頁 1112-1120。

（二）工手學校建築學科為主體的技手群

根據臺灣近代建築圖面史料可知，臺灣總督府的營繕組織在建築設計上，每棟建築都有一位技師負責主導，其下按照工程大小和建築規模，有一至數位的技手配合，協助處理建築構造細部設計、施工圖繪製與圖面描繪複製的工作。因此，每棟建築物都有許多部分是由技手負責，在建築設計上的重要性並不亞於建築技師。[56] 由前述已知土木局營繕課技師主要為東京帝大建築科出身者，至於技手群的出身也呈現集中的現象，主要是工手學校建築科（參見表 4）。26 名技手當中，扣除 12 名無法知其學歷出身，14 名中有 8 名是工手學校出身，占 57%，其餘則是經世學院、中學校、中等科、巴學校、[57] 小學校授業生（補助教員、準教員）、夜校（漢學及算數）等非正規科班學校出身，占 43%。雖然工手學校出身者占不到 6 成，但卻是營繕課裡的唯一工業學校性質的學歷，一元化的狀況與土地調查局技手主要為工手學校、攻玉社工學校、順天求合社三校出身，鐵道部技手主要為工手學校、攻玉社工學校、岩倉鐵道學校等出身所呈現的多元性不同。亦即，科班出身的全是工手學校的畢業生，工手學校建築科在當時有其重要性和不可替代性。

至於非科班出身者，很明顯的，都是依其他方式學習相關基礎知識，再加上工作經歷補其專業，山名平之進、金子左久、蔭山萬藏、石村嘉太郎、田中泰吉、橫尾善夫等 6 人皆是如此。例如，金子左久在就讀富山縣尋常中

[56] 黃俊銘，《總督府物語：臺灣總督府暨官邸的故事》（臺北：向日葵文化事業股份有限公司，2004），頁 152。

[57] 「巴」為學校名稱，位於今日本北海道函館區。

學校第三年級時，因病退學。而後跟隨小西有實、淺野永秀等地方知識分子學習數學、漢學，具建築事務監工經驗，之後進入陸軍的營繕相關部門（經營部營繕係、臨時陸軍建築部）擔任傭員、雇員，再歷任臺灣總督府民政部土木課雇員、技手，土木局營繕課技手。

蔭山萬藏的學經歷過程，與金子左久幾乎是同一模式。先從田丸宗七修習實業及製圖設計，之後進入大工徒弟夜學校專修製圖法，在巴學校夜間部專修數學，並曾師事工學士田島穧造（1902 年 4 月擔任臺灣總督府土木局營繕課長）學習建築學。積極學習相關基礎知識的同時，也從事建築累積實務經驗。後進入陸軍的建築部門磨練，1902年11月來臺擔任土木局營繕課技手。

再者，另一值得注意的是，技手來臺前的經歷與軍方關係十分密切。26 名技手當中，扣除不知來臺前經歷及畢業後立即來臺者 5 名，21 名中 13 人曾任陸軍省、海軍省、臨時陸軍建築部的傭員、雇員、技手，比例高達 62%。其中，與軍方建築部有淵源者達 10 人（臨時陸軍建築部 9 人、臨時海軍建築部 1 人），占 48%。與前述營繕課技師的情況十分類似。亦即，由於明治中期設有建築科的工業學校不多，透過非正統方式、非系統性課程學習的人才以及具有軍方建築部門（特別是臨時陸軍建築部）經驗者亦十分重要，占一定的比例。

筆者曾撰文分析資料所及的 369 名土地調查局技手集團（1898–1903 年召募），若與土木局營繕課兩相比較，可發現許多類似的現象。1. 就學校出身觀之，私立學校壓倒性居多數，多為明治維新後舊幕臣及知識分子所興辦的私學、私塾，其奠定的學識基礎不僅有助於日本國內的發展，以臺灣為例觀之，對日本的殖民地經營亦產生間接的助益；2. 許多未具數理、測量相關學歷者，大多曾於地方私塾、私立學校或跟隨學有專精的個人學習，因而能在考試或人才聘用時具有優勢，獲得錄取；3. 軍方對技術人才的支援，角色十分重要。臺灣總督府土木局營繕課與臨時陸軍建築部的關係密切，土地調查的測量人才則是一方面得到陸軍陸地測量部協助培訓三角測量人才，陸、海軍相關部門現有人才來臺支援者，多數亦出自陸地測量部；4. 就技手集團的出身學校觀之，土木局營繕課主要由工手學校所獨占，土地調查局的測量人才則較多元，為數最多者為工手學校出身，攻玉社工學校次之，同樣名列第三者為順天求合社和陸軍教導團。若將軍校及具軍校預備校性質的學校一體視之，更突顯出軍方在土地調查局測量人才培育和支援的重要性。

表 4　1902–1906 年間臺灣總督府土木局營繕課技手群

項別姓名/籍貫	學歷(畢)/來臺年	經歷
安藤善太郎/神奈川縣平民	? /1900.12	1894.2–1899.7陸軍技手 1900.12臺灣總督府民政部土木課技手 1901.12–1902.6臺北監獄新營工事務囑託 1903.3–4臺北監獄臨時調查事務囑託 1904.8海軍幕僚土木建築工程監督事務囑託 1904.9–1905.9臺灣各地臨時海軍暫設瞭望樓及無線電信所新設工程，基隆、澎湖島臨時海軍水雷布設隊建物設計及工程監督 1906.12因病不堪職，依願免本官，賞金120圓
山名平之進/愛知縣士族	經世學院 /1900.12	1879.3–1886.3從事建築實業 1886.4在東京從事建築承包業 1888.10遞信省傭員 1889.1宮內省內匠寮雇員 1891.12內務省土木局雇員 1892.6三井營繕部雇員 1893.6東京砲兵工廠傭員 1894.8–11於夜校經世學院學習代數、幾何、三角函術 1896.4臨時陸軍建築部技手 1900.12臺北縣技手 1901.11臺灣總督府民政部土木課技手
藤山龜次郎	? /1900.3	1900.3臺灣總督府民政部土木課雇員 1900.12臺灣總督府民政部土木課技手 1903.2第五回博覽會委員 1905.2因病依願免官
高井石藏/群馬縣平民	? /1899.4	1895.1–7東京砲兵工廠職工，奉派至臺灣、澎湖島進行工程 1895.9–1896.3甲午戰爭被派遣到威海衛進行工程 1896.4陸軍省臨時陸軍建築部雇員，8月10日任守山三十三聯隊步兵營建築主任 1897.8回任臨時陸軍建築部敦賀出張所技手 1898.7臨時陸軍建築部名古屋支部金澤出張所技手，12月任金澤砲兵錙重兵營建築主任 1899.1金澤步兵營三十五聯隊建築主任，2月依願免陸軍省雇員 1899.4臺灣總督府民政部土木課雇員 1899.8臺灣總督府民政部土木課技手 1909.10臨時臺灣工事部技手
宮本吉太郎/石川縣	? /1899.4	富山縣技手 1899.4臺灣總督府民政部土木課雇員 1900臺灣總督府民政部土木課技手 1902臺灣總督府土木局營繕課技手 1902.4因病依願免本官

項別姓名/籍貫	學歷(畢)/來臺年	經歷
水野多門		1896.9臺灣總督府民政局臨時土木部建築課技手 1897臺灣總督府財務局土木課技手 1898臺灣總督府民政部土木課技手 1902臺灣總督府土木局營繕課技手 1908.9–1909.4通信局彭佳嶼燈塔事務囑託，獲特別與金10圓 1909.11阿緱廳庶務課技手
中根真吉/東京府平民	? /1897.12	1888.1–1893.2任職於橫須賀鎮守府造船部製圖場，滿3年發給製圖修業證明書 1893.12–1894.4航路標識管理所工務課臨時傭員 1894.5–1895.2富士製紙株式會社製紙工場及製紙機械增設工程監督 1895.3電信燈塔用品製造所橫濱製作場，10月任職航路標識管理所 1896.1臨時臺灣燈標建設部雇員 1897.3致力臺灣燈標建設事業賞金36圓，4月任遞信省航路標識管理所技手 1897.10臺灣總督府民政局通信部航路標識技手（民政部技師大澤正業介紹） 1900臺灣總督府民政部土木課兼通信課技手（1901.6免兼） 1900.11日英博覽會事務囑託 1910.1因日英博覽會臺灣陳列所工程出差英國6個月
小山廉一/大阪府士族	工手學校造家17期 1897.8 /1900.5	1890.9大阪陸軍經營部雇 1896.4陸軍省臨時陸軍建築部圖工 1899.3陸軍省臨時陸軍建築部技手 1900.5臺灣總督府民政部土木課技手 1903.11因病休職
森房吉/神奈川縣平民	工手學校造家20期 1899.2 / 1899.3	1899.2工手學校造家學科畢業，3月任臺灣總督府民政部土木課雇員 1900臺灣總督府民政部土木課技手 1902臺灣總督府土木局營繕課技手 1902.6因病依願免官
瀧幾太郎/東京府平民	? /1900.3	1897.3臨時陸軍建築部仙台兵營工場傭員，6月村松步兵營工場傭員 1898.4陸軍省臨時陸軍築部雇員 1900.3臺灣總督府雇員 1900.12臺灣總督府技手 1904.4因1903.12總督府民政部丙號官舍炊事場及浴室改修工程怠於檢查，依文官懲戒令遭譴責 1909.10臺灣總督府土木部技手
杉山淺之助/長野縣	? /1901.1	1901.3臺灣總督府民政部土木課技手 1902臺灣總督府土木局營繕課技手

項別姓名/籍貫	學歷(畢)/來臺年	經歷
金子左久/富山縣平民	富山縣尋常中學校修業 /1900.4	1885.2富山縣尋常中學校第三年修業，10月因病退校 1888.3–1889.12跟隨小西有實、淺野永秀等人學習數學、漢學 1892.8–1893.2開達高等小學校新築工場監督囑託 1893.7大阪陸軍經營部營繕係傭員 1897.1臨時陸軍建築部大阪支部傭員，任姬路衛兵第三十九聯隊營新築工場監1899.6姬路陸軍經營部雇員，後任陸軍建築部大阪支部雇員 1900.4臺灣總督府民政部土木課雇員 1901臺灣總督府民政部土木課技手 1902土木局營繕課技手 1904.7兼任臺南廳技手 1906.4免兼官
後藤麟三郎/東京士族	工手學校造家14期 1896.2 / 1902.11	1891.2遞信省郵便匯兌儲金局傭員 1893.5遞信省郵便匯兌儲金所書記補 1896.5臨時陸軍建築部東京支部技手 1902.5–6出差對馬、上川 1902.11臺灣總督府民政部土木局營繕課技手 1909.10臺灣總督府土木部技手 1915.2染瘧疾依願免官
蔭山萬藏/千葉縣平民	巴學校 /1902.11	1889.3–1895.3師事田丸宗七（叔父）專修實業及製圖設計等 1895.4從事建築等工程 1895.4–1896.9於東京市神田區西福田町大工徒弟夜學校專修製圖法 1897.3臨時陸軍建築部仙台支部傭員，師事工學士田島穧造學習建築學約2年 1898.3–12於北海道函館區巴學校夜學專修數學 1899.4臨時陸軍建築部夕前支部雇員 1902.11臺灣總督府民政部土木局營繕課技手 1905.7–9臨時臺灣戶口調查委員 1909.10臺灣總督府土木部營繕課技手
石村嘉太郎/岡山縣平民	中等科 /1898.3	1886.4中等科畢業 1887.3–1903.2與大工職（工匠之首）學習 1894.6承包備中國笠岡町字犬馬場花莚工場2棟、花莚製告用機械200臺，12月在稻津技師之下從事岡山紡織株式會社機械裝設 1895.9岡山縣上道群操村小學校新築工程監督 1895.12–1896.6臨時臺灣燈標建設部傭員 1896.12–1897.1岡山市水道工程測量臨時傭員 1897.2–1898.1地藏崎航路標識建設工程監督及材料取締 1898.3臺灣總督府民政部通信課傭員 1899.11臺灣總督府民政部土木課雇員 1902.5–1905.10兼民政部通信局技手（燈塔及測候所修繕工程之設計與監督）

項別姓名/籍貫	學歷(畢)/來臺年	經歷
山口茂樹/鹿兒島縣	工手學校建築2期 1890.2/1897.10	1890.6陸軍近衛經營部工場監視傭 1891.4東京憲兵隊本部軍吏部臨時助手 1892.9鹿兒島縣川邊郡長屋尋常小學校訓導 1897.10.4臨時陸軍建築部廣島支部工場監視 1897.10.25臺灣守備混成第二旅團監督部傭，11月臺中陸軍經營部 1898.8臺中縣內務部土木課技手 1901.4兼臺中市區改正係技手，11月任臺中廳技手 1903.9臺灣總督府民政部土木局技手 1905.7臨時臺灣戶口調查委員 1908.7臺灣縱貫鐵道全通式補助委員 1909.10臺灣總督府土木部營繕課技手
宮本富士松/愛媛縣	? /1901.10	1890.5東京船舶試驗所乙種二等機關士考試及格 1890.8–1891.10任日本郵船株式會社繁榮丸機關士 1891.10馬場道久所有汽船社寮丸三等機關士 1892.5進升二等機關士，10月甲種二等機關士考試及格 1893.1福澤辰造所有豊瑞丸三等機關士，12月任職北海道北見天塩漕運株式會社，受命於函館監督北辰丸造船 1894.6北見天塩漕運株式會社天塩丸機關長，12月退社 1895.4馬場道久所有白山丸二等機關士 1896.2–1897.5南島間作所有汽船志賀浦丸二等機關士 1897.6岸本五兵衛所有汽船神威丸一等機關士 1898.6大阪商船株式會社釜山丸一等機關士，9月月升給40圓，12月任金龍丸機關長 1901.10臺灣總督府海事局技手（海事局鳥井靜治技師介紹） 1903.5兼民政部土木局營繕課技手 1905.10因病依願免官
矢田貝靜睦/鳥取	工手學校造家23期 1900.7/1900.12	1900.12臺灣總督府雇員 1904.3臺灣總督府民政部土木課技手 1909臺南廳技手 1914.10因腸粘膜炎兼神經衰弱症依願免本官
高崎才藏/鹿兒島士族	工手學校造家22期 1900.2/1900.7	1899.7東京新橋鐵道作業局雇 1900.3工務部國府津保線事務所雇員 1900.7臺灣總督府民政部土木課雇員 1914.6因瘧疾依願免官

項別姓名/籍貫	學歷(畢)/來臺年	經歷
田中泰吉/新潟縣平民	夜間漢學及算數 /1904.1	1877.1–1884與父親文五郎從事營建業，並於夜間學校學習漢學及算數 1884.4–1896在各承包業者之下代理從事陸軍兵舍、帝國大學病院、陸軍病院、鐵道局倉庫・車站、永田町清國公使館、橫濱英國公使館等工程 1896.4陸軍省臨時陸軍建築部雇員，5月任技手 1902.11–1903.12富山縣內務部第二課建築掛技手 1904.1日本赤十字社臺灣支部病院建築技術員，2月任臺灣總督府土木局建築事務囑託，3月任臺灣總督府土木局營繕課技手 1909.10臨時臺灣工事部技手，11月任臺灣總督府土木部建築事務囑託 1910.9民政部通信局土木營繕事務囑託
鈴木豐藏/靜岡縣士族	? /1904.12	1896.12大藏省臨時葉煙草取扱所建築部雇員 1897.12大藏省臨時葉煙草取扱所建築部技手 1898.3熊本縣內務部第二課臨時建築係吏員 1902.1–9海軍省臨時海軍建築部技手 1904.1東京市四谷區役所囑託 1905.2臺灣總督府專賣局兼土木局營繕課技手，3月專任土木局營繕課技手 1907.7臨時臺灣基隆築港局工務課技手兼土木局營繕課技手 1908.9臨時臺灣工事部技手兼土木局營繕課技手 1909.10免兼官
橫尾善夫/佐賀縣平民	白川小學校授業生申付 /1895.11	1883.11白川小學校全科畢業，白川小學校授業生申付 1887.10白川小學校訓導 1888.6辭訓導赴清國上海入外國貿易商店從事商業，同時學習英文和中文 1890.9與上海日清貿易研究所教諭草場謹三郎學習中文 1894.10–1895.5陸軍省通譯官，隨大本營第二軍前往旅順 1895.11陸軍省陸軍通譯臺灣總督府附，12月任臺灣總督府臨時臺灣鐵道隊附 1896.5免陸軍省陸軍通譯，6月任臨時臺灣鐵道隊通譯，9月解隊免通譯 1898.7臺北縣景尾辨務署主記 1900.3臺北縣內務部庶務課通譯 1903.10臺灣總督府殖產局博覽會委員會囑託（聖路易萬國博覽會），土木局土木課囑託，土木局營繕課囑託 1904.9臺灣總督府土木局營繕課技手 1907.1兼警察本署技手 1908.7兼臨時臺灣工事部技手，11月任臨時臺灣工事部技手兼臺灣總督府民政部土木局土木課、營繕課技手（10月免兼官） 1910.12臺灣總督府土木部工務課技手兼總督府技手

項別姓名/籍貫	學歷(畢)/來臺年	經歷
落合三男次	? /1903	1903臺灣總督府土木局營繕課雇員 1904.9臺灣總督府土木局營繕課技手 1906.7臺灣神社宮司營繕事務囑託
渡邊萬壽也/東京府士族	工手學校造家4期 1891.2/1905.11	1891.2工手學校造家學科4期畢業 1891.5–1892.9就建築技師高山幸次郎學習建築製圖 1892.10東京府廳舍新築工程雇員 1893.12司法省新築工程雇員 1894.9外務省會計課營繕掛申付 1895.9埼玉縣臨時建築雇員 1896.6東京府技手 1898.10–1903.4東京市技手 1903.4–1904.11橫濱市下田築造合資會社製圖設計助手 1904.12橫濱市德國建築技師デラシデー建築事務所製圖 1905.8–11內務省臨時傳染病研究所移轉改築事務囑託 1905.11臺灣總督府土木局營繕課技手 1907.7兼臺灣總督府鐵道部技手 1908.9臺灣縱貫鐵路全通典禮補助委員 1909.10臺灣總督府土木部營繕課技手
西村英雄/山口縣平民	? /1905.10	1897.4福岡縣內務部縣立福岡病院建築圖工 1898.9福岡縣內務部尋常師範學校建築取締 1900.3福岡縣農學校建築工程雇員 1901.3福岡縣中學修猷館建築工程雇員 1902.5福岡縣師範學校建築工程雇員 1903.3福岡工業學校建築工程雇員，12月任女子師範學校建築工程雇員 1904.2–1905.10福岡市土木課土木係兼土地係技手 1905.10臺灣總督府土木局營繕課技手 1909.10臺灣總督府土木部營繕課技手
藤原堅三郎/岡山縣	工手學校建築24期 1901.2 /1905.11	1901.2工手學校建築學科24期畢業 1901.3–1902.11任職東京丸之內三菱建築所 1902.11大阪住友本店臨時建築部 1906臺灣總督府土木局技手 1908.3因神經衰弱症兼肺病依願免本官

說明：經歷僅整理至 1910 年。

資料來源：〈安藤善太郎臺灣總督府技手ニ任命〉（1900 年 12 月 22 日），《臺灣總督府公文類纂》，文號：（以下省略）579 冊 7 號；〈技手安藤善太郎外一名臺北監獄新營工事ニ關スル事務囑託ス〉（1901 年 12 月 10 日），697 冊 38 號；〈臺北監獄新營工事事務囑託安藤善太郎外一名御用濟ニ付囑託ヲ解ク〉（1902 年 6 月 27 日），791 冊 37 號；〈臺灣總督府民政部土木局勤務安藤善太郎臺北監獄營繕工事事務囑託〉（1903 年 3 月 20 日），907 冊 46 號；〈臺北監獄營繕事務囑託安藤善太郎臺北監獄營繕事務囑託ヲ解カル〉（1903 年 4 月 27 日），911 冊 50 號；〈總督府技手安藤善太郎昇級及依願免官並賞與ノ件〉（1906 年 12 月 27 日），1239 冊 50 號；〈元總督府技手安藤善太郎ニ恩給下賜ノ儀上申該證書交付ノ件〉（1907 年 5 月 23 日），1273 冊 3 號；〈山名平之進總督

府技手ニ任シ民政部土木課勤務ヲ命ス〉（1901 年 11 月 11 日），695 冊 51 號；〈臨時陸軍建築部技手山名平之進本縣技手ニ任用ノ件（元臺北縣）〉（1900 年 12 月 1 日），9303 冊 49 號；〈藤山龜次郎外三名總督府技手ニ任ス〉（1900 年 12 月 21 日），578 冊 43 號；〈藤山龜次郎外一名第五回內國博覽會委員ヲ命ス〉（1903 年 2 月 21 日），906 冊 32 號；〈總督府技手藤山龜次郎依願免官ノ件〉（1905 年 2 月 28 日），1119 冊 5 號；〈高井石藏雇ヲ命ス〉（1899 年 4 月 21 日），456 冊 21 號；〈高井石藏外二名任技手〉（1899 年 8 月 31 日），464 冊 57 號；〈技手高井石藏外一名海軍幕僚戰時充員解充〉（1901 年 1 月 15 日），683 冊 36 號；〈高井石藏恩給證書送付ノ件（郡馬縣）〉（1910 年 6 月 3 日），1607 冊 7 號；〈宮本吉太郎雇ヲ命ス〉（1899 年 4 月 28 日），456 冊 43 號；〈總督府技手宮本吉太郎願ニ依リ本官ヲ免セラレ退官ニ付キ手當ヲ給ス〉（1902 年 10 月 27 日），798 冊 51 號；〈宮本吉太郎外二名移民候補トシテ採用ノ件〉（1910 年 3 月 1 日），5322 冊 5 號；〈宮原景氏外二名〔朝倉真彥、水野多門〕臨時土木部技手ニ藤井治幸外三名臨時土木部雇任命ノ件〉（1896 年 9 月 9 日），110 冊 37 號；〈元囑託水野多門在職中賞與〉（1909 年 4 月 1 日），1559 冊 72 號；〈阿緱廳技手水野多門賞與ノ件〉（1910 年 11 月 1 日），1729 冊 14 號；〈中根真吉技手ニ任用〉（1897 年 10 月 22 日），234 冊 40 號；〈民政部土木課勤務兼民政部通信課勤務總督府技手中根真吉通信課兼務ヲ免シ民政部土木課勤務ヲ命ス〉（1901 年 6 月 1 日），689 冊 6 號；〈中根真吉日英博覽會事務囑託〉（1909 年 11 月 1 日），1568 冊 76 號；〈總督府土木部技手中根真吉英國出張ノ件、取下ノ件〉（1910 年 1 月 1 日），1719 冊 61 號；〈土木部技手中根真吉賞與ノ件〉（1911 年 3 月 1 日），1883 冊 144 號；〈臨時工礦部技手兼總督府技手中根真吉免本官專任臺灣總督府技手ノ件〉（1911 年 11 月 1 日），1895 冊 75 號；〈技手中根真吉殖產局兼務ヲ命ス〉（1913 年 1 月 1 日），2185 冊 13 號；〈技手中根真吉通信局兼土木局勤務〉（1915 年 2 月 1 日），2454 冊 15 號；〈中根真吉恩給上申〉（1919 年 12 月 1 日），2919 冊 11 號；〈〔府技手〕中根真吉任府技師、免官〉（1919 年 9 月 1 日），2978 冊 30 號；〈瀧幾太郎恩給上申〉（1919 年 12 月 1 日），2917 冊 23 號；〈〔府技手〕瀧幾太郎任府技師〉（1919 年 8 月 1 日），2977 冊 23 號；〈民政部土木局土木課勤務總督府技手杉山淺之助願ニ依リ本官ヲ免ス〉（1902 年 6 月 30 日），791 冊 45 號；〈金子左久雇ヲ命ス〉（1900 年 4 月 2 日），565 冊 5 號；〈技手金子左久臺南廳技手兼任ノ件〉（1904 年 7 月 7 日），1022 冊 28 號；〈總督府技手兼臺南廳技手金子左久兼官ヲ免スル件〉（1906 年 4 月 28 日），1228 冊 44 號；〈府技手金子左久任臺北廳技手〉（1913 年 2 月 1 日），2186 冊 26 號；〈金子左久恩給證書下付〉（1922 年 7 月 1 日），3268 冊 7 號；〈元陸軍省雇蔭山萬藏總督府技手ニ任セラレ民政部土木局勤務ヲ命ス〉（1902 年 11 月 27 日），800 冊 22 號；〈技手蔭山萬藏廈門出張〉（1912 年 12 月 1 日），2060 冊 28 號；〈府技手蔭山萬藏廈門出張ノ件、領事館修繕〉（1913 年 8 月 1 日），2195 冊 93 號；〈府技手蔭山萬藏外務省ヨリ賞與金贈與〉（1914 年 4 月 1 日），2311 冊 16 號；〈石村嘉太郎雇ヲ命ス〉（1899 年 11 月 18 日），469 冊 62 號；〈民政部土木局兼民政部通信局勤務總督府技手田口敬四郎兼務ヲ免シ民政部土木局勤務總督府技手石村嘉太郎民政部通信局兼務ヲ命ス〉（1902 年 5 月 16 日），790 冊 40 號；〈通信技手戶田友一外一名民政部通信局兼臺北郵便電信局兼通信局勤務ノ件、通信書記上原松次郎通信局兼臺北郵便電信局兼務免ノ件、通信技手石村嘉太郎土木局兼通信局兼務免ノ件〉（1905 年 10 月 30 日），1131 冊 31 號；〈石村嘉太郎恩給證書下付〉（1914 年 9 月 1 日），2217 冊 26 號；〈府技手石村嘉太郎賞與、退官〉（1914年6月1日），2315冊36號；〈石村嘉太郎任總督府技師、俸給、勤務、依願免官〉（1928年3月1日），10050冊74號；〈甲種一等機關士宮本富士松ヲ海事局技手ニ任ス〉（1901年10月1日），694冊15號；〈臺灣總督府技手宮本富士松民政部土木局營繕課兼勤ヲ命セラル〉（1903年5月13日），912冊33號；〈技手宮本富士松昇級及ヒ依願免官ノ件〉（1905年10月4日），1130冊45號；〈田中泰吉囑託ニ採用ノ件〉（1905年1月1日），1119冊10號；〈囑託田中泰吉外一名臺灣總督府技手任命ノ件〉（1905年3月31日），1120冊86號；〈田中泰吉事務囑託〉（1910年9月1日），1727冊106號；〈專賣局技手鈴木豐藏臺灣總督府技手兼任ノ件〉（1905年2月4日），1118冊19號；〈專賣局技手兼臺灣總督府技手鈴木豐藏臺灣總督府技手專任ノ件〉（1905年3月31日），1122冊11號；〈鈴木豐藏臺灣總督府技手ニ任命竝若林又藏建築事務囑託ノ件、事務官竹島慶四郎外三名任官ノ件〉（1905年12月22日），1133冊40號；〈鈴木豐藏任技手〉（1907年7月31日），1340冊66號；〈臨時臺灣工事部技手鈴木豐藏兼任臺灣總督府技手〉（1908年9月1日），1441冊42號；〈工事部技手兼總督府技手鈴木豐藏免兼官〉（1909年10月1日），1566冊22號；〈橫尾善夫臺灣總督府殖產ニ關スル事務ヲ囑託セラレ殖產局勤務ヲ命ス〉（1903年10月1日），922冊4號；〈橫尾善夫總督府技手ニ任命セラル〉（1904年9月30日），1027冊41號；〈技手橫尾善夫警察本署兼務ヲ命ス〉（1907年1月1日），1347冊45號；〈工事部技手橫尾善夫兼任總督府技手〉（1909年1月1日），1555冊31號；〈工事部技手兼府技手橫尾善夫免兼官〉（1909年10月1日），1566冊50號；〈土木部技手橫尾善夫總督府技手兼任ノ件〉（1910年12月1日），1730冊15號；〈〔元府技師〕橫尾善夫普通恩給證書下賜〉（1925年2月1日），3869冊15號；〈事務囑託橫尾善夫勉勵賞與〉（1905年3月1日），4378冊15號；〈總督府技手橫尾善夫囑託ニ採用〉（1905年1月1日），4482冊4號；〈橫尾善夫主記ニ採用ノ件（元臺北縣）〉（1898年7月1日），9279冊45號；〈主記橫尾善夫通譯ニ任用ノ件（元臺北縣）〉（1900年3月1日），9298冊4號；〈落合三男次技手ニ任命〉（1904年9月30日），1027冊56號；〈技手落合三男次ニ事務囑託認可ノ件（臺灣神社宮司）〉（1906年7月26日），1256冊60號；〈渡邊萬壽外二名臺灣總督府技手任命ノ件〉（1905年11月23日），1132冊27號；〈渡邊萬壽也雇ヲ命ス〉（1918年8月1日），2890冊37號；〈〔雇〕渡邊萬壽也 免雇、賞與〉（1921年4月1日），3204冊7號；〈西村英雄任臺中廳技手〉（1916年12月1日），2592冊7號；高野義夫，《旧植民政人事総覧》，台湾編1，頁1-593；高野義夫，《旧植民政人事総覧》，台湾編2，頁1-595；蔡龍保，〈日本工手學校的設立及其畢業生的海外活動：以臺灣為中心的考察（1895–1905）〉，頁1-58。

肆、工手學校建築技手的生涯：以尾辻國吉為例

1895年日本取得第一個殖民地——臺灣，積極展開殖民地經營。日本人技術者的想法和理念，也由「技術立國」轉向「技術殖民」，許多技術者在「雄飛海外」的風潮之下，參與日本帝國的殖民統治，從事在臺的

各項基礎工程建設。在此一趨勢之中，許多工手學校畢業生也前往臺灣，1895–1905 年至少有 137 人活躍於臺灣督府土木局（含營繕課）、鐵道部、臨時臺灣土地調查局等官廳，以及礦山、製糖、土木建設等民間會社，[58] 出路和發展狀況不盡相同。尾辻國吉是長年任職於官廳的代表案例，也是工手學校出身第一位升任建築技師者。其先任職於中央的土木局營繕課，再轉任地方的臺南州土木課，而後再回任中央的專賣局，也顯現建築人才在總督府官廳營繕部門之間的流動。以下就其任職 34 年間的活動，來考察工手學校層級（非帝大）的建築技術人才之官廳生涯。

一、臺灣總督府傭員到升任土木局營繕課技手時期（1903.9–1917.5）

尾辻國吉於 1883 年 1 月 23 日出生於鹿兒島縣川邊郡勝目村下山田（原藉第 6118 番地），為鹿兒島縣士族尾辻十郎太之長男。1903 年 7 月自東京工手學校建築科畢業，為第 29 期的畢業生。同年 9 月，隨即渡臺任臺灣總督府民政部傭員（日給 70 錢）。1904 年 9 月，任土木局營繕課雇員（月俸 20 圓）。此時已有至少 120 餘名的工手學校畢業生在臺灣的官廳和民間業界活動，當時的土木局營繕課裡，已有山口茂樹（建築 2 期）、後藤麟三郎（建築 14 期）、矢田貝靜睦（建築 23 期）、高崎才藏（建築 22 期）等工手學校校友擔任技手，[59] 顯現該校已具備其勢力和影響力。

經過約 3 年半的歷練，1907 年 3 月升任民政部土木局技手。在雇員時期，比較值得一提的是，1903 年 5 月，臺灣總督府於臺南廳大目降（今臺南市新化區）設立糖業試驗所，尾辻在 1906–1907 年參與了該所的興築。對以米、糖為經濟重心的臺灣而言，農事試驗場和糖業試驗所是最重要的兩大農業研究機構。當時很多工人都在一個月內感染瘧疾身亡，尾辻也因染上該病病情危急，在發燒 40 度以上的狀況下，從新化搭乘輕便臺車到臺南就醫，入住臺南醫院。其後，直到第三年才逐漸根治此惡疾。[60] 有趣的是，尾辻後來也參與了打狗醫院的興築工程，算是報答醫院救命的恩情。

---

[58] 蔡龍保，〈日本工手學校的設立及其畢業生的海外活動：以臺灣為中心的考察（1895–1905）〉，頁 1-58。

[59] 高野義夫，《旧植民政人事総覧》，台湾編 1，頁 528。

[60] 永田城大，《臺灣發展と功勞者の足跡》（臺北：實業之臺灣社，1936），頁 57。

1909 年日英博覽會在英國倫敦舉行，尾辻於同年 11 月暫時停職，擔任大倉組出品物陳列所建築監督一職。當時原本也想前往美國進修，而後因其父遽逝，遂於 1910 年 8 月回國，10 月復職續任臺灣督府土木部營繕課技手。[61] 他擔任土木局技手期間，最重要的成績有打狗醫院、三線道路的興築以及熱帶建築知識的建構。

1. 打狗醫院：打狗是臺灣南部最重要港口，隨著縱貫鐵路的敷設、築港工程推進及產業的發達，而快速發展。然而，沒有設置醫院且衛生設備不佳是一大問題。打狗市民和財團法人打狗公會因深感居民日常之不便與困難，展開一連串的設置運動。在捐獻了土地及部分建物後，向臺灣總督府請願希望儘快開設醫院。總督府鑑於實際上確有其必要，於 1913 年度將工程經費編入預算，依指名競標的方式由鈴木組、高石組、小原林治、堀內茂吉、中田庄吉競標，最後由鈴木組承包此一工程。同年 12 月 27 日開工，1914 年 6 月 28 日竣工。負責監督、檢查、驗收此一工程的土木部營繕課技手為尾辻國吉、八板志賀助、後藤麟三郎、安達荒吉四人，[62] 前三人都是工手學校出身的學長、學弟。8 月 2 日舉行盛大的開院典禮，官民參加者多達 130 餘名。尾辻技手代替土木局代理局長高橋辰次郎宣讀工程報告，被誇耀為熱帶殖民地的驕傲——打狗醫院於焉開業，[63] 即今高雄市立民生醫院的前身。

2. 三線道路：三線道路是日治時期非常美觀的道路，甚至被列入臺北的觀光景點，該道路工程是臺北市區改正計畫的一環。臺北市區改正計畫最初是由英國藉巴爾頓擔任顧問技師，由臺灣總督府民政局衛生課技師濱野彌四郎負責。由於總督府民政局營繕課長也是市區改正委員，屢屢在圖上規劃路線，提出營繕課的構想。總督府於 1905 年 10 月公布第三回臺北市區改正計畫，計畫區域面積 18.06 km^2，預定到 1929 年為止能容納 15 萬人口，以

---

[61] 永田城大，《臺灣發展と功勞者の足跡》，頁 57。

[62] 根據建築圖面與工程的進行相關史料可知，臺灣總督府的營繕組織在建築設計上，每棟建築都有一位技師負責主導，其下按照工程大小和建築規模，有一至數位技手配合，協助處理建築構造細部設計、施工圖繪製與圖面描繪複製的工作。因此，每棟建築物都有許多部分是由技手負責，其在建築設計上的重要性並不亞於技師。除設計之外，技手也時常擔任監工、驗收等現場工作。參見黃俊銘，《總督府物語：臺灣總督府暨官邸的故事》，頁 26-162；〈打狗醫院廳舍及病棟其他新築工事〉（1913 年 1 月 1 日），《臺灣總督府公文類纂》，文號：5719 冊 1 號。

[63] 〈打狗醫院開院式　熱帶植民地の誇りを見よ〉，《臺灣日日新報》，1914 年 8 月 4 日，第 7 版；〈打狗醫院廳舍及病棟其他新築工事〉（1913 年 1 月 1 日）。

城內為中心，範圍包含萬華與大稻埕等舊市街。負責推進此一計畫者為總督府民政部代理土木局長長尾半平（東大土木科畢）和民政部土木局土木課技師野村一郎（東大建築科畢），長尾和野村都是後藤新平擔任總督府衛生顧問時期所拔擢的人才。主要的計畫，是要興築三線道路和放射狀的道路網。關於三線道路，後藤曾指示負責街路設計的尾辻技手：「要如法國巴黎的凱旋門、香榭麗舍大道一般。」而後，尾辻則以德國的行道樹手法為基礎，進行道路設計。[64]

1911 年前後，臺北城內因遭遇大洪水而進行護岸等工程，將該城外側的濠溝改設為大暗渠。原本在臺北車站前也有大濠溝，則將之填埋，並拆除城牆，其原址即成三線道路。[65] 長度約 1 里，形成路幅 18–45 公尺的環狀公園。[66] 據尾辻的回想：「現在的三線道路所在地就是城牆的遺跡，此一散步道路是以德意志聯邦薩克森國（Saxonia）的萊比錫市街的散步道路為範本」。[67]

3. 熱帶建築知識的建構：由於殖民母國日本的溫帶氣候與殖民地臺灣的亞熱帶或熱帶氣候環境有所差異，因此日治時期臺灣建築必須就氣候環境進行調整，臺灣的建築經常被要求具備「熱帶建築」的特質。對於在臺灣任職的建築技術人員而言，「熱帶建築」的形象經常是代表日治時期臺灣建築的特徵之一。[68] 尾辻也曾提及此一特點：「……永久性軍營的地板高、窗戶小，於南方設置陽臺，以加入混凝土的灰泥作為材料，最後粉刷成白色牆面，一看就能領會熱帶風格……。」「……當時領臺後興建於市內的層層疊疊的官廳建築當中，首先是在書院町、文武町以磚造方式及熱帶建築法（帶有地板高、窗戶小的陽臺）建設官舍。再者，在南門附近興建國語學校（今第一師範學校）等教育相關建築……」。[69]

---

[64] 田中重光，〈臺灣統治時代の後藤新平について〉，《交通 Bulletin》21（2009 秋季号），頁 7。

[65] 永田城大，《臺灣發展と功勞者の足跡》，頁 58。

[66] 臺北市役所編，《臺北市政二十年史》（臺北：該所，1940），頁 837。

[67] 尾辻國吉，〈明治時代の思ひ出（其の一）〉，《臺灣建築會誌》13: 2（1941 年 6 月），頁 12。

[68] 林思玲，〈日本殖民臺灣建築氣候環境調適的經驗〉（臺南：國立成功大學建築學系博士論文，2006），頁 1-1 ～ 1-2。

[69] 尾辻國吉，〈明治時代の思ひ出（其の一）〉，頁 12-13。

早在 1896 年 7 月，臺灣總督府即曾因應需要，派遣所屬文官前往清帝國南部以及香港、西貢、菲律賓群島等歐美熱帶殖民地，調查民情風俗、通商貿易、殖民事業等狀況，其中也包括熱帶建築的各種經驗。對於制定政策、解決類似問題，有非常大的幫助。[70] 而後，為順應總督府的華南、南洋發展政策，1916 年春，久原鑛業在北婆羅洲的斗湖開設橡膠園時，為了移民事業，先派遣臺灣總督府中央研究所技師堀內次雄等三人出差調查建築。[71] 此次調查並不只為了日本企業往南洋的發展，調查對象也不僅止於北婆羅洲，就總督府的整體計畫是為考察歐美列強位於南洋的熱帶殖民地之衛生設施，而熱帶建築則是熱帶衛生設施的考察項目之一，所以派遣時任土木部營繕課技手的尾辻國吉隨行，總督府的理由如下：「……堀內本府技師視察熱帶殖民地的衛生施設的同時，有必要使其就適合熱帶地區的住宅，特別是醫院、療養所等之構造設計進行調查。這也是為什麼必須有具備建築方面的素養之本府技手伴隨堀內技師出張婆羅洲之原因」。[72]

3 月 5 日從基隆出發，直到 8 月 2 日才結束回到臺灣，途中陸續前往廈門、汕頭、香港、新加坡、爪哇、婆羅洲、馬來半島、菲律賓等地，參觀當地的醫院、學校、衛生試驗所、墓地、市場、動植物研究所、氣象臺、市街、避暑地等設施，也特別注意汲取歐美在熱帶殖民地建築的經驗，[73] 累積建構熱帶建築知識。

此外，臺灣建築會曾於 1943 年 6 月成立「熱帶住宅建築調查委員會」，由尾辻國吉、八板志賀助、鈴置良一、大倉三郎、牛谷富美夫擔任委員，擬積極推展熱帶建築的研究工作。尾辻時而為殖民地臺灣的建築提供一些建議，曾經對冷氣和冷藏裝置、開窗面積、自宅建築的氣候環境調適、通風地板與外廊的設置等提出其見解。[74]

以自宅建築的氣候環境調適為例，尾辻國吉自己設計、位於臺北市福州街 11 號的宅邸，約完成於 1928、1929 年間，其風格有別於一般官方日式

---

[70] 林思玲，〈日本殖民臺灣建築氣候環境調適的經驗〉，頁 2-9。

[71] 永田城大，《臺灣發展と功勞者ひ足跡》，頁 58。

[72] 〈台湾総督府技手尾辻国吉ボルネオへ出張ノ件〉（1916 年 2 月 22 日），《公文雜纂》（東京：国立公文書館藏），典藏號：A04018107400，国立公文書館アジア歷史資料センター，下載日期：2014 年 10 月 25 日，網址：http://www.jacar.go.jp/。

[73] 林思玲，〈日本殖民臺灣建築氣候環境調適的經驗〉，頁 2-14。

[74] 林思玲，〈日本殖民臺灣建築氣候環境調適的經驗〉，頁 3-41 ～ 6-8。

宿舍，是尾辻以其熱帶氣候家屋構造的專業知識，考量臺北的氣候和基地條件後所建。由於建地關係，該建築面向東西，嚴重西曬，可以想像二樓房間之酷熱，於是設置通風用的窗戶。下午 4、5 點左右是炎熱的，但只要把東西向的窗戶打開，風就能吹入室內，甚至很涼爽。再者，臺北平常所吹的是東北風，夏季會吹一點西南風，因此，透過窗戶的設置與使用，即使面東西向也不會那麼不適。就室內通風而言，由於在欄間（格窗）設置網窗，能不斷通風，保持空氣新鮮；開孔除出、入口之外，全部都有防蚊措施，能防止昆蟲入侵。日式和西式房間各有所長，依其用途而加以區分，應接室、食堂及兒童室為西式，寢室和客室則採日式。由於此一建物是臺北現存少見的和式雙層木造建築，在建築史上具有重要意義，2011 年 11 月被指定為市定古蹟。此建築原為國家安全局所有，現已移撥為國立臺灣師範大學校產，並於 2012 年底開始逐步修復，活化利用。[75]

二、臺南廳技手到升任臺南州技師時期（1917.6–1922.6）

對臺南廳的土木事業頗有功勞的庶務課技手若林又藏於 1917 年辭職，調職到荒井泰治的打狗整地株式會社工作。[76] 總督府技手尾辻國吉繼其後，於 1917 年 7 月 4 日升任臺南廳庶務課土木係主任，[77] 開始他在臺南廳任技手的生涯。1920 年 12 月 28 日，臺南州知事枝德二向臺灣總督田健治郎提出希望在編制外加聘兩名技師任職於勸業課和土木課：「隨著本州下之產業及土木事業日益發達，事務更添繁忙，有必須增員技師處理這些事務。如附件履歷書所呈現，係相當的學校畢業，且具多年實地研鑽之經歷，成績特別優秀者，應適任技師。如文前所述，希望在既定員額之外任用之。請您卓裁……。」1921 年 3 月 28 日通過後發令，任命尾辻國吉為臺南州土木技師，

---

[75] 尾辻国吉，〈我が住家〉，《臺灣建築會誌》2: 3（1930 年 6 月），頁 37-38；〈福州街 11 號日式宿舍〉，「國立臺灣師範大學總務處：校園文化導覽」，下載日期：2015 年 4 月 7 日，網址：http://www.ga.ntnu.edu.tw/cg/arch_6.html；〈福州街 11 號日式宿舍〉，「文化部文化資產局」，下載日期：2014 年 10 月 25 日，網址：http://www.boch.gov.tw/boch/frontsite/cultureassets/caseBasicInfoAction.do?method=doViewCaseBasicInfo&caseId=AA10012000020&version=1&assetsClassifyId=1.1。

[76] 荒井泰治曾投資「打狗整地株式會社」、「打狗土地株式會社」、「臺灣肥料」，協助臺灣總督府填海造陸，興築今日哈瑪星、鹽埕等市區土地。參見王御風，〈陳中和家族與日治高雄市產業的發展〉，《臺灣文獻》62: 4（2011 年 12 月），頁 396。

[77] 〈臺南〉，《臺灣日日新報》，1917 年 7 月 6 日，第 3 版。

山田靖為臺南州產業技師。[78] 此一時期，尾辻所參與的事業，較重要者有新營市區計畫、[79] 臺南圖書館、[80] 嘉義郡役所、[81] 新營郡役所等。[82] 以下，就尾辻此一時期最重要的設計作品——臺南圖書館進行介紹。

臺南圖書館的起源很早，明治時代開始就有讀書俱樂部、赤崁俱樂部等提供會員閱覽圖書的組織機構，到了 1919 年 9 月，作為財團法人臺南公館附屬事業，利用該館內池畔建物經營圖書館。而後，由於閱覽人數大增，該建物顯得空間不足，由富豪辜顯榮捐款 3 萬圓，2 萬 5,000 圓做為建築工程費，5,000 圓做為圖書採購費，圖書館得以於 1921 年 4 月 1 日開工，8 月 31 日竣工，10 月 6 日舉行落成典禮，10 月 7 日起開放閱覽。1923 年 4 月，移交臺南市管理，同年 12 月獲臺南州廳設置認可，成為「臺南市立臺南圖書館」（位於今臺南市民族路、公園通路交差的遠東百貨），是總坪數 73 坪的二層樓建築。二樓設置大閱覽室、婦人室、事務室、書庫室、圖書收納所、吸煙所，一樓則是兒童室、報紙閱覽室、倉庫、值班室、廁所等，全部都是不舖地板的混凝土房間，特別方便閱覽者進出。1934 年時大約有 1 萬 8,000 餘冊的藏書，單日平均閱覽人數為 285 名，單日平均圖書閱覽冊數達 465 冊，確實達到其做為社會教育主要機關的使命。[83]

此一標榜為當時全島第一的圖書館建築，是由尾辻國吉所設計。雖然，臺南州臺南市圖書館囑託菅虎吉曾言：「……由於（本圖書館）是在沒有徵詢相關單位的意見，僅就建築學的角度出發而興建，雖然外觀十分良好，但實際上做為圖書館使用，缺點甚多，無法充分發揮其效能……。」[84] 然而，即使如此，臺南圖書館對於臺南的重要性及其建築物本身的藝術性，仍值得肯定。

---

[78] 〈〔臺南州技手〕尾辻國吉任府州技師〉（1921 年 3 月 1 日），《臺灣總督府公文類纂》，文號：3191 冊 25 號。

[79] 〈新營　市區計畫視察〉，《臺灣日日新報》，1920 年 11 月 7 日，第 4 版。

[80] 〈臺南圖書館落成〉，《臺灣日日新報》，1921 年 10 月 9 日，第 5 版。

[81] 嘉義廳是由宇敷糾夫設計，但只完成了中央和右翼，左翼部分要到 1921 年，由尾辻國吉完成。參見〈改隸以後に於ける建築の変遷（二）〉，《臺灣建築會誌》16: 2/3（1944 年 12 月），頁 73。

[82] 〈新營郡役所 落成式と品評會〉，《臺灣日日新報》，1922 年 3 月 12 日，第 7 版。

[83] 《臺南市臺南圖書館一覧》（出版者、出版地不詳，1924），頁 2-3；菅虎吉，〈臺南〉，《臺灣教育》3901（1935 年 12 月），頁 96。

[84] 菅虎吉，〈臺南〉，頁 96。

三、臺灣總督府專賣局技師時期（1922.7–1934.6）

1922 年總督府以律令第 3 號公布「臺灣酒類專賣令」，嚴禁私自釀造、販售，臺灣成為日本唯一的酒專賣區。初期酒專賣僅止於不超過 90 度的酒與酒精，1938 年起超過 90 度的酒精也實施專賣。啤酒則自 1933 年起專賣。專賣酒販售系統為兩級制，賣捌人依地區不同有七個等級，其下是小賣人，酒的販售價格有明確規定，不許任意加價。[85]

伴隨著 1922 年酒專賣之實施，專賣局希望任用技師，使之負責酒類專賣相關的工場及其他建築、設備。專賣局長池田幸甚於同年 6 月 14 日上書總督田健治郎，希望任用臺南州技師尾辻國吉為專賣局技師。並告之，已與臺南州知事商量完畢。同年 7 月 20 日，尾辻轉任專賣局技師，負責建築相關事務。[86] 在專賣政策之下，收購民間工場，或給予禁止營業的補償金，令其停止釀造。雖然曾立定計畫，將來要在臺灣全島保存 10 個製酒工場，作為過渡時期的政策，則是將收購來的 17 個工場加以修繕，進行酒釀造。另一方面，在屏東著手建設新工場。隨著消費狀況等明朗之後，進行工場整頓，1933 年僅剩 10 個製酒工場。據尾辻技師的回憶：「……由於收購的建築物全是民間的建築，說難聽一點甚至有竹子作為屋柱、茅草做屋頂的房子，也有讓局長一見之後驚訝地問這間房子到底有幾坪的房子。一步一步地整理這樣的房子，到 1933 年大體完成……」。[87]

尾辻國吉轉任專賣局技師後，為了準備建設各個新、舊工場，不久就奉派赴日，進行一連串的工場調查。1922 年 9 月 13 日出發，10 月 2 日回專賣局，期間至大阪、兵庫、福岡及鹿兒島等一府三縣視察日本酒、啤酒、燒酒工場。詳細調查了位於鹿兒島縣姶良郡加治木町的日本酒類釀造株式會社加治木工場（公營）、南薩鐵道加世田站附近的本坊兄弟商會釀造場（私營），兵庫縣灘的忠勇釀造的若林合名會社、櫻正宗的山邑工場、白鶴的嘉納工場等日本清酒釀造工場，兵庫縣尼崎市的大日本麥酒株式會社尼崎製瓶工場、石田洋樽工場，大阪府吹田村的大日本麥酒株式會社吹田工場（當時

[85] 鍾淑敏，〈專賣事業〉，「臺灣大百科全書」，下載日期：2015 年 2 月 27 日，網址：http://nrch.cca.gov.tw/twpedia.php?id=3751。

[86] 〈〔府技師〕尾辻國吉專賣局技師任用〉（1922 年 7 月 1 日），《臺灣總督府公文類纂》，文號：3448 冊 31 號。

[87] 〈改隸以後に於ける建築の変遷（二）〉，頁 86-87。

的規模是東亞第一名、世界第四名），大阪市北區梅田站附近的島井王冠工場和增根崎町的坂田蒸餾機製作所，大阪市外豊崎町南濱的ジャパンクラウンコルクコンパニー工場、赤松コルク工場及中西工作所，以及位於大阪市南區逢坂下ノ町的日本精版印刷株式會社。考察其工場建築、面積、工程費、原料、釀造方法、相關設備、生產量、交通及販路、經營觀念等。透過視察各種工場，大範圍地獲取釀造及與之相關的各種知識，以助於專賣局新設工場建築。[88] 亦即，尾辻技師對與酒類釀造相關的各種工場進行從上到下一貫作業的考察，方能期待新建或改建的工場建築能符合其機能性與目的性。

1925 年 9 月 12 日，尾辻曾再度奉派出差至東京、大阪、青森、茨城、神奈川、兵庫、廣島等二府五縣。1926 年 8 月，任臺灣總督府專賣官署共濟組合評議員。1932 年 4 月 28 日，當時尾辻請休假在家鄉鹿兒島縣川邊郡勝目村處理家事，專賣局長命其以 15 天的時間從鹿兒島縣前往東京、京都、大阪、兵庫及福岡各府縣調查建物、工場及各項設備。1933 年 3 月 31 日，因有功於酒專賣創業工程的推展，獲慰勞金 800 圓。1934 年 3 月 8 日，再奉派出差東京、大阪、神奈川、兵庫、廣島、鹿兒島等各府縣。同年 6 月依願免官後，被指定為專賣局第 14 區煙草賣捌人。[89] 1937 年 7 月，擔任臺灣煙草賣捌人組合臺北支部長，也是第 3 區煙草賣捌人。此外，持續擔任私立臺灣商工學校、專賣局等的講師。[90]

除了如上述，在新設、改建各個酒工場之前，尾辻技師時常奉派前往日本吸取經驗之外，對於在臺灣的設置地點也積極前往視察，協助處理各項問題，並給予良善之意見。例如，1928 年決定在臺南市內三分子興建米酒工場。他在 10 月 20 日前往視察，並處理預定為工地的臺南水道事務所及其宿

---

[88] 〈大阪、兵庫、福岡、鹿兒島一府三縣酒類、麥酒、燒酎工場視察復命　大正十一年十一月　技師　尾辻國吉〉（1922 年 11 月 11 日），《自大正十一年至十四年酒關係復命書》，「臺灣總督府專賣局檔案」（南投：國史館臺灣文獻館藏），典藏號：00102411006。

[89] 〈高等官內地出張ノ件（尾辻技師）〉（1932 年 4 月 28 日），《昭和六年至昭和七年分出張關係書類》，「臺灣總督府專賣局檔案」，典藏號：00106326078；〈昭和九年七月煙草賣捌人暨匿名組合員履歷書　尾辻國吉〉（1934 年 7 月），《昭和九年七月煙草賣捌人暨匿名組合員履歷書》，「臺灣總督府專賣局檔案」，典藏號：00103459036。

[90] 太田肥洲編，《新臺灣を支配する人物と產業史》（臺北：臺灣評論社：1940），頁 631。

舍之拆除與補償等事宜。而後決定將該宿舍遷移至臺南第一中學的東側。積極推進新設工場的準備工作。[91]

樹林酒工場、宜蘭工場、花蓮港工場及嘉義工場、屏東工場等，都是由尾辻技師所設計，其對專賣事業確有其貢獻，[92] 專賣局亦表彰其為「酒專賣功勞者」：「自 1922 年由總督府技師轉任專賣局技師，擔任營繕係長，鞠躬盡瘁於全島酒工場建設，酒專賣之後全島新設的工場皆在該氏手中完成，其功勞極大」。[93]

此一時期，除了專賣局的營繕事業之外，尾辻技師值得一提的作品是日本勸業銀行臺南支社。日本勸業銀行是繼大阪中立銀行與日本銀行後，日治時期來臺營業的日本本土銀行，1903 年 8 月 13 日發布日本勸業銀行土地貸款之律令後，隔年委託臺灣銀行代理其業務。1922 年，日本政府核准其在臺北設置支店，1928 年 3 月，又核准其在臺南設立支店，同年 10 月開始營業，當時設在臺南車站附近（臺南市北門町 2 丁目 61 番地）。臺南新報社在 1937 年改名臺灣日報社後，遷移的新社址也在該建築。此一歐風式建築位於今臺南火車站前圓環之國賓大樓現址，戰後曾作為中華日報社，現已不復存。[94]

伍、結論

本文以中級技術人員的養成學校──日本工手學校畢業生的「跨境」與「人流」為觀察對象，分析其在殖民統治的重要意涵。由臺灣工業教育史、或稱工業人才培育的發展脈絡可知，殖民地的存在與定位主要端視殖民母國的需求。日治初期採取「工業日本」、「農業臺灣」政策，無迫切培育中高級土木、工業技術人才的需求。相較於日本國內在 1899 年頒布工業學校規程、實業學校令，臺灣的工業學校官制、規則之頒布晚了 19 年，實業學校官制之頒布晚了 22 年，長期僅有一所中等工業學校。在日本帝國的框架下，

[91] 〈三分子に　酒工場新設準備進捗〉，《臺灣日日新報》，1928 年 10 月 22 日，第 2 版。
[92] 永田城大，《臺灣發展と功勞者の足跡》，頁 58。
[93] 〈酒專賣功勞者として表彰せらるゝ方々〉，《專賣通信》13: 7（1936 年 7 月），頁 119。
[94] 「臺灣記憶」，下載日期：2014 年 10 月 25 日，網址：http://memory.ncl.edu.tw。

透過教育政策上的差別取向，不在臺灣培育中高級土木、工業技術人才，反而確保臺灣為日本國內技術人員活躍的場域。對日本帝國而言，對內殖產興業、富國強兵，對外侵略鄰國、經營殖民地皆需官廳的技術官僚和民間的技術人員之協力，而殖民地臺灣也確實成為日本國內人才活躍的重要場域之一。

1930 年代之後，日本帝國的殖民地政策轉為「工業臺灣」、「農業南洋」，總督府在臺推動「工業化」政策，增加對技術人才的需求。因此，總督府在 1930 年代之後積極設置工業相關學校。除了高等工業學校、臺北帝大工學部等培養高階技術人才的學校外，邁入戰爭時期後，各地陸續設立中等工業學校，不少亦附設 1 年期的工業技術練習生養成所，以圖養成中階技術人才。亦即，要到日本國內自顧不暇，難以支援臺灣時，才開始在臺灣本地培養技術人才。因此，臺灣本地培養的工業方面（含土木、建築）人才明顯貧乏，中級建築人才又比土木人才要少得多，甚至沒有培養高階建築人才。結果，加深對日本國內人才之倚賴，塑造日本國內各校人才來臺發展之環境，而工手學校就是一個代表性的例子。

日本在明治維新後邁向近代化，致力於殖產興業。在此一過程中，不論是官廳或民間業界，皆十分欠缺技術人才，初始之際僅能倚靠僱用外國技術人員。東京帝大、東京工業學校等培養技師級技術人員的學校僅少，培養中級技術人員「工手」的學校更是付之闕如。渡邊洪基等舊幕臣與民間企業家結合，成立工手學校，培養中級技術人才。初期畢業生在日本國內展現「技術立國」和「工業立國」的角色與功能，而後，該校的發展配合日本帝國主義的對外擴張，與帝國官廳之間展現微妙的學、官合作關係。甲午戰後日本取得臺灣、迄日俄戰前，十年間至少有 137 名畢業生來臺，活躍於官廳與業界；建築學科十年間來臺的畢業生有 20 名，占第二位，在總督府的營繕部門裡扮演重要角色。

1901 年 11 月，設置臺灣總督府民政部土木局營繕課，使營繕事業在職掌上明確由土木課分離，在日治初期混雜的土木行政中，相較於電氣、水利、道路、港灣等分野顯然要早得多，顯示營繕事業在眾多土木事業中的重要性。就尾辻國吉來臺前後五年間（1902–1906 年）總督府土木局營繕課的人事結構觀之，建築技師主要是東京帝大建築科出身，其在土木局營繕課的重要性與壟斷性，較之鐵道部、土木部更加顯著，主要原因在於其他帝大建築科的成立較晚。此外，另一值得注意的特色，技手來臺前經歷多與軍方的關係十分密切，其中，與臨時陸軍建築部的淵源最深。

至於建築技手幾乎都是民間私立學校養成，或言，技手層級的工業系技術人員之養成主力為民間的私立學校，創設者多為工部大學校和東大理學部、工學部出身者。最早成立的攻玉社工學校、工手學校，畢業生大量來臺發展。就土木局營繕課的技手組成觀之，科班出身的建築技手均為工手學校畢業生；非正規科班出身者則依其他方式學習相關基礎知識，加上工作經歷補其專業。土木局營繕課裡學歷出身的一元化，顯然不同於土地調查局、鐵道部等之多元性，由於建築人才之稀少與不可替代性，使土木局營繕課由工手學校畢業生主導。值得注意的是，如同陸軍陸地測量部對土地調查局人才支援的重要性，陸軍建築部對營繕課的人才養成亦有其貢獻。營繕課的人事結構呈現東京帝大的建築技師與工手學校技手攜手合作的現象，可謂達成渡邊洪基原本的構想，展現工手學校創校時做為東大工學部夜校之理念，而同師門之下的技師與技手自然有一份特別的關係與情誼。就整個工業係人才觀之，呈現國家培養高級技術人才（技師），民間私校培養中階技術人才（技手）的分工現象，構成一幅官、民協力推動國家前進與擴張之時代圖像。

工手學校的建築技術人才在臺活動有在官廳，也有在民間業界，也有先任職於官廳再轉到民間業界者。尾辻國吉是一路任職於官廳的代表例，在任時間長達 34 年。以其豐富的實務經驗和設計才能，14 年快速升任技師，是工手學校技手中少數升任技師者。其來臺時期正值臺灣發展最快速的兒玉．後藤時期，任職於土木局營繕課時期（1903.9–1917.5），參與糖業試驗所、日英博覽會、打狗醫院、三線道路等重要工作，也因奉派南洋調查、參與熱帶住宅建築調查委員會，進行熱帶建築的研究工作，對於熱帶建築知識的建構有其貢獻，展現臺灣總督府在南進支援上的角色。[95] 服務於臺南廳時期

[95] 另一個實例為，廈門領事館由於建物遭受白蟻之害，狀態危急，領事館於是向外務省提出要求，希望派遣技師進行實地調查、設計修繕事宜。外務省政務局長請託臺灣總督府民政長官內田嘉吉派員前往廈門進行現地調查。土木局營繕課代理局長高橋辰次郎派遣技師大島正滿、技手蔭山萬藏於 1912 年 9 月 15 日出差到廈門，從事領事館白蟻受害調查及設計相關事務。而後，係由營繕課技手蔭山萬藏負責修繕工程的設計及監督事務，調製工程計畫。參見〈技手蔭山萬藏廈門出張〉（1912 年 12 月 1 日）；〈府技手蔭山萬藏廈門出張ノ件、領事館修繕〉（1913 年 8 月 1 日）。

（1917.6–1922.6），參與新營市區計畫、臺南圖書館、嘉義郡役所、新營郡役所等重要工程。回中央官廳擔任專賣局技師時期（1922.7–1934.6），正值推展酒專賣事業的關鍵時期，留下重大的成績，舊工場的收購與修繕、新工場的規劃與設計多經其手。

若比較工手學校出身與帝大出身的技手，可發現兩者除了升遷速度不同之外，帝大出身者主要任職於官廳，工手學校出身者則活躍於官廳與民間業界，角色更多元，影響更廣泛。就同樣任職官廳而言，帝大出身較無中央、地方調動之狀況，工手學校出身者則時有調任地方技手，而後升任技師，成為地方官廳建築部門首長者。就目前資料所及，可知尾辻國吉（建築科 29 期）、梅澤捨次郎（建築科 43 期）、住谷茂夫（建築科 47 期）任臺南州內務部土木課營繕係長，荒井善作（建築科 24 期）、篠原武男（建築科 49 期）任臺北州內務部土木課營繕係長，住谷茂夫任新竹州內務部土木課營繕係長，唯一在中央官廳（土木局營繕課）升任技師者僅八板志賀助（建築科 29 期），尾辻和梅澤則是在後期調任中央官廳（專賣局），分別在菸場和酒場建築占有重要地位。呈顯出工手學校不僅在中央官廳的技手群有其勢力，地方官廳的建築營繕事業之角色亦十分重要，值得再做細部觀察。

另值得一提的是，工手學校畢業生留下的足跡甚多，許多作品已被指定為文化資產，例如尾辻國吉位於臺北市福州街 11 號的宅邸、花蓮港酒工場（今花蓮文化創意產業園區）、嘉義酒工場（今嘉義文化創意園區）等，八板志賀助參與設計的代表作臺北廳廳舍（今監察院）、臺灣總督府高等法院（今司法院）、專賣局廳舍（今煙酒公賣局），[96] 梅澤捨次郎最為人所知的作品臺北松山菸草工場（今松山文化創意園區）和臺南的林百貨（2014 年 6 月重新開幕）。[97] 此外，飯田豐二（土木科 9 期）因盡瘁於縱貫鐵路阿緱線及下淡水溪鐵橋工程，在九曲堂站附近留有紀念碑；[98] 進藤熊之助（土木

[96] 蔡龍保，〈戦前期工手学校卒業生の台湾における活動：八板志賀助を事例として〉，《NICHE 工学院大学建築系学科同窓会誌》34（2011 年 3 月），頁 40-43。

[97] 蔡龍保，〈梅澤捨次郎の台湾での活躍：戦前期 1910 年代における工手学校卒業生の海外活動の一事例〉，《NICHE 工学院大学建築学部同窓会誌》36（2013 年 3 月），頁 66-73。

[98] 蔡龍保，〈飯田豊二と日本統治時代初期の台湾鉄道〉，《NICHE 工学院大学建築系学科同窓会誌》32（2009 年 3 月），頁 54-57。

科 11 期）因身亡於阿里山鐵路事業，在二萬坪附近留有紀念碑。[99] 這些有形遺產的留存，突顯出工手學校在殖民時期的土木、建築領域不僅有「集體」的重要性，具特殊表現的「個人」亦不在少數。

本文係初探日本工手學校與臺灣總督府土木局營繕課之關係，就日治時期臺灣建築營繕發展史而言，往後邁向黃金時期的變化值得繼續探究。1901 年 11 月臺灣總督府土木局營繕課甫成立時，若囑託、雇員不計，僅專任技師 2 名、專任技手 13 名；1909 年 11 月土木部營繕課時期，增為專任技師 4 名、專任技手 28 名；1912 年民政部土木局營繕課時期，續增至技師專任 7 名、兼任 3 名，技手專任 41 名、兼任 1 名；1920 年土木局營繕課時期有技師專任 7 名、兼任 2 名，技手專任 30 名、兼任 5 名。[100] 亦即，土木局營繕課在 1924 年從獨立的課被併入內務局土木課之前，是事業最繁盛、陣容最龐大的時期。就同時期的工手學校發展觀之，1913 年設置高等科電工學科、1922 年設置高等科土木學科、機械學科、建築學科，培養更高階的技術人才，是否影響畢業生來臺的發展，亦值得追蹤、觀察。從日治初期以至繁盛時期，長時間土木局營繕課事業內容的變化、建築營繕官僚結構的質變、工手學校出身者的角色與重要性之變化，筆者擬於日後另行撰文研究。

（原刊於：《臺灣史研究》22 卷 3 期，2015 年。）

---

[99] 蔡龍保，〈進藤熊之助と日本統治時代初期の台湾鉄道〉，《NICHE 工学院大学建築系学科同窓会誌》33（2010 年 3 月），頁 32-35。

[100] 「臺灣總督府職員錄系統」，下載日期：2015 年 4 月 7 日，網址：http://who.ith.sinica.edu.tw/qaDetail.action?id=9；高野義夫，《旧植民政人事総覧》，台湾編 1，頁 1-593；高野義夫，《旧植民政人事総覧》，台湾編 2，頁 1-595；高野義夫，《旧植民政人事総覧》，台湾編 3，頁 1-602。

DOI:10.978.986437/1778.0020

十七至十八世紀之巴達維亞唐人美色甘

查　忻*

壹、前言

巴達維亞唐人美色甘（Collegie van Boedelmeesters te Batavia），[1]是巴達維亞殖民地社會中負責處理唐人與其他非基督徒住民遺產的政府機構。其性質與1624年成立的和蘭美色甘（Weeskamer）[2]相同，都負責管理遺產，兩者最大的差異是管轄範圍。巴達維亞唐人美色甘自1640年設立後，中間曾因英國短暫的統治（1811–1816）而關閉，在1828年荷蘭東印度政府頒行新的條例後恢復職能，直到1885年與和蘭美色甘合併，成為「遺產管理會」（Wees- en Boedelkamers）為止，獨立運作了200餘年。

現有關於唐人美色甘的研究可以分成二個系統。2010年以後，華文學界出現不少關於巴達維亞唐人之研究，主要是以「吧國公館檔案」（Kong Koan Archief）——特別是2002年以來陸續出版的《公案簿》——為基本材料，討論18、19世紀當地唐人社會變遷。唐人美色甘的研究也受益於《公案簿》的出版，如翁頻、水海剛的研究，以《公案簿》中的美惜甘（即美色甘）相關資料為主，並旁及《開吧歷代史記》的相關記載。[3]李東華的研究，則以荷蘭萊頓大學（Universiteit Leiden）東亞圖書館藏《華人美色

* 國立臺北大學歷史學系副教授

[1] 先前的研究（包括筆者的研究在內）多稱此機構為「華人美色甘」，主要是受到《華人美色甘條例》抄本的影響；考量「華人」一詞出現的時序，以及當地唐人相關文獻，如《公案簿》的紀錄，文中將以「唐人美色甘」稱之。另，本文專有名詞後括弧所附原文，為荷蘭文或印尼文。

[2] 巴達維亞唐人一般將Weeskamer記為「和美色甘」，考量閱讀上容易造成混淆，文中將以「和蘭美色甘」稱之。

[3] 翁頻、水海剛，〈巴達維亞華人孤貧養濟院美惜甘初探——以《公案簿》為中心〉，《歷史教學》2010年第24期（總613期，天津），頁45–49、58。

甘條例》抄本為基礎，配合整理自《公案簿》的巴達維亞唐人特有語彙，探討這個機構的內涵與特質；說明唐人美色甘的主要職責與和蘭美色甘相同，是介入遺產的管理，並成為殖民地的資金提供者。[4] 這些研究皆使用巴達維亞的漢文資料，其中幾個專有名詞看起來與唐人美色甘相關：美色甘（〔*bí-sek-kam*〕也作「美惜甘」，係 Weeskamer 的閩南語直接音譯，但實際指的是 Collegie van Boedelmeesters）、武直迷（〔*bú-tìt-bê*〕也作「撫直迷」，荷蘭人譯為 *boe-tit-be*，係 Boedelmeester 的閩南語直接音譯），以及美色甘病厝（〔*bí-sek-kam pī*ⁿ*-chhù*〕也作「唐人病厝」，或簡稱「病厝」，指 Chineesch Hospitaal）。受到「美色甘病厝」一詞的誤導，研究者或將美色甘與美色甘病厝視為同一個機構，或是過分強調美色甘所應具有卻未具備的慈善性質，或是將唐人美色甘與和蘭美色甘混為一談。

荷蘭方面的研究則呈現另一種面貌，早期如 Arnold Adriaan Buyskes、C.J. Graaf von Ranzow 或是 Heleen C. Gall 的研究，[5] 都是循和蘭美色甘與唐人美色甘合併成遺產管理會的歷史發展，附帶介紹唐人美色甘的歷史。2007 年，位於雅加達（Jakarta）的印尼共和國國家檔案館（Arsip Nasional Republik Indonesia, ANRI），出版所藏聯合東印度公司（Verenigde Oost-indische Compagnie, VOC）檔案目錄，Hendrik E. Niemeijer 為此撰寫的導讀文章中，簡介聯合東印度公司亞洲總部以及巴達維亞地方政府機構的歷史與檔案，[6] 亦述及唐人美色甘。上述研究雖然不似華文學界的研究受到名詞與資料的誤導，但或失之簡略，或將唐人美色甘置於不同的脈絡下討論，未曾將其視為一獨立個體。

---

4 李東華，〈荷印「華人美色甘」新探——從《華人美色甘條例》看其內涵與性質〉，收入海洋史叢書編輯委員會編，《港口城市與貿易網絡》（臺北：中央研究院人文社會科學研究中心海洋史研究專題中心，2012），頁 125–145。

5 Arnold Adriaan Buyskes, *Academisch Proefschrift over de Weeskamer en het Collegie van Boedelmeesteren te Batavia* (Leiden: Gebroeders van der Hoek, 1861); C.J. Graaf von Ranzow, *De Wees- en Boedelkamers in Nederlandsch-Indië* (Amsterdam: J.H. de Bussy, 1909); De Weeskamer te Batavia, *Gedenkschrift Samengesteld door de Weeskamer te Batavia naar Aanleiding van haar 300-jarig Bestaan op 1 October 1924* (Weltevreden: Albrecht & Co., 1924); Heleen C. Gall, "De Weeskamer in Nederlands-Indië 1624–1848: Aspecten van haar Uitsluiting bij Testament," in *Tombola: Acht Rechtshistorische Loten Aangeboden aan J.Th. de Smidt*, ed. Anonymous (Leiden: Rijksuniversiteit te Leiden, 1988), pp. 25–39.

6 Hendrik E. Niemeijer, "Central Administration of the VOC Government and the Local Institutions of Batavia," in *The Archives of the Dutch East India Company (VOC) and the Local Institutions in Batavia (Jakarta)*, ed. G.L. Blak et al. (Leiden: Brill, 2007), p. 69.

筆者先前的研究則參照《華人美色甘條例》抄本以及其所依據翻譯的荷蘭文版本，說明唐人美色甘在 1828 年以後的運作方式與其社會福利功能。[7] 但是這個機構在 17 世紀因什麼緣故成立，以何種方式運作，以至於演變為 19 世紀時的唐人美色甘，即使近年來相關檔案資料已陸續公開甚至數位化，至今仍未有充分討論。因此，本文擬以荷蘭語資料為中心，特別是《荷蘭東印度告令集》（*Nederlandsch-Indisch Plakaatboek, 1602–1811*）及印尼共和國國家檔案館與荷蘭國家檔案館（Nationaal Archief，位於海牙〔Den Haag〕）所藏資料等，探討其成立背景與制度演變，以及武直迷在其中所扮演的角色。

貳、17 世紀唐人美色甘的設立

往昔華文學界關於唐人美色甘設立的討論，多依據《開吧歷代史記》的記載，認為是郭郡觀[8] 在 1690 年向東印度總督請求獲准而設立：

> 康熙廿九年（1690），……郭郡观未退位時見王，入字請王曰：凡唐人有疾病，顛狂失性，無依倚者，蓋築美色甘厝以居之，唐、番之人、不論甲必丹、百姓，若死無做字者，上人將他財物，奴婢家器，一盡呌賣，將錢落美色甘病厝，以為諸病人飲食之資。設和蘭鑾律一人，掌理病厝事；立和蘭一人為美色甘朱，總理錢銀出入。或有男女幼少，其父母臨終時，做字愿將其財物寄美色甘為公班衙生放之本，每發其利息，給飼此人兒女，候長成完娶後，入字討出前寄銀額；美色甘朱逐一查算清還，不可混為烏有。至若唐人父母棄世，無人教導及貧乏之兒，建一義學，請一唐人先生以教之，如此則病人有可延其性命，貧兒不致艱於讀書。王同眾双柄商議倒案。是年鳩工，蓋築美色甘病厝，義學，美色甘噠喳嘮廳。工畢，乃立郭郡观為武直迷氏，王賜銀印一顆，會同美色甘朱查理銀項出入，及病厝事，議定三年一任，任滿更立他人代之，始有武直迷之稱。武直迷之設乃自郭郡观所由始也。[9]

---

[7] 查忻，〈十九世紀初期巴達維亞「華人美色甘」的組織及其社會福利功能——以《華人美色甘條例》及其荷蘭文本為中心之探討〉，收入劉序楓主編，《亞洲海域間的信息傳遞與相互認識》，《海洋史叢書》第 2 輯（臺北：中央研究院人文社會科學研究中心，2017），頁 305–340。

[8] 「觀（官）」、「哥」、「舍」等字，皆為當時之尊稱，非其本名。

[9] 不著撰人，《開吧歷代史記》，荷蘭萊頓大學東亞圖書館藏鈔本（索書號：SINOL VGK

但若是依據巴達維亞養濟院（即美色甘病厝）的相關介紹，[10] 與甲必丹 [11] 蘇鳴崗的事略，[12] 則唐人美色甘早在 1640 年代便已設立，並且由蘇鳴崗擔任武直迷。翻譯官富亭（B. Hoetink）的研究則指出，除了蘇鳴崗，尚有 Tellouw 同任武直迷；蘇鳴崗自 1640 年 6 月 2 日以唐人甲必丹兼任武直迷後，[13] 一直身兼雙職到 1644 年 4 月 8 日逝世為止。[14]

同樣地，依據東印度總督與參事會（Gouverneur-Generaal en Raden van Indië）決議錄的記載，1640 年 5 月 26 日的會議中，提到當時巴達維亞唐人身故後的遺產被草率處理或有不公義現象，而且情況仍在惡化中，因此決定成立唐人美色甘。[15] 同日即公告設立唐人美色甘（Aanstelling van Boedelmeesteren voor Chinesche Sterfhuizen）、[16] 其暫行規章（Voorloopinge Instructie voor het Collegie van Boedelmeesteren）與武直迷的誓詞（Eed-formulier voor de Leden van dit Collegie）。[17]

至於《開吧歷代史記》所說的 1690 年，若依據該年 6 月 2 日決議錄的

3520 10），葉 51v–葉 52v。標點則參考許雲樵校註之版本，見許雲樵校註，〈開吧歷代史記〉，《南洋學報》第 9 卷第 1 輯（1953 年 6 月，新加坡），頁 1–63。

[10] 傅吾康主編，蘇爾夢等合編，《印度尼西亞華文銘刻匯編》，第 2 卷《爪哇》上冊（新加坡：新加坡南洋學會，1997），頁 54。

[11] 甲必丹（〔荷蘭語〕Kapitein）原意為上尉。西、葡、荷、英等國都曾先後在其殖民地按軍銜任命特定唐人或原住民，賦予一定權力，以協助其統治。聯合東印度公司於 1619 年任命蘇鳴崗為巴達維亞首任甲必丹，並於 1633 年設立雷珍蘭（〔荷蘭語〕Luitenant，原意為中尉）輔佐之。1742 年甲必丹林明光建立公館為議事之處，1750 年設置朱葛礁（〔荷蘭語〕Secretarias，書記）。至 1829 年，荷印政府更於甲必丹之上設瑪腰（〔荷蘭語〕Majoor，原意為少校）。直至 1931 年裁撤上述各職。

[12] 傅吾康主編，《印度尼西亞華文銘刻匯編》，第 2 卷《爪哇》上冊，頁 112。

[13] B. Hoetink, 'Bijlage VII' of "So Bing Kong, Het Eerst Hoofd der Chineezen te Batavia (1619–1636)," *Bijdragen tot de Taal-, Land- en Volkenkunde van Nederlandsch-Indië*, deel 73 (1917), p. 400.

[14] Hoetink, "So Bing Kong (1619–1636)," p. 377. 按，《開吧歷代史記》崇禎四年（1632）辛未條所云：「本年唐四月，開吧甲必丹大蘇明公病卒，葬望加賴本園中」（34r）的記載有誤。蘇氏之墓碑也作「旹崇禎甲申歲孟夏月」，即 1644 年。見 Hoetink, op cit., p. 402r.

[15] Net-generale resoluties en -incidenteel- net-secrete resoluties. Grotendeels met inhoudsopgaven. Gedeeltelijk kopie, 1613–1810, Hoger Regering 860, 1639 januari 3–1640 december 28, pp. 426–427. (Hereafter R.B. 1613–1810, H.R. <No.>, date)

[16] Jacob Anne van der Chrijs, ed., *Nederlandsch-Indisch Plakaatboek, 1602–1811*, deel 1, *1602–1642* (Batavia: Landsdrukkerij / 's-Hage: M. Nijhoff, 1886), pp. 438–439. (Hereafter *N.I.P.*)

[17] *N.I.P.* I, pp. 439–445.

記載，與武直迷有關的有二處：第一處記載前任武直迷 Quedjuqua 申請離開巴達維亞；[18] 第二處則記載了例常的人事改組，選出王悟觀（Ong Gouko，連任）與 Tswa-wiko（新任）二位唐人武直迷。[19] 而郭郡觀（Queconqua）則是因其他事情在同一天的決議錄中被提及。[20] 由此可見，《開吧歷代史記》中關於何時設立唐人美色甘的記載肯定有問題。

另一方面，參考 François Valentyn（1666–1727）《新舊東印度誌》所載，1640 年設立唐人美色甘，卻同時提出 1636 年 2 月 9 日以總收付（Ontfanger Generaal）Kornelis van Mazeik 與 Gideon Bouwens 二位負責監督管理特定唐人喪葬，並在旁邊以小標題「唐人武直迷（Chineesche Boedelmeesters）」說明。[21] 檢閱同日的參事會決議錄，則有以收付員 Maseijck 及市會議長 Gedion Bouwers 管理特定唐人喪葬事務的決議。[22]

整合上述資料，可以得到如下結論：1636 年起，荷蘭人開始派人管理巴達維亞唐人的喪葬，1640 年設立特定機構——「唐人美色甘」，並選立在巴達維亞的唐人為武直迷，與歐洲人武直迷一同管理當地唐人的喪葬與遺產事宜。

1640 年 5 月 26 日公告的〈唐人美色甘暫行規章〉，共有 21 條條文。第 1 條規定唐人美色甘的組成：

> 首先，每年新組成的市會應於其首次會議中提名二倍人選，由總督閣下選出四名資格符合的人士：二名荷蘭人，亦即一名公司職員與一名自由民；與二名唐人；成為前述民族喪葬的管理者，或稱武直迷。[23]

暫行規章並未明文規定由何人擔任理事長，但不論是 Valentyn 列出的唐人美色甘理事長名錄（Presidenten, van Chineesche Boedelmeesters），清一

---

[18] R.B. 1613–1810, H.R. 904, 1690 januari 3–1690 december 30, p. 266.

[19] R.B. 1613–1810, H.R. 904, p. 271.

[20] R.B. 1613–1810, H.R. 904, p. 266.

[21] François Valentyn, *Oud en Nieuw Oost-Indiën, Vervattende een Naaukeurige en Uitvoerige Verhandelinge van Nederlands Mogentheyd in de Gewesten* ..., deel IV/A (Dordrecht: Joannes van Braam / Amsterdam: Gerard onder de Linden, 1724), p. 407. (Hereafter Valentyn, *Oud en Nieuw Oost-Indiën*, IV/A)

[22] R.B. 1613–1810, H.R. 858, 1636 januari 5–1638 december 30, p. 15.

[23] *N.I.P.* I, pp. 439–440. 中譯由筆者自譯，以下同。

色是歐洲人；[24] 或是參事會決議錄中選立理事的排序，皆為公司職員在先，自由民其次，最後才是唐人；[25] 都可以說明唐人美色甘的理事長一向由公司官員出任。而所有武直迷應依照第 21 條的誓詞宣誓方得就任。[26] 此外，美色甘因為業務需要，據第 17 條規定，得聘請一位宣誓過的書記（即美色甘朱葛礁，唐人習稱美色甘朱）。[27]

第 2 條至第 5 條則規定巴達維亞唐人身故，不論在巴達維亞或在外地，相關人士都應立即向唐人美色甘通報；應通報而未通報者，將被科以 25 里爾（reals）的罰金，必要時甚至可對奴隸施以體罰。[28]

第 6 條至第 16 條則規定唐人美色甘的工作內容。[29] 第 6 條要求武直迷在接到通報後，立即前往喪家清點遺產並造冊。然後針對不同的繼承人作出相應處置。原則上，已成年的繼承人在出示有效文件後可以取回遺產（第 6 條）。繼承人若不在巴達維亞、未成年或無行為能力，唐人美色甘必須接管遺產（第 7 條），直到繼承人回到巴達維亞，或是男性繼承人成年（第 13 條）。未成年的遺孤，也應由唐人美色甘責付專人妥善教養（第 15 條）。

一般而言，唐人的遺產可以分成幾類：現金、不動產、奴隸、物品。美色甘代管遺產時，會依第 9 條至第 11 條的規定，將奴隸與有時效性的物品拍賣。即便僱主在遺囑中已聲明將還奴隸自由身，仍可能因為僱主生前負債而無法如願（第 10 條）。在唐人美色甘代為清償身故者的債務後，尚未變賣的財產將被妥善保存（第 16 條），剩餘現金則應保證收益（第 14 條）。

除了遺產管理事務，1640 年 8 月 13 日，唐人美色甘向總督及參事會提議，為了照顧該地貧病無依的唐人，應該向當地唐人勸捐，興建一座病厝；[30] 15 日發布的告令中，公告病厝將建於 Rinocereos Gracht 與 Utrechtsche Straat 路口西側，係 Hans van der Voort 的遺贈地。[31] 由此可見，美色甘病

---

[24] Valentyn, *Oud en Nieuw Oost-Indiën*, IV/A, pp. 406–407.

[25] 以 1640 年為例，依序為 Johan Maetsuijcker, Reijnier Coolsaet, Bencon（蘇鳴崗）與 Tellouw. R.B. 1613–1810, H.R. 860, p. 441.

[26] *N.I.P.* I, pp. 444–445.

[27] *N.I.P.* I, p. 444.

[28] *N.I.P.* I, pp. 440–441.

[29] *N.I.P.* I, pp. 441–444.

[30] R.B. 1613–1810, H.R. 860, pp. 505–506.

[31] *N.I.P.* I, p. 446.

厝的成立也在 1640 年，而非前述《開吧歷代史記》所載，於 1690 年由郭郡觀請求總督設立。

然而這次勸捐似乎沒有收到相當的回應。1640 年底，該屆唐人美色甘理事長 Maetsuijcker 向總督與參事會提議，請求允許唐人美色甘進行特別徵募，以增加美色甘病厝的財源。[32] 布告中規定，唐人美色甘將代表病厝對在巴達維亞轄區下的唐人葬儀收取「喪葬捐」，平民需納 0.5 里爾，貧病無依者則免納。[33]

參、唐人美色甘在 17 與 18 世紀的運作與演進

1642 年 7 月 5 日，總督與參事會公告「巴達維亞諸章程」（Statuten van Batavia），[34] 其中唐人美色甘的名稱有了變化，全稱改為「巴達維亞唐人暨諸異族喪葬之遺產理事會（Boedelmeesters der Chineese als andere Vreemde Sterffhuysen op Batavia）」，[35] 並且將美色甘病厝（Chineese sieckenhuys）照顧貧病無依者與納捐的規定寫入。[36] 唐人美色甘管轄範圍雖然擴及「在巴達維亞的唐人與其他非基督徒民族」（Chineesen als andere onchristen natiën op Batavia），[37] 武直迷仍僅自歐洲人與唐人中選出，被納入的非基督徒民族並無資格擔任。

若單就制度面來看，唐人美色甘設立的主要目的是為防止唐人遺產遭不肖人士侵吞或挪用，以免繼承人權益受損；在這個基礎上，增設濟貧性質的「病厝」並納入管理，應使美色甘成為具有社會福利概念的機構。但是當時的巴達維亞唐人似乎不作如是觀，甚至認為此舉侵害了他們的權益，部分唐人因而選擇遷出，避開巴達維亞唐人美色甘的管轄。[38]

何以致之？筆者認為，可能的原因有二：第一、唐人在新制度運作初期

---

[32] R.B. 1613–1810, H.R. 860, p. 658.

[33] *N.I.P.* I, p. 455.

[34] *N.I.P.* I, pp. 472–594.

[35] *N.I.P.* I, p. 525.

[36] *N.I.P.* I, pp. 529–530.

[37] *N.I.P.* I, p. 525.

[38] Niemeijer, "Central Administration of the VOC Government and the Local Institutions of Batavia," p. 73.

的不適應，比方當親朋故舊去世時未立即通報，即需面對高達 25 里爾的罰款；第二、為興建病厝而開徵的捐納，很快由勸捐轉變成大部分喪事必須繳納的不樂之捐。在 1648 年 4 月 28 日，總督與參事會決議將於 6 月關閉唐人美色甘；[39] 總督在告令中還特別說明唐人美色甘不是營利機構。[40]

唐人美色甘解散後，唐人的遺產糾紛顯然還持續發生，而且無法由唐人社群自行解決，甚至鬧進巴達維亞的法院，法院於是向總督與參事會建議重新成立唐人美色甘。[41] 因此 1655 年 11 月 5 日總督與參事會再次決議重設唐人美色甘，選派 4 位武直迷：理事長 Johan Burgers 上尉，市民 Hendrick Momme 及唐人 Conjock 與 Soetse。[42] 告令中沒有公告任何規章，[43] 筆者認為應該是沿襲 1642 年的制度與規定。這次總督與參事會很慎重，在次年 3 月由參事 Joan Cunens 出面，與相關民族的首領開會說明。[44] 重啟後的唐人美色甘運作似乎較先前順利，病厝也在 1666 年開始改建；次年 2 月，總督選派一位歐洲人為病厝的幹事，其薪資由病厝收入支付。[45]

1693 年 9 月開始，制度陸續調整。依據總督與參事會同年 9 月 8 日的決議，女性繼承人在年滿 25 歲或是出嫁後，可以取回由唐人美色甘保管的遺產。[46] 在此之前，依據 1640 年的規定，女性繼承的遺產僅能由唐人美色甘代管（第 13 條），年滿 25 歲者也只能支取遺產收益（第 14 條）。[47] 1693 年 9 月 25 日，美色甘書記向總督與參事會提交財務報告，此時的帳面資產有 12,816 元（rijksdaalders，下同）又 22 stuivers。[48] 總督與參事會隨後決議要求唐人美色甘以後每年都應向當局提交帳務資料。[49]

進入 18 世紀後的唐人美色甘，在組織上有數次的變化與擴充，逐步與

---

[39] R.B. 1613–1810, H.R. 863, 1645 mei 9–1648 december 22, p. 537. 在 5 月 15 日的會議中又重申一次。R.B. 1613–1810, H.R. 863, pp. 543–544.

[40] *N.I.P.* II, p. 124.

[41] *N.I.P.* II, p. 212.

[42] R.B. 1613–1810, H.R. 867, 1654 januari 20–1655 december 3, p. 349.

[43] *N.I.P.* II, p. 212.

[44] R.B. 1613–1810, H.R. 868, 1655 december–1656 december 29, pp. 71–72.

[45] *N.I.P.* II, pp. 420–421.

[46] R.B. 1613–1810, H.R. 908, 1693 januari 5–1693 december 31, pp. 495–497.

[47] *N.I.P.* I, p. 443.

[48] R.B. 1613–1810, H.R. 908, p. 527.

[49] R.B. 1613–1810, H.R. 908, pp. 527–528.

其荷蘭文原名「巴達維亞唐人暨諸異族喪葬之遺產理事會」相當，其組成來源與人數變化請參表 1。

表 1　歷年武直迷出身與人數

出身別＼年代	1640	1706	1741	1744	1757
歐洲人	2	2	5	4	4
唐　人	2	3	-	2	2
爪哇人／穆斯林	-	-	-	2	3
總　計	**4**	**5**	**5**	**8**	**9**

資料來源：作者整理自附錄一相關資料。

自 1640 年唐人美色甘成立以後，一直到 1706 年，才增加 1 名唐人為新的武直迷，武直迷總數增至 5 名；當年除原任的何蓮觀與魏惠觀留任外，Tanlianko 獲選成為第三位唐人武直迷。[50] 此後一直到 1740 年沒有任何變化。1740 年 6 月 3 日，唐人美色甘例行改組後，選立黃燕觀、Nikoeko 與王寬使 3 位唐人武直迷。[51] 但這 3 位受到 10 月發生的紅溪慘案牽連，被捕入獄，次年 1 月由 Johannes van Hoogstede, Roeland Blaas 與 Gabriel van Gheeren 等 3 位歐洲人接替。[52] 自此至 1744 年改組前，唐人美色甘都是由歐洲人負責。

1744 年 6 月 2 日，總督與參事會通過新的唐人美色甘組成方案，除理事長外，另有 7 位武直迷，一共 8 名。歐洲人之中，由公司職員中選派理事長與 1 位下席商務員，另選出 2 位歐洲人市民擔任武直迷（當中 1 位任副理事長）；非歐洲人之中，則選出穆斯林與唐人武直迷各 2 位。[53] 原始構想中，

---

[50] R.B. 1613–1810, H.R. 924, 1706 juni 1–1706 december 30, p. 393.

[51] Kopie-resoluties van gouverneur-generaal en raden. Gedeeltelijk met inhoudsopgaven, 1637–1791, Verenigde Oostindische Compagnie (VOC) 765, 1740 januari 4–1740 augustus 29, p. 539. (Hereafter K.R.B. 1637-1791, VOC <No.>, date)

[52] K.R.B. 1637–1791, VOC 768, 1741 januari 3–1741 juli 31, p. 488. R.B. 1613–1810, H.R. 1000, p. 303.

[53] R.B. 1613–1810, H.R. 1000, 1744 januari 3–1744 december 30, p. 304. *N.I.P.* V, p. 148 也有相似紀錄：「理事長一人，公司職員；副理事長一人，自由市民；另外二人，其中之一必須為下席商務員，另一位必須為自由市民；二位穆斯林；二位唐人。」

2 位穆斯林武直迷的員額擬由原住民甲必丹或富有的穆斯林擔任，最後拍板的方案則如前述。[54] 但是在 6 月 5 日總督與參事會的決議中，實則由巴達維亞東、西二側的爪哇人甲必丹被選為武直迷，而非方案中的穆斯林。[55]

這個組成方式一直到 1757 年才微幅調整，這年，自穆斯林中選出第 9 名武直迷，加入唐人美色甘；[56] 10 年後，原來的 2 位爪哇人加 1 位穆斯林武直迷的設計，變成 1 位爪哇人加 2 位穆斯林武直迷（見附錄一）。

19 世紀巴達維亞唐人稱此機構為「華人美色甘」，應該是將它視為以唐人為主體的機構。這個想法也反映在《開吧歷代史記》中，其正文之前，依序列有歷代王上（總督〔Gouverneur-Generaal〕）、甲必丹大（甲必丹）、雷珍蘭、武直迷、朱葛礁（公堂書記，非美色甘朱）、達氏（Soldaat）以及土公名次；[57] 其中除了王上，清一色是唐人。但實際情況顯非如此。從各時期武直迷的組成結構，顯示唐人在唐人美色甘的地位似乎越來越受到限縮，抑或荷蘭人有意藉由引入爪哇人與穆斯林出任武直迷，來削弱唐人權力。但若考慮到自 1642 年開始，唐人美色甘的管轄範圍便已擴張到當地荷蘭人與基督徒以外的群體，與其說唐人權利受到剝奪，不如說唐人以外的群體被納入唐人美色甘管轄 100 多年後，終於有自己的代表了。

附錄二整理《開吧歷代史記》中記錄的武直迷名單，並與荷蘭檔案中的名單相比對，可見二者間的異同。荷蘭文檔案中列出的 17 世紀唐人武直迷，有多位可在唐人甲必丹或雷珍蘭的名單找到；但同時《開吧歷代史記》所列出的唐人武直迷中，約有 30% 不在 1790 年以前的荷蘭語檔案武直迷名單中。

肆、19 世紀後的唐人美色甘及與相關機構比較

因著英國人的入侵，巴達維亞自 1811 年至 1816 年曾短暫受到英國統治，巴達維亞地方政府機構——包括唐人美色甘在內——都被迫關閉。直至 1828 年，巴達維亞唐人美色甘重新組成；在此之前，其業務自 1819 年起，

---

[54] R.B. 1613–1810, H.R. 1000, p. 303.

[55] K.R.B. 1637–1791, VOC 773, 1744 januari 3–1744 december 31, pp. 390–391.

[56] K.R.B. 1637–1791, VOC 787, 1757 januari 3–1757 december 31, pp. 104–105.

[57] 不著撰人，《開吧歷代史記》，葉 8v–葉 10r（王上）、葉 11v–葉 12r（甲必丹大）、葉 13v–葉 17v（雷珍蘭）、葉 18v–葉 21r（武直迷）、葉 22v–葉 23v（朱葛礁）、葉 24v–葉 24r（達氏）、葉 25v–葉 25r（土公）。

係由 1818 年重組並恢復運作的巴達維亞和蘭美色甘代理。[58] 重組後的唐人美色甘，由 7 位武直迷組成，包括理事長與 1 位歐洲人武直迷（皆為殖民地官員）、2 位唐人武直迷、2 位爪哇人（失畓）武直迷與 1 位穆斯林（戈奢）武直迷（第 1 條）。[59]

新的唐人美色甘條例共有 68 條，較以往詳細許多。[60] 筆者以為，這代表重組後的唐人美色甘功能與職掌皆有所增加與強化。因此，除了原有的美色甘朱兼任出納（茄實，Kassier），需要聘用更多職員以維持日常運作，至少包括 1 位會計（掌簿，亦稱掌簿大財副，Boekhouder）、2 位執達員（帽老，Bood）（第 2 條）。新的唐人美色甘仍然負責管理唐人與非基督徒的遺產，但與舊制度不同的是，運作上更類似和蘭美色甘，以監理遺囑執行人或遺產管理人為主要業務。武直迷在接獲通知後，主要負責清點遺產並造冊，以及確認由何人負責執行遺囑或管理遺產（第 4 條）。當遺產由唐人美色甘代管時，新條例也明訂將這些資產以 9% 的年息貸予個人（第 41 條），並按年給付繼承人 6% 的孳息（第 46 條）。

新的條例中也增加了美色甘病厝的資金來源，包括無人繼承的遺產（第 12 條）、遺囑中的指定捐贈（第 17 條），以及各式稅捐與罰鍰（第 64 條）。

除了監理美色甘病厝的業務，新的唐人美色甘與和蘭美色甘在運作上越來越相似。19 世紀初期，總督 Herman Willem Daendels（1808–1811）將巴達維亞以外的武直迷業務併入當地的美色甘，某些地區一開始便是以遺產管理會的模式存在。巴達維亞唐人美色甘最後在 1885 年 1 月與和蘭美色甘合併，成為遺產管理會。[61]

究竟唐人美色甘應該歸類為什麼性質的機構？在先前的研究中存在著嚴重的分歧，翁頻等人的研究過度放大養濟院的地位，將之等同於唐人美色

---

[58] Arnold Adriaan Buyskes, *Academisch Proefschrift over de Weeskamer en het Collegie van Boedelmeesteren te Batavia*, p. 57. 和蘭美色甘於 1818 年公告恢復運作：*Staatsblad van Nederlandsch Indie*, 1818, p. 57. (Hereafter *SvNI* <year>)

[59] *SvNI* 1828, pp. 95–96.

[60] *SvNI* 1828, pp. 95–116. 巴達維亞漢文翻譯可參《華人美色甘條例》。關於荷蘭語原文與漢文翻譯間的差異，可參查忻，〈十九世紀初期巴達維亞「華人美色甘」的組織及其社會福利功能〉一文的分析。

[61] Niemeijer, "Central Administration of the VOC Government and the Local Institutions of Batavia," p. 74.

甘，進而認為一個慈善機構卻主要從事遺產稅徵收事宜，是造成它及任職其中的唐人武直迷地位低落、名聲不佳的原因。[62] 李東華的研究則指出，美色甘 “weeskamer” 一詞的本質，指以遺產管理機構兼理慈善事業，藉由「有效介入……遺產管理」，使殖民地人民「在殖民地賺取、累積之財富，不容其散出轄區」。[63] 筆者大致認同李氏看法。但筆者先前的研究也指出，遺產管理本身即具有社會福利的意義，延伸出兼理病厝進項等事，則更增強其社會福利的功能。[64] 至於李氏認為此舉是為阻止殖民地人民以各種原因將財富攜出轄區，筆者以為，這樣的評價似乎太過苛責殖民者。畢竟荷蘭人本來就有介入遺產管理的傳統，阿姆斯特丹（Amsterdam）早在 15 世紀便設有美色甘；聯合東印度公司 1624 年即在巴達維亞設立和蘭美色甘，介入當地荷蘭人的遺產管理。若從荷印政府 1818 年公告的〈和蘭美色甘條例〉觀之，當時除了巴達維亞，三寶壠（Semarang，壠美色甘）、泗水（Surabaya）、望加錫（Macassar）與麻六甲（Malacca）等地皆設有美色甘。[65] 17 世紀時的臺灣亦然，至今在 ANRI 裡仍保有將近 8 年的臺灣美色甘檔案資料（1647–1648, 1650, 1656–1660）。[66]

事實上，美色甘之類的遺產管理機構在殖民地成立，除了能防止遺產遭不肖人士侵吞外，有一定的程度可以控管私人資本，殖民地政府自然得以限制其資本流向。以和蘭美色甘的運作為例，只有被確認定居在東印度地區的成年繼承人才能領回遺產。[67] 換言之，不單是唐人或非基督徒遺產的資本，荷蘭人遺產——包括公司職員與自由民，也都被控制在殖民地之內，成為聯合東印度公司或後來的荷屬東印度政府之外的重要資本。

上述管理方式在荷蘭本地已行之有年，因此和蘭美色甘的規章一開始就

[62] 翁頻等，〈巴達維亞華人孤貧養濟院美惜甘初探〉，頁 48–49。

[63] 李東華，〈荷印「華人美色甘」新探〉，頁 143。

[64] 查忻，〈十九世紀初期巴達維亞「華人美色甘」的組織及其社會福利功能〉，頁 322。

[65] *SvNI* 1818, pp. 157–174.

[66] 參 ANRI 的目錄：Balk et al, eds., *The Archives of the Dutch East India Company (VOC) and the Local Institutions in Batavia (Jakarta)*, p. 378.

[67] Niemeijer, “Central Administration of the VOC Government and the Local Institutions of Batavia,” p. 69.

非常健全。1625 年 6 月 15 日公告的 49 條規章，[68] 除了原有規範，也針對殖民地常有的喪偶再婚的情況，加強對遺產使用與遺孤照撫的關注。[69] 相較之下，唐人美色甘的規章在 17 世紀時沒有那麼健全，大部分心力著重在遺產管理，遺孤照撫的部分較為欠缺。

從運作的實況來看，不論是理事人數或是掌控的資本額，在在顯示和蘭美色甘與唐人美色甘的規模差距。和蘭美色甘設立之初，僅有 4 至 5 名理事——與唐人美色甘相當，每年總督與參事會自市會提名名單中選出 2 名公司官員與 3 名自由民，出任理事。到 1670 年代，和蘭美色甘理事人數已增至 7 名，包括 1 名參事會員任理事長，2 名公司官員及 4 位自由民，位階也明顯提高；同時期的唐人美色甘仍維持 4 名理事的規模。[70] 其次，就理事出身與任期來看，筆者統計唐人美色甘理事時曾注意到兩個現象：一為和蘭美色甘理事有時是曾經任職唐人美色甘的公司官員；二為理事年年改選，但和蘭美色甘理事連任 5 年以上，甚至 8 年的情況頗為常見，但唐人美色甘理事，特別是唐人理事，則是頻繁更換，即便有再回任的可能，平均任期多在 2 至 3 年。

此外，和蘭美色甘累積並掌控的資本甚為可觀，至 1692 年，其帳面數字已經達到 1,594,459 元；[71] 然據 1693 年的財務報告，晚 16 年設立的唐人美色甘，帳面僅有 12,816 元又 22 stuivers，[72] 不及和蘭美色甘的百分之一。而和蘭美色甘掌控的資本，成為東印度公司在亞洲很重要的資金周轉來源，公司每年以固定利率向和蘭美色甘周轉。[73] 從理事人數、組成以及掌控的資本來看，在巴達維亞當局眼裡，和蘭美色甘的地位明顯高於唐人美色甘。

1828 年後重新成立的唐人美色甘，在制度上較原來完善，理事會成員

---

[68] *N.I.P.* I, pp. 173–187.

[69] Niemeijer, "Central Administration of the VOC Government and the Local Institutions of Batavia," p. 69.

[70] Niemeijer, "Central Administration of the VOC Government and the Local Institutions of Batavia," p. 69.

[71] Niemeijer, "Central Administration of the VOC Government and the Local Institutions of Batavia," p. 70.

[72] R.B. 1613–1810, H.R. 908, p. 527.

[73] Niemeijer, "Central Administration of the VOC Government and the Local Institutions of Batavia," p. 69.

由1744年規定的3名荷蘭人、2名唐人與2名穆斯林，修改為2名歐洲人（包括理事長）、2名唐人、2名爪哇人與1名穆斯林。[74] 其職員也從1位美色甘朱擴充為4人以上，包括書記、會計、2名執達員，以及若干名副手。[75]

同時，唐人美色甘對遺產的管理分成二個層次，一是維持唐人美色甘時管理遺產的方式，二為監理遺囑執行人或遺產管理人。[76] 這個方式與和蘭美色甘的制度較為相近，某種程度上也代表各色人種已經接受荷蘭人的遺產管理制度，荷印政府因此能下放部分權利，以免唐人美色甘業務過於繁重。

關於遺產資本應有的收益，新的唐人美色甘制度相對健全，其條例中第41至44條規範這些資本借貸的方式。[77] 相較於和蘭美色甘作為公司周轉的資金來源，唐人美色甘則似乎是私人周轉的管道之一，以充足的擔保、9%的年利率借貸，扣除2.5%的行政管理費用後，[78] 尚能依規定支付6%利息收益予遺孤。[79] 反觀草創時期的唐人美色甘，沒有這麼多資本，收益恐怕也不穩定，無法在其規章中作如此清楚的規定。

經過上列的比較，筆者認為，起初唐人美色甘是為了防止唐人遺產遭侵吞或挪用，仿照和蘭美色甘的遺產管理制度而設立，因此僅有原則性的規範。但經長期運作，制度愈臻完備，而與和蘭美色甘相似，二者最終於1885年合併。

伍、結語

1640年，巴達維亞唐人美色甘設立，以求杜絕唐人遺產被不肖人士侵吞挪用。雖然仿照1624年成立的和蘭美色甘，但規模與制度都不及之。同年請設的美色甘病厝，使唐人美色甘兼具社會福利的功能。1642年起，唐人美色甘的管轄範圍擴張至荷蘭人以外諸色人等，在運作上仍以荷蘭人與唐人共同管理為原則。只是大部分唐人在初期不願接受這樣的制度，唐人美色

[74] *SvNI* 1828, pp. 95–96.

[75] *SvNI* 1828, p. 96.

[76] 查忻，〈十九世紀初期巴達維亞「華人美色甘」的組織及其社會福利功能〉，頁310–311。

[77] *SvNI* 1828, pp. 107–108.

[78] *SvNI* 1819, p. 413.

[79] *SvNI* 1828, p. 108.

甘在 1648 年一度被迫暫停運作；至 1655 年以杜絕侵吞挪用的理由重啟，人事制度上不斷擴充，陸續加入爪哇人與穆斯林擔任武直迷；一直運作至 1811 年荷蘭人為英國人擊敗才關閉。1828 年重訂條例後，唐人美色甘重啟運作，至 1885 年與和蘭美色甘合併為遺產管理會。

唐人美色甘雖然一直被巴達維亞唐人認為是屬於唐人的機構，但相較於荷蘭人透過選立瑪腰、甲必丹、雷珍蘭，設立吧國公堂並賦與唐人相當的權力，從制度或執行面來看，唐人在唐人美色甘中所擁有的權力明顯較小，整個組織可以在毫無唐人參與的情況下運作；充其量只能說唐人具有一定的席次與影響力，但在 1740 年以後，影響力亦逐漸被削弱。

唐人美色甘及其所掌握的資本，究竟如何在巴達維亞運作，單純透過檔案資料討論其制度變遷，無法窺其全貌。所幸 ANRI 尚存有 150 多年（1720–1872）的檔案，[80] 唯有進一步投入研究，才能看出唐人美色甘在巴達維亞殖民社會中的歷史樣貌，從而進一步瞭解巴達維亞唐人的社會型態。

（原刊於：《臺大歷史學報》第 60 期，2017 年。此次刊行亦將當時未能校出之錯誤修正。）

[80] 參 ANRI 的目錄：Balk et al, eds., *The Archives of the Dutch East India Company (VOC) and the Local Institutions in Batavia (Jakarta)*, pp. 383–388.

附錄一　唐人美色甘武直迷名錄

年代	理事長	歐洲人武直迷（副理事長）	唐人武直迷		美色甘朱	備註
1640	Johan Maetsuycker	Reynier Coolsaet	蘇鳴崗（Bencon）	Tellouw	Jan Muys *Valentyn IV, 411*	R.B. 860, 441 1640.06.02至1641.05.31
1641	Johan Maetsuycker	Reynier Coolsaet	蘇鳴崗	Conjock	Abraham Pittavin *Valentyn IV, 411*	R.B. 861, 122 1641.06.01至1642.06.06
1642	Johan Maetsuycker	Reynier Coolsaet	蘇鳴崗	Bingsam	Abraham Pittavin *Valentyn IV, 411*	R.B. 861, 481 1642.06.07至1643.05.31
1643	Pieter Mestdagh	Isaack Minne	蘇鳴崗	Nootsangh	Pieter Hackius	R.B. 862, 113 1643.06.01至1644.06.02
1644	Pieter Mestdagh	Jan Cornelisz van Ned.	Conjocq	Jocqhey	Adriaen Spoors	R.B. 862, 452 1644.06.03至1645.06.02
1645	Huybrecht van den Broeck	Jan Ferman	Conjock	Goyco	Adriaen Spoors	R.B. 863, 43 1645.06.03至1646.06.10
1646	Huybrecht van den Broeck	Jan Ferman	Goyko 又名Singon	醫師Isaack *R.B. 863, 431 稱* *唐人基督徒Isaac Loccon*	Adriaen Spoors *R.B. 863, 431 換* *Vincent van Moocq*	R.B. 863, 268 1646.06.11至1647.06.07
1647	Dirck Steur	Adriaen Danckerts	Conjocq	Khopeco	Vincent van Moocq	R.B. 863, 432 1647.06.08至1648.06.06

1648.06.06至1655.11.04關閉

年代	理事長	歐洲人武直迷（副理事長）	唐人武直迷		美色甘朱	備註
1655	Johan Burgers	Hendrick Momme	Conjock	Soetse	Frederick Roest	R.B. 867, 349 1655.11.05至1656.10.19
1656	Johan Borgers	Henrik Mom	Conjock	Soetse	Frederick Roest *R.B. 870, 103*	Valentyn, IV, 407 1656.10.20至1657.06.06

年代	理事長	歐洲人武直迷 （副理事長）	唐人武直迷		美色甘朱	備註
1657	Joannes Bürgers	Hendrick Mom	Conjock *R.B. 870, 103* 稱任內過世	Soetse	Frederick Roest *R.B. 870, 103*	R.B. 869, 138 *DRB 1656–57*, 171 1657.06.02至1658.05.31
1658	Joannes Bürgers	Hendrick Momme	Soetse		Frederick Roest	R.B. 870, 106 1658.06.01至1659.06.06
1659	Cornelis Speelman	Thomas de Liefde	Soetse	Sanjock	Frederick Roest *DRB 1659, 118*	R.B. 871, 100 *DRB 1659*, 118 1659.06.07至1660.06.04
1660	Cornelis Speelman	Thomas de Lieffde	Soetse	Sanjock	Frederick Roest *Valentyn IV, 411,* *並稱任至1663.06.01*	R.B. 872, 71 1660.06.05至1661.06.04
1661	Johannes Burgers	Hendrick Terhorst	Sanje *R.B. 874, 181 稱* *Khopeko接其任職半年*	蔡煥玉 （Wanjock）	Andries Schellinghwouw *R.B. 874, 181*	R.B. 873, 99 *DRB 1661*, 175 1661.06.05至1662.06.01
1662	Joannes Burgers	Hendrick Terhorst	蔡煥玉	Khopeko	Andries Schellinghwouw	R.B. 875, 123 1662.06.02至1663.05.31
1663	Joannes Bürgers	Nicolaes Houman	Khoupeko	Saqua *R.B. 876, 241稱Limsaqua*	Andries Schellinghwouw *R.B. 876, 241*	R.B. 875, 123 *DRB 1663*, 224 1663.06.01至1664.06.06
1664	Joannes Burgers	Jaques Boülan *Valentyn IV 稱* *Jaques de Bollan*	李祖觀 （Soeko）	蔡煥玉	Andries Schellinghwouw *R.B. 877, 179;* *DRB 1655, 130*	R.B. 876, 242 *DRB 1654*, 229; *1655*, 130 1664.06.07至1665.06.04
1665	Jacob Bremer	Jaques Boulan	李祖觀	蔡煥玉	Andries Schellinghwouw	R.B. 877, 180 *DRB 1665*, 131; *1666–67*, 81 1665.06.05至1666.06.03
1666	Jacob Bremer	Sijmons Sijmonsz	林時使 （Gisay） *Valentyn IV 稱Sisai*	Khopeko	Andries Schellinghwouw *R.B. 879, 96稱* *Mathys Smit接任*	R.B. 878, 166–167 *DRB 1666–67*, 81 1666.06.04至1667.06.02

年代	理事長	歐洲人武直迷（副理事長）	唐人武直迷		美色甘朱	備註
1667	Emont Ruys	Sijmon Sijmonsen	林時使	Khopeko	Mathys Smith *Valentyn IV, 411*	R.B. 879, 96–97 *DRB 1666–67*, 287 1667.06.02至1668.05.30
1668	Emont Ruys	Jan van Housum	林時使	李祖觀	Mathys Smith *R.B. 881, 129*	R.B. 880, 137 *DRB 1668–69*, 102 1668.06.01至1669.06.06
1669	Jacob Bremer	Pieter Cole	李祖觀 *DRB 1668–69, 339稱雷珍蘭Hoeko連任*	蔡煥玉	Mathys Smith	R.B. 881, 130 *DRB 1668–69*, 339 1669.06.07至1670.06.05
1670	Adriaen Nieulandt	Pieter Cole	蔡煥玉	Lim Saqua	Matthys Smith	R.B. 882, 97 *DRB 1670–71*, 90 1670.06.06至1671.06.04
1671	Adriaen Nieulant	Henrik ter Horst	Limsaqua	李祖觀	Matthys Smith	R.B. 883, 125 *DRB 1670–71*, 352 1671.06.05至1672.06.02
1672	Emont Ruysch	Hendrick ter Horst	李祖觀	蔡煥玉		R.B. 884, 150; 885, 177 *DRB 1672*, 148 1672.06.03至1673.06.01
1673	Emont Ruysch *DRB 1673, 149稱06.14過世06.16由Daniel Parvé接任*	Gysbert de Davidstrantwyk	蔡煥玉	林時使	Thomas Engels *DRB 1674, 148*	R.B. 885, 178 *DRB 1673*, 136 1673.06.02至1674.06.01
1674	Daniel Parvé	Dionys Kelck	林時使 *DRB 1674, 148作Luntsisay*	Lim Zaqua	Thomas Engels	R.B. 886, 148 *DRB 1674*, 148 1674.06.02至1675.06.06
1675	Daniel Parvé	Dionys Kelck	Limsaqua	蔡煥玉	Thomas Engels *DRB 1676, 122稱任內過世*	R.B. 887, 101 *DRB 1675*, 153 1675.06.07至1676.06.04
1676	Daniel van den Bolck	Dionys Kelck	蔡煥玉	林時使	Jacobus Bolswaert	R.B. 888, 101 *DRB 1676*, 122 1676.06.05至1677.06.03

年代	理事長	歐洲人武直迷（副理事長）	唐人武直迷		美色甘朱	備註
1677	Daniel van den Bolck	Jaques de Boullan	林時使	李祖觀	Jacobus Bolswaert *R.B. 890, 143*	R.B. 889, 113 *DRB 1677*, 163; *1678*, 286 1677.06.04至1678.06.02
1678	Ocker Ockersz	Jaques de Boulan	李祖觀	Tanhonqua	Jacobus Bolswaert	R.B. 890, 143 *DRB 1678*, 289 1678.06.03至1679.06.03
1679	Ocker Ockersz	Adriaan Adriaensz	黃舅觀（Koeko）	Que-Sieuqua	Jacobus Bolswaert	R.B. 891, 243 *DRB 1679*, 235–236 1679.06.04至1680.05.31
1680	Ocker Ockersz	Adriaan Adriaensz	黃舅觀	Quesieuqua		R.B. 892, 370 *DRB 1680*, 320 1680.06.01至1681.06.06
1681	Ocker Ockersz	Jan Herculessen	Bondziqua	Limzinqua		R.B. 893, 301 *DRB 1681*, 322–323 1681.06.06至1682.06.05
1682	Ocker Ockersz *R.B. 897, 376稱任內卒 Emelchoir Hurds繼1.5個月*	Jan Herculesse	Bondsiqua	Limsinqua		R.B.896, 619 *DRB 1682-I*, 728 1682.06.06至1683.06.04
1683	Cornelis van der Duyn	Gerbrant Nieholt	Quedsieuqua 又稱Jouko	林敬觀（Limkeko） *R.B. 898, 195稱 Limkeenko, of Limkeko alias Jacob*		R.B. 897, 380 1683.06.05至1684.06.01
1684	Cornelis van der Duyn *R.B. 898, 197稱Joan Cops 接任6個月*	Gerbrant Nyholt	Quedsiqua 又稱Jouko	林敬觀		R.B. 898, 197 1684.06.02至1685.06.01
1685	Joan Cops	Adriaan van Becom	Bonsiqua *R.B. 900, 251稱 Limjako接任10個月*	郭包觀（Quepauqua）		R.B. 899, 245 1685.06.02至1686.05.30
1686	Joan Cops	Adriaan van Becom	郭包觀	Lim Jako		R.B. 900, 254 1686.05.31至1687.06.05

年代	理事長	歐洲人武直迷（副理事長）	唐人武直迷		美色甘朱	備註
1687	Joan Cops	Ariaan van Becom	Limjako	Tanjongqua		R.B. 901, 306 1687.06.06至1688.06.01
1688	Jan Cops *R.B. 903, 237稱Gerard van de Voorde接任3個月*	Gerrit Dane	Tantsjongqua	Limsinqua		R.B. 902, 259–260 1688.06.02至1689.06.02
1689	Gerard van de Voorde	Gerrit Dane	Limsinqua	王悟觀 （Ong Gouko）		R.B. 903, 240 1689.06.03至1690.06.01
1690	Gerard van de Voorde	Mathys de Vlaming	王悟觀	Tswa-wiko		R.B. 904, 271 1690.06.02至1691.05.31
1691	Gerard van de Voorde	Maurits Jacobsz Eyk	Tswa Wiko	林敬觀		R.B.905, 262 1691.06.01至1692.06.05
1692	Gerard van de Voorde	Lambert Dudde	林敬觀	王悟觀		R.B. 907, 383 1692.06.06至1693.06.05
1693	Gerard van de Voorde	Lambert Dudde	王悟觀	Lim Jako		R.B. 908, 327 1693.06.06至1694.06.03
1694	Gerard van de Voorde	Jan Fransz de Vries	Lim Jako	Lim Sinqua		R.B. 909, 373–374 1694.06.04至1695.05
1695	Gerard van de Voorde	Jan Fransz de Vries	Limsinqua *R.B. 912, 300稱由Bepeequa接任4.5個月*	Tsoayqua *R.B. 912作Tsoa Uwqua*		K.R.B. 710, 412 D.R.B. 2514, 367 1695.06至1696.05.31
1696	Gerard van de Voorde	Jeronimus Jansz Slot	Tsoa-Uwqua *R.B. 913, 254稱任職8個月卒*	Bepeequa		R.B. 912, 302 1696.06.01至1697.06.04
1697	Gerard van de Voorde	Hieronymus Slot	Bepeequa	Pousaaqua		R.B. 913, 257 1697.06.05至1698.06.05
1698	Cornelis van der Duyn	Jeronimus Jansz Slot	Pousako *R.B. 915, 175作Pausako*	王悟觀		R.B. 914, 199 1698.06.06至1699.06.04

年代	理事長	歐洲人武直迷（副理事長）	唐人武直迷		美色甘朱	備註
1699	Cornelis van der Duyn *R.B. 916, 248稱Simon van den Berg接任5個月*	Jeronimus Jansz Slot	王悟觀	Bepequa		R.B. 915, 177 1699.06.05至1700.06.03
1700	Simon van den Bergh	Franck Bernardus Franckena	Bepequa	李容哥（Li-Joncko）		R.B. 916, 253 1700.06.04至1701.06.02
1701	Adriaan van Strykersbergh	Laurens de Bruyn	李容哥	Pausaqua		R.B. 917, 179 1701.06.03至1702.06.01
1702	Adriaan van Stryckersberg *R.B. 919, 270稱由Francois Leblanck接替8個月*	Jacob Hengst	Pausaqua	Tio Jino *R.B. 919, 270作Tio Iunio*		R.B. 918, 257 1702.06.02至1703.06.07
1703	Francois le Blancq	Jacob Hengst	Tyo Iunio	B[e]pequa		R.B. 919, 273 1703.06.08至1704.06.05
1704	François le Blanc	Joannes Ens	李容哥（Nio Jonko） *R.B. 921, 368作Liejonko*	Gou Oulauw *R.B. 921, 368稱卒於任上*	Thomas Paauw *Valentyn IV, 411*	R.B. 920, 344 1704.06.06至1705.06.04
1705	Hendrik Vuyst *R.B. 924, 390稱由Jacob Heyrmans接替9個月*	Jacques Dupree *不在次年記錄* *R.B. 924, 390*	何蓮觀（Gouw Lienko）	魏惠觀（Goey Hoey Kong）		R.B. 921, 372 1705.06.05至1706.06.03

年代	理事長	歐洲人武直迷（副理事長）	唐人武直迷			備註
1706	Jacob Heyrmans	Casparus Casearius	何蓮觀（Gou Lienko） *R.B. 925, 431作Holienko*	魏惠觀	Tanlianko	R.B. 924, 393 1706.06.04至1707.06.02
1707	Jacob Heyrmans	Casper Casearus	Tanlianko	Tsieuw Bitia *R.B. 928, 422作Tsibitia*	郭昴觀（Que Bauqua） *R.B. 928, 422作Quebauko*	R.B. 925, 434 1707.06.03至1708.05.31

年代	理事長	歐洲人武直迷（副理事長）	唐人武直迷			備註
1708	Jacob Heyrmans	Philip David van Uckelen	Tsieuw Bitia *R.B. 929, 231作Tsibitia*	郭昴觀	李俊觀 （Litsoenqua） *R.B. 929, 231* *作Lie Tsjoenqua*	R.B. 928, 425 1708.06.01至1709.05.30 美色甘朱Joannes Ulrichs （Valentyn IV, 411）
1709	Jacob Heyrmans *R.B. 930, 246稱由Cornelis Hasselaar繼任1個月*	Philip David van Uchelen	李俊觀	魏惠觀	陳財觀 （Tan Sayko）	R.B. 929, 233 1709.05.31至1710.06.05 美色甘朱Joannes Ulrichs （Valentyn IV, 411）
1710	Cornelis Hasselaer	Jan Tol	魏惠觀	陳財觀	林森觀 （Lim Som Ko）	R.B. 930, 249 1710.06.06至1711.06.04 美色甘朱Joannes Ulrichs （Valentyn IV, 411）
1711	Cornelis Hasselaer	Jan Tol	林森觀	Taulianco	郭昴觀	K.R.B. 727, 412 D.R.B. 2535, 422 1711.06.05至1712.06.02 美色甘朱Joannes Ulrichs （Valentyn IV, 411）
1712	Cornelis Hasselaer	Albert Lunink	Taulianko	郭昴觀	葉敬觀 （Jap Keengko）	K.R.B. 728, 347 D.R.B. 2537, 343–344 1712.06.03至1713.06.01 美色甘朱Joannes Ulrichs （Valentyn IV, 411）
1713	Cornelis Hasselaer	Albert Lunink	葉敬觀	魏惠觀	陳財觀	K.R.B. 729, 312 1713.06.02至1714.05.31 美色甘朱Joannes Ulrichs （Valentyn IV, 411）
1714	Cornelis Hasselaer	Willem Maurits Cruse	魏惠觀	陳財觀	郭昴觀	D.R.B. 2541, 614 1714.06.01至1715.05.30 美色甘朱Joannes Ulrichs （Valentyn IV, 411）

年代	理事長	歐洲人武直迷（副理事長）	唐人武直迷			備註
1715	Cornelis Hasselaer	Willem Cruse	郭昴觀	Ongwako	連祿觀（Nilocko）	R.B. 939, 366 1715.05.31至1716.06.04 美色甘朱Johan Keuvel （Valentyn IV, 411）
1716	Cornelis Hasselaer	Pieter de Bitter	Ongwako	連祿觀	魏惠觀	R.B. 941, 332 1716.06.05至1717.06.03 美色甘朱Johan Keuvel （Valentyn IV, 411）
1717	Cornelis Hasselaer	Johannes Steenkool	魏惠觀	Tanliongko	Lihoeyko	K.R.B. 733, 392–393 1717.06.04至1718.06.02 美色甘朱Johan Keuvel （Valentyn IV, 411）
1718	Jacob Torant *K.R.B. 735, 425稱由Arnoldus Abeleven繼任1個月*	Johannes Steenkool	Tanliongko	Lihoeyko	林春哥（Limtsoenko）	K.R.B. 734, 315 1718.06.03至1719.06.01 美色甘朱Johan Keuvel （Valentyn IV, 411）
1719	Arnoldus Abeleven	Johannes Steenkool	林春哥	Ongthayko	Liwanko	K.R.B. 735, 430 1719.06.02至1720.06.06 美色甘朱Johan Keuvel （Valentyn IV, 411）
1720	Arnoldus Abeleven	Dominicus Coedyk	Ongthayko	Liwanko	Kungkeengko	K.R.B. 736, 366 1720.06.07至1721.06.05 美色甘朱Johan Keuvel （Valentyn IV, 411）
1721	Arnoldus Abeleven	Dominicus Coedyk	Kungkeengko	魏惠觀	陳財觀	K.R.B. 737, 199 1721.06.06至1722.06.04 美色甘朱Johan Keuvel （Valentyn IV, 411）
1722	Arnoldus Abeleven	Dominicus Coedyk	魏惠觀	陳財觀	王成功（Ongseenko）	K.R.B. 738, 197–198 1722.06.05至1723.06.03 美色甘朱Johan Keuvel （Valentyn IV, 411）

年代	理事長	歐洲人武直迷（副理事長）	唐人武直迷			備註
1723	Arnoldus Abeleven	Willem de Bevere	王成功	郭春官（Que Tsoenko）	Litsoeko	K.R.B. 739, 182 1723.06.04至1724.06.01 美色甘朱Johan Keuvel（Valentyn IV, 411）
1724	Arnoldus Abeleven *K.R.B. 741, 253稱由Fredrik Lokman繼任6個月*	Willem de Bevere	郭春官	Li Tsoeko	Li Tsianko	K.R.B. 740, 271 1724.06.02至1725.05.31 美色甘朱Johan Keuvel（Valentyn IV, 411）
1725	Fredrik Lokman	Jan Abraham van Limburg	Li Tsiangko	陳忠舍（Tan Tionqua）	王成功	K.R.B. 741, 257 1725.06.01至1726.06.06
1726	Fredrik Lokman	Frans van der Gragt *K.R.B. 743, 353稱由Jan de Koning繼任8個月*	陳忠舍	王成功	連祿觀	K.R.B. 742, 341 1726.06.07至1727.06.05
1727	Fredrik Lokman	Jan de Koning	陳忠舍	Limjenko	連祿觀	K.R.B. 743, 358 1727.06.06至1728.06.03
1728	Fredrik Lokman *K.R.B. 745, 352稱由Fredrik Julius Coyett繼任3個月又18天*	Jan de Koning	Lim Inko（Limjenko, Lim Janko）	陳天生（Tan TienSeeng）	陳進光（TanTsinkong）又稱Gouw Tsing Kong（Gouw Sinkong）	K.R.B. 744, 277 1728.06.04至1729.06.02
1729	Fredrik Julius Coyett	Abraham Troeff	陳進光 又稱Gouwsingkong	陳天生	吳元光（GouwGoankong）	K.R.B. 745, 357 1729.06.03至1730.06.01
1730	Fredrik Julius Coyett *K.R.B. 747, 754稱由Justus van Breda繼任1年*	Abraham Troeff	吳元光	Kung Tsiangko	連富光（Nihoekong）	K.R.B. 746, 625 1730.06.02至1731.05.31
1731	Justus van Breda	Abraham Troeff	Kung Tsiangko	連富光	Khouwsoenko *K.R.B. 749, 985稱未就任*	K.R.B. 747, 759–760 1731.06.01至1732.06.05
1732	Justus van Breda *K.R.B. 751, 821稱由Willem Crielaard接任數日*	Jan Liefhout	Khoe Tsouwko	Li Hooko	許屬觀（Khou Tsiocko）	K.R.B. 749, 990 1732.06.06至1733.06.04

年代	理事長	歐洲人武直迷（副理事長）	唐人武直迷			備註
1733	Willem Crielaard *K.R.B. 753, 1031稱由Louis Victor繼任3個月*	Jan van't Hoff	Hoet Siauwko *K.R.B. 751稱其連任*	Li Hooko	許屬觀	K.R.B. 751, 826–827 1733.06.05至1734.06.03
			K.R.B. 753, 1031稱由黃箴哥（Oey Somko，任11個月）與連元光（Ni Goan Kong，任5個月）繼任			
1734	Louis Victor	Jan van't Hoff *K.R.B. 755, 1011稱由Nicolaas Munnix繼任4個月*	黃箴哥 （Oey Tsomko）	連元光 *K.R.B. 755, 1011作Niogoanko*	陳賞光 （Tan Tsiangko）	K.R.B. 753, 1037 1734.06.04至1735.06.02
1735	Louis Victor	Nicolaas Munnix	連元光	陳賞光	陳振光 （TanTsinko） *K.R.B. 757, 651稱由黃燕觀（Oey Eengko）繼任4個月*	K.R.B. 755, 1017–1018 1735.06.03至1736.05.31
1736	Louis Victor *K.R.B. 759, 482稱由Fervaas Geursen繼任數個月*	Nicolaas Munnix	黃燕觀 *K.R.B. 759, 482稱卒於任內*	連蓮光 （Nilienkong）	Tan Hoeko	K.R.B. 757, 655 1736.06.01至1737.06.06
1737	Fervaas Geursen *K.R.B. 761, 660稱由Zacheus Stoesak繼任3.5個月*	Nicolaas Munnix	連蓮光	TanHoeko	李驛觀 （Li Jaco）	K.R.B. 759, 487 1737.06.07至1738.06.05
1738	Zacheus Stoesak	Nicolaas Munnix	李驛觀	連捷光 （NiTsietkong）	黃燕觀	K.R.B. 761, 664 1738.06.06至1739.06.04
1739	Zacheus Stoesak	Nicolaas Munnix	黃燕觀	連捷光	黃恭使 （Oey Kionko）	K.R.B. 763, 838 1739.06.05至1740.06.02
1740	Zacheus Stoesak	Nicolaas Munnix *K.R.B. 768, 488稱由Pieter Donker接任*	黃燕觀	Nikoeko	王寬使 （Ong Khoangsay）	K.R.B. 765, 539 1740.06.03至1741.06.01
			K.R.B. 768, 488稱由Johannes van Hoogstede, Roeland Blaas與Gabriel van Gheeren接任			

年代	理事長	副理事長	歐洲人武直迷			備註
1741	Evert Christoffel Lanius	Pieter Donker	Johannes van Hoogstede	Roeland Blaas	Gabriel van Gheeren	K.R.B. 768, 493 1741.06.02至1742.06.04
				K.R.B. 770, 782稱由Samuel Muyssaart（任8個月）與 Jan Christiaan Borneman（任4個月）繼任		
1742	Evert Christoffel Lanius	Pieter Donker	Johannes van Hoogstede	Samuel Muyssaart	Jan Christiaan Borneman	K.R.B. 770, 787 1742.06.05至1743.05.30
1743	Evert Christoffel Lanius	Pieter Donker	Johannes van Hoogstede	Samuel Muyssaart	Jan Christiaan Borneman	K.R.B. 772, 27 1743.05.31至1744.06.04

年代	理事長	副理事長	歐洲人武直迷	爪哇人武直迷	唐人武直迷	備註
1744	Evert Christoffel Lanius	Pieter Donker	Jan Francois Bavallet	Achmat Babandam	Jouw Tsoenseeng	K.R.B. 773, 390–391 1744.06.05至1745.06.03
			Jan Christiaan Borneman	Abdul Cahar Hoeloenoe	Lie Piauwko	
1745	Evert Christoffel Lanius	Pieter Donker	Jan Francois Bavallet	Achmat Babandam	Jouw Tsoenseeng	K.R.B. 775, 336 1745.06.04至1746.06.02
			Dirk Daniel Dalens	Abdul Cahar Hoeloenoe	Lie Piauwko	
1746	Evert Christoffel Lanius	Pieter Donker	Jan Francois Bavallet	Achmat Babandam	Lou Saenseeng	K.R.B. 776, 295 1746.06.03至1747.06.01
			Dirk Daniel Dalens	Daing Mabella	Lie Piauko	
1747	Jacob van der Wayen	Pieter Donker	Reynier Harmensen	Achmat Babandam	Lie Piauko	K.R.B. 777, 379 1747.06.02至1748.06.10
			Willem Thorntan	Dayeeng Mabella	林椿觀 （Lim Thoenko）	
1748	Jacob van der Wayen	Roeland Blaas	Reynier Harmensen	Daing Mabella	林椿觀	K.R.B. 778, 123 1748.06.11至1749.06.02
			Willem Thornton	Mochamet Jale	黃燕觀	
1749	Jan Francois Rijnjak	Roeland Blass	Jacob Bottendorp	Mochamet Jale	林椿觀	K.R.B. 779, 161–162 1749.06.03至1750.06.04
			Benjamin de Bruyn	Abdul Gafoer Babandam	黃燕觀	

年代	理事長	副理事長	歐洲人武直迷	爪哇人武直迷	唐人武直迷	備註
1750	Gerard van Branduys van Blok	Pieter Bakker	Jacob Bottendorp	Abdul Gafoer Babandam	王應使	K.R.B. 780, 257 1750.06.05至1751.06.07
			Benjamin de Bruyn	Soeta Wangsa	陳疏觀（Tan Sauko）	
1751	Warmold van Maneil	Christiaan Willam May	Benjamin de Bruyn	Soeta Wangsa	陳疏觀（Tan Souko）	K.R.B. 781, 173 1751.06.08至1752.06.01
			Reynier Christiaan Tiele	Abdul Gami	Lim Ni. Enlo	
1752	Warmold van Maneil	Willem Schrader	Reynier Christiaan Tiele	Soeta Wangsa	陳疏觀	K.R.B. 782, 125 1752.06.02至1753.06.04
			Theodorus Muller	Bakti	郭賀觀（Que Hoko）	
1753	Warmold van Maneil	Willem Schrader	Reynier Christiaan Tiele	Soeta Wangsa	陳疏觀	K.R.B. 783, 318 1753.06.05至1754.06.30
			Theodorus Muller	Bakti	郭賀觀	
1754	Reynier de Klerk	Willem Schrader	Johannes Pinket	Soeta Wangsa	Que Honko	K.R.B. 784, 509 1754.07.01至1755.06.05
			Theodorus Muller	Bakti	林金文哥（Lim Theeko）	
1755	Johan van Jelsinga	Theodorus Muller	Johannes Pinket	Soeta Wangsa	林金文哥	K.R.B. 785, 345 1755.06.06至1756.06.17
			Noach Boucquet	Bakti	Lu Hako	
1756	Johan van Jelsinga	Theodorus Muller	Johannes Pinket	Soeta Wangsa	林金文哥	K.R.B. 786, 178 1756.06.18至1757.06.09 （逦任1年）
			Noach Boucquet	Bakti	Lu Hako	

年代	理事長	副理事長	歐洲人武直迷	爪哇人武直迷	唐人武直迷	穆斯林武直迷	備註
1757	Pieter Wenlink	Theodorus Mulder	Johannes Pinket	Soeta Wangsa	Lu Hako	Mochomet Nina	K.R.B. 787, 104–105 1757.06.10至1758.06.08
			Noach Bouquet	Bakti	陳巧郎（Tankalong）		
1758	Pieter Wenlink	Theodorus Mulder	Johannes Pinket	Soeta Wangsa	Lu Hako	Mochomet Nina	K.R.B. 788, 87 1758.06.09至1759.06.07
			Noach Bouquet	Bakti	陳巧郎		

年代	理事長	副理事長	歐洲人武直迷	爪哇人武直迷	唐人武直迷	穆斯林武直迷	備註
1759	Nicolaas Laurens van Engelsdorp	Teodorus Mulder	Johannes Pinket	Soeta Wangsa	陳巧郎	Mochomet Nina	K.R.B. 789, 104 1759.06.08至1760.06.02
			Willem Welborn	Bakit			
1760	Nicolaas Laurens van Engelsdorp	Tehodorus Muller	Johannes Pinket	Soeta Wangsa	Lu Hako	Mochamet Lebe	K.R.B. 790, 488–489 1760.06.03至1761.06.01
			Willem Welborn	Bakti	陳巧郎		
1761	Nicolaas Laurens van Engelsdorp	Tehodorus Muller	Johannes Pinket	Soeta Wangsa	施華觀（Sie Huako）	Mohamat Lebe	K.R.B. 791, 472 1761.06.02至1762.06.07
			Willem Welborn	Bakti	陳巧郎		
1762	Nicolaas Laurens van Engelsdorp	Michiel Jacobus Steuphaas	Johannes Pinket	Badjar	王懿光（OngIngkong）		K.R.B. 792, 166 1762.06.08至1763.06.06
			Frans Cornelis Bostelman		吳文觀（Gouw Boenko）		
1763	Nicolaas Laurens van Engelsdorp	Michiel Jacobus Steuphaas	Johannes Pinket	Soeta Wangsa	王懿光	Mochamet Lebe	K.R.B. 793, 153 1763.06.07至1764.06.04
			Cyprianus van Steenis	Badjaer	吳文觀		
1764	Thomas Fredrik Wannemaker	Michiel Jacobus Steuphaes	Johannes Pinket	Soeta Wangsa	王懿光	Lebe	K.R.B. 794, 159 1764.06.05至1765.06.03
			Cyprianus van Steenis	Badjaer	劉成光（Louw Sengking）		
1765	Thomas Fredrik Wannemaker	Michiel Jacobus Steuphaes	Johannes Pinket	Badjaer	王懿光	Abdulla Dauot	K.R.B. 795, 140 1765.06.04至1766.06.02
			Cyprianus van Steenis	Djenal Babandam	劉成光		
1766	Thomas Fredrik Wannemaker	Michiel Jacobus Steuphaes	Johannes Pinket	Badjar	王懿光	Abdulla Dauwt	K.R.B. 796, 273 1766.06.03至1767.06.01
			Caret Roos	Djenal Babandam	吳樹觀（Gouw Sieuko）		
1767	Thomas Fredrik Wannemaker	Michiel Jacobus Steuphaes	Leendert Goosen	Gusti Barak	王懿光	Jaffer Babandam	K.R.B. 797, 539 1767.06.02至1768.06.01
			Arnoldus Jens		吳喜觀（Gouw Hieko）	Mochomet Nina	

年代	理事長	副理事長	歐洲人武直迷	爪哇人武直迷	唐人武直迷	穆斯林武直迷	備註
1768	Thomas Fredrik Wannemaker	Michiel Jacobus Steuphaes	Leendert Goosen	Gusti Barak	王懿光	Jafer Babandam	K.R.B. 798, 428 1768.06.02至1769.06.05
			David du Jeau de la Longue		吳喜觀	Patan Mochomet Nina	
1769	Thomas Fredrik Wannemaker	Michiel Jacobus Steuphaes	Leendert Goosen	Gusti Barak	王懿光	Jafer Babandam	R.B. 1048, 519 1769.06.06至1770.06.11 （連任1年）
			David du Jeau de la Longue		吳喜觀	Patan Mochomet Nina	
1770	Thomas Fredrik Wannemaker	Jan Fredrik Leps	Leendert Goosen	Gusti Barak	黃郡觀（Oey Kinkong）	Machamat Japar Babandam	K.R.B. 800, 153–154 1770.06.12至1771.06.10
			Jan van der Hiel		高根觀（Ko Kinko）	Pathan Mochmat Nina	
1771	Jan Arend Meyer	Jan Fredrik Leps	Leendert Goosen	Gusti Barak	黃郡觀	Japhar Babandam	K.R.B. 801, 195 1771.06.11至1772.06.03
			Jan Sybrandus Braak			Mochomet Nina	
1772	Jan Arend Meyer	Jan Fredrik Leps	Leendert Goosen		高根觀	Japhar Babandam	K.R.B. 802, 295–296 1772.06.04至1773.06.08
			Jan Sybrandus Braak		Khouw Sanko	Mochomet Nina	
1773	Louis de Fellietaz	Jan Fredrik Leps	Leendert Goosen	Gusti Barak	唐偏舍（Tiung PiEnKo）	Japher Babandam	K.R.B. 803, 322 1773.06.09至1004.06.06
			Jan Sybrandus Braak		林漢丹（LimHantan）	Mochomet Nina	
1774	Pierre Jean Louis de Filliettaz	Jan Fredrik Leps	Leendert Goosen	Gusti Barak	唐偏舍	Japhar Babandam	K.R.B. 804, 202 1774.06.07至1775.06.07
			Hans Hendrik Hugo		林漢丹	Mochomet Nina	
1775	Pierre Jean Louis de Felliettaz	Jan Hendrik Leps	Leendert Goosen	Gusti Barak	唐偏舍	Japhar Babandam	K.R.B. 805, 195 1775.06.08至1776.06.13
			Hans Hendrik Hugo		林漢丹	Mochomet Nina	

年代	理事長	副理事長	歐洲人武直迷	爪哇人武直迷	唐人武直迷	穆斯林武直迷	備註
1776	Jan Vermeulen	Jan Fredrik Leps	Leendert Goosen	Nahim Baktie Naja Widjaja	陳富老 （Tan Hoelo）	Japhar Babandam	K.R.B. 806, 398 1776.06.14至1777.06.02
			Johannes Doens		高永老 （Koinko）	Mochomet Nina	
1777	Jan Vermeulen	Johannes Doens	Dirk Willem Hendrik	Nahim Bakti Naja Widjaja	陳富老	Japhar Babandam	K.R.B. 807, 588–589 1777.06.03至1778.06.01
			Carel Fredrik Engel		高永老	Mochomet Nina	
1778	Jan Vermeulen	Johannes Doens	Dirk Willem Hendrik Smissaart	Nahim Bakti Naja Widjaya	陳富老	Japhar Djenal Babandam	K.R.B. 808, 789 1778.06.02至1779.05.31
			Johan Christiaan Balthazar Reenier		黃綿舍 （Oey Biankong）	Mochamat Nina	
1779	Jan Vermeulen	Johannes Doens	Dirk Willem Hendrik Smissart	Nahim Bakti Naja Widjaja	陳富老	Japhar Djenal Babandam	K.R.B. 809, 554–555 1779.06.01至1780.06.07
			Johan Christiaan Balthazar Reenier		黃綿舍	Patan Mochamat Nina	
1780	Adriaan Boetses	Johannes Doens	Jacobus Prius	Nahim Bakti Naja Widjaja	陳富老	Japhar Djenal Babandam	K.R.B. 810, 510–511 1780.06.08至1781.06.20
			Johan Christiaan Balthazar Reenier		黃綿舍	Patan Mochamat Nina	
1781	Adriaan Boetses	Johannes Doens	Jacobus Prius	Nahim Bakti Naja Widjaja	陳富老	Japhar Djenal Babandam	K.R.B. 811, 666–667 1781.06.21至1782.06.13
			Johan Christiaan Balthazar Reenier		黃綿舍	Patan Mochamat Nina	
1782	Adriaan Boetses	Johannes Doens	Jacobus Prius	Nahim Bakti Naja Widjaja	陳富老	Japhar Djenal Babandam	K.R.B. 812, 428 1782.06.14至1783.06.05
			Jacob van Alten		黃綿舍	Patan Mochamat Nina	

年代	理事長	副理事長	歐洲人武直迷	爪哇人武直迷	唐人武直迷	穆斯林武直迷	備註
1783	Arnoldus Constantyn Mom	Jacob van Alten	Jacob Prius	Nahim Bakti Naja Widjaja	陳富老	Japhar Djenal Babandam	K.R.B. 813, 357 1783.06.06至1784.06.07
			Michiel van Learmen		黃綿舍	Patan Mochamat Nina	
1784	Arnoldus Constantyn Mom	Jacob van Alten	Jacob Prius	Nahim Bakti Naja Widjaja	黃綿舍	Japhar Djenal Babandam	K.R.B. 814, n.p. 1784.06.08至1785.06.06
			Frank Gustaaf Wannemaker		陳泌生（Tan Piseeng）	Patan Mochamat Nina	
1785	Steeven Paelman	Jacobus van Alten	Jacobus Prius	Nahim Bacht Naja Widjaya	陳泌生	Japhar Djenal Babandam	K.R.B. 815, 736–737 1785.06.07至1786.06.28
			Fredrik Gustaaf Wannemaker		陳水觀（Tan Soeyko）	Patan Mochamat Nina	
1786	Heeran Coelman	Jacobus van Alten	Jacobus Prius	Nahim Bakti Naja Widjaja	陳泌生	Patan Mochamat Nina	K.R.B. 816, 865–866 1786.06.29至1787.06.07
			Fredrik Gustaaf Wannemaker		陳水觀	Mochamat Pridan Toisalette Babandam	
1787	Cornelis Sinkelaar	Jacobus van Alten	Fredrik Gustaaf Wannemaker	Naim Bakti Naya Widjaya	陳泌生	Patan Mochamat Nina	K.R.B. 818, 917 1787.06.07至1788.06.09
			Jacob Hakker		陳水觀	Mochamat Pridan Toisalette Babandam	
1788	Cornelis Sinkelaar	Jacobus van Alten	Jacob Hakker	Nahim Bakti Naja Widjaja	陳泌生	Patan Mochamat Nina	K.R.B. 820, 783–784 1788.06.10至1789.06.18
			Fredrik Gustaaf Wannemaker		陳水觀	Mochamat Pridan Toisalette Babandam	
1789	Cornelis Sinkelaar	Jacobus van Alten	Jacob Hakker	Nahim Bakti Naja Widjaja	陳泌生	Patan Mochamat Nina	R.B. 1110, 2185–2186 1789.06.19至1790.06.14 （連任1年）
			Fredrik Gustaaf Wannemaker		陳水觀	Mochamat Pridan Toisalette Babandam	

年代	理事長	副理事長	歐洲人武直迷	爪哇人武直迷	唐人武直迷	穆斯林武直迷	備註
1790	Cornelis Sinkelaar	Jacobus van Alten	Jacob Hakker	Nahim Bakti Naja Widjaja	陳泌生	Patan Mochamat Nina	R.B. 1114, 443–444 1790.06.15至 （連任1年）
			Fredrik Gustaaf Wannemaker		陳水觀	Mochamat Pridan Toisalette Babandam	

資料來源：1. R.B.= Net-generale resoluties en -incidenteel- net-secrete resoluties. Grotendeels met inhoudsopgaven. Gedeeltelijk kopie, 1613–1810, Archief van de Gouverneur-Generaal en Raden van Indië (Hoger Regering) van de Verenigde Oostindische Compagnie en taakopvolgers, 1612–1812, nr. 853–1182. Arsip Nasional Republik Indonesia, Jakarta.

2. *DRB*= Jacob Anne van der Chijs, et al, eds., *Dagh-Register gehouden in't Casteel Batavia van't passerende daer ter plaetse als over geheel Nederlandts-India, 1624–1682*,30 delen (Batavia: G. Kolff, 1887–1931).

3. D.R.B.= Journalen ('Daghregisters'). Grotendeels met inhoudsopgaven en/of alfabetische indices. Minuut, net en kopie, 1640–1806, nr. 2457–2622. Arsip Nasional Republik Indonesia, Jakarta.

4. Valentyn IV= FrançoisValentyn, *Oud en Nieuw Oost-Indiën, Vervattende een Naaukeurige en Uitvoerige Verhandelinge van Nederlands Mogentheyd in de Gewesten* ..., deel IV/A (Dordrecht: Joannes van Braam / Amsterdam: Gerard onder de Linden, 1724).

5. K.R.B.= Kopie-resoluties van gouverneur-generaal en raden. Gedeeltelijk met inhoudsopgaven, 1637–1791, Verenigde Oostindische Compagnie (VOC), 1602–1795 (1811), nr. 661–827. Nationaal Archief, Den Haag.

6. 漢文姓名來源：許雲樵校註，〈開吧歷代史記〉，頁 15–20；B. Hoetink, "Chineesche Officieren te Batavia onder de Compagnie," *Bijdragen tot de Taal-, Land-en Volkenkunde van Nederlandsch-Indië*, deel 78, 1/2de Afl. (1922), pp. 8–9, 88–95.

附錄二　漢文荷蘭語資料中的武直迷比較

《開吧歷代史記》		荷蘭語資料	
武直迷姓名	就任年	武直迷姓名	就任年
郭郡觀	1690		-
李俊觀	1693	Litsoenqua	1708
魏惠觀	1696	Goey Hoey Kong	1705
王悟觀	1696	Ong Gouko	1689
連祿觀	1699	Nilocko	1715
陳財觀	1699	Tan Sayko	1709
唐敬觀	1702		-
黃應觀	1702		-
邱祖觀	1705		-
許純觀	1705		-
郭昴觀	1712	Que Bauqua	1707
李援觀	1712		-
李裕觀	1715		-
王鞍觀	1715		-
陳忠舍	1714	Tan Tionqua	1725
王成功	1714	Ongseenko	1722
葉敬觀	1718	Jap Keengko	1712
陳天生	1720	Tan TienSeeng	1728
連富光	1723	Nihoekong	1730
王泰觀	1724		-
連元光	1726	Nigoang Kong	1734
林養生	1727		-
連蓮光	1729	Nilienkong	1736
陳進光	1732	TanTsinkong	1728
連捷光	1729	NiTsietkong	1738
吳元光	1735	GouwGoankong	1729
黃燕觀	1732	Oey Eengko Oey Inko	1736 1738
陳賞光	1736	Tan Tsiangko	1734
康政舍	1737		-
許屬觀	1738	Khou Tsiocko	1732
李驛觀	1738	Li Jaco	1737
黃恭使	1738	Oey Kionko	1739
陳振光	1738	Tan Tsinko	1735
王寬使	1740	Ong Khoangsay	1740

《開吧歷代史記》		荷蘭語資料	
武直迷姓名	就任年	武直迷姓名	就任年
蘇俊觀	1742		-
施標觀	1745		-
黃燕觀	1747	Oey I. Enko	1748
林椿舍	1748	Lim Thoenko	1749
陳疏觀	1751	Tan Souko	1750
郭賀觀	1753	Que Hoko	1752
林初光	1755		-
施華觀	1757		-
陳巧郎	1760	Tankalong	1757
吳文觀	1763	Gouw Boenko	1762
王懿光	1763	OngIngkong	1762
劉成光	1766	Louw Sengking	1764
吳樹觀	1766	Gouw Sieuko	1766
吳喜觀	1767	Gouw Hieko	1767
施華觀	1760	Sie Huako	1761
陳彩觀	1768		-
黃郡觀	1771	Oey Kinkong	1770
高根觀	1770	Ko Kinko	1770
胡探觀	1772		-
唐偏舍	1772	Tiung Pienko	1773
林漢丹	1774	LimHantan	1773
陳富老	1775	Lan Hoelo	1776
高永老	1776	Koinko	1776
黃綿舍	1778	Oey Biankong	1778
陳泌生	1783	Tan Piseeng	1784
陳水觀	1784	Tan Soeyko	1785
陳寬觀	1790		
林長生	1790		
陳炳郎	1791		
黃董觀	1792		
戴弘觀	1792		
陳果生	N/A		
吳組緒	N/A		
蘇廣生	N/A		
李淵泉	N/A		
林長秀	N/A		

《開吧歷代史記》		荷蘭語資料	
武直迷姓名	就任年	武直迷姓名	就任年
林懷德	N/A		
沈謙觀	1801		
黃鬆觀	1819		
陳玉郎	1822		
劉瑞瓊	1822		
陳國順	1834		

資料來源：作者整理自附錄一及不著撰人，《開吧歷代史記》，葉 18v–葉 21r。

DOI:10.978.986437/1778.0021

西學衝擊下的中國與日本：從譯書書目所作的初步查考

辛法春[*]、顧力仁[**]

壹、前言

書目掌握了文獻的特徵，藉以瞭解知識的發展以及學術的演進。它不但是治學的工具、也是探索文化軌跡的媒介。譯書書目在書目中獨樹一幟，雖然是翻譯的副產品，因為記錄了文獻特徵，而為文化交流留下了稽考的線索，可據以反映地域（文化）間一定時間的交互關係。

清末明初，民智未開，康有為、梁啟超重視西學，為謀國富民強，分別編有《日本書目志》、《西學書目表》，以開啟國人視野，並鼓吹知識分子乃至市井庶民，多讀西書、認識西學、學習西政。當時的「譯書書目」走脫以往傳統的目錄印象，添增了「求新知、習西學、變文化」的時代色彩，成為古往今來眾多書目中的一個特殊現象。

1952 年，錢存訓撰 “Western Impact on China Through Translation”（〈譯書對中國現代化的影響〉），錢先生具有精湛的目錄學素養，在圖書館工作 50 餘年，一生致力東西文化交流的研究。他取材譯書書目，並善用書目計量方法，分析譯書對中國現代化的影響。自此，譯書書目成為一個重要的歷史材料，被提昇到文化史的研究領域內。1980 年，香港大學編《中國譯日本書綜合目錄》、《日本譯中國書綜合目錄》，主編譚汝謙並撰有〈中日間譯書事業之過去現在與未來〉，從其中看的出受到錢存訓前文的影響。2006 年，日本編《翻訳圖書目錄：明治、大正、昭和戰前期》，之後 2012 年大陸編《近代漢澤西學書目提要：明末至 1919》，分別收錄了大量日本及中國在現代化過程中所翻譯的西書。

[*] 第五、六章。國立臺北大學歷史學系講師
[**] 第一至四章。國立臺北大學歷史學系兼任副教授

以上這些材料以及過去的研究成果相當可觀，促使本文進行譯書書目和現代化關係的探討，包括：譯書書目和以往的書目有何不同？它有沒有什麼特殊的意義？如何將書目作為研究的材料？透過新發現的材料（即上述2006《翻譯圖書目錄》及2012《近代漢譯書目提要》）可以說明什麼？和以前的研究互相比較，有沒有新的看法？這些問題形成了本文的研究動機。

本文有兩個目的，分別是：一、介紹譯書書目的時代意義；二、從譯書書目中找尋現代化的線索。「西學東漸」對中國和日本是一個極為廣泛而且複雜的課題，本文縮限在「譯書書目」這個角度來作初步的查考，並且嘗試以「日本對中國社會思潮的影響」這個子題來進行書目的查考和相關討論。

貳、書目、譯書書目與學術文化的關係

一、書目與文獻的關係

書目，或稱目錄。記載各書書名、著者、版本、出版年、出版地、出版者，間附價格、著者生平、圖書內容、授受源流、收藏處所等，內容詳簡不一，多按分類排列。[1] 書目的功能在於：（一）瞭解典籍概貌，包括其收藏、傳布及存佚；（二）洞察古籍情況，據以考證圖書的真偽、存佚、篇卷分合、書名異同及版刻源流；（三）指導治學門徑，不僅使人即類求書、因書究學，也提供辨章學術、考鏡源流；（四）提供檢索文獻。[2] 所以，書目不但是治學的利器，也是人類知識、文化、學術的總目錄。藉著書目，可以得到整個學術系統的概念、發展的全景並瞭解各科專籍的數量比例。

知識爆發，出版品激增，查找文獻耗時費力，人們轉而尋求另一種簡便的檢索方式，就是利用目錄來查尋文獻。目錄包含了文獻的外表特徵，並反映其內容性質，相當於文獻的代表。目錄依序排列而成為書目，書目遂成為文獻的替代品，它不但可以被貯存，也可以被檢索。這就是利用書目的特性來檢索文獻的原理，換言之，掌握了書目即控制了出版品。1950年，聯合國教科文組織（UNESCO）為此創造了一個新名詞，稱“Bibliography Control”（中譯「書目控制」），其定義是：

---

[1] 顧力仁，〈書目〉，胡述兆總編輯，《圖書館學與資訊科學大辭典》（臺北：漢美，1995），（網址：http://terms.naer.edu.tw/detail/1681689/）（上網日期：2015.3.15）。

[2] 顧力仁，〈書目〉，《圖書館學與資訊科學大辭典》。

書目控制是去控制所有以文字寫成和所有業經出版的記錄。這些記錄通常是為了製作書目所必須；同時也是由書目所提供。而書目控制同時也在研究如何透過各種書目，使檢索更為容易。換句話說，醫學書目控制的目的，也就是透過目錄使獲得醫學資訊更為方便。[3]

二、翻譯與譯書書目

翻譯為人類知識溝通以及文化交流之間的重要方式，尤其當文化背景迥然不同時，譯書除了傳達知識以外，更扮演了不同類型文化之間的媒介。有人稱譯書書目是「變動時代背景下的特定產物」、[4]也有稱其為「外來知識大輸入的歷史紀錄」，[5]由這兩種描述中，分別顯示了譯書書目的特殊功能，也就將不同的文化及社會在接觸乃至於碰撞之中，所產生的歷史文獻軌跡記錄下來。

在中國歷史上，有若干次大規模的東西文化接觸，包括：漢末到唐宋間的印度佛教傳入，明清之際的西方科技引進，以及清末民初的西方政治思想與文化的東漸。這三個時期分別帶來大量的翻譯作品，也產生不少譯書書目。

以下列舉三部重要的譯書書目，從其編輯動機和內容構成中，可以觀察到「譯書書目」這個媒介對於文化所發生的影響力。

（一）開元釋教錄

二十卷，唐開元 18 年（730）智昇撰編，現存最翔實的佛典目錄。本目錄記載正確，分類合宜，為歷來大部分藏經所沿用，後世藏經組織大體依據本經錄，此錄體例完善，條理清晰，而且分類細緻，考證精詳，為經錄中集大成的著作。[6]

智昇在卷首稱：

---

[3] 林呈潢，《我國書目控制工作及其發展史》，文化大學史學研究所碩士論文，1983 年，頁 16-7。

[4] 郭建佑，《明清譯書書目之研究》，輔仁大學圖書資訊學系碩士論文，2007 年，（網址：http://web.lins.fju.edu.tw/thesis/9511142_49310602.pdf）（上網日期：2015.2.2），頁 2。

[5] 魯軍，〈第二次外來知識大輸入的歷史記錄——論清末譯書書目〉，《資料工作研究》2 期（1982），頁 34-40。

[6] 妙淨，〈佛經目錄解題筆記〉，《佛教圖書館館訊》29 期（2002 年 3 月），（網址：http://www.gaya.org.tw/journal/m29/29-join.htm）（上網日期：2015.2.2）。

> 夫目錄之興也，蓋所以別真偽，明是非；記人代之古今，標卷部之多少；摭拾遺漏，刪夷駢贅。欲使正教綸理金言有緒，提綱舉要歷然可觀也。但以法門幽邃化網恢弘，前後翻傳年移代謝，屢經散滅卷軸參差。復有異人時增偽妄。致令混雜難究蹤由。是以先德儒賢製斯條錄。今其存者殆六七家。然猶未極根源，尚多疎闕。昇以庸淺久事披尋。參練異同指陳臧否，成茲部帙，庶免乖違，幸諸哲人俯共詳覽。[7]

智昇充分認識到目錄具有「辨章學術，考鏡源流」的功能，而佛典文獻隨著時代的變遷，有增有減，藉著目錄才不至湮沒。

本目錄的特色包括：[8]

1. 前 10 卷為總錄，著錄後漢到唐開元 18 年（730）所譯、所撰佛教經典；後 10 卷為別錄，分別為有譯有本錄、有譯無本錄、刪略繁重錄、補闕拾遺錄等。
2. 前 10 卷總錄包括 19 個朝代所譯的佛典。每錄都先記朝代、都城、帝系、年號、譯家（兼及作家）人數，所譯（兼及所撰集）的典籍部數卷數，並註明存缺。然後再按譯人（及撰人）詳細記載所譯（和所撰集）的典籍、名題、卷數、譯時、譯地、筆受潤文者、單重譯等，及各人小傳。還列有失譯的經，附在每一朝代錄之末。

（二）西學書目表

梁啟超於光緒 21 年（1895）著，就咸豐 5 年（1855）至光緒 23 年（1897）間 40 餘年的西學譯書所編的總目，收錄譯書共 352 種，附卷 293 種。旨在提供國人讀西書門徑。書目分為西學、西政以及雜類三卷，上卷為西學諸書，包含算學、重學、電學、化學、聲學、光學、汽學、天學、地學、全體學、動植物學、醫學、圖學等；中卷為西政諸書，包含史志、官制、學制、法律、農政、礦政、工政、商政、兵政、船政等；下卷為雜類之書，包含遊記、報章、格致總、西人議論書及無可歸類之書。

7　（唐）智昇撰編，《開元釋教錄》，中華電子佛典協會（CBETA），CBETA 電子版 No. 2154（網址：http://web.lins.fju.edu.tw/thesis/9511142_49310602.pdf）（上網日期：2015.2.2）。

8　妙淨，〈佛經目錄解題筆記〉。

在〈序例〉中，梁啟超說明編輯的動機為：

> 今以西人聲光化電農礦工商諸學，與吾中國考據詞章帖括家言相較，其所知之簡與繁，相去幾何矣！兵志曰：知彼知己，百戰百勝。人方日日營伺吾側，纖悉曲折，虛實畢見，而我〉猶枵然自大，偃然高臥，非直不能知敵，亦且昧於自知。坐見侵陵，固其宜也。故國家欲自強，以多譯西書為本。學子欲自立，以多讀西書為功。……此三百種者，擇其精要而讀之，於世界蕃變之跡，國土遷異之原，可以粗有所聞矣。抑吾聞英倫大書樓所藏書，凡八萬種有奇。今之所譯，直九牛之一毛耳。西國一切條教號令，備哉粲爛。實為政治之本，富強之由。[9]

梁啟超認為「多譯西書，多讀西書」是強國立民的良法，他精擇當時所出的譯書，以鼓吹西學，開啟民智。

本目錄的特色包括：

1. 分為西學、西政以及雜類等三類，不但從西學、西法可知其內容，就是雜類也包括遊記、報章、格致總、西人議論書，這是一個選擇性的月讀書目，具有閱讀指導的含意，也表達出梁啟超鼓吹西學、變法維新的政治目的。
2. 在著錄方面，提供了每種書的書名、撰譯年號、撰譯人、刻印處、本數、價值，並在表上加「圈識」，下加「識語」，分別指出其優劣、程度深淺和讀法等。

（三）中國譯日本書綜合目錄

《中國譯日本書綜合目錄》及《日本譯中國書綜合目錄》兩部目錄同時編輯，為姐妹作品。由實藤惠秀監修、譚汝謙主編、小川博編輯，1980 年香港中文大學出版。前書收錄譯書自 1883（清光緒 9 年）至 1978 年，後書自 1660（清順治 17 年）至 1978 年。兩書收錄譯書學科（大類）及數量如表 1。[10]

---

[9] 梁啟超，〈西學書目表序例〉，《飲冰室合集》（北京：中華，1989），第 1 冊，頁 122-123。

[10] 見譚汝謙，〈中日之間譯書事業的過去、現在與未來（代序）〉中「表一　中日之間譯書統計表（1660–1978）」。譚汝謙主編、小川博編、實藤惠秀監修，《中國譯日本書綜合目錄》（香港：中文大學出版社，1980），頁 39。

表 1　中日之間譯書統計表（1660–1978）

類別 書數 譯文別	總類	哲學宗教類	自然科學類	應用科學類	社會科學類	歷史地理類	語言文學類	美術類	合計
中譯日文書	65	378	582	1,405	1,528	591	1,015	201	5,765
日譯中文書	35	569	55	283	1,004	315	1,017	27	3,335
合計	100	947	637	1,688	2,532	906	2,032	258	9,100

兩部目錄分別依據「中國圖書分類法」及「日本十進分類法」排列，每一部譯書注明：中（或日）譯書名、原著者、譯校者、出版地、出版者、出版年、冊、頁數等基本資料，間附版次、開本、版式、定價、叢書名、原書名（及出版年）、附錄、內容摘要等。

本目錄的特色包括：

1. 檢索方便：目錄的本身依照分類排列，然而附書書名、著者及譯者三種索引，索引首字可從四角號碼、漢語拼音及日本語讀音來檢索，適合不同地區使用。
2. 超越工具書，是探討中日翻譯的重要論著：譚汝謙於書前撰〈中日之間譯書事業的過去、現在與未來（代序）〉，長達十萬字，分期論述 300 年來中日譯書事業的發展及其影響，並附 33 幅分門別類的圖表，並增本目錄的學術價值。

金耀基稱《中國譯日本書綜合目錄》是「清末以來中譯日書的總目」，而《日本譯中國書綜合目錄》是「明治以來日譯中書的總結」，兩者具體展現出三百餘年來中日文化交流的一個清晰面貌。[11]

三、譯書書目與文化交流

長久以來，人們不斷設想新的方法來處理激增的文獻，除了利用書目駕馭文獻的功能來掌握控制文獻以外，也採取計量方法來分析書目，以瞭解文獻的變化，進而探索文化的脈絡，此即所謂的「書目計量」。

---

[11] 金耀基，〈中日之間社會科學的翻譯（代序）〉。譚汝謙主編、小川博編、實藤惠秀監修，《中國譯日本書綜合目錄》，頁 31。

書目計量法或稱為書目計量學（Bibliometrics），是以書目、目錄和主題為對象，利用統計、數學和邏輯方法，對它們所涵蓋的特質，作個別或集體的研究和分析。[12]

錢存訓曾採取譯書書目，並利用書目計量，撰有〈近代譯書對中國現代化的影響〉，[13]是早期應用書目計量最好的例子。錢存訓撰寫該文的動機在於：

> 自19世紀中葉以來，翻譯外文成為中國政府走向現代化的一種特殊措施,因此翻譯的題材和原著的來源，常指示近代中國思想界的大勢以及政府政策的方向。至於各時期譯書的性質和數量,也反映出譯書的動機和知識界趣的一般趨勢。……近代中國的許多政治家和知識界的領袖，每多不諳外國語文，他們的西方知識大多來自中文譯本。從清末以來的各種譯書目錄，可見翻譯在中國的特殊重要性。[14]

錢文「以計量方法，研究和分析譯書在中國近代史上所反映的西方文化對中國現代化所產生的影響」，[15]他將近代的譯書活動分為耶穌會士、新教傳教士、政府和私人以及 20 世紀四個階段，進行 16 世紀末到 20 世紀初中國引進譯書的統計、分析和歸納。

在以上四個階段中，他提出了相對應的譯書書目來進行學科、語文以及數量的分析，並且分別列表顯示。綜合整併為表 2：[16]

---

[12] 彭慰，〈書目計量法〉，胡述兆總編輯，《圖書館學與資訊科學大辭典》，（網址：http://terms.naer.edu.tw/detail/1681681/）（上網日期：2015.3.15）。〈書目計量法〉又述及：「英國專利局圖書館館長胡爾梅（E.Wyndham Hulme）在該國劍橋大學發表了 2 篇有關書目的演講。在演講中，他認為人類文明的發展和人類知識活動的紀錄，亦即文獻，有著非常密切的關係。他並說書目、教育和研究是人類思想的 3 大產品。而世界文明的水平，就在這 3 種力量的共同影響和衝擊下，獲得實踐、持續和推廣。在胡爾梅心目中，書目是一種「組織知識記錄（文獻）的科學」，而且具有濃厚的國際色彩。假如文獻是人類思想的一面鏡子，那麼人類文明程度的變化，在不同時期的文獻中，就會顯露無遺。他便根據這個假定，以主題書目為對象，為書目和文明二者間進行銜接相關的統計分析和研究。」

[13] 錢存訓，〈近代譯書對中國現代化的影響〉，《錢存訓文集》（北京：國家圖書館，2012）第 3 卷，頁 192-216。

[14] 錢存訓，〈近代譯書對中國現代化的影響〉，頁 192。

[15] 錢存訓，〈近代譯書對中國現代化的影響〉，頁 192。

[16] 錢存訓，〈近代譯書對中國現代化的影響〉，頁 209-212。

表 2 近代譯書學科、語文、數量及資料來源分析表

階段	起迄時間	總數	各學科譯述所佔的百分比	引用書目（資料來源）
耶穌會士的譯述	1580–1799	437	基督教（天主教）57%，其他自然應用科學30%，人文科學13%。	Loouis Pfister, *Notices biographiques et bibliograhiques sur les Jesuites de L'ancienne mission de Chine, 1552–1773* (Shang Hai : Imprimere de la Mission Catholique, 1932–1934), 2 vols ; Hnri Bernardd, "*Les adaoptations chinoises d'luvraes europeens, 1514–1688*", Monumenta Serica 10(1945), pp.1-57, 309-388; "..., 1689–1799", op. cit 19(1960), pp.349-383.
基督教傳教士的譯述	1810–1867	795	基督教86%，人文科學6%，自然應用科學6%，雜錄6%。	Alexander Wylie, *Memorials of Protestant missionaries to the Chinese* (Shanghai : American Presbyterian Mission Press,1867), pp.314-331.
十九世紀後期的譯書	1850–1899	567	史地10%，社會科學8.1%，自然科學29.8%，應用科學40.6%，其他11.5%。	徐維則（號以愻），《東西學書錄》（上海，1899），二冊。
二十世紀初期的譯書	1902–1904	533	史地24%，社會科學25.5%，自然科學21%，應用科學10.5%，其他19%。	顧燮光，《譯書經眼錄》（杭州，1934），二冊。
民國時代的譯書	1912–1940	5,299	哲學4.7%，文學27.6%，社會科學25.5%，自然科學14.6%，應用科學10.8%，其他16.8%。	平心編，《全國總書目》（上海：生活書店，1935）。此書目收錄1912–1940年所出版新書計二萬種中，列入4,159種譯本；又圖書季刊英文版, 1935–1940年，收錄譯本1,140種。

就對外關係與譯書的互動而言，錢文歸納為以下兩點，分別是：[17]

（一）對外關係和譯書所反映的文化關係成正比，也就是外交關係越密切，譯書則愈多，從 1850–1899 年間的譯書中 50% 譯自英國，約略為鴉片戰爭到甲午戰爭的半世紀間，這和英國在當時在華的獨占勢力有關。其後從中日戰爭到五四運動，日本崛起，日文譯作高達總數的 50%。自民國成立到 1949 年，英美作品構成譯品總書的 56% 以上。

（二）在西化輸入中國的過程中，日本扮演著重要的角色。特別是關於經濟、

[17] 錢存訓，〈近代譯書對中國現代化的影響〉，頁 213。

政法、農業和醫學方面的著述。1927年左翼文學在中國興起，日本提供了大量的翻譯素材，在1880–1940年間，譯自日為文的2,204種著作中，最高的百分比是社會科學，其次是自然和應用科學、文學和其他學科。

錢文在結語中，將各階段所涉及的學科、語文及譯書數量綜合，整理為「近代譯書所涉及的主要知識領域1580–1940（表）」，[18] 並加以分析，現歸納成以下三點：

（一）人文和社會科學在過去的譯書中占主要地位，其總數達70%，而自然科學和應用科學僅占27%。

（二）文學所佔的比例最高，這些西方作品大半由於政治和社會改革的動機。

（三）翻譯的素材代表25個國家以上的著述，以英、日、俄文的作品為最多，其中有些是轉譯而非譯自原文。

錢文具體的貢獻包括以下兩點：[19]

（一）在方法上，以計量方式研究、分析譯書所反映的西方文化對中國現代化的影響，亦即為分析書目的內容，進而追溯文化的長成。

（二）從上述分析所達到的結論，有助於瞭解中國近代文化的形成過程以及出版在近代社會轉型中的作用。

參、近代中國譯書書目的發展

一、演進歷程及編纂動機

西學引進，帶動翻譯風潮、也開啟了譯書書目的編纂。徐光啟早於明崇禎4年（1631）編《曆書總目表》，傅蘭雅於清光緒6年（1880）編《江南製造局翻譯西書事略》附目，康有為《日本書目志》、梁啟超《西學書目表》繼之，徐維則、顧燮光陸續輯有《東西學書錄》（及增版）、《譯書經眼錄》，民國後徐宗澤《明清間耶穌會士譯著提要》、譚汝謙《中國譯日本書綜合目錄》體例嚴謹，具學術影響力。

[18] 錢存訓，〈近代譯書對中國現代化的影響〉，頁212-214。

[19] 參考張志強，〈錢存訓先生對中國出版史研究的貢獻〉，《出版科学》，（網址：http://www.cbjzw.org/yanjiutiandi/2015-03-24/22.html）（上網日期：2015.4.15）。

根據統計，明末清季譯書書目共有 47 種，[20] 若加上民國以後，數量更多。在古今各種不同體例的書目之中，譯書書目的數量可稱夥繁，實具有特殊意義。

根據內容，明清兩季的譯書書目可分為專科、綜合的及機構出版等三種類型，專科型又可分為宗教和自然科學兩類，各類型的代表作品及說明如表 3：[21]

表 3　明清譯書書目類型、代表作品表

類　型	細類	譯書書名	著譯著	刊行時間	說　　明
專科型	宗教	泰西著述考	王　韜	1889	介紹明末清初耶穌會士譯書
	自然科學	曆書總目表	徐光啟	1631	翻譯西方曆書
		農務要書簡明目錄	傅蘭雅	1896	
綜合型		西學書目表	梁啟超	1897	西學書目
		日本書目志	康有為	1897	第一部東學書目
		中西學書錄	徐維則		包含東學及西學
機構出版目錄		江南製造局譯書書目	傅蘭雅	1880	共五種

為什麼這麼多的譯書書目一時紛起？這與其編輯動機實有關係。一般書目具有紀錄、傳布的功能，而譯書書目的編輯動機則更加多元，包括：[22]

1. 介紹西學、推廣譯書：如傅蘭雅《江南製造局譯書事略》附目。

2. 經世致用下援引西學：如梁鐸《若水齋古今算學書錄》。

3. 維新變法與新民之道：如康有為《日本書目考》、梁啟超《西學書目表》。

仔細推敲起來，其實譯書書目在所呈現的譯書之下，和當時的社會、政治以及文化的需要息息相關。

至於譯書書目的編纂體例則由簡至繁，逐步演進。為了將西學推廣普及到社會大眾、譯書書目對於譯書的各種訊息，力趨完整。除了書名、卷冊數、撰譯及筆述等基本資料以外，並且包括附圖、校對、出版及書價等。梁啟超《西學書目表》分別著錄書名、圖識、撰譯人、刻印處、冊數、價值、識語。「圈識」是在書名下加圈，以表明該書優劣；識語有如批評，如「簡而頗備」，以指導閱讀。若干譯書書目更附有提要，如陳洙《江南製造局譯書提要》、

[20] 郭建佑，《明清譯書書目之研究》，頁 20。

[21] 郭建佑，《明清譯書書目之研究》，頁 62-90。

[22] 郭建佑，《明清譯書書目之研究》，頁 91-98。

徐宗澤《明清耶穌會士譯著提要》，對瞭解原書梗概大有助益。譚汝謙《中國譯日本書綜合目錄》，著錄6,000種譯書，每種都予以分類並提供分類號，再按學科分類編排；並在書後附有詳備的輔助性索引，以便從書名或著譯者分別找尋該譯書，提供了多種檢索途徑，深符工具書的編輯標準。

二、集大成的漢譯西學書目提要

《近代漢譯西學書目提要：明末至1919》（以下簡稱《近代漢譯西學書目提要》是一部集東西譯書大成的重要目錄，該書目由張曉編著），2012年由北京大學出版社印行。收錄明末至民國初年（1919）之間出版的5,179種中譯西書文獻，包括日文西學書籍的中譯本在內，也兼收《格致滙編》、《小說月報》等學術期刊的重要篇目，為迄今最完整的中譯譯書書目。明末至1919年的近250年間，在中國歷史上為東西文明的衝突蛻變期。譯書記錄了「西學東漸」的演進與軌跡，在中國文化史，包括中外文化交流和近代出版文化，都具有深刻意義。

該書目依學科分類，同類圖書再按出版先後排列，重要類目以及包含的譯書種數詳如表4：[23]

表4　張曉《近代漢譯西學書目提要：明末至1919》重要類目及譯書種數表

大　類	重　要　類　目	譯書種數
人文科學	哲學、心理學、宗教、文化、教育、體育、語言、文字、文學、藝術、歷史、傳記、考古、各國禮俗、地理	2,707
社會科學	總論、政治、法律、軍事、經濟	1,165
自然科學	總論、數理科學、化學、天文曆法、測繪學、地球物理、氣象學、地質學、礦物學、自然地理學、生物科學	751
應用科學	醫藥、衛生、農業科學、工業技術、交通運輸	631
綜　合	綜合性圖書（叢書、類書、辭典、年鑒、雜著、書目）	25

譯書凡同書異名皆視作一種，譯著不同別另分作兩種；版次卷數變動不大當作一種，內容修訂較大，則另作一書。[24]

---

[23] 根據目錄所統計，見張曉，《近代漢譯西學書目提要：明末至1919》（北京：國家圖書館，2012），「目錄」，頁41-52。

[24] 張曉，《近代漢譯西學書目提要：明末至1919》，「凡例」，頁39。

每種譯書著錄流水號、書名、原著者（考其國別、中譯名、原名）、譯者、校潤者、出版資料、印製方法、冊數以及提要。提要包括原文書名、原著文種、原著者簡介、中譯本內容提要、版本變遷等，或由編者自撰或取材於相關論述，惟少部分付闕。[25]

前有導論一篇，後有書名索引、著譯者索引、主要徵引書目及後記。試舉書影一頁（圖 1），以知其著錄方式及提要內容。[26]

本書目具有幾個特色，分別是：

（一）尋索文化趨勢脈動的編輯旨趣

編者曾服務於北京大學圖書館，在答覆讀者詢問時，觸發了編纂近代譯書目錄的動念，他說：

> 中國文化從古代向現代演進，西學東漸是其源頭，傅斯年先生說「史學就是史料學」，我感到編纂一部近代譯書目錄之類的工具書，對於中國文化史的建設是十分重要的，各個學科均可在其中找到自身的近代源頭。……[27]

（二）徵引多方，詳確有據

本書附有「主要徵引書目」，[28] 收錄 40 餘種資料來源，除了若干重要的譯書書目，如《增版東西學書錄》（徐維則編、顧燮光補輯）、《譯書經眼錄》（顧燮光輯）、《明清間耶穌會士譯著提要》（徐宗澤）、《近百年來中譯西書目錄》（國立中央圖書館）、《中國譯日本書綜合目錄》（譚汝謙、小川博）等目錄以外，也包含了若干專科目錄，例如《中國科學史原始資料目錄索引》（郭正昭）、《晚清戲曲小說目》（阿英）、《民國時期總書目》（北京圖書館）以及其他個人專著，如《西學東漸與晚清社會》（熊月之）、《明清數學史論文集》（梅容照），由此可知編輯態度慎重，自非一般「以目輯目」的書目所可比擬。

（三）分類細密，易於尋檢

本書目採用學科分類，實際上是參考《中國圖書館圖書分類法》第四版。

---

[25] 張曉，《近代漢譯西學書目提要：明末至 1919》，「凡例」，頁 39-40。
[26] 張曉，《近代漢譯西學書目提要：明末至 1919》，頁 160。
[27] 張曉，《近代漢譯西學書目提要：明末至 1919》，頁 737。
[28] 張曉，《近代漢譯西學書目提要：明末至 1919》，頁 735-736。

便於就學科、時間以及數量來進行統計，例如社會科學下的「政治、法律」下再分為政治理論……外交國際關係、法律等多類目；而法律之下又再分為法學理論乃至民法、刑法、訴訟法、國際法等小類。另以文學為例，其下依照地區，再分為世界文學、中國文學以及日本、印度、阿拉伯、歐洲、古羅馬、英國、法國、挪威、丹麥、比利時、荷蘭、德國、瑞士、匈牙利、波蘭、俄國、意大利、美國等地文學。如此細密的分類對於讀者來說，方便按圖索驥，但也可以想見編輯上的耗時費力。

本書目發揮以下兩項功能，包括：

（一）追尋當代多門學科的近代源頭及發展軌跡

本書目若干提要內註明係屬某學科初次引進的譯書，可以籍知該學科在中國的起源，並能從學科內譯書刊行的先後瞭解發展的軌跡。茲摘錄如表 5：

表 5　張曉《近代漢譯西學書目提要：明末至 1919》
內所列初次譯書書名及學科表

學科名	譯書書名	著譯者	刊行時間	說　明	流水編號
羅輯學	名理探	傅汎際	1631		0027
心理學	性學觕述	艾儒略	1646		0084
	西國記憶	利瑪竇	1595	第一部神經學著作	0101
法醫學	法律醫學	該惠連	1899		1275
語言、文字	西儒耳目資	金尼閣	1626	第一部羅馬字注音專書	2115
代數	代數學	棣麼甘	1859	第一部使用西方數學通用符號	3913
幾何	幾何原學	歐幾里德	1607	西方傳教士翻譯科學之端，第一部西方數學	3946
力學	重學	胡威立	1859	首次介紹牛頓運動定律	4031
聲學	聲學	田大里	1874		4084
光學	遠鏡說	湯若望	1626	第一部介紹光學知識	4091
	光論	艾約瑟	1853	第一部系統光學專著	4092
	光學，附視學諸器說	田大里	1876	第一部波動光學	4094
化學	化學初階	韋而司	1870	西方化學初譯本	4137
	化學鑒原	韋而司	1872	第一部介紹道爾頓原子論、物質不滅定律、定比定律和倍比定律	4138
	化學鑒原續編	蒲陸山	1875	第一部有機化學教材	4140
分析化學	化學分原	蒲陸山	1872		4208

學科名	譯書書名	著譯者	刊行時間	說　明	流水編號
天文曆法	渾蓋通憲圖說	利瑪竇	1607	首次介紹黃道坐標系、晨昏朦影、日月五星大小遠近、月食定經度等	4225
地質學	地學淺釋	雷俠兒			4359
基礎醫學	全體新論	合信口	1851	第一部介紹西方生理解剖學	4584
葯物學	葯露說	熊三拔	1618	第一部西洋葯劑學	4722
工業技術	奇器圖說	鄧玉函	1627	第一部機械工程學	4945
	脫影奇觀	德貞	1871	第一部西洋照相	4961
輕工業、手工業	造洋飯書	高第丕夫人	1866	第一部烹飪西方飲食	5088

除以上摘自該書目提要以外，其他想必多有。正由於本書目的分類的分類細密，才能從不同的大小學科之中去窺見西方知識對中國的啟蒙及其發展的軌跡。

（二）重要譯書加以提要，勾勒書旨，具閱讀指導之效

若干提要除了詳述版本、勾勒內容外，並且深入評騭，進達辨證品評的效益，試舉例說明如下：

〔例一〕

4224　崇禎曆書

……崇禎曆書根據的天文學理論是第谷宇宙模型，它是介於托勒密體系與哥白尼體系之間的宇宙理論，崇禎曆書否定了托勒密的模型，翻譯了哥白尼《天體運行論》六卷的目錄，採用了哥白尼的部分數據，並注明「此依哥白尼」，對開普勒的天文學成就也有所採用。

第谷的觀測數據在當時歐洲天文學界屬空前精確，崇禎曆書主要採用的是第谷的觀測數據以及徐光啟等人最新的實測數據。

……崇禎曆法的編纂標志著我國天文學步入近代階段，然而它沒有採用更為先進的哥白尼理論體系，不能不說是一個很大的遺憾，也為後來者所詬病。[29]

[29] 張曉，《近代漢譯西學書目提要：明末至1919》，頁499。

〔例二〕

4262 談天

……《談天》是在中國天文學界與西方天文學隔絕了一百年後再傳入的西方近代天文學著作。早在十八世紀初，以哥白尼日心地動說為基礎的開普勒行星運動三定律，已是歐洲天文學家公認的真理，……以阮元為代表的一大批學者……頑固的抵制和批判，……是一種與西方天文學方向完全相反的潮流，因此本書的翻譯出版，在晚清有很大影響。[30]

本書目提供西學影響的線索，略如下述：

1. 由思想、學術、科學技術普及到民生需用

西學引進不祇對社會思想、學術發展有所影響，也普及到民生需用，以本書目所列「工業技術」下的輕工業、手工業為例，收錄了 35 部譯書，含蓋有關農產製造、紡織、製錄、漂染、磨麵打米、製酒、製茶、製糖、皮革、製紙、寫字機、水電燈具、烹飪等，顯見譯書對民生的裨補。[31]

2. 法政以日譯為主，科技以歐西為多

中日毗鄰，法律系統相同，清末民初國人赴日學習法政、軍事蔚為風潮；然而歐西科學技術萌芽早，進展快速，影響深入而廣泛。

肆、近代日本譯書書目的發展

一、幕末西學輸入及明治後譯書書目

唐宋以來，中日交流密切，漢籍持續東傳。日本於幕府時代鎖國，禁絕西學（書）輸入，直到幕末稍變，幕府時期西書輸入始末如下所述。[32]

寬永三年（1626）長崎頒令禁止耶穌會書籍流入，[33] 直到寬文 12 年

---

[30] 張曉，《近代漢譯西學書目提要：明末至 1919》，頁 505-506。其他如 4425《天演辨證二種》，也有所評述。

[31] 張曉，《近代漢譯西學書目提要：明末至 1919》，頁 596-599。

[32] 牧野善兵衛，《德川幕府時代書籍考》，收入嚴靈峰編輯，《書目類編》（臺北：成文，1978）冊 105，總頁碼 46614-46837。

[33] 牧野善兵衛，《德川幕府時代書籍考》，6A，頁 46633。

（1627）荷蘭人入貢萬國地圖。[34] 元祿 4 年（1691）神田臺大成殿造成，諸大名寄放殿內的書全係漢籍。[35] 元祿 11 年（1698）頒令 38 種禁書，全為漢籍，且幾乎都是漢譯西書，包括天學初函、職方外記、辨學遺牘、天學原本、交友編、泰西水法、幾何原本、天主實義、渾蓋通憲圖說、西學凡……等。

文化 8 年（1811）大槻玄澤奉命翻譯泰西書籍，是幕府譯西書的嚆矢；同時民間也開始翻譯西書，第一部出版的西書是《蘭學階梯》。[36]

文政 7 年（1824）天文方足立左內翻譯魯西亞（Russia）學筌，受賜白銀。[37] 天保 11 年（1840）下令天文方關蘭書翻譯事如下：關於蘭書曆書、醫書、天文書等究理書籍之翻譯，除內部有關人士外，不得隨意散布民間；文化年間（1804–1818）已訂頒蘭書注意事項，要求官員多加留意，現重新下達通知。[38] 天保年間諸蕃出版書目以及當時的官板書目錄都不載西書。[39]

安政 2 年（1855）設置「蕃書調所」，後稱「洋書調所」又改稱「開成所」。[40]

安政 6 年（1859）令頒購買西洋書：過去許可之西洋書籍，以及現今神奈川、長崎、箱館等開港（1859 年日米修好通商條約）等地，自外商直接購買之書籍，必須向運上役所（租稅機關）提出並經許可，若有涉及禁令或宗教之書籍將嚴罰；派駐幕府的子安鐵五郎與堀達之助至橫浜與箱根，檢閱此類書籍。[41] 同年洋書出版熱潮，江戶有桂川氏之和蘭字彙，宇田川、箕作、杉田等先生，以及大阪之緒方氏等人所譯著之兵書、醫書、理化學書，陸續出版，幕府與諸藩所出版書籍略記如後。[42]

萬延元年（1860）令頒修訂西書出版規定如下：原於弘化 2 年（1845）

---

[34] 牧野善兵衛，《德川幕府時代書籍考》，11A，頁 46643。
[35] 牧野善兵衛，《德川幕府時代書籍考》，15A-B，頁 46651-46652。
[36] 牧野善兵衛，《德川幕府時代書籍考》，50A，頁 46721
[37] 牧野善兵衛，《德川幕府時代書籍考》，52A，頁 46725。
[38] 牧野善兵衛，《德川幕府時代書籍考》，56A，頁 46733。
[39] 牧野善兵衛，《德川幕府時代書籍考》，分見 62B-63A，頁 46746-46748 及 64B-71A，頁 46750-63。
[40] 牧野善兵衛，《德川幕府時代書籍考》，83A，頁 46787。86B，頁 46794。87A，頁 46796。
[41] 牧野善兵衛，《德川幕府時代書籍考》，84B-85A，頁 46789-46790。
[42] 牧野善兵衛，《德川幕府時代書籍考》，85A-B，頁 46791-46792。

規定欲刊行天文、曆算、世界繪圖者，應向天文方提出草稿，蘭書翻譯、蘭方醫書等，應向天文方山路彌左衛門提出草稿。今蕃書調所升格，天文、曆算仍如既往向天文方提出草稿，而蘭書翻譯、蘭方醫書等，則向蕃書調所提出草稿，並將圖畫及刻好的書籍提出部分內容供送繳全調所收納。[43]

慶應 2 年（1866），大久保一翁獻萬國公報。[44] 安政年間，諸藩出版書目及幕府開成所出版書目列有西書，如海上砲術全書等。[45] 準開成所出版書目亦列出 10 種西書，其中包括萬國公法等 8 種係翻刻自漢譯，僅海軍砲術全書 1 種為日譯。[46] 另陸軍所出版書目，載有 11 種翻譯西書，其中包括築城典刑等 10 種為日譯，僅數學啟蒙 1 種為漢譯。[47]

由以上所述知日本至幕末對西學（書）才稍解禁，日本譯西書發軔於幕末，勃興於明治，以後雖源源不絕，但有關翻譯書目並不多見，茲以幕末至戰前作為收錄斷限，將有關譯書書目彙整如次：[48]

1. 幕末明治初期（1840–1887）解剖学書（内、外）目録について——とくに 19 世紀欧米解剖学書目録とその蘭訳書と和訳書との関係 阿知波五郎　東京《日本醫史學雜誌》22(3), 1976.7
2. 和蘭翻譯書目錄（稿本）　吉田治兵衛　天保 12（1841）
3. 訳書目錄，外人書翰目錄並建白雜件目錄〔稿本〕　1882
4. 西洋學家訳述目錄　穗亭主人　安政 1（1854）　東京：松雪堂再版　收入國書刊行會編刊文明源流叢書第 3
5. 原著訳書對照圖書目錄（社會經濟の部）　東京市立日比谷圖書館編刊　昭和 6（1931）
6. 蘭書翻訳書目錄稿（1–3）　蘭學資料研究會　昭和 35–36（1959–1960）
7. 諸官廳訳書目錄　東京內閣記錄局編刊　明治 22（1889）收入明治文化資料叢書第 7 卷書目編　風間書房　昭和 38（1963）

[43] 牧野善兵衛，《德川幕府時代書籍考》，85B，頁 46792。
[44] 牧野善兵衛，《德川幕府時代書籍考》，89A，頁 46799。
[45] 牧野善兵衛，《德川幕府時代書籍考》，90A-B，頁 46801。
[46] 牧野善兵衛，《德川幕府時代書籍考》，91A，頁 46803。
[47] 牧野善兵衛，《德川幕府時代書籍考》，91B，頁 46804。
[48] 資料來源：山口智哉教授提供；天野敬太郎編，《日本書誌の書誌》（東京：巖南堂，1973）第 1 冊總載編，頁 663-665。

8. 醫學藥學著訳書目錄　田中增藏　吐鳳堂　明治 27–28（1894–1895）
9. 明治初期翻訳書展　八波直則解說　高知：高知市民圖書館　昭和 35（1960）
10. 明治初期翻訳年表　佃實夫　思想の科學第 3A 號　昭和 40（1965）
11. 自明治元年至明治 23 年　翻訳書目錄第一次未定稿：日本における外来文化の受容と変容中村元　東京大學　1968　文部省科學研究費補助金研究成果報告書
12. 翻訳書目錄　第 1 次未定稿（自慶応 4 年至明治 23 年）　東京大學文學部文化交流研究設施日本文化カード小委員會　1968
13. 福田なをみ編 明治・大正・昭和邦訳アメリカ文学書目 東京：原書房，1968.3
14. 原著對照本邦翻訳書目錄　法律經濟社會　川崎操編
15. 翻訳圖書目錄（明治、大正、昭和戰前期）　全 4 卷　東京：伊紀國屋書店，2006

日本翻譯西書比中國晚起步約近二個世紀，然而明治以後舉國效行西法，譯書勃興，從明治、大正到昭和戰前（1868–1944）的 70 餘年間，譯書總量即多達 3 萬餘種。

早期，日本所編譯書書目體例不純、資料不豐，有似清單之類。然而近代所編則收錄詳備、體例完整。日外アソシエーツ株式会社嘗將 1867 年至 2013 年的翻譯圖書陸續編成 53 冊譯書書目，總數達 30 萬 4 千種。其中，《翻訳圖書目錄　明治、大正、昭和戰前期》一種收錄譯書最早，又跨越時間最長。明治至戰前為日本社會文化轉型的樞紐期，由此可見這部書目的重要性。

二、明治至戰前翻譯圖書的總目錄

《翻訳図書目録 明治・大正・昭和戦前期》（以下簡稱《明治至昭和戰前翻譯圖書目錄》）由日外アソシエーツ株式会社（日本對外協會公司）編輯，伊紀國屋書店於 2006 至 2007 年出版。

本目錄所收日譯西書自明治至戰前（1868–1944），包括 4 冊，前三冊分別是Ⅰ. 總記、人文、社會，Ⅱ. 科學、技術、產業，Ⅲ. 藝術、言語、文學，

第Ⅲ冊是總索引，Ⅰ至Ⅲ分冊收錄內容根據「日本十進分類法」的大類類名，各分冊收錄學科內容及譯書數量表列表6：[49]

表6　《翻訳図書目録 明治・大正・昭和戦前期》
各分冊收錄學科及譯書數量表

分冊內容	（日本十進分類法）類目	譯書筆數
Ⅰ.總記、人文、社會	總記、圖書館、學術、哲學、宗教、歷史、地理、社會科學、政治、經濟、教育、民俗	15,807
Ⅱ.科學、技術、產業	自然科學、醫學、工學、工業、產業	4,962
Ⅲ.藝術、言語、文學	藝術、運動、趣味、言語、語學、文學	12,436
		共計33,205

目錄依照譯書原著者名轉成五十音排列，姓在前名列後。機關、團體著者概如個人著者一般處理，同著者再依出版時間順序排列，出版時間相同者，再依書名的五十音順排列。

本目錄先以人（原著者）繫書，再依刊行時間排序，因而出現了一個特殊現象，就是該譯書縱然屬於「全卷」中的「單卷」，或卷之下的「分卷」，但是因為刊行時間不同，而仍然分別當作單冊排列，例如《マルクス（馬克斯）全集》有25卷，不作1種處理，而分別出現27次（卷7又分上、下）；另如《資本論》因篇幅多，卷下分冊，也產生類似情形。此外，書名雖同，但譯者不同、版本不同，都另立一條。以上方式固然便於瞭解刊行順序，但不免前後割裂，也不便瞭解該著者的譯書數量。

各分冊附有原著者外文名（ABC）與五十音並列的索引，並且詳列引用書名，包括明治、大正、昭和間《新刊圖書目錄》、《新刊分類目錄》、《予約配本》、《內務省納本摘錄》、《世界文學全集等》，可知本目錄採取「以目編目」的編輯方式，屬於回溯性質的書目。不過，要在眾多的目錄中，而且大部分是綜合性書目，披沙揀金地逐一將譯書挑選出來，頗為耗力。

日文採拼音制，與歐西一般，以拼音字母編排工具書，而上述「以人（著者）繫書」的體例，也是西方編製目錄的成法。如此方式，固然便於編製，卻失卻學科指引的功效，尤其綜合性的譯書書目，收錄廣泛，含蓋時間又長，

[49] 根據各分冊的凡例加總計算。見日外アソシエーツ編集，《翻訳図書目録 明治・大正・昭和戦前期》（東京：日外アソシエーツ發行：紀伊國屋書店發賣，2006-2007）。

所以這部《明治至昭和戰前翻譯圖書目錄》，在尋撿或查考上，都不如前述《近代漢譯書目提要》及《中國譯日本書綜合目錄》來的稱便。

譯書記載書名／副書名、各卷書名／副書名、各卷卷次、原書名、著譯者、出版資料、冊數、圖版、尺寸、叢書資料、注記、定價、內容細目及流水序號。試舉馬克斯（Marx, Karl Heinrich）為例，（下附書影〔圖2〕）在「マルクス，カール Marx, Karl Heinrich」之下收錄1919至1941年間所譯馬克斯著作凡146種／冊。[50]

再取其中1927–1928年所譯《資本論》為例，如下所示：

◇資本論　第1巻（第1冊，第2冊），第2巻，第3巻（上，下） カール、マルクス著，高畠素之訳　改造社　1927-1928　5冊 肖像　20cm 內容　第1巻　資本の生產行程　第2巻　資本の流通行程　第3巻　資本制生產の總行程　〔12827〕

不過，就每一種／冊譯書所提供的訊息而言，本目錄可謂詳備。不但原著者詳加查考，甚至連原書名也所見多有，出版資料也充分完整，尤其是「內容」說明，除了將合訂、全集所包含的子目篇名及譯者詳加註明外，間就書名加以解釋，以見書旨，如《米国の神話と現實》一書的內容註明「アメリカ經濟の限界點，他（マツクス，ビール）」。

編輯這部《明治至昭和戰前翻譯圖書目錄》的日外アソシエーツ株式会社（日本對外協會公司），素負盛名。該公司曾將所出版的十餘種工具書，包括系列《翻譯圖書目錄》在內，建置成電子參考資料庫，稱為“Nichigai E-reference Library”。[51]該資料庫可以將各別工具書（如翻譯圖書目錄）當作子庫來單獨檢索，也可以合併檢索。茲以「翻譯圖書目錄」這個子庫為例，內容包括1868–2013年的30萬筆西譯書目。檢索方式分為「全文檢索」以及「高級檢索」，前者可就書目內文進行全文檢索，後者包括書名、原書名、著者名、譯者名、出版年等檢索點，可任意組合進行搜尋。線上檢索對於查尋明治到戰前的3萬種／冊西譯書目不無方便之處，但是“Nichigai

[50] 日外アソシエーツ編集，《翻訳図書目録 明治・大正・昭和戦前期》，冊Ⅰ．總記、人文、社會，頁718。

[51] 日外アソシエーツ，“Nichigai E-reference Library”，（網址：http://www.nichigai.co.jp/e-ref/）（上網日期：2015.2.19）。

E-reference Library" 採用付費制提供 ID 進入，而且各西譯書目原來就沒有分類，縱使能從以上五個檢索點來查尋，但是所得到的結果也不盡有幫助。[52]

本目錄收錄明治到戰前日本譯書，有助於瞭解日本的西學引進、譯書種類以及諸學科的發展軌跡。

伍、從譯書書目看日本對中國社會思潮的影響

一、日本是中國輸入西學的重要媒介

錢存訓強調譯書已成為中國走向現代化的一種特殊的途徑，他認為從 1895 年中日戰爭至 1919 年五四運動，因日本維新後的崛起，對中國是一大刺激，由於中國的萎弱，面對西方列強的威脅，改革運動的主要目標在仿效日本，因而在 20 世紀之初，有近一萬名以上學生成群東渡，更有強調學習東洋和自日文翻譯遠較從西文直接翻譯為便捷的意見。以上種種為中譯日書事業創造非常有利的背景。[53]

西方文化輸入中國的過程中，日本扮演了極為重要的角色，大約在 1880–1940 年之間，譯自日文的 2,204 種著作中，最高的百分比是社會科學，其次是自然和應用科學、文學和其他學科，[54] 其中所顯示的意義、內涵及影響，非常值得探研。

二、中日譯書事業的蓬勃發展

從 1900 年到 1911 年 11 年間，來華的日本教習，有姓名可考的多達 430 人，這是譚汝謙引用汪向榮〈日本教習〉一文的數據，可惜為未刊稿，無法稽考。他又引用中島裁〈東文學社紀要，1906〉所提，光是 1906 至 1907 日本來華的教習即多達五、六百人，其中不乏飽學之士，[55] 包括：

---

[52] 其實明治到戰前所包含的譯書約 3 萬餘筆，若採日本十進分類法細分，僅分到大類（如哲學、歷史、社會科學……）以下的小類（如社會科學內的政治、法律、經濟、財政……），也不過 100 個類目，單就分類所需時力來說，尚非難事，端看是否採行。

[53] 錢存訓，〈近代譯書對中國現代化的影響〉，頁 209；譚汝謙，〈中日之間譯書事業之過去、現在與未來〉，頁 59。

[54] 錢存訓，〈近代譯書對中國現代化的影響〉，頁 211。

[55] 譚汝謙，〈中日之間譯書事業之過去、現在與未來〉，頁 60，譚汝謙多間接引用史料，若要深研，仍需查證，僅供參考。

東京帝大教授：服部宇之吉、剛田朝太郎

京都帝大教授：織田萬、矢野仁一

早稻田大學教授：松平康回、中島半次郎

廣島文理大學教授：北村澤吉

帝室博物館館長：杉榮三郎

另外著名文學家藤田豐八、田剛佐代治、長谷川辰之助、知名人士島田政雄（後農商大臣）、神田正雄（後眾議院議員）、中島裁之（後北京東文學社創辦人）、川島浪速（後張作霖顧問）。其間兼通中文的藤田豐八翻譯了〈物理學〉、吉城貞吉譯〈日本學校章程三種〉，鈴木虎雄譯〈經濟學要義〉等。在清末譯書工作上，這批日本教習的貢獻是值得深究的。

日本人士還在中國經營書店和投資印刷出版事業，例如金港堂原亮三郎和夏瑞方合資創辦商務印書館於上海（1897）、井上友次郎經營有鄰書局（1900）、田中安太郎設東華洋行、三島海雲設日華洋行、伊澤修二設泰東同文書局，出版或經銷譯書，對於推動譯書有直接間接的貢獻。[56]

另外日資的報刊亦如雨後春筍般建立，包括〈閩報〉（1897年福州）、〈同文滬報〉（1900年上海）、〈順天時報〉（1901年北京）、〈盛京時報〉（1906年瀋陽）、〈泰東日報〉（1908年大連），這些報刊刊載許多譯書，然後再出版單行本。[57]

中國方面，1896年京師同文館增設東文館，培育譯材，1897年康、梁在上海創辦大同譯書局，其宗旨為「以東為主，而輔以西文；以政學為先，而次以藝學」，[58] 1901年張之洞與劉坤一會奏，條例獎勵譯書具體辦法，力言譯書之中「既精而且速」者莫如譯日本書：

> 緣日本言政言學各書，有自創自纂者，有轉譯西國書者，有就西國書重加刪訂酌改者，與中國時令、土宜、國勢、民風大率相近。且東文東語通曉較易，文理優良者欲學翻譯東書，半年即成，鑿鑿有據。如此則既精而且速矣。[59]

---

[56] 譚汝謙，〈中日之間譯書事業之過去、現在與未來〉，頁60。

[57] 譚汝謙，〈中日之間譯書事業之過去、現在與未來〉，頁60。

[58] 譚汝謙，〈中日之間譯書事業之過去、現在與未來〉，頁58。

[59] 譚汝謙，〈中日之間譯書事業之過去、現在與未來〉，頁58。另參考黃福慶，《清末留日學生》（臺北：中央研究院，1975），中央研究院近代史研究所專刊，頁147-160，引用梁啟超，〈大同譯書局序例〉。

以日語為主要教學的東文學堂也紛紛開設，例如福州的東文學堂、杭州的日文學堂（1898）、泉州的彰化學堂（1899）、天津的東文學堂（1899）、廈門的東亞學院（1900）、北京的東文學社（1901）等。[60]

這些學堂多為日本人創辦，間有中國官紳經營管理的。羅振玉於 1897 在上海創辦的東文學社成績尤其卓著，其訓練造就的學生王國維、樊火青清、薩端、吳爾昌、沈竑、陳貽範、陳貽範、胡濬康等，成為甲午戰後第一批譯書的執筆者。[61]

1900 年以後，隨著留日學生學養漸豐，成為中國譯日文書的主力軍，他們在東京成立組織譯書團體、有譯書彙編社、湖南編譯社、教科學譯輯社、會文學社、國學社、東新譯社、閩學等。有的團體發行定期刊物、例如譯書彙編社的〈譯書彙編〉、湖南編譯社的〈遊學譯編〉，不少譯者成為近代中國的風雲人物，例如章宗祥、曹汝霖、楊廷棟、黃克強、楊毓麟、章太炎。[62]

根據《中國譯日本書綜合目錄》統計，1902 年至 1904 年間、中譯日書多達 321 種，佔所有譯書的 60%，由此更可以看其龐大的數量，進而推知近代中日文化的交流，對中國近現代的影響。

三、從譯書書目看日本對中國社會思潮的影響

留日學生陳天華在《警世鐘》中指責一般出洋考察和留學的人說：

> 我怪那公使隨員，出洋學生，親到外洋，見那外洋富強的理由，盧騷的《民約論》、美國的獨立史，也曾看過，也曾讀過，回國後，應當大聲亟呼，喚醒祖國同胞的迷夢。那？這些人空染了一股洋派，發了一些洋財，外洋的文明，一點全沒帶進來。……日本國的出洋人員回了國以後，就把國政大變的變起來，西洋大儒的學說大倡的倡起來，朝廷若不依他們，他們就倡起革命來，所以能把日本弄到這個地步。[63]

[60] 譚汝謙，〈中日之間譯書事業之過去、現在與未來〉，頁 89，引用實藤惠秀《中國人日本留學史》。又頁 61 引用《中國人日本留學史稿》（東京，1939），第 6 章第 3 集。

[61] 譚汝謙，〈中日之間譯書事業之過去、現在與未來〉，頁 59。

[62] 譚汝謙，〈中日之間譯書事業之過去、現在與未來〉，頁 60。另黃福慶，《清末留日學生》，《清末留日學生》整理當時留日學生所譯書目，可供參考。

[63] 譚汝謙，〈中日之間譯書事業之過去、現在與未來〉，頁 59，引用《張溥泉先生全集》（臺北：中央文物供應社，1951），〈回憶錄〉部分追溯史源，譚文所言頁數有誤。

張繼憶述在日留學，說：「除上課外，專在圖書館翻閱該國維新時中江篤介所譯之法蘭西大革命、民約論等書，革命思想、沛然日滋」[64]

梁啟超曾說「若行山陰道上，應接不暇，腦質為之改易，思想言論，與前者若出兩人。」[65]

清末革命志士的這些思維，印證了中譯日書為何以社會科學居多。

中國與日本之間互相譯書的歷史現象，其中頗堪玩味。[66] 長期以來，日本的知識分子都可以直接閱讀中國書，因此翻譯可能並非十分緊要和迫切，日本之「譯」中國書很難確定於何時？但早期譯書，大都屬人文學方面，而社會科學極少。據現有資料查看，1895 年前只有 8 本，而 1895 年（甲午戰爭前），中國只譯過一冊日本社會科學方面的書。[67]

就中國翻譯日本社會科學著來說，1895 年是關鍵的一年，除抗戰時期（1938–1945）年外，每年翻譯多達 20 餘本，自 1946 年到 1978 年，仍然維持每年 15 本左右的記錄。中國對日本的「文化上國」心理是 1895 年放棄的。[68]

如果以 1868 年（明治維新）到 1978 年這 110 年的期間來比較，日本譯中國社會科學著作有 1,004 種，平均每年出版 9.18 種，在同一時間裡，中國譯日本社會科學著作有 1,528 種，平均每年出版 13.89 種。最值得注意的，不論在中國或日本，社會科學著作都佔譯書總數的第一位。[69]

日本明治維新後，積極模仿西方，大量翻譯西方書籍，由《翻譯圖書目錄 明治、大正、昭和戰前期》中。發現大量針對西洋思潮的譯書。

金耀基說：「中國通過漢譯日書以瞭解社會主義、共產主義一事，便是

---

[64] 譚汝謙，〈中日之間譯書事業之過去、現在與未來〉，頁 59，引用《張溥泉先生全集》，〈回憶錄〉。

[65] 譚汝謙，〈中日之間譯書事業之過去、現在與未來〉，頁 59，引用《飲冰室合集》專集第 5 冊。

[66] 金耀基，〈中日之間社會科學的翻譯（代序）〉，頁 30。

[67] 金耀基，〈中日之間社會科學的翻譯（代序）〉，頁 30。

[68] 金耀基，〈中日之間社會科學的翻譯（代序）〉，頁 31。

[69] 金耀基，〈中日之間社會科學的翻譯（代序）〉，頁 31。

很有代表性的一例。」[70] 鄭學稼也說：「馬克斯主義是經由日本前來中國，同盟會革命家們亡命日本期間，都由日本人的著作，知道馬克斯主義。」[71]

由於《明治至昭和戰前翻譯圖書目錄》所收的西譯書目並沒有加以分類（說詳前文），所以看不出來透過翻譯，西方的社會主義對日本的影響。茲從該目錄中逐一翻檢，將有關社會主義、馬克斯主義相關主題的書目加以統計，並分列如下表：[72]

編號	檢索詞	種/冊數	編號	檢索詞	種/冊數
1	社會思想	46	11	革命	21
2	社會主義	84	12	階級鬥爭	15
3	社會勞働史	1,38	13	共產革命	23
4	社會運動	13	14	馬克斯主義	2,56
5	社會學	2,29	15	無產階級	47
6	經濟學	2,16	16	辯証法	40
7	資本主義批判	85	17	唯物論	85
8	土地問題	13	18	共產國際	20
9	勞農問題	68	19	共產主義	31
10	無政府主義	6	20	列寧	117
					共計1,553

另譚汝謙曾將中、日之間的譯書做過詳細的統計，茲將有關統計表分列如下，以提供瞭解。[73]

[70] 金耀基，〈中日之間社會科學之翻譯（代序）〉，頁 32。

[71] 鄭學稼，《中共興亡史》（臺北：中華雜誌社，1984），第 1 卷、第 20 章，頁 460。

[72] 日外アソシエーツ編集，《翻訳図書目録 明治・大正・昭和戦前期》，冊Ⅰ．總記、人文、社會。

[73] 分見譚汝謙，〈中日之間譯書事業之過去、現在與未來〉一文內：(1) 頁 41，表二、中譯日文書統計表（1660–1978）及表三、日譯中文書統計表（1660–1978）。(2) 頁 47，表九、中國譯日本書綜合目錄：社會科學類譯書明細表。(3) 頁 51，表十七、日本譯中國書綜合目錄：社會科學類譯書明細表。

中譯日文書統計表（1660—1978）

類別 / 書數 / 年代	0 總類	1 哲學	2 宗教	3 自然科學	4 應用科學	5 社會科學	6 中國史地	7 世界史地	8 語文	9 美術	合計	每年平均書數
1660-1867	0	0	0	0	2	0	0	0	2	0	4	0
1868-1895	1	0	1	0	2	1	0	2	1	0	8	0.29
1896-1911	8	32	6	83	89	366	63	175	133	3	958	63.86
1912-1937	20	62	19	249	243	660	86	75	312	33	1,759	70.36
1938-1945	2	3	1	23	18	42	8	9	32	2	140	20.00
1946-1978	34	159	95	227	1,051	459	51	122	535	163	2,896	90.50
合計	65	256	122	582	1,405	1,528	208	383	1,015	201	5,765	*
佔總數%	1.13	4.44	2.12	10.09	24.37	26.50	3.61	6.64	17.61	3.49	100.00	

*每年平均書數：1868—1978：52.36　1912—1978：72.65
1896—1978：70.15　1938—1978：75.90

日譯中文書統計表（1660—1978）

類別 / 書數 / 年代	0 總記	1 哲學	2 歷史	3 社會科學	4 自然科學	5 工學・技術	6 產業	7 藝術	8 語學	9 文學	合計	每年平均書數
1660-1867	2	0	14	3	0	0	0	0	2	88	109	0
1868-1895	0	1	5	5	2	0	1	0	4	2	20	0.74
1896-1911	1	2	2	3	0	0	2	0	0	6	16	1.06
1912-1937	3	397	56	163	1	6	25	4	5	142	802	32.08
1938-1945	21	15	61	203	12	60	111	8	9	108	608	86.85
1946-1978	8	154	177	627	40	17	61	45	11	640	1,780	55.62
合計	35	569	315	1,004	55	83	200	57	31	986	3,335	*
佔總數%	1.05	17.06	9.45	30.10	1.65	2.49	6.00	1.71	0.93	29.56	100.00	

*每年平均書數：1868—1978：29.32　1912—1978：48.33
1896—1978：39.09　1938—1978：59.70

中國譯日本書綜合目錄

5.社會科學類譯書明細表

年代＼數量＼類目	500 總論	510 統計	520 教育	530 禮裕	540 社會	550 經濟	560 財政	570 政治	580 法律	590 軍事	合計	每年平均書數
1660-1867	0	0	0	0	0	0	0	0	0	0	0	0
1868-1895	0	0	0	0	0	1	0	0	0	0	1	0.03
1896-1911	0	1	76	2	5	22	21	96	98	45	366	24.40
1912-1937	14	6	68	7	106	171	34	100	52	102	660	26.40
1938-1945	0	0	5	0	5	11	1	8	2	10	42	6.00
1946-1978	1	5	117	13	49	88	26	109	18	33	459	14.34
合計	15	12	266	22	165	293	82	313	170	190	1,528	
佔本類總數%	0.98	0.78	17.41	1.44	10.80	19.18	5.37	20.48	11.13	12.43	100.00	

日本譯中國書綜合目錄

3.社會科學類譯書明細表

年代＼數量＼類目	300 社會科學總論	310 政治	320 法律	330 經濟	340 財政	350 統計	360 社會	370 教育	380 民俗	390 軍事	合計	每年平均書數
1660-1867	0	2	0	0	0	0	0	0	0	1	3	0
1868-1895	0	2	3	0	0	0	0	0	0	0	5	0.18
1896-1911	0	1	1	0	0	0	0	0	0	1	3	0.20
1912-1937	6	63	32	23	6	3	11	14	0	5	163	6.52
1938-1945	1	61	17	65	10	4	11	11	18	5	203	29.00
1946-1978	71	375	22	48	4	4	31	18	16	38	627	19.59
合計	78	504	75	136	20	11	53	43	34	50	1,004	
佔本類總數%	7.76	50.19	7.47	13.54	1.99	1.09	5.27	4.28	3.38	4.98	100.00	

（一）日本西譯書籍對中國革命思想的影響

上述陳天華、張繼、梁啟超對日本明治維新後大量翻譯西方思潮及政治社會經濟書籍的感觸；顯示了中國知識分子求變，而且是求大變的渴望。

1897至1899年以及1901至1902年之間，孫中山先生都在日本。這些年中，日本知識界所盛行的「社會主義」，多是「修正主義」或「勞資協調主義」，當時最著名的翻譯作家是幸德秋水，很難否定這類著作對民生主義的影響。[74] 而宮崎寅藏的觀點是「土地均享——人之大權」，在與孫中山先生密切交誼中自然影響了同盟會的平均地權思想，最直接的證明就是宮崎寅藏夫人對大阪記者的談話記錄，述及宮崎寅藏常與中山先生討論土地問題，[75] 這些人權思想當與明治維新後所譯西方思潮有關。

鄭學稼認為中國因為沒有辦法有系統的介紹適合國情的西洋文化，造成思想界的真空，在原有的傳統文化思想破懷疑破壞之下，俄羅斯式的「馬克思主義（布爾什維主義）」乘虛而入。二十世紀初，日本村井知至所著《社會主義》、福井準造《近世社會主義》、島田三郎《社會主義概評》即已被翻譯成中文。福井準造書中第二篇〈德意志之社會主義〉介紹「加陸．馬陸科斯」及其主義，可能是「卡爾．馬克斯」最早中譯名稱。[76]

這些社會主義及馬克斯主義對當時中國知識界的影響尚稱不大，但是亡命日本的同盟會黨人，身處在反清革命的鬥爭中，和同時反沙皇的虛無黨人發生了密切的關係。日本人把實行暗殺的民粹主義者稱為「虛無黨」，曾大量翻譯虛無黨人的著作，例如：

1904 金一（金松岑）編譯，日本煙山專太郎《近世無政府主義》，改名《自由血》，在上海出版。

1906 淵實譯，日本久津貝厥著《歐美無政府主義》第一節，題名為〈無政府主義之二派〉，刊於民報第八號。

1907 淵實譯，〈無政府主義與社會主義〉，刊於民報第九號。

1907 淵實譯，日本煙山專太郎《近世無政府主義》第三章〈革命運動之歷史〉，改名〈虛無黨小史〉，刊於民報第十六號、第十七號。

---

[74] 鄭學稼，《中共興亡史》，第1卷、第7章，頁152。

[75] 陳守亭教授指教，尚有平均人權思想在同盟會揭櫫綱領中未獲同意納入。

[76] 鄭學稼，《中共興之史》，第1卷、第20章，頁456。

張繼曾創辦「社會主義講習會」鼓吹無政府主義，1903年他將幸德秋水譯自義大利無政府主義者「馬拉跌士達（Errico Mobtesta, 1853–1932）」的《無政府主義》轉譯為中文，又編入《社會主義》一書中。[77]

當時在日本的中國革命者深深地為那些虛無黨人的自我犧牲精神和鬥爭事業所感動，他們不能分別無政府主義和民粹主義。

受民粹派思想和行動的影響，興中會員楊篤生（毓麟）在1902年在著作《新湖南》中鼓吹湖南獨立；另在1903年《游學編譯》第10冊，發表〈民族主義之教育〉一文，堅持學習俄國民粹派的革命主張。1904年他付諸行動，在北京組織暗殺機關。在他的策劃下，出現吳樾刺五大臣事件，此後同盟會在國內也設立暗殺機構，例如廣州「成記」、劉師復「廣州支那暗殺團」。總而言之，民粹派的主要觀點、深深影響了中國革命，直至辛亥革命成功，虛無黨的影響才消失，無政府主義者仍然在，但轉入地下活動。其後，中國展開如火如荼的五四運動，中國近代史不和沙俄一樣發生恐怖主義，罷市、罷工、罷課之後的青年學生不是到民間去，而是到工人中間去，而且直接進入馬克斯主義的社會運動，仿效日本民粹派虛無黨的激烈行動雖然未在五四時期出現，但是虛無主義、無政府主義，充當了馬列主義的引導者，正式全面影響了近代中國。[78]

（二）日本西譯書籍對中國共產主義的影響

前所述及日文翻譯人才的培育場所——東學社，培養了一位學人江亢虎（紹詮），1911年在杭州女學聯合大會，演講「社會主義與女學」，這是中國人公開演講社會主義之始。[79]江亢虎畢業於東學社，後留學日本，1901年冬返國，袁世凱命楊士驤聘江主持北洋譯書局。1903年再赴日本，歸國後任京師大學堂東文教習，1907年再赴日研究社會主義，從研習日文翻譯的學生到教習到社會主義激進思想家，其思想的脈絡與學養似乎是本文的一個顯著例證。

江亢虎在1909年以筆名徐安誠投稿巴黎吳稚暉等人主編的《新世紀》，提倡「三無」，無國家、無家庭和無宗教。1911年與美傳教士馬林在龍潭

77 鄭學稼，《中共興亡史》，第1卷、第20章，頁456。

78 鄭學稼《中共興亡史》下，附錄7，〈五四運動與虛無主義〉，頁836-850。

79 鄭學稼《中共興亡史》下，附錄8，〈江亢虎和社會主義運動〉，頁851-852。

山中創辦農賑會，試驗「地稅歸公」的學說。當年浙江巡撫增韞認為他的思想甚於洪水猛獸，曾加驅逐且謀興大獄，倖免之後自號「洪水」。1913 年集印社會主義論文，題為《洪水集》。當時上海的惜陰公會、女子進行社和《天鐸報》都支持他，因此更進而組織「社會主義研究會」，《天鐸報》的健將陳布雷即為其中要員，並且發行《社會星》機關報（出版三期後被禁）。民國成立後，江亢虎將社會主義研究會改組為中國社會黨，這是中國第一個政黨，[80] 它的黨綱是「土地公有」和「資產公有」，當時臨時大總統孫文還贈其歐美新出版的社會主義名著鼓勵他。

旋即中國社會黨的南京支部、蘇州支部均成立，辦「南京人報」、辦平民公學（推馬相伯主持）。江亢虎於組黨外，另在崇明島設共產主義試驗地，得朝鮮和安南革命者的支持。日本社會黨人半田一郎等，特地到上海與江會談，俄國社會黨員有三人加入。

1912 年江亢虎到北京見袁世凱，此前，他撰寫〈袁世凱書〉（刊載於 1912 年 4 月 25 日）《天鐸報》「社會主義日刊」第七十八號。他的思想與行動也遭遇強烈的反對，除了譚延闓、譚人鳳、章太炎外，尚有無政府主義者劉師復；劉師復認為江亢虎的主張不是社會主義而是社會政策。[81] 江亢虎日後思想及行動的流變，茲不深論。但是他的社會主義思想淵源，非常顯而易見地，深受日本影響。

中國知識分子，先由日本輸入社會主義、無政府主義和民粹主義，這一歷史浪潮到辛亥革命成功後，就逐漸退落和消失，接踵而來的，是馬克斯主義。中國知識分子的馬克斯主義，也首先傳自日本，要等到俄國留學生回國後才直接傳播列寧主義和史達林主義。

對中國傳播馬克斯主義學者中，作用最大影響最深刻的是河上肇。透過河上肇的生平、著作和思想，可以瞭解 20 年代和 30 年代中國共產主義的發展，以下以編年記事方式呈現之：[82]

· 明治 37 年（1904），擔任東京帝大農科大學實科講師，當時幸德秋水、

[80] 鄭學稼《中共興亡史》下，附錄 8，〈江亢虎和社會主義運動〉，頁 852。引佐藤俊三，《支那近世政黨史》（大阪屋號書店），頁 144-145。

[81] 鄭學稼，《中共興亡史》下，附錄 8，〈江亢虎和社會主義運動〉，頁 853-858。

[82] 鄭學稼，《中共興亡史》下，附錄 9，〈河上肇與中國共產主義運動〉，頁 861-876。

堺利彥發刊《平民新聞》、宣傳社會主義，譯載馬克斯共產黨宣言，中國知識分子得以知道該宣言。

· 明治 38 年（1905），河上肇以「千山萬水樓主人」為筆名，在《讀賣新聞》連載〈社會主義評論〉。出版《經濟學原論》上卷，翻譯塞里格曼（E. R. A. Sellgman）著《歷史的經濟說明》（*Economic Interpretation of History*），他題名為《新史觀》，這是日本出版物中論述馬克斯歷史唯物論的第一本書，並創造「辯證法」名詞，成為中日兩國共同使用的譯語。該書由岩波書店出版。

· 明治 38 年之後至大正元年，日本發生幸德秋水等「大逆事件」，日本明治政府企圖消滅萌芽中的社會主義運動。大正元年（1912），片山潛組織社會黨，指揮東京市電車工人六千餘人大罷工。

· 大正 4 年（1915），河上肇留學歐洲回國後擔任日本帝國大學經濟學史講座，在此期間開始研究馬克斯的《資本論》。

· 大正 10 年（1921），出版馬克斯《工錢、勞動與資本》、《工資、價格與利潤》和《唯物史觀研究》。

· 大正 11 年（1922），出版《社會組織與社會革命》、《唯物史觀略解》兩年間論著的書，均由弘文堂出版，其中《社會組織與社會革命》由郭沫若譯成中文，商務印書館出版。

· 大正 12 年（1923），出版《資本主義經濟學之始》，內容與書名有顯著落差；其實是一本說明馬克斯經濟學說來源的著作，由林植夫譯成中文、商務書局出版，是 30 年代經濟思想史課程的重要參考書。

· 大正 13 年（1924），野阪叁三成立「產業勞動調查所」，創刊《產業勞動時報》、《國際》，成立「學生社會科學聯合會」，河上肇均參予此日本共產黨的外圍組織。

· 大正 14 年（1925），出版〈馬克思資本論略解〉，創刊《無產者新聞》。

· 大正 15 年（1926），出版《階級鬥爭的必然性和它的必然轉化》、傑波林的《列寧辨證法》，這本書曾譯成中文。

· 昭和 2 年（1927），參預東京「馬克斯主義講座」，擔任「政府批判社」《馬克斯主義》、《政治批判》兩雜誌之監修。與宮川寶合譯馬克斯《經濟學批判學說》，與大橋積合譯布哈林的《勞農俄羅斯的社會主義建設》、馬克思的《資本論》。

‧昭和 3 年（1928），河上肇因政府打擊左傾分子，不得不退出校園。出版《經濟學大綱》，這是介紹資本論的入門書，陳豹隱譯為中文。出版《資本論入門》，翻譯列寧《辯證法的唯物論》、《馬克斯主義經濟學》。

‧昭和 4 年（1929），出版《資本論入門　第一卷上冊》、《馬克斯主義經濟學的基礎理論》，李達譯為中文，助於當時中國青年瞭解馬克斯哲學和經濟學的關係。

‧昭和5年（1930），與大山郁夫分袂、不再主編《勞動農民新聞》，出版《第二貧乏物語》，深入淺出宣傳馬克斯主義。

‧昭和 6 年（1931），與宮川實合譯馬克斯《政治經濟學批判》，郭沫若譯為中文。

‧昭和 8 年（1933），河上肇被捕，出版《馬克斯主義批判者的批判》。

透過以上記載，可以明顯看出從明治、大正至昭和年間，日本如何自西方引進社會主義、共產主義，並建構日本的共產政黨。而相關的日譯西書也迅速地被轉譯成中文，影響了中國共產主義的活動。

鄭學稼曾將河上肇的論著列成簡表，借引如下：

1919 年「晨報副鐫」譯載的論文

5.5–5.8 馬克思的唯物史觀（淵泉譯，7 月 10 至 13 日上海「覺悟」轉載）。

7.6–7.7 共同生活和寄生生活（髯客譯，同年 10 至 13 日「覺悟」轉載）。

1920 年「覺悟」轉載的論文

6.12 腦筋的問題（于樹德譯）

6.17 馬克斯底唯物史觀（陳望道譯）

1921 年「覺悟」轉載的論文

2.23–28 社會主義底進化（存統譯）

7.19 馬克思主義和勞動全收權（C、T 譯）

2.18–19 馬克思主義上所謂「過渡期」（光亮譯）

關於河上博士的著作，已譯為中文者如下

1. 唯物論綱要　周拱生譯，樂群版
2. 勞資對立的必然性　汪伯玉譯，群眾版
3. 施存統譯「社會主義經濟叢刊」，內有河上的「社會主義之進化」，「見于共宣中的唯物史觀」，泰東版。
4. 經濟學大綱　陳豹隱譯，樂群版。
5. 社會主義經濟學　鄧毅譯，光華版。
6. 新經濟學的任務　錢鐵如譯，崑崙版。
7. 資本主義經濟學之史的發展　林植夫譯，商務版。
8. 近世經濟思想史論　李培天譯，啟智版。
9. 馬克思主義經濟學之基礎理論　李達譯，崑崙版。
10. 馬克思主義經濟學　溫盛光譯，啟智版。
11. 唯物辯證者的理論鬥爭　河半庵譯，星光版。
12. 通俗剩餘價值論　鐘古熙譯，神州版。
13. 社會組織與社會革命　郭沫若譯，商務版。

河上肇主要著作的出版，正合中共的需要，到 20 年代末中共領導層都是半生不熟的馬克思主義者。正當此時，莫斯科的指令又要他們咀嚼生吞史達林欽定的列寧主義，中共幹部中想樹立理論基礎者，沒有一個是毛澤東王朝的權貴；透過河上肇著作研究馬克思主義的人，後來也相繼走到反馬克斯的陣營。河上肇的馬克思主義是德國社會民主黨的馬克思主義，他的人道主義精神充斥在他初期的著作中，正是中國知識分子所嚮往追求的。

陸、結論

傅斯年曾說「史學就是史料學」，書目可說是治史的材料之一，尤其是譯書書目，間接反映文化交流的內容及過程，是重要的文化研究史料。《近代漢譯西學書目提要》、《明治戰前翻譯圖書目錄》、《中國譯日本書綜合目錄》等大部頭的譯書書目，跨越時間既久，收錄學科又全，都提供了大量有用的研究材料。

雖說如此，但是書目究竟祇是一個「工具」，而書目計量也祇是一個「方法」，透過這些工具和方法，固然可以凸顯史實，但未必能清楚地辨析其脈絡，深究其精微，用者當瞭解其侷限性。而瞭解之後，也不要因噎廢食地忽略這個「工具」和「方法」。學術視野需要注意「微觀」和「宏觀」，才能兼籌並顧，透過譯書書目來觀察異地區文化的互動，兼具宏觀和微觀的效果。

再者，從譯書書目所發揮的功能也讓我們不禁思考書目在現今教研的重要。由於網路蓬勃發展，資料庫紛紛建置，查尋檢索彈指可成，以致於已有的「（紙本）書目」乏人問津，也少有新的成編，令人不無遺憾。其實，過去的書目、索引、引得等工具書就是如今資料庫的前身，雖然使用方法和所得效益不盡相同，甚至長短互見，但是仍然不減少其重要性。所以，雖處在此資訊時代，不論個人求知或教學研究，需要兩者兼顧，不可偏廢。

清張之洞先生於《書目答問》中稱目錄為「為學之首要」，尤其在書目學之成為歷史學研究的輔助科學之時。本文撰寫的過程，實為書目學與歷史學之互為印證，書目學提供切實的證據，再加以其他歷史資料之佐證研究，可以更加清晰的推演出一個時代，一個議題的全貌。明治維新後日本大量介紹西方思潮，社會主義、無政府主義、馬克斯主義大量翻譯成書，不能說同步，亦可說十分迅速地被轉譯到近代中國，不僅是譯書，還對中國當代思潮的落實於行動，產生了深厚的影響，虛無黨民粹思想的暗殺行動間接影響了近代中國的革命、江亢虎如何從一個譯書人才培育機構、轉赴日本留學、歸國後主持譯書局、介紹社會主義，進而組織中國社會黨。河上肇著作等身，他的一生就是日本明治維新後社會主義、經濟學說、馬克斯主義進入；所造成的社會主義運動、左傾思想與行動、左翼政黨、共產黨成立的最佳例證；同時這一過程彷彿一幕史劇也在中國演出，影響了20、30年代中國知識分子的思維、成為中國共產黨非常重要的理論架構。

1935年顧燮光先生在《譯書經眼錄》中說到：

> 壬寅（1902）以還，世尚遊學，扶桑三島，一葦能航，和文迻譯，點竄便易成書，然瞬息已成故紙，此所著錄，迄今求諸坊間，湮沒殆將半矣。[83]

[83] 譚汝謙間接引用顧燮光，《譯書經眼錄述略》，收於張靜廬輯注，《中國近代出版史料二編》（北京：中華書局，1957），頁97。

這些「故紙」的湮沒，使書目學的探研彷彿一個輯佚過程，河上肇所譯社會主義、馬克斯主義相關書籍被翻譯成中文者，《中國譯日本書綜合目錄》未能全然收錄，是本文小小的研究所得，亦因此觀察出譯書書目的難為及其侷限性。

從譯書書目去探討中日文化交流及影響，這是一個浩瀚的工程，邊研讀資料邊構思脈絡，愈加心驚膽戰，即使只是用其中一例（對中國近代社會主義馬克斯主義）的影響，誠屬不易，過程中感激本系同事，陳守亭教授、李朝津教授、楊子政教授、山口智哉教授、給與許多指點及幫助，本系畢業生林子傑先生（輔大日文翻譯研究所）、對書目計量上的校勘、補遺做了許多工作。才能一步步爬梳釐析，這些感謝亦絕非客套人情，雖然對書目學有些涉獵，但是要將書目學的功能運用於史學研究之上，尚須窮半生之力，更需團隊的研究合作。

錢存訓先生、譚汝謙先生兩位在中日之間譯書事業的研究上，已有深厚的根基。研讀他們的論著，對我而言是一個再學習、站在巨人的肩膀上，繼續做一個背著資料的籮筐，一路檢拾者，也期盼成為一個追隨者，畢竟在中日譯書書目上，尚有許多議題值得深研和印證。

（原發表於：帝國的形成、發展與擴張——「關係性」・「同時性」・「異質性」國際學術研討會，2015 年。）

1397—1402　　政治、法律：法律

1397 国际公法

（日）北条元笃　（日）熊谷直太编；范迪吉等译

上海　会文学社　1903（清光绪二十九）年　一册（普通百科全书）

1398 公法新编四卷

（美）霍珥（Hall, W. E. 1836—1894）　（美）丁韪良编译　基策鳌笔述

上海　广学会　1903（清光绪二十九）年　二册

译本于原书章节偶有分合，原书注释亦有移入正文者。全书问答体，以便利大学堂教学之用。卷一公法纲领，述享公法权利之国，论平时战时公例，局外公例。卷二申论平时公例，述待新国公例，辖地、辖水、掌物等有关规定，论陆地及海上之主权，论外交人员、条约及调处免战各法。卷三论战时各条例，备战、处置敌人、敌产，战时进退敌境、战时交涉、了结战局等公例。卷四申论局外公例，告战局外国，局外与局内之交涉、通商、禁运、查处船只、人、货等规定。

书前有中西年表，自汉平帝元年起；有中西字目，分章以词出现先后排列，收词600余。

1399 万国公法要领二卷

（日）沼崎甚三编著；袁飞译

译书汇编社　1903（清光绪二十九）年　一册（政治丛书第七编）

分为二编，一为平时，论国家人民的各种权限；一为战时，论敌对国及中立国之权利义务。

1400 万国公法要略四卷

（英）劳麟赐（Lawrence，T. J.）撰；（美）林乐知译　蔡尔康笔述

上海　广学会　1903（清光绪二十九）年　一册

劳麟赐，通译罗麟斯，英国国际法名家，任教于剑桥大学。原书1885年初版，出版后即被英国海军部悉数购尽，分发给海军部员及士兵，作为对外交涉的手册使用，不数月即三次增印。1897年出修订本，此即增订本之译本。全书四卷，卷首述公法概念、公法使用国之范围，不囿于宗基督教国家，公法渊源及其流别。卷二论国家自主之权利，领土、财产、司法、外交等权利及其使用范围。卷三有关交战的规定。卷四局外国之间、交战国与局外国有关交涉的公法。

1401 国际公法要略

（英）卢麟斯（Lawrence，Thomas Joseph）著；钟建闳译

上海　商务　1910（清宣统二）年3版　一册

原书：A Handbook of Public Internationa Law.

著者通译罗麟斯。第一部导言，述国际法之定义、沿革、主体、渊源及分类；第二部平时法，论国家独立、国家财产、国家司法权、国际平等及外交权利责任；第三部战时法，述关于敌人、陆地敌产、海上敌产的战争法，交战国的非战事交涉；第四部中立法，述中立法之性质、分类、交战国与中立国的权责。

1402 国际公法提纲

（英）罗麟斯著；但焘译

上海　昌明公司　虎蒙公司（寄售处）　1910（日本明治四十三）年　一册

· 160 ·

圖1　張曉《近代漢譯西學書目提要：明末至1919》頁160書影

マルカ　翻訳図書目録 明治・大正・昭和戦前期 I

マルカデー, V. N.　Marcade, Victor Napoleon

◇仏国民法時効詳説大全　マルカデー著, 一瀬勇三郎訳　司法省　1889　720p 19cm　〔12789〕

マルカム　Markham

⇒マーカムをも見よ

マルカム　Markham, Mrs.

◇日耳曼国史　馬爾加摩(マルカム)著, 小林雄七郎訳　文部省　1877　2冊(上612,723p)　18cm　〔12790〕

◇日耳曼国史　馬爾加摩(マルカム)著, 小林雄七郎訳　有隣堂　1883　2冊 18cm　〔12791〕

マ

マルクス, エリッヒ

◇史論叢録　上,下　大類伸編　興亡史論刊行会　1918　2冊　20cm

内容 現代に於ける帝国主義(エリッヒ・マルクス著, 大類伸訳)　〔12792〕

◇独逸 革命の跡始末　エリツヒ・マルクス著, 木村賢太郎訳　緑蔭社　1921　90p 0.80円　〔12793〕

マルクス, カール　Marx, Karl Heinrich

◇資本論—経済学の批評　第1,2冊　カール・マルクス著, 松浦要訳　経済社出版部　1919　2冊　19cm　〈第二冊 再版〉　〔12794〕

◇資本論　第1分冊　マルクス著, 生田長江訳　緑葉社　1919　233,78,4p 19cm　〔12795〕

◇マルクス経済学説要旨　松浦要訳　経済社　1919　164p　0.95円　〔12796〕

◇マルクス全集　山本義人訳　中央出版社　1920　453p　19cm　〔12797〕

◇マルクス全集　第1-9冊　資本論　第1-3巻　高畠素之訳　大鐙閣　1920-1923 9冊　23cm　〔12798〕

◇民主主義批判　田中萃一郎抄訳　竹内書房　1921　140p　1.50円　〔12799〕

◇労働と資本　マルクス著, 堺利彦訳　無産社　1922　34p　19cm　(無産社パンフレット 2)　〔12800〕

◇賃労働と資本・労賃、価格及び利潤　カアル・マルクス原著, 河上肇訳　11版 京都　弘文堂書房　1923　183p　19cm 〈初版大正10〉　〔12801〕

◇マルクス全集　第10冊　経済学批判　佐野学,安倍浩訳　大鐙閣　1923 502,4p　23cm　〔12802〕

◇マルクス全集　第11冊　神聖家族 河野密訳　大鐙閣　1923　85,436p 23cm　〔12803〕

◇ゴータ綱領批判　カール・マルクス著, 水谷長三郎訳　京都　内外出版　1924 140p　19cm　〔12804〕

◇賃労働と資本　カアル・マルクス著, 河上肇訳　改版　京都　弘文堂書房 1924　102p　19cm　〔12805〕

◇労賃、価格、および利潤(Arbeitslohn, Preis und Profit)　カアル・マルクス著, 河上肇訳　改版　京都　弘文堂書房　1924　152p　19cm　〈英訳からの重訳〉　〔12806〕

◇資本論　第1-3 上,下巻　マルクス著, 高畠素之訳　新潮社　1925-1926　4冊 23cm　〔12807〕

◇フォイエルバッハ論　フリードリッヒ・エンゲルス, カール・マルクス著, 佐野文夫訳　同人社書店　1925　172p 19cm　〔12808〕

◇猶太人問題を論ず　カール・マルクス著, 久留間鮫造, 細川嘉六訳　同人社書店　1925　108p　19cm　〔12809〕

◇労賃価格及び利潤　Karl Marx著, E. R. Bernstein〔独語訳〕, 田中九一註釈　日独書院　1925　82,22p　19cm　〈本文は独語〉　〔12810〕

◇クーゲルマンへの手紙　マルクス著, 林房雄訳　希望閣　1926　189,12p 19cm　〔12811〕

◇クーゲルマンへの手紙　マルクス〔著〕, 林房雄訳　希望閣　1926　201p　1.30円　〔12812〕

◇経済学批判　カール・マルクス著, 宮川実訳　叢文閣　1926　292,4p　20cm　〔12813〕

◇経済学批判　カール・マルクス著, 猪俣津南雄訳　新潮社　1926　322p　20cm (マルクス著作集 第1)　〔12814〕

718　〔12789～12814〕

圖2　《翻訳図書目録 明治・大正・昭和戦前期》冊I頁718所舉馬克斯著作譯書書影

DOI:10.978.986437/1778.0022

民初山水畫中的風景

王舒津 *

「山水畫」與「風景畫」常用來分別指稱中國與西方描繪自然風光的繪畫。不同的稱呼也反應中、西對於此類繪畫的材質、形制、風格以及背後美學與意識型態的迥異。然而，在二十世紀初，當中國面對西方美術知識與體系的大規模移植之時，中國畫壇該如何透過山水畫來回應。從金城的〈草原夕陽圖〉與祁崑的〈山水〉兩幅構圖近乎一致的畫作展開，本文嘗試探討1900–1920 年代中國畫壇在山水畫 vs. 風景畫上的討論與實踐，並希冀指出民初常被視為傳統陣營的北方畫壇或京津畫派所展現的現代與時代特質，藉此反省過往研究中，西化 vs. 傳統的二分不僅弱化了現代中國畫壇的多元與複雜面貌，並且可能忽略了在中國逐漸往寫實傾斜的藝術發展過程中，傳統陣營所可能扮演的角色。

壹、從 1920 年代的兩幅山水畫談起

1926 年，活躍於北方畫壇的金城（1878–1926）繪製了〈草原夕陽圖〉（圖 1）[1]，畫中前、後景各矗立一座孤峰，中間隔著草原。峰面以中國傳統筆墨皴擦，製造出峰石堅硬的質感。前景的峰腳穿插著幾株樹，從樹葉大小與間或點綴的粉色來看，應是春天時節。前、後兩峰的大小差異甚鉅，金城似乎藉此拉出畫面的深遠空間，並藉雙峰彼此的呼應將觀者視線導引至中景草原以及其上的羊群。有趣的是，同樣活躍於北方畫壇的祁崑

* 佛光大學歷史學系副教授

[1] 〈草原夕陽圖〉應為該畫收藏家所題，在金城的《藕廬詩草》中，此畫名為〈山坡羊〉，參見金紹城，《十八國游歷日記；十五國審判監獄調查記；藕廬詩草》（南京：鳳凰出版社，2015），頁 238。

（1894–1940），於 1929 年繪製的〈山水〉（圖 2）構圖與金城的〈草原夕陽圖〉近乎相同，〈山水〉畫中的前、後景也是矗立著兩座孤峰，然而雙峰之間的中景則是貌似方塊組成的田野，以及 Z 字型蜿蜒流淌而過的溪河。向畫面左後方呈 Z 字型彎流的溪河，以及其後微向左後傾斜的山峰，都將觀者視線導引至位於峰腳的草屋涼亭與亭中對坐的兩位高士。兩幅畫的構圖驚人地相似，最大的不同在於中景的羊群與涼亭高士。祁崑畫中的涼亭高士讓〈山水〉仿若明清的文人畫；而金城〈草原夕陽圖〉中的白色羊群則巧妙地將一幅原本滿布傳統筆墨語言的「山水」轉換成西方式的「風景」。

金城與祁崑這兩幅畫頗堪玩味的是，不僅構圖相似，且敷色點染乍看也相當雷同，皆大量使用赭石與青綠。然而祁崑畫中石塊的皴擦以及赭石的敷染明顯是傳統中國山水畫的筆墨語言。前景的松樹點、染並用，青綠、墨色與赭石的大量使用讓祁崑的〈山水〉少了現實的季節感，而多了悠遠之意。中景的青綠設色較為淡雅，摻和較多的赭石與墨色。誠如其畫上所題：「昔見陸包山大幅，筆致蒼渾，今仿其意，頗有北地沉雄之氣」。祁崑在畫作上明確點出他的〈山水〉是仿自陸治（1496–1576），然據筆者翻閱過的陸治畫作，目前為止尚未找到構圖近似的。祁崑的〈山水〉作畫日期晚於金城，明顯與金城畫作的關聯大過陸治，然而其畫意卻反如其畫上所題，筆意更近似於明人山水。相較之下，金城在〈草原夕陽圖〉中則靈活地將中國傳統用於描染山石汀州的赭石拿來描繪夕陽餘暉與受夕陽照射的石面，並將具有復古意象的青綠色調拿來敷染草原。細細比較可以發現，不僅峰面的向光、背光面以及點苔，金城在畫中的處理皆比祁崑來得精確；且金城畫中近景的石塊以及羊隻大小所暗示的遠近距離，其透視法的運用也更為流暢。相較於祁崑的〈山水〉，金城畫中的赭石色調較為紅豔，敷染了大片畫面，將夕陽時刻具體地描繪出來。且其草原的青綠調子也比祁崑要來的明亮，加上粉紅的花樹以及白色的羊群，其天空的處理以及用彩的繽紛，不僅呼應題跋：「紫翠溟濛接遠空，雙峰兀立夕陽中，桃花如錦群羊白，妝點山坡細草叢」，也讓金城的畫與西洋風景畫產生了聯想。

祁崑畫上的題跋直陳與古人筆墨的連結，而金城的題跋則更像描述某一時刻某一地方的具體景色。金城曾於 1902 年負笈英國倫敦國王學院（King's College），於 1905 年歸國。之後又於 1910 至 1911 年間奉派至歐美考察各國司法及監獄審判制度，公暇之餘，金城也熱衷參觀各國博物館。[2] 根據其遊記，1910 年 11 月金城在倫敦期間參觀了蠟人院、萬牲園、博物院、油畫院。[3] 此外，金城的遊記似乎透露出其對於照相術頗有興趣，不僅在倫敦時前往聆聽「照相與美術之關係」演說，也記錄了 X 光鏡這一項新的照相技術。[4]〈草原夕陽圖〉中的草原羊群在構圖上，便很容易令人聯想到遊歷英國時的照片或明信片（圖 3）；同時，羊群也是英國風景畫中熟悉的題材，The National Galley 以及 Tate Britain 都有不少此類畫作，如：T*he Edge of a Wood*（圖 4）、*Our English Coasts, 1852*（圖 5）以及 *When Nature Painted All Things Gay*（圖 6）等。雖然金城在英國期間不一定看過這些作品，然而由於他經常參觀此類畫院與博物館，且對美術保持高度興趣，因此從其畫中對於天空高彩度的處理就很難不令人聯想到英國畫家泰納（J. M. W. Turner, 1775–1851）的作品。（圖 7）不管是從題跋或是題材來看，金城的〈草原夕陽圖〉不僅極易與其英國經歷產生聯想，且畫作風格與遊歷寫生、照片或者西畫的關聯甚至也大過於仿臨古畫，呼應畫中左下角鈐印「領略古法生新奇」所欲表達的藝術理念，也反映出一向被視為國粹派領袖的金城，其創作中可能受到西方視覺文化的啟發。

祁崑與金城畫中相似的構圖、材質與筆墨卻迥異的視覺效果，啟發了一個相當有趣的議題：亦即晚清民初面對西方美術知識與體系的大規模移植，國粹與西化之間是否勢不兩立？過往研究常見的西化 vs. 國粹二分法是否弱化了現代中國美術的多元與複雜，以及畫壇的互動與活力？

---

[2] 金城年表參見邱敏芳，《領略古法生新奇──金城繪畫藝術研究》（臺北：國立歷史博物館，2007），頁 191-197。

[3] 金城所提的蠟人院應為 “Madame Tussauds”，萬牲園為 “London Zoo”，博物院為 “Natural History Museum”，而油畫院則可能是 “Tate Britain” 或者 “The National Gallery”。“Tate Britain” 於 1897 年開館，直到 1932 年之前該館名稱為 “National Gallery of British Art”，和 “The National Gallery” 名稱頗似。兩館皆以典藏歐美油畫作品見長，“The National Gallery” 廣羅歐陸畫作，而 “Tate Britain” 則以英國為主。金城於倫敦期間的遊記，見金紹誠，《十八國游歷日記；十五國審判監獄調查記；藕廬詩草》，頁 43-50。

[4] 金紹誠，《十八國游歷日記；十五國審判監獄調查記；藕廬詩草》，頁 50。

貳、二十世紀初「風景畫」一詞的出現與成文情境

一提到風景與山水這兩個詞彙，我們總習慣以「西方風景畫」與「中國山水畫」來指稱兩個不同的文化脈絡與美術體系對於自然風光的描寫所展現的大異其趣。「風景畫」（landscape painting）一詞在西方首次使用是在十六世紀晚期，指的是描繪自然景色的繪畫。風景當然更早就出現在西方的畫作裡，不過自成獨立的繪畫類型則要到十六世紀。在西方，風景畫的出現從一開始就是跟牧歌式的情懷、對鄉間與自然景色的興趣，以及透視法息息相關。相對的，在中國，風景畫的發展則來自於對大自然力量的崇敬。牛津藝術字典也將中國畫中的風景題材特別標示為「山水」（mountain-and-water），指出其與西方的風景意義不同。此類以「山水」為題材的中國繪畫，到了宋朝畫家手中，特別喜好描述孤寂以及隱逸的禪宗情境。[5] 在中文的美術字典中，山水畫與風景畫也同樣是涇渭分明的中西概念，雖然描繪對象皆為大自然，但山水畫所描繪的多指胸中丘壑，而風景畫指的則是客觀再現眼前所見。[6]

「風景」與「山水」這兩個詞彙在中國很早便開始使用，且都用來指稱自然風光，如《世說新語》中的「風景不殊，正自有山河之異」，以及出自《南史．謝靈運傳》中的「郡有名山水，靈運素所愛好」。[7] 在二十世紀初的語境中，山水除了指自然風光，如王韜（1828–1897）《通商日本說》中的「覽其山水，觀其人物」，《日本書目志．卷四圖史門》中的「故其山水秀絕寰區，西人亦以為過于瑞士」；也多用在指客觀、而且常是險峻且充滿挑戰的大自然，如徐繼畬（1795–1873）《瀛寰志略》中的「山水環匝，林木叢茂。北境極寒，冬月雪深數尺，……」，志剛《初使泰西記》中的「修鐵路者，遇山水盤厓之處，亦可以省穿鑿支架之力矣」，以及王韜《漫遊隨錄》中的「由地理知萬物之所由生，山水起伏，邦國大小。」不若風景一詞通常多指秀麗甚至帶有人文氣息的自然景色，如徐繼畬《瀛寰志略》中的「有尼比西阿尼湖，周數十里，風景幽絕，土氣清和。」，孫家穀（1823–1888）《使

5　Harold Osborneed, *The Oxford Companion to Art* (London: Oxford University Press, 1970), pp. 638-639.

6　李偉銘，〈近代語境中的「山水」與「風景」——以《國畫月刊》「中西山水思想專號」為中心〉，《文藝研究》，1 期（2006），頁 116。

7　中央研究院「搜詞尋字」網站 http://words.sinica.edu.tw/sou/sou.html。

西書略》中的「雉堞巍巍，街衢攘攘，風景猶昔，如醉如醒」，以及鄭觀應（1842–1922）《盛世危言後編》中的「華實纍纍，異馥盈野，於國內風景、人民衞生多有裨益」。[8]

山水相對於風景，雖然在字義上多包含了較為原始的自然地貌，然而山水畫卻因為受到「智者樂水、仁者樂山」的影響，因而從發展之始，似乎就不以客觀描繪眼前所見的真實自然為目標，而是意圖創作出一個符合儒家理想的山水之境，如宗炳（375-443）所言：「山水以形媚道，而仁者樂，不亦幾乎。」[9]隨著時代的發展，山水畫在中國始終是以創作出氣韻生動的理想之境為上，承載著儒家的理想、君王的宏圖、士大夫的情懷、宗教或者美學的追尋等等。[10]山水畫用來專指這種非常中國或者說非常東方式的自然描繪在近現代的語境中也一直持續。例如：1914年出版的《新北京指南》中的「又敬藏清高宗御筆心經並駐蹕潭柘岫雲寺作及山水小景……」，1932年出版的《北平市工商業概況》中的「附售之畫、有佛像、有神像、有各種工筆畫。亦間有寫意之山水畫……。其所繪之畫、有山水、有花鳥、尤以各種說部故事為多」，此外，康有為（1858–1927）所編纂的《日本書目志》中所列的《和漢御繪鑑》一書中，描繪自然的類別也以山水稱之。[11]有趣的是，查閱中央研究院近代史料全文資料庫時，筆者發現，山水畫以及使用在美術視覺語境中的山水詞彙，出現的頻率偏低，反而是風景畫一詞大量出現。如：1911年增訂六版《上海指南》中的「西湖風景畫，洋裝一冊定價四角。西湖之勝，不特著名，吾國卽歐美各邦亦深相推許，年來交通便利，來游西湖者日益增多，茲特將西湖風景精印成冊。」1919年《滬寧滬杭甬鐵路旅行指南》中的「上海風景，珂羅版，第一、二集，各一元；中國風景畫，銅版，四角；西湖風景畫，銅版，四角；西湖摺式風景片，三色版，一組十二面，三角。」1920年《實用北京指南》中的「北京風景畫第一：國子監大成殿；

---

[8] 風景與山水在現代史料文獻中的使用情形，可查詢中央研究院的近代史料全文資料庫 http://mhdb.mh.sinica.edu.tw/mhtext/index.php。

[9] 李偉銘，〈近代語境中的「山水」與「風景」〉，頁116。

[10] 關於中國山水畫的研究著作頗多，參見石守謙，《從風格到畫意：反思中國美術史》（臺北：石頭出版社股份有限公司，2010）。

[11] 中央研究院近代史料全文資料庫 http://mhdb.mh.sinica.edu.tw/mhtext/index.php；關於康有為與其編纂的《日本書目志》，參見沈國威，〈康有为及其《日本书目志》，〉《或問》，5期（2003），頁51-68。

北京風景畫第二：國子監辟雍；北京風景畫第三：國子監辟雍牌坊；北京風景畫第四：北京大學校；……」1930 年《增訂上海指南》中的「中國風景畫，銅版，二冊，各四角；西湖風景畫，銅版，一冊，四角；無錫風景畫，銅版，一冊，四角。」1932 年《京鎮蘇錫遊覽指南》中的「樓備几榻帳具，供客駐宿。有焦山碑帖及風景畫片出售。」以及 1932 年《九江指南》中的「本書編首有潯廬風景圖畫三十二幅，用照相電鍍銅版所印，藉為遊者助興，未遊者臥遊觀也。」等等。[12] 風景畫用來指稱真實的風景名勝，並且應用西畫、相片或者銅版印刷等技法。換言之，風景畫在二十世紀初的語境中，是與西方、新技術以及擬真或者客觀真實的自然連結在一起，與山水畫代表的傳統中國以及寫意情趣，似乎站在對立面。

中央研究院近代史料全文資料庫中的風景畫一詞出現的很晚，最早出現已經是 1911 年的《上海指南》，且一出現便立即與西方式的視覺實踐相連結。如果查閱美術史常使用的史料《申報》，跟風景畫相關的詞彙最早出現的時間約在 1908 年，例如在〈照相店出售〉的廣告欄目下提及：「該店開設已有二十餘年，玻璃底片有一萬數千張，各處風景精細圖願 [頗] 甚為可觀……」[13] 而風景畫三個字首次出現則是在 1909 年的〈旅行必攜上海指南〉廣告欄目：「全書二百二十頁，裝訂一巨冊，首附風景畫十六幅。」[14] 之後風景畫一詞在《申報》出現的頻率越來越高，不過大部分都是因為廣告的關係，所以重複出現。茲舉數例如下：1910 年〈勸業會場之見聞錄〉一文中的「瑪瑙天球瓶、嵌花瓷鏡、各處各勝風景畫瓷鏡……」[15] 1910 年〈中國風景畫〉的廣告：「……特將中國各省勝景，擇其尤者，銅牌〔版〕精印，先出第一冊，以後當陸續出版，以供美術家之賞鑒……」〈西湖風景畫〉的廣告：「西湖之勝，不特著名，吾國卽歐美各邦亦深相推許，茲特將西湖風景精印成冊。」[16]〈中國風景畫〉的廣告：「中國各省勝景，擇其尤者，用銅版精印，足供賞鑒。」〈中國名勝畫〉的廣告：「收集各省名勝，擇其尤者，銅版精印，布面金字，極為美觀。」〈西湖風景畫〉的廣告：「將西湖風景

[12] 中央研究院近代史料全文資料庫 http://mhdb.mh.sinica.edu.tw/mhtext/index.php，引文中的標點符號為筆者自己所增刪。

[13] 〈照相店出售〉（廣告），《申報》，1908 年 3 月 3 日，版 23。

[14] 〈旅行必攜上海指南〉（廣告），《申報》，1909 年 7 月 16 日，版 1。

[15] 〈勸業會場之見聞錄〉，《申報》，1910 年 7 月 6 日，版 10。

[16] 〈中國風景畫〉、〈西湖風景畫〉（廣告），《申報》，1910 年 7 月 31 日，版 1。

精印成冊，并於漢名之下兼列西名。」以及〈上海風景畫〉的廣告：「本館派員，親向上海各名勝攝影，製成玻璃版，精印成冊，首頁冠以三色版，尤為精彩，試與真景對照毫髮無遺。」[17] 1915 年廣告欄目中出現「風景畫（華克尼之月夜）」，以及「手繪英國風景畫數幀」[18]。1915 年底的〈大馬路議事廳陳列各種新奇畫片〉廣告：「今有多種奇異之北京風景畫片，即係前繪袁總統肖像之名家所繪者，並有威海衛風景油畫多張……」[19]。在《申報》出現的風景畫一詞所包含的意義和上述中央研究院近代史料全文資料庫所查詢到的一致，亦即等同於西畫、銅版照相等西洋引進的新影像技術，以及追求擬真或者客觀真實的視覺效果，且題材多為地方名勝。1910 年上海商務印書館出版的《中國名勝》，選取的各地名勝是以攝影照片為之，但卻是仿擬傳統水墨畫的構圖，以如畫的效果為賣點。[20]（圖 8）《申報》上的廣告將其稱為中國名勝「畫」而非攝影或是照片，和前述 1908 年照相店的廣告似有異曲同工之妙。〈照相店出售〉的廣告內文提到「玻璃底片有一萬數千張，各處風景精細圖願〔頗〕甚為可觀」，照文義脈絡來看，此處風景精細圖應該也是攝影照片，就如同 1910 年〈上海風景畫的廣告內文所說的「試與眞景對照毫髮無遺」。攝影可以達到如畫的效果，又可以追求毫髮無差的精細程度，在傳入中國之後似乎受到廣大的喜愛，也對傳統視覺文化引發不小的挑戰與轉變。[21]

若翻閱早期的中國英漢字典，如 1903 年出版的《商務書館華英字典》，“landscape” 被翻譯成山川景、山水畫與地景。[22] 而 1908 年商務印書館出版的《英華大辭典》則將 “landscape” 翻譯成景色、風景；“a picture exhibiting the scenery of a landscape”翻譯成風景畫、山水畫；而“landscape painter” 則翻譯成山水畫工、畫山水者以及畫師。[23] 似乎風景畫一詞的出現

---

[17] 〈中國風景畫〉、〈中國名勝畫〉、〈西湖風景畫〉、〈上海風景畫〉（廣告），《申報》，1910 年 12 月 26 日，版 25。

[18] 〈風景畫（華克尼之月夜）〉（廣告），《申報》，1915 年 7 月 18 日，版 14;〈手繪英國風景畫數幀〉（廣告），《申報》，1915 年 10 月 14 日，版 14。

[19] 〈大馬路議事廳陳列各種新奇畫片〉（廣告），《申報》，1915 年 12 月 21 日，版 3。

[20] 巫鴻，《聚焦：攝影在中國》（北京：中國民族攝影藝術出版社，2018），頁 230-231。

[21] 吳方正，〈晚清四十年上海視覺文化的幾個面向——以申報資料為主看圖像的機械複製〉，《人文學報》，26 期（2002），頁 49-95。

[22] 《商務書館華英字典》（上海，1903）。

[23] 顏惠慶等編，《英華大辭典》（上海，1908），頁 1306。

在中國約在 1908 年前後。若與描述中國繪畫的語彙相對比，風景畫一詞與西方視覺實踐緊密相連甚至等同的程度就更形明顯。例如，1918 年〈東方雜誌大改良〉的廣告內文提到：「卷首附以唐六如鐵梅庵書畫之眞跡及風景照片，刷印美麗……」[24] 明代畫家以筆墨寫就的作品被稱為書畫，而拍攝的景色則被稱為風景。1909〈張管學奏定變通初等小學章程清單〉所列的課程中，第五年的「圖畫」課包括：「簡易之動植物及風景人物，並摹繪我國山水實跡，啓其愛國心。」[25] 山水與我國畫上了等號，並與風景以及西方區分。更值得注意的是，按照字義，「摹繪我國山水實跡」應當是指實地寫生，然而，此處用的動詞「摹繪」，很容易聯想到中國傳統習畫的「臨摹」。綜上所論，風景畫一詞在中國的出現約在 1908 年前後，且一出現不久即與西方視覺文化幾乎畫上等號，舉凡與西方相關的視覺技法，諸如：油畫、水彩、攝影、相片等，都被歸為風景畫的特徵。到了 1920 年，風景畫甚至可以包含電影，如當時刊登在《申報》的電影院廣告，其中〈中國影戲館〉的宣傳內文便出現：「美界東鴨綠路梧州路轉角，實事新片世界風景畫大部連台最新長片，第十一集、第十二集……」[26] 這裡的風景畫指的究竟是什麼，其與電影有什麼關係，或者當時的影戲指的是什麼媒材，這些都需要再進一步的研究。然而，可以定論的是，風景畫雖名為畫，但在民初的視覺語境中，風景畫其實包含了所有西方引進的「洋」技術，甚至包含電影。而因為照相與電影等技術在視覺效果上所能達到的逼真程度遠遠超過傳統中國繪畫媒材。因此，當西方的視覺範疇都被風景畫吸納的情況下，代表中國的山水畫將只剩下筆墨、臨摹以及無法客觀精細地再現真實等特徵。

參、民初山水畫中的風景

在上述的視覺語境之下，回過頭來看第一節所討論的〈草原夕陽圖〉，或許我們可以更肯定地將此作品與西方視覺文化相連結。〈草原夕陽圖〉中景的草原羊群極可能是根據金城旅英時，親身遊歷所拍攝的照片，或者是購買的圖片所繪。〈草原夕陽圖〉中最令觀者印象深刻的還有傳統國畫少見的

[24] 〈東方雜誌大改良〉（廣告），《申報》，1908 年 9 月 3 日，版 22。

[25] 《申報》，1909 年 5 月 23 日，版 10。

[26] 〈中國影戲館〉（廣告），《申報》，1920 年 10 月，版 8。

對於天空的著墨，尤其是夕陽西下的豔麗色調。對於天空的著墨與紅色的喜愛似乎是金城這段時期的創作特色，例如繪製於 1925 年的〈落日斑虎圖〉（圖9），畫中一隻毛色晶亮、雄偉威猛的老虎正攀在巨石上，貌似張嘴吼嘯，前景被風吹的低垂的綠草與枯黃的樹葉，襯著火紅的天色，形成一幅壯闊又淒涼的景象。雖然題跋上寫著：「猛虎生谾巃，蒼涼落日紅。盱衡百獸懾，蔚采萬夫雄。長嘯風生谿，孤行氣吐虹。豺狼正當道，知否念山中。乙丑年十二月，擬高且園畫法于時楳華龕中，吳興北樓金城并題。」然而金城畫中的老虎則比題跋所描述的貌似溫馴的多，而且應也是根據照片所繪。金城提及此幅畫法學自高其佩（1660–1734），但其實更近似於嶺南畫派的高氏兄弟。（圖 10）金城所畫的虎雖不若高氏兄弟的威猛，然而細看金城對於老虎毛色的細膩處理，乃至於前景草葉的色調變化（圖 11），反倒比被視為融合西法的折衷或者新派繪畫的高氏兄弟，要來得更接近西畫。

〈草原夕陽圖〉與〈落日斑虎圖〉是目前金城存世的畫作中較為前衛的，然而即使是他的仿古作品，也透露著當時視覺語境的影響。1924 年的〈西山紅葉圖〉（圖 12）根據題跋是金城因病無法親身前往西山看紅葉，為遣懷而以唐寅筆法所創作的一幅圖。[27] 畫中登高的文人高士、靠岸的扁舟，以及紛落的紅葉很容易便能令人聯想到故宮收藏的文徵明〈仿趙伯驌後赤壁圖〉（圖 13）與唐寅〈溪山漁隱圖〉（圖 14）。金城畫中貌似隨意卻顯筆力的長披麻，以及勾勒樹枝的硬挺線條，確實是唐寅的特色。儘管構圖與筆法明顯仿古，然而紛落的紅葉所暗示的大氣與透視效果，則為畫面增添了幾分真實感。若把金城的〈蒲塘翠羽〉（圖 15、16）、徐悲鴻的〈雙鵲〉（圖 17）與林風眠的〈白鷺〉（圖 18、19）放在一起比較，乍看之下，金城的畫反而是三幅之中最接近西畫的。徐悲鴻的用色雖然相當水墨，細看之下，鵲鳥卻描繪地相當立體。藉由鵲鳥一正一側的身姿，顧盼之間，徐悲鴻已經成功地表達出畫面的空間感。金城畫中翠鳥儘管用色豔麗，細看其精確與立體度並不如徐悲鴻筆下的鵲鳥。相較之下，金城畫中細膩的敷彩反而接近於傳統院畫的工筆風格。不過蒲草以明顯的深淺色調來傳達沼塘的水氣效果，加上畫中整體的空間與透視感，縱使畫面上方有傳統水墨的款識，整幅畫呈現的「繪畫」概念已明顯甚於「書畫」。林風眠的畫也具備不少的國畫元素，

[27] 題跋原文為：「石壁倒聽楓葉下。甲子深秋，小病不能往西山看紅葉，用唐子畏法寫此，聊以解嘲。吳興金城。」

例如立軸式的狹長畫面、單一的水墨色調，描繪白鷺的筆法也甚為寫意。然而白鷺群近大遠小的透視感，前景逼視所營造的真實感，以及貌似鬆秀的筆法下對於白鷺量感的捕捉，皆顯示出即便是以傳統水墨為創作介面，已經不可能不受到現代視覺語境與實踐的影響。

1918 年另一位國粹派大將陳師曾（1876–1923）以〈讀畫圖〉（圖 20）描繪在北京中央公園以展覽賑災的情景，雖仍是紙與水墨的傳統素材，然而畫面中約二十人的擁擠場景，夾雜其中穿著西裝皮鞋的男士與時髦裝扮的淑女，使得畫面有一種現代摩登的耳目一新。以水墨嫻熟地傳達明暗光影並掌握人物的形體量感，顯現陳師曾不僅在理論上熟悉西洋美術，在實踐上也和前述不少的國粹派畫家一樣實際體驗過西洋技法。Craig Clunas 指出〈讀畫圖〉畫名中的「讀」與畫上題跋中的「觀」不僅在語義上形成有趣的對比，更反映出民初文人畫在實踐與觀看上皆出現明顯的變化。過去文人畫只集中於小眾以「讀」為主的鑑賞形式，到了民初則轉變成在售票展覽的場合上公開展示的「觀」畫形式，〈讀畫圖〉畫面最顯眼的便是兩幅四王風格的書畫「高掛」供大眾觀覽，對比前景多人擠在一起以近距離「讀」著攤開的畫卷，生動傳達出西方美術在二十世紀大量輸入之後，傳統書畫所面臨的課題與轉變。

陳師曾可以說是當時國粹陣營最雄辯的捍衛者，他積極地在西方「美術」的架構下，為傳統書畫建立一套現代化的論述。1917 年 11 月陳師曾受邀至北京大學演講清代繪畫，吸引了約千人的聽眾。[28] 因此促成時任北大校長的蔡元培於隔年 2 月成立了北京大學畫法研究會，該會並於 1920 年發行了《繪學雜誌》，頗受歡迎，發行第二期時書倉從一處增為六處，到了第三期時銷售更擴展到了天津與上海。[29] 每期所收文章頗豐，分為圖畫、通論、專論、畫訣、講演、史傳、紀實、雜俎和詩詞等類別。收錄的除了校長蔡元培的文章與演講之外，其他多為畫法研究會導師的稿件與畫作，也有邀約的講演紀錄，如中國畫學研究會會長金城與北京美術學校校長鄭錦（1883–1959）的演講，以及其他藝術相關活動的報導，如陝西賑災書畫古物展覽會、俄國使館油畫展覽、文華殿書畫展覽以及蘇州美術賽會等，可說是瞭解當時中國藝壇活動與思想的最佳媒介。雜誌中對於藝術理念最侃侃而

[28] 《北京大學日刊》，1918 年 6 月 1 日。

[29] 王玉立，〈繪學雜誌研究〉，《臺北市立美術館美術現代美術雙月刊》，82 期（1999），頁 48-61。

談的應屬蔡元培與陳師曾。蔡元培闡述其美術與美學理念的講演多被刊載在《繪學雜誌》，包括橫跨第一期與第二期的〈美術的起源〉，第三期的〈美術的進化〉、〈美學的進化〉、〈美學的研究法〉、〈美學與科學的關係〉等，可說是蔡元培落實其美育主張的最佳場域。當蔡元培以進化論觀點來比較中西美術，認為西方比中國進步時，陳師曾也以此觀點發表了〈中國畫是進步的〉與〈繪畫源於實用說〉，論述中國畫從實用走向非實用、從簡單走向複雜，並從圖走向畫的演進過程，因此。中國畫也是進步的。[30] 在《繪學雜誌》第二期刊載的〈文人畫的價值〉一文中，陳師曾更指出，西方後印象派，以及之後的立體主義與未來主義打破過去西方傳統追求逼肖的陳規，其趨勢與中國文人畫的不求形似不謀而合，因此，中國文人畫的「不求形似，正是畫的進步」。[31] 陳師曾被視為國粹派的領袖，保守傳統的形象鮮明，然而從其發表的文章看來，陳師曾對於西方文藝的發展情況似乎相當熟稔。

陳師曾對於西方美術的認識不只表現在其論述上，也在〈讀畫圖〉中一覽無遺。〈讀畫圖〉中的「觀」除了來自於畫面中的觀畫，也來自於畫面外的觀看，此畫雖然保留傳統的畫軸形式，然而畫面中的光影流動與擁擠景象，加上畫面邊緣的裁切效果，都暗示著此畫的觀看模式與攝影的關聯。石守謙最近的研究中對於民初山水畫的創作與相片之間的關係有相當深入的剖析，當時所謂的實景寫生，有不少應都是先拍攝照片，再根據照片然後以傳統國畫的紙絹筆墨創作而成，例如陶冷月（1895–1985）的〈雁蕩湖南潭〉便是根據其拍攝的〈湖南絡絲潭〉而來。[32] 胡佩衡（1892–1962）刊載於《繪學雜誌》第一期的〈大龍湫〉則極可能以他遊歷雁蕩山時所做的寫生稿或照相為底本，參以王蒙的筆法而成。[33]（圖 21）胡佩衡也是國粹陣營的

---

[30] 陳師曾，〈繪畫源於實用說〉，《繪學雜誌》，1 期（1920），「專論」頁 17-19。陳師曾，〈中國畫是進步的〉，《繪學雜誌》，3 期（1921），「專論」頁 1-3。

[31] 〈文人畫的價值〉有兩個版本，陳師曾於 1921 年在《繪學雜誌》上刊登的〈文人畫的價值〉是白話文，隔年陳師曾翻譯了大村西崖的〈文人畫的復興〉，並和其〈文人畫的價值〉文言文一起收錄在《中國文人畫之研究》一書。參見陳師曾，〈文人畫的價值〉，《繪學雜誌》，2 期（1921），「專論」頁 1-6。高昕丹，〈試析《文人畫之價值》的成文情境〉，《*Besides* 左右》，3 期（2001），頁 181-191。

[32] 參見石守謙，《山鳴谷應：中國山水畫和觀眾的歷史》，（臺北：石頭出版股份有限公司，2017），頁 350-354。

[33] 石守謙，《山鳴谷應：中國山水畫和觀眾的歷史》，頁 362-363。

活躍人士，以山水畫享譽京津畫壇。[34] 由於擔任北大畫法研究會導師，因此《繪學雜誌》也刊登了胡佩衡的文章與畫作。除了第一期的〈大龍湫〉，第三期也刊登了胡佩衡的〈仿馬遠青綠山水〉（圖 22）與〈臨流古木圖〉（圖 23），兩幅圖正好形成一個有趣的對照。〈仿馬遠青綠山水〉畫中的構圖與筆墨可看出胡佩衡對於馬遠（1160–1225）作品的掌握，尤其是從前景右下方一路以蒼勁挺拔的姿態向上延伸至畫面上半部的松樹，運勁快速的斧劈皴，以及有力堅硬的勾勒線條。〈臨流古木圖〉在畫名上極易令觀者聯想到山水畫，然而在構圖上卻明顯受到西方十九世紀自然主義的啟發。[35]〈臨流古木圖〉為一幅油畫，正好印證胡佩衡在同期《繪學雜誌》提及他學過西畫數年。[36] 胡佩衡在畫中以極其精細的筆觸描繪出前景樹幹的紋理，逼肖的視覺效果使得前景有如照片一般，從中景的樹林與遠景的湖山當中跳脫出來，這種斷裂的視覺效果在同期刊登的另一幅〈俞滌煩畫金少梅相〉圖中更為明顯。（圖 24）俞滌煩（1884–1935）為浙江人，擅畫仕女，曾受金城之邀赴北京作畫。[37] 金少梅為當時的京劇名伶，在俞滌煩畫中斜倚著一株橫伸的老樹。金少梅在畫中英姿換發且目光炯炯，逼真的程度如同照片，和背後瀟灑揮筆而就的老樹形成強烈的對比。〈俞滌煩畫金少梅相〉和高劍父（1879–1951）與鄭曼陀（1888–1961）於 1914 年所合作的〈銀塘秋水〉有異曲同工之妙。（圖 25）為了打進上海市場，於是高劍父便與上海著名的月份牌畫家鄭曼陀合作美人圖。[38] 畫中美人也是斜倚老樹，高劍父以雄渾瀟灑的筆墨畫出老樹與山水背景，和前方美人如照片般細膩逼真的臉龐形成

---

[34] 參見國立歷史博物館編輯委員會編，《民初十二家北方畫壇》（臺北：國立歷史博物館，1998）。

[35] 自然主義廣義來說是指十九世紀時以戶外自然寫生以及逼肖的視覺效果為主的藝術運動，常常和寫實主義重疊，並啟發之後的印象派。參見 Gabriel P. Weisberg, *Beyond Impressionism: The Naturalist Impulse in European Art, 1860–1905* (London: Thames and Hudson, 1992).

[36] 胡佩衡，〈中國山水畫寫生的問題〉，《繪學雜誌》，3 期（1921），「專論」頁 3-7。

[37]《繪學雜誌》作俞滌煩，《民國書畫家彙傳》作俞滌凡，生卒年為 1884–1939。《京津畫派》則作俞涤凡或俞涤煩，生卒年為 1884–1935。余滌煩常被誤傳為是受袁世凱之邀而赴京，如惲茹辛《民國書畫家彙傳》書中即記載袁世凱「曾請人南下聘氏赴京，為之作畫，因是藝名大噪。」參見惲茹辛，《民國書畫家彙傳》，頁 133。但根據余滌煩和金城的合作畫與相關題跋，余滌煩赴京是受到當時管理古物陳列所的金城之邀：「金北樓在內部時管理武英殿所陳書畫，以書屬君北上襄理，……」參見田伊婷，《余明（1884–1935）繪畫研究》（中央大學藝術學研究所碩士論文，2020）。

[38] Ellen Johnston Laing, *Selling Happiness: Calendar Posters and Visual Culture in Early-Twentieth-Century Shanghai* (Honolulu: University of Hawai'i Press, 2004), pp. 122-123.

鮮明的對比。繪製照相般逼真的京劇名伶，除了俞滌煩刊於《繪學雜誌》的畫作之外，同任北京大學畫法研究會導師的徐悲鴻也於 1918 年畫過梅蘭芳出演《天女散花》的扮相，此幅梅蘭芳畫像和劇照幾乎一模一樣，明顯是依照劇照摹寫而成。（圖 26、27）

儘管民初許多山水畫家因維持傳統的水墨創作而被歸為國粹，然而隨著西方美術概念與相關技術的大量輸入，身歷其境的真實感也間接影響著國粹派的創作與觀看。Craig Clunas 因此在賞析陳師曾的畫作時，認為〈讀畫圖〉是「寫實」的，不是風格上的視覺寫實，而是寫實地傳達出此幅圖「當下、複雜與多元」的創作背景。[39] 有趣的是，作為現代中國畫壇寫實代表的徐悲鴻，其籌辦的中國繪畫展於 1933 年 5 月在巴黎的 Jeu de Paume 美術館舉行，根據《良友畫報》的報導，此次共展出七十一位畫家的作品，其中有十二幅被法國政府購藏，因此，《良友畫報》82 期〈中國名畫在巴黎〉的報導特別刊出被購藏的其中九幅，包括了鄭曼青（1902–1975）的〈墨葵〉、方藥雨（1869–1954）的〈小鳥〉、經亨頤（1877–1938）的〈蘭石〉、徐悲鴻的〈古柏〉、汪亞塵（1894–1983）的〈晚風〉、齊白石的〈櫻樹〉、張聿光的〈翠鳥〉、張大千的〈荷花〉、以及王一亭的〈達摩〉。（圖 28、29）另外三幅被法國政府購藏的作品為高奇峰的〈帆船〉、陳樹人的〈芭蕉〉與張書旂的〈桃花〉，由於此三幅圖的照片模糊，因此沒有刊登於《良友畫報》。[40] 徐悲鴻在西畫界的影響自不待言，汪亞塵畢業於東京美術學校西畫系，回國後任教於上海美專，之後又赴歐學習。張聿光曾任上海美專校長，並活躍於上海的商業美術圈，為大舞台等劇院繪製布景，也常於媒體上刊登諷刺漫畫。[41] 雖然他們三人和西畫與商業美術的關係更甚於與國粹陣營，然而他們三人的作品卻一致接近傳統水墨的風格。汪亞塵畫中有樹石涼亭等國畫常見的元素，筆墨輕快寫意，而且左上角的題跋中稱自己是「寫」此圖而不是「畫」，是典型山水畫的實踐。張聿光的〈翠鳥〉以寫意酣暢的筆墨畫荷葉，而且無論是筆法或構圖都近似於張大千的〈荷花〉。徐悲鴻也以酣暢的濃墨大筆揮寫出古柏的蒼勁，雖然畫中的透視處理與古柏的裁切構圖透

[39] Craig Clunas, Chinese Painting and Its Audience, pp. 176-180.

[40] 周芳美，〈1920、30 年代上海藝壇對於中西融合畫風新國畫之評論（下）〉，頁 12。關於這次展覽的圖錄，參見 *Exposition d'Art Chinois Contemporain* (Paris: Musée du Jeu de Paume, 1933).

[41] 李超，《中國早期油畫史》，頁 360。

露的現代性遠比汪亞塵的〈晚風〉明顯，然而整體視覺效果乍看之下仍然是傳統的，讓人幾乎無法將徐悲鴻與學院寫實主義聯想在一起。《良友》畫報82期刊載的〈1933年我國名畫在巴黎〉報導，其中一頁將徐悲鴻的〈古柏〉、張大千（1899–1983）的〈荷花〉、張聿光（1885–1968）的〈翠鳥〉、齊白石（1864–1957）的〈櫻樹〉，以及王一亭（1867–1938）的〈達摩〉畫在一起，乍看之下這五幅作品風格近乎一致，皆近似於傳統水墨風格，而不見畫家們來自留法、留日、商業美術以及傳統訓練等相異的養成背景。

Rosina Buckland 在日本畫家滝和亭（1832–1901）的研究中指出，日本在明治維新時期面對西方美術的大規模輸入，日本藝壇也出現許多新詞彙與畫派別，日本畫家與藝術類別在其中的立場與定義也時有不同，如「日本畫」在現今常被用來泛指明治時期以傳統素材創作的繪畫作品，然而在當時，須符合以下標準，諸如：不能著重「描繪」而轉為如油畫一般強調「畫繪」，不著重水墨而強調色彩豐富，裝裱方式也不再採取傳統樣式以配合展覽廳的牆面，著重客觀寫實，以及不再借用書法而是轉為純粹的畫，亦即用創作上以「繪畫」的概念取代過去的「書畫」概念。[42] 由此可見，「日本畫」隱含著強烈的創新動機並受到西畫的影響，而非如今日泛指保守傳統的日本畫作。就如滝和亭在今日的日本美術史上只被歸類為南畫家而且在研究上乏人問津，然而滝和亭在當時是相當重要且影響力巨大的畫家，接受許多政府委託且常赴世界各國的博覽會展出。如果我們以今天對畫家的歸類來看待畫家，將忽略明治時期畫壇的活力以及其所反映的政治、經濟與社會等變遷。相較於滝和亭，金城與胡佩衡等京津畫派的作品依然保持著傳統書畫的書法、仿古與筆法，然而，畫面中對於顏色與寫生的強調，細節上對於光線與空氣的關注，乃至於構圖上受到攝影的影響，都指出國粹畫派在看似固守傳統的創作面貌下，無法忽視的現代元素。

（本文摘錄自王舒津，《民初山水畫中的風景：試析民初視覺語彙的轉變與實踐》，國泰文化事業，2018）

---

[42] Rosina Buckland, *Painting Nature for the Nation: Taki Katei and the Challenges to Sinophile Culture in Meiji Japan* (Leiden: Brill Academic Publisher, 2013), p. 7.

圖 1　金城　〈草原夕陽圖〉1926

圖 2　祁崑　〈山水〉1929

圖 3　Wolfgang Suschitzky *Sheep in Hyde Park, London* 1937

圖 4　Adriaen van de Velde *The Edge of a Wood* 1658

圖 5　William Holman Hunt *Our English Coasts, 1852* 1852

圖 6　Alfred Parsons *When Nature Painted All Things Gay* 1887

圖 7　J.M.W Turner *The Fighting Temeraire* 1839

圖 8　〈黃山迎客松〉《中國名勝》 1912

圖 9　金城　〈落日斑虎圖〉1925

圖 10　高奇峰　〈嘯虎〉1908

圖 11　金城　〈落日斑虎圖〉（局部）1925

圖 12　金城　〈西山紅葉圖〉1924

圖 15　金城　〈蒲塘翠羽〉1923

圖 13　文徵明　〈仿趙伯驌後赤壁圖〉（局部）1548

圖 14　唐寅　〈溪山漁隱圖〉（局部）約 1516–1517

圖 16　金城　〈蒲塘翠羽〉（局部）1923

圖 17　徐悲鴻　〈雙鵲〉1942

圖 18　林風眠
〈白鷺〉1930

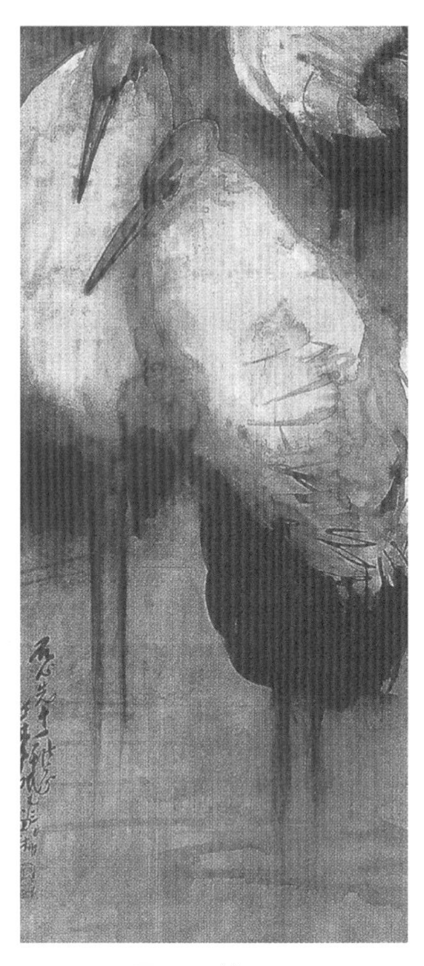

圖 19　林風眠
〈白鷺〉（局部）1930

圖 20　陳師曾　〈讀畫圖〉1918

圖 21　胡佩衡　〈大龍湫〉
《繪學雜誌》1 期 1920

圖 22　胡佩衡　〈臨流古木圖〉
《繪學雜誌》3 期 1921

圖 23　胡佩衡　〈仿馬遠青綠山水〉《繪學雜誌》3 期 1921

圖 24　俞滌煩　〈俞滌煩畫金少梅相〉《繪學雜誌》3 期 1921

圖 25　高劍父與鄭曼陀　〈銀塘秋水〉1914

圖 26　徐悲鴻　〈天女散花〉1918

圖 27　梅蘭芳飾演天女散花劇照

我國名畫在巴黎

EXHIBITION OF CHINESE PAINTINGS IN PARIS

Concorde, Paris, Where the Exhibition Was Held.

Pictures Reprinted Here Are Those Being Picked and Purchased from the Exhibition by the Government of France for Permanent Display at the French National Museum.

Flower and Stone By M. C. Chen

One of the Six Rooms in Which the Paintings Were Displayed.

Perfumed Rock By H. G. Ching and Y. U. Fong

Windy Evening By Y. C. Wang

Bird By Y. U. Fong.

圖 28　〈我國名畫在巴黎〉報導　《良友》82 期 1933

圖 29　〈我國名畫在巴黎〉報導　《良友》82 期 1933

DOI:10.978.986437/1778.0023

以農業培養工業：戰後臺灣農業普查體系的建立

林佩欣 *

壹、前言

本文旨在考察 1960 年代，臺灣在經濟建設計劃的要因下，實施農業普查的過程，探究戰後臺灣農業普查體系建立之經緯，及其與戰前統計調查制度連續性與斷裂性之課題。

政府統計根據編製方法和來源，分為業務統計和調查統計兩種，業務統計為根據日常業務所蓄積之資料所編製而成的統計；調查統計則為經過統計調查得到的數據所編製的統計。戰前的中國和臺灣，各有一套統計制度，前者為受美國數理統計學派影響而架構的主計制度，後者為受德國社會統計學派影響的日本統計制度。國民政府接收臺灣初期，為使戰前和戰後的統計數字連續，並未倉促在臺灣實施主計制度，而是讓戰前的統計制度暫時持續。至 1949 年隨著中華民國來臺，主計制度在臺灣重建，與臺灣現地的統計制度歷經了碰撞與融合，業務統計及調查統計皆有變化。特別是 1960 年代之後，為讓臺灣順利地從農業社會過渡至工商社會，統計調查因此被重視，在此背景下，「中華民國臺閩地區人口普查」、「臺灣省農業普查」及「臺灣省工商普查」等三項統計調查陸續被實施。

針對此議題，筆者已經討論了南京國民政府時期主計制度制定的經緯及特色；[1] 戰後初期行政長官公署對戰前統計資料的接收及業務統計體系的重建；[2] 行政院主計處遷移到臺灣之後，與省級統計機關臺灣省政府主計處存

* 國立臺北大學兼任助理教授

[1] 林佩欣，〈南京国民政府の統計組織とその特徴〉，A.628,"Discussion Paper Series", Institute of Economic Research,Hitotsubashi University, 2015.7。

[2] 林佩欣，〈他山之石：國民政府在臺灣的業務統計體系接收與重建（1945–1949）〉，《興大歷史學報》，31 期，2016 年 12 月。

在的二重性結構的問題；[3] 以及 1956 年「中華民國臺閩地區人口普查」之實施及其意義等。[4] 研究結果顯示，不論業務統計或調查統計，戰前臺灣總督府的執行經驗對戰後統計制度的確立皆有重要影響。

亞洲向來以農業為主要產業，臺灣 1931 年時農業人口仍有 54%，佔人口的一半，農家相關調查頗受執政者重視。[5] 發展至 1960 年代中期，臺灣的農業和工業不平衡逐漸明顯，農村人口持續外移，農村社會結構面臨變化。在此時期，1949 年時中國農村復興聯合委員會（以下簡稱：農復會）遷至臺北，1953 年起五年期的經濟建設四年計畫開始，為理解農業對工業發展的幫助，開啟對臺灣農村進行調查和研究的契機。

戰後臺灣省政府農林廳的農業相關統計，可區分為三個系統，其一，該廳主計室所辦理的一般統計行政及業務統計報告之編報；其二，農業經濟科所主辦之農情查報及農家記帳等業務；其三，直屬臺灣省政府之農業普查會，負責農業普查事宜。[6] 本文主要擬先以探討農家家庭和經濟構造的農家經濟調查及農業普查為主，探究戰後臺灣農業普查體系制度化的過程，以及戰前臺灣總督府的統計經驗發揮的功能，以此作為日後進一步探討戰後農業經濟統計系譜的先備知識。

貳、戰後臺灣「超然主計」架構之下的統計制度

統計學誕生於 14 世紀的歐洲，新興城市威尼斯、佛羅倫斯，為人文研究帶來了新的能量，開啟統計學研究的契機。至 19 世紀，民族國家興起，為取得反映國情的生產、交通、貿易、金融等各種資料，各國公開原本被視為政府秘密的統計報告，並實施新的統計調查計畫。統計學者的能量更為旺盛，國際性的統計協會和會議陸續召開。統計同時也被應用於海外殖民地的

---

[3] 林佩欣，〈戰後臺灣主計制度下統計體系之建立（1949–1967）〉，發表於 2016 年 10 月 29 日，在中央研究院近代史研究所，由中國近代史學會主辦之「二元軸線的中華民國史研討會」。

[4] 林佩欣，〈戦後台湾「中華民国台閩地区戸口普查」の実施〉，A.640, “Discussion Paper Series”, Institute of Economic Research,Hitotsubashi University, 2016.7。

[5] 吳聰敏，〈臺灣農村地區之消費者物價指數：1902–1941〉，《經濟論文叢刊》33：4（2004.12），頁 321-355。

[6] 行政院統計制度改進小組，《臺灣省農情查報制度研討報告》（臺北：該組，1966），頁 1。

擴張，使 19 世紀又被稱為「統計萬能的時代」。[7] 在亞洲，統計學的傳布除了英、法殖民主義國家在印度、菲律賓的殖民地施政，也有近代日本在明治維新時期全面西化，參考普魯士的統計制度而奠定的基礎，戰前臺灣統計制度的傳入，則是殖民政府科學性的治理政策下的結果。[8]

另一方面，自清末鴉片戰爭之後，中國也掀起學習西方科學的風潮，統計學於此時透過不同路徑傳進中國。南京國民政府成立後，接受美國顧問團建議設立國民政府主計處，作為監督國家財政及財務管理的機關，並將統計事務涵蓋其中，成為中華民國統計制度最大的特色。所謂主計制度，包含統計、歲計及會計「三計」，蘊含「計算」政府財政和經濟的寓意，因其具有超然地位而又被稱為「超然主計」。[9] 主計體系下的統計機關不隸屬各院，彼此不相為謀，其下各部會及其所屬機關之統計便於統一辦理 ，而有最高機關總其成，使其得以憑藉共同標準辦理統計訓練，便於彙整政府各機關之統計報告，編成有系統之統計。[10]

惟戰後初期，主計制度並未直接在臺灣實施，1945 年 10 月，臺灣省行政長官公署成立，同日在秘書處設立統計室，負責接收戰前統計資料並重建各地統計機關。至 1946 年 10 月，為使統計政令得以明確下達，乃以原來秘書處統計室人員為基礎，升高統計機關位階，成立直屬於行政長官公署之統計室。[11] 行政長官公署統計室分為四科，第一科負責對末端統計機關所提業務統計表、統計報告進行審查和編纂，以及出版刊物事項。第二科負責戶口、教育、衛生、勞工、社會救濟、合作、宗教、行政法令、警保等社會統計相關業務。第三科負責曆象、土地、礦產、農林漁牧、工業、商業、貿易、交通、財政、金融、物價等經濟統計相關業務。第四科負責執掌公文的立案、發送，以及任免、轉勤、升遷及考核等人室業務。[12] 這樣的統計架構，

---

[7] 島村史郎，《欧米統計史群像》（東京：日本統計協會，2013.5），頁 31。

[8] 林佩欣，《臺灣總督府統計調查事業之研究》（臺北：花木蘭出版社，2014）。

[9] 衛挺生、楊承厚，《中國現行主計制度》（上海：商務印書館，1946），頁 24-25。

[10] 中國國民黨文化傳播委員會黨史館藏，「設置主計總監部案」，政 6/13.1，1929 年。

[11] 〈公署統計室成立並直隸秘書長案〉，《臺灣行政長官公署檔案》，典藏號：00301200019016，1946 年 9 月 30 日。

[12] 〈秘書處統計室裁徹案〉，《臺灣行政長官公署檔案》，典藏號：00301200108001，1946 年 10 月 14 日。

除 1947 年因應臺灣省政府成立，機關名稱改制為臺灣省政府統計處外，人員及內涵均未改變，持續至 1949 年中華民國政府來臺為止。

行政院主計處在臺北設立之後，初期繼續延用大陸時期的組織法，至 1953 年，為適應國營事業的發展和加強財務管理之需求，調整主計處內部組織和執掌。原歲計局改為第一局，掌理公務機關預算、會計與決算；原會計局改為第二局，掌理國營事業機構會計、預算與決算；原統計局改為第三局，掌理統計相關事宜。又為使主計制度在臺灣站穩腳跟，乃逐步修訂「行政院主計處組織法」，於 1959 年 3 月公布。[13] 另一方面，配合主計制度在臺灣推行，1949 年 9 月臺灣省政府參議會提議將臺灣省政府會計處和統計處合併成為主計處，原會計處長紀萬德為處長，原統計處長李植泉為副處長。[14] 省政府主計處分為五科及人事室，第一科主管全臺歲計業務；第二科主管全臺會計業務；第三科主管全臺公務統計；第四科主管全臺經濟統計業務。[15]

1953 年起，臺灣連續實行五期四年經濟計劃，隨著財政預算逐年膨脹，統計的需求也逐漸增加。1965 年，行政院聘請國內專家及有關機關代表，成立統計制度改進小組，延聘美籍統計專家賴德（R.B. Ladd）、鍾斯（Howard L. Jones）及刑瑞茲（A. Ford Hinrichs）三人為顧問，進行臺灣統計制度的研究改進。主要任務有八項，包括檢討統計機構組織及工作，研擬統計制度改進方案及統計法修正；檢討統計人員素質，研擬統計人員教育及訓練；檢討各種基本普查及抽樣調查，研擬設置永久性普查普查機構；檢討現成各項統計計畫及統計，制定長期統計發展計畫等。[16]

就統計工作的業務分攤而言，末端統計機關除須依照上級機關編造業務統計之需求，按時造報並送交各種統計報告表，作為統計材料之外；所執行之各種調查統計亦需受上級統計機關監督；並接受上級機關指示辦理各種統計事務。以農林處為例，戰後初期行政長官公署農林處，設有秘書室、技術

---

[13] 行政院主計處，《主計制度建制五十周年紀念集》（臺北：該處，1981），頁 94-95。

[14] 〈省政府主計處編制草案及省屬各機關會計、統計合併原則案〉，《省府委員會議檔案》，典藏號：00501011605，1949 年 9 月 16 日。

[15] 臺灣省政府主計處，《臺灣省政府主計處志》（南投：該處，1999），頁 1。

[16] 行政院主計處，《主計制度建制五十周年紀念集》，頁 97-98。

室、會計室、統計室、農務科、水產科、畜牧科及耕地科等，4 室 3 科。[17] 臺灣省政府成立之後，農林處改制為農林廳，統計及調查業務歸該廳主計室及農業經濟科管轄。農林廳主計室負責一般統計行政及業務統計報告編查；農業經濟科辦理農情查報、農家記帳、農業成本等業務。[18]

參、農業普查前史：從戰前的農家經濟調查到戰後的農家經濟調查

農家經濟調查顧名思義，即是為理解農家經濟狀態所進行的調查，對農家的現金及現物的生產、收入、支出，資產，乃至於家族全體和個人的工作時間等進行記錄。[19] 臺灣的農家經濟調查始自於戰前，戰前的農家經濟調查體系則源自於日本。日本的農家經濟調查始於 1890 年，當時係由農商務省農事試驗場技師齋藤萬吉一手主導，因而被稱為「齋藤萬吉調查」，調查分為農家和農村兩類，調查項目為農家的家庭概況、收入、支出，支出項目中有飲食料品、交際費、衣類等家計支出，買肥及其以外的農業經營費，以及臨時雇用費等農業經營支出的項目。「齋藤萬吉調查」實施之後，日本各地的農會也開始自行實施相關調查，自 1913 年起，帝國農會展開全國性大規模調查，不過之後因故中斷，至 1921 年開始，由農林省接手主導調查，並逐漸改進調查方法，農業經濟調查體系從此制度化。[20]

臺灣最早的農家經濟調查始於 1898 年，當時是由臺灣總督府民政部殖產課執行，1898 年 9 月，囑託山田伸吾在翻譯陪伴下進入臺北縣，對農家經濟狀態進行調查，調查歷時一個月，可說是是近代臺灣農家經濟調查的開端。[21] 1918 年起，臺灣正規的農業基本調查宣告開展，由臺灣總督府殖產局

[17] 〈臺灣省行政長官公署農林處組織規程〉，《臺灣省行政長官公署公報》，三十五年夏季第十期，1946 年 2 月 15 日，頁 154。

[18] 行政院統計制度改進小組，《臺灣省農情查報制度研討報告》，頁 1。

[19] 尾関学、佐藤正広，〈戦前期農家経済調査の可能性—過去のハウスホールドから現在を見るためにー〉，收錄於一橋大学経済研究所社会科学統計情報センター編，《農家経済調査マニュアル集成（1）—復刻　農林省統計調査要綱輯覧（農家経済調査の部其の一）第 1 分冊—》（東京：該中心，2008），頁 I 。

[20] 同上註，頁 II-IV。

[21] 佐藤正広，〈台湾総督府の農家経済調査ー比較史的観点からー〉，《帝国日本と統計調査—統治初期台湾の専門家集団》（東京：岩波書店，2012.3），頁 253-255。

著手執行「農家基本調查」，之後持續進行，不間斷地刊行「農業基本調查書」，至 1943 年止總計發行 44 冊。「農業基本調查」內容涉及臺灣農家耕地的分配及經營調查、主要作物的生產調查、肥料調查、土地利用調查、農家經濟調查、農家食糧消費調查，以及農家生計調查等，一切與農業、農家相關的議題。[22]

早期的臺北縣農家經濟調查中，山田伸吾採取與齋藤萬吉相同的訪問式調查。總督府殖產局執行的農家經濟調查，調查對象涉及茶作農、米作農及蔗作農，調查方法大致相同，調查方法則是每日讓農家記帳的自計式調查。調查成果為 1934 年至 1938 年間出版的《農家經濟調查》共四冊，以及 1938 年和 1943 出版的《米作農家生計費調查》共兩冊。其中，分別於 1934 年及 1935 年出版的《農家經濟調查（其一）》、[23]《農家經濟調查（其二）》[24] 及《農家經濟調查（其三）》[25]，調查對象各為臺灣人米作農、茶作農及蔗作農，經營、財產及收支等狀況的調查紀錄。

這三本調查報告書格式大致相同，主要為兩大部分，第一部分為農家經濟調查表，包括家族人數、土地利用狀況、農業用財產、農業用以外的財產、現金、負債、農業總收入、農業經營費、農業所得、農業以外的收入、農業家事以外的經費、農家總收入、農家經濟、農家所得、家計費、農家的所得與家計費的比較，以及因應農事所需的各種負擔金額等。第二部分則分為自作農、自小作農及小作農三類，分別編製經濟調查的結果表。[26] 1938 年出版的《農家經濟調查》，則以米作農為中心，調查內容和方法亦同。[27]

至於《米作農家生計費調查》，則是以米作農家為調查對象，調查的目

---

[22] 「農業基本調查書」系列刊行狀況，參佐藤正広，〈台湾総督府の農家経済調査—比較史的観点から—〉，頁 268。

[23] 臺灣總督府殖產局，《農家經濟調查其ノ一》，農業基本調查書，第三十（臺北：該局，1934.3）。

[24] 臺灣總督府殖產局，《農家經濟調查其ノ二》，農業基本調查書，第三十二（臺北：該局，1934.3）。

[25] 臺灣總督府殖產局，《農家經濟調查其ノ三》，農業基本調查書，第三十四（臺北：該局，1936.3）。

[26] 臺灣總督府殖產局，《農家經濟調查其ノ一》，頁 22-23。

[27] 臺灣總督府殖產局農務課，《農家經濟調查》，農業基本調查書，第三十七（臺北：該課，1938.5），頁 10。

的在究明米作農家的生計費相關的現物和現金的支出狀況，同樣採取每日記帳式調查。調查內容為住居費、飲食費、被服費、光熱費、家具什器費、修養費、教育費、交際費、雜費（各種會費）、嗜好品、娛樂費、保健費、冠婚葬祭費、其他等。接受調查的農家有其基本條件，必須是臺灣人米作自作農（自耕農）或米作小作農（佃農），並具有經營耕地面積中庸；資產狀態中庸；家族成員數中庸；有家庭成員共同生活等基本條件。[28]

至戰前初期，行政長官公署雖然致力於重建統計體系，惟初期係先將重心放在末端統計機關的建置及業務統計的制度化，農林處雖已依據「業務統計報告表」進行填表造送事宜，但尚無經費也無餘力執行其他調查。直到1949年農復會來臺，為具備得以瞭解臺灣農業情況及解決農業問題的資料，農林廳因而得以在1950年3月，在該會贊助下，首次辦理農家經濟調查。當時主要以臺灣全省各縣主要農產者的稻作農家、蔗作農家及雜作農家的自耕農、半自耕農及佃農做為調查對象，調查對象選擇的標準為：其資產狀態、家族人數、經營面積與能力以及集約度等，均能代表各該調查區內大多數相同作物之農家。選定稻作農家360戶、雜作農家31戶及蔗作農家109戶。選定得以調查農家之後，由省農林廳集中農家進行記帳訓練，以及進行調查人員講習會。記帳訓練之後，將收支日記簿分發給農家，使其逐日填記，再由調查員按月整理並記錄於分類集計表。[29]

調查的方法為記帳，記帳分為兩部分，第一部分為農家人數、土地利用狀況及資產狀況等，由農林廳派調查員至農家，按照實際情形逐項紀錄，填入「農家現物現金分類集計表」及「家族人數記錄不及財產記錄簿」兩表中。第二部份係收支經濟及家計費用，由調查農家按現金與現物之收支情形，逐日填入「農家現金現物收支日記帳」表中。整體調查項目為：家族人數、農家土地利用狀況、農業用財產、農業用以外財產、現金及準現金、負債、純財產、農業總收入、農業經營費、農業所得、農業以外總收入、農業家事以外經費、農家總收入、農家經費、農家所得、家計費及農家所得與家計費比

[28] 〈米作農家生計費調查要鋼〉，《米作農家生計費調查》，農業基本調查書，第三十八（臺北：臺灣總督府殖產局，1938）。

[29] 臺灣省政府農林廳，《農家經濟調查報告書（稻作及雜作農家）》（臺中：該廳，1952），頁1。

較等。[30] 調查時間為 1950 年 3 月 1 日至 1951 年 2 月 28 日，調查結束之後將兩部分核算集計，結果彙編成報告表，並出版《農家經濟調查報告書（稻作及雜作農家）》及《農家經濟調查報告書（蔗作農家）》兩本統計報告書。[31]

第一次記帳式經濟調查實施之後，1955 年 3 月間，農林廳又再度舉辦訪問式農家經濟調查，此次改以稻穀、茶菁、鳳梨及香蕉等農家為調查對象，以資產狀況、經營面積、經營能力、經營集約度及其耕地之生產能力等，能代表各該區域內種植該種作物之大多數農家為標準，調查內容為：農家人數、土地利用狀況、資產狀況、收支經濟及家計費用等。之後於 1958、1959 及 1960 年又舉辦了三次調查，無論就調查項目、選定對象農家之標準及選樣方法，與 1955 年時相較並無差異。[32]

就戰後農家經濟調查的調查方法及調查內容觀之，與戰前的農家經濟調查完全相同，沿襲自戰前的基礎不言自明。也已有學者利用戰前和戰後的農家經濟調查結果，進行連續性的農民生計研究。[33] 唯一不同的是，戰前山田伸吾執行臺北縣的農家經濟調查時，採用的是訪問式調查；至總督府殖產局實施時採取的是農家自行記帳式調查。但戰後省政府農林處執行時，雖然同樣採取記帳式調查，但帳簿分為兩種，由調查員和農家分別填寫。

當時農林處統計室主任為林開煥，是臺灣統計制度發展史上相當具關鍵性的人物。林開煥 1905 年出生於苗栗，畢業於臺北帝國大學理農學部，之後進入臺灣總督府臨時國勢調查部，其後陸續轉任官房調查課、其官房企畫部，以及自官房獨立的企畫部。他曾經根據臨時國勢調查和人口動態統計的結果，進行臺灣住民的出生和死亡研究，於 1934 年發表了《台湾ノ住民生命表》，這是全世界第一本關於漢人的生命研究。離開中央統計機關之後，他轉任總督府米穀局擔任技手，並兼任臺北帝國大學農學部講師。[34]

---

[30] 臺灣省政府農林廳，〈農家經濟調查綱要〉，《農家經濟調查報告書（稻作及雜作農家）》，頁 606-607。

[31] 臺灣省政府農林廳，《農家經濟調查報告書（稻作及雜作農家）》，（臺中：該廳，1952）；臺灣省政府農林廳，《農家經濟調查報告書（蔗作農家）》，（臺中：該廳，1953）。

[32] 行政院統計制度改進小組，《臺灣農家經濟調查研討報告》（臺北：該組，1966），頁 57。

[33] 張漢裕，〈臺灣農民生計之研究〉，《臺灣農業及農家經濟論集》臺灣研究叢刊第 111 種（臺北：臺灣銀行經濟研究室，1974）。

[34] 有關林開煥，參林佩欣，〈他山之石：國民政府在臺灣的業務統計體系接收與重建（1945–1949）〉，頁 98-101。

戰後，林開煥被派任為農林處管理人，負責農林處接收，並繼續任職於農林處。[35] 1946年4月，他被行政長官公署統計室主任李植泉延攬成為統計室專員，利用戰前的人口統計資料編纂第二回的《臺灣住民生命表》。該書完成之後回任農林處，擔任該處統計室主任。他先是於1947年設計「臺灣省農情查報制度」，將農作物生產調查報告、畜禽動態調查報告、農業災害調查報告等，三種與農業相關的業務調查報告規則化，建立了農情報告制度的基礎。[36] 1955年他主導實施農家經濟調查，此後不管日後農林廳再度實施，或是農復會自行實施的農家經濟調查，皆是以1955年的調查為範本；而事實上，接下來臺灣有史以來的農業普查，調查體系的建立也是出自林開煥之手。[37]

肆、農業普查的實施：為培養工業也為世界潮流

戰後初期，雖然行政長官公署統計室接收了總督府的統計資料，也學習了總督府的統計調查技術，但受限於接收初期經費及統計人員短缺，並沒有實施統計調查的能力，以穩定業務統計體系為主要業務，並將業務統計作為施政執行成效的參考依據，曾被輿論批判只會實施不必花錢的統計。[38] 1960年代之前，臺灣的基礎尚未穩定，社會結構相對單純，尚無實施統計調查的必要，不必花錢的業務統計已頗能滿足需求。

不過，先是農復會在臺灣復會，1949年土地改革大刀闊斧地展開，1951年美援開始，這三項重要事件的交互影響，使臺灣的農業發展產生重大變化。土地改革結束之後，政府決定了以農業培養工業，先行發展農業與勞力密集工業，再以工業發展農業，全力開發人力資源的經濟政策，連續數年的經濟建設計畫至此開展。[39] 1953年，行政院公布第一期「四年經濟建設

[35] 〈臺灣行政長官公署統計室任免人員請示單〉，《臺灣行政長官公署檔案》，典藏號：00303234025062，1946年10月29日

[36] 行政院統計制度改進小組，《臺灣省農情查報制度研討報告》，頁3。

[37] 參中國統計學社，〈中國統計人物誌〉，《中國統計學社創立六十週年紀念集》（臺北：該社，1990），頁605。

[38] 〈中國現代化的里程碑——戶口普查與國勢調查〉，《徵信新聞》，1956年9月16日，1版。

[39] 施建生，〈政府の経済発展に占める役割〉，高希均、李誠編，《台湾の四十年：国家経済建設のグランドデザイン》（上）（東京：連和出版，1993），頁82-83。

計劃」，設立行政院經濟安定委員會作為設計審議及推動機構，由行政院長擔任主任委員，設有四組及工業委員會。第四組負責農業建設計畫，設有委員九人，包括經濟部、農復會、臺灣省政府農林廳、糧食局、水利局、臺灣大學農學院及臺灣糖業公司主管負責人，並由農復會主任委員沈宗瀚擔任召集人。[40]

當時擔任農復會生產組長的張憲秋，根據「以農業培養工業，以工業發展農業」的主旨，著手擬訂「臺灣農業四年計畫」草案，以充分供應軍糧民食、安定糧價；發展新興產品、增加出口、減少進口；提高農民收入、改善農民生活；提高農業對經濟的貢獻等，作為農業發展計畫的主軸，[41] 同年 12 月，沈宗瀚在中國國民黨中央委員會上提出報告，指出農業計畫必須與工業、貿易、財政及金融等建設相配互合，成為日後農業發展計畫的方針。[42] 為配合經濟建設計畫，確切可靠的農業統計資料便顯得重要，在此背景下，有了農業普查的規劃，[43] 首先登場的是 1960 年的農業選樣普查；緊接著為 1961 年的農業普查。[44]

一、1956 年農業選樣普查

1955 年 7 月，農復會向行政院主計處提出實施農業普查的建議，並提供經費，行政院主計處因此令臺灣省政府組織「農業選樣普查委員會」，於 1956 年舉辦農業普查。該會由主計處統計局、經濟部、農復會、臺灣大學農學院、臺灣省政府主計處及臺灣省政府農林廳等 13 個機關組織而成，主任委員由臺灣省政府農林廳長兼任，副主任委員由臺灣省政府主計處副處長兼任、省糧食局副局長及農復會兼任。[45]

---

[40] 沈宗瀚，《農復會與我國農業建設》（臺北：臺灣商務印書館，1972），頁 29。

[41] 黃俊傑，〈張憲秋先生訪問錄〉，《中國農村復興聯合委員會口述歷史訪問記錄》，（臺北：中央研究院近代史研究所，1992），頁 102-103。

[42] 黃俊傑，《中國農村復興聯合委員會史料彙編》，（臺北：三民書局，1991），頁 317。

[43] 沈宗瀚，《農復會與我國農業建設》，（臺北：臺灣商務印書館，1972），頁 231。

[44] 行政院農業委員會統計室，《中華民國臺灣地區歷次農業普查統計提要》，（臺北：該室，1995），頁 8。

[45] 〈民國四十五年臺灣省農業選樣普查實施方案〉，《臺灣省政府公報》，四十五年春季第五期，1956 年 1 月 6 日，頁 54-56。

這是臺灣首次針對農家和農業進行全面性普查，[46] 日治時期甚至沒有實施過，中國更不用說，完全沒有實施過普查的經驗，自然無法尋覓大批具普查經驗的人員參與，事前的訓練及準備顯得更為重要。[47] 為此，1954 年 7 月，農復會保送時任農林廳農業調查科長的林開煥和農林廳技正梁振麟赴美受訓，在美國威斯康辛及佛羅里達兩大學農學院農業經濟系，研習美國農業部所辦的農情報告，以及普查局辦理的農業普查理論和實地調查方法，修業期間一年，於 1955 年 7 月返國。[48]

這次調查的目的，在瞭解臺灣農業資源分布、農產物生產分配及農家經濟狀況。普查標準日定為 1956 年 2 月 15 日（農曆 1 月 1 日），全臺灣以百分之五隨機抽樣方法選出四千個鄰，共 37,636 個農戶作為訪問調查樣本。受訪的農戶必須具有：（一）有經營耕地者；（二）養大豬五頭以上者；（三）養牛一頭以上者（專用以拉牛車者除外）；（四）養羊 20 頭以上者；（五）養家禽 100 隻以上者；（六）養大豬 2 頭至 4 頭及家禽 50 隻以上者，其中之一個條件。[49] 調查項目為：農家的人口、土地、勞力、農場設備及農業生產用品，農產物收支及其所得、主要農業經營費用、借貸及稅捐、農村社會活動等 8 項。調查結果編印成《農業選樣普查報告書》及《農業選樣普查工作紀要》。[50]

二、1961 年農業普查

其後，聯合國世界農糧組織（FAO）為瞭解全世界農業和糧食資源供應和分布狀況，各國對農業及糧食資源的需求，以及各國農業發展的程度，作為協助世界人口與糧食調節之參考，於 1930 年和 1950 年先後辦理兩次世界性農業普查，並決定往後每隔十年舉辦一次。1960 年第三次普查時間到來時，廣泛邀請各會員國參與該計畫，並規定必須在該組織技術指導下，於

---

46 〈舉辦農業普查 本省尚屬創舉在調查資源供施政依據金陽鎬頃談普查重要性〉，《徵信新聞》，1956 年 1 月 8 日，2 版。

47 〈論農業普查〉，《徵信新聞》，1955 年 7 月 7 日，2 版。

48 行政院統計制度改進小組，《臺灣省農業普查研討報告》（臺北：該組，1966），頁 2。

49 行政院農業委員會統計室，《中華民國臺灣地區歷次農業普查統計提要》，頁 8。

50 〈本年農業抽樣普查農廳決自三月開始預計可抽選農戶四萬戶選樣普查實施方案業已公布〉，《徵信新聞》，1956 年 1 月 8 日，2 版。

1960 年或 1961 年實施。中華民國政府也接獲邀請，當時臺灣正邁向經濟建設計劃第三期，確有此需求而決定參加。[51]

行政院主計處責令臺灣省政府負責辦理該事項，省政府先於 1959 年 9 月，派遣梁振麟及農復會技士陳一鶚至東京，參加世界性農業普查講習會，[52] 並於 1960 年 2 月，成立臺灣省政府農業普查委員會成立，並同時公布「臺灣省農業普查實施辦法」、「臺灣省政府農業普查委員會組織規程」及「臺灣省縣市及鄉鎮農業普查處規程」等三規程。指出普查目的在明瞭農業經營的規模和型態，做為改進農業經濟政策的依據，普查對象為全省全部農戶，公司團體經營之農場，以及學校及政府機關所辦之農畜試驗場所等。先就戶籍登記之戶長中以農業為職業者，編製成普查名冊，判定的標準為：（一）經營耕地二公厘以上；（二）養大豬三頭以上；（三）養牛一頭以上；（四）養家禽一百隻以上；（五）一年中農產品售出價值四千元以上。最後，決定一般農戶 807,600 戶及公民營農場 667 處，作為普查對象。[53]

普查標準日設定為 1960 年 12 月 31 日。調查員遴選自各鄉鎮區公所及農會職員中，具有農業職業學校畢業，或對農業有實際經驗者擔任，總計有 4,800 人參加。每一調查員以調查 2000 戶為原則，為使調查順利進行，9 月起陸續在各省市政府舉辦普查講習會，[54] 並印製普選標誌、文告、傳單，使用平面報紙、廣播或電影院短片，「豐年」、「農友」等農業刊物，或是利用各種集會及各級農會會議時，向農民進行宣導。[55]

限於人力與財力，每一農戶所定的調查時間僅為二十分鐘，因此普查項目僅規定最重要者為：（一）農業人口；（二）土地及利用；（三）作物種植面積；（四）主要家畜頭數等四項。由於難以與其他各國多項目的農業普查相比較，因而又規定將全面普查所得到的總農戶中，再抽選百分之十的農

[51] 〈臺灣省政府農業普查委員會公告〉，《臺灣省政府公報》，五十二年夏字第十七期，1952 年 4 月 11 日，頁 15。

[52] 行政院統計制度改進小組，《臺灣省農業普查研討報告》，頁 3。

[53] 行政院統計制度改進小組，《臺灣農家經濟調查研討報告》（臺北：該組，1966），頁 69-70。

[54] 〈農業普查 開始講習〉，《徵信新聞》，1960 年 9 月 17 日，5 版。

[55] 〈調查對象確定所得資料不作征課依據被查農戶不得拒絕〉，《徵信新聞》，1960 年 12 月 11 日，2 版。

戶，以多項目調查表加以調查，調查項目為：人口、土地、作物、勞力、家畜禽、副產物、肥料與農業改良、農場設備及農機具、農藥及其他等 10 大項[56]，調查結果編印普查報告書多達 22 冊。[57]

就農業普查委員會名單觀之，該為設有委員、顧問及主要職員，主任委員由省政府農林廳長擔任，副主任委員由省政府糧食局長擔任，委員則有農復會委員、行政院主計處第三局長、臺灣大學農學院長及中興大學農學院長等官界和學界代表。顧問則有來自於聯合國的普查顧問、臺灣大學農學院教授及農復會技正等。至於實際的主事職員，設有總幹事一人及副總幹事三人，另有設計組、調查督導組、整理組、宣傳組及設計組，各設組長及赴組長。總幹事為林開煥，時任農林廳農業調查科科長；副總幹事一位為李福生，時任糧食局統計室主任；一位為李翔，時任省政府主計處第三科科長；一位為梁振麟，時任農林廳技正。[58]

李福生與林開煥相同，戰前即在總督府統計機關中任職。1904 年 5 月出生於臺北，成淵中學校畢業。1925 年 10 月普通試驗合格後進入總督府，歷經臨時國勢調查部、官房調查課、官房企畫部、企畫部統計課及總務局統計課等，統計經歷深厚。戰後，李福生以原總督府官僚的身分轉進秘書處統計室，因熟悉戰前統計業務，深獲統計室主任李植泉信賴，公署統計室成立時被拔擢為第二科科長。李植泉對戰前統計制度的理解，也多出自李福生。[59]此外，李翔則是出生於安徽，大陸時期即在統計機關服務，但詳細履歷仍未知，行政長官公署統計室時期即來臺服務，當時主要負責編製臺北市物價統計、物價指數及公務員生活費指數的算定等。[60]可見，行政長官公署統計室幾經變遷改制為臺灣省政府主計處後，多數統計人員仍然固守其位。

---

[56] 行政院統計制度改進小組，《臺灣省農業普查研討報告》，頁 41-43。

[57] 行政院主計處，《主計制度建制五十周年紀念集》，頁 290。

[58] 臺灣省農業普查委員會，《臺灣省農業普查總報告》全面普查一般農戶篇（臺中：該會，1963），無頁碼。

[59]〈臺灣行政長官公署統計室任免人員請示單〉，《臺灣行政長官公署檔案》，典藏號：00303234025062，1946 年 10 月 29 日

[60]〈秘書處統計室股長李翔請改薪案〉，《臺灣行政長官公署檔案》，典藏號：00303234025056，1946 年 9 月 26 日。

伍、結論

臺灣經濟學者認為，二次世界大戰之後，開發中國家因人口快速增加，普遍有就業不充分的困擾，因為各國盛行支援新穎的資本密集的工業，卻忽視基礎農業的發展。但臺灣採取了發展農業以支持輕工業的經濟策略，不僅留住了農村人口，輕工業也創造大量就業機會，使臺灣經濟能順利轉型發展。[61] 而在這個經濟轉型的過渡期中，農林廳執行的各種農業經濟統計，掌握農家經濟狀態，所扮演的關鍵性角色不容忽視。

戰後臺灣的農業普查，雖然是在農復會的美式架構下進行，但就執行人員與執行方法來說，戰前臺灣總督府的統計經驗仍具有相當之影響。尤其，在日本統計制度史的領域中，農家經濟調查的研究成果汗牛充棟，研究視角有討論記帳樣式的變遷，有談及帝國農會與農林省調查的異同，也有從調查結果分析農家的經濟構造或是家計的內涵等。[62] 而若是論及戰前日本農家經濟調查對殖民地臺灣的影響，佐藤正廣則檢討了，以日本觀點所設計的調查，在異文化臺灣實施時是否適用，如何因應不同國情進行轉換等課題，也提到了日人調查者進入臺灣農家社會時的困境。[63]

若說戰前「日本製」的農家經濟調查體系進入臺灣時，必須面對民情和語言的障壁等難題，那麼，戰後農林處在林開煥率領下於 1955 年實施的農家經濟調查就具有非凡意義，因為那是臺灣首次由臺灣人規劃實施的農家經濟調查，是在沒有民情和語言等障壁下完成的統計調查。接下來類似的調查及兩次農業普查則是在 1955 年的調查基礎下完成。

總之，本文提出了戰後臺灣農業普查體系建立的初步架構，指出在傾向

---

[61] 劉克智、黃國樞，《臺灣人口及經濟結構演變與就業關係之研究》（臺北：中央研究院經濟研究所，1987），頁 99-101。

[62] 相關研究成果可參見：浅見淳之，〈戦前期農家経済統計の簿記様式の編成について〉；草処基，〈第一期農家経済調査から第三期農家経済調査までの変遷と経済学的視点から〉；仙田徹志，〈草処基　戦前期農家経済調査の標本連続性と農家経済構造—第 3 期から第 4 期における改正の影響と帝國農会経営調査との比較に注目して—〉；尾関学，〈1931 － 41 年の農家経済調査〉；水田隆太郎，〈もうひとつの農家経済調査—京都帝國大学の農業簿記をめぐって〉，以上論文刊載於佐藤正広編，《農家経済の資料論研究—斉藤萬吉調査から大槻改正まで（1880 － 1940 年代—）》（東京：一橋大学経済研究所社会科学統計情報センター，2009）。江口誠一，〈戦前期日本農家の食料消費構造－『農家経済調査』による計測〉，《社会経済史学》69：5（2004.1）。

[63] 佐藤正広，〈台湾総督府の農家経済調査—比較史的観点から—〉，頁 253。

美式的統計制度和調查方法之下，農林廳實施的農家經濟調查及農業普查，仍然帶有戰前的基因，顯示在科學性的殖民統治政策下所架構的統計制度，在戰後仍然以各種不同的形式存在，並對 1960 年代臺灣社會的轉型做出某種程度的貢獻。期待接下來，不僅對於調查統計，也能從業務統計及農情報告制度切入，對戰後的農業經濟統計進行全面性的考察，究明五期經濟建設計劃期間（1953–1972）農業經濟統計所扮演的角色。

（原發表於：「第五屆白沙歷史地理工作坊」，2017 年。）

編輯後記

本系前身為國立中興大學法商學院歷史組，法商學院於 2000 年 2 月 1 日改制為國立臺北大學，歷史學系亦同時改制成立。2020 年 2 月 1 日，本系正式邁入創系第二十週年。

值此深具歷史意義的重要時刻，本系教師集思以出版二十週年紀念論文集的方式，邀請系上專、兼任及合聘教師惠予提供專題論文（主題涵括社會史、文化史、生活禮俗史等相關領域），由本系編輯委員會彙整出版專書，以慶祝本系年屆「弱冠」，並作為見證全系歷史薪傳與學術發展的階段性里程碑。

本論文集緬懷過去以紀念歷史的同時，亦具有展望未來以創造歷史的意義；這既是「回首向往來時路」的句點，也將是「述往以為來者師」的起點。感謝所有惠賜大作以共襄盛舉的老師們，以及協助文稿徵集、初編與校對的助教和同學們。本系名譽教授蔣義斌老師題贈序言，為全書各篇專論的內容取向及其相互連結，統整出清晰的學術範疇與知識脈絡；華藝數位股份有限公司協助出版發行事務，讓本論文集能順利編刊問世。謹此致上最深摯的敬意與謝意，並衷心地祝福本系生日快樂、系運昌隆！

國立臺北大學歷史學系成立二十週年紀念論文集出版委員會　謹識

2020.1.25.

國家圖書館出版品預行編目（CIP）資料

溝通與協作：國立臺北大學歷史學系成立二十週年紀念論文集 / 國立臺北大學歷史學系成立二十週年紀念論文集出版委員會編 . -- 初版 . -- 新北市：華藝學術：臺北大學歷史系 , 2020.07
面； 公分
ISBN 978-986-437-177-8（平裝）
1. 史學 2. 文集
607 109002713

溝通與協作：國立臺北大學歷史學系成立二十週年紀念論文集

編　　者／國立臺北大學歷史學系成立二十週年紀念論文集出版委員會
責任編輯／黃于庭
封面設計／張大業
版面編排／王凱倫

發 行 人／常效宇
總 編 輯／張慧銖
發行業務／吳怡慧
出　　版／華藝數位股份有限公司　學術出版部（Ainosco Press）
地址：234 新北市永和區成功路一段 80 號 18 樓
電話：(02) 2926-6006　傳真：(02) 2923-5151
服務信箱：press@airiti.com

國立臺北大學歷史學系
地址：237 新北市三峽區大學路 151 號　人文大樓 8 樓
電話：(02)8674-1111 # 66805~66809　傳真：(02)2671-7184
信箱：meishu@mail.ntpu.edu.tw

發　　行／華藝數位股份有限公司
戶名（郵局／銀行）：華藝數位股份有限公司
郵政劃撥帳號：50027465
銀行匯款帳號：0174440019696（玉山商業銀行　埔墘分行）
法律顧問／立暘法律事務所　歐宇倫律師
ISBN ／ 978-986-437-177-8
DOI ／ 10.978.986437/1778
出版日期／ 2020 年 7 月
定價／新臺幣 1200 元